全 世 界 无 产 者 , 联 合 起 来 !

# 列 宁 选 集

## 第 一 卷

中共中央 马克思　恩格斯　著作编译局编译
　　　　　列　宁　斯大林

人民出版社

# 列宁选集

## 第一卷

中共中央 马克思 恩格斯 列 宁 斯大林 著作编译局编译

人民出版社

# 编 辑 说 明

　　《列宁选集》是在马克思主义中国化、时代化、大众化事业不断推进的形势下,为适应广大读者学习和研究马克思列宁主义理论的需要而编辑的列宁著作精选本。1960年,四卷本《列宁选集》第一版问世,译文选自《列宁全集》第一版。1972年,我们对第一版篇目作了部分调整,对译文进行了校订,出版了《列宁选集》第二版。1990年《列宁全集》第二版60卷全部出齐之后,我们充分利用全集的编译和研究成果,于1995年编辑出版了《列宁选集》第三版。

　　《列宁选集》第三版同第二版相比有较大调整,力求以更加合理的结构和精审的编目,完整准确地反映列宁思想的精华及其对马克思主义的理论贡献。为了推进新时期党的思想理论建设,帮助读者全面深刻地认识中国特色社会主义的理论渊源和科学内涵,提高运用科学理论分析和解决实际问题的能力,《列宁全集》第三版着重增选了反映列宁在理论和实践上创造性地探索社会主义建设规律和无产阶级政党建设规律的文献,同时还精选了列宁在各个历史时期关于马克思主义立场观点方法的著述。实践证明,《列宁选集》第三版的编辑思路是正确的,文献选录是精当的。这个版本对广大干部群众联系中国特色社会主义伟大实践学习马克思列宁主义基本理论起了重要作用,今天仍然是理论学习和理论研究的基础文本。

2009年底，马克思主义理论研究和建设工程重点项目和标志性成果十卷本《马克思恩格斯文集》和五卷本《列宁专题文集》正式出版。为了保证经典著作译文的准确性和统一性，增强经典著作所附各种资料的系统性和科学性，我们对《列宁选集》第三版进行了修订，主要包括以下五个方面：一、对列宁著作中出现的马克思恩格斯著作的引文，根据《马克思恩格斯文集》的最新译文进行了统一，同时对未收入文集的引文，也按照文集的编译标准逐条进行了审核和修订；二、充分利用《列宁专题文集》的编辑和研究成果，对各卷编者说明进行了充实和完善，以更加准确简练的语言阐明列宁著作的时代背景、理论要旨和历史地位；三、认真审核各卷译文，对个别错漏加以补正，特别是对各类重要概念的译名进行了复核；四、依据新的研究成果对各卷注释和人名索引进行了审订和勘正，同时对涵盖整部选集内容的名目索引作了全面的修订和完善；五、增补了列宁生平大事年表。

本修订版保持《列宁选集》第三版的整体结构和各卷篇目，仍分为四卷：第一卷选辑1894—1907年的著作，第二卷选辑1908—1916年的著作，第三卷选辑1917—1919年的著作，第四卷选辑1919—1923年的著作。

本修订版每卷正文之前刊有本卷说明，正文之后附有注释和人名索引。第四卷还附有名目索引和列宁生平大事年表。

本修订版各卷著作的编排一般采用编年原则。在个别情况下，为了保持一部著作或一组文献的完整性和有机联系，编排顺序则作变通处理。每篇文献标题下括号内的写作或发表日期是编者加的；文献本身在开头已注明日期的，标题下不另列日期。1918年2月14日以前俄国通用俄历，以后改用公历，这两种历法所标日期,在1900年2月以前相差12天(如俄历为1日,公历为13日),从1900年3月起相差13天。编者加的日期,公历和俄历并用时,俄历在前,公历在后。在国外写的书信的日期均为公历。

本修订版各卷目录中凡标有星花 * 的标题,都是编者加的。引文中尖括号〈 〉内的文字和标点符号是列宁加的。编者为正文所加的脚注,均注明是编者注;凡未注明是编者注的脚注,为列宁的原注;凡注明是俄文版编者注的脚注,都是指《列宁全集》俄文第五版编者加的注。卷末注以一篇或一组文献为单位加注,重复出现的注共用一个注码。人名索引的条目按汉语拼音字母顺序排列,条头括号内用黑体字排印的是相关人物的真实姓名,未加黑体的则是笔名、别名、曾用名或绰号。

中共中央 马克思 恩格斯 著作编译局
　　　　　列 宁 斯大林
2012年5月

# 目　　录

# 第一卷说明

　　本卷选载列宁1894年至1907年即投身革命初期、建党时期和俄国第一次民主革命时期的著作,共27篇。

　　列宁开始从事革命活动是在19世纪80年代末。当时的俄国已经是一个资本主义国家。1861年改革废除了农奴制,推动了俄国资本主义的发展。但由于沙皇专制制度未被触动,农奴制经济关系的残余依然大量存在,俄国的经济发展和社会进步遭到严重的阻碍,它的经济发展水平远远落后于欧洲其他许多国家。随着大工业的发展,工人阶级登上历史舞台。工人与资本家的阶级对抗日趋激烈,工人罢工的规模越来越大。但这时的工人运动还缺乏组织,缺乏科学社会主义思想的指导,基本上是自发的。由于村社解体后农村阶级分化严重,广大农民身受资本主义和农奴制残余的双重剥削。

　　这一时期,马克思主义已经通过以普列汉诺夫为代表的劳动解放社传入俄国,但其范围只局限于分散的秘密小组,还没有同工人运动结合起来。民粹主义思想在俄国先进工人和倾向革命的知识分子中影响深广。19世纪80年代至90年代,自由主义民粹派抛弃了旧民粹主义的革命纲领,走上了与沙皇政府妥协的道路,利用合法刊物攻击马克思主义和俄国马克思主义者。自由主义民粹派的理论和策略成了妨碍马克思主义和俄国工人运动相结合的主要思想障碍。与此同时,俄国知识界还出现了一种打着马克思主义旗号的资产阶级思潮,即所谓"合法马克思主义"。它从资产阶级立场出发曲解马克思主义理论,极力颂扬资本主义。

19世纪90年代初,列宁已成为坚定的马克思主义者。他在俄国大力传播马克思主义,努力把马克思主义同工人运动结合起来,并同各种反动的和错误的思潮进行坚决斗争。1894年出版的《什么是"人民之友"以及他们如何攻击社会民主党人?》一书,是列宁批驳俄国自由主义民粹派观点、捍卫马克思主义科学世界观的重要著作。全书分3编,第二编已散失。本卷选收了该书的第一编及第三编的一部分。第一编着重批判了自由主义民粹派的思想领袖米海洛夫斯基的唯心史观及其社会学研究中的主观唯心主义方法,系统阐述了马克思创立的唯物史观的基本原理,着重说明了物质生产力决定生产关系、生产关系的总和构成社会经济形态、物质的社会关系决定思想的社会关系、社会形态的发展是自然历史过程等基本观点,指出只有把社会关系归结于生产关系,把生产关系归结于生产力的水平,才能有可靠的根据把社会形态的发展看做自然历史过程;论证了人民群众是历史的创造者,阶级斗争是阶级社会发展的动力,指明了无产阶级的社会地位和历史作用。

第三编节选的部分着重批判自由主义民粹派的策略、经济纲领和政治纲领,阐释了社会民主党人的基本纲领和策略,提出了工农联盟和民主革命转变为社会主义革命的思想。列宁指出,工人阶级是俄国全体被剥削劳动群众的唯一的和天然的代表,是推翻沙皇制度和资产阶级统治的领导力量。社会民主党人应该帮助工人阶级掌握科学社会主义思想,认清历史使命,组织起来,把分散的经济斗争变成自觉的阶级斗争。附录三揭露了自由派和激进派对马克思主义的阉割和曲解,指出马克思主义理论对世界各国社会主义者所具有的不可遏止的吸引力,就在于它把严格的和高度的科学性同革命性结合起来。

1895年8月5日,世界无产阶级革命导师恩格斯与世长辞。为了悼念这位伟人,列宁撰写了《弗里德里希·恩格斯》一文。这篇文章概述了恩格斯的光辉一生,高度评价了恩格斯同马克思一起创立马克思主义理论和为无产阶级解放事业而斗争的不朽功绩,赞颂了恩格斯作为严峻的战士和严正的思想家所具有的崇高品格以及他同马克思的伟大友谊,指出在马克思逝世之后,恩格斯是整个文明世界中最卓越的学者和现代无产阶级的导师。列宁号召无产阶级和共产党人以一往无前的斗争精神不断推进马克思和恩格斯开创的事业。

自由主义民粹派以19世纪60年代革命民主主义思想"遗产"的继承者自居,指责马克思主义者抛弃优秀传统。列宁在《我们拒绝什么遗产?》一文中驳斥了这种攻击,指出在革命民主主义思想的遗产中根本没有任何自由主义民粹派的东西,民粹派不仅在有关俄国社会生活的重要问题上落后于60年代的启蒙派,而且在实际上全面歪曲和否定了优秀思想传统;只有马克思主义者才彻底、忠实地保存了革命民主主义思想遗产,并在新的历史条件下使之发扬光大。

俄国资本主义的命运问题是19世纪90年代马克思主义者和自由主义民粹派争论的焦点。这场争论涉及的不仅是理论问题,而且更是如何认识和判断俄国国情的问题,因而同俄国革命的前途和领导权问题有着密切的关系。民粹派经济学家断定资本主义不可能在俄国得到发展,其理论根据是俄国国内市场日益缩小,国外市场对资本主义发展较晚的俄国来说可望而不可即,资本家无法实现其全部剩余价值。列宁为了批判民粹派的这种错误理论,写了《俄国资本主义的发展》这部重要著作。他全面考察了俄国资本主义发展的过程,详尽分析了俄国的经济结构和社会阶级结构,生动具体地勾画了市场经济在俄国孕育发展的历程,揭示了市场经济早期的发展规律。本卷选收了这部著作的第一章、第八章和第二版序言。列宁根据马克思主义政治经济学基本原理,阐明了关于社会分工、资本主义商品生产及其实现剩余价值的条件、资本主义国内市场建立的过程和条件等一系列与俄国资本主义发展密切相关的重大理论问题;指出在这种经济基础上进行的俄国革命,必然是资产阶级革命。列宁还对资本主义的历史作用作了阐述,指出资本主义既有进步的历史作用,即促进社会生产力的提高和劳动的社会化,同时又造成了最深刻的全面的社会矛盾,因而必然具有历史暂时性。资本主义的发展给工人阶级进一步实现其真正的和根本的社会主义改造任务创造了必要的条件。

《俄国资本主义的发展》一书出版后,遭到"合法马克思主义者"斯克沃尔佐夫的攻击。列宁写了《非批判的批判》一文,驳斥了他的攻击,并批判了"合法马克思主义者"和集结在伯恩施坦周围的那些修正主义者的错误,指出革命的马克思主义者和修正主义者的区别在于:前者始终想做彻底的马克思主义者,根据情况的变化和各国的特点发展马克思主义的基本原理,进一步研究马克思的辩证唯物主义和政治经济学理论;后者则想抛弃马克思学说中的某些重要方面。

为了在工人群众中开展政治鼓动工作,列宁在 1895 年建立了彼得堡工人阶级解放斗争协会。这标志着社会主义开始和俄国工人运动相结合。在这个协会的影响下,俄国各地相继成立类似的组织。但是这些组织彼此缺乏联系,没有形成统一的政党。为了建立一个统一的革命的无产阶级政党,列宁一方面继续批判民粹主义和合法马克思主义,努力肃清其消极影响,另一方面积极探索建党的途径,草拟和宣传党的纲领。

在斗争的实践中,列宁关于建立新型无产阶级政党的思想逐渐趋于成熟。1897年底,他在流放地写成了《俄国社会民主党人的任务》一文,专门论述了俄国社会民主党人的政治纲领和斗争策略。列宁根据对俄国社会状况的分析指出:俄国社会民主党必须开展争取民主主义的斗争和争取社会主义的斗争。这两种斗争既有区别又有联系,只有把两者很好地结合起来,无产阶级政党才能完成自己的历史使命。列宁特别强调革命理论对无产阶级解放斗争的重要意义,明确提出了“没有革命的理论,就不会有革命的运动”(见本卷第153页)的著名论点。

1898年春,俄国各地的社会民主主义组织举行第一次代表大会,宣告俄国社会民主工党成立。但是这次大会没有通过明确的纲领,大会选出的中央领导机构很快遭到沙皇政府的破坏,而地方党组织十分松弛涣散,小组习气浓厚,统一的无产阶级政党并没有真正建立起来。在这种历史条件下,90年代中期出现的经济主义思潮在党内一时占了优势。这一思潮推崇西欧的伯恩施坦主义,迷恋工人运动的自发性,醉心于经济斗争,成了提高无产阶级的阶级觉悟、建立无产阶级革命政党的又一严重障碍。这时正在西伯利亚流放地的列宁挺身而出,与经济派作了旗帜鲜明的斗争。列宁在《俄国社会民主党人抗议书》这篇声讨经济主义的檄文中批驳了俄国经济派的错误思想,阐述了马克思主义关于无产阶级在统一的阶级斗争中必须把政治斗争和经济斗争结合成不可分割的整体的重要观点,指出当无产阶级没有政治自由或者政治权利受到限制的时候,必须把政治斗争提到首位。列宁坚决反对经济派把革命的马克思主义降低为庸俗的改良主义,强调只有革命的马克思主义理论才能成为工人运动的旗帜,只有独立的工人政党才能成为反对专制制度斗争的坚固堡垒。

《我们的纲领》是列宁为批驳伯恩施坦及其追随者对马克思主义的攻击和歪曲而写的一篇重要文章。列宁在文中驳斥了修正主义者所宣扬的马克思主义理论"不完备"和已经"过时"的谬论,阐明了马克思主义的理论精髓和对待马克思主义的科学态度。列宁指出:马克思的理论第一次把社会主义从空想变为科学,为这门科学奠定了巩固的基础,指明了详细研究和继续发展这门科学所应遵循的道路;无产阶级政党完全以马克思的理论为依据,没有革命理论就没有坚强的无产阶级政党。列宁同时强调:我们决不把马克思主义理论看做一成不变的和神圣不可侵犯的东西,无产阶级政党如果不愿落后于实际生活,就应当在各方面把这门科学推向前进。

1900年7月列宁去国外筹办全俄马克思主义者的秘密报纸《火星报》,为建立新型无产阶级政党作思想和组织准备。12月《火星报》在莱比锡正式创刊。《我们运动的迫切任务》一文是列宁为《火星报》创刊号撰写的社论。文中再次阐述了党的任务,并在全面总结俄国社会民主运动的历史教训后指出,俄国社会民主工党必须把社会主义思想和政治自觉性灌输到无产阶级群众中去,组织一个同自发工人运动有紧密联系的革命政党。

《怎么办?(我们运动中的迫切问题)》一书全面论述了建立新型无产阶级政党的思想。这是列宁对无产阶级政党建设理论的重大贡献。列宁在书中批判了俄国经济派贬低社会主义意识的作用、贬低党对工人运动的领导作用的机会主义观点,阐明了马克思主义理论对工人运动和工人阶级政党建设的指导意义,强调指出没有革命的理论,就不会有革命的运动,只有以先进理论为指南的党,才能实现先进战士的作用。列宁分析了工人运动中自发性和自觉性的相互关系,批判经济派崇拜自发性的错误,指出社会主义学说是由革命的社会主义思想家创立的,工人阶级单靠自己的力量只能产生出工联主义意识,工人的社会民主主义意识只能从外面灌输进去。而要做到这一点,必须同资产阶级意识形态进行不调和的斗争。列宁阐述了无产阶级阶级斗争的经济形式和政治形式的相互关系,指出社会民主党领导工人阶级斗争不能局限于经济斗争,而应通过对专制制度的全面揭露来提高工人阶级的政治觉悟,使争取改良的局部斗争服从于争取自由和争取社会主义的整个革命斗争。列宁还阐述了关于无产阶级在资产阶级民主革命中的领导权和工农的革命联盟的思想,指出工人阶级应该领导一般民主运动,但工人阶级政党只有把反封建的民主斗争同反对资本主义的社会主义斗争结合起来,才能成为革命力量的先锋队。列宁论证了建立集中统一的马克思主义政党的必要性,指出俄国的当务之急是建立秘密的、精干的、坚强的革命家组织,这样才能结束革命队伍中思想上的分歧和组织上的混乱。

在筹备俄国社会民主工党第二次代表大会期间,党内就纲领草案中的各种问题展开讨论,民族问题是讨论较多的问题之一。《我们纲领中的民族问题》一文对俄国社会民主党的民族纲领作了论述。列宁指出,社会民主党人无条件地承认各民族争取民族自决的自由的斗争,但这并不意味必须支持任何民族自决的要求,应当使民族自决的要求完全服从于无产阶级阶级斗争的利益。关于党的民族纲领和政策问题,列宁在本版选集第 2 卷所收的《关于民族问题的批评意见》和《论民族自决权》等著作中作了更为详尽的阐述。

1903 年 7—8 月俄国社会民主工党召开了第二次代表大会。

大会通过了统一的纲领和章程,建立了中央机关。在这次会上,因组织原则上的尖锐分歧,形成了以列宁为首的布尔什维克派(即多数派)和以马尔托夫为首的孟什维克派(即少数派)。这次大会后布尔什维克同孟什维克在组织问题上继续进行激烈的斗争。孟什维克的分裂和破坏活动造成了党内的严重危机。《进一步,退两步(我们党内的危机)》对第二次代表大会上的分歧演变过程、派别形成的原因和会后斗争的发展情况作了详尽的分析,揭露了孟什维克在党的组织问题上的机会主义,系统阐述了无产阶级政党学说。本卷选收了这部书(原书由序言、附录和18节构成)的3节。第九节详细分析了这次会上关于党章第1条条文的争论。这场争论集中到一点,就是根据什么组织原则来建设党。布尔什维克主张建立一个集中的、组织严密的、纪律严格的党,而孟什维克实际上是要建立一个组织涣散、没有定形、成分复杂的党。列宁在第十七节中剖析了组织问题上的机会主义的根本特征及其思想根源,批判了孟什维克鼓吹的无政府主义的自治制,论证了组织统一对于保证党内团结、保证党的工作集中化的重要性。第十八节从哲学的高度总结了在党代表大会上和大会以后党内斗争曲折的辩证的发展过程。党内机会主义派在会后暂时占优势,但列宁深信,革命的社会民主党的原则、无产阶级的组织和党的纪律必定获得完全的胜利。列宁还强调指出:"无产阶级在争取政权的斗争中,除了组织,没有别的武器。"(见本卷第526页)

　　1904年1月开始的日俄战争给俄国人民带来了深重的灾难,而沙皇军队在战争中的惨败又使沙皇专制制度受到极其严重的打击。1905年终于爆发了俄国第一次资产阶级民主革命。在革命运动蓬勃发展时期,科学地分析政治形势,准确地估量阶级力量对比,制定正确的斗争策略,对于无产阶级政党至关重要。1905年

4—5月间由布尔什维克倡议召开的俄国社会民主工党第三次代表大会和同时由孟什维克召开的党的工作者第一次全俄代表会议，分别制定了各自的策略。列宁在这两个会议结束后不久写成的《社会民主党在民主革命中的两种策略》一书，从理论上阐明了布尔什维克在俄国第一次革命中的战略和策略，批判了孟什维克的策略。列宁指明了俄国资产阶级民主革命的特点，论述了无产阶级在民主革命中的领导权、无产阶级和农民的联盟、争取民主共和制的途径和方法、资产阶级民主革命同社会主义革命的关系等问题。列宁指出，俄国资产阶级由于所处的阶级地位必然害怕这场革命，思想动摇，力图同沙皇政府妥协，只有在俄国无产阶级这一先进的、唯一彻底革命的阶级领导下，这场革命才能取得彻底的胜利。资产阶级革命进行得越彻底，争取社会主义的斗争才越有保证，因此无产阶级应该而且能够掌握民主革命的领导权。列宁指出，农民能够全心全意地最彻底地拥护民主革命，它是无产阶级的可靠的同盟者，无产阶级只有同农民结成联盟，才能夺取民主革命的胜利。列宁批判了孟什维克反对社会民主党在民主革命中夺取政权和参加临时政府的观点，指出，举行人民武装起义是推翻沙皇制度和建立民主共和制的最重要的手段，组织武装起义的问题已经提上日程，必须武装无产阶级和准备领导起义。列宁认为，民主革命胜利后，必须建立无产阶级和农民的革命民主专政。社会民主党可以而且必须参加实行这种专政的临时政府，但要始终保持自己的阶级独立性。列宁在书中发展了马克思主义关于不断革命的思想，指出民主革命和社会主义革命是既有联系又有区别的两个革命阶段，无产阶级在取得民主革命的胜利后，应不失时机地向社会主义革命过渡。

在1905年革命中农民运动日趋高涨。如何评价和指导农民运动,成了十分紧迫的问题。列宁在《社会民主党对农民的态度》、《小资产阶级社会主义和无产阶级社会主义》等著作中进一步阐释了党的第三次代表大会的有关决议,揭露了社会革命党人对农民运动的性质和意义的歪曲。列宁指出,农民运动追求土地和自由,它是民主革命的必然伴侣,无产阶级政党必须全力支持农民起义,直至没收土地,帮助农民推翻官吏和地主的政权。社会革命党人从民粹派小资产阶级社会主义的观点出发,认为农民运动是社会主义运动;而在马克思主义者看来,农民运动恰恰不是社会主义运动,而是民主主义运动,因为农民运动的完全胜利只会加速和加强资本主义的发展。列宁认为,必须把无产阶级反对资本主义的斗争和农民反对农奴制的斗争联结起来,但决不能混淆这两种性质不同的斗争。

　　1905 年爆发的十月全俄政治罢工预示着革命风暴即将来临。为了加强党对迅猛发展的革命运动的领导,列宁立即回国,直接主持布尔什维克中央的工作。他写了《论党的改组》等 10 多篇文章,连续发表在布尔什维克合法机关报《新生活报》上。本卷所收的《党的组织和党的出版物》、《军队和革命》、《社会主义政党和非党的革命性》就是其中的 3 篇。列宁在这些文章中分析十月全俄政治罢工后的革命形势和各种社会力量的政治动向,阐明俄国无产阶级新的斗争任务,提出根据形势要求改组党的组织及各方面工作的方针。列宁指出,俄国的陆海军士兵已经觉醒,应当让军队同武装的人民结合起来,只有全民武装才能彻底打倒反动势力;无产阶级在民主革命中必须保持政治上的独立性,无产阶级政党必须坚持鲜明的党性。

　　在《党的组织和党的出版物》一文中,列宁分析了当时党的报刊宣传状况,阐述了无产阶级政党领导报刊出版事业和文学艺术事业的基本原则,指出党组织和与党有联系的团体的出版物应当成为党的出版物,写作事业应当成为有组织的、有计划的、统一的党的工作的一个组成部分。写作事业不能机械划一、强求一律、少数服从多数,不能同党的事业的其他部分刻板地等同起来,但无论如何必须成为同其他部分紧密联系的党的工作的一部分,党应当加强对写作事业的引导,把一批又一批的新生力量吸引到写作队伍中来,为千千万万劳动人民服务。

1906 年 7 月,沙皇政府解散了第一届国家杜马,镇压了斯维亚堡等地的水兵和士兵起义,革命运动开始走向低潮。列宁在同年 7、8 月间写的《莫斯科起义的教训》、《游击战争》等文章中,总结了 1905 年 12 月莫斯科武装起义失败的教训以及在这以后开展起来的游击斗争这一新的斗争形式的经验。列宁提出了马克思主义者在考虑斗争形式问题时应当遵循的两个原则:第一,反对一切抽象公式和学理主义方法,必须估计到随着运动的发展、群众觉悟的提高、经济和政治危机的加剧,群众斗争会产生愈来愈新和愈来愈多的防御和攻击的方式,必须向群众的实践学习;第二,一定要历史地来考察斗争形式的问题,脱离历史的具体环境来谈这个问题,就是不懂得辩证唯物主义的起码常识。列宁驳斥了普列汉诺夫在十二月武装起义失败后所散布的"本来就用不着拿起武器"的论调,指出本来应该更坚决、更果敢和更富于进攻精神地拿起武器。列宁针对孟什维克对游击活动的攻击指出,革命运动受到破坏,并不是由于游击活动,而是由于党软弱无力。在阶级斗争已经尖锐到发生国内战争的时代,社会民主党的任务就是不仅应当参加这场国内战争,而且应当在这场国内战争中起领导作用。

在《卡·马克思致路·库格曼书信集俄译本序言》中,列宁强调指出,应该学习马克思坚定的革命信念,学习他动员和组织工人阶级坚持革命斗争的本领,学习他决不因革命暂时失利而灰心丧气的坚韧不拔的精神。列宁把马克思对巴黎公社的态度同普列汉诺夫对俄国1905年革命的态度作了对比,指出马克思最重视群众的历史主动性,坚持从正在创造历史的人民群众的观点出发来观察世界历史,始终满腔热情地支持工人阶级的英勇斗争。

本卷收载的《〈约·菲·贝克尔、约·狄慈根、弗·恩格斯、卡·马克思等致弗·阿·左尔格等书信集〉俄译本序言》是一篇论述如何科学地对待、正确地学习和运用马克思主义的重要文献。在这篇序言中,列宁根据马克思和恩格斯在通信中针对英美工人运动和德国工人运动发表的有关言论,结合俄国工人运动实际,总结了对俄国无产阶级政党具有重要意义的经验。列宁指出,马克思和恩格斯是运用唯物辩证法的典范,他们善于针对不同的政治经济条件的具体特点,把问题的不同重点和不同方面提到首位加以强调,善于针对不同国家的工人运动所处的不同阶段,给战斗的无产阶级确定不同的任务,制定不同的政策和策略。列宁始终强调马克思主义不是教条,而是行动的指南,要从马克思和恩格斯的这些书信中吸取教益,就不能拘泥于其中的个别词句,而应当理解他们对无产阶级国际经验所作的总结的全部精神和全部内容。

1907年年中,沙皇政府控制了局势并转入进攻,6月2日逮捕社会民主党杜马党团成员,翌日解散第二届国家杜马,同时颁布新的选举法,进一步限制工农的政治权利,保证地主和大资产阶级对第三届杜马的绝对控制。六三政变标志着俄国第一次革命的结束和斯托雷平反动时期的开始。

在反动势力猖狂进攻、革命由高潮转入低潮的形势下,如何对待即将举行的第三届杜马选举的问题,成了当时在斗争策略方面争论的焦点。社会革命党人和部分布尔什维克主张抵制这届杜马的选举。列宁在《反对抵制》一文中批驳了抵制派的论据,科学地分析了俄国社会民主党过去抵制国家杜马、现在反对抵制国家杜马的原因,阐述了社会民主党应当采取的策略。列宁指出,抵制并不是一种策略方针,而是策略手段,是否采取这种手段完全取决于客观条件。马克思主义和其他一切社会主义理论的不同之处,就在于它既以完全科学的冷静态度去分析客观形势,又非常坚决地承认群众的革命首创精神。列宁强调,马克思高度重视革命传统,严厉抨击对革命传统的叛卖和庸俗的态度,同时要求革命家善于思考,善于运用不同的斗争手段,而不是简单地重复某些口号。

1905—1907年革命提供了大量有关农民运动、有关农民争取土地的斗争的性质和意义的经验材料。俄国社会民主党需要根据这些经验来修改自己的土地纲领。列宁为此撰写了《社会民主党在1905—1907年俄国第一次革命中的土地纲领》一书。这是列宁关于土地问题的重要著作。本卷节选了该书的《结束语》和列宁在10年后写的《跋》。《结束语》对全书作了简明的总结。列宁指出,土地问题是俄国资产阶级革命的根本问题,它决定了这场革命的民族特点。俄国土地变革的实质是消灭农奴制度的经济支柱——地主土地占有制。消灭农奴制度可能有两条道路:一条是农奴主-地主农场缓慢地转变为容克-资产阶级农场的道路;一条是用暴力来摧毁旧的土地占有制的道路。列宁称前一条为普鲁士式的道路,后一条为美国式的道路。在俄国的具体条件下,要建立起真正自由的农场主经济,必须废除包括地主土地和份地在内的全部土地的"地界",扫除一切中世纪的土地关系。这种经济必要性使俄国农民群众成了土地国有化的拥护者。无产阶级为了进行社会主义革命,要最坚决地支持一切反对旧制度的斗争,在新兴的资产阶级社会中尽量争取有利于本阶级的一切条件。由此必然得出结论:社会民主党在俄国资产阶级革命中的纲领只能是土地国有化。列宁着重批判了孟什维克提出的土地地方公有化纲领。列宁在后来写的《跋》中进一步指出,土地国有化不仅是资产阶级革命的"最高成就",而且是走向社会主义的一个步骤。

写于1900年的《对华战争》一文,是列宁论述有关中国问题的最早的一篇文章。列宁满怀对中国人民的深切同情,痛斥沙皇政府参与八国联军、镇压义和团起义、滥杀无辜的血腥罪行,号召俄国工人起来反对沙皇政府的掠夺政策,结束沙皇政府的专制统治。

《〈十二年来〉文集序言》是列宁为当时准备出版的他的著作三卷集《〈十二年来〉文集》写的。序言结合收入文集的各篇著作,简要地回顾和总结了俄国马克思主义运动的发展历程,以及社会民主党内两派在1895年至1907年间围绕理论问题、党的纲领问题、组织问题、策略问题进行的斗争。列宁指出,所谓"合法马克思主义"以及经济主义和孟什维主义是同一历史趋势的不同表现形式;了解小资产阶级机会主义倾向在不同时期的不同表现形式,对于坚持革命的马克思主义,对于无产阶级在斗争中接受锻炼是十分必要的。《〈十二年来〉文集》所收各篇著作的写作时间跨度与本卷选集大体相当,列宁的这篇序言是我们研究这一时期列宁著作的指导性文献。

# 什么是"人民之友"以及
# 他们如何攻击社会民主党人？

（答《俄国财富》杂志反对马克思主义者的几篇文章）<sup>1</sup>（节选）

（1894 年春夏）

## 第 一 编

《俄国财富》杂志[2]对社会民主党人发动进攻了。这个杂志的头目之一尼·米海洛夫斯基先生，还在去年第 10 期上就宣布要对"我国所谓的马克思主义者或社会民主党人"进行一场"论战"。随后出现了谢·克里文柯先生的《论文化孤士》一文（第 12 期）和尼·米海洛夫斯基先生的《文学和生活》一文（1894 年《俄国财富》杂志第 1 期和第 2 期）。至于杂志本身对我国经济现实的看法，谢·尤沙柯夫先生在《俄国经济发展问题》一文（第 11 期和第 12 期）中已作了最充分的叙述。这些先生在他们的杂志上总是以真正"人民之友"的思想和策略的表达者自居，其实他们是社会民主党最凶恶的敌人。现在我们就把这些"人民之友"，把他们对马克思主义的批判、他们的思想、他们的策略仔细考察一下。

尼·米海洛夫斯基先生最注意马克思主义的理论根据，因此专门对唯物主义历史观作了分析。在概略地叙述了阐明这个学说的大量马克思主义文献的内容以后,米海洛夫斯基先生就用这样一大段话开始了他的批判。

他说:"首先自然产生这样一个问题:马克思在哪一部著作中叙述了自己的唯物主义历史观呢？他的《资本论》给我们提供了一个把逻辑力量同渊博学识、同对全部经济学文献和有关事实的细心研究结合起来的范例。他把那些早被遗忘或现在谁也不知道的经济学理论家搬出来,他对工厂视察员在各种报告中或专家在各种专门委员会上所陈述的证词中极其琐碎的细节也没有忽视;总之,他翻遍了数量惊人的实际材料,一部分用来论证,一部分用来说明他的经济理论。如果说他创立了'崭新的'历史过程观,用新的观点说明了人类的全部过去,总结了至今有过的一切历史哲学理论,那他当然会同样竭尽心力地做到这一点的,也就是说,他会真正重新审查并批判地分析一切关于历史过程的著名理论,研究世界历史的大量事实。同达尔文比较一下——在马克思主义文献中经常作这样的比较——就会更加确信这种看法。达尔文的全部著作是什么呢？就是把堆积如山的实际材料总结为几点概括性的、彼此紧相联系的思想。马克思的相称著作究竟在哪里呢？这样的著作是没有的。不仅马克思没有这样的著作,而且在全部马克思主义文献中也没有这样的著作,虽然这种文献数量很大,传播很广。"

这一大段话清楚地说明人们多么不理解《资本论》和马克思。他们被马克思论述中的巨大论证力量所折服,只得奉承他,称赞他,同时却完全忽视学说的基本内容,若无其事地继续弹着"主观社会学"的老调。由此不禁令人想起考茨基在他的一本论马克思经济学说的著作中所选用的一段很恰当的题词:

谁不称赞克洛普施托克的美名？

可是,会不会人人都读他的作品?不会。

但愿人们少恭维我们,

阅读我们的作品时多用心!①

正是这样!米海洛夫斯基先生应当少称赞马克思,多用心阅读他的著作,或者最好是更认真思索自己所读的东西。

米海洛夫斯基先生说,"马克思的《资本论》给我们提供了一个把逻辑力量同渊博学识结合起来的范例"。一个马克思主义者指出:米海洛夫斯基先生的这句话,给我们提供了一个把光辉词句和空洞内容结合起来的范例。这个评语是十分公正的。马克思的这种逻辑力量究竟表现在什么地方呢?它产生了什么样的结果呢?读了米海洛夫斯基先生的上述那一大段话,会以为这全部力量不过是用于最狭义的"经济理论"而已。为了更加渲染马克思表现自己逻辑力量的范围是狭小的,米海洛夫斯基先生还着重指出"极其琐碎的细节"、"细心"、"谁也不知道的理论家"等等。这样一来,似乎马克思对于建立这些理论的方法,并没有提出任何值得一提的实质性的新东西,似乎他使经济学仍然停留在过去经济学家原有的范围以内,并没有将它扩大,并没有对这门科学本身提出"崭新的"见解。然而凡是读过《资本论》的人,都知道这完全不符合事实。由此不禁令人想起米海洛夫斯基先生16年前同一个庸俗的资产阶级先生尤·茹柯夫斯基进行论战时对马克思的评论³。那时,也许是时代不同,也许是感觉比较新鲜,不管怎样,米海洛夫斯基先生的那篇文章,无论在笔调上或内容上,都是完全不同的。

"'本书的最终目的就是揭示现代社会的发展规律②〈原文是

---

① 见哥·埃·莱辛《致读者格言诗》。——编者注

② 参看《马克思恩格斯文集》2009年人民出版社版第5卷第10页。——编者注

Das ökonomische Bewegungsgesetz——经济运动规律〉',卡·马克思曾这样谈到他的《资本论》并严格地坚持了他的主旨",——1877年米海洛夫斯基先生就是这样评论的。我们更仔细地来考察一下这个批评家也承认是严格地坚持了的主旨吧。这个主旨就是"揭示现代社会的经济发展规律"。

这句话本身就使我们碰到几个需要加以说明的问题。既然马克思以前的所有经济学家都谈论一般社会,为什么马克思却说"现代(modern)"社会呢?他在什么意义上使用"现代"一词,按什么标志来特别划出这个现代社会呢?其次,社会的经济运动规律是什么意思呢?我们总是听见经济学家说:只有财富的生产才完全受经济规律支配,而分配则以政治为转移,以政权和知识界等等对社会的影响如何为转移——而这也就是《俄国财富》杂志所属的那个圈子里的政论家和经济学家们喜爱的思想之一。马克思谈到社会的经济运动规律,并把这个规律叫做 Naturgesetz——自然规律,这究竟是什么意思呢?我国如此众多的社会学家写了大堆大堆的著作,说社会现象领域根本不同于自然历史现象领域,因此,研究前者必须采用十分特别的"社会学中的主观方法"。既然如此,那对马克思的话又怎样理解呢?

发生这些疑问是自然的,必然的;当然,只有完全无知的人,才会在谈到《资本论》时回避这些疑问。为了弄清这些问题,我们且先从《资本论》的同一序言中再引一句话,这句话就在上述那句话的稍后几行。

马克思说:"我的观点是把经济的社会形态的发展理解为一种自然历史过程。"①

---

① 参看《马克思恩格斯文集》2009年人民出版社版第5卷第10页。——编者注

　　只要把序言里引来的这两句话简单地对照一下，就可以看出
《资本论》的基本思想就在于此，而这个思想，正像我们听说的那
样，是以罕见的逻辑力量严格地坚持了的。说到这里，我们首先要
指出两个情况。马克思说的只是一个"社会经济形态"，即资本主
义社会经济形态，也就是他说的，他研究的只是这个形态而不是别
的形态的发展规律，这是第一。第二，我们还得指出马克思得出他
的结论的方法，这些方法，像我们刚才听到米海洛夫斯基先生所说
的那样，就是"对有关事实的细心研究"。

　　现在我们来分析《资本论》的这一基本思想，它是我们这位主观
哲学家如此狡猾地企图加以回避的。社会经济形态这一概念指的
究竟是什么呢？怎样才可以而且必须把这种形态的发展看做是自
然历史过程呢？这就是现在摆在我们面前的问题。我已经指出，从
旧的(对俄国说来不是旧的)经济学家和社会学家的观点看来，社会
经济形态这一概念完全是多余的，因为他们谈论的是一般社会，他
们同斯宾塞们争论的是一般社会是什么，一般社会的目的和实质是
什么等等。在这种议论中，这些主观社会学家所依靠的是如下这类
论据：社会的目的是为社会全体成员谋利益，因此，正义要求有一种
组织，凡不合乎这种理想的("社会学应从某种空想开始"，——主观
方法的首创者之一米海洛夫斯基先生的这句话绝妙地说明了他们
的方法的实质)组织的制度都是不正常的，应该取消的。例如，米海
洛夫斯基先生说："社会学的根本任务是阐明那些使人的本性的这
种或那种需要得到满足的社会条件。"可以看出，这位社会学家感兴
趣的只是使人的本性得到满足的社会，而完全不是什么社会形态，
何况这些社会形态还可能是以少数人奴役多数人这种不合乎"人的
本性"的现象为基础的。同样可以看出，在这位社会学家看来，根本
谈不上把社会发展看做自然历史过程。("社会学家既然认为事物

有合乎心愿的，有不合乎心愿的，他就应当找到实现合乎心愿的事物，消除不合乎心愿的事物的条件"，即"找到实现如此这般理想的条件"，——这也是同一个米海洛夫斯基先生说的。）不仅如此，甚至谈不上什么发展，而只能谈由于……由于人们不聪明，不善于很好了解人的本性的要求，不善于找到实现这种合理制度的条件而在历史上发生过的种种违背"心愿"的偏向，"缺陷"。显而易见，马克思关于社会经济形态发展的自然历史过程这一基本思想，从根本上摧毁了这种以社会学自命的幼稚说教。马克思究竟是怎样得出这个基本思想的呢？他做到这一点所用的方法，就是从社会生活的各种领域中划分出经济领域，从一切社会关系中划分出**生产关系**，即决定其余一切关系的基本的原始的关系。马克思自己曾这样描写过他对这个问题的推论过程：

"为了解决使我苦恼的疑问，我写的第一部著作是对黑格尔法哲学的批判性的分析……  我的研究得出这样一个结果：法的关系正像国家的形式一样，既不能从它们本身来理解，也不能从所谓人类精神的一般发展来理解，相反，它们根源于物质的生活关系，这种物质的生活关系的总和，黑格尔按照18世纪的英国人和法国人的先例，概括为'市民社会'，而对市民社会的解剖应该到政治经济学中去寻求。我研究政治经济学所得到的结果，可以简要地表述如下：人们在自己生活的社会生产中发生一定的……关系，即同他们的物质生产力的一定发展阶段相适合的**生产关系**。这些生产关系的总和构成社会的经济结构，即有法律的和政治的上层建筑竖立其上并有一定的社会意识形式与之相适应的现实基础。物质生活的生产方式制约着整个社会生活、政治生活和精神生活的过程。不是人们的意识决定人们的存在，相反，是人们的社会存在决定人们的意识。社会的物质生产力发展到一定阶段，便同它们一直在其中运动的现存生产关系或财产关系(这只是生产关系的法律用语)发生矛盾。于是这些关系便由生产力的发展形式变成生产力的桎梏。那时社会革命的时代就到来了。随着经济基础的变更,全部庞大的上层建筑也或慢或快地发生变革。在考察这些变革时,必须时刻把下面两者区别开来:一种是生产的经济条件方面所发生的物质的、可以用自然科学的精确性指明的变革,一种是人们借以意识到这个冲突并力求把它克服的那些法律的、政治的、宗教的、艺术的或哲学的,简言之,意识形态的形式。我们判断一个人不能以他对自己的看法为根据,同样,我们判断这样一个变革时代也不能以它的意识为根据;相反,这个意识必须从物质生活的矛盾中,从社会生产力和生产关系之间的现存冲突中去解释。……大体说来,亚细亚的、古希腊罗马的、封建的和现代资产阶级的生产方式可以看做是经济的社会形态演进的几个时代。"①

社会学中这种唯物主义思想本身已经是天才的思想。当然,这在那时**暂且**还只是一个假设,但是,是一个第一次使人们有可能以严格的科学态度对待历史问题和社会问题的假设。在这以前,社会学家不善于往下探究像生产关系这样简单和这样原始的关系,而直接着手探讨和研究政治法律形式,一碰到这些形式是由当时人类某种思想产生的事实,就停了下来;这样一来,似乎社会关系是由人们自觉地建立起来的。但这个充分表现在《社会契约论》**4**思想(这种思想的痕迹,在一切空想社会主义体系中都是很明显的)中的结论,是和一切历史观察完全矛盾的。社会成员把他们生活于其中的社会关系的总和,看做一个由某种原则所贯穿的一定的完整的东西,这是从来没有过而且现在也没有的事情;恰

---

① 参看《马克思恩格斯文集》2009 年人民出版社版第 2 卷第 591—592 页。——编者注

恰相反，大众是不自觉地适应这些关系的，而且根本不了解这些关系是特殊的历史的社会关系，例如人们在其中生活了很多世纪的交换关系，只是在最近才得到了解释。唯物主义继续深入分析，发现了人的这些社会思想本身的起源，也就消除了这个矛盾；因此，唯物主义关于思想进程取决于事物进程的结论，是唯一可与科学的心理学相容的。其次，再从另一方面说，这个假设第一次把社会学提高到科学的水平。在这以前，社会学家在错综复杂的社会现象中总是难于分清重要现象和不重要现象（这就是社会学中主观主义的根源），找不到这种划分的客观标准。唯物主义提供了一个完全客观的标准，它把**生产关系**划为社会结构，并使人有可能把主观主义者认为不能应用到社会学上来的重复性这个一般科学标准，应用到这些关系上来。当他们还局限于思想的社会关系（即通过人们的意识①而形成的社会关系）时，他们不能发现各国社会现象中的重复性和常规性，他们的科学至多不过是记载这些现象，收集素材。一分析物质的社会关系（即不通过人们的意识而形成的社会关系：人们在交换产品时彼此发生生产关系，甚至都没有意识到这里存在着社会生产关系），立刻就有可能看出重复性和常规性，把各国制度概括为**社会形态**这个基本概念。只有这种概括才使人有可能从记载（和从理想的观点来评价）社会现象进而以严格的科学态度去分析社会现象，譬如说，划分出一个资本主义国家和另一个资本主义国家的不同之处，研究一切资本主义国家的共同之处。

最后，第三，这个假设之所以第一次使**科学的**社会学的出现成为可能，还由于只有把社会关系归结于生产关系，把生产关系归结于生产力的水平，才能有可靠的根据把社会形态的发展看做自然

---

① 当然，这里说的始终是**社会**关系的意识，而不是其他什么关系的意识。

历史过程。不言而喻,没有这种观点,也就不会有社会科学。(例如,主观主义者虽然承认历史现象的规律性,但不能把这些现象的演进看做自然历史过程,这是因为他们只限于指出人的社会思想和目的,而不善于把这些思想和目的归结于物质的社会关系。)

马克思在40年代提出这个假设后,就着手实际地(请注意这点)研究材料。他从各个社会经济形态中取出一个形态(即商品经济体系)加以研究,并根据大量材料(他花了不下25年的工夫来研究这些材料)对这个形态的活动规律和发展规律作了极其详尽的分析。这个分析仅限于社会成员之间的生产关系。马克思一次也没有利用这些生产关系以外的任何因素来说明问题,同时却使人们有可能看到商品社会经济组织怎样发展,怎样变成资本主义社会经济组织而造成资产阶级和无产阶级这两个对抗的(这已经是在生产关系范围内)阶级,怎样提高社会劳动生产率,从而带进一个与这一资本主义组织本身的基础处于不可调和的矛盾地位的因素。

《资本论》的**骨骼**就是如此。可是全部问题在于马克思并不以这个骨骼为满足,并不仅以通常意义的"经济理论"为限;虽然他**完全**用生产关系来**说明**该社会形态的构成和发展,但又随时随地探究与这种生产关系相适应的上层建筑,使骨骼有血有肉。《资本论》的成就之所以如此之大,是由于"德国经济学家"的这部书使读者看到整个资本主义社会形态是个活生生的形态:有它的日常生活的各个方面,有它的生产关系所固有的阶级对抗的实际社会表现,有维护资本家阶级统治的资产阶级政治上层建筑,有资产阶级的自由平等之类的思想,有资产阶级的家庭关系。现在可以看出,把马克思同达尔文相比是完全恰当的:《资本论》不是别的,正是"把堆积如山的实际材料总结为几点概括性的、彼此紧相联系的思想"。如果谁读了《资本论》,竟看不出这些概括性的思想,那就怪不得马克思了,因为我们知道,马克思甚至在序言中就已指出这些思想。而且这种比较不仅从外表方面(不知为什么,这一方面使米海洛夫斯基先生特别感兴趣)看是正确的,就是从内容方面看也是正确的。达尔文推翻了那种把动植物物种看做彼此毫无联系的、偶然的、"神造的"、不变的东西的观点,探明了物种的变异性和承续性,第一次把生物学放在完全科学的基础之上。同样,马克思也推翻了那种把社会看做可按长官意志(或者说按社会意志和政府意志,反正都一样)随便改变的、偶然产生和变化的、机械的个人结合体的观点,探明了作为一定生产关系总和的社会经济形态这个概念,探明了这种形态的发展是自然历史过程,从而第一次把社会学放在科学的基础之上。

现在,自从《资本论》问世以来,唯物主义历史观已经不是假设,而是科学地证明了的原理。在我们还没有看见另一种科学地解释某种社会形态(正是社会形态,而不是什么国家或民族甚至阶级等等的生活方式)的活动和发展的尝试以前,没有看见另一种像唯物主义那样能把"有关事实"整理得井然有序,能对某一社会形态作出严格的科学解释并给以生动描绘的尝试以前,唯物主义历史观始终是社会科学的同义词。唯物主义并不像米海洛夫斯基先生所想的那样,"多半是科学的历史观",而是唯一科学的历史观。

现在有人读了《资本论》,竟在那里找不到唯物主义,还有比这更可笑的怪事吗! 唯物主义在哪里呢? ——米海洛夫斯基先生带着实在莫名其妙的神情问道。

他读了《共产党宣言》,竟看不出那里对现代制度(法律制度、政治制度、家庭制度、宗教制度和哲学体系)的解释是唯物主义的,看不出那里甚至对种种社会主义和共产主义理论的批判也是在某种某种生产关系中寻找并找到这些理论的根源的。

他读了《哲学的贫困》,竟看不出那里对蒲鲁东社会学的剖析,是从唯物主义观点出发的,看不出对蒲鲁东所提出的解决各种历史问题的办法的批判,是从唯物主义原则出发的,看不出作者本人谈到应该在哪里寻找材料来解决这些问题时,总是举出生产关系。

他读了《资本论》,竟看不出这是用唯物主义方法科学地分析一个(而且是最复杂的一个)社会形态的范例,是大家公认的无与伦比的范例。于是他坐下来拼命思索这个深奥的问题:"马克思在哪一部著作中叙述了自己的唯物主义历史观呢?"

凡熟悉马克思的人,都会反问他:马克思在哪一部著作中没有叙述过自己的唯物主义历史观呢?米海洛夫斯基先生大概只有等到某个卡列耶夫的某本玄奥的历史著作在"经济唯物主义"这个条目内,用相应的号码标明马克思的唯物主义著作的时候,才会知道这些著作吧。

而最可笑的是,米海洛夫斯基先生责备马克思,说他没有"重新审查〈原文如此!〉一切关于历史过程的著名理论"。这简直可笑极了。试问这些理论十分之九都是些什么东西呢?都是一些关于什么是社会、什么是进步等等纯粹先验的、独断的、抽象的议论(我有意举出这些合乎米海洛夫斯基先生心意的例子)。要知道,这样的理论,就其存在来说,已是无用的,就其基本方法,就其彻头彻尾的暗淡无光的形而上学性来说,也是无用的。要知道,从什么是社会,什么是进步等问题开始,就等于从末尾开始。既然你连任何一个社会形态都没有研究过,甚至还未能确定这个概念,甚至还未能对任何一种社会关系进行认真的、实际的研究,进行客观的分析,那你怎么能得出关于一般社会和一般进步的概念呢?过去任何一门科学都从形而上学开始,其最明显的标志就是:还不善于着手研究事实时,总是先验地臆造一些永远没有结果的一般理论。形而上学的化学家还不善于实际研究化学过程时,就臆造什么是化学亲和力的理论。形而上学的生物学家谈论什么是生命,什么是生命力。形而上学的心理学家议论什么是灵魂。这种方法是很荒谬的。不分别说明各种心理过程,就不能谈论灵魂:在这里要想有所进步,就必须抛弃那些什么是灵魂的一般理论和哲学议论,并且能够把说明这种或那种心理过程的事实的研究放在科学的基础上。因此,米海洛夫斯基先生的责备,正好像一个在什么是灵魂这个问题上写了一辈子"学术著作"的形而上学的心理学家,连一个最简单的心理现象都解释不清楚,竟来责备一个科学的心理学家,说他没有重新审查所有关于灵魂的著名理论。他,这个科学的心理学家,抛弃了关于灵魂的哲学理论,直接去研究心理现象的物质基质(神经过程),而且,譬如说,分析并说明了某个或某些心理过程。于是,我们这位形而上学的心理学家读这部著作时,称赞它,说过程描写得很好,事实研究得不错,但是并不满意。这位哲学家听见周围的人说那位学者对心理学有完全新的观点,有科学心理学的特殊方法,就激动起来,怒气冲冲地说:且慢,究竟在哪一部著作中叙述了这个方法呢? 这部著作中不是"仅仅有一些事实"吗?其中不是丝毫没有重新审查"所有关于灵魂的著名哲学理论"吗?这是完全不相称的著作呀!

在形而上学的社会学家看来,《资本论》自然同样是不相称的著作。他看不出什么是社会这种先验的议论毫无用处,不懂得这种方法并不是研究问题和说明问题,不过是把英国商人的资产阶级思想或俄国民主主义者的小市民社会主义理想充做社会概念罢了。正因为如此,这一切历史哲学理论就像肥皂泡一样,一出现就化为乌有,至多不过是当时社会思想和社会关系的征象,丝毫没有促进人们对社会关系,即使是个别的但是现实的(而不是那些"适合人的本性的")社会关系的**理解**。马克思在这方面大大前进了一步:他抛弃了所有这些关于一般社会和一般进步的议论,而对**一种社会**(资本主义社会)和**一种进步**(资本主义进步)作了**科学的**分析。米海洛夫斯基先生却责备马克思,说他从头开始,而不从尾开始;从分析事实开始,而不从最终结论开始;从研究个别的、历史上一定的社会关系开始,而不从什么是一般社会关系的一般理论开始! 于是他问:"相称的著作究竟在哪里呢?"呵,好一个绝顶聪明的主观社会学家!!

如果我们这位主观哲学家,仅仅是对哪部著作论证过唯物主义这一问题疑惑不解,那也许还是小小的不幸。可是他,尽管在任何地方都没有找到对唯物主义历史观的论证,甚至没有找到对唯物主义历史观的叙述(也许正因为他没有找到),却开始把这个学说从未企求过的东西硬加到它的头上。他引证了布洛斯所说的马克思宣布了一种崭新的历史**观**的话,便毫不客气地推论下去,说这个理论企求"给人类解释其过去",说明"人类的全部〈原文如此!!?〉过去"等等。这完全是捏造! 这个理论所企求的只是说明资本主义一种社会组织,而不是任何别种社会组织。既然运用唯物主义去分析和说明一种社会形态就取得了这样辉煌的成果,那么,十分自然,历史唯物主义已不再是什么假设,而是经过科学检验的理论了;十分自然,这种方法也必然适用于其余各种社会形态,虽然这些社会形态还没有经过专门的实际研究和详细分析,正像已为充分事实所证实了的种变说思想适用于整个生物学领域一样,虽然对某些动植物物种来说,它们变化的事实还未能确切探明。种变说所企求的完全不是说明"全部"物种形成史,而只是把这种说明的方法提到科学的高度。同样,历史唯物主义也从来没有企求说明一切，而只企求指出"唯一科学的"（用马克思在《资本论》中的话来说）说明历史的方法。① 根据这一点可以判断，米海洛夫斯基先生所采用的是多么机智、多么郑重、多么体面的论战手法，他首先歪曲马克思，把一些妄诞的企求强加给历史唯物主义，说它企求"说明一切"，企求找到"打开一切历史门户的钥匙"（这种企求当然立即遭到马克思极其辛辣的反驳，见马克思为答复米海洛夫斯基的文章而写的"信"⁵），接着讥笑他自己所捏造的这种企求，最后，把恩格斯确切的意见（其所以确切，是因为这一次是摘录，而不是转述）引出来，即把唯物主义者所理解的政治经济学"尚待创造"、"我们所掌握的有关经济科学的东西，几乎只限于"资本主义社会史②等语引出来，于是作出这样的结论："这些话把经济唯物主义的适用范围缩得很小了！"要多么幼稚或多么自以为是的人，才会指望这种戏法不会被人识破啊！首先歪曲马克思，接着讥笑自己的捏造，然后引来确切的意见，便厚颜无耻地宣布这些意见把经济唯物主义的适用范围缩小了！

　　米海洛夫斯基先生这种讥笑办法究竟是什么样的货色，可从下述例子看出。米海洛夫斯基先生说："马克思在任何地方都没有论证过它们。"（即没有论证过经济唯物主义的理论根据）"固然，马克思和恩格斯曾打算写一部历史哲学和哲学历史性质的著作，甚至也写成了（1845—1846年），但这部著作⁶从未刊印。恩格斯说：'这部著作的第一部分是阐述唯物主义历史观的；这种阐述只是表明当时我们在经济史方面的知识还多么不够。'③"于是米

---

① 参看《马克思恩格斯文集》2009年人民出版社版第5卷第428—429页脚注（89）。——编者注
② 参看《马克思恩格斯文集》2009年人民出版社版第9卷第156页。——编者注
③ 参看《马克思恩格斯文集》2009年人民出版社版第4卷第266页。——编者注

海洛夫斯基先生作出结论说:"由此可见,在'科学社会主义'和经济唯物主义理论的基本要点被发现以及随后在《宣言》中被阐述的时候,据作者之一自己承认,他们做这样一件事情的知识是不够的。"

你看这种批评多么可爱!恩格斯说他们当时的经济"史"的知识不够,因此,他们没有把自己的"一般"哲学历史性质的著作刊印出来。米海洛夫斯基先生把这点曲解成这样,好像"做这样一件事情",如制定"科学社会主义的基本要点",即作出《宣言》中对**资产阶级**制度所作的科学批判,他们的知识是不够的。二者必居其一:或者是米海洛夫斯基先生不懂得概括全部历史哲学的尝试和科学地说明资产阶级制度的尝试之间的差别,或者是他认为马克思和恩格斯当时的知识还不足以批判政治经济学。如果是后一种情况,他就太刻薄了,竟不让我们见识一下他断定这种不足所持的理由以及他自己的更正和补充。马克思和恩格斯决定不发表他们的哲学历史著作,而集中全力来科学地分析一种社会组织,这只表明他们有高度的科学诚实态度。米海洛夫斯基先生决定加上几句话来对此加以挖苦,说马克思和恩格斯在阐述自己的观点时自己承认缺乏制定这些观点的知识,这只表明他的论战手法既不证明他聪明,也不证明他体面。

再举一个例子。米海洛夫斯基先生说:"马克思的第二个我——恩格斯,为了论证经济唯物主义这一历史理论,做了更多的工作。他有一部专门的历史著作:《家庭、私有制和国家的起源,就(im Anschluß)摩尔根的研究成果而作》,这个'就'字真是妙极了。美国人摩尔根的书[1],出版在马克思和恩格斯宣布经济唯物

----

[1] 指路易斯·亨利·摩尔根《古代社会,或人类从蒙昧时代经过野蛮时代到文明时代的发展过程的研究》一书。——编者注

主义原理许多年以后，同经济唯物主义完全无关。"于是他认为"经济唯物主义者附和了"这本书，同时，因为在史前时期没有阶级斗争，他们便对唯物主义历史观的公式加上这样一个"更正"：在劳动生产率极低的原始时代，起首要作用的人自身的生产即子女生产，和物质财富生产同样是决定的要素。

恩格斯说："摩尔根的伟大功绩，就在于他在……北美印第安人的血族团体中找到了一把解开希腊、罗马和德意志上古史上那些极为重要而至今尚未解决的哑谜的钥匙。"①

米海洛夫斯基先生对此宣称："总之，在40年代末发现并宣布了一个崭新的唯物主义的和真正科学的历史观，这个历史观对历史科学的贡献，同达尔文理论对现代自然科学的贡献一样。"随后米海洛夫斯基先生又重复说，但是这个历史观从未科学地论证过。"它不仅没有经过大量的和多样的实际材料的检验(《资本论》是"不相称的"著作：其中只有事实和细心研究而已！)，甚至没有用哪怕是批判和排斥其他历史哲学体系的方法来充分说明过。"恩格斯的《欧根·杜林先生在科学中实行的变革》一书"只是顺便说出的一些机智的尝试"，因此米海洛夫斯基先生认为，这部著作中所涉及的大量重要问题，是可以完全回避的，尽管这些"机智的尝试"很机智地表明了"从空想开始的"社会学的空洞无物，尽管这部著作详细地批判了那种认为政治法律制度决定经济制度的"暴力论"，亦即《俄国财富》杂志的政论家先生们那么热心宣扬的"暴力论"。的确，对一部著作胡诌几句毫无意义的空话，比认真分析哪怕是其中唯物主义地解决了的一个问题，要容易得多；何况这样做又很保险，因为书报检查机关大概永远也不会准许翻译这部书，米海洛夫斯基先生也就不

---

① 见《马克思恩格斯文集》2009年人民出版社版第4卷第16页。——编者注

必为自己的主观哲学担心,可以把这部书叫做机智之作了。

更为突出和更有教益的(为说明人有舌头是为了隐瞒自己的思想,或赋予空洞以思想形式),是他对马克思的《资本论》的评论。"《资本论》中有一些有历史内容的光辉篇页,**但是**〈这个"但是"妙极了!这甚至不是"但是",而是有名的"mais",译成俄语意思是"耳朵不会高过额头"[7]〉这些篇页也是按照此书的主旨,仅限于一个一定的历史时期,它们并不是确立经济唯物主义的基本原理,不过是涉及某类历史现象的经济方面。"换句话说,《资本论》这部专门研究资本主义社会的著作,对这个社会和它的上层建筑作了唯物主义的分析,"**但是**"米海洛夫斯基先生宁愿回避这个分析:看呀,这里仅仅说到"一个"时期,而他,米海洛夫斯基先生,则想概括一切时期,并且概括到根本不具体谈及任何一个时期。很明显,为了达到这个目的,也就是说,为了概括一切时期而实质上不涉及任何一个时期,就只有一个方法,就是作些"光辉"而空洞的泛泛之谈。在用空话来支吾搪塞的技巧方面,谁也比不上米海洛夫斯基先生。原来只是因为他,马克思,"并不是确立经济唯物主义的基本原理,不过是涉及某类历史现象的经济方面",所以不值得(单独地)从实质上涉及马克思的著作。多么深奥呀!"不是确立",只"不过是涉及"!——的确,用空话来抹杀任何一个问题是多么容易呀!例如,既然马克思屡次说明,商品生产者的关系是法治国家公民权利平等和自由契约等等原则的基础,这是什么意思呢?他是以此来确立唯物主义呢,还是"不过是"涉及呢?我们的哲学家以他特有的谦逊,避免作实质性的回答,而直接从他的那些夸夸其谈、言之无物的"机智的尝试"中作出结论。

这个结论如下:"在一种企求阐明世界历史的理论宣布40年以后,希腊、罗马和德意志上古史对这一理论来说仍然是些不解之谜,这是不足为奇的;而解开这些哑谜的钥匙,第一,是由一个与经济唯物主义理论完全无关、一点也不知道这个理论的人找到的;第二,是借助非经济因素找到的。'人自身的生产'这一术语,即子女生产,使人觉得有点可笑,而恩格斯却抓住这个术语,以便同经济唯物主义基本公式保持哪怕是字面上的联系。可是,恩格斯不得不承认,人类的生活在许多世纪内都不是按照这个公式形成的。"您,米海洛夫斯基先生的论战手法的确一点也"不足为奇"!这一理论是说,为了"阐明"历史,不要在思想的社会关系中,而要在物质的社会关系中去寻找基础。由于实际材料不够,过去没有可能把这个方法用来分析欧洲上古史的某些极重要的现象,例如氏族组织**8**,因此,这个组织仍然是一个谜①。后来,摩尔根在美洲搜集的丰富材料,使他有可能分析氏族组织的实质,并得出如下的结论:对氏族组织的说明,不要在思想关系(例如法的关系或宗教关系)中,而要在物质关系中去寻找。显然,这件事实光辉地证实了唯物主义方法,如此而已。所以,当米海洛夫斯基先生**为了非难**这个学说,而首先提到解开最困难的历史之谜的钥匙是由一个与经济唯物主义理论"完全无关"的人找到的时候,我们只能感到惊异,有些人多么不会辨别什么东西是在为自己辩护,什么东西是在痛斥自己。其次,我们的哲学家说,子女生产是非经济因素。可是您究竟在马克思或恩格斯的什么著作中读到他们一定是在谈经济唯物主义呢? 他们在说明自己的世界观时,只是把它叫做唯物主义而已。他们的基本思想(在摘自马克思著作的上述引文中也已表达得

---

① 米海洛夫斯基先生在这里也没有放过机会来讥笑一下:咳,为什么这样,既然有科学的历史观,而古代史却是一个谜! 米海洛夫斯基先生,您从任何一本教科书里都可以知道,氏族组织问题是曾引起许多理论来加以说明的最困难的问题之一。

十分明确）是把社会关系分成物质的社会关系和思想的社会关系。思想的社会关系不过是物质的社会关系的上层建筑，而物质的社会关系是不以人的意志和意识为转移而形成的，是人维持生存的活动的（结果）形式。马克思在上述引文中说，对政治法律形式的说明要在"物质生活关系"中去寻找。怎么，难道米海洛夫斯基先生以为子女生产关系是思想关系？米海洛夫斯基先生对这一点的解释很独特，值得拿来分析一下。他说："无论我们怎样玩弄子女生产这个术语，以图在它和经济唯物主义之间建立一种哪怕是字面上的联系，无论它在错综复杂的社会生活现象中怎样同包括经济现象在内的其他现象交织着，但它毕竟有它本身的生理根源和心理根源。〈米海洛夫斯基先生，您这一番子女生产有其生理根源的话，莫非是说给吃奶的孩子听的吗!？您为什么要顾左右而言他呢?〉而这使我们联想到，经济唯物主义的理论家不仅没有弄清楚历史，也没有弄清楚心理学。毫无疑问，氏族联系在文明国家的历史中已经失去它的意义。但关于直接的两性联系和家庭联系，却未必能同样有把握地这样说。固然，它们在整个日益复杂的生活影响下有了很大的变化，可是只要有一定的辩证技巧就可以证明：不仅法律关系，就是经济关系本身也是两性关系和家庭关系的上层建筑。我们不准备研究这一点，不过我们还是要举出遗产制度来说一说。"

我们的哲学家终于有幸由说空话①进而谈到事实了，而这些事实是确定的，可以检验的，是不允许"顾左右而言他"轻易绕过问题实质的。我们且来看看，我们这位批评马克思的批评家是怎

---

① 责备唯物主义者没有搞清楚历史，却不试图把唯物主义者对各种历史问题所作的许多唯物主义说明的**任何一种**拿来分析一下；或者说：本来是可以证明的，但我们不来研究这一点，——的确，像这样的手法，不是说空话又是什么呢？

样证明遗产制度是两性关系和家庭关系的上层建筑的。米海洛夫斯基先生说:"作为遗产传下来的,有经济生产的产品〈"经济生产的产品"!! 这是多么通达! 多么响亮! 多么优雅的语言!〉,而遗产制度本身在一定程度内是受经济竞争的事实制约的。可是第一,作为遗产传下来的,还有非物质财富,这表现在关心用父辈精神教育子女上。"总之,子女教育列入了遗产制度! 例如俄国民法中有这样一条:"双亲应努力进行家庭教育,培养他们〈子女〉的情操,并促进政府意图之实现。"我们的哲学家莫非把这一点叫做遗产制度吗?"第二,甚至专就经济领域来说,既然没有当做遗产传下来的生产的产品就不可能有遗产制度,那么同样,没有'子女生产'的产品,没有这种产品和与之直接结合着的复杂的紧张的心理,也就不可能有遗产制度。"(咳,请你们注意这句话:复杂的心理与子女生产的产品"结合着"! 这简直妙极了!)总之,遗产制度所以是家庭关系和两性关系的上层建筑,是因为没有子女生产就不可能有遗产制! 是呀,这真算是发现了新大陆! 直到现在,大家都以为子女生产不大能够解释遗产制度,正如饮食的必要性不大能够解释财产制度一样。直到现在,大家都认为:如果说从前俄国在采邑制度[9]鼎盛时代,土地不能继承的话(因为当时土地只是被当做有条件的财产),那么,对这一事实的解释,需要在当时社会组织的特点中去寻找。而米海洛夫斯基先生想必认为,这件事实不过是由于与当时地主的子女生产的产品结合的心理还不够复杂。

我们可以把一句有名的格言改个样子来说:只要把"人民之友"刮一刮,就可以看出资产者的原形。的确,米海洛夫斯基先生这一套关于遗产制度同子女教育、同子女生产心理等等相联系的议论,不就是说遗产制度也同子女教育一样是永恒的、必要的和神圣的吗! 固然,米海洛夫斯基先生想替自己留条后路,说"遗产制度在一定程度内是受经济竞争的事实制约的”,但这无非是想逃避明确回答问题的一种诡计,而且是一种手法拙劣的诡计。既然向我们只字不提遗产对竞争究竟依赖到什么样的“一定程度”,既然丝毫没有说明竞争与遗产制度之间的这个联系究竟是由什么引起的,那我们怎能领会这种意见呢?其实,遗产制度以私有制为前提,而私有制则是随着交换的出现而产生的。已经处在萌芽状态的社会劳动的专业化和产品在市场上的转让是私有制的基础。例如,当原始印第安公社的全体社员还共同制造他们所必需的一切产品的时候,私有制就不可能产生。当分工渗入公社,社员开始各自单独生产某一种产品并把这种产品在市场上出卖的时候,表现商品生产者这种物质上的单独性的私有制就出现了。无论私有制或遗产,都是单独的小家庭(一夫一妻制的家庭)已经形成和交换已在开始发展的那个社会制度的范畴。米海洛夫斯基先生的例子所证明的,恰巧和他所想要证明的相反。

米海洛夫斯基先生还举出一个事实,但这又是一种奇谈怪论!他继续修正唯物主义:“至于氏族联系,那么它们在各文明民族的历史中,确实有一部分已在生产形式影响的光线下褪色了〈又是一个遁词,不过是更加明显的遁词。究竟是什么生产形式呢?一句空话!〉,但还有一部分在它们本身的延续和普遍化中——在民族联系中发展了。”这样说来,民族联系就是氏族联系的延续和普遍化了!米海洛夫斯基先生关于社会历史的观念,显然是从给学生们讲的儿童故事中得来的。按这个陈腐浅陋的道理说来,社会历史是这样的:起初是家庭,这是任何一个社会的细胞①,然后家

———————

① 这是纯粹的资产阶级观念,因为分散的小家庭,只是在资产阶级制度下才占统治地位;这种家庭,在史前时期是根本没有的。资产者最大的特点,就是把现代制度的特征硬套在一切时代和一切民族身上。

庭发展为部落,部落又发展为国家。米海洛夫斯基先生郑重其事地重复这种幼稚的胡说,不过是表明(除其他一切外)他甚至连俄国历史的进程也一点都不了解。如果可以说古罗斯[10]有过氏族生活,那么毫无疑问,在中世纪,在莫斯科皇朝时代[11],这些氏族联系便不存在了,就是说,国家完全不是建立在氏族的联合上,而是建立在地域的联合上:地主和寺院接纳了来自各地的农民,而这样组成的村社[12]纯粹是地域性的联合。但在当时未必能说已有真正的民族联系:国家分成各个"领地",其中有一部分甚至是公国,这些公国还保存着从前自治制度的鲜明遗迹、管理的特点,有时候还保存着自己单独的军队(地方贵族是带领自己的军队去作战的)、单独的税界等等。仅仅在近代俄国历史上(大约从 17 世纪起),这一切区域、领地和公国才真正在事实上融合成一个整体。最可尊敬的米海洛夫斯基先生,这种融合并不是由氏族联系引起的,甚至不是由它的延续和普遍化引起的,而是由各个区域之间日益频繁的交换,由逐渐增长的商品流通,由各个不大的地方市场集中成一个全俄市场引起的。既然这个过程的领导者和主人是商人资本家,所以这种民族联系的建立也就无非是资产阶级联系的建立。米海洛夫斯基先生举出这两件事实,都是自己打自己的耳光,而给予我们的不过是标本的资产阶级的庸俗见解而已,其所以是**庸俗见解**,是因为他用子女生产及其心理来解释遗产制度,而用氏族联系来解释民族;其所以是**资产阶级的**,是因为他把历史上一个特定的社会形态(以交换为基础的社会形态)的范畴和上层建筑,当做同子女教育和"直接"两性关系一样普遍的和永恒的范畴。

这里最值得注意的是,我们的主观哲学家一试图由空话转到具体事实,就立刻滚到泥坑里去了。他在这个不很干净的地方,大概感到很舒服:安然坐着,收拾打扮,弄得污泥浊水四溅。例如,他想推翻历史是一系列阶级斗争事件这一原理,于是便以深思的神情宣称这是"走极端",他说"马克思所建立的、以进行阶级斗争为目的的国际工人协会,并没有阻止住法德两国工人互相残杀和弄得彼此破产",据他说,这也就证明唯物主义没有清除"民族自负和民族仇恨的邪魔"。这种断语表明,这位批评家丝毫不懂得工商业资产阶级的非常实际的利益是这种仇恨的主要基础,丝毫不懂得把民族感情当做独立因素来谈就是掩盖问题的实质。不过,我们已经看出,我们的哲学家对民族有多么深奥的认识。米海洛夫斯基先生只会以纯粹布勒宁式的讥讽态度[13]来对待国际[14],说"马克思是那个诚然已经瓦解但一定会复活的国际工人协会的首脑"。当然,如果像《俄国财富》杂志第2期国内生活栏编者按小市民的庸俗见解所写的那样,把"公平"交换制度看做国际团结的极限,而不懂得无论公平的或不公平的交换始终都以资产阶级的统治为前提和内容,不懂得不消灭以交换为基础的经济组织就不能停止国际冲突,那就不难了解,为什么他一说到国际,就一味嘲笑。那就不难了解,为什么米海洛夫斯基先生怎么也不能接受这样一个简单真理:除非在每一个国家把被压迫者阶级组织团结起来反对压迫者阶级,除非把这些民族的工人组织团结成一支国际工人大军去反对国际资本,是没有办法来消除民族仇恨的。至于说国际没有阻止住工人互相残杀,那只要向米海洛夫斯基先生提醒一下巴黎公社事件就够了,它表现了组织起来的无产阶级对待进行战争的统治阶级的真正态度。

米海洛夫斯基先生在这全部论战中,特别令人愤慨的,正是他的手法。如果他不满意国际的策略,如果他不赞成那些使欧洲工人为之而组织起来的思想,那他至少应当直率而公开地批评这些策略和思想,说明他认为什么策略更适当,什么观点更正确。可是他并不提出任何明确的异议,只是在汪洋大海的空话中到处插入无聊的嘲笑。怎能不把这叫做污泥浊水呢?尤其是,如果注意到在俄国不允许公开为国际的思想和策略进行辩护,就更不能不把这叫做污泥浊水了。米海洛夫斯基先生和俄国马克思主义者进行论战时所使用的手法也是这样的:他不愿费神去诚实地和确切地表达俄国马克思主义者的任何一个论点,然后给以直率而明确的批评,却宁肯抓住他听来的马克思主义的片断论据加以歪曲。请你们自己判断吧:"马克思太聪明,太博学了,所以他不会以为社会现象的历史必然性和规律性的思想就是他发现的……  这是站在〈马克思主义梯子的〉下级①的人们所不知道的〈他们不知道"历史必然性的思想并不是马克思发明或发现的新东西,而是早已探明的真理"〉,或者说,他们对历来为探明这个真理所耗费的心血和精力,至多只有一个模糊的概念。"

很明显,这种说法的确能够影响一些初次听到马克思主义的人,批评家在这些人面前也就容易达到自己的目的:曲解、讥笑和"战而胜之"(据说,《俄国财富》杂志编辑部的同事就是这样来评论米海洛夫斯基先生的文章的)。凡是稍微知道马克思的人,都能马上看出这种手法的全部虚伪和浮夸。尽可不同意马克思,但是决不能否认,是马克思万分明确地表述了自己的观点,这些观点对从前的社会主义者来说完全是**新东西**。新就新在从前的社会主

---

① 谈到这个无聊的用语时,必须指出:米海洛夫斯基先生特别挑出马克思(他太聪明,太博学,所以我们的批评家不能够直率而公开地批评他的任何一个论点),然后摆出恩格斯("没有那么多创作才智的人"),再后提出多少有点独立见解的人,如考茨基,以及其余的马克思主义者。试问这种分法有什么重大意义呢?如果批评家不满意马克思学说的通俗解说者,谁又妨碍他按照马克思学说来纠正他们呢?他丝毫没有这样做。显然,他本想说得俏皮一些,结果却平淡无奇。

义者为了论证自己的观点,认为只要指明群众在现代制度下受压迫的事实,只要指明使每个人都可获得自己生产成果的那种制度的优越性,只要指明这个理想制度适合"人的本性"、适合理性道德生活概念等等就足够了。马克思认为不能以这种社会主义为满足。他并不限于评论现代制度,评价和斥责这个制度,他还对这个制度作了科学的解释,把这个在欧洲和非欧洲各个国家表现得不同的现代制度归结为一个共同基础,即资本主义社会形态,并对这个社会形态的活动规律和发展规律作了客观分析(他指明这个制度下的剥削的**必然性**)。同样,他认为不能满足于伟大的空想社会主义者及其渺小的模仿者即主观社会学家所说的只有社会主义制度才适合人的本性的断语。他以对资本主义制度的这种**客观**分析,证明了资本主义制度变为社会主义制度的**必然性**(他究竟怎样证明这一点,米海洛夫斯基先生又怎样反驳这一点,对于这个问题,我们还得回头再说)。这就是马克思主义者经常援引必然性的由来。米海洛夫斯基先生对问题的曲解极为明显:他撇开这个理论的全部实际内容、全部实质,而把问题说成这样,似乎这整个理论归结起来就在于"必然性"一词("在复杂的实际情况下不能只援引必然性"),似乎这个理论的**证据**就在于历史必然性是这样要求的。换句话说,他对学说的内容默不做声,只抓住它的名称,他自己竭力使马克思学说变成一枚"磨光了的金币",现在却又加以讥笑。我们当然不去探究这种讥笑,因为这套把戏我们已经看够了。让他去翻筋斗,以博得布勒宁先生的欢心和满意吧(无怪乎布勒宁先生在《新时报》[15]上抚摸了一下米海洛夫斯基先生的头顶[16]),让他向马克思点头哈腰之后又悄悄地向马克思吠叫吧:"马克思同空想主义者和唯心主义者的论战,即使没有这一点",就是说即使马克思主义者没有重申论战的理由,"也是单方面的"。我们只能把这种伎俩叫做吠叫，因为他确实**没有**拿出**一个**实际的、确定的、经得起检验的异议来反对这场论战，所以（不管我们怎样乐于谈论这个题目，认为这场论战对解决俄国社会主义问题极为重要），我们简直无法回答这种吠叫，而只有耸耸肩膀说：

哎呀，哈巴狗，它敢向大象吠叫，想必是力量不小！[17]

米海洛夫斯基先生在这之后关于历史必然性的议论，也是并不乏味的，因为它总算向我们打开了"我国著名社会学家"（这是米海洛夫斯基先生和瓦·沃·先生一起在我国"文化界"的自由派人士中间博得的称号）的一部分真正的思想行囊。他谈到"历史必然性的思想和个人活动的作用之间的冲突"时说，社会活动家如以活动家自居，那就大错特错了；其实他们是"被动者"，是"被历史必然性的内在规律从神秘的暗窖里牵出来的傀儡"，——据他说，这就是从历史必然性思想得出的结论，因此，他称这个思想是"没有结果的"和"模糊不清的"。也许不是任何一个读者都明白米海洛夫斯基先生从哪里弄来这套傀儡之类的胡说。原来，关于决定论和道德观念之间的冲突、历史必然性和个人作用之间的冲突的思想，正是主观哲学家喜爱的话题之一。关于这个问题，他写了那么一大堆纸张，说了无数的小市民感伤的荒唐话，想把这个冲突解决得使道德观念和个人作用占上风。其实，这里并没有什么冲突，冲突完全是米海洛夫斯基先生因担心（而且是不无根据的）决定论会推翻他所如此酷爱的小市民道德而捏造出来的。决定论思想确认人的行为的必然性，摒弃所谓意志自由的荒唐的神话，但丝毫不消灭人的理性、人的良心以及对人的行动的评价。恰巧相反，只有根据决定论的观点，才能作出严格正确的评价，而不致把什么都推到自由意志上去。同样，历史必然性的思想也丝毫不损害个人在历史上的作用：全部历史正是由那些无疑是活动家的个人的行动构成的。在评价个人的社会活动时会发生的真正问题是:在什么条件下可以保证这种活动得到成功?有什么保证能使这种活动不致成为孤立的行动而沉没在相反行动的汪洋大海里?这也就是社会民主党人和俄国其他社会主义者解决得各不相同的另一个问题:以实现社会主义制度为目标的活动,应当怎样吸引群众参加才能取得重大的成果?显然,这个问题的解决,直接取决于对俄国社会力量的配置的看法,对构成俄国现实的阶级斗争的看法,——而米海洛夫斯基先生又是只围着问题兜圈子,甚至不打算明确提出这个问题并给以一定的解答。大家知道,社会民主党人解答这个问题时所持的观点是:俄国经济制度是资产阶级社会,要摆脱这个社会只能有一条从资产阶级制度本质中必然产生的出路,这就是无产阶级反对资产阶级的阶级斗争。显然,严肃的批评应当是:或者反对那种认为我国制度是资产阶级制度的观点,或者反对关于这种制度的本质及其发展规律的看法,但米海洛夫斯基先生甚至不想触及这些严肃问题。他宁愿用一些毫无内容的词藻来支吾搪塞,说什么必然性是一个太一般的括弧等等。是的,米海洛夫斯基先生,任何一种思想,假若你把它当干鱼[18]对待,先把全部内脏剜去,然后摆弄剩下的外壳,那都会成为一个太一般的括弧!这个掩盖现代真正重大而迫切问题的外壳,就是米海洛夫斯基先生所喜爱的领域,因此,他特别傲然自得地强调说,“经济唯物主义忽视或不正确地阐述英雄和大众的问题”。看,关于当前俄国现实是由哪些阶级的斗争和在什么基础上构成的问题,在米海洛夫斯基先生看来想必是一个太一般的问题,于是他避而不谈。可是对于英雄和大众(不管这是工人大众、农民大众、厂主大众或是地主大众)之间存在什么关系的问题,他却极感兴趣。也许这确实是个“有兴趣的”问题,但责备唯物主义者集中全力来解决直接有关劳动阶级解放的问题,那不过表明自己是个庸人科学的爱好者而已。米海洛夫斯基先生在结束他对唯物主义的"批评"(?)时,又一次企图歪曲事实,颠倒黑白。恩格斯认为《资本论》曾被职业经济学家默然抵制①,而米海洛夫斯基先生对恩格斯这一看法的正确性表示怀疑(为了证明这种怀疑是有根据的,还举了一个可笑的理由,说德国有许许多多大学!),他说:"马克思想到的决不是这类读者〈工人〉,他对科学界人士也是有所期待的。"这话完全不对,因为马克思十分懂得,很少有可能指望资产阶级科学界人士会持公正的态度和作出科学的批评,所以他在《资本论》第2版跋中对这一点说得非常明确。他在那里说:"《资本论》在德国工人阶级广大范围内迅速得到理解,是对我的劳动的最好的报酬。一个在经济方面站在资产阶级立场上的人……迈尔先生,在普法战争期间发行的一本小册子中说得很对:被认为是德国世袭财产的卓越的理论思维能力(der große theoretische Sinn),已在德国的所谓有教养的阶级中完全消失了,但在德国工人阶级中复活了。"②

还有一套颠倒黑白的把戏,也是针对唯物主义的,而且完全是按照第一个公式套下来的。"这个理论〈唯物主义理论〉一直没有被科学地论证过和检验过。"命题就是如此,而证据则是:"恩格斯、考茨基和其他某些人的著作中(像在布洛斯的大作里那样)个别具有历史内容的很好篇页,本来没有经济唯物主义商标也行,因为〈请注意"因为"二字!〉实际上〈原文如此!〉这些篇页考虑到了社会生活的全部总和,虽然在这一和弦中经济的弦音占优势。"结论……是:"经济唯物主义在科学上是站不住脚的。"

---

① 参看《马克思恩格斯文集》2009年人民出版社版第4卷第15页。——编者注
② 见《马克思恩格斯文集》2009年人民出版社版第5卷第15页。——编者注

又是那套老把戏！为了证明这个理论没有根据,米海洛夫斯基先生首先是曲解它,硬说它荒谬到不愿考虑社会生活的全部总和(其实完全相反,唯物主义者——马克思主义者——是最先提出不仅必须分析社会生活的经济方面而且必须分析社会生活的各个方面这一问题的社会主义者①),接着又确认,"实际上"唯物主义者用经济"很好地"说明了社会生活的全部总和(这个事实显然击中了作者自己),最后作出结论说,唯物主义"是站不住脚的"。可是,米海洛夫斯基先生,您这套颠倒黑白的把戏倒是很妙地站住脚了!

这就是米海洛夫斯基先生用来"驳斥"唯物主义的一切。我再说一遍,这里没有任何批评,有的只是一堆空洞的妄自尊大的胡说。随便问一下什么人,米海洛夫斯基先生对生产关系是其余一切关系的基础的观点,究竟提出过什么异议呢？他用什么反驳过马克思用唯物主义方法得出的社会形态以及这些形态的自然历史发展过程这一概念的正确性呢？他怎样证明那些即使是他提到的作者对各种历史问题所提出的唯物主义解释是不正确的呢？任何

① 这是在《资本论》和社会民主党人策略中完全明白表示出来而和从前的社会主义者不同的地方。马克思直截了当地提出了不以经济方面为限的要求。1843 年马克思在给预备出版的杂志**19**撰写纲领时写信给卢格说:"然而整个社会主义的原则又只是……这一个方面。我们还应当同样关心另一个方面,即人的理论生活,因而应当把宗教、科学等等当做我们批评的对象。……正如**宗教**是人类的理论斗争的目录一样,**政治国家**是人类的实际斗争的目录。可见政治国家在自己的形式范围内从共和制国家的角度反映了一切社会斗争、社会需求、社会真理。所以,把最特殊的政治问题,例如等级制度和代议制度之间的区别作为批判的对象,毫不意味着降低原则高度。因为这个问题只是用**政治的**方式来表明人的统治同私有制的统治之间的区别。这就是说,批评家不但能够而且必须探讨这些政治问题(在那些极端的社会主义者看来这些问题是不值得注意的)。"(见《马克思恩格斯文集》2009 年人民出版社版第 10 卷第 8—9 页。——编者注)

人都一定会回答说：他没有提出任何异议，没有举出任何反驳的理由，没有指出任何不正确的地方。他只是在那里兜圈子，竭力用空话掩盖问题的实质，并顺便捏造种种无聊的遁词。

当这样一位批评家在《俄国财富》杂志第2期上继续反驳马克思主义的时候，很难指望他会拿出什么像样的东西。全部差别在于他那种颠倒黑白的发明能力已经穷尽，他在开始利用旁人的了。

首先他大谈社会生活的"复杂性"，甚至说加尔瓦尼电学也同经济唯物主义有联系，因为加尔瓦尼的实验对黑格尔也"发生了影响"。真是惊人的机智！这样说来，也可以把米海洛夫斯基先生和中国皇帝联系起来了！这除了说明有人以胡说为乐事，还能得出什么结论呢?!

米海洛夫斯基先生继续说："事物的历史进程的实质根本不可捉摸，经济唯物主义学说也没有捉摸住，虽然这个学说看来依靠两个基石，一个是生产形式和交换形式具有决定一切的意义的发现，一个是辩证过程的无可争辩性。"

这样看来，唯物主义者所依靠的是辩证过程的"无可争辩性"！就是说，唯物主义者把自己的社会学理论建立在黑格尔的三段式上。我们又听到这种老一套的责难，说马克思主义是黑格尔辩证法，这种责难看来已被批评马克思的资产阶级批评家用得够滥的了。这帮先生不能从实质上对这个学说提出任何反驳，就拼命抓住马克思的表达方式，攻击这个理论的起源，想以此动摇这个理论的根基。米海洛夫斯基先生也毫不客气地采用了这种手法。恩格斯《反杜林论》一书中的一章①成了他的借口。恩格斯在

---

① 指弗·恩格斯《反杜林论》第1编第13章《辩证法。否定的否定》，见《马克思恩格斯文集》2009年人民出版社版第9卷第136—150页。——编者注

反驳攻击马克思辩证法的杜林时说:马克思从未打算用黑格尔的三段式来"证明"任何事物,马克思只是研究和探讨现实过程,马克思认为理论符合现实是理论的唯一标准。假使说,有时某种社会现象的发展符合肯定——否定——否定的否定这个黑格尔公式,那也没有什么奇怪,因为这在自然界中根本不是罕见的现象。于是恩格斯引证自然历史方面(麦粒的发育)和社会方面的例子,例如起初是原始共产主义,接着是私有制,然后是资本主义的劳动社会化;又如起初是原始唯物主义,然后是唯心主义,最后是科学唯物主义,等等。谁都明白,恩格斯立论的重心在于:唯物主义者的任务是正确地和准确地描绘现实的历史过程;而坚持辩证法,选择例子证明三段式的正确,不过是科学社会主义由以长成的那个黑格尔主义的遗迹,是黑格尔主义表达方式的遗迹罢了。既然已经断然声明,用三段式"证明"任何事物都是荒谬的,说谁也没有打算这样做,那么,"辩证"过程的例子究竟能有什么意义呢? 这不过是表露了学说的起源,难道还不明显吗? 米海洛夫斯基先生自己也感觉到这一点,他说,不可把理论的起源当做理论的罪过。但是,要在恩格斯这段议论中发现超乎理论起源的东西,那显然就必须证明,至少有一个历史**问题**,唯物主义者不是根据有关事实,而是借三段式来解决的。米海洛夫斯基先生企图证明过这点吗? 丝毫也没有。相反,他自己也不得不承认:"马克思用实际内容把空洞的辩证公式充实到了这种程度,以至可以把这个公式从这个内容上去掉,就像从杯子上去掉盖子一样,并不会改变什么。"(米海洛夫斯基先生在这里把有关未来的问题作为例外,我们在下面还要谈到。)既然如此,米海洛夫斯基先生为什么又这样热心地和这个并不改变什么的盖子周旋呢? 为什么说唯物主义者所"依靠"的是辩证过程的无可争辩性呢? 他为什么在攻击这个盖子时公然撒谎骗人，说他是在攻击科学社会主义的"基石"之一呢？

我当然不会去探究米海洛夫斯基先生是怎样分析三段式的例子的，我重说一遍，因为这无论对科学唯物主义还是对俄国马克思主义，都没有任何关系。但有一个问题值得注意：米海洛夫斯基先生这样曲解马克思主义者对辩证法的态度，究竟有些什么根据呢？根据有二：第一，米海洛夫斯基先生只知其一，不知其二；第二，米海洛夫斯基先生又玩了（或正确些说，从杜林那里剽窃了）一套歪曲捏造的手法。

关于第一点，米海洛夫斯基先生在读马克思主义文献时，常常碰见社会科学中的"辩证方法"，碰见社会问题范围（谈的也只是这个范围）内的"辩证思维"等等。由于头脑简单（如果只是简单那还好），他以为这个方法就是按黑格尔三段式的规律来解决一切社会学问题。他只要稍微细心一点看问题，就不能不确信这种看法是荒谬的。马克思和恩格斯称之为辩证方法（它与形而上学方法相反）的，不是别的，正是社会学中的科学方法，这个方法把社会看做处在不断发展中的活的机体（而不是机械地结合起来因而可以把各种社会要素随便配搭起来的一种什么东西），要研究这个机体，就必须客观地分析组成该社会形态的生产关系，研究该社会形态的活动规律和发展规律。辩证方法对形而上学方法（社会学中的主观方法无疑也属于这个概念）的态度，我们在下面将尽力以米海洛夫斯基先生自己的议论为例加以说明。现在我们仅仅指出，凡是读过恩格斯（在同杜林的论战中。俄文版：《社会主义从空想到科学的发展》）或马克思（《资本论》中的各条注解和第2版《跋》；《哲学的贫困》）关于辩证方法的定义和叙述的人，都会看出根本没有说到黑格尔的三段式，而全部问题不过是把社会演进看做是社会经济形态发展的自然历史过程。为了证明这一点，我把《欧洲通报》杂志[20]1872 年第 5 期上描述辩证方法的那一段话(短评:《卡·马克思的政治经济学批判的观点》[21])全部引来,这段话马克思在《资本论》第 2 版《跋》中引证过。马克思在《跋》中说,他在《资本论》中应用的方法被人们理解得很差。"德国的评论家当然大叫什么黑格尔的诡辩。"马克思为要更明白地叙述自己的方法,于是摘引了上述短评中描述这个方法的那一段话。短评说:在马克思看来,只有一件事情是重要的,那就是发现他所研究的那些现象的规律,在他看来,最重要的是这些现象变化的规律,这些现象发展的规律,即它们由一种形式过渡到另一种形式、由一种社会关系秩序过渡到另一种社会关系秩序的规律。所以马克思竭力去做的只是一件事:通过准确的科学研究来证明社会关系的一定秩序的必然性,同时尽可能完善地指出那些作为他的出发点和根据的事实。为了这个目的,只要证明现有秩序的必然性,同时证明这种秩序不可避免地要过渡到另一种秩序的必然性就完全够了,而不管人们相信或不相信,意识到或没有意识到这种过渡。马克思把社会运动看做受一定规律支配的自然历史过程,这些规律不仅不以人的意志、意识和意图为转移,反而决定人的意志、意识和意图。(请那些因为人抱有自觉的"目的",遵循一定的理想,而主张把社会演进从自然历史演进中划分出来的主观主义者先生们注意。)既然意识要素在文化史上只起着这种从属作用,那么不言而喻,以文化本身为对象的批判,比任何事情更不能以意识的某种形式或某种结果为依据。这就是说,作为这种批判的出发点的不能是观念,而只能是外部客观现象。批判将不是把事实和观念比较对照,而是把一种事实同另一种事实比较对照。对这种批判唯一重要的是,对两种事实进行尽量准确的研究,使之真正形成相互不同的发展阶段,而且特别需要的是同样准确地把一系列已知的状态、它们的连贯性以及不同发展阶段之间的联系研究清楚。马克思否认的正是这种思想：经济生活规律，不管是应用于现在或过去，都是一样的。恰恰相反，每个历史时期都有它自己的规律。经济生活呈现出的现象和生物学的其他领域的发展史颇相类似。旧经济学家不懂得经济规律的性质，他们把经济规律同物理学定律和化学定律相比拟。更深刻的分析证明，各种社会有机体像动植物有机体一样，彼此根本不同。马克思认为自己的任务是根据这种观点来研究资本主义的经济组织，因而极其科学地表述了对经济生活的任何准确的研究所应抱的目的。这种研究的科学价值在于阐明支配着一定社会有机体的产生、生存、发展和死亡以及为另一更高的有机体所代替的特殊规律(历史规律)。

这就是马克思从报章杂志对《资本论》的无数评论中挑选出来并译成德文的一段对辩证方法的描述，马克思这样做，是因为这段对辩证方法的说明，正如他自己所说，是十分确切的。试问，这里有一句话提到三段式、三分法、辩证过程的无可争辩性等等胡说，即米海洛夫斯基先生用骑士姿态加以攻击的那些胡说吗？马克思紧接着这段描述之后还直截了当地说，他的方法和黑格尔的方法"截然相反"。在黑格尔看来，观念的发展，按照三段式的辩证规律，决定现实的发展。当然，只有在这种场合，才说得上三段式的作用，才说得上辩证过程的无可争辩性。马克思说，在我看来则相反，"观念的东西不过是物质的东西的反映"。因而全部问题归结为"对现存事物及其必然的发展的肯定的理解"：三段式只能起着使庸人们发生兴趣的盖子和外壳("我卖弄起黑格尔的字眼来了"，——马克思在这个跋里说)的作用。现在要问，如果一个人想批判科学唯物主义的"基石"之一即辩证法，他无所不谈，甚至连蛤蟆和拿破仑都谈到了,可就是不谈这个辩证法有何内容,不谈社会的发展是否真的是自然历史过程,把社会经济形态看做特殊的社会有机体的唯物主义概念是否正确,对这些形态的客观分析的方法是否正确,社会观念是否真的不决定社会发展反而为社会发展所决定等等问题,那么,我们应该怎样评判这个人呢? 是否可以说只是由于他不理解呢?

关于第二点。米海洛夫斯基先生这样"批判"辩证法以后,就把这种"借"黑格尔三段式进行论证的办法硬加到马克思头上,并且当然是扬扬得意地攻击这种办法。他说:"关于未来,社会内在规律纯粹是被辩证地提出来的。"(这也就是上文提到的例外。)马克思关于资本主义的发展规律必然使剥夺者被剥夺的论断,带有"纯粹辩证的性质"。马克思关于土地和资本公有的"理想","就其必然和毫无疑义来说,纯粹是维系在黑格尔三项式链条的最末一环上的"。

这个论据**完全**是从杜林那里**拿来**的,是杜林在他的《国民经济学和社会主义批判史》一书(1879 年第 3 版第 486—487 页)里运用过的。可是,米海洛夫斯基先生只字不提杜林。话又说回来,也许这套歪曲马克思的手法是他的独出心裁吧?

恩格斯给了杜林一个绝妙的答复,而且他也引述了杜林的批评,所以我们只引恩格斯的答复[22]就可以了。读者一定会看出,这个答复对米海洛夫斯基先生也是完全适用的。

"杜林说:'这一历史概述〈英国资本的所谓原始积累的产生过程〉①,在马克思的书中比较起来还算是最好的,如果它不但抛掉博学的拐杖,而且也抛掉辩证法的拐杖,那或许还要好些。由于缺

---

① 这个尖括号中的话是恩格斯加的。——编者注

乏较好的和较明白的方法,黑格尔的否定的否定不得不在这里执行助产婆的职能,靠它的帮助,未来便从过去的腹中产生出来。从16世纪以来通过上述方法实现的个人所有制的消灭,是第一个否定。随之而来的是第二个否定,它被称为否定的否定,因而被称为"个人所有制"的重新建立,然而是在以土地和劳动资料的公有为基础的更高形式上的重新建立。既然这种新的"个人所有制"在马克思先生那里同时也称为"社会所有制",那么这里正表现出黑格尔的更高的统一,在这种统一中,矛盾被扬弃〈aufgehoben——这是黑格尔的专用术语〉,就是说按照这种文字游戏,矛盾既被克服又被保存。

……这样,剥夺剥夺者,便是历史现实在其外部物质条件中的仿佛自动的产物……   未必有一个深思熟虑的人,会凭着否定的否定这一类黑格尔蠢话的信誉而确信土地和资本公有的必然性。其实,马克思观念的混沌杂种,并不使这样的人感到惊奇,他知道什么东西能够同作为科学基础的黑格尔辩证法合拍,或者确切地说,知道一定会出现无稽之谈。对于不熟悉这些把戏的人,应该明确指出,在黑格尔那里,第一个否定是教义问答中的原罪概念,而第二个否定则是引向赎罪的更高统一的概念。这种从宗教领域中抄袭来的荒唐类比,当然不能为事实的逻辑提供根据……   马克思先生安心于他那既是个人的又是社会的所有制的混沌世界,却让他的信徒们自己去解这个深奥的辩证法之谜.'杜林先生就是这样说的。

总之,——恩格斯总结说,——马克思不依靠黑格尔的否定的否定,就无法证明社会革命的必然性,证明建立土地公有制和劳动所创造的生产资料的公有制的必然性;他在根据从宗教中抄袭来的这种荒唐类比创造自己的社会主义理论时,得出这样的结论:在未来的社会里,将存在一种既是个人的又是社会的所有制,即黑格尔的被扬弃的矛盾的更高的统一。①

我们先把否定的否定撇在一边,来看看'既是个人的又是社会的所有制'。杜林先生把这叫做'混沌世界',而且他在这里令人惊奇地确实说对了。但是很遗憾,处于这个'混沌世界'之中的不是马克思,而又是杜林先生自己。……他按照黑格尔来纠正马克思,把马克思只字未提的什么所有制的更高的统一硬加给马克思。

马克思是说:'这是否定的否定。这种否定重新建立个人所有制,然而是在资本主义时代的成就的基础上,在自由劳动者的协作的基础上和他们对土地及他们所生产的生产资料的公有制上来重新建立。以自己劳动为基础的分散的个人私有制转化为资本主义私有制,同事实上已经以社会生产为基础的资本主义私有制转化为社会所有制比较起来,自然是一个长久得多、艰苦得多、困难得多的过程。'他说的就是这些。可见,靠剥夺剥夺者而建立起来的状态,被称为重新建立个人所有制,然而是在土地和靠劳动本身生产的生产资料的社会所有制的**基础上**重新建立。对任何一个懂德语的人来说〈懂俄语也一样,米海洛夫斯基先生,因为译文完全准确〉,这就

———————————

① 这段杜林观点的表述对米海洛夫斯基先生也完全适用,关于这点,他那篇《卡尔·马克思在尤·茹柯夫斯基先生的法庭上》的论文里还有下述一段可以证明。米海洛夫斯基先生在反驳那位断言马克思是私有制辩护者的茹柯夫斯基先生时,曾指出马克思的这个公式并解说如下:"马克思把黑格尔辩证法中两个尽人皆知的戏法搬到自己的公式中来,第一,这个公式是按黑格尔三段式规律造成的;第二,合题是以对立面(即个人所有制和社会所有制)的同一为基础的。可见'个人'一词,在这里具有一种特殊的、纯粹假设的,即辩证过程的一个组成部分的意义,而丝毫也不能引为根据。"这是一个怀有最善良愿望的人在俄国公众面前替"热血志士"马克思辩护以反对资产者茹柯夫斯基先生时所说的话。他就是怀着这种善良愿望而把马克思说成这样:马克思把自己对过程的看法建立在"戏法"上面!米海洛夫斯基先生可以从这里吸取一个对他不无益处的教训:做任何一件事情单靠善良愿望都是有点不够的。

是说，社会所有制涉及土地和其他生产资料，个人所有制涉及产品，也就是涉及消费品。为了使甚至六岁的儿童也能明白这一点，马克思在第56页〈俄文版第30页〉①设想了一个'自由人联合体，他们用公共的生产资料进行劳动，并且自觉地把他们许多个人劳动力当做一个社会劳动力来使用'，也就是设想了一个按社会主义原则组织起来的联合体，还说：'总产品是一个社会产品。这个产品的一部分重新用做生产资料。**这一部分依旧是社会的**。而另一部分则作为生活资料由联合体成员消费。**因此，这一部分要在他们之间进行分配**。'这些话甚至对杜林先生来说，也是足够清楚的。

既是个人的又是社会的所有制，这个混乱的杂种，这种在黑格尔辩证法中一定会出现的无稽之谈，这个混沌世界，这个马克思让他的信徒们自己去解的深奥的辩证法之谜——这又是杜林先生的自由创造物和想象物……

那么，——恩格斯继续说，——否定的否定在马克思那里究竟起了什么作用呢？在第791页和以后几页〈俄文版第648页②及以后几页〉上，马克思概述了前50页〈俄文版前35页〉中所作的关于资本的所谓原始积累的经济研究和历史研究的最后结果。在资本主义时代之前，至少在英国，存在过以劳动者自己的生产资料的私有制为基础的小生产。所谓原始积累，在这里就是这些直接生产者的被剥夺，即以自己劳动为基础的私有制的解体。这种解体之所以成为可能，是因为上述的小生产只能同生产和社会的狭隘的、自然产生的界限相容，因而它发展到一定程度就产生消灭它自身的物质基础。这种消灭，即个人的分散的生产工具转化为社

① 参看《马克思恩格斯文集》2009年人民出版社版第5卷第96页。——编者注
② 同上书，第872页。——编者注

会的积聚的生产工具,形成资本的前史。一旦劳动者转化为无产者,他们的劳动资料转化为资本,一旦资本主义生产方式站稳脚跟,劳动的进一步社会化,土地和其他生产资料的进一步转化〈变为资本〉,从而对私有者的进一步的剥夺,都会采取新的形式。'现在要剥夺的已经不再是独立经营的劳动者,而是剥削许多工人的资本家了。这种剥夺是通过资本主义生产本身的内在规律的作用,即通过资本的积聚进行的。一个资本家打倒许多资本家。随着这种积聚或少数资本家对多数资本家的剥夺,规模不断扩大的劳动过程的协作形式日益发展,科学日益被自觉地应用于工艺方面,土地日益被有计划地共同利用,劳动工具日益转化为只能共同使用的东西,一切生产资料因作为结合的、社会的劳动的共同生产资料使用而日益节省。随着那些掠夺和垄断这一转化过程的全部利益的资本巨头不断减少,贫困、压迫、奴役、退化和剥削的程度不断加深,而日益壮大的、由资本主义生产过程本身的机制所训练、联合和组织起来的工人阶级的反抗也不断增长。资本成了和它一起并在它羽翼下繁盛起来的生产方式的桎梏。生产资料的积聚和劳动的社会化,达到了同它们的资本主义外壳不能相容的地步。这个外壳就要炸毁了。资本主义私有制的丧钟就要响了。剥夺者就要被剥夺了。'

现在我请问读者:辩证法的一团混乱和各种观念的杂乱交织在哪里呢?使一切差别化为乌有的那种概念的混淆在哪里呢?为信徒创造的辩证法的奇迹和仿效黑格尔的逻各斯学说所玩弄的戏法——据杜林说,没有这些东西,马克思就不能自圆其说——在哪里呢?马克思历史地证明并在这里简略地概述:正像以往小生产由于自身的发展而造成消灭自身的条件一样,现在资本主义生产方式也自己造成使自己必然走向灭亡的物质条件。这是一个历史的过程,如果说它同时又是一个辩证的过程,那么这不是马克思的罪过,尽管这对杜林先生说来好似命中注定的。

马克思只是在作了自己的历史的和经济的证明之后才继续说:'资本主义的生产方式和占有方式,从而资本主义的私有制,是对个人的、以自己劳动为基础的私有制的第一个否定。对资本主义生产的否定,是它自己由于自然历史过程的必然性而造成的。这是否定的否定'等等(如上面引证过的)。

因此,当马克思把这一过程称为否定的否定时,他并没有想到要以此来证明这一过程是个历史地必然的过程。相反,他在历史地证明了这一过程一部分实际上已经实现,一部分还一定会实现以后,才又指出,这是一个按一定的辩证法规律完成的过程。他说的就是这些。由此可见,如果说杜林先生断定,否定的否定不得不在这里执行助产婆的职能,靠它的帮助,未来便从过去的腹中产生出来,或者他断定,马克思要求人们凭着否定的否定的信誉来确信土地和资本的公有的必然性,那么这些论断又都是杜林先生的纯粹的捏造。"(第125页)

读者可以看出,恩格斯这段驳斥杜林的出色议论,对于米海洛夫斯基先生也是完全适用的,因为米海洛夫斯基先生同样断言,马克思把未来纯粹维系在黑格尔链条的最末一环上,断言对于未来的必然性的信念只能建立在信仰上①。

杜林和米海洛夫斯基先生之间的全部区别,只有下列两小点:第一,尽管杜林一说起马克思就怒火万丈,但他毕竟认为必须在他

---

① 说到这里,我以为不妨指出:恩格斯的全部解释是载在他谈论麦粒、卢梭学说和其他辩证过程实例的那一章里的。看来只要把这些实例拿来和恩格斯(以及马克思,因为这本著作的手稿预先读给马克思听过)这样明白肯定的声明——根本谈不到用三段式来**证明**什么东西,或把这三段式的"假设成分"塞到现实过程的描述中——对照一下,就完全可以明白,责难马克思主义是黑格尔辩证法,是荒谬绝伦的。

那部《批判史》①的下一节里提到马克思如何在跋②中断然反驳了那种说他是黑格尔主义的责难,而米海洛夫斯基先生对马克思十分明确地说明自己是怎样理解辩证方法的那段话(上面引过的那段话)却避而不谈。

第二,米海洛夫斯基先生的第二个独到之处,是他把全部注意力集中在动词时态的用法上。为什么马克思说到将来的时候使用现在时呢? ——我们的哲学家扬扬得意地问道。可敬的批评家,关于这个问题,你可以去查任何一本语法书,它会告诉你,当将来的事情是必不可免和毫无疑义的时候,就要用现在时而不用将来时。但是,究竟为什么这样,为什么它是毫无疑义的呢? ——米海洛夫斯基先生惊问道,他想装出非常激动的样子,把歪曲捏造的把戏弥缝起来。马克思对这点也给了十分确定的答复。可以认为这个答复不充分或不正确,但那就必须指明**究竟什么地方**不正确,**为什么**不正确,而不是胡诌一通,说这是黑格尔主义。

有一个时候,米海洛夫斯基先生不仅本人知道这个答复是什么,而且还教训过别人。他在1877年写道,茹柯夫斯基先生尽可认为马克思关于未来的理论是一种猜测,但是,他"没有道义上的权利"回避"马克思认为具有重大意义的"劳动社会化问题。呵,当然咯! 茹柯夫斯基在1877年没有道义上的权利回避问题,而米海洛夫斯基先生在1894年却有这种道义上的权利了! 也许是丘必特可做的,公牛不可做吧?!**23**

在这里我不禁想起曾经发表在《祖国纪事》杂志**24**上的一则

---

① 指杜林《国民经济学和社会主义批判史》。——编者注
② 指马克思《资本论》第1卷第2版《跋》,见《马克思恩格斯文集》2009年人民出版社版第5卷第14—23页。——编者注

关于对这个社会化的见解的奇闻。该杂志1883年第7期载有一位局外人①先生《给编辑部的信》,这位先生也同米海洛夫斯基先生一样,认为马克思关于未来的"理论"是一种猜测。这位先生说:"其实,在资本主义统治下,劳动的社会形式不过是几百或几千工人在一个场所内磨着,锤着,转着,堆着,填着,拖着,以及还从事许多其他操作。这个制度的一般性质很可拿一句俗话来表示:'人人为自己,上帝为大家。'这谈得上什么劳动的社会形式呢?"

这立刻就可以看出,这个人算是把问题弄清楚了!"劳动的社会形式""不过是""在一个场所内做工"!!既然连最优秀的俄国杂志之一都有这种奇怪见解,还居然有人要我们相信《资本论》的理论部分已为科学界所公认。的确,"公认的科学"既然不能用稍为像样的东西来反驳《资本论》,于是就恭维它,同时继续表现极其无知,重复着经济学教科书中的陈词滥调。我们必须稍微谈谈这个问题,好让米海洛夫斯基先生知道他按照自己的固定习惯而完全回避了的问题的实质。

资本主义生产使劳动社会化,决不在于人们在一个场所内做工(这只是过程的一小部分),而在于随着资本集中而来的是社会劳动的专业化,每个工业部门的资本家人数的减少,单独的工业部门数目的增多;就是说,在于许多分散的生产过程融合成一个社会生产过程。例如,在手工纺织时代,小生产者自己纺纱并用它来织布,工业部门并不多(纺纱业和织布业合在一起)。一旦资本主义使生产社会化,单独的工业部门的数目就增加起来,纺纱业单独纺纱,织布业单独织布;这种生产单独化和生产集中使机器制造业、煤炭采掘业等等新部门相继出现。在每个现在已更加专业化的工业部门里,

---

① 尼·康·米海洛夫斯基的笔名。——编者注

资本家的人数日益减少。这就是说,生产者之间的社会联系日益加强,生产者在结成一个整体。分散的小生产者各人兼干几种操作,所以不大依赖别人:例如一个手工业者自己种亚麻,自己纺麻和织布,几乎是不依赖别人的。正是在这种分散的小商品生产者的制度下(也只是在这种制度下),"人人为自己,上帝为大家"这句俗话,也就是说,市场波动的无政府状态,才是有根据的。当劳动已因资本主义而社会化,情形就完全不同了。织布厂老板依赖纺纱厂老板;后者又依赖种棉花的资本家,依赖机器制造厂老板,依赖煤矿老板等等。结果任何一个资本家离了别的资本家都不行。显然,"人人为自己"这句俗话完全不适用于这样一种制度:这里已经是一人为大家工作,大家为一人工作(上帝已没有立足之地,不管他是作为天空的幻影,还是作为人间的"金犊"**25**)。制度的性质完全变了。在存在分散的小企业的制度下,其中某个企业停工了,只影响社会少数成员,并未造成普遍的混乱,因而不会引起大家的注意,不会激起社会的干涉。可是,如果一个属于非常专业化的工业部门,而且几乎是为全社会工作但又依赖全社会(为简单起见,我以社会化已达顶点时的情形为例)的大企业停工了,那么,社会其余一切企业都一定会停工,因为它们只能从这个企业取得必需的产品,只有有了这个企业的商品,才能实现自己的全部商品。这样,所有的生产就融合成一个社会生产过程,同时每种生产又由资本家各自经营,以他的意愿为转移,把社会产品归他私人所有。于是生产形式就同占有形式发生不可调和的矛盾,这难道还不清楚吗? 后者不能不适应前者,不能不也变成社会的即社会主义的,这难道还不明显吗? 而《祖国纪事》杂志的机智的庸人却把一切归结为在一个场所内做工。真是胡说八道!(我所说的只是物质过程,只是生产关系的改变,没有涉及这一过程的社会方面,没有涉及工人的联合、团结和组织,因为这是派生的现象,第二位的现象。)

我们所以不得不向俄国"民主主义者"解释这种起码的常识,是因为他们全身浸透了小市民思想,除小市民制度外,根本不能想象其他的制度。

我们还是回过来谈米海洛夫斯基先生吧。他拿什么来反驳马克思在作出资本主义发展规律本身使社会主义制度必然到来的结论时所依据的事实和理由呢？他是不是证明了在实际上(在商品的社会经济组织条件下)社会劳动过程不是日益专业化,资本和企业不是日益集中,整个劳动过程不是日益社会化呢？没有,他没有举出任何一个理由来反驳这些事实。他是不是动摇了认为资本主义社会具有一种不能与劳动社会化相容的无政府状态的论点呢？他丝毫没有谈到这一点。他是不是证明过一切资本家的劳动过程联合为一个社会劳动过程的现象能同私有制和平共居呢？除马克思指明的出路之外,是不是还能想出其他摆脱矛盾的出路呢？没有,他一个字也没有提到这一点。

他究竟靠什么来进行批评呢？靠颠倒黑白、歪曲捏造,靠无非是耍花招的滔滔不绝的空话。

批评家预先说了一大堆关于历史的三段一贯的步骤的废话,然后煞有介事地质问马克思:"以后又怎样呢？"也就是说,在他所描写的那个过程的最后阶段以后,历史将怎样前进呢？试问,对这种手法又能叫做别的什么呢？请注意,马克思一开始从事写作活动和革命活动,就十分明确地表示过他对社会学理论的要求:社会学理论应当确切地描写现实过程,如此而已(例如参看《共产党宣言》论共产党人的理论标准[26])。他在《资本论》里极严格地遵守了这个要求,即他给自己提出的任务是科学地分析资本主义社会形态,而当他证明了这个组织在我们眼前的实际发展具有什么样的趋势,这个组织必然会灭亡而转变为另一更高的组织时,他就结束了自己的分析。而米海洛夫斯基先生避而不谈马克思学说的全部实质,却提出他的"以后又怎样呢?"这个极其愚蠢的问题,并故作高深地补充说:"我应当坦白地承认,我不完全懂得恩格斯的答复。"但是,米海洛夫斯基先生,我们却应当坦白地承认,我们完全懂得这种"批评"的精神和手法!

或者再拿这样一段议论来说吧:"在中世纪,马克思所说的以自己劳动为基础的个人所有制,甚至在经济关系方面,既不是唯一的,也不是主要的因素。除它之外,还有许多其他的东西,但马克思所解释的辩证方法〈莫非是米海洛夫斯基先生所歪曲的辩证方法吗?〉却不主张研究这些东西······ 所有这些公式显然不能表现出历史现实的全貌,甚至也不能表现出它的局部情况,而只能满足人们喜欢把任何事物都想象为有它的过去、现在、将来的那种爱好。"米海洛夫斯基先生,甚至您的歪曲捏造的手法也单调得令人作呕!他在马克思的只求表述资本主义现实发展过程的公式①里,先偷偷塞进用三段式证明任何东西的意图,然后断定马克思的公式不符合这个由米海洛夫斯基先生强加于它的计划(第三阶段恢复的只是第一阶段的**一个方面**,而把其余各方面略去了),并随随便便地作出结论说:"这个公式显然不能表现出历史现实的全貌!"

同这样一个甚至不能(用恩格斯评杜林时所用的字眼)破例作出准确引证的人,难道可以进行严肃的论战吗?甚至不打算证明这个公式不对在哪里,就硬要大家相信这个公式"显然"不符合

---

① 马克思所以把中世纪经济制度的其他特征撇开不谈,是因为这些特征属于封建社会形态,而马克思研究的只是**资本主义**社会形态。资本主义发展过程,按其纯粹状态来说,确实是从分散的小商品生产者的制度和他们的个人劳动所有制开始的(例如在英国)。

现实，难道这值得加以反驳吗？

米海洛夫斯基先生不去批评马克思主义观点的实际内容，却就过去、现在和将来三个范畴练习自己的机智。譬如说，恩格斯在反驳杜林先生的"永恒真理"时说，"今天向我们宣扬"三种道德，即基督教的封建的道德、资产阶级的道德和无产阶级道德，可见过去、现在和将来都有自己的道德论①。米海洛夫斯基先生就这一点说道："我认为历史分期的一切三分法，正是以过去、现在和将来三个范畴为基础的。"多么深奥啊！可是，谁不知道，考察任何一个社会现象的发展过程，总会在这个现象中发现过去的遗迹、现在的基础和将来的萌芽呢？譬如说，难道恩格斯曾想断言道德史（其实他谈的只是"现在"）只限于上述三个阶段吗？难道曾想断言封建道德以前没有奴隶制道德，奴隶制道德以前没有原始共产主义公社的道德吗？米海洛夫斯基先生不去认真批评恩格斯用唯物主义观点阐明现代各派道德思想的尝试，却拿最空洞的词藻来款待我们！

米海洛夫斯基先生的"批评"一开始就声明他不知道在哪一部著作里叙述过唯物主义历史观，说到这种"批评"手法，提一下这位作者曾经知道这些著作之一并对它作过比较正确的评价，也许不无益处。1877年米海洛夫斯基先生是这样评《资本论》的："如果去掉《资本论》的笨重无用的黑格尔辩证法的盖子〈真是咄咄怪事！为什么在1877年"黑格尔辩证法"是"无用的"，而在1894年唯物主义却成了依靠"辩证过程的无可争辩性"呢？〉，那么，不管这部著作其他长处如何，我们也能看出这部著作很好地研究了解决形式和它赖以存在的物质条件的关系这个总问题所必需的材料，并且为一定的领域很好地提出了这个问题。"所谓"形式和它赖以存在的物质条件的

---

① 参看《马克思恩格斯文集》2009年人民出版社版第9卷第98页。——编者注

关系",也就是社会生活诸方面的相互关系问题,思想的社会关系是物质的社会关系的上层建筑的问题,唯物主义学说也就是对这个问题的一定的解决。我们再往下看吧:

"老实说,**全部《资本论》**〈黑体是我用的〉研究的是一经产生的社会形式怎样日益发展,怎样加强自己的典型特征,怎样使各种发现、发明、生产方式的改进、新的市场和科学本身从属于自己,使之同化,怎样迫使这些东西为自己服务,最后,这个形式又怎样经受不住物质条件的继续变化。"

真是变得叫人吃惊! 在1877年,"全部《资本论》"是对一定社会形式的唯物主义的研究(难道唯物主义不正是以物质条件说明社会形式吗?),而在1894年,却甚至不知道在什么地方,在哪部著作里去找这种唯物主义的叙述了!

在1877年,《资本论》是"研究""这个形式〈即资本主义形式?可不是吗?〉怎样经受不住物质条件的继续变化"(请注意这点!);而在1894年却变成根本没有任何研究了,资本主义形式经受不住生产力的继续发展的信念"纯粹"维系在"黑格尔三段式的最末一环上"了! 在1877年,米海洛夫斯基先生写道:"对于这个社会形式和它赖以存在的物质条件的关系的分析,将**永远**〈黑体是我用的〉是这位作者的逻辑力量和渊博学识的纪念碑";而在1894年,他却宣称唯物主义学说在任何时候任何地方都没有经过科学的检验和论证!

真是变得叫人吃惊! 这究竟是怎么一回事呢? 发生了什么事情呢?

发生了两件事情:第一,70年代的**俄国**农民社会主义,因为自由具有资产阶级性质而对自由"嗤之以鼻",曾同那些竭力掩盖俄国生活中的对抗性的"高头大额的自由派"作过斗争,而且幻想过农民革命,但现在它已经完全变质了,产生了庸俗的小市民的自由主义,这种自由主义认为农民经济的进步潮流给人以"振奋人心的印象",而忘记了这种潮流带来(和引起)的是农民大批地被剥夺;第二,在1877年,米海洛夫斯基先生以维护"热血志士"(即革命社会主义者)马克思不受自由派批评家的攻击为己任,而且是那样专心致志,竟没有发觉马克思的方法和他自己的方法互不相容。可是有人向他说明了辩证唯物主义和主观社会学之间的这个不可调和的矛盾,——恩格斯的文章和书就说明了这点,俄国社会民主党人也说明了这点(在普列汉诺夫的著作里往往可以看到对米海洛夫斯基先生非常中肯的批评),——而米海洛夫斯基先生却不去认真地重新考虑问题,反而索性放肆起来。他现在不是欢迎马克思(像他在1872年和1877年所表现的那样)[27],而是躲在居心叵测的赞词后面向他乱吠,并且大叫大嚷地反对俄国马克思主义者,因为俄国马克思主义者不愿以"保护经济上的最弱者"为满足,不愿以货栈、农村改良、手工业博览馆和手工业劳动组合等等善良的小市民的进步办法为满足,而仍然想做"热血志士",主张社会革命,要训练、领导并组织真正革命的社会分子。

讲了这一小段追述往事的插话以后,看来可以把分析米海洛夫斯基先生对马克思理论的"批评"的工作结束了。我们试把批评家的"理由"归纳起来作一总结。

他想要摧毁的学说,第一是依据唯物主义历史观的,第二是依据辩证方法的。

关于第一点,批评家首先说他不知道在哪部著作中叙述过唯物主义。他在任何地方都没有找到这种叙述,于是自己捏造一套什么是唯物主义。为了使人觉得这个唯物主义有过分的企求,他捏造说唯物主义者企求说明人类的全部过去、现在和将来;可是后

来,批评家查阅了马克思主义者原来的声明,发现他们自己认为只
是说明了一个社会形态,于是批评家就断定唯物主义者缩小了唯
物主义的适用范围,说这样他们就自己打了自己的耳光。为了向
人说明制定这个唯物主义的方法,他便捏造说唯物主义者自己都
承认他们的知识不足以制定科学社会主义,虽然马克思和恩格斯
只是承认(在 1845—1846 年)对经济史的知识不够,虽然他们从
未刊印这部证明他们知识不够的著作。演了这样一些前奏之后,
批评家就以如下的批评款待我们:《资本论》被推翻了,因为它只
涉及一个时期,而批评家是需要各个时期的;因为《资本论》并不
确立经济唯物主义,不过是涉及经济唯物主义。这些论据大概很
有分量并且很重要,所以只得承认唯物主义从未被科学地论证过。
接着又用这样一件事实来反驳唯物主义,说有一个与这个学说完
全无关的人,完全在另外一个国家研究了史前时期,也得出了唯物
主义的结论。其次,为了表明把子女生产扯到唯物主义上面去是
完全不正确的,表明这不过是玩弄字眼,于是批评家就来证明经济
关系是两性关系和家庭关系的上层建筑。这位严肃的批评家在这
里为了教训唯物主义者所作的指点,使我们获得了一个深刻的真
理:遗产制度非有子女生产不行,复杂的心理是同这子女生产的产
品"结合着"的,子女是以父辈的精神来教育的。顺便我们也知道
了民族联系就是氏族联系的延续和普遍化。批评家在继续他的关
于唯物主义的理论钻研时,察觉到马克思主义者许多论据的内容
都是说在资产阶级制度下群众遭受压迫和剥削是"必然"的,这个
制度"必然"要转变为社会主义制度,于是他连忙宣称:必然性是
个太一般的括弧(如果不说清楚人们究竟认为什么是必然的),因
此,马克思主义者是神秘主义者和形而上学者。批评家还说,马克
思同唯心主义者的论战是"单方面的",可是只字不提这些唯心主

义者的观点是怎样对待主观方法的,马克思的辩证唯物主义是怎样对待这些唯心主义者的观点的。

至于马克思主义的第二个基石——辩证方法,那只须这位大胆的批评家一推,就把它推翻了。而且这一下是推得很准的:批评家大卖气力来驳斥似乎用三段式可以证明什么东西的见解,可是闭口不谈辩证方法决不是三段式,不谈它恰恰是对社会学中的唯心主义方法和主观主义方法的否定。另一下是专推马克思的:批评家在奋勇的杜林先生的帮助下,把一个不可思议的胡说偷偷加在马克思头上,似乎马克思在用三段式证明资本主义灭亡的必然性,然后批评家就得意扬扬地来攻击这个胡说。

这就是"我国著名社会学家"的辉煌"胜利"的史诗！观察这些胜利,岂不是"大有教益"（布勒宁）吗？

这里还不能不涉及一点,这虽然与对马克思学说的批评没有直接关系,但对弄清楚批评家的理想和他对现实的理解,却是极为重要的。这就是他对西欧工人运动的态度。

上面已经引过米海洛夫斯基先生的说法,他说唯物主义在"科学"上（也许是在德国"人民之友"的科学上吧？）站不住脚,可是米海洛夫斯基先生又说,这个唯物主义"在工人阶级中间确实传播得很快"。米海洛夫斯基先生究竟怎样解释这个事实呢？他说:"至于经济唯物主义在所谓横的方面获得成就,即它以未经批判地检验过的形式广为传播,那么,这种成就并不是侧重于科学方面,而是侧重于未来的远景所确定的日常生活实践方面。"未来的远景所"确定"的实践这一拙劣词句的意思,不外是说唯物主义所以得到传播,不是因为它正确地说明了现实,而是因为它离开这个现实,转到远景方面去了。接着又说:"这种远景对领会它的德国工人阶级所要求的,对热情关心德国工人阶级命运的人们所要求的,既不是知识,也不是批判的思考。它要求的只是信仰。"换句话说,唯物主义和科学社会主义所以能广为传播,是因为这个学说答应给工人们一个美好的未来!可是,只要稍微知道一点社会主义和西欧工人运动的历史,就可看出这种解释是极端荒谬和虚伪的。谁都知道,科学社会主义其实从未描绘过任何未来的远景,它仅限于分析现代资产阶级制度,研究资本主义社会组织的发展趋势,如此而已。马克思早在 1843 年就写道:"我们并不向世界说:'停止你那些斗争吧,它们都是愚蠢之举';我们要向世界喊出真正的斗争口号。我们只向世界指明它究竟为什么而斗争,而意识则是世界**必须**具备的东西,不管世界愿意与否"①,并且马克思严格地执行了这个纲领。谁都知道,例如《资本论》这部叙述科学社会主义的主要的和基本的著作,对于未来只是提出一些最一般的暗示,它考察的只是未来的制度所由以长成的那些现有的因素。谁都知道,在未来的远景方面,从前的社会主义者所写的东西多得多,他们极详细地描绘了未来的社会,想以这种制度的美景吸引人类,说那时人们不需要有斗争,那时人们的社会关系不是建立在剥削上,而是建立在合乎人的本性条件的真正进步原则上。尽管有一大批叙述过这种思想的极有才华的人物和坚定不移的社会主义者,然而,只要大机器工业还未把工人无产阶级群众卷入政治生活的漩涡,只要工人无产阶级斗争的真正口号还未发现,他们的理论始终是脱离生活的,他们的纲领始终是脱离人民的政治运动的。发现这个口号的是马克思,是很久以前(1872 年)曾被米海洛夫斯基先生评为"不是空想主义者,而是严肃的有时甚至是枯燥的学者"的马克思。马克思发现这个口号,根本不是靠指出什么远景,而是靠科学

① 见《马克思恩格斯文集》2009 年人民出版社版第 10 卷第 9 页。——编者注

地分析现代资产阶级制度,说明在这个制度下剥削的**必然性**,探讨这个制度的发展规律。米海洛夫斯基先生当然可以对《俄国财富》杂志的读者武断地说,领会这种分析既不需要知识,也不需要思考,可是,我们已经看出他本人对这种分析所探明的起码真理一窍不通(我们将会看到,他那位经济学家同事[28]更是如此),所以他的这种说法自然只能使人付之一笑。不容置辩的事实是:资本主义大机器工业在什么地方和什么程度上发展起来,工人运动也就在什么地方和什么程度上展开和发展起来;社会主义学说正是在它抛弃了关于合乎人的本性的社会条件的议论,而着手唯物主义地分析现代社会关系并说明现在剥削制度的必然性的时候取得成就的。

米海洛夫斯基先生企图回避唯物主义在工人中间取得成就的真正原因,其手法是对这个学说如何对待"远景"作了与事实真相根本不符的介绍,现在他又开始用最庸俗的小市民的方式来嘲弄西欧工人运动的思想和策略。正如我们所看到的,他实在举不出一个理由来反对马克思关于资本主义制度因劳动社会化而必然转变为社会主义制度的论据,可是他却非常放肆地讥讽说,"无产者大军"正在准备剥夺资本家,"随后任何阶级斗争都会停止,天下就会太平,人间就会幸福"。他,米海洛夫斯基先生,知道一条比这简单得多和正确得多的实现社会主义的道路:只要"人民之友"更详细地指出"明白的和确定不移的"实现"合乎心愿的经济演进"的道路,那时这些人民之友就一定会"被召去"解决"实际经济问题"(见《俄国财富》杂志第11期尤沙柯夫先生《俄国经济发展问题》一文),可是暂时……暂时工人还应当等待一下,应当指望人民之友,不要抱着"没有根据的自信心"来独立进行反对剥削者的斗争。我们这位作者想彻底摧毁这种"没有根据的自信心",就声色俱厉地痛斥"这个几乎可以容纳在袖珍词典里的科学"。的确,这还了得:科学居然是只值几文钱的可以放在口袋里的社会民主主义小册子!! 有些人只是因为科学教导被剥削者独立进行争取自身解放的斗争,教导他们拒绝任何掩盖阶级对抗并想独揽一切的"人民之友",才重视科学,因而才用庸人们觉得有失体面的廉价出版物叙述这个科学。请看,这些人盲目自信到了何等地步! 如果工人把自己的命运交给"人民之友",那就会是另一回事了,那时,"人民之友"就会拿出真正的、大部头的、学院式的和庸人的科学给他们看,就会把合乎人的本性的社会组织详细地介绍给他们,只要……工人们同意等待,不抱着这种没有根据的自信心自己起来斗争就行了!

———

米海洛夫斯基先生的"批评"的第二部分,已经不是反对马克思的理论,而是专门反对俄国社会民主党人。在谈这一部分以前,我们必须稍微离开一下本题。原来,米海洛夫斯基先生,正如他在批评马克思时不但没有打算确切地叙述马克思的理论,反而完全歪曲了这个理论一样,他对俄国社会民主党人的思想也是肆无忌惮地加以歪曲。必须恢复真相。要做到这一点,最方便的办法是把俄国从前的社会主义者的思想同社会民主党人的思想对照一下。讲到前一种思想时,我且借用一下米海洛夫斯基先生在1892年《俄国思想》杂志[29]第6期上发表的文章,他在这篇文章里也谈到马克思主义(并且——说来会使他惭愧——是以庄重口气谈到的,没有涉及那些只有按布勒宁方式才能在受检查的刊物上谈论的问题,也没有污蔑马克思主义者),并且是同马克思主义对立地——如果不是对立地,至少也是同它平行地——叙述了自己的观点。我当然丝毫不想侮辱米海洛夫斯基先生,就是说,不想把他算做社会主义者,也丝毫不想侮辱俄国社会主义者,把他们和米海洛夫斯基先生同等看待:我只是认为他们和他的**论证程序**实质上是一样的,差别只在于信念的坚定、率直和一贯的程度有所不同而已。

米海洛夫斯基先生在叙述《祖国纪事》杂志的思想时写道："我们向来把土地属于耕作者和劳动工具属于生产者作为道德的政治的理想。"出发点看来是极其善意的,充满了极其善良的愿望…… "我国还存在着的中世纪劳动形式①已大大动摇了,但我们看不出有什么理由来完全取消这些形式,以迎合任何一种学说,不管是自由派的还是非自由派的。"

真是奇怪的议论! 要知道,无论什么"劳动形式",只在它被别的什么形式代替时才会动摇;而我们的这位作者甚至没有(而且他的同道中也没有一个人)打算去分析和说明这些新形式,以及弄清旧形式被这些新形式排挤的原因。更奇怪的是这段议论的第二部分:"我们看不出有什么理由来取消这些形式,以迎合一种学说。""我们"(即社会主义者,——请看上述附带说明)拥有什么手段来"取消"劳动形式,即改造社会各成员之间的生产关系呢? 难道根据一种学说来改造这些关系的想法不是荒谬的吗? 我们再听下去:"我们的任务并不是一定要从本民族内部培育出一种'独特的'文明,但也不是要把西方文明连同一切腐蚀它的矛盾整个儿搬到我们这里来:必须尽可能从各处采纳长处,至于长处是自己的或别人的,那已不是原则问题,而是实际上方便不方便的问题。看来,这是这样简单明了,简直没有什么可说的。"的确,这是多么简单啊! 从各处"采纳"长处,于是万事大吉! 从中世纪形式中"采纳"生产资料归劳动者所有,而从新形式(即资本主义形式)中

---

① 作者在另一地方解释道:"所谓中世纪劳动形式,指的不仅是村社土地占有制、手工业和劳动组合组织。所有这些无疑都是中世纪形式,但土地或生产工具属于劳动者的种种形式也应当算做中世纪形式。"

"采纳"自由、平等、教育和文化。所以没有什么可说的！社会学中的主观方法在这里了如指掌：社会学从空想——土地属于劳动者所有——开始，并指出实现合乎心愿的事情的条件：从四面八方"采纳"长处。这位哲学家纯粹形而上学地把社会关系看做是这些或那些制度的简单的机械的组合，看做是这些或那些现象的简单的机械的联结。他从这些现象中抽出一种现象，即中世纪形式中土地属于耕作者的现象，以为可以把它移植到任何别的形式中去，就像一所房子上的砖可以砌到另一所房子上一样。但这不是在研究社会关系，而是糟蹋应该研究的材料，因为在现实中这种土地属于耕作者的现象，并非像你所设想的那样单独和独立地存在着，这不过是当时生产关系中的一个环节，这种生产关系就是：土地为大土地占有者即地主所瓜分；地主把这种土地分给农民，以便剥削他们，于是土地好像是实物工资，它为农民提供必需品，使农民能够为地主生产剩余产品；它是一种使农民为地主服劳役的手段。为什么作者没有考察这种生产关系体系，而只抽出一种现象，因而使这种现象完全被歪曲了呢？这是因为作者不善于考察社会问题：他（再说一遍，我把米海洛夫斯基先生的议论只是当做例子，来批评**整个**俄国社会主义）根本没有打算**说明**当时的"劳动形式"，把这些形式看做一定的生产关系体系，看做一定的社会形态。用马克思的话来说，他根本不懂得辩证方法，而辩证方法要我们把社会看做活动着和发展着的活的机体。

他根本没有想到旧劳动形式被新劳动形式排挤的原因问题，于是在谈论这些新形式时便重复着完全同样的错误。在他看来，只要指出这些形式"动摇着"土地属于耕作者的制度（总的说来，就是生产者和生产资料分离）并斥责这多么不符合理想就够了。他的议论又是十分荒谬的：他抽出一种现象（土地被剥夺），却没有把它当做以**商品经济**为基础的另一种生产关系体系的组成部分,而商品经济则必然引起商品生产者之间的竞争,造成不平等,使一部分人破产和另一部分人发财。他指出了多数人破产的现象,却忽略了少数人发财的现象,从而使自己既不能了解前者,也不能了解后者。

他把这种手法居然还叫做"寻求有血有肉的生活问题的答案"(1894 年《俄国财富》杂志第 1 期),实则恰恰相反,他不能也不愿说明现实和正视现实,于是可耻地避开有产者反对无产者这样的生活问题,而躲入天真的空想领域中去;他把这叫做"寻求理想地处理迫切复杂的现实生活问题的答案"(《俄国财富》杂志第 1 期),实则他根本没有打算去分析和说明这一真正的现实。

他没有这样做,而是从各个不同的社会形态中毫无意思地抽出个别要素,从中世纪社会形态中抽出这个,从"新"社会形态中抽出那个,如此等等,然后用这些东西给我们臆造了一个乌托邦。显然,建立在这上面的理论,不能不与现实的社会演进相脱离,原因很简单:我们的空想社会主义者不得不在其中生活和活动的,并不是由这儿那儿采纳来的要素构成的社会关系,而是决定农民和富农(善于经营的农夫)、手工业者和包买主、工人和厂主之间关系的社会关系,这些社会关系是我们的空想主义者所完全不了解的。他们想按自己的理想来改造这些他们所不了解的社会关系的企图和努力不能不遭到失败。

在"诞生了俄国马克思主义者"的时候,社会主义问题在俄国的情形,概括说来就是如此。

俄国马克思主义者正是从批评以前的社会主义者的主观方法开始的;他们不以指出和斥责剥削现象为满足,他们力求**说明**这种现象。他们看见俄国改革后的全部历史是多数人破产和少数人发财的历史,目睹小生产者的大量遭受剥夺与普遍的技术进步同时存在,发现商品经济在什么地方和什么程度上发展并巩固起来,这两个绝对相反的潮流就在什么地方和什么程度上产生和加强起来,所以他们不能不得出结论说,他们所遇见的是**必然**使大众遭受剥夺和压迫的资产阶级的(资本主义的)社会经济组织。这一信念直接决定了他们的实践纲领。这个纲领归结起来就是加入无产阶级反对资产阶级的斗争,加入无产者阶级反对有产者阶级的斗争,这个斗争是俄国从最偏僻的乡村到最新式完善的工厂的经济现实的主要内容。怎样加入呢?答案又是由现实本身提示给他们的。资本主义已使主要工业部门达到大机器工业的阶段;它从而使生产社会化了,造成了新制度的物质条件,同时造成了新的社会力量——工厂工人阶级,即城市无产阶级。虽然这个阶级遭受的资产阶级剥削,按经济实质来说,和俄国全体劳动群众遭受的剥削是同样的,但是这个阶级在谋求自身解放这个方面却具有特别有利的条件:它同完全建立在剥削上面的旧社会已经没有丝毫联系;它的劳动条件和生活环境本身就把它组织起来,迫使它开动脑筋,使它有可能走上政治斗争的舞台。社会民主党人自然是把自己的全部注意力和一切希望寄托在这个阶级身上,把自己的纲领归结为发展这个阶级的阶级自觉,把自己的全部活动都用来帮助这个阶级起来进行反对现代制度的直接政治斗争,并吸引俄国全体无产阶级投入这个斗争。

———

现在我们来看看米海洛夫斯基先生是怎样攻击社会民主党人的。他用什么来反对他们的理论观点,反对他们的社会主义政治活动?

马克思主义者的理论观点被批评家说成下面的样子:

似乎马克思主义者说过,"真理在于:按照历史必然性的内在规律,俄国一定会使具有一切内部矛盾和大资本吞并小资本的资本主义生产发展起来,而脱离土地的农夫一定会变成无产者,一定会联合起来,一定会社会化,于是万事大吉,幸运的人类就可坐享其成了"。

请看,马克思主义者对现实的理解同"人民之友"毫无区别,只是对未来的想法有所不同:他们大概完全不注重现在,而只注重"远景"。米海洛夫斯基先生的意思就是这样,这是毫无疑义的,因为他说,马克思主义者"完全相信,他们对未来的预见没有一点空想成分,一切都是按照严格科学的训条衡量过的";最后说得更加明白:马克思主义者"信仰并信奉抽象历史公式的不可变易性"。

总之,这是对马克思主义者的最陈腐最庸俗的责难,这种责难是所有那些丝毫不能从实质上反驳马克思主义者观点的人早已用过了的。"马克思主义者信奉抽象历史公式的不可变易性"!!

这完全是撒谎和捏造!

从来没有一个马克思主义者在什么地方论证过:俄国"应当有"资本主义,"因为"西欧已经有了资本主义,等等。从来没有一个马克思主义者认为马克思的理论是一种必须普遍遵守的历史哲学公式,是一种超出了对某种社会经济形态的说明的东西。只有主观哲学家米海洛夫斯基先生才会这样不了解马克思,竟然认为马克思准有某种一般哲学的理论;因此他从马克思那里得到了一个十分明确的解答:他是找错人了。从来没有一个马克思主义者不是根据理论符合一定的即俄国的社会经济关系的现实和历史这一点,而是根据别的什么来论证自己的社会民主主义观点的,而且他们也不能根据别的什么来论证自己的这种观点,因为"马克思主义"的创始人马克思自己就十分明确地说过对理论的这种要求,并且以此作为全部学说的基础。

　　当然,米海洛夫斯基先生可以任意反驳这些话,说他"亲耳"听到的恰恰是信奉抽象的历史公式。可是,就算米海洛夫斯基先生真从他的交谈者口里听到各种荒谬的胡说,那与我们社会民主党人或其他任何人又有什么相干呢?这除了证明他很幸运地挑中了自己的交谈者,还能证明什么呢?当然,很可能这位机智哲学家的这些机智交谈者自称是马克思主义者、社会民主党人等等,可是,谁不知道现在(这早已被人看出)任何一个坏蛋都喜欢穿上"红"衣服呢?① 如果米海洛夫斯基先生如此明达,竟不能把这种"乔装者"和马克思主义者辨别清楚,或者说,如果他如此深知马克思,竟没有看出马克思十分着重提出的这个衡量他的全部学说的标准(把"我们眼前发生的现象"表述出来),那不过又证明米海洛夫斯基先生并不聪明而已。

　　不管怎样,他既然在报刊上开始同**社会民主党人**论战,他就应当针对这样一批社会主义者,他们早已用这个名称,而且只有他们用这个名称,所以决不能把别人同他们混淆起来,而且他们有自己的著作界代表——普列汉诺夫和他的小组[30]。如果他这样做了,——显然,任何一个稍微正派的人都应当这样做,——并且读过第一本社会民主主义著作,即普列汉诺夫的《我们的意见分歧》一书,那么,他在头几页上就会看到作者以小组全体成员名义所写的那个毫不含糊的声明:

　　"我们决不想用一个伟大名字的威望〈即马克思的威望〉来庇护自己的纲领。"米海洛夫斯基先生,您懂俄文吗?您懂得信奉抽

---

① 我写这段话是假定米海洛夫斯基先生确实听到有人说过信奉抽象的历史公式,他一点也没有撒谎。但我认为他绝对需要就此附带声明一句:我是人云亦云而已。

象公式和判断俄国的事情上不靠马克思的任何威望这两者之间的区别吗?

您把有幸偶尔从您的交谈者那里听来的断语,当做马克思主义者的断语,而把社会民主党的一位卓越成员以整个团体名义在刊物上发表的声明置之不理,您懂不懂您这样做是不老实呢?

往下还有更加明确的声明:

普列汉诺夫说:"我再说一遍,在最彻底的马克思主义者之间,在估计当代俄国现实的问题上可能发生意见分歧";我们的学说是"运用这个科学理论来分析极其错综复杂的社会关系的初次尝试"。

看来,这说得再明白不过了:马克思主义者从马克思的理论中,无疑地只是借用了宝贵的方法,没有这种方法,就不能阐明社会关系,所以他们在评判自己对社会关系的估计时,完全不是以抽象公式之类的胡说为标准,而是以这种估计是否正确和是否同现实相符合为标准的。

或许,你们以为作者在作这样的声明时,实际上所说的是另外一回事吧?但这是不对的。他当时要回答的问题是:"俄国是不是应当经过资本主义发展阶段?"可见这个问题完全不是按马克思主义的方法,而是按我国各种哲学家的主观方法提出的,这些哲学家或者是把长官的政策,或者是把"社会人士"的活动,或者是把"适合人的本性的"社会理想一类的胡说,当做这种应当不应当的标准。现在要问,如果是一个信奉抽象公式的人,那会怎样回答这类问题呢?他大概会谈辩证过程的无可争辩性,马克思理论的一般哲学意义,每个国家经过某某阶段的不可避免性,如此等等。

而普列汉诺夫是怎样回答的呢?

他是像马克思主义者只能回答的那样回答的:

他把应当不应当这个无聊的、只能使主观主义者发生兴趣的问题完全撇在一边,始终只谈现实的社会经济关系,只谈这些关系的现实演进。因此,他没有直接回答这个提得不正确的问题,而是回答说:"俄国**已经走上了**资本主义道路。"

米海洛夫斯基先生却装做行家的样子,大谈什么信奉抽象的历史公式、必然性的内在规律等等荒诞无稽的鬼话!而且把这叫做"对社会民主党人的论战"!!

我真不懂,如果他是论战家,那谁又是空吠者呢?!

谈到米海洛夫斯基先生上述那段言论时,还不能不指出:他把社会民主党人的观点叙述成这样,似乎他们认为"俄国**一定会使**它自己的资本主义生产**发展**起来"。显然,在这位哲学家看来,俄国还没有"它自己的"资本主义生产。这位作者想必赞成俄国资本主义只包括150万工人的看法,——我们在下面还会碰到我国"人民之友"的这种幼稚思想,他们把其余一切剥削自由劳动的现象不知归到哪里去了。"俄国一定会使具有一切内部矛盾的资本主义生产发展起来,而脱离土地的农夫一定会变成无产者。"真是越说越糟!这样说来,岂不是俄国就没有"内部矛盾"了吗?直截了当地说,也就是没有一小撮资本家对人民大众的剥削了吗?没有大多数居民破产和一小撮人发财了吗?农夫还只是将要脱离土地吗?试问,俄国改革后的全部历史是什么呢?不正是农民大量遭到剥夺,其强度是世所未见的吗?该有多大的勇气才能当众说出这种话来。而米海洛夫斯基先生却有这种勇气说:"马克思谈的是现成的无产阶级和现成的资本主义,而我们还需要创造无产阶级和资本主义。"俄国还需要创造无产阶级?!在俄国,只有在俄国,才能看到群众穷得走投无路,劳动者横遭剥削,它的贫民生活状况往往被拿来同英国相比(而且比得合情合理);千百万人民忍饥挨饿是经常的现象,而粮食输出却在日益增加。在这样的俄国,竟没有无产阶级!!

我认为,为了这些经典式的词句,应当给健在的米海洛夫斯基先生建立一座纪念碑!①

不过我们在下面还会看到,"人民之友"惯用的策略,就是假装看不见俄国劳动者痛苦不堪的状况,硬说这种状况仅仅有点"不大稳定",只要"文化界"和政府作些努力,就可以把一切引上正道。这些骑士们以为只要他们闭眼不看劳动群众状况所以不好,并不是因为这个状况"不大稳定",而是因为劳动群众遭受一小撮剥削者的最无耻的掠夺,只要他们像鸵鸟一样把脑袋藏起来,不看这些剥削者,那么,这些剥削者就会消失。社会民主党人告诉他们,这是不敢正视现实的可耻的怯懦心理。社会民主党人把这一剥削事实作为出发点,并说这一事实只能用俄国社会的资产阶级组织把人民大众分裂为无产阶级和资产阶级来解释,只能用俄罗斯国家这个无非是资产阶级统治机关的阶级性质来解释,因此,**唯一出路**就是无产阶级对资产阶级进行阶级斗争。当社会民主党人对他们这样说的时候,这些"人民之友"就大哭大叫起来,说社会民主党人想使人民丧失土地!!想破坏我国人民经济组织!!

我们现在来谈谈这至少是不体面的全部"论战"中最令人愤慨的地方,就是米海洛夫斯基先生对社会民主党人的政治活动的"批评"(?)。谁都懂得,社会主义者和鼓动家在工人中间的活动

---

① 不过,米海洛夫斯基先生在这里也许还要试图抵赖,说他决不是想说俄国根本没有无产阶级,而只是想说俄国没有资本主义的无产阶级吧? 是不是? 那您为什么不把这一点说出来呢? 其实**全部问题**就在于:俄国无产阶级究竟是资产阶级社会经济组织所特有的无产阶级呢,还是别的什么无产阶级? 既然您在整整两篇文章中对这个最关紧要和重大的问题**只字**不提,宁肯胡说八道,乱扯一通,那又该怪谁呢?

不能在我国的合法报刊上开诚布公地讨论,受检查的正派报刊在
这方面唯一能够做到的就是"保持应有的缄默"。米海洛夫斯基
先生忘记了这个起码的规矩,恬不知耻地利用他对读者说话的垄
断权来诬蔑社会主义者。

不过,就是不利用合法报刊,也会有办法来对付这个放肆无礼
的批评家的!

米海洛夫斯基先生故作天真地说道:"据我所知,俄国马克思
主义者可以分为三类:旁观的马克思主义者(他们是过程的旁观
者)、消极的马克思主义者(他们只"减轻分娩的痛苦"。他们"对
种地的人不感兴趣,而把注意力和希望放在那些已经失去生产资
料的人的身上")和积极的马克思主义者(他们公然主张使农村进
一步破产)。"

这是什么话?! 俄国马克思主义者是以这样一种对现实的看
法为出发点的社会主义者,即他们认为现实是资本主义社会,而摆
脱这个社会的唯一出路就是无产阶级对资产阶级进行阶级斗争,
这难道批评家先生不知道吗? 他究竟用什么办法,根据什么理由,
把他们同那种荒唐的庸俗见解混为一谈呢? 他有什么权利(当然
是道义上的权利)把马克思主义者这个名词用于那些显然不接受
马克思主义最起码的基本原理的人,用于那些从来没有在任何地
方以一个单独团体的名义发表过意见、从来没有在任何地方提出
过任何一种单独纲领的人呢?

米海洛夫斯基先生给自己留下了很多后路,来为这种恶劣手
法作辩护。

他用上流社会纨袴子弟的轻浮态度讥讽说:"也许这不是一
些真正的马克思主义者,但他们却自认为是并宣布自己是马克思
主义者。"在什么地方什么时候宣布的呢? 在彼得堡的自由派和

激进派的沙龙里吗？在私人的书信里吗？就算是这样吧。那就请您在自己的沙龙里,在自己的通信中去同他们交谈吧！可是要知道您是在报刊上公开地反对那些在任何时候和任何地方都没有公开(在马克思主义旗帜下)发表过意见的人的。而且您明知道只有**一个**社会主义革命者团体用这个名称,不能把别的什么人同这个团体混为一谈,您却敢宣称您是在同**社会民主党人论战**！①

　　米海洛夫斯基先生像一个被揭发了的学生那样躲躲闪闪,拼命向读者证明说:这与我毫不相干,我是"亲耳听到,亲眼看到"的。真是妙极了！我们乐于相信在您眼里除庸人和坏蛋外,没有别的人,但这与我们社会民主党人有什么相干呢？"在现时",在不仅社会主义的活动,而且任何稍许独立的和正直的社会活动都要招来政治迫害的时候,有一个在这一或那一旗帜(民意主义³¹、马克思主义、或者甚至是立宪主义的旗帜)下真正工作的人,就会有几十个假借这种名义来掩饰其自由派怯懦心理的清谈家,也许还会有几个简直是专谋私利的卑鄙家伙,这谁不知道呢？只有最卑鄙龌龊的家伙,才会把各种肮脏分子玷污了(而且是不声不响地)其中某一派的旗帜这一事实拿来归罪于这一派,这难道还不明白吗？米海洛夫斯基先生的全部叙述从头到尾都是曲

① 我现在来谈谈米海洛夫斯基先生举出的一个**事实**。凡是读过他文章的人都会承认,他把斯克沃尔佐夫先生(《饥荒的经济原因》的作者)也列为"马克思主义者"。可是,这位先生本人并不这样称呼自己。只要对社会民主党人的著作有最起码的了解就可以知道,在社会民主党人看来,这位先生不过是一位极庸俗的资产者罢了。他不懂得,他为之拟定进步方案的社会环境是资产阶级的环境,因此连农民经济中确实可以觉察到的一切"技术改良",也都是资产阶级的进步,是改善少数人状况而使多数人变成无产者,——既然如此,那他算是什么马克思主义者！他既然不懂得他对之提出方案的国家是一个只能拥护资产阶级和压迫无产阶级的阶级国家,那算是什么马克思主义者！

解、歪曲和捏造。我们在上面已经看见,社会民主党人作为出发点的那些"真理",被他完全歪曲了,被他说成另外一个样子,其实任何一个马克思主义者在任何地方和任何时候都没有那样叙述过,而且也不可能那样叙述。如果他叙述了社会民主党人对俄国现实的真正见解,他就不能不知道:能与这种见解"相适应的"**只有一种方法**,那就是促进无产阶级的阶级自觉的发展,组织并团结无产阶级进行反对现代制度的政治斗争。可是他还留了一手。他装着受了委屈的样子,伪善地指天誓日,并油滑地说:"我很乐意听到这点,但我不懂你们抗议的是什么。"(他在《俄国财富》杂志第2期上就是这样说的)"你们仔细读读我对消极的马克思主义者的评论,就会知道我是说:从伦理观点看来,没有什么可反驳的。"

这当然不过是再次搬出从前那些可怜的遁词而已。

请你们说说,你们会把这样一个人的行为叫做什么:他说他在批评社会革命民粹派(另外一种民粹派还未出现,——我是拿这样一个时期来说的),同时却说出下面一类的话:

"据我所知,民粹主义者分三类:第一是彻底的民粹主义者,他们完全接受农夫的思想,完全按照农夫的愿望把笞刑和打老婆的风气普遍化,总之是奉行皮鞭刑棍政府的万恶政策,这种政策也曾叫做人民政策;其次是胆怯的民粹主义者,他们并不关心农夫的意见,只是企图通过结社之类的方法,把不合俄国国情的革命运动搬到俄国来,——可是,假如不是道路很滑,容易使胆怯的民粹主义者滚向彻底的民粹主义者或勇敢的民粹主义者的话,从伦理观点看来,是没有什么可反驳的;最后是勇敢的民粹主义者,他们在充分地实现善于经营的农夫的人民理想,因而去耕田种地,以便过十足的富农生活。"一切正派的人当然会把这叫做卑鄙庸俗的嘲弄。假如说这种话的人不能在同一报刊上受到民粹主义者的驳斥,假如这些民粹主义者的思想至今只是秘密地叙述过,因此,许多人对于这种思想都没有一个确切的了解并容易相信关于民粹主义者的任何一种说法,那么,大家都会同意这种人是……

不过,也许米海洛夫斯基先生自己还没有完全忘记这里应当安上一个什么字眼。

———

然而,已经够了!米海洛夫斯基先生的诸如此类的诽谤还有很多,可是,我不知道还有哪种工作会比在这污泥浊水中折腾,把散在各处的暗示收集起来加以比较,从中找出哪怕是一条稍微像样的反驳意见,更加讨厌,更加徒劳,更加吃力的了。

够了!

1894 年 4 月

# 第 三 编(节选)

…………

当时,在 **60 年代**,农奴主的势力已经衰退,他们遭到了虽然不是最后的但终究是决定性的失败,不得不从舞台上销声匿迹了。反之,自由派抬起了头。进步、科学、善良、反对虚伪、人民利益、人民良心、人民力量等等自由主义词句风靡一时,现在,在这特别灰心失望的时刻,我国激进主义的无病呻吟家在他们的沙龙里,我国自由主义的清谈家在他们的纪念宴会上和他们的报章杂志上所呕吐出来的也是这些词句。自由主义者原来很有势力,他们按照自己的方式改造了"新秩序",——当然还不是完全改造,但终究是在相当程度上改造了"新秩序"。虽然当时俄罗斯也还没有"公开的阶级斗争的亮光",但终究比现在亮一些,所以连那些不知阶级斗争为何物、宁愿梦想美好的未来而不愿**说明**丑恶的现在的劳动阶级思想家,也不能不看到自由主义的后面隐藏着富豪,不能不看到这种新秩序就是资产阶级的秩序。农奴主被逐出舞台,他们没有转移大家对当前更紧迫的问题的注意,没有妨碍大家按新秩序的纯粹(比较起来说)形态来观察新秩序,所以大家才有可能考察这一点。我国当时的民主主义者虽然善于指摘富豪的自由主义,可是不善于了解它和科学地说明它,不善于了解它在我国社会经济的资本主义组织下的必然性,不善于了解这个新的生活方式比旧的农奴制的生活方式进步,不善于了解这个生活方式所产生的无产阶级的革命作用,他们只是"唾弃"这种"自由"和"人道"的秩序,认为资产阶级性是一种偶然现象,期望"人民制度"中间还会出现另一种社会关系。

历史果然向他们昭示了另一种社会关系。没有完全被改革[32](被农奴主的利益弄得残缺不全的改革)打垮的农奴主已经(暂时)复活起来,清楚地表明了资产阶级关系以外的另一种社会关系是什么东西,并且用一种肆无忌惮、毫无理性和残暴至极的反动行为表明了这种关系,以致我国民主主义者胆怯了,屈膝了,不仅不向前进,把他们那种只善于感觉而不善于了解资产阶级性的幼稚的民主主义改造为社会民主主义,反而倒退到自由派那里去,现在他们竟自夸起来,说"所有严肃正派的报刊"都赞同他们的诉苦声……即我想说的他们的理论和纲领。看来教训是非常发人深思的:旧时社会主义者关于人民生活的特殊方式、人民的社会主义本能、资本主义和资产阶级的偶然性等幻想,已经暴露得十分明显了;看来现在已经可以正视现实并公开承认:俄国除开资产阶级的和过时的农奴制的社会经济关系以外,过去和现在都没有任何其他的社会经济关系,因此,除了经过工人运动,是不能有别的道路通向社会主义的。可是,这些民主主义者什么也没有学会,于是小市民社会主义的幼稚幻想就让位于小市民进步办法的实际清醒主张了。

现在,这些冒充劳动者利益代表的小市民思想家的理论简直是反动的了。他们抹杀现代俄国社会经济关系的对抗,硬说可以用一般的、照顾到一切人的"振兴"、"改良"等等措施来办妥一切,硬说可以调解和统一。他们所以是反动的,因为他们把我们的国家描绘成一种凌驾于各阶级之上从而适宜于并且能够给被剥削群众以某种重大真诚帮助的东西。

最后,他们所以是反动的,因为他们根本不了解劳动者为了本身的解放必须自己进行斗争,必须进行殊死的斗争。例如,在"人民之友"看来,仿佛他们能独自把一切安排妥贴。工人可以放心。你看,甚至有一个技师也到《俄国财富》杂志编辑部来了,他们几乎完全拟好了一个"把资本主义推行到人民生活中去"的"计划"。社会主义者应该**坚决彻底地**同一切小市民的思想和理论决裂,——**这就是**应该从这次进攻中得出来的**主要的有益的教训**。

请注意,我是说同小市民思想决裂,而不是同"人民之友"及其思想决裂,因为同从未有过联系的东西是说不上决裂的。"人民之友"只是这类小市民社会主义思想流派中的一个流派的代表。我所以在这里作出必须同**整个**小市民社会主义思想、同**整个**旧时俄国农民社会主义思想决裂的结论,这是因为被马克思主义的发展吓坏了的旧思想代表人物对马克思主义者展开的这次进攻,推动他们特别充分而突出地把小市民思想描绘了出来。我们把这种思想同现代社会主义、同有关俄国现实的现代资料加以对照,就非常清楚地看到,这种思想已经衰竭到什么程度,它已经丧失了任何完整的理论基础,堕落成了可怜的折中主义,堕落成了最平庸的文化派机会主义的纲领。有人会说,这不能怪整个旧社会主义思想,而只能怪这些从未被任何人算做社会主义者的先生们;但我觉得这种异议是毫无根据的。我到处竭力指明旧理论的这种堕落的必然性,到处竭力少用一些篇幅来专门批判这些先生,而尽量多用一些篇幅去批判俄国旧社会主义的一般基本原理。如果社会主义者认为我把这些原理叙述得不正确,或不确切,不透彻,那我只好恭请诸位先生,请你们自己把这些原理叙述出来,把这些原理好好地说透彻吧!

老实说,再没有人比社会民主党人更乐于有机会同社会主义者进行论战了。

难道你们以为,我们乐意回答这些先生们的"论战"吗?难道你们以为不是他们公开、坚决而激烈地挑战,我们会来干这种事情吗?

难道你们以为我们不尽力克制自己就能阅读、反复阅读和仔细阅读这种用官场自由主义词藻和小市民说教拼凑而成的令人作呕的东西吗?

要知道,现在只有这班先生在论证和叙述这种思想,那总不能怪我们吧。同时还请注意,我是说必须同小市民的**社会主义**思想决裂。我们分析过的这种小资产阶级理论**无条件**是反动的,**因为**它是作为社会主义理论而出现的。

其实这里丝毫没有社会主义气味,就是说,所有这些理论根本没有说明劳动者受剥削的原因,因而绝对不能有助于劳动者的解放,其实所有这些理论都是反映和拥护小资产阶级利益的;如果我们懂得这一点,那我们就一定会用另一种态度对待它们,就一定会提出这样的问题:**工人阶级应该怎样对待小资产阶级及其纲领呢**?不注意到小资产阶级的两重性(这种两重性在我们俄国表现得特别厉害,因为这里小资产阶级和大资产阶级之间的对抗发展程度较低)，就无法回答这个问题。它是进步的，因为它提出一般民主主义的要求，就是说，它反对中世纪时代和农奴制度的一切残余；它是反动的，因为它极力保存自己的小资产阶级地位，力图阻止和扭转国家朝着资本主义方向的发展。例如，所谓禁止转让份地[33]一类的反动要求，也和其他许多监护农民的办法一样，通常都是用保护劳动者的漂亮借口作掩护的；而事实上这些要求显然只能使劳动者的状况恶化，同时阻挠他们的解放斗争。必须把小资产阶级纲领的这两个方面严格区别开，所以在否定这些理论具有任何社会主义性质时，在反对它们的反动方面时，不应当忘记这些理论的民主主义部分。现在我用实例说明，为什么马克思主义者对小市民理论的完全否定，不仅不排斥它们纲领中的民主主义，反而要求更加坚持民主主义。前面已经指出小市民社会主义的代表人物在他们的理论中总是利用的三个基本论点：缺少土地，税款过重，受行政机关压迫。

要求铲除这些祸害，根本不是什么社会主义，因为这些祸害丝毫不能说明剥夺和剥削，铲除这些祸害丝毫不会触动资本对劳动的压迫。可是铲除这些祸害，就会清除加重这种压迫的中世纪破烂，使工人易于直接同资本进行斗争，因此，这种举动，作为民主主义的要求，定会得到工人最坚决的支持。一般说来，税款和赋税是只有小资产者才能特别重视的问题，但在我们这里，农民税款在许多方面不过是农奴制的残余：例如，应当立即无条件地废除的赎金[34]就是如此；那些只落到农民和小市民身上而与"贵人"无关的赋税就是如此。社会民主党人始终会支持这种要求：铲除这些造成经济政治停滞的中世纪关系的残余。缺少土地的问题也是如此。我已在前面详细地证明了关于这个问题的叫喊的资产阶级性质。例如，农民改革用割地[35]的办法直接替地主抢劫了农民，直接

(夺去农民土地)和间接(巧妙地隔开份地)地为这一巨大反动势力效了劳,这一点是没有疑问的。所以社会民主党人将最坚决地要求把夺自农民手中的土地立即归还农民,把地主的地产(这个农奴制度和农奴制传统的支柱)剥夺干净。后一种要求与土地国有化相吻合,其中并不含有任何社会主义的东西,因为已在我国形成的农场主关系,在这种情况下只会更迅速更蓬勃地发展起来,但这一要求在民主主义意义上说来是极其重要的,因为它是唯一能够彻底打垮高贵地主的办法。最后,当然只有尤沙柯夫先生和瓦·沃·先生之流才会把农民的无权说成是农民被剥夺和被剥削的原因,但行政机关对农民的压迫不仅是明显的事实,并且不是简单的压迫,而是公然把农民看做"贱民",认为他们命该受高贵地主的支配,让他们享受一般公民权利(例如迁徙权①)只是一种特别的恩惠,任何一个彭帕杜尔**36**都可以把他们当做关在贫民习艺所里的人来摆布。所以社会民主党人无条件地赞同这种要求:完全恢复农民的公民权利,完全废除一切贵族特权,取消官僚对农民的监护,给予农民自治权。

一般说来,俄国共产主义者,马克思主义信徒,比其他任何人都更应该把自己称为**社会民主党人**,并在自己的活动中始终不应忘记**民主主义**的巨大重要性。②

---

① 说到这里,不能不想起现任农业大臣叶尔莫洛夫先生在《歉收和人民的灾难》一书中反对移民时所表现的纯粹俄罗斯式的农奴主的厚颜无耻。他说,从国家观点看来,不能认为移民是合理的,因为欧俄地主还很需要空闲人手。——真的,农民生在世上,不是为了用自己的劳动来养活寄生的地主及其"显贵的"走卒,又是为了什么呢?

② 这是很重要的一点。普列汉诺夫说得很对:我国革命家有"两种敌人,一种是还没有完全根除的陈腐偏见,一种是对新纲领的狭隘理解"。见附录三(本卷第81—82页。——编者注)。

俄国中世纪的半农奴制度的残余还异常强而有力（比西欧），它像一副沉重的枷锁套在无产阶级和全体人民身上，阻碍着一切等级和一切阶级的政治思想的发展，所以我们不能不主张反对一切农奴制度即反对专制制度、等级制度、官僚制度的斗争对于工人有巨大的重要性。必须向工人十分详细地指明：这些制度是多么可怕的反动力量，它们在怎样加强资本对劳动的压迫，怎样欺压劳动者，怎样把资本阻滞在它的中世纪形式中，这种形式对劳动的剥削并不亚于现代工业形式，而且给解放斗争增添了极大的困难。工人应当知道，他们不推倒这些反动支柱①，就根本无法同资产阶级进行有成效的斗争，因为只要这些支柱存在，俄国农村无产阶级（这个阶级的支持是工人阶级取得胜利的必要条件）就永远摆脱不了闭塞无知、担惊受怕的状况，只能作绝望的挣扎，而不能进行明智顽强的抗议和斗争。因此，同激进民主派一道去反对专制制度，反对反动的等级和机构，是工人阶级的直接责任，社会民主党人必须使工人阶级明了这种责任，同时又要时时刻刻使工人阶级记住：反对这一切制度的斗争，只是作为促进反资产阶级斗争的手段才是必要的；工人需要实现一般民主主义要求，只是为了扫清道路，以便战胜劳动者的主要敌人即**资本**，资本按其本性来说是一种

---

① 事实上在治理俄罗斯国家的我国**官僚**是特别厉害的反动机构，它还不大为我国革命者所注意。这种主要靠平民知识分子补充的官僚，按其出身及其活动的使命和性质来说，都带有浓厚的资产阶级性质，但专制制度和高贵地主的巨大政治特权，却赋予他们特别有害的品质。他们是见风使舵的人，把兼顾地主和资产者的利益看做自己的最高任务。他们是犹杜什卡**37**，利用自己同农奴主的感情和联系来欺骗工农，借口"保护经济上的弱者"和对他们实行"监护"以免受富农和高利贷者的压迫，而采取各种办法把劳动者压低到"贱民"的地位，使他们受农奴主-地主的宰割，从而更加无法抵御资产阶级的进攻。他们是最危险的伪君子，很有西欧反动专家的经验，巧于用爱人民的词藻来掩饰他们阿拉克切耶夫式的贪欲**38**。

纯粹民主主义的制度,但它在我们俄国却特别倾向于牺牲自己的民主主义,而同反动派勾结起来压迫工人,更加厉害地阻止工人运动的出现。

以上所述,看来足以说明社会民主党人如何对待专制制度和政治自由,以及他们如何对待近来特别加强起来的、力求把一切革命者的派别"统一"和"联合"起来争取政治自由的思潮了[39]。

这是一个颇为新奇而独特的思潮。

它所以新奇,是因为"联合"的建议不是来自某个集团或某几个纲领明确而且有某些相似的集团。如果是这样,联合问题就会是每一个别场合的问题了,就会是准备统一的各个集团的代表能够解决的具体问题了。那也就不会有特别的"统一"思潮了,但这个思潮是有的,而掀起这个思潮的无非是这样一些人,他们离开了旧立场而没有走上任何新立场,这就是说反专制制度的战士直到现在所依靠的理论显然已在崩溃,因而也使斗争所需要的团结条件和组织条件遭到破坏。这些"统一派"和"联合派"的先生们想必以为创立这样一种理论是最容易的事情,只要把它全部归结为反对专制制度和要求政治自由,至于其余一切社会主义问题和非社会主义问题,可以避开不谈。显然,这种幼稚的错误观点,在一开始进行这类统一的尝试时,就一定会不攻自破。

这种"统一"思潮所以独特,是因为它反映着战斗的革命的民粹主义转变为政治激进民主主义这一过程的最后阶段之一,这个转变(过程)我在上面已经尽力描述过了。一切非社会民主主义的革命集团,只有在制定一个抛弃旧时俄国独特发展论的偏见的、提出**民主主义**要求的坚定纲领时,才能在上述旗帜下巩固地统一起来。社会民主党人认为创立这样一个民主主义政党当然是有益的前进步骤,而且他们为反对民粹主义所进行的工作会促成这种进步,有助于根除一切偏见和神话,使社会主义者在马克思主义旗帜下聚集起来,由其余的集团组成一个民主主义政党。

社会民主党人当然不能同这个政党"统一",因为他们认为工人必须独立地组织成一个单独的工人政党,但是工人对民主主义者反对反动机构的一切斗争,都会极力给以支持。

民粹主义已经堕落为最平庸的小资产阶级激进主义的理论,"人民之友"就是这种堕落的非常明显的例证。我们由此可以看出某些人犯了多么重大的错误,他们只向工人传播同专制制度作斗争的思想,却不同时向工人说明我国社会关系的对抗性(由于这种对抗性,资产阶级思想家也主张政治自由),不同时向工人说明俄国工人的历史使命是为全体劳动人民的解放而斗争。

有些人喜欢责备社会民主党人,说他们似乎要独享马克思的理论,可是又说马克思的经济理论是一切社会主义者都接受的。试问,既然我们俄国劳动者遭受剥削根本不是由于资产阶级的社会经济组织,而是由于缺少土地、税款过重和受行政机关压迫,那么,向工人解释价值形式、资产阶级制度的实质和无产阶级的革命作用,又有什么意思呢?

既然阶级斗争理论甚至不能说明工人对厂主的关系(我国资本主义是由政府人为地培植起来的),那么,向工人(更不必说向那不属于已经形成的工厂工人阶级的"人民"大众了)解释阶级斗争理论,又有什么意思呢?

既然想在我国寻找一条避开资本主义、避开资本主义所造成的无产阶级而通向共产主义的道路,那么,又怎能接受马克思的经济理论及其关于无产阶级具有通过资本主义来组织共产主义的革命作用的结论呢?

显然,在这种情况下号召工人争取政治自由,就等于号召工人替先进资产阶级火中取栗,因为不能否认(值得注意的是连民粹派和民意党也不否认),政治自由首先是为资产阶级利益服务的,它不能改善工人的状况,它只能……只能改善**同这个资产阶级作**……斗争的条件。我说这些话是反对这样一些社会主义者的,他们不接受社会民主党人的理论,却在工人中间进行鼓动,因为他们根据经验确信只有在工人中间才可以找到革命分子。这些社会主义者使自己的理论同实践相抵触,犯了极严重的错误:诱使工人抛弃自己的直接任务,即**组织社会主义工人政党**的任务。①

当资产阶级社会的阶级对抗因受农奴制度的压制而完全没有发展起来的时候,当农奴制度激起了全体知识分子一致的抗议和斗争,从而造成一种错觉,似乎我国知识分子具有特别的民主主义,以为自由主义者的思想和社会主义者的思想之间没有深刻分歧的时候,产生上述错误是很自然的。现在,当经济发展已有长足的进步,甚至从前否认俄国有资本主义发展基础的人也承认我国恰恰是走上资本主义发展道路的时候,对这一点已经不可能有任何错觉了。"知识分子"的成分,也和从事物质财富生产的社会成分一样,表现得十分明显:如果说,在后者中间起统治和支配作用的是资本家,那么,在前者中间起主导作用的则是人数日益迅速增加的一帮野心家和资产阶级的奴仆,也就是那些心满意足、毫无梦想、深知本身要求的"知识分子"。我们的激进派和自由派不仅不

---

① 必须发动工人同专制制度作斗争的结论可以从两方面得出:**或者**把工人看做争取社会主义制度的唯一战士,那就得把政治自由看做便利工人斗争的条件之一。社会民主党人就是这样看的。**或者**把工人单单看做是在现代制度下受苦最深、已经没有什么东西可以丧失并能最坚决地反对专制制度的人。但这也就等于要工人做资产阶级激进派的尾巴,而资产阶级激进派是不愿看见在全体"人民"一致反对专制制度的后面,还存在着资产阶级和无产阶级的对抗的。

否认这一事实，反而极力强调它，煞费苦心地证明它不道德，斥责它，极力想粉碎、耻笑……和消灭它。这种想使资产阶级知识分子因自己的资产阶级性而**感到羞惭**的天真妄想，正像小市民经济学家想用资产阶级使人民破产，使大众贫困、失业和饥饿（援引"哥哥"的经验）来恐吓我国资产阶级的意图一样，是很可笑的；这样审判资产阶级和他们的思想家，就跟判决把狗鱼投到河里去**[40]**一样。除此而外，还有这样一种自由派和激进派"知识分子"，他们滔滔不绝地大谈其进步、科学、真理、人民等等，他们喜欢怀念 60 年代，说当时没有争执、消沉、灰心和冷淡，大家的心都热衷于民主主义。

这些先生由于他们固有的天真，怎么也不愿意了解当时的一致是由当时的物质条件造成的，而这样的条件不会回来了。当时大家都同样受到农奴制度的束缚，其中有积了一点钱而想过快活日子的农奴主的管家，也有仇恨地主老爷勒索、干涉和打断他的经营的善于经营的农夫，也有地主家中的无产仆人，以及被卖给商人去盘剥的破产农夫；当时受到农奴制度压迫的还有商人兼厂主，有工人，有手工业者，有工匠。当时在所有这些人之间只有一种联系，就是他们都敌视农奴制度，而超出这种一致就是最剧烈的经济对抗了。只有完全沉醉于甜蜜梦想的人才会至今还看不见这种已经有了这么大发展的对抗，才会在现实生活要求斗争，要求每个不愿替资产阶级当**自愿的**或**非自愿的**走卒的人都站到无产阶级方面来的时候，还在泣求这个一致的时代重新到来。

如果你们不轻信关于"人民利益"的花言巧语，而去深究一下，那就会看出在你们面前的是一些地地道道的小资产阶级思想家，他们梦想用各种天真的进步办法来改善、维持和恢复自己的（他们说是"人民的"）经济，他们绝对不能了解，在现存的生产关系基础上，所有这些进步办法只会日益加深大众的无产阶级化。我们不能不感谢"人民之友",因为他们大大帮助了我们认清我国知识分子的阶级性质,从而更证实了马克思主义者关于我国小生产者的小资产阶级性的理论,因为他们必然使那些把俄国社会主义者迷惑了这么久的旧幻想和神话加速破灭。"人民之友"已把这些理论用得又脏又破又烂,使俄国信奉这些理论的社会主义者非要二者择一不可:或者重新审查这些理论,或者将它们完全抛弃,让那些扬扬得意地向全世界宣告富裕农民购置改良农具的先生(他们煞有介事地要你们相信必须欢迎那些在赌桌跟前坐腻了的人)去独自享用。他们不仅这样煞有介事地谈论"人民制度"和"知识分子",并且还大言不惭地谈论远大的理想和对生活问题的理想提法!……

社会主义的知识分子只有抛弃幻想,在俄国现实的而不是合乎心愿的发展中,在现实的而不是臆想的社会经济关系中去寻找立脚点,才能指望工作获得成效。同时,他们的**理论**工作的方向应当是**具体地研究俄国经济对抗的一切形式,研究它们的联系和一贯发展**,凡是这种对抗被政治史、法制特点和传统理论偏见所掩盖的地方,都应把它揭示出来。理论工作应当把我国现实作为一定生产关系的体系给以完备的说明,应当指明劳动者在这个体系下遭受剥削和剥夺的必然性,指明经济发展所昭示的摆脱这个制度的出路。

这种以详细研究俄国历史和现实为基础的理论,应当解答无产阶级急需解答的问题,——如果这种理论合乎科学要求,那么,无产阶级反抗思想的任何觉醒都必然会把这种思想引上社会民主主义的轨道。制定这种理论的工作越有进展,社会民主主义就成长得越快,因为最机灵的现代制度的保护者也没有力量来阻止无产阶级思想的觉醒,其所以没有力量,是因为这个制度本身必然地和不可避免地把生产者剥夺得越来越厉害,使无产阶级和它的后备军越来越壮大,同时社会财富也在不断增大,生产力大大发展,资本主义造成劳动社会化。虽然制定这种理论还要做很多工作,但社会主义者完成这个工作是有把握的,因为唯物主义,即要求任何纲领都是对现实过程的确切表述的唯一科学方法,已在他们中间传播;因为接受这种思想的社会民主党人已经获得很大的成功,连我国自由派和民主派都大为震惊,于是他们那些厚本的杂志——照一位马克思主义者的说法——也办得不再是枯燥无味的了。

我这样强调社会民主党人理论工作的必要性、重要性和艰巨性,决不是想说,这个工作比**实际**工作更重要①,更不是想把后一工作推延到前一工作完成以后。只有"社会学中的主观方法"的崇拜者或空想社会主义的信徒,才会得出这样的结论。当然,如果认为社会主义者的任务是在给国家寻找"另外〈除现实道路而外〉的发展道路",那么,实际工作也只有在天才的哲学家发现和指明了这"另外的道路"时才有可能进行;反过来说,这种道路一旦被发现和指出来,理论工作就结束了,而那些应当把"祖国"引上"新发现的""另外的道路"的人的工作也就开始了。可是,如果社会主义者的任务是要做无产阶级的思想领导者,领导无产阶级进行现实斗争,去反对横在一定社会经济发展的**现实**道路上的现实的真正敌人,那么情形就完全不同了。在这种条件下,理论工作和实际工作就会融合在一起,融合为一个工作,德国社会民主党的老战士李卜克内西把这个工作说得极为中肯,这就是:

研究,宣传,组织。

---

① 恰恰相反。实际的宣传鼓动工作始终应放在第一位,因为第一,理论工作只是解答实际宣传鼓动工作提出的急需解答的问题;第二,社会民主党人往往由于客观情势所迫,不得不只做理论工作,所以他们非常重视每一可以进行实际工作的机会。

不做上述理论工作,便不能当思想领导者;不根据事业的需要进行这项工作,不在工人中间宣传这个理论的成果并帮助他们组织起来,也不能当思想领导者。

这样提出任务,就能保障社会民主党人避免各种社会主义者团体所常犯的毛病,即避免教条主义和宗派主义。

只要以是否符合社会经济发展的现实过程作为学说的最高的和唯一的标准,那就不会有教条主义;只要把任务归结为协助无产阶级组织起来,因而"知识分子"的作用就是使特殊的知识分子的领导者成为不需要的人物,那就不会有宗派主义。

因此,在马克思主义者中间,尽管对各种理论问题存在着意见分歧,但他们的政治活动方法,自从这一派产生以来,就始终没有改变过,并且一直到现在也没有改变。

社会民主党人的政治活动是要协助俄国工人运动发展和组织起来,把工人运动从目前这种分散的、缺乏指导思想的抗议、"骚动"和罢工的状态,改造成**整个**俄国工人**阶级**的有组织的斗争,其目的在于推翻资产阶级制度,剥夺剥夺者,消灭以压迫劳动者为基础的社会制度。作为这种活动的基础的,是马克思主义者的共同信念:俄国工人是俄国全体被剥削劳动群众唯一的和天然的代表①。

其所以是天然的代表,是因为俄国劳动者所受的剥削,如果把正在灭绝的农奴制经济残余撇开不谈,**实质上到处都是资本主义的剥削**;不过生产者大众所受的剥削是小规模的、零散的、不发达的,而工厂无产阶级所受的剥削则是大规模的、社会化的、集中的。

---

① 代表俄国未来的人是农夫,——农民社会主义的代表,最广义的民粹主义者曾经是这样想的。代表俄国未来的人是工人,——社会民主党人现在是这样想的。在一篇手稿里曾这样表述过马克思主义者的观点。

在前一场合,这种剥削还被各种中世纪形式,各种政治上、法律上和习俗上的附加成分,各种狡猾手段所蒙蔽,妨碍劳动者和他们的思想家看出压在劳动者身上的制度的实质,妨碍他们看出哪里是出路和怎样才能摆脱这个制度。反之,在后一场合,剥削已经十分发达,并且以赤裸裸的形式表现出来,没有任何扰乱真相的枝节成分。工人们已经不能不看出:是**资本**在压迫他们,必须同资产阶级**这个阶级**进行斗争。他们这种目的在于满足最迫切的经济需要以改善本身物质状况的斗争,必然要求他们组织起来,必然会成为不是反对个人而是反对**阶级**的战争,即反对不仅在工厂里而且到处都在压榨和压迫劳动者的那个阶级的战争。所以工厂工人不过是全体被剥削群众的先进代表;为了使他们在有组织的坚韧不拔的斗争中实现自己的代表作用,根本不必用什么"远景"来引诱他们,只要求简单地**向他们说明他们的地位**,说明压迫他们的那个体系的政治经济制度,说明阶级对抗在这个体系下的必然性和不可避免性。工厂工人在整个资本主义关系体系中所处的这种地位,使他们成为争取工人阶级解放的唯一战士,因为只有资本主义发展的高级阶段,即大机器工业,才能造成进行这场斗争所必需的物质条件和社会力量。在其余一切地方,在资本主义发展的较低级的形式下,这种物质条件是没有的,因为这里的生产分散为成千上万极小的经济单位(它们在最平均的村社土地**占有制**形式下仍然是分散的**经济单位**),被剥削者多半还有一点点产业,因而被束缚在他们所应当反对的资产阶级体系上。这就使得那些能够推翻资本主义的社会力量的发展受到阻碍,遇到困难。分散的单独的小规模的剥削把劳动者束缚在一个地点上,使他们彼此隔绝,使他们无法理解自己的阶级一致性,使他们无法联合起来,因为他们无法了解压迫的原因不在于哪个个人而在于整个经济体系。反之,大资本主义必然割断工人同旧社会、同一定地点、同一定剥削者的任何联系，使他们联合起来，使他们不得不思考，使他们处在有可能开始进行有组织的斗争的地位。所以，社会民主党人把自己的全部注意力和自己的全部活动都集中在工人阶级身上。当工人阶级的先进代表领会了科学社会主义思想，领会了关于俄国工人的历史使命的思想时，当这些思想得到广泛的传播并在工人中间成立坚固的组织，把他们现时分散的经济战变成自觉的阶级斗争时，俄国工人就会起来率领一切民主分子去推翻专制制度，并引导**俄国无产阶级**（和**全世界**无产阶级并肩地）**循着公开政治斗争的大道走向胜利的**

　　共产主义革命。

完

写于 1894 年

# 附　录　三

　　我所说的对马克思主义的狭隘理解，是指马克思主义者本身来说的。说到这一点，不能不指出，我国自由派和激进派在合法报刊上叙述马克思主义的时候，简直把马克思主义缩小和曲解得不成样子。这是什么叙述！真难以设想，要怎样糟蹋这个革命学说，才能使它躺到俄国书报检查机关的普罗克拉斯提斯床上[41]！我国的政论家却掉以轻心，正在做这类手术：经他们叙述的马克思主义大概就成了这样一种学说，它说明在资本主义制度下，以私有者的劳动为基础的个人所有制，怎样经历着辩证的发展，怎样变为自己的否定，然后又怎样社会化。他们郑重其事地把马克思主义的全部内容纳入这一"公式"，不谈它的社会学方法的一切特点，不谈阶级斗争学说，不谈研究的直接目的——揭露一切对抗和剥削形式，以帮助无产阶级来推翻这些形式。毫不奇怪，得出的必然是一种这样暗淡和狭隘的东西，以致我们的激进派也要为贫乏的俄国马克思主义者表示惋惜。当然啊！如果在俄国专制制度和俄国反动势力的横行时代，可以完整地、确切地和充分地叙述马克思主义，把马克思主义的结论彻底说出来，那么，俄国的专制制度和反动势力就不成其为专制制度和反动势力了！如果我国的自由派和激进派真的懂得马克思主义（即使是根据德文书刊），他们也许会羞于在受检查的报刊上这样糟蹋马克思主义。既然无法叙述这个理论，你们就免开尊口，或者交代一下，说你们远没有道出全部内容，说你们把最重要的东西都略去了。但为什么只叙述一些片断，却大喊大叫狭隘性呢？

　　要知道，这样只会闹出只有俄国才能有的笑话来，把一些根本不懂阶级斗争，不懂资本主义社会所固有的必然对抗，不懂这种对抗的发展，不懂无产阶级的革命作用的人算做马克思主义者；甚至把一些直接提出资产阶级方案的人，也算做马克思主义者，只要他们有时也说过"货币经济"及其"必然性"等等一类字眼就行，而承认这些字眼是马克思主义者专用的字眼，是需要有米海洛夫斯基先生那样的机智的。

　　马克思认为他的理论的全部价值在于这个理论"按其本质来说，它是批判的①和革命的"②。后一性质的确完全地和无条件地

---

① 请注意，马克思在这里说的是唯物主义的批判，他认为只有这种批判才是科学的批判，这种批判就是把政治、法律、社会和习俗等等方面的事实拿来同经济、生产关系体系，以及在一切对抗性社会关系基础上必然形成的各个阶级的利益加以对照。俄国的社会关系是对抗性的关系，这几乎是谁也不能怀疑的。可是还没有人试把这些关系当做根据来进行**这种**批判。

② 见《马克思恩格斯文集》2009 年人民出版社版第 5 卷第 22 页。——编者注

是**马克思主义**所固有的,因为这个理论公开认为自己的任务就是**揭露**现代社会的一切对抗和剥削形式,考察它们的演变,证明它们的暂时性和转变为另一种形式的必然性,**因而也就帮助无产阶级尽可能迅速地、尽可能容易地消灭任何剥削**。这一理论对世界各国社会主义者所具有的不可遏止的吸引力,就在于它把严格的和高度的科学性(它是社会科学的最新成就)同革命性结合起来,并且不仅仅是因为学说的创始人兼有学者和革命家的品质而偶然地结合起来,而是把二者内在地和不可分割地结合在这个理论本身中。实际上,这里直接地提出理论的任务、科学的目的就是帮助被压迫阶级去进行他们已在实际进行的经济斗争。

**"我们并不向世界说:停止你那些斗争吧,它们都是愚蠢之举;我们要向世界喊出真正的斗争口号。"**①

因而在马克思看来,科学的直接任务就是提出真正的斗争口号,也就是说,善于客观地说明这个斗争是一定生产关系体系的产物,善于**了解**这一斗争的必然性、它的内容、它的发展进程和条件。要提出"斗争口号",就必须十分详细地研究这一斗争的每种形式,考察它由一种形式转为另一种形式时的每一步骤,以便善于随时判定局势,不忽略斗争的总性质和总目的——完全地和彻底地消灭任何剥削和任何压迫。

试把"我国著名的"尼·康·米海洛夫斯基在他的"批评"中叙述过和攻击过的那套平庸的胡说,同马克思的"批判的和革命的"理论比较一下,你们就会感到惊异,怎么竟会有人认为自己是"劳动阶级的思想家",却又只限于……摆弄"磨光了的金币",——我国政论家抹去马克思理论的全部精华,就把它变成了这样的金币。

---

① 见《马克思恩格斯文集》2009 年人民出版社版第 10 卷第 9 页。——编者注

试把那些最初也想做劳动者思想家的我国民粹派的著作,即论述我国整个经济制度的历史和现状,包括农民的历史和现状的著作,同这个理论的要求比较一下,你们就会感到惊异,社会主义者怎么能满足于只是研究和描写灾难并就这种灾难进行说教的理论。农奴制度不是被看做产生了某种剥削、某些对抗阶级、某些政治和法律等等制度的一定经济组织形式,而只是被看做地主的横行霸道和对待农民的不公平。农民改革不是被看做某些经济形式和某些经济阶级的冲突,而是被看做尽管愿望极其善良但错误地"选择了""不正确道路"的长官的措施。改革后的俄国被说成是偏离正道因而给劳动者带来灾难,而不是有了某种发展的一定的对抗性生产关系体系。

不过,现在这个理论已经信誉扫地,这是不容置疑的,而俄国社会主义者越是迅速了解在现代知识水平上,不可能有马克思主义之外的革命理论,越是迅速集中他们的全部力量来把这个理论在理论上和实践上运用于俄国,革命工作的成功就会越可靠越迅速。

————

为了清楚地说明"人民之友"先生们号召知识分子从文化上影响"人民"来"创立"正常的真正的工业等等,是怎样败坏着现代"俄国贫乏的思想界",我们且引证那些与我们的思想方式根本不同的人们,即民意党嫡系后裔的"民权党人"所作的评论。请看1894年"民权党"出版的小册子《迫切的问题》。

有一类民粹主义者说:"不管怎样,即使在广泛自由的条件下,俄国也不应该放弃它的足以保证〈!〉劳动者在生产中的独立地位的经济组织。"他们还说:"我们需要的不是政治改革,而是有步骤地、有计划地进行的经济改革。"民权党人给了这类民粹主义者有力的驳斥之后接着说：

"我们不是资产阶级的辩护人，更不是资产阶级理想的崇拜者，但是假如厄运要人民有所抉择：或者是在地方官热心保护下，实行'有计划的经济改革'，不受资产阶级的侵犯；或者是在政治自由基础上，也就是说，在**保证**人民能有组织地保护自己利益的条件下，使资产阶级存在，那么，我们认为人民选择后者是绝对有利的。现在我国并没有进行要取消人民的貌似独立的经济组织的'政治改革'，可是存在着到处都照例认为是资产阶级政策的东西，这种政策表现为极粗暴地剥削人民的劳动。现在我国既没有广泛的自由，也没有狭隘的自由，可是存在着各立宪国家的大地主和资本家已不再梦想追求的对等级利益的袒护。现在我国没有'资产阶级议会制度'，社会人士绝对不准参与国家管理，可是存在着要求政府用万里长城来防护自己利益的纳伊杰诺夫、莫罗佐夫、卡兹、别洛夫一流的先生，以及居然要求 1 俄亩可以得到 100 卢布无息贷款的'我国忠诚贵族'。他们应邀参加各种委员会，他们讲什么，人们都洗耳恭听，他们的意见在国家经济生活的最重要的问题上起着决定性作用。可是，有谁在什么地方替人民说话呢？不就是那些地方官吗？不是正在为人民筹划成立农业劳动队吗？现在不是有人公然无耻地说，给人民份地只是为了要他们纳税和服役吗？沃洛格达省省长在他的通令中不就是这样说的吗？这位省长不过是表述和大声地说出了专制制度（或者正确些说，官僚专制制度）在自己的政策中必然实行的办法罢了。"

不管民权党人对"人民"（他们想要维护他们的利益）的看法，对"社会"（他们继续认为它是保护劳动利益的值得信任的机关）的看法是怎样的模糊，无论如何不能不承认"民权党"的成立是前进了一步，而前进的方向，是要彻底抛弃"为祖国"寻找"另外的道路"的错觉和幻想,是要大胆承认现实的道路,并在这种道路的基础上寻找进行革命斗争的成分。这里明白地显露了要成立民主主义政党的意向。我只说"意向",是因为可惜民权党人并没有始终不渝地贯彻他们的基本观点。他们仍在谈论要同社会主义者联合和结盟,而不愿了解:把工人卷入单纯的政治激进主义运动,不过是使工人知识分子脱离工人群众,使工人运动软弱无力,因为工人运动只有在各方面充分代表工人阶级利益的基础上,在同反资本仆役的政治斗争融合为一体的反资本的经济斗争的基础上,才能是强有力的。他们不愿了解:要达到一切革命分子"联合"的目的,最好是使各种利益的代表人物①分别组织起来,并由这个和那个政党在一定的场合采取共同行动。他们现在还把自己的党叫做"社会革命党"(见"民权党"1894年2月19日宣言),虽然他们以纯粹政治改革为限,小心翼翼地回避我国"可恶的"社会主义问题。一个这样热烈号召人们丢掉错觉的党,本来不应该在自己的"宣言"上一开头就给人造成错觉,本来不应该在只有**立宪主义**的地方谈论**社会主义**。可是,再说一遍,不注意民权党人是由民意党人而来的,就不能评价民权党人。因此不能不承认,他们用纯粹政治纲领来论证同社会主义无关的纯粹政治斗争,是前进了一步。社会民主党人竭诚希望民权党人获得成功,希望他们的党成长和发展起来,希望他们同那些站在现存经济制度的基地上②,其**日常**

---

① 他们自己也反对相信知识分子的神通广大,他们自己也说必须使人民自己参加斗争。但为此必须把这个斗争同一定的日常利益联系起来,因而必须把各种利益区别开来并将它们分别引入斗争…… 如果拿一些只有知识分子才了解的赤裸裸的政治要求来遮掩这些不同的利益,那岂不是又向后倒退,又只限于仅仅是知识分子的斗争吗?而这种斗争的软弱无力是刚才承认过了的。

② (即资本主义制度的基地上),而不是站在必须否定这个制度和无情反对这个制度的基地上。

利益真正和**民主主义**有着极密切联系的社会分子更加密切地接近起来。

"人民之友"的调和主义的、畏首畏尾的、感伤幻想的民粹主义,将因遭到两面夹攻而无法长久支持下去:一方面是政治激进派攻击他们,因为他们居然对官僚表示信任,不了解政治斗争的绝对必要性;另一方面是社会民主党人攻击他们,因为他们虽然同社会主义毫不相干,根本不懂劳动者受压迫的原因和正在进行的阶级斗争的性质,却企图以几乎是社会主义者的名义出来说话。

1894 年胶印出版            选自《列宁全集》第 2 版第 1 卷第 102—170、249—264、290—296 页

# 弗里德里希·恩格斯

(1895 年 9 月 7 日〔19 日〕以后)

> 一盏多么明亮的智慧之灯熄灭了,
>
> 一颗多么伟大的心停止跳动了!①

　　1895 年新历 8 月 5 日(7 月 24 日),弗里德里希·恩格斯在伦敦与世长辞了。在他的朋友卡尔·马克思(1883 年逝世)之后,恩格斯是整个文明世界中最卓越的学者和现代无产阶级的导师。自从命运使卡尔·马克思和弗里德里希·恩格斯相遇之后,这两位朋友的毕生工作,就成了他们的共同事业。因此,要了解弗里德里希·恩格斯对无产阶级有什么贡献,就必须清楚地了解马克思的学说和活动对现代工人运动发展的意义。马克思和恩格斯最先指出,工人阶级及其要求是现代经济制度的必然产物,现代经济制度在造成资产阶级的同时,也必然造成并组织无产阶级。他们指出,能使人类摆脱现在所受的灾难的,并不是个别高尚人物善意的尝试,而是组织起来的无产阶级所进行的阶级斗争。马克思和恩格斯在他们的科学著作中,最先说明了社会主义不是幻想家的臆造,而是现代社会生产力发展的最终目标和必然结果。到现在为止的全部有记载的历史都是阶级斗争的历史,都是不断更替地由一些社会阶级统治和战胜另一些社会阶级的历史。这种情形,在阶级

---

① 见尼·阿·涅克拉索夫的诗《纪念杜勃罗留波夫》。——编者注

斗争和阶级统治的基础,即私有制和混乱的社会生产消灭以前,将会继续下去。无产阶级的利益要求消灭这种基础,所以有组织的工人自觉进行的阶级斗争,目标就应该对准这种基础。而任何阶级斗争都是政治斗争。

马克思和恩格斯的这些观点,现在已为正在争取自己解放的全体无产阶级所领会,但是当这两位朋友在40年代参加社会主义的宣传和当时的社会运动时,这样的见解还是完全新的东西。当时许多有才能的或无才能的人,正直的或不正直的人,都醉心于争取政治自由的斗争,醉心于反对皇帝、警察和神父的专横暴戾的斗争,而看不见资产阶级利益同无产阶级利益的对立。他们根本没有想到工人能成为独立的社会力量。另一方面,当时有许多幻想家,有时甚至是一些天才人物,都以为只要说服统治者和统治阶级相信现代社会制度是不合理的,就很容易在世界上确立和平和普遍福利。他们幻想不经过斗争就实现社会主义。最后,几乎当时所有的社会主义者和工人阶级的朋友,都认为无产阶级只是一个**脓疮**,他们怀着恐惧的心情看着这个脓疮如何随着工业的发展而扩大。因此,他们都设法阻止工业和无产阶级的发展,阻止"历史车轮"的前进。与这种害怕无产阶级发展的普遍心理相反,马克思和恩格斯把自己的全部希望寄托在无产阶级的不断增长上。无产者人数愈多,他们这一革命阶级的力量也就愈大,社会主义的实现也就愈是接近,愈有可能。马克思和恩格斯对工人阶级的功绩,可以这样简单地来表达:他们教会了工人阶级自我认识和自我意识,用科学代替了幻想。

正因为如此,恩格斯的名字和生平,是每个工人都应该知道的。正因为如此,我们在这本与我们其他一切出版物一样都是以唤醒俄国工人的阶级自我意识为目的的文集[42]中,应该简要地叙述一下现代无产阶级两位伟大导师之一弗里德里希·恩格斯的生平和活动。

恩格斯 1820 年生于普鲁士王国莱茵省的巴门城。父亲是个工厂主。1838 年,由于家庭情况,恩格斯中学还没有毕业,就不得不到不来梅一家商号去当办事员。从事商业并没有妨碍恩格斯对科学和政治的研究。当他还是中学生的时候,就憎恶专制制度和官吏的专横。对哲学的钻研,使他更前进了。当时在德国哲学界占统治地位的是黑格尔学说,于是恩格斯也成了黑格尔的信徒。黑格尔本人虽然崇拜普鲁士专制国家,他以柏林大学教授的身份为这个国家服务,但是黑格尔的**学说**是革命的。黑格尔对于人类理性和人类权利的信念,以及他的哲学的基本原理——世界是不断变化着发展着的过程,使这位柏林哲学家的那些不愿与现实调和的学生得出了一种想法,即认为同现状、同现存的不公平现象、同流行罪恶进行的斗争,也是基于世界永恒发展规律的。既然一切都是发展着的,既然一些制度不断被另一些制度所代替,那么为什么普鲁士国王或俄国沙皇的专制制度,极少数人靠剥夺绝大多数人发财致富的现象,资产阶级对人民的统治,却会永远延续下去呢? 黑格尔的哲学谈论精神和观念的发展,它是**唯心主义的**哲学。它从精神的发展中推演出自然界、人以及人与人的关系即社会关系的发展。马克思和恩格斯保留了黑格尔关于永恒的发展过程的思想①,而抛弃了那种偏执的唯心主义观点;他们面向实际生活之后看到,不能用精神的发展来解释自然界的发展,恰恰相反,

---

① 马克思和恩格斯不止一次地指出,他们思想的发展,有很多地方得益于德国的大哲学家,尤其是黑格尔。恩格斯说:"没有德国哲学,也就没有科学社会主义。"(参看《马克思恩格斯文集》2009 年人民出版社版第 2 卷第 217 页。——编者注)

要从自然界,从物质中找到对精神的解释……　与黑格尔和其他黑格尔主义者相反,马克思和恩格斯是唯物主义者。他们用唯物主义观点观察世界和人类,看出一切自然现象都有物质原因作基础,同样,人类社会的发展也是受物质力量即生产力的发展所制约的。生产力的发展决定人们在生产人类必需的产品时彼此所发生的关系。用这种关系才能解释社会生活中的一切现象,人的意向、观念和法律。生产力的发展造成了以私有制为基础的社会关系,但是我们现在看到,生产力的发展又夺走了大多数人的财产,将它集中在极少数人的手中。生产力的发展正在消灭私有制,即现代社会制度的基础,这种发展本身就是朝着社会主义者所抱定的那个目标前进的。社会主义者就是要了解,究竟哪种社会力量因其在现代社会中所处的地位而关心社会主义的实现,并使这种力量意识到它的利益和历史使命。这种力量就是无产阶级。恩格斯是在英国,是在英国工业中心曼彻斯特结识无产阶级的;1842年他迁到这里,在他父亲与人合办的一家商号中供职。在这里,他并不是只坐在工厂的办事处里,他常常到工人栖身的肮脏的住宅区去,亲眼看见工人贫穷困苦的情景。但是,他并不满足于亲身的观察,他还阅读了他所能找得到的在他以前论述英国工人阶级状况的一切著作,仔细研究了他所能看到的一切官方文件。这种研究和观察的成果,就是1845年出版的《英国工人阶级状况》①一书。上面我们已经提到作为《英国工人阶级状况》一书的作者恩格斯的主要功绩。在恩格斯以前有很多人描写过无产阶级的痛苦,并且一再提到必须帮助无产阶级。恩格斯**第一个**指出,无产阶

---

① 　参看《马克思恩格斯全集》第 1 版第 2 卷第 269—587 页;节选部分见《马克思恩格斯文集》2009 年人民出版社版第 1 卷第 361—498 页。——编者注

级**不只是**一个受苦的阶级,正是它所处的那种低贱的经济地位,无可遏止地推动它前进,迫使它去争取本身的最终解放。而战斗中的无产阶级是能够**自己帮助自己**的。工人阶级的政治运动必然会使工人认识到,除了社会主义,他们没有别的出路。另一方面,社会主义只有成为工人**阶级**的**政治**斗争的目标时,才会成为一种力量。这就是恩格斯论英国工人阶级状况一书的基本思想。现在,这些思想已为全体能思考的和正在进行斗争的无产阶级所领会,但在当时却完全是新的。叙述这些思想的著作写得很动人,通篇都是描述英国无产阶级穷苦状况的最确实最惊人的情景。这部著作是对资本主义和资产阶级的极严厉的控诉。它给人的印象是很深的。从此,到处都有人援引恩格斯的这部著作,认为它是对现代无产阶级状况的最好描述。的确,不论在 1845 年以前或以后,还没有一本书把工人阶级的穷苦状况描述得这么鲜明,这么真实。

恩格斯到英国后才成为社会主义者。他在曼彻斯特同当时英国工人运动的活动家发生联系,并开始在英国社会主义出版物上发表文章。1844 年他在回德国的途中路过巴黎时认识了马克思,在此以前他已经和马克思通过信。马克思在巴黎时,受到法国社会主义者和法国生活的影响也成了社会主义者。在这里,两位朋友合写了一本书:《神圣家族,或对批判的批判所做的批判》①。这本书比《英国工人阶级状况》早一年出版,大部分是马克思写的。它奠定了革命唯物主义的社会主义的基础,这种社会主义的主要思想,我们在上面已经叙述过了。"神圣家族"是给哲学家鲍威尔兄弟及其信徒所取的绰号。这班先生鼓吹一种批判,这种批判超越一切现实、超

---

① 参看《马克思恩格斯全集》第 1 版第 2 卷第 3—268 页;节选部分见《马克思恩格斯文集》2009 年人民出版社版第 1 卷第 249—359 页。——编者注

越政党和政治,否认一切实践活动,而只是"批判地"静观周围世界和其中所发生的事情。鲍威尔先生们高傲地把无产阶级说成是一群没有批判头脑的人。马克思和恩格斯坚决反对这个荒谬而有害的思潮。为了现实的人,即为了受统治阶级和国家践踏的工人,他们要求的不是静观,而是为实现美好的社会制度而斗争。在他们看来,能够进行这种斗争和关心这种斗争的力量当然是无产阶级。还在《神圣家族》一书出版以前,恩格斯就在马克思和卢格两人合编的"德法杂志"[19]上发表了《国民经济学批判大纲》[①]一文,从社会主义的观点考察了现代经济制度的基本现象,认为那些现象是私有制统治的必然结果。同恩格斯的交往显然促使马克思下决心去研究政治经济学,而马克思的著作使这门科学发生了真正的革命。

1845年到1847年,恩格斯是在布鲁塞尔和巴黎度过的,他一面从事科学研究,同时又在布鲁塞尔和巴黎的德籍工人中间进行实际工作。这时,马克思和恩格斯同秘密的德国"共产主义者同盟"[43]发生了联系,"同盟"委托他们把他们所制定的社会主义基本原理阐述出来。这样就产生了1848年出版的马克思和恩格斯的著名的《共产党宣言》[②]。这本书篇幅不多,价值却相当于多部巨著:它的精神至今还鼓舞着、推动着文明世界全体有组织的正在进行斗争的无产阶级。

1848年的革命首先在法国爆发,然后蔓延到西欧其他国家,于是马克思和恩格斯就回国了。他们在莱茵普鲁士主编在科隆出版的民主派的《新莱茵报》[44]。这两位朋友成了莱茵普鲁士所有革命民主意向的灵魂。他们尽一切可能保卫人民和自由的利益,使之不受反动势力的侵害。大家知道,当时反动势力获得了胜利。

---

① 见《马克思恩格斯文集》2009年人民出版社版第1卷第56—86页。——编者注
② 见《马克思恩格斯文集》2009年人民出版社版第2卷第3—67页。——编者注

《新莱茵报》被迫停刊,马克思因侨居国外时丧失普鲁士国籍而被驱逐出境,而恩格斯则参加了人民武装起义,在三次战斗中为自由而战,在起义者失败后经瑞士逃往伦敦。

马克思也迁居伦敦。恩格斯不久又到他在40年代服务过的那家曼彻斯特商号去当办事员,后来又成了这家商号的股东。1870年以前他住在曼彻斯特,马克思住在伦敦,但这并没有妨碍他们保持最密切的精神上的联系;他们差不多每天都通信。这两位朋友在通信中交换意见和知识,继续共同创立科学社会主义。1870年恩格斯移居伦敦,直到1883年马克思逝世时为止,他们两人始终过着充满紧张工作的共同精神生活。这种共同的精神生活的成果,在马克思方面,是当代最伟大的政治经济学著作《资本论》,在恩格斯方面,是许多大大小小的作品。马克思致力于分析资本主义经济的复杂现象。恩格斯则在笔调明快、往往是论战性的著作中,根据马克思的唯物主义历史观和经济理论,阐明最一般的科学问题,以及过去和现在的各种现象。从恩格斯的这些著作中,我们举出下面几种:反对杜林的论战性著作(它分析了哲学、自然科学和社会科学中最重大的问题)①,《家庭、私有制和国家的起源》(俄译本1895年圣彼得堡第3版)②,《路德维希·费尔巴哈》(俄译本附有格·普列汉诺夫的注释,1892年日内瓦版)③,一篇论俄国政府对外政策的文章[47](俄译文刊登在日内瓦出版的《社会民主党人》[48]第1集和第2集上),几篇关于住宅问题的精彩文章[49],以及两篇篇幅虽小,但价值极大的论述俄国经济

---

① 这是一部内容十分丰富、十分有益的书[45]。可惜只有概述社会主义发展史的那一小部分译成了俄文(《科学社会主义的发展》[46]1892年日内瓦第2版)。
② 见《马克思恩格斯文集》2009年人民出版社版第4卷第13—198页。——编者注
③ 同上书,第261—313页。——编者注

发展的文章(《弗里德里希·恩格斯论俄国》,维·伊·查苏利奇的俄译本,1894 年日内瓦版)**50**。马克思还没有把他那部论述资本的巨著整理完毕就逝世了。可是,这部著作的草稿已经完成,于是恩格斯在他的朋友逝世后就从事整理和出版《资本论》第 2 卷和第 3 卷的艰巨工作。1885 年他出版了第 2 卷,1894 年出版了第 3 卷(他没有来得及把第 4 卷**51**整理好)。整理这两卷《资本论》,是一件很费力的工作。奥地利社会民主党人阿德勒说得很对:恩格斯出版《资本论》第 2 卷和第 3 卷,就是替他的天才朋友建立了一座庄严宏伟的纪念碑,无意中也把自己的名字不可磨灭地铭刻在上面了。的确,这两卷《资本论》是马克思和恩格斯两人的著作。古老传说中有各种非常动人的友谊故事。欧洲无产阶级可以说,它的科学是由这两位学者和战士创造的,他们的关系超过了古人关于人类友谊的一切最动人的传说。恩格斯总是把自己放在马克思之后,总的说来这是十分公正的。他在写给一位老朋友的信中说:"马克思在世的时候,我拉第二小提琴。"①他对在世时的马克思无限热爱,对去世后的马克思无限敬仰。这位严峻的战士和严正的思想家,具有一颗深情挚爱的心。

1848—1849 年的运动以后,马克思和恩格斯在流亡中并没有只限于从事科学工作。马克思在 1864 年创立了"国际工人协会"**14**,并在整整十年内领导了这个协会。恩格斯也积极地参加了协会的工作。"国际工人协会"依照马克思的意思联合全世界的无产者,它的活动对工人运动的发展起了巨大作用。就是在 70 年代"国际工人协会"解散后,马克思和恩格斯所起的团结的作用也没有停止。相反,他们作为工人运动精神领导者所起的作用,可以说是不断增

① 参看 1884 年 10 月 15 日恩格斯给贝克尔的信(《马克思恩格斯文集》2009 年人民出版社版第 10 卷第 525 页)。——编者注

长的,因为工人运动本身也在不断发展。马克思逝世以后,恩格斯一个人继续担任欧洲社会党人的顾问和领导者。无论是受政府迫害但力量仍然不断迅速增长的德国社会党人,或者是落后国家内那些还需仔细考虑斟酌其初步行动的社会党人,如西班牙、罗马尼亚和俄国的社会党人,都同样向恩格斯征求意见,请求指示。他们都从年老恩格斯的知识和经验的丰富宝库中得到教益。

马克思和恩格斯两人都懂俄文,都读俄文书籍,非常关心俄国的情况,以同情的态度注视俄国的革命运动,并一直同俄国的革命者保持联系。他们两人都是由**民主主义者**变成社会主义者的,所以他们**仇恨**政治专横的民主情感非常强烈。由于马克思和恩格斯具有这种直接的政治情感、对政治专横与经济压迫之间的联系的深刻理论认识以及丰富的生活经验,所以他们在**政治**方面异常敏感。因此,俄国少数革命者所进行的反对强大的沙皇政府的英勇斗争,总是得到这两位久经锻炼的革命家最表同情的反响。相反,那种为了虚幻的经济利益而离开争取政治自由这一俄国社会党人最直接最重要的任务的图谋,在他们看来自然是可疑的,他们甚至直截了当地认为这是背叛伟大的社会革命事业。“无产阶级的解放应当是无产阶级自己的事情”[52],——这就是马克思和恩格斯经常教导的。而无产阶级要争取经济上的解放,就必须争得一定的**政治**权利。此外,马克思和恩格斯都清楚地看到,俄国政治革命对于西欧的工人运动也会有巨大的意义。专制的俄国向来是欧洲一切反动势力的堡垒。1870 年的战争[53]造成了德法之间长期的纷争,使俄国处于一种非常有利的国际地位,这当然只是增加了专制俄国这一反动力量的作用。只有自由的俄国,即既不需要压迫波兰人、芬兰人、德意志人、亚美尼亚人及其他弱小民族,也不需要经常挑拨德法两国关系的俄国,才能使现代欧洲摆脱战争负担而松一口气,才能削弱欧洲的一切反动势力,加强欧洲工人阶级的力量。因此,恩格斯为了西欧工人运动的胜利,也渴望俄国实现政治自由。俄国的革命者因恩格斯的逝世而失去了最好的朋友。

无产阶级的伟大战士和导师弗里德里希·恩格斯永垂不朽!

载于 1896 年《工作者》文集　　　　　选自《列宁全集》第 2 版第 2 卷
第 1—2 期合刊　　　　　　　　　　　第 1—12 页

# 我们拒绝什么遗产？

(1897 年底)

　　在 1897 年《俄国财富》杂志**2**第 10 期上，米海洛夫斯基先生在转述明斯基先生对"辩证唯物论者"的批判时写道："他〈明斯基先生〉一定知道，这些人根本不愿意与过去有任何继承性的联系，并且坚决拒绝遗产"（第 179 页），也就是说，拒绝瓦·罗扎诺夫先生 1891 年在《莫斯科新闻》**54**上郑重拒绝了的"60—70 年代的遗产"（第 178 页）。

　　在米海洛夫斯基先生对"俄国学生们"①的这个批评中，有很多谎话。诚然，米海洛夫斯基先生并不是"俄国学生们拒绝遗产"这种谎话的唯一制造者，也不是这种谎话的第一个制造者，——这种谎话很早就由几乎所有的自由主义民粹派刊物代表者攻击"学生们"时反复说过了。我记得，米海洛夫斯基先生在开始与"学生们"激烈作战时还没有想到这种谎话，别人在他以前就捏造出来了。后来他才认为必须附和这种谎话。"学生们"在俄文书刊中把自己的观点发挥得愈彻底，他们对许多理论问题和实践问题讲得愈周详，则在敌对刊物上就会愈少见到有人切实反驳新派别的基本论点。这些基本论点是：俄国资本主义发展是进步的，民粹派把小生产者理想化是荒谬的，必须到俄国社会各个阶级的物质利益中去寻找对于社会思想流派和法律政治制度的解释。人们不提这些基本论点，

---

① 这是 19 世纪 90 年代俄国马克思主义者的代称。——编者注

无论过去和现在都宁愿不谈这些基本论点,同时却编造出越来越多的谎言来诋毁新派别。在这类谎话——"拙劣的谎话"中,也有这样一种流行说法,说什么"俄国学生们拒绝遗产",说什么他们同俄国社会中优秀先进部分的优秀传统脱离了关系,说什么他们割断了民主主义的线索,以及诸如此类的胡说八道。由于这类流言蜚语广为传播,我们不得不对它们详加考察并予以驳斥。为了使我们的论述不致使人觉得毫无根据,我们一开始就从历史和著述方面把两个"农村政论家"作一对比,以说明"遗产"问题。我们附带声明一下:我们的论述只限于经济学和政论方面的问题,在全部"遗产"中只考察这些问题,而把哲学、文学、美学等方面的问题撇开不谈。

# 一

## "遗产"代表之一

30 年前,即在 1867 年,《祖国纪事》杂志[24]开始刊载斯卡尔金所写的标题为《在穷乡僻壤和在首都》的一些政论性特写。这些特写在 1867—1869 年这三年当中陆续发表出来。1870 年,作者把这些特写收集起来,以同样的标题出了单行本。① 读一读这本现在几乎完全被人忘却了的书,对于我们要探讨的问题即"遗产"代表同民粹派分子和"俄国学生们"的关系问题,是很有益处的。这本书的书名是不确切的。作者自己看到了这一点,所以他在该书的前言中解释说,这本书的主题是"首都"同"乡村"的关系问

---

① 斯卡尔金《在穷乡僻壤和在首都》1870 年圣彼得堡版(共 451 页)。我们没有可能找到这几年的《祖国纪事》杂志,所以只能利用这个单行本[55]。

题,即关于乡村的政论性特写,他没有打算专门谈论首都。这就是说,他也许打算过,不过认为这不方便:像我所能够的那样去做,我不愿意,像我所愿意的那样去做,我又不能够,——斯卡尔金引证一个希腊作家的话来说明这种不方便。

让我们简短地叙述一下斯卡尔金的观点。

我们从农民改革[32]开始谈起,因为直到现在每个愿意叙述自己关于经济学问题和政论问题的一般观点的人,都必定要把这个问题作为起点。在斯卡尔金的书中,农民改革问题占有很大篇幅。斯卡尔金大概是第一个这样的作家,他根据广泛的事实和对整个农村生活的详细考察,系统地表明农民**在**实行改革**后**的穷困状况,他们生活恶化的情形,以及他们在经济、法律和生活方面的新的依赖形式,一句话,表明一切从那时以来为许多研究与记述所十分周密而又详尽地指出和证明过的东西。现在这一切真实情况已不是什么新东西了。但在当时它们不仅是新的,而且还引起自由派一帮人的猜疑,因为他们担心:指出这些所谓"改革的缺点",是否意味着对改革以及对被掩盖着的农奴制的谴责。斯卡尔金的见解所以更加值得注意,还因为作者是改革时期的人(他也许甚至还参加了改革。我们手头没有任何关于斯卡尔金的历史文献资料和传记材料)。因此,他的见解是根据对当时的"首都"和当时的"乡村"的直接观察,而不是根据书斋里对书本材料的研究。

在斯卡尔金对农民改革的见解中,首先使听惯了民粹派关于这个题目的甜言蜜语的现代读者特别注意的,是作者的头脑非常**清醒**。斯卡尔金在观察改革时一点也不欺骗自己,一点也不把改革理想化,他把改革看做是地主和农民双方之间的一种协定,因为在此以前他们是在某种条件下共同享用土地,而现在他们分开了,与此同时双方的法律地位也改变了。决定分开的方式和每方所得土地的数量的因素,是双方的利益。这些利益决定了双方的意愿,而哪一方有可能直接参加改革和实际展开实现改革的各种问题,也就决定了这一方占有优势。斯卡尔金对改革的了解正是如此。关于改革的主要问题,即关于份地[33]和缴款的问题,斯卡尔金谈得特别详细,他在自己的许多特写中屡次谈到这些问题(斯卡尔金的书包括11篇具有独立内容的特写,在形式上很像单篇的农村通信。第一篇特写是1866年写的,最后一篇是1869年写的)。斯卡尔金的书中关于所谓"少地的"农民的说明,对于现代读者来说当然没有什么新颖的地方,但是在60年代末,他的论证则是既新鲜又可贵的。当然,我们不去重述这些论证,我们只指出斯卡尔金在说明现象方面的特点,这个特点使他胜过了民粹派。斯卡尔金不是说"地少",而是说"农民份地被割去的太多"(第213、214页及其他许多页;参看第三篇特写的标题),说法令所规定的最大份地要少于实有的份地(第257页),并且举出农民对改革的这一方面的非常突出和典型的意见[①]。斯卡尔金对这一事实的解释和论证是非常详细、有力的,对于一位非常温和、冷静、按其一般观点来看无疑是资产阶级著作家说来甚至是很激烈的。像斯卡尔金这样一个著作家也这样坚决地谈论这个现象,可见这个现象非常刺目。关于缴款太重,斯卡尔金也谈论得非常坚决和详细,并用大量事实来证明自己的论点。我们在第三篇特写(1867年)的副标题下面读到:"过高的

---

① **他**〈黑体是原作者用的〉这样割去了我们一部分土地,使我们没有这块割地就活不下去;他的田地从四面八方包围了我们的土地,使我们连牲口都赶不出去;现在你还得为份地特别付钱,也为割地[35]特别付钱,并且要多少就得付多少。"一个以前缴纳代役租[56]的有经验和识字的农夫对我说:"这算什么改善生活!加在我们身上的代役租和以前一样,而土地却被割去了一部分。"

赋税是他们〈农民〉穷困的主要原因"，而且斯卡尔金指出赋税高于农民种地所得，他引证《税务委员会报告》中关于俄国赋税在上层阶级和下层阶级间的分配材料，原来下层阶级担负了全部赋税的76%，上层阶级只担负了17%，而西欧赋税分配的比例无论在什么地方对于下层阶级都要有利得多。在第七篇特写（1868 年）的副标题下我们读到："过重的货币税是农民贫困的主要原因之一"。作者表明，新的生活条件是如何立刻要求农民出钱、出钱、再出钱，《法令》是如何把废除农奴制需要农民补偿地主这一条规定下来（第252页），代役租的最高数额是如何"根据地主及其管事和村长所提供的原本材料、即完全任意编造出来的和一点也不可靠的材料而规定的"（第255页）。因此，委员会算出的平均代役租，要高于实际的平均代役租。"农民除缴纳沉重的税款以外，还丧失了几百年来所享用的土地。"（第258页）"如果土地的赎金不是根据代役租的资本化，而是根据土地在解放时期的真正价值来估计，那么赎金就会很容易交付，甚至不需要政府协助，也不需要发行信贷券了。"（第264页）"按照2月19日法令的精神，赎金应当减轻农民的负担和改善农民的生活，实际上却往往使农民受到更大的压迫。"（第269页）我们引证这些话——它们本身并没有多大意思，而且一部分已经陈旧了——是为了表明，一个敌视村社[12]并在很多问题上像十足的曼彻斯特派[57]分子那样发表意见的著作家，是多么慷慨激昂地为农民的利益说话。指出如下一点很有益处，即民粹派的几乎所有有益而不反动的论点与这位曼彻斯特派分子的论点是完全吻合的。不言而喻，既然斯卡尔金对改革抱有这种观点，那他无论如何也不会像民粹派分子过去和现在那样醉心于把改革甜蜜地理想化，说什么改革批准了人民生产，说它超过了西欧的农民改革，说它把俄国好像变成了一块白板等等。斯卡尔金不仅没有说也不会说这一类话，而且

甚至直接说,我国农民改革比之西欧是在对农民更加不利的条件下
实行的,它所带来的好处也少于西欧。斯卡尔金写道:"如果我们问
一问自己,那就会直接提出一个问题:为什么农奴解放在我国就不
像本世纪头25年在普鲁士和萨克森那样迅速、那样与日俱增地表
现出良好结果来呢?"(第221页)"在普鲁士,和在德国各地一样,要
赎的不是农民早已依据法律成为其财产的份地,而是农民必须向地
主尽的义务。"(第272页)

我们现在从斯卡尔金所评价的改革的经济方面转而来谈法律
方面。斯卡尔金坚决反对连环保[58]、身份证制度以及农民"村社"
(和小市民社团)对其成员们的宗法式权力。在第三篇特写中
(1867年),他坚决主张废除连环保、人头税和身份证制度,主张必
须实行平等的财产税制度,用免费的和无期限的证明来代替身份
证。"其他任何一个文明国家都没有在国内实行身份证税的。"
(第109页)大家知道,这种税只是在1897年才被废除了。我们
在第四篇特写的标题下读到:"村团和城市杜马在发送身份证和
征收外出税方面是十分专横的⋯⋯""连环保是宽裕的业主和正
经的庄稼人必须替游手好闲的人和懒汉拖着的沉重枷锁。"(第
126页)对于当时就已经看得出来的农民分化现象,斯卡尔金想以
上升者和下降者的个人品质来解释。作者详尽地描写住在圣彼得
堡的农民在领取身份证和延长身份证期限方面的困难,并且驳斥
一些人的如下异议:"谢天谢地,这一大群无地的农民没有登记要
到城市里来,没有使没有不动产的城市居民的人数增加⋯⋯"(第
130页)"野蛮的连环保⋯⋯"(第131页)⋯⋯"试问,能否把身处
这种地位的人叫做有公民自由权利的人呢?这不也就是被固定在
土地上的农民(glebae adscripti)[59]吗?"(第132页)人们把罪过归
到农民改革上去。"但是立法把农民从地主的羁绊下面解放出来

以后,没有想出什么办法来使农民摆脱村团和注册处的羁绊,这难道应归罪于农民改革吗?……  农民既不能决定自己居住的地方,又不能选择自己的职业,公民自由的标志何在呢?"(第132页)斯卡尔金十分正确和中肯地把我们的农民称为"定居的无产者"①(第231页)。在第八篇特写(1868年)的标题下我们读到:"把农民束缚在村团中和份地上,就阻碍他们生活的改善……  阻碍外出做零工现象的发展。""除农民无知和受不断增加的赋税压榨外,阻碍农民生产发展、因而阻碍农民福利提高的原因之一,是农民被束缚在村团中和份地上。把人手束缚在一个地方并用坚固的纽带把土地村社束缚起来,这本身就是对劳动、个人进取心和小土地所有制的发展非常不利的条件。"(第284页)"农民被束缚在份地上和村团中,没有可能把自己的劳动应用到生产效能更高和对自己更有利的地方,他们好像停留在从农奴制度挣脱出来就走了进去的那种拥挤不堪的、像牲畜一样混杂在一起的、不生产什么东西的生活方式中。"(第285页)由此可见,作者是从纯粹资产阶级的观点来考察农民生活的这些问题的,虽然如此(更确切些说:正因为如此),他非常正确地估计了把农民束缚起来对于整个社会发展和农民本身的害处。这个害处(我们补充一句)对于最下层农民,对于农村无产阶级,是特别大的。斯卡尔金很中肯地说道:"法律关心不使农民仍旧没有土地,是很好的,但是不要忘记,农民自身对于这个问题的关

---

① 斯卡尔金非常详细地表明了这个定义(无产者)不仅第一部分是正确的,而且第二部分也是正确的。他在自己的特写中把大量篇幅用于对农民的附属地位及其穷困情况的描述,用于对雇农的艰苦状况的描述,用于"对1868年饥荒情况的描述"(第五篇特写的标题),以及用于对农民受盘剥受侮辱的种种表现的描述。就像在90年代一样,在60年代也曾有闭口不谈和否认饥荒的人。斯卡尔金激烈地反对这种人。自然,这里没有必要详细引证关于这个问题的言论。

心,比任何立法者都要强烈得多。"(第 286 页)"农民除被束缚于自己的份地和村团以外,即使临时外出做些零工,也由于连环保和身份证制度而要受到许多限制,支付许多花费。"(第 298 页)"据我看来,如果采取……一些措施使农民易于离开土地,很多农民就会摆脱当前的困境。"(第 294 页)在这里斯卡尔金所表示的愿望是与民粹派的种种方案截然相反的,民粹派的那些方案就是要把村社固定下来,禁止转让份地等等。从那时起,许多事实充分证明斯卡尔金是完全正确的:继续把农民束缚在土地上和保持农民村社的等级制的闭塞状态,只能使农村无产阶级的状况恶化,阻碍全国的经济发展,丝毫也不能保卫"定居的无产者"避免最坏的盘剥和依赖地位,避免工资和生活水平下降到最低限度。

从上面的引证中读者已经能够看出,斯卡尔金是反对村社的。他从个人财产、个人进取心等等角度出发反对村社与重分制(第 142 页及以下各页)。斯卡尔金反驳拥护村社的人说,"古来的习惯法"已经过时了:"在一切国家里,随着农村居民与文明环境的接近,习惯法便丧失其原始的纯洁性,遭到毁损和歪曲。我们这里也可以看到同样的现象,村社的权力渐渐变成豪绅和乡村文书的权力,结果这个权力不但不去保护农民,反而成了束缚他们的沉重的羁绊。"(第 143 页)——这个意见是非常正确的,它已为 30 年来的无数事实所证实。斯卡尔金认为,"父权制的家庭,村社的土地占有制,习惯法",已经被历史无可挽回地判决了。"谁愿意永远给我们留下这些过去几世纪的可敬纪念物,谁就因此证明,他们更善于空想,而不能深入现实和了解不可抵挡的历史进程。"(第 162 页)斯卡尔金在发表了这个事实上是正确的意见之后,接着又进行了一些带有曼彻斯特派气味的激烈抨击。他在另外一个地方写道:"村社的土地使用制使每个农民陷入对整个村团奴隶般的依赖地位。"(第222页)这样,斯卡尔金便把从纯粹资产阶级观点对村社的极端仇视与对农民利益的坚定保护结合在一起了。斯卡尔金决没有把对村社的仇视与那些主张用暴力消灭村社并强制实行另外的土地占有制度的愚蠢方案结合在一起,——这些方案通常是现代反对村社的人编造出来的,他们主张粗暴地干涉农民生活,并且完全不从农民利益出发来反对村社。相反,斯卡尔金强烈抗议把他算做拥护"用暴力消灭村社土地使用制"(第144页)的人。他写道:"2月19日的法令非常英明地让农民自己……从村社土地使用制过渡到……分户耕种制。的确,除农民自己外,谁也不能真正决定这种过渡要在什么时候实行。"因此,斯卡尔金反对村社,只是由于他认为村社阻碍经济发展,阻碍农民退出村团**60**和离开土地,这与"俄国学生们"现在仇视村社的原因是一致的。这种仇视,与捍卫地主自私的利益,与捍卫农奴制度的残余和精神,与捍卫对农民生活的干涉,没有任何共同之处。注意到这个区别很重要,因为现代民粹派习惯于只把《莫斯科新闻》这个阵营看做村社的敌人,而很愿意装做不懂得有**另一种**对村社的仇视。

斯卡尔金对农民穷困状况的原因的总看法,是认为所有这些原因都在于农奴制度的残余。斯卡尔金描写了1868年的饥荒情况后指出:农奴制度的拥护者幸灾乐祸地谈论着这次饥荒,说饥荒的原因在于农民放荡,在于废除了地主的保护等等。斯卡尔金激烈地反对这些观点。他说:"农民穷困的原因是**农奴制度遗留下来的**〈第212页〉,而不是废除农奴制度的结果;这是使我国大多数农民处于接近无产阶级的地位的一般原因";接着斯卡尔金把上述对改革的意见又讲了一遍。攻击分户是荒谬的:"分户虽然给农民的物质利益带来暂时的损失,但它却拯救了农民的个人自由和农民家庭的尊严,即人的最高福利,没有这种福利,任何文明

成就都不可能达到"(第217页)。接着斯卡尔金正确地指出了人
们攻击分户的真正原因:"许多地主过分夸大分户所产生的害处,
把农民穷困的某些原因所产生的结果都归到分户上面,正如归到
酗酒上面一样,而地主们自己却不愿意承认这些原因是由于他们
才产生的。"(第218页)有人说,现在人们对农民的贫困大写特写
起来,而以前却没有人写过,可见农民的状况是恶化了;斯卡尔金
回答这些人说:"要想通过对农民状况的今昔对比来判断农民从
地主权力下面解放出来的结果,那就应该在农奴制度统治的情况
下,把农民的份地分割得像现在所分割的一样,并且把改革后的一
切赋役加在农民身上,然后再来看一看他们怎样忍受这种状况。"
(第219页)这是斯卡尔金见解中极其突出和重要的特点,他把农
民状况恶化的**一切**原因都归结为农奴制度的残余,即农奴制度遗
留下来的工役**61**、代役租、割地、农民无人身权利和不能更换住所。
至于新的社会经济关系制度本身、改革后的经济制度本身可能包
含农民贫困的原因,这一点斯卡尔金不仅没有看到,而且也根本不
会想到,因为他深信,只要把农奴制度的这一切残余彻底铲除,普
遍幸福就会到来。他的观点正好是否定的观点:只要铲除农民自
由发展的障碍,只要铲除农奴制度遗留下来的束缚,我们这个美好
世界上的一切就会更加美好。斯卡尔金说:"在这里〈即在对待农
民方面〉国家政权只有一条路:逐渐地和始终不懈地把**那些**使我
国农民陷入现在这样愚钝和贫困的境地并且不让他们站立起来的
**原因铲除干净**。"(第224页,黑体是我用的)对于那些为"村社"辩
护(即主张把农民束缚在村团中或份地上),认为不然就会"产生
农村无产阶级"的人,斯卡尔金的答复在这方面是极其值得注意
的。斯卡尔金说:"只要我们回想一下我国有多么广阔的土地因
为没有人耕种而荒废起来,这个反驳就不攻自破了。如果法律对

我国劳动力的自然分配不加限制，那么在俄国只有那些职业乞丐或者是不可救药的堕落分子和酒鬼才会成为真正的无产者。"（第144页）——这是18世纪经济学者和"启蒙者"的典型观点，他们相信，只要农奴制及其一切残余一废除，就会在大地上建立起普遍幸福的王国。也许民粹派分子会蔑视斯卡尔金，说他不过是一个资产者。不错，斯卡尔金固然是一个资产者，但他是进步的资产阶级意识形态的代表，而民粹派分子的意识形态则是小资产阶级的，在许多方面是反动的。至于农民那些与整个社会发展要求始终一致的实际的和现实的利益，这个"资产者"却比民粹派分子捍卫得更好些！①

为了结束对斯卡尔金观点的评述，我们要补充几句。他反对等级制度，主张一切等级只有一个法庭，"在理论上"同情不分等级的乡政权，热烈拥护国民教育、特别是普遍教育，拥护自治和地方自治机关**62**，拥护广泛的土地信贷、特别是小额信贷，因为农民极其需要购买土地。"曼彻斯特派"在这里又出现了：例如，斯卡尔金说，地方自治局的和城市的银行是"宗法式的或原始的银行形式"，这些银行应当让位于具有"一切优越性"的私人银行（第80页）。提高土地价值，"只能在我们各省的工商业活动十分活跃的情况下才能办到"（第71页）等等。

我们来作总结。就斯卡尔金观点的性质说来，可以把他叫做资产者-启蒙者。他的观点很像18世纪经济学家的观点（当然是经过俄国条件的三棱镜而有相应的折射），而且他把60年代"遗

---

① 反过来说，凡是我们在民粹派那里遇到的具有进步意义的实际措施，就其内容说来，**完全是资产阶级性质的**措施，即正好对资本主义发展而不是对其他什么发展有利的措施。只有小资产者才能捏造理论，说扩大农民占有的土地，减少赋税，实行移民，发放信贷，提高技术，整顿销售等等措施，是为什么"人民生产"服务的。

产"的一般"启蒙"性质表达得相当清楚。像西欧的启蒙者和60
年代的大多数著作家一样,斯卡尔金对于农奴制度及**其**在经济、社
会和法律方面的**一切**产物充满着强烈的仇恨。这是"启蒙者"的
第一个特征。俄国的一切启蒙者所共有的第二个特征,就是热烈
拥护教育、自治、自由、西欧生活方式和整个俄国全盘欧化。最后,
"启蒙者"的第三个特征就是坚持人民群众的利益,主要是农民的
利益(农民在启蒙者时代还没有完全解放,或者刚刚得到解放),
他们真诚相信农奴制度及其残余一经废除就会有普遍幸福,而且
衷心想要促进这一事业。这三个特征就是我们所说的"60年代遗
产"的本质。重要的是要着重指出,**在这个遗产里没有任何民粹
派的东西**。俄国有不少著作家,就其观点说来,是符合上述特征
的,而且与民粹派根本没有任何共同之处。只要一个著作家的世
界观中有上述特征,人们总公认他是"保持了60年代传统"的著
作家,完全不管他对民粹主义采取什么态度。当然,谁也不会想到
要说,例如,不久前才举行过寿辰庆祝会的米·斯塔秀列维奇先生
由于反对民粹派或对民粹派提出的问题采取了冷淡态度,便是
"拒绝了遗产"。我们所以拿斯卡尔金作例子①,正因为他**毫无疑**

①  也许有人会反驳我们说,斯卡尔金在对村社的敌视态度上和声调上都不是60年代
的典型人物。但是这里的问题决不仅仅在于村社。问题在于一切启蒙者所共有
的而斯卡尔金也赞同的那些观点。至于他的声调,也许的确不是典型的,因为它
是稳健的、温和的、渐进的,等等。难怪恩格斯把斯卡尔金叫做**温和的保守分子**
(参看《马克思恩格斯文集》2009年人民出版社版第3卷第398页脚注。——编者
注)。然而如果拿一位具有更典型的声调的遗产代表来考察,那么,第一,由于种
种原因这样做会是不方便的,第二,拿他来同现代民粹主义比较,会使人产生误
会。**63**按我们任务的性质说来,**声调**(与一句谚语说的相反)**不构成音乐**,而且
因为斯卡尔金的声调不典型,所以他的"音乐",即他的观点的内容,就更加突
出。我们感到兴趣的正是这个内容。我们也只打算在观点的内容方面(决不
是在作者的声调方面),把遗产代表和现代民粹派分子作一个比较。

问是"遗产"的代表,同时又是民粹派捍卫的旧制度的死敌。

我们在上面已经说过,斯卡尔金是一个资产者。关于这个评语,我们在上面已经举出相当多的证明,但是必须附带说明一下,我们往往极端不正确地、狭隘地、反历史地了解这个词,把它(**不区分历史时代**)同自私地保护少数人的利益联系在一起。不应忘记,在18世纪启蒙者(他们被公认为资产阶级的先驱)写作的时候,在我们的40年代至60年代的启蒙者写作的时候,**一切**社会问题都归结为与农奴制度及其残余作斗争。新的社会经济关系及其矛盾,当时还处于萌芽状态。因此,资产阶级的思想家在当时并没有表现出任何自私的观念;相反,不论在西欧或俄国,他们完全真诚地相信共同的幸福生活,而且真诚地期望共同的幸福生活,他们确实没有看出(从某种程度上说还不可能看出)从农奴制度产生出来的那个制度中的各种矛盾。难怪斯卡尔金在其书中的一个地方引证了亚当·斯密的话。我们看到,他的观点以及他的论据的性质在许多方面都在重复这位先进资产阶级的伟大思想家的论点。

如果我们把斯卡尔金的实际愿望一方面和现代民粹派分子的观点作比较,另一方面和"俄国学生们"对它们的态度作比较,那么我们就会看到"学生们"将始终支持斯卡尔金的愿望,因为这些愿望代表着进步社会阶级的利益,代表着整个社会在目前道路即资本主义道路上发展的迫切利益。而民粹派对斯卡尔金的这些实际愿望或者对他的问题提法所作的修改都很**糟糕**,都遭到"学生们"的反对。学生们"攻击"的不是"遗产"(这是荒谬的捏造),而是民粹派分子加到遗产上面的浪漫主义的和小资产阶级的东西。现在我们就来谈谈这些加上去的东西。

# 二

# 民粹派加到"遗产"上的东西

现在我们就从斯卡尔金转到恩格尔哈特吧。他的《农村来信》也是关于农村的政论性质的特写,所以他的书在内容上甚至在形式上都很像斯卡尔金的那本书。恩格尔哈特比斯卡尔金有才能得多,他的农村来信写的也生动得多、形象得多。他这本书里没有像《在穷乡僻壤和在首都》一书的饱学的作者那样的长篇大论,但是却有更多中肯的评述和其他一些形象。无怪乎恩格尔哈特的书在广大读者中受到如此持久的欢迎,并在不久以前还再版过,而斯卡尔金的书则几乎完全被人忘却了,虽然恩格尔哈特的信在《祖国纪事》杂志上开始发表只不过是在斯卡尔金的书出版两年以后。因此,我们根本不需要向读者介绍恩格尔哈特这本书的内容,我们只简要地说明他的观点的两个方面:第一,整个"遗产"所特有的、尤其是恩格尔哈特和斯卡尔金所共有的观点;第二,民粹派所特有的观点。恩格尔哈特**已经是一个民粹派分子**,但是他的观点中还有这么多一切启蒙者所共有的特点,这么多被现代民粹派所抛弃或改变了的东西,以致很难把他归到哪一边,是归到没有民粹派色彩的整个"遗产"代表一边呢,还是归到民粹派分子一边。

使恩格尔哈特与"遗产"代表相接近的,首先是他那十分清醒的见解,对现实的简单而直接的说明,对一切坏东西———般是"基础"的坏东西,特别是农民的坏东西——的无情揭露,而把"基础"加以虚伪的理想化和掩饰,则是民粹主义必不可少的组成部分。因此,恩格尔哈特的民粹主义,虽然表现得很微弱和胆怯,但与他以巨大的才能所描绘的农村**现实**的图景还是发生了直接的尖锐的矛盾;如果一个经济学家或政论家把恩格尔哈特所举出的**材料和观察结果**拿来论证自己关于农村的判断①,那么从这种材料中是不可能得出民粹派的结论的。把农民及其村社理想化,是民粹主义必不可少的组成部分之一,而各种各样的民粹派分子,从瓦·沃·先生起到米海洛夫斯基先生止,都非常卖力地要对"村社"加以理想化和粉饰。恩格尔哈特则丝毫没有进行这种粉饰。与关于我国农民的村社倾向的流行说法相反,与拿这种"村社倾向"来反对城市的个人主义、反对资本主义经济中的竞争现象等等流行做法相反,恩格尔哈特毫不留情地揭露了小农的惊人的**个人主义**。他详细地表明,我们的"农民在财产问题上是最极端的私有者"(第62页,引自1885年版),他们忍受不了"大伙一起工作",他们由于狭隘的个人动机和利己打算而仇视这种工作,因为在大伙一起工作的时候,每个人都"怕多干活"(第206页)。这种害怕多干活的情形,简直到了十分可笑的程度(可以说甚至到了令人啼笑皆非的程度),例如,作者说:住在一个房间里、共同操持家务并有亲属关系的一些农妇,每个人只擦自己用过饭的那一小块桌面,或者每个人轮流为**自己的**婴儿挤牛奶(怕别人把牛奶藏起来),每个人单独给自己的婴儿煮粥。(第323页)恩格尔哈特这样详细地说明了这些特点,用这样多的例子证实了这些特点,因此不能说这些事实是偶然发生的。二者必居其一:或者恩格尔哈特是一个根本不行的和不值得相信的观察者,或者关于我国农夫的村社倾向和村社品质的奇谈是把从**土地**

---

① 附带讲一下:这不仅是非常有意义的和有教益的,而且也是一个经济学家-研究者的完全正当的方法。如果学者们相信调查表的材料,即相信许多往往带有成见,很少了解情况,没有形成自己完整见解,没有搞通自己观点的业主们所写的答复和意见,那么有什么理由不相信一个观察精细,绝对诚实,很好研究了自己所讲的东西的人在整整11年中所收集的材料呢?

占有形式中抽象出来的特点（而且还把从这种土地占有形式中抽象出来的它的国库-行政方面）都搬到**经济**上去的空洞捏造。恩格尔哈特说明，农夫在其经济活动方面的趋向是当富农："每个农民都有某种程度上的富农倾向"（第491页），"农民中间充满着富农理想"……"我不止一次地指出：在农民身上个人主义、利己主义、剥削倾向很严重"……"每个人都以当狗鱼而骄傲，并力图吞掉鲫鱼。"农民的趋向决不在于"村社"制度，决不在于"人民生产"，而在于最普通的、为一切资本主义社会所特有的小资产阶级制度。这一点恩格尔哈特作了很好的说明。富裕农民的趋向是做生意（第363页），以粮换工，购买贫穷农夫的劳动力（第457、492页及其他各页），用经济学的语言来说，就是善于经营的农夫变为农村资产阶级，——这是恩格尔哈特作了描写并且十分确凿地证明了的。恩格尔哈特说："如果农民不转向劳动组合的经济，而是每户单独进行经营，那么即使是在土地很多的条件下，种地的农民当中也会有无土地者和雇农。我还要说，我认为将来农民贫富的差别比现在还要大。虽然是在村社的土地占有制之下，但还会有许多实际上没有土地的雇农与'富人'同时存在。我虽有土地所有权，但是我既没有资本也没有农具来耕种，那么它对于我和我的孩子们又有什么用呢？这等于把土地交给瞎子，向他说，吃吧！"（第370页）"劳动组合的经济"带着一种可悲的讽刺孤零零地呈现在这里，就像一种善良的无罪的愿望，它不仅不是从关于农民的材料中产生出来的，而且甚至是为这些材料所直接驳斥和排除的。

使恩格尔哈特与没有任何民粹派色彩的遗产代表接近的另一个特点，就是他相信农民贫困的主要和根本原因是农奴制度的残余以及它所特有的法规。只要扫除了这些残余和这种法规，事情就好办了。恩格尔哈特对法规持坚决否定的态度，他无情地嘲笑想凭借上面的法规来造福于农夫的任何企图,他的这种态度与民粹派对"领导阶级的理性和良心、知识和爱国主义"(尤沙柯夫先生在1896年《**俄国财富**》杂志第12期第106页上的话)的期望,与民粹派关于"组织生产"的空洞计划等等形成了极其尖锐的对立。我们提醒一下:对于在磨房里不准出卖伏特加酒这项关心农夫"利益"的规则,恩格尔哈特进行了多么辛辣的讽刺;对于1880年几个地方自治机关所颁布的不准在8月15日以前种黑麦的强制性决定,——这项决定也是因为考虑到农夫的利益而制定出来的,——他是多么愤怒,说这是坐在书斋里的"学者"对"千百万庄稼汉"的经济的粗暴干涉(第424页)。恩格尔哈特指出了禁止在针叶树林中吸烟,禁止在春天打狗鱼,禁止在"5月"砍白桦树,禁止捣毁鸟巢等等规则和命令,然后讽刺地说道:"……关心农夫始终是知识分子主要操心的事。谁是为自己而生活呢?大家都是为农夫而生活呀!……农夫是愚蠢的,不会处理自己的事情。如果谁也不去关心他们,那他们就会把所有的树林都烧光,把所有的鸟都打死,把所有的鱼都捕光,把土地毁坏,连自己也整个死掉。"(第398页)读者,请您说,这个著作家会不会至少同情一下民粹派分子所喜爱的关于禁止转让份地的法律呢?他会不会像《俄国财富》杂志的一位台柱那样说出上述那一类话来呢?他会不会赞成同一杂志的另一位台柱尼·卡雷舍夫先生责难我们的省地方自治机关(是在90年代呀!)"找不到地方""为组织农业劳动而进行不断的、大规模的、大量的投资"①这种观点呢?

我们再指出一个使恩格尔哈特和斯卡尔金相接近的特点,这

---

① 1896年5月《俄国财富》杂志第5期。卡雷舍夫先生所著关于省地方自治机关在经济措施上的开支一文。第20页。

就是恩格尔哈特对许多纯粹资产阶级的愿望和措施所采取的那种不自觉的态度。不是说恩格尔哈特力图粉饰小资产者,捏造出某种借口(类似瓦·沃·先生那样)来反对把这种称号应用到某些企业主身上去,——完全不是。恩格尔哈特是一个实践农业主,他只醉心于经济上的各种进步和改良,根本没有注意到这些改良的社会形式最好不过地推翻了他自己关于资本主义在我国不可能发展的理论。例如,我们回忆一下,他如何醉心于在自己的经济中对工人实行**计件工资**制(揉麻、脱粒等等)而获得的成绩。恩格尔哈特仿佛也没有料想到,用计件工资代替计时工资是日益发展的资本主义经济所采取的最流行的方法之一,资本主义经济用这个方法可以加强劳动强度和增加额外价值[64]额。再举一个例子。恩格尔哈特嘲笑了《农业报》[65]的"停止轮流出租田地,利用雇农劳动组织经济,采用改良的机器、工具、畜种,实行多圃制,改善草地和牧场等等"这一纲领。恩格尔哈特大叫道:"其实这一切不过是老生常谈!"(第128页)然而恩格尔哈特在自己的经营实践中所实行的正是这个纲领,他正是由于利用雇农劳动组织经济才在自己的经济中取得了技术改进。还有,我们看到,恩格尔哈特是多么直率、多么正确地揭露了善于经营的农夫的真正趋向;但这丝毫也没有妨碍他肯定说:"所需要的不是各种工厂,而是**小规模的**〈黑体是恩格尔哈特用的〉农村酒坊和油坊"以及其他等等(第336页)。这就是说,"所需要的"是使农村资产阶级向技术性农业生产过渡,——这种过渡无论何时何地都是农业资本主义最重要的征兆之一。这就表明,恩格尔哈特不是一个理论家,而是一个实践农业主。议论不要资本主义也可能进步是一回事,亲自经营是另外一回事。恩格尔哈特既抱定合理组织自己的经济的目的,就为周围环境的力量所迫而**不得不**采取纯粹资本主义的方法来达到这个目的,并且把自己关于"雇农"的一切理论上的抽象的疑问搁在一边。斯卡尔金在理论上是作为一个典型的曼彻斯特派分子来发议论的，他既根本看不见自己议论的这种性质，也根本看不见自己的议论是与俄国资本主义演进的需要相适应的。恩格尔哈特在实践中不得不作为一个典型的曼彻斯特派分子来行动，这与他在理论上对资本主义的抗议和他相信祖国将走一条特殊的道路的热望背道而驰。

然而恩格尔哈特确实是这么相信的，因此我们不得不把他叫做民粹派分子。恩格尔哈特已经很清楚地看到了俄国经济发展的**真正**趋向，并且开始**否认**这个发展的矛盾。他竭力证明农业资本主义在俄国不可能发展，证明"我国没有雇农"（第 556 页），——然而他自己却十分详尽地推翻了我国工人工资很高的说法，他自己表明在他那里做工要养活全家的牧工彼得所领得的工资是多么微薄，除了吃饭以外一年只领得 6 个卢布来"购买油、盐、衣服"（第 10 页）。"即使这样，人家还很羡慕他，我如果不要他，马上就会有 50 个人愿意来顶替。"（第 11 页）恩格尔哈特在指出自己经营的成绩和工人熟练地使用耕犁时扬扬得意地叫喊道："耕地的究竟是些什么人呢？ 就是那些愚昧无知、不好好干的俄国农民。"（第 225 页）

恩格尔哈特虽然用自己的经营和自己对农民个人主义的揭露推翻了关于"村社倾向"的一切幻想，但他却不仅"相信"农民可能向劳动组合经济过渡，而且还表示"确信"事情将来一定会这样，我们俄国人正是要完成这个伟大事业，要采用新的经营方法。"我国经济的独特性或独创性就表现在这里。"（第 349 页）现实主义者恩格尔哈特变成了浪漫主义者恩格尔哈特，这个浪漫主义者以对未来的"独特性"的**"信心"**来补偿自己经营方法中和他所观察到的农民经营方法中完全不存在的"独特性"！ 从这样的信心到恩格尔哈特身上所具有的(虽然是极个别的)极端民粹主义的特点,到与沙文主义近似的狭隘民族主义(恩格尔哈特在战争问题上对一个地主证明说:"连欧洲我们也能打垮","而且欧洲的农夫将会拥护我们"(第387页)),甚至到把工役制理想化,其间只有一步之差!是的,恩格尔哈特曾经把自己书中这样多的美好篇章用来描写农民受压制和受侮辱的状况,用来描写农民以劳动作抵押去借贷钱粮而不得不在最坏的人身依附的条件下几乎无偿地给人家劳动的情形。① ——就是这个恩格尔哈特甚至这样说:"如果医生〈这里说的是医生对农村有好处,农村需要医生。——弗·伊·注〉有自己的庄园,农夫可以靠做工来抵偿医药费,那就好了。"(第41页)这用不着解释了。

整个说来,把上述恩格尔哈特世界观中正面的特点(即与没有一点民粹派色彩的"遗产"代表所共有的特点)与反面的特点(即民粹派的特点)加以比较,那么我们应当承认,前者在《农村来信》的作者那里占绝对优势,后者则仿佛是外来的、偶然加进去的、从外面吹进去而与该书的基调不合的东西。

# 三

## "遗产"从与民粹主义的联系中
## 是否得到了好处?

也许读者会问:你们把民粹主义理解为什么东西呢?"遗产"

---

① 请回忆一下这样一个情景:村长(即地主的管事)在农民自己的麦子熟得快要落地的时候叫他去做工,只要一提不去做工就要在乡里"脱裤子",农民就不得不去。

这个概念包含什么内容,上面已经下过定义,而"民粹主义"这个概念,则还没有下过任何定义。

我们把民粹主义理解为一种观点体系,它包含以下三个特点:(1)**认为资本主义在俄国是一种衰落,退步。**因此便有"遏止"、"阻止"、"制止"资本主义"破坏"历代基石的意图和愿望以及诸如此类的反动狂叫。(2)**认为整个俄国经济制度有独特性,特别是农民及其村社、劳动组合等等有独特性。**人们并不认为必须把现代科学所制定的关于各个社会阶级及其冲突的概念应用于俄国经济关系。农民村社被看做是一种比资本主义更高、更好的东西,因此便产生了对"基石"的理想化。在农民中间否认和抹杀任何商品经济和资本主义经济所固有的矛盾,否认这些矛盾与它们在资本主义工农业中的更发展的形式有联系。(3)**忽视"知识分子"**和全国法律政治制度与一定社会阶级的物质利益有联系。否认这种联系,对这些社会因素不作唯物主义的解释,这就使人把这些因素看做是一种能"把历史拖到另一条路线上去"(瓦·沃·先生)、"越出轨道"(尼·—逊、尤沙柯夫诸位先生)等等的力量。

我们所理解的"民粹主义"就是这样。因此读者可以看到,我们是在广义上使用这个术语的,正如一切"俄国学生们"使用它一样,他们反对的是整个观点体系,而不是这一观点体系的个别代表。当然,这些个别代表之间有差别,有时是不小的差别。这些差别谁也没有忽视。但是,上述世界观方面的特点则是民粹主义一切极不相同的代表,比方说,从……尤佐夫先生起到米海洛夫斯基先生止所共有的。尤佐夫、萨宗诺夫、瓦·沃·和其他先生们,在自己观点中除了上述否定的特点而外,还有其他一些否定的特点,而这些否定的特点,例如米海洛夫斯基先生和现在《俄国财富》杂志的其他撰稿人则是没有的。当然,否定狭义的民粹派分子与一般的民粹派分子之间的差别是不对的,但是忽视所有一切民粹派分子的**基本**社会经济观点在上述基本要点方面相一致,那就更不对了。既然"俄国学生们"所驳斥的正是这些基本观点,而不只是离开这些基本观点走到更坏方面去的"可悲的偏向",那么他们显然完全有权利在广义上使用"民粹主义"这个概念,他们不仅有权利这样做,而且也不能不这样做。

当我们讲到民粹主义上述基本观点的时候,我们应当首先确认,"遗产"**与这些观点毫不相干**。有许多毋庸置疑的"遗产"代表和继承者,他们与民粹主义毫无共同之处,他们根本没有提出资本主义问题。根本不相信俄国和农民村社等等的独特性,根本不认为知识界和法律政治制度是一种能够使历史"越出轨道"的因素。我们在上面拿《欧洲通报》杂志[20]的出版者兼编辑作例子,可以在别的方面指责他,但决不能责备他破坏了遗产的传统。相反,有些人的观点是符合上述民粹主义基本原则的,并且直接公开地"拒绝遗产",——至少米海洛夫斯基先生也指出过的那位雅·阿布拉莫夫先生,或者尤佐夫先生都是这样的人。"俄国学生们"所反对的民粹主义,在(以法律用语来说)"发现"遗产的时候,即在60年代,甚至是根本不存在的。当然,民粹主义的胚胎、萌芽,不仅在60年代,而且在40年代甚至更早一些时候就已经有了①,——不过我们现在对民粹主义的历史一点也不感兴趣。我们认为重要的,再说一遍,只是确定:上述意义上的60年代的"遗产"与民粹主义没有任何共同之处,这就是说,就观点的实质说来,它们之间没有共同之处,因为它们提出的问题各不相同。有非民粹派分子的"遗产"继承者,也有"拒绝遗产的"民粹派分子。当然,也有继

———————

① 不妨参看一下杜冈-巴拉诺夫斯基所著《俄国工厂》一书(1898年圣彼得堡版)。

承"遗产"或自命为继承"遗产"的民粹派分子。正因为如此,所以我们才谈到遗产与民粹主义的联系,现在我们来看一看这种联系提供了什么东西。

第一,民粹主义比遗产**前进了**很大**一步**,因为民粹主义把遗产继承者部分地还不能(在当时)提出,部分地由于他们所固有的狭小眼界而一直都没有提出的问题**提到了**社会思想界面前来解决。**提出**这些问题是民粹主义的巨大**历史**功绩,并且由于民粹主义对这些问题作了(不管是什么样的)解答,**从而**在进步的俄国社会思想流派中占据先进的地位,这也是十分自然和完全可以理解的。

然而民粹主义对这些问题的解答毫无用处,因为这种解答所根据的是西欧早就抛弃了的落后理论,是对资本主义所进行的浪漫主义的和小资产阶级的批判,是对俄国历史和现实中最重要事实的忽视。当俄国资本主义及其固有的矛盾还不够发展的时候,这种对资本主义的粗浅批判还能站得住。但是民粹主义绝对不能满足俄国资本主义当前的发展,不能满足我们关于俄国经济历史和现实的知识的现状,不能满足当前对社会学理论提出的要求。民粹主义在当时是一种进步现象,因为它第一次提出了资本主义问题,而现在则成为**一种反动的和有害的**理论,因为它使社会思想发生混乱,助长停滞现象和各种亚洲式的东西。民粹主义对资本主义的批判的反动性质,使现在的民粹主义甚至具有这样一些特点,这些特点使它连那种只限于忠实地保持遗产的世界观**都不如**。① 我们现在力求通过对上述民粹主义世界观的三大特点的逐

---

① 在上面评经济浪漫主义的文章中我已经指出,我们的论敌表现出惊人的近视,他们把**反动的**、**小资产阶级的**这些用语理解为论战性抨击,其实这些用语具有完全确定的哲学历史意义。(见《列宁全集》第2版第2卷第185页。——编者注)

一分析,来说明情况确实如此。

第一个特点,就是认为资本主义在俄国是一种衰落,退步。俄国资本主义的问题一提出来,人们很快就弄清楚了我国的经济发展是资本主义性质的,而民粹派分子则宣布这种发展是退步,是错误,是偏离了仿佛为民族全部历史生活所规定的道路,偏离了仿佛为历代基石所视为神圣的道路等等。启蒙者热诚地相信当前的社会发展,民粹派却不相信;启蒙者满怀历史乐观主义和蓬蓬勃勃的精神,民粹派则悲观失望和垂头丧气,因为他们认为,事情愈像现在这样下去,就愈糟糕,新的发展所提出来的任务就愈难完成,于是他们便号召"遏止"和"阻止"这个发展,提出落后便是俄国的幸福这种理论等等。民粹派世界观的这一切特点,不仅与"遗产"毫无共同之处,而且是和它正相抵触的,认为俄国资本主义是"偏离道路",是衰落等等,就会歪曲俄国整个经济的演进过程,歪曲我们眼前所发生的"更替"现象。民粹派分子一心要遏止和制止资本主义对历代基石的破坏,便干出了历史上惊人的荒唐行为,他们忘记了:在这个资本主义**后面**,除了同样的剥削,再加上使劳动人民的状况恶化的各种各样的盘剥和人身依附而外,除了社会生产方面乃至社会生活各个领域的因循守旧和停滞不前而外,是没有别的什么东西的。民粹派分子从自己浪漫主义的、小资产阶级的观点出发同资本主义作战,便把任何历史现实主义都抛弃了,总是把资本主义的**现实**同对前资本主义制度的**虚构**加以比较。60年代的"遗产"热诚地相信当时社会发展的进步性,把无情的仇恨倾注在旧时代的残余上,确信只要把这些残余扫除干净,一切都会尽如人意,——这个"遗产"不仅与上述民粹派的观点毫不相干,而且是正相抵触的。

民粹主义的第二个特点,就是相信俄国的独特性,把农民和村社理想化等等。关于俄国的独特性的学说，使民粹派分子抓住西欧的一些过时的理论不放，使他们以惊人的轻率态度对待西欧文化的许多成就；民粹派分子安慰自己说，虽然我们没有文明人类的某些特点，但是"我们命中注定要"向世界表明新的经营方法等等。民粹派分子不仅不把西欧进步思想界对资本主义及其一切现象的分析用之于神圣的俄罗斯，反而竭力想出一些借口不对俄国资本主义作出人们曾对欧洲资本主义作出过的结论，民粹派分子奉承从事这种分析的人，同时……同时却始终心安理得地当这些人毕生所反对的浪漫主义者。一切民粹派分子共同主张的关于俄国独特性的学说，也是不仅与"遗产"毫无共同之处，甚至和它正相抵触。相反，"60年代"力图欧化俄国，相信俄国会吸收全欧的文化，关心把这个文化的各种设施移植到我们这个一点也不独特的土地上来。任何关于俄国独特性的学说，都完全不符合60年代的精神和传统。民粹派对农村的理想化和粉饰，更不符合这个传统。这种虚伪的理想化不顾一切地要把我们的农村看做某种特别的东西，看做某种与前资本主义关系时期任何其他国家的任何其他农村制度根本不同的东西；这种理想化与清醒的、现实主义的遗产的传统处于极端矛盾之中。资本主义愈往前愈深入地发展，任何资本主义商品社会所共有的矛盾在农村中表现得愈厉害，则民粹派分子关于农民的"村社倾向"、"劳动组合心理"这类甜言蜜语与农民分化为农村资产阶级和农村无产阶级这一事实之间的对立就愈来愈尖锐，继续用农民眼光观察事物的民粹派分子就愈加迅速地从感伤的浪漫主义者变成小资产阶级的思想家，因为小生产者在现代社会中正在变成商品生产者。对农村的虚伪的理想化与关于"村社倾向"的浪漫主义的梦想，使民粹派分子对于农民在当前经济发展下的真正需要采取了极其轻率的态度。在理论上尽可以大谈基石的力量,但是在实践中每个民粹派分子都清楚地感觉到:扫除旧事物的残余,扫除至今还把我国农民从头到脚紧紧束缚住的改革前的制度的残余,正是给资本主义的发展而不是给其他什么发展开辟道路。宁肯停滞,也不要资本主义的进步,——这实质上就是每个民粹派分子对农村的看法,当然,远不是每个民粹派分子都像瓦·沃·先生那样天真直率,敢于公开直接地说出这个意思。"农民被束缚在份地上和村团中,没有可能把自己的劳动应用到生产效能更高和对自己更有利的地方,他们好像停留在从农奴制挣脱出来就走了进去的那种拥挤不堪的、像牲畜一样混杂在一起的、不生产什么东西的生活方式中。""遗产"代表之一就是这样从他所特有的"启蒙者"的观点来看问题的。[66] "宁肯让农民继续停留在他们因循守旧的宗法式的生活方式中,也不要在农村中给资本主义扫清道路",——每个民粹派分子实质上就是这样看问题的。事实上,大概没有一个民粹派分子敢于否认农民村社的等级制闭塞状态、连环保、禁止出卖土地和抛弃份地是与现代经济**现实**、是与现代资本主义商品关系及其发展处于最尖锐的矛盾中。否认这个矛盾是不可能的,但问题的全部实质在于民粹派分子像害怕火一样地害怕这样提出问题,害怕这样把农民的法律状况与经济现实、与当前的经济发展加以对比。民粹派分子顽固地相信并不存在的、由他们浪漫主义地空想出来的没有资本主义的发展,因此……因此他们打算阻止现在这个循着资本主义道路前进的发展。对农民村社的等级制闭塞状态、连环保、农民有权出卖土地和抛弃份地等问题,民粹派分子不仅采取极其谨慎的态度,十分担心"基石"(因循守旧和停滞不前的基石)的命运;不仅如此,民粹派分子甚至堕落到这样卑鄙的地步,竟对警察禁止农民出卖土地的措施表示欢迎。对这样的民粹派分子可以用恩格尔哈特的话来说:"农夫是愚蠢的,不会处理自己的事情。如果谁也不去关心他们,那他们就会把所有的树林都烧光,把所有的鸟都打死,把所有的鱼都捕光,把土地毁坏,连自己也整个死掉。"民粹派分子在这里已经是直接"拒绝遗产",变成反动的了。同时请注意一下:随着经济的发展,摧毁农民村社的等级制闭塞状态,日益成为农村无产阶级的迫切需要,然而对于农民资产阶级来说,由此产生的不方便却决不是太大的。"善于经营的农夫"很容易在别的地方租到土地,在别的村庄开设店铺,随时都可以到任何地方去做买卖。但是对于主要靠出卖自己劳动力为生的"农民"来说,被束缚在份地上和村团中,就等于大大地限制了他们的经济活动,就等于不可能找到较有利的雇主,就等于不得不把自己的劳动力出卖给当地总是出价较低并想尽一切盘剥方法的买主。民粹派分子既然沉醉于浪漫主义的梦想,不顾经济的发展而一心要支持和保护基石,于是他们自己便不知不觉地沿着这个斜坡滑了下去,一直滑到那些全心全意渴望保持和巩固"农民与土地的联系"的大地主的身边。只要回忆一下农民村社的这种等级制闭塞状态怎样产生了雇用工人的特殊方法就够了:工厂主和农庄主把自己的管事派到各个农村去,特别是派到欠了很多债的农村去,以便最便宜地雇到工人。幸而农业资本主义的发展,破坏了无产者的"定居生活"(所谓外出做农业零工的作用就是这样),逐渐地以自由雇用来排斥这种盘剥。

民粹派中间的一个普遍现象是**把工役理想化**,这个事实也同样明显地证实了我们认为现代民粹派理论是有害的这个论点。我们在上面曾经举出了一个例子,说明恩格尔哈特如何犯了一个民粹主义的罪过,竟写出要是能在农村发展工役"那就好了"这样的话来!我们在尤沙柯夫先生著名的农业中学计划中也看到了同样的情况。(1895年《俄国财富》杂志第5期)①与恩格尔哈特一同办杂志的瓦·沃·先生,在一些严肃的经济论文中也同样沉醉于这种理想化,他断言:农民战胜了似乎愿意实行资本主义的地主;但糟糕的是农民给地主耕种土地,所得的报酬是从地主那里"租到"土地,——这就是说,他完全恢复了农奴制度下所采用的那种经营方法。这是民粹派分子对我国农业问题持反动态度的最突出例子。你们在每个民粹派分子那里都可以看到这种思想,只不过表达得不那么突出罢了。每个民粹派分子都在讲我国农业中的资本主义的害处和危险,因为,你们瞧,资本主义用雇农来代替独立的农民。资本主义的**现实**("雇农")与关于"独立"农民的**虚构**是对立的,因为虚构建立在前资本主义时代的农民占有生产资料这一点上,可是却谦虚地闭口不谈占有这些生产资料要付出比这些生产资料的成本多一倍的代价;这些生产资料是为工役服务的;这种"独立"农民的生活水平极低,任何一个资本主义国家都会把他们算做赤贫者;这种"独立"农民除了绝望的贫穷生活和智力迟钝而外,还有前资本主义经济形式所必然带来的人身依附。

民粹主义的第三个特点是忽视"知识分子"和全国法律政治制度与一定社会阶级的物质利益的联系。这个特点与上述两个特点有着不可分割的联系,因为只有在社会学问题上缺乏现实主义才能产生关于俄国资本主义的"错误性"和"越出轨道"的可能性的学说。民粹主义的这个观点也是与60年代的"遗产"和传统没有丝毫联系的,相反,而是**与这些传统正相抵触的**。从这个观点自然便产生出民粹派分子对于改革前的俄国生活法规的许多残余所持的态度,而这种态度是"遗产"代表者所绝对不能同意的。为了说明这种

---

① 见《列宁全集》第2版第2卷第18—24、450—479页。——编者注

态度，让我们利用一下维·伊万诺夫先生在《笨拙的捏造》(1897年
9月《新言论》杂志[67]）一文中所发表的精彩意见。作者讲到博博雷
金先生的著名小说《改弦易辙》，并且揭穿他不了解民粹派分子与
"学生们"之间的争论。博博雷金先生借自己小说中的主人公，一个
民粹派分子的口来斥责"学生们"，说他们梦想建立"具有不堪忍受
的专制法规的兵营"。维·伊万诺夫先生就此指出：

"他们〈民粹派分子〉不仅没有把不堪忍受的专制'法规'当做
自己论敌的'梦想'来谈论，**而且只要他们依然是民粹派分子，就不
能而且也不会这样谈论**。他们**在这方面**与'经济唯物主义者'的争
论的实质就在于：我们这里所保存下来的旧法规残余，据民粹派分
子看来，可以作为法规进一步发展的基础。民粹派分子所以看不见
这种旧法规是不堪忍受的，一方面是因为他们以为'农民的灵魂（统
一而不可分的灵魂）'正在向法规方面'进化'，另一方面是因为他
们确信'知识界'、'社会'或'领导阶级'已经具备或定将具备完美
的道德。他们责备经济唯物主义者不去偏爱'法规'，而相反地去偏
爱以没有法规为基础的西欧制度。经济唯物主义者的确断言：在自
然经济基础上生长起来的旧法规残余，在一个已经转入货币经济的
国家里，变得日益'不堪忍受'，因为货币经济无论在全国各个居民
阶层的实际状况方面，还是在它们的智力和道德方面，都引起了无
数的变化。因此他们深信：产生国家经济生活中有益的新'法规'所
必需的条件，不可能从适合于自然经济和农奴制度的法规残余中发
展起来，而只能在西欧和美洲先进国家那样广泛和普遍地没有这种
旧法规的环境中发展起来。民粹派分子与他们的论敌所争论的'法
规'问题就是这样。"（上引书第11—12页）民粹派分子这种对"旧法
规残余"的态度，可说是民粹派对"遗产"传统的最明显的背离。正
如我们所看见的，这种遗产的代表的特点是对旧法规的所有一切残

余进行坚决无情的谴责。因此,从这一方面看来,"学生们"同60年代的"传统"和"遗产"要比民粹派分子接近得多。

民粹派除了上述非常严重的错误之外,在社会学方面缺乏现实主义这一点,也使得他们在思考和议论社会事务和问题时,采取一种特别的思维方式,这种思维方式可说是知识分子狭隘的自以为是,或者甚至可说是官僚主义的思维。民粹派总是这样议论:"我们"应当给祖国选择什么道路;如果"我们"让祖国走这样的道路,那就会遇到什么样的灾祸;如果我们避开欧洲老婆婆所走的那条危险道路,如果我们既从欧洲又从我们历来的村社制度中"吸收好的东西",那"我们"就能保证使自己获得什么样的出路,以及其他等等。因此,民粹派分子对于各个根据自己的利益来创造历史的社会阶级的独立趋向采取完全不信任和轻视的态度。因此,民粹派分子以惊人的轻率态度大谈(忘记了他们的周围环境)各种各样空洞的社会计划,从什么"组织农业劳动"起到使我们的"社会"努力于"生产村社化"为止。"历史活动是群众的活动,随着历史活动的深入,必将是群众队伍的扩大"[1],——这些话表达了哲学历史理论最深刻最重要的原理之一,对这种哲学历史理论,我们的民粹派分子是无论如何也不愿意了解和不能了解的。随着人们历史创造活动的扩大和深入,作为自觉的历史活动家的人民群众在数量上也必定增多起来。然而民粹派分子在议论一般居民、特别是议论劳动居民时,总是把他们看做是采取某些比较合理的措施的对象,看做是应当听命走这一条或那一条道路的材料,而从来没有把各个居民阶级看做是在既定道路上独立的历史活动

[1] 马克思《神圣家族》第120页,别尔托夫的译本,第235页。(见《马克思恩格斯文集》2009年人民出版社版第1卷第287页。——编者注)

家,从来也没有提出过在既定道路上可以发展(或者相反,可以削弱)这些历史创造者独立和自觉活动的条件这样一个问题。

这样,虽然民粹派比启蒙者的"遗产"前进了一大步,**提出了**俄国的资本主义问题,但是由于他们的小资产阶级观点以及对资本主义的感伤的批判,他们对这个问题提出的**解决办法**非常不能令人满意,以致在一系列有关社会生活的最重要问题上民粹派都**落后于**"启蒙者"。把民粹主义归入我国启蒙者的遗产和传统,归根到底是**不好的**:改革后的俄国经济发展向俄国社会思想界所提出的那些新问题,民粹派并没有解决,而仅仅在这些问题上发出了一些感伤的和反动的悲叹,至于那些还是由启蒙者所提出来的旧问题,民粹派却用自己的浪漫主义堵塞了解决的道路,从而拖延了这些问题的彻底解决。


# 四

## "启蒙者"、民粹派分子和"学生们"

现在我们可以给我们的上述比较作一总结。我们试图扼要地说明标题中所指出的各个社会思想流派的相互关系。

启蒙者相信当前的社会发展,因为他们看不见它所固有的矛盾。民粹派分子害怕当前的社会发展,因为他们已经看到了这些矛盾。"学生们"相信当前的社会发展,因为他们认为只有这些矛盾充分发展,美好的未来才有保证。因此,第一个派别和最后一个派别都竭力支持、加速和促进循着这条道路往前发展,扫除一切妨碍和阻止这个发展的障碍。相反,民粹派则竭力遏止和阻止这个发展,害怕把资本主义发展的某些障碍消灭掉。第一个派别和最后一个派别都具有可以叫做历史乐观主义的特点:事情愈是像现在这样快地进行下去,那就愈好。相反,民粹派则自然会陷入历史悲观主义:事情愈是像现在这样进行下去,那就愈糟。"启蒙者"根本没有提出改革后发展的性质问题,仅仅限于向改革前制度的残余作斗争,仅仅限于给俄国的西欧式发展扫清道路这一消极任务。民粹派提出了俄国的资本主义问题,但它是从资本主义具有反动性的观点出发来解决这个问题的,因此不能完全接受启蒙者的遗产:民粹派分子总是反对那些从"文明统一"的观点出发力求使俄国全盘欧化的人。他们之所以反对,不仅是因为他们不能局限于这些人的理想(这样的反对倒是正确的),而是因为他们不愿意在当前的即资本主义的文明的发展方面走得这样远。"学生们"是从资本主义具有进步性的观点出发来解决俄国资本主义问题的,因此他们不仅能够而且应当全部接受启蒙者的遗产,并且从无家产的生产者的观点出发分析了资本主义的矛盾,从而对这个遗产作了补充。启蒙者没有挑出任何一个居民阶级作为自己特别注意的对象,他们不仅一般地谈论人民,甚至一般地谈论民族。民粹派分子希望代表劳动者的利益,然而没有指出现代经济体系中的特定集团;事实上他们总是站在小生产者的观点上,而资本主义则使小生产者变为商品生产者,"学生们"不仅以劳动者的利益为标准,而且还指出了资本主义经济中完全特定的经济集团,即无家产的生产者。第一个派别和最后一个派别在其愿望的内容上与资本主义所创造和发展的那些阶级的利益相适应;民粹主义在其内容上则与小生产者阶级即在现代社会其他阶级中占据中间地位的小资产阶级的利益相适应。因此,民粹主义对"遗产"的矛盾态度,并不是偶然现象,而是民粹派观点内容本身的必然结果。我们曾经看到,启蒙者观点的主要特点之一是热烈追求俄国欧化,而民粹派分子只要依然是民粹派分子,就无论如何也不能完全同意这种追求。

因此,归根到底我们就得出了我们在上面个别场合曾不止一次指出过的结论:**学生们是比民粹派分子彻底得多、忠实得多的遗产保存者。**他们不仅不拒绝遗产,相反,他们认为自己最主要的任务之一是驳斥那些浪漫主义的和小资产阶级的顾虑,这些顾虑使民粹派分子在很多十分重要的问题上拒绝接受启蒙者的欧洲理想。当然,"学生们"保存遗产,不同于档案保管员保存旧的文件。保存遗产,还决不等于局限于遗产,所以"学生们"除了捍卫欧洲主义的一般理想而外,还分析了我国资本主义发展所包含的各种矛盾,并从上述特有的观点出发评价了这个发展。

# 五

## 米海洛夫斯基先生论"学生们"拒绝遗产

最后我们再回过来谈谈米海洛夫斯基先生并考察一下他对我们关心的问题所作的论断。米海洛夫斯基先生不仅声称这些人(学生们)"根本不愿意与过去有任何继承性的联系,并且坚决拒绝遗产"(上引书第179页),而且还宣称"他们〈同各种极不相同的流派的其他人物一起,连阿布拉莫夫先生、沃伦斯基先生、罗扎诺夫先生也在内〉非常凶恶地攻击遗产"(第180页)。米海洛夫斯基先生讲的是哪一种遗产?是《莫斯科新闻》过去和现在都郑重表示拒绝的60—70年代的遗产(第178页)。

我们已经表明:如果谈的是现代人所承受的"遗产",那就要区别**两种遗产**:一种遗产是启蒙者的遗产,是绝对敌视改革前的一切的人的遗产,是拥护欧洲理想和广大群众利益的人的遗产。另一种遗产是民粹派的遗产。我们已经表明,把这两种不同的东西混淆起来是非常错误的,因为任何一个人都知道,过去和现在都有一些人保存了"60年代的传统"并与民粹主义毫无共同之处。米海洛夫斯基先生所发表的种种意见完完全全是以混淆这两种根本不同的遗产为根据的。因为米海洛夫斯基先生不会不知道这个区别,所以他的做法不仅完全肯定是荒唐的,而且是诽谤性的。《莫斯科新闻》是不是专门攻击了民粹主义呢? 根本没有:它同样地甚至更厉害地攻击了启蒙者,而与民粹主义格格不入的《欧洲通报》杂志对于它来说,则是和民粹派的《俄国财富》杂志一样的敌人。当然,同那些最坚决地拒绝遗产的民粹派分子,例如同尤佐夫先生,《莫斯科新闻》当然在许多方面是会有意见分歧的,但是它未必会去凶恶地攻击他,而且终究会因为他与愿意保持遗产的民粹派分子不同而称赞他。阿布拉莫夫先生或者沃伦斯基先生是否攻击过民粹主义呢? 根本没有。前者本人就是民粹派分子;他们两人都攻击过启蒙者。"俄国学生们"是否攻击过启蒙者呢? 他们是否曾经拒绝过嘱咐我们绝对仇视改革前的生活方式及其残余的那种遗产呢? 不仅没有攻击过,反而揭露过民粹派分子因对资本主义怀有小资产阶级的恐怖心理而力求支持这些残余中的若干东西的企图。他们是否曾经攻击过把一切欧洲理想遗留给我们的遗产呢? 不仅没有攻击过,反而揭露过民粹派分子为代替全欧理想而在许多极其重要的问题上编造各种古怪的蠢话。他们是否曾经攻击过嘱咐我们要关心劳动居民群众利益的那种遗产呢? 不仅没有攻击过,反而对民粹派分子进行了如下的揭露:民粹派分子对这些利益的关心是不彻底的(因为他们竭力把农民资产阶级与农村无产阶级混淆起来);民粹派分子不是注意现有的东西,而是幻想也许会有的东西,所以这些关心就变得没有什么用处了;民粹派分子的关心是极端狭隘的,因为他们从来就不能够正确地评价使这些人易于或难于获得自己关心自己的可能性的条件(经济条件和其他条件)。

米海洛夫斯基先生可以不同意这些揭露是正确的,而且他既然是个民粹派分子,自然不同意这些揭露。但是,说那些事实上**仅仅"凶恶地"**攻击了**民粹主义**的人是"凶恶地"攻击了"60—70 年代的遗产",却不知道他们之所以攻击民粹主义是因为它不能**按照这个遗产的精神并且与它毫无矛盾地**来解决改革后的历史所提出来的新问题,——说这样的话就是直接歪曲事实。

米海洛夫斯基先生极其可笑地愤慨说,"学生们"很乐意地把"我们"(即《俄国财富》杂志的政论家们)同"民粹派分子"及其他与《俄国财富》杂志无关的人们混为一谈(第180页)。这个想把自己从"民粹派分子"当中划分出来同时却又保存民粹主义一切基本观点的奇怪企图,只能引人发笑。谁都知道,一切"俄国学生"都在广义上使用"民粹派分子"和"民粹主义"这两个名词。至于各个民粹派分子之间有许多不同的色彩,这是谁也不曾忘记和否定的:例如,不论是彼·司徒卢威也好,或恩·别尔托夫也好,他们在自己的著作中不仅没有把尼·米海洛夫斯基先生同瓦·沃·先生"混为一谈",而且就是同尤沙柯夫先生也没有"混为一谈",这就是说,没有抹杀他们观点上的差别,没有把一个人的观点硬加在另一个人的身上。彼·伯·司徒卢威甚至直接指出了尤沙柯夫先生的观点与米海洛夫斯基先生的观点的区别。把各种不同的观点混为一谈,这是一回事;把虽然在许多问题的看法上有所不同但在"学生们"所反对的基本和主要论点上意见一致的著作家们概括起来归入一类,这是另一回事。对于"学生们"来说,重要的根本不是指出那些使一位尤佐夫先生与其他民粹派分子有所不同的观点的毫无用处,对于他们来说重要的是驳斥**尤佐夫先生**、**米海洛夫**

**斯基先生以及所有民粹派分子共同的**观点,这就是说,要驳斥他们
对俄国资本主义演进的态度,驳斥他们从小生产者观点出发对经济
问题和政论性问题的议论,驳斥他们对社会的(或历史的)唯物主义
的不理解。**这些特点**是曾经起过很大历史作用的那一个社会思想
流派的共同财产。在这个广大的思想流派中有各种极不相同的色
彩,有右翼和左翼,有堕落到民族主义和反犹太主义等等的人,也有
未犯这种罪过的人;有对"遗产"的许多遗训抱轻视态度的人,也有
尽可能(即在民粹派分子看来是尽可能)捍卫这些遗训的人。没有
一个"俄国学生"否认过各种色彩之间的这些区别,米海洛夫斯基先
生不能揭露他们中间有任何人把一种色彩的民粹派分子的观点硬
加在另一种色彩的民粹派分子身上。但是,既然我们反对的是这一
切不同色彩所**共有的**基本观点,那我们有什么必要去谈论整个流派
中的局部差别呢? 这真是毫无道理的要求! 一些著作家虽然远不
是在一切方面都意见一致,但对俄国资本主义、对农民"村社"、对所
谓"村团"万能的看法却是一致的。这一点早在"学生们"出现之前
很久就在我国书刊中不止一次地指出过了,不仅指出过,而且还赞
美为俄国的幸福特征。广义的"民粹主义"一词,也在"学生们"出
现之前很久就在我国书刊中使用了。米海洛夫斯基先生不仅在一
个杂志社中与"民粹派分子"(狭义的)瓦·沃·先生共事多年,而
且和他共同具有上述见解的基本要点。米海洛夫斯基先生虽然在
80年代和90年代反对过瓦·沃·先生的个别结论,否认他对抽象
社会学领域的探索的正确性,可是无论是在80年代还是在90年代,
他都附带声明说,他的批判决不针对瓦·沃·先生的经济著作,他
同意这些著作对俄国资本主义的基本看法。因此,现在在发展、巩
固和传播民粹主义(广义的)观点方面做了很多工作的《俄国财富》
杂志的台柱们,以为只要简单声明一下,说他们不是"民粹派分子"

（狭义的），说他们完全是一种特殊的"伦理社会学学派"，就可以摆脱"俄国学生们"的批判，那么，这样的手法当然只能引起大家对这些如此勇敢同时又如此爱耍外交手腕的人的公正嘲笑。

米海洛夫斯基先生在其论文的第182页上还提出了如下一个反对"学生们"的罕见论据：卡缅斯基先生恶毒地攻击民粹派分子[68]；这原来"证明他生气了，而他是不应该这样的〈原文如此!!〉。我们'主观主义的老头子'和'主观主义的青年'一样，可以允许自己犯这个毛病，而不至于自相矛盾。但是'完全可以因其严峻的客观态度而自豪'〈一个"学生"的话〉的学说，其代表则是另外一种情况"。

这是什么东西啊?! 如果人们要求对社会现象的看法要根据对**现实**和实际发展进行严峻客观的分析，——那就应该由此得出这些人不该生气的结论吗?! 这简直是胡说八道，荒唐之极! 米海洛夫斯基先生，您是否听说过《资本论》这一名著被公正地认为是社会现象研究中采取严峻客观态度的出色典范之一？许多学者和经济学家认为这一著作的主要的、基本的缺点就在于它的严峻的客观态度。然而在这部罕见的科学著作中你们却能够找到这样多的"热忱"，这样多的反对落后观点代表者、反对作者深信是阻碍社会发展的各社会阶级的代表者的热烈而又激昂的论战性文字。这位作者虽然以严峻的客观态度指明，例如，蒲鲁东的观点是法国小资产者的见解和情绪的自然的、明白的、必然的反映，但是他还是以极大的热情和强烈的愤怒"攻击了"这个小资产阶级思想家。米海洛夫斯基先生是否认为马克思在这里是"自相矛盾"呢？如果某种学说要求每个社会活动家要以严峻的客观态度分析现实以及在这个现实的基础上所形成的各阶级间的关系，那怎么能够由此作出结论，说社会活动家不应当同情这个或那个阶级，说他

"不应该"这样做呢？在这里谈应该不应该，简直是可笑的，因为没有一个活着的人**能够不站到**这个或那个阶级**方面**来（既然他已经了解它们的相互关系），能够不为这个或那个阶级的胜利而高兴，为其失败而悲伤，能够不对敌视这个阶级的人和散布落后观点来妨碍这个阶级发展的人表示愤怒，等等，等等。米海洛夫斯基先生所使用的这个微不足道的手法只是表明，他到现在为止对于决定论和宿命论之间有什么区别这个极其起码的问题都没有弄清楚。

　　米海洛夫斯基先生写道："'资本正在走来'！这是毫无疑问的，但是〈原文如此!!〉问题在于怎样去迎接它。"（第189页）

　　米海洛夫斯基先生发现了新大陆，他指出了"俄国学生们"显然根本就没有想过的一个"问题"。"俄国学生们"与民粹派分子可以说根本不是在这个问题上发生了意见分歧！"迎接"俄国发展着的资本主义，只能有两种态度：或者认为它是一种进步现象，或者认为它是一种退步现象；或者认为它是在真正的道路上前进了一步，或者认为它偏离了真正的道路；或者从被资本主义摧毁的小生产者阶级的观点来评价它，或者从资本主义所创造的无家产的生产者阶级的观点来评价它，在这里中间路线是没有的。① 因此，既然米海洛夫斯基先生驳斥"学生们"所坚持的那种对资本主义的态度的正确性，那就是说，他采取了民粹派的态度，这种态度他在自己以前的文章中多次十分明确地表达过。米海洛夫斯基先生以前和现在都丝毫没有补充和改变自己对这个问题的

---

① 我们自然不是讲这样一种迎接态度，即根本不认为必须遵循劳动的利益，或者不懂得和弄不清楚"资本主义"一词所表现的概括。不管这里所说的社会思想流派在俄国生活中多么重要，但它们同民粹派分子与其论敌的争论毫不相干，所以不应当把他们牵涉进来。

旧观点，他仍然像以前一样是一个民粹派分子。根本不是那么一回事！天呀，他可不是民粹派分子！他是"伦理社会学学派"的代表……

米海洛夫斯基先生继续说："请不要谈资本主义的进一步发展将要带来的〈?〉未来的〈??〉福利吧。"

米海洛夫斯基先生可不是民粹派分子。他只是完全重复了民粹派分子的错误和他们不正确的议论方法。我们已经向民粹派分子反复讲过多少次：这种"关于未来"的问题的提法是不正确的，因为问题不在于"未来"，而在于前资本主义关系的现实的、已经发生的、具有进步意义的变化，俄国资本主义的发展正在带来的（而不是将要带来的）变化。米海洛夫斯基先生把问题搬到了"未来"，因而实质上就恰好承认"学生们"所反对的论点已经得到证实。他认为下面一点已经得到证实，即在我们眼前所发生的事实中，资本主义的发展实际上并**没有**给旧的社会经济关系**带来**任何具有进步意义的变化。这正是民粹派的观点，"俄国学生们"所反对的也正是这个观点，他们证明情形恰好相反。没有一本"俄国学生们"所出版的书不谈到或不指明：在农业中以自由雇佣劳动来代替工役，以工厂工业来代替所谓"手工"工业，是在我们眼前发生的（并且发生得非常快的）现实现象，而根本不只是"未来"现象；这种代替在各方面说来都是一种进步现象，它摧毁着墨守成规的、长期停滞不前的、分散的小手工生产；它在提高社会劳动生产率，从而创造提高劳动人民生活水平的可能性；它在创造把这种可能性变成必然性的条件，也就是使那些被抛掷到"穷乡僻壤"的"定居的无产者"，使那些无论在肉体上还是在精神上都是定居的无产者变成流动的无产者，使那些盘剥极其残酷，人身依附形式繁多的亚洲劳动形式变成欧洲劳动形式；"欧洲的思想情感方式,对于顺利使用机器来说,是和蒸汽、煤炭和技术同样必需的〈请注意:必需的。——弗·伊·注〉"①等等。我们再说一遍,这一切每个"学生"都谈过和证明过,但这一切同米海洛夫斯基先生"及其同志们"大概毫无关系,这一切写出来完全是为了反对与《俄国财富》杂志"无关的""民粹派分子"。要知道《俄国财富》杂志是一个"伦理社会学学派",其实质是打着新幌子偷运旧垃圾。

我们在上面已经指出,我们这篇文章的任务是驳斥在自由主义民粹派刊物上十分流行的捏造,说什么"俄国学生们"摒弃了"遗产",与俄国社会优秀部分的优秀传统断绝了关系,等等。值得指出的是,米海洛夫斯基先生在重复这种陈词滥调时,他所说的实质上同那个与《俄国财富》杂志"无关的""民粹派分子"瓦·沃·先生所说的一模一样,但后者说的要比他早得多和坚决得多。读者,您是否读过这位作家3年以前即在1894年底在《星期周报》[70]上为答复彼·伯·司徒卢威所著的一本书而发表的那些文章?应当承认,据我看来,您如果没有读过,那也毫无所失。这些文章的基本思想就是:似乎"俄国学生们"割断了贯穿着一切进步的俄国社会思想流派的民主主义的线索。现在,当米海洛夫斯基先生斥责"学生们"背弃了《莫斯科新闻》所恶毒攻击的"遗产"时,他不是在重复着同样的东西吗? 只不过在说法上稍微有些不同而已。事实上,正如我们所看见的,从事这种捏造的人是在颠倒是非,他们硬说"学生们"与**民粹主义**的彻底决裂,就表明他们与俄国社会优秀部分的优秀传统决裂。先生们,事情不是恰恰相反

---

① 这是舒尔采-格弗尼茨在1896年《施穆勒年鉴》[69]上发表的论莫斯科-弗拉基米尔的棉纺工业一文中的话。

吗？这种决裂不是表明把**民粹主义**从这些优秀传统中**清洗出去**吗？

载于 1898 年圣彼得堡出版的
弗拉基米尔·伊林《经济评论集》

选自《列宁全集》第 2 版第 2 卷
第 384—425 页

# 俄国社会民主党人的任务[71]

（1897 年底）

90 年代后半期的特点,是在提出和解决俄国革命问题方面呈现异常活跃的气象。新的革命党民权党[39]的出现,社会民主党人的影响和成绩的增长,民意党[31]内部的发展,所有这一切,都在社会主义的知识分子和工人小组中以及秘密宣传中,引起了对纲领问题的热烈讨论。在秘密宣传中值得指出的有:"民权党"的《迫切的问题》和《宣言》(1894 年),《"民意社"快报》[72],"俄国社会民主党人联合会"[73]在国外出版的《工作者》[42],在俄国国内出版主要供工人阅读的革命小册子的紧张活动,圣彼得堡社会民主党人的"工人阶级解放斗争协会"[74]在 1896 年著名的彼得堡罢工[75]时所进行的鼓动工作等等。

在我们看来,现在(1897 年底)最迫切的问题,是社会民主党人的**实践**活动问题。我们着重指出社会民主党的**实践**方面,是因为它的理论方面,看来已经度过了最紧张的时期;当时,它根本不为对手们所了解,又有种种势力力图在新派别一出现时就把它压下去,这是一方面;另一方面,社会民主党则热烈捍卫自己的基本原则。现在,社会民主党人的理论观点,**在其主要的与基本的方面**,已经充分阐明了。而关于社会民主党的**实践**方面,关于它的政治**纲领**,关于它的活动方法,它的策略,却还不能这样说。我们觉得,正是在这些方面,存在着很多误会和隔阂,妨碍着某些革命者与社会民主党充分接近,这些革命者在理论上已经完全离开民意主义,而在实践上,或是由于客观力量所迫,到工人中间进行宣传鼓动,甚至把自己在工人中间的活动放到**阶级斗争**的基础上,或者力图把**民主主义**任务当做全部纲领和全部革命活动的基础。如果我们没有弄错的话,后一评语是适用于目前在俄国与社会民主党人同时活动的两个革命团体,即民意党和民权党的。

因此,我们认为,现在把社会民主党人的**实践**任务解释清楚,把我们下述看法的根据加以说明是特别适时的:我们认为社会民主党人的纲领是现有三个纲领中最合理的纲领,反对意见多半是由于了解不够。

大家知道,社会民主党人在实践活动方面给自己提出的任务是,领导无产阶级的阶级斗争,并把这一斗争的两种具体表现组织起来:一种是社会主义的表现(反对资本家阶级,目标是破坏阶级制度,组织社会主义社会);另一种是民主主义的表现(反对专制制度,目标是在俄国争得政治自由,并使俄国政治制度和社会制度民主化)。我们刚才说**大家知道**。的确,俄国社会民主党人自从作为一个特别的社会革命派别出现时起,就始终十分明确地指出他们这一活动任务,始终强调无产阶级阶级斗争的两种表现与内容,始终坚持他们的社会主义任务与民主主义任务的不可分割的联系,而这一联系在他们所采用的名称上就已清楚地表现出来了。然而直到现在,你们还往往看见,有些社会主义者对于社会民主党人抱着一种极端谬误的观念,责难社会民主党人忽略政治斗争等等。我们现在就来稍微谈谈俄国社会民主党实践活动的这两个方面。

我们从社会主义活动谈起。自从圣彼得堡社会民主党人的"工人阶级解放斗争协会"开始在彼得堡工人中间活动时起,社会民主党在这方面活动的性质,看来应当是十分清楚的。俄国社会民主党人的社会主义工作,就是在工人中间**宣传**科学社会主义学说,使工人正确了解现代社会经济制度及其基础与发展,了解俄国社会各个**阶级**及其相互关系,了解这些阶级相互的斗争,了解工人阶级在这个斗争中的作用,了解工人阶级对于正在没落的阶级和正在发展的阶级、对于资本主义的过去和将来所应采取的态度,了解各国社会民主党和俄国工人阶级的历史任务。同宣传工作紧密相联的,就是在工人中间进行**鼓动工作**,这个鼓动工作在俄国目前的政治条件和工人群众的发展水平下,自然成为首要的工作。在工人中间进行鼓动工作,这就是说社会民主党人要参加工人阶级的一切自发斗争,参加工人为工作日、工资、劳动条件等等问题而和资本家发生的一切冲突。我们的任务,就是要把自己的活动和工人的实际日常生活问题结合起来,帮助工人理解这些问题,使工人注意到各种极严重的舞弊行为,帮助他们把他们向厂主提出的要求表述得更明确、更切实,提高工人对自身团结的认识,提高作为一个统一的工人阶级,作为全世界无产阶级大军的一部分的全体俄国工人对自己共同利益和共同事业的认识。在工人中间成立小组,使它们与社会民主党人中心小组建立经常的秘密联系,印发工人书刊,组织各工人运动中心地点的通信工作,印发鼓动传单和宣言,训练有经验的鼓动员,——俄国社会民主党的社会主义活动方式大致就是这样。

我们的工作首先和主要是针对城市工厂工人的。俄国社会民主党不应当分散自己的力量,而应当集中力量在工业无产阶级中间进行活动,因为工业无产阶级最能接受社会民主主义思想,在智力上和政治上最发展,并且按其数量以及在国内巨大政治中心的集中程度来说,又是最重要的。因此,在城市工厂工人中间建立坚固的革命组织,是社会民主党首要的迫切任务,现在放弃这个任务是极不恰当的。然而,我们虽然认为必须集中自己力量在工厂工人中间进行工作,反对分散力量,但我们丝毫无意说,俄国社会民主党可以忽略俄国无产阶级和工人阶级中的其他阶层。根本不是这样。俄国工厂工人的生活条件本身,使他们往往要同那些散布在城市和乡村的、生活条件更恶劣得多的厂外工业无产阶级即手工业者发生十分密切的关系。俄国工厂工人同农村居民也有直接联系(工厂工人往往有家在农村),所以他们也不能不同农村无产阶级即千百万的雇农和日工,以及那些拘守一小块土地,从事工役和寻求各种偶然"外水",即同样是从事雇佣劳动的破产农民接近。俄国社会民主党人认为,现在把自己的力量派到手工业者和农业工人中间去工作,是不合时宜的,但他们决不想忽视这些阶层,而要努力教育先进工人了解手工业者和农业工人的日常生活情形,使这些工人在同无产阶级中比较落后的阶层接近时,把阶级斗争、社会主义的思想以及俄国民主派,特别是俄国无产阶级的政治任务也带给这些阶层。当在城市工厂工人中间还有这么多的工作要做的时候,派遣鼓动员到手工业者和农业工人中去是不实际的,但是社会主义的工人既然有很多机会不知不觉地接触这些人,那就应该善于利用这种机会并了解俄国社会民主党的一般任务。因此,那些责难俄国社会民主党狭隘,说他们因为只注重工厂工人而有意忽视广大劳动群众的人,是极端错误的。恰恰相反,在无产阶级的先进阶层中间进行鼓动,是把整个俄国无产阶级唤醒起来(随着运动的扩大)的最可靠手段。在城市工人中间传播社会主义与阶级斗争的思想,就必然会使这些思想经过比较细小分散的渠道传播开来;为此必须使这些思想在较有锻炼的人们中间扎下较深的根,使俄国工人运动与俄国革命的这个先锋队完全领会。俄国社会民主党运用自己全部力量在工厂工人中间进行活动,同时决定支持俄国那些在实践上把社会主义工作放到无产阶级阶级斗争基地上来的革命者,但他们毫不隐讳,无论与其他革命派别订立什么样的实际联盟,都不能而且不应当在理论上、纲领上、旗帜上实行妥协或让步。俄国社会民主党人深信,现在只有科学社会主义和阶级斗争的学说,才是革命理论,才能作为革命运动的旗帜,他们将用全力来传播这个学说,使它不受曲解,反对任何想把还年轻的俄国工人运动同那些不确定的学说联系起来的行为。理论的判断证明,而社会民主党人的实践活动则表明:俄国一切**社会主义者**都应该成为**社会民主党人**。

现在我们来谈谈社会民主党人的**民主主义**任务和民主主义工作。我们再说一遍:这个工作与社会主义工作有**不可分割**的联系。社会民主党人在工人中间进行**宣传**的时候,**不能**避开政治问题,并且认为,想避开政治问题或者把它们搁置一边的任何做法,都是极大的错误,都是背离全世界社会主义的基本原理的。俄国社会民主党人除了宣传科学社会主义以外,同时还要在工人群众中间广泛宣传**民主主义思想**,竭力使工人认识专制制度的一切活动表现,专制制度的阶级内容,推翻专制制度的必要性,如果不争得政治自由并使俄国政治社会制度民主化,就不可能为工人事业进行胜利的斗争。社会民主党人根据当前的**经济**要求在工人中间进行**鼓动**的时候,把这种鼓动与根据工人阶级当前的政治需要、政治困苦和政治要求进行的鼓动密切联系起来,例如进行鼓动反对那种在每次罢工、每次劳资冲突中都出现的警察压迫,反对对工人,作为俄国公民,特别是作为最受压迫最无权的阶级的工人所实施的权利限制,反对每一个与工人直接接触并使工人阶级明显地感觉到自己处于政治奴隶地位的专制制度的重要人物和走狗。在经济方面,没有一个工人生活问题不可以利用来进行经济鼓动,同样,在政治方面,也没有一个问题不可以当做政治鼓动的对象。这两种鼓动在社会民主党人的活动中是互为表里,密切联系的。无论经济鼓动或政治鼓动,都是为发展无产阶级的阶级自觉所必需的;无论经济鼓动或政治鼓动,都是为领导俄国工人的阶级斗争所必需的,因为任何阶级斗争都是政治斗争。无论前一种鼓动或后一种鼓动,都能唤起工人觉悟,组织他们,使他们遵守纪律,教育他们进行一致活动并为社会民主主义理想而斗争,因而也就使工人有可能在解决迫切问题和迫切需要方面试验自己的力量,使工人们有可能从敌人方面争得局部的让步,改善自己的经济状况,使资本家不能不考虑有组织的工人的力量,使政府不能不扩大工人的权利和接受工人的要求,使政府在怀有敌对情绪并由坚强的社会民主党组织所领导的工人群众面前经常胆战心惊。

我们已经指明**社会主义的**与**民主主义的**宣传和鼓动有不可分割的联系,指明革命工作在这两方面是完全并行的。然而这两种活动和斗争也有重大的差别。这个差别就是,在经济斗争中,无产阶级完全是孤立的,要同时反对地主-贵族和资产阶级,至多也只能得到(而且也远远不是时常都能得到)小资产阶级中间那些趋向于无产阶级的分子的帮助。而在民主主义的**政治**斗争中,俄国工人阶级却不是孤立的;所有一切持反政府态度的分子、阶层和阶级,都是与它站在一起的,因为他们也仇视专制制度,并用这种或那种形式进行反对专制制度的斗争。在这里与无产阶级站在**一起**的,还有资产阶级、有教养的阶级、小资产阶级以及受专制制度迫害的民族或宗教和教派等等的持反政府态度的分子。这里自然就发生一个问题:工人阶级对于这些分子应该抱什么态度?其次,工人阶级是否应当与他们联合起来进行反对专制制度的共同斗争?既然一切社会民主党人都认为政治革命在俄国应当先于社会主义革命,那么岂不是应当与一切持反政府态度的分子联合起来进行反专制制度的斗争,而暂时把社会主义搁置起来,这不是为加强反专制制度的斗争所必需的吗?

我们来分析这两个问题。

工人阶级这个反专制制度的战士对其他一切持反政府态度的社会阶级和集团所采取的态度,早已由著名的《共产党宣言》中所叙述的社会民主主义基本原则十分确切地规定出来了。① 社会民主党人支持进步的社会阶级去反对反动的社会阶级,支持资产阶级去反对那些特权等级土地占有制的代表人物,反对官吏,支持大资产阶级去反对小资产阶级的反动妄想。这种支持并不打算也不要求同非社会民主主义的纲领和原则作任何妥协,这是支持同盟者去反对**特定的**敌人,而社会民主党人给予这种支持,是为了更快地推翻共同的敌人,但他们并不打算从这些暂时的同盟者那里**为自己**取得什么,也不会让与什么。社会民主党人支持一切反对现存任何社会制度的革命运动,支持一切被压迫的民族、被迫害的宗教、被贱视的等级等等去争取平等权利。

在宣传方面,社会民主党人对一切持反政府态度的分子的**支持**,表现在社会民主党人证明专制制度敌视工人事业时,将指明专制制度也敌视其他某些社会集团,将指明**在某些问题上,在某些任务上**,工人阶级和这些集团是一致的,等等。在鼓动方面,这种支持表现在社会民主党人将利用专制制度警察压迫的每一表现向工人们指明,这种压迫如何落在**一切**俄国公民头上,尤其是落在特别受压迫的等级、民族、宗教和教派等等的头上,这种压迫如何特别影响到**工人阶级**。最后,在实践方面,这种支持表现在俄国社会民

① 参看《马克思恩格斯文集》2009年人民出版社版第2卷第65—66页。——编者注

主党人决心同其他派别的革命者结成同盟,以便达到某些局部目的,而这种决心已用事实多次证明过了。

这里我们也就谈到第二个问题。社会民主党人指出某些反政府集团与工人之间的一致时,始终要把工人划分出来,始终要解释这种一致的暂时性与相对性,始终要着重指出无产阶级的阶级独立性,因为它可能在明天就成为今天同盟者的敌人。也许有人会对我们说:"指出这点,就会**减弱**现在所有争取政治自由的战士的力量。"我们回答说:指出这点,只会**加强**所有争取政治自由的战士的力量。只有那些立足于**已被认识的一定阶级**的实际利益的战士,才是强而有力的;凡是把这些在现代社会中已经起着主要作用的阶级利益蒙蔽起来,都只会削弱战士的力量。这是第一。第二,在反对专制制度的斗争中,工人阶级应当使自己划分出来,因为**只有它才**是专制制度的彻底的势不两立的敌人,**只有它才**不可能和专制制度妥协,**只有工人阶级才**毫无保留、毫不犹豫、毫不反顾地拥护民主主义。其他一切阶级、集团和阶层,都**不是绝对**敌视专制制度,他们的民主主义始终是向后反顾的。资产阶级不能不意识到专制制度阻碍工业与社会的发展,但它害怕政治和社会制度完全民主化,随时都能与专制制度结成联盟来反对无产阶级。小资产阶级就其本性来说具有两面性:一方面,它趋向无产阶级与民主主义;另一方面,它又趋向反动阶级,企图阻止历史行程,会折服于专制制度的种种试探和诱惑手段(例如亚历山大三世所实行的"人民政策"[76]),为了巩固自己**小私有者**的地位而会和统治阶级结成同盟反对无产阶级。有教养的人,整个"知识界",不能不起来反对专制制度摧残思想和知识的野蛮的警察压迫,但是这个知识界的物质利益把它同专制制度和资产阶级联系起来,使它的态度不彻底,使它为求得官家俸禄,或为分得利润或股息而实行妥协,出卖其反政府的和革命的狂热。至于被压迫民族和受迫害宗教中间的民主分子,那么谁都知道,谁都看得见,这几类居民内部的阶级矛盾,要比每一类中的各个阶级共同反对专制制度和争取民主制度的一致性深刻得多,强烈得多。只有无产阶级,才能成为——而且按其阶级地位来说不能不成为——彻底的民主主义者,坚决反对专制制度的战士,而不会作任何让步和妥协。只有无产阶级,才能成为争取政治自由与民主制度的**先进战士**,因为第一,无产阶级受到的政治压迫最厉害,这个阶级的地位不可能有丝毫改变,它既没有接近最高当局的机会,甚至也没有接近官吏的机会,也无法影响社会舆论。第二,只有无产阶级才能**彻底**实现政治社会制度的民主化,因为实行这种民主化,就会使工人成为这个制度的主人。因此,把工人阶级的民主主义活动与其他各个阶级和集团的民主主义**融合起来**,就会**削弱**民主运动的力量,就会**削弱**政治斗争,就会使这一斗争不是那样坚决,不是那样彻底,而是比较容易妥协。反过来,**把工人阶级作为争取民主制度的先进战士划分出来**,就会**加强**民主运动,**加强**争取政治自由的斗争,因为工人阶级将**带动**其他一切民主分子和持反政府态度的分子,将推动自由派去与政治激进派接近,将推动激进派去同当前社会整个政治社会制度坚决断绝关系。我们在上面已经说过,俄国一切**社会主义者**,都应当成为**社会民主党人**。我们现在还要补充说:俄国一切真正的和彻底的**民主主义者**,都应当成为**社会民主党人**。

让我们举例来说明我们的意思。我们就拿官僚这个专干行政事务并在人民面前处于特权地位的特殊阶层的机关来说,从专制的、半亚洲式的俄国起,到有文化的、自由的、文明的英国止,我们到处都可以看到这种资产阶级社会不可或缺的官僚机关。与俄国的落后性及其专制制度相适应的,是人民在官吏面前**完全无权**,特权官僚**完全**不受监督。在英国,人民对行政机关实行强有力的监督,然而即使在那里,这种监督也**远不是完全的**,官僚仍然保持着不少特权,他们往往是人民的主人,而不是人民的公仆。即使在英国,我们也看到,有势力的社会集团总是支持官僚特权地位,不让这个机关完全民主化。这是由于什么原因呢? 由于这个机关的**完全**民主化仅仅有利于一个无产阶级;于是连资产阶级最先进的阶层,也维护官吏的某些特权,反对一切官吏由选举产生,反对完全废除资格限制,反对官吏对人民直接负责等等,因为他们感觉到,这种彻底的民主化将被无产阶级利用来**反对**资产阶级。俄国的情况也是这样。俄国人民中许多各不相同的阶层,都反对专权独断、不对任何人负责、贪赃受贿、野蛮昏聩、过着寄生生活的俄国官吏,可是,除了无产阶级以外,**没有一个**阶层会容许官吏机构完全民主化,因为其他一切阶层(资产阶级,小资产阶级,整个"知识界")都与官吏有联系,都与俄国官吏有**亲属**关系。谁不知道,在神圣的俄罗斯,激进派的知识分子,社会主义者知识分子很容易变为帝国政府的官吏,他们以在官场范围内有所"裨益"而聊以自慰,他们以这种"裨益"来替自己的政治冷淡态度辩护,来替自己向刑棍和皮鞭的政府献媚辩护。只有**无产阶级**,才绝对敌视专制制度和俄国官吏;只有**无产阶级**,才与贵族资产阶级社会中的这些机关没有任何**联系**;只有无产阶级,才能根本敌视并坚决反对它们。

我们证明在社会民主党领导下进行阶级斗争的无产阶级是俄国民主运动的先进战士的时候,竟遇见一种十分流行而又十分奇怪的意见,似乎俄国社会民主党拖延政治任务和政治斗争。我们知道,这种意见与真实情况截然相反。社会民主党的原则曾多次阐述过,而且早在最初的俄国社会民主主义出版物中,即"劳动解放社"**30**在国外出版的小册子和书籍中就已经阐述过,为什么有人

竟如此惊人地不了解呢？我们觉得,这一奇怪事实是由于下面三个原因产生的:

第一,是因为旧的革命理论的代表人物根本不懂得社会民主主义的原则,他们拟定纲领和行动计划,总是根据抽象的观念,而不是根据对各个在国内活动、而其相互关系已由历史决定的现实阶级的估计。正因为人们没有用这种现实主义态度来讨论那些支持俄国民主运动的**利益**,才能发生这种认为俄国社会民主党忽略俄国革命者的民主主义任务的意见。

第二,是因为他们不懂得,把经济问题与政治问题,社会主义活动与民主主义活动结合为一个整体,结合为统一的**无产阶级的阶级斗争**,这不仅不会削弱,反而会加强民主运动和政治斗争,使它接近人民群众的实际利益,把政治问题从"知识界的狭小书房"拿到街上去,拿到工人和劳动阶级中间去,把关于政治压迫的抽象观念,换成最使无产阶级痛苦的那些政治压迫的实际表现,而社会民主党就是根据这些表现来进行鼓动工作的。俄国激进派分子往往觉得,社会民主党人不直接号召先进工人进行政治斗争,而提出了发展工人运动和组织无产阶级阶级斗争的任务,社会民主党人这样就是从自己的民主主义立场往后退,就是拖延政治斗争。可是,如果这里真有所谓**后退**,那就不过是法国俗语所说的那种后退:"为要远跳,必须后退!"

第三,误会所以发生,是因为民意党人和民权党人同社会民主党人对于"政治斗争"概念本身的理解,是各不相同的。社会民主党人对于政治斗争有另一种理解,比旧的革命理论代表人物的理解**广泛得多**。1895年12月9日《"民意社"快报》第4号,就具体证明了这个似乎不近情理的说法。我们衷心欢迎这个刊物,因为它表明在现代民意党人中间进行着一种很有成效的深刻的思想工作,但是我们不能不指出,彼·拉·拉甫罗夫的《论纲领问题》一文(第19—22页)显然表明老民意党人对于政治斗争有另一种理解①。彼·拉·拉甫罗夫谈到民意党人的纲领与社会民主党人的纲领的关系时写道:"……这里有一点而且只有一点是重要的:在专制制度下面,离开组织反对专制制度的革命党,是否有可能组织强大的工人党呢?"(第21页第2栏);在稍前一点(第1栏)也同样说:"……在专制制度统治下,组织俄国工人党,而不同时组织反对这个专制制度的革命党。"我们完全不懂彼·拉·拉甫罗夫认为十分重要的这些差别。这是怎么一回事? 什么叫做"**除了**反对专制制度的革命党**之外**的工人党"?? 难道工人党本身不是革命党么? 难道工人党不反对专制制度么? 对于这个奇怪议论,彼·拉·拉甫罗夫的论文用下面这段话来解释:"建立俄国工人党的组织,是要在极残酷的专制制度条件下进行的。如果社会民主党人不同时组织政治**密谋**②来反对专制制度及其搞这种**密谋**②的一切条件而能做到这件事情,那么他们的政治纲领当然是俄国社会主义者的适当纲领,因为工人的解放将能用工人自己的力量来实现。然而这是很成问题的,如果不是不可能的话。"(第21页第1栏)原来是这么一回事! 民意党人原来认为政治斗争与政治**密谋**是一回事! 必须承认,彼·拉·拉甫罗夫的这些话,真是十分明显地指出了民意党人同社会民主

---

① 在第4号上发表的彼·拉·拉甫罗夫的论文,不过是彼·拉·拉甫罗夫预定在《资料》**77**上发表的那封长信中的"摘录"而已。我们听说,今年(1897年)夏天,在国外发表了彼·拉·拉甫罗夫这封信的全文以及普列汉诺夫的回答。可是我们无法看到这封信,也无法看到这个回答。《"民意社"快报》编辑部曾答应在第5号上发表编辑部对于彼·拉·拉甫罗夫这封信的评论(见第4号第22页第1栏附注),但我们也不知道该号是否已经出版。

② 黑体是我们用的。

党人在政治斗争策略方面的基本区别。在民意党人中间，布朗基主义[78]，即密谋主义的传统非常强烈，以致他们只能把政治斗争设想为政治密谋这种形式。社会民主党人却没有这种观点狭隘的毛病；他们不相信密谋，认为密谋的时代早已过去，认为把政治斗争归结为密谋，就是极大地缩小了政治斗争的范围，这是一方面，同时这也意味着选择了最不适宜的斗争手段。谁都明白，彼·拉·拉甫罗夫所说"俄国社会民主党人把西方的活动看成最好的榜样"（第21页第1栏），不过是辩论中的胡言乱语罢了。其实，俄国社会民主党人从来也没有忘记俄国的政治条件，从来也没有梦想在俄国有可能公开建立工人党，从来也没有把争取社会主义的任务与争取政治自由的任务分开。但他们始终认为，这种斗争不应当由密谋家而应当由依靠工人运动的革命党来进行。他们认为反专制制度的斗争不应当是组织密谋，而应当是教育无产阶级，使无产阶级遵守纪律，组织无产阶级，在工人中间进行政治鼓动，痛斥专制制度的一切表现，把警察政府的勇士们统统钉上耻辱柱，迫使这个政府实行让步。难道圣彼得堡"工人阶级解放斗争协会"的活动不正是这样？难道这个组织不正是依靠工人运动，领导无产阶级阶级斗争即反资本和反专制政府的斗争，而没有组织任何密谋，正是以社会主义斗争和民主主义斗争**结合**成彼得堡无产阶级不可分割的阶级斗争为其力量泉源的那个革命党的萌芽么？难道"协会"的活动——尽管它活动的时间很短——不是已经证明，社会民主党所领导的无产阶级是政府不得不考虑并急于对它作出让步的巨大政治势力么？1897年6月2日颁布的法令，无论按其匆忙施行或就其本身内容来说，都显然表明这是被迫对无产阶级实行的让步，这是从俄国人民的敌人手中夺得的阵地。虽然这个让步很小，虽然这个阵地不大，可是要知道，争得这个让步的工人阶级组织也并不大，并不坚固，成立不久，没有丰富的经验和经费：大家知道，"斗争协会"只是在1895—1896年间才成立的，它对工人们的号召，只是通过胶印的和石印的传单。如果这样的组织至少包括了俄国工人运动一些最大的中心（圣彼得堡区，莫斯科-弗拉基米尔区，南俄以及各重要城市，如敖德萨，基辅，萨拉托夫等等），拥有革命机关报，在俄国工人中间享有像"斗争协会"在圣彼得堡工人中间所享有的那种威信，那么这个组织就会成为目前俄国最大的政治因素，成为政府在其全部内外政策中不能不考虑的因素，——这难道可以否认么？一个组织，既领导无产阶级的阶级斗争，加强工人的组织和纪律，帮助工人为自己的经济需要而斗争，又接二连三地从资本手里夺得阵地，在政治上教育工人，不断地和勇往直前地攻击专制制度，消灭每一个使无产阶级感觉到警察政府魔爪的沙皇强盗，这样的组织就既会是适合我国条件的工人党组织，又会是反对专制制度的强大的革命党。预先来谈论这个组织为了给专制制度以决定性打击将采用什么手段，例如，它将采取起义，还是群众性的政治罢工，或者其他进攻手段，——预先来谈论这个问题，并且要在现在来解决这个问题，就会是空洞的学理主义了。这就好像将领们尚未调集军队，动员军队去进攻敌军以前，就预先召集军事会议一样。当无产阶级军队在坚强的社会民主党组织领导下，勇往直前争取自身经济和政治解放的时候，这个军队自己就会给将领们指明行动的手段和方法。那个时候，而且只有到那个时候，才能解决对专制制度实行最后打击的问题，因为问题的解决，正是取决于工人运动的状况，工人运动的广度，运动本身所造成的斗争手段，领导运动的革命组织的素质，其他各种社会分子对无产阶级和对专制制度的态度，国外国内的政治条件，——总而言之，取决于千百种条件，而要预先猜测这些条件，是既不可能又无益处的。

因此,彼·拉·拉甫罗夫的下面一段议论,也是十分不正确的:

"如果他们〈社会民主党人〉通过这种或那种方式一定要不仅部署工人力量去反对资本,而且还要团结革命分子和革命团体去反对专制制度,那么不管俄国社会民主党人怎样称呼自己,他们**事实上**是要采纳他们对手即民意党人的纲领。在村社问题、俄国资本主义的命运问题以及经济唯物主义问题上的意见分歧,是对实际事业不太重要的、促进或妨碍在准备主要之点时规定局部任务和局部手段的一些细节而已。"(第21页第1栏)

这种说法,根本就不值一驳,怎么能说在俄国生活和俄国社会发展的各种基本问题上的意见分歧,在理解历史的各种基本问题上的意见分歧,只是牵涉到一些"细节"呢! 早已有人说过,没有革命的理论,就不会有革命的运动,而**现在**未必有再来证明这个真理的必要。阶级斗争的理论,按唯物主义观点来了解俄国历史,按唯物主义观点来估计俄国目前的经济和政治情形,承认必须把革命斗争归结为一定阶级的一定利益,并分析这个阶级同其他阶级的关系等,都是十分重大的革命问题,把这些问题叫做"细节",是绝顶荒谬的。从革命**理论**的老手方面听到这种言论,真是出人意料,我们简直要说这是失言。至于上面所引那段话的前半截,它的荒谬无理就更令人惊奇了。报刊上说:俄国社会民主党人只是部署工人力量去反对资本(就是说,只进行经济斗争!),而不同时团结革命分子和革命团体去反对专制制度,——说这种话,或者是不知道,或者是不愿意知道俄国社会民主党人活动的人所共知的事实。或者,也许彼·拉·拉甫罗夫不承认那些在社会民主党人队伍里进行实际工作的人是"革命分子"和"革命团体"吧?! 或者(这也许更正确些)他把反专制制度的"斗争"只了解为反专制制度的密谋吧？（参看第 21 页第 2 栏："……问题是要……组织革命**密谋**"；黑体是我们用的）。也许彼·拉·拉甫罗夫认为谁不组织政治密谋，谁就是不进行政治斗争吧？我们再说一遍：这种观点完全合乎古老民意主义的古老传统，但它完全不合乎现代的政治斗争概念，也不合乎现代的实际情况。

关于民权党人，我们还要说几句话。在我们看来，彼·拉·拉甫罗夫说得完全对：社会民主党人"把民权党人当做比较直爽的人，并且决心支持他们，但是不与他们融合起来"（第 19 页第 2 栏）；不过要补充一句：是当做比较直爽的**民主主义者**和**只要**民权党人以彻底的民主主义者的姿态出现。可惜，这个条件与其说是真实的现在，不如说是所希望的将来。民权党人曾经表示愿意使民主主义任务摆脱民粹主义，并且根本摆脱与"俄国社会主义"的陈腐形式的联系，但他们自己还远未摆脱旧的偏见，远不彻底，因为他们竟把自己仅仅主张政治改革的党称呼为"社会〈??!〉革命"党（见他们 1894 年 2 月 19 日发表的《宣言》）。《宣言》里说："民权这一概念包括组织人民生产"（我们只能凭记忆引证），这就证明他们又在偷偷地运用那种民粹主义偏见。所以彼·拉·拉甫罗夫称他们为"戴假面具的政治家"（第 20 页第 2 栏），不是完全没有理由的。可是，也许把民权主义看成一种过渡的学说会更正确些，它有不可否认的功劳，就是它以民粹派学说的独特性为耻而与民粹派中最可恶的反动分子公开进行争论，这些分子面对警察式的阶级专制制度竟然说什么人们期望的是经济的改革而不是政治的改革（见"民权"党出版的《迫切的问题》）。如果民权党内除了那些从策略考虑而藏起自己的社会主义旗帜，戴上非社会主义者政治家假面具的（如彼·拉·拉甫罗夫所假设的那样，第 20 页第 2 栏）旧时社会主义者而外，确实没有别的人，那么这个党当然是不会有什么前途的。然而,如果在这个党内也有不戴假面具,而是真正的非社会主义者政治家,非社会主义者民主主义者,那么这个党努力去同我国资产阶级中持反政府态度的分子接近,努力唤醒我国小资产阶级,小商人和小手工业者等等这一阶级的政治自觉,它就会带来不少的好处。这个小资产阶级在西欧各处的民主运动中都起过相当的作用,它在我们俄国改革后的时代,已在文化方面以及其他方面取得特别迅速的成就,它不能不感觉到警察政府进行压迫和恬不知耻地援助大工厂主、金融和工业垄断大王的事实。为此,民权党人必须力求和各个居民阶层接近,不要仍然局限于那个"知识界",因为"知识界"由于脱离群众实际利益而软弱无力,这是连《迫切的问题》也承认了的。为此,民权党人就要抛弃那种想把各种社会分子融合起来并借口政治任务来排斥社会主义的企图,就要抛弃那种妨碍他们自己与人民中间资产阶级阶层接近的虚伪羞耻,就是说,不要仅仅谈论非社会主义者政治家的纲领,而且还要按照这个纲领去行动,唤醒并发展那些完全不需要社会主义,但日益感到专制制度的压迫和政治自由的必要性的社会集团和阶级的阶级自觉。

———

　　俄国社会民主党还很年轻,刚刚在走出那个以理论问题占主要地位的萌芽状态。它才刚刚开始展开实践活动。其他派别的革命者,已经不得不放下对社会民主理论和纲领的批评,而来批评俄国社会民主党人的**实践活动**。必须承认,后面这种批评与理论批评大不相同,有可能造出这样可笑的谣言,说圣彼得堡"斗争协会"不是社会民主党的组织。出现这样的谣言本身,也就证明那种指斥社会民主党人忽视政治斗争的流行责难是不正确的。出现这样的谣言本身,也就证明未被社会民主党人**理论**所说服的许多革命家已经开始被社会民主党人的**实践**说服了。

俄国社会民主党还有许许多多刚刚开始的工作要做。俄国工人阶级的觉醒,它对知识、团结、社会主义、反对剥削者和压迫者的自发追求,表现得日益明显、日益广阔。俄国资本主义在最近时期内达到的巨大进展,保证工人运动将会毫不停顿地扩大和深入。我们现在显然正处在资本主义周期的这样一个时期:工业"繁荣",商业昌盛,工厂全部开工,无数新工厂、新企业、股份公司、铁路建筑等等如雨后春笋般地出现。不是预言家也能预言,不可避免的破产(相当厉害)必定在这种工业"繁荣"以后接踵而来。这种破产将使大批小业主破落,把大批工人抛到失业者的队伍里去,从而在全体工人群众面前尖锐地提出早已摆在每个有觉悟有思想的工人面前的社会主义问题和民主主义问题。俄国社会民主党人应当设法使俄国无产阶级在这个破产到来的时候更有觉悟,更加团结一致,懂得俄国工人阶级的任务,能够回击现在赚得巨额利润而随时都想把亏损转嫁到工人身上的资本家阶级,能够领导俄国民主势力去进行决战,反对那束缚俄国工人和全体俄国人民手脚的警察专制制度。

总之,同志们,干起来吧!不要浪费宝贵的时间!俄国社会民主党人还有很多事情要做:要满足正在觉醒的无产阶级的要求,要组织工人运动,要巩固革命团体及其相互联系,要供给工人们宣传鼓动的书刊,要把散布在俄国各个地方的工人小组与社会民主主义团体统一成为一个**社会民主工党**!

## "斗争协会"告彼得堡工人和社会主义者

彼得堡革命者正处在困难的时期。政府确实是动员了它的全部力量来镇压产生不久就显示了很大威力的工人运动。政府进行了大规模的逮捕,监狱已有人满之患。乱抓知识分子,不管他们是男是女;逮捕工人,成批地把他们放逐。几乎每天都可以听到消息,说警察政府疯狂地迫害它的敌人,愈来愈多的人遭到牺牲。政府决心不让俄国革命运动的新潮流发展壮大起来。检察长和宪兵们已经在夸耀,说他们把"斗争协会"摧毁了。

这种夸耀完全是谎话。尽管迫害重重,"斗争协会"还是屹然不动。我们非常满意地指出,大规模的逮捕已经发生了自己的作用,它已成为向工人和社会主义者知识分子进行鼓动的有力工具,一批革命者倒下去,另一批新的人又带着新的力量站到为俄国无产阶级和全体俄国人民而战的战士队伍里。斗争不可能没有牺牲。对于沙皇强盗的野蛮迫害,我们镇静地回答说:革命者牺牲了,——但革命必将胜利!

直到目前为止,加紧迫害只不过使"斗争协会"的某些活动暂时削弱,使代办员和鼓动员的人数暂时有所不足。现在正是感到这种暂时的不足,所以我们向一切觉悟的工人和一切愿意贡献自己的力量为革命事业服务的知识分子发出号召。"斗争协会"需要代办员。一切愿意从事任何一种革命活动,哪怕是极小范围内的活动的小组和个人,请把自己的愿望告诉同"斗争协会"有联系的人。(如果有的小组找不到这样的人,可以通过国外"俄国社会民主党人联合会"代为转达。这种情形可能很少。)需要做各种各样工作的人,革命者在革命活动中的分工愈严格,他们对秘密活动的方法和隐蔽的方式考虑得愈周密,他们愈是忘我地埋头于一种细小的、不显著的和局部性的工作,总的事业就愈可靠,宪兵和奸细就愈难发现革命者。政府预先就撒下了密探网,而且不仅对准真正的反政府分子的基地,连那些有可能的和有嫌疑的地方也不放过。政府豢养一批专事迫害革命者的奴仆,不断扩大和加强他们的活动,并且想出一些新办法,设置一批新的挑拨者,竭力用恫吓、伪造口供、假造签名和假文件等等手段来迫害被捕者。不加强和发展革命的纪律、组织和秘密活动,就不可能同政府进行斗争。而秘密活动首先就要求各个小组和个人实行专业分工,把统一联系工作交给"斗争协会"的为数很少的核心分子。革命工作的分工是十分繁杂的。需要有公开的鼓动员,他们善于向工人宣传,但是又**不致**因此受到法院的审判;他们要善于只说出**甲**的意思,使别的人说出**乙**和**丙**的意思。需要有散发书刊和传单的人。需要有工人小组的组织者。需要有散在各个工厂而能提供厂内各种情况的通讯员。需要有监视奸细和挑拨者的人。需要有设置秘密住所的人。需要有传递书刊、指示和进行各种联络的人。需要有筹集款项的人。需要在知识界和官吏中间有一批同工人、工厂生活和当局(警察、工厂视察机关等等)有接触的代办员。需要有同俄国和国外各城市进行联络的人。需要有能用各种方法翻印各种书刊的人。需要有保管书刊和其他物品的人,等等,等等。各个小组或个人担负的工作愈细小,就愈有可能深思熟虑地处理这些工作,保证工作不致失败,研究各种秘密工作的细节,采取各种办法麻痹宪兵的警惕性,使他们迷茫混乱,这样,工作的成功就愈有希望,警察和宪兵就愈难追踪革命者以及他们同组织的联系,革命政党就比较容易用他人来代替牺牲的代办员和党员,而不致使整个事业遭到损害。我们知道,实行这种分工是非常困难的事情,其所以困难,是因为这要求每个人都要有极大的耐心,有高度的自我牺牲精神,要求把全副精力贡献给一种不显眼的、单调的工作,它要求和同志们断绝来往,要求革命者把全部生活服从枯燥和严格的规定。但是只有这样,俄国革命实际工作的领导者才有可能用多年的时间从事革命事业的全面准备工作,实现极其宏伟的事业。我们深信,社会民主党人的自我牺牲精神决不逊于前辈的革命者。我们也知道,按照我们所提出的这种方式,许多献身革命工作的人都将经历一段非常艰苦的准备时期,在这段时间里,"斗争协会"要收集有关这些愿意效劳的个人或小组的必要材料,考验他们适于执行什么使命。不经过这种预先的考验,就不可能在现代的俄国展开革命活动。

为了把这种活动方式推荐给我们的新同志,我们才把我们在长年经验中得出的一点体会介绍出来。我们深信,采取这种方式就能使革命工作的胜利获得最大的保证。

1898年在日内瓦印成单行本

选自《列宁全集》第2版第2卷第426—449页

# 俄国资本主义的发展

大工业国内市场形成的过程[79]（节选）

（1895 年底—1899 年 1 月）

## 第二版序言[80]

本书是在俄国革命的前夜，即在 1895—1896 年大罢工[75]爆发后一个稍呈沉寂的时期中写成的。当时工人运动似乎平息下去了，实际上却在向广度和深度发展，为 1901 年的示威运动[81]准备基础。

本书根据对种种统计资料进行的经济学上的研究和批判性的审查，分析了俄国社会经济制度，因而也分析了俄国阶级结构。这个分析，现在已为一切阶级在革命进程中的公开政治行动所证实。无产阶级的领导作用完全显露出来了。无产阶级在历史运动中的力量比它在人口总数中所占的比例大得多这一点也显露出来了。本书论证了这两种现象的经济基础。

其次，革命现在日益显露出农民的两重地位和两重作用。一方面，在贫苦农民空前贫困和破产的情况下，存在着徭役经济的大量残余和农奴制的各种残余，这充分说明了农民革命运动的泉源之深，农民群众革命性的根基之深。另一方面，无论在革命进程中，在各种政党的性质中，或者在许多政治思想流派中，都显现出农民群众的有内在矛盾的阶级结构,他们的小资产阶级性,他们内部的业主倾向与无产者倾向的对抗性。变穷了的小业主在反革命的资产阶级和革命的无产阶级之间的动摇不定是不可避免的,正如在任何资本主义社会中下述现象是不可避免的一样:为数甚少的小生产者发财致富,"出人头地",变成资产者,而绝大多数的小生产者不是完全破产变成雇佣工人或赤贫者,就是永远生活在无产阶级状况的边缘。本书论证了农民中这两种倾向的经济基础。

不言而喻,在这种经济基础上的俄国革命,必然是资产阶级革命。马克思主义的这一原理是颠扑不破的。无论什么时候都不能忘记这一原理。无论什么时候都必须把它应用到俄国革命的一切经济和政治问题上去。

但必须善于应用它。只有具体分析各种阶级的地位和利益,才能确定这个真理应用于某一问题上的确切意义。在以普列汉诺夫为首的右翼社会民主党人中间,却时常出现一种相反的推论方法,即他们力图在关于我国革命基本性质的一般真理的单纯逻辑发展中去寻找具体问题的答案,这是把马克思主义庸俗化,并且完全是对辩证唯物主义的嘲弄。例如有些人从关于我国革命性质的一般真理中得出结论说,"资产阶级"在革命中起领导作用,或者说社会主义者必须支持自由主义者;对于这些人,马克思大概会把他一度引用过的海涅的话重复一遍说:"我播下的是龙种,而收获的却是跳蚤。"①

在目前的经济基础上,俄国革命在客观上可能有两种基本的发展路线和结局。

或者是与农奴制有千丝万缕的联系的旧地主经济保存下来,

---

① 参看《马克思恩格斯全集》第1版第3卷第604页。——编者注

慢慢地变成纯粹资本主义的"容克"经济[82]。从工役制[61]最终过渡到资本主义的基础,是农奴制地主经济的内部改革。国家的整个土地制度将变成资本主义制度,在长时期内还保持着农奴制的特点。或者是革命摧毁旧地主经济,粉碎农奴制的一切残余,首先是大土地占有制。从工役制最终过渡到资本主义的基础,是小农经济的自由发展,这种小农经济由于剥夺地主土地有利于农民而获得了巨大的推动力。整个土地制度将变成资本主义制度,因为农奴制的痕迹消灭得愈彻底,农民的分化就进行得愈迅速。换句话说:或者是保存地主土地占有制的主要部分和旧的"上层建筑"的主要支柱;由此,自由主义君主派的资产者和地主将起主要作用,富裕农民将迅速地转向他们,农民群众状况恶化,他们不仅受到大规模的剥夺,而且还受到某些立宪民主党[83]式的赎买办法的盘剥,反动统治的欺压和愚弄;这种资产阶级革命的遗嘱执行人将是近似十月党人[84]那一类型的政治家。或者是摧毁地主土地占有制和相应的旧的"上层建筑"的一切主要支柱;无产阶级和农民群众在动摇的或反革命的资产阶级保持中立的情况下起主要作用;在资本主义基础上,在工人和农民群众处于商品生产下可能具有的最好环境中,生产力得到最迅速和最自由的发展;由此,给工人阶级进一步实现其真正的和根本的社会主义改造任务创造了最有利的条件。当然,这种或那种类型的资本主义演进因素,可能有无限多样的结合,只有不可救药的书呆子,才会单靠引证马克思关于另一历史时代的某一论述,来解决当前发生的独特而复杂的问题。

本书的任务是分析革命前的俄国经济。在革命时代,国家生活发展得如此迅速而急遽,以致在如火如荼的政治斗争中无法确定经济演进的巨大成果。一方面是斯托雷平先生们,另一方面是自由主义者(决不只是类似司徒卢威的立宪民主党人,而是全体立宪民主党人),都在坚定地、顽强地和一贯地努力按第一种形式完成革命。我们刚刚经历过的 1907 年 6 月 3 日的政变[85],标志着反革命的胜利,他们力图保证地主在所谓俄国人民代表机关中占绝对优势。但是,这个"胜利"究竟牢固到什么程度,则是另外的问题,何况争取革命的第二种结局的斗争还在继续进行。不仅是无产阶级,而且广大的农民群众也都比较坚决地、比较一贯地、比较自觉地力争达到这个结局。不管反革命怎样力图公开地使用暴力来窒息直接的群众性斗争,不管立宪民主党人怎样力图用下流和伪善的反革命思想来扑灭直接的群众性斗争,这种斗争总是不顾一切地时而在这里,时而在那里爆发,虽然小资产阶级政治家的上层分子(特别是"人民社会党人"[86]和劳动派[87]),显然沾染上了温和谨慎的市侩或官吏的背叛、莫尔恰林习气[88]和自满这种立宪民主党精神,这种斗争还是在"劳动派"政党[89]即民粹派政党的政策上打上了自己的烙印。

这一斗争的结局如何,俄国革命第一次进攻的最后结果如何,现在还不能断定。因此全面修订本书①的时机还没有到来(而且因为参加工人运动,肩负着党的直接责任,也使我无暇及此)。本书第 2 版还不能超出评述革命**前**的俄国经济这一范围。作者只是对文字进行了审查和订正,并以最新的统计材料作了**最必要的**补充。这些材料是:最近的马匹调查资料、收成的统计资料、1897 年全俄人口普查总结、工厂统计的**新资料**等等。

**作 者**

1907 年 7 月

---

① 这种修订可能要求写本书的续篇,要是这样,第 1 卷就只分析革命前的俄国经济,第 2 卷研究革命的总结和结果。

# 第 一 章

## 民粹派经济学家的理论错误[90]

市场是商品经济的范畴,而商品经济在它自身的发展中转化为资本主义经济,并且只有在资本主义经济下才获得完全的统治和普遍的扩展。因此,要弄清楚国内市场的基本理论原理,我们应当从简单商品经济出发来探索它如何逐渐转化为资本主义经济。

## 一　社　会　分　工

社会分工是商品经济的基础。加工工业与采掘工业分离开来,它们各自再分为一些小的和更小的部门,这些部门以商品形式生产专门的产品,并用以同其他一切生产部门进行交换。这样,商品经济的发展使单独的和独立的生产部门的数量增加。这种发展的趋势是:不仅把每一种产品的生产,甚至把产品的每一部分的生产,都变成专门的生产部门;而且不仅把产品的生产,甚至把产品准备好以供消费的各个工序都变成单独的生产部门。在自然经济下,社会是由许许多多同类的经济单位(父权制的农民家庭、原始村社[12]、封建领地)组成的,每个这样的单位从事各种经济工作,从采掘各种原料开始,直到最后把这些原料制作得可供消费。在商品经济下,各种不同类的经济单位在建立起来,单独的经济部门的数量日益增多,执行同一经济职能的经济单位的数量日益减少。

这种日益发展的社会分工就是资本主义国内市场建立过程中的关键。马克思说:"……在商品生产及其绝对形式即资本主义生产的基础上……产品之所以成为商品,即成为具有交换价值的,而且是具有可以实现的、可以转化为货币的交换价值的使用价值,仅仅因为有其他商品成为它们的等价物,仅仅因为有作为商品和作为价值的其他产品同它们相对立;也就是说,仅仅因为这些产品并不是作为生产者本人的直接生活资料,而是作为商品,即作为只有通过变为交换价值(货币),通过转让才变成使用价值的产品来生产的。**由于社会分工,这些商品的市场会扩大**;生产劳动的分工,使它们各自的产品互相变成商品,互相成为等价物,**使它们互相成为市场**。"(《资本论》第 3 卷第 2 部分第 177—178 页,俄译本第 526 页。①黑体是我们用的,以下引文中凡未另行注明者也都是我们用的)

不言而喻,上面所说的加工工业与采掘工业的分离,制造业与农业的分离,使农业本身也变成工业,即变成生产**商品**的经济部门。把产品的各种加工彼此分离开来,创立了愈来愈多的生产部门的那种专业化过程也出现在农业中,建立了日益专业化的种种农业区域(和农业系统②),不仅引起农产品和工业品之间的交换,而且也引起各种农产品之间的交换。这种**商业性的**(和资本主义

① 见《马克思恩格斯文集》2009 年人民出版社版第 7 卷第 718 页。列宁在本书中所引用的《资本论》文字,都取自《资本论》德文版(第 1 卷,1872 年第 2 版;第 2 卷,1885 年版;第 3 卷,1894 年版)。所有引文都是列宁自己翻译的。这里所说的俄译本是指丹尼尔逊的俄译本。——编者注

② 例如,伊·亚·斯捷布特在其《俄国的大田作业原理以及改进大田作业的措施》一书中,按照主要的市场产品来区分农业的经营系统。主要的农业系统有三:(1)大田作业的(按亚·斯克沃尔佐夫先生的说法是谷物的);(2)畜牧业的(主要的市场产品是畜产品)和(3)工厂的(按亚·斯克沃尔佐夫先生的说法是技术的);主要的市场产品是经过技术加工的农产品。见**亚·斯克沃尔佐夫**《蒸汽机运输对农业的影响》1890 年华沙版第 68 页及以下各页。

的)农业的专业化,出现在所有的资本主义国家中,出现在国际分工中,也出现在改革后的俄国,这一点我们将在下面详细叙述。

可见,社会分工是商品经济和资本主义全部发展过程的基础。因此,我国民粹派理论家把这种发展过程说成是人为措施的结果,是"离开道路"的结果等等,极力抹杀俄国社会分工的事实,或者极力削弱这一事实的意义,是十分自然的。瓦·沃·先生在其《俄国农业和工业的分工》(1884年《欧洲通报》杂志[20]第7期)一文中,"否认了""社会分工原则在俄国占统治地位"(第347页),宣称我国的社会分工"不是从人民生活深处成长起来的,而是企图从外部硬挤进去"(第338页)。尼·—逊先生在其《概况》中,对于出售粮食数量的增加发表了如下的议论:"这种现象也许意味着生产的粮食是在全国较平均地分配的,阿尔汉格尔斯克的渔夫现在吃到萨马拉的粮食,而萨马拉的农民则有阿尔汉格尔斯克的鱼佐餐。**实际上根本没有这回事。**"(《我国改革后的社会经济概况》1893年圣彼得堡版第37页)没有任何资料,不顾众所周知的事实,就在这里公开断定俄国没有社会分工!民粹派除了否认一切商品经济的基础——社会分工或宣布其为"人为的"以外,就再也没有其他办法来建立俄国资本主义"人为性"的理论了。

## 二 工业人口增加,农业人口减少

因为在商品经济以前的时代,加工工业同采掘工业结合在一起,而后者是以农业为主,所以,商品经济的发展就是一个个工业部门同农业分离。商品经济不大发达(或完全不发达)的国家的人口,几乎全是农业人口,然而不应该把这理解为居民只从事农业,因为这只是说,从事农业的居民自己进行农产品的加工,几乎没有交换和分工。因此商品经济的发展也就意味着愈来愈多的人口同农业分离，就是说工业人口增加，农业人口减少。"**资本主义生产方式由于它的本性，使农业人口同非农业人口比起来不断减少**，因为在工业（狭义的工业）中，不变资本比可变资本的相对增加，是同可变资本的绝对增加结合在一起的，虽然可变资本相对减少了；而在农业中，经营一定土地所需的可变资本则绝对减少，因此，只有在耕种新的土地时，可变资本才会增加，但这又以非农业人口的更大增加为前提。"（《资本论》第3卷第2部分第177页，俄译本第526页）①总之，没有工商业人口的增加，农业人口的减少，资本主义是不能设想的，并且谁都知道，这种现象在一切资本主义国家中表现得极为明显。未必用得着证明，这种情况对国内市场问题的意义很大，因为它既与工业的演进，也与农业的演进有着密切的联系；工业中心的形成、其数目的增加以及它们对人口的吸引，不能不对整个农村结构产生极深远的影响，不能不引起商业性的和资本主义的农业的发展。尤其值得注意的是这样一个事实：民粹派经济学的代表无论在他们纯理论性的论断中，或者在关于俄国资本主义的论断中，完全忽视了这一规律（关于这一规律在俄国表现的特点，我们将在下面第8章详细论述）。在瓦·沃·先生和尼·—逊先生关于资本主义国内市场的理论中，漏掉了一件实实在在的小事：人口离开农业到工业中去，以及这一事实对农业的影响。②

---

① 见《马克思恩格斯文集》2009年人民出版社版第7卷第718页。——编者注
② 我们在《评经济浪漫主义。西斯蒙第和我国的西斯蒙第主义者》（见《列宁全集》第2版第2卷第102—231页。——编者注）一文中已经指出，西欧浪漫主义者和俄国民粹派对工业人口增加问题所抱的态度是一样的。

## 三　小生产者的破产

在此以前,我们研究的是简单商品生产。现在,我们来研究资本主义生产,就是说,假定在我们面前的不是简单商品生产者,而是一方面——生产资料的占有者,另一方面——雇佣工人即劳动力的出卖者。小生产者变成雇佣工人,以其丧失生产资料——土地、劳动工具、作坊等等为前提,就是说以其"贫困化"、"破产"为前提。有一种观点认为,小生产者的破产"使居民的购买力日益缩减",使资本主义的"国内市场日益缩小"(上引尼·—逊先生的书第185页,和第203、275、287、339—340页及其他各页。在瓦·沃·先生的大多数著作中也有同样的观点)。这里,我们不来谈这个过程在俄国发展的实际资料,这些资料我们将在以后各章详细考察。现在是纯粹从理论上提出问题,就是说提出关于转化为资本主义生产时的一般商品生产的问题。上述两位著作家也是从理论上提出这个问题的,就是说他们只从小生产者破产这一事实断定国内市场的缩小。这种观点是完全错误的,而这种观点所以顽固地残留在我国经济著作中只能解释为民粹派的浪漫主义成见(参看上面注释中所指的文章①)。他们忘记了,一部分生产者从生产资料中"游离"出来,必然以这些生产资料转入他人手中、变成资本为前提;因而又以下列情况为前提:这些生产资料的新占有者以商品形式生产那些原先归生产者本人消费的产品,就是说扩大国内市场;这些新的占有者在扩大自己生产时,向市场提出对新工具、原料、运输工具等等的需求,以及对消费品的需求(这些新

---

① 指《评经济浪漫主义。西斯蒙第和我国的西斯蒙第主义者》一文。——编者注

占有者日益富有,他们的消费就自然增多)。他们忘记了,对市场来说,重要的决不是生产者的生活水平,而是生产者拥有货币;早先主要经营自然经济的宗法式农民,他们生活水平的降低与他们手中货币数目的增加完全相一致,因为这种农民愈破产,他们就愈加不得不出卖自己的劳动力,他们就愈加必须在市场上购买自己的(即使是极有限的)生活资料的更大一部分。"随着一部分农村居民〈从土地上〉的游离,他们以前的生活资料也被游离出来。这些生活资料现在转化为可变资本〈用来购买劳动力的资本〉的物质要素。"(《资本论》第1卷第776页)①"一部分农村居民的被剥夺和被驱逐,不仅为工业资本游离出工人及其生活资料和劳动材料,同时也**建立了国内市场**。"(同上,第778页)②因此,从抽象的理论观点来看,在商品经济和资本主义正在发展的社会中,小生产者破产所表明的情况与尼·—逊先生和瓦·沃·先生想从这个破产中作出的结论相反,是国内市场的建立,而不是缩小。如果同一位尼·—逊先生先验地宣称俄国小生产者的破产表明国内市场的缩小,而又引证我们刚才引证的马克思的相反论断(《概况》第71页和第114页),那么,这只证明这位著作家有引用《资本论》的话来打自己耳光的卓越才能。

## 四　民粹派关于额外价值不可能实现的理论

现在谈国内市场理论的下一个问题。大家知道,在资本主义生产中,产品的价值分为下列三部分:(1)第一部分补偿不变资

---

① 见《马克思恩格斯文集》2009年人民出版社版第5卷第855页。——编者注
② 同上书,第857页。——编者注

本,即补偿先前是以原料、辅助材料、机器和生产工具等形式存在的,并且只是在成品的一定部分中再生产出来的价值;(2)第二部分补偿可变资本,即偿付工人的生活费;最后,(3)第三部分是归资本家所有的剩余价值。通常认为(我们照尼·—逊先生和瓦·沃·先生那样来叙述这个问题),头两部分的实现(即找到相当的等价物,在市场上销售)并不困难,因为第一部分用于生产,第二部分用于工人阶级的消费。但是第三部分即剩余价值怎样得到实现呢? 它又不可能为资本家全部消费掉! 于是我们的经济学家得出了结论:"获得国外市场"是"摆脱"实现额外价值[64]的"困难的出路"。(尼·—逊《概况》第2篇第15节整节,特别是第205页;瓦·沃·在1883年《祖国纪事》杂志[24]上发表的《市场的商品供应过剩》一文和《理论经济学概论》1895年圣彼得堡版第179页及以下各页)上述两位著作家认为资本主义国家所以必须有国外市场,是因为资本家不能用别的办法来实现产品。俄国国内市场由于农民破产和没有国外市场无法实现额外价值而日益缩小,而国外市场又是很晚才走上资本主义发展道路的年轻国家可望而不可即的,——请看,仅仅根据先验的(并且在理论上是不正确的)见解,就宣布俄国资本主义没有根基和没有生命力已经得到了证明!

尼·—逊先生论述实现问题时,谈的显然就是马克思关于这个问题的学说(虽然他在自己的《概况》中讲这个问题的地方没有一个字提到马克思),但是他根本不懂这个学说,并且正像我们马上就能看到的,把这个学说歪曲得面目全非。因此就发生了一件怪事,就是他的观点在本质上完全和瓦·沃·先生的观点相同,而瓦·沃·先生我们决不能责备他"不懂"理论,因为即使怀疑他只懂得一点点理论,就会是极大的不公平。两位作者都那样论述自己的学说,好像他们是第一个讲到这个问题,"靠自己的头脑"使

问题得到了一定的解决;两人神气十足地看也不看旧经济学家关
于这个问题的论断,而且两人都重复着被《资本论》第2卷详尽批
驳了的旧错误①。两位作者把整个产品实现问题归结为额外价值
的实现,显然认为不变资本的实现并不困难。这个幼稚的观点包
含着一个最严重的错误,民粹派实现学说的其后一切错误都是从
这里产生的。事实上,在说明实现问题时,困难正在于说明不变资
本的实现。为了得到实现,不变资本必须重新投入生产,而这只有
其产品是生产资料的资本才能直接做到。假如补偿资本的不变部
分的产品是消费品,那就不可能把它直接投入生产,而必须在制造
生产资料和制造消费品的两个社会生产部类之间进行**交换**。全部
困难正在这里,而我们的经济学家却**没有看到**这种困难。瓦·
沃·先生把问题说成这样,好像资本主义生产的目的不是积累,而
是消费,他一本正经地说:"落到少数人手里的大量物品,超过了
目前发展水平下的机体消费能力〈原文如此!〉"(上引书第149
页);"产品过剩不是因为厂主俭朴和节欲,而是因为人的机体有
局限性或者缺乏伸缩性〈!!〉,不能用剩余价值增长的速度来扩大
自己的消费能力"(同上,第161页)。尼·—逊先生则竭力把问
题说成这样,好像他不认为资本主义生产的目的是消费,好像他注
意到了生产资料在实现问题中的作用和意义,但事实上他根本没
有弄清楚社会总资本的流通和再生产过程,而被一系列的矛盾搞
糊涂了。我们不想详细分析这一切矛盾(尼·—逊先生的《概况》

---

① 在这里,瓦·沃·先生那种越出一切著作常规的勇气特别惊人。瓦·沃·先生阐
   述了自己的学说并暴露出对正是论述实现问题的《资本论》第2卷毫无所知,但他
   立即毫无根据地宣称,他"在自己的体系中所采用的"正是马克思的理论!!(《理
   论经济学概论》第3篇《生产、分配和消费的资本主义规律〈原文如此!?!〉》第
   162页)

第 203—205 页),这是一件枉费精力的工作(这件工作布尔加柯
夫先生①在其《论资本主义生产条件下的市场》一书中完成了一部
分,见该书 1897 年莫斯科版第 237—245 页),况且要证明刚才对
尼·—逊先生的论断所作的评价,只要分析一下他所作的最终结论
就行了,这个结论是:国外市场是摆脱实现额外价值的困难的出路。
尼·—逊先生的这个结论(实质上是简单地重复瓦·沃·先生的结
论)很清楚地表明,他既根本不了解资本主义社会中产品的实现(即
国内市场的理论),也根本不了解国外市场的作用。事实上,这样把
国外市场扯到"实现"问题上来,有没有哪怕是一星半点的道理呢?
实现问题就是:如何为每一部分资本主义产品按价值(不变资本、可
变资本和额外价值)和按物质形态(生产资料,消费品,其中包括必
需品和奢侈品)在市场上找到替换它的另一部分产品。很明显,在
这种情况下,应当把对外贸易撇开,因为把对外贸易扯在一起丝毫
也不能促进问题的解决,而只会拖延问题的解决,把问题从一国转
移到数国。就是这位在对外贸易上找到了"摆脱"实现额外价值的
"困难的出路"的尼·—逊先生,例如对工资问题是这样议论的:用
直接生产者即工人以工资形式得到的那部分年产品,"能从流通中
取得的只是在价值上与工资总额相等的那部分生活资料"(第 203
页)。试问,我们这位经济学家从哪里知道,这个国家的资本家所生
产的生活资料无论从数量和质量上讲,都恰好能够由工资来实现
呢?他又从哪里知道在这种情况下可以不要国外市场呢?显然,他
是不能知道的,他只是撇开了国外市场问题,因为在议论可变资本

---

① 不妨提醒现在的读者,布尔加柯夫先生以及下面常常引证的司徒卢威先生和杜
冈-巴拉诺夫斯基先生在 1899 年曾力图成为马克思主义者。现在他们却都顺利地
从"马克思的批判家"变成庸俗的资产阶级经济学家了。(**第 2 版注释**)

的实现时,重要的是以一部分产品去替换另一部分产品,至于这种替换是在一国内还是在两国内进行,则根本无关紧要。然而讲到额外价值,他却抛开这个必要前提,不去解决问题,而是干脆回避问题,谈论国外市场。产品在国外市场销售本身是要加以说明的,即要找到销售的那部分产品的等价物,找到能够替换销售部分的另一部分资本主义产品。正因为如此,所以马克思说道,在分析实现问题时,要"完全撇开"国外市场即对外贸易,因为"在分析年再生产的产品价值时,把对外贸易引进来,只能把问题搅乱,而对问题本身和问题的解决不会提供任何新的因素"(《资本论》第2卷第469页)①。瓦·沃·先生和尼·—逊先生自以为指出实现额外价值的困难,就对资本主义的矛盾作了深刻的估计。其实,他们对资本主义的矛盾的估计是极为肤浅的,因为如果讲到实现的"困难",讲到由此而产生的危机等等,就应当承认,这些"困难"决不单单对额外价值,而且对资本主义产品的各个部分都不仅是可能的,并且是必然的。这一种因各生产部门分配的不合比例而引起的困难,不仅在实现额外价值时,而且在实现可变资本和不变资本时,不仅在实现消费品产品时,而且在实现生产资料产品时,都经常发生。没有这种"困难"和危机,资本主义生产,即各个单独的生产者为他们所不知道的世界市场进行的生产,是根本不可能存在的。

## 五　亚·斯密对资本主义社会中社会<br>总产品的生产和流通的观点以及<br>马克思对这些观点的批判

为了弄清实现的学说,我们应当从亚当·斯密谈起,因为这个

---

① 见《马克思恩格斯文集》2009年人民出版社版第6卷第528页。——编者注

问题的错误理论是他创立的,而在马克思以前的政治经济学中,这种错误理论完全占据统治地位。亚·斯密把商品价格只分成两部分:可变资本(照他的术语是工资)和额外价值(他没有把"利润"和"地租"并在一起,所以实际上他把商品价格总共算成三部分)。① 同样,他把全部商品,即社会的全部年产品也分成这样两部分,并把它们直接当做社会两个阶级——工人与资本家(斯密称做企业主和土地所有者)的"收入"。②

他究竟根据什么把价值的第三个组成部分即不变资本抛掉呢? 亚当·斯密不可能不看到这一部分,但是他认为这一部分也该归在工资和额外价值中。下面就是他对这个问题的论断:"例如,在谷物的价格中,就有一部分支付土地所有者的地租,另一部分支付在谷物生产上使用的工人和役畜的工资或给养,第三部分支付租地农场主的利润。这三部分看来直接地或最终地构成谷物的全部价格。也许有人以为必须有第四个部分,用来补偿租地农场主的资本,或者说,补偿他的役畜和其他农具的损耗。但是必须考虑到,任何一种农具的价格,例如一匹役马的价格,本身又是由上述三个部分构成"(即地租、利润和工资)。"因此,谷物的价格虽然要补偿马的价格和给养费用,但全部价格仍然直接地或最终地分解为这三个部分:地租、工资和利润。"③马克思称斯密这个理论是"令人惊异的"。"他的证明不过是重复同一个论断而已。"

---

① **亚当·斯密**《国民财富的性质和原因的研究》1801 年第 4 版第 1 卷第 75 页。第 1 篇《论劳动生产力提高的原因和劳动产品在国民各阶层间进行分配的自然秩序》,第 6 章《论商品价格的组成部分》。比比科夫的俄译本(1866 年圣彼得堡版)第 1 卷第 171 页。
② 上引书第 1 卷第 78 页,俄译本第 1 卷第 174 页。
③ 上引书第 1 卷第 75—76 页,俄译本第 1 卷第 171 页。

（第 2 卷第 366 页）①斯密是在"把我们从本丢推给彼拉多**91**"（第
2 版第 1 卷第 612 页）②。斯密在谈到农具的价格**本身**分为这三个
部分时,忘记加上一句:还有制造这些农具时所使用的那些生产资
料的价格。亚·斯密（继他之后的经济学家们也一样）错误地把
资本的不变部分从产品价格中排除掉,是同错误地理解资本主义
经济中的积累,也就是同错误地理解扩大生产即额外价值之转化
为资本有关的。亚·斯密在这里也抛掉了不变资本,认为所积累
的即转化为资本的那部分额外价值完全为生产工人所消费,就是
说完全用做工资,而事实上,积累的那部分额外价值是用做不变资
本（生产工具、原料和辅助材料）加上工资的。马克思在《资本论》
第 1 卷（第 7 篇《积累过程》第 22 章《剩余价值转化为资本》第 2
节《政治经济学关于规模扩大的再生产的错误见解》)中批判了斯
密（以及李嘉图、穆勒等）的这个观点,并在那里指出:在第 2 卷中
"将表明,亚·斯密的这个为他的一切后继者所继承的教条,甚至
妨碍了政治经济学去了解社会再生产过程的最基本的结构"（第 1
卷第 612 页）**92**。亚当·斯密所以犯这个错误,是因为他把产品的
价值和新创造的价值混同起来了:新创造的价值确实分为可变资
本和额外价值,而产品的价值,则除此而外还包括不变资本。马克
思在分析价值时就揭露了这个错误,他确定了创造新价值的抽象
劳动和把早先存在的价值在新形态的有用产品中再生产出来的有
用的具体劳动之间的区别③。

　　在解决资本主义社会中的国民收入问题时,阐明社会总资本的

---

① 见《马克思恩格斯文集》2009 年人民出版社版第 6 卷第 414 页。——编者注
② 参看《马克思恩格斯文集》2009 年人民出版社版第 5 卷第 681 页。——编者注
③ 同上书,第 232—234 页。——编者注

再生产和流通过程是非常必要的。特别值得注意的是：亚·斯密在谈到国民收入这个问题时，已经不能坚持他那个把不变资本从国家总产品中排除掉的错误理论了。"一个大国全体居民的总收入，包括他们的土地和劳动的全部年产品；纯收入是在先扣除固定资本的维持费用，再扣除流动资本的维持费用之后，余下供他们使用的部分，或者说，是他们不占用资本就可以列入消费储备或用于生活必需品、舒适品和享乐品的部分。"（亚·斯密的书第 2 篇《论储备之本性、积累和使用》第 2 章，第 2 卷第 18 页；俄译本第 2 卷第 21 页）这样，亚·斯密把资本从国家总产品中排除掉，断定它分解为工资、利润和地租，即（纯）收入；可是他却把资本包括在社会总收入中，把它同消费品（＝纯收入）分开。马克思就抓住了亚当·斯密的这个矛盾：既然**资本**不包括在**产品**中，**资本**又怎么能包括在**收入**中呢？（参看《资本论》第 2 卷第 355 页）①在这里，亚当·斯密自己不知不觉地承认了总产品价值的三个组成部分：不仅有可变资本和额外价值，而且还有不变资本。在接下去的议论中，亚当·斯密遇到了另一个在实现论中有巨大意义的极重要的区别。他说："维持固定资本的全部费用，显然要从社会纯收入中排除掉。无论是为维持有用机器、生产工具和有用建筑物等等所必需的原料，**还是为使这些原料转化为适当的形式所必需的劳动的产品，从来都不可能成为社会纯收入的一部分**。这种劳动的价格，当然可以是社会纯收入的一部分，因为从事这种劳动的工人，可以把他们工资的全部价值用在他们的直接的消费储备上。"但是在其他各种劳动中，不论是（劳动）"价格"，"或者是"（劳动）"产品"，"都加入这个消费储备；价格加入工人的消费储备，产品则加入另一些人的消费储备"。（上引

---

① 参看《马克思恩格斯文集》2009 年人民出版社版第 6 卷第 402—404 页。——编者注

亚·斯密的书)这里透露出必须把两种劳动区分开来的想法:一种劳动提供能够加入"纯收入"的消费品;另一种劳动提供"有用机器、生产工具和建筑物等等",即提供那些决不能加入个人消费的物品。由此,他已经近于承认,要阐明实现问题就绝对必须区分两种消费:个人消费和生产消费(=投入生产)。纠正了斯密的上述两点错误(从产品价值中抛掉不变资本,把个人消费和生产消费混同起来),才使马克思有可能建立起他的关于资本主义社会中社会产品实现的卓越理论。

至于说到亚当·斯密之后和马克思之前的其他经济学家,他们全都重复了亚当·斯密的错误[1],并没有前进一步。因此,在关于收入的种种学说中充满着多么糊涂的观念,这一点,我们还要在下面谈到。在关于是否可能发生整个商品生产过剩的争论中,站在一方的李嘉图、萨伊、穆勒等人和站在另一方的马尔萨斯、西斯蒙第、查默斯、基尔希曼等人,所依据的都是斯密的错误理论,因此,按谢·布尔加柯夫先生公正的评论来说就是:"由于出发点不正确和问题本身的提法不正确,这种争论只会导致空洞的和烦琐的争吵。"(上引书第 21 页。见杜冈-巴拉诺夫斯基对这些争吵的叙述:《现代英国的工业危机及其原因和对人民生活的影响》1894年圣彼得堡版第 377—404 页)

## 六　马克思的实现论

从以上所述自然可以看出,马克思的理论所依据的基本前提

---

[1]　例如,李嘉图断言:"每个国家的土地和劳动的全部产品都分为三部分:其中一部分用做计件工资,另一部分用做利润,第三部分用做地租。"(《李嘉图全集》季别尔译本 1882 年圣彼得堡版第 221 页)

是下面两个原理。第一个原理,资本主义国家的总产品和个别产品一样,是由下面三个部分组成的:(1)不变资本,(2)可变资本,(3)额外价值。对了解马克思的《资本论》第1卷关于资本生产过程的分析的人来说,这个原理是不言而喻的。第二个原理,必须区分资本主义生产的两大部类:第 I 部类是生产资料的生产,即用于生产消费、用于投入生产的物品的生产,不是由人消费而是由资本消费的物品的生产;第 II 部类是消费品的生产,即用于个人消费的物品的生产。"仅仅这一划分,就比早先关于市场理论的一切争吵更有理论意义。"(上引布尔加柯夫的书第 27 页)于是发生了一个问题:为什么正是在现在,在分析社会资本再生产时,需要把产品按其实物形式作这样的划分,而在分析单个资本的生产和再生产时,却可以不作这样的划分,根本不谈产品的实物形式问题呢?根据什么,我们能把产品的实物形式问题纳入完全建立在产品交换价值上的资本主义经济的理论研究中去呢? 问题是:在分析单个资本的生产时,关于产品在哪里和怎样出售,工人在哪里和怎样购买消费品,以及资本家在哪里和怎样购买生产资料的问题被撇开了,因为这个问题无助于这种分析并且与这种分析无关。那时我们所考察的只是各个生产要素的价值和生产的结果问题。而现在的问题正在于:工人和资本家从哪里获得自己的消费品? 资本家从哪里获得生产资料? 生产出来的产品怎样满足这些需求和怎样使扩大生产成为可能? 因而这里不仅是"价值补偿,而且是物质补偿"(Stoffersatz。——《资本论》第 2 卷第 389 页)[1],因此把各种在社会经济过程中起着完全不同作用的产品加以区分,是绝对必要的。

如果注意到这些基本原理,资本主义社会中社会产品的实现

---

[1] 见《马克思恩格斯文集》2009 年人民出版社版第 6 卷第 438 页。——编者注

问题就没有什么困难了。首先假定是简单再生产,即生产过程在原有规模上的重复,没有积累。显而易见,第Ⅱ部类的(以消费品形式存在的)可变资本和额外价值,是由本部类的工人和资本家的个人消费来实现的(因为简单再生产的前提就是剩余价值全部消费掉,任何一部分剩余价值都不转化为资本)。其次,以生产资料形式存在的(第Ⅰ部类)可变资本和额外价值,必须交换成供制造生产资料的资本家和工人所需的消费品才能实现。另一方面,以消费品形式存在的(第Ⅱ部类)不变资本,只有交换成生产资料,以便下年度重新投入生产才能实现。这样一来,生产资料中的可变资本和额外价值同消费品中的不变资本进行了交换:生产资料部类中的工人和资本家因而获得生活资料,而消费品部类中的资本家则销售了自己的产品并获得进行新的生产的不变资本。在简单再生产的条件下,这些交换部分应当彼此相等,即生产资料中的可变资本与额外价值之和应该等于消费品中的不变资本。相反,如果假定是规模扩大的再生产,就是说有积累,那么前者就应该大于后者,因为必须有生产资料的多余部分来开始**新的**生产。不过我们还是回过来谈简单再生产。我们这里还有一部分社会产品没有得到实现,这就是生产资料中的不变资本。它的实现,部分是通过本部类的资本家之间的交换(例如煤和铁的交换,因为其中每一种产品都是生产另一种产品所必需的材料或工具),部分是通过直接投入生产(例如,为在本企业中重新用于采煤而开采的煤,农业中的种子等等)。至于积累,正如我们所知道的,其来源是生产资料的剩余(它们取自本部类资本家的额外价值),这种剩余也要求消费品中的部分额外价值转化为资本。这种追加生产怎样同简单再生产结合的问题,我们认为无须详加考察。我们的任务并不是专门考察实现论,而为了说明民粹派经济学家的错误,为了能对国内市场问题作出一定的理论结论,上面所说的就已经足够了。①

在我们所关心的国内市场问题上,从马克思的实现论中得出的主要结论如下:资本主义生产的扩大,因而也就是国内市场的扩大,与其说是靠消费品,不如说是靠生产资料。换句话说,生产资料的增长超过消费品的增长。事实上我们看到,消费品(第Ⅱ部类)中的不变资本是在同生产资料(第Ⅰ部类)中的可变资本+额外价值进行交换。但是,按照资本主义生产的一般规律,不变资本比可变资本增长得快。因而,消费品中的不变资本应该比消费品中的可变资本和额外价值增长得快,而生产资料中的不变资本应该增长得最快,它既要超过生产资料中的可变资本(+额外价值)的增长,也要超过消费品中的不变资本的增长。因此,制造生产资料的社会生产部类应该比制造消费品的社会生产部类增长得快。可见,资本主义国内市场的扩大,在某种程度上并"不依赖"个人消费的增长,而更多地靠生产消费。但是,如果把这种"不依赖性"理解为生产消费完全脱离个人消费,那就错了:前者能够而且也应该比后者增长得快(其"不依赖性"也仅限于此);但是不言而喻,生产消费最终总是同个人消费相关联的。马克思对这一点说道:"正如我

---

① 参看《资本论》第2卷第3篇(参看《马克思恩格斯文集》2009年人民出版社版第6卷第389—590页。——编者注),本篇详细地研究了积累、消费品之分为必需品与奢侈品、货币流通、固定资本的损耗等等。对没有机会阅读《资本论》第2卷的读者,可向他们推荐上引谢·布尔加柯夫先生书中关于马克思的实现论的叙述。布尔加柯夫先生的叙述较米·杜冈-巴拉诺夫斯基先生的叙述(《现代英国的工业危机及其原因和对人民生活的影响》第407—438页)令人满意,因为杜冈-巴拉诺夫斯基先生在制定自己的图式时很不恰当地背离了马克思,并且对马克思的理论说明得不够;布尔加柯夫先生的叙述也较亚·斯克沃尔佐夫先生的叙述(《政治经济学原理》1898年圣彼得堡版第281—295页)令人满意,因为亚·斯克沃尔佐夫先生在关于利润和地租这些十分重要的问题上持有不正确的观点。

们以前已经说过的(第二册第三篇)①,不变资本和不变资本〈马克思指的是经本部类资本家之间交换而实现的生产资料中的不变资本〉之间会发生不断的流通……　这种流通就它从来不会加入个人的消费来说,首先不以个人消费为转移,但是它最终要受个人消费的限制,因为不变资本的生产,从来不是为了不变资本本身而进行的,而只是因为那些生产个人消费品的生产部门需要更多的不变资本。"(《资本论》第 3 卷第 1 部分第 289 页,俄译本第 242 页)②

　　这里所谓更多地使用不变资本,不过是用交换价值的术语来表达生产力的高度发展,因为迅速发展的"生产资料"的主要部分,是由大生产和机器工业所需要的材料、机器、工具、建筑物和其他一切装备组成的。因此,资本主义生产在发展社会生产力,创立大生产和机器工业时,其特点就是特别扩大由生产资料所组成的那部分社会财富,这是十分自然的……　"在这里〈即在制造生产资料方面〉,资本主义社会和野蛮人的区别,并不像西尼耳所认为的那样,仿佛野蛮人的特权和特性是有时耗费自己的劳动而不能使他获得任何可以分解为(转化为)收入即消费资料的果实。区别在于:

　　(a)资本主义社会把它所支配的年劳动的较大部分用来生产生产资料(即不变资本),而生产资料既不能以工资形式也不能以剩余价值形式分解为收入,而只能作为资本执行职能。

　　(b)野蛮人在制作弓、箭、石槌、斧子、筐子等等的时候,非常明确地知道,他所花的时间不是用来生产消费资料的,也就是说,

───────────

①　参看《马克思恩格斯文集》2009 年人民出版社版第 6 卷第 470—473、478—483页。——编者注

②　参看《马克思恩格斯文集》2009 年人民出版社版第 7 卷第 340 页。——编者注

是用来满足他对生产资料的需要的,仅此而已。"(《资本论》第2卷第436页,俄译本第333页)①对自己同生产的关系的这种"明确的认识",在资本主义社会中则丧失殆尽,因为资本主义社会固有的拜物教把人的社会关系表现为产品关系,因为每一种产品都变成了为不知道的消费者生产和必须在不知道的市场上实现的商品。因为对个别企业主来说,他所生产的物品的**种类**完全无关紧要(一切产品都提供"收入"),所以这种肤浅的、单个人的观点就被经济理论家用来说明整个社会,并且阻碍了认识资本主义经济中社会总产品的再生产过程。

生产的发展(因而也是国内市场的发展)主要靠生产资料,看来是令人难以置信的,并且显然是有矛盾的。这是真正的"为生产而生产",就是说生产扩大了,而消费没有相应地扩大。但这不是理论上的矛盾,而是实际生活中的矛盾;这正是一种同资本主义的本性本身和这个社会经济制度的其他矛盾相适应的矛盾。正是这种生产扩大而消费没有相应扩大的现象,才符合于资本主义的历史使命及其特有的社会结构,因为资本主义的历史使命是发展社会生产力,而资本主义特有的社会结构却不让人民群众利用这些技术成就。在资本主义固有的无限制扩大生产的趋向和人民群众有限的消费(所以是有限的,是因为他们处于无产阶级地位)之间,存在着明显的矛盾。马克思在一些原理中也确认了这种矛盾,而民粹派却喜欢用这些原理来论证他们所谓国内市场在缩小、资本主义不先进等等的观点。下面是其中的几个原理:"资本主义生产方式中的矛盾:工人作为商品的买者,对于市场来说是重要的。但是作为他们的商品——劳动力——的卖者,资本主义社会的趋势

---

① 见《马克思恩格斯文集》2009年人民出版社版第6卷第489页。——编者注

是把它的价格限制在最低限度。"(《资本论》第 2 卷第 303 页)①

"……实现……条件……受不同生产部门的比例关系和社会消费力的限制…… 生产力越发展,它就越和消费关系的狭隘基础发生冲突。"(同上,第 3 卷第 1 部分第 225—226 页)②"以广大生产者群众的被剥夺和贫穷化为基础的资本价值的保存和增殖,只能在一定的限制以内运动,这些限制不断与资本为它自身的目的而必须使用的并旨在无限制地增加生产,为生产而生产,无条件地发展劳动社会生产力的生产方法相矛盾…… 因此,如果说资本主义生产方式是发展物质生产力并且创造同这种生产力相适应的世界市场的历史手段,那么,这种生产方式同时也是它的这个历史任务和同它相适应的社会生产关系之间的经常的矛盾。"(第 3 卷第 1 部分第 232 页,俄译本第 194 页)③"一切现实的危机的最终原因,总是群众的贫穷和他们的消费受到限制,而与此相对比的是,资本主义生产竭力发展生产力,好像只有社会的绝对的消费能力才是生产力发展的界限。"④(第 3 卷第 2 部分第 21 页,俄译本第 395 页)⑤在所有这些原理中,只不过是确认了上面讲的无限制

---

① 见《马克思恩格斯文集》2009 年人民出版社版第 6 卷第 350 页。——编者注

② 见《马克思恩格斯文集》2009 年人民出版社版第 7 卷第 272—273 页。——编者注

③ 同上书,第 278—279 页。——编者注

④ 有名的(有赫罗斯特拉特名声的**93**)爱·伯恩施坦在其《社会主义的前提》(1899 年斯图加特版第 67 页)中引证的正是这一段。自然,我们这位从马克思主义转到旧资产阶级经济学的机会主义者赶紧声明说,这是马克思的危机论中的矛盾,马克思这种观点"同洛贝尔图斯的危机论没有多大区别"。而事实上,"矛盾"仅存在于下边两个方面之间:一方面是伯恩施坦的自负,另一方面是他的荒谬的折中主义和对马克思理论的不求甚解。伯恩施坦是何等地不懂得实现论,这从他十分可笑的议论中可以看出,似乎剩余产品的大量增长**必然**是有产者人数的增加(或者是工人生活福利的提高),因为请看,资本家本身及其"仆役"(原文如此! 第 51—52 页)是不能把全部剩余产品都"消费"掉的!!(**第 2 版注释**)

⑤ 见《马克思恩格斯文集》2009 年人民出版社版第 7 卷第 548 页。——编者注

扩大生产的趋向和有限的消费之间的矛盾而已。① 如果从《资本论》的这些地方得出结论,说什么马克思不认为资本主义社会有实现额外价值的可能,说什么他用消费不足来解释危机等等,那就是再荒谬不过的了。马克思在分析实现时指出:"不变资本和不变资本之间……的流通最终要受个人消费的限制"②;但是这个分析也指出了这种"限制"的真正性质,指出了消费品在国内市场形成过程中的作用要比生产资料小些。其次,如果从资本主义的种种矛盾中得出结论说,资本主义是不可能的和不进步的等等,那就是再荒谬不过的了,——这是想逃避不愉快的但却是明显的现实,而躲到虚无缥缈的浪漫主义幻想中去。无限制扩大生产的趋向和有限的消费之间的矛盾并不是资本主义唯一的矛盾,而资本主义没有矛盾就根本不能存在和发展。资本主义的种种矛盾,证明了它的历史暂时性,说明了它瓦解和向高级形态转化的条件和原因,——但这些矛盾决不排除资本主义的可能性,也决不排除它与从前各种社会经济制度相比起来的进步性。③

## 七 国民收入论

我们在阐明马克思的实现论的基本原理后,还应当简略地指

---

① 杜冈-巴拉诺夫斯基先生的看法是错误的,他认为马克思提出的这些原理同马克思自己对实现的分析相矛盾(1898年《世间》杂志**94**第6期第123页《资本主义与市场》一文)。在马克思那里并没有什么矛盾,因为他在分析实现时就已指出了生产消费和个人消费的联系。

② 参看《马克思恩格斯文集》2009年人民出版社版第7卷第340页。——编者注

③ 参看《评经济浪漫主义。西斯蒙第和我国的西斯蒙第主义者》。(参看《列宁全集》第2版第2卷第102—231页。——编者注)

出这个实现论在国民"消费"、国民"分配"和国民"收入"等理论中的重大意义。所有这些问题,特别是最后一个问题,至今还是经济学家的真正绊脚石。他们对这个问题谈论和写作得愈多,由亚·斯密的基本错误所产生的糊涂观念也就愈多。我们在这里举几个这种糊涂观念的例子。

例如,值得指出的是,蒲鲁东在实质上重复了同样的错误,只不过把旧理论作了略为不同的表述。他说:

"甲(指一切私有主,即企业主和资本家)用一万法郎开办企业,预先把它付给工人,工人则必须为此而生产产品。甲这样把自己的货币变成商品之后,他必须在生产终了时,例如一年以后,重新把商品变成货币。他把自己的商品卖给谁呢? 当然是卖给工人,因为社会上只有两个阶级:一个是企业主,另一个是工人。这些工人用提供自己的劳动产品而获得了满足其生活必需的工资一万法郎,而现在却必须偿付一万多法郎,即还必须偿付甲在年初就指望以利息和其他利润形式取得的附加额。工人只能靠借款来清偿这一万法郎,因此他就陷入日益沉重的债务和贫困之中。于是一定会发生下列两种情况之一:或者工人生产十而只能消费九;或者工人只把自己的工资付还企业主,但是这样,企业主本身就陷入破产和苦难的境地,因为企业主得不到资本的利息,这种利息终究不得不由他自己来偿付。"(迪尔《蒲鲁东传》第2卷第200页,转引自《工业》文集——《政治学辞典》条目选,1896年莫斯科版第101页)

正如读者所看到的,这还是瓦·沃·先生和尼·—逊先生穷于应付的那个困难,即如何实现额外价值。蒲鲁东只不过用略为特殊的形式表述了这个困难。他这种特殊的表述更使我国的民粹派同他接近,因为民粹派正和蒲鲁东一样,认为实现的"困难"正在于实现额外价值(按蒲鲁东的术语是利息或利润),他们没有认识到自己从旧经济学家那里承袭来的糊涂观念不仅妨碍着阐明额外价值的实现,而且也妨碍着阐明**不变资本**的实现,就是说,他们的"困难"在于不理解资本主义社会产品的整个实现过程。

马克思对蒲鲁东这个"理论"讽刺地说:

"蒲鲁东提出下面这个狭隘的公式,表明他没有能力理解这一点〈即资本主义社会产品的实现〉,这个公式是:工人不能买回自己的产品,因为产品包括了附加到成本价格上的利息。"(《资本论》第3卷第2部分第379页,俄译本第698页,有错误)①

马克思引了一个名叫福尔卡德的庸俗经济学家反驳蒲鲁东的一段话,这位福尔卡德"正确地概括了蒲鲁东只是从狭隘的角度提出的那个困难",他说道,商品价格不仅包含超过工资的余额即利润,而且也包含补偿不变资本的部分。福尔卡德在反驳蒲鲁东时得出结论说:可见,资本家也不能用他的利润买回商品(福尔卡德自己不仅没有解决这个问题,而且也没有理解这个问题)。

同样,洛贝尔图斯对这个问题也没有提供什么。洛贝尔图斯虽然特别强调"地租、资本的利润和工资是收入"②这一论点,但他自己根本没有弄清"收入"这个概念。他在陈述如果政治经济学遵循"正确的方法"(上引书第26页)其任务将会如何时,也讲到了国民产品的分配:"它〈即真正的"**国民经济科学**",——黑体是洛贝尔图斯用的〉应当指出,国民总产品中的一部分如何经常用来**补偿**生产上使用的或损耗的资本,而另一部分作为**国民收入**如何用来满足社会及其成员的直接需要。"(同上,第27页)虽然真正的科学应当指出这一点,可

---

① 见《马克思恩格斯文集》2009年人民出版社版第7卷第955页。——编者注
② 洛贝尔图斯-亚格措夫博士《社会问题研究》1875年柏林版第72页及以下各页。

是洛贝尔图斯的"科学"却丝毫也没有指出这一点。读者看到,洛贝尔图斯只是逐字逐句重复亚当·斯密的话,看来他甚至没有觉察到问题正是从这里开始的。什么样的工人"补偿"国民资本? 他们的产品怎样实现? 关于这些,他只字不提。他把他的理论(这个由我提出来与以往理论相对立的新理论,第32页)概括成几个论点,首先这样开始谈到国民产品的分配:"就产品是收入来说,租〈大家知道,洛贝尔图斯所用的这个术语就是通常说的额外价值〉和工资是产品分解成的部分。"(第33页)这个十分重要的附带条件本来应当使他接触到最本质的问题,因为他刚刚说过,所谓收入是指用来"满足直接需要"的产品。可见,还有不用于个人消费的产品。这些产品该怎样实现呢? 但是,洛贝尔图斯在这里没有觉察到这种含糊的地方,并且很快忘记了这个附带条件就径直地谈论"**产品分为三部分**"(工资、利润和地租)(第49—50页及其他各页)。这样一来,洛贝尔图斯实质上是重复了亚当·斯密的学说及其基本错误,丝毫也没有阐明收入问题。说要提出关于**国民产品分配**的完整而卓越的新理论的诺言①不过是一句空话而已。事实上,洛贝尔图斯并没有把关于这个问题的理论向前推进一步;他在给冯·基尔希曼的第4封社会问题书简(《资本》1884年柏林版)中长篇大论地谈什么**货币**是否应当列入国民收入,工资来源于资本还是来源于收入,这表明他对"收入"的概念是何等的自相矛盾。恩格斯形容这种议论说:它是"属于经院哲学的范围"②(《资

---

① 洛贝尔图斯-亚格措夫博士《社会问题研究》1875年柏林版第32页:"……我不得不给这个关于卓越方法的概述,加上一个与这种卓越方法相适应的至少是关于**国民产品分配**的完整理论。"
② 因此卡·迪尔说洛贝尔图斯提供了"分配收入的新理论"(《政治学辞典》,《洛贝尔图斯》条,第5卷第448页)是完全错误的。

本论》第 2 卷序言第 XXI 页)①。

关于国民收入的这种十分糊涂的概念,至今还在经济学家中占着完全的统治地位。例如,赫克纳在《政治学辞典》《危机》一条(上述文集第 81 页)中讲到资本主义社会产品的实现(第 5 节《分配》)时,认为卡·亨·劳的论断是"中肯的",而劳只是重复亚·斯密的错误,把社会总产品分为几种收入。罗·迈耶尔在他写的《收入》一条(同上,第 283 页及以下各页)中引了阿·瓦格纳(瓦格纳也是重复着亚·斯密的错误)的自相矛盾的定义,并且坦白地承认"把收入和资本区分开来是困难的",而"最困难的是区分收益(Ertrag)和收入(Einkommen)"。

由此我们看到,过去和现在都在大谈其古典学派(以及马克思)对"分配"和"消费"注意不够的经济学家,丝毫也不能阐明"分配"和"消费"的最主要问题。这也是可以理解的,因为不懂得社会总资本再生产和社会产品各个组成部分补偿的过程,就不可能谈"消费"。这个例子再一次证实,把"分配"和"消费"作为同经济生活中某些独立过程和现象相应的某些独立的科学部门划分出来,是多么荒谬。政治经济学决不是研究"生产",而是研究人们在生产上的社会关系,生产的社会结构。这些社会关系一经彻底阐明和彻底分析,各个阶级在生产中的地位**也就**明确了,因而,他们获得的国民消费份额**也就**明确了。古典政治经济学没有解决而各种各样研究"分配"和"消费"的专家也丝毫没有向前推进一步的问题,由正是直接继承古典学派并对单个资本和社会资本的生产作了彻底分析的那个理论解决了。

单独提出"国民收入"和"国民消费"的问题是绝对得不到解决

---

① 见《马克思恩格斯文集》2009 年人民出版社版第 6 卷第 23 页。——编者注

的,这只能滋长一些经院式的论断、释义和分类,只有分析了社会总资本的生产过程,这个问题才能完全得到解决。并且,阐明了国民消费对国民产品的关系和如何实现这种产品的每个单独部分以后,这个问题也就不再单独存在。剩下的只是给这些单独部分**冠以名称**。

"为了避免不必要的困难,必须把总收益(Rohertrag)和纯收益同总收入和纯收入区别开来。

总收益或总产品是再生产出来的全部产品⋯⋯

总收入是总生产(Bruttoprodukts oder Rohprodukts)中扣除了补偿预付的、并在生产中消费掉的不变资本的价值部分和由这个价值部分计量的产品部分以后,总产品所余下的价值部分和由这个价值部分计量的产品部分。因而,总收入等于工资(或预定要重新成为工人收入的产品部分)+利润+地租。但是,纯收入却是剩余价值,因而是剩余产品,这种剩余产品是扣除了工资以后所余下的,实际上也就是由资本实现的并与土地所有者瓜分的剩余价值和由这个剩余价值计量的剩余产品。

⋯⋯如果考察整个社会的收入,那么国民收入是工资加上利润加上地租,也就是总收入。但是,这也只是一种抽象,因为在资本主义生产的基础上,整个社会是站在资本主义的立脚点上,因而只把分解为利润和地租的收入看做纯收入。"(第3卷第2部分第375—376页,俄译本第695—696页)[1]

由此看来,阐明了实现过程,也就弄清了收入问题,解决了阻碍了解这个问题的主要困难:为什么"对一个人来说是收入的东西,对另一个人来说则是资本"[2]?为什么由个人消费品构成的并

---

[1]　见《马克思恩格斯文集》2009年人民出版社版第7卷第951—952页。——编者注
[2]　同上书,第957页。——编者注

完全分解为工资、利润和地租的产品还能包括从来不能成为收入的资本的不变部分?《资本论》第 2 卷第 3 篇对实现的分析完全解决了这些问题,所以马克思在阐述"收入"问题的《资本论》第 3 卷最末一篇中,只是给了社会产品各个单独部分以名称和引用了第 2 卷中的这个分析①。

## 八　为什么资本主义国家必须有国外市场?

对上述资本主义社会的产品实现的理论,可能产生这样一个问题:这个理论是否和资本主义国家不能没有国外市场的原理相矛盾?

必须记住:上面对资本主义社会的产品实现的分析是从没有对外贸易这个假定出发的,这个假定已在上面指出,**其必要性**也在进行这种分析时说明了。显然,产品的输入和输出只会把事情搅乱,对阐明问题丝毫没有帮助。瓦·沃·先生和尼·—逊先生的错误,就在于他们把国外市场扯来**说明**额外价值的实现:这样来谈国外市场根本没有说明什么问题,只是掩盖他们的理论错误,这是一方面。另一方面,这使他们能够用这些错误"理论"支吾搪塞,而无须**说明**俄国资本主义国内市场发展的事实②。对他们来说,

---

① 见《资本论》第 3 卷第 2 部分第 7 篇《收入》第 49 章《关于生产过程的分析》,俄译本第 688—706 页(见《马克思恩格斯文集》2009 年人民出版社版第 7 卷第 943—965 页。——编者注)。马克思在这里也指出了阻碍以前的经济学家了解这个过程的一些情况(第 379—382 页,俄译本第 698—700 页(同上书,第 955—958 页。——编者注))。

② 布尔加柯夫先生在上引书中非常正确地指出:"直到现在,依靠农民市场的棉纺织业,还在不断发展,因此,这种国民消费的绝对缩减……"(这正是尼·—逊先生所说的)"……只是在理论上可以想象"。(第 214—215 页)

"国外市场"不过是抹杀国内资本主义(因而也抹杀市场)发展的一种遁词,而且是更为方便的遁词,因为它还使他们可以不必去考察那些证明俄国资本主义争夺国外市场的事实①。

资本主义国家必须有国外市场,决不取决于社会产品(特别是额外价值)的实现规律,而取决于下面几点:第一,资本主义只是超出国家界限的广阔发展的商品**流通**的结果。因此,没有对外贸易的资本主义国家是不能设想的,而且也没有这样的国家。

正如读者所看到的,这个原因是有历史特性的。民粹派未必能用"资本家不可能消费掉额外价值"的几句陈词滥调来把这个原因支吾过去。这里必须考察——如果他们真想提出国外市场的问题——对外贸易发展史,商品流通发展史。考察了这个历史,当然就不会把资本主义描述成偶然离开道路的现象了。

第二,社会生产各部分之间的比例(按价值和按实物形式),是社会资本再生产理论所必须有的假定,并且事实上只是从一系列经常波动中得出的平均数,——在资本主义社会中,由于为不知道的市场而生产的各个生产者的孤立性,这种相适应经常遭到破坏。彼此互为"市场"的各种生产部门,不是平衡发展,而是互相超越,因此较为发达的生产部门就寻求国外市场。这决不像民粹派喜欢一本正经地断定的那样,意味着"资本主义国家无法实现额外价值"。这只是说各个生产部门的发展不成比例。在国民资本**另一种**分配的情况下,同样数量的产品就能够在国内实现。但是,要使资本离开一个生产部门转移到另一个生产部门去,这个部门就必须经过危机,因此有什么原因能够阻止受到这种危机威胁的资本家不去

① **沃尔金**《沃龙佐夫先生著作中对民粹主义的论证》1896 年圣彼得堡版第71—76 页。

寻求国外市场,不去寻求促进输出的补助费和奖金等等呢?

第三,前资本主义生产方式的规律,是生产过程在原有规模上、原有技术基础上的重复。地主的徭役经济、农民的自然经济和手工业者的手艺生产就是如此。相反,资本主义生产的规律,是生产方式的经常改造和生产规模的无限扩大。在旧的生产方式下,各个经济单位能存在好几世纪,无论在性质上或者在规模上都没有变化,不超出地主的世袭领地、农民的村庄或农村手艺人和小工业者(所谓手工业者)的附近小市场的界限。相反,资本主义企业必然超出村社、地方市场、地区以至国家的界限。因为国家的孤立和闭关自守的状态已被商品流通所破坏,所以每个资本主义生产部门的自然趋向使它必须"寻求国外市场"。

因此,必须寻求国外市场,决不像民粹派经济学家所爱描述的那样,是证明资本主义无力维持下去。完全相反。这种需要明显地表明资本主义进步的历史作用,资本主义破坏了旧时经济体系的孤立和闭关自守的状态(因而也破坏了精神生活和政治生活的狭隘性),把世界上所有的国家联结成统一的经济整体。

我们从这里看到,必须有国外市场的后两个原因也还是历史性的原因。要弄清这些原因,就必须考察各个单独的生产部门,它在国内的发展,它向资本主义生产部门的转化,——一句话,必须研究资本主义在国内发展的**事实**,而民粹派拿国内市场和国外市场都"不可能"这种毫无价值的(和毫无内容的)空话作掩护,乘机回避这些事实,是不足为怪的。

## 九　第一章的结论

现在我们把上面分析的那些与国内市场问题直接有关的理论

原理总括一下。

（1）国内市场的建立（即商品生产和资本主义的发展）的基本过程是社会分工。这一分工就是：各种原料加工（以及这一加工的各种工序）都一个个同农业分离，用自己的产品（现在已经是**商品**）交换农产品的各个独立的生产部门日渐形成。这样，农业本身也变成工业（即商品生产），其内部也发生同样的专业化过程。

（2）从上述原理直接得出的结论，就是一切正在发展的商品经济特别是资本主义经济的一个规律：工业（即非农业）人口比农业人口增长得快，它使愈来愈多的人口脱离农业而转到加工工业中来。

（3）直接生产者同生产资料的分离，即直接生产者的被剥夺，标志着从简单商品生产向资本主义生产的过渡（而且是这一过渡的必要条件），**建立**了国内市场。国内市场的这种**建立**过程是从两方面进行的：一方面是小生产者从中"游离"出来的**生产资料**转化为新占有者手中的资本，用来进行商品生产，因而自身也变成了商品。这样，甚至是这些生产资料的简单再生产现在也需要购买这些生产资料了（以前这些生产资料大部分是以实物形式进行再生产，部分是在家庭中制造的），就是说提供了生产资料的市场。其次，现在用这些生产资料生产出来的产品，也变成了商品。另一方面，这种小生产者的**生活资料**变成了可变资本的物质要素，即变成了企业主（无论是土地占有者、承包人、木材业者、厂主等都一样）雇用工人所花费的货币额的物质要素。这样，这些生活资料现在也变成了商品，即建立了消费品的国内市场。

（4）如果不弄清楚下面两点，资本主义社会中的产品的实现（因而也包括额外价值的实现）是无法说明的：（1）社会产品，如同个别产品一样，按价值分解为三部分而不是分解为两部分（分解为不变资本+可变资本+额外价值,而不像亚当·斯密和继他之后而在马克思以前的一切政治经济学所教导的那样,只分解为可变资本+额外价值);(2)社会产品按其实物形式应当分为两大部类,即生产资料(生产上消费)和消费品(个人消费)。马克思确立了这些基本理论原理,就充分说明了资本主义生产中一般产品,特别是额外价值的实现过程,指出把国外市场扯到实现问题上来是完全错误的。

(5)马克思的实现论又阐明了国民消费和国民收入的问题。

由上述各点自然可以看出,国内市场问题,作为同资本主义发展程度问题无关的个别的独立问题,是完全不存在的。因此,马克思的理论在任何地方和任何时候都不是单独提出这个问题的。国内市场是在商品经济出现的时候出现的;国内市场是由这种商品经济的发展建立的,而社会分工的精细程度决定了它的发展水平;国内市场随着商品经济从产品转到劳动力而日益扩展,而且只有随着劳动力变成商品,资本主义才囊括国家全部生产,主要靠在资本主义社会中占着愈来愈重要地位的生产资料来发展。资本主义的"国内市场"是由发展着的资本主义本身建立的,因为这个资本主义加深了社会分工,并把直接生产者分化为资本家和工人。国内市场的发展程度,就是国内资本主义的发展程度。撇开资本主义的发展程度问题而单独提出国内市场的限度问题(像民粹派经济学家所做的那样),是错误的。

因此,关于俄国资本主义国内市场如何形成的问题,就归结为下面的问题:俄国国民经济的各个方面如何发展,并朝什么方向发展? 这些方面之间的联系和相互依存关系如何?

以下各章就是要考察答复这些问题的资料。

# 第 八 章

## 国内市场的形成

现在我们把前几章中考察过的资料作一总结,并想说明一下国民经济各个部门在其资本主义发展中的相互依存关系。

## 一 商品流通的增长

大家都知道,商品流通先于商品生产,并且是商品生产产生的条件之一(但不是唯一的条件)。在本书中,我们把自己的任务只限于分析商品生产与资本主义生产的资料,因此不打算详细分析商品流通在改革后的俄国的增长这个重要问题。为了使人对国内市场的增长速度有一个总的认识,只要简短地指出下面这些情况就够了。

俄国的铁路网从 1865 年的 3 819 公里增长到 1890 年的 29 063 公里[①],即增加 6 倍多。英国迈出这样的一步用了较长的时间(1845 年为 4 082 公里,1875 年为 26 819 公里,增加了 5 倍),德国则用了较短的时间(1845 年为 2 143 公里,1875 年为 27 981 公里,增加了 11 倍)。每年敷设的铁路俄里数在各个不同的时期变动很大:例如,在 1868—1872 年这 5 年中敷设了 8 806 俄里,而在 1878—

---

① 上引《世界经济概述》。在 1904 年,欧俄(波兰王国、高加索与芬兰也在内)有 54 878 公里,亚俄有 8 351 公里。(**第 2 版注释**)

1882 年这 5 年中只敷设了 2 221 俄里。① 根据这种变动的幅度,可以判断资本主义需要多么庞大的失业工人后备军,因为资本主义时而扩大对工人的需求,时而又缩小对工人的需求。在俄国铁路建设的发展中,曾经有两个大高涨时期:60 年代末(和 70 年代初)以及 90 年代后半期。从 1865 年到 1875 年,俄国铁路网平均每年增加 1 500 公里,而从 1893 年到 1897 年,平均每年增加大约 2 500 公里。

铁路货运量如下:1868 年为 43 900 万普特;1873 年为 111 700 万普特;1881 年为 253 200 万普特;1893 年为 484 600 万普特;1896 年为 614 500 万普特;1904 年为 1 107 200 万普特。客运增长的速度也很快:1868 年为 1 040 万人;1873 年为 2 270 万人;1881 年为 3 440 万人;1893 年为 4 940 万人;1896 年为 6 550 万人;1904 年为 12 360 万人。②

水路运输的发展如下(全俄的资料)③:

| 年代 | 汽船 | | 其他船舶数目 | 载重量(单位百万普特) | | | 船的价值(单位百万卢布) | | | 船上职工人数 | | |
|---|---|---|---|---|---|---|---|---|---|---|---|---|
| | 数目 | 马力 | | 汽船 | 其他船只 | 共计 | 汽船 | 其他船只 | 共计 | 汽船 | 其他船只 | 共计 |
| 1868 | 646 | 47 313 | — | — | — | — | — | — | — | — | — | — |
| 1884 | 1 246 | 72 105 | 20 095 | 6.1 | 362 | 368.1 | 48.9 | 32.1 | 81 | 18 766 | 94 099 | 112 865 |
| 1890 | 1 824 | 103 206 | 20 125 | 9.2 | 401 | 410.2 | 75.6 | 38.3 | 113.9 | 25 814 | 90 356 | 116 170 |
| 1895 | 2 539 | 129 759 | 20 580 | 12.3 | 526.9 | 539.2 | 97.9 | 46.0 | 143.9 | 32 689 | 85 608 | 118 297 |

① 瓦·米海洛夫斯基《俄国铁路网的发展》,1898 年《帝国自由经济学会学报》**95** 第 2 期。

② 《军事统计汇编》第 511 页。尼·—逊先生《概况》附录。《俄国的生产力》第 17 编第 67 页。1898 年《财政与工商业通报》杂志**96** 第 43 期。1905 年的《俄罗斯年鉴》1906 年圣彼得堡版。

③ 《军事统计汇编》第 445 页。《俄国的生产力》第 17 编第 42 页。1898 年《财政与工商业通报》杂志第 44 期。

欧俄内河货运量,1881 年为 89 970 万普特;1893 年为 118 150 万普特;1896 年为 155 300 万普特。运费在以上各年为 18 650 万卢布、25 720 万卢布、29 000 万卢布。

俄国的商船队在 1868 年有汽船 51 艘,装载量为 14 300 拉斯特[①],又有帆船 700 艘,装载量为 41 800 拉斯特,而在 1896 年则有汽船 522 艘,装载量为 161 600 拉斯特[②]。

外海各港口商轮航运业的发展如下:在 1856—1860 年这 5 年间,出入的船舶数目平均每年为 18 901 艘,装载量为 3 783 000 吨;在 1886—1890 年,平均每年为 23 201 艘(增加 23%),装载量为 13 845 000 吨(增加 266%)。因此,装载量增加 $2\frac{2}{3}$ 倍。在 39 年间(从 1856 年到 1894 年),装载量增加了 4.5 倍;如果把俄国船舶和外国船舶区别开来,那么俄国船舶数目在这 39 年间增加了 2.4 倍(从 823 艘增加到 2 789 艘),装载量增加了 11.1 倍(从 112 800 吨增加到 1 368 000 吨),而外国船舶数目增加了 16%(从 18 284 艘增加到 21 160 艘),装载量增加了 4.3 倍(从 3 448 000 吨增加到 18 267 000 吨)。[③] 我们指出,出入船舶的装载量在各个年份也有很大的变动(例如,1878 年为 1 300 万吨,1881 年为 860 万吨),根据这种变动部分地可以判断对小工、码头工人等等的需求的变动。资本主义在这里也需要这样一大批人的存在,他们始终需要工作,准备一有召唤就着手工作,不管这种工作是多么的不固定。

---

① **拉斯特**是俄国在 20 世纪初以前使用的商船容量单位,等于 5.663 立方米,重量约为两吨。——编者注

② 《军事统计汇编》第 758 页和《财政部年鉴》第 1 编第 363 页。《俄国的生产力》第 17 编第 30 页。

③ 《俄国的生产力》,俄国对外贸易,第 56 页及以下各页。

对外贸易的发展,从下面的资料可以看出来①:

| 年　　代 | 俄国居民数目<br>（芬兰除外,<br>单位百万） | 进出口总值<br>（单位百万<br>纸卢布） | 人均对外<br>贸易额<br>（单位卢布） |
|---|---|---|---|
| 1856—1860 | 69.0 | 314.0 | 4.55 |
| 1861—1865 | 73.8 | 347.0 | 4.70 |
| 1866—1870 | 79.4 | 554.2 | 7.00 |
| 1871—1875 | 86.0 | 831.1 | 9.66 |
| 1876—1880 | 93.4 | 1 054.8 | 11.29 |
| 1881—1885 | 100.6 | 1 107.1 | 11.00 |
| 1886—1890 | 108.9 | 1 090.3 | 10.02 |
| 1897—1901 | 130.6 | 1 322.4 | 10.11 |

　　下面的资料使人对银行周转和资本积累的数额有一个总的认识。国家银行的放款总额,从 1860—1863 年的 11 300 万卢布(1864—1868 年是 17 000 万卢布)增加到 1884—1888 年的 62 000 万卢布,而活期存款总额则从 1864—1868 年的 33 500 万卢布增加到 1884—1888 年的 149 500 万卢布。② 信贷社和信贷所(农业的与工业的)周转额,从 1872 年的 275 万卢布(1875 年是 2 180 万卢布)增加到 1892 年的 8 260 万卢布,1903 年的 18 960 万卢布。③ 土地抵押贷款从 1889 年到 1894 年增加的数额如下:抵押土地的估价额从 139 500 万卢布增加到 182 700 万卢布,而贷款数额则从 79 100 万卢布增加到 104 400 万卢布。④ 储金局的业务在 80 年代与 90 年代特别发展。1880 年,这类储金局有 75 家,1897 年则有 4 315 家(其中有 3 454 家是邮电储金局)。存款,1880 年为 440 万卢布,1897 年为 27 660 万卢布。年底存款额,1880 年为 900 万卢

---

① 《俄国的生产力》,俄国对外贸易,第 17 页。1904 年的《俄罗斯年鉴》1905 年圣彼得堡版。

② 《俄国资料汇集》1890 年版第 109 表。

③ 《俄国资料汇集》1896 年版第 127 表。

④ 同上。

布,1897 年为 49 430 万卢布。就资本的年增长额来看,特别显著的是 1891 年与 1892 年这两个**荒**年(5 290 万卢布与 5 050 万卢布)以及最近两年(1896 年为 5 160 万卢布,1897 年为 6 550 万卢布)。①

最近的资料表明储金局有了更大的发展。在 1904 年,全俄共有储金局 6 557 家,存户为 510 万,存款总额为 110 550 万卢布。附带说一句,在我国,不论是老民粹派,还是社会主义运动中的新机会主义者,都不止一次地发表很天真的言论(说得客气些),说什么储金局的增加是"人民"富裕的标志。因此,把俄国(1904年)与法国(1900 年——1901 年《劳动局公报》第 10 号的资料)的这些储金局的存款划分状况作一比较,也许不是多余的。

| 存 款 数 目 | 俄 国 | | | |
|---|---|---|---|---|
| | 存户数目<br>(单位千) | 百分比 | 存款总额<br>(单位百万卢布) | 百分比 |
| 25 卢布以下者 | 1 870.4 | 38.7 | 11.2 | 1.2 |
| 25—100 卢布者 | 967.7 | 20.0 | 52.8 | 5.4 |
| 100—500 卢布者 | 1 380.7 | 28.6 | 308.0 | 31.5 |
| 超过 500 卢布者 | 615.5 | 12.7 | 605.4 | 61.9 |
| 共　计 | 4 834.3 | 100 | 977.4 | 100 |
| 存 款 数 目 | 法 国 | | | |
| | 存户数目<br>(单位千) | 百分比 | 存款总额<br>(单位百万法郎) | 百分比 |
| 100 法郎以下者 | 5 273.5 | 50.1 | 143.6 | 3.3 |
| 100—500 法郎者 | 2 197.4 | 20.8 | 493.8 | 11.4 |
| 500—1 000 法郎者 | 1 113.8 | 10.6 | 720.4 | 16.6 |
| 超过 1 000 法郎者 | 1 948.3 | 18.5 | 2 979.3 | 68.7 |
| 共　计 | 10 533.0 | 100 | 4 337.1 | 100 |

这里有多少材料可以用来为民粹派、修正主义者、立宪民主党人辩护啊!值得注意的是,俄国的存款也是根据存户的 12 类行业

---

① 1898 年《财政与工商业通报》杂志第 26 期。

和职业划分的。我们看到,存款最多的是从事农业与乡村手工业的人,达 22 850 万卢布,这些存款增加得特别迅速。乡村正在开化,靠农夫破产去办工业日益变得有利。

还是回到我们眼前的题目吧。我们看到,这些资料证明了商品流通与资本积累的巨大增长。至于国民经济各部门中的投资场所怎样形成,商业资本如何转变为产业资本,即商业资本如何用于生产并在生产参加者之间造成资本主义关系,——这些在上面已经谈过了。

## 二 工商业人口的增长

我们在上面已经讲过:工业人口因农业人口减少而增加,是任何资本主义社会的必然现象。工业如何循序渐进地同农业分离开来,这也已经考察过了,现在只须把这个问题作一总结。

### （1） 城市的增加

我们所考察的这一过程的最明显的表现,就是城市的增加。改革后时代欧俄(50 个省)城市增加的资料如下[1]:

---

[1] 1863 年的数字,引自《俄罗斯帝国统计年鉴》(1866 年版第 1 卷)和《军事统计汇编》。奥伦堡省与乌法省城市人口的数字,是依据城市表改正过的。因此,我国城市人口总计为 6 105 100 人,而不是《军事统计汇编》所说的 6 087 100 人。1885 年的资料,引自《1884—1885 年度俄国资料汇集》。1897 年的数字,引自 1897 年 1 月 28 日的人口调查(中央统计委员会出版的《1897 年俄罗斯帝国第一次人口普查》1897 年和 1898 年圣彼得堡版第 1 编和第 2 编)。根据 1897 年的人口调查,城市的常住人口为 11 830 500 人,即 12.55%。我们采取的是城市现有人口。应该指出:不能担保 1863、1885、1897 各年资料是完全同类的和可比的。因此,我们只限于比较最一般的关系并把大城市的资料划分出来。

| 年代 | 欧俄人口(单位千) | | | 城市人口的百分比 | 城市数目 | | | | 大城市人口(单位千) | | | | 1863年14个最大城市的人口(单位千) |
|---|---|---|---|---|---|---|---|---|---|---|---|---|---|
| | 共计 | 城市 | 县 | | 人口超过20万的 | 人口在10万—20万的 | 人口在5万—10万的 | 大城市总数 | 人口超过20万的 | 人口在10万—20万的 | 人口在5万10万的 | 总数 | |
| 1863 | 61420.5 | 6105.1 | 55315.4 | 9.94 | 2 | 1 | 10 | 13 | 891.1 | 119.0 | 683.4 | 1693.5 | 1741.9 |
| 1885 | 81725.2 | 9964.8 | 71760.4 | 12.19 | 3 | 7 | 21 | 31 | 1854.8 | 998.0 | 1302.7 | 4155.5 | 3103.7 |
| 1897 | 94215.4 | 12027.1 | 82188.3 | 12.76 | 5 | 9 | 30 | 44 | 3238.1 | 1177.0 | 1982.4 | 6397.5 | 4266.3 |

由此可见,城市人口的百分比在不断地增长,这就是说,人口离开农业而转向工商业在不断地进行着。① 城市人口比其他人口增长快 1 倍:从 1863 年到 1897 年,全部人口增加了 53.3%,农村人口增加了 48.5%,而城市人口则增加了 97%。在 11 年(1885—1897 年)中间,"流入城市的农村人口的最低数目",据瓦·米海洛夫斯基先生计算是 250 万人②,这就是说,每年有 20 万人以上。

大工商业中心的城市人口的增加,比整个城市人口的增加要快得多。居民在 5 万人以上的城市数目,从 1863 年到 1897 年,增加了 2 倍以上(从 13 个到 44 个)。在 1863 年,市民总数之中只有约 27%(610 万中的 170 万)集中于这种大中心;在 1885 年,则约有 41%(990 万中的 410 万)③,而在 1897 年,则已经有一半以上,大约 53%(1 200 万中的 640 万)。因此,在 60 年代,城市人口的性质主要是由不很大的城市的人口决定的,而在 19 世纪 90 年代,

---

① "具有农业性质的城市居民点的数目极少,而这些地方的居民数目,与市民总数比起来是非常小的。"(格里戈里耶夫先生的话,见《收成和粮价对俄国国民经济某些方面的影响》第 2 卷第 126 页)

② 1897 年 6 月《新言论》杂志**67**第 113 页。

③ 格里戈里耶夫先生开列了一个表(上引书第 140 页),从这个表上可以看出:在 1885 年,85.6% 的城市,其居民皆不到 20 000 人,这些城市的市民占市民总数的 38%;12.4% 的城市(660 个当中的 82 个),其居民皆不到 2 000 人,这些城市的市民只占市民总数的 1.1%(9 962 000 人当中的 110 000 人)。

大城市却取得了完全的优势。14 个在 1863 年是最大的城市的人口,从 170 万人增加到 430 万人,即增加了 153% ,而全部城市人口只增加了 97% 。可见,大工业中心的巨大增长和许多新的中心的形成,是改革后时代的最显著的特点之一。

## (2) 国内移民的意义

我们在上面(第 1 章第 2 节)已经指出,理论上得出工业人口由于农业人口减少而增长这一规律,是根据以下的事实:在工业中,可变资本绝对地增加(可变资本的增加,就是工业工人人数和全部工商业人口的增加),而在农业中,"经营一定土地所需的可变资本则绝对减少"。马克思补充说:"因此,在农业中,只有在耕种新的土地时,可变资本才会增加,但这又以非农业人口的更大增加为前提。"[①]由此可以看出:只有当我们面前的地区已经住满了人而且全部土地都已被人占用的时候,才能看到纯粹形态的工业人口增加的现象。这个地区的被资本主义从农业中排挤出来的人口没有其他的出路,只有迁移到工业中心去,或者迁移到其他地区去。但是,如果我们面前的那个地区尚未全部土地被人占用,尚未完全住满人,那么,情况就根本不同了。这个地区的人口,从人烟稠密的地方的农业中被排挤出来以后,可以转移到这个地区的人烟稀少的那部分地区去"耕种新的土地"。于是有农业人口的增长,这种增长(在某一时期内)并不比工业人口的增长慢,如果不是更快的话。在这种场合下,我们看见两种不同的过程:(1)资本主义在旧的人烟稠密的地域或这一地域的一部分地区的发展;(2)资本主义在"新的土地"上的发展。第一种过程表现了已经形成的资本主义关系的进一

---

① 参看《马克思恩格斯文集》2009 年人民出版社版第 7 卷第 718 页。——编者注

步发展,第二种过程表现了新地区中新的资本主义关系的形成。第一种过程就是资本主义向深度的发展,第二种过程就是资本主义向广度的发展。显然,把这两种过程混淆起来,就必然会得出关于人口离开农业转向工商业过程的错误认识。

改革后的俄国向我们展现的,正是这两种过程的同时出现。在改革后时代初期,即在 60 年代,欧俄南部与东部边疆地区是人烟相当稀少的地区,因而俄国中部农业区域的人口就像巨流般地向这里移来。新的土地上新的农业人口的形成,在某种程度内也掩盖了与之平行进行的人口由农业向工业的转移。为了根据城市人口的资料来清楚地说明俄国的这种特点,必须把欧俄的 50 个省分成几个类别。我们举出 1863 年和 1897 年欧俄 9 个地区的城市人口的资料。①

就我们感兴趣的问题来说,最有意义的是下面 3 个地区的资料:(1)非农业的工业地区(前两类的 11 个省,其中有两个首都省)②。这是人口向其他地区迁移很少的地区。(2)中部农业地区(第 3 类的 13 个省)。人口从这个地区移出的非常多,部分是移到前一地区,主要是移到下一地区。(3)农业边疆地区(第 4 类的 9 个省)——这是改革后时代的移民地区。从表中可以看到,所有这 33 个省城市人口的百分比,同整个欧俄城市人口的百分比比较起来,相差甚小。

在第一个地区,即非农业的或工业的地区,我们看到城市人口

---

① 见本卷第205页。——编者注

② 把我们所举出的非农业省同两个首都省列为一类是正确的,两个首都的人口主要由这些省的移民来补充这一事实就证明了这一点。根据 1890 年 12 月 15 日圣彼得堡人口调查,该地共有 726 000 农民与小市民;其中有 544 000(即 $\frac{3}{4}$)是我们列为第一个地区的 11 个省的农民与小市民。

百分比增长得特别迅速:从 14.1% 增长到 21.1%。农村人口的增长在这里则很慢,——差不多比整个俄国慢一半。相反,城市人口的增长则大大超过平均数(105% 与 97% 之比)。如果拿俄国同西欧工业国家比较(像我们常常做的那样),那就必须只拿这一地区同西欧工业国家比较,因为只有这一地区是同工业资本主义国家的条件大体相同的。

在第二个地区,即中部农业地区,我们看到另一种情景。城市人口的百分比在这里很低,增长得比平均速度慢些。从 1863 年到 1897 年,城市人口与农村人口的增加在这里都比俄国平均增加数低得多。产生这种现象的原因,是由于移民像巨流般地从这一地区去到边疆地区。根据瓦·米海洛夫斯基先生的计算,从 1885 年到 1897 年,从这里移出**约 300 万人**,即人口总数的 $\frac{1}{10}$ 强。[1]

在第三个地区,即边疆地区,我们看到城市人口百分比的增加稍微**低于平均增加数**(从 11.2% 增加到 13.3%,即 100 与 118 之比,而平均增加数则是从 9.94% 增加到 12.76%,即 100 与 128 之比)。然而城市人口的增长在这里不仅不比平均数低些,而且**比平均数高得多**(130% 与 97% 之比)。可见,人口异常急剧地离开农业而转向工业,不过这一点却被农业人口因有移民而大量增加的现象掩盖了:在这一地区内,农村人口增加了 87%,而俄国的平均增加数则为 48.5%。就个别省份看来,这种人口工业化过程被掩盖的现象还更加明显。例如,在塔夫利达省,1897 年城市人口的百分比仍然与 1863 年一样(19.6%),而在赫尔松省,这种百分比甚至降低了(从 25.9% 降到 25.4%),虽然这两省城市的增长比首都的增长稍

---

① 上引著作第 109 页。"在西欧现代史中,这个运动是无与伦比的。"(第 110—111 页)

| 欧俄各省类别 | 省数 | 人口数目(单位千) | | | | | | 城市人口的百分比 | | 1863年至1897年人口增加的百分比 | | |
|---|---|---|---|---|---|---|---|---|---|---|---|---|
| | | 1863年 | | | 1897年 | | | 1863年 | 1897年 | 共计 | 村庄 | 城市 |
| | | 共计 | 村庄 | 城市 | 共计 | 村庄 | 城市 | | | | | |
| I. 首都省 …… | 2 | 2 738.4 | 1 680.0 | 1 058.4 | 4 541.0 | 1 989.7 | 2 551.3 | 38.6 | 56.2 | 65 | 18 | 141 |
| II. 工业的与非农业的省份 | 9 | 9 890.7 | 9 165.6 | 725.1 | 12 751.8 | 11 647.8 | 1 104.0 | 7.3 | 8.6 | 29 | 26 | 52 |
| 两者总计 …… | 11 | 12 629.1 | 10 845.6 | 1 783.5 | 17 292.8 | 13 637.5 | 3 655.3 | 14.1 | 21.1 | 36 | 25 | 105 |
| III. 中部农业省份、小俄罗斯和中伏尔加与东部各省 | 13 | 20 491.9 | 18 792.5 | 1 699.4 | 28 251.4 | 25 464.3 | 2 787.1 | 8.3 | 9.8 | 38 | 35 | 63 |
| IV. 新罗西亚、下伏尔加与东南部各省 | 9 | 9 540.3 | 8 472.6 | 1 067.7 | 18 386.4 | 15 925.6 | 2 460.8 | 11.2 | 13.3 | 92 | 87 | 130 |
| 前四类总计 …… | 33 | 42 661.3 | 38 110.7 | 4 550.6 | 63 930.6 | 55 027.4 | 8 903.2 | 10.5 | 13.9 | 49 | 44 | 95.6 |
| V. 波罗的海沿岸各省 …… | 3 | 1 812.3 | 1 602.6 | 209.7 | 2 387.0 | 1 781.6 | 605.4 | 11.5 | 25.3 | 31 | 11 | 188 |
| VI. 西部各省 …… | 6 | 5 548.5 | 4 940.3 | 608.2 | 10 126.3 | 8 931.6 | 1 194.7 | 10.9 | 11.8 | 82 | 81 | 96 |
| VII. 西南部各省 …… | 3 | 5 483.7 | 4 982.8 | 500.9 | 9 605.5 | 8 693.0 | 912.5 | 9.1 | 9.5 | 75 | 74 | 82 |
| VIII. 乌拉尔各省 …… | 2 | 4 359.2 | 4 216.5 | 142.7 | 6 086.0 | 5 794.6 | 291.4 | 3.2 | 4.7 | 39 | 37 | 105 |
| IX. 极北部各省 …… | 3 | 1 555.5 | 1 462.5 | 93.0 | 2 080.0 | 1 960.0 | 120.0 | 5.9 | 5.8 | 33 | 34 | 29 |
| 共 计 | 50 | 61 420.5 | 55 315.4 | 6 105.1 | 94 215.4 | 82 188.2 | 12 027.2 | 9.94 | 12.76 | 53.3 | 48.5 | 97.0 |

各类所包括的省份:(I)圣彼得堡与莫斯科;(II)弗拉基米尔、卡卢加、科斯特罗马、下诺夫哥罗马、诺夫罗德、普斯科夫、斯摩棱斯克、特维尔与雅罗斯拉夫尔;(III)沃罗涅日、喀山、库尔斯克、奥廖尔、奔萨、波尔塔瓦、萨马拉、萨拉托夫、坦波夫、图拉、哈尔科夫与切尔尼戈夫;(IV)阿斯特拉罕、比萨拉比亚、顿河、叶卡捷琳诺斯拉夫、赫尔松与塔夫利达、萨马拉、奥伦堡、明斯克与莫吉廖夫;(VII)沃伦、波多利斯克与基辅;(V)库尔兰、里夫兰与爱斯兰;(VI)维尔纳、维捷布斯克、格罗德诺、科夫诺、明斯克与莫吉廖夫;(VIII)维亚特卡与彼尔姆;(IX)阿尔汉格尔斯克、沃洛格达与奥洛涅茨。

微慢一些(增加 131% 与 135%,而两个首都省则增加 141%)。因此,新的土地上新农业人口的形成,又引起非农业人口的更大的增长。

### (3) 工厂村镇和工商业村镇的增长

除了城市以外,具有工业中心性质的,第一是城市近郊,它们并非总与城市算在一起,它们包括日益扩大的大城市周围地区;第二是工厂村镇。这种工业中心[①]在城市人口百分比极小的工业省内特别多。[②] 上面所举的各个地区城市人口资料表表明,在 9 个工业省中,城市人口百分比在 1863 年为 7.3%,在 1897 年为 8.6%。问题在于,这些省的工商业人口,主要并非集中于城市,而是集中于工业村。在弗拉基米尔、科斯特罗马、下诺夫哥罗德及其他各省的"城市"中间,有不少城市的居民人数是不到 3 000、2 000、甚至 1 000 的,而许多"村庄"单是工厂工人就有 2 000、3 000 或 5 000。《雅罗斯拉夫尔省概述》的编者说得对(第 2 编第 191 页),在改革后时代,"城市开始更加迅速地增长,同时还有一种新类型的居民点在增长,这是一种介乎城市与乡村之间的中间类型的居民点,即工厂中心"。上面已经举出了关于这些中心的巨大增长以及它们所集中的工厂工人人数的资料。我们看到,这种中心在整个俄国是不少的,不仅在各工业省,而且在南俄都是这样。在乌拉尔,城市人口的百分比最低,在维亚特卡与彼尔姆两省,1863 年为 3.2%,1897 年为 4.7%,但是请看下面"城市"人口和工业人口相应数量的例子。在彼尔姆省克拉斯诺乌菲姆斯克县,城

---

[①] 见上面第 7 章第 8 节和有关第 7 章的附录三。(见《列宁全集》第 2 版第 3 卷第 475—482、557—562 页。——编者注)

[②] 关于科尔萨克早就指出的这种情况的意义,可参看沃尔金先生正确的评论。(上引书第 215—216 页)

市人口为 6 400 人(1897 年),但是根据 1888—1891 年地方自治局[62]人口调查,该县工厂地带的居民为 84 700 人,其中有 56 000 人完全不从事农业,只有 5 600 人主要靠土地取得生活资料。在叶卡捷琳堡县,根据地方自治局人口调查,65 000 人是无土地的,81 000 人则只有割草场。这就是说,单是这**两个**县的城市以外的工业人口,就比全省的城市人口还要多(1897 年为 195 600 人!)。

　　最后,除了工厂村之外,具有工业中心性质的还有工商业村,它们或者居于大手工业地区的首位,或者因为地处河岸或铁路车站附近等等而在改革后时代迅速发展起来。这种村庄的例子,在第 6 章第 2 节已经举出了一些,而且我们在那里已经看到,这种村庄和城市一样,把人口从乡村吸引过来,它们的特征就是居民的识字率通常比较高。① 我们再举沃罗涅日省的资料作例子,以便表明把城市的与非城市的工商业居民区加以比较的意义。沃罗涅日省的《汇集》提供了关于该省 8 个县**村庄**分类的综合表。这些县里的城市为 8 个,人口为 56 149 人(1897 年)。而在村庄中,有 4 个村庄很突出,

---

① 在俄国,成为很大居民中心的村庄之多,可以根据《军事统计汇编》下列(虽然是陈旧的)资料看出来:欧俄 25 个省在 60 年代居民超过 2 000 的村有 1 334 个。其中有 108 个村,其居民为 5 000 — 10 000 人,有 6 个村,其居民为 10 000 — 15 000 人;有 1 个村,其居民 15 000 — 20 000 人;有 1 个村,其居民超过 20 000 人。(第 169 页)不仅在俄国,而且在一切国家,资本主义的发展都引起了未被正式列为城市的新工业中心的形成。"城市与乡村间的差别正在消失:在日益成长的工业城市近旁发生这个现象,是因为工业企业与工人住宅移到了市郊和城市附近;在日益衰落的小城市近旁发生这个现象,是因为这些小城市与周围村庄的日益接近,也因为大工业村的发展…… 城市居民区与农村居民区的差别,由于很多过渡区域的形成而正在消灭。统计学早已承认了这点,抛开了关于城市的历史法律概念,而代之以只根据居民人数来区分居民区的统计概念。"(毕歇尔《国民经济的发生》1893 年蒂宾根版第 296—297 页和第 303—304 页)俄国的统计在这方面也大大落后于欧洲的统计。在德国和法国(《政治家年鉴》第 536 页和第 474 页),列入城市的是居民超过 2 000 的居民点;在英国,是城市类型的卫生区域,即也包括工厂村等。因此,俄国的"城市"人口资料,完全不能和欧洲的相比。

它们共有 9 376 户,居民达 53 732 人,即比城市大得多。在这些村庄中有商店 240 家,工业企业 404 个。总户数中有 60% 完全不种地,有 21% 雇人或按对分制种地,有 71% 既无役畜又无农具,有 63% 全年购买粮食,有 86% 从事手工业。把这些中心的全部人口列入工商业人口之内,我们不但没有夸大甚至还减少了工商业人口的数量,因为在这 8 个县中,共有 21 956 户完全不种地。反正,在我们所举出的农业省份中,城市以外的工商业人口并不比城市中的少。

### (4) 外出做非农业的零工

但是,把工厂村镇和工商业村镇同城市加在一起,也还远没有把俄国全部工业人口包括无遗。流动自由的缺乏,农民村社的等级闭塞状态,完全说明了俄国为什么有这样一个显著的特征,即在俄国,不小的一部分农村人口应当列入工业人口之内,这一部分农村人口靠在工业中心做工而取得生活资料,每年要在这些工业中心度过一部分时光。我们说的是所谓外出做非农业的零工。从官方的观点看来,这些"手工业者"是仅仅赚取"辅助工资"的种地的农民,大多数民粹派经济学的代表人物都老老实实地接受了这个观点。了解上述一切情况以后,这个观点的站不住脚,就不需要再详细地证明了。不管对于这个现象有怎样不同的看法,然而毫无疑问,这个现象反映了**人口离开农业而转向工商业**。[①] 城市所提

---

① 尼·一逊先生完全**没有看出**俄国人口工业化的过程!瓦·沃·先生看出了这一点并承认道:外出做零工的现象的增长反映了人口的离开农业(《俄国资本主义的命运》第 149 页);然而他不但没有把这个过程添入他对于"资本主义的命运"的认识总和中去,而且极力用以下的埋怨来掩盖这个过程,说什么"有些人认为这一切是很自然的〈对于资本主义社会吗? 而瓦·沃·先生能想象没有这种现象的资本主义吗?〉,而且差不多是合乎心愿的"(同上)。是合乎心愿的,而且不须加什么"差不多",瓦·沃·先生!

供的关于工业人口人数的概念,由于这个事实而改变到什么程度,可以从下面的例子看出来。在卡卢加省,城市人口的百分比大大低于俄国的平均百分比(8.3%和12.8%之比)。但是,该省1896年的《统计概述》,根据身份证资料,算出了外出工人出外做工的月数。我们看到,总共为1 491 600个月;以12来除,得出外出人口为124 300人,即"约占总人口的11%"(上引书第46页)!把这些人口加到城市人口(1897年为97 900人)上去,工业人口的百分比就很大了。

当然,外出做非农业零工的工人,有一部分登记在城市现有人口人数之内,或包括在上述非城市工业中心的人口之内。但只是一部分而已,因为这种人口具有流动性质,各个中心的人口调查很难把他们计算进去;其次,人口普查一般在冬季进行,而大部分手工业工人是在春季离开家庭。下面就是外出做非农业零工的一些主要省份的这方面的资料①:

| 居民证分发数的百分比 | | | | | | | | |
|---|---|---|---|---|---|---|---|---|
| 季节 | 莫斯科省<br>(1885年) | | 特维尔省<br>(1897年) | 斯摩棱<br>斯克省<br>(1895年) | 普斯科夫省<br>(1895年)<br>身份证 | | 科斯特罗马省<br>(1880年) | | |
| | 男 | 女 | 男女合计 | 男女合计 | 男 | 女 | 男<br>身份证 | 临　时<br>身份证 | 女子的身<br>份证与临<br>时身份证 |
| 冬季 | 19.3 | 18.6 | 22.3 | 22.4 | 20.4 | 19.3 | 16.2 | 16.2 | 17.3 |
| 春季 | **32.4** | **32.7** | **38.0** | **34.8** | **30.3** | **27.8** | **43.8** | **40.6** | **39.4** |
| 夏季 | 20.6 | 21.2 | 19.1 | 19.3 | 22.6 | 23.2 | 15.4 | 20.4 | 25.4 |
| 秋季 | 27.8 | 27.4 | 20.6 | 23.5 | 26.7 | 29.7 | 24.6 | 22.8 | 17.9 |
| 共计 | 100.1 | 99.9 | 100 | 100 | 100 | 100 | 100 | 100 | 100 |

---

① 《1880年和1885年发给莫斯科省农民人口的居民证》。《1897年特维尔省统计年鉴》。**日班科夫**《1892—1895年斯摩棱斯克省的外出零工》1896年斯摩棱斯克版。

　　各地都是春季发出的身份证最多。因此,暂时离家的工人,大部分未列入城市人口调查之内。[①] 但是,我们有更多的理由把这些临时的市民列为城市人口,而不列为农村人口:"全年或一年大部分时间都依赖在城里做工而获得生活资料的家庭,有更多的根据认为它们的定居点是城市而不是乡村,因为城市保证它们的生存,而乡村只不过有亲属与赋税的联系。"[②]这些赋税的联系直到现在究竟有多大的意义,从下面的事实可以看出来:从外出做零工的科斯特罗马人那里,"业主很少能从它〈土地〉身上取得很小一部分赋税,他们出租土地,常常只是为了让租地人在土地周围筑起篱笆来,而一切赋税则由业主自己缴纳"(德·日班科夫《农妇国》1891 年科斯特罗马版第 21 页)。我们看到,《雅罗斯拉夫尔省概述》(1896 年雅罗斯拉夫尔版第 2 编)一再指出外出的手工业工人这种必须为他们离开农村和放弃份地而偿付赎金[34]的情形。(第28、48、149、150、166 页及其他各页)[③]

---

**日班科夫**《从 1866—1883 年的资料看外出谋生对科斯特罗马省人口迁徙的影响》1887 年科斯特罗马版。《普斯科夫省农民的副业》1898 年普斯科夫版。莫斯科省百分比的错误,未能加以改正,因为没有绝对数字。科斯特罗马省只有各县的资料,而且只是百分比,因此我们不得不取各县的平均数,于是我们也就把科斯特罗马省的资料单独列出来。根据计算,雅罗斯拉夫尔省的外出工业者中间,全年离家的有 68.7% ;秋冬两季离家的有 12.6% ;春夏两季离家的有 18.7%。必须指出,雅罗斯拉夫尔省的资料(《雅罗斯拉夫尔省概述》1896 年雅罗斯拉夫尔版第 2编)是不能与前面的资料比较的,因为它们是根据神父等等的陈述,而不是根据关于身份证的资料。

① 大家知道,例如,在圣彼得堡近郊,夏季人口增加极多。

② 《1896 年卡卢加省统计概述》1897 年卡卢加版第 2 篇第 18 页。

③ "外出做零工……是把城市的不断发展过程掩盖起来的一种形式…… 村社土地占有制,以及俄国财政与行政生活的各种特点,不容许农民像西欧那样容易地转变为市民…… 法律的线索维持着他〈外出做零工的工人〉与乡村的联系,但就其职业、习惯和趣味讲来,他实质上完全属于城市了,并且往往把这种联系看做一种

外出做非农业零工的工人人数究竟有多少呢？外出做各种零工的工人人数不下 **500 万—600 万**。实际上，在 1884 年，欧俄所发出的身份证和临时身份证达 467 万张①，而身份证收入从 1884 年到 1894 年增加了三分之一以上（由 330 万卢布增加到 450 万卢布）。在 1897 年，整个俄国所发出的身份证和临时身份证为 9 495 700 张（其中欧俄 50 个省占 9 333 200 张）。在 1898 年，为 8 259 900 张（欧俄占 7 809 600 张）。② 欧俄过剩的（同当地的需求比较）工人人数，谢·柯罗连科先生计算为 630 万人。我们在上面已经看到（第 3 章第 9 节第 174 页）③，11 个农业省所发出的身份证数目超过谢·柯罗连科先生的计算（200 万对 170 万）。现在我们可以添上 6 个非农业省的资料：柯罗连科

---

负担。"（1896 年《俄国思想》杂志**29** 第 11 期第 227 页）这说得很对，但是对于一个政论家来说还不够。为什么作者不坚决主张流动的完全自由，主张农民离开村社的自由呢？我国自由派还怕我国民粹派。他们是用不着怕的。

　　为了比较，请看一看同情民粹派的日班科夫先生的议论："到城市去做零工，可以说是防止我们的首都与大城市的剧烈增长以及防止城市与无土地的无产阶级增长的避雷针〈原文如此！〉。不论在卫生方面或社会经济方面，外出谋生的这种影响都应当认为是有益的：只要人民大众没有完全脱离作为外出做零工的工人某种保证〈他们要用金钱才能赎买这种"保证"啊！〉的土地，这些工人就不能成为资本主义生产的盲目工具，同时建立工农业村社的希望也依然保存着"（1890 年《法学通报》杂志**97** 第 9 期第 145 页）。保存小资产阶级的希望，事实上难道不是有益的吗？至于说到**盲目工具**，那么欧洲的经验以及在俄国所看到的一切事实都表明，这种评语对于与土地和宗法式关系仍然保持着联系的工人，比对于断绝了这种联系的工人，更加适用得多。同一个日班科夫先生的数字与资料表明，外出"到彼得堡谋生的人"，比在某些"森林"县份定居的科斯特罗马人更有知识，更有文化，更开展。

① 　**列·韦辛**《外出做零工在俄国农民生活中的意义》。《事业》杂志**98** 1886 年第 7 期和 1887 年第 2 期。

② 　《1897—1898 年缴纳消费税的各种行业和印花税票统计》1900 年圣彼得堡版，无定额税管理总署出版。

③ 　见《列宁全集》第 2 版第 3 卷第 209 页。——编者注

先生计算这些省的过剩工人为 1 287 800 人,而发出的身份证数目则为 1 298 600 张。[①] 这样,在欧俄 17 个省(11 个黑土地带省和 6 个非黑土地带省)中,谢·柯罗连科先生计算有 300 万过剩的(对当地的需求而言)工人。而在 90 年代,这 17 个省所发出的身份证和临时身份证为 330 万张。在 1891 年,这 17 个省提供了身份证总收入的 52.2%。因此,**外出工人人数大概超过了 600 万**。最后,地方自治局统计资料(大部分是陈旧的)使乌瓦罗夫先生作出这样的结论,谢·柯罗连科先生的数字与真实情况相近,而 500 万外出工人这个数字"是非常可能的"。[②]

现在试问:外出做非农业零工与外出做农业零工的工人人数究竟有多少呢? 尼·—逊先生很大胆和完全错误地断言:"绝大多数的农民外出做零工正是做农业零工。"(《概况》第 16 页)尼·—逊先生所引证的查斯拉夫斯基,讲话就谨慎得多,他没有举出任何资料,只限于一般地推测各种工人外出的地区的大小。而尼·—逊先生的铁路客运资料却什么也没有证明,因为非农业工人主要也是在春季离开家庭,他们乘火车的要比农业工人多得多。[③] 相反,我们认为,多数(虽然不是"绝大多数")外出工人大概是非农业工人。这种看法,第一是根据身份证收入分布资料,第二是根据韦辛先生的资料。弗列罗夫斯基根据 1862—

---

① 这 6 个省份是:莫斯科(1885 年的旧资料)、特维尔(1896 年)、科斯特罗马(1892 年)、斯摩棱斯克(1895 年)、卡卢加(1895 年)与普斯科夫(1896 年)。材料来源如上述。是关于各种外出许可证(男女合计)的资料。
② 1896 年 7 月《公共卫生、法医和实用医学通报》。**米·乌瓦罗夫**《论外出做零工对俄国卫生状况的影响》。乌瓦罗夫先生汇总了 20 个省 126 个县的资料。
③ 参看上面第 174 页(参看《列宁全集》第 2 版第 3 卷第 209—210 页。——编者注)脚注。

1863 年度"各种捐税"收入分布(身份证收入占三分之一强)资料,早就作出了这样的结论:农民外出谋生的最大的运动出自首都省与非农业省。[①] 如果我们拿 11 个非农业省来看,——我们在前面(这一节的第 2 点)已经把这些省份合为一个地区,从这些省份外出做零工的绝大多数是非农业工人——那么我们就会看到,这些省份的人口在 1885 年仅占整个欧俄人口的 18.7%(1897 年占 18.3%),而身份证收入在 1885 年却占 42.9%(1891 年占 40.7%)。[②] 另外还有许多省也有非农业工人外出,所以我们应该认为,农业工人占外出做零工的工人半数以下。韦辛先生根据各种外出做零工占优势的情况把欧俄 38 个省(占各种外出许可证总数的 90%)加以分类,得出下面的资料[③]。

---

① 《俄国工人阶级的状况》1869 年圣彼得堡版第 400 页及以下各页。

② 身份证收入的数字,引自 1884—1885 年度和 1896 年的《俄国资料汇集》。在 1885年,身份证收入在欧俄每 1 000 居民为 37 卢布,而在 11 个非农业省份每 1 000 居民则为 86 卢布。

③ 本表最后两栏是我们加上的。列入第一类的是阿尔汉格尔斯克、弗拉基米尔、沃洛格达、维亚特卡、卡卢加、科斯特罗马、莫斯科、诺夫哥罗德、彼尔姆、圣彼得堡、特维尔与雅罗斯拉夫尔等省;列入第二类的是喀山、下诺夫哥罗德、梁赞、图拉与斯摩棱斯克等省;列入第三类的是比萨拉比亚、沃伦、沃罗涅日、叶卡捷琳诺斯拉夫、顿河、基辅、库尔斯克、奥伦堡、奥廖尔、奔萨、波多利斯克、波尔塔瓦、萨马拉、萨拉托夫、辛比尔斯克、塔夫利达、坦波夫、乌法、哈尔科夫、赫尔松与切尔尼戈夫等省。应该指出:这种分类有不正确的地方,把外出做农业零工的意义夸大了。斯摩棱斯克、下诺夫哥罗德与图拉 3 省,应当列入第一类(参看《1896 年下诺夫哥罗德省的农业概况》第 11 章。《1895 年图拉省省志》第 6 篇第 10 页:外出做零工者人数为 188 000 人,——而谢·柯罗连科先生计算只有 50 000 剩余工人!——其中北部 6 个非黑土地带县份有 107 000 外出做零工者)。库尔斯克省应列入第二类(上引谢·柯罗连科的书:7 个县的外出者大部分是去做手工业零工,其余 8个县的只是去做农业零工)。可惜韦辛先生没有提供各省的外出许可证数目资料。

| 省　别 | 1884 年发出的外出许可证数目(单位千) | | | 1885 年的人口(单位千) | 每千人平均所得许可证 |
|---|---|---|---|---|---|
| | 身份证 | 临时身份证 | 共计 | | |
| 一、外出做非农业零工占优势的 12 个省 | 967.8 | 794.5 | 1 762.3 | 18 643.8 | 94 |
| 二、过渡性质的 5 个省 | 423.9 | 299.5 | 723.4 | 8 007.2 | 90 |
| 三、外出做农业零工占优势的 21 个省 | 700.4 | 1 046.1 | 1 746.5 | 42 518.5 | 41 |
| **38 个省** | 2 092.1 | 2 140.1 | 4 232.2 | 69 169.5 | 61 |

"这些数字表明,外出做零工在第一类中比在第三类中发展得厉害些……　其次,从所引用的数字可以看出,随着所属的类别的不同,外出谋生的期间也各异。外出做非农业零工占优势的地方,外出的期间就长得多。"(1886 年《事业》杂志第 7 期第 134 页)

最后,上述对缴纳消费税等等的各种行业的统计,使我们能够把发出的居民证数目,按欧俄全部 50 个省区别开来。对韦辛先生的分类作上述修正,并将 1884 年未列入的 12 个省也按这三类区别开来(奥洛涅茨省与普斯科夫省列为第一类;波罗的海沿岸与西北部各省,共 9 省,列为第二类;阿斯特拉罕省列为第三类),我们就可看到这样的情景:

| 省　别 | 发出的居民证的总数 | |
|---|---|---|
| | **1897 年** | **1898 年**① |
| 一、外出做非农业零工占优势的 17 个省………… | 4 437 392 | 3 369 597 |
| 二、过渡性质的 12 个省 ………… | 1 886 733 | 1 674 231 |
| 三、外出做农业零工占优势的 21 个省……… | 3 009 070 | 2 765 762 |
| **50 个省总计** | 9 333 195 | 7 809 590 |

---

① 顺便讲一讲,这些资料概述的作者(上引书第 6 章第 639 页)说明,1898 年身份证发出数目减少的原因,是由于歉收和农业机器的推广使夏季工人外出到南部各省的人数减少了。这个说明根本讲不通,因为发出的居民证数目减得最少的是第三类,减得最多的是第一类。1897 年与 1898 年的登记方法可以相比吗?(**第 2 版注释**)

根据这些数字,外出做零工在第一类中比在第三类中要多得多。

因此,毫无疑问,人口的流动性在俄国非农业地带要比在农业地带大得多。外出做非农业零工的工人人数,应当比外出做农业零工的工人人数多,他们**至少有 300 万人**。

一切材料都证明,外出做零工的情况有巨大的与日益加剧的增长。身份证收入从 1868 年的 210 万卢布(1866 年为 175 万卢布),增加到 1893—1894 年度的 450 万卢布,即增加 1 倍多。所发出的身份证和临时身份证数目,在莫斯科省从 1877 年至 1885 年增加了 20%(男的)与 53%(女的);在特维尔省从 1893 年至 1896 年增加了 5.6%;在卡卢加省从 1885 年至 1895 年增加了 23%(而外出的月数增加了 26%);在斯摩棱斯克省从 1875 年的 100 000 增加到 1885 年的 117 000,1895 年增加到 140 000;在普斯科夫省从 1865—1875 年的 11 716 增加到 1876 年的 14 944,1896 年增加到 43 765(男的)。在科斯特罗马省,1868 年所发出的身份证和临时身份证,每 100 男子中占 23.8,每 100 妇女中占 0.85,而在1880 年则占 33.1 与 2.2,等等,等等。

与居民离开农业而转向城市一样,外出做非农业的零工是**进步的现象**。它把居民从偏僻的、落后的、被历史遗忘的穷乡僻壤拉出来,卷入现代社会生活的漩涡。它提高居民的文化程度[①]及觉悟[②],

---

① 日班科夫《从 1866—1883 年的资料看外出谋生对科斯特罗马省人口迁徙的影响》第 36 页及以下各页。科斯特罗马省外出零工县份识字男子的百分比为 55.9%;在工厂县份为 34.9%;在定居(森林)县份为 25.8%;识字妇女分别为 3.5%、2.0%、1.3%;学生分别为 1.44%、1.43%、1.07%。外出零工县份中儿童也有在圣彼得堡读书的。

② "识字的到彼得堡谋生的人,的确更好地和更自觉地求医治病"(同上,第 34 页),因此传染病在他们中间不像在"**文化很低的**"(黑体是原作者用的)乡中那样厉害。

使他们养成文明的习惯和需要①。"头等的动因",即到彼得堡谋生的人的风度与浮华,吸引农民外出;他们寻找"更好的地方"。"彼得堡的工作与生活被认为比乡村的轻松。"②"所有乡村居民都被叫做**乡下佬**;令人奇怪的是,他们毫不认为这个称号是对自己的侮辱,他们自己也这样称呼自己,埋怨父母不把他送到圣彼得堡去读书。不过要附带说明,这些**土里土气的**乡村居民远不如纯农业地区的乡村居民那样土里土气:他们不自觉地模仿到彼得堡谋生的人的外表与习惯,首都的光辉间接地也投射在他们身上。"③在雅罗斯拉夫尔省(除了发财的例子),"还有其他原因驱使每个人离开家庭。这就是舆论,那些没有在彼得堡或其他地方居住过而只是从事农业或做某种手艺的人,一辈子都被人称为牧人,这种人很难找到老婆"(《雅罗斯拉夫尔省概述》第2编第118页)。外出到城市去,可以提高农民的公民身份,使他们跳出乡村根深蒂固的宗法式的与人身的依附关系及等级关系的深渊④…… "人民中间个人的自我意识的增长,是助长外出的首要因素。从农奴制依附下的解放,最精干的一部分农村人口早已与城市生活的接触,老

---

① "就生活设备来说,外出零工县份大大超过农业地区和森林地区…… 到彼得堡谋生的人的衣服清洁、美观、卫生得多…… 儿童们比较清洁,所以他们中间很少看到疥疮和其他皮肤病。"(同上,第39页。参看《1892—1895年斯摩棱斯克省的外出零工》第8页)"外出零工乡村与定居乡村截然不同:住宅、衣服、一切习惯、娱乐,与其说像农民生活,不如说像市民生活。"(《1892—1895年斯摩棱斯克省的外出零工》第3页)在科斯特罗马省外出零工乡里,"你在半数人家中可以看到纸、墨水、铅笔与钢笔"(《农妇国》第67—68页)。

② 《农妇国》,第26—27页和第15页。

③ 同上,第27页。

④ 例如,使科斯特罗马农民登记为市民的原因之一,就是"可能的体罚,这种体罚对于衣著华丽的到彼得堡谋生的人比对于土里土气的村民更为可怕"(同上,第58页)。

早就在雅罗斯拉夫尔省的农民中间唤起了一种愿望:保卫自己的'我',从乡村生活条件所注定的贫困与依附状况中解脱出来,过富足的、独立的与受人尊敬的生活⋯⋯　靠外出做零工生活的农民感到自己自由些,同其他等级的人平等些,因而农村青年日益强烈地渴望到城市去。"(《雅罗斯拉夫尔省概述》第2编第189—190页)

外出到城市,削弱了旧的父权制家庭,使妇女处于比较独立的、与男子平等的地位。"与定居的地区比较起来,索利加利奇与楚赫洛马的家庭"(科斯特罗马省外出做零工之风最盛的两个县),"不仅在家长的宗法权力方面,而且在父母与子女、丈夫与妻子的关系方面都薄弱得多。对于12岁就被送到彼得堡去的儿子,当然不能希望他们如何热爱父母,如何依恋父母的家庭;他们不自觉地变成世界主义者了:'哪里好,哪里就是祖国'"。① "过惯了不受丈夫支配与帮助的生活的索利加利奇妇女,与农业地带受践踏的农妇完全不同:她们是独立自主的⋯⋯　殴打虐待老婆在这里是罕见的事情⋯⋯　男女平等差不多在一切地方与一切方面都反映出来。"②

最后(最后但不是最不重要),外出做非农业零工不仅提高了外出雇佣工人的工资,**而且也提高了留在当地的工人的工资。**

这个事实的最突出表现,是下面这样一个普遍现象:非农业省份比农业省份的工资高,吸引了农业省份的农业工人。③ 下面是卡卢加省的有趣资料:

---

① 《农妇国》第88页。
② 1890年《法学通报》杂志第9期第142页。
③ 参看第4章第4节(参看《列宁全集》第2版第3卷第238—239页。——编者注)。

| 县 别<br>(以外出做零工的<br>人数为标准) | 外出男性工人<br>对全体男性<br>人口的百分比 | 每月的工资(单位卢布) | |
| --- | --- | --- | --- |
| | | 外出工<br>业者 | 农村年工 |
| 一、 | 38.7 | 9.0 | 5.9 |
| 二、 | 36.3 | 8.8 | 5.3 |
| 三、 | 32.7 | 8.4 | 4.9 |

"这些数字完全说明了……下列现象:(1)外出做零工对农业生产中工资的提高有影响,(2)外出做零工吸引走了人口中的优秀力量。"[1]不仅货币工资提高了,而且实际工资也提高了。在100名工人中有60人以上外出做零工的县份内,一个全年雇农的平均工资为69卢布或123普特黑麦;在外出做零工的工人占40%—60%的县份内,平均工资为64卢布或125普特黑麦;在外出做零工的工人不到40%的县份内,平均工资为59卢布或116普特黑麦。[2] 在这几类县份中,诉说缺乏工人的通讯的百分比是依次降低的:58%—42%—35%。加工工业中的工资高于农业中的工资,"根据很多通讯员先生的评述,手工业促进了农民中间新的需求(茶、印花布、靴、钟表等等)的发展,提高了需求的一般水平,于是对工资的提高产生影响"[3]。下面就是一位通讯员的典型评述:工人"始终很缺少,其原因是城市附近的居民被娇养惯了,他们都在铁路工厂做工或在那里做事。卡卢加附近及其市场,经常聚集着四周的居民,他们出卖鸡蛋、牛奶等等,然后在酒馆中狂饮;其原因是所有的人都想多拿钱不干事。当农业工人,被认为是**可耻的事情**,大家都想到城市去,在那里当无产阶级和游民;乡村则感到缺乏有能力的健康的工人"[4]。这种对

---

[1] 《1896年卡卢加省统计概述》第2篇第48页。

[2] 同上,第1篇第27页。

[3] 同上,第41页。

[4] 同上,第40页。黑体是原作者用的。

外出做零工的评价,我们有充分理由可以称之为**民粹派的**评价。例如,日班科夫先生指出,外出的工人不是过剩的工人,而是由外来的农民所代替的"必要的"工人,他认为,"很明显","这种相互代替是很不利的"。① 日班科夫先生,对谁很不利呢?"京都的生活使人们养成许多**低级的文明习惯**,尚奢侈和浮华,白白地⟨原文如此!!⟩耗费许多金钱"②;在这种奢侈等等上的支出大部分是"白费的"(!!)③。赫尔岑施坦先生直率地悲叹"表面的文明"、"恣意的放荡"、"纵情的欢宴"、"野蛮的酗酒与廉价的荒淫"等等。④ 莫斯科统计学家们从大批外出做零工的事实直接得出这样的结论:必须"采取办法以减少外出谋生的需要"。⑤ 卡雷舍夫先生谈到外出做零工的问题时说道:"只要把农民土地使用面积增加到足以满足其家庭最主要的⟨!⟩需要,就可以解决我国国民经济中这个最严重的问题。"⑥

-------------------

① 《农妇国》第39页和第8页。"这些真正的⟨外来的⟩农民,是否会以其富裕的生活状况,给予那些不是视土地而是视外出谋生为其生活基础的本地居民以清醒的影响呢?"(第40页)作者叹息道:"然而我们在上面已经举出了相反影响的例子。"这个例子如下。沃洛格达人买了土地,生活过得"很富裕"。"我曾经问过其中的一个人,既然他家里很富裕,为什么还把儿子送到圣彼得堡去?我得到的回答是:'事情是这样,我们并不穷,但是我们这里很土气,他学别人的样,自己也想去受教育,其实他在我们家里已经是一个有学问的人了。'"(第25页)可怜的民粹派啊!甚至富裕的购买土地的农夫-庄稼汉的例子,也不能使那个青年"清醒过来",他竟要去"受教育",以逃开"保证其生活的份地",这怎能不令人伤心呢!
② 《从1866—1883年的资料看外出谋生对科斯特罗马省人口迁徙的影响》第33页。黑体是原作者用的。
③ 1890年《法学通报》杂志第9期第138页。
④ 1887年《俄国思想》杂志(不是《俄罗斯通报》杂志99,而是《俄国思想》杂志)第9期第163页。
⑤ 《1880年和1885年发给莫斯科省农业人口的居民证》第7页。
⑥ 1896年《俄国财富》杂志2第7期第18页。这样,"最主要的"需要应由份地去满足,而其余的需要,显然应由从"感到缺乏有能力的健康的工人"的"乡村"中所得到的"当地工资"来满足!

这些好心肠的先生们,谁也没有想到,在谈论"解决最严重的问题"之前,必须关心农民流动的完全自由,即放弃土地和退出村社的自由,在国内任何城市公社或村社随意居住(不缴纳"赎"金)的自由!

————

总之,居民离开农业,在俄国表现在城市的发展(这一点部分地被国内移民掩盖了)以及城市近郊、工厂村镇与工商业村镇的发展上,并且也表现在外出做非农业零工的现象上。所有这些在改革后时代已经和正在向纵深和宽广两方面迅速发展的过程,是资本主义发展的必要组成部分,同旧的生活方式比起来,具有很大的进步意义。

## 三　雇佣劳动使用的增长

在资本主义发展问题上,雇佣劳动的普遍程度差不多具有最大的意义。资本主义是商品生产发展的这样一个阶段,这时劳动力也变成了商品。资本主义的基本趋势是:国民经济的全部劳动力,只有经过企业主的买卖后,才能应用于生产。这个趋势在改革后的俄国是怎样表现的,我们在上面已经尽力详细地考察过了,现在应当把这个问题作一总结。首先把前几章所引证的劳动力出卖者人数的资料计算在一起,然后(在下一节)再叙述劳动力购买者的总数。

全国参加物质财富生产的劳动人口,是劳动力出卖者。据计算,这种人口约有 1 550 万成年男工。[①] 第 2 章中曾经指出,下等

————

① 《欧俄农村居民经济状况统计资料汇编》(1894 年大臣委员会办公厅出版)的数字,为 15 546 618 人。这个数字是这样得到的:假设城市人口等于不参加物质财富生产的人口;成年男性农民人口减少了 7%(4.5% 服兵役,2.5% 在村社中服务)。

农户无非是农村无产阶级；同时曾经指出（第 122 页脚注①），这种无产阶级出卖劳动力的形式将在下面加以考察。现在把前面列举的各类雇佣工人作一总计：（1）农业雇佣工人，其数目约为 350 万人（欧俄）。（2）工厂工人、矿业工人和铁路工人，约为 150 万人。总计职业雇佣工人共 500 万人。其次，（3）建筑工人，约为 100 万人。（4）从事木材业（伐木、木材初步加工、运木等等）、挖土、修筑铁路、装卸货物以及工业中心的各种"粗"活的工人。这些工人约为 200 万人。② （5）被资本家所雇用在家中工作的以及在未列入"工厂工业"的加工工业中做雇佣工作的工人，其人数约为 200 万。

　　总计——**约有 1 000 万雇佣工人**。除去其中大约¼的女工与童工③，还有 **750 万成年男性雇佣工人**，即参加物质财富生产的全国成年男性人口的**一半左右**。④ 在这一大批雇佣工人中，有一部分已完全与土地断绝关系，专门靠出卖劳动力为生。这里包括绝大多数的工厂工人（无疑也包括绝大多数的矿业工人与铁路工人），其次包括一部分建筑工人、船舶工人与小工；最后，还包括不小一部分资本主义工场手工业工人以及为资本家进行家庭劳动的非农业中心的居民。另外很大一部分雇佣工人尚未与土地断绝关

---

① 参看《列宁全集》第 2 版第 3 卷第 150 页。——编者注
② 我们在上面看见，单是木材工人就有 200 万。从事上述后两种工作的工人人数，应当大于外出做非农业零工的工人总数，因为一部分建筑工人、小工、特别是木材工人，是本地工人，而不是外来工人。我们看见，外出做非农业零工工人人数不下 300 万人。
③ 我们看见，在工厂工业中，妇女与儿童占工人总数¼强。在采矿工业、建筑业与木材业等等中，妇女与儿童是很少的。相反，在资本主义的家庭劳动中，妇女与儿童大概比男子多些。
④ 为了避免误解起见，我们附带说明一下：我们决不奢望这些数字得到统计上的确切证明。我们只想大概表明一下雇佣劳动形式的多样化和雇佣劳动者人数的众多。

系,他们的支出一部分是以他们在很小一块土地上生产的农产品来抵补,因而他们形成了我们在第2章中极力详述过的那一类有份地的雇佣工人。前面的叙述已经指出,所有这一大批雇佣工人主要是在改革后的时代出现的,现在还继续迅速地增长着。

重要的是指出我们的结论在资本主义所造成的相对人口过剩(或失业工人后备军人员)问题上的意义。国民经济各部门中雇佣工人总数的资料,特别明显地暴露了民粹派经济学在这个问题上的基本错误。正如我们在另外一个地方(《评论集》第38—42页①)已经指出的,这种错误在于民粹派经济学家(瓦·沃·先生、尼·—逊先生及其他人)大谈资本主义使工人"游离出来",但不想研究一下俄国资本主义人口过剩的具体形式;其次,在于他们完全不懂得大批后备工人对我国资本主义的存在与发展的必要性。他们凭着对"工厂"工人人数发表几句抱怨的话和进行一些奇怪的算法②,就把资本主义发展的基本条件之一变成了证明资本主义不可能、错误、无根据等等的论据。事实上,如果对小生产者的剥夺没有造成千百万的雇佣工人群众,使他们随时准备一有号召就去满足企业主在农业、木材业与建筑业、商业、加工工业、采矿工业、运输工业等等中最大限度的需求,那么,俄国资本主义永远也不能发展到目前的高度,而且连一年也不能存在。我们说最大限

---

① 见《列宁全集》第2版第2卷第146—151页。——编者注

② 我们回忆一下尼·—逊先生关于"一小撮"工人的议论以及瓦·沃·先生下面这种真正古典的算法(《理论经济学概论》第131页)。在欧俄50个省中,计有属于农民等级的成年男工 15 547 000 人,其中"被资本所联合起来的"为 1 020 000 人(工厂工业中的 863 000 人及铁路工人 160 000 人),其余的是"农业人口"。在"加工工业完全资本主义化"之下,"资本主义工厂工业"雇用了两倍的人手(不是 7.6%,而是13.3%;其余的 86.7% 的人口"则依然耕种土地,将在半年内没有工作")。看来,注解只能削弱经济科学与经济统计的这个出色例子给人造成的印象。

度的需求,是因为资本主义只能是跳跃式地发展,因而需要出卖劳动力的生产者人数,应当始终高于资本主义对工人的平均需求。我们刚才计算了各类雇佣工人的总数,但是我们这样做决不是想说资本主义能够经常雇用这全部工人。不管我们拿哪类雇佣工人来看,这种经常的雇用在资本主义社会中是没有的,而且也是不可能有的。在千百万流动的与定居的工人中间,有一部分经常留在失业后备军内,这种后备军在危机年代,或在某一区域某种工业衰落的情况下,或在排挤工人的机器生产特别迅速地扩展的情况下,达到很大的数量;有时候则降到最低限度,甚至往往引起个别年份国内个别区域的个别工业部门的企业主抱怨工人"缺乏"。由于完全没有比较可靠的统计资料,即使大致算出通常年份的失业人数,也是不可能的;但是,没有疑问,这个数目应当是很大的,不论是上面多次指出的资本主义工业、商业与农业的巨大波动,或者是地方自治局统计所肯定的下等农户家庭收支中的通常亏空,都证明了这一点。被驱入工业无产阶级与农村无产阶级队伍中的农民人数的增加,以及对雇佣劳动的需求的增加,这是一件事情的两个方面。至于谈到雇佣劳动形式,那么它们在各方面都还被前资本主义制度的残余和设施所缠绕着的资本主义社会中是极其多种多样的。忽视这种多样性,将是重大的错误。谁要像瓦·沃·先生那样认为资本主义"给自己划定了一个容纳 100 万—150 万工人的角落而不超出这个角落"①,他就会陷入这种错误。这里说的已经不是资本主义,而只是大机器工业。但是,在这里把这 150 万工人圈定在一个特别的似乎与雇佣劳动其他领域没有任何联系的"角落"里,这是多么随心所欲和多么不合情理啊!事实上,这种联系是很密切的,为了说明这

---

① 1896 年《新言论》杂志第 6 期第 21 页。

种联系,只须举出现代经济制度的两个基本特点就够了。第一,货币经济是这种制度的基础。"货币权力"充分表现在工业中与农业中,城市中与乡村中,但是只有在大机器工业中它才得到充分发展,完全排挤了宗法式经济的残余,集中于少数大机关(银行),直接与社会大生产发生联系。第二,劳动力的买卖是现代经济制度的基础。即使拿农业中或工业中的最小的生产者来看,你就会看到,那种既不受人雇又不雇人的生产者是例外的情况。但是,这些关系也只有在大机器工业中才能得到充分发展,才能与以前的经济形式完全分离。因此,某一位民粹派认为极小的"角落",实际上体现着现代社会关系的精髓,而这个"角落"的人口即无产阶级,才真正是全部被剥削劳动群众唯一的前卫和先锋。① 因此,只有从这个"角落"中所形成的关系的角度去考察整个现代经济制度,才有可能认识清楚各种生产参加者集团之间的基本相互关系,从而考察这种制度的基本发展方向。相反,谁要撇开这一"角落"而从宗法式小生产关系的角度来考察经济现象,那么历史进程就会把他或者变为天真的梦想家,或者变为小资产阶级的和大地主的思想家。

## 四 劳动力国内市场的形成

为了总括上面叙述中关于这个问题所引证的资料,我们只谈

---

① 如果作相应的改变,那就可以说,大机器工业中的雇佣工人与其余的雇佣工人的关系,就像韦伯夫妇所说的英国工联主义者与非工联主义者的关系一样。"工联主义者约占全部人口4%…… 据工联计算,在自己队伍中以体力劳动为生的成年男工占20%左右。"但是"工联的成员……照例总是每一部门的一批最优秀的工人。因此,他们对其余工人群众的道德和精神的影响,是同他们的人数完全不能相比的。"(悉·韦伯和比·韦伯《不列颠工联主义运动史》1895年斯图加特狄茨版第363、365、381页)

欧俄工人流动的情况。以业主陈述为基础的农业司出版物①,给我们提供了这种情况。工人流动的情况,使人对劳动力国内市场如何形成有一个总的认识;我们在利用这一出版物的材料时,只是力求把农业工人的流动与非农业工人的流动加以区别,虽然该出版物所附的表明工人流动的地图上并未作出这种区别。

**农业**工人最主要的流动情况如下:(1)从中部农业省份移到南部和东部边疆地区。(2)从北部黑土地带省份移到南部黑土地带省份,同时从南部黑土地带省份又有工人移到边疆地区(参看第3章第9节和第10节)②。(3)从中部农业省份移到工业省份(参看第4章第4节)③。(4)从中部与西南部农业省份移到甜菜种植区域(甚至有一部分加里西亚工人也移到这里)。

**非农业工人**最主要的流动情况如下:(1)主要从非农业省份、但在很大程度上也从农业省份移到首都与大城市。(2)从上述地区移到弗拉基米尔省、雅罗斯拉夫尔省及其他各省工业地区的工厂中。(3)移到新工业中心或新工业部门,以及非工厂的工业中心和其他区域。这里是指移动到下列各处:(a)西南各省甜菜制糖厂;(b)南部矿业地区;(c)码头工作地区(敖德萨、顿河畔罗斯托夫、里加等等);(d)弗拉基米尔省及其他各省的泥炭采掘业地区;(e)乌拉尔矿业区;(f)渔业地区(阿斯特拉罕、黑海与亚速海等等);(g)造船业、航运业、伐木及流送木材等等部门;(h)铁路工作等等部门。

---

① 《根据业主方面的材料所编的农业统计资料,第5编,从欧俄工农业统计经济概述看地主农场中的**自由雇佣劳动**和工人的流动》,**谢·亚·柯罗连科**编,1892年圣彼得堡农业和农村工业司出版。
② 参看《列宁全集》第2版第3卷第207、211页。——编者注
③ 同上书,第238—239页。——编者注

工人的主要流动情况就是如此,雇主通讯员指出这些流动对于各地工人的雇用条件发生相当重大的影响。为了更清楚地表明这些流动的意义,我们拿工人移出和移入的各个地区的工资资料与之作一对比。我们只举出欧俄28个省,根据工人流动的性质把它们分为6类,于是得到下面的资料①:

这个表向我们明显地指出了那个建立劳动力国内市场、从而也建立资本主义国内市场的过程的基础。资本主义关系**最**发达的两个主要区域,吸引了大量工人。这两个区域就是农业资本主义区域(南部与东部边疆地区)与工业资本主义区域(首都省与工业省)。在人口外移的区域,在中部各农业省,工资是最低的,这些省份不论在工业中还是在农业中资本主义都极不发达②;在人口移入的区域,各种工作的工资都增高了,货币工资对工资总额的比例也增高了,即货币经济由于排挤自然经济而得到加强。人口移入最多(和工资最高)的区域与人口移出(和工资最低)的区域之

---

① 其余各省均略去不计,以便不让那些对所研究的问题不能提供任何新东西的资料使叙述复杂起来;况且,这些省份不是与工人主要的、大批的流动无关(乌拉尔、北部),便是有民族学上的和行政法律上的特点(波罗的海沿岸各省、特许犹太居住区各省、白俄罗斯各省等等)。资料取自上面引证过的出版物。工资数字系各省的平均数;夏季日工工资是播种、割草、收获三个时期的平均数。这些区域(第1类——第6类)包括下列各省:(1)塔夫利达、比萨拉比亚与顿河;(2)赫尔松、叶卡捷琳诺斯拉夫、萨马拉、萨拉托夫与奥伦堡;(3)辛比尔斯克、沃罗涅日与哈尔科夫;(4)喀山、奔萨、坦波夫、梁赞、图拉、奥廖尔与库尔斯克;(5)普斯科夫、诺夫哥罗德、卡卢加、科斯特罗马、特维尔与下诺夫哥罗德;(6)圣彼得堡、莫斯科、雅罗斯拉夫尔与弗拉基米尔。

② 于是,农民就大批地离开宗法式经济关系最厉害的、工役制及原始工业形式保存最多的区域,跑到"基础"完全瓦解了的地区去。他们逃离"人民生产",不听那紧跟在他们后面的"社会"呼声。在这一片呼声中,听得最清楚的有两种声音:"束缚得太少呀!"——这是黑帮分子索巴开维奇**100**的恫吓的叫声;"没有充分保证份地",——立宪民主党人马尼洛夫**101**客气地纠正他说。

| 省区（按工人流动的性质划分） | 10年（1881—1891年）的平均工资 | | | | | 工人流动数量 | | | |
| --- | --- | --- | --- | --- | --- | --- | --- | --- | --- |
| | 年工 | | 货币工资对全部工资的百分比 | 季节工（夏季）卢布 | 自备伙食的夏季日工 戈比 | 农业的 | | 非农业的 | |
| | 食宿在外 卢布 | 食宿在内 卢布 | | | | 移入 | 移出 | 移出 | 移入 |
| 1. 大量的农业移入 | 93.00 | 143.50 | 64.8 | 55.67 | 82 | 约100万工人 | — | — | 大部分移向矿业地区 |
| 2. 大量的农业移入，而移出甚少 | 69.80 | 111.40 | 62.6 | 47.30 | 63 | 约100万工人 | 数量不大 | — | 大部分移向矿业地区 |
| 3. 大量的农业移出，而移入甚少 | 58.67 | 100.67 | 58.2 | 41.50 | 53 | 数量不大 | 30万工人以上 | 数量不大 | 数量不大 |
| 4. 大量的移出，大部分是农业移出，也有非农业移出 | 51.50 | 92.95 | 55.4 | 35.64 | 47 | — | 150万工人以上 | 数量不大 | — |
| 5. 大量的非农业移出，而农业移入甚少 | 63.43 | 112.43 | 56.4 | 44.00 | 55 | 数量不大 | 数量不大 | 125万工人左右 | — |
| 6. 大量的非农业移入，而农业移入也相当大 | 79.80 | 135.80 | 58.7 | 53.00 | 64 | 数量相当大 | — | （到首都） | 数量很大 |

间的中间区域,则表现出上面已经指出过的工人相互代替的现象:工人移出的数目过多,以致移出的地区发生工人不足的情况,因而从更"低廉"的省份吸收外来工人。

实际上,我们表中所表明的人口从农业向工业的转移(人口的工业化)和工商业农业即资本主义农业的发展(农业的工业化)这两个方面的过程,把上面关于资本主义社会国内市场形成问题的全部叙述总括起来了。资本主义国内市场的建立,是由于资本主义在农业中与工业中的平行发展[①],是由于一方面形成了农业企业主与工业企业主阶级,另一方面形成了农业雇佣工人与工业雇佣工人阶级。工人流动的主要潮流表明了这种过程的一些主要形式,但还远不是其全部形式;在前面的叙述中已经指出,这种过程的形式在农民经济中与在地主经济中是各不相同的,在商业性农业的不同区域中是各不相同的,在工业资本主义发展的不同阶段是各不相同的,等等。

这一过程被我国民粹派经济学的代表者歪曲和混淆到什么程度,这在尼·—逊先生所著《概况》第2篇第6节里特别明显地表现出来了,这一节有这样一个特出的标题:《社会生产力的再分配对于农业人口的经济地位的影响》。请看尼·—逊先生是怎样设想这种"再分配"的:"在资本主义……社会中,劳动生产力的每一次提高,都使相应数量的工人被'游离'出来,他们被迫去另谋生

---

① 理论经济学早已确定了这个简单的真理。马克思更不用说了,他曾经直接指出资本主义在农业中的发展是建立"工业资本的国内市场"的过程(《资本论》第2版第1卷第776页(参看《马克思恩格斯文集》2009年人民出版社版第5卷第854页。——编者注),第24章第5节);我们来看看亚当·斯密。在《国民财富的性质和原因的研究》第1篇第11章和第3篇第4章中,他指出了资本主义农业发展的最显著的特点,指出这一过程与城市增长和工业发展的过程是平行的。

计;然而因为这种事情发生在一切生产部门,这种'游离'遍布整个资本主义社会,所以这些工人除了转向他们暂时还未失掉的生产工具,即转向土地之外,是没有其他出路的……"(第126页)"我国农民并未失掉土地,所以他们就把自己的力量投在土地上。他们失去工厂中的工作或被迫抛弃其家庭副业时,除了加紧耕种土地之外,看不到其他的出路。一切地方自治局统计汇编,都肯定了耕地扩大的事实……"(第128页)

你们瞧,尼·—逊先生知道一种十分特别的资本主义,这种资本主义是任何时候任何地方都不曾有过的,而且是任何一个经济学理论家难以想象的。尼·—逊先生的资本主义不使人口离开农业转向工业,也不把农民分裂为对立的阶级。完全相反。资本主义把工人从工业"游离"出来,而且"他们"只得转向土地,因为"我国农民并未失掉土地"!!这种"理论"在诗意的混乱中把资本主义发展的种种过程独创地"再分配"了一下,而这种"理论"的基础,就是前面叙述中所详细分析过的一般民粹派的笨拙方法:把农民资产阶级与农村无产阶级混淆起来,忽视商业性农业的增长,拿"人民""手工业"与"资本主义""工厂工业"分离的童话,来代替对资本主义在工业中的各种循序出现的形式与各种表现的分析。

## 五 边疆地区的意义。国内市场 还是国外市场?

在第1章中已经指出了把资本主义国外市场问题同产品的实现问题联在一起的理论的错误。(第25页①及以下各页)资本主义之所以必须有国外市场,决不是由于产品不能在国内市场实现,

---

① 参看本卷第190—192页。——编者注

而是由于资本主义不能够在不变的条件下以原有的规模重复同样的生产过程(如像在前资本主义制度下所发生的那样),它必然会引起生产的无限制的增长,而超过原有经济单位的旧的狭隘的界限。在资本主义所固有的发展不平衡的情况下,一个生产部门超过其他生产部门,力求越出旧的经济关系区域的界限。例如,我们拿改革后时代初期的纺织工业来看。这种工业在资本主义关系上有相当高度的发展(工场手工业开始过渡到工厂),完全占领了俄国中部的市场。但是如此迅速增长的大工厂已经不能满足于以前的市场范围;它们开始到更远的地方,到移居新罗西亚、伏尔加左岸东南地区、北高加索以及西伯利亚等地的新的人口中间给自己寻找市场。大工厂力求超出旧市场的界限,这是毫无疑问的。这是否意味着,在这些旧市场的区域内,更大数量的纺织工业产品一般说来就不能消费了呢? 这是否意味着,例如,工业省份与中部农业省份一般说来就不能吸收更大数量的工厂产品了呢? 不是的。我们知道,农民的分化,商业性农业的增长以及工业人口的增加,过去和现在都继续扩大这个旧区域的国内市场。但是,国内市场的这种扩大却被许多情况(主要是还保留了阻止农业资本主义发展的一些旧制度)所阻止。厂主当然不会等待国民经济其他部门在其资本主义发展上赶上纺织工业。厂主是立即需要市场的,如果国民经济其他方面的落后使旧区域内的市场缩小,那么他们将在其他区域、其他国家或老国家的移民区内去寻找市场。

但什么是政治经济学意义上的移民区呢? 上面已经指出,根据马克思的意见,这一概念的基本特征如下:(1)移民容易获得的未被占据的闲地的存在;(2)业已形成的世界分工即世界市场的存在,因而移民区可以专门从事农产品的大宗生产,用以交换现成的工业品,即"在另外的情况下必须由他们自己制造的那些产品"

（见上面第 4 章第 2 节第 189 页脚注①）。在改革后时代住满了人的欧俄南部与东部边疆地区，正是具有这两个特点，从经济学的意义上说来，它们是欧俄中部的移民区，——这一点已经在另一地方讲过了。② 移民区这个概念更可以应用于其他边疆地区，例如高加索。俄罗斯在经济上"征服"这个地方，比政治上要迟得多，直到现在这种经济上的征服还没有完全结束。在改革后时代，一方面对高加索进行大力开发③，移民广泛开垦土地（特别在北高加索），为出售而生产小麦、烟草等等，并从俄罗斯吸引了大批农村雇佣工人。另一方面，几百年的当地"手工业"遭到排挤，这些当地"手工业"在输入的莫斯科工厂产品的竞争下日益衰落。古老的兵器制造业，在输入的图拉的和比利时的制品的竞争下衰落了，手工制铁业在输入的俄罗斯产品的竞争下衰落了，而对铜、金银、陶土、油脂和碱、皮革等等的手工加工业，也都是如此④；所有这些产品，俄罗斯工厂都生产得便宜些，它们把自己的产品运到高加索去。角骨杯制造业，由于格鲁吉亚封建制度及其传统性宴会的没落而衰落了。软帽业也因为欧洲式服装代替亚洲式服装而衰落了。装当地酒的皮囊与酒罐制造业也衰落了，因为当地所产的

---

① 见《列宁全集》第 2 版第 3 卷第 227 页。——编者注

② "……完全由于它们，由于这些人民生产形式，而且以它们为基础，全部南俄才开发出来并且住上了人。"（尼·—逊先生《概况》第 284 页）"人民生产形式"这一概念是多么广泛与丰富啊！它包括了一切应有尽有的东西：宗法式的农业，工役制，原始的手艺，小商品生产，我们在上面关于塔夫利达省和萨马拉省的资料中看见过的（第 2 章）农民村社内部的典型资本主义关系，以及其他等等。

③ 参看 1897 年《财政与工商业通报》杂志第 21 期上彼·谢苗诺夫先生的文章和 1897 年 6 月《新言论》杂志上瓦·米海洛夫斯基的文章。

④ 见《俄国手工业报告和研究》第 2 卷中 К. 哈季索夫的文章和《俄国手工业调查委员会的报告》第 5 编中 П. 奥斯特里亚科夫的文章。

酒首次拿去出卖(使酒桶业发展起来),并且获得了俄罗斯市场。这样,俄国资本主义把高加索卷入世界商品流通之中,消灭了它的地方特点——昔日宗法式闭塞状态的残余,——为自己的工厂**建立了市场**。在改革后初期居民稀少的或者与世界经济甚至历史隔绝的山民所居住的地方,已经变成了石油工业者、酒商、小麦与烟草工厂主的地方,而库庞先生[102]也就无情地把自豪的山民们富有诗意的民族服装脱去,给他们穿上欧洲仆役的制服了(格·乌斯宾斯基)。与高加索的加紧开发及其农业人口急剧增长的过程并行的,还有人口离开农业而转向工业的过程(这一过程被农业人口的增长掩盖了)。高加索的城市人口,从1863年的35万人增加到1897年的90万人左右(高加索全部人口从1851年到1897年增加了95%)。至于在中亚细亚和西伯利亚等地,过去和现在都发生着同样的过程,这点我们就无须赘述了。

这样,自然也就发生一个问题:国内市场与国外市场的界限在什么地方呢?采用国家的政治界限,那是太机械的解决办法,而且这是否是解决办法呢?如果中亚细亚是国内市场,波斯是国外市场,那么把希瓦与布哈拉归在哪一类呢?如果西伯利亚是国内市场,中国是国外市场,那么把满洲归在哪一类呢?这类问题是没有重要意义的。重要的是,资本主义如果不经常扩大其统治范围,如果不开发新的地方并把非资本主义的古老国家卷入世界经济的漩涡,它就不能存在与发展。资本主义的这种特性,在改革后的俄国已经非常充分地表现出来了,并且继续表现出来。

因此,资本主义市场形成的过程表现在两方面:资本主义向深度发展,即资本主义农业与资本主义工业在现有的、一定的、闭关自守的领土内的进一步发展;资本主义向广度发展,即资本主义统治范围扩展到新的领土。根据本书的计划,我们差不多只叙述这个过程的前一方面,因此我们认为特别必须在这里着重指出,这个过程的另一方面具有非常重大的意义。从资本主义发展的观点对开发边疆地区与扩大俄国领土的过程进行稍微充分的研究,就需要有专门的著作。我们在这里只须指出,由于俄国边疆地区有大量空闲的可供开垦的土地,俄国比其他资本主义国家处于特别有利的情况。[1] 不必说亚俄,就是在欧俄也有这样的边疆地区,它们由于距离遥远,交通不便,在经济方面同俄罗斯中部的联系还极端薄弱。例如,拿"远北方"——阿尔汉格尔斯克省来看,该省辽阔的土地和自然资源还没有怎样开发。当地主要产品之一木材,直到最近主要是输往英国。因此,从这方面说来,欧俄的这一区域就成为英国的国外市场,而不是俄国的国内市场。过去俄国企业家当然嫉妒英国人,现在铁路敷设到阿尔汉格尔斯克,他们兴高采烈起来,预见到"边疆地区各种工业部门中的精神振奋与企业家的活动了"[2]。

---

① 正文中指出的情况也有另外的一方面。资本主义在为人久居的旧领土内向深度的发展,由于边疆地区的开发而受到阻碍。资本主义所固有的以及资本主义所产生的各种矛盾的解决,由于资本主义能容易地向广度发展而暂时延缓。例如,最先进的工业形式与半中世纪的农业形式同时存在,无疑是一种矛盾。如果俄国资本主义在改革后初期所占领的领土界限以外没有地方可以扩张,那么资本主义大工业与农村生活古老制度(农民被束缚在土地上等等)之间的这个矛盾,就一定会迅速导致这些制度的完全废除,导致俄国农业资本主义道路的完全扫清。但是,在被开发的边疆地区寻求并找到市场的可能(对于厂主),出外到新土地上去的可能(对于农民),削弱了这个矛盾的尖锐性并延缓了它的解决。不用说,资本主义增长的**这种**延缓,等于是为它在最近的将来有更大和更广泛的增长作准备。

② 《俄国的生产力》第20编第12页。

## 六 资本主义的"使命"

最后,我们还要对著作界称之为资本主义的"使命"问题,即资本主义在俄国经济发展中的历史作用问题作出总结。承认这种作用的进步性,与完全承认资本主义的消极面和黑暗面,与完全承认资本主义所必然具有的那些揭示这一经济制度的历史暂时性的深刻的全面的社会矛盾,是完全一致的(我们在叙述事实的每一阶段上都力求详细指明这一点)。正是民粹派竭尽全力把事情说成这样,仿佛承认资本主义的历史进步性就是充当资本主义的辩护人,正是他们犯了过低估计(有时是抹杀)俄国资本主义最深刻的矛盾的毛病,他们掩盖农民的分化、我国农业演进的资本主义性质、具有份地的农村雇佣工人与手工业雇佣工人阶级的形成,掩盖资本主义最低级最恶劣的形式在著名的"手工"工业中完全占优势的事实。

资本主义的进步的历史作用,可以用两个简短的论点来概括:社会劳动生产力的提高和劳动的社会化。但这两个事实是在国民经济各个部门的各种极不相同的过程中表现出来的。

社会劳动生产力的发展,只有在大机器工业时代才会十分明显地表现出来。在资本主义这个高级阶段以前,还保持着手工生产与原始技术,这种技术的进步纯粹是自发的,极端缓慢的。改革后的时代,在这方面与俄国以前各个历史时代截然不同。浅耕犁与连枷、水磨与手工织布机的俄国,开始迅速地变为犁与脱粒机、蒸汽磨与蒸汽织布机的俄国。资本主义生产所支配的国民经济各个部门,没有一个不曾发生这样完全的技术改革。这种改革的过程,根据资本主义的本质,只能通过一系列的不平衡与不合比例来进行:繁荣时期被危机时期所代替,一个工业部门的发展引起另一工业部门的衰落,农业的进步在一个区域包括农业的一方面,在另一区域则包括农业的另一方面,工商业的增长超过农业的增长,等等。民粹派著作家的许多错误,都来源于他们企图证明这种不合比例的、跳跃式的、寒热病似的发展不是发展。①

资本主义所造成的社会生产力发展的另一特点,是生产资料(生产消费)的增长远远超过个人消费的增长。我们不止一次地指出了这个现象在农业与工业中是怎样表现出来的。这个特点是从资本主义社会中产品实现的一般规律所产生的,是与这个社会的对抗性质完全适应的。②

---

① "我们看一看……即使我们把英国沉入海底并取其地位而代之,资本主义的进一步发展究竟能带给我们什么东西。"(尼·—逊先生《概况》第210页)英国和美国的棉纺织工业,满足了世界消费的⅔,其所雇用的工人仅有60余万。"由此可见,即使我们获得了最大一部分的世界市场……资本主义也还不能够使用它现在正不断使之丧失职业的全部劳动力。事实上,与几百万整月整月坐着没有事干的农民比较起来,英国和美国的区区60万工人又算得了什么呢。"(第211页)

  "以前有历史,现在没有了。"以前,纺织工业中资本主义发展的每一步,都伴随着农民的分化,商业性农业及农业资本主义的增长,人口的离开农业而转入工业,"成百万农民的"转入建筑业、木材业及其他各种非农业的雇佣劳动,大批人口的迁移到边疆地区,以及这些边疆地区的变为资本主义市场。然而这一切都只是以前的事情,现在不再有这类事情了!

② 对生产资料的意义的忽视和对"统计"缺乏分析的态度,使尼·—逊先生作出下述经不住任何批判的论断:"……在加工工业部门中,整个〈!〉资本主义生产所产生的新的价值,最多不会超过4亿—5亿卢布。"(《概况》第328页)尼·—逊先生以三分税和摊派税的资料作为这个计算的根据,没有想一想这类资料能否包括"加工工业部门中的全部资本主义生产"。此外,他采用了未包括(根据他自己的话)采矿工业的资料,并且只把额外价值与可变资本算做"新价值"。我们的理论家忘记了,在生产个人消费品的工业部门中,不变资本**对于社会**也是新价值,同制造生产资料的工业部门(采矿工业、建筑业、木材业、铁路建筑等等)中的可变资本与额外价值进行交换。如果尼·—逊先生不把"工厂"工人人数与加工工业中按资本主义方式被雇用的工人总数混淆起来,那么他就会容易看出自己计算的错误。

资本主义所造成的劳动社会化,表现在下列过程中。第一,商品生产的增长本身破坏自然经济所固有的小经济单位的分散性,并把小的地方市场结合成为广大的国内市场(然后结合成为世界市场)。为自己的生产变成了为整个社会的生产;资本主义愈高度发展,生产的这种集体性与占有的个人性之间的矛盾就愈剧烈。第二,资本主义在农业中和工业中都造成了空前未有的生产集中以代替过去的生产分散。这是我们所考察的资本主义特点的最明显和最突出的但决非唯一的表现。第三,资本主义排挤人身依附形式,它们是以前的经济制度不可缺少的组成部分。俄国资本主义的进步性,在这方面表现得特别显著,因为生产者的人身依附,在我国不仅曾经存在(在某种程度上现在还继续存在)于农业中,并且还存在于加工工业(使用农奴劳动的"工厂")、采矿工业及渔业中①等等。与依附的或被奴役的农民的劳动比起来,自由雇佣工人的劳动在国民经济一切部门中是一种进步的现象。第四,资本主义必然造成人口的流动,这种人口流动是以前各种社会经济制度所不需要的,在这些经济制度下也不可能有较大的规模。第五,资本主义不断减少从事农业的人口的比例(在农业中最落后的社会经济关系形式始终占着统治地位),增加大工业中心数目。第六,资本主义社会扩大居民对联盟、联合的需要,并使这些联合

---

① 例如,在俄国渔业主要中心之一的摩尔曼斯克沿岸,"古老的"与真正"万古神圣的"经济关系形式,就是在17世纪已经完全形成而直到最近差不多没有改变的"分成制"**103**。"分成制渔工同其主人的关系并不只限于捕鱼的时候;相反,这些关系包括了分成制渔工的一生,他们终身在经济上依附自己的主人。"(《俄国劳动组合材料汇编》1874年圣彼得堡版第2编第33页)幸而资本主义在这个部门中大概"对自己过去的历史抱着轻蔑的态度"。"垄断……正被使用自由雇佣工人捕鱼的资本主义组织所代替。"(《俄国的生产力》第5编第2—4页)

具有一种与以前的各种联合不同的特殊性质。资本主义破坏中世纪社会狭隘的、地方的、等级的联盟,造成剧烈的竞争,同时使整个社会分裂为几个在生产中占着不同地位的人们的大集团,大大促进了每个这样的集团内部的联合。[①]　第七,上述一切由资本主义所造成的旧经济制度的改变,必然也会引起人们精神面貌的改变。经济发展的跳跃性,生产方式的急剧改革及生产的高度集中,人身依附与宗法关系的一切形式的崩溃,人口的流动,大工业中心的影响等等,——这一切不能不引起生产者性格的深刻改变,而俄国调查者们有关这方面的观察,我们已经指出过了。

我们再来谈谈民粹派经济学。我们曾经不断同这一经济学的代表人物进行论战,现在可以把我们与他们的意见分歧的原因概述如下。第一,民粹派对正在俄国进行的资本主义发展过程的理解,以及他们对俄国资本主义以前的经济关系结构的观念,我们不能不认为是绝对错误的,而且在我们看来,特别重要的是他们忽视农民经济(不论是农业的或手工业的)结构中的资本主义矛盾。其次,至于说到俄国资本主义发展快慢的问题,那么这完全要看把这种发展同什么东西相比较。如果把俄国前资本主义时代同资本主义时代作比较(而这种比较正是正确解决问题所必要的),那就必须承认,在资本主义下,社会经济的发展是非常迅速的。如果把这一发展速度与现代整个技术文化水平之下所能有的发展速度作比较,那就确实必须承认,俄国当前的资本主义发展是缓慢的。它不能不是缓慢的,因为没有一个资本主义国家内残存着这样多的旧制度,这些旧制度与资本主义不相容,阻碍资本主义发展,使生

---

① 参看《评论集》第91页脚注85;第198页。(见《列宁全集》第2版第2卷第208、330—332页。——编者注)

产者状况无限制地恶化,而生产者"不仅苦于资本主义生产的发展,而且苦于资本主义生产的不发展"①。最后,我们与民粹派的意见分歧的最深刻原因,可以说是对社会经济过程基本观点的不同。在研究社会经济过程时,民粹派通常作这种或那种道德上的结论;他们不把各种生产参加者集团看做是这种或那种生活形式的创造者;他们的目的不是把社会经济关系的全部总和看做是利益不同与历史作用各异的这些集团间的相互关系的结果……　如果本书作者能为阐明这些问题提供若干材料,那么他就可以认为自己的劳动不是白费的了。

1899 年 3 月底印成单行本 　　　　　　　　选自《列宁全集》第 2 版第 3 卷
　　　　　　　　　　　　　　　　　　　　第 11—14、17—52、507—553 页

---

① 　见《马克思恩格斯文集》2009 年人民出版社版第 5 卷第 9 页。——编者注

# 非批判的批判[104]

（评1899年《科学评论》杂志[105]第12期
帕·斯克沃尔佐夫先生的论文《商品拜物教》）

（1900年1—3月）

"丘必特发怒了"[106]……　大家早就知道,这种景象是很可笑
的,威严的雷神的暴怒实际上只能引人发笑。帕·斯克沃尔佐夫
先生再一次证实了这个旧真理,他用了一大堆精选过的"愤怒"词
句来攻击我那本论述俄国资本主义国内市场形成过程的书。

一

斯克沃尔佐夫先生庄严地教训我说:"要叙述整个过程,就必
须说明自己对资本主义生产方式的理解,仅仅求证实现论,是完全
不必要的。"为什么在一本专门分析国内市场资料的书中,求证国
内市场的理论竟是"不必要的",这始终是我们这位威严的丘必特
先生的秘密,他所谓"说明自己的理解","是指"……从《资本论》
中摘引一些多半与事情不相干的话。"可以责难作者陷入了**辩证
的**〈这是斯克沃尔佐夫先生机智的范例!〉矛盾,即他立意要考察
一个问题〈俄国资本主义的**国内市场**是怎样形成的〉,但在**求证**理
论之后,却得出这个问题完全不存在的结论。"斯克沃尔佐夫先生
非常满意他的这种责难,三番五次地加以重复,看不见或不愿看见

这种责难是建立在重大的错误上面的。我在第一章末尾说过："国内市场问题，**作为同资本主义发展程度问题无关的个别的独立问题**，是完全不存在的。"（第 29 页）[①] 怎么，批判家不同意这一点吗？不，他是同意的，因为他在前一页说我的说法是"对的"。既然如此，那么他为什么要大叫大嚷，力图抛弃我的结论中最重要的部分呢？这也始终是一个秘密。在本书论理论问题的开头一章末尾，我直截了当地指出了我感兴趣的题目："关于俄国资本主义国内市场如何形成的问题，就归结为下面的问题：俄国国民经济的各个方面如何发展，并朝什么方向发展？这些方面之间的联系和相互依存关系如何？"（第 29 页）[①] 批判家是否认为这些问题不值得研究呢？不，他宁愿回避我给自己提出的那个题目，而指出了**其他一些题目**，这些题目丘必特命令我必须进行研究。在他看来，必须"叙述农业和工业中用资本主义方式生产的那一部分产品的再生产和流通，也必须叙述农民独立生产者所生产的那一部分产品的再生产和流通……指出它们之间的关系，即指出上述每一个社会劳动部门中不变资本、可变资本和剩余价值的大小"（第 2278 页）。要知道这不过是一句响亮而毫无内容的空话！在叙述农业中用资本主义方式生产的产品的再生产和流通以前，必须首先弄清楚农业究竟**如何**变为资本主义农业并变到**什么程度**，是在农民那里还是在地主那里，是在这一区域还是在那一区域等等。不弄清楚这一点（我在自己的书中也就要弄清这一点），斯克沃尔佐夫先生所鼓吹的叙述就仍然是些陈词滥调。在谈论工业中用资本主义方式生产的那一部分产品之前，必须首先弄清俄国究竟是什么样的工业在变为资本主义工业并变到什么程度。我整理手工工业一类的资

---

① 见本卷第 194 页。——编者注

料,也就是想弄清这一点;威严的批判家对这一切庄严地闭口不谈,而极其郑重地要我踏步不前,要我空谈关于资本主义工业的毫无内容的老调! 俄国究竟什么样的农民算是"独立生产者"的问题,也需要切实加以研究,我在自己的书中也正是打算进行这种研究。如果斯克沃尔佐夫先生思考一下这个问题,他就不会这样胡说八道,说什么可以毫不犹豫地把不变资本、可变资本和剩余价值这些范畴搬到"农民独立生产者"经济上面去。一句话,只有**在**弄清了我指出的问题**以后**,研究斯克沃尔佐夫先生所提出的题目才有可能。在修正我的问题提法的幌子下,威严的批判家后退了,从分析具体的和有历史特点的现实,后退到简单地抄录马克思的话。

此外,决不能对帕·斯克沃尔佐夫先生以下的攻击不置一词,这个攻击最能说明我们这位批判家的手法。桑巴特教授指出(帕·斯克沃尔佐夫先生说),德国的输出落后于德国工业的发展。帕·斯克沃尔佐夫先生解释道:"这些资料恰好证实了我对市场的理解。"这岂不是很妙吗? 斯克沃尔佐夫先生的议论证明了一句名言:风马牛不相及。人们争论实现论,而资本主义却和农奴制一样靠剩余劳动生存! 如果这种举世无双的攻击再加上一些威严的吆喝,我们就会看到斯克沃尔佐夫先生"批判"的全貌了。

但是,让读者自己去判断吧:在第2279页和第2280页中,帕·斯克沃尔佐夫先生为了说明我的"不理解",从第1章的几个地方摘录了一些话,抓住个别词句中的个别字眼,大叫大嚷说:"**找到,交换,国内市场的理论,找到替换物**,最后是**补偿**! 我不认为这种定义的确切性会证明伊林先生对马克思'出色的'实现论有清楚的理解!?"其实这种批判和车尔尼雪夫斯基曾经嘲笑过的"批判"一模一样;有人拿起一本《乞乞科夫奇遇记》,开始"批判"道:"嘭—嘭—科夫,啊嚏,啊嚏…… 啊,真可笑! 找到,交换…… 我不认为这是清楚的……"**107** 啊,这是多么毁灭性的批判!

我在本书第 14 页①中说过:按实物形式划分产品,在分析单个资本的生产时,并不必要,但是在分析社会资本的再生产时,是绝对必要的,因为在后一种场合(也只有在后一种场合)所谈的正是产品实物形式的补偿。斯克沃尔佐夫先生硬说我"不理解"马克思,对我的"自由翻译"作了严厉的判决,认为"必须详细地引证《**资本论**》"(其实引文中所讲的正是我说明过的),猛烈攻击我的这样几句话:"现在",即在分析社会资本而不是单个资本的再生产时,"问题正在于:工人和资本家从哪里获得自己的消费品?资本家从哪里获得生产资料?生产出来的产品怎样满足这些需求和怎样使扩大生产成为可能?"斯克沃尔佐夫先生把这段话用黑体标出,然后写道:"在我用了黑体的地方,实际上是伊林先生的实现论,而不是马克思的实现论,这种理论和马克思的任何理论都毫无共同之处。"(第 2282 页)话说得好厉害!但是我们看看论据是什么。论据当然就是从马克思那里引证来的话,其中有这样几句:"他直接摆出〈原文如此!〉②的问题是这样的:在生产中消耗的资

---

① 见本卷第 178 页。——编者注

② 顺便谈一下译文。斯克沃尔佐夫先生从我的书中引证了以下一句话:"……好像只有社会的绝对的消费能力才是它们〈生产力〉发展的界限"(第 19 页(见本卷第 183 页。——编者注)),于是就严厉地训斥我说:"伊林先生……并没有注意译文的不当,而原文却很简单很明白:'als ob nur die absolute Konsumptionsfähigkeit der Gesellschaft ihre Grenze bilde'。"(第 2286 页)这个(完全正确的)译文有什么不好,批判家没有说明。而要说明他的严格精神,只要把**他的**译文举出两三行就够了。第 2284 页:"如果每年正常的再生产表现为已知的数量,那么这也表现为……"(原文为:ist damit auch unterstellt);第 2285 页:"问题首先是关于简单再生产。其次将表现为〈原文为:Ferner wird unterstellt〉不仅是产品按其价值来交换"等等。总之,毫无疑问,善良的斯克沃尔佐夫先生坚信:unterstellen 意思是表现,wird unterstellt 是将来时。

至于威严的批判家的文笔,我就不谈了,他甚至用这样的句子来款待读者:"现在资本主义的生产方式等于农业性工业。"(第 2293 页)

本怎样按其价值由每年的产品来代替,这种代替的运动怎样同资本家对剩余价值的消费和工人对工资的消费交织在一起?"结论是:"我认为这已充分表明,伊林先生拿来冒充马克思理论的实现论和马克思的分析毫无共同之处"等等。我只想再问一句:这岂不是很妙吗?我所说的和马克思的引文中所说的,究竟有什么差别呢?这始终是威严的批判家的秘密。只有一点是清楚的:我的致命罪过在于"自由翻译",或者也许像斯克沃尔佐夫先生在该文另一个地方所说的(第2287页),在于我用"自己的话"叙述马克思。只要稍微想一想吧!用"自己的话"叙述马克思!"真正的"马克思主义在于背诵和引证《资本论》,不管恰当不恰当……就像尼古拉·一逊先生所干的那样。

这里有一个例子可以证实我的后一种意见。我说过,资本主义"只是广泛发展了的商品流通的结果",在另一地方又说过,"资本主义是商品生产发展的一个阶段,在这个阶段劳动力也变成了商品"。威严的丘必特大发雷霆说,"在什么条件下才出现资本主义……这是每一个稍微识几个字的读者都知道的"(原文如此!),此外,他还说了"伊林先生的资产阶级眼界"以及其他一些使发怒的斯克沃尔佐夫先生的论战增色的妙语。接着就从马克思那里引证了两段话:第一段讲的正是我所讲过的(劳动力的买卖是资本主义生产的基本条件);第二段讲的是流通方式产生于生产的社会性质,而不是相反(《资本论》第2卷第93页)①。斯克沃尔佐夫先生以为他用这最后一段话彻底驳倒了他的论敌。事实上,他用别的问题偷换了我提出的问题,从而证明了他引证不当的本领。我在被指责的地方讲的是什么呢?讲的是资本主义是商品流通的

---

① 参看《马克思恩格斯文集》2009年人民出版社版第6卷第133页。——编者注

结果,也就是资本主义生产和商品流通的历史相互关系。而从《资本论》第2卷(专门论述资本流通问题的一卷)引证的一段话讲的是什么呢? 是资本主义生产和资本主义流通的关系;马克思在这个地方(第2卷第92页)①反对经济学家们把自然经济、货币经济和信用经济作为社会生产运动的三种典型的经济形式对立起来;马克思说,这是不对的,因为货币经济和信用经济只表现了资本主义生产不同发展阶段所固有的流通方式,马克思并在最后批评了**这些经济学家**的"资产阶级眼界"。斯克沃尔佐夫先生认为,"真正的"马克思主义就是要抓住马克思的最后一句话,反复重述,即使是反对一个没有想谈自然经济、货币经济和信用经济相互关系的论敌,也要这样做。我们让读者自己判断一下:这里究竟是谁"不理解",哪一种书刊才会有这类攻击。在一阵威严的吆喝声中,斯克沃尔佐夫先生不仅使出了"偷换的一手",而且完全回避了资本主义生产和商品流通的相互关系问题。这是一个很重要的问题,我在我的书中反复讲过很多次,着重指出了商业资本的历史作用,认为它是资本主义生产的先行者。斯克沃尔佐夫先生对于这一点似乎一点也不反对(从他对这一点避而不谈来判断)。既然如此,那么他针对我的资本主义是商品流通的结果这种说法发出的叫嚣,究竟有什么意思呢? 难道商业资本不是表现商业的发展,即没有资本主义生产的商品流通的发展吗? 这些问题又始终是发怒的丘必特的秘密。

为了结束斯克沃尔佐夫先生对我那本书的理论部分的"批判",我还要考察几处《商品拜物教》一文中满篇都是的威严吆喝和重大错误。

---

① 参看《马克思恩格斯文集》2009年人民出版社版第6卷第132—133页。——编者注

我在书中说:"资本主义国家必须有国外市场,取决于……资本主义只是超出国家界限的广阔发展的商品**流通**的结果。因此,没有对外贸易的资本主义国家是不能设想的,而且也没有这样的国家。正如读者所看到的,这个原因是有历史特性的。"(第26页)①威严的丘必特"批判"说:"我这个读者并没有看出这个原因有历史特性。这种言论完全没有根据"(第2284页)等等。既然商品流通是资本主义的必然的历史的先行者,那么"这个原因有历史特性"难道还需要说明吗?

对抽象的资本主义理论来说,只存在发达的和完全形成了的资本主义,而资本主义起源的问题是略去不提的。

"伊林先生……为了在资本主义社会中实现产品……而求助于国外市场。"(第2286页)对于读过我的《评论集》和《俄国资本主义的发展》的读者,我就用不着说明这又是用上述手法玩弄的把戏了。这里从马克思那里引证的话是:"……对外贸易仅仅是以使用形式或实物形式不同的物品来替换本国的物品……"②结论是:"每一个识字的人,除了那些批判地思维的人,都会懂得:马克思所讲的和伊林先生的理论正好是相反的,在国外市场上用不着找到'销售的那部分产品的等价物',即'能够替换销售部分产品的另一部分资本主义产品'。"(第2284页)啊,高明的斯克沃尔佐夫先生!

"伊林先生撇开资本主义社会的重大特点不谈,因而把它变为有计划的生产(各个生产部门发展的比例性无疑就是生产的计划性),最后在国内顺利地实现了同一数量的产品。"(第2286页)

---

① 见本卷第191页。——编者注
② 见《马克思恩格斯文集》2009年人民出版社版第6卷第527页。——编者注

"批判家"的这种新手法,就是把似乎资本主义能保证经常的比例性这个思想硬加在我的头上。经常的、自觉保持的比例性也许确实是计划性,但这不是"只是从一系列经常波动中得出的平均数"的那种比例性了(我在斯克沃尔佐夫先生引证的地方所说的正是这一点)。我坦率地说:比例性(或适应)是理论上"**假定**"的,事实上它"**经常遭到破坏**",要使一种资本分配由另一种资本分配代替而造成比例性,就"**必须经过危机**"(所有用了黑体的字,都在斯克沃尔佐夫先生引证的第 26 页[①]上)。批判家引证论敌说资本主义**必须经过危机**来建立**经常遭到破坏的**比例性的那一页和那一节,却硬说这个论敌把资本主义变为有计划的生产,试问,对于这样的批判家,该作何感想呢??

二

现在我们谈谈斯克沃尔佐夫先生文章的第二部分,这一部分是专门批判我那本书中引证和分析的实际资料的。在这里,在斯克沃尔佐夫先生专门研究的问题范围内,我们是否能够遇到一些稍微严肃的批判呢?

社会分工是商品经济的基础和国内市场建立的基本过程,——斯克沃尔佐夫先生引证我的话说,"而单纯的'分工',大概不是社会分工,是工场手工业的基础……" 批判家这样"滥用讽刺",暴露了自己连社会分工和作坊内分工的起码差别都不懂:第一种分工造成(在商品经济情况下,——这是我直截了当

---

① 见本卷第 191 页。——编者注

地指出的条件,所以斯克沃尔佐夫先生提到印度公社的分工,是和这位作者从马克思那里引证毫不相干的词句的可悲缺点有关)单独的商品生产者,他们独立地和互不依赖地生产各种用以交换的产品。第二种分工并不改变生产者和社会的关系,只改变他们在作坊中的地位。根据这个原因,就我的判断,马克思也有时讲"社会分工"①,有时只讲分工。如果斯克沃尔佐夫先生有不同的看法,那他应该阐述和说明自己的意见,但不应该发出威严而无谓的责难。

"分工决不是工场手工业的显著标志,因为工厂中也存在着分工。"

很好,斯克沃尔佐夫先生!但是难道我只拿这个标志来区分工厂和工场手工业吗?如果批判家愿意稍微认真地分析一下我对"工场手工业的显著标志"(这个问题很有意义,决不像乍一看去那样简单)的理解是否正确,那么他能够闭口不谈我在同一节中所说的一段话吗?在那里我直截了当地说:"马克思所认为的工场手工业这一概念的基本标志,我们在其他地方(《评论集》第179页②)已经列举过了。"(第297页③脚注1)在《评论集》中,分工只是作为许多标志中的**一个**标志提到的。因此,读了斯克沃尔佐夫先生的文章,对于我的观点,只能得到完全歪曲的概念,而对于批

① 在《资本论》专门论述工场手工业问题的第1卷第12章中单独有一节,标题为:《工场手工业内部的分工和社会内部的分工》,在这一节的开头马克思说道:"现在我们简单地叙述一下工场手工业分工和构成一切商品生产的一般基础的社会分工之间的关系。"(《资本论》第2版第1卷第362页(见《马克思恩格斯文集》2009年人民出版社版第5卷第406页。——编者注))把这句话同我们发怒的丘必特的攻击对照一下,不是很有教益吗?
② 见《列宁全集》第2版第2卷第309页。——编者注
③ 见《列宁全集》第2版第3卷第347页。——编者注

判家自己的观点,却根本得不到任何概念。

其次。我在那本书中把许多所谓"手工"业列入俄国资本主义工场手工业阶段,如果我没有弄错的话,**还是一个创举**;我自然决不认为这个问题已经完全解决了(特别是因为我是从某种专门的观点去研究它的)。因此,我预先就期待别人对我的观点提出批评,我有更充分的理由和更大的兴趣这样做,因为俄国的某些马克思主义者已经发表了一些不同的见解(见《俄国资本主义的发展》第437页①脚注)。帕·斯克沃尔佐夫先生是怎样对待这个问题的呢? 他的"批判"就其简短而威严来说,完全可以说是一种高明的教训:不能限于"机械地开列某一生产部门在某些年度的雇佣工人数目和生产总额"(第2278页)。如果这个教训不是指我书中专门论述工厂统计问题的那一部分(斯克沃尔佐夫先生对这一点只字未提),那么它一定是指论工场手工业的那一章,因为这一章多半都是实际资料。怎样才能做到不用这些资料也能解决问题,这个秘密威严的批判家并没有揭示出来,因此我要继续坚持下列意见:宁肯被人指责叙述枯燥,也不愿使读者认为我的观点是根据对《资本论》的"引证",而不是根据对俄国资料的研究。既然斯克沃尔佐夫先生认为我的计算是"机械地"开列,那是不是说,他认为我在第6章后半部根据这些资料所作的并且在第7章第12节重复过的结论是错误的? 是不是说,他不同意这些资料表明了以(1)技术、(2)经济和(3)文化的特殊结构为特征的特殊的手工业结构? 威严的丘必特在他的"批判"中对这一点没有说出只言片语,这个"批判"除去恶狠狠的吆喝,毫无内容可言。这未免不足吧,可敬的斯克沃尔佐夫先生!

---

① 见《列宁全集》第2版第3卷第505—506页。——编者注

现在我们谈谈农民的赋税在商品经济发展中的作用问题。我说过:赋税过去是交换发展的一个重要因素,但是现在商品经济已经站稳了脚根,赋税的这种意义就"远远地退居次要地位"。斯克沃尔佐夫先生对于这一点大肆攻击,使用了一大堆可怜又可怕的词句,如"商品拜物教"、把一切结合起来、"万能"、商品生产的威力等等,但是,唉! 有力的词句只不过掩饰威严的批判家无力推翻我所作出的结论。斯克沃尔佐夫先生写道:"甚至伊林先生在许多方面与之相似的考茨基先生"……(不幸的"考茨基先生"竟和"商品拜物主义者""相似",这就表明他完全不懂《资本论》并且同被"资产阶级眼界"压服的伊林先生相似了! 他挨了"真正的"马克思主义者的一拳能不能恢复过来呢?)……"他也说:农民的实物税变为货币税,提高了农民对货币的需要。"(第2288页)好极了,威严的批判家先生,但这同**在农民的货币支出中**,赋税同其他各种需要的支出比较起来起了什么作用这个问题毫不相干。**这个**问题考茨基并**没有触及**,斯克沃尔佐夫先生再次显露出引证不当的卓越才能。斯克沃尔佐夫先生提出的第二个反驳是:"这个甚至根据家庭收支资料都不能解释的基本问题可以归结为:无马户从哪里拿25个卢布去交税"(斯克沃尔佐夫先生把货币支出的**25%**,即100个卢布中的25个卢布,干脆改为25个卢布!),"有马户又从哪里拿10个卢布去交税? ——决不能归结为:在农民全部货币支出中,赋税占收入〈?〉多大比重"。(第2290页)我劝斯克沃尔佐夫先生去领取优秀发明的专利证吧,因为他发明了一个根本消灭论敌的最新最容易的"科学批判"方法。您的论敌在一本数百页的书里的一页上顺便提出了赋税支出在全部货币支出中所占的比重问题;您只要把这个地方引一下,把**别的**问题悄悄加在论敌头上,您就能够辉煌地证明论敌是"商品拜物主义者",这个无赖竟没有想到没有马的贫苦农民从哪里去拿25个卢布！其次，您对该书谈赋税同收入的比例、收入的构成和来源的其他几页可以撇开不谈，这样还证明了论敌的"资产阶级眼界"。真的，去领个专利证吧，斯克沃尔佐夫先生！

下面还有斯克沃尔佐夫先生怎样利用这种发明的一个例子。我要请读者注意：这种"科学批判"的法宝是独一无二的。

问题还是发生在谈关于农民赋税问题的家庭收支资料的第101页①上。我指出了赋税在农民的货币支出中的作用之后继续说："如果我们谈的不是赋税在交换发展中的作用，而是赋税同收入的比例，那么我们可以看到，这种比例是极高的。改革**32**前时代的传统如何沉重地压在现在的农民身上，这可以从现存的赋税吞掉了小农甚至有份地的雇农总支出的$\frac{1}{7}$这一点极明显地看出来。除此以外，赋税在村社**12**内部的分配也是极不均衡的：农民愈富裕，则赋税在其总支出中所占的比例就愈小。无马户所纳的税同自己的收入比较起来，几乎是多马户的3倍（见上面的支出分配表）……" 每一个读者，只要稍微留心一下他所读的书，自然就会产生下列问题：既然家庭收支表包括的不仅是不同村社的农户，而且甚至是不同县份的农户，那我为什么要说村社内部的赋税分配呢？也许这里分配的不均衡是偶然的，也许这种不均衡是由于不同县份或不同村社(这些县份或村社的农户被用来编制典型的家庭收支表)的每俄亩份地的课税不同？为了消除这种不可避免的不同意见，我在上面那段话后面，紧接着就解释说："……**我们所以说村社内部的赋税分配，是因为如果按每俄亩份地计算各种赋税额，那么它们差不多是均衡的……**" 如果批判家想核实这几句话，

① 见《列宁全集》第2版第3卷第130—131页。——编者注

那他只要把第96页①的表（每一农户的各种赋税额）与第102页②的表（每一农户的份地数量）对照一下，就会很容易地相信：的确，根据家庭收支资料看来，虽然这些有家庭收支表的农户属于不同村社甚至不同县份，但每一俄亩份地的各种赋税额**差不多**是均衡的。

现在大家来欣赏一下批判家先生是**用什么手法**来消灭自己论敌的。他抓住我用了黑体的关于计算每一俄亩份地的税额的几句话；**没有注意到**（原文如此！）这几句话**仅仅同家庭收支资料有关**；硬说这几句话的意思是每俄亩份地的税额在全体俄国农民中差不多是均衡的，他根据这个"结论"得意扬扬地谴责我不熟悉地方自治局[62]的统计出版物，并且举出两个表来证明一个（众人皆知的）事实，即在不同的村社、乡、县份内，每俄亩份地的税额是远远不均衡的。要完这套把戏之后，批判家还补充道："实际上，在一个得到**同样面积**份地的村社内部，税额不是差不多均衡，而是完全均衡。全部问题在于：伊林先生不知道他自己谈的是什么样的村社。为了结束伊林先生滥用地方自治局统计资料的情况"等等……（第2292页）我非常想知道，在科学书刊中能不能找到这类批判的另一个例子。

了解了斯克沃尔佐夫先生用来"证明"我引用的家庭收支资料完全"无用"的手法之后，看来我们可以不提批判家用来对使用家庭收支资料本身表示不满的那些有力的（和无力的）词句了。斯克沃尔佐夫先生要求提供**大量的**家庭收支资料，他大概又要说一些不相干的话，因为我使用的记述**具体**农户的材料，从来**不是而且也不可能是**大量的。有关具体农户家庭收支情况的文献，我在

---

① 见《列宁全集》第2版第3卷第126页。——编者注
② 同上书，第132页。——编者注

被批判的那一节一开头就已指出,如果批判家能够补充或修正我所指出的东西,那我自然只有感谢他。但是斯克沃尔佐夫先生善于"批判",而不涉及问题的本质!我曾经打算根据家庭收支资料和"大量资料",把没有马的和有一匹马的农户的家庭人口、播种面积、租地数量和牲畜头数的平均数作一比较,来证明家庭收支表的典型性(我的书第 102 页①),而威严的批判家把这种打算简单地称为"怪事"。什么原因,不知道。也许和一位"批判家"认为乞乞科夫这几个字很可笑的原因是一样的吧?家庭收支表"不是典型的,因为粮食的秋卖春买在沃罗涅日省很少见到,至于在整个俄国",这种出卖粮食似乎已被尼古·一逊先生证明了。(第 2291 页)无怪乎伟大的灵魂是互相了解的这句话说得对:"真正的"马克思主义者帕维尔·斯克沃尔佐夫先生,在看到"真正的"马克思主义者尼古拉·一逊先生的论断同地方自治局统计资料之间有矛盾的时候,解决问题毫不含糊,一口咬定是资料不典型,而不是尼古·一逊先生的话不对或太一般。其次,粮食的秋卖春买问题,和我在分析这个问题时完全没有使用过的家庭收支表是否典型的争论,究竟有什么关系呢?

## 三

在对偷换手法作了一番费力不讨好的说明以后,终于令人愉快地见到了一个切实的反驳,尽管这个反驳也是用斯克沃尔佐夫先生显然认为极有说服力的威严吆喝("拜物教","完全不理

---

① 参看《列宁全集》第 2 版第 3 卷第 132 页。——编者注

解")表述的,尽管关于批判家自己的观点,我们很少看到直接的叙述,而更多要靠推测。斯克沃尔佐夫先生说得非常对,我的观点"像一根红线贯穿着全部著作"。

为了更鲜明地刻画出我们的意见分歧,我要把表达两个对立观点的极端说法对比一下。斯克沃尔佐夫先生大概认为(这至少可以从他的反驳中看出),农民在解放时得到的土地愈少,为此而付出的钱愈多,俄国资本主义的发展就愈迅速。我认为正相反,**农民在解放时得到的土地愈多,为此而付出的钱愈少,俄国资本主义的发展就愈迅速、愈广泛、愈自由**,人民的生活水平也就愈高,国内市场就愈大,生产中采用机器就愈迅速,总之,俄国的经济发展就会同美国的经济发展愈相似。我只指出两个我认为可以证明上述意见是正确的情况:(1)由于地少税重,在我国很大一部分地区,地主经济中的工役制度有所发展,这是农奴制的直接残余①,而根本不是资本主义;(2)在我国边疆地区,农奴制根本不存在或者最薄弱,农民受地少、服工役和税重的痛苦最少,那里的农业资本主义也最发达。为了分析"从一种社会形态转到另一种社会形态"的条件,就必须作这样的对比,而斯克沃尔佐夫先生却如此威严而又毫无根据地指责我忽视了这些条件。

斯克沃尔佐夫先生对我国农民经济中发生的经济过程的陈腐透顶的观点,在他关于移民和关于资本主义破坏了中世纪壁垒的

---

① 顺便谈谈。这个论点(工役制**61**是农奴制的残余)是我在自己书里直接提出的。斯克沃尔佐夫先生没有谈到这一点,却抓住我说的工役制实质上是从《罗斯法典》起就保存下来的这句话,大发雷霆;又是从克柳切夫斯基那里来的引文,又是12世纪的国内市场,又是商品拜物教,又断言我认为"商品生产从《罗斯法典》起〈原文如此!〉就是历史上创造奇迹和阐明一切的基础"(原文如此!!)。这显然还是"啊嚏——啊嚏"之类的批判,这种批判我似乎在文章开头谈得已经太多了。

言论中也暴露了出来。我把帕维尔·斯克沃尔佐夫先生同尼古拉·—逊先生作了对照，难道不对吗？他们两人都用一些反对"重视"移民观点的极其简单和一味否定的指责来"解决"移民问题。但是要知道，这种结论只对那些满足于完全抽象的……陈词滥调的最原始的……即"真正的"马克思主义才是适用的。"重视"移民是什么意思呢？如果从本来意义上理解这几个字，那么一个头脑健全、神志清醒的经济学家难道会**不重视**每年的移民吗？如果从**资本主义**这个特殊意义上理解这几个字，那么第一，斯克沃尔佐夫先生曲解了我的意思，因为在他所引证的地方我讲的正好相反。第二，一个认为自己的任务是研究俄国的经济结构和经济发展的特点（而不仅是详细引证并且往往是胡乱引证马克思的话）的经济学家，一定要提出这样的问题：移民在俄国究竟发生什么影响？我没有专门研究这个问题，但我在斯克沃尔佐夫先生指出的地方说过，我关于农民分化问题的结论是和古尔维奇先生的结论完全一致的。① 此外，我在该书其他地方也不止一次地谈到过移民问题。也许我这个观点不对，但是斯克沃尔佐夫先生根本没有提出任何修改或补充，完全用威严的吆喝掩盖问题的本质。其次，我的话使斯克沃尔佐夫先生据以断定，"商品拜物主义者现在相信自己物神的创造奇迹的力量了"（原文如此!!）。这真是可以说"消灭了"！然而，最尊贵的批判家先生，您是不是否定我的看法呢？为什么不把您们的**真正**看法告诉人们，不去分析**哪怕一个县**的资料呢？要知道这对于专门研究地方自治局统计资料的人

---

① 顺便谈谈古尔维奇先生。这位著作家因著有两部书和为杂志撰稿而闻名于马克思主义著作界，斯克沃尔佐夫先生以蛮横无理和蔑视一切的态度对待这位著作家的"结论"，只不过暴露了他自命不凡而已。

是理所当然的！我还要保留这个意见,不管斯克沃尔佐夫先生使用怎样骇人的字眼(拜物教,创造奇迹的力量),而这些字眼是能把所有的人都吓住的,这一点谁会怀疑呢?①

最后一个问题,这是可以同斯克沃尔佐夫先生谈谈事情的本质的一个问题,也就是关于农民的地方自治局统计资料的分类问题。斯克沃尔佐夫先生专门研究过地方自治局的统计,如果我们没有弄错的话,现在也还在研究,因此,我们可以期待他发表一些以事实为根据的意见来阐明这个争论不休和极有价值的问题。我说过:"我们一开始就驳斥了按份地的分类法,而一律采用按股实程度(按役畜;按播种面积)的分类法";其次,我还指出:在我国地

---

① 我说过:"在资本主义以前,农业在俄国对一些人来说是老爷的事情,是贵族的消遣,而对另一些人来说是义务,是租赋"(见《列宁全集》第2版第3卷第279页。——编者注),斯克沃尔佐夫先生认为从我的这句话看出,"原来整个社会形态,即农奴生产方式,不过是贵族的消遣"。不,斯克沃尔佐夫先生,这还决不是"原来",因为我在别的地方指出,"农奴制经济乃是某种程度合理的和完美的制度"(第129页(见《列宁全集》第2版第3卷第161页。——编者注)),我在这里只是说明了这种制度的标志中的**一个**标志。在地主经济中有"贵族的消遣"的因素,凡是记得"农奴制乡村或盘剥性乡村的奥勃洛摩夫**108**们"(第152页(见《列宁全集》第2版第3卷第189页。——编者注))这类著名典型的人,都会很容易地看到这一点;地方自治局的统计也指出了这一点,"贵族的消遣"这种说法就是统计中提出的(第148页(见《列宁全集》第2版第3卷第185页。——编者注));甚至俄国农业机器制造业发展中某一时期的资料也证明了这一点:地主竟想从国外雇请工人和订购机器(第130页和第153页(见《列宁全集》第2版第3卷第162、191页。——编者注)),这无非是"贵族的消遣"。"何时何地资本主义把世袭领主〈斯克沃尔佐夫先生毫无道理地认为这个范畴只适用于"农奴制形成以前的"时代;它也适用于农奴制时代〉和依附农民转变为从事工业者,可惜伊林先生没有讲到。"(第2293页)关于这一点,我在本书的第2章、第3章,特别是第4章都谈到了,那里谈的正是农业转变为**工商**企业。很可能,我对这一过程的意见需要补充和修正;我不怀疑一切严肃和内行的批评家都能给予补充和修正,然而可惜斯克沃尔佐夫先生却用简单的威严的吆喝完全掩盖了问题的本质。这未免不足吧!

方自治局统计中极为通用的按份地分类法是完全不中用的,因为实际生活破坏了(村社内部)份地的平均占有,这只要回想一下出租份地、抛弃份地、购买和租种土地、工商企业和雇佣劳动同农业结合这样一些人所共知的不容争辩的事实就够了。"经济统计必须把**经营的规模和类型**作为分类的根据。"(第60页)①斯克沃尔佐夫先生的"批判"如下:"伊林先生不满意农民统计资料的按份地分类法。统计资料的分类法有两种〈原文如此!〉。一种是历史的分类法,这种分类法把每个纳税人拥有同一数量份地的村社〈!〉汇总为一个整体;另一种是事实的分类法,这种分类法把具有同一数量份地的农户汇总为一个整体,不管这些农户属于什么样的村社。历史的分类法所以重要,是因为它清楚地表明了农民是在什么样的条件下完成了从农奴制社会到资本主义社会的过渡……"表明了上面也探讨过的这个题目的其他论点…… "伊林先生提出的分类法完全搞乱了对我国农民从一种社会形态向另一种社会形态过渡的条件的历史理解。伊林先生的提议倒适用于手工业调查〈原文如此!〉,像德国所做的那样。"(第2289页)这就是斯克沃尔佐夫先生对他的专业对象和想"引证"马克思而又无法引证的问题进行的典型的批判。试问:这些关于**村社**的"历史"分类法的议论,同我说的**按户**资料分类法有什么相干呢?现代按户资料分类法用什么奇妙的手段可以"完全搞乱"早已查明的关于村社的历史资料呢?要知道,斯克沃尔佐夫先生只是就他**背弃历史**来说,才有权在这个问题上使用"历史的"这个字眼,因为如果按每个纳税人份地数量进行的村社分类法是属于40年前的历史,那么在我们眼前日益迅速发生的事情也都是历史了。其次,完

---

① 见《列宁全集》第2版第3卷第85页。——编者注

全不能解释的是,既然任何人都知道**有许多分类法**,有按播种面积、按役畜、按劳力、按雇工、按房产以及其他等等的分类法,那么一位研究地方自治局统计并总是以预言家口吻谈一切事物的人,又怎么能写出"分类法有两种"(按份地的村社分类法和按份地的农户分类法)呢?既然争论的问题正在于**按份地的分类法是不是事实的分类法**,斯克沃尔佐夫先生怎么能这样武断和**毫无理由**地宣称只有按份地的分类法才是"事实的"分类法呢?我根据许多县份的情况指出:各农户之间的份地分配直到现在比较起来还是十分"平均"的(在不同县份或各类县份,20% 的富裕户,占人口 26%—30% ,占份地 29%—36%),而产业、役畜、播种面积、改良农具等等**事实的**经济指标的分配,各地毫无例外地都**非常不**平均。斯克沃尔佐夫先生只是想方设法来批判甚至摧毁我的论点,但一句话也没有触及问题的本质。

当然,我不是一个统计学专家,一点也不妄想去解决分类问题。但是我认为,对于地方自治局统计的基本问题(而按户调查资料的分类方法问题,像我在斯克沃尔佐夫先生引证的地方指出的,正是一个基本问题),有权利甚至有义务讲话的,决不只是一些地方自治局的统计学家,而且还有一切经济学家。不能设想,一个研究俄国实际经济情况的经济学家能够不使用地方自治局的统计资料,因此,如果地方自治局的统计和经济学家的工作各走各的路,那么它们两者都不能获得满意的结果。按份地的分类法**不是**令人满意的事实的分类法,这一点地方自治局的统计学家们自己也部分地承认了,他们提供了一些按役畜和按播种面积的分类法,这些方法我在自己的书里也采用了。正是在现在,当几乎所有的马克思主义者都特别强调问题的重要性而其他派别的经济学家们也都不否认的时候,重新探讨这个问题就特别必要了。然而斯克沃尔佐夫先生不是去进行批判,而是发表下面那种冠冕堂皇但是毫无内容的言论:"需要汇总对农民经济的生产和再生产进行详细计算的地方自治局汇编,以便每个想要的人都可以拿到这么一本汇编,来检查伊林先生、波斯特尼柯夫和古尔维奇的'结论'。"(第2292页)是的,当然"需要汇总",但是要使这些话不流于空谈,要使汇总真正能够回答现代俄国经济制度和这个制度的演进所提出的主要问题,就必须提出和全面讨论关于汇总方法的基本问题,而且这种讨论一定要在整个著作界进行,而不能仅仅在地方自治局的统计学家们中间进行,尤其是不能在某个地方自治机关统计局的四壁之内进行。这个问题我在自己书里已经提出来了,并且试图加以解决。至于解决得是否正确,当然不由我来判断,不过我有权利作出如下结论:不管斯克沃尔佐夫先生怎样威严,但是他对这个问题什么话也没有说出来,而是毫无理由地维护常规惯例,维护1885年就已经陈腐了的观点(见《俄国资本主义的发展》第58页①脚注2,在那里,我引证了瓦·沃·先生《新型的地方统计出版物》一文,他在文中承认:"必须使数字资料不是同村或村社这种形形色色农民经济类别的聚合体联系起来,而是同这些类别本身联系起来",我并且提出了一个问题:为什么瓦·沃·先生一次也没有使用过关于这些形形色色类别的资料呢?)。

————

最后简单谈一谈"正统思想",这样做不会是多余的,因为帕·斯克沃尔佐夫先生扮演了"真正的"马克思主义者的角色,这样,尽可能准确地明确我自己的立场(如果可以这样说的话)就成为迫不及待的事情了。我一点也不想把波·阿维洛夫先生同斯克

————

① 见《列宁全集》第2版第3卷第83—84页。——编者注

沃尔佐夫先生相提并论,不过我觉得有必要谈谈前者在同一期
《科学评论》杂志上发表的一篇文章中的一个地方。波·阿维洛
夫先生在附言的末尾说道:"伊林先生拥护'正统思想'。不过我
觉得对于正统思想,**也就是单纯地解释马克思**,还有许多地
方……"(第2308页)我认为我用了黑体的那几个字大概是笔误,
因为我完全肯定地说过,我所说的**正统思想决不是指单纯地解释
马克思**。正是在波·阿维洛夫先生所谈的那篇文章里,在"算了
吧,还是让我们留'在正统思想的标志下面'吧!"这句话之后,紧
接着就说:"我们决不相信:正统思想容许把任何东西奉为信仰,
正统思想排斥批判的改造和进一步的发展,正统思想容许用抽象
公式掩盖历史问题。如果有正统派的学生犯了这种确实严重的错
误,那么责任完全是在这些学生身上,而绝不能归罪于性质正好与
此相反的正统思想。"(1899年《科学评论》杂志第8期第1579
页①)可见我直截了当地说过:把某种东西奉为信仰,排斥批判的
改造和发展,是严重的错误,然而要改造和发展,"单纯地解释"显
然是不够的。拥护所谓"新的批判潮流"的马克思主义者和拥护
所谓"正统思想"的马克思主义者之间的意见分歧在于:两者是想
在**不同的方向**上改造和发展马克思主义。一派想始终做彻底的马
克思主义者,根据改变了的条件和各国当地的特点来发展马克思
主义的基本原理,进一步研究马克思的辩证唯物主义和政治经济
学理论;另一派想抛弃马克思学说中若干相当重要的方面,例如,在
哲学上不是站在辩证唯物主义方面,而是站在新康德主义[109]方面,
在政治经济学上是站在那些硬说马克思的某些学说"有片面性"的
人们方面,等等。第一种人因此指责第二种人是折中主义,在我看

① 见《列宁全集》第2版第4卷第78页。——编者注

来,这种指责是完全有根据的。第二种人称第一种人为"正统派",使用这个用语时决不能忘记,这个用语是论敌在论战中提出来的,"正统派"并不拒绝一般批判,而只是拒绝折中主义者的"批判"(这些人所以有权利称为"批判"的拥护者,只是因为在哲学史上康德及其信徒的学说都被称为"批判主义"、"批判哲学")。在同一篇文章中,我还提到了一些著作家(第1569页脚注和第1570页脚注①)。在我看来,他们是彻底地完整地而不是折中主义地发展马克思主义的代表人物,他们对这种发展的贡献,不论在哲学方面,在政治经济学方面或者在历史和政治方面,都比桑巴特或施塔姆勒②要大得不可比拟,但是许多人现在认为简单地重复这两个人的折中主义观点是一大进步。我未必用得着再来说明:折中主义派的代表人物目前已经集结在爱·伯恩施坦周围。关于我自己的"正统思想"问题,我只简短地谈这几点意见,一则因为这和我论文的主题没有直接关系,二则因为我没有可能详尽地发挥第一种人的观点,只能请有兴趣的人去查看德国书刊。在这个问题上,俄国人的争论不过是德国人的争论的反应,不知道德国人的争论,就不能对争论的本质获得十分确切的认识。③

载于1900年5月和6月《科学评论》杂志第5期和第6期

选自《列宁全集》第2版第3卷第563—585页

---

① 参看《列宁全集》第2版第4卷第66—67页。——编者注

② 参看亨·库诺先生(他的论文有一部分译载于1899年的《科学评论》杂志)对施塔姆勒提出的公正评论、Б.李沃夫的《社会规律》(同上)和《科学评论》杂志答应在1900年译载的萨迪·贡特尔先生那篇文章。

③ 在我看来,最近在我国书刊"开始表现出来"的那种"新的""批判的"思潮正可归结为这种折中主义(参看司徒卢威发表在《生活》杂志**110**1899年第10期和1900年第2期上的论文;杜·-巴拉诺夫斯基发表在《科学评论》杂志1899年第5期和1900年第3期上的论文)前者5年多以前在其《评述》中就开始"表现了"他对

折中主义的爱好,而在这一著作发表之后,我们立即着手(承蒙司徒卢威记得住)使公众"睁开眼睛"看看在他的见解中怎样把马克思主义和资产阶级科学混淆起来**111**。所以,奇怪的是听到了司徒卢威这样的话:"干脆闭起眼睛不看对马克思学说进行的所谓〈也许不是**所谓**吧?——弗·伊·注〉'资产阶级的'批判,而重复和转述马克思学说,现在这不仅是无益的,甚至是有害的。"(《生活》杂志第2期第305页)不仅"干脆闭起眼睛"不看资产阶级科学,甚至不看包括极端反动的学说在内的最荒谬的学说,当然是绝对有害的。这是老生常谈。但是,不是闭起眼睛不看资产阶级科学,而是注意它,利用它,**批判地**对待它,不放弃自己完整的明确的世界观,这是一回事;匍匐在资产阶级科学面前,重复马克思"有片面性"等等这类具有十分明确意思和意义的词句,这是另一回事。其次,如果说到"重复和转述",那么重复和转述柏姆-巴维克和维泽尔、桑巴特和施塔姆勒本身,难道先天地比重复和转述马克思更值得注意吗?司徒卢威竟然能够(请注意,在俄国书刊中)发现重复马克思的"害处"(原文如此!),难道过去和现在就没有看出非批判地重复时髦的资产阶级"科学"的时髦修正的害处吗?得出这样的观点和这样不可宽恕地"闭起眼睛不看"现代的"思想动摇",离开马克思主义是多么遥远啊!司徒卢威在他的文章末尾表示了一个特别的愿望,要我对所谓的"批判"所提出的问题发表意见。我的答复是:目前我特别关心的是哲学中和政治经济学中现代折中主义的思潮问题,我还没有失去将来对这一思潮提出系统分析**112**的希望;而追赶折中主义的每一条"基本错误"和"基本矛盾"……我(请尊贵的"批判家"宽恕我!)实在没有兴趣。因此,我暂时只能表示一个相反的愿望:让新的"批判思潮"完全明确地表现出来,不要只作暗示。这一点进行得愈快愈好,因为这样思想混乱就愈少,公众就会愈清楚地认识到马克思主义和对马克思进行资产阶级批判的新"思潮"之间的差别。

# 俄国社会民主党人抗议书[113]

## （1899 年 8 月）

某地① 17 个社会民主党人举行会议，

**一致**通过如下的决议，并决定把它公布，

交全体同志讨论

近来，俄国社会民主党人中间出现了一种离开俄国社会民主党基本原则的倾向，即离开由党的创始人和先进战士们——"劳动解放社"[30]成员宣布过，又由 90 年代俄国工人组织的社会民主主义出版物宣布过的原则的倾向。下面所引的《信条》，旨在表明某些（所谓的"青年派"）俄国社会民主党人的基本观点，它试图系统而明确地叙述"新观点"。这个《信条》的全文如下。

西欧存在过行会和工场手工业时期，这深刻地影响了后来的全部历史，特别是社会民主党的历史。资产阶级必须争得自由的形式和力求摆脱束缚生产的行会规章，所以它（资产阶级）就成了革命的因素；它在西欧各国都是从主张 liberté，fraternité，égalité（自由、博爱、平等），从争取自由的政治形式开始活动的。但是，正如俾斯麦所说的，它争得了这种形式，却给了自己的对手即工人阶级一张将来必须兑现的期票。在西欧，工人阶级作为一个阶级，几乎在任何地方都没有争得过民主制度，而只是坐享其成。有人可能会反驳我们，说工人阶级参加过革命。但是从历史上加以考证就会推翻这种意见，因为正当 1848 年西欧确立宪法的时候，工人阶级还只是城市手工业者，还只是

---

① 《工人事业》杂志的抽印本增加了"（俄国境内）"几个字。——俄文版编者注

小市民民主派;工厂无产阶级当时几乎还不存在,而大生产中的无产阶级
(如霍普特曼所描写的德国织工,以及里昂的织工),还是一群粗野的人,只
会骚动,根本不能提出什么政治要求。1848 年的宪法可以直言不讳地说是
由资产阶级和小市民、手艺匠争得的。另一方面,工人阶级(手艺匠与手工
工场工人,印刷工,织工,钟表匠等等)从中世纪起,就习惯于参加各种组织,
参加互助储金会、宗教团体等等。西欧熟练工人中间至今还保持着这种组织
精神,这也就使他们同工厂无产阶级有很大的不同,因为要组织工厂无产阶
级既很难又很慢,他们只能加入所谓 lose Organisation(临时组织),而不能参
加定有规章的永久性组织。这些手工工场的熟练工人就是社会民主党的核
心。结果就形成了这样一种局面:一方面,比较容易和完全可能进行政治斗
争,另一方面,又有可能把那些在工场手工业时期受到训练的工人吸收来有
计划地组织这个斗争。在这种背景下,西欧就形成了理论的和实践的马克思
主义。它以议会政治斗争为出发点,其前途(只在表面上近似布朗基主义,
成因的性质则完全不同)一方面是夺取政权,另一方面是 Zusammenbruch(崩
溃)。马克思主义是当时流行的那种实践在理论上的表现,即比经济斗争占
优势的政治斗争在理论上的表现。在比利时、法国,特别是在德国,工人组织
政治斗争非常容易,而组织经济斗争则感到困难重重,意见纷纭。直到现在,
经济组织与政治组织比较起来(除开英国不说),仍然异常薄弱,极不稳定,
到处都 laissent à désirer quelque chose(尚嫌不足)。在政治斗争的精力尚未
消耗殆尽之前,Zusammenbruch 曾是一个必要的、起组织作用的 Schlagwort
(流行提法),它本应起巨大的历史作用。在研究工人运动时所能得出的基
本规律就是阻力最小的路线。在西欧,这样的路线就是政治活动,而《共产
党宣言》表述出来的那种马克思主义,是运动当时所应采取的最合适不过的
形式。但是,由于目前政治活动的精力已经消耗殆尽,政治运动已经搞得过于
紧张,以至难以进展,甚至无法进展(近来选票数目增长得很慢,集会的群众情
绪冷淡,书报上的论调低沉),另一方面,由于议会活动软弱无力,以及无组织
的和几乎无法组织的工厂无产阶级愚昧群众走上舞台,所以,在西欧造成了现
在称为伯恩施坦主义的东西,造成了马克思主义的危机。工人运动从《共产党
宣言》发表时起到伯恩施坦主义出现时止的发展时期是一种最合事物逻辑的
进程,把这全部进程加以细心研究,就能像天文学家那样准确地断定这个"危
机"的结局。这里说的当然不是伯恩施坦主义的成败问题,因为这并没有多大
意义;这里说的是党内早已逐渐发生的实际活动方面的根本变化。

这种变化不仅使党更加努力进行经济斗争,巩固经济组织,并且最重要的是促使党改变对其他反对派政党的态度。固执己见的马克思主义,否定一切的马克思主义,原始的马克思主义(对于社会阶级的划分持过分死板的看法),将让位于民主主义的马克思主义,而党在现代社会中的社会地位也就会发生急剧的变化。党**将承认**社会;党的狭隘小团体的、多半是宗派主义性的任务,将扩大为社会的任务,而它的夺取政权的意图,就会变成适应现代实际情况和根据民主原则改变或改良现代社会的意图,以求最有效最充分地保护劳动阶级的权利(各种各样的权利)。"政治"这一概念的内容,就会扩大得具有真正的社会意义,而目前的一些实际要求就会具有更大的分量,就会引起比以前更大的注意。

从上面关于西欧工人运动发展进程的概述中,不难得出对于俄国的结论。我们这里阻力最小的路线,绝对不在政治活动方面。不堪忍受的政治压迫虽然使人们不得不时常谈到这种压迫,并专心注意这个问题,但是它却始终不会推动人们采取实际行动。在西欧,力量薄弱的那部分工人,一卷入政治活动就在其中成长壮大起来,我国的情形却与此相反,力量薄弱的工人面对很沉重的政治压迫,不仅没有什么实际的办法来同这种压迫作斗争,从而求得本身的发展,而且还经常为这种政治压迫所窒息,甚至发不出纤弱的幼芽。更何况我国工人阶级又不像西欧战士那样具有组织精神的传统,所以我们这里的情景将会十分悲惨,连那些认为每增加一个工厂烟囱就是一件莫大幸事的最乐观的马克思主义者也会感到沮丧。进行经济斗争也很困难,极其困难,但它终究还是可能进行的,并且群众自己也已经在实际进行了。俄国工人既然能在经济斗争中学习如何组织,并能时时刻刻在这个斗争中触及政治制度问题,他们就终究会建立起称得上工人运动形式的一种东西,建立起某个或某些最适合俄国实际情况的组织。现在可以肯定地说,俄国工人运动还处在原始状态中,还没有建立起任何形式。罢工运动有各种各样的组织形式,因此还不能称为俄国运动的固定形式,至于不合法组织,单从数量来看,也是不值得注意的(更不必说这种组织在现时条件下有什么益处了)。

情形就是这样。此外,还有饥荒和农村破产现象助长着破坏罢工的行为,因而也就更难把工人群众的文化水平提到比较过得去的程度……试问,俄国马克思主义者究竟能有什么办法呢?!关于独立工人政党的议论,无非是把他人的任务,把他人的成绩搬到我国土地上来的结果。俄国马克思主义者现在还处在一种可怜的状态。他们现在的实际任务还很渺小,而他们的理论知识——由于**不是用做研究的工具**,而是当做活动的公式,——甚至对执行这些渺小的实际任务也没有什么价值。而且,从他人手中接过来的这些公式,从实践的意义来说也是有害的。我国马克思主义者忘记了西欧工人阶级是在已经打扫干净的政治活动场所行动的,因此也就过分藐视了其他一切非工人的社会阶层所进行的激进主义或自由主义反对派的活动。只要有人对带有自由主义政治性质的社会现象稍表关注,正统派马克思主义者就会表示反对,他们忘记了,许多历史条件使我们不能成为西欧那种马克思主义者,而要求我们拿出另一种马克思主义,一种适合俄国条件并且为俄国条件所需要的马克思主义。每个俄国公民都缺乏政治感觉和政治嗅觉,这一点显然不能靠对政治的高谈阔论或者向根本不存在的势力呼吁来求得弥补。政治嗅觉只能用教育来培养,就是说,只有参加俄国的现实生活(尽管它完全不是马克思主义性的)才能得到。在西欧,"否定"曾是(一时)适宜的,在我国就有害了,因为由一个有组织有实力的团体提出否定是一回事,而由没有组织起来的散漫的一群人提出否定,又是另一回事。

俄国马克思主义者的出路只有一条:参加,也就是帮助无产阶级的经济斗争,并且参加自由主义反对派的活动。俄国马克思主义者很早就以"否定者"的身份出现了,这种否定削弱了他本应用在政治激进主义方面的那一份精力。这一切暂时还不可怕,可是,如果阶级公式妨碍俄国知识分子积极参加实际生活,并且使之远离各个反对派集团,结果就会使所有在争取法的形式时只好不同尚未提出政治任务的工人阶级携手合作的那些人受到重大损失。俄国马克思主义知识分子那种以政治空谈来掩盖的政治上的天真,可能使他们上一个大当。

我们不知道是不是会有许多俄国社会民主党人赞成这种观点。但是,无疑总会有人赞成这种思想的。所以我们认为必须坚决反对这种观点,并且告诫全体同志务必防止俄国社会民主党脱离既定路线,这条路线就是组织一个同无产阶级阶级斗争密切联系的、以争取政治自由为当前任务的独立的工人政党。

上面引录的《信条》,第一,是"西欧工人运动发展进程的概述",第二,是"对于俄国的结论"。

首先,《信条》作者们对于以往西欧工人运动的看法就是完全不正确的。说西欧工人阶级没有参加过争取政治自由的斗争和政治革命,这是不正确的。宪章运动[114]的历史,1848 年法国、德国和奥地利的革命就是一种反证。"马克思主义是当时流行的那种实践在理论上的表现,即比经济斗争占优势的政治斗争在理论上的表现"这句话,是完全不正确的。恰恰相反,"马克思主义"是正当非政治的社会主义(欧文主义、"傅立叶主义"、"真正的社会主义"[115]等等)流行的时候出现的,所以《共产党宣言》立即出来反对非政治的社会主义。甚至当马克思主义已经具有全副理论武装(《资本论》),并且组织了著名的国际工人协会[14]的时候,政治斗争也绝不是一种流行的实践(当时在英国有狭隘的工联主义,在罗曼语国家有无政府主义和蒲鲁东主义[116])。在德国,拉萨尔的伟大历史功绩,就是他使工人阶级从自由资产阶级的尾巴变成了独立的政党。马克思主义把工人阶级的经济斗争和政治斗争结合成了一个不可分割的整体,所以《信条》作者们企图把这两种斗争形式分开,就是一种最拙劣最可悲地背弃马克思主义的行为。

其次,《信条》作者们对于西欧工人运动的现状以及作为这个运动旗帜的马克思主义理论,也持有完全不正确的见解。谈论"马克思主义的危机",不过是重复资产阶级下流文人无聊的议论,他们竭力想把社会党人之间发生的任何争论都加以夸大,以促成各社会党的分裂。臭名远扬的"伯恩施坦主义"[117],按照广大公众特别是《信条》作者们通常所了解的含义来说,就是企图缩小马克思主义的理论,把革命的工人政党变为改良主义者的党,而这种企图理所当然地受到了大多数德国社会民主党人的坚决谴责。在德国社会民主党内,机会主义的派别已经出现过不止一次,但是每次都遭到忠实地恪守革命国际社会民主党原则的党的谴责。我们深信,把机会主义观点搬到俄国来的一切企图,也会遭到绝大多数俄国社会民主党人同样坚决的回击。

与《信条》作者们所说的相反,也根本谈不到西欧工人政党有什么"实际活动方面的根本变化",因为马克思主义一开始就承认无产阶级经济斗争的重大意义和必要性,马克思和恩格斯早在40年代就已经驳斥了否认经济斗争的意义的空想社会主义者①。

过了20年左右,成立了国际工人协会,在1866年日内瓦第一次代表大会上就提出了工会和经济斗争的意义的问题。在这次代表大会的决议中,确切地指明了经济斗争的意义,警告社会党人和工人既不要夸大这种斗争的意义(当时在英国工人中间有过这种表现),也不要对这种斗争的意义估计不足(在法国人和德国人中间,特别是在拉萨尔派[118]中间,有过这种表现)。决议认为在资本主义存在的情况下,工会不仅是合乎规律的现象,而且是必然的现象;认为工会对于组织工人阶级进行反对资本的日常斗争和消灭雇佣劳动,都是非常重要的。决议认为工会不应该仅仅注意"反对资本的直接斗争",不应该回避工人阶级的一般政治运动和社会运动;工会不应该抱着"狭小的"目的,而应该争取千百万被压迫工人大众普遍的解放。从那时起,各国工人政党已经不止一次提出,将来当然还会不止一次提出一个问题:在某个时候是否应该偏重无产阶级的经济斗争或者偏重无产阶级的政治斗争。但是总的或原则的问题,现在还是同马克思主义原先提出的一样。至于无产阶级的统一的阶级斗争必须把政治斗争和经济斗争结合起来的信念,则早已深入国际社会民主运动的血肉之中了。其次,历史经验又确凿地证明,当无产阶级没有政治自由或者政治权利受到限制的时候,始终必须把政治斗争提到首位。

---

① 参看《马克思恩格斯文集》2009年人民出版社版第1卷第649—656页。——编者注

　　工人政党对其他反对派政党的态度更谈不到有什么重大变化。就是在这方面,马克思主义也指明了一个正确的立场,一方面反对夸大政治的意义,反对密谋主义(布朗基主义[78]等等),另一方面又反对轻视政治,或者把政治缩小为对社会进行机会主义的、改良主义的修补(无政府主义,空想的和小资产阶级的社会主义,国家社会主义[119],教授社会主义等等)。无产阶级应该努力建立独立的工人政党,党的主要目的应该是由无产阶级夺取政权来组织社会主义社会。无产阶级决不应该把其他阶级和政党看做"反动的一帮"[120],恰恰相反,它应该参加整个政治生活和社会生活,应该支持进步阶级和进步政党去反对反动阶级和反动政党,应该支持一切反对现存制度的革命运动,应该成为一切被压迫的民族或种族的保护者,成为一切被压制的宗教以及无权的女性等等的保护者。《信条》作者们关于这个问题的议论,只是证明他们力图抹杀无产阶级斗争的阶级性质,用所谓空洞的"承认社会"来削弱这个斗争,把革命的马克思主义降低为一种庸俗的改良主义的思潮。我们深信,绝大多数俄国社会民主党人都会坚决摒弃这种曲解社会民主党的基本原则的观点。由于《信条》作者们关于西欧工人运动的前提不正确,他们得出的"对于俄国的结论"就更不正确了。

　　硬说俄国工人阶级"尚未提出政治任务",这只能证明他们对俄国革命运动的无知。1878年成立的"俄国北方工人协会"[121]和1875年成立的"南俄工人协会"[122],就已经在自己的纲领中提出了政治自由的要求。经过80年代的反动时期以后,工人阶级又在90年代不止一次提出同样的要求。他们断定"关于独立工人政党的议论,无非是把他人的任务,把他人的成绩搬到我国土地上来的结果",这也只能证明他们完全不懂得俄国工人阶级的历史作用和俄国社会民主党的最迫切的任务。《信条》作者们自己提出的纲领,显然是想使工人阶级"沿着阻力最小的路线"前进,局限于经济斗争,而让"自由主义反对派"在马克思主义者的"参加"下去争取"法的形式"。俄国社会民主党实行这样的纲领,就等于政治上自杀,就等于大大阻碍并降低俄国工人运动和俄国革命运动(我们认为这两个概念是一样的)。仅仅是这样一个纲领能够出现一事,就足以证明俄国社会民主党中的一位先进战士帕·波·阿克雪里罗得所表示的忧虑是多么有根据。他在1897年底谈到有可能出现这种前途:

"工人运动不越出工人和企业主间的纯经济冲突的狭小范围,它本身整个说来也就缺乏政治性质,而无产阶级先进部分在为政治自由斗争的时候,就会追随由所谓知识分子组成的革命小组和派别。"(阿克雪里罗得《论俄国社会民主党人的当前任务和策略问题》1898年日内瓦版第19页)

俄国社会民主党人应该对《信条》所表述的整个思想体系坚决宣战,因为这种思想会直接使上述的前途得以实现。俄国社会民主党人应当极力设法实现帕·波·阿克雪里罗得在下面所说的另一种前途:

"另一种前途就是社会民主党把俄国无产阶级组织成一个独立政党,它在争取自由的时候**一方面**要同资产阶级革命派(因为①将来会有这种派别)**并肩战斗并结成联盟**,另一方面要把知识界中最热爱人民的最革命的分子直接吸收到自己的队伍中来,或者引导他们前进。"(同上,第20页)

当帕·波·阿克雪里罗得写这段话的时候,俄国社会民主党人的声明清楚地表明他们绝大多数都是持这种观点的。固然,有一家彼得堡工人报纸,即《工人思想报》[123],好像同意了《信条》作者们的思想,竟令人遗憾地在发刊词(1897年10月创刊号)中发

① 以下无手稿。——俄文版编者注

表了一种根本错误的、同社会民主主义相对立的思想,说"运动的经济基础"可能"由于力求牢记政治理想而模糊起来"。但是同时彼得堡另一家工人报纸,即《圣彼得堡工人小报》**124**(1897 年 9 月第 2 号),却坚决主张,"只有组织坚强而且人数众多的工人政党,才能推翻专制制度……",工人"组成强有力的政党","就能使自己和整个俄国从一切政治的和经济的压迫下解放出来"。还有一家报纸,即《工人报》**125**,在第 2 号(1897 年 11 月)的社论上写道:"反对专制政府,争取政治自由,是俄国工人运动的当前任务。""俄国工人运动要是成为具有共同名称和严密组织的统一而严密的整体,就会使自己的力量增加十倍……""各个单独的工人小组应当组成一个共同的政党。""俄国的工人政党将是社会民主主义的政党。"当时绝大多数俄国社会民主党人都完全赞同《工人报》的这种信念,下面的事实就是证明:1898 年春举行的俄国社会民主党人代表大会**126**成立了"俄国社会民主工党",发表了党的宣言,并且承认《工人报》为党的正式机关报。可见,《信条》作者们竟从俄国社会民主党已经达到了的、在《俄国社会民主工党宣言》上明文确定了的发展阶段大大倒退了一步。现在,俄国政府的残酷迫害使党的活动暂时削弱,使党的正式机关报停刊,因此,全体俄国社会民主党人的任务就是要竭力使党彻底巩固起来,制定党纲,恢复党的正式机关报。像上面分析过的《信条》那样的纲领竟能出现,这一事实本身就证明现在存在着一种思想动摇,所以我们认为很有必要把《宣言》中所阐述的对于俄国社会民主党有非常重要意义的基本原则着重说明一下。第一,俄国社会民主运动"自始至终都要成为有组织的工人群众的阶级运动"。由此就应该得出结论:社会民主党的座右铭,应当是不仅要帮助工人进行经济斗争,而且要帮助工人进行政治斗争;不仅要针对当前的经济要求进行鼓动,而且要针对一切政治压迫进行鼓动;不仅要宣传科学社会主义思想,而且要宣传民主主义思想。只有革命马克思主义的理论,才能成为工人阶级运动的旗帜,所以俄国社会民主党应该设法继续发展并且实现这个理论,同时要保卫它,使它不致像许多"时髦理论"(俄国革命的社会民主党的成就已经使马克思主义变成"时髦"理论了)那样常常被曲解和庸俗化。现在社会民主党应当全力以赴地到工厂工人和矿业工人中去进行活动,同时不应该忘记,随着运动的扩大,一定会有家庭工人、手工业者、农村工人以及千百万破产的饥寒交迫的农民加入它所组织的工人群众的队伍。

第二,"俄国工人阶级应当而且一定能够用自己健壮的肩膀承担起争取政治自由的事业"。社会民主党既然把推翻专制制度作为当前任务,它就应当做争取民主的先进战士,而且仅仅为了这一点也必须从各方面援助俄国居民中所有的民主分子,吸引他们来做自己的同盟者。只有独立的工人政党才能成为反对专制制度斗争的坚固堡垒,其余一切争取政治自由的战士只有同这样一个政党结成同盟并且给它援助才能发挥积极作用。

最后,第三,"作为社会主义运动和社会主义派别的俄国社会民主党,继承俄国以前一切革命运动的事业和传统;社会民主党把争取政治自由当做全党当前任务中最主要的任务,向着老'民意党'[31]的光荣活动家早已明确提出的目标前进"。俄国以前一切革命运动的传统,要求社会民主党现在集中全力来组织党,加强党内纪律并发展秘密活动的技术。如果说老"民意党"的活动家在俄国历史上起了巨大的作用,而且当时拥护这些为数不多的英雄的社会阶层十分狭小,运动的旗帜也根本不是革命的理论,那么社会民主党依靠无产阶级的阶级斗争,就一定能成为不可战胜的力量。"俄国无产阶级将摆脱专制制度的桎梏,以便用更大的毅力去继续同资本主义及资产阶级作斗争,直到社会主义完全胜利。"

我们请俄国一切社会民主党人的团体和一切工人小组都来讨论上面引用的《信条》和我们的决议,并且明确表示自己对这个问题的态度,以便消除各种意见分歧,促进组织和巩固俄国社会民主工党的事业。

各团体和各小组的决议,可以报告国外"俄国社会民主党人联合会"**73**,该联合会按 1898 年俄国社会民主党人代表大会决议第 10 条的规定,是俄国社会民主党的一部分,并且是党的国外代表机关。①

1899 年 12 月在国外印成
《工人事业》杂志第 4—5
期合刊抽印本

选自《列宁全集》第 2 版第 4 卷
第 144—156 页

---

① 在《指南》中缺最后一段。——俄文版编者注

# 我们的纲领

（为《工人报》写的文章）**127**

（不早于1899年10月）

目前国际社会民主党正处于思想动摇的时期。马克思和恩格斯的学说一向被认为是革命理论的牢固基础，但是，现在到处都有人说这些学说不完备和过时了。凡自称为社会民主党人并且打算出版社会民主党机关报的人，都应该以明确的态度对待这个不仅只是德国社会民主党人才关心的问题。

我们完全以马克思的理论为依据，因为它第一次把社会主义从空想变成科学，给这个科学奠定了巩固的基础，指出了继续发展和详细研究这个科学所应遵循的道路。它揭示了现代资本主义经济的实质，说明了雇用工人、购买劳动力怎样掩盖着一小撮资本家、土地占有者、厂主、矿山主等等对千百万贫苦人民的奴役。它表明了现代资本主义发展的整个过程怎样使小生产逐渐受大生产的排挤，怎样创造条件，使社会主义社会制度成为可能和必然。它教导我们透过那些积习、政治手腕、奥妙的法律和诡辩的学说看出**阶级斗争**，看出形形色色的有产阶级同广大的贫苦人民、同领导一切贫苦人民的**无产阶级**的斗争。它说明了革命的社会党的真正任务不是臆造种种改造社会的计划，不是劝导资本家及其走狗改善工人的处境，不是策划密谋，**而是组织无产阶级的阶级斗争，领导这一斗争，而斗争的最终目的是由无产阶级夺取政权并组织社会**

**主义社会**。

我们现在要问,那些纠集在德国社会党人伯恩施坦周围、在这一时期大喊大叫要"革新"这个理论的人,究竟对这个理论有什么新的贡献呢?**什么也没有**,他们并没有把马克思和恩格斯嘱咐我们加以发展的科学推进一步;他们并没有教给无产阶级任何新的斗争方法;他们只是向后退,借用一些落后理论的片言只语,不是向无产阶级宣传斗争的理论,而是宣传让步的理论,宣传对无产阶级的死敌、对无休止地寻找新花招来迫害社会党人的政府和资产阶级政党实行让步的理论。俄国社会民主党创始人和领袖之一普列汉诺夫,对伯恩施坦的最时髦的"批评"作了无情的批判[128],他做得完全正确。现在连德国工人的代表人物也摒弃了伯恩施坦的观点(在汉诺威代表大会上)[129]。

我们知道,说这些话会受到百般的责难,有人会大叫大嚷,说我们想把社会党变成一个"正统教徒"会,迫害那些背弃"教条"、具有独立见解等等的"异端分子"。我们熟悉所有这些时髦的刻薄话。不过这些话一点也不正确,也毫无意义。没有革命理论,就不会有坚强的社会党,因为革命理论能使一切社会党人团结起来,他们从革命理论中能取得一切信念,他们能运用革命理论来确定斗争方法和活动方式;维护这个具有起码理解力的人都认为是正确的理论,反对毫无根据的攻击,反对败坏这个理论的企图,这决不等于敌视**任何批评**。我们决不把马克思的理论看做某种一成不变的和神圣不可侵犯的东西;恰恰相反,我们深信:它只是给一种科学奠定了基础,社会党人如果不愿落后于实际生活,就应当在各方面把这门科学推向前进。我们认为,对于俄国社会党人来说,尤其需要**独立地**探讨马克思的理论,因为它所提供的只是总的**指导**原理,而这些原理的应用**具体地说**,在英国不同于法国,在法国不同于德国,在德国又不同于俄国。因此我们很愿意在我们的报纸上登载有关理论问题的文章,请全体同志来公开讨论争论之点。

在俄国运用各国社会民主党人共同的纲领时,究竟会产生哪些主要问题呢? 我们已经说过,这个纲领的实质就是组织无产阶级的阶级斗争,领导这一斗争,而斗争的最终目的是由无产阶级夺取政权和组织社会主义社会。无产阶级的阶级斗争分为经济斗争(反对个别资本家或个别资本家集团,争取改善工人生活状况)和政治斗争(反对政府,争取扩大民权,即争取民主和争取扩大无产阶级的政治权力)。有些俄国社会民主党人(主办《工人思想报》[123]的那些人大概可以包括在内)认为经济斗争重要得多,而政治斗争则似乎可以推延到比较遥远的将来。这种见解是完全不正确的。所有的社会民主党人都认为必须组织工人阶级的经济斗争,必须在这个基础上到工人中间进行鼓动,即帮助工人去同厂主进行日常斗争,叫他们注意压迫的种种形式和事实,从而向他们说明联合起来的必要性。但是,因为经济斗争而忘掉政治斗争,那就是背弃了全世界社会民主党的基本原则,那就是忘掉了全部工人运动史所教导我们的一切。资产阶级的忠实拥护者和为资产阶级服务的政府的忠实拥护者,甚至不止一次地试图组织纯经济性的工会来引诱工人离开"政治",离开社会主义。俄国政府也很可能会采取某种类似的办法,因为它总是设法给人民小恩小惠,确切些说,假仁假义地施与人民小恩小惠,目的只是使人民不去考虑自己毫无权利和备受压迫的状况。如果工人不能像德国工人和欧洲其他一切国家(土耳其和俄国除外)工人那样享有自由集会、结社、办报纸、派代表参加人民的集会这些权利,那么任何经济斗争都不能给他们带来持久的改善,甚至不可能大规模地进行任何经济斗争。而要想获得这些权利,就必须进行**政治斗争**。在俄国,不但工人而且全体公民都被剥夺了政治权利。俄国是一个专制君主制即无限君主制的国家。沙皇独自颁布法律，任命官吏，监督官吏。因此，看来**好像**俄国沙皇和沙皇政府不从属于任何阶级，对所有的人都一视同仁。但是**实际上**所有的官吏都来自有产者阶级，而且都受大资本家的支配。大资本家可以任意驱使各个大臣，可以为所欲为。俄国工人阶级受着双重压迫：他们受资本家和地主的抢劫和掠夺，为了使他们不能反抗，警察还把他们的手脚束缚起来，把他们的嘴堵住，对一切试图维护民权的人进行迫害。每次反对资本家的罢工都会引起军警对工人的袭击。一切经济斗争都必然要变成政治斗争，所以社会民主党应该把这两种斗争紧紧地结合成**无产阶级统一的阶级斗争**。这种斗争的首要目的应该是争取政治权利，**争取政治自由**。既然彼得堡一个城市的工人在社会党人的帮助不大的情况下能够很快地迫使政府让步——颁布关于缩短工作日的法令[75]，那么整个俄国工人阶级在"俄国社会民主工党"的统一领导下就一定能够通过顽强的斗争获得无比重大的让步。

俄国工人阶级即使得不到其他任何阶级的帮助，也能单独进行经济斗争和政治斗争。但是在政治斗争中工人并不是孤立的。人民毫无权利，强盗官吏横行霸道，也激怒了一切对限制言论自由和思想自由的行为不能容忍的比较正直的知识界人士，激怒了受迫害的波兰人、芬兰人、犹太人和俄国的教派信徒，激怒了受官吏和警察欺压而又无处投诉的小商人、小企业主和小农。所有这些居民集团是无力单独进行坚决的政治斗争的，但是只要工人阶级举起斗争的旗帜，他们就会从各方面向工人阶级伸出援助的手。俄国社会民主党一旦成为一切争民权、争民主的战士的领袖，那它就会是不可战胜的！

这就是我们的基本观点，我们将在我们的报纸上系统而全面地发挥这些观点。我们深信,这样做我们就能沿着"俄国社会民主工党"的《宣言》[126]所指引的道路前进。

载于1925年《列宁文集》俄文版
第3卷

选自《列宁全集》第2版第4卷
第160—164页

# 对 华 战 争

(1900 年 9—10 月)

俄国正在结束对华战争。动员了许多军区,耗费了亿万卢布,派遣了数以万计的士兵到中国去,打了许多仗,取得了一连串的胜利,——不过,这些胜利与其说是战胜了敌人的正规军,不如说是战胜了中国的起义者,更不如说是战胜了手无寸铁的中国人。水淹和枪杀他们,不惜残杀妇孺,更不用说抢劫皇宫、住宅和商店了。而俄国政府以及奉承它的报纸,却庆祝胜利,欢呼英勇的军队的新战功,欢呼欧洲的文化击败了中国的野蛮,欢呼俄罗斯"文明使者"在远东的新成就。

在这一片欢呼声中,只是听不到千百万劳动人民的先进代表——觉悟工人的声音。但是,这次新的胜利征战的重负,都落在劳动人民的肩上,从他们中间抽人到遥远的地方去,为了弥补庞大的开支,向他们征收了重税。那么,社会党人对于这次战争应该采取什么态度呢? 这次战争对谁有利呢? 俄国政府的政策的真正意义是什么呢? 我们现在试来分析一下这个问题。

我国政府首先想使人相信,它并不是在同中国打仗,它只是在平定暴乱,制服叛乱者,帮助合法的中国政府恢复正常的秩序。虽然没有宣战,但是问题的本质并没有因此而有丝毫改变,因为战争毕竟是在进行。试问,中国人对欧洲人的袭击,这次遭到英国人、法国人、德国人、俄国人和日本人等等疯狂镇压的暴动,究竟是由什么引起的呢？主战派说,这是由"黄种人敌视白种人","中国人仇视欧洲的文化和文明"引起的。是的,中国人的确憎恶欧洲人,然而他们憎恶的是哪一种欧洲人呢？为什么要憎恶呢？中国人憎恶的不是欧洲人民,因为他们之间并无冲突,他们憎恶的是欧洲资本家和唯资本家之命是从的欧洲各国政府。那些到中国来只是为了大发横财的人,那些利用自己吹捧的文明来进行欺骗、掠夺和镇压的人,那些为了取得贩卖毒害人民的鸦片的权利而同中国作战(1856年英法对华的战争)的人,那些利用传教伪善地掩盖掠夺政策的人,中国人难道能不痛恨他们吗？欧洲各国资产阶级政府早就对中国实行这种掠夺政策了,现在俄国专制政府也参加了进去。这种掠夺政策通常叫做殖民政策。凡是资本主义工业发展很快的国家,都要急于找寻殖民地,也就是找寻一些工业不发达、还多少保留着宗法式生活特点的国家,它们可以向那里销售工业品,牟取重利。为了让一小撮资本家大发横财,各国资产阶级政府进行了连年不断的战争,把士兵整团整团地开到有损健康的热带国家去送命,耗费了从人民身上搜刮来的大量钱财,迫使当地居民奋起反抗,或者使他们濒于饿死的境地。我们不妨回忆一下印度土著的抗英起义[130]和印度的饥荒,以及现在英国人对布尔人的战争[131]。

　　欧洲资本家贪婪的魔掌现在伸向中国了。俄国政府恐怕是最先伸出魔掌的,但是它现在却扬言自己"毫无私心"。它"毫无私心地"占领了中国旅顺口,并且在俄国军队保护下开始在满洲修筑铁路。欧洲各国政府一个接一个拼命掠夺(所谓"租借")中国领土,无怪乎出现了瓜分中国的议论。如果按照真实情况,就应当说:欧洲各国政府(最先恐怕是俄国政府)已经开始瓜分中国了。不过它们在开始时不是公开瓜分,而是像贼那样偷偷摸摸进行的。它们盗窃中国,就像盗窃死人的财物一样,一旦这个假死人试图反抗,它们就像野兽一样猛扑到他身上。它们把一座座村庄烧光,把老百姓赶进黑龙江中活活淹死,枪杀和刺死手无寸铁的居民和他们的妻子儿女。这些基督教徒建立功勋的时候,却大叫大嚷反对野蛮的中国人,说他们竟胆敢触犯文明的欧洲人。俄国专制政府在1900年8月12日致各国的照会中宣称:俄国军队占领牛庄并且开入满洲境内,是临时性措施;采取这些措施,"完全是由于必须击退中国叛民的侵略行动";"绝对不能说明帝国政府有任何背离自己政策的自私计划"。

帝国政府多么可怜啊!它简直像基督教徒那样毫无私心,人们竟冤枉了它,简直太不公平了!几年以前,它毫无私心地侵占了旅顺口,现在又毫无私心地侵占满洲,毫无私心地把大批承包人、工程师和军官派到与俄国接壤的中国地区,这些人的所作所为引起了以温顺出名的中国人的愤怒。修筑中东铁路,每天只付给中国工人10戈比的生活费,难道这就是俄国毫无私心的表现吗?

但是,我国政府为什么要对中国实行这种疯狂的政策呢?这种政策对谁有利呢?它对一小撮同中国做生意的资本家大亨有利,对一小撮为亚洲市场生产商品的厂主有利,对一小撮现在靠紧急军事订货大发横财的承包人有利(有些生产武器、军需品等等的工厂正在拼命地干,并且增雇成百上千的日工)。这种政策对一小撮身居军政要职的贵族有利。他们所以需要冒险政策,是因为借此可以飞黄腾达,建立"战功"而扬名于世。我国政府为了这一小撮资本家和狡猾的官吏的利益,竟然毫不犹豫地牺牲全国人民的利益。沙皇专制政府这一次也和往常一样,表明自己是甘愿对资本家大亨和贵族卑躬屈膝的昏官政府。

侵略中国对俄国工人阶级和全体劳动人民有什么好处呢?成千上万个家庭因劳动力被拉去打仗而破产,国债和国家开支激增,捐税加重,剥削工人的资本家的权力扩大,工人的生活状况恶化,农民的死亡有增无减,西伯利亚大闹饥荒,——这就是对华战争能够带来而且已经带来的好处。俄国的一切出版物、一切报刊,都处于奴隶的地位,不得到政府官员的许可,它们就不敢登载任何东西,因此,在对华战争中人民付出了多少代价,我们没有确切的材料,但是,这次战争的费用高达**几亿卢布**,这是没有疑问的。有消息说,政府按照一项没有公布的指令,一次就拨出军费15 000万卢布,而目前的战费开支每三四天就要耗掉**100 万卢布**。政府肆意挥霍钱财,但是给饥饿农民的救济金却一扣再扣,斤斤计较每一个戈比,不愿意把钱用在国民教育上,它和一切富农一样,从官办工厂的工人和邮政机关小职员等等的身上榨取血汗!

财政大臣维特曾宣称,1900 年 1 月 1 日以前,国库尚存闲置现款25 000万卢布,但是现在这笔钱已经没有了,都投入了战争,政府正在发行公债,增加捐税,因财政拮据而缩减必要的开支,停止修筑铁路。沙皇政府面临破产的危险,但它仍然拼命实行侵略政策,这不但需要大量资金,而且有卷入更可怕的战争的危险。进攻中国的欧洲列强,已经在分赃问题上争吵起来了,谁也不能断定这次争吵会怎样收场。

沙皇政府对中国实行的政策不仅侵犯人民的利益,而且还竭力毒害人民群众的政治意识。凡是只靠刺刀才能维持的政府,凡是不得不经常压制或遏止人民愤怒的政府,都早就懂得一个真理:人民的不满是无法消除的,必须设法把这种对政府的不满转移到别人身上去。例如煽起对犹太人的仇恨,卑鄙的报纸中伤犹太人,说犹太工人似乎不像俄国工人那样受资本和警察政府的压迫。目前报刊上又大肆攻击中国人,叫嚣黄种人野蛮,仇视文明,俄国负有开导的使命,说什么俄国士兵去打仗是如何兴高采烈,如此等等。向政府和大财主摇尾乞怜的记者们,拼命在人民中间煽风点火,挑起对中国的仇恨。但是中国人民从来也没有压迫过俄国人民,因为中国人民也同样遭到俄国人民所遭到的苦难,他们遭受到向饥饿农民横征暴敛和用武力压制一切自由愿望的亚洲式政府的压迫,遭受到侵入中华帝国的资本的压迫。

俄国工人阶级已经开始从人民群众所处的那种政治上的愚昧无知中挣脱出来。因此,一切觉悟的工人就有责任全力起来反对那些煽起民族仇恨和使劳动人民的注意力离开其真正敌人的人。沙皇政府在中国的政策是一种犯罪的政策,它使人民更加贫困,使人民受到更深的毒害和更大的压迫。沙皇政府不仅把我国人民变成奴隶,而且还派他们去镇压那些不愿做奴隶的别国人民(如1849年,俄国军队曾镇压匈牙利革命)。它不仅帮助俄国资本家剥削本国工人,把工人的双手捆起来,使他们不能团结自卫,而且还为了一小撮富人和显贵的利益出兵掠夺别国人民。要想打碎战争强加在劳动人民身上的新的枷锁,唯一的办法就是召开人民代表大会,以结束政府的专制统治,迫使政府不要光照顾宫廷奸党的利益。

载于1900年12月《火星报》创刊号

选自《列宁全集》第2版第4卷第319—323页

# 我们运动的迫切任务

（1900 年 11 月初）

俄国社会民主党不止一次地声明过,俄国工人政党的当前政治任务应该是推翻专制制度,争取政治自由。这一点在十五六年以前,俄国社会民主党人即"劳动解放社"[30]的成员声明过;两年半以前,1898 年春,俄国各社会民主主义组织的成员建立了俄国社会民主工党,也作过这一声明。虽然有过不止一次的声明,但是俄国社会民主党的政治任务问题,现在又提到日程上来了。我们运动中有许多人,对上述问题的解答的正确性表示怀疑。他们说经济斗争具有头等重要的意义,他们把无产阶级的政治任务推到次要地位,缩小和限制这些任务,他们甚至声称,要在俄国成立独立的工人政党的言论,只是人云亦云,工人只要进行经济斗争就行了,政治可以让知识分子联合自由派去搞。新信条(臭名远扬的《信条》[132])的这个最近的声明,竟公开认为俄国无产阶级还很幼稚,并且完全否定了社会民主党的纲领。而《工人思想报》[123](特别是《增刊》[133])所谈的,实质上也是这个意思。俄国社会民主党现在正处于动摇时期、怀疑时期,甚至到了自我否定的程度。一方面,工人运动正在脱离社会主义:有人在帮助工人进行经济斗争,但是有关整个运动的社会主义目的和政治任务,却根本不向工人解释,或解释得很不够。另一方面,社会主义也在脱离工人运动:俄国社会党人又在纷纷议论,说反对政府的斗争应该由知识分子单独进行,因为工人只能进行经济斗争。

我们认为,这些可悲的现象,是由三种情况造成的。第一,俄国社会民主党人在活动初期,只进行一些小组宣传工作。等到我们转向群众鼓动工作的时候,有时不免陷入另一极端。第二,在活动初期,我们不得不经常同民意党人[31]进行斗争,来保卫我们存在的权利。民意党人把"政治"理解为脱离工人运动的活动,把政治缩小到只进行密谋活动。而社会民主党人在反对这种政治的时候,走上了另一个极端,竟笼统地把政治推到了次要地位。第三,当社会民主党人分散在地方工人小组内进行活动的时候,没有很好地重视,必须组织革命政党来统一各地方小组的一切活动,并正确地安排革命工作。工作分散占优势的情况,自然同经济斗争占优势的情况是有关联的。

上述的一切情况,使大家热衷于运动的一个方面。"经济派"[134](如果可以说是一个"派"的话)企图把这种狭隘观点,提高为一种专门的理论,为此他们就企图利用那种打起新的旗帜传播旧的资产阶级思想的时髦的伯恩施坦主义[117],时髦的"对马克思主义的批评"。这种企图的危险性就是削弱了俄国工人运动同俄国社会民主党这个争取政治自由的先进战士之间的联系。而我们运动的最迫切任务,就是要巩固这种联系。

社会民主党是工人运动和社会主义的结合,它的任务不是消极地为每一阶段的工人运动服务,而是要代表整个运动的利益,给这个运动指出最终目的,指出政治任务,维护它在政治上思想上的独立性。工人运动脱离了社会民主党,就会变得无足轻重,并且必然会堕入资产阶级的泥潭,因为只从事经济斗争,工人阶级就会失去自己的政治独立性,成为其他党派的尾巴,背叛"工人的解放应该是工人自己的事情"[52]这一伟大遗训。各国都经历过工人运动和社会主义互不联系、各行其是的时期,这种相互脱节的现象,削弱了各国的社会主义和工人运动;在所有的国家里,只有社会主义和工人运动相结合,才奠定了二者的牢固基础。但是,每个国家社会主义和工人运动的结合,都是历史地形成的,都经过了独特的道路,都是以地点和时间为转移的。在俄国,社会主义和工人运动结合的必要性,在理论上早就讲过了,但是在实际上,这种结合只是到现在才开始形成。这个形成的过程,是一个非常艰难的过程,因此,在这个过程中出现各种动摇和怀疑,不是什么特别奇怪的事情。

从过去的历史中,我们得出的教训是什么呢?

整个俄国社会主义的历史,决定了社会主义的最迫切任务是反对专制政府,争取政治自由。我国的社会主义运动,可以说是集中在反专制制度的斗争上的。另一方面,历史表明,社会主义思想脱离劳动阶级先进人物的现象,在俄国要比其他国家厉害得多,因此俄国革命运动必然软弱无力。由此自然产生出俄国社会民主党所应该实现的任务:把社会主义思想和政治自觉性灌输到无产阶级群众中去,组织一个和自发工人运动有紧密联系的革命政党。俄国社会民主党在这方面已经做了许多工作。但还有更多的工作要做。随着运动的发展,社会民主党的活动场所会越来越广,工作的方面会越来越多,需要越来越多的搞运动的人集中力量去解决宣传和鼓动的日常需要提出的各种各样的局部任务。这种现象完全是合乎规律的和不可避免的,但是这种现象迫使我们特别注意,要使局部的活动任务和个别的斗争手段不致成为某种独立的东西,要使准备工作不致成为主要的和唯一的工作。

促进工人阶级的政治发展和政治组织,是我们主要的和基本的任务。谁把这个任务推到次要的地位,不使一切局部任务和个别斗争手段从属于这个任务,谁就会走上错误的道路,并给运动带来严重的危害。把这个任务推到次要地位的有两种人:第一种人,他们号召革命者依靠某些脱离工人运动的密谋小组的力量,去同政府作斗争;第二种人,他们经常缩小政治宣传、政治鼓动和政治组织的内容和范围,他们认为只有在工人生活中的特殊时刻,只有在庄严的场合,用"政治"来款待工人才是可能和适当的,他们过分注意把反对专制制度的政治斗争化为要求专制制度作个别让步,而不太注意把这些要求变成革命工人政党反对专制制度的有计划的坚决的斗争。

"组织起来!"《工人思想报》用各种调子一再向工人这样宣传,"经济派"的一切拥护者也一再向工人这样宣传。我们当然完全同意这个呼吁,但是一定要补充一句:不但要组织互助会、罢工储金会和工人小组,而且要组织政党,组织起来同专制政府和整个资本主义社会进行坚决的斗争。不这样组织起来,无产阶级就不能去进行自觉的阶级斗争,不这样组织起来,工人运动就会软弱无力,只靠一些储金会、工人小组和互助会,工人阶级永远不能完成自己所肩负的伟大历史任务:使自己和全体俄国人民摆脱政治上和经济上的奴隶地位。在历史上,任何一个阶级,如果不推举出自己的善于组织运动和领导运动的政治领袖和先进代表,就不可能取得统治地位。俄国工人阶级已经表明它能够推举出这样的人物,最近五六年来俄国工人所广泛开展的斗争,表明工人阶级中蕴藏着无穷的革命力量。它表明,追求社会主义、追求政治觉醒和政治斗争的工人,不仅没有因为政府的疯狂迫害而减少,而且还增加了。我们的同志在1898年召开的代表大会[126],正确地提出了任务,不是人云亦云,不是只表达了"知识分子"的憧憬……我们把党的纲领问题、组织问题和策略问题提到日程上来以后,就应该坚决着手完成这些任务。我们对我们纲领的基本原则的看法,已经讲过了,详细阐述这些原则,不是本文的任务。关于组织问题,我们打算在最近几号报纸上写一些文章。这是我们最伤脑筋的问题之一。在这方面,我们大大落后于俄国革命运动的老一辈活动家;我们应该坦白承认这一缺点,应该想尽一切方法使我们的活动更加秘密,有系统地宣传活动准则以及蒙蔽宪兵和躲避警察耳目的方法。我们应该培养一些不仅能把晚上的空闲时间贡献给革命,而且能把整个一生贡献给革命的人。我们应该建立一个大的组织,大到可以使我们在各种各样不同的工作之间进行严密的分工。至于策略问题,我们只能在这里谈这样一点:社会民主党不能用某种事先想好的政治斗争的计划或方法来束缚自己的手脚,缩小自己的活动范围。它承认一切斗争手段,只要这些手段同党的现有力量相适应,并且在现有条件下能够使我们取得最大的成绩。有了坚强的组织严密的党,某一次的罢工也能够变成政治示威,变成对政府的一次政治胜利。有了坚强的组织严密的党,个别地区的起义也能够发展成胜利的革命。我们应当记住,为满足个别要求,为取得个别让步而同政府展开的斗争,不过是和敌人的小小接触,不过是小小的前哨战,决战还在后面。我们面对着一座强大的敌人堡垒,从那里向我们发射出雨点般的炮弹和枪弹,夺去了我们的优秀战士的生命。我们一定要夺取这座堡垒。只要我们能够把日益觉醒的无产阶级的一切力量和俄国革命者的一切力量联合成一个党,并能使俄国一切生气勃勃和正直的人都倾向于这个党,我们就一定能够拿下这座堡垒。只有到那个时候,才能实现俄国工人革命家彼得·阿列克谢耶夫的伟大预言:"等到千百万工人群众举起筋肉条条的拳头,士兵刺刀保卫着的专制枷锁就会被粉碎!"[135]

载于1900年12月《火星报》
创刊号

选自《列宁全集》第2版第4卷
第333—338页

# 无政府主义和社会主义

## （1901 年）

提纲：

（1）无政府主义在产生以来的 35—40 年中（从巴枯宁和 1866 年**国际代表大会**<sup>136</sup> 算起是这样。从施蒂纳算起，那还要早很多年）除了讲一些反对**剥削**的空话以外，再没有提供任何东西。

这类空话已经流行了 2 000 多年。（α）不懂得剥削的**根源**；（β）不懂得社会在向社会主义**发展**；（γ）不懂得**阶级斗争**是实现社会主义的创造力量。

（2）对于剥削的**根源**的了解。**私有**制是**商品**经济的基础。生产资料公有制。无政府主义对此一窍不通。

无政府主义是改头换面的资产阶级**个人主义**。个人主义是无政府主义整个世界观的基础。

> 维护小私有制和**小农经济**。
> 无所谓多数①。
> 否认政权有统一的和组织的力量。

（3）不懂得社会的发展——大生产的作用——从资本主义向社会主义的发展。

（无政府主义是**绝望**的产物。它是失常的知识分子或游民的

---

① 即无政府主义者否认少数服从多数。——编者注

心理状态,而不是无产者的心理状态。)

(4)不懂得无产阶级的**阶级**斗争。

荒谬地否认资产阶级社会的政治。

不懂得组织和教育工人的作用。

把片面的、割断了联系的手段当做万应灵丹。

(5)在欧洲的现代史中,曾经在罗曼语国家盛行一时的无政府主义,提供了什么东西呢?

——没有任何学理、任何革命学说和理论。

——分散工人运动。

——在革命运动的实验中彻底失败(1871 年的蒲鲁东主义[116],1873 年的巴枯宁主义[137])。

——在否定政治的幌子下使工人阶级服从**资产阶级的**政治。

载于 1936 年《无产阶级革命》
杂志第 7 期

选自《列宁全集》第 2 版第 5 卷
第 338—341 页

# 怎 么 办?

## 我们运动中的迫切问题[138]

### (1901 年秋—1902 年 2 月)

> "……党内斗争给党以力量和生气。党本身模糊不清,界限不明,是党软弱的最大明证。党是靠清洗自己而巩固的……"
>
> (摘自拉萨尔 1852 年 6 月
> 24 日给马克思的信)

## 序 言

照作者的原定计划,这本小册子要详细发挥《从何着手?》(1901 年 5 月《火星报》[139]第 4 号)一文①中所谈的那些思想。我们应当首先向读者致歉,在那篇文章中许下的诺言(这个诺言在答复许多私人询问和信件时也一再重复过)履行得迟了些。推迟的原因之一,是去年(1901 年)6 月间曾经试图把所有的国外社会

---

① 见《列宁全集》第 2 版第 5 卷第 1—10 页。——编者注

民主党人组织统一起来**140**。当时自然要等待这次尝试的结果，因为这次尝试如果成功，我们也许就要从稍微不同的角度来说明《火星报》的组织观点；无论如何，这次尝试成功就有希望很快消除俄国社会民主党内存在两个派别的现象。读者知道，这次尝试以失败告终，而且，正像我们在下面将要竭力证明的那样，《工人事业》杂志**141**在第10期上重新转向"经济主义"以后，这次尝试也不能不以失败告终。同这个模糊不清、缺乏明确性、可是却比较顽固并能在各种形式下复活起来的派别作坚决的斗争，已经是绝对必要的事情了。因此，本书的原定计划也就有所改变并且大大地扩充了。

　　本书的主题，本来应当是《从何着手？》一文中所提出的三个问题，即我们的政治鼓动的性质和主要内容问题，我们的组织任务问题，在各地同时着手建立全俄的战斗组织的计划问题。作者早就关心这些问题，还在筹划《工人报》**125**复刊时就曾想在这个报上提出来，不过这次复刊的尝试也没有成功（见第5章）。原来设想在本书中只分析这三个问题，并尽可能正面阐述自己的观点，而不采用或者几乎不采用论战方式，但是由于下面两个原因，这种设想根本无法实现。一方面，"经济主义"比我们设想的要顽强得多（我们用"经济主义"这个词是广义的，在1901年12月《火星报》第12号上发表的《同经济主义的拥护者商榷》一文已经说明了这一点，那篇文章可以说是定出了本书的大纲①）。现在已经很明显，对于解决这三个问题所以存在着各种不同的观点，在很大程度上是由于俄国社会民主党内两个派别的根本对立，而不是由于局部的意见分歧。另一方面，"经济派"**134**对于《火星报》实际宣传我们的观点表示茫然不解，这显然表明：我们往往简直是各讲各的

---

① 见《列宁全集》第2版第5卷第324—331页。——编者注

话;如果我们不从头讲起,那我们就**不可能**谈出什么结果;必须作一次尝试,用尽可能通俗的方式,用大量具体的例证,来就我们之间的意见分歧的**一切**根本之点,向**所有的**"经济派"作**系统的**"**说明**"。于是我就决定作这样一次"说明"的尝试,虽然我明明知道,这会使本书的篇幅大大增加,并且使出版日期推迟,但是除此之外,我看不出有什么**别的办法**来履行我在《从何着手?》一文中许下的诺言,除了为出版迟缓致歉之外,还要为本书文字修饰方面的很多缺点致歉,因为我不得不**非常匆忙地**写作,而且经常被其他各种工作所打断。

对上述三个问题的分析,仍然是本书的主题,但是我不得不从两个比较一般的问题谈起:为什么像"批评自由"这样一个"无害的"和"正常的"口号,对我们竟会成为一个真正的战斗的信号?为什么我们甚至在社会民主党对自发的群众运动的作用这个基本问题上都谈不拢? 其次,阐述我们对政治鼓动的性质和内容的观点,变成了说明工联主义政治和社会民主主义政治之间的区别;阐述我们对组织任务的观点,变成了说明"经济派"感到满意的手工业方式和我们认为必须建立的革命家组织这两者之间的区别。再次,人们反对全俄政治报"计划"的意见愈没有根据,人们愈不从实质上回答我在《从何着手?》一文中提出的我们怎样才能在各地同时着手建立我们所需要的组织的问题,我就愈要坚持这个"计划"。最后,在本书的结尾部分,我希望指明以下几点:我们已经做了我们所能做到的一切来防止同"经济派"完全决裂,但是这一决裂毕竟是不可避免的了;《工人事业》杂志已经具有一种特别的、甚至可以说是"历史的"作用,因为它最充分和最突出地表现出来的并不是彻底的"经济主义",而是那种构成俄国社会民主党历史上**整整一个时期**的特点的混乱和动摇;所以我们同《工人事业》杂志进行的乍看起来似乎是过分详细的论战也是有意义的，因为不彻底结束这个时期，我们就不能前进。

**尼·列宁**

1902 年 2 月

怎么办?

<br>

一

# 教条主义和"批评自由"

## (一) 什么是"批评自由"?

"批评自由"——这无疑是目前最时髦的口号,是各国社会主义者和民主主义者在争论中最常用的口号。乍看起来,很难想象还有什么比争论的一方一再郑重其事地引用批评自由更奇怪的了。难道在先进政党中,有人声言反对欧洲大多数国家用来保障科学自由和科学研究自由的宪法条文吗?凡是在街头巷尾一再听到这个时髦的口号而还没有深入了解争论双方意见分歧的实质的局外人,一定会想:"这里恐怕有问题吧!""这个口号显然是一种特定用语,像代号一样,用习惯了,几乎成为一种普通名词了。"

其实,谁都知道,现代国际①社会民主党中已经形成了两个派

---

① 顺便指出:社会主义运动内部不同派别之间的争执,第一次从一国的现象变成了国际的现象,这在现代社会主义运动史上恐怕是唯一的而且也是非常令人欣慰的现象。从前,拉萨尔派和爱森纳赫派**142**之间,盖得派和可能派**143**之间,费边派和社会民主党人**144**之间,民意党人**31**和社会民主党人之间的争论,始终纯粹是一国内的争论,所反映出来的,纯粹是各国的特征,这些争论可以说是在不同的侧面进行的。而目前(这一点现在已经看得很清楚),英国的费边派,法国的内阁派**145**,德国的伯恩施坦派**117**,俄国的批评派,都成了一家弟兄,他们互相吹捧,彼此学习,一起攻击"教条式的"马克思主义。在这场同社会主义运动内的机会主义进行的第一次真正国际性的搏斗中,国际革命社会民主党也许会大大加强起来,足以结束早已笼罩于欧洲的政治反动局面?

别,这两个派别之间的斗争,有时炽烈起来,火焰腾腾;有时又静息下去,在动人的"休战决议"的灰烬下面阴燃着。对"旧的、教条式的"马克思主义采取"批评"态度的那个"新"派别究竟是怎么一回事,这一点已经相当明确地由伯恩施坦**讲出来了**,由米勒兰**作出样子了**。

社会民主党应当从主张社会革命的政党,变成主张社会改良的民主政党。伯恩施坦提出了一大套颇为严整的"新"论据和"新"理由,来为这个政治要求辩护。他否认有可能科学地论证社会主义和根据唯物主义历史观证明社会主义的必要性和必然性;他否认大众日益贫困、日益无产阶级化以及资本主义矛盾日益尖锐化的事实;他宣称"**最终目的**"这个概念本身就不能成立,并绝对否定无产阶级专政的思想;他否认自由主义和社会主义在原则上的对立;他否认**阶级斗争理论**,认为这个理论好像不适用于按照多数人意志进行管理的严格意义上的民主的社会,等等。

可见,要求从革命的社会民主主义坚决转向资产阶级的社会改良主义,就免不了会同样坚决地转向用资产阶级观点来批评马克思主义的一切基本思想。既然很久以来,无论在政治讲台上或在大学讲坛上,无论在大量小册子中或在许多学术论文里,都一直在对马克思主义进行这样的批评,既然几十年来,有教养阶级的一代青年,都经常在受这种批评的熏陶,那么,社会民主党中的"新的批评"派一出世就非常完备,好像密纳发从丘必特脑袋里钻出来一样[146],就毫不奇怪了。这种思潮,按其内容来说,并不需要什么发展和形成,因为它是直接从资产阶级的书刊上搬到社会主义的书刊上来的。

其次,如果说伯恩施坦的理论批评和政治欲望还有什么人不明白,那么法国人已经设法为"新方法"作了示范。法国在这一次也没有辜负它历来的名声,即它是"这样一个国家,在那里历史上的阶级斗争,比起其他各国来每一次都达到更加彻底的结局"(恩格斯为马克思的《雾月十八日》一书写的序言)①。法国社会党人并不谈什么理论,而是直接行动起来;法国那种民主制发展程度较高的政治条件,使他们能够立刻转到带来种种后果的"实践的伯恩施坦主义"上去。米勒兰在实行这种实践的伯恩施坦主义方面作出了一个极好的榜样,难怪伯恩施坦和福尔马尔都这么热心地、迫不及待地为米勒兰辩护,对他大加赞赏! 的确,既然社会民主党实质上不过是个主张改良的党,并且应当有勇气公开承认这一点,那么社会党人也就不仅有权加入资产阶级内阁,而且甚至应当时时刻刻力求做到这一点。既然民主制实质上就是消灭阶级统治,那么社会党人部长为什么不可以用阶级合作的言词来博得整个资产阶级世界的欢心呢? 他为什么不可以甚至在宪兵屠杀工人的行为已经千百次地表明了各阶级民主合作的真谛之后,仍然留在内阁中呢? 他又为什么不可以亲自参加欢迎那个目前被法国社会党人恰好叫做绞刑专家、鞭笞专家和流放专家(knouteur, pendeur et déportateur)的沙皇呢? 而以社会主义在全世界面前这样备受屈辱和自我抹黑为代价,以败坏工人群众的社会主义意识(而社会主义意识则是保障我们获得胜利的唯一基础)为代价,换得的却是一些实行微小改良的冠冕堂皇的**草案**,这种改良微小到了极点,甚至比从资产阶级政府那里争取到的还要少!

只要不是故意闭起眼睛,就不会看不到,社会主义运动中的新的"批评"派无非是**机会主义**的一个新的变种。假使判断人们的时候,不是看他们给自己穿上的漂亮礼服,不是看他们给自己取的

---

① 见《马克思恩格斯文集》2009 年人民出版社版第 2 卷第 468 页。——编者注

动听的名字,而是看他们的行为怎样,看他们在实际上宣传的是什么,那就可以明白:"批评自由"就是机会主义派在社会民主党内的自由,就是把社会民主党变为主张改良的民主政党的自由,就是把资产阶级思想和资产阶级因素灌输到社会主义运动中来的自由。

自由是个伟大的字眼,但正是在工业自由的旗帜下进行过最具有掠夺性的战争,在劳动自由的旗帜下掠夺过劳动者。现在使用"批评自由"一词,同样也包含着这种内在的虚伪性。假如人们真正确信自己把科学向前推进了,那他们就不会要求新观点同旧观点并列的自由,而会要求用新观点代替旧观点。现在这种"批评自由万岁!"的叫嚷太像那个关于空桶的寓言[147]了。

我们紧紧靠在一起,循着艰难险阻的道路紧拉着手前进。我们被敌人四面包围,我们几乎随时都得冒着敌人的炮火前进。我们根据自由通过的决议联合起来,正是为了要同敌人斗争,而不致失足落入旁边的泥潭里。那些待在泥潭里的人,一开始就责备我们独树一帜,责备我们选定了斗争的道路,而不是调和的道路。现在我们中间有些人竟叫喊起来:我们都到这个泥潭里去吧!当人们开始耻笑他们的时候,他们反驳说:你们这些人多么落后啊!你们怎么好意思否认我们有号召你们走上比较好的道路去的自由!是啊,先生们,你们不仅可以自由地号召,而且可以自由地走到随便什么地方去,哪怕是走到泥潭里去也可以;我们甚至认为你们应有的位置正是在泥潭里,而且我们愿意竭力帮助你们搬到那里去。不过,请你们放开我们的手,不要拉住我们,不要玷污自由这个伟大的字眼,因为我们也可以"自由地"走到我们愿意去的地方,我们不但可以自由地同泥潭作斗争,而且还可以自由地同那些转向泥潭里去的人作斗争!

## （二） "批评自由"的新拥护者

国外"俄国社会民主党人联合会"**73**的机关刊物《工人事业》杂志,最近(第10期)郑重其事地提出的正是这个口号("批评自由"),并且不是把它当做理论原则,而是当做政治要求提出来的,即在回答"能不能把那些在国外活动的社会民主党人组织统一起来"这一问题时提出来的:"要达到牢固的统一,就必须有批评自由。"(第36页)

从这个声明中可以得出两个十分明确的结论:1.《工人事业》杂志维护整个国际社会民主党中的机会主义派;2.《工人事业》杂志要求机会主义在俄国社会民主党内的自由。现在让我们来考察一下这两个结论。

《工人事业》杂志"特别"不高兴的,是"《火星报》和《曙光》杂志**148**喜欢预言国际社会民主党中的**山岳派**和**吉伦特派**149必将决裂"①。

《工人事业》杂志编辑波·克里切夫斯基写道:"我们觉得,关于社会民主党队伍中有**山岳派**和**吉伦特派**的说法,根本就是一种肤浅的历史类比,它出自马克思主义者的笔下是很奇怪的,因为山岳派和吉伦特派并不是像历史学家-思想家可能认为的那样,代表着不同的气质或思潮,而是代表着不同的阶级或阶层:一方面是中等资产阶级,另一方面是小市民阶层和无产阶级。

---

① 把革命无产阶级中的两个派别(革命派和机会主义派)比做18世纪革命资产阶级中的两个派别(雅各宾派即"山岳派",和吉伦特派)的提法,见《火星报》第2号(1901年2月)的社论。这篇社论的作者是普列汉诺夫。无论立宪民主党人**83**、"无题派"**150**或孟什维克,至今都很爱谈俄国社会民主党中的"雅各宾派"。至于普列汉诺夫第一次提出这个概念来反对社会民主党右翼的事实,现在人们却宁愿默不做声或者……把它忘掉。(这是作者为1907年版加的注释。——编者注)

而现代社会主义运动中却没有阶级利益的冲突,这整个运动,它的**一切**〈黑体是波·克里切夫斯基用的〉派别,包括最明显的伯恩施坦派在内,都是站在维护无产阶级的阶级利益的立场上,站在无产阶级争取政治和经济解放的阶级斗争的立场上的。"(第32—33页)

大胆的断语!波·克里切夫斯基是否听见过早已有人指出的那件事实,即正是由于近年来有"学士"**阶层**广泛参加社会主义运动,伯恩施坦主义才非常迅速地传布开来呢?而主要的是,我们的这位作者究竟根据什么断定说"最明显的伯恩施坦派"也站在无产阶级争取政治和经济解放的阶级斗争的立场上呢?这是不得而知的。他坚决为最明显的伯恩施坦派辩护,却拿不出任何的论据和理由。作者显然以为,他既然是在重复最明显的伯恩施坦派自我表白时所讲的话,那么他的断语也就无须证明了。但是,判断整个派别,竟以该派代表人物自我表白时所讲的话为根据,这难道不是再"肤浅"不过的吗?紧接着的关于党的发展有两种不同的、甚至绝对相反的类型或道路的"说教"(《工人事业》杂志第34—35页),难道不也是再肤浅不过的吗?你看,德国社会民主党人承认充分的批评自由,法国人却不承认,而正是法国人的例子充分表明那种"偏激行为的害处"。

我们对此回答说,正是波·克里切夫斯基的例子表明,那些简直是"按伊洛瓦伊斯基方式"来研究历史[151]的人,有时也自称为马克思主义者。要解释德国社会党为什么统一和法国社会党为什么涣散,完全不必去考察两国历史的特点,不必把军事的半专制制度和共和的议会制的条件加以对比,不必分析巴黎公社和反社会党人非常法[152]的后果,不必把两国的经济生活和经济发展加以比较,不必回顾在"德国社会民主党空前发展"的同时进行了社会主义运动史上空前努力的斗争,不仅反对理论上的错误(米尔柏格、杜林①、讲坛社会主义者<sup>155</sup>），而且反对策略上的错误（拉萨尔），如此等等。所有这一切都没有必要！法国人所以争吵是因为他们偏激，德国人所以统一是因为他们都是些乖孩子。

你看，用这种无比深奥的议论就"避开了"把维护伯恩施坦派的言论完全推翻的事实。伯恩施坦派是否**站在**无产阶级的阶级斗争的立场上，对于这个问题只有历史经验才能给予最后的彻底的解答。因此，在这一点上有最重要意义的正是法国的例子，因为只有法国一个国家的伯恩施坦派曾经在自己的德国同道们的热烈赞助下（而且有几分是在俄国机会主义者的热烈赞助下——参看《工人事业》杂志第2—3期合刊第83—84页），试图独自**站稳**脚跟。拿法国人"不肯调和"当借口，除了有其"故事性的"（诺兹德列夫式的）<sup>156</sup>意义之外，就不过是企图用气话来掩盖很不愉快的事实罢了。

而且，就连德国人我们也还根本不打算奉送给波·克里切夫斯基及其他许许多多"批评自由"的拥护者。"最明显的伯恩施坦派"所以还能见容于德国党内，只是因为他们**服从**那个坚决摒弃伯恩施坦的种种"修正"的汉诺威决议<sup>157</sup>，以及那个尽管措辞婉转、但对伯恩施坦提出了直接警告的吕贝克决议<sup>158</sup>。至于从德国

---

① 当恩格斯抨击杜林的时候，德国社会民主党中有相当多的人都是倾向杜林的观点的，人们甚至公开在党代表大会上纷纷责备恩格斯，说他偏激，不肯容忍，用非同志式的态度论战等等。莫斯特等同志提议（在1877年的代表大会<sup>153</sup>上）在《前进报》<sup>154</sup>上不再登载恩格斯的论文，认为这些论文"绝大多数读者都不感兴趣"；而瓦尔泰希（Vahlteich）则说登载这些论文使党受到了很大的损害，说杜林对社会民主党也是出了力的："我们应当为党的利益而利用所有的人。假如教授们要争论，那么《前进报》决不是进行这种争论的场所"（1877年6月6日《前进报》第65号）。你们看，这也是维护"批评自由"的例子，我国那些非常喜欢援引德国人的例子的合法的批评派和不合法的机会主义者，不妨考虑一下这个例子！

党的利益来看,这种婉转的措辞究竟适当到什么程度,在这种场合下坏的和平是否胜过好的争执,这还是可以争论的,简而言之,在评价用哪种**方法**拒绝伯恩施坦主义才妥当时,可以有不同的意见,但是德国党曾经两次**拒绝**伯恩施坦主义却是不能否认的事实。所以,认为德国人的例子证实了"最明显的伯恩施坦派是站在无产阶级争取经济和政治解放的阶级斗争的立场上的"这一说法,就是完全不了解有目共睹的现实情况。①

　　不仅如此。正如我们已经讲过的,《工人事业》杂志还向**俄国**社会民主党要求"批评自由",并且为伯恩施坦主义辩护。显然它是认为我们这里有人冤枉了我们的"批评派"和伯恩施坦派。究竟是冤枉了什么人呢?是谁冤枉的?在什么地方?什么时候?究竟冤枉的是什么呢?关于这些问题,《工人事业》杂志始终避而不谈,没有一次提起任何一个俄国的批评派和伯恩施坦派!这里我们只能假定,二者必居其一:**或者**被人冤枉的不是别人,正是《工人事业》杂志自己(可以证明这一点的是,《工人事业》杂志第10期上的两篇文章都只讲《曙光》杂志和《火星报》冤枉了《工人事业》杂志)。如果是

---

①　必须指出,《工人事业》杂志在谈到德国党中的伯恩施坦主义问题时,始终只限于单纯转述事实,完全"不肯"说出自己对这些事实的评价。例如,在第2—3期合刊第**66**页上讲到斯图加特代表大会**159**时,竟把一切意见分歧都归结为"策略",并且只是指出绝大多数忠于原先的革命策略。又如在第4—5期合刊第25页及以下各页上,也只不过是把汉诺威代表大会上的发言转述一遍,并把倍倍尔的决议摘引一下;这里又是(也像在第2—3期合刊上一样)把对于伯恩施坦观点的叙述和批评留待"专文"去谈。可笑的是,在第4—5期合刊第33页上说道:"……倍倍尔所阐述的观点赢得了代表大会绝大多数的赞同",而稍后一点却又说:"……大卫发言拥护伯恩施坦的观点……　他首先就竭力说明……伯恩施坦和他的朋友们毕竟是〈原文如此!〉站在阶级斗争的立场上的……"　这是1899年12月间写的;到1901年9月的时候,《工人事业》杂志大概已经不再相信倍倍尔正确,而把大卫的观点当做自己的观点来重复了!

这样,那么始终坚决否认自己同伯恩施坦主义有任何一致之处的《工人事业》杂志,不替"最明显的伯恩施坦派"和批评自由讲点好话,就不能为自己辩护,这种怪事应当怎样解释呢? **或者**被人冤枉的是某个第三者。那为什么又不肯说出这第三者究竟是谁呢?

由此可见,《工人事业》杂志还在继续玩那种从它一创立就开始的(这一点我们下面再讲)捉迷藏游戏。其次,请注意这**第一次**实际运用被大肆吹捧的"批评自由"的情况吧。实际上,"批评自由"不仅立刻表现为没有任何批评,而且表现为根本没有独立的见解。正是这个把俄国伯恩施坦主义当做暗疾(照斯塔罗韦尔的中肯的说法[160])隐瞒起来的《工人事业》杂志现在却主张,为了治这种病,只要**简单地照抄**一张专治德国型的这种病的最新德国药方就行了! 这不是什么批评自由,而是奴隶式的模仿……甚至更坏,是猴子式的模仿! 现代国际机会主义的同一的社会和政治内容,依各国的民族特点而表现为各种不同的形式。在某一个国家里,一批机会主义者早已独树一帜;在另一个国家里,机会主义者忽视理论,而在实践中推行激进社会党人的政策;在第三个国家里,革命政党的一些党员投奔到机会主义营垒中去,他们不是进行维护原则和维护新的策略的公开斗争,而是采取渐渐地、悄悄地、可以说是不受惩罚地败坏自己的党的办法,来力求达到自己的目的;在第四个国家里,同样的倒戈分子,在黑暗的政治奴役之下,在"合法"活动和"不合法"活动的相互关系非常独特的情况下,运用着同样的方法等等。说什么批评自由和伯恩施坦主义自由是**俄国**社会民主党人统一起来的条件,又不分析**俄国**伯恩施坦主义究竟表现在什么地方和产生了怎样特殊的结果,这就等于是,说话是为了什么也不说。

那我们就自己来试试,把《工人事业》杂志不愿说出来的(或许是它无法理解的)东西哪怕是简单地说明一下。

## （三）　俄国的批评

在我们要考察的这一方面,俄国的基本特点,就是在自发的工人运动**一开始**产生和先进舆论**一开始**转向马克思主义时,就有各种显然不同的分子在共同的旗帜下联合起来,反对共同的敌人(陈腐的社会政治世界观)。我们说的是"合法马克思主义"[161]的蜜月时期。一般讲来,这是一种非常独特的现象,要是在 80 年代或 90 年代初,谁也不会相信会有发生这种现象的可能。在一个完全没有出版自由的专制制度国家里,在猖獗的政治反动势力对于稍有一点政治上的不满和反抗的苗头都横加迫害的时代,革命的马克思主义的理论忽然在**受检查的**书刊上打开了一条道路,虽然说明这个理论的语言是伊索式的,但一切"感兴趣的人"都是可以理解的。政府只是习惯于把(革命的)民意主义的理论当做危险的理论,照例没有发觉这一理论的内部演变,而欢迎**一切**对这个理论的批评。等到政府醒悟过来的时候,等到书报检查官和宪兵这支笨重的队伍侦察到新的敌人而猛扑过来的时候,已经过去不少(照我们俄国的尺度来计算)时间了。在这段时间里,马克思主义的书一本又一本地出版,马克思主义的杂志和报纸相继创办起来,大家都纷纷变成了马克思主义者,人们都来奉承马克思主义者,向马克思主义者献殷勤,出版商因为马克思主义书籍的畅销而兴高采烈。于是,在为这种气氛所迷惑的新起的马克思主义者中间,自然也就出现了不止一个"自命不凡的作家"[162]……

现在,可以平心静气地谈论这个已经过去的时期了。谁都知道,马克思主义所以在我国的书刊上盛行了一个短暂的时期,是因为极端分子同十分温和的分子结成了联盟。实质上,这些温和分子是资产阶级民主派,而这个结论(由他们往后的"批评"发展明显地证实了)早在"联盟"还完整的时候,就已经有人意识到了。①

　　既然如此,那么以后出现那种"混乱",是否应当由那些同未来的"批评派"实行过联盟的革命社会民主党人来承担最大的责任呢? 从过分死板地观察问题的人那里,有时可以听到这样的问题以及对它的肯定回答。可是这些人是完全不对的。只有那些不信赖自己的人,才会害怕即使是同不可靠的分子结成的暂时联盟,而不结成这样的联盟,无论哪一个政党都是不能存在的。而同合法马克思主义者的联合,是俄国社会民主党初次实行的某种真正的政治联盟。由于结成了这个联盟,我们才极为迅速地战胜了民粹主义并且使马克思主义思想(虽然是在庸俗化的形式下)广泛传播开来。同时,结成这个联盟并不是完全没有任何"条件"的。证据就是1895年被书报检查机关烧掉的马克思主义文集《俄国经济发展问题的资料》。假使同合法马克思主义者在书刊方面的协议可以比做政治联盟,那么这本书也就可以比做政治协定了。

　　破裂之所以发生,当然不是因为"同盟者"是资产阶级民主派。恰恰相反,这一派正是社会民主党天然的、合适的同盟者,因为这里涉及的是社会民主党的民主任务,而俄国的现状把这方面的任务提到了首要地位。但是这种联盟的必要条件,就是社会党人完全有可能向工人阶级揭示工人阶级利益同资产阶级利益的敌对性。现在大多数合法马克思主义者纷纷倒向的伯恩施坦主义和"批评"派,却要剥夺这种可能性,腐蚀社会主义的意识,把马克思

――――――

① 这是指前面刊印的克·土林的一篇反对司徒卢威的文章,该文是根据题目为《马克思主义在资产阶级著作中的反映》的学术讲演写成的。见序言。**163**(这是作者为1907年版加的注释。——编者注)

主义庸俗化,宣传社会矛盾缓和论,硬说社会革命和无产阶级专政的思想是荒谬的思想,把工人运动和阶级斗争缩小为狭隘的工联主义运动,缩小为争取细小的、渐进的改良的"现实主义"斗争。这就完全等于资产阶级民主派否认社会主义运动的独立自主权,从而也就否认它的生存权;这在实践上就是想把刚刚开始的工人运动变成自由派的尾巴。

在这种情况下,破裂自然是必不可免的。可是,俄国的"独特"之处就在于,这个破裂不过是使社会民主党人从大家最容易看到的、传布最广的"合法"书刊上消失。在这种书刊上,"前马克思主义者"巩固了自己的地位,树起了"批评的旗帜",几乎取得了"谴责"马克思主义的垄断权。"反对正统"、"批评自由万岁"的口号(现在《工人事业》杂志所不断重复的口号),立刻成了时髦的字眼。这种时髦的东西连书报检查官和宪兵也抵挡不了,这有事实为证,例如有名的(有赫罗斯特拉特名声的[93])伯恩施坦的一本书就有**三种俄文版本**[164],又如祖巴托夫也推荐伯恩施坦和普罗柯波维奇先生等人的著作(《火星报》第10号)[165]。现在社会民主党人担负着一个本来就很困难、又因纯粹外部的阻碍而变得非常艰巨的任务,这就是同新的思潮作斗争的任务。可是,这个思潮不仅表现在书刊上。在人们转向"批评"的时候,社会民主党的实际工作者则倾心于"经济主义"。

合法的批评与不合法的"经济主义"之间的联系和相互依赖关系是怎样产生和发展起来的,这是个很有意思的问题,值得专门写一篇文章。这里我们只要指出无疑存在着这种联系就够了。臭名远扬的《信条》[132]所以博得了那种应有的名声,也正是因为它坦白地表述了这种联系,吐露了"经济主义"的基本政治倾向:让工人去作经济斗争(更确切些说,去作工联主义的斗争,因为工联主

义的斗争也包括一种特殊的工人政治),而让马克思主义的知识
分子去同自由派结合起来作政治"斗争"。"在人民中"进行的工
联主义工作,是执行这个任务的前半部,合法的批评则是执行这个
任务的后半部。这种声明成了反对"经济主义"的极好武器,所
以,如果没有《信条》,也值得编造出一篇《信条》来。

    《信条》并不是编造出来的,但它的公布没有照顾它的作者们
的意愿,也许,甚至是违反它的作者们的意愿的。至少参加过把新
"纲领"公布于世①的本书作者已经听到一些怨言和责难,说不应
该把发言者概述自己观点的草稿复制散发,冠以《信条》的名称,
甚至还同一份抗议书一起刊印出来! 我们所以要讲到这段情
节,是因为它揭示了我们的"经济主义"的那种耐人寻味的特点:
害怕公开。这正是整个"经济主义"的特点,而不只是《信条》的
作者们的特点,因为表现出这种特点的,有最坦白最真诚地拥护
"经济主义"的《工人思想报》**123**,有《工人事业》杂志(它因"经济
主义的"文件在《指南》**167**中发表出来而表示愤慨),有基辅委员
会(它在两年以前也不愿意让人把它的《宣言书》**168**连同那篇反驳
《宣言书》的论文一起登载出来②),还有许许多多单个的"经济
派"分子。

    拥护批评自由的人有这种害怕批评的表现,不能单单用不老
实来解释(虽然毫无疑问,他们有时也非不老实不可,因为把还没

---

①   指反对《信条》的**17人抗议书**。本书作者参加过起草这个抗议书的工作(1899年
    底)。1900年春,抗议书曾同《信条》一起在国外刊印出来。现在从库斯柯娃女士
    的文章(仿佛是登在**《往事》杂志166**上)中已经知道:《信条》的作者就是她,而当
    时在国外的"经济派"中起重要作用的是普罗柯波维奇先生。(这是作者为1907
    年版加的注释。——编者注)
②   据我们所知,基辅委员会的成员从那时起发生了变化。

有巩固的新派别的萌芽暴露出来让敌人攻击是不合算的!)。不,大多数"经济派"确实打心眼里憎恶(并且按"经济主义"的实质来说,他们也应当这样)一切理论上的争论、派别的分歧、广泛的政治问题、把革命家组织起来的方案等等。"让侨居国外的人去干这些事情吧!"——一个相当彻底的"经济派"有一次这样对我说过,而他这句话是代表一种非常流行的(而且又是纯粹工联主义的)观点的:我们的事情就是管我们这个地方的工人运动、工人组织;至于其余的事情,都是学理主义者虚构出来的,正像《火星报》第12号上发表的那封信的作者们和《工人事业》杂志第10期异口同声地所说的那样,都是"夸大意识形态的作用"。

试问,既然俄国的"批评"和俄国的伯恩施坦主义有这样的特点,那么凡是在实际上而不是仅仅在口头上愿意反对机会主义的人,应当担负起什么样的任务呢?第一,应当设法恢复在合法马克思主义时代刚刚开始,而现在又落到不合法的活动家肩上的理论工作;如果没有这样的工作,运动就不能顺利发展。第二,必须积极地同严重腐蚀人们意识的合法的"批评"作斗争。第三,应当积极反对实际运动中的混乱和动摇,要揭穿并且驳斥一切自觉或不自觉地降低我们的纲领和我们的策略的行为。

无论是第一件事、第二件事或第三件事,《工人事业》杂志都没有做过,这是大家都知道的;下面我们将从各方面来详细地说明这个尽人皆知的真实情况。现在我们只想指出,"批评自由"的要求同我们俄国的批评以及俄国的"经济主义"的特点处于怎样一种极端矛盾的状况。其实,看一看"国外俄国社会民主党人联合会"肯定《工人事业》杂志观点的那个决议就行了:

"为了促进社会民主党今后思想上的发展,我们认为在党的书刊上有批

评社会民主主义理论的自由是绝对必要的,只要这种批评不同这个理论的阶级性和革命性相抵触。"(《两个代表大会》第10页)

　　理由就是:决议的"第一部分同吕贝克党代表大会关于伯恩施坦问题的决议是一致的"……　"联合会派"由于头脑简单,竟未觉察到他们这样抄袭多么清楚地证明了他们的思想贫乏(testimonium paupertatis)!……"但是……决议的第二部分却比吕贝克党代表大会更严格地限制了批评自由"。

　　这样,"联合会"的决议就是针对俄国伯恩施坦派的了? 否则,提吕贝克党代表大会岂不十分荒谬! 然而,要说这个决议"严格地限制了批评自由",那是不正确的。德国人用自己的汉诺威决议逐条拒绝了的,**正是**伯恩施坦所作的**那些**修正;而在吕贝克决议中,则对**伯恩施坦本人**指名提出了警告。而我们的"自由的"仿效者,却对俄国的"批评"和俄国的"经济主义"所特有的**任何一种**表现都**只字**不提;既然对这一切闭口不谈,那么空空洞洞地说什么理论的阶级性和革命性,就会给曲解留下更大的余地,特别是"联合会"还不愿把"所谓经济主义"看做机会主义(《两个代表大会》第8页第1条)。但这还只是顺便说说而已。而主要的是,机会主义者和革命社会民主党人的立场,在德国和在俄国是完全相反的。大家知道,在德国,革命社会民主党人主张保存现有的东西,即大家都熟悉的、已经由几十年的经验详细阐明了的原有的纲领和策略。而"批评派"则想加以改变,但由于这个批评派只是一个微不足道的少数,他们的修正主义意图又很怯懦,那就可以理解,为什么多数派只是把"革新主张"干脆否决了事。而在我们俄国,却是批评派和"经济派"主张保存现有的东西。"批评派"希望大家继续把他们看做马克思主义者,并且保证他们所滥用过的"批评自由"（因为他们实际上从来没有承认过任何**党的**联系①，并且我们也没有一个能够"限制"、哪怕是用规劝的方法来"限制"批评自由的为大家公认的党的机关）；"经济派"要革命者承认"现时运动的正当性"（《工人事业》杂志第 10 期第 25 页），即承认现存的东西的"合理性"；要"思想家"不要企图使运动"脱离"那条"由各种物质因素和物质环境的相互作用所决定"的道路（《火星报》第 12 号上所载的《一封信》）；要大家承认只有进行"工人在当前条件下唯一可能进行的"斗争才是适当的，要大家承认只有"工人们目前实际进行的"斗争才是可能的（《〈工人思想报〉增刊》**133** 第 14 页）。相反，我们革命的社会民主党人对于这种崇拜自发性，即崇拜"目前"现有的东西的态度表示不满；我们要求改变近年来所流行的策略，我们声明说，"在统一以前，并且为了统一，首先必须坚决而明确地划清界限"（《火星报》出版声明）②。总之，德国人坚持现有的东西，拒绝改变，而我们却要求改变现有的东西，反对崇拜这个现有的东西，反对同它调和。

这一个"小小的"区别，我们的"自由地"抄袭德国人决议的专家们就没有觉察到！

---

① 单是缺少公开的党的联系和党的传统这一事实，就构成了俄国和德国的根本差别，这种差别必定会提醒每一个明智的社会党人不要盲目地模仿他人。从下面这个典型例子可以看出"批评自由"在俄国达到了怎样的地步。俄国的批评派布尔加柯夫先生竟谴责奥地利的批评派赫茨说："赫茨作的结论虽然很有独立精神，但是他在这个问题〈合作社问题〉上，看来毕竟是太受自己党的意见的束缚了，他虽然在细节方面有不同意见，但始终不敢离开总的原则。"（《资本主义和农业》第 2 卷第 287 页）一个政治上备受奴役的国家，千分之九百九十九的人口都由于政治上处于奴隶状态和完全不懂党的荣誉和党的联系而堕落到了极点，这样的国家里的臣民，竟傲然地责备一个宪制国家里的公民过于"受党的意见的束缚"！那么，我们的不合法组织就只好去拟定关于批评自由的决议了……
② 参看《列宁全集》第 2 版第 4 卷第 316 页。——编者注

怎 么 办?

## （四） 恩格斯论理论斗争的意义

"教条主义、学理主义"、"党的僵化(由于强制束缚思想而必然受到的惩罚)"，——这就是《工人事业》杂志的那些捍卫"批评自由"的骑士们所拼命攻击的敌人。把这个问题提到日程上来，我们当然极表欢迎，不过我们还主张再提出一个问题：

可是评判者是些什么人呢？

我们面前有两个书刊出版声明：一个是《俄国社会民主党人联合会的定期机关刊物〈工人事业〉杂志的纲领》(《工人事业》杂志第1期抽印本)，另一个是《关于恢复"劳动解放社"出版物的声明》[169]。两个声明都标明是在1899年发表的，当时"马克思主义的危机"早已显现出来了。而我们看到的又是些什么呢？在第一个声明中，你们丝毫没有指出这个现象，也没有确切说明新的机关刊物对这个问题打算采取的立场。关于理论工作及其在目前的迫切任务问题，无论在这个纲领中，或在1901年"联合会"第三次代表大会[170]通过的对这个纲领的补充条文中(《两个代表大会》第15—18页)，都只字未提。在这整个时期内，《工人事业》杂志编辑部始终都把理论问题搁在一边，虽然这些问题是全世界一切社会民主党人都很关心的问题。

与此相反，另一个声明首先就指出了近年来人们对理论的兴趣减弱的事实，坚决要求"密切注意无产阶级革命运动的理论方面"，并号召大家"无情地批评"我们运动中的"伯恩施坦主义的倾向以及其他反对革命的倾向"。已经出版的几期《曙光》杂志，表明了这个纲领的执行情况。

由此可见，所谓反对思想僵化等等的响亮词句，只不过是用来掩饰人们对理论思想发展的冷淡和无能。俄国社会民主党人的例子非常明显地说明了全欧洲的普遍现象(这是德国马克思主义者也早已指出的现象):臭名远扬的批评自由,并不是用一种理论来代替另一种理论,而是自由地抛弃任何完整的和周密的理论,是折中主义和无原则性。凡是稍微了解我国运动的实际情况的人,都不能不看到,随着马克思主义的广泛传播,理论水平有了某种程度的降低。有不少理论修养很差甚至毫无理论修养的人,由于看见运动有实际意义和实际成效而加入了运动。由此可见,《工人事业》杂志得意扬扬地提出马克思的一句名言——"一步实际运动比一打纲领更重要"①,是多么不合时宜。在理论混乱的时代来重复这句话,就如同在看到人家送葬时高喊"但愿你们拉也拉不完!"[171]一样。而且上面马克思的这句话,是从他评论哥达纲领[172]的信里摘引来的,马克思在信里**严厉地斥责了**人们在说明原则时的折中主义态度。马克思写信给党的领袖们说,如果需要联合,那么为了达到运动的具体目标,可以缔结协定,但是决不能拿原则来做交易,决不要作理论上的"让步"。马克思的意思就是这样,而我们这里却有人假借马克思的名义来竭力贬低理论的意义!

没有革命的理论,就不会有革命的运动。在醉心于最狭隘的实际活动的偏向同时髦的机会主义说教结合在一起的情况下,必须始终坚持这种思想。而对俄国社会民主党来说,由于存在三种时常被人忘记的情况,理论的意义就显得更为重要了。这三种情况就是:第一,我们的党还刚刚在形成,刚刚在确定自己的面貌,同革命思想中有使运动离开正确道路危险的其他派别进行的清算还远没有结束。相反,正是在最近时期,非社会民主党的革命派别显

---

① 见《马克思恩格斯文集》2009 年人民出版社版第 3 卷第 426 页。——编者注

得活跃起来了（这是阿克雪里罗得早就对"经济派"说过的[173]）。在这种条件下，初看起来似乎并"不重要的"错误也可能引起极其可悲的后果；只有目光短浅的人，才会以为进行派别争论和严格区别各派色彩，是一种不适时的或者多余的事情。这种或那种"色彩"的加强，可能决定俄国社会民主党许多许多年的前途。

第二，社会民主主义运动就其本质来说是国际性的运动。这不仅意味着我们应当反对民族沙文主义。这还意味着在年轻的国家里开始的运动，只有在运用别国的经验的条件下才能顺利发展。但是，要运用别国的经验，简单了解这种经验或简单抄袭别国最近的决议是不够的。为此必须善于用批判的态度来看待这种经验，并且独立地加以检验。只要想一想现代工人运动已经有了多么巨大的成长和扩展，就会懂得，为了完成这个任务，需要有多么雄厚的理论力量和多么丰富的政治经验（以及革命经验）。

第三，俄国社会民主党担负的民族任务是世界上任何一个社会党都不曾有过的。我们在下面还要谈到把全体人民从专制制度压迫下解放出来这个任务所赋予我们的种种政治责任和组织责任。现在我们只想指出一点，就是**只有以先进理论为指南的党，才能实现先进战士的作用**。读者如果想要稍微具体地了解这句话的意思，就请回想一下俄国社会民主主义运动的先驱者赫尔岑、别林斯基、车尔尼雪夫斯基以及70年代的那一批杰出的革命家；就请想想俄国文学现在所获得的世界意义；就请……只要想想这些也就足够了！

现在让我们引证一下恩格斯1874年谈到理论在社会民主主义运动中的意义问题时所发表的意见吧。恩格斯认为，社会民主党的伟大斗争**并不是有两种形式（政治的和经济的），像在我国通常认为的那样，而是有三种形式，同这两种斗争并列的还有理论的**

斗争。他对实践上和政治上都已经巩固的德国工人运动所作的指示,从现代各种问题和争论的观点来看是非常有教益的,因此我们希望读者不要因为我们从那部早已成了非常罕见的珍本书的《德国农民战争》①的序言中,摘引很长一段话而埋怨我们:

"德国工人同欧洲其他各国工人比较起来,有两大优越之处。第一,他们属于欧洲最有理论修养的民族,他们保持了德国那些所谓'有教养的人'几乎完全丧失了的理论感。如果不是先有德国哲学,特别是黑格尔哲学,那么德国科学社会主义,即过去从来没有过的唯一科学的社会主义,就决不可能创立。如果工人没有理论感,那么这个科学社会主义就决不可能像现在这样深入他们的血肉。这个优越之处无比重要,表现在以下的事实中:一方面,英国工人运动虽然在各个行业中有很好的组织,但是发展得非常缓慢,其主要原因之一就是对于一切理论的漠视;另一方面,法国人和比利时人由于受初始形态的蒲鲁东主义的影响而产生谬误和迷惘,西班牙人和意大利人则由于受经巴枯宁进一步漫画化的蒲鲁东主义的影响而产生谬误和迷惘。

第二个优越之处,就是德国人参加工人运动,从时间上来说,差不多是最迟的。德国的理论上的社会主义永远不会忘记,它是站在圣西门、傅立叶和欧文这三个人的肩上的。虽然这三个人的学说含有十分虚幻和空想的性质,但他们终究是属于一切时代最伟大的智士之列的,他们天才地预示了我们现在已经科学地证明了其正确性的无数真理。同德国的理论上的社会主义一样,德国的实践的工人运动也永远不应当忘记,它是站在英国和法国的运动的肩上发展起来的,它能够直接利用英国和法国的运动用很高

---

① 1875年莱比锡合作出版社第3版。

的代价换来的经验,而在现在避免它们当时往往无法避免的那些错误。如果没有英国工联运动和法国工人政治斗争的榜样,如果没有特别是巴黎公社所给予的那种巨大的推动,我们现在会处在什么境地呢?

必须承认,德国工人非常巧妙地利用了自己地位的有利之处。自从有工人运动以来,斗争是第一次在其所有三个方面——理论方面、政治方面和实践经济方面(反抗资本家)互相配合,互相联系,有计划地推进。德国工人运动所以强大有力和不可战胜,也正是由于这种可以说是集中的攻击。

一方面由于德国工人具有这种有利的地位,另一方面由于英国工人运动具有岛国的特点,而法国工人运动又受到暴力的镇压,所以现在德国工人是处于无产阶级斗争的前列。形势究竟容许他们把这种光荣地位占据多久,现在还无法预先断言。但是,只要他们还占据着这个地位,我们就希望他们能履行在这个地位所应尽的职责。要做到这一点,就必须在斗争和鼓动的各个方面都加倍努力。特别是领袖们有责任越来越透彻地理解种种理论问题,越来越彻底地摆脱那些属于旧世界观的传统言辞的影响,并且时刻注意到:社会主义自从成为科学以来,就要求人们把它当做科学来对待,就是说,要求人们去研究它。必须以高度的热情把由此获得的日益明确的意识传播到工人群众中去,必须不断增强党组织和工会组织的团结……

……如果德国工人将来继续这样发展下去,那么虽然不能说他们一定会走在运动的最前列(只是某一个国家的工人走在运动的最前列,这并不符合运动的利益),但是毕竟会在战斗行列中占据一个光荣的地位;而将来如果有出乎意料的严峻考验或者重大事变要求他们表现出更大的勇气、更大的决心和毅力的时候,他们一定会有充分的准备。"①

恩格斯的话果然有先见之明。几年之后,德国工人遇到了反社会党人非常法这样出乎意料的严峻考验。而德国工人确实是有充分准备地迎接了这次考验,并且胜利地通过了这次考验。

俄国无产阶级将要遇到无比严峻的考验,将要同凶猛的怪物作斗争,宪制国家中的非常法同这个怪物比较起来,真是小巫见大巫。历史现在向我们提出的当前任务,是比其他任何一个国家的无产阶级的一切**当前任务都更革命的**任务。实现这个任务,即摧毁这个不仅是欧洲的同时也是(我们现在可以这样说)亚洲的反动势力的最强大的堡垒,就会使俄国无产阶级成为国际革命无产阶级的先锋队。而我们有理由指望,只要我们能够用我们的先驱者即70年代的革命家那种献身的决心和毅力,来鼓舞我们的比当时更广阔和更深刻千百倍的运动,我们就一定能够获得我们的先驱者在当时已经享有的这个光荣称号。

# 二

# 群众的自发性和社会民主党的自觉性

我们说,必须用70年代的那种献身的决心和毅力,来鼓舞我们的比当时更广阔和更深刻得多的运动。的确,直到现在,似乎还没有人怀疑过:当前运动的力量在于群众(主要是工业无产阶级)的觉醒,而它的弱点却在于身为领导者的革命家缺乏自觉性和首创精神。

---

① 见《马克思恩格斯文集》2009年人民出版社版第2卷第217—219页。——编者注

但是,最近有人作出了一个惊人的发现,大有把至今对这个问题的一切流行观点全部推翻之势。作出这个发现的是《工人事业》杂志,它在同《火星报》和《曙光》杂志进行论战的时候,不仅提出局部性的反驳,而且力图把"总的意见分歧"归结到更深的根源上去,即归结为"对自发因素和自觉的'有计划'因素**相比**哪个意义大,有不同的估计"。《工人事业》杂志提出的指责是:"**轻视发展过程中的客观因素或自发因素的意义**"①。对此我们回答说:即使同《火星报》和《曙光》杂志的论战,只是促使《工人事业》杂志想到这个"总的意见分歧",而完全没有产生任何其他的结果,那么单是这个结果也就使我们很满意了,因为这句话的含义很深,它把俄国社会民主党人之间当前在理论上和政治上的意见分歧的全部实质都非常清楚地点明了。

正因为如此,自觉性同自发性的关系问题引起了人们极大的普遍的关注,对这个问题应当十分详细地加以讨论。

## (一)　自发高潮的开始

我们在前一章中已经指出,90 年代中期俄国有教养的青年醉心于马克思主义理论是很**普遍**的。大约同一时期,在有名的 1896 年彼得堡工业战争[75]之后,工人罢工也带有同样的普遍性。工人罢工遍及全俄,清楚地证明了重新高涨起来的人民运动的深度;假使要说"自发因素",那么首先当然应当承认,正是这种罢工运动是自发的。但自发性和自发性也有不同。在 70 年代和 60 年代(甚至在 19 世纪上半叶),俄国都发生过罢工,当时还有"自发地"毁坏机器等等的现象。同这些"骚乱"比较起来,90 年代的罢工甚

---

① 1901 年 9 月《工人事业》杂志第 10 期第 17 页和第 18 页。黑体是《工人事业》杂志用的。

至可以称为"自觉的"罢工了,可见工人运动在这个时期的进步是多么巨大。这就向我们表明:"自发因素"实质上无非是自觉性的**萌芽状态**。甚至原始的骚乱本身就已表现了自觉性在某种程度上的觉醒,因为工人已经不像历来那样相信压迫他们的那些制度是不可动摇的,而开始……感觉到(我不说是理解到)必须进行集体的反抗,坚决抛弃了奴隶般的顺从长官的态度。但这种行为多半是绝望和报复的表现,还不能说是**斗争**。90 年代的罢工所表现出来的自觉色彩就多得多了,这时已经提出明确的要求,事先考虑什么样的时机较为有利,并且讨论别处发生的一些事件和实例,等等。如果说骚乱不过是被压迫人们的一种反抗,那么有计划的罢工本身就已表现出阶级斗争的萌芽,但也只能说是一种萌芽。这些罢工本身是工联主义的斗争,还不是社会民主主义的斗争;这些罢工标志着工人已经感觉到他们同厂主的对抗,但是工人还没有意识到而且也不可能意识到他们的利益同整个现代的政治制度和社会制度的不可调和的对立,也就是说,他们还没有而且也不可能有社会民主主义的意识。从这个意义上讲,尽管 90 年代的罢工比起"骚乱"来有了很大的进步,但仍然是纯粹自发的运动。

我们说,工人本来**也不可能有**社会民主主义的意识。这种意识只能从外面灌输进去,各国的历史都证明:工人阶级单靠自己本身的力量,只能形成工联主义的意识,即确信必须结成工会,必须同厂主斗争,必须向政府争取颁布对工人是必要的某些法律,如此等等。① 而社会主义学说则是从有产阶级的有教养的人即知识分

---

① 工联主义决不像人们有时认为的那样排斥一切"政治"。工联一向都是进行一定的(但不是社会民主主义的)政治鼓动和斗争的。关于工联主义政治和社会民主主义政治之间的区别,我们将在下一章里加以说明。

子创造的哲学理论、历史理论和经济理论中发展起来的。现代科
学社会主义的创始人马克思和恩格斯本人,按他们的社会地位来
说,也是资产阶级知识分子。俄国的情况也是一样,社会民主党的
理论学说也是完全不依赖于工人运动的自发增长而产生的,它的
产生是革命的社会主义知识分子的思想发展的自然和必然的结
果。到我们现在所讲的这个时期,即到 90 年代中期,这个学说不
仅已经成了"劳动解放社"**30**十分确定的纲领,而且已经把俄国大
多数革命青年争取到自己方面来了。

　　由此可见,当时既有工人群众的自发的觉醒,趋向自觉生活和
自觉斗争的觉醒,又有一些用社会民主主义理论武装起来而竭力
去接近工人的革命青年。这里特别要指出那个常常被人忘记的
(也是不大有人知道的)事实,就是这个时期的**第一批**社会民主党
人,在**热心地从事经济鼓动**(而且在这方面他们充分注意到了当
时还是手抄本的小册子《论鼓动》**174**中那些真正有益的指示)的同
时,不仅没有把经济鼓动当做自己唯一的任务,而且相反,**一开始**
就提出了整个俄国社会民主党的最广泛的历史任务,特别是推翻
专制制度的任务。例如,创立了"工人阶级解放斗争协会"**74**的那
些彼得堡的社会民主党人,早在 1895 年底就编好了定名为《工人
事业报》的创刊号。但是这个准备好要付印的创刊号,在 1895 年
12 月 8 日夜里突然被宪兵从一个会员阿·亚·瓦涅耶夫①那里搜
走了,于是第一次付排的《工人事业报》就没有能够问世。这张报
纸的社论**175**(也许过个 30 年,会有一家像《俄国旧事》**176**那样的

――――――――

① 　阿·亚·瓦涅耶夫在拘留所被单独拘禁时得了肺病,于 1899 年在东西伯利亚去
　　世。所以,我们认为可以把正文中所引证的情况公布出来,对于这些情况的确实
　　性,我们可以担保,因为这些消息是从直接了解并最熟悉阿·亚·瓦涅耶夫的情
　　况的人们那里得来的。

杂志把它从警察司档案中找出来)说明了俄国工人阶级的历史任务,并且把争取政治自由作为首要任务。其次,有一篇题为《我们的大臣们在想些什么?》的文章①,是揭露警察摧残识字运动委员会的;此外,还有许多不仅从彼得堡,并且从俄国其他地方寄来的通讯(如记载雅罗斯拉夫尔省工人流血事件[177]的通讯)。可见,90年代俄国社会民主党人所作的这个所谓"初次尝试",并不是要办一个狭隘的地方性的报纸,更不是"经济主义"性质的报纸,而是要办一个力求把罢工斗争同反专制制度的革命运动结合起来,并吸引当时一切受反动黑暗政治压迫的人来支持社会民主党的报纸。凡是稍微知道一点当时的运动情况的人都不会怀疑,这样的报纸一定能够既获得首都工人又获得革命知识分子的完全同情,并且会得到极广泛的传播。而这件事没有办成只是证明,当时的社会民主党人由于革命经验和实际修养不够而不能适应形势的迫切要求。《圣彼得堡工人小报》[124]也是如此;《工人报》以及1898年春季成立的俄国社会民主工党所发表的《宣言》[126]更是如此。当然,我们根本没有想到把这种缺乏修养的情况归罪于当时的活动家。但是,为了利用运动的经验,并且从这个经验中吸取实际的教训,我们必须充分认识各种缺点的原因和意义。因此极为重要的是要明确,一部分(也许甚至是大多数)在1895—1898年间活动的社会民主党人认为,在那个时候,即"自发"运动一开始的时候,就可以提出极其广泛的纲领和战斗策略②,这是完全正确的。

---

① 见《列宁全集》第2版第2卷第65—68页。——编者注

② "《火星报》对90年代末的社会民主党人的活动持否定态度,而忽略了那个时候除了为微小的要求而斗争外没有条件进行别的工作",——"经济派"在他们《给俄国社会民主党机关刊物的一封信》(《火星报》第12号)中这样说道。正文中所援引的事实证明,所谓"没有条件"的说法**是同真实情况绝对相反的**。不仅在90年代

至于大多数革命家缺乏修养,那是很自然的现象,不应引起什么特别的忧虑。既然任务提得正确,既然有不屈不挠地试图实现这些任务的毅力,那么暂时的失利就不过是一种小小的不幸。革命经验和组织才能,是可以学到的东西。只要有养成这些必要品质的愿望就行! 只要能认识到缺点就行,因为在革命事业中,认识到缺点就等于改正了一大半!

可是,当这种认识开始变得模糊的时候(这种认识在上面提到的那些活动家中本来是很明确的),当有一部分人,甚至还有社会民主党的一些机关刊物,竟想把缺点推崇为美德,甚至想从**理论上论证自己对自发性的屈从和崇拜**时,这个小小的不幸可就成了真正的大不幸了。对于这个派别,用"经济主义"这一过于狭隘的概念来说明它的内容是很不确切的,现在是作总结的时候了。

## (二) 对自发性的崇拜。《工人思想报》

我们在讲这种对自发性的崇拜在书刊上的种种表现之前,先要指出下面一个很能说明问题的事实(这是我们从上面所说过的那些人那里知道的),根据这个事实多少可以看出,俄国社会民主党内后来的两派之间的纠纷在彼得堡活动的同志们中是怎样产生和发展起来的。1897年初,阿·亚·瓦涅耶夫和他的几个同志,

---

末,即使在90年代中期,除了为微小的要求而斗争外,进行**别的**工作所需要的一切条件也是完全具备了的,当时只是领导者缺乏足够的修养。"经济派"不公开承认我们这些思想家、我们这些领导者缺乏修养的事实,却想把一切都归咎于"没有条件",归咎于物质环境的影响,而物质环境决定着运动的道路,任何思想家都不能使运动脱离这条道路。试问,这不是屈从自发性是什么? 这不是"思想家"欣赏自己的缺点是什么?

在流放之前,参加了一次非正式会议[178],到会的有"工人阶级解放斗争协会"中的"老年派"会员和"青年派"会员。当时谈的主要是组织问题,也谈了《工人储金会章程》问题,这个章程的定稿发表在《〈工作者〉小报》[179]第9—10期合刊上(第46页)。在"老年派"(彼得堡的社会民主党人当时开玩笑地把他们叫做"十二月党人")和一部分"青年派"(他们后来积极参加了《工人思想报》的工作)之间,一下子就暴露出了尖锐的意见分歧,发生了激烈的争论。"青年派"拥护的就是后来发表的那个章程的主要原则。"老年派"说,我们首先需要的决不是这个,而是加强"斗争协会",使它成为革命家的组织,并且使各种工人储金会以及在青年学生中进行宣传的那些小组等等都受它的领导。显然,争论的人们完全没有想到这个意见分歧就是分道扬镳的开端,恰恰相反,他们认为这是极个别的和偶然的意见分歧。可是这个事实表明,即使在俄国,"经济主义"的产生和泛滥也并不是没有经过同"老年派"社会民主党人的斗争的(现在的"经济派"往往忘记了这一点)。至于这个斗争多半没有留下"文件的"痕迹,**唯一的**原因是当时进行活动的各个小组的成员变动极其频繁,没有任何继承性,因此意见分歧也就没有用任何文件记载下来。

《工人思想报》的出现把"经济主义"暴露在光天化日之下,但这也不是一下子暴露的。必须具体地设想一下当时俄国许许多多小组的工作条件及其生命的短促(而只有亲身经历过的人,才能具体地想象出这种情况),才能懂得新派别在各个城市里成败的偶然因素是很多的,才能懂得为什么这个"新"派别的拥护者也好,反对者也好,都长时间不能断定,并且简直是根本无法断定,这究竟真是一种特殊的派别呢,或者只是个别人缺乏修养的表现。比如《工人思想报》头几号的胶印版,甚至绝大多数社会民主党人都完全不知道,而我们现在所以能够引用《工人思想报》创刊号上的社论,只是因为在弗·伊—申的文章(《〈工作者〉小报》第9—10期合刊第47页及以下各页)中转引了这篇社论,而弗·伊—申自然没有放过这个机会来热心地——狂热地——夸奖这个同上面我们所说的各种报纸以及准备出版的报纸大不相同的新报纸。①  而这篇社论却是值得谈一谈的,因为它把《工人思想报》和整个"经济主义"的**全部精神**都极其明显地表现出来了。

社论指出穿蓝色袖口制服的人**180**阻止不了工人运动的发展,接着写道:"……工人运动如此富有生命力,是因为工人终于从领导者手里夺回了自己的命运,由自己来掌握了",并且把这个基本论点进一步作了详细的发挥。其实,领导者(即社会民主党人,"斗争协会"的组织者)可以说是被警察从工人手中夺去的②,但事情却被说成是工人同这些领导者作过斗争而摆脱了他们的束缚!人们不去号召前进,号召巩固革命组织和扩大政治活动,而去号召**后退**,号召专作工联主义的斗争。说什么"由于力求时刻牢记政治理想而模糊了运动的经济基础",说什么工人运动的座右铭是"为改善经济状况而斗争"(!),或者说得更好一些,是"工人为工

---

①  这里顺便提一下:弗·伊—申夸奖《工人思想报》是在1898年11月,当时"经济主义",特别是在国外,已经完全形成了,就是这位弗·伊—申,很快就成了《工人事业》杂志的一个编辑。而《工人事业》杂志当时却否认俄国社会民主党内存在两派的事实,而且直到现在还在否认这个事实!

②  从下面一个明显的事实中,可以看出这种比拟是恰当的。这个事实就是:在"十二月党人"遭到逮捕之后,施吕瑟尔堡大街的工人中间流传着一个消息,说这次遭到破坏是由一个同"十二月党人"的某个外国团体有密切联系的奸细H.H.米哈伊洛夫(牙科医生)促成的,于是这些工人非常愤慨,决定要杀死米哈伊洛夫。

人"。说什么罢工储金会"对于运动比一百个其他的组织更有价值"（请把1897年10月说的这段话和1897年初"十二月党人"同"青年派"的争论比较一下吧），如此等等。所谓我们应当着重注意的不是工人中间的"精华"，而是"中等水平的"即普通的工人，以及所谓"政治始终是顺从于经济的"①等等之类的话，已经成为一种时髦的论调，并且对许多被吸引到运动里来的青年产生了极大的影响，而这些青年往往只是从合法书刊上的论述中知道马克思主义的一些片断的。

　　这表明，自觉性完全被自发性压倒了，而这种自发性出自那些重复瓦·沃·先生的"思想"的"社会民主党人"，出自一部分工人，这些工人听信以下的说法：每个卢布工资增加一戈比，要比任何社会主义和任何政治都更加实惠和可贵；工人要进行"斗争，是因为他们知道，斗争不是为了什么未来的后代，而是为了自己本人和自己的儿女"（《工人思想报》创刊号的社论）。这类词句是西欧资产者向来爱用的武器，他们因仇视社会主义而亲自动手（如德国的"社会政治家"希尔施）把英国的工联主义移植到本国土地上来，向工人说，纯粹工会的斗争②就是为了自己本人和自己的儿女，而不是为了什么未来的后代和什么未来的社会主义。而"俄国社会民主党中的瓦·沃·"现在也来重复这些资产阶级的词句

---

①　这也是从《工人思想报》创刊号的那篇社论中摘录下来的。根据这一点就可以断定，这些"俄国社会民主党中的瓦·沃·"**181**的理论修养究竟怎样。当马克思主义者正在书刊上同这位早已因**这样**理解政治与经济的相互关系而得到了"干反动勾当的能手"这个雅号的真正的瓦·沃·先生作战的时候，这些"俄国社会民主党中的瓦·沃·"却在重复这种把"经济唯物主义"粗暴地庸俗化的论调！

②　德国人甚至有"Nur-Gewerkschaftler"这样一个专门名词，意思是：主张"纯粹工会"斗争的人。

了。这里必须指出三种情况,这些情况对往下分析**当前的**意见分歧①是很有用处的。

第一,我们上面所指出的那种自觉性被自发性压倒的现象,也是**自发地**发生的。这好像是在玩弄辞藻,但可惜这是一个令人痛心的真实情况! 这种现象的发生,并不是由于两种完全相反的观点进行了公开的斗争,一种观点战胜了另一种观点,而是由于"老年派"革命家愈来愈多地被宪兵"夺去",而"俄国社会民主党中的瓦·沃·""青年派"愈来愈多地登上舞台。不要说亲身参加过**当前**俄国运动的人,就是任何闻到过运动气味的人也十分清楚,事实正是这样。然而,我们所以要特别坚持让读者彻底弄清这个众所周知的事实,我们所以要为了明确起见而引用有关第一次付排的《工人事业报》以及1897年初"老年派"同"青年派"争论的材料,是因为有些以自己的"民主主义"相标榜的人,总是利用广大公众(或者很年轻的青年们)不知道这个事实来投机取巧。关于这个问题,我们下面还要讲到。

第二,根据"经济主义"最初在书刊上的表现,我们就可以看见一种极其独特而且最能使我们了解当前社会民主党人队伍中的各种意见分歧的现象,这就是那些主张"纯粹工人运动"的人,崇拜与无产阶级斗争保持最密切的、最"有机的"(《工人事业》杂志的说法)联系的人,反对任何非工人的知识分子(哪怕是社会主义的知识分子)的人,为了替自己的立场辩护,竟不得不采用**资产阶级**"纯粹工联主义者"的论据。这个事实向我们表明:《工人思

---

① 我们强调**当前的**,是要请这样一些人注意,这些人会伪善地耸耸肩膀说:现在斥责《工人思想报》是很容易的,不过这是早已过去的事了! 我们回答当前这些伪君子说:这里指的就是你,只是改了一下名字。关于这些伪君子完全被《工人思想报》的思想所征服的事实,我们将在下面加以**证明**。

想报》一开始就已经着手(不自觉地)实现《信条》这一纲领。这个事实表明(这是《工人事业》杂志始终不能了解的):对工人运动自发性的**任何**崇拜,对"自觉因素"的作用即社会民主党的作用的任何轻视,**完全不管轻视者自己愿意与否,都是加强资产阶级意识形态对工人的影响**。所有那些说什么"夸大意识形态的作用"①,夸大自觉因素的作用②等等的人,都以为工人只要能够"从领导者手里夺回自己的命运",纯粹工人运动本身就能够创造出而且一定会创造出一种独立的意识形态。但这是极大的错误。为了补充我们以上所说的话,我们还要引用卡·考茨基谈到奥地利社会民主党的新纲领草案时所说的下面一段十分正确而重要的话③:

"在我们那些修正主义批评派中,有许多人以为马克思似乎曾经断言经济发展和阶级斗争不仅造成社会主义生产的条件,而且还直接产生认识到社会主义生产是必要的那种**意识**〈黑体是卡·考·用的〉。于是这些批评派就反驳道,资本主义最发达的英国,对这种意识却是最陌生的。根据草案可以想见:被人用上述方式驳倒的这一冒充正统马克思主义的观点,奥地利纲领的起草委员会也是赞成的。草案上写道:'资本主义的发展愈是使无产阶级的人数增加,无产阶级也就愈是不得不进行反对资本主义的斗争,并且也愈有可能来进行这个斗争。无产阶级就会意识到'社会主义的可能性和必要性。这样一来,社会主义意识就成了无产阶级阶级斗争的必然的直接的结果。但这种观点是完全不正确的。当然,社会主义这种学说,也同无产阶级的阶级斗争一样,根源于现代经济关系,也同无产阶级的阶级斗争一样,是从反对资本主义所引起的群众的贫穷和困苦的斗争中产

---

① 《火星报》第12号上发表的"经济派"的来信。

② 《工业事业》杂志第10期。

③ 《新时代》杂志**182**第20年卷(1901—1902)第1册第3期第79页。卡·考茨基谈到的纲领起草委员会的草案,由维也纳代表大会(去年年底)稍加修改后通过**183**。

生的,但社会主义和阶级斗争是并列地产生的,而不是一个从另一个中产生出来,它们是在不同的前提下产生的。现代社会主义意识,只有在深刻的科学知识的基础上才能产生出来。其实,现代的经济科学,也像现代的技术(举例来说)一样,是社会主义生产的条件,而无产阶级尽管有极其强烈的愿望,却不能创造出现代的经济科学,也不能创造出现代的技术;这两种东西都是从现代社会发展过程中产生出来的。但科学的代表人物并不是无产阶级,而是**资产阶级知识分子**〈黑体是卡·考·用的〉;现代社会主义也就是从这一阶层的个别人物的头脑中产生的,他们把这个学说传授给才智出众的无产者,后者又在条件许可的地方把它灌输到无产阶级的阶级斗争中去。可见,社会主义意识是一种从外面灌输(von außen Hineingetragenes)到无产阶级的阶级斗争中去的东西,而不是一种从这个斗争中自发地(urwüchsig)产生出来的东西。因此,旧海因菲尔德纲领说得非常正确:社会民主党的任务就是把认清无产阶级的地位及其任务的这种**意识灌输到无产阶级中去**〈直译就是:充实无产阶级〉。假使这种意识会自然而然地从阶级斗争中产生出来,那就没有必要这样做了。新草案接受了旧纲领中的这个原理,而把它勉强附加到上面所引的那个原理上去。但是这样一来,道理就讲不通了……"

既然谈不到由工人群众在其运动进程中自己创立的独立的意识形态①,那么问题**只能是这样**:或者是资产阶级的意识形态,或者是社会主义的意识形态。这里中间的东西是没有的(因为人类没有创造过任何"第三种"意识形态,而且在为阶级矛盾所分裂的

---

① 这当然不是说工人不参加创立意识形态的工作。但他们不是以工人的身份来参加,而是以社会主义理论家的身份、以蒲鲁东和魏特林一类人的身份来参加的,换句话说,只有当他们能在某种程度上掌握他们那个时代的知识并把它向前推进的时候,他们才能在相应的程度上参加这一工作。为了使工人能**更多地做到这一点**,就必须尽量设法提高全体工人的觉悟水平,就必须使他们**不要自己局限于**阅读被人为地缩小了的"**工人读物**",而要学习愈来愈多地领会**一般读物**。更正确些说,不是"自己局限于",而是被局限,因为工人自己是阅读并且也愿意去阅读那些写给知识分子看的读物的,而只有某些(坏的)知识分子,才认为"对于工人"只要讲讲有关工厂中的情况,反复地咀嚼一些大家早已知道的东西就够了。

社会中,任何时候也不可能有非阶级的或超阶级的意识形态)。因此,对社会主义意识形态的**任何轻视**和**任何脱离**,都意味着资产阶级意识形态的加强。人们经常谈论自发性。但工人运动的**自发的发展**,恰恰导致运动受资产阶级意识形态的支配,**恰恰是按照《信条》这一纲领进行的**,因为自发的工人运动就是工联主义的、也就是纯粹工会的运动,而工联主义正是意味着工人受资产阶级的思想奴役。因此,我们社会民主党的任务就是要**反对自发性**,就是要**使**工人运动**脱离**这种投到资产阶级羽翼下去的工联主义的自发趋势,而把它吸引到革命的社会民主党的羽翼下来。因此,《火星报》第12号上发表的那封"经济派"的来信的作者们说什么无论最热心的思想家怎样努力,都不能使工人运动脱离那条由物质因素和物质环境的相互作用所决定的道路,就**完全等于抛弃社会主义**;如果这些作者能够把自己所说的话大胆而透彻地通盘思考一番,正如每个从事写作活动和社会活动的人都应当这样来仔细思考自己的见解一样,那他们就只能"把一双没用的手交叉在空虚的胸前",而……而把阵地让给司徒卢威之流和普罗柯波维奇之流的先生们,由他们把工人运动拉到"阻力最小的路线上去",即拉到资产阶级工联主义路线上去,或是把阵地让给祖巴托夫之流的先生们,由他们把工人运动拉到神父加宪兵的"意识形态"的路线上去。

请回忆一下德国的例子吧。拉萨尔对于德国工人运动的历史功绩何在呢? 就在于他**使**这个运动**脱离了**它自发地走上(**在舒尔采-德里奇之类的人的盛情参与下**)的那条进步党[184]的工联主义和合作社主义的道路。为了执行这个任务,所需要的不是谈论什么轻视自发因素,什么策略-过程,什么因素和环境的相互作用等等,而是与此完全不同的做法。为此需要**同自发性进行殊死的斗**

争,也正是由于许多年来进行了这种斗争,比如说,柏林的工人才由进步党的支柱变成了社会民主党的最好的堡垒之一。这种斗争直到现在也远远没有结束(也许那些根据普罗柯波维奇的著述研究德国运动的历史,根据司徒卢威的著述研究德国运动的哲学的人,会认为斗争已经结束了[185])。直到现在,德国工人阶级可以说还分属于几种意识形态:一部分工人组织在天主教的和君主派的工会中,另一部分工人组织在崇拜英国工联主义的资产阶级分子所创立的希尔施—敦克尔工会[186]中,还有一部分工人则组织在社会民主党的工会中。最后一部分工人比其余两部分工人多得多,但社会民主党的意识形态只是由于同所有其他的意识形态进行了不懈的斗争才获得了这个首位,而且也只有继续进行这种不懈的斗争,才能保持这个首位。

但是读者会问:自发的运动,沿着阻力最小的路线进行的运动,为什么就恰恰会受资产阶级意识形态的控制呢? 原因很简单:资产阶级意识形态的渊源比社会主义意识形态久远得多,它经过了更加全面的加工,它拥有的传播工具也多得**不能相比**①。所以某一个国家中的社会主义运动愈年轻,也就应当愈积极地同一切巩固非社会主义意识形态的企图作斗争,也就应当愈坚决地告诉工人提防那些叫嚷不要"夸大自觉因素"等等的蹩脚的谋士。"经济派"的来信的作者们和《工人事业》杂志异口同声地攻击运动在

---

① 人们常常说:工人阶级**自发地**倾向社会主义。在下述意义上说,这是完全正确的,就是社会主义理论比其他一切理论都更深刻更正确地指明了工人阶级受苦的原因,因此工人也就很容易领会这个理论,**只要**这个理论本身不屈服于自发性,**只要**这个理论使自发性受它的支配。通常这是不言而喻的,可是《**工人事业**》杂志恰恰忘记和曲解了这个不言而喻的道理。工人阶级自发地倾向社会主义,然而最流行的(而且时刻以各种各样的形式复活起来的)资产阶级意识形态,却自发地而又最猖狂地迫使工人接受它。

幼年时期所特有的那种不肯容忍的态度。我们回答说:不错,我们的运动确实还处在幼年状态,而为了赶快成长起来,它正应当采取不肯容忍的态度来对待那些用崇拜自发性阻碍运动发展的人。硬把自己装扮成一个早已经历过斗争中的一切重大变故的老年人,这是再可笑、再有害不过的了!

　　第三,《工人思想报》创刊号向我们表明,"经济主义"这个名称(我们自然不想丢开这个名称,因为这个称呼毕竟已经用惯了)并没有十分确切地表达新派别的实质。《工人思想报》并不完全否认政治斗争,因为在《工人思想报》创刊号所刊载的那个储金会章程中,就谈到要同政府作斗争。不过《工人思想报》以为"政治始终是顺从于经济的"(《工人事业》杂志则用另一种说法来表达这个论点,它在自己的纲领中说:"在俄国,经济斗争和政治斗争比在其他国家更**是分不开的**")。**假使所谓的政治是指社会民主主义的政治**,那么《工人思想报》和《工人事业》杂志的这种说法就是完全不对的。正如我们看到的,工人的经济斗争往往是同资产阶级、教权派等等的政治相联系的(尽管不是分不开的)。假使所谓的政治是指工联主义的政治,即指一切工人普遍地要求由国家采取某些措施来减轻工人的地位所固有的困苦,但不是摆脱这种地位即消灭劳动受资本支配的现象,那么《工人事业》杂志的说法就是对的。这种要求确实是敌视社会主义的英国工联会员以及天主教工人和"祖巴托夫的"工人等等所共有的。有各种各样的政治。可见,《工人思想报》对政治斗争的态度,与其说是否定它,不如说是崇拜它的**自发**性,崇拜它的不觉悟性。《工人思想报》完全承认从工人运动本身中自发生长出来的政治斗争(正确些说:工人的政治愿望和政治要求),但完全不肯**独立地研究**一下特殊的**社会民主主义的政治**,即适合社会主义的一般任务和现代俄国条件的政治。下面我们就要指出,《工人事业》杂志所犯的错误也是这样。

## （三）　"自我解放社"[187]和《工人事业》杂志

我们这样详细地分析《工人思想报》创刊号上那篇很少有人知道而且现在差不多已被遗忘的社论,是因为它最早而且最明显地表现了一个总的潮流,这个潮流后来又涌现出无数细流。弗·伊—称赞《工人思想报》创刊号及其社论,说它写得"很尖锐,很有斗志"(《〈工作者〉小报》第9—10期合刊第49页),这是完全正确的。每一个坚信自己的意见正确、认为自己提出了某种新主张的人,写起文章来总是"很有斗志",总是很鲜明地表达自己的观点的。只有那些惯于脚踏两只船的人才会毫无"斗志",只有这样的人,才会昨天称赞《工人思想报》的斗志,今天却攻击该报论敌的"论战的斗志"。

我们现在且不谈《〈工人思想报〉增刊》(下面谈到各种问题时,我们还得引用这篇最彻底地表达了"经济派"思想的作品),而只简单地谈谈《工人自我解放社宣言》(发表于1899年3月,转载于1899年7月伦敦《前夕》杂志[188]第7期)。这篇宣言的作者们说得很公道,"工人的俄国**还刚开始觉醒**,刚在那里举目四望并**本能地抓住最初碰到的**斗争手段",但是他们也和《工人思想报》一样从这里得出了同一个不正确的结论,忘记了本能性也就是社会主义者应当予以帮助的那种不觉悟性(自发性),忘记了在现代社会里"最初碰到的"斗争手段总会是工联主义的斗争手段,而"最初碰到的"意识形态总会是资产阶级的(工联主义的)意识形态。这些作者也同样不"否认"政治,不过(不过!)他们跟着瓦·沃·先生说,政治是上层建筑,所以"政治鼓动应当是为经济斗争而进行的鼓动的上层建筑,应当在经济斗争的基础上生长起来,并服从于它"。

至于说到《工人事业》杂志,那么它的活动一开始就是为"经济派""辩护"的。《工人事业》杂志竟在它的第 1 期(第 141—142 页)上**公然撒谎**,说它"不知道阿克雪里罗得"在他那本有名的小册子①里警告"经济派"时"所说的究竟是哪些年轻的同志",但是在同阿克雪里罗得和普列汉诺夫因这种谎话而进行激烈争论的时候,《工人事业》杂志又不得不承认它"是想用迷惑不解的口气来替所有那些比较年轻的侨居国外的社会民主党人**辩护**,以反驳这种不公正的责备"(即阿克雪里罗得责备"经济派"眼界狭小)。**189**其实,这个责备是很公正的,并且《工人事业》杂志清楚地知道这个责备也落到了它的一位编辑弗·伊—申的头上。我想顺便指出,在上述争论中,在解释我的那本小册子《俄国社会民主党人的任务》②时,阿克雪里罗得完全正确,《工人事业》杂志却完全不正确。这本小册子是在 1897 年,在《工人思想报》还没有出版的时候写的,当时我认为并且有理由认为我上面叙述过的圣彼得堡"斗争协会"**最初的**方向是占统治地位的方向。至少到 1898 年上半年为止,这个方向确实是占统治地位的。所以,《工人事业》杂志丝毫没有权利援引我这本小册子来否认"经济主义"的存在和危险,我这本小册子上所阐述的观点已于 1897—1898 年间在圣彼得堡被"经济主义"观点**排挤掉**了。③

---

① 《论俄国社会民主党人的当前任务和策略问题》1898 年日内瓦版。1897 年写给《工人报》的两封信。

② 见本卷第 139—159 页。——编者注

③ 《工人事业》杂志在写了头一段谎话("我们不知道帕·波·阿克雪里罗得所说的究竟是哪些年轻的同志")之后,为了替自己辩护,又在《回答》中写出了第二段谎话:"自从我们写了对《任务》一书的书评以来,俄国某些社会民主党人中已经产生或是较为明确地形成了经济主义片面性的倾向,这种倾向同《任务》一书描绘的我国运动的状况相比,就是后退了一步。"(第 9 页)**1900 年**出版的《回答》是这样说的。

但是,《工人事业》杂志不仅为"经济派""辩护",而且自己也
时常滑到他们的基本错误上去。所以会滑下去,是因为《工人事
业》杂志的纲领中有这样一个模棱两可的论点:"我们认为近年来
发生的**群众性工人运动**〈黑体是《工人事业》杂志用的〉是俄国生活
中最重要的现象,这个现象基本上**将决定**联合会的书刊工作的**任务**
〈黑体是我们用的〉和性质。"说群众性运动是最重要的现象,这是无
可争辩的。但是整个问题就在于怎样理解这个群众性运动"决定任
务"这句话。对于这句话可以有两种理解:**或者是**理解为崇拜这个
运动的自发性,即把社会民主党的作用降低为专替这个工人运动当
听差(《工人思想报》、"自我解放社"以及其他的"经济派"就是这样
理解的);**或者是**理解为群众性运动向我们提出了理论上、政治上和
组织上的**新任务**,这些任务要比群众性运动产生以前可以使我们感
到满足的那些任务复杂得多。《工人事业》杂志过去和现在都正是
倾向于前一种理解,因为它根本没有明确地讲过任何新任务,而始
终都认为,似乎这个"群众性运动"使我们**不必去**清楚地认识和解决
运动所提出的种种任务。为了证明这一点,只要指出下面的事实就
够了:《工人事业》杂志认为不可能把推翻专制制度当做群众性工人
运动的**首要任务**,而把这种任务降低为(为了群众性运动的利益)争
取实现最近的政治要求的任务(《回答》第25页)。

《工人事业》杂志编辑波·克里切夫斯基发表在第7期上的

---

但《工人事业》杂志第1期(即登载有书评的那一期)是在**1899年4月**出版的。难
道"经济主义"1899年才产生出来吗?不,1899年**俄国社会民主党人**就初次对"经
济主义"提出了抗议(即对《信条》的抗议书)(见本卷第262—272页)。——编者
注)。"经济主义"是在1897年产生的,《工人事业》杂志分明知道这一点,因为
**弗·伊**一早在**1898年11月**(在《〈工作者〉小报》第9—10期合刊上)就称赞过《工
人思想报》了。

《俄国运动中的经济斗争与政治斗争》一文,也重复了同样的错误①,我们暂且不谈这篇文章,而直接来谈《工人事业》杂志第10期。我们当然不准备去分析波·克里切夫斯基和马尔丁诺夫对《曙光》杂志和《火星报》提出的各条反驳意见。我们感兴趣的只是《工人事业》杂志在第10期上所持的原则立场。我们也不想去分析,比如说《工人事业》杂志发现下面两种提法是"绝对矛盾"的这种笑话。一种提法是:

"社会民主党不能用某种事先想好的政治斗争的计划或方法来束缚自己的手脚,缩小自己的活动范围。它承认一切斗争手段,只要这些手段同党的现有力量相适应"等等。(《火星报》创刊号)②另一种提法是:

"没有一个在任何环境和任何时期都善于进行政治斗争的坚强的组织,就谈不到什么系统的、具有坚定原则的和坚持不懈地执行的

---

① 例如,在这篇文章中,政治斗争中的"阶段论"或"小心翼翼地曲折前进"论是这样论述的:"政治要求按其性质是全俄共同的,但是在最初的时候〈这是在1900年8月写的!〉应当适合于该工人阶级〈原文如此!〉从经济斗争中所获得的经验。只有〈!〉在这种经验的基础上才能够、才应当去进行政治鼓动"等等(第11页)。在第4页上,作者反驳了那种在他看来是毫无理由的、说他们宣传经济主义邪说的斥责,他慷慨激昂地喊道:"试问哪一个社会民主党人不知道,根据马克思和恩格斯的学说,各个阶级的经济利益在历史上起决定作用,**所以**,无产阶级为自己的经济利益而进行的斗争对它的阶级发展和解放斗争也应当有首要的意义呢?"(黑体是我们用的)这"所以"二字是用得完全不恰当的。根据经济利益起决定作用这一点,**决不应当作出**经济斗争(等于工会斗争)具有首要意义的结论,因为总的说来,各阶级最重大的、"决定性的"利益**只有**通过根本的**政治**改造来满足,具体说来,无产阶级的基本经济利益只能通过无产阶级专政代替资产阶级专政的政治革命来满足。波·克里切夫斯基所重复的是"俄国社会民主党中的瓦·沃·"的议论(即政治服从于经济等等),以及德国社会民主党中的伯恩施坦派的议论(例如沃尔特曼正是用这种议论来证明工人应当首先获得"经济力量",然后才能考虑政治革命)。

② 见本卷第287页。——编者注

行动计划,而只有这样的计划才配称为策略。"(《火星报》第4号)①

　　原则上承认一切斗争手段、一切计划和方法(只要它们是适当的)是一回事,要求**在一定的政治局势下**遵循一个坚持不懈地执行的计划(如果想谈策略的话)是另一回事;把这两者混为一谈,那就等于把医学上承认各种疗法同要求在医治某种病症时采用一定的疗法混为一谈。可是问题也就在于《工人事业》杂志自己得了我们称之为崇拜自发性的病症,却不愿承认医治**这个**病症的任何"疗法"。因此它就有了一个了不起的发现:"策略-计划是同马克思主义的基本精神相矛盾的"(第10期第18页),策略是"**党的任务随着党的发展而增长的过程**"(第11页,黑体是《工人事业》杂志用的)。后面这一句话很有希望成为一句名言,成为《工人事业》杂志这一"派别"的一座不朽的纪念碑。对于"**往何处去?**"这个问题,指导性的机关刊物所作的回答是:运动是运动的起点同它下面一点之间的距离改变的过程。可是,这种无比深奥的议论并不只是一个笑话(如果是这样,那就不值得特别来讲了),而且是**整个派别的纲领**,尔·姆·在《〈工人思想报〉增刊》上把这个纲领表述如下:最合适的斗争就是可能进行的斗争,而可能进行的斗争就是目前正在进行的斗争。这正是消极地迁就自发性的极端机会主义派别。

　　"策略-计划是同马克思主义的基本精神相矛盾的!"这真是对马克思主义的诬蔑,是把马克思主义变得面目全非,正如民粹派在同我们论战时所做的那样。这就是贬低自觉的活动家的首创精神和毅力,而马克思主义却与此相反,它大大推动社会民主党人的首创精神和毅力,给他们开辟最广阔的前景,把"自发地"起来进行斗争的工人阶级千百万人的强大力量交给(假使可以这样说的

---

① 见《列宁全集》第2版第5卷第2页。——编者注

话)他们指挥！国际社会民主党的全部历史充满着时而由这个政治领袖时而由那个政治领袖提出的种种计划，证实了某个领袖所持的政治观点和组织观点的远见和正确，暴露了另一个领袖的近视和政治错误。当德国遇到建立帝国、成立帝国国会、赐予普选权这种极大的历史转变时，李卜克内西提出了一个关于社会民主党的政策和整个工作的计划，而施韦泽则提出了另一个计划。当德国社会党人遭到非常法的打击时，莫斯特和哈赛尔曼提出了一个计划，打算干脆号召采用暴力和恐怖手段；赫希柏格、施拉姆以及伯恩施坦(部分参与)则提出另一个计划，他们向社会民主党人宣传说，由于社会民主党人自己过分激烈和过分革命才招来了非常法，所以现在应当以模范行为来求得宽恕；当时那些筹备并出版了秘密机关报**190**的人则提出了第三个计划。在选择道路问题引起的斗争已经结束，历史对所选定的道路的正确性已经下了最后的定论以后过了许多年，回顾往事，发表深奥的议论，说什么党的任务随着党的发展而增长，这当然是容易的。但是在目前这个混乱时期①，当俄国的"批评派"和"经济派"把社会民主主义运动降低为工联主义运动，而恐怖派竭力宣扬采取重蹈覆辙的"策略-计划"的时候，局限于发表这种深奥的议论，那就等于"证明"自己"思想贫乏"。目前，当许多俄国社会民主党人恰恰缺少首创精神和毅力，当他们缩小"政治宣传、政治鼓动和政治组织的……范围"②，当他们缺少更广泛地进行革命工作的"计划"的时候，说什么"策略-计划是同马克思主义的基本精神相矛盾的"，那就不仅

---

① 梅林所著《德国社会民主党史》一书中有一章标题为 Ein Jahr der Verwirrung(混乱的一年)，在这一章内他描写了社会党人在选择适合新环境的"策略-计划"时起先所表现的那种动摇和犹豫。

② 摘自《火星报》创刊号的社论。(见本卷第286页。——编者注)

是在理论上把马克思主义庸俗化,而且是在实践上**把党拉向后退**。

《工人事业》杂志往下又教训我们说:"社会民主党人革命家的任务,只是要以本身自觉的工作来加速客观发展过程,而不是要取消客观发展过程或者以主观计划来代替它。《火星报》在理论上是知道这一切的。但是,由于《火星报》对策略持有一种学理主义的观点,马克思主义关于自觉的革命工作具有重大意义的正确提法,竟使《火星报》在实践上偏向于**轻视发展过程中的客观因素或自发因素的意义**。"(第18页)

这又是瓦·沃·先生及其伙伴们才会有的一种极大的理论混乱。我们要问问我们的这位哲学家:主观计划的制定者对客观发展过程的"轻视",可能表现在什么地方呢? 显然表现在他会忽略这个客观发展过程正在产生或巩固、毁灭或削弱某些阶级、某些阶层、某些集团、某些民族、某些民族集团等等,从而决定国际上各种力量的政治划分以及各个革命政党的立场,等等。如果是这样,那么这些计划制定者的过错就不是轻视自发因素,反而是轻视**自觉**因素,因为他缺乏正确了解客观发展过程的"自觉性"。可见,单是谈论什么对自发性和自觉性"相比〈黑体是《工人事业》杂志用的〉哪个意义大的估计",就已经暴露出完全没有"自觉性"。假如说某些"发展过程中的自发因素"一般是人的意识所能觉察到的,那么对这种自发因素的不正确估计,就等于"轻视自觉因素"。假如说这种因素是人的意识所不能觉察到的,那我们就不知道这种因素,也无法加以谈论了。波·克里切夫斯基所讲的究竟是什么呢? 假使他认为《火星报》的"主观计划"是错误的(而他正是宣布这些计划是错误的),那他就应当指明这些计划究竟忽略了哪些客观事实,就应当因这种忽略而责备《火星报》**缺乏自觉性**,用他的说法,就是"轻视自觉因素"。假使他不满意主观计划,除了援引"轻视自发因素"(!!)之外又没有其他论据,那么他以此只是证明:(1)在理论上,他对马克思主义的理解也和备受别尔托夫讥笑的卡列耶夫之流和米海洛夫斯基之流一样;(2)在实践上,他完全满足于那些把我们的合法马克思主义者引诱到伯恩施坦主义上去,而把我们的社会民主党人引诱到"经济主义"上去的"发展过程中的自发因素";并且他对那些无论如何也要使俄国社会民主党脱离"自发"发展道路的人"十分恼火"。

　　再往下纯粹是些滑稽可笑的话了。"正如人们不管自然科学取得什么成就而还是要用古老的方式繁殖一样,将来新社会制度的出现也会不管社会科学取得什么成就以及自觉的战士如何增加而仍然多半是自发地爆发的结果。"(第19页)有一句老话说得妙:要生儿养女,谁没有智慧?——同样,"现代社会党人"(像纳尔苏修斯·土波雷洛夫[191]之类)也有一句话说得妙:要参与新社会制度的自发诞生,谁都有智慧。我们也认为谁都有这种智慧。为了参与,只要在"经济主义"流行时听从"经济主义",在恐怖主义出现时听从恐怖主义就行了。例如,今年春天,正应当告诫大家不要醉心于恐怖手段的时候,《工人事业》杂志对这个在它看来是"新的"问题感到困惑莫解。现在,过了半年之后,当问题已经不很迫切的时候,它却一方面向我们声明说,"我们认为,社会民主党的任务不能够也不应当是阻止恐怖主义情绪的发展"(《工人事业》杂志第10期第23页),同时又向我们提出代表大会的决议,说"代表大会认为有计划的进攻性的恐怖手段是不合时宜的"(《两个代表大会》第18页)。你看,这话说得多么清楚、多么圆通!我们不去阻止它,但宣布它不合时宜,而且这样宣布的意思是说,"决议"并没有把无计划的和防御性的恐怖手段包括在内。应当承认,这样一个决议很保险,完全可以保证不犯错误,正如一个说话是为了什么也不说的人可以保证不犯错误一样!为了拟定这样一个决议,只要善于做运动的尾巴就行了。当《火星报》讥笑《工人事业》杂志把恐怖手段问题说成一个新问题时①,《工人事业》杂志怒气冲冲地指责《火星报》"把一群侨居国外的作家在 15 年以前提出的那种解决策略问题的办法强加于党的组织,这简直是太狂妄了"(第 24 页)。的确,预先在理论上解决问题,然后设法说服组织,说服党和群众相信这个解决办法正确,——这是多么狂妄和多么夸大自觉因素啊!② 如果只是旧调重弹,不拿什么"强加于"人,对于每一次向"经济主义"或向恐怖主义的"转变"都唯命是从,那该多么好呀。《工人事业》杂志甚至对这一伟大的处世秘诀作了概括,责备《火星报》和《曙光》杂志"把自己的纲领同运动对立起来,把自己的纲领当做凌驾于混沌状态之上的神灵"(第 29 页)。难道社会民主党的作用不正是要成为"神灵",不仅凌驾于自发运动之上,而且要把这一运动**提高到"自己的纲领"**的水平上去吗? 它的作用当然不是做运动的**尾巴**,因为,如果做运动的尾巴,那么好则对运动无益,坏则对它极其有害。所谓的《工人事业》杂志不仅追随这种"策略-过程",而且把它奉为原则,因此,与其把《工人事业》杂志这一派别称为机会主义,倒不如(根据尾巴这个词)**称为尾巴主义**。而且不能不承认,下定决心要永远做运动的尾巴跟着运动走的人,是永远和绝对不会"轻视发展过程中的自发因素"的。

*　　　　　*　　　　　*

　　总之,我们确信,俄国社会民主党内的"新派别"的基本错误就在于崇拜自发性,就在于不了解群众的自发性要求我们社会民主党人表现巨大的自觉性。群众的自发高潮愈增长,运动愈扩大,

---

① 见《列宁全集》第 2 版第 5 卷第 2 页。——编者注
② 同时还不要忘记,"劳动解放社""在理论上"解决恐怖手段问题时,还**总结了**以前的革命运动的经验。

对于社会民主党在理论工作、政治工作和组织工作方面表现巨大的自觉性的要求也就愈无比迅速地增长起来。

俄国群众的自发高潮来得这样迅速（并且继续在迅速地发展），以致社会民主党的青年们对于完成这些巨大的任务显得缺乏修养。这种缺乏修养的状况是我们大家的不幸，是**全体**俄国社会民主党人的不幸。群众的高潮在连续不断地、前后相承地增长和扩大起来，不仅没有在它开始发生的地方停止，而且席卷了新的地区和新的居民阶层（在工人运动的影响下，青年学生、整个知识界以至农民都掀起了风潮）。但是革命家无论在自己的"理论"或自己的活动中，都**落后于**这个高潮，没有建立起一种连续不断的、前后相承的、能够**领导**全部运动的组织。

在第一章里，我们已经明确指出，《工人事业》杂志贬低我们的理论任务并"自发地"重复"批评自由"这一时髦口号，因为重复这一口号的人，对了解机会主义者"批评派"的立场和革命派的立场在德国和俄国是完全相反的这一点缺乏"自觉性"。

在下面几章中，我们就要来考察一下，在社会民主党的政治任务方面和组织工作中，这种对自发性的崇拜是怎样表现的。

# 三

# 工联主义的政治和社会民主主义的政治

我们还是从夸奖《工人事业》杂志开始吧。马尔丁诺夫在《工人事业》杂志第10期上，发表了一篇论述同《火星报》的意见分歧的文章，标题为《揭露性的出版物和无产阶级的斗争》。他把这些意见分歧的实质表述如下："我们不能只限于揭露那个阻碍它〔工人政党〉发展的制度。我们还应当对无产阶级当前的日常利益作出反应。"(第63页)"……《火星报》……实际上是革命反对派的机关报,它揭露我国的制度,主要是政治制度……  而我们现在和将来都要在同无产阶级斗争保持密切的有机联系的条件下为工人的事业努力。"(同上)对马尔丁诺夫的这种说法,我们不能不表示感谢。这种说法具有重大的普遍意义,因为它实质上决不仅仅是概括了我们同《工人事业》杂志的意见分歧,而且概括了我们同"经济派"在政治斗争问题上的一切意见分歧。我们已经指出过,"经济派"并不绝对否认"政治",而只是常常从社会民主主义的政治观滑到工联主义的政治观上去。马尔丁诺夫也正是这样滑过去的。因此我们也就同意选择他作为经济派在这个问题上的错误的**典型**。对于这一选择,无论《〈工人思想报〉增刊》的作者们,还是"自我解放社"宣言的作者们,或《火星报》第12号上所载的那封"经济派"的来信的作者们,都没有理由责备我们,这一点我们往下将予以证明。

## (一)  政治鼓动和经济派缩小 政治鼓动的范围

大家知道,俄国工人经济①斗争的广泛开展和加强,是同创办揭露经济(工厂方面和职业方面的)情况的"出版物"密切相联的。"传单"的主要内容是揭露工厂中的情况,于是在工人中很快激起了进行揭露的真正热情。工人一看见社会民主党人小组愿意而且

---

① 为了避免误会,我们要说明一下:在以下的论述中,所谓经济斗争(按我们的习惯用词)全都是指"实践经济方面的斗争",在上述引文中,恩格斯称这种斗争为"反抗资本家",而在各自由国家里则称为工会的、工团的或工联的斗争。

能够给他们提供一种新的传单,来叙述工人的贫困生活、无比艰苦的劳动和无权地位的全部真实情况,他们也就纷纷寄来了工厂通讯。这种"揭露性的出版物"不仅在某一传单所抨击的那个工厂里引起了强烈的反响,而且在所有听到揭露出来的事实的工厂里都引起了强烈的反响。既然各行各业工人的贫困和痛苦有许多共同之处,"叙述工人生活的真实情况"就使**所有的人**赞赏不已。甚至在最落后的工人中,也产生了一种想"发表文章"的真正热情,一种想用这种萌芽形式的战争去反对建立在掠夺和压迫的基础上的整个现代社会制度的高尚热情。这些"传单"在绝大多数场合下都真正成了一种宣战书,因为这种揭露起了极大的激励作用,使工人一致要求消灭各种令人发指的丑恶现象,并且决心用罢工来支持这种要求。结果,厂主自己也往往宁愿不等战争本身到来就完全承认这些传单所起的宣战书的作用。这种揭露,总是一经出现就变得强大有力,形成强大的道义上的压力。往往只要一有传单出现,就可以使一切要求或部分要求得到满足。总之,经济方面的(工厂方面的)揭露,过去和现在都是经济斗争的重要杠杆。只要还存在着必然会使工人起来自卫的资本主义,这方面的揭露将始终保持这种意义。即使在最先进的欧洲各国,现在也还可以看到,揭露某个落后的"行业"或某个被人遗忘的家庭手工业部门的种种丑恶现象,可以成为唤起阶级意识、开展工会斗争和传播社会主义的起点。①

近来,绝大多数俄国社会民主党人几乎把全副精力都用在组

---

① 我们在本章中所讲的只是**政治**斗争,较广义的或较狭义的政治斗争。所以我们只顺便指出,《工人事业》杂志非难《火星报》"过分避讳"经济斗争(《两个代表大会》第27页;马尔丁诺夫在他写的《社会民主党和工人阶级》这本小册子中也再三重

织对工厂的揭露这种工作上了。只要回想一下《工人思想报》就可以知道,人们在这种工作上耗费了多少精力,竟忘记了这种活动**本身**实质上还不是社会民主主义的活动,而只是工联主义的活动。实际上,这种揭露只涉及**某个职业**的工人同厂主的关系,而得到的结果不过是使出卖劳动力的人学会较有利地出卖这种"商品",学会在纯粹商业契约的基础上来同买主作斗争。这种揭露可能(在革命家组织适当利用这种揭露的条件下)成为社会民主主义的活动的开端和组成部分,但是也可能(而在崇拜自发性的条件下则一定会)导致"纯粹工会的"斗争和非社会民主主义的工人运动。社会民主党领导工人阶级进行斗争不仅是要争取出卖劳动力的有利条件,而且是要消灭那种迫使穷人卖身给富人的社会制度。社会民主党代表工人阶级,不是就工人阶级同仅仅某一部分企业主的关系而言,而是就工人阶级同现代社会的各个阶级,同国家这个有组织的政治力量的关系而言。由此可见,社会民主党人不但不能局限于经济斗争,而且不能容许把组织经济方面的揭露当做他们的主要活动。我们应当积极地对工人阶级进行政治教育,发展工人阶级的政治意识。**现在**,当《曙光》杂志和《火星报》向"经济主义"作了第一次冲击之后,这一点已经"是大家都同意的了"(虽然我们在下面就会看到,有

---

复过这种非难),这不过是一个笑话而已。如果提出这种非难的先生们把一年来《火星报》上的经济斗争栏的篇幅即使用普特或印张计算一下(这是他们所爱用的方法),并且把它拿来同《工人事业》杂志和《工人思想报》上的经济斗争栏的篇幅的总和比较一下,那他们马上就会看到,他们在这一方面也是落后的。显然,他们意识到了这种简单的真实情况,才迫不得已提出一些清楚表明他们惶惑不安的心情的论据。他们写道:"《火星报》不管愿意不愿意⟨!⟩,都不得不⟨!⟩考虑到实际生活的迫切要求,至少⟨!!⟩也得刊载一些有关工人运动的通讯。"(《两个代表大会》第27页)这真是一个把我们驳得体无完肤的论据!

些人只是口头上同意而已）。

　　试问，政治教育究竟应当有哪些内容呢？能不能局限于宣传工人阶级与专制制度敌对的观念呢？当然不能。只**说明**工人在政治上受压迫是不够的（正如只向工人**说明**他们的利益同厂主的利益相对立是不够的一样）。必须利用这种压迫的每一个具体表现来进行鼓动（正如我们已经开始利用经济压迫的具体表现来进行鼓动一样）。既然**这种**压迫是落在社会的各个不同阶级的身上，既然这种压迫表现在生活和活动的各个不同的方面，包括职业、一般公民、个人、家庭、宗教、科学以及其他等等方面，那么我们如果不**负起责任**组织对专制制度的**全面政治揭露**，就**不能完成我们**发展工人的政治意识的**任务**，这难道不是显而易见的吗？为了利用压迫的具体表现来进行鼓动，不是应当把这些表现揭露出来吗（正如为了进行经济鼓动，应当把工厂里的舞弊行为揭露出来一样）？

　　看来，这是很明白的吧？但正是在这里我们可以看到，"大家"只是口头上同意必须**全面**发展政治意识。正是在这里我们可以看到，例如《工人事业》杂志不仅没有担负起组织（或是提倡组织）全面政治揭露的任务，反而把已经着手实现这个任务的《火星报》拉向**后退**。请听吧："工人阶级的政治斗争只是〈恰恰不只是〉最发展、最广泛和最切实的经济斗争形式。"（《工人事业》杂志的纲领，《工人事业》杂志第1期第3页）"现在摆在社会民主党人面前的任务，是要尽量赋予经济斗争本身以政治性质。"（马尔丁诺夫的文章，《工人事业》杂志第10期第42页）"经济斗争是吸引群众参加积极的政治斗争的最普遍适用的手段。"（联合会代表大会决议和"修正案"：《两个代表大会》第11页和第17页）读者可以看到，所有这些论调，从《工人事业》杂志产生时起，直到最近的"给编辑部的指示"为止，始终都贯穿在《工人事业》杂志中，并且这些论调显然都是用同一个观点看待政治鼓动和政治斗争的。你们可以根据政治鼓动应当**服从于经济鼓动**这个在一切"经济派"中流行的意见来仔细考察一下这个观点。说经济斗争一般讲来①是吸引群众参加政治斗争的"最普遍适用的手段",这是否正确呢? 完全不正确。**各种各样**警察压迫和专制暴行的表现,也是同样能"吸引"群众的一种"普遍适用的"手段,而决不是只有那些同经济斗争相联系的表现才是这种手段。地方官横行不法,农民遭受体罚,官吏贪污受贿,警察欺压城市"老百姓",摧残饥民,压制人民追求光明和知识的愿望,横征暴敛,迫害教派信徒,虐待士兵,侮辱学生和自由派知识分子,——为什么所有这些事实以及千百种诸如此类不是同"经济"斗争直接联系的压迫行为,一般讲来就是进行政治鼓动和吸引群众参加政治斗争的**不那么**"普遍适用的"手段和缘由呢? 恰恰相反,在工人(他们自己或者同他们亲近的人)受无权之苦,受专横和强暴压迫之苦的所有活生生的事例中,警察在工会斗争中进行迫害的事例无疑只占很小一部分。试问为什么要预先缩小政治鼓动的范围,只把**一种**手段称为"最普遍适用的"手段,而否认社会民主党人同时还应当有其他的一般讲来是同样"普遍适用的"手段呢?

在很久很久以前(一年以前! ……),《工人事业》杂志曾经写道:"经过一次罢工,或者最多经过几次罢工以后","只要政府出动警察和宪兵","当前的政治要求就会成为群众所能理解的要求

---

① 我们所以说"一般讲来",是因为《工人事业》杂志上所讲的正是全党的一般原则和一般任务。无疑,在实践中,政治有时的确**应当**服从于经济,但是只有"经济派"才会在准备用于全俄的决议中说到这一点。其实,也有"从一开始"就**能够**"只在经济基础上"进行政治鼓动的情况,可是《工人事业》杂志终于认为这是"根本不必要"的(《两个代表大会》第11页)。我们在下一章中就要证明,"政治派"和革命家的策略不仅不忽略社会民主党的工联任务,恰恰相反,只有它才能**保证**这种任务彻底实现。

了"。（1900年8月第7期第15页）现在联合会已经把这个机会主义的阶段论推翻而向我们表示让步，说"根本不必要从一开始就只在经济基础上进行政治鼓动"（《两个代表大会》第11页）。将来写俄国社会民主主义运动史的人，只要根据"联合会"对自己的那一部分旧的错误见解所作的这一否定，就可以比根据各种长篇大论更清楚地看到，我们的"经济派"把社会主义贬低到怎样的地步了！但联合会该是多么幼稚，竟以为靠放弃一种缩小政治范围的形式就能促使我们去赞同另一种缩小政治范围的形式！如果在这里也说经济斗争必须尽量广泛地进行，也说要始终利用经济斗争来进行政治鼓动，但"根本不必要"认为经济斗争是一种吸引群众参加积极的政治斗争的**最普遍适用的手段**，这岂不更合乎逻辑吗？

联合会认为用"最普遍适用的手段"这个说法来代替犹太工人联盟（崩得[192]）第四次代表大会的相应决议中的"最好的手段"的说法是有意义的。我们实在很难说这两个决议中究竟哪一个好些，因为在我们看来，**两个都很糟糕**。无论联合会或是崩得，都滑到（在某种程度上也许甚至是不自觉的，是受了传统的影响）经济主义即工联主义的政治观上去了。至于这里用的字眼是"最好的"，还是"最普遍适用的"，实质上毫无差别。假使联合会说"在经济基础上的政治鼓动"是最普遍采用的（而不是"适用的"）手段，那么，对于我国社会民主主义运动发展的一定时期来说，这是正确的。也就是说，对于"**经济派**"，对于1898—1901年间的许多（也许是大多数）实际工作者来说，这是正确的，因为这些做实际工作的"经济派"的确**几乎完全是在经济基础上采用**（就算他们都采用过！）政治鼓动的。正如我们看到的，《工人思想报》和"自我解放社"都承认甚至推荐过**这种**政治鼓动！《工人事业》杂志本来应当**坚决斥责**在进行经济鼓动这种有益的事情时缩小政治斗争范围的有害行为,但它并没有这样做,反而把最普遍采用的("经济派"采用的)手段称为最普遍适用的手段!无怪乎当我们把这帮人称为"经济派"的时候,他们也就只好破口大骂我们又是"捏造者",又是"捣乱者",又是"圣使",又是"诽谤者"[①];只好向大家哭诉说,这使他们蒙受奇耻大辱;只好用几乎是发誓赌咒的口吻声明:"现在根本没有一个社会民主党组织犯'经济主义'的错误。"[②]啊,这些诽谤者,凶恶的政治派!整个"经济主义"不正是他们完全出于仇恨人的心理而故意捏造出来,使人蒙受奇耻大辱的吗?

　　马尔丁诺夫向社会民主党提出"赋予经济斗争本身以政治性质"的任务,这究竟有什么具体的现实意义呢?经济斗争是工人为争得**出卖劳动力**的有利条件,为改善工人劳动条件和生活条件而向厂主进行的集体斗争。这种斗争必然是职业性的斗争,因为各种职业的劳动条件极不相同,所以争取**改善**这些条件的斗争,也就不能不按职业来进行(在西方通过工会,在俄国通过临时工会联合会和传单等等)。因此,赋予"经济斗争本身以政治性质",就等于力争用"立法和行政措施"(像马尔丁诺夫在他那篇文章的下一页即第43页上所说的那样)来实现这些职业的要求,在这一职业范围内改善劳动条件。所有的工会现在是而且向来都是这样做的。你们只要看一看韦伯夫妇这两位造诣很深的学者(和"造诣很深的"机会主义者)的著作[193],就可以知道英国的工会很早以前就认识到了并且一直在实现"赋予经济斗争本身以政治性质"的任务,很早以前就为罢工自由,为取消法律上对合作社运动和工会运动的一切限制,为颁布保护妇女和儿童的法律,为制定卫生法和

---

① 这是《两个代表大会》一书的原话;该书第31、32、28、30页。
② 《两个代表大会》第32页。

工厂法来改善劳动条件等等而从事斗争了。

由此可见，"赋予经济斗争**本身**以政治性质"这句漂亮话，听起来"极端"深奥，"极端"革命，其实却掩盖着那种力求把社会民主主义的政治**降低**为工联主义的政治的传统意图！他们表面上是要纠正《火星报》的片面性，说《火星报》"把教条的革命化看得高于生活的革命化"①，而实际上却把**争取经济改良的斗争**当做一种新东西奉送给我们。其实，"赋予经济斗争本身以政治性质"这句话的含义不过是争取经济改良而已。只要马尔丁诺夫仔细分析一下自己所说的那些话的意思，那他自己就可以作出这个简单的结论。马尔丁诺夫拖出了他的一门最大的重炮来反对《火星报》，他说："我们党能够而且应当向政府提出具体要求，要它实行种种立法和行政措施来反对经济剥削，消除失业，消除饥荒等等。"（《工人事业》杂志第10期第42—43页）具体要求实行种种措施，这难道不正是要求实行社会改良吗？我们现在要再一次问问没有偏见的读者：当工人事业派（恕我使用这个笨拙的流行名词！）提出必须争取经济改良这个论点来表明他们同《火星报》的**意见分歧**的时候，我们称他们为暗藏的伯恩施坦派，这是不是诬蔑他们呢？

革命的社会民主党过去和现在一直把争取改良的斗争包括在自己的活动范围之内。但是它利用"经济"鼓动，并不仅仅是为了要求政府实行种种措施，而且是（并且首先是）要求政府不再成为专制政府。此外，革命的社会民主党认为有责任**不仅**根据经济斗

---

① 《工人事业》杂志第10期第60页。在这里，马尔丁诺夫是用另一种方式来玩弄我们在上面已经描写过的那种把戏，即把"一步实际运动比一打纲领更重要"这一论点应用到我国运动现在的这种混乱状态中来。其实，这只是把伯恩施坦所说的"运动就是一切，最终目的算不了什么"这句臭名远扬的话翻译成俄文罢了。

争,而且根据社会政治生活方面的一切现象来向政府提出这个要求。总之,革命的社会民主党使争取改良的斗争服从于争取自由和争取社会主义的革命斗争,就像使局部服从整体一样。而马尔丁诺夫却用另一种形式把阶段论复活起来,力求规定政治斗争必须按所谓经济的道路发展。他在革命高涨时提出所谓争取改良的特殊斗争"任务",就是把党拉向后退,而助长"经济派的"和自由派的机会主义。

其次,马尔丁诺夫羞羞答答地用"赋予经济斗争本身以政治性质"的漂亮的论点来掩饰争取改良的斗争,而把**仅仅是经济的**(甚至仅仅是工厂的)**改良**当做一种特殊的东西提出来。他为什么要这样做,我们不得而知。也许是由于一时疏忽吧?但是,如果他所指的不只是"工厂的"改良,那么我们刚才所引过的他那个论点就会毫无意义了。也许是由于他认为政府只是在经济方面才可能实行和大概会实行"让步"吧?① 如果是这样,那就是一种很奇怪的谬误,因为政府在笞刑、身份证、赎金**34**、教派、书报检查制度等等的立法方面,也是可能作出让步而且经常作出让步的。"经济的"让步(或者假让步),对政府来说,自然是最便宜最有利的,因为它想借此博得工人群众对它的信任。但是,正因为如此,我们社会民主党人无论如何也绝对**不应当**使人们得出这样一种看法(或产生这样一种误解),以为经济改良对我们更有价值,以为我们正是把这种改良看得特别重要,等等。马尔丁诺夫在解释他上面提出的那些关于立法和行政措施方面的具体要求时说道:"这样的要求,不会成为一种空话,因为这些要求既然能产生某些显著结果,就会获得工人群

① 第43页上写道:"当然,如果说我们劝工人向政府提出某些经济要求,那是因为在**经济**方面,专制政府出于需要而愿意作某些让步。"

众的积极支持……" 我们可不是"经济派"啊！我们不过是像伯恩施坦之流、普罗柯波维奇之流、司徒卢威之流、尔·姆·之流以及诸如此类的先生们一样屈从于那些具体结果的"显著性"而已！我们不过是(同纳尔苏修斯·土波雷洛夫一起)向大家暗示说:凡不"能产生显著结果"的都是"空话"！我们不过是要表明,似乎工人群众不能够(并且同那些把自己的庸俗思想强加于他们的人的愿望相反,没有证明自己能够)积极支持对专制制度的**任何**反抗,支持那些甚至**绝对不能对他们产生任何显著结果的反抗**！

就拿马尔丁诺夫本人援引的关于消除失业和饥荒的"种种措施"的例证来说吧。从《工人事业》杂志自己的诺言来看,它正在致力于制定和详细制定"能产生显著结果"的"立法和行政措施方面的具体要求〈以法案的形式吗?〉",而《火星报》"却始终把教条的革命化看得高于生活的革命化",极力说明失业同整个资本主义制度有不可分割的联系,警告大家说"饥荒在蔓延",揭露警察"摧残饥民"的行为和可恶的"暂行苦役条例";《曙光》杂志则把论述饥荒问题的那一部分《内政评论》①印成了抽印本,作为鼓动的小册子。可是,天哪,这帮狭隘得不可救药的正统派,这帮对"生活本身"的要求置若罔闻的教条主义者又是多么"片面"啊！他们的任何一篇文章都没有提出(这还了得!)**任何一个**,真是根本没有提出任何一个"能产生显著结果"的"具体要求"！多么可怜的教条主义者啊！应当叫他们到克里切夫斯基之流和马尔丁诺夫之流那里去领教领教,好让他们懂得策略是……发展……而增长的过程,好让他们懂得必须赋予经济斗争**本身**以政治性质！

"工人同厂主和政府作经济斗争("同政府作**经济**斗争"!!),除

---

① 见《列宁全集》第2版第5卷第268—286页。——编者注

了它的直接的革命意义之外,还有一种意义,就是它能使工人经常碰到他们政治上无权的问题。"(马尔丁诺夫的文章,第44页)我们把这段话抄下来,并不是要把上述那些反复说过千百次的东西再重复一次,而是要来特意感谢马尔丁诺夫提出了所谓"工人同厂主和政府作经济斗争"这样一个新鲜而出色的公式。真是妙极了!真是以独到的才能,极其巧妙地抹掉了"经济派"之间的一切局部的意见分歧和细微的差别,而在这里用简单明了的话表明了"经济主义"的**全部实质**,开始是号召工人作"政治斗争以维护共同的利益,即改善全体工人的状况"①,接着是大谈阶段论,最后是在代表大会决议中说什么"最普遍适用"等等。"同政府作经济斗争"正是工联主义的政治,而工联主义的政治离社会民主主义的政治还很远很远。

## (二) 谈谈马尔丁诺夫是怎样深化了 普列汉诺夫的意见的

有一次,一位同志说:"近来我们社会民主党的罗蒙诺索夫何其多啊!"他指的是,许多倾心于"经济主义"的人都有一种令人惊奇的倾向,总想"凭自己的头脑"发现一些伟大的真理(比如说经济斗争使工人碰到无权的问题),同时又用天生才子不可一世的态度鄙弃所有先前的革命思想和革命运动发展过程已经提供的一切。罗蒙诺索夫式的马尔丁诺夫就是这样的一位天生才子。你们只要瞧瞧他所写的《当前问题》一文,就能看出他怎样"凭自己的头脑"**正在接近**阿克雪里罗得早就说过的东西(关于阿克雪里罗得,我们的罗蒙诺索夫当然是完全避而不谈的),就能看出他**正在开始**理解,例如

---

① 《〈工人思想报〉增刊》第14页。

我们不能忽视资产阶级中某些阶层的反政府态度这种道理(《工人事业》杂志第9期第61、62、71页;参看《工人事业》杂志编辑部对阿克雪里罗得的《回答》,第22、23—24页)等等。但可惜只是"正在接近"和只是"正在开始",仅此而已,因为他毕竟还根本没有理解阿克雪里罗得的意思,所以还在说什么"同厂主和政府作经济斗争"。三年来(1898—1901年),《工人事业》杂志一直在努力理解阿克雪里罗得的意思,然而——然而毕竟还是没有理解这种意思! 可能这也是由于社会民主党"像人类一样"始终只提出自己能够实现的任务吧?

但是,罗蒙诺索夫之流的特色,不仅表现在他们对于许多东西都不知道(这不过是小小的不幸!),并且还表现在他们不认识自己的无知。这才是真正的大不幸,正是这种不幸促使他们马上就来着手"深化"普列汉诺夫的意见。

罗蒙诺索夫式的马尔丁诺夫写道:"自从普列汉诺夫写了这本书〈《俄国社会党人同饥荒作斗争的任务》〉以来,已经过去许多时候了。社会民主党人在10年中间虽然领导了工人阶级的经济斗争……但是他们还没有来得及给党的策略奠定一个广泛的理论基础。现在这个问题成熟了。我们如果愿意奠定这样的理论基础,显然就应当大大深化普列汉诺夫以前阐发过的那些策略原则…… 现在,我们确定宣传和鼓动的差别,应当不同于普列汉诺夫〈马尔丁诺夫刚刚引用了普列汉诺夫的话:"宣传员给一个人或几个人提供许多观念,而鼓动员只提供一种或几种观念,但是他把这些观念提供给一大群人"〉。我们认为宣传就是用革命观点来说明整个现存制度或其局部表现,至于在宣传时所用的形式能为几个人还是能为广大群众所接受,那没有什么关系。所谓鼓动,严格讲来〈原文如此!〉,我们却认为是号召群众去采取某些具体行动,是促进无产阶级去对社会生活进行直接的革命的干预。"

我们祝贺俄国的以及国际的社会民主党获得了一套新的、马尔丁诺夫式的、更严格更深奥的术语。直到现在,我们(同普列汉诺夫以及国际工人运动的所有领袖们一起)都认为:例如宣传员讲到失业问题的时候,就应当解释清楚危机的资本主义本质,指出危机在现代社会中不可避免的原因,说明必须把现代社会改造为社会主义社会等等。总之,他应当提供"许多观念",多到只有少数人(相对地讲)才能一下子全部领会,完全领会。而鼓动员讲到这个问题时,却只要举出全体听众最熟悉和最明显的例子,比如失业者家里饿死人,贫困加剧等等,并尽力利用大家都知道的这种事实来向"群众"提供富者愈富和贫者愈贫的矛盾是不合理的这样**一个观念**,竭力**激起**群众对这种极端不公平现象的不满和愤恨,而让宣传员去全面地说明这种矛盾。因此,宣传员的活动主要是**动笔**,鼓动员的活动则主要是**动口**。要求宣传员具备的素质是不同于鼓动员的。例如,我们称考茨基和拉法格为宣传家,而称倍倍尔和盖得为鼓动家。想在实际活动中分出第三个方面或者第三种职能,并把"号召群众去采取某些具体行动"归入这种职能,那就十分荒唐了,因为"号召"作为单独的行为,要么是理论著作、宣传小册子和鼓动演说的自然和必然的补充,要么是一种纯粹执行性质的职能。实际上,可以拿现在德国社会民主党人反对谷物税的斗争来作例子。比如说,理论家写关税政策的研究著作,"号召"为通商条约、为贸易自由而斗争;宣传员在杂志上也这样做,鼓动员在公开演说中也这样做。在这种情况下,群众的"具体行动"就是签名上书帝国国会,要求不增加谷物税。采取这些行动的号召,间接是出自理论家、宣传员和鼓动员,直接是出自那些把签名簿分送到各工厂和各私人住宅去的工人。照"马尔丁诺夫式的术语"来讲,岂不是要把考茨基和倍倍尔两人都称为宣传员,而把分送签名簿的人称为鼓动员吗?

德国人的例子使我想起了一个德语单词:Verballhornung。按俄文直译是:巴尔霍恩式的修正。约翰·巴尔霍恩是16世纪莱比锡的一个出版商①。他出版了一本识字课本,并且照例也加上了一张画有雄鸡的插图,不过他画的不是通常脚上有距的雄鸡,而是脚上无距的雄鸡,旁边还有两个鸡蛋。课本封面上加了一行字:"约翰·巴尔霍恩**修正版**"。从那时起,德国人讲到实际上把东西改坏的那种"修正"时,就说是巴尔霍恩式的修正。所以当你看到马尔丁诺夫之流如何"深化"普列汉诺夫的意见时,就不禁想起巴尔霍恩的故事来……

为什么我们的罗蒙诺索夫"发明了"这种糊涂观念呢?他是为了说明,《火星报》"也像普列汉诺夫在 15 年以前那样,只注意到事情的一方面"(第 39 页)。"《火星报》至少在目前是偏重宣传任务而忽视鼓动任务。"(第 52 页)假如我们把后面这个论点从马尔丁诺夫式的语言译成普通人的语言(因为人类还没有来得及接受这种新发明的术语),那就是说《火星报》偏重政治宣传和政治鼓动任务而忽视这样一个任务,即"向政府提出""能产生某些显著结果"的"立法和行政措施方面的具体要求"(或社会改良的要求,——假如允许把还没有发展到马尔丁诺夫那种水平的旧人类的旧术语再使用一次的话)。请读者把这个论点同下面的一段议论对照对照吧!

"这些纲领〈即革命社会民主党人的纲领〉还有使我们吃惊的地方,就是它们始终偏重工人在议会〈我国现时所没有的议会〉中活动的好处,而完全忽视〈由于这些纲领的革命虚无主义〉工人参加我国现有的厂主工厂事务立法会议工作……或至少参加城市自治机关工作的重要意义……"

这一段议论的作者把罗蒙诺索夫式的马尔丁诺夫凭自己的头脑想出来的那个思想说得稍微直率、明确和坦白了一些。而这位作者就是《〈工人思想报〉增刊》(第 15 页)上的那位尔·姆·。

---

① 应为吕贝克的一个出版商。——编者注

## (三) 政治揭露和"培养革命积极性"

马尔丁诺夫提出他那个"提高工人群众的积极性"的"理论"来反对《火星报》,实际上就是暴露他竭力想**降低**这种积极性,因为他把一切"经济派"所崇拜的那种经济斗争说成是激发这种积极性的最好的、特别重要的、"最普遍适用的"手段和表现这种积极性的舞台。这种错误所以特别值得注意,是因为这远不是马尔丁诺夫一个人所特有的。其实,"提高工人群众的积极性",**只有**在我们**不局限**于"在经济基础上的政治鼓动"这个条件下才能够做到。而把政治鼓动扩大到必要程度的基本条件之一,就是组织**全面的**政治揭露。不进行这样的揭露,**就不能**培养群众的政治意识和革命积极性。因此,这一类活动是整个国际社会民主党的最重要的职能之一,因为就是政治自由也丝毫不会取消这种揭露,而只会稍微改变一下揭露的方面。例如,德国党正是由于毫不松懈地致力于政治揭露运动,才特别巩固了自己的地位,扩大了自己的影响。当工人还没有学会对**各种各样**的专横和压迫、暴行和胡作非为(不管这些现象是针对**哪些阶级**的)作出反应,并且正是从社会民主党的观点,而不是从其他什么观点来作出反应时,工人阶级的意识是不能成为真正的政治意识的。当工人还没有学会根据各种具体的、而且确实是大家关心的(迫切的)政治事实和政治事件来观察其他**每一个**社会阶级在思想、精神和政治生活中的**一切**表现时,当工人还没有学会在实践中对**一切**阶级、阶层和居民集团的活动和生活的**各个**方面作出唯物主义分析和唯物主义评价时,工人群众的意识是不能成为真正的阶级意识的。谁把工人阶级的注意力、观察力和意识完全或者哪怕是主要集中在工人阶级自己身上,他就不是社会民主党人,因为工人阶级的自我认识是同那种不仅是理论上的……更确切些说,与其说是理论上的,不如说是根据政治生活经验形成的对于现代社会**一切**阶级相互关系的十分明确的认识密切联系着的。所以,我们的"经济派"宣扬经济斗争是吸引群众参加政治运动的最普遍适用的手段,按其实际意义来说,是极其有害而且极端反动的。工人要想成为社会民主党人,就应当明确认识地主和神父、大官和农民、学生和游民的经济本性及其社会政治面貌,就应当知道他们的强的方面和弱的方面,就应当善于辨别每个阶级和每个阶层用来**掩饰**它自私的企图和真正的"心意"的流行词句和种种诡辩,就应当善于辨别哪些制度和法律反映和怎样反映哪些人的利益。而这种"明确的认识"无论在哪一本书里也学不到,要学到它,只有通过生动的场面和及时的揭露,揭露当前我们周围发生的事情,揭露大家按自己的观点在谈论着的或者哪怕是在窃窃私议的东西,揭露由某些事件、某些数字、某些法庭判决词等等反映出来的情况。这种全面的政治揭露,是培养群众革命积极性的必要条件和**基本**条件。

为什么俄国工人对于警察欺压人民,对于迫害教派信徒和殴打农民,对于书报检查机关的为非作歹,对于虐待士兵,摧残各种最无害的文化事业等等现象,还很少表现出自己的革命积极性呢?是不是因为"经济斗争"没有使他们"碰到"这些事呢?是不是因为这些事对他们很少"能产生""显著结果",很少有"好处"呢?不是。我们再说一遍,这种意见不过是想嫁祸于人,把自己的庸俗思想(即伯恩施坦主义)强加于工人群众罢了。我们应当责备我们自己,责备我们还落后于群众运动,责备我们还不能对这一切丑恶现象组织十分普遍、明显而迅速的揭露。假使我们进行了这种工作(我们是应当而且能够进行这种工作的),那么连文化水平最低的工人也会懂得**或者感觉到**:辱骂和欺压学生、教派信徒、农民和作家的,也就是那种随时随地都在蹂躏和压迫他们的黑暗势力。工人一感觉到这一点,自

己就会愿意而且十分愿意有所反应,就会今天咒骂书报检查官,明天
在镇压农民骚乱的省长官邸前游行示威,后天惩治那些干着神圣的宗
教裁判所勾当的身穿法衣的宪兵,如此等等。我们还很少、几乎一点
也没有把各方面新揭露出来的情况**传播**到工人群众中去。我们中间
有许多人甚至还没有认识到自己的这个**责任**,而是自发地蹒跚地跟在
那种局限于狭隘的工厂生活范围内的"平凡的日常斗争"后面走。在
这种情况下,说什么"《火星报》有轻视平凡的日常斗争进程,而偏重宣
传光辉的完备的思想的倾向"(马尔丁诺夫的文章,第61页),就等于
把党拉向后退,就等于袒护和赞美我们缺乏修养和落后。

至于说号召群众行动起来,那么只要我们进行有力的政治鼓
动和生动而鲜明的揭露,就自然会做到的。当场抓住罪犯,立即到
处当众加以谴责,这样做本身要比任何"号召"都更有效果,而且
往往使得后来根本无法查明,究竟是谁"号召了"群众,究竟是谁
提出了某种游行示威计划等等。号召,不是说一般号召,而是说具
体号召,那就只有在现场进行,并且只有当时亲身参加的人才能办
到。而我们的任务,社会民主党政论家的任务,就是要加深、扩大
和加强政治揭露和政治鼓动。

顺便来谈谈"号召"吧。**在春季事件以前**,就大学生被送去当
兵这个对工人来说完全不能**产生任何显著结果**的问题,**号召**工人
积极加以干预的**唯一机关报,就是**《火星报》。1月11日关于"送
183个大学生去当兵"这道命令一公布,《火星报》立刻就发表了一
篇论述这件事情的文章(2月第2号)①,而且**在任何游行示威都
还没有开始以前**,就已经直接**号召**"工人帮助大学生",号召"人
民"公开回答政府这种野蛮的挑衅行为。我们要问问大家:马尔

① 见《列宁全集》第2版第4卷第346—351页。——编者注

356

丁诺夫关于"号召"讲得这样多,甚至把"号召"看做一种特别的活动方式,但他对我们上面所讲的**这个**号召却只字未提,对于这一明显的事实应当怎样和用什么来加以解释呢? 既然如此,那么马尔丁诺夫宣称《火星报》**片面**,说它没有充分"号召"大家去争取实现"能产生显著结果"的要求,这难道不是一种庸俗做法吗?

我们的"经济派",也包括《工人事业》杂志,所以受欢迎,是因为他们迎合不开展的工人的心理。可是,工人社会民主党人,工人革命家(这种工人的数目是与日俱增的),却会愤然驳斥所有那些争取实现"能产生显著结果"的要求等等的议论,因为他们懂得这不过是重弹每个卢布工资增加一戈比的那种老调而已。这样的工人会向《工人思想报》和《工人事业》杂志的那些谋士们说:先生们,你们在瞎折腾,你们过分热心地干预我们自己也应付得了的事情,却逃避你们自己的真正责任。要知道,你们说社会民主党人的任务是要赋予经济斗争本身以政治性质,这未免太不聪明了;这只是一个开端,而社会民主党人的主要任务并不在这里,因为世界各国,包括俄国在内,**警察往往是自己开始赋予**经济斗争以政治性质,而工人自己就可以学会了解政府是站在谁的一边。① 要知道,

---

① "赋予经济斗争本身以政治性质"这个要求,最突出地表明了在政治活动方面**对自发性的崇拜**。经济斗争获得政治性质,往往是**自发的**,即不需要"知识分子这种革命细菌"的干预,不需要自觉的社会民主党人的干预。例如,英国工人的经济斗争获得政治性质,就是根本没有社会党人参与的。社会民主党人的任务并不只限于经济基础上的政治鼓动,他们的任务是要**把**这种工联主义的政治**变为**社会民主主义的政治斗争,**利用**经济斗争给予工人的初步政治意识,把工人**提高到社会民主主义**政治意识的水平。而马尔丁诺夫之流却不去提高和推进自发产生的政治意识,反而**拜倒在自发性面前**,唠叨说,——老是令人作呕地唠叨说,经济斗争使工人"**碰到**"他们政治上无权的问题。先生们,可惜工联主义政治意识的这种自发的觉醒却没有使你们"**碰到**"你们的社会民主主义任务的问题!

你们像发现新大陆似的来鼓吹的那种"工人同厂主和政府作经济斗争",在俄国的许多穷乡僻壤,正由那些只听说过罢工而几乎完全没有听说过社会主义的工人们自己在进行。要知道,你们总想提出一些能产生显著结果的具体要求来维持我们工人的"积极性",而这种"积极性"我们已经具备了,并且我们自己在我们日常的、职业性的、细小的工作中,往往不需要知识分子的任何帮助就能提出这些具体要求。但是**这样的**积极性对我们来说是很不够的;我们并不是一些单靠"经济主义"政治稀粥就能喂饱的小孩子;我们想知道别人所知道的一切,我们想详细了解政治生活的**各**方面,想**积极**参加所有各种政治事件。为此就需要知识分子们少讲些我们自己已知道的东西①,而多给我们些我们还不知道的,并且是我们自己根据自己工厂方面的经验和"经济方面的"经验永远也不可能知道的东西,即政治知识。这种知识是你们知识分子

---

① 工人对"经济派"说的这番话,决不是我们凭空想出来的。为了证实这一点,我们可以举出两个见证人,他们无疑很熟悉工人运动并且是绝对不想袒护我们这些"教条主义者"的,因为一个见证人是"经济派"(他甚至认为《工人事业》杂志是政治性的机关刊物!),另一个见证人是恐怖派。前一个见证人在《工人事业》杂志第6期上发表了一篇极其真实而生动的文章,标题是《彼得堡的工人运动与社会民主党的实际任务》。他把工人分成三类:(1)自觉的革命家,(2)中间阶层,(3)其余的群众。中间阶层"对政治生活问题往往要比对自己当前的经济利益更感兴趣,因为这种经济利益同一般社会条件的联系大家都早已懂得了……""大家都尖锐地批评"《工人思想报》说:"你们讲来讲去总是这一套,总是大家早已知道、早已读过的东西","而在政治评论栏里又是什么也没有"。(第30—31页)而且就是第三类工人,"这些较为敏感、较为年轻、受酒馆和教会腐蚀较少的工人群众,几乎从来没有获得政治书籍的机会,也在那里乱谈政治生活中的现象,思索学生骚乱的片断消息"等等。而那个恐怖派则写道:"……把本城以外的各个城市的工厂的生活琐事浏览过一次就再也不看了…… 枯燥无味…… 在工人的报纸上不谈国家问题……等于把工人当小孩子看待…… 工人并不是小孩子。"(革命社会主义自由出版社出版的《自由》杂志**194**第69页和第70页)

所能够获得的,你们**有责任**比过去多千百倍地供给我们这种知识,并且也不要仅以专著、小册子和文章为限(这些东西——恕我们直率地说!——往往是枯燥无味的),而一定要**把目前我国政府和我国统治阶级在实际生活各方面的所作所为都生动地揭露出来**。请你们多用些力气来履行你们的这个责任,而**少讲些**"**提高工人群众的积极性**"的空话吧。我们的积极性要比你们所想象的高得多;我们能够用公开的街头斗争来支持那些甚至不能产生任何"显著结果"的要求!你们没有资格来给我们"提高"积极性,因为**你们自己恰恰就缺乏积极性!**先生们,请你们还是少崇拜点自发性,多想想如何提高你们**自己**的积极性吧!

## (四) 经济主义和恐怖主义有什么共同之点?

在上面的脚注中,我们已经把偶然趋于一致的一个"经济派"和一个非社会民主党人恐怖派作了对比。不过,一般讲来,在这两种人之间是有一种并非偶然而是必然的内在联系的。关于这种联系,我们以后还要讲到,并且就在谈培养革命积极性的问题时必然要涉及。"经济派"和现代恐怖派有一个共同的根源,这就是**崇拜自发性**。关于这一点,我们在前一章里已经把它当做一般的现象讲过,现在我们来考察一下它对政治活动和政治斗争方面的影响。乍看起来,我们的断语似乎是不近情理的:一种人强调"平凡的日常斗争",另一种人号召作单个人的最大的自我牺牲的斗争,看来其间的差别是多么大呀。但是我们的断语并不是不近情理的。"经济派"和恐怖派是各自崇拜自发潮流的一个极端:"经济派"崇拜"纯粹工人运动"的自发性,恐怖派崇拜那些不善于或者没有可能把革命工作同工人运动结合成一个整体的知识分子的最狂热的愤懑情绪的自发性。凡是不再相信或者从来不相信有这种可能的人,除了采取恐怖手段之外,确实是难以找到别的方式来表示自己的愤懑情绪和革命毅力。由此可见,以上我们所指出的对两个方面的自发性的崇拜,都无非是在**开始实现**《信条》这一著名的纲领:让工人自己去"同厂主和政府作经济斗争"(请《信条》的作者原谅我们用马尔丁诺夫的话来表达他的意思吧!我们认为我们有理由这样做,因为在《信条》中也说到工人在经济斗争中"碰到政治制度"),而让知识分子靠自己的力量去进行政治斗争,当然,用的是恐怖手段! 这是不能不加以坚持的一个完全合乎逻辑和完全不可避免的**结论**,尽管那些开始实现这个纲领的**人自己也没有意识到**这个结论的不可避免性。政治活动有自己的逻辑,而不取决于那些怀有最善良的愿望或者号召采取恐怖手段或者号召赋予经济斗争本身以政治性质的人的意识。地狱是由善良的愿望铺成的,而在我们所讲的这种情况下,善良的愿望也无法挽救人们免于自发地滚到"阻力最小的路线"上去,滚到《信条》这种**纯粹资产阶级纲领**的路线上去。而俄国的许多自由派,无论是公开的自由派还是戴着马克思主义假面具的自由派,都打心眼里同情恐怖手段,并竭力助长目前的恐怖主义情绪,这也不是偶然的。

所以,"革命社会主义自由社"一产生,它就把全面促进工人运动作为自己的任务,但同时又把恐怖手段包括**在纲领中**,并且力求摆脱所谓社会民主党的束缚,——这一事实再一次证明了帕·波·阿克雪里罗得具有卓越的远见,他**早在1897年底**就确切地预见到了社会民主党人的动摇所要产生的这种结果(《论当前任务和策略问题》),并且拟定了他那有名的"两个前途"。[195]俄国社会民主党人中间后来发生的一切争论和意见分歧,都已经包含在这两个前途①中,就像植物包含在种子里一样。

从上述观点可以清楚地看出,没有顶住"经济主义"的自发性的《工人事业》杂志,也没有顶住恐怖主义的自发性。在这里,把"自由社"提出来为恐怖手段辩护的那种特别的论据拿来谈谈,是很有意思的。它"完全否认"恐怖手段的恐吓作用(《革命主义的复活》第64页),但是,它却推崇这种手段的"激发性作用"。这是很值得注意的,第一,因为这标志着那种使人拘守恐怖手段的一套传统思想(社会民主党以前的思想)瓦解和衰落的一个阶段。承认现在用恐怖手段不能"吓倒"因而也不能瓦解政府,其实也就是完全排斥恐怖手段这一斗争方式,这一由纲领规定的活动范围。第二,这尤其值得注意,因为这是不了解我们"培养群众革命积极性"的迫切任务的一种典型例子。"自由社"宣传恐怖手段是"激发"工人运动、给工人运动以"强有力的推动"的手段。很难想象还有更为明显的自相矛盾的论据了!试问,难道在俄国的实际生活中这种丑恶现象还少,以致需要虚构出一些特殊的"激发性"手段来吗?另一方面,一个人要是连俄国的专横暴虐也没有把他激发起来,也不能把他激发起来,那么他对政府同一小群恐怖派的单独决斗也只会"袖手旁观",这难道不是很明显的吗?问题是工人

---

① 马尔丁诺夫"认为有另外的更现实的〈?〉二者择一的前途"(《社会民主党和工人阶级》第19页):"或者是社会民主党负起责任来直接领导无产阶级的经济斗争,用这种方法〈!〉把它转变成革命的阶级斗争……"所谓"用这种方法",显然是指直接领导经济斗争。请马尔丁诺夫告诉我们,什么地方见过**只是**领导工会斗争就可以把工联主义的运动转变成革命的阶级运动呢?他能否想到:要达到这种"转变",我们就应当积极着手"直接领导"**全面的**政治鼓动呢?……"或者就是另外一个前途:社会民主党放弃对工人经济斗争的领导,因而……剪去自己的翅膀……"照上面所引证的《工人事业》杂志的意思,是《火星报》"放弃"对经济斗争的领导。但是我们已经看到:《火星报》在领导经济斗争方面**比《工人事业》杂志所做的多得多**,而且它并不以此为限,并**不为此而缩小**自己的政治任务。

群众已经因俄国实际生活中的种种丑恶现象而非常激动,但我们却不善于把人民激愤之情的一切水滴和细流汇集起来——假使可以这样讲的话——和集中起来;这些水滴和细流是被俄国的实际生活压榨出来的,其数量之大,远远超出我们的想象,而我们正应当把它们汇集成**一股**巨流。这个任务是能够实现的,工人运动的巨大发展以及上面指出的工人渴望政治书刊的情况都无可争辩地证明了这一点。而无论号召采用恐怖手段,或者号召赋予经济斗争本身以政治性质,都不过是以不同的形式来**推卸**俄国革命家所应当担负的最迫切的责任,即组织全面的政治鼓动工作。"自由社"想以恐怖手段来**代替**鼓动,并公开承认:"一旦在群众中进行强有力的鼓动工作,恐怖手段的激发性作用就完结了。"(《革命主义的复活》第68页)这正好说明,无论恐怖派或"经济派"都对群众的革命积极性**估计不足**,而不顾春季事件①已经明显地证实了这种积极性;前者拼命去找人为的"激发性手段",后者则高谈所谓"具体要求"。可是两者都没有充分注意发挥**自己**在政治鼓动和组织政治揭露方面的**积极性**。而这种工作,无论现在或在其他任何时候,都是不能拿别的什么东西来**代替**的。

## (五) 工人阶级是争取民主制的先进战士

我们已经看到,进行最广泛的政治鼓动,以及组织全面的政治揭露,是真正的社会民主党的活动中绝对必要和**极其迫切**需要的

---

① 指**1901**年春季开始的大规模的街头游行示威**196**。(这是作者为1907年版加的注释。——编者注)

任务。但我们**只是**根据工人阶级对政治知识和政治教育的最迫切需要作出这个结论的。然而只是这样提问题，就未免过于狭隘，就会忽略一切社会民主党特别是当前俄国社会民主党的一般民主主义任务。为了尽量具体地说明这个道理，我们试从"经济派"最"关切的"方面，即从实践方面来谈这个问题。"大家都同意"必须发展工人阶级的政治意识。但请问**怎样**来做到这一点呢？为了做到这一点需要什么呢？经济斗争只能使工人"碰到"政府同工人阶级的关系问题，因此**我们无论怎样努力**来完成"赋予经济斗争本身以政治性质"的任务，**也永远不能**在这个任务范围内发展工人的政治意识（发展到社会民主主义政治意识的程度），因为**这个范围本身就是很狭隘的**。马尔丁诺夫的公式对我们来说所以有价值，决不是因为它表明马尔丁诺夫有混淆是非的本事，而是因为它突出地表明了一切"经济派"的基本错误，即认为可以**从所谓工人经济斗争内部**发展工人的阶级政治意识，也就是认为，仅仅（或哪怕主要是）从经济斗争出发，仅仅（或哪怕主要是）在经济斗争的基础上，就可以发展工人的阶级政治意识。这种看法是根本错误的。正因为"经济派"对我们同他们进行论战很生气，不愿仔细想一想意见分歧的由来，结果就使我们简直互不了解，各讲各的话。

　　阶级政治意识**只能从外面灌输给工人**，即只能从经济斗争外面，从工人同厂主的关系范围外面灌输给工人。只有从**一切**阶级和阶层同国家和政府的关系方面，只有从**一切**阶级的相互关系方面，才能汲取到这种知识。所以，对于怎么办才能向工人灌输政治知识这个问题，决不能只是作出往往可以使实际工作者，尤其是那些倾心于"经济主义"的实际工作者满意的那种回答，即所谓"到工人中去"。为了向**工人灌输政治知识**，社会民主党人应当**到居民的一切阶级中去**，应当派出自己的队伍分赴**各个方面**。

我们故意选择这样一个尖锐的说法,故意说得这样简单生硬,并不是因为我们想标新立异,而是为了要"经济派"好好"碰一碰"他们不可饶恕地忽视的任务,"碰一碰"他们不愿了解的工联主义政治和社会民主主义政治之间的区别。所以,请读者不要着急,仔细地把我们的话听完。

就拿近年来最盛行的那种社会民主党人小组为例,来考察一下它的工作吧。这种小组"同工人有联系"并对此心满意足,它只是印发传单来抨击工厂里的胡作非为现象,抨击政府对资本家的祖护行为和警察的暴行;在会议上同工人谈话往往不超出或者几乎不超出这一类题目的范围;对于革命运动史、我国政府对内对外政策问题、俄国和欧洲的经济演进问题以及现代社会中各个阶级的地位等等问题,极少作报告和举行座谈;至于有系统地取得并扩大同社会上其他阶级的联系的问题,谁也不去考虑。实际上,这种小组成员心目中的理想人物,多半像是工联书记,而不像是社会党人——政治领袖。要知道,任何一个工联书记,例如英国的工联书记,总是帮助工人进行经济斗争,组织对工厂的揭露,说明那些限制罢工自由、限制设纠察哨(为的是告诉大家该厂工人已经罢工)的自由的法律和措施是不公正的,说明那些属于资产阶级的仲裁人祖护一方,等等。总之,任何一个工联书记,都是搞并且帮助搞"同厂主和政府作经济斗争"的。因此,我们应当始终坚持说:**这还不是社会民主主义**;社会民主党人的理想不应当是工联书记,而应当是**人民的代言人**,他们要善于对所有一切专横和压迫的现象作出反应,不管这种现象发生在什么地方,涉及哪一个阶层或哪一个阶级;他们要善于把所有这些现象综合成为一幅警察暴行和资本主义剥削的图画;他们要善于利用每一件小事来**向大家**说明自己的社会主义信念和自己的民主主义要求,**向大家**解释无产阶级解放斗争

的世界历史意义。例如,你们可以把罗伯特·奈特(英国最强大的
工联之一——锅炉工人联合会著名的书记和领袖)和威廉·李卜克
内西这样两位活动家比较一下,可以试一试把马尔丁诺夫形容自己
和《火星报》的意见分歧时用的那些对比的词句应用到他们身上去。
你们就会看到(下面我就来摘录马尔丁诺夫的文章):罗·奈特多半
是"号召群众去采取某些具体行动"(第 39 页),而威·李卜克内西
则较多的是"用革命精神来说明整个现存制度或其局部表现"(第
38—39 页);罗·奈特"规定了无产阶级的当前要求而且指出了实
现这些要求的手段"(第 41 页),而威·李卜克内西虽然也在这样
做,但是并不放弃"同时领导各个反政府阶层的积极行动","向他们
提出积极的行动纲领"①(第 41 页);罗·奈特正是努力于"尽量赋
予经济斗争本身以政治性质"(第 42 页),而且极其善于"向政府提
出能产生某些显著结果的具体要求"(第 43 页),而威·李卜克内西
则多半致力于"片面的""揭露"(第 40 页);罗·奈特侧重于"平凡
的日常斗争进程"(第 61 页),而威·李卜克内西则侧重于"宣传光
辉的完备的思想"(第 61 页);威·李卜克内西把自己所领导的报纸
办成了"革命反对派的机关报,它揭露我国的制度,主要是政治制
度,因为它们是同各个不同的居民阶层的利益相抵触的"(第 63
页),而罗·奈特则"在同无产阶级斗争保持密切的有机联系的条件
下为工人的事业努力"(第 63 页)——如果这里所谓保持"密切的有
机联系",就是我们上面通过克里切夫斯基和马尔丁诺夫的例子研
究过的那种对自发性的崇拜——并且"缩小了自己的影响的范围",
他当然也和马尔丁诺夫一样,深信自己"因而就使这种影响复杂化

①　例如李卜克内西在普法战争时提出了**整个民主派的**行动纲领,而 1848 年时马克思
　　和恩格斯在这方面做得更多。

了"(第63页)。总之,你们会看到,实际上马尔丁诺夫是把社会民主主义降低为工联主义,当然,他这样做决不是因为他不愿意社会民主党好,而只是因为他没有下功夫去理解普列汉诺夫的意见,却有些急于去深化普列汉诺夫的意见。

让我们言归正传吧。我们已经讲过,社会民主党人如果不只是口头上主张必须全面发展无产阶级的政治意识,那就应当"到居民的一切阶级中去"。于是就产生了这样一些问题:怎样才能做到这一点呢? 我们有没有力量做到这一点呢? 有没有在其他一切阶级中进行这种工作的基础呢? 这是不是意味着放弃或者导致放弃阶级观点呢? 现在我们来谈谈这些问题。

我们应当既以理论家的身份,又以宣传员的身份,既以鼓动员的身份,又以组织者的身份"到居民的一切阶级中去"。社会民主党人的理论工作应当研究各个阶级的社会地位和政治地位的一切特点,这是谁也不怀疑的。但是这方面的工作还做得很少很少,同研究工厂生活特点的工作相比,未免太不相称了。在各个委员会和小组中你们可以看到,有一些人甚至埋头于专门了解某一炼铁生产部门的情况,但是你们几乎找不到例子,说明这些组织的成员(往往因为某种原因而不得不脱离实际工作)在专门收集我国社会生活和政治生活中的某种迫切问题的材料,而这种问题可以作为社会民主党人在其他居民阶层中进行工作的依据。当我们说到现在大多数工人运动的领导人缺乏修养时,也不能不提到这方面的修养问题,因为这也是和"同无产阶级斗争保持密切的有机联系"的"经济主义"见解有联系的。但主要的任务当然是要在一切人民阶层中进行**宣传**和**鼓动**。西欧社会民主党人容易执行这种任务,因为那里有各种群众集会,**凡是**愿意参加的人都可以参加;那里有议会,社会民主党人可以对**一切**阶级的代表讲话。我国既没有议会,又没有集会自由,但我们还是善于把那些愿意听**社会民主党人**讲话的工人召集起来开会。我们也应当善于把居民一切阶级中那些即使只愿意听**民主主义者**讲话的人召集起来开会。因为谁在实际上忘记"共产党人支持一切革命运动"①,忘记我们因此也就应当**向全体人民**说明和强调**一般民主主义任务**,同时一分钟也不隐瞒自己的社会主义信念,那他就不是社会民主党人。谁在实际上忘记社会民主党人在提出、加剧和解决**任何**一般民主主义问题方面有责任走在**大家前头**,那他就不是社会民主党人。

没有耐心的读者会插嘴道:"这是大家全都同意的!"而联合会最近一次代表大会所通过的给《工人事业》杂志编辑部的新指示中也直接说到,"社会生活和政治生活中或者直接涉及无产阶级这一独特阶级,或者涉及无产阶级这一作为**一切争取自由的革命势力的先锋队**的一切现象和事件,都应当利用来进行政治宣传和政治鼓动"(《两个代表大会》第17页;黑体是我们用的)。是的,这些话说得很正确而且说得很好;假使《工人事业》杂志**懂得**这些话的意思,**假使在这些话之外它不说相反的话**,那我们就会很满意了。要知道,只是自称为"先锋队",自称为先进部队是不够的,还要做得使其余**一切**部队都能看到并且不能不承认我们是走在前面。所以,我们要问问读者:难道其余各"部队"的人都是些傻瓜,竟会单凭我们说是"先锋队"就相信我们吗? 不妨具体设想一下这样一种情况。假定有一个社会民主党人忽然跑到俄国有教养的激进派或自由主义立宪派的"队伍"中去说:我们是先锋队,"现在摆在我们面前的任务是要尽量赋予经济斗争本身以政治性质"。那么一个多少有点头脑的激进派或立宪派(在俄国激进派和立宪派中间有头脑的人是很多

---

① 参看《马克思恩格斯文集》2009年人民出版社版第2卷第66页。——编者注

的)听了这种话,只会微微一笑,并说(当然只是自言自语,因为他们往往是有经验的外交家):"瞧,这个'先锋队'可真傻! 他甚至不了解,赋予工人经济斗争**本身**以政治性质是我们的任务,是资产阶级民主派中的先进分子的任务。要知道,我们也像西欧一切资产者一样要使工人卷入政治,**不过只是工联主义的政治,而不是社会民主主义的政治**。工人阶级的工联主义政治也就是工人阶级的**资产阶级政治**。而这个'先锋队'对自己的任务的提法正是工联主义政治的提法! 因此,甚至就让他们随便把自己叫做社会民主党人吧。说实在的,我又不是小孩子,决不会为了招牌发急! 只要他们不受那帮可恶的正统教条主义者的诱惑,只要他们能给那些不自觉地把社会民主党拖到工联主义轨道上去的人留下'批评自由'就行了!"

我们的这位立宪派一旦知道,那些空谈社会民主党是先锋队的社会民主党人在我们的运动几乎完全由自发性所统治的今天,还最害怕"轻视自发因素",最害怕"轻视平凡的日常斗争进程而偏重宣传光辉的完备的思想"等等,他就会由微笑变为哈哈大笑了! 一个"先进"部队居然害怕自觉性超过自发性,居然害怕提出一个使思想不同的人也不得不公认的大胆"计划"! 莫非是他们把先锋队和后卫队这两个词搞混了吧?

的确,请你们考虑一下马尔丁诺夫的下面这段议论吧。他在第40页上说,《火星报》的揭露策略是片面的,"不管我们怎样散布对政府不信任和仇恨的种子,但如果不能发展足够的积极的能去推翻政府的社会力量,我们就不能达到目的"。顺便说说,这也还是我们熟悉的关心提高群众的积极性而同时却力求降低自己的积极性的老调。但是现在问题不在这里。马尔丁诺夫在这里当然是指**革命**力量("推翻"政府的力量)。但他所得出的结论又是怎样的呢? 既然在平时,各社会阶层必然是各行其是,"所以很清楚,我们社会民主党人当然不能同时领导各个反政府阶层的积极行动,不能向他们提出积极的行动纲领,不能替他们指明应当用哪种方法来经常为本身的利益而斗争……　自由派阶层自己会设法为自己的当前利益进行积极的斗争,而这种斗争就会使他们直接接触到我国的政治制度"(第41页)。由此可见,马尔丁诺夫开始说的是革命力量,是进行积极斗争来推翻专制制度,但马上就扯到工会的力量上来,扯到为当前的利益而进行积极的斗争上来了!当然,我们不能领导学生、自由派及其他人为他们的"当前利益"而斗争,但是,最可敬的"经济派",我们说的并不是这个问题!我们说的是各社会阶层可能参加而且必须参加推翻专制制度的问题;而对**这种**"各个反政府阶层的积极行动",如果我们想做"先锋队",就不仅**能够**领导并且一定要领导。至于使我国学生、我国自由派及其他人"直接接触到我国的政治制度",那么不仅他们自己会设法做到这一点,而且警察本身和专制政府的官吏本身就会首先最努力地设法做到这一点。而"我们",如果想做先进的民主主义者,就应当设法使那些只对大学现状或者只对地方自治机关[62]现状等等表示不满的人**碰到**整个政治制度不中用的问题。**我们**应当担负起组织这种在**我们**党的领导下进行全面政治斗争的任务,使各种各样的反政府阶层都能尽力帮助并且确实尽力帮助这个斗争和这个党。**我们**应当把社会民主党的实际工作者培养成政治领袖,既善于领导这种全面斗争的一切表现形式,又善于在必要时向激动的学生、不满的地方自治人士、愤怒的教派信徒和受委屈的国民学校教师以及其他各种人"提出积极的行动纲领"。所以马尔丁诺夫所说的"对于这些人,我们**只能**起一种揭露现存制度的**消极**作用……　我们**只能**打消他们对各种政府委员会的种种希望"(黑体是我们用的),**是完全不正确的**。马尔丁诺夫这样说,就证

明他对革命"先锋队"的真正作用问题**一窍不通**。如果读者注意
到这一点,那就会懂得马尔丁诺夫所说的下面几句结束语的**真正
含义**了:"《火星报》是革命反对派的机关报,它揭露我国的制度,主
要是政治制度,因为它们是同各个不同的居民阶层的利益相抵触
的。而我们现在和将来都要在同无产阶级斗争保持密切的有机联
系的条件下为工人的事业努力。我们缩小了自己的影响范围,因而
就使这种影响复杂化了。"(第 63 页)这个结论的真正含义就是:《火
星报》想把工人阶级的工联主义政治(我们的实际工作者由于误解
和缺乏修养,或者由于信念而往往局限于这种政治)**提高**为社会民
主主义政治。而《工人事业》杂志则想把社会民主主义政治**降低**为
工联主义政治。并且它还硬要大家相信,这是"在共同事业中完全
可以相容的两种立场"(第 63 页)。啊,多么纯朴天真啊!

我们再讲下去吧。我们有没有力量到居民的**一切**阶级中去进
行自己的宣传和鼓动呢? 当然是有的。我们的"经济派"常常想否
认这一点,而忽略我们的运动从 1894 年(大致说来)到 1901 年间所
获得的巨大进步。他们是十足的"尾巴主义者",往往还保持着运动
开始时那个早已过去的时期的观念。当时我们的力量确实非常小,
当时理所当然地决意只在工人中进行工作并严厉斥责离开这项工
作的一切偏向;当时全部任务就是要使自己在工人阶级中站住脚。
现在则已经有巨大的力量加入到运动中来,有教养阶级的年青一代
的一切优秀分子都走到我们方面来,在外省各地都有许多参加了运
动或者愿意参加运动的人,有许多倾向于社会民主党的人,不得不
待在那里(在 1894 年,俄国的社会民主党人是屈指可数的)。我们
的运动在政治上和组织上的基本缺点之一,就是我们还**不善于**运用
所有这些力量,还**不善于**给所有的人以适当的工作(关于这一点,我
们在下一章里还要详细谈到)。这些力量绝大多数都完全没有机会

"到工人中去",所以根本就谈不到什么会使力量离开我们的基本事业的危险。但是要供给工人真正的、全面的和生动的政治知识,就需要在一切地方,在一切社会阶层中,在能够了解我国国家机构内幕的各种阵地上都有"自己的人",即社会民主党人。这样的人不仅在宣传和鼓动方面需要,在组织方面尤其需要。

有没有在居民的一切阶级中进行工作的基础呢?谁看不见这一点,那就说明他自己的觉悟又落后于群众的自发高潮了。工人运动已经促使并且还在促使一部分人产生不满情绪,促使另一部分人指望反政府态度会得到支持,促使第三部分人认识到专制制度无法维持下去和必然崩溃。如果我们不了解我们自己的任务是要利用各种各样不满的表现,是要把所有零星的哪怕是刚露头的抗议聚集起来并且加以引导,那我们就会只是口头上的"政治家"和口头上的社会民主党人(实际上这种情况是很多很多的)。更不用说,千百万劳动农民、家庭手工业者和小手工业者等等总是渴望听到较有才干的社会民主党人的宣讲的。但是,难道可以指出,在居民的某一个阶级中,没有一些人、集团和小组,对无权地位和专横暴虐感到不满,因而容易领会代表最迫切的一般民主主义要求的社会民主党人的宣讲吗?谁想具体了解社会民主党人在居民的**一切**阶级和阶层中进行的这种政治鼓动,我们就要向他指出,广义的**政治揭露**就是这种鼓动的主要的(当然不是唯一的)手段。

我在《从何着手?》一文(1901年5月《火星报》第4号)中写道(关于这篇文章,我们以后还要详细谈到):"我们应当在一切稍有觉悟的人民阶层中激起进行**政治揭露**的热情。不必因为目前政治揭露的呼声还显得无力、稀少和怯懦而感到不安。其所以如此,并不是因为大家都容忍警察的专横暴虐,而是因为那些能够并且愿意进行揭露的人还没有一个说话的讲坛,还没有热心听讲并且给讲演人以鼓舞的听众;他们在人民中间还完全看不到那种值得向它控诉'至高无上的'俄国政府的力量……　现在我们已经能够并且应当建立一个全民的揭露沙皇政府的讲坛;——社会民主党的报纸就应当是这样的讲坛。"①

工人阶级正是政治揭露的理想听众,因为他们首先需要而且最需要全面的和生动的政治知识,因为他们最能把这种知识变成积极的斗争,哪怕这种斗争不能产生任何"显著结果"。而能够成为**全民的**揭露的讲坛的,只有全俄报纸。"没有政治机关报,在现代欧洲就不能有配称为政治运动的运动",而俄国在这一点上无疑也是应当归入现代欧洲的。报刊在我国早已成了一种力量,否则政府就不会拿成千上万的卢布来收买它,来津贴形形色色的卡特柯夫之流和美舍尔斯基之流了。秘密报刊冲破书报检查的重重封锁,**迫使**那些合法的和保守的机关报来公开地谈论它,这在专制的俄国已不是什么新鲜的事了。在70年代,甚至在50年代已经有过这样的事情。但是,愿意阅读秘密报刊,愿意从中学习"怎样活和怎样死"——一个工人给《火星报》(第7号)的信上的话[197]——的人民阶层,现在在广度和深度上都超过过去若干倍。正如经济揭露是向厂主宣战一样,政治揭露就是向**政府**宣战。这种揭露运动愈广泛和愈有力,**为了开战而宣战**的那个社会**阶级**的人数愈多和愈坚决,这种宣战所起的精神作用也就愈大。因此,政治揭露本身就是**瓦解**敌人制度的一种强有力的手段,就是把敌人的那些偶然的或暂时的同盟者引开的一种手段,就是在专制政权的那些固定参与者中间散布仇恨和猜忌的一种手段。

现在,只有**把真正全民的**揭露工作**组织起来**的党,才能成为革

---

① 参看《列宁全集》第2版第5卷第7—8页。——编者注

命力量的先锋队。"全民的"这个词含有很丰富的内容。绝大多数非工人阶级出身的揭露者(而为了要做先锋队,就应当吸引别的阶级),都是清醒的政治家和冷静的实干者。他们清楚地知道,甚至"控诉"小官吏都不免有危险,更不要说"控诉""至高无上的"俄国政府了。所以,只有在看到向我们控诉真能发生作用,看到我们是一种**政治力量**的时候,他们才会来**向我们**控诉。我们要想在旁人眼里表现为这样一种力量,就要不断地大力**提高**我们的自觉性、首创精神和毅力;而要做到这一点,只是给后卫队的理论和实践挂上一块"先锋队"的招牌是不够的。

狂热地崇拜"同无产阶级斗争保持密切的有机联系"的人一定会质问并且已经在质问我们:既然我们应当负责组织真正全民的揭露政府的工作,那么我们运动的阶级性质又表现在什么地方呢?这就表现在这种全民的揭露工作正是由我们社会民主党人来组织的;就表现在进行鼓动时所提出的一切问题始终都要以社会民主主义的精神来加以说明,而决不宽容任何有意或无意地歪曲马克思主义的现象;就表现在进行这种全面的政治鼓动的党把下述各种活动结合成一个不可分的整体:以全体人民的名义向政府施加压力,用革命精神教育无产阶级并保持无产阶级的政治独立性,领导工人阶级的经济斗争,利用工人阶级和剥削者之间自发产生的冲突来把无产阶级中一批又一批的阶层激发起来并吸引到我们的阵营中来!

"经济主义"的最明显的特点之一,就是不了解无产阶级最迫切的要求(从政治鼓动和政治揭露中获得全面的政治教育)同一般民主主义运动的要求是相联系的,甚至是相吻合的。而这种不了解不仅表现于"马尔丁诺夫式的"词句,并且还表现于意思与这些词句相同的那种援引所谓阶级观点的论调。例如,请看《火星

报》第 12 号上发表的那封"经济派的"来信①的作者们关于这一点
是怎样说的吧:"《火星报》的这个主要缺点〈夸大意识形态的作用〉
也就是它在社会民主党对待各社会阶级和派别的态度这个问题上
前后不一致的原因。《火星报》根据理论的推理〈而不是根据"党的
任务随着党的发展而增长……"〉,提出关于立即转入反对专制制度
的斗争的任务,但是它大概也感觉到,在目前情况下完成这个任务
对于工人来说是十分困难的〈不仅感觉到,而且很清楚地知道:工人
觉得这个任务并不像那些照看小孩子的"经济派"知识分子所想象
的那样困难,因为工人甚至决定为那些——用大名鼎鼎的马尔丁诺
夫的语言来说——并不能产生什么"显著结果"的要求而战斗〉,而
它又没有耐心等待工人继续积蓄力量来进行这一斗争,所以就开始
到自由派和知识分子中间去寻找同盟者……"

　　是的,我们的确是已经没有任何"耐心""等待"一切"调和
者"早就答应赐给我们的那个幸福时刻,那时我们的"经济派"将
不再把**自己的**落后性推卸到工人身上,不再用什么工人力量不足
的话来为自己缺乏毅力辩护了。我们要问问我们的"经济派":
"工人积蓄力量来进行这一斗争"究竟是怎么一回事呢? 就是在
政治上教育工人,向他们彻底揭露我国万恶的专制制度的**一切**方
面,这不是很明显的吗? **正是为了这项工作**,我们才需要有"自由
派和知识分子中间的同盟者",需要这些决心同我们一起去揭露
当局在政治上对地方自治人士、教师、统计人员和学生等等进攻的

---

① 当时限于篇幅,我们不能在《火星报》上对这封最充分地反映"经济派"观点的信作
出详尽的回答。这封信的出现使我们非常高兴,因为责备《火星报》不坚持阶级观
点的流言早已从各个不同的方面传到我们这儿来了,而我们只是要寻找适当时机
或在这种流行的责备正式出现时给以答复。但在回答攻击的时候,我们惯用的方
法不是防御,而是反击。

同盟者,这不是很清楚的吗?难道这真是一种什么难以理解的非常"巧妙的把戏"吗?难道帕·波·阿克雪里罗得不是从 1897 年起就已经向你们反复说明,"俄国社会民主党人在非无产阶级中争取拥护者以及直接或间接的同盟者这个任务,首先而且主要取决于在无产阶级队伍本身中的宣传工作的性质"①吗?而马尔丁诺夫之流及其他"经济派"仍然认为,**起初工人应当用"同厂主和政府作经济斗争"的方法积蓄力量**(来实行工联主义的政治),**然后才**"过渡到"——大概是从工联主义的"培养积极性""过渡到"社会民主主义的积极性!

"经济派"继续说道:"……《火星报》在寻找同盟者的时候,它常常离开阶级观点,掩饰阶级矛盾,把对政府不满这一共同点放在第一位,尽管各种'同盟者'产生这种不满的原因和不满的程度是很不相同的。如《火星报》对地方自治机关的态度就是这样……"《火星报》似乎"答应给不满足于政府的小恩小惠的贵族以工人阶级的援助,而只字不提这些居民阶层之间的阶级纷争"。读者只要看一看《火星报》第 2 号和第 4 号上标题为《专制制度和地方自治机关》的两篇文章198(该信作者们所指的**想必**就是这两篇文章),就可以看到这些文章②所谈的,是**政府**对"等级官僚制地方自治机关的温和鼓动",对"即使是有产阶级的主动性"所持的态度。文章中说,工人对政府反对地方自治机关的斗争决不能漠不关心,同时号召地方自治人士在革命的社会民主党挺身而出反对政府的时候,抛弃温和的言词而发表强硬和激烈的言论。该信作者们所

---

① 帕·波·阿克雪里罗得《论俄国社会民主党人的当前任务和策略问题》1898 年日内瓦俄文版第 16—17 页。——编者注
② **在**这两篇文章**之间**(在《火星报》第 3 号上)还登了一篇专论我国农村中的阶级对抗的文章。(见《列宁全集》第 2 版第 4 卷第 379—386 页。——编者注)

不同意的究竟是什么呢？——不得而知。他们是不是以为工人"理解不了""有产阶级"和"等级官僚制地方自治机关"这些字眼呢？是不是以为**推动**地方自治人士抛弃温和的言词而发表激烈的言论，就是"夸大意识形态的作用"呢？他们是不是认为工人**即使**不知道专制政府对地方自治机关所持的态度，也能"积蓄力量"去同专制政府作斗争呢？所有这些还是不得而知。清楚的只有一点，就是该信的作者们对社会民主党的政治任务的认识是很模糊的。这一点从下面他们所说的话中可以更清楚地看出来："《火星报》对学生运动的态度也是这样"（就是说，也是"掩饰阶级对抗"）。我们大概不应当号召工人用公开的游行示威来表明，暴虐、专横、胡作非为的真正策源地不是学生而是俄国政府（《火星报》第 2 号①），反倒应当刊载《工人思想报》式的议论！这种意见竟然是社会民主党人在 1901 年秋天，在二三月事件之后，在新的学潮的前夜发表的，而新的学潮表明，在这方面发生的反抗专制制度的"自发性"也**超过**了社会民主党对运动的自觉领导。工人为那些惨遭警察和哥萨克毒打的学生鸣不平的自发趋势，超过了社会民主党组织的自觉活动！

该信的作者们继续说道："然而在其他一些文章中，《火星报》却又尖锐地斥责一切妥协，比如说，替盖得派的偏激行为辩护。"有人在评论现代社会民主党人中的意见分歧时总是极端自信而轻率地说什么这些意见分歧并不重要，并不能成为分裂的理由，我们劝这些人仔细想想以上这些话的意思吧。有一种人说我们在说明专制制度同各个不同的阶级相敌对方面，在使工人认识各个不同的阶层对专制制度所持的反对态度方面，工作还做得非常少，而另

---

① 见《列宁全集》第 2 版第 4 卷第 346—351 页。——编者注

外有一种人却认为做这个工作就是"妥协",显然是向"同厂主和政府作经济斗争"这种理论妥协,——试问这两种人能否在同一个组织内顺利地进行工作呢?

我们在谈到农民解放四十周年时说过必须到农村去开展阶级斗争(第3号①),而在谈到维特秘密记事的时候说过自治制度和专制制度根本不能相容(第4号);我们在谈到新法令的时候抨击了土地占有者以及替土地占有者服务的政府所实行的农奴制(第8号②),而对不合法的地方自治人士代表大会表示欢迎,鼓励地方自治人士抛弃卑躬屈膝的请愿运动而去进行斗争(第8号③);我们鼓励了那些已经开始了解必须进行政治斗争并且已经转而进行政治斗争的学生(第3号),同时又斥责了那些主张"纯粹学生"运动而劝学生不要参加街头游行示威的人所表现的"惊人的无知"(第3号,评2月25日莫斯科大学生执行委员会宣言);我们揭露了《俄国报》[199]中那些狡猾的自由派的"毫无意义的幻想"和"伪善的态度"(第5号),同时又指出了政府刑讯室"对安分守己的作家、对老教授和学者以及对著名的自由派地方自治人士横加摧残"的暴行(第5号,《警察对著作界的袭击》一文)[200];我们揭穿了"国家对改善工人生活的关心"这一纲领的真正用意,而对所谓"与其等待从下面提出改革要求,不如先从上面实行改革来防止这种要求"的"宝贵的招供"表示欢迎(第6号④);我们鼓励了表示反抗的统计人员(第7号)而斥责了甘当工贼的统计人员(第9号)[201]。谁把这个策略看做是抹杀无产阶级的阶级意识,看做

---

① 见《列宁全集》第2版第4卷第379—386页。——编者注
② 见《列宁全集》第2版第5卷第77—81页。——编者注
③ 同上书,第82—83页。——编者注
④ 同上书,第70页。——编者注

是**同自由主义妥协**,那也就暴露出他自己完全不懂《信条》这个纲领的真正意义,并且实际上**实行的正是这个纲领**,而不管他怎样表示拒绝这个纲领! 因为他**这样**就是把社会民主党拉来"**同厂主和政府作经济斗争**",**屈从于自由主义**,而放弃积极干预**每个**"自由主义"问题和确定社会民主党**自己**对这个问题的态度的任务。

## (六) 又是"诽谤者",又是"捏造者"

读者记得,这两个动听的字眼是《工人事业》杂志在我们责备它"为使工人运动变为资产阶级民主派的工具间接准备基础"时用来回敬我们的。《工人事业》杂志由于头脑简单,竟认为这种责备不过是论战手法,说什么这些凶恶的教条主义者决意用各种各样最难听的话来骂他们。的确,还有什么比做资产阶级民主派的工具更难听的呢? 于是他们就用黑体字来刊登"反驳",说这是"露骨的诽谤"(《两个代表大会》第30页)、"捏造"(第31页)、"故弄玄虚"(第33页)。《工人事业》杂志倒像丘必特[106]一样(虽然它还不大像丘必特),它所以发怒,正是因为它自己错了;它气急败坏地谩骂,恰巧证明它自己没有仔细思考对方思维过程的能力。其实,只要稍微思考一下,就可以了解,为什么**任何**崇拜群众运动的自发性的行为,**任何**把社会民主主义政治降低为工联主义政治的行为,都是为使工人运动变为资产阶级民主派的工具准备基础。自发的工人运动本身只能造成(而且必然造成)工联主义,而工人阶级的工联主义政治也就是工人阶级的资产阶级政治。工人阶级参加政治斗争,甚至参加政治革命,还丝毫不能使它的政治成为社会民主主义政治。《工人事业》杂志是否打算否认这一点呢? 它是否打算最终在大家面前公开地直截了当地说出自己对国际社会民主党和俄国社会民主党的迫切问题的见解呢？不，它从来没有这样打算过，因为它坚决采取一种可以说是"一味抵赖"的手法。我不是我，马不是我的，我不是马车夫。我们不是"经济派"，《工人思想报》不是"经济主义"，俄国根本就没有什么"经济主义"。这是一种十分巧妙和"机灵的"手法，不过这样做也有一点令人不快的地方，就是凡采取这种手法的机关报，人们通常都给它一个"有何吩咐？"[202]的雅号。

在《工人事业》杂志看来，资产阶级民主派在俄国根本就是一种"幻影"（《两个代表大会》第32页）①。这些人真是有福气！他们好像鸵鸟一样，把脑袋藏在翅膀底下，就以为周围的一切都消失了。有许多自由派政论家，他们每月都要向大家唱一次凯歌，说马克思主义垮台了，甚至消灭了；有许多自由派报纸（如《圣彼得堡新闻》[203]、《俄罗斯新闻》[204]及其他许多报纸），它们鼓励自由派把布伦坦诺式的阶级斗争观[205]和工联主义的政治观传授给工人；有一大批批评马克思主义的批评家，他们的真实倾向已经由《信条》非常明显地表现出来，只有他们写出来的货色才能在全俄到处畅销，通行无阻；非社会民主党的革命派别已经活跃起来，在二三月事件之后尤其如此，——所有这些大概都是一种幻影吧！所有这些都同资产阶级民主派毫不相干吧！

《工人事业》杂志以及发表于《火星报》第12号上的那封"经济派"来信的作者们应当"好好想一想，为什么这次春季事件没有使社会民主党的威信和声望提高，反而使非社会民主党的革命派

---

① 这里他们又是以"俄国的具体条件必然推动工人运动走上革命道路"作为论据。他们不愿意了解：工人运动的革命道路也还可能是非社会民主主义的道路！整个西欧资产阶级在专制制度下都"推动过"，都自觉地推动过工人走上革命道路。但我们社会民主党人却不能以此为满足。而且，我们不管是用什么方式把社会民主主义的政治降低为自发的工联主义的政治，我们也就正是帮助了资产阶级民主派。

别这样活跃起来了呢?"——这是因为我们没有完成自己的使命,工人群众的积极性超过了我们的积极性,我们缺乏有足够修养的革命领导者和组织者,即熟悉各个反政府阶层的情绪,善于领导运动,善于变自发游行示威为政治游行示威,善于加强游行示威的政治性等等的领导者和组织者。在这种情况下,我们的落后性也就必然会被那些比较活跃和比较积极的非社会民主党人的革命者所利用,而工人无论怎样奋不顾身积极地同军警搏斗,无论采取怎样革命的行动,他们终究只会成为支持这些革命者的力量,成为资产阶级民主派的后卫队,而不会成为社会民主主义的先锋队。就拿我们的"经济派"只想仿效其弱点的德国社会民主党来说吧。在德国,**没有一次政治事件不是使社会民主党的威信和声望愈来愈高的**,这是为什么呢? 这是因为社会民主党总是走在大家的前面,用最革命的态度来估计这种事件,支持一切对专横暴虐的抗议。它不用所谓经济斗争一定会使工人碰到他们无权的问题,具体条件必然推动工人运动走上革命道路等等的议论来安慰自己。它干预社会生活和政治生活的一切领域和一切问题,例如关于威廉不批准资产阶级进步党人当市长的问题(我们的"经济派"还没有来得及开导德国人,说这其实就是同自由主义妥协!),关于颁布法令禁止"淫秽"书籍和画册的问题,关于政府对教授人选施加影响的问题以及其他等等问题。他们处处都走在大家的前面,在一切阶级中间激发政治上的不满,唤醒沉睡者,鼓励落后者,提供各方面的材料来提高无产阶级的政治意识和政治积极性。结果,甚至那些社会主义的死敌也不得不对这个先进的政治战士深表敬意;因而,不仅是资产阶级方面的重要文件,甚至官僚和宫廷方面的重要文件,不知怎么也往往会奇迹般地落到《前进报》编辑部的手里。

这就是对于那种似是而非的"矛盾"的解答,这种"矛盾"大大越过了《工人事业》杂志的理解力,以至它只好高举双手喊道:"故弄玄虚"!的确,你们想想看,我们《工人事业》杂志**最重视的是群众性的**工人运动(并且这些我们都是用黑体字刊印的!),我们警告大家不要轻视自发因素的意义,我们想赋予经济斗争本身,**本身,本身**以政治性质,我们想同无产阶级斗争保持密切的有机联系!可是有人说我们是在为使工人运动变为资产阶级民主派的工具准备基础。究竟是谁在这样说呢?原来就是那些同自由主义"妥协",干预每一个"自由主义的"问题(这是多么不了解"同无产阶级的斗争的有机联系"啊!),对于大学生,甚至(这还了得!)对于地方自治人士也十分注意的人!原来就是那些总想要多花些力量(同"经济派"相比)到各个非无产阶级的阶级中去进行工作的人!这不是"故弄玄虚"是什么??

可怜的《工人事业》杂志!它能有一天搞明白这个巧妙的把戏吗?

# 四

# 经济派的手工业方式和革命家的组织

我们上面已把《工人事业》杂志说经济斗争是政治鼓动的最普遍适用的手段,说我们目前的任务是赋予经济斗争本身以政治性质等等论调,都一一分析过了。这些论调表明,它们不仅对我们的政治任务,而且对我们的**组织**任务都持有狭隘的见解。为了"同厂主和政府作经济斗争",完全不需要有(因而在这种斗争的基础上也不可能产生)一个全俄的集中的组织,即一个能把政治上的反政府态度、抗议和义愤的各种各样的表现都汇合成一个总攻击的组织,一个由职业革命家组成而由全体人民的真正的政治领袖们领导的组织。这是不言而喻的。任何一个机构的组织,其性质自然而且必然取决于这一机构的活动内容。因此,《工人事业》杂志的上述论调,不仅把政治活动的狭隘性,而且也把组织工作的狭隘性神圣化和合法化了。在这个问题上,《工人事业》杂志一如既往,是一个自觉性屈服于自发性的刊物。而崇拜自发形成的组织形式,不了解我们的组织工作多么狭隘和原始,不了解我们在这一重要方面还是怎样的一些"手工业者",在我看来,这就是我们运动的真正病症。当然,这不是衰落中的病症,而是成长中的病症。但正是在目前,在自发义愤的浪潮简直要把我们这些运动的领导者和组织者淹没时,特别需要同一切维护落后性的主张,同一切想把这方面的狭隘性合法化的企图进行最不调和的斗争,特别需要促使每一个参加实际工作或仅仅准备进行这种工作的人都对现在我们中间盛行的**手工业方式**感到不满,并且下最大的决心抛弃它。

## (一) 什么是手工业方式?

为了回答这个问题,我们可以拿1894—1901年间的一个典型的社会民主党人小组的活动片断来作例子。我们已经讲过,当时的青年学生普遍倾心于马克思主义。自然,他们这样倾心并不仅仅是把马克思主义当做一种理论,甚至与其说是把马克思主义当做理论,不如说是把它当做对于"怎么办?"这一问题的回答,当做向敌人进攻的号召。于是,这些新战士就在装备和训练极差的情况下进军了。在很多场合,他们几乎没有任何装备,没有丝毫训练。他们像种地的庄稼汉那样,只操起一根木棒就去作战。这个学生小组同运动中的老的活动家们毫无联系,同其他地方的甚至本城其他地区(或其他学校)的小组也毫无联系,丝毫没有把革命工作的各个部分组织起来,根本没有一个较为长期而有步骤的活动计划,就去同工人建立联系,着手工作起来。这个小组逐步地开展了愈来愈广泛的宣传和鼓动,以自己的行动博得了相当广泛的工人阶层的同情,博得了有教养社会的一部分人的同情,他们捐出一些金钱,并且把一批又一批的青年交给"委员会"支配。委员会(或斗争协会)的感召力增长了,它的活动范围扩大了,但它扩大这种活动完全是自发的:那些一年或几个月以前在学生小组中讲过话和解决过"往何处去?"的问题的人,那些同工人建立并保持联系和印发过传单的人,现在已同其他革命家团体建立联系,设法取得书刊,着手出版地方报纸,开始讲到举行游行示威,最后转向公开的军事行动(而且第一张鼓动传单、第一号报纸或者第一次游行示威,在不同情况下,都可以成为这种公开的军事行动)。通常是这种行动一开始,立刻就会遭到彻底的失败。其所以会立刻遭到彻底的失败,是因为这些军事行动并不是有步骤的、事先考虑好的和逐步准备的一种长期的坚决斗争的计划的结果,而只是按老一套进行的那种小组工作的自发进展;是因为警察局自然差不多总是知道所有那些领导本地运动的、在学生时代已"初露头角的"主要人物,它只是等待对它最合适的时机来围捕他们,而故意让小组充分发展和扩大,以便获得明显的犯罪构成,并且总是故意把自己所知道的几个人留下来"繁殖"(据我所知,我们的人和宪兵都使用这个术语)。我们不能不把这种战争比做一群农民操起木棒去进攻现代的军队。而令人惊奇的是,运动富有生命力,尽管作战的人这样毫无训练,但运动还是扩大起来,发展起来,并且往往获得胜利。固然,从历史的观点来看,装备的简陋在开始的时候不仅是不可避免的,**甚至是理所当然的**,因为这是广泛地吸收战士的条件之一。

但是,重大的军事行动一旦开始(这种行动实际上从 1896 年夏季罢工时起就开始了),我们军事组织方面的缺点就愈来愈明显地暴露出来了。政府虽然在一开始表现过慌张,犯了一系列错误(例如向社会诉说社会党人如何行凶作恶,或者把工人从两个首都流放到外省工业中心去),但它很快就适应了新的斗争条件,把自己那些装备精良的奸细、暗探和宪兵队伍布置到适当的地方去。于是大暴行连连发生,牵连的人数众多,地方小组往往被一网打尽,使工人群众简直失去了所有的领导者,使运动带有非常的突变性质,使工作上的任何继承性和连贯性都无法建立起来。地方活动家们异常分散,小组的成员变换无常,人们在理论、政治和组织问题上缺乏修养和眼界狭小,这些都是上述情况的必然结果。在有些地方,由于我们缺乏镇静态度和不能保守秘密,竟使工人根本不相信知识分子而躲开他们:工人说,知识分子太粗心大意,常常遭到破坏!

至于一切有头脑的社会民主党人终于开始感到了这种手工业方式是一种病症,——这是每一个稍微了解一点运动情况的人都知道的。为了使不了解运动情况的读者不致以为运动的特殊阶段或特殊病症是我们故意"虚构"出来的,我们打算引证一下上面已经提到过的那位见证人所说的话。不过请不要因引文太长而埋怨我们。

波—夫在《工人事业》杂志第 6 期上写道:"如果说,逐渐向更广泛的实际行动的过渡,即直接由俄国工人运动现在所处的总的过渡时期所决定的过渡是一个特点……那么在俄国工人革命这一总的机器中还有另一个同样值得注意的特点。我们所说的就是不仅在彼得堡,而且在全俄各地都感觉到**普遍缺少能够进行活动的革命力量**[1]。由于工人运动普遍活跃,由于工人群众普遍进步,由于罢工事件日益频繁,由于工人的斗争日益采取公开的群众性

---

[1]　所有的黑体都是我们用的。

的形式而使政府加紧采取迫害、逮捕、流放和驱逐的手段,于是**这种缺少优秀的革命力量的情形就愈来愈明显**,而且无疑也不能不影响到运动的深度和一般性质。许多罢工都没有受到革命组织有力而直接的影响…… 鼓动传单和秘密书刊都感不足……工人小组没有鼓动员…… 与此同时,经费也常感短缺。总而言之,**工人运动的增长超过了革命组织的增长和发展**。现有的革命家人数太少,不能对所有骚动的工人群众都施加影响,不能使所有的骚动多少带一点严密性和组织性…… 单个的小组、单个的革命家没有集合起来,没有统一起来,没有组成一个统一的、强有力的、有纪律的、各部分都有计划地发展的组织……" 接着作者说明,旧的小组一遭到破坏马上有新的小组产生出来的事实"只是证明运动富有生命力……而并不是说明已经有足够的完全合格的革命活动家",然后作者得出结论说:"彼得堡的革命家缺乏实际修养,也反映在他们的工作结果方面。最近的审判案,特别是'自我解放社'和'劳工反资本斗争'[206]审判案清楚地表明:青年鼓动员不大熟悉本工厂的劳动条件以及进行鼓动的条件,不知道秘密工作的原则,而只是领会了〈领会了吗?〉社会民主党的一般观点,所以只能做四五个月或者五六个月的工作,接着就被捕,而他的被捕往往使整个组织或至少是一部分组织遭到破坏。既然一个团体只能存在几个月,试问它的活动能有成就和效果吗? 显然,现有各组织的缺点不能完全归咎于过渡时期……显然,现有组织的成员的数量,主要是质量在这方面起着不小的作用,所以我们社会民主党人的首要任务……就是要**在严格挑选成员的条件下把各个组织切实地统一起来**。"

## (二) 手工业方式和经济主义

现在,我们应当来谈谈每个读者大概都自然会产生的一个问题。可不可以说,作为**整个**运动所固有的成长中的病症的这个手工业方式,同俄国社会民主党内派别**之一**的"经济主义"是有联系的呢? 我们认为是可以这样说的。缺乏实际修养,不善于做组织工作,这确实是**我们大家**的通病,甚至从一开始就坚持革命的马克思主义观点的人也不例外。当然,谁也不能因为实际工作者缺乏修养这一点而责备他们。但是,"手工业方式"这个概念,除了表示缺乏修养之外,还有别的含义,即整个革命工作规模狭小,不懂得在这种狭小的工作基础上是不能形成良好的革命家组织的,最后,也是最重要的一点,就是企图为这种狭隘性辩护,把它上升为一种特殊的"理论",也就是说在这一方面也崇拜自发性。这种企图一露头,无疑就说明手工业方式是同"经济主义"有联系的,就说明我们如果不摆脱一般"经济主义"观点(即对于马克思主义理论、对于社会民主党的作用及其政治任务的狭隘见解),就不能摆脱我们组织工作的狭隘性。这种企图表现在两方面。有些人说,工人群众自己还没有提出革命家"强加于"他们的那些广泛的战斗的政治任务,工人群众还是应当为**当前的**政治要求而斗争,"同厂主和政府作经济斗争"①(而同群众运动"能够胜任的"这种斗争相适应的,当然就是连最缺乏修养的青年也"能够胜任的"组织)。另一些人则根本不赞成什么"渐进主义",他们说,可以并且应当"实现政治革命",但为此完全不必建立什么用坚定而顽强的斗争来教育无产阶级的坚强的革命家组织,只要我们大家操起我们"能够胜任的"和已经用惯的木棒来干就行了。直截了当地说,就是只要我们举行总罢工②,或者只要用"激发性的恐怖手段"来刺激一下"萎靡不振的"工人运动就行了③。这两派人,即机会主义者和"革命主义者",都屈服于盛行的手工业方式,不相信有摆脱它的可能,不了解我们首要的最迫切的实际任务是要建立一个能使政治斗争具有力量、具有稳定性和继承性的**革命家组织**。

---

① 《工人思想报》和《工人事业》杂志,特别是给普列汉诺夫的《回答》。

② 小册子《谁来实现政治革命?》,载于俄国出版的《无产阶级斗争》文集**207**。这本小册子基辅委员会也翻印过。

③ 《革命主义的复活》一书和《自由》杂志。

我们刚才摘引了波—夫的话:"工人运动的增长超过了革命组织的增长和发展"。这种"实地观察者的有价值的报道"(《工人事业》杂志编辑部对波—夫那篇文章的评语),对于我们有双重的价值。它表明,我们认为俄国社会民主党内目前危机的基本原因是**领导者**("思想家"、革命家、社会民主党人)**落后于群众的自发高潮**的这个看法是正确的。它表明,"经济派"来信(《火星报》第12号)的作者们以及波·克里切夫斯基和马尔丁诺夫所谓轻视自发因素和平凡的日常斗争的意义的危险,所谓策略—过程等等的各种论调,正好就是对手工业方式的歌颂和维护。这些人一提到"理论家"这个词就作出一副极端鄙视的怪样子,而把自己对缺乏实际经验和不开展状态的崇拜称为"对实际生活的敏感",其实他们不过是暴露自己不了解我们最迫切的**实际**任务而已。他们向那些落伍的人喊道:齐步前进!不要抢先!他们向那些在组织工作中缺乏毅力和首创精神,缺乏广泛而大胆地开展工作的"计划"的人高喊"策略—过程"!我们的主要过失就是**降低**我们的政治任务**和组织**任务去适应当前"显著的""具体的"日常经济斗争的利益,而人们却继续向我们高唱什么要赋予经济斗争本身以政治性质!再说一遍:这种"对实际生活的敏感",真同民间故事里的那个人物的"敏感"一样,在看到人家送葬时高喊"但愿你们拉也拉不完!"

请你们回忆一下这些才子用无与伦比的、真正是"纳尔苏修斯[208]式的"高傲态度来教训普列汉诺夫时所说的一段话吧:"切实的、**实际的**政治任务,即争取实现政治要求的适当而有成效的**实际**斗争,根本是〈原文如此!〉工人**小组**所不能胜任的。"(《〈工人事业〉杂志编辑部的回答》第24页)但是,先生们,有各种各样的小组!在手工业者还没有认识到自己的手工业方式,还没有摆脱这种方式以前,这些"手工业者"小组对于政治任务自然是不能胜任的。如果这些手工业者甚至还迷恋于自己的手工业方式,如果他们一写到"实际"一词的时候就一定要加上着重标记,以为求实精神要求他们把自己的任务降低到群众中最落后的阶层所了解的水平,那么这些手工业者当然是不可救药的,他们的确**是根本不能胜任政治任务的**。但像阿列克谢耶夫和梅什金、哈尔图林和热里雅鲍夫这样一些卓越的活动家的小组,却是能够胜任最切实最实际的政治任务的。他们所以能够胜任,正是并且只是因为他们的热烈的宣传能够获得自发觉醒起来的群众的响应,因为他们的沸腾的毅力能够得到革命阶级的毅力的响应和支持。普列汉诺夫做得万分正确,他不仅指出了这个革命阶级,不仅证明了它的自发觉醒的不可避免性和必然性,并且向"工人小组"提出了崇高伟大的政治任务。而你们却想借口从那时起发生的群众运动来**降低**这个任务,来**缩小**"工人小组"的毅力和活动范围。这不是手工业者迷恋于自己的手工业方式又是什么呢? 你们爱以求实精神自夸,却没有看见俄国每个实际工作者都知道的事实,即在革命事业中不仅小组的毅力,甚至个人的毅力也能创造出多么大的奇迹。也许你们以为在我们的运动中不会有 70 年代那样的卓越的活动家吧? 为什么会这样呢? 因为我们缺乏修养吗? 但我们正在提高修养,还要继续提高修养,而且一定会具备很好的修养的! 固然,不幸的是在"同厂主和政府作经济斗争"的死水上面泛起了一层泡沫,出现了一些对自发性顶礼膜拜、肃然起敬地注视着(照普列汉诺夫的说法)俄国无产阶级的"后背"[209] 的人。但我们一定能除去这层泡沫。正是现在,遵循真正革命的理论的俄国革命家,他们依靠真正革命的和自发觉醒起来的阶级,终于(终于!)能够直起腰来,尽量施展自己全部的勇士般的力量。为此,只需要使一切想降低我们的政治任务和缩小我们的组织工作规模的企图,在人数众多的实际工作者中间,在人数更多的、还在学生时代就梦想做实际工作的人中间,都受到嘲笑和鄙视。先生们,放心吧,我们一定能做到这一点!

我在《从何着手?》一文中写过这样一段驳斥《工人事业》杂志的话:"在 24 小时内可以改变某个专门问题上的鼓动策略,可以改变党组织某一局部工作的策略,可是,要改变自己对于是否在任何时候和任何条件下都需要战斗组织和群众中的政治鼓动这个问题的看法,那不要说在 24 小时内,即使在 24 个月内加以改变,也只有那些毫无原则的人才办得到。"①《工人事业》杂志回答道:"《火星报》所提出的这个唯一仿佛是属实的罪状是毫无根据的。《工人事业》杂志的读者清楚地知道,我们从一开始,在《火星报》出版以前,就不仅号召进行政治鼓动"……(同时又认为不仅工人小组不能,"而且群众性的工人运动也不能把推翻专制制度当做首要的政治任务",而只能把争取当前政治要求的斗争当做首要的政治任务,认为"经过一次罢工,或者最多经过几次罢工以后,当前的政治要求就会成为群众所能理解的要求了")……"并且还从国外运来了自己的出版物,供当时在俄国活动的同志们作**唯一**的社会民主主义的政治鼓动材料之用"……(顺便指出,你们在这唯一的材料中,不仅最普遍地运用了仅仅在经济斗争基础上进行的政治鼓动,并且竟把这种被缩小了的鼓动看做是"最普遍适用的"手段。先生们,难道你们还不明白,你们这种论据恰巧证明,在只有这种唯一的材料的情况下,就需要有《火星报》出版并且需要有《火星报》来同《工人事业》杂志进行斗争吗?)…… "另一方面,我们的出版工作在事实上准备了党在策略方面的一致"……(是说一致认定策略是党的任务随着党的发展而增长的过程吗? 多么宝贵的一致啊!)……"因而也

① 见《列宁全集》第 2 版第 5 卷第 2 页。——编者注

就准备了建立'战斗组织'的可能;为了建立这样一个组织,联合会做了国外组织一般力所能及的一切"。(《工人事业》杂志第10期第15页)这种逃避问题的说法是徒劳无益的!你们确实做过你们力所能及的一切,我根本也没有想要否认这一点。可是我曾断言并且现在还要断言,你们"**力所能及的**范围由于你们目光短浅而被缩小了。至于谈论什么建立"战斗组织"来为"当前的政治要求"而斗争或者来"同厂主和政府作经济斗争",那就是可笑的了。

但是,假使读者要想看到"经济派"如何迷恋于手工业方式的绝妙例子,那自然应当撇开折中主义的不稳定的《工人事业》杂志,而去看看彻底的坚决的《工人思想报》。尔·姆·在《增刊》第13页上写道:"关于所谓革命知识分子问题,我们现在要讲几句话。固然,革命知识分子已经屡次实际表明自己有'同沙皇制度进行决战'的充分决心。不幸的是,我们遭受政治警察残酷迫害的革命知识分子,把反对这种政治警察的斗争当成了反对专制制度的政治斗争。所以,他们至今还弄不清楚'从什么地方获得力量来同专制制度作斗争?'这样一个问题。"

**自发**运动的崇拜者(贬义的崇拜者)的这种极为轻视同警察作斗争的态度不是妙极了吗?他甘愿为我们不善于做秘密工作**辩护**,硬说在自发的群众运动的条件下,同政治警察作斗争实际上对我们来说是不重要的!!赞成这种奇怪结论的人,一定是很少很少的,因为大家都已痛切地感觉到我们革命组织的缺点了。但是,如果有人,例如马尔丁诺夫,对这种结论也不表赞同,那只是因为他不善于或没有勇气来彻底地考虑自己的论点而已。的确,为了执行由群众提出的能产生显著结果的具体要求这样一个"任务",难道需要特别关心建立什么牢固的、集中的、战斗的革命家组织吗?难道那些丝毫不"同政治警察作斗争"的群众不是也在执行这样的"任务"吗？况且，如果除了少数领导者之外，没有那些丝毫**不能**"同政治警察作斗争"的工人（绝大多数的工人）参加，这样的任务难道是能够实现的吗？这样的工人，这些普通的群众，在罢工中，在街头上同军警的斗争中能够表现出巨大的毅力和自我牺牲精神，能够（并且也只有他们才能够）**决定**我们整个运动的结局，可是，为了同**政治**警察作斗争，就需要有特别的品质，需要有**职业**革命家。所以我们不仅要设法使群众"提出"具体的要求，而且要设法使工人群众愈来愈多地"提出"这样的职业革命家。于是我们就接触到了职业革命家的组织同纯粹工人运动的相互关系问题。这个问题虽然在书刊上反映很少，但在我们"政治家"同那些或多或少地倾向于"经济主义"的同志们谈话和争论时却谈得很多。这个问题值得专门谈一下。不过，我们首先还要引一段话来结束我们关于手工业方式同"经济主义"有联系这个见解的说明。

　　N.N.先生在自己的《答复》中写道："'劳动解放社'要求同政府进行直接的斗争，却没有考虑一下这种斗争所需要的物质力量何在，没有指出**斗争的道路何在**。"这最后几个字作者加上了着重标记，并且对"道路"一词加了这样的注释："这种情况决不能用保守秘密来解释，因为纲领中说的不是密谋而是**群众运动**。而群众是不能走秘密道路的。难道能有秘密的罢工吗？难道能有秘密的示威和请愿吗？"（《指南》第59页）作者把斗争的"物质力量"（举行罢工和示威的人）和斗争的"道路"都讲到了，但他还是茫然不知所措，因为他"崇拜"群众运动，即认为群众运动是使我们**不必**表现革命积极性的东西，而不是应当鼓励和**促进**我们的革命积极性的东西。罢工对于那些参加罢工以及同罢工有密切关系的人不可能是秘密的。但罢工对于俄国工人群众，却可能还是（而且多半还是）"秘密的"，因为政府总是设法切断外界同罢工者的任何联系,总是设法使一切罢工消息都传不出去。于是就需要专门"同政治警察作斗争",这种斗争是永远不能由参加罢工的那样广大的群众来积极进行的。这种斗争应当由那些以革命活动为职业的人"完全按照艺术的规律"来组织。组织这种斗争的工作并不因为群众自发卷入运动而变得**不太需要**。恰巧相反,正因为如此它就变得**更加需要**,因为我们社会党人如果不能够防止警察把一切罢工和一切示威变成秘密的(而有时我们自己也没有秘密地准备),那我们就不能完成自己对群众所负的直接责任。我们所以**一定能够**做到这一点,正是因为自发觉醒起来的群众**也会从自己的队伍中选拔出**愈来愈多的"职业革命家"(只要我们不想方设法使工人始终在原地踏步不前)。

## (三) 工人的组织和革命家的组织

假使一个社会民主党人把政治斗争的概念和"同厂主和政府作经济斗争"的概念等同起来,那他自然也就会把"革命家的组织"这个概念或多或少地和"工人的组织"这个概念等同起来。事实上也真是这样,所以在我们谈论组织时,简直就是各讲各的话。例如,我现在还记得我同从前不认识的一位颇为彻底的"经济派"谈话的情形[210]。当时我们是在谈《谁来实现政治革命?》这本小册子,我们两人很快地就一致认为这本小册子的基本缺点是忽视了组织问题。我们满以为我们彼此是意见相同的,但是……当继续谈下去的时候才发现,原来我们两个人说的不是一回事。我的对话人责备该书作者忽视了罢工储金会和互助会等等,而我指的却是为"实现"政治革命所必需的革命家组织。在这种意见分歧一暴露之后,往下我就不记得我和这个"经济派"在任何原则问题上有过什么共同的意见了！

我们的意见分歧的根源究竟在哪里呢？就在于"经济派"在组织任务方面也像在政治任务方面一样，总是从社会民主主义滑到工联主义上去。社会民主党的政治斗争要比工人同厂主和政府作经济斗争广泛得多，复杂得多。同样（而且因此），革命的社会民主党的组织也一定要同进行这种斗争的工人组织**不一样**。第一，工人组织应当是职业的组织；第二，它应当是尽量广泛的组织；第三，它应当是尽量少带秘密性的组织（自然，我在这里以及下文中都只是指专制的俄国而言）。相反，革命家的组织应当包括的首先是并且主要是以革命活动为职业的人（因此，我说是**革命家**组织，我指的是社会民主党人革命家）。既然这种组织的成员都有这种共同的特征，那么，**工人同知识分子之间的任何区别也就应当完全消除**，更不用说他们各种不同的职业之间的区别了。这种组织必须是不很广泛的和尽可能秘密的组织。现在我们就来谈谈这三种区别吧。

在有政治自由的国家里，职业组织和政治组织之间的区别也像工联和社会民主党之间的区别一样，是十分明显的。当然，后者同前者的关系，在不同的国家里不免要因历史、法律以及其他种种条件不同而有所不同，这种关系的密切程度和复杂程度等等可能是各不相同的（在我们看来，这种关系应当尽量密切些，尽量简单些），但在自由国家里，工会组织和社会民主党组织是根本不会混同的。在俄国，乍看起来，专制制度的压迫似乎是把社会民主党组织和工会之间的任何区别都消除了，因为**任何**工会和**任何**小组都被禁止，因为罢工这一工人经济斗争的主要表现和主要手段，一般被认为是一种刑事罪（有时甚至被认为是政治罪！）。因此，我国的条件一方面很能使那些进行经济斗争的工人"碰到"政治问题，另一方面也使社会民主党人"碰到"会把工联主义和社会民主主义混为一谈的问题(我们的克里切夫斯基之流、马尔丁诺夫之流及其同伙拼命谈论第一种"碰到",而没有看到第二种"碰到")。的确,请你们想象一下那些百分之九十九埋头于"同厂主和政府作经济斗争"的人吧。他们当中一部分人在他们活动的**整个**时期(4—6个月),一次也不会碰到必须建立更复杂的革命家组织的问题;另一部分人大概会"碰到"较为流行的伯恩施坦主义书刊,从中得到"平凡的日常斗争进程"极其重要的信念;最后,还有一部分人也许会沉醉于一种迷人的思想,即要向世人作出一个"同无产阶级斗争保持密切的有机联系"的新榜样,一个工会运动和社会民主主义运动相联系的新榜样。这种人也许认为:一个国家走上资本主义舞台,从而走上工人运动舞台的时间愈晚,社会党人也就愈能参加并帮助工会运动,非社会民主党的工会也就可能而且应当愈少。如果到此为止,那么这个推论是完全正确的,可惜这种人还走得更远,妄想把社会民主主义和工联主义完全融合起来。我们拿《圣彼得堡斗争协会章程》为例就可以马上看出,这种妄想对于我们的组织计划产生了多么有害的影响。

为进行经济斗争而建立的工人组织应当是职业的组织。每个工人社会民主党人都应当尽量帮助这种组织并在其中积极工作。这是对的。但是要求只有社会民主党人才能成为"行业"工会会员,那就完全不符合我们的利益了,因为这会缩小我们影响群众的范围。让每一个了解必须联合起来同厂主和政府作斗争的工人,都来参加行业工会吧。行业工会如果不把一切只要懂得这种起码道理的人都联合起来,如果它们不是一种很**广泛的**组织,就不能达到行业工会的目的。这种组织愈广泛,我们对它们的影响也就会愈广泛,但这种影响的发生不仅是由于经济斗争的"自发的"发展,而且是由于参加工会的社会党人对同事给以直接的和自觉的推动。但是,参加组织的成员广泛,也就不可能严守秘密(严守秘密所需要的训练,要比参加经济斗争所需要的多得多)。怎样才能解决既要成员广泛又要严守秘密这种矛盾呢? 怎样才能使行业组织尽量少带秘密性呢? 要解决这个问题,一般说来,只有两种方法:或者是使行业工会合法化(在某些国家里,先有行业工会的合法化,然后才有社会主义团体和政治团体的合法化),或者是使组织仍旧处于秘密状态,但同时又必须使它非常"自由",形式不固定,像德国人说的那样是松散的,使秘密性对于广大会员几乎等于零。

在俄国,非社会主义的和非政治的工人团体的合法化已经开始了,并且毫无疑问,我们迅速发展的社会民主主义工人运动的每一步进展,都将加强和鼓励这种合法化的企图,——这种企图主要来自拥护现存制度的人,但一部分也来自工人本身和自由派知识分子。合法化的旗帜已经由瓦西里耶夫之流和祖巴托夫之流打出来了,奥泽罗夫之流和沃尔姆斯之流的先生们也已经答应支持合法化,而且已经给以支持;在工人中间已经有了新潮流的信徒。我们今后也不能不考虑这个潮流。怎样考虑呢? 对于这个问题,在社会民主党人中间未必会有两种意见。我们应当坚持不懈地把祖巴托夫之流和瓦西里耶夫之流、宪兵和神父参加这个潮流的一切事实揭露出来,把这些参加者的真正意图讲给工人听。同时我们还应当揭穿自由派活动家在公开的工人集会上演说时会流露出来的一切调和的、"和谐的"论调,不管他们提倡这些论调是由于真心认为阶级和平合作要好些,还是由于想巴结上司,或者只是由于笨拙无能。最后,我们还应当提醒工人,使他们不要落入警察经常设置的圈套中去,因为警察常在这种公开集会上和允许存在的团体内侦查"过激分子",并企图通过合法组织把奸细也派到不合法的组织里来。

但我们这样做,并不是忘记工人运动合法化**归根到底**只会使我们获得好处，而决不会使祖巴托夫之流获得好处。恰恰相反，我们正是要用自己的揭露运动来分清莠草和小麦。关于莠草，我们已经说过了。而所谓小麦，就是吸引更广泛的和最落后的工人阶层来注意社会问题和政治问题，就是使我们革命家摆脱那些实际上是合法性的工作(如散发合法书籍，组织互助会等等)，这些工作的发展必然会供给我们愈来愈多的鼓动材料。在这一点上，我们可以而且应当对祖巴托夫之流和奥泽罗夫之流说:先生们! 努力干吧,努力干吧! 既然你们想设置圈套来陷害工人(无论是用直接挑衅的手段也好,还是用"司徒卢威主义"来"诚实地"腐蚀工人也好),那我们就要设法揭穿你们。既然你们真正前进了一步(虽然表现的形式是极其"小心翼翼地曲折前进",但终究是前进了一步),那我们就要说:请吧! 只有真正扩大,哪怕只是稍微扩大工人的活动范围,那才是真正前进了一步。凡是这样的扩大都会有利于我们,并且会加速合法团体的出现,在这些团体里,不会是奸细抓住社会党人,而是社会党人抓住自己的信仰者。总而言之,现在我们的任务是要清除莠草。我们的任务不是在温室的瓦盆里培植小麦。我们把莠草拔掉,从而清出土地使麦种发育成长。而在阿法纳西·伊万内奇之流和普尔赫丽娅·伊万诺夫娜之流[211]从事温室栽培的时候,我们则应当训练出一些既会锄今天的莠草,又会割明天的小麦的人①。

---

① 《工人事业》杂志因《火星报》清除莠草而怒气冲冲地攻击《火星报》说:"在《火星报》看来,目前时局中的主要问题不是这些重大的事件(春季事件),而是祖巴托夫的奸细想使工人运动'合法化'的那些可怜的尝试。《火星报》没有看到,这种事实正是表明《火星报》的意见是错误的;这种事实正是证明工人运动已具有使政府感到十分可怕的规模。"(《两个代表大会》第27页)一切都归咎于这帮"对于实际生活的迫切要求熟视无睹的"正统派的"教条主义"。他们硬是不愿意看一尺高的小麦,却一味去同一寸高的莠草作斗争! 这难道不是"对俄国工人运动的前途持错误的见解"(同上,第27页)吗?

总之,**我们**不能用合法化来**解决**建立尽量少带秘密性和尽量广泛的工会组织的问题(但是,假如祖巴托夫之流和奥泽罗夫之流给我们提供解决这个问题的哪怕是部分的可能性,那我们也会很高兴,为此我们要尽量坚决地同他们斗争!)。因此只有建立秘密的工会组织这条道路可走,而**我们应当**对于已经走上(这是我们确实知道的)这条道路的工人给以各方面的帮助。工会组织不仅能大大促进经济斗争的发展和加强,并且能大大帮助政治鼓动和革命组织工作。为了得到这种结果,为了把正在开始的工会运动引上社会民主党所希望的轨道,首先必须弄清楚彼得堡的"经济派"几乎已经鼓吹了五年之久的那个组织计划的荒谬性。这个计划既在1897年7月的《工人储金会章程》上(《〈工作者〉小报》第9—10期合刊第46页——转载自《工人思想报》创刊号)作了说明,又在1900年10月的《工人联合会章程》上(曾在圣彼得堡印成传单,《火星报》创刊号上也曾经谈到它)作了说明。这两个章程的主要缺点,就是对广泛的工人组织作了细节方面的规定并且把这种组织同革命家组织混为一谈。我们可以拿比较详尽的第二个章程来看。这个章程共**52**条,其中有23条是说明组织结构、办事细则以及"工人小组"的权限的,这些小组设在每个工厂内("每组不超过10人")并由它们来选举"(工厂)中心小组"。第2条上说:"中心小组应注意本厂所发生的一切事情,并编写本厂大事记。""中心小组每月向全体会员报告储金出纳情况"(第17条),等等。有10条专讲"区组织",有19条专讲"工人组织委员会"和"圣彼得堡斗争协会委员会"(由各区以及各"执行组"即"宣传组、外省联络组、国外联络组、贮藏组、出版组和储金组"选出的代表组成)的极为错综复杂的关系。

社会民主党等于负责工人经济斗争的"执行组"!这最清楚不

过地说明"经济派"的思想已经完全离开社会民主主义而滑到工联
主义上去,说明他们根本不懂得,社会民主党人首先应当考虑建立
一个能够领导无产阶级的**全部**解放斗争的革命家组织。嘴上说的
是"工人阶级的政治解放",是同"沙皇政府的专横暴虐"作斗争,而
写出来的却是这样的组织章程,这就说明他们丝毫不了解社会民主
党的真正的政治任务。在50多条章程中间,没有一条证明他们稍
微懂得必须在群众中进行最广泛的政治鼓动,来揭露俄国专制制度
所有各个方面和俄国各个社会阶级的整个面貌。按照这样的章程,
不仅政治的目的,甚至工联的目的也无法实现,因为工联的目的要
求**按职业**组织起来,而在章程里连这一点也根本没有提到。

　　大概最令人注目的是这整个"体系"的惊人的烦琐,企图在三
级选举制下,用千篇一律和琐碎得可笑的条例构成的固定线索,把
每个工厂同"委员会"联系起来。在这里,备受"经济主义"狭小眼
界限制的思想,又沉溺到充满公事程序和文牍主义的烦琐条文中
了。其实,这些条文四分之三当然是永远也不会实行的,而在每个
工厂中都设有中心小组的这种"秘密"组织倒使宪兵易于进行广
泛破坏。波兰的同志已经经历过大家都热衷于普遍设立工人储金
会这样一个运动的阶段,但是当他们弄清楚这只能使宪兵获得丰
收时,他们就马上放弃了这种思想。假使我们想有广泛的工人组
织,同时又不愿意遭到广泛破坏,不愿意使宪兵满意,那我们就应
当设法使这些组织完全不具有什么固定的形式。这样,它们能不
能执行自己的职能呢?那就看看这些职能吧:"……注意工厂所
发生的一切事情,并编写工厂大事记。"(章程第2条)难道这一定
要有固定的组织形式吗?难道不组织任何专门的团体而用在秘密
报纸上登载通讯的方法就不能把这项工作做得更好吗?"……领
导工人为改善他们在工厂内的状况而斗争。"(章程第3条)这也

用不着什么固定的组织形式。工人想提出什么要求,每一个头脑稍微清楚的鼓动员都可以从闲谈中确切地打听出来,而打听出来之后,就可以把这些要求告诉那个狭小的而不是广泛的革命家组织,以便印发相应的传单。"……组织储金会……每一卢布工资交纳两戈比会费"(第9条),——并且每月向全体会员报告储金出纳情况(第17条),把不交会费的会员除名(第10条),等等。在警察看来,这真是再好没有了,因为这样一来,要摸透"工厂中心储金会"的一切秘密,要没收它们的金钱,要逮捕一切优秀分子就容易极了。发行价值一戈比或两戈比的印花,盖上某个(很狭小的很秘密的)组织的图章;或者根本不用印花而实行募捐,在秘密报纸上用某种暗语把捐款账目公布出来,这岂不是更简便吗?目的同样可以达到,而宪兵要找到线索就困难百倍了。

我本来还可以拿章程作为例子继续进行分析,但是我认为讲得已经够了。一个由最可靠、最有经验、经过最多锻炼的工人组成的人数不多的紧密团结的核心,它在各主要地区都有自己的代表,并且按照严格的秘密工作的一切规则同革命家组织发生联系,这样的核心在群众最广泛的支持下,不必有任何固定的形式也能充分执行工会组织所应当执行的**一切**职能,并且执行得正像社会民主党所希望的那样。只有采用这种方法,才能使**社会民主主义的**工会运动不顾一切宪兵的破坏而得到**巩固**和发展。

有人会反驳我说:一个组织这样松散,根本就没有什么固定的形式,甚至连固定的、经过登记的成员都没有,根本就不配称为组织。也许是这样。我不追求名称。但这种"没有成员的组织"能够做到我们需要做的一切,并且一开始就能够保证我们未来的工联同社会主义发生牢固的联系。谁想在专制制度下建立一个实行选举制、报告制和全体表决制等等的**广泛的**工人组织,那他简直是一个不可救药的空想家。

　　道理很简单:我们如果从扎扎实实建立坚强的革命家组织开始,我们就能保证整个运动的稳定性,就既能实现社会民主主义的目的,又能实现纯粹工联主义的目的。而我们如果从建立那种好像是群众最"容易接受的"(其实是使宪兵最容易破坏的,使革命家最容易被警察逮捕的)广泛的工人组织开始,那我们就两种目的都实现不了,就摆脱不了手工业方式,就只会因自己这样涣散和这样常遭破坏而让祖巴托夫式或奥泽罗夫式的工联成为群众最容易接受的组织。

　　这种革命家组织的职能究竟是什么呢？ 关于这一点,我们现在就来详细谈谈。但是,我们首先还要分析一下我们的恐怖派的一段极其典型的议论,他在这里又成了(真是时运不佳!)"经济派"的近邻。在供工人阅读的《自由》杂志(第1期)上,载有一篇题为《组织》的文章,该文的作者想为他那些老相识,伊万诺沃-沃兹涅先斯克的工人"经济派"辩护。

　　他写道:"群众一声不响,没有觉悟,运动不是从下层发动起来,这是很糟糕的。你看,学生们离开大学城,各自回家过节或过夏天,于是工人运动也就停顿下来。难道这种从旁推动的工人运动能够成为一种真正的力量吗？哪里能够呢…… 它还没有学会用自己的腿走路,专靠人家扶着走。一切事情都是这样:学生各自回家,运动就停止;牛奶一失去精华,立刻就变酸;'委员会'被破坏,当新的委员会还没有建立起来时,又是一片沉寂;至于将要建立起什么样的委员会,还不得而知,——也许同先前的完全不一样:先前的委员会说一套,新成立的委员会又会另说一套。过去和将来之间失掉联系,过去的经验不能为将来所借鉴。这都是由于在深处,在群众中间没有根子;做工作的不是百来个蠢人,而是十来个聪明人。十来个人常常可以一网打尽,但是只要一个组织能够包括广大群众,一切事情都由群众来干,那无论谁怎样想方设法也不能伤害我们的事业了。"(第63页)

事实描写得倒是对的。我们的手工业方式的情景描绘得倒还不错。但结论却和《工人思想报》一样糊涂，在政治上一样不妥当。这个结论非常糊涂，因为作者把运动在"深处"的"根子"这一哲学的和社会历史的问题，同怎样更好地同宪兵进行斗争的组织技术问题混淆起来了。这个结论在政治上非常不妥当，因为作者并不是拒绝坏的领导者而去找好的领导者，而是想根本拒绝任何领导者而去找"群众"。这是一种想把我们在组织方面拉向后退的企图，正像那种主张用激发性的恐怖手段代替政治鼓动工作的思想在政治方面把我们拉向后退一样。现在我真是感到有点应接不暇，真不知从何着手来分析《自由》杂志奉送给我们的这样一大堆糊涂观念。为了清楚起见，我就先举例来说吧。就拿德国人作例子。他们的组织包括群众，一切事情都是由群众来干，工人运动已经学会用自己的腿走路，我想你们一定不会否认这一点吧？可是，这些数以百万计的群众又是多么重视自己的"十来个"经过考验的政治领袖，多么坚决拥护这些领袖啊！在国会中曾经不止一次听见敌对党的议员讥讽社会党人说："好样的民主派！你们只是口头上讲工人阶级的运动罢了，实际上出面的总是这帮首领。一年复一年，十年又十年，还是这个倍倍尔，还是这个李卜克内西。你们的那些所谓从工人中选举出来的议员，真是比皇帝册封的官吏还难得调换呢！"这是企图把"群众"与"首领"对立起来，想激发群众的劣根性和虚荣心，想以破坏群众对"十来个聪明人"的信任来使运动失去坚定性和稳定性，但是德国人对这种蛊惑人心的企图只是嗤之以鼻。德国人的政治思想的发展和政治经验的积累已经足以使他们懂得：在现代社会中，假如没有"十来个"富有天才（而天才人物不是成千成百地产生的）、经过考验、受过专业训练和长期教育并且彼此配合得很好的领袖，无论哪个阶级都无法进行坚持不懈的斗争。在德国人自己的队伍中,也有过一些蛊惑家,他们竭力奉承"几百个蠢人",把他们抬高到"几十个聪明人"之上,一味赞美群众的"筋肉条条的拳头",激发他们(像莫斯特和哈赛尔曼那样)去从事轻率的"革命"行动,散布对坚定刚毅的领袖的不信任。德国社会主义运动只是由于它同社会主义运动内部形形色色的蛊惑家不断地进行了毫不调和的斗争,才得到这样的发展和巩固。俄国社会民主党整个危机产生的原因是自发觉醒起来的群众还没有获得有充分修养的、开展的、有经验的领导者,在这样的时候,我们的才子们却像伊万努什卡那样带着深思的神情说:"运动不是从下层发动起来的,这是很糟糕的!"

"学生组成的委员会不中用,因为它不稳定",——完全正确。但由此应当得出的结论是:需要有职业**革命家**组成的委员会,至于能把自己培养成为职业革命家的是学生还是工人,这都一样。而你们作出的结论,却是说不应当从旁推动工人运动! 你们由于政治上幼稚,竟不知道你们的这种主张只是有利于我们的"经济派"和我们的手工业方式。请问,我们的学生"推动"我们的工人,究竟表现在什么地方呢? **唯一的**表现就是,学生把他们所具有的一些零星的政治知识和他们所获得的片断的社会主义观念(因为目前学生的主要精神食粮是合法马克思主义,而合法马克思主义只能提供一些起码知识和片断)传授给工人。在我们的运动中,**这样的**"从旁推动"不是太多,而是太少,少得出奇,少得可怜,因为我们已经过分地热衷于闭关自守,过分奴隶般地崇拜那种初步的"工人同厂主和政府作的经济斗争"了。我们职业革命家应当而且一定会百倍努力地来从事**这样的**"推动"。但正因为你们选用了"从旁推动"这样可恶的字眼,就必然会使工人(至少是那些像你们一样不开展的工人)不信任**一切**从旁给他们提供政治知识和革命经验的人,使他们对**所有**这些人都本能地表示抗拒,——这样,你们就成了**蛊惑家**,而蛊惑家就是工人阶级的最坏的敌人。

是的,是的! 你们不要马上叫喊起来,说我进行论战时采取了"非同志的方法"吧! 我根本不想怀疑你们心地纯洁。我已经说过,一个人只因为政治上幼稚,也可以成为蛊惑家。但是我也指出,你们已经堕落到了蛊惑人心的地步。而且我始终都要不停地重复说,蛊惑家就是工人阶级的最坏的敌人。其所以最坏,是因为他们激发群众的劣根性,因为不开展的工人不能识破这些以工人朋友的资格讲话,有时甚至是真心以工人朋友的资格讲话的敌人。其所以最坏,是因为在混乱和动摇的时期,在我们运动刚刚形成的时期,最容易的莫过于蛊惑人心地诱惑群众,而群众只有在经过最痛苦的教训之后才能觉悟到自己的错误。所以,现代俄国社会民主党人当前的口号应当是:进行坚决的斗争,既反对堕落到蛊惑人心的地步的《自由》杂志,又反对堕落到蛊惑人心的地步的《工人事业》杂志(这一点以后还要详细地谈到①)。

"捕捉十来个聪明人,要比捕捉百来个蠢人容易些。"这个了不起的真理(对于你们提出这个真理,百来个蠢人总是会拍手叫好的),看来好像是不辩自明的,这只是因为你们在议论时从一个问题跳到了另一个问题上去。你们开始谈论并且继续还在谈论捕捉"委员会",捕捉"组织"的问题,而现在你们却跳到捕捉运动"在深处"的"根子"这个问题上去了。当然,我们的运动所以无法捕捉,正是因为它在深处有成千上万的根子,但现在所谈的根本不是这一点。就"在深处的根子"这一点来讲,即使现在也无法"捕捉"

---

① 这里我们仅仅指出:我们谈到"从旁推动"以及《自由》杂志关于组织问题的其他各种议论时所说的一切,是**完全**适用于包括"工人事业派"在内的**一切**"经济派"的,因为他们中间一部分人积极宣传和维护这种关于组织问题的观点,另一部分人则滑到这种观点上去了。

我们,尽管我们的手工业方式非常盛行;虽然如此,我们大家都在埋怨,并且不能不埋怨"**组织**"被捕捉的情况,这种情况破坏了运动中的任何继承性。你们既然已经提出了**组织**被捕捉的问题,并且不愿离开这个问题,那我就要告诉你们:捕捉十来个聪明人要比捕捉百来个蠢人困难得多。无论你们怎样煽动群众来反对我,说我搞"反民主制"等等,我还是要坚持这个意见。在组织方面,正如我已经屡次讲过的那样,"聪明人"无非是指**职业革命家**,至于他们是从学生中还是从工人中培养出来的,反正都一样。因此我认为:(1)任何革命运动,如果没有一种稳定的和能够保持继承性的领导者组织,就不能持久;(2)自发地卷入斗争、构成运动的基础和参加到运动中来的群众愈广泛,这种组织也就愈迫切需要,也就应当愈巩固(因为各种蛊惑家诱惑群众中的不开展阶层也愈容易);(3)这种组织的构成主要应当是以革命活动为职业的人;(4)在专制制度的国家里,我们愈**减少**这种组织的成员的数量,减少到只包括那些以革命活动为职业并且在同政治警察作斗争的艺术方面受过专业训练的人,这种组织也就会愈难被"捕捉";(5)而且工人阶级和其他社会阶级中能够参加这个运动并且在运动中积极工作的人数也就会**愈多**。

请我们的"经济派"、恐怖派和"经济派兼恐怖派"①来反驳这

---

① 这个名词也许比前面那个名词更适用于《自由》杂志,因为它在《革命主义的复活》中所维护的是恐怖主义,而在我们分析的这篇文章中所维护的却是"经济主义"。事与愿违! ——对《自由》杂志,一般可以这样说。天赋很高,愿望很好,结果却是一团糟。所以会一团糟,主要是因为《自由》杂志维护组织的继承性,却不愿意承认革命思想和社会民主主义理论的继承性。极力想使职业革命家复活起来(《革命主义的复活》),为此却又主张:第一,采取激发性的恐怖手段;第二,"把中等工人组织起来"(《自由》杂志第 1 期第 66 页及以下各页),使他们尽量少"被人从旁推动",——这实际上就等于为了让自己的房子暖和而把房子本身拆掉当柴烧了。

几点吧,我现在只想谈谈其中的最后两点。捕捉"十来个聪明人"和捕捉"百来个蠢人"的难易问题,可以归结到我们上面已经分析过的那个问题:在必须严守秘密的条件下,是不是可能存在群众性的**组织**。我们永远不能使广泛的组织具有高度的秘密性,而没有这样高度的秘密性就谈不到稳定的和保持继承性的反政府的斗争。把所有秘密的职能集中在数量尽量少的职业革命家手里,这并不是说他们将"代替大家动脑筋",并不是说群众不必积极参加**运动**。恰恰相反,这些职业革命家将从群众中愈来愈多地涌现出来,因为那时群众就会知道,单是几个学生和几个从事经济斗争的工人集合起来成立一个"委员会"是不够的,还需要用多年的时间把自己培养成职业革命家;那时群众就不会一味为手工业方式"动脑筋",而会为这种培养工作"动脑筋"了。把**组织**的秘密职能集中起来,这决不是说要把**运动**的一切职能集中起来。最广大的群众积极参加秘密书刊工作,不但不会因为"十来个"职业革命家把这方面的秘密职能集中起来而减弱下去,反而会因此而十倍地**加强起来**。这样,并且也只有这样,我们才能做到使阅读秘密书刊,为秘密书刊撰稿,在某种程度上甚至连散发秘密书刊的工作都**几乎不再是秘密的事情**,因为警察很快就会懂得,对散发的成千上万份出版物中的每一份都要履行一套司法和行政的公事程序,是很愚蠢的而且是办不到的。不仅报刊如此,而且运动方面的一切职能,直到游行示威为止,也都是如此。经过考验的、所受的严格专业训练不亚于我国警察的"十来个"革命家,把一切秘密工作如准备传单,规定大致的计划,为各城区、各工厂区、各学校指定领导人员等等集中起来,这不但不会使群众最积极最广泛地参加游行示威这件事受到损害,反而会使它得到很大好处(我知道有人会来反驳我,说我的观点"不民主",我在下面就要详细来答复这个极不聪明的反驳)。革命家组织把最秘密的职能集中起来,这决不会削弱而只会扩大其他许许多多组织的活动范围和内容,这些组织既然要把广大群众包括在内,就应当是一些形式尽量不固定、秘密性尽量少的组织,如工会、工人自学小组、秘密书刊阅读小组以及其他**一切**居民阶层中的社会主义小组和民主主义小组等等。这样的小组、工会和团体必须**遍布**各地,履行各种不同的职能;但是,如果**把**这些组织同**革命家**的组织**混为一谈**,抹杀这两者之间的界限,使群众中本来已很模糊的一种认识完全消失,也就是使他们忘记要为群众运动"服务",就需要有一些人专门献身于社会民主党的活动,而且这些人应当坚持不懈地把自己**培养成为**职业革命家,那就是荒唐和有害的了。

的确,这种认识已经极其模糊了。我们在组织方面的主要过错,就是**我们由于自己的手工业方式而败坏了俄国革命家的威信。**一个人在理论问题上软弱无力和动摇不定,眼界狭小,用群众的自发性来为自己的萎靡不振辩护,他与其说像人民的代言人,不如说像工联书记,他不善于提出广泛的大胆的计划来使敌人也肃然起敬,而且在自己的专业技巧即同政治警察作斗争方面没有经验,笨手笨脚,——对不起! 这样的人决不是革命家,而只是可怜的手工业者。

请任何一个实际工作者都不要埋怨我用这个苛刻的字眼,因为这里讲的是缺乏修养的问题,我用这个字眼首先是指我自己。我曾在一个给自己提出很广泛的包罗万象的任务的小组[212]中工作,我们所有参加这个小组的人常常痛切地意识到:在这样一个历史关头,在可以把一句名言[213]改动一下,说"给我们一个革命家组织,我们就能把俄国翻转过来!"的时候,我们却表现出是一些手工业者。后来我愈是经常回想起我当时感到的内疚,就愈是痛恨那些假社会民主党人,他们用他们的宣传来"玷污革命家的称号",他们不了解我们的任务不是要为把革命家降低为手工业者辩护,而是要把**手工业者提高**为革命家。

## (四) 组织工作的规模

我们在前面听见波—夫说道:"不仅在彼得堡,而且在全俄各地都感觉到缺少能够进行活动的革命力量。"这个事实未必有谁会否认。可是问题就在于怎样来解释这个事实。波—夫写道:

"我们不去说明这种现象的历史原因,而仅仅指出:被长期的政治反动所败坏、被已经发生和正在发生的经济变化搞得分崩离析的社会,从自己队伍里选拔出来**胜任革命工作的人实在太少了**;工人阶级选拔出一些工人革命家来部分地补充秘密组织的队伍,但这种革命家的人数还不能满足时代的需要。况且,在工厂做 11 个半小时工的工人,按他的情况来说,多半只能履行鼓动员的职能;至于宣传和组织、运送和翻印秘密书刊、印发传单等等工作的重担,就不免要落在人数极少的知识分子肩上。"(《工人事业》杂志第 6 期第 38—39 页)

我们有许多地方不同意波—夫的这种意见,尤其不同意我们加上着重标记的那些话,因为这些话特别突出地表明:波—夫虽然也由于我们的手工业方式而深感痛苦(也像每一个动过点脑筋的实际工作者一样),但他由于受"经济主义"的束缚而不能找到摆脱这种令人不堪忍受的状况的出路。不,社会选拔出来的胜任"工作"的人极**多**,但我们不善于利用所有这些人。在这方面,我们运动的危急的过渡的状态可以用两句话来表述:**没有人,而人又很多**。人很多,因为工人阶级和愈来愈多的各种社会阶层都一年

怎么办?

比一年产生出更多的心怀不满、要起来反抗、决心尽力帮助反专制
制度的斗争的人,而专制制度的令人不堪忍受的状况虽然还没有
被一切人意识到,但已经被愈来愈多的群众日益尖锐地感觉到了。
同时又没有人,因为没有领导者,没有政治领袖,没有擅长于组织
的人才来进行广泛而且统一的、严整的工作,使每一份力量,即使
是最微小的力量都得到运用。"革命组织的增长和发展"不仅落
后于工人运动的增长(这是波一夫也承认的),并且落后于人民各
阶层中的一般民主主义运动的增长。(顺便提一下,现在波一夫
想必会承认这个意见也是对他那个结论的补充吧。)革命工作的
规模同运动的广泛的自发基础比较起来实在太狭小了,它受"同
厂主和政府作经济斗争"这种可悲的理论的束缚实在太厉害了。
但是现在社会民主党人中不仅做政治鼓动工作的人,而且做组织
工作的人,也都应当"到居民的一切阶级中去"。① 未必有任何一
个实际工作者会怀疑,社会民主党人是能够把自己的组织工作方
面的千百种零星职能分配给属于各种各样的阶级的单个人去担任
的。缺少专业化是我们技术上的最大缺点之一,对这个缺点,波一
夫非常痛苦而又非常公正地表示了不满。整个事业中的各道"工
序"分得愈细,也就愈容易找到能够完成这些工序的人(而且大半
是完全不能成为职业革命家的人),警察也就愈难"捕捉"所有这
些"干零星工作的人",愈难借小事捕人来制造"案件",以抵补国
库的"治安"费用。至于那些愿意帮助我们的人的数目,我们在上
一章里已指出了五年来这方面所发生的巨大变化。但是另一方

---

① 例如,近来在军界可以看到民主精神显然活跃起来的现象,这里部分原因是他们
愈来愈多地同工人和学生这种"敌人"进行了街头斗争。所以,只要现有力量许
可,我们一定要对士兵和军官中的宣传和鼓动,对建立属于我们党的"军事组织"
给予严重注意。

面,为了把这一切零星细小的工作统一起来,为了使运动本身不会因运动职能的分散而分散,为了使履行细小职能的人确信自己的工作是必要的和重要的(没有这种信心,他就根本不会进行工作)①,总之,为了做到这一切,就需要有经过考验的革命家的坚强组织。在有了这种组织的情况下,这种组织愈秘密,人们对党的力量的信心就会愈坚定,愈普遍,——而大家知道,在战争中最重要的是不仅要使自己的军队相信自己的力量,并且还要使敌人和一切**中立**分子也相信我们的力量;友好的中立有时可以决定全局。在有了这种建立在稳固的理论基础上并且拥有社会民主党机关报的组织的情况下,就不必害怕大量卷入运动的"局外"人会把运动引入歧途(恰恰相反,正是在现在这种手工业方式盛行的时候,我们看到,倒是有许多社会民主党人趋向于《信条》的路线,他们不过还自以为是社会民主党人罢了)。总而言之,专业化必须以集中化为前提,并且绝对需要有集中化。

波—夫自己虽然出色地描写了专业化的全部必要性,但我们认为他在上述那段议论的后半部却对专业化估计不足。他说工人

---

① 我记得有一个同志曾转告我说,有一位愿意帮助并且确实帮助过社会民主党的工厂视察员诉苦说,他不知道他的"情报"是否传给了真正的革命中心,他的帮助究竟有多大的需要,他那种细小的零碎的帮助究竟有多少被利用的机会。当然,每个实际工作者都知道,我们的手工业方式曾经不止一次使我们失去同盟者。能够并且确实会给我们这种从个别说来很"细小"、合起来却极有价值的帮助的,不仅有工厂方面的职员和官吏,而且有邮政、铁路、税关、贵族、僧侣以及**任何**其他方面的职员和官吏,直到警察和官廷方面的职员和官吏!假使我们已经有了真正的党,真正的战斗的革命家组织,那我们就不会使所有这些"帮手"去担风险,就不会总是急忙地一定要把他们吸收到"秘密活动"的中心里来,恰恰相反,我们会特别保护他们,甚至会专门培养一批人来担任这样的职能,因为我们知道,很多学生以"帮手"的身份,即以官吏的身份所能给党的好处,要比他们以"短期"革命家的身份所给的更多。但是,我再重复一遍,只有已经充分巩固的、不感到积极力量缺乏的组织,才可以运用这个策略。

出身的革命家人数不足。这话完全正确,所以我们要再一次强调
指出:"实地观察者的有价值的报道"完全证实了我们对于当前社
会民主党内的危机的原因以及消除这种危机的方法的意见。不仅
一般说来革命家落后于群众的自发高潮,甚至工人革命家也落后
于工人群众的自发高潮。这个**事实**甚至从"实践"观点上来看也
十分清楚地证明,在讨论我们对工人的义务问题时我们往往被赐
予的那种"教育",不仅是荒谬的,而且**在政治上是反动的**。这个
事实说明,我们首要的最迫切的义务,就是帮助培养出**在党的活动
方面**能够同知识分子革命家具有同等水平的工人革命家(我们所
以要强调在党的活动方面,是因为在其他各方面虽然也必须把工
人提高到这样的水平,但远不是这样容易,远不是这样迫切)。因
此,我们**主要是**应当注意**把**工人**提高**为革命家,而决不是像"经济
派"所希望的那样,必须把自己**降低**为"工人群众",或是像《自由》
杂志所希望的那样,必须**降低**为"中等工人"(在这方面,《自由》杂
志已经升到经济主义"教育"的第二级了)。我决不是否认为工人
写通俗读物,为特别落后的工人写特别通俗的(当然不是庸俗的)
读物的必要性。但使我感到气愤的是,人们常常把教育同政治问
题、同组织问题混在一起。你们这些关心"中等工人"的先生一讲
到工人政治或工人组织就想到必须**弯下腰来**,实际上这毋宁说是
对工人的侮辱。你们还是直起腰来谈严肃的问题吧,你们还是把
教育交给教育家,而不要把它交给政治家和组织家!难道在知识
分子中就没有先进分子、"中等人"和"群众"吗?难道大家不是都
认为知识分子也需要通俗读物吗?难道不是有人在写这种读物
吗?但是,假定说,一个作者在他写的一篇论大学生或中学生组织
问题的文章中,像有什么新发现似的再三说明,必须首先把"中等
大学生"组织起来,这样的作者一定会受到讥笑,并且理应受到讥

笑。人们会对他说:假如你在组织方面真有什么见解,那么就请你
拿出来给我们看看吧,至于我们中间谁是"中等人",谁高些,谁低
些,到时候我们自己也是弄得清楚的。如果你在组织方面没有**自
己的**见解,那么你硬要谈什么"群众"和"中等人",就只能是些枯
燥无味的玩意儿。你要知道,"政治"问题、"组织"问题,这本身就
是很严肃的问题,所以谈这些问题就必须十分严肃。可以而且应
当**训练**工人(以及大学生和中学生),以便**有可能**同他们**来谈**这些
问题,但你既然谈到了这些问题,那就要作出真正的回答来,而不
要倒退,退到"中等人"或"群众"那里去,不要拿一些花言巧语来
敷衍塞责。①

　　为了作好充分的准备来从事自己的工作,工人革命家也应当
成为职业革命家。因此,波—夫说工人既然在工厂中要做 11 个半
小时的工,所以其他各种革命职能(除鼓动之外)的"重担就**不免
要落在人数极少的知识分子肩上**",就是不正确的了。完全不是
"不免要"这样,而是因为我们落后,因为我们没有意识到我们的
义务是要帮助每一个特别有才能的工人变成**职业的**鼓动员、组织
员、宣传员、交通员等等。在这方面,我们简直是在可耻地浪费自
己的人才,不会爱惜我们应当精心培育的人才。请看看德国人吧:
他们拥有的人才要比我们多一百倍,但是他们非常懂得,并不是经
常能从"中等人"中选拔出真正能干的鼓动员等等的。所以他们

① 《自由》杂志第 1 期上所载《组织》一文(第 66 页)中说:"工人大众将用他们沉重
的脚步来支持以俄国劳动界名义提出的一切要求"——"劳动界"这个词一定要大
写! 该文作者又高喊道:"我一点也不敌视知识分子,但是"……(这就是谢德林把
它翻译成"耳朵不会高过额头"的那个**但是**!)⁷……"但是当一个人跑来讲许多非
常漂亮动听的话,并且因自己的〈他的?〉漂亮和其他可取之处而要求别人接受的
时候,我总是感到非常气愤。"(第 62 页)是的,这也使我"总是感到非常气愤"……

总是立即设法为每一个能干的工人创造条件,使他的才能得到充分的发挥和充分的运用。他们使他成为职业鼓动员,鼓励他扩大自己的活动范围,从一个工厂扩大到整个行业,从一个地方扩大到全国。他在自己的职业中获得经验和技能,他扩大自己的眼界和自己的知识,他亲眼看见其他地方和其他政党的卓越的政治领袖,他自己也力求提高到同这些领袖一样的水平,力求做到既了解工人群众,又具备新鲜的社会主义信念,同时也具有无产阶级在同训练有素的大批敌人作顽强斗争时**不能没有**的专业技能。倍倍尔和奥尔一类的人就是这样并且也只是这样从工人群众中选拔出来的。但是,在有政治自由的国家里多半是自然而然地发生的事情,在我们这里却应当由我们的组织来有步骤地进行。凡是有些才干和"有希望的"工人鼓动员,都**不应当**在工厂内做 11 个小时的工。我们应当设法使他靠党的经费来维持生活,使他能够及时地转入秘密状态,使他能随时更换自己的活动地点,否则他就不能获得丰富的经验,不能扩大自己的眼界,不能同宪兵至少周旋几年之久。工人群众的自发高潮愈广愈深,他们所能提拔出来的有才干的人也就愈多,不仅有有才干的鼓动员,而且有有才干的组织员、宣传员以及褒义的"实际工作者"(这样的实际工作者,在我们那些多半带有一点俄国式的懒散和呆板的知识分子中是很少见的)。当我们有了受过专门训练、经过长期教育的工人革命家(当然是"所有各个兵种"的革命家)队伍的时候,世界上任何政治警察都不能战胜这支队伍,因为这支由无限忠于革命的人组成的队伍也一定会获得最广大的工人群众的无限信任。我们真正的**过错**,就是我们很少"推动"工人走上与"知识分子"共同的、学习革命专业技能的道路,却经常用工人群众和"中等工人""能够胜任"什么什么的愚蠢议论来把工人拉向后退。

在这几方面,也像在其他各方面一样,组织工作规模狭小,同缩小我们的理论和我们的政治任务,有明显的和密切的(固然是绝大多数"经济派"和新的实际工作者所不了解的)联系。崇拜自发性使人害怕得连一步也不离开群众"能够胜任的事情",害怕提得太高出于简单地适应群众目前的直接要求。别害怕,先生们!请记住:我们的组织水平非常低,连我们**可能**提得**太**高这种想法都是荒谬的!

## (五) "密谋"组织和"民主制"

可是,在我们中间有很多人对"生活的呼声"非常敏感,以至最怕的正是这一点,他们责备持有上述观点的人是"民意主义",是不懂"民主制"等等。我们必须谈谈这种责备,而对于这种责备,《工人事业》杂志当然也是附和的。

笔者非常清楚地知道,彼得堡的"经济派"早就责备过《工人报》是民意主义(把《工人报》同《工人思想报》比较一下,就会知道这也是可以理解的)。因此,在《火星报》创刊不久,当一个同志对我们说某城的社会民主党人称《火星报》为"民意主义"机关报的时候,我们一点都不感到奇怪。这种责备当然只会使我们感到荣幸。因为,哪一个正派的社会民主党人不曾被"经济派"指责为民意主义呢?

这种责备是由两种误解引起的。第一,在我国,人们很不熟悉革命运动史,竟把凡是主张建立一种向沙皇制度坚决宣战的集中的战斗组织的思想都称之为"民意主义"。但是,70年代革命家所拥有的那种我们大家应当奉为楷模的出色的组织,根本不是民意党人建立起来的,而是后来分裂为土地平分派和民意党人的那些**土地自由派**[214]建立起来的。所以,把战斗的革命组织看做民意党人特有的东西,这在历史上和逻辑上都是荒谬的,因为**任何革命派别**,如果真想作严肃的斗争,就非有这样的组织不行。民意党人的错误并不在于他们极力想把**一切**心怀不满的人吸收到自己的组织中来,引导这个组织去同专制制度作坚决的斗争。恰恰相反,这正是他们伟大的历史功绩。他们的错误在于他们依靠的理论,实质上并不是革命的理论,又不善于或者不能够把自己的运动同发展着的资本主义社会内部的阶级斗争密切联系起来。只有丝毫不了解马克思主义的人(或者按"司徒卢威主义"来"了解"马克思主义的人)才会认为,群众性的自发工人运动的发生**解除**了我们建立一个像土地自由派所拥有的那样好的或者还要好得多的革命家组织的责任。恰恰相反,这个运动正是**加给**了我们这样的责任,因为无产阶级的自发斗争如果没有坚强的革命家组织的领导,就不能成为无产阶级的真正的"阶级斗争"。

第二,有许多人,看来波·克里切夫斯基也包括在内(《工人事业》杂志第10期第18页),对于社会民主党人一向进行的反对用"密谋主义"观点对待政治斗争的论战了解得不正确。当然,我们一向反对,并且始终都要反对把政治斗争**缩小**为密谋①,但是,不言而喻,这决不是否认建立坚强的革命组织的必要性。例如在脚注中提到的那本小册子里,除了进行论战来反对把政治斗争归结为密谋之外,还描绘出了(作为社会民主党的理想)一种非常坚强的组织的轮廓,这种组织能够"为了给专制制度以决定性打击"而采取

---

① 参看《俄国社会民主党人的任务》第21页,驳彼·拉·拉甫罗夫。(见本卷第150—152页。——编者注)

"起义"以及任何"其他进攻手段"①。在专制制度的国家里,这种坚强的革命组织按其**形式**来说也可以称为"密谋"组织,因为法文的"conspiration"("秘密活动")一词相当于俄文的"密谋",而秘密性是这种组织所绝对必需的。对这种组织来说,秘密性是最必要的条件,其余一切条件(如成员人数、成员的挑选、职能等等),都应当同这一条件相适应。因此,害怕别人责备我们社会民主党人要建立密谋组织,那就未免太幼稚了。这种责备,也像说我们是"民意主义"的那种责备一样,是每个反对"经济主义"的人都应当引以为荣的。

有人会反驳我们说:这样一种把秘密活动的一切线索都集中在自己手里的强有力的严守秘密的组织,这样一种必须集中化的组织,也许会过分轻易地举行过早的进攻,也许会轻率地使运动激化起来,而当时政治不满的增长以及工人阶级怒潮的高涨等等还没有达到有可能而且有必要这样做的地步。对于这一点,我们的回答是:抽象地说,当然不能否认战斗组织**可能会**去作轻率的战斗,这**可能会**遭受在另外一种条件下决不是不可避免的失败。但是在这样的问题上决不能只作抽象的推测,因为任何一次战斗抽象地说都有失败的可能性,而除了有组织地准备战斗之外,再没有别的方法可以**减少**这种可能性。只要我们把问题提到现代俄国条

---

① 《俄国社会民主党人的任务》第23页。(见本卷第152页。——编者注)这里我们还要顺便举出一个例子,这个例子说明《**工人事业**》杂志或者是不懂得自己所讲的话,或者是"看风使舵地"改变自己的观点。在《工人事业》杂志第1期上,有一句用黑体刊印的话:"**该小册子所阐述的基本思想同《工人事业》杂志编辑部的纲领完全一致**。"(第142页)真的吗? 群众运动不能以推翻专制制度作为首要任务的观点,同《任务》这本小册子的观点一致吗?"同厂主和政府作经济斗争"的理论同《任务》这本小册子的观点一致吗? 阶段论同《任务》这本小册子的观点一致吗? 请读者判断一下,像这样独特地理解"一致"这个词的机关报,能否说它有什么原则坚定性呢?

件这个具体基点上,就会得出一个肯定的结论:正是为了使运动具有稳固性,**防止**轻率进攻的可能性,才绝对需要一个坚强的革命组织。而现在正是在缺乏这种组织的情况下,在革命运动迅速地自发增长的时候,**已经出现了**两个相反的极端(它们是应该"殊途同归"的):一会儿是毫无根据的"经济主义"和稳健的说教,一会儿是同样毫无根据的"激发性的恐怖手段",即企图"在虽然已发展和加强起来、但还近于开端而不近于结局的运动中,人为地引起运动结束的征兆"(维·查·的文章,《曙光》杂志第 2—3 期合刊第 353页)。《工人事业》杂志的例子表明,现在**已经有**一些社会民主党人屈从于这两个极端了。这种现象是不奇怪的,所以会有这种现象,除了其他原因之外,还因为"同厂主和政府作经济斗争"**永远**也不能使革命家感到满意,于是也就始终会时而在这里,时而在那里产生两个相反的极端。只有集中的战斗组织,坚定地实行社会民主党的政策并能满足所谓一切革命本能和革命要求的组织,才能使运动不致举行轻率的进攻而能准备好有把握取得胜利的进攻。

其次,有人还会反驳我们说:这种组织观点是同"民主原则"相抵触的。如果说前面那个责备是俄国的特殊产物,那么这个责备就带有**国外的特点**。只有国外的组织("俄国社会民主党人联合会")除向自己的编辑部发出其他指示外,还能发出下面这样的指示:

> "**组织原则**。为了社会民主党的顺利发展和统一,必须强调、发展和维护社会民主党组织的广泛民主原则,这一点所以特别必要,是因为在我们党内发现了反民主倾向。"(《两个代表大会》第 18 页)

关于《工人事业》杂志究竟怎样同《火星报》的"反民主倾向"作斗争,我们将在下一章中讲到。现在我们仔细地考察一下"经济派"所提出的这个"原则"。每一个人大概都会同意"广泛民主原

则"要包含以下两个必要条件:第一,完全的公开性;第二,一切职务
经过选举。没有公开性而谈民主制是很可笑的,并且这种公开性还
要不仅限于对本组织的成员。我们称德国社会党组织为民主的组
织,因为在德国社会党内一切都是公开进行的,甚至党代表大会的
会议也是公开的;然而一个对所有非组织以内的人严守秘密的组
织,谁也不会称之为民主的组织。试问,既然"**广泛民主原则**"的基
本条件对秘密组织来说**是无法执行的**,那么提出这种原则又有什么
意思呢? 这样,"广泛原则"只不过是一句响亮的空话。不仅如此,
这句空话还证明人们完全不了解目前组织方面的迫切任务。大家
知道,在我们这里,在"广大的"革命者中间流行的那种不守秘密的
现象是十分严重的。我们已经看到波一夫怎样痛苦地抱怨这一点,
他完全正确地要求"严格地选择成员"(《工人事业》杂志第 6 期第
42 页)。可是有一些以"对实际生活的敏感"自夸的人,在这种情况
下**强调的**不是必须严守秘密和极其严格地(因而也就是比较狭隘
地)选择成员,而是"**广泛民主原则**"! 这真是胡说八道。

关于民主制的第二个标志即选举制,情况也并不见得好些。
这个条件在有政治自由的国家中是不成问题的。德国社会民主党
的组织章程第 1 条写道:"凡承认党纲的原则并尽力帮助党的人
都可以成为本党党员。"既然整个政治舞台都公开摆在大家面前,
就像戏剧舞台摆在观众面前一样,那么一个人承认不承认党纲,帮
助党还是反对党,大家都可以从报纸上,从公众集会上看得出来。
大家都知道,某个政治活动家起初做过什么,后来又经历过什么变
化;他在困难时候表现得怎样,他的品质一般说来又是如何,因此,
**全体**党员自然都能胸中有数地决定是否选举这个活动家来担任党
的某种职务。对于党员在政治舞台上的一举一动进行普遍的(真
正普遍的)监督,就可以造成一种能起生物学上所谓"适者生存"

的作用的自动机制。完全公开、选举制和普遍监督的"自然选择"作用,能保证每个活动家最后都"各得其所",担负最适合他的能力的工作,亲身尝到自己的错误的一切后果,并在大家面前证明自己能够认识错误和避免错误。

把这种情况拿到我们专制制度的国家中来试试看吧! 要所有"承认党纲的原则并尽力帮助党的人"来监督秘密革命家的一举一动,这在我国是否做得到呢? 既然革命家为了工作,**必须**使"所有的人"中的十分之九都不知道他是什么人,那怎么能要求所有的人来选举这些秘密革命家中的这个人或者那个人呢? 只要稍微考虑一下《工人事业》杂志所讲的那些响亮词句的真正意义,就可以知道在黑暗的专制制度下,在流行由宪兵来进行选择的情况下,党组织的"广泛民主制"只是一种**毫无意思而且有害的儿戏**。说它是一种毫无意思的儿戏,是因为实际上任何一个革命组织从来也没有实行过什么**广泛民**主制,而且无论它自己多么愿意这样做,也是做不到的。说它是一种有害的儿戏,是因为贯彻"广泛民主原则"的尝试,只会便于警察进行广泛的破坏,永远保持目前盛行的手工业方式,转移实际工作者的视线,使他们放弃把自己培养成职业革命家这种重大的迫切任务,而去拟定关于选举制度的详细的"纸上"章程。只有在国外,由于没有可能找到真正的实际工作来做的人常常聚集在一起,这种"民主制的儿戏"才能在某些地方,特别是在各种小团体中间广泛流行。

《工人事业》杂志所惯用的手段,就是提出在革命事业中实行民主制这种体面的"原则",为了向读者表明这种手段是毫不体面的,我们还要再找一个见证人。这个见证人就是伦敦《前夕》杂志的编辑叶·谢列布里亚科夫,他非常同情《工人事业》杂志而极端仇视普列汉诺夫和"普列汉诺夫派"。《前夕》杂志在论国外"俄国社会民主党人联合会"的分裂问题的文章中,曾经坚决地站在《工人事业》杂志一边,用一大堆抱怨的话来攻击普列汉诺夫[215]。因此,这个见证人在这个问题上对我们更有价值。在《前夕》杂志第7期(1899年7月)所载的《论工人自我解放社宣言》一文中,叶·谢列布里亚科夫指出,"在严肃的革命运动中"提出什么"妄自尊大、领袖地位以及所谓阿雷奥帕格[216]"的问题是"不体面的",他写道:

"梅什金、罗加乔夫、热里雅鲍夫、米哈伊洛夫、佩罗夫斯卡娅、菲格涅尔等人,从来也没有以领袖自居,而且谁也没有选举过他们,没有委任过他们,但他们确实是些领袖,因为无论在宣传时期或在同政府斗争时期,他们都担负最艰巨的工作,总是到最危险的地方去,并且他们的活动也最有成效。他们的领袖地位并不是他们自己要来的,而是周围同志们对他们的智慧、毅力和忠诚表示信任的结果。害怕什么可以独断独行地指挥运动的阿雷奥帕格(如果不害怕,又为什么要写它呢),那就未免太幼稚了。谁会听从它呢?"

我们要问问读者:"阿雷奥帕格"同"反民主倾向"有什么区别呢?很明显,《工人事业》杂志的"体面的"组织原则恰恰是既很幼稚,又不体面。说它幼稚,是因为谁也不会听从"阿雷奥帕格"或者有"反民主倾向"的人,除非"周围同志们对他们的智慧、毅力和忠诚表示信任"。说它不体面,是因为这是一种蛊惑人心的手段,利用一部分人爱慕虚荣,一部分人不熟悉我们运动的实际情况,一部分人缺乏修养和不熟悉革命运动的历史来投机取巧。我们运动中的活动家所应当遵守的唯一严肃的组织原则是:严守秘密,极严格地选择成员,培养职业革命家。只要具备这些品质,就能保证有一种比"民主制"更重要的东西,即革命者之间的充分的同志信任。而这种更重要的东西对我们来说是绝对必要的,因为在我们俄国是根本不可能用普遍的民主监督来代替它的。如果以为无法实行真正"民主的"监督,就会使革命组织的成员成为不受监督的人,那就大错特错了。他们没有时间去考虑民主制(一些完全相互信任的同志们所构成的狭小的核心内部的民主制)的儿戏形式,但他们非常真切地感觉到自己的**责任**,并且他们从经验中知道,真正的革命家组织是会用一切办法来清除其中的不良分子的。而且我们还拥有在俄国(以及国际)革命队伍中由来已久的相当普遍的舆论,这种舆论对于一切偏离同志关系(要知道,"民主制",真正的、不是儿戏式的民主制,正是同志关系这个总的概念的一部分!)的义务的行为,都要予以严厉的谴责。你们要是注意到这一切,那就会知道,这些关于"反民主倾向"的论调和决议散发出来的那种在国外玩弄领袖儿戏的气味,该是多么腐臭啊!

还必须指出,这种论调的另一种根源,即幼稚,也是由于人们对民主这个观念认识不清而造成的。在韦伯夫妇论英国工联的书里有一章《原始的民主》是很值得注意的。作者在这里写道,英国工人在他们的工会存在的初期曾认为,民主的必要特征就是要由大家来担负工会管理方面的一切工作:不仅一切问题要由全体会员表决,并且工会的职位也要由全体会员轮流担任。只有通过长期的历史经验,工人才懂得这样一种民主观念是荒唐的,才懂得必须成立代表机关和设置专职人员。只有工会的钱库遭到几次破产,工人才懂得,所交会费和所得津贴之间的比例问题不能单用民主表决来决定,还要征求保险业专家的意见。其次,你们读一读考茨基论议会制度和人民立法的那本书①,就可以知道马克思主义理论家的结论同"自发地"联合起来的工人的多年实践的教训是相吻合的。考茨基坚决斥责里廷豪森对于民主的原始见解,嘲笑那些借口实行民主而要求"人民的报纸直接由人民编辑"的人,证

---

① 指《议会政治、人民立法和社会民主党》。——编者注

明为了实现社会民主党对无产阶级的阶级斗争的领导就必须有**专职的**新闻工作者和**专职的**国会议员等等,抨击"无政府主义者和著作家的社会主义",这些人为了"哗众取宠"而鼓吹直接的人民立法制,他们不懂得在现代社会中很少有采用这种制度的可能。

凡是在我们运动中实际工作过的人都知道,"原始的"民主观点在青年学生和工人群众中广为流行。这种观点也渗透到章程和书刊中去是不足为怪的。伯恩施坦派的"经济派"在自己的章程上写道:"第10条。与整个联合会利益有关的一切事情,都应当由全体会员的多数决定。"恐怖派的"经济派"也重复他们的话:"委员会的决议须经所有小组通过才能生效。"(《自由》杂志第1期第67页)请注意,这种普遍采用全民投票的要求,是作为按选举原则建立**整个**组织的要求的**补充**而提出的! 当然,我们远没有因此而责备实际工作者的意思,因为他们认识真正民主组织的理论和实践的机会太少了。但是,妄想起领导作用的《工人事业》杂志在这种条件下只限于提出广泛民主原则的决议,我们怎么能够不说这只是"哗众取宠"呢?

## (六)　地方工作和全俄工作

如果说反对这里所叙述的组织计划,认为这种组织不合乎民主制并带有密谋性质的意见已经证明是毫无根据的,那么,还有一个经常提出的问题也是值得详细探讨的。这就是地方工作和全俄工作的相互关系问题。有人担心:建立集中化的组织,会不会使重心从地方工作转移到全俄工作上去呢? 这会不会削弱我们同工人群众的联系的牢固性以及一般地方鼓动工作的稳定性,从而使运动受到损失呢? 我们回答说:近年来我们的运动恰恰是由于地方活动家过分埋头于地方工作而受到损害;因此,把重心稍稍转移到全俄工作上去是绝对必要的;这种转移不会削弱,而会既加强我们的联系的牢固性又加强我们的地方鼓动工作的稳定性。我们就拿中央机关报和地方机关报问题来谈吧,同时请读者不要忘记:我们不过是把报纸工作当做一个**例子**来说明更广泛更复杂得多的一般革命事业。

在群众运动的第一个时期(1896—1898 年),地方活动家曾试图创办全俄的机关报《工人报》;在下一个时期(1898—1900 年),运动前进了一大步,但领导者的注意力却完全放在地方机关报的工作上了。假使把所有的地方机关报加在一起,那么大致说来每月只出一号。① 这难道不是清楚地表明了我们的手工业方式吗? 这难道不是明显地说明我们的革命组织落后于运动的自发高潮吗? 假使**同样多**号数的报纸不是由各个分散的地方团体而是由统一的组织来出版,那么我们就不仅可以节省大批人力,并且可以使我们的工作具有大得多的稳定性和继承性。但无论是几乎专为地方机关报**积极**工作的实际工作者(可惜,直到现在多半还是这样),还是在这个问题上表现出惊人的唐·吉诃德精神**218**的政论家,都往往忽略这个简单的道理。实际工作者通常满足于这样的看法:地方活动家要办全俄报纸是"困难"的②,有地方报纸总比没有任何报纸要好些。后面这个意见当然是完全正确的,而在承认地方报纸**一般**是有重要作用和很大好处这一点上,我们并不亚于

---

① 见《向巴黎代表大会的报告》**217** 第 14 页:"从那时(1897 年)起到 1900 年春止,在不同的地方总共出版了 30 号不同的报纸…… 平均每个月出版一号以上。"

② 这种困难只是表面上的。其实,**没有**一个地方小组不能积极地担负起全俄的工作的某一职能。"不要说'我不能',而要说'我不想'。"

任何一个实际工作者。但现在所说的并不是这一点,而是能否摆脱全俄国两年半出版30号地方报纸所明显地反映出来的分散状态和手工业方式。请你们不要只是停留在地方报纸一般有好处这种毋庸置辩、但是过于笼统的议论上面,应当也有勇气公开承认两年半的经验所暴露出来的地方报纸的消极方面。这种经验证明:在我国现在的条件下,地方报纸往往在原则上不坚定,在政治上无意义,在消耗革命力量方面代价太高,在技术方面丝毫不能令人满意(我指的当然不是印刷的技术,而是出版的次数和定期性)。所有这些缺点都不是偶然现象,而是分散状态的必然结果,这种分散状态一方面是地方报纸在这个时期中占优势的原因,另一方面它又靠这种优势而**得以维持下去**。单个的地方组织简直**无力**保证自己的报纸具有原则上的坚定性和把它提到政治机关报的高度,**无力**收集和利用充分的材料来说明我国的全部政治生活。在自由国家里,通常主张必须出版许多地方报纸,理由是报纸由地方工人印刷,价格便宜,并且可以更全面更迅速地为当地居民提供消息,而在我们俄国,正像经验所证明的那样,这种**理由**却成了**反对**地方报纸的根据。地方报纸在消耗革命力量方面代价太高,出版次数又**特别**少,其原因很简单:办**秘密**报纸,无论规模多么小,总要有庞大的秘密机构,而这种机构又需要有工厂大工业,因为在手工作坊中是产生不出这种机构来的。秘密机构的原始性,往往(每个实际工作者都知道许多这样的实例)使警察利用一两号报纸的出版和散发就造成**大规模的**破坏,结果往往把一切都搞得精光,使我们不得不再从头开始。良好的秘密机构,要求革命家有很好的专业训练和极严格的分工,而这两个要求对于单个的地方组织来说,无论当时力量多么强也是根本办不到的。不要说我们整个运动的总的利益(对工人进行原则坚定的社会主义教育和政治教育),就是专门的地方利益,也**不是地方机关报能够给予更好照顾的**。这乍看起来似乎不合情理,但实际上我们上面指出的那两年半的经验已十分确凿地证明了这一点。谁都会承认,假使把出版了 30 号报纸的全部地方力量都用来办一个报纸,那么这个报纸就会很容易地出 60 号,甚至 100 号,因而也会更充分地反映出运动的纯粹地方性质的一切特征。这种创建工作当然是不容易的,但是必须使我们大家都了解这种工作是必要的,必须使每个地方小组都考虑并且**积极从事**这种工作,不要等待外力的推动,不要迷信地方机关报容易办和接近地方,其实,根据我们的革命工作经验来看,这些优点大都是虚幻的。

所以,那些自以为特别接近实际工作者的政论家实际上对实际工作起着不好的作用,他们看不见这种虚幻性,却用一种极其廉价和极其空洞的议论来支吾搪塞,说什么需要有地方报纸,需要有地区报纸,需要有全俄报纸。当然,一般说来,所有这些都是需要的,但既然是要解决具体的组织问题,也就需要想一想环境和时间的条件。例如,《自由》杂志(第 1 期第 68 页)在专门"谈论**报纸问题**"的时候竟说:"我们觉得,一切稍大的工人聚居地点都应当有本地的工人报纸,不是从别的地方运来而是本地出版的工人报纸。"这难道不是地道的唐·吉诃德精神吗?假使这位政论家不愿意考虑他自己所说的这些话的意思,那就请读者来替他考虑考虑吧:俄国有几十个,甚至几百个"稍大的工人聚居地点",如果真是每个地方组织都来创办本地的报纸,那就会使我们的手工业方式永世长存了!这种分散状态会使我国的宪兵轻而易举地——不费"稍大的"力气就在地方活动家一开始活动时把他们抓走,而不等他们发展成为真正的革命家!该文作者继续写道:在全俄的报纸上叙述"本城以外的各个城市的"工厂主的卑鄙勾当和"工厂的生活琐事"是没有趣味的,而"奥廖尔人读到奥廖尔本城的消息时,就一点也不会感到枯燥无味了。他每次知道把谁'骂了一顿',把谁'揍了一顿',精神就会振作起来"。(第69页)不错,奥廖尔人是会精神振作起来的,可是我们的这位政论家的思想也未免太"振作"了。这种为舍本逐末习气辩护的态度是否适当呢?——这才是他应当好好考虑一下的问题。在承认工厂揭露工作的必要性和重要性这方面,我们并不亚于任何人,可是要记住,我们现在已经弄到这种地步,甚至彼得堡人读到彼得堡出版的《工人思想报》上的彼得堡通讯时也都感到枯燥无味了。为了在各地进行工厂揭露工作,我们一向都印发传单,并且**将来也一直要印发**,但是**报纸**这种出版物,我们应当把它提高,而不应当把它降低到工厂传单的水平。我们在"报纸"上所要揭露的主要不是"琐事",而是工厂生活中重大的典型的缺点,这种揭露用的是特别突出的事例,所以它们能够使**全体**工人和所有领导运动的人都感兴趣,能够真正丰富他们的知识,扩大他们的眼界,能够促使新的地区和新的行业的工人觉醒起来。

"其次,在地方报纸上能把工厂主管或其他当局的一切卑鄙勾当立即当场揪住。可是共同的报纸离得很远,等一个消息传到的时候,本地方的人早已把它忘记了:'究竟是什么时候发生的呢?咳,记不起来了!'"(同上)是啊,记不起来了!我们从这同一个材料中知道:两年半出版的30号报纸是在6个城市印行的。这就是说,平均一个城市**半年出版一号报纸**!即使我们的这位轻率的政论家在自己的设想中把地方工作的效率**提高两倍**(这对中等城市来说是绝对不正确的,因为在手工业方式范围内是无法人人提高效率的),那么结果也不过是两个月出版一号,也就是说,根本算不了什么"当场揪住"。但是,如果十个地方组织联合起来,派遣自己的代表去积极筹办一个共同的报纸,那就可以把**全俄各地**发生的一些并非琐事而是真正突出的典型的丑恶现象每两星期"揪住"一次。这是任何一个熟悉我们各地组织实际情况的人都不会怀疑的。至于要在犯罪的现场揪住敌人,假如说的是正经话而不是哗众取宠,那就根本不是秘密报纸所能做到的事情。这样的事情只有通过暗中散发传单才可以做到,因为要做到在现场揪住的最长期限往往是不超过一两天的(例如普通的短期罢工,或工厂中的格斗,或游行示威等等)。

"工人不仅是在工厂内生活,并且是在城市内生活",——我们的这位作者继续写道,他用一种连波里斯·克里切夫斯基也自愧不如的彻底性从局部问题上升到了一般问题。于是他就指出城市杜马、城市医院、城市学校等问题,要求工人报纸不要用缄默来回避城市的一般情况。这个要求本身是很好的,但它特别明显地表明人们在谈论地方报纸问题时往往只限于发表空洞、抽象的议论。第一,如果真是"在一切稍大的工人聚居地点"都出版一种辟有《自由》杂志所要求的详细的本城消息专栏的报纸,那么这在我们俄国的条件下,就不免要变成真正的舍本逐末了,不免要削弱人们对于向沙皇专制制度发动全俄革命攻击的重要性的认识,不免要加强一个派别(它责备革命家过多地谈论不存在的议会而过少地谈论现在存在的城市杜马[219],这一名言使它声名大振)的幼芽,这种幼芽还很有生命力,现在只是隐藏着或被压抑着,但远没有连根拔除。我们所以说"不免",是要借以着重指出:《自由》杂志显然并不愿意有这种结果,而愿意有相反的结果。可是,只有善良的愿望是不够的。为了使说明城市情况的工作的方向适应我们的整个工作,**首先**就要把这个方向全部拟定出来,不仅要通过议论,而且要通过大量实例把这个方向明确地规定下来,使它成为牢固的**传统**。我们现在还远没有做到这一点,而这一点却**首先**需要做到,然后才能想到和谈到广泛的地方报刊的问题。

第二,要真正很好地、很有趣味地描写城市情况,就要很好地了解而不是仅仅从书本上了解这些情况。但具有这些知识的社会民主党人,**在全俄**几乎根本没有。要在报纸上(而不是在通俗小册子上)谈城市和国家的情况,就需要有新鲜的、各方面的、由能干的人收集并整理过的材料。而为了收集和整理这样的材料,靠那种大家一起管理一切、以全民投票的儿戏作为消遣的原始小组所实行的"原始的民主",当然是不够的。为此就需要有专门的作家、专门的通讯员组成的大本营;需要有社会民主党人记者组成的大军,这些记者到处建立联系,善于打听到各种各样的"国家机密"(俄国官吏常以知道这些机密自傲,并且随便泄露出去),善于钻到各种各样的"幕后",——需要有"因职务关系"而必须无孔不入和无所不知的人所组成的大军。我们这个反对**任何**经济、政治、社会和民族压迫的党,能够而且应当去寻找、召集、训练、动员并调动这支无所不知的人所组成的大军去作战,——但这一切都还是有待于我们去做的事! 我们在绝大多数地方不仅在这一方面没有采取任何步骤,甚至常常没有**认识到**这样做的必要性。如果你们到我们社会民主党的报刊上去找找有关我国外交、军事、教会、市政、金融以及其他等等方面的各种大小事情的生动有趣的论文、通讯和揭露文章,那么你们会发现**几乎根本没有**,或者说是绝无仅有。[①] 所以"当一个人跑

---

① 正因为如此,甚至那些最好的地方机关报的例子,也可以完全证明我们的观点正确。例如《南方工人报》**220**是一个很好的报纸,它在原则坚定性方面完全是无可非议的。但是,它想给予地方运动的东西,由于出版次数很少并且遭到广泛破坏而没有办到。目前党的最迫切的工作,即从原则上提出运动的根本问题和进行全面的政治鼓动,是地方机关报不能胜任的。而《南方工人报》所提供的特别好的东西,如关于矿业主代表大会、关于失业等等问题的文章,却又不是纯粹地方性的材料,不仅南方需要,**而且全俄各地都需要**。这样的文章在我们社会民主党的所有报刊上都没有见到过。

来讲许多非常漂亮动听的话",说什么必须"在一切稍大的工人聚居地点"都出版一个揭露工厂、城市以及国家的丑恶现象的报纸的时候,"我总是感到非常气愤"!

地方报刊比中央报刊占优势,这既可以是贫乏的表现,也可以是富裕的表现。当运动还没有创造出从事大生产的力量时,当运动还拘泥于手工业方式,还几乎完全沉溺于"工厂生活琐事"中的时候,这就是贫乏的表现。而当运动**已经完全能够执行**全面揭露和全面鼓动的任务,因而除了中央机关报之外,还需要有许多地方机关报的时候,这就会是富裕的表现。现在我们的地方报纸占优势的情况究竟表明什么,让每个人自己去解答吧。而我只是把自己的结论确切地表述出来,以免引起误解。我们的大多数地方组织到现在为止还都是几乎只想到地方机关报,几乎专为地方机关报积极工作。这是不正常的。应当恰恰相反:大多数地方组织主要应当想到全俄机关报,主要应当为全俄机关报工作。在没有做到这一点以前,我们就办不成**任何一家**多少能够用刊物上的**全面**鼓动来真正为运动服务的报纸。而如果这一点做到了,必要的中央机关报同必要的地方机关报之间的正常关系也就自然会建立起来。

*　　　　*　　　　*

乍看起来,关于必须把工作重心从地方工作转移到全俄工作上去的结论,似乎不能适用于专门的经济斗争的范围,因为工人在这里的直接敌人是单个的企业主或单个的企业主集团,这些人没有结成组织,丝毫不像我们在政治斗争中的直接敌人俄国政府那样,拥有一个十分集中的、连极琐碎的事情都由统一意志来指挥的纯粹军事组织。

但实际上并不是这样。我们已经多次指出:经济斗争是一种工会斗争,因此它要求按工人的职业而不只是按工人的工作地点联合起来。我国的企业主愈是迅速地联合成各种公司和辛迪加，工人的这种职业性联合也就愈加迫切需要。我们的分散状态和手工业方式直接妨碍着这种联合，而为了这种联合就必须有能够领导全俄一切工会的全俄统一的革命家组织。我们上面已经讲了为此目的所应当建立的那种组织，现在只想就我们的报刊问题补充几句。

在每个社会民主党报纸上都应当有工会斗争（经济斗争）**栏**，这未必有谁会怀疑。但是工会运动的发展，也使人不得不想到工会报刊的问题。然而我们觉得，除了极少的例外，在俄国暂时还谈不到工会报纸的问题。这是一种奢侈品，而我们往往连糊口的面包都没有。在我国，适合于秘密工作条件并且现在就很需要的工会报刊形式，应当是**工会小册子**。在这种小册子里，应当把**公开的**①和秘密的材料，如有关本行业的劳动条件，本行业的劳动条件

①　在这方面，公开的材料特别重要，而我们却特别不善于有系统地收集和利用这些材料。可以毫不夸张地说：单是根据公开的材料，还可以勉强写一本工会小册子，而单是根据秘密材料，就办不到了。我们要从工人那里收集像《工人思想报》印发的那些问题**221**的秘密材料，就会白白浪费革命家很多力量（在这方面，公开的活动家很容易代替革命家），而且始终得不到好的材料，因为工人往往只知道大工厂中某一部门的情况，差不多总是只知道自己的劳动的经济结果，却不知道自己的劳动的一般条件和定额，所以他们根本无法获得工厂职员、视察员和医生等等所具有的那些知识，无法获得大量散见于零碎的报纸通讯上的和工业、卫生以及地方自治机关等等方面的专门出版物上的那些知识。

我很清楚地记得那个我永远也不会去重复的"初次尝试"。我曾经费了好几个星期的工夫，"寻根究底地"询问一个常到我这里来的工人，要他把他做工的那个大工厂里的一切情形都告诉我。不错，我费了很大的气力，总算勉勉强强写了一篇关于这个工厂（仅仅关于一个工厂！）的文章，可是这个工人在我们谈话结束时有时一面擦汗，一面微笑着说："回答你的问题，比加班干活还累！"

我们愈是积极进行革命斗争，政府也就愈会被迫承认一部分"工会"工作为合法工作，这样就能解除我们的一部分负担。

在俄国各地的区别,本行业工人的主要要求,本行业的立法的各种
缺点,本行业工人的经济斗争中的突出事件,他们的工会组织的萌
芽、现状和需要及其他等等问题的材料,都收集起来,并加以系统
整理。这种小册子,第一,能使我们的社会民主党报刊不必登载许
多只能引起某一行业工人注意的工会的详细情况;第二,这种小册
子能把我们的工会斗争的经验的结果记载下来,能把收集起来
的、现在可以说散见于大量的传单和片断通讯中的材料保存下来,
并且加以概括;第三,这种小册子能成为鼓动员的一种工作指南,
因为劳动条件的变化是比较缓慢的,某一行业的工人的基本要求
是非常稳定的(请比较一下1885年莫斯科地区纺织工人的要求和
1896年彼得堡地区纺织工人的要求)[222],这种要求和需要汇集起
来,在若干年内都可以成为在落后的地区或落后的工人阶层中进
行经济鼓动的很好的参考材料;一个地区罢工取得胜利的例子,一
个地区生活水平较高、劳动条件较好的材料,都能鼓励别的地方的
工人去进行一次又一次的斗争;第四,社会民主党如果最先担负起
推广工会斗争的责任,从而使俄国工会运动同社会主义的联系巩
固起来,它就会同时注意使我们的工联工作在我们社会民主党的
全部工作中所占的分量,既不太大,也不太小。地方的组织如果同
其他城市中的组织隔离,在这方面就很难甚至几乎不能保持恰如
其分的比例(《工人思想报》的例子就说明在这方面能够把工联
主义夸大到多么荒唐的地步)。而全俄的革命家组织,由于具有
坚定的马克思主义的观点,领导着全部政治斗争,并且有职业鼓
动员的大本营,所以在确定这种恰如其分的比例时就决不会感
到困难。

# 五

# 全俄政治报"计划"

波·克里切夫斯基责备我们有"使理论脱离实践而把它变为死教条"的倾向,他写道(《工人事业》杂志第10期第30页):"《火星报》在这方面的最大错误"就是"它那个全党组织的'计划'"(即《从何着手?》一文①)。马尔丁诺夫也附和他说:"《火星报》有轻视平凡的日常斗争进程的意义而偏重宣传光辉的完备的思想的倾向……结果就在第4号上所载的《从何着手?》一文中提出了党的组织的计划。"(同上,第61页)最后,尔·纳杰日丁近来也出来响应对这个"计划"(引号想必是表示对这个计划的讽刺)表示愤慨的人们。他在我们刚刚收到的《革命前夜》一书(这本书是我们已经熟知的那个"革命社会主义"**自由社**出版的)中说道:"现在来谈什么由全俄报纸牵线的组织,就是培植脱离实际的思想和脱离实际的工作"(第126页),就是"文人习气"的表现等等。

我们的恐怖派和"平凡的日常斗争进程"的拥护者志同道合,这并不使我们感到奇怪,因为我们在论述政治和组织的那两章里已经考察了他们这种互相接近的根源。但是现在我们也应当指出:尔·纳杰日丁,并且只有他一个人,打算诚心诚意地来研究一下他所不喜欢的这篇文章的思路,打算从实质上来回答这篇文章,而《工人事业》杂志却没有从实质上讲过任何一句话,只是竭力用

---

① 见《列宁全集》第2版第5卷第1—10页。——编者注

一大堆无聊的蛊惑人心的胡言乱语来搞乱问题。于是,无论我们怎样不乐意,也不得不费些时间来首先打扫一下这个奥吉亚斯的牛圈**223**。

## (一) 谁因《从何着手?》一文而生气了? ①

让我们把《工人事业》杂志用来攻击我们的那一大堆用语和感叹词句摘录一下吧。"不是报纸能够建立党的组织,而是相反……""一个凌驾于党之上、**不受党的监督**、因拥有自己的代办员网而离开党独立存在的报纸……""《火星报》忘记了它自己所属的那个党的实际存在的社会民主党人组织,这岂非咄咄怪事?……""拥有坚定的原则和相应的计划的那些人,也就是党的实际斗争的最高支配者,他们可以命令党去执行他们的计划……""这一计划把我们的活跃的和富有生命力的组织都赶入阴间,而想把一个幻想的代办员网呼唤到人世间来……""《火星报》的计划如果实现,就会把我们这个已在形成起来的俄国社会民主工党的痕迹都一扫而光……""一个宣传性的机关报成为整个实际革命斗争中不受监督的、专制的立法机关……""我们的党对于强迫它**完全服**从一个自主的编辑部这一点应当采取什么态度",如此等等。

读者从上述这些引文的内容和口气中可以看出,《工人事业》杂志是**生气了**。但它之所以生气,并不是为了自己,而是为了我们

---

① 在《十二年来》文集中,列宁略去了第 5 章第 1 节,并加了如下注释:"本版略去了第 1 节《谁因〈从何着手?〉一文而生气了?》,因为它的内容完全是同《工人事业》杂志和崩得就《火星报》企图'指挥'……的问题进行的论战。在这一节中顺便还谈到,正是崩得自己曾邀请(1898—1899 年)《火星报》的成员恢复党的中央机关报和组织'写作实验所'的。"——俄文版编者注

党的那些组织和委员会,仿佛《火星报》想把它们赶入阴间,甚至把它们的痕迹都要一扫而光。你想,多可怕呀! 不过,有一点是很奇怪的。《从何着手?》一文发表于1901年5月,《工人事业》杂志上的那些文章发表于1901年9月,而现在已经是1902年1月中旬了。在这整整五个月里(无论是在9月以前或在9月以后),党内**既没有一个**委员会,**也没有一个**组织提出过正式抗议来反对这个想把各个委员会和组织都赶入阴间的恶魔! 要知道,在这期间,无论是在《火星报》上,还是在许多其他的地方出版物或非地方出版物上,却发表了几十篇、几百篇来自俄国各地的通讯。为什么要被人家赶入阴间的那些人居然没有觉察到这一点,也没有因此生气,而生气的却是第三者呢?

所以会这样,是因为各个委员会以及其他组织都在从事真正的事业,而不是玩弄什么"民主制"的儿戏。各个委员会都读了《从何着手?》一文,都认为这是想"制定出一定的组织计划,**以便能够从各方面着手建立组织**"的一种尝试。同时,因为它们都很清楚地知道和看到,这个"各方面"中的**任何一方面**在没有确认建立组织的必要性和建筑计划的正确性以前,是不会想到要"着手建立"的,所以它们也就自然没有想到要对有人胆敢在《火星报》上说出下面的话而"生气":"鉴于问题的迫切重要性,我们想提出一个计划草案来请同志们考虑。关于这个计划,我们在准备出版的一本小册子里将作更详细的发挥。"①如果同志们**采纳**这个提请他们考虑的计划,那么他们执行这个计划就不是由于"被迫服从",而是由于相信它是我们的共同事业所必需的;如果他们**不采纳**这个计划,那么这个"草案"(这不是个极端狂妄的字眼吗?)就会始终不过是个草案,——难道这不

①　见《列宁全集》第2版第5卷第6页。——编者注

是每个诚恳地对待问题的人都能理解的事情吗？如果在反对一个计划草案时不只是"大骂"这个计划并劝同志们拒绝这个计划，而且还**唆使**那些缺乏革命工作经验的人去攻击计划起草人，**其理由只是**这些起草人**竟敢**"立法"，**竟敢**充当"最高支配者"，即竟敢**提出**一个计划草案，——难道这不是蛊惑人心吗??如果因为有人想把地方活动家**提高**到更广泛的见解、任务、计划等等的水平上来而要加以反驳，并不只是由于认为这种见解不正确，而是由于对别人"要""**提高**"我们而感到"生气"，——试问，这样我们的党还能够发展，能够前进吗？要知道，尔·纳杰日丁也曾经"大骂"我们的计划，然而他并没有堕落到采用不能单用政治见解幼稚或肤浅来解释的蛊惑手段，他从一开始就坚决排斥所谓"监督党"的罪名。因此，我们可以并且应当从实质上来回答尔·纳杰日丁对于计划所作的批评，而对于《工人事业》杂志，那只能表示鄙视。

但是，我们对一个堕落到叫喊"专制"和"被迫服从"的作者表示鄙视，并不是说我们就不必去澄清这种人带给读者的糊涂观念了。我们现在就可以向大家清楚地表明，这种空谈"广泛民主制"的时髦词句究竟是什么货色。有人责备我们，说我们忽略了各个委员会，说我们希望或试图把它们赶入阴间等等。既然按保密条件，**几乎任何一件**涉及我们同各个委员会之间的真实关系的**事实都不能**向读者说明，试问我们该怎么来回答这种责难呢？那些信口提出刻薄的、能够刺激群众的责难的人，居然走到我们前面去了，这只是因为他们肆无忌惮，因为他们无视革命者的责任是必须把自己所保持的、建立的或力图建立的那些关系和联系都小心翼翼地隐蔽起来。当然，我们永远不会在"民主制"方面去同这帮人竞争。至于说到那些对党内的一切事务都不熟悉的读者，那么履行我们对这种读者的义务的唯一办法，就不是叙述现有的和处于形成过程中的情况,而是叙述**一小部分**已经过去的、可以当做往事来叙述的情况。

崩得影射我们"擅自称王称霸"①,国外"联合会"责备我们企图把党的痕迹一扫而光。好吧,先生们。我们只要向读者叙述一下过去的**四件事实**²²⁴,就能使你们心满意足了。

第一件②事实。一个"斗争协会"的几个成员,曾直接参与我们党的成立并直接参与派代表出席党的成立代表大会,他们曾经同《火星报》小组的一个成员商定,要出版一套适应整个运动需要的工人丛书。工人丛书没有出成。但是为这套丛书而写的两本小册子《俄国社会民主党人的任务》和《新工厂法》③却几经周折而由第三者带到国外去出版了。

第二件事实。崩得中央委员会的几个委员向《火星报》小组的一个成员建议共同成立一个像崩得当时所说的"写作实验所"。同时他们还指出,假如这件事情办不到,那么我们的运动就会大大地后退。谈判的结果是写了《俄国的工人事业》这本小册子④。

第三件事实。崩得中央委员会通过一个外省市镇同《火星报》的一个成员接洽,建议他负责编辑准备复刊的《工人报》,结果当然是获得了同意。后来这一建议有所变动,改成了请他撰稿,因

---

① 《火星报》第8号上俄罗斯和波兰犹太工人总联盟中央委员会对我们论民族问题的文章的答辩。

② 我们故意不按这些事实发生的先后排列。

③ 见本卷第139—159页;《列宁全集》第2版第2卷第333—376页。——编者注

④ 顺便说说,这本小册子的作者托我声明一下,说这本小册子也像他以前所写的几本小册子一样是寄给"联合会"的,因为他以为"联合会"出版物的编辑仍是"劳动解放社"(由于某些条件,他在当时,即在1899年2月不可能知道编辑部的变动情况)。这本小册子很快就会由同盟**225**再版。

为编辑部的人员有了新安排。这当然也获得了同意。接着就寄去
了以下几篇文章(这几篇文章保存下来了):《我们的纲领》,内容
是直接反对伯恩施坦主义,反对合法书刊和《工人思想报》所表现
的转变;《我们的当前任务》("创办一个能正常出版并同一切地方
团体密切联系的党的机关报";目前盛行的"手工业方式"的弊
病);《迫切的问题》(分析批判那种认为在着手出版共同的机关报
以前必须**先**开展各个地方团体的活动的反对意见;坚持"革命组
织"有头等重要意义,坚持必须"使组织、纪律和秘密活动的技术
达到最完善的地步")。[①]《工人报》复刊的建议没有实现。于是
这几篇文章也就没有发表。

第四件事实。一个委员会的负责筹备我们党的第二次(例
行)代表大会的一个委员,把代表大会的程序通知《火星报》小
组的一个成员,并推举该小组负责编辑准备复刊的《工人报》。
他采取的这个所谓预备步骤,随后又经他本人所属的那个委员
会以及崩得中央委员会正式批准;《火星报》小组接到了关于代
表大会召开的地点和时间的通知,但是担心由于某些原因不能
派遣代表去参加这次代表大会,所以也给代表大会写了一个书
面报告。在这个报告里表达了这样的意思:在目前这个十分混
乱的时期,我们只选出一个中央委员会不仅解决不了统一问题,
而且还会冒损害伟大的建党思想的风险,因为在目前不保密的
现象十分流行的情况下一定很快又会全部遭到破坏;所以,第一
步工作应当是邀请所有的委员会及其他一切组织来支持恢复起
来的共同的机关报,这个机关报将通过**实际的**联系把所有的委
员会**真正**连在一起,并**真正**培养出一个领导整个运动的领导者集

---

① 见本卷第273—277页;《列宁全集》第2版第4卷第165—174页。——编者注

团,而一旦这样一个由各委员会所建立的集团充分成长和巩固起来,各委员会和党也就能很容易把它变成中央委员会了。可是,代表大会由于发生一系列的破坏事件而没有召开,这个报告也由于考虑到保密而销毁了,读到这个报告的只有很少几位同志,其中包括一个委员会的几位全权代表。

现在请读者自己来判断一下,像崩得影射我们擅自称王称霸,或《工人事业》杂志硬说我们想把各个委员会赶入阴间,想用传播一个报纸的思想的组织来"代替"党的组织这样一些手法究竟是什么性质。其实,我们正是**根据各委员会的再三请求**才向它们作报告说必须采取一定的共同工作计划的。我们在寄给《工人报》的文章以及提交党代表大会的报告中详细定出了这个计划,正是为了党的组织,并且我们这样做,也是根据那些在党内极有影响的、担负着倡导恢复(事实上恢复)我们党的责任的人们提出的请求。只是在党组织**和我们一同正式**恢复党中央机关报的**两次**尝试都遭到失败以后,我们才认为自己真正有责任创办一个**非正式的**机关报,以便同志们在作**第三次**尝试时有相当的**实验**结果可以参考,而不只是凭空推测。现在这一实验的某些结果已经是有目共睹了,所以全体同志都能判断:我们对自己的责任理解得究竟是否正确;对于那些因不满意被我们指出他们当中有人在"民族"问题上不彻底、有人产生不可容忍的无原则的动摇而力图把不了解近况者引入迷途的人,究竟应当怎样看待。

## (二)　报纸能不能成为集体的组织者?

《从何着手?》一文的全部关键,**就**在于提出了这个问题并且给以肯定的回答。据我们所知，只有尔·纳杰日丁一个人曾经试图从实质上分析这个问题，并证明必须给以否定的回答。我们现在把他的论据全部转引如下：

"……我们很欣赏《火星报》(第4号)提出必须创办全俄报纸的问题，但我们绝对不能同意说这种提法同《从何着手?》一文的标题是符合的。这无疑是一种极重要的工作，但是能为革命时期的战斗组织奠定基础的并不是这种工作，并不是一大批通俗传单，并不是一大堆宣言。必须在各地着手建立强有力的政治组织。我们还没有这种组织，我们过去主要是在有知识的工人中进行工作，而群众几乎只是进行经济斗争。**如果不在各地培植起强有力的政治组织，那么即使有办得很好的全俄报纸，又有什么意义呢?** 烧不灭的荆棘老是在那里燃烧，总烧不完，但是它也不会烧着任何人！《火星报》以为人民一定会在全俄报纸的周围，为创办全俄报纸的事情而集合起来，组织起来。**其实，人民在更具体的事情周围会更紧密得多地集合起来和组织起来！** 这种更具体的事情可以而且应当是普遍创办地方报纸，立刻准备工人的力量去游行示威，由地方组织在失业工人中经常进行工作(经常在他们中间散发传单，召集他们开会，号召他们反抗政府，等等)。我们要在各地着手进行生动的政治工作，而当在这个实际的基础上的统一成为必要的时候，那它就不会是人为的统一，不会是纸上的统一了。要把各地方的工作统一成为全俄的事业，这决不是报纸可以办到的!"(《革命前夜》第54页)

我们在这一大段娓娓动听的议论中加上着重标记的那些地方，最突出地表明该文作者对我们的计划的估计是不正确的，他在这里用来反对《火星报》的全部观点也是不正确的。如果不在各地培植起强有力的政治组织，那么有办得极好的全俄报纸也没有什么意义。——这句话完全正确。但问题就在于除了利用全俄报纸之外，**再没有别的方法可以培植起强有力的政治组织**。作者忽略了《火星报》在说明它的"计划"以前所作的那个极重要的声明：必须"号召建立革命组织，这一组织**不仅在名义上而且在实际上能够统一一切力量**，领导运动，即随时准备支持一切抗议和一切发动,并以此来扩大和巩固可供决战之用的军事力量"。《火星报》继续写道:现在,在二三月事件之后,在原则上大家都会同意这一点了,但我们需要的不是在原则上而是**在实际上解决问题**,需要的是立刻提出一个明确的建设计划,使大家能够立刻**从各方面**着手进行这种建设。但人们又把我们拉向后退,使我们不去实际解决问题,而去空谈那个原则上正确的、不容置辩的、伟大的、然而是完全不够的、广大工作人员完全不能理解的真理:"培植强有力的政治组织"! 可敬的作者啊,现在问题并不在这里,而在于**究竟怎样**来培植和培植起这种组织!

"我们过去主要是在有知识的工人中进行工作,而群众几乎只是进行经济斗争",这种说法是不正确的。这种说法同《自由》杂志上常见的那种把有知识的工人同"群众"对立起来的根本错误的观点倒是一致的。近几年来,我们的所谓有知识的工人也"几乎只是进行经济斗争"。这是一方面。另一方面,只要我们不帮助有知识的工人和知识分子**把自己培养成**政治斗争的领导者,群众就永远也学不会进行政治斗争;而为了培养出这种领导者,又**只有**通过经常不断地随时估计我国政治生活的**一切**方面,估计各个阶级由于各种原因而进行抗议和斗争的**一切尝试**才能做得到。所以,一方面说"培植政治组织",同时又**把**政治报纸的"纸上的事情"同"各地方的生动的政治工作"**对立起来**,这简直是可笑的!而《火星报》正是要把自己的办报"计划"变成适应于培养这种"战斗决心"的"计划",来支持失业工人的运动、农民的骚乱、地方自治人士的不满以及"人民对胡作非为的沙皇暴吏的义愤"等等。凡是熟悉运动实际情况的人都知道得很清楚:绝大多数地方组织**连想也没有想到**这一点;这里拟定的许多"生动的政治工作"是任何一个组织**连一次也没有**进行过的;例如,当有人提请大家注意

地方自治机关的知识分子中的不满和反抗情绪在增长时,无论是
纳杰日丁(他说,"天哪,这个机关报岂不是为地方自治人士办的
吗?"——《革命前夜》第 129 页),还是"经济派"(《火星报》第 12
号上发表的那封来信),还是许多实际工作者,都感到惊慌失措,
困惑莫解。在这种情况下,也就**只能**这样来"着手"工作,即首先
促使人们**想到**这一切,促使人们来归纳和综合所有一切风潮和积
极斗争的表现。在当前社会民主党的任务被降低的条件下,"生
动的政治工作"也**只能**从生动的政治鼓动**着手**,而生动的政治鼓
动又非有经常出版并且正常发行的全俄报纸不可。

把《火星报》的"计划"看做是"文人习气"的表现的人,完全不
懂得计划的实质,竟把提出来作为目前最适当的手段的东西当成了
目的。这些人没有用心想一想那两个清楚地说明了这个计划的比
喻。《火星报》上说过,创办全俄政治报应当是我们使这个组织(即
随时都准备支持一切抗议和一切发动的革命组织)得以不断发
展、加深和扩大的**一条基线**。当石匠建造一座前所未见的巨大建筑
物而在不同的位置上砌石头的时候,总要拉一根线来帮助找准砌石
头的位置,指明整个工程的最终目标,不仅使每一整块石头而且使
每一小块石头都能用得上,使它们相互衔接起来,形成完整而统一
的大厦的轮廓,请问,这算不算是"纸上的"事情呢? 目前我们党的
生活的状况,岂不正是既有石头,又有石匠,但就是缺少一条使大家
都能看得见、都可以遵循的引线吗? 让他们去叫喊,说我们拉一条
引线就是想发号施令吧! 先生们,假使我们真想发号施令,那我们
就不会写成《火星报》创刊号",而会写成《工人报》第 3 号"了,正
如有些同志曾经劝我们这样做的,并且我们在上面讲的那些事情发
生后**本来是有充分理由这样做的**。但我们并没有这样做,因为我们
希望不受束缚地同一切假社会民主党人作不调和的斗争;我们希望

我们的引线(如果这条引线拉得正确的话)受到人们尊重是因为它拉得正确,而不是因为它是由一个正式的机关报拉的。

尔·纳杰日丁教训我们说:"把地方活动统一到中央机关里来的问题,真是在迷宫里兜圈子;要统一,就需要成分的一致,而这种一致本身又只能由某种具有统一作用的东西造成,但这种具有统一作用的东西,又只能是强有力的地方组织的产物,而目前各个地方组织又是并不一致的。"这个真理,也像什么要培植强有力的政治组织的真理一样可敬,一样不容争辩。这个真理同样又是没有意义的。**任何**问题都可以说是"在迷宫里兜圈子",因为全部政治生活就是由一串无穷无尽的环节组成的一条无穷无尽的链条。政治家的全部艺术就在于找到并且牢牢抓住那个最不容易从手中被打掉的环节,那个当前最重要而且最能保障掌握它的人去掌握整个链条的环节。① 假使我们有一大批老练的石匠,能够彼此非常协调地工作,即使不拉引线也能把石头恰到好处地砌在需要的地方(抽象地说来,这并不是不可能的),那么我们也许又可以去掌握另一个环节了。但不幸的是我们现在还没有一批老练的而且能够彼此协调地工作的石匠,石头往往砌得完全不是地方,不是按一条共同的引线来砌,而是乱砌,敌人一吹就倒,好像这不是石头而是沙子。

另一个比喻:"报纸不仅是集体的宣传员和集体的鼓动员,而且是集体的组织者。就后一点来说,**可以把报纸比做脚手架**,它搭在施工的建筑物周围,显示出建筑物的轮廓,便于各个建筑工人之间的来往,有助于他们分配工作和观察有组织的劳动所获得的总

---

① 克里切夫斯基同志和马尔丁诺夫同志! 请你们注意"专制"、"不受监督的权威"、"最高支配权"等等的这种可恶的表现吧。你们看,有人竟想**掌握**整个链条!! 赶快写一份控诉书吧。你们可以用这个现成的主题给《工人事业》杂志第12期写两篇社论了!

怎 么 办?

成绩。"①这岂不像文人,即脱离实际工作的人在夸大自己的作用吗? 脚手架对于住房本身并不需要,它是用次木料搭起来的,使用的时间不长,只要建筑物大体完成,就会扔到炉子里去烧掉。至于革命组织的建筑问题,那么经验证明,有时候即使没有脚手架,也能够把它建筑成功,70 年代的情况就是一个证明。但是现在,我们没有脚手架就根本不能建造我们所需要的房屋。

纳杰日丁不同意这一点,他说:"《火星报》以为人民一定会在全俄报纸的周围,为创办全俄报纸的事情而集合起来,组织起来。**其实,人民在更具体的事情周围会更紧密得多地**集合起来和组织起来!"对的,对的,"在更具体的事情周围会更紧密得多……" 俄国有句谚语说:不要往井里吐痰,你也许要喝水的。但是也有人甘愿喝吐了痰的井水。为了这种更具体的事情,我们那些了不起的合法的"批评马克思主义的批评家"和不合法的《工人思想报》崇拜者,真是什么坏话也说得出口! 你看,我们的整个运动已被我们的狭隘眼界、消极态度和怯懦心理压抑到了何等地步,竟有人用什么"在更具体的事情周围会更紧密得多"的传统理由来为这些现象辩护! 纳杰日丁自以为对"实际生活"特别敏感,他特别严厉地斥责"脱离实际的"人,责备(自以为很俏皮地责备)《火星报》爱把什么都看做"经济主义",他自以为比正统派和批评派双方都高明得多,却没有发觉他提出这些论据只是助长了使他感到愤慨的那种狭隘性,没有发觉他喝的正是吐满了痰的井水! 假使一个人没有明确的方向,像 70 年代的革命家那样"自发地"乱搞"激发性的

---

① 马尔丁诺夫在《工人事业》杂志上引证了这段话的第一句(第 10 期第 62 页),就是不引第二句,好像是要借此着重说明他不愿意触及问题的实质或者不能理解这个实质。

恐怖手段",乱搞"土地恐怖手段",乱敲"警钟"等等,那么,即使他极其诚恳地对狭隘性表示愤慨,极其热烈地想把崇拜狭隘性的人们拯救出来,那也是无济于事的。请看看他认为人民将在其周围"更紧密得多地"集合起来和组织起来的那些"更具体的"事情吧:1.地方报纸;2.准备游行示威;3.在失业工人中进行工作。一眼就可看出,所有这些事情都是完全偶然和随便抓来说说的,因为无论我们怎样来观察这些事情,要把它们看做特别能使人民"集合起来和组织起来"的东西,都是毫无道理的。要知道,就是这位纳杰日丁,在两页以后又说道:"现在我们只需指出一件事实:地方的工作做得非常差,各个委员会甚至没有做到它们所能够做到的十分之一……而现在我们所有的那些应起统一作用的中央组织却只是一种虚构,是革命的文牍主义,是互封领袖的把戏,在强有力的地方组织成长起来以前,情况会一直是这样。"这些话里除了夸张之处,无疑也含有许多痛苦的真理;但是,难道纳杰日丁竟看不见,地方工作做得非常差是同活动家的眼界狭小和活动范围狭小(这种现象在局限于地方组织范围内的活动家缺乏修养的情况下是不可避免的)有联系的吗?难道他也像《自由》杂志上那篇论组织问题的文章的作者一样,忘记了随着转向广泛的地方报刊的工作(从1898年起),"经济主义"和"手工业方式"也特别加强起来的事实吗?即使创办"广泛的地方报刊"能够做得比较令人满意(我们在上面已经指出,除了极个别的特殊情况外,这是不可能做到的),这些地方机关报也还是不能把革命家的**一切**力量"集合起来和组织起来"去对专制制度发动**总**攻击,去领导**统一的**斗争。不要忘记,这里所谈的**只是**报纸的"集合"作用,组织作用,所以我们也可以请维护分散状态的纳杰日丁回答他自己所提出的那个讽刺性问题:"我们有没有从什么地方得到过20万个革命组织人才

这种遗产呢?"其次,决不能把"准备游行示威"同《火星报》的计划
**对立起来**,因为这个计划正是把最广泛的游行示威当做**目标之一**;
而问题却在于选择实践**手段**。在这里,纳杰日丁又弄糊涂了,他看
不到只有已经"集合起来和组织起来"的军队才能"准备"游行示
威(游行示威到目前为止绝大多数都是完全自发地进行的),而我
们现在正是**不善于**去集合和组织。"在失业工人中进行工作",这
也同样是糊涂观念,因为这个工作也是已经动员起来的军队的一
种军事行动,而不是动员军队的计划。纳杰日丁在这里怎样忽视
我们的分散状态和缺乏"20万个人才"所造成的危害,这从下面的
事实中就可以看出。许多人(包括纳杰日丁)责备《火星报》,说它
很少登载有关失业工人的消息,说它只是偶尔登载一些农村生活中
最平常的现象的通讯。这种责备是正确的,但是《火星报》在这方面
真是"无辜的罪人"。我们极力想"把引线拉到"农村去,但是那里
几乎根本没有石匠,于是我们**只好**鼓励**每一个**即使只能告诉我们一
些平常事情的人,希望这样会增加这方面的撰稿人数,而最后总可
以**教会我们大家**来选择真正突出的事实。但是可供学习的材料非
常少,如果不把全俄各地获得的材料综合起来,那就完全没有什么
可供学习的东西。毫无疑问,多少具有像纳杰日丁那样的鼓动才能
和熟悉游民生活的人,是能通过他在失业工人中进行的鼓动来为运
动作出无可估量的贡献的,但是这样的人如果不设法把自己的每一
步工作都告诉**全体**俄国同志,从而教育那些大部分还不会从事新的
工作的人,给他们作出榜样,那他就是埋没了自己的才能。

现在所有的人毫无例外地都在谈论统一的重要性,都在谈论
"集合起来和组织起来"的必要性,但是人们对于究竟应当从何着
手和怎样进行统一这件事却往往没有任何明确的观念。想必大家
都会同意:如果我们要把一个城市中各单个小组,比如说各区的小

组"统一起来",那就需要有**共同的机构**,这就是说,不仅要有"联合会"这个共同的名称,并且要有真正的**共同的**工作,要互相交换材料、经验和人员,不仅按区来分配任务,而且要按全城各种专业工作分配任务。每个人都会同意,巨大的秘密机构所要花的"本钱"(当然是既指物力又指人力)不是一个区可以支付得了的(假使可以用商业用语来表达的话),同时,专家的才能在这样狭小的场所也是无法施展的。几个城市联合起来的情况也是如此,因为即使是像单个地区这样的场所也**显得**过分狭窄,而且在我们社会民主主义运动史上已经出现过这样的情况。这一点我们在上面已经用政治鼓动和组织工作方面的例子详细地证明过了。必须,绝对必须而且首先必须扩大这个场所,在**经常的共同**工作的基础上来建立城市之间的**实际**联系,因为分散状态压制着人们,使他们"好像是坐井观天"(用寄给《火星报》的一封信的作者的说法),不知道世界上发生了什么事情,不知道向谁去学习,不知道怎样获得经验,怎样满足广泛开展活动的愿望。所以我要继续坚持说:这种**实际**联系只有依靠共同的报纸才能**着手**建立,这种报纸作为唯一经常进行工作的全俄事业,把各种各样的工作综合起来,因而**推动**人们沿着**所有的**许许多多条通向革命的道路(像条条道路通罗马一样)不断前进。假如我们不只是口头上说愿意统一,那就要使每个地方小组**立刻分出**比如四分之一的力量来**积极**参加**共同的**事业,而报纸立刻就会向它指明①这种事业的概况、范围和性质,

---

①　**附带条件**:如果它同情该报的方向,认为参加该报的工作对事业有好处,同时把这种参加理解为不仅是参加文字工作,而且是参加任何革命工作的话。**给《工人事业》杂志加的注**:在重视事业而不是重视民主制儿戏的革命家看来,在不把"表示同情"同最积极最实际地参加工作分开的革命家看来,这个附带条件是不言而喻的。

就会指明,在整个全俄工作中究竟哪些缺点最突出,什么地方没有进行鼓动,什么地方联系差,在整个这部大机器中有哪些小齿轮是自己这个小组能够修理,或者能拿更好的齿轮来替换的。现在还没有做过工作而只是在找工作做的小组,在开始工作时就能不是以既不知道先前"工业"的发展情况、又不知道这种工业生产方式的概况的单个小作坊手工业者的身份,而是以**反映**对专制制度举行全面革命总攻击的广泛事业的参加者的身份来从事工作。每个小齿轮修整得愈好,为共同事业干零星工作的人愈多,我们的网也就会愈密,而不可避免的破坏在我们队伍中引起的慌乱也就会愈小。

单是发行报纸的工作(假使这种报纸真是名副其实,即定期出版,不像厚本杂志那样每月只出一次,而是每月出三四次),就能开始把**实际的**联系建立起来。现在,各城市之间因革命事业的需要而发生联系是极为罕见的,至少也是一种例外;而那时,这种联系就会成为一种常见的事情,自然,它不仅能保证报纸的发行,并且还能保证(这更加重要得多)经验、材料、人员以及经费的交流。组织工作的规模也就会马上扩大许多倍,而且一个地方的成就往往会鼓励在另一个地方活动的同志进一步改进工作,会推动他去利用现成的经验。地方工作就会比现在丰富得多、涉及面广得多:从全俄各地收集起来的政治揭露和经济揭露材料,将为各种职业和**各种发展水平**的工人提供精神食粮,将为举行各种各样问题的座谈和讲演提供材料和机会,而这些问题往往是合法刊物上的暗示、社会上的议论、政府"羞羞答答的"报道中提出来的。每一次发动,每一次游行示威,都会在全俄各地得到各方面的评价和讨论,都会使大家不愿意落后于别人而要求比别人做得更好(我们社会党人并不笼统反对任何竞赛,任何"竞争"!),自觉地准备那种在第一次是自发地发生的行动,利用当地或当时的有利条件来改变进攻计划等等。同时,地方工作的这种活跃也就不会造成现在常见的情况,即每举行一次游行示威或每出版一号地方报纸,都会使**所有的**力量紧张到"拼死拼活的"地步,都会使**所有的**人去担风险。这是因为一方面,警察机关不知道"根子"在什么地方,想找到"根子"要困难得多;另一方面,经常的共同工作能训练人们习惯于使**每一次**进攻的力量同整个军队中的这支部队的实力相适应(现在,几乎谁也没有想到过这样做,因为进攻十之八九都是自发的),不仅便于从其他地方"调来"书刊,而且也便于"调来"革命力量。

现在这些力量在狭隘的地方工作上往往消耗殆尽,而那时就有可能并且常常有机会把比较有才干的鼓动员或组织员从甲地调到乙地。人们起初是为了党的事务,用党的经费作短途来往,以后他们就会习惯于完全由党供给,变成职业革命家,把自己培养成为真正的政治领袖。

如果我们真能使所有的或绝大多数的地方委员会、地方团体和小组都来积极从事共同的事业,那么我们在不久的将来就能创办一个周报,每期出版数万份,定期在全俄各地发行。这种报纸就会成为巨大的鼓风机的一部分,这个鼓风机能够使阶级斗争和人民义愤的每一点星星之火,燃成熊熊大火。在这个本身还很平常、还很细微、但是连续进行的真正**共同的**事业周围,就会经常不断地挑选和训练出一支由久经考验的战士组成的常备军。在这个共同组织的建筑物的脚手架上,很快就会从我们的革命家中间涌现出和提拔出一些社会民主党的热里雅鲍夫,从我们的工人中间涌现出和选拔出一些俄国的倍倍尔,他们会率领已经动员起来的军队,唤起全体人民去铲除俄国的耻辱和祸害。

这就是我们应当幻想的事情!

怎么办?

*　　　　*　　　　*

"应当幻想!"我写了这几个字之后,不觉吃了一惊。我仿佛是坐在"统一代表大会"的会场里,坐在我对面的是《工人事业》杂志的编辑和撰稿人。这时马尔丁诺夫同志站起来,咄咄逼人地质问我:"请问,如果不事前向党的各个委员会征求意见,自主的编辑部有权去幻想吗?"接着,克里切夫斯基同志站了起来,并且(从哲学上来深化早已深化了普列汉诺夫同志的意见的马尔丁诺夫同志的意见)更加咄咄逼人地接着说:"我进一步问你,如果一个马克思主义者没有忘记,按照马克思的看法,人类总是提出可能实现的任务,没有忘记策略是党的任务随着党的发展而增长的过程,那么从根本上来说,他是不是有权幻想呢?"

想到这种咄咄逼人的问题,我真是不寒而栗,只想找个地方躲起来。我就试试躲在皮萨列夫背后吧。

皮萨列夫在谈到幻想和现实之间的不一致的问题时写道:"有各种各样的不一致。我的幻想可能超过事变的自然进程,也可能完全跑到事变的任何自然进程始终达不到的地方。在前一种情形下,幻想不会带来任何害处;它甚至能支持和加强劳动者的毅力……这种幻想中并没有任何会败坏或者麻痹劳动力的东西。甚至完全相反。如果一个人完全没有这样幻想的能力,如果他不能在有的时候跑到前面去,用自己的想象力来给刚刚开始在他手里形成的作品勾画出完美的图景,那我就真是不能设想,有什么刺激力量会驱使人们在艺术、科学和实际生活方面从事广泛而艰苦的工作,并把它坚持到底…… 只要幻想的人真正相信自己的幻想,仔细地观察生活,把自己观察的结果同自己的空中楼阁相比较,并且总是认真地努力实现自己的幻想,那么幻想和现实之间的不一致就不会带来任何害处。只要幻想和生活多少有些联系,那么一切都会顺利的。"①

可惜,这样的幻想在我们的运动中未免太少了。对这种情况应当负最主要责任的,是那些以头脑清醒和"熟悉""具体情况"自夸的合法批评和不合法"尾巴主义"的代表者。

## (三)我们需要什么样式的组织?

读者从上文中可以看到,我们的"策略-计划"是反对立刻**号召**举行冲击,而要求组织好"对敌人要塞的正规围攻",换句话说,就是要求用全力来集合、组织和**动员**常备军。我们由于《工人事业》杂志从"经济主义"跳到高喊冲击(1901年**4**月在《〈工人事业〉杂志附刊》**226**第6期上)而嘲笑了它,当然,它也就猛烈攻击我们,说我们是"学理主义",说我们不懂革命的职责,说我们不该号召大家谨慎从事,等等。当然,这样的责备出自一些毫无原则、只会用深奥的"策略-过程"支吾搪塞的人之口是**丝毫**不会使我们惊奇的;同样,对坚定的纲领原则和策略原则一概抱着极其高傲的藐视态度的纳杰日丁重复这种责备,也是不会使我们惊奇的。

据说历史是不会重演的。但是纳杰日丁却拼命想使它重演,极力模仿特卡乔夫,大骂"革命文化主义",高喊什么"敲警钟",什么特别的"革命前夜的观点"等等。他显然忘记了一句名言:如果说历史事变的原本是一出悲剧,那么它的抄本就只是一出笑剧**227**。用特卡乔夫的说教准备起来的、用"吓人的"并且真正吓了人的恐怖手段实行过的夺取政权的尝试,曾经是了不起的,然而小

---

① 引自德·伊·皮萨列夫的《幼稚想法的失策》一文(见《皮萨列夫全集》1956年俄文版第3卷第147、148、149页)。——编者注

特卡乔夫的"激发性的"恐怖手段却只能使人觉得可笑,尤其是再加上一个组织中等人的主张,就更显得特别可笑了。

纳杰日丁写道:"假使《火星报》跳出它那文人习气的圈子,它就会看见,这〈像《火星报》第7号上一封工人的来信等等现象〉是一种征兆,它说明很快很快就会有'冲击'开始,所以现在〈原文如此!〉来谈什么由全俄报纸牵线的组织,就是培植脱离实际的思想和脱离实际的工作。"瞧,这是多么令人难以置信的糊涂观念:一方面,主张实行激发性的恐怖手段和"组织中等人",同时又认为人们在"更具体的事情"如地方报纸的周围会"更紧密得多地"集合起来;另一方面,认为"现在"来谈全俄的组织就是培植脱离实际的思想,更直截了当地说,就是"现在"已经迟了!请问最可敬的尔·纳杰日丁,"普遍创办地方报纸"现在岂不是也迟了吗?请把这一点同《火星报》的观点和策略比较一下吧。《火星报》认为,激发性的恐怖手段不值一提,至于说什么正是要把中等人组织起来和**普遍**创办地方报纸,这就是替"经济主义"大开方便之门。其实,应当谈统一的全俄革命家的组织,并且一直到真正的而不是纸上的冲击开始以前,谈这个组织都不算迟。

纳杰日丁继续写道:"的确,我们在组织方面的情况非常不妙。《火星报》说我们的军事力量大部分都是志愿兵和起义者,这话完全正确…… 你们清醒地估计我们的实力,这很好。但同时你们为什么忘记,**群众不是我们的**,因此**他们不会来向我们请示**什么时候开始军事行动,就会'骚乱起来'…… 群众自己以自发的破坏力量发动起来,就**可能**扰乱和排挤我们一直准备、但还没有**来得及**把极有条理的组织性灌输进去的那个'常备军'。"(黑体是我们用的)

奇怪的逻辑!**正因为**"群众不是我们的",所以现在高喊"冲击"是不聪明和不恰当的,因为冲击是常备军的攻击,而不是群众自发的爆发。正因为群众**可能**扰乱和排挤常备军,所以我们一定要把

"极有条理的组织性灌输"到常备军中去,使自己的工作能"来得及"赶上自发的高潮,因为我们愈能"来得及"灌输这种组织性,就愈能使常备军不被群众所扰乱,而走在群众前面,领导群众。纳杰日丁所以糊涂,是因为他以为这种有条理地组织起来的军队所从事的是一种使它脱离群众的工作,而事实上,它所从事的却正是一种非常全面的无所不包的政治鼓动,也就是一种使群众的自发的破坏力量同革命家组织的自觉的破坏力量**接近起来并融为一体的**工作。先生们,你们真是嫁祸于人,因为正是由于"自由社"把恐怖手段写在**纲领中**,这也就是在号召建立恐怖派的组织,而这种组织确实会使我们的军队不去同群众接近,可惜这些群众还不是我们的,可惜他们还不向我们请示或者很少向我们请示什么时候和怎样开始军事行动。

纳杰日丁继续恐吓《火星报》说:"我们会把革命本身也错过去的,就像我们把目前这些突如其来的事件错过去了一样。"把这句话和上面所引的那一段话联系起来,就会使我们很清楚地看到,"自由社"臆想出来的独特的"革命前夜的观点"①是很荒谬的。直截了当地说,独特的"观点"无非就是认为"现在"来议论和准备已经迟了。既然如此,那我就要问问最可敬的反对"文人习气"的先生,您为什么要写132页"论述理论问题②与策略问题"的文章

--------

① 《革命前夜》第62页。
② 顺便说说,尔·纳杰日丁在他的"理论问题评论"中,几乎没有拿出半点关于理论问题的东西来,只是说了下面一段从"革命前夜的观点"看来十分奇怪的议论:"在我们所处的时期,伯恩施坦主义就其整体而言已经失去其尖锐性,正像不管是阿达莫维奇先生能够证明司徒卢威先生应当隐退也好,或者相反,司徒卢威先生能够驳倒阿达莫维奇先生而不同意辞职也好,那都是毫无关系的,因为革命的'时刻'到来了。"(第110页)尔·纳杰日丁极端忽视理论,在这里表现得再明显不过了。我们既然已经宣告了"革命前夜",**所以**正统派是否能彻底击败批评派,那是"毫无关系"的!!我们的这位才子竟不知道:正是在革命时期我们需要利用同批评派作理论斗争的成果来同他们的**实践**立场作坚决的斗争!

呢?您是不是以为出版 132 000 份简单地号召"杀呀!"的传单,就更符合"革命前夜的观点"呢?

最不会把革命错过去的,正是像《火星报》那样把全民政治鼓动放在自己全部纲领、**策略和组织工作**的首位的人。在全俄各地从事编织以全俄报纸为中心的组织网的那些人,不仅没有把春季的事件错过去,反而使我们能预料到这些事件。《火星报》第 13 号和第 14 号上所记载的那些游行示威[228],他们也没有错过。恰恰相反,他们参加了这些游行示威,他们明确意识到自己有义务去帮助群众的自发高潮,同时用报纸来帮助所有的俄国同志去了解这些游行示威并利用它们的经验。只要他们活着,他们就不会把革命错过去的,革命首先和主要是要我们善于进行鼓动,要我们善于支持(以社会民主党的方式支持)一切抗议,善于指导自发的运动,使之既不为朋友的错误所干扰,又不中敌人的诡计!

于是我们就讲到了最后一个理由,这个理由使我们特别坚决主张围绕全俄报纸即通过一齐为共同的报纸而努力的办法来建立组织的计划。只有这样来建立组织,才能确保社会民主党的战斗组织所必需的**灵活性**,即能够立刻适应各种各样迅速变化的斗争条件,善于"一方面在敌人把全部力量集中于一点的时候避免同这个占绝对优势的敌人公开作战,另一方面又利用这个敌人的迟钝,在他最难料到的地点和时间攻其不备"。① 专为应付爆发和街

---

① 《火星报》第 4 号所载《从何着手?》一文。纳杰日丁写道:"不是站在革命前夜的观点上的革命文化派,是丝毫也不会因长期的工作而感到不安的。"(第 62 页)关于这一点,我们要指出:假使我们不能制定出一种政治策略和组织计划,以确定**很长时期的工作**,同时利用**这种长期工作的过程**,使我们党在任何意外情况下,在事变进程无论怎样加速的情况下,都能坚守自己的岗位,履行自己的职责,那我们就简直会成为可怜的政治冒险家。只有从昨天起自命为社会民主党人的纳杰日丁才会忘记,社会民主党的目的是要根本改造全人类的生活条件,因此社会民主党人决不应当因长期工作的问题而"感到不安"。

头斗争,或者专为应付"平凡的日常斗争进程"来建立党的组织,那是极大的错误。我们应当**时刻**进行我们的日常工作,同时又应当时刻准备着应付一切情况,因为爆发时期和平静时期的交替往往是几乎无法预料的,而在可能预料的场合,也不能利用这种预料来改造组织,因为这种交替在专制制度的国家里发生得异常迅速,有时竟会由于沙皇的扬尼恰尔[229]一个晚上的袭击而发生。并且也决不能把革命本身想象为单一的行动(显然,纳杰日丁之流就是这样想象的),而应当看做是比较激烈的爆发和比较沉寂的平静的若干次迅速交替的过程。因此,我们党组织的活动的基本内容,这种活动的中心,应当是不论在最激烈的爆发时期,还是在完全沉寂的平静时期都可能进行又必须进行的工作,这就是阐明实际生活的各方面、深入广大群众并在全俄范围内统一进行的政治鼓动工作。在当前的俄国,没有一个经常出版的全俄报纸,要进行这种工作**是不可想象的**。在这个报纸周围自然地形成起来的组织,由这个报纸的**同事**(按这个词的广义来说,即指一切为这个报纸工作的人)构成的组织,就会真能**应付一切**:从在革命最"低沉"的时期挽救党的名誉、威望和继承性起,一直到准备、决定和实行**全民武装起义**。

事实上,可以想一想我们时常遇到的在一个地方或几个地方全部遭到破坏的情况。在**所有的**地方组织缺乏**一种**共同的经常工作时,这样的破坏事件往往会使工作中断好几个月。如果所有的组织有了一种共同的工作,那么即使遭到最严重的破坏,只要有两三个有干劲的人进行几个星期的工作,就能使新的青年小组同总的中心取得联系,大家知道,这种青年小组甚至目前也在很迅速地产生;而当这种共同事业虽然遭到破坏,但是大家仍然可以看到它的时候,新的小组就会更加迅速地产生,并且更加迅速同中心取得联系。

怎么办?

　　另一方面,再想一想人民起义。现在大概所有的人都会同意:我们应当考虑起义并且准备起义。但是**怎样**准备呢?当然不能由中央委员会指定代办员到各地去准备起义!即使我们已经有了中央委员会,那它在俄国目前的条件下采用这种指定办法,也不会得到丝毫结果的。相反,在创办和发行共同的报纸的工作过程中自然形成起来的代办员网①,却不需要"坐待"起义的口号,而会进行那种保证它在起义时最可能获得成功的经常性工作。正是这种工作会巩固同最广大的工人群众及一切不满专制制度的阶层的联系,而这对于起义是十分重要的。正是在这种工作的基础上会培养出一种善于正确估计总的政治形势,因而也就善于选择起义的适当时机的能力。正是这种工作会使**所有的**地方组织都习惯于同时对那些激动整个俄国的同样的政治问题、事件和变故作出反应,并且尽可能有力地、尽可能一致地和适当地对这些"变故"作出回答,而事实上起义也就是全体人民对政府的最有力、最一致和最适当的"回答"。最后,正是这种工作会使全俄各地的所有革命组织都习惯于彼此发生一种能使党**在实际上统一**起来的最经常而又最秘密的联系,而没有这种联系,就不可能集体讨论起义计划,不可能在起义前夜采取应该严守秘密的必要的准备措施。

　　总而言之,"全俄政治报计划"不但不是沾染了学理主义和文

----

① 咳,真糟糕!我又脱口说出了"代办员"这个刺激马尔丁诺夫之流的民主主义耳朵的可怕名词!我很奇怪,为什么这个名词没有使70年代的卓越的活动家们感到生气而使90年代的手工业者们感到生气呢?我喜欢这个名词,因为它明确地指出了一切代办员都应当尽心竭力为之服务的**共同事业**;假如必须用另一个名词来代替它,那我也许只会选择"同事"这个名词,只是可惜这个名词会使人感到有点文人习气,并且意思上有点模糊不清。我们所需要的是一个军事化的代办员组织。不过,那些为数甚多的(特别是在国外)、喜欢"互封领袖"的马尔丁诺夫之流,尽可以不说"办护照的代办员",而说"革命家护照供给事务局总办"等等。

454

人习气的人脱离实际工作的产物(就像那些对它没有很好考虑的人所认为的那样),恰恰相反,它是一个从各方面立刻开始准备起义、同时又丝毫不忘记自己日常的迫切工作的最切实的计划。

# 结 束 语

俄国社会民主党的历史,可以明显地分为三个时期。

第一个时期包括大约十年,大致是 1884—1894 年。这是社会民主党的理论和纲领产生和巩固的时期。当时俄国拥护新派别的人还寥寥无几。社会民主党是在没有工人运动的条件下存在的,它作为一个政党当时还处在胚胎发育的过程中。

第二个时期包括三四年,即 1894—1898 年。这时,社会民主党已经是作为社会运动,作为人民群众的高潮,作为政党出现了。这是它的童年和少年时期。知识分子普遍地热衷于反民粹派的斗争,纷纷到工人中去,工人普遍地热衷于罢工,这就像流行病迅速蔓延一样。运动取得了很大的成绩。大多数领导者都是些很年轻的人,远远不到尼·米海洛夫斯基先生认为是一种天然界限的那个“三十五岁的年纪”。因为年轻,他们对实际工作缺乏修养,很快就退出了舞台。但他们的工作范围大都是很广的。他们中间有许多人开始具有革命思想,是同民意党人一样的。他们在青春早期,差不多全都热烈地崇拜过从事恐怖活动的英雄。当时要抛弃这种英雄传统的令人神往的印象,必须进行斗争,而且必须同那些始终忠于“民意党”而深受年轻的社会民主党人敬重的人决裂。斗争迫使人们学习,阅读各种派别的秘密著作,努力研究合法的民粹主义的问题。在这个斗争中训练出来的社会民党人参加到工人运动中去,他们"一分钟也"没有忘记启发他们的思想的马克思主义理论以及推翻专制制度的任务。1898 年春党的成立,是这一时期社会民主党人所做的最突出的、同时也是**最后的**一件事情。

第三个时期(1898—?),我们已经看到,是在 1897 年就开始准备的,而在 1898 年完全代替了第二个时期。这是混乱、瓦解和动摇的时期。人在少年时期,嗓子要发生变化。同样,俄国社会民主党在这个时期,嗓子也发生了变化,它发出一种假嗓,这种假嗓一方面出自司徒卢威和普罗柯波维奇、布尔加柯夫和别尔嘉耶夫等先生的著作,另一方面出自弗·伊—申和尔·姆·、波·克里切夫斯基和马尔丁诺夫的著作。但是向四面走散和向后退却的只是领导者,而运动本身还是继续发展,大步向前迈进。无产阶级的斗争把愈来愈多的工人阶层卷进来了,并且扩展到整个俄国,同时,又间接地促使学生以及其他居民阶层中的民主精神活跃起来。但是领导者的自觉性却在广泛的强大的自发高潮面前屈服了;这时在社会民主党人中间占优势的已经是另外一批活动家,他们几乎纯粹是靠"合法"马克思主义的书刊培养出来的,而群众的自发性要求他们具备的自觉性愈高,这样的书刊也就愈显得不足。领导者不仅在理论方面("批评自由")和实践方面("手工业方式")都落在后面,并且还企图用各种冠冕堂皇的理由来为自己的落后辩护。社会民主主义被合法书刊上的布伦坦诺派和秘密书刊上的尾巴主义者降低为工联主义。《信条》纲领开始实现,特别是在社会民主党人的"手工业方式"使那些非社会民主党的革命派别活跃起来的时候。

因此,假使读者责备我把一个《工人事业》杂志谈得太详细了,那我就要回答说,《工人事业》杂志所以具有"历史"意义,是因为它本身最突出地反映了这第三个时期的"精神"。① 真正能够代表混乱和动摇以及无论对"批评"、对"经济主义"或者对恐怖主义都准备让步的,并不是始终一贯的尔·姆·,而正是随风转舵的克里切夫斯基之流和马尔丁诺夫之流。这个时期的特点并不是什么"绝对原则"的崇拜者傲然轻视实践,而是狭隘的实际主义同完全不关心理论的态度相结合。这个时期的英雄们所干的事情,与其说是直接否认"伟大的字眼",不如说是把它们庸俗化:科学社会主义已经不再是完整的革命理论,而变成了人们"自由地"把德国各种新教科书里的液体掺进去的大杂烩;"阶级斗争"的口号不是推动人们向前去从事日益广泛、日益有力的活动,却成了安慰人心的手段,因为据说"经济斗争是同政治斗争不可分割地联系在一起的";政党的观念不是号召人们去建立战斗的革命家组织,而是去替某种"革命的文牍主义"和玩弄"民主"形式的儿戏作辩护。

第三个时期什么时候完结,第四个时期什么时候开始(不管怎样,现在已经有许多征兆预示着它的到来),我们还不知道。这里我们已经从历史的领域转入现在的、一部分是将来的领域。但是我们坚信,第四个时期一定会使战斗的马克思主义巩固起来,俄国社会民主党一定会渡过危机而变得更加坚强和更加壮大,机会主义者的后卫队一定会被最革命的阶级的真正的先进部队所"代替"。

作为实现这种"代替"的号召,同时也为了把上述一切加以归

---

① 我还可用一句德国谚语来回答:Den Sack schlägt man,den Esel meint man(打的是麻袋,指的是驴子。——编者注),用俄国谚语说就是:打猫吓媳妇。不仅一个《工人事业》杂志,而且**大批**的实际工作者**和理论家**都醉心于时髦的"批评",在自发性问题上颠三倒四,在对于我们的政治任务和组织任务的理解上离开社会民主主义的观点而陷入工联主义的观点。

怎 么 办?

纳,我们对于"怎么办?"这个问题,可以作这样一个简单的回答:结束第三个时期。

载于 1902 年 4 月 1 日《火星报》
第 19 号

选自《列宁全集》第 2 版第 6 卷
第 1—173 页

# 我们纲领中的民族问题

(1903 年 7 月 15 日〔28 日〕)

在党纲草案中,我们提出了建立具有民主宪法的共和国的要求,民主宪法应保证"承认国内各民族有自决权"。许多人觉得我们纲领中的这一要求不够明确,所以在本报第 33 号上谈到亚美尼亚社会民主党人宣言时,我们对这一条的意义作了如下的说明。社会民主党将永远反对任何用暴力或任何非正义手段从外部影响民族自决的企图。但是,无条件地承认争取民族自决的自由的斗争,这丝毫也不意味着我们必须支持任何民族自决的要求。社会民主党作为无产阶级的政党,其真正的主要的任务不是促进各民族的自决,而是促进每个民族中的无产阶级的自决。我们应当永远无条件地努力使各民族的无产阶级**最紧密地**联合起来。只有在个别的特殊情况下,我们才能提出并积极支持建立新的阶级国家或者用比较松散的联邦制的统一代替一个国家政治上的完全统一等等要求。①

我们纲领中对于民族问题的这个解释,招来了波兰社会党**230**的强烈抗议。在《俄国社会民主党对民族问题的态度》一文(1903 年 3 月《黎明》杂志**231**)中,波兰社会党对于这种"令人惊异的"解释,对于我们"神秘的"自决之"模糊不清"表示愤慨,指责我们是学理主

---

① 见《列宁全集》第 2 版第 7 卷第 87—90 页。——编者注

义，是"无政府主义"观点，似乎我们认为"除了彻底消灭资本主义之外，其余什么都与工人无关，因为语言、民族、文化等等都只是资产阶级的虚构"，如此等等。这个论据值得详细地谈一谈，因为它把社会党人中在民族问题上很经常、很普遍的误解几乎暴露无遗了。

我们的解释为什么会这样"令人惊异"呢？为什么会认为它违背了"本"义呢？难道承认民族自决权就得**支持**任何民族自决的任何要求吗？我们社会民主党人承认一切公民有自由结社的**权利**，这丝毫不意味着我们必须**支持**组织任何新的社团，丝毫也不妨碍我们发表意见、进行鼓动，反对不适宜的和不明智的组织某种新的社团的想法。我们甚至承认耶稣会教徒有自由传道的**权利**，可是我们反对（当然不是用警察手段来反对）耶稣会教徒同无产者结社。《黎明》杂志说："如果自由自决这个要求能按它的本义来理解（我们至今是这样来理解的），那我们就满意了。"这就十分明显，违背纲领本义的正是波兰社会党。从形式上看来，它的结论之不合逻辑是肯定无疑的。

但是我们不愿只从形式上来检验我们的解释。我们要直截了当地从实质上提出问题：社会民主党应当永远无条件地要求民族独立呢，还是只在某种条件下提出这个要求？这种条件究竟是什么？波兰社会党在解答这个问题时总是赞成无条件地承认民族独立。因此，它对要求建立联邦制的国家制度、主张"完全地无条件地承认民族自决权"（《革命俄国报》[232]第18号《民族的奴役和革命的社会主义》一文）的俄国社会革命党人[233]脉脉含情，我们就一点也不觉得奇怪了。可惜这只不过是一种资产阶级民主主义的空话，它第一百次、第一千次地表明了所谓社会革命党人的所谓党的本性。波兰社会党经不起这种空话的引诱，受到这种叫嚣的迷惑，这证明它在理论认识和政治活动方面同无产阶级的阶级斗争的联系是多么薄弱。我们应当**使**民族自决的要求**服从**的正是无产阶级阶级斗争的利益。这个条件正是我们对民族问题的提法同资产阶级民主派的提法的区别之所在。资产阶级民主派(以及跟在他们后面亦步亦趋的现代社会党内的机会主义者)以为民主制可以消灭阶级斗争,所以他们抽象地、笼统地、"无条件地"、从"全民"利益的观点,甚至从永恒的绝对的道德原则的观点来提出自己的一切政治要求。社会民主党人无论何时何地都无情地揭露这种资产阶级的幻想,不管它表现为抽象的唯心主义哲学,还是表现为无条件地要求民族独立。

马克思主义者只能有条件地而且只能在上述条件下承认民族独立的要求,这一点如果还需要证明,我们可以援引一位著作家的话,他曾经从马克思主义观点出发**卫护过**波兰无产者提出的波兰独立要求。1896年,卡尔·考茨基在《波兰完了吗?》一文中写道:"只要波兰无产阶级着手解决波兰问题,他们就不能不主张波兰独立,也不能不欢迎目前在这方面可能采取的每一步骤,因为这种步骤总的说来同正在进行斗争的国际无产阶级的阶级利益是相符的。"

考茨基继续写道:"这个附带条件,无论如何必须加上。**民族独立同正在进行斗争的无产阶级的阶级利益并不是完全密不可分的,不应当在任何情况下都无条件地要求民族独立**①。马克思和恩格斯曾经十分坚决地主张意大利的统一和解放,可是这并不妨碍他们在1859年反对意大利同拿破仑结成联盟。"(《新时代》杂志**182**第14年卷第2册第520页)

你们看:考茨基坚决反对**无条件地**要求民族独立,他不仅坚决

---

① 黑体是我们用的。

要求在一般的历史基础上提出问题,而且正是要求在阶级基础上提出问题。如果我们研究一下马克思和恩格斯对波兰问题的提法,那就会发现,他们一开始就是这样提出问题的。《新莱茵报》[44]曾经用了很大的篇幅来谈波兰问题,它不仅坚决要求波兰独立,而且坚决要求德国为了波兰的自由同俄国作战。然而,马克思同时也抨击过在法兰克福议会[234]主张波兰自由的卢格,因为他只用"可耻的非正义行为"这类资产阶级民主主义的空话解决波兰问题,而不作任何历史分析。马克思并不是那种最怕在革命的历史关头进行"论战"的革命中的腐儒和庸人。马克思用辛辣的讽刺无情地嘲笑了"人道的"公民卢格,用法国北部压迫南部的例子向他说明,在民主派和无产阶级看来,并不是任何民族压迫在任何时候所引起的独立要求都是正当的。马克思引述了一些特殊的社会条件,由于这些条件,"波兰已经成了俄国、奥地利和普鲁士的革命的部分…… 甚至那些还部分地站在封建立场上的波兰贵族也以无与伦比的自我牺牲精神参加民主的土地革命。当德国还在最平庸的立宪主义意识形态和最浮夸的哲学意识形态中徘徊的时候,波兰就已经成了欧洲民主的策源地…… 只要我们〈德国人〉还在帮助压迫波兰,只要我们还让波兰的一部分受德国的钳制,我们自己就将继续受俄国和俄国政策的钳制,我们在国内就不能彻底打碎宗法封建的专制政体。建立民主的波兰是建立民主德国的首要条件。"[①]

我们如此详细地摘录了这些话,因为它们生动地表明,国际社会民主党在几乎整个 19 世纪后半期对波兰问题的提法,是在怎样的历史条件下形成的。忽视从那时以来已经变化了的条件,坚持

---

① 参看《马克思恩格斯全集》第 1 版第 5 卷第 421—422、391 页。——编者注

马克思主义的旧的答案,那就是只忠于学说的字句,而不是忠于学说的精神,就是只背诵过去的结论,而不善于用马克思主义的研究方法来分析新的政治局势。当时和现在,一个是最后的资产阶级革命运动的时代,一个是在无产阶级革命前夕反动派十分猖獗、各方面力量极其紧张的时代,这两个时代的区别是极其明显的。**当时**整个波兰,不仅农民而且很多贵族都是革命的。民族解放斗争的传统是如此地有力和深刻,甚至在本国失败之后,波兰的优秀儿女还到处去支援革命阶级,东布罗夫斯基和符卢勃列夫斯基的英名,同19世纪最伟大的无产阶级运动,同巴黎工人最后一次——我们希望是最后一次——不成功起义,是紧密地联系在一起的。**当时**,不恢复波兰的独立,民主运动在欧洲确实不可能取得完全的胜利。**当时**,波兰确实是反对沙皇制度的文明堡垒,是民主运动的先进部队。**现在**,波兰的统治阶级、德奥的贵族地主、俄国的工业金融大亨,都在充当压迫波兰的各国统治阶级的支持者。而德国和俄国的无产阶级,同英勇地继承了过去革命波兰的伟大传统的波兰无产阶级一起,在为自己的解放而斗争。**现在**,邻国先进的马克思主义者密切地注视着欧洲政局的发展,对波兰人的英勇斗争充满了同情,不过他们也公开承认:"彼得堡现在已经成为比华沙重要得多的革命中心,俄国革命运动已经比波兰革命运动具有更大的国际意义。"早在1896年,考茨基在赞成波兰社会民主党的纲领中包括恢复波兰的独立要求的时候就有过这样的评语。1902年,梅林考察了1848年以来波兰问题的演进情况,得出了这样的结论:"如果波兰无产阶级要在自己的旗帜上写上恢复波兰的阶级国家(关于这一要求,统治阶级本身连听都不愿意听),那就等于演出历史的滑稽剧:对有产阶级来说这是常有的事(如波兰贵族在1791年就是如此),但是工人阶级却不该堕落到这个地步。如果提出这种反动的空想,为的是吸引那些对民族的鼓动还能有一定反响的知识分子和小资产阶级阶层,让他们接受无产阶级的鼓动,那么这种空想作为卑鄙的机会主义的表现,更应加倍地受到谴责,这种机会主义为了一时微小的和廉价的成功而牺牲工人阶级的长远利益。

这种利益绝对地要求在三个瓜分波兰的国家中的波兰工人义无反顾地同自己的阶级弟兄并肩战斗。资产阶级革命可以建立自由波兰的时代已经一去不复返了;现在,只有通过一场现代无产阶级将在其中砸碎自己身上锁链的社会革命,波兰才有恢复独立的可能。"

我们完全同意梅林的这个结论。只是要指出:我们在论证时即使不像梅林走得那么远,这个结论也是无懈可击的。毫无疑问,现在波兰问题的情况和50年前根本不同了。但是不能认为现在这种情况是万古不变的。毫无疑问,现在阶级的对抗已经使民族问题远远地退居次要地位了,但是,也不能绝对肯定地说某一个民族问题不会暂时地居于政治戏剧舞台的主要地位,否则就有陷入学理主义的危险。毫无疑问,在资本主义崩溃以前,恢复波兰的独立是不可思议的;但是也不能说绝对没有可能,不能说波兰资产阶级不会在某种情况下站到主张独立这边来,如此等等。俄国的社会民主党决不束缚住自己的手脚。它在自己的纲领中承认民族自决权的时候,把**所有的**可能性,甚至凡是**可能发生的**一切情况都估计到了。这个纲领丝毫不排斥波兰无产阶级把建立自由独立的波兰共和国作为自己的口号,尽管这在社会主义以前极少有实现的可能。这个纲领只是要求,真正的社会主义政党不要腐蚀无产阶级的意识,不要掩盖阶级斗争,不要用资产阶级民主主义的空话来诱惑工人阶级,不要破坏现代无产阶级政治斗争的统一。这个条件正是全部关键之所在,只有在这个条件下,我们才承认民族自决。

波兰社会党枉费心机地把事情说成似乎它同德国或俄国的社会民主党人的不同之处,就在于这两国的社会民主党人否认自决权,否认要求建立自由独立的共和国的权利。并非如此,是他们忘掉了阶级观点,用沙文主义掩盖阶级观点,破坏当前政治斗争的统一,——正是这一点,使我们看不出波兰社会党是真正的工人社会民主党。请看波兰社会党通常对问题的提法吧:"……我们只能用波兰脱离俄国的方法来削弱沙皇制度,至于推翻沙皇制度则是俄国同志的事情。"又如:"……专制制度消灭以后,我们只会这样来决定自己的命运:使波兰同俄国脱离。"请看,这种即使从恢复波兰独立的纲领性要求看来也是十分奇怪的逻辑引出了多么奇怪的结论。**因为恢复波兰独立是民主演进可能产生的(不过在资产阶级统治之下肯定不会很有保障)结果之一,所以波兰无产阶级不能同俄国无产阶级一起为推翻沙皇制度而斗争,**而"只能"用波兰脱离俄国的方法来削弱沙皇制度。**因为俄国沙皇制度同德奥等国的资产阶级和政府结成日益紧密的联盟,所以波兰无产阶级就应该削弱同俄国、德国和其他国家的无产阶级(现在波兰无产阶级正和他们在反对同一种压迫)的联盟。**这无非是为了迎合资产阶级民主派关于民族独立的见解而牺牲无产阶级最迫切的利益。**和我们推翻专制制度的目的不同,**波兰社会党所追求的是俄国的四分五裂,而只要经济的发展使一个政治整体的各个部分更加紧密地结合在一起,只要世界各国资产阶级愈来愈齐心地联合起来反对共同的敌人——无产阶级,支持共同的盟友——沙皇,那么俄国的四分五裂在目前和将来都只能是一句空话。然而,目前在这种专制制度压迫下受苦受难的**无产阶级力量的四分五裂**,这倒是可悲的现实,这是波兰社会党犯错误的直接后果,是波兰社会党崇拜资产阶级民主公式的直接后果。为了假装看不到无产阶级力量的四分五裂,波兰社会党只得堕落到沙文主

义的地步,例如,他们对俄国社会民主党人的观点作了这样的歪曲:
"我们〈波兰人〉应当等待社会革命,在这以前应该耐心忍受民族压
迫。"这简直是胡说八道。俄国社会民主党人不但从来没有提出过
这样的劝告,相反,他们自己在为反对俄国境内的任何民族压迫而
斗争,并且号召俄国整个无产阶级来进行这一斗争,他们在**自己的**
纲领中不仅提出语言、民族等等完全平等,而且承认每个民族有自
己决定自己命运的权利。在承认这种权利的时候,我们对民族独立
要求的支持,是**服从于**无产阶级斗争的利益的,只有沙文主义者才
会把我们的立场解释成俄罗斯人对异族人的不信任,因为实际上,
这种立场是由于觉悟的无产者对资产阶级不信任而必然产生的。
在波兰社会党看来,民族问题**只是**"我们"(波兰人)同"他们"(德国
人、俄国人等等)的对立。而社会民主党人则把"我们"无产者同
"他们"资产阶级的对立放在首位。"我们"无产者多次看到,当革
命的无产阶级在资产阶级面前站起来的时候,资产阶级是怎样**出卖**
自由、祖国、语言和民族的利益的。我们看到,在法兰西民族受压
迫、受屈辱最厉害的时候,法国的资产阶级如何卖身投靠普鲁士人,
民族抵抗政府如何变成了背叛人民的政府,被压迫民族的资产阶级
如何召唤压迫民族的兵士来帮助镇压敢于伸手夺取政权的无产者
同胞。正因为如此,我们根本不在乎沙文主义和机会主义的攻击,
我们要经常地告诉波兰工人:只有同俄国无产阶级结成最亲密无间
的联盟,才能满足目前反对专制制度的政治斗争的要求,只有这样
的联盟,才能保证政治上和经济上的彻底解放。

我们在波兰问题上所说的话,也完全适用于任何其他民族问
题。万恶的专制制度的历史,给我们遗留下了专制制度压迫下各
族工人阶级之间的严重**隔阂**,这种隔阂是反专制制度斗争中极大
的弊端、极大的障碍。我们不应当用什么党的独特性或党的"联

邦制""原则"使这种弊端合法化,把这种怪事神圣化。比较简单省事的办法当然是走阻力最小的道路,各顾各,"各人自扫门前雪",崩得[192]现在就想这样做。我们愈是意识到统一的必要性,愈是坚信没有完全的统一就不能对专制制度发起总攻,集中的斗争组织在我国政治制度下愈是显得必要,我们就愈不能满足于用表面"简单"实际十分虚假的办法来解决问题。既然认识不到隔阂的危害,既然不愿意不惜任何代价彻底消除无产阶级政党阵营内的这种隔阂,那就用不着"联邦制"这种遮羞布了,就不必去解决问题了,因为有"一方"实际上并不想解决问题,既然如此,最好还是让生活经验和实际运动的教训去说服人们:受专制制度压迫的各族无产者反对专制制度、反对日益紧密团结的国际资产阶级的斗争要取得胜利,集中制是必不可少的。

载于 1903 年 7 月 15 日《火星报》
第 44 号

选自《列宁全集》第 2 版第 7 卷
第 218—226 页

# 进一步，退两步

（我们党内的危机）[235]（节选）

（1904 年 2—5 月）

## （九）　党章第 1 条

我们已经列举了在代表大会[236]上引起热烈的有意义的争论的不同条文。这种争论几乎占了两次会议的时间，并且是以**两次记名投票**结束的（如果我没有记错的话，在整个代表大会期间只举行过八次记名投票，这种记名投票花费时间太多，所以只在特别重要的情况下才采用）。当时涉及的问题无疑是原则问题。代表大会对于争论的兴趣是很大的。**所有代表都参加了表决**——这是我们代表大会（正如任何一个大的代表大会一样）少有的现象，这也证明，所有参加争论的人都很关心这个问题。

试问，所争论的问题的实质究竟是什么呢？我在代表大会上已经说过，后来又不止一次地重复过："我决不认为我们的意见分歧（关于党章第 1 条）是决定党的生死存亡的重大分歧。我们还决不至于因为党章有一条不好的条文而灭亡！"（第 250 页）①这种意见分歧，虽然暴露出原则上的不同色彩，它本身无论如何也不会引起代表大会以后所形成的那种分离（其实，如果老实不客气地

---

① 见《列宁全集》第 2 版第 7 卷第 269 页。——编者注

说，这是分裂）。但是，任何一种**小的**意见分歧，如果有人坚持它，如果把它提到首位，如果**硬要**去寻找这种分歧的全部来龙去脉，那它就会变成**大的**意见分歧。任何一种**小的**意见分歧，如果成为**转向**某些错误见解的出发点，如果这些错误见解又由于新增加的分歧而同使党分裂的**无政府主义**行动结合起来，那么这种意见分歧就会有**重大的**意义了。

这一次也正是这样。党章第 1 条引起的比较不大的意见分歧，现在竟有了重大的意义，因为正是这种意见分歧成了少数派（特别是在同盟<sup>225</sup>代表大会上以及后来在新《火星报》<sup>139</sup>上）走向机会主义的深奥思想和无政府主义的空谈的转折点。正是这种意见分歧**奠定了**火星派少数派同反火星派以及泥潭派<sup>237</sup>结成联盟的**基础**，这个联盟到选举时已经有了确定的形式，不了解这个联盟，就**不能了解**在中央机关人选问题上发生的主要的根本的分歧。马尔托夫和阿克雪里罗得在党章第 1 条问题上所犯的小错误，原是我们的罐子上的一个小裂缝（正如我在同盟代表大会上所说的那样）。这个罐子本来可以用绳子打个**死结**（而不是用绞索，就像在同盟代表大会期间几乎陷于歇斯底里状态的马尔托夫所听错的那样）把它捆紧。也可以**竭尽全力**扩大裂缝，使它完全破裂。由于热心的马尔托夫分子采取了抵制等等无政府主义的手段，结果出现了后一种情况。关于党章第 1 条的意见分歧在中央机关选举问题上起了不小的作用，而马尔托夫在这个问题上遭到失败，也就使他走向用粗暴机械的、甚至是无理取闹的（在俄国革命社会民主党人国外同盟代表大会上的发言）手段进行"原则斗争"。

现在，经过这一切事件以后，党章第 1 条问题就有了**重大的意义**，所以我们应当确切地认识到代表大会在表决这一条时形成的派别划分的性质,同时更重要的是,应当确切地认识到在讨论党章第 1 条时就已经显现或者开始显现出来的那些**观点的色彩**的真实性质。**现在**,在读者熟悉的各种事件发生以后,问题的**提法**已经是这样,究竟是得到阿克雪里罗得拥护的马尔托夫的条文,像我在党代表大会上所说的那样(第 333 页),反映了他的(或者他们的)不坚定性、动摇性和政治态度模糊,或像普列汉诺夫在同盟代表大会上所指出的那样(同盟记录第 102 页及其他各页),反映了他(或者他们)倾向于饶勒斯主义和无政府主义呢,还是得到普列汉诺夫拥护的我的条文,反映了我在集中制问题上有官僚主义的、形式主义的、彭帕杜尔[36]式的、非社会民主主义的错误观点呢? **是机会主义和无政府主义呢,还是官僚主义和形式主义?** ——**现在**,当小的分歧变成大的分歧时,问题的**提法**已经是这样了。在从实质上讨论那些赞成和反对我的条文的理由时,我们应当**注意**的正是事态的发展强加给我们大家的,甚至可以说(如果不是有点夸张的话)是由历史进程形成的**这种**问题的提法。

让我们从分析代表大会的讨论来开始剖析这些理由吧。第一个发言,即叶戈罗夫同志的发言所以值得注意,只是因为他的态度(不明白,我还不明白,我还不知道真理在哪里)很可以说明当时还难以认清这个确实是新的、相当复杂而细致的问题的许多代表的态度。第二个发言,即阿克雪里罗得的发言,立刻从原则上提出问题。这是阿克雪里罗得同志的第一个原则性的发言,其实这就是他在代表大会上的第一次发言,而且很难说他这个谈到有名的"大学教授"的发言是特别成功的。阿克雪里罗得同志说:"我认为,我们必须分清党和组织这两个概念。而这里有人把这两个概念混淆了。这种混淆是危险的。"这就是用来反对我的条文的第一个理由。请你们仔细看一看这个理由吧。如果我说,党应当是**组织**①**的总和**(并且不是什么简单的算术式的总和,而是一个整体),那么,这是不是说我把党和组织这两个概念"混淆了"呢? 当然不是。我只是以此来十分明确地表示自己的愿望,自己的要求,使作为阶级的先进部队的党成为尽量**有组织的**,使党只吸收**至少能接受最低限度组织性**的分子。反之,我的论敌却把有组织的分子和无组织的分子,接受领导的分子和不接受领导的分子,先进的分子和不可救药的落后分子——因为还可救药的落后分子是能够加入组织的——混淆在党内。**这样的混淆才真正是危险的**。随后,阿克雪里罗得同志援引"从前那些十分秘密的集中的组织"("土地和自由"社²¹⁴和"民意党"³¹)作例子,说这些组织周围"聚集了许多虽然没有加入组织,却以某种方式帮助它,并被认为是党员的人。……这个原则应当在社会民主党组织内更严格地实行"。于是我们就接触到一个**关键**问题:"这个原则",即许可那些不加入任何一个党组织而只是"以某种方式帮助它"的人自称为党员的原则,真的是社会民主党的原则吗? 普列汉诺夫对这个问题作了唯一可能的回答,他说:"阿克雪里罗得援引70年代的情况作例子是不正确的。当时有组织严密、纪律良好的中央机关,在

---

① "组织"一词通常有两种含义,即广义的和狭义的。狭义的是指人类集体中的,至少是有最低限度确定形式的人类集体中的单个细胞。广义的是指结合成一个整体的这种细胞的总和。例如,海军、陆军和国家,既是许多组织(从该词的狭义来说)的总和,同时又是一种社会组织(从该词的广义来说)。教育主管机关是一个组织(从该词的广义来说),同时它又是由许多组织(从该词的狭义来说)组成的。同样,党也是一个组织,而且**应当是**一个组织(从该词的广义来说);同时党又应当是由许多不同的组织(从该词的狭义来说)组成的。所以,阿克雪里罗得同志在谈论划分党和组织这两个概念时,第一,他没有注意到组织一词的广义和狭义的这个区别,第二,他没有发现他自己**把**有组织的分子和无组织的分子**混淆起来了**。

它周围有它所成立的各种组织,而在这些组织以外是一片混乱和无政府状态。这一混乱状态中的分子虽然也自称为党员,对于事业却并没有好处,反而造成了损失。我们不应当仿效70年代的无政府状态,而要避免这种状态。"可见,阿克雪里罗得同志想要冒充为社会民主党的原则的"这个原则",其实是**无政府主义的原则**。谁要想推翻这个结论,就必须证明在组织以外**有可能**实现监督、领导和纪律,就必须证明**有必要**授予"混乱状态中的分子"以党员称号。拥护马尔托夫同志的条文的人,对于**以上两点**都没有加以证明,而且也无法加以证明。阿克雪里罗得同志拿了"自认为是社会民主党人并声明这一点的大学教授"作例子。要把这个例子所包含的思想贯彻到底,阿克雪里罗得同志就应当进一步说明:有组织的社会民主党人本身是否承认这位大学教授是社会民主党人?阿克雪里罗得同志既然没有提出这个更进一步的问题,那他就是中途抛弃了自己的论据。的确,二者必居其一:或者是有组织的社会民主党人承认我们所谈的这位大学教授是社会民主党人,那么他们为什么又不把他编到某一个社会民主党组织里面呢?只有把他编进去,这位大学教授的"声明"才会同他的行动相符合,才不致成为空话(大学教授们的声明往往是空话);或者是有组织的社会民主党人**不承认**这位大学教授是社会民主党人,那么给这位大学教授以享有光荣而又责任重大的党员称号的权利,就是荒谬的,毫无意义的,而且是**有害的**。所以,归结起来说,问题正在于是彻底实行组织原则,还是崇尚涣散状态和无政府状态。我们究竟是以已经形成的、已经团结起来的**社会民主党人核心**——譬如说,已经召开党代表大会并且将扩大和增设各种党组织的社会民主党人核心——为出发点来建设党呢,还是满足于一切帮助党的人都是党员这种聊以自慰的**空话**?阿克雪里罗得同志接着又说:"我们采纳列宁的条文,就会把虽然不能直接吸收到组织中,但终究还是党员的那一部分人抛弃掉。"在这里,阿克雪里罗得同志本人十分明显地犯了他想归罪于我的那种混淆概念的错误:他竟把所有帮助党的人**都是**党员这一点当做既成事实,其实正是这一点引起了争论,而我的论敌还应当来**证明**这种解释是必要的和有益的。所谓"抛弃"这样一个初看起来似乎可怕的词,究竟有什么内容呢?如果说只有被承认为党组织的那些组织中的成员才能称为党员,那么不能"直接"加入任何一个党组织的人,也还是能在靠近党的非党组织中工作的。因此,所谓抛弃,如果是指取消工作机会,取消参加运动的机会,那是根本谈不上的。相反,我们容纳**真正的**社会民主党人的党组织愈坚强,党**内**的动摇性和不坚定性愈少,党对于在它周围的、受它领导的工人**群众**的影响也就会愈加广泛、全面、巨大和有效。把作为工人阶级先进部队的党同整个阶级混淆起来,显然是绝对不行的。阿克雪里罗得同志说:"当然我们要建立的首先是党的最积极的分子的组织,革命家的组织,但是我们既然是阶级的党,就应当想法不把那些也许并不十分积极然而却自觉靠近这个党的人抛在党外。"他这样说,正是犯了上述把党同整个阶级混淆起来的错误(这种错误是我们的整个机会主义经济派[134]的特点)。第一,列为社会民主工党积极部分的,决不单是革命家组织,还有**许多**被承认为党组织的工人组织。第二,究竟有什么理由,按照什么逻辑,可以根据我们是阶级的党这一事实,就作出结论说不必把**加入党的**人和**靠近党的**人区分开来呢?恰恰相反:正因为人们的觉悟程度和积极程度有差别,所以必须区别他们同党的关系的密切程度。我们是阶级的党,因此,**几乎整个阶级**(而在战争时期,在国内战争年代,甚至是整个阶级)都应当在我们党的领导下行动,都应当尽量紧密地靠近我们党,但是,如果以为在资本主义制度下,不论在什么时候,几乎整个阶级或者整个阶

473

级都能把自己的觉悟程度和积极程度提高到自己的先进部队即自己的社会民主党的水平,那就是马尼洛夫精神[101]和"尾巴主义"。还没有一个明白事理的社会民主党人怀疑过,在资本主义制度下,连职业的组织(比较原始的、比较容易为落后阶层的觉悟程度接受的组织)也不能包括几乎整个工人阶级或者整个工人阶级。忘记先进部队和倾向于它的所有群众之间的区别,忘记先进部队的经常责任是把愈益广大的阶层**提高**到这个先进的水平,那只是欺骗自己,无视我们的巨大任务,缩小这些任务。抹杀靠近党的分子和加入党的分子之间的区别,抹杀自觉、积极的分子和帮助党的分子之间的区别,正是这种无视和遗忘的表现。

拿我们是阶级的党作借口来为组织界限模糊**辩护**,为把有组织和无组织现象混淆起来的观点**辩护**,就是重复纳杰日丁的错误,因为纳杰日丁"把运动在'深处'的'根子'这一哲学的和社会历史的问题,同……组织技术问题混淆起来了"(《怎么办?》第91页)①。阿克雪里罗得同志首创的这种混淆,后来被拥护马尔托夫同志条文的那些发言人重复了几十次。"党员称号散布得愈广泛愈好"——马尔托夫这样说,但是他没有说明这种名不副实的**称号**散布得广泛究竟有什么好处。对不加入党组织的党员实行监督不过是一句空话,这能否定得了吗?空话如果广泛散布,那是有害而无益的。"如果每一个罢工者,每一个示威者,在对自己行动负责的情况下,都能宣布自己是党员,那我们只会对此表示高兴。"(第239页)真的吗?**每一个罢工者都应当有权宣布自己是党员吗**?马尔托夫同志的这个论点一下子就把他的错误弄到了荒谬的地步,他把社会民主主义**降低**为罢工主义,重蹈阿基莫夫们的覆

①　见本卷第401页。——编者注

辙。如果社会民主党能够领导每一次罢工，我们只会对此表示高兴，因为社会民主党的直接的和责无旁贷的义务就是领导无产阶级的一切表现形式的阶级斗争。而罢工就是这种斗争最深刻最强有力的表现形式之一。但是，如果我们把这种初步的、按实质来说不过是工联主义的斗争形式同全面的自觉的社会民主主义的斗争**等同起来**，那么我们就会是尾巴主义者了。如果我们给每一个罢工者以"宣布自己是党员"的权利，那么我们就是以机会主义态度**使一件分明不真实的事情合法化**，因为这样的"宣布"**在大多数场合都是不真实的**。如果我们想自欺欺人，硬说那些"没有受过训练的"非熟练工人的极广大阶层在资本主义制度下必然是十分涣散、备受压迫、愚昧无知，在这种情况下，**每一个罢工者**都可以**成为**社会民主主义者和社会民主党党员，那么我们就是沉湎于马尼洛夫的幻想了。正是根据"**罢工者**"的例子，可以特别明显地看出力求本着社会民主主义精神领导每一次罢工的**革命意向**同宣布**每一个罢工者**为党员的**机会主义词句**之间的区别。我们是阶级的党，这是就我们**在事实上**本着社会民主主义精神领导几乎整个或者甚至整个无产阶级来说的，但是，只有阿基莫夫们才能由此作出结论说，我们**在提法上**应当把党和阶级等同起来。

马尔托夫同志在同一次发言中说，"我不怕密谋组织"，但是，他补充说，"在我看来，密谋组织，只有当它由广泛的社会民主工党围绕着的时候，才是有意义的"（第239页）。为了说得确切些，应当说，只有当它由广泛的社会民主主义工人**运动**围绕着的时候，才是有意义的。如果马尔托夫同志的论点是以这种形式表达的，那就不仅是不容争辩，而且是不言自明的定论了。我所以要讲到这一点，只是因为以后发言的人把马尔托夫同志的这个不言自明的定论变成非常**流行和非常庸俗的**论据。说什么列宁想"使党员总数以密谋者人数为限"。当时作出这个只能令人好笑的结论的有波萨多夫斯基同志以及波波夫同志,而当马尔丁诺夫和阿基莫夫发言附和这个结论时,这个结论的真正性质,即机会主义词句的性质,就充分暴露出来了。目前阿克雪里罗得同志在新《火星报》上又发挥了这个论据,想使读者们了解新编辑部的新的组织观点。还在代表大会讨论党章第1条问题的第1次会议上,我就发现我的论敌想要利用这种廉价的武器,所以我在发言中告诫说:"不要以为党的组织只应当由职业革命家组成。我们需要有不同形式、类型和色彩的极其多种多样的组织,从极狭小极秘密的组织直到非常广泛、自由的组织(松散的组织)。"(第240页)①这本来是有目共睹、不言自明的真理,所以我当时认为这是不必多谈的。但是,在目前时期,有人在很多很多方面把我们拉向后退,这就使人不得不在这个问题上也"重提旧事"。因此我要从《怎么办?》和《给一位同志的信》中摘录几段话:

"……像阿列克谢耶夫和梅什金、哈尔图林和热里雅鲍夫这样一些卓越的活动家的小组,却是能够胜任最切实最实际的政治任务的。他们所以能够胜任,正是并且只是因为他们的热烈的宣传能够获得自发觉醒起来的群众的响应,因为他们的沸腾的毅力能够得到革命阶级的毅力的响应和支持。"②要成为社会民主**党**,就必须得到本**阶级的支持**。不是像马尔托夫同志所想象的那样,党应当去围绕密谋组织,而是革命阶级即无产阶级应当围绕既包括密谋组织又包括非密谋组织的党。

"……为进行经济斗争而建立的工人组织应当是职业的组织。每个工人社会民主党人都应当尽量帮助这种组织并在其中积

---

① 见《列宁全集》第2版第7卷第269页。——编者注
② 见本卷第388页。——编者注

极工作⋯⋯ 但是要求只有社会民主党人才能成为行业工会会员，那就完全不符合我们的利益了，因为这会缩小我们影响群众的范围。让每一个了解必须联合起来同厂主和政府作斗争的工人，都来参加行业工会吧。行业工会如果不把一切只要懂得这种起码道理的人都联合起来，如果它们不是一种很**广泛的**组织，就不能达到行业工会的目的。这种组织愈广泛，我们对它们的影响也就会愈广泛，但这种影响的发生不仅是由于经济斗争的'自发的'发展，而且是由于参加工会的社会党人对同事给以直接的和自觉的推动。"（第86页）①顺便说一下，对于评价关于党章第1条的争论，工会的例子是特别值得注意的。说工会**应当**在社会民主党组织的"监督和领导下"进行工作，这在社会民主党人中间是不会产生异议的。但是**根据这一点**就给工会全体会员以"宣布自己"为社会民主党党员的权利，那就是十分荒谬的了，而且势必有两个害处：一方面是**缩小**工会运动的规模并且削弱工人在工会运动基础上的团结，另一方面，这会把模糊不清和动摇不定的现象带进社会民主党内。德国社会民主党在发生了有名的汉堡泥瓦工做包工活事件**238**的具体情况下曾解决过类似的问题。当时社会民主党毫不迟疑地认为工贼行为是社会民主党人所不齿的无耻行为，即认为领导罢工和支援罢工是**自己的**切身事业，但是同时它又十分坚决地否定了把党的利益和行业工会的利益等同起来、**要党**对个别工会所采取的个别步骤**承担责任**的要求。党应当并且将力求把自己的思想灌输到行业工会中去，使工会接受自己的影响，但是，正是为了这种影响，党应当把这些工会中完全是社会民主主义的（加入社会民主党的）人和那些不十分自觉和政治上不十分积极

--------

① 见本卷第394—395页。——编者注

的人区别开来,而不是像阿克雪里罗得同志所希望的那样,把他们混为一谈。

"……革命家组织把最秘密的职能集中起来,这决不会削弱而只会扩大其他许许多多组织的活动范围和内容,这些组织既然要把广大群众包括在内,就应当是一些形式尽量不固定、秘密性尽量少的组织,如工会、工人自学小组、秘密书刊阅读小组以及其他**一切**居民阶层中的社会主义小组和民主主义小组等等。这样的小组、工会和团体必须**遍布各地**,履行各种不同的职能;但是,如果**把这些组织同革命家的组织混为一谈**,抹杀这两者之间的界限……那就是荒唐和有害的了。"(第96页)①从这种引证中可以看出,马尔托夫同志是多么不合时宜地对我提醒说,革命家组织应当由广泛的工人组织**围绕起来**。我在《怎么办?》中就已经指出了这一点,而在《给一位同志的信》中更具体地发挥了这个思想。我在这封信中写道,工厂小组"对我们特别重要:运动的全部主要力量就在于各**大工厂**工人的组织性,因为大工厂里集中的那一部分工人,不但数量上在工人阶级中占优势,而且在影响、觉悟程度和斗争能力方面更占优势。每个工厂都应当成为我们的堡垒…… 工厂分委员会应当力求通过各种小组(或代办员)网掌握整个工厂,吸收尽量多的工人参加工作…… 所有的小组和分委员会等,都应当是委员会的附属机构或分部。其中一些人将直接申请加入俄国社会民主工党,**一经委员会批准**就成为党员,(受委员会委托或经委员会同意)担负一定的工作,保证服从党机关的指示,**享有党员的权利**,可以成为委员会委员的直接候选人,等等。另一些人将**不加入俄国社会民主工党**,他们是由党员建立的那些小组的成员,或者是与某个党小组接

----

① 见本卷第406页。——编者注

近的那些小组的成员,等等"(第17—18页)①。从我加上着重标记的地方可以特别明显地看出,我的第1条条文的**思想**在《给一位同志的信》中已经充分表明了。那里直接指出了入党的条件:(1)一定程度的组织性;(2)由党委员会批准。在下一页,我又大致指出什么样的团体和组织,根据什么理由应当(或者不应当)吸收入党:"书刊投递员小组成员必须是俄国社会民主工党的党员,应该认识一定数量的党员和党的负责人。研究职工劳动条件和拟定职工各种要求的小组,其成员不一定必须是俄国社会民主工党的党员。大学生自学小组、军官自学小组和职员自学小组都有一两个党员**参加**,有时甚至根本不该让人知道他们是党员,等等。"(第18—19页)②

请看这又是一种可以说明"光明正大"问题的材料! 马尔托夫同志的草案上的条文甚至完全没有讲到党对于各组织的关系,而我几乎在代表大会一年以前就已经指出,一些组织应该包括在党内,另一些组织不应该包括在党内。在《给一位同志的信》里已经很明确地提出我在代表大会上所辩护的那个思想。这一点可以具体表述如下。一般按照组织程度,尤其是按照秘密程度来说,各组织大致可以分为以下几种:(1)革命家组织;(2)尽量广泛和多种多样的工人组织(我只说到工人阶级,当然,在一定条件下,这里也包括其他阶级中的某些分子)。这两种组织就构成为党。其次,(3)靠近党的工人组织;(4)不靠近党,但是事实上服从党的监督和领导的工人组织;(5)工人阶级中没有参加组织的分子,其中一部分——至少在阶级斗争的重大事件中——也是服从社会民主党的领导的。按照我的看法,情况大致就是这样。相反,按照马尔托夫同志的看法,党

---

① 参看《列宁全集》第2版第7卷第10、12—13页。——编者注
② 同上书,第13—14页。——编者注

的界限是极不明确的，因为"每一个罢工者"都可以"宣布自己是党员"。试问，这种界限模糊有什么好处呢？可以使"称号"广泛散布。它的害处就是会产生一种把党和阶级混淆起来的**瓦解组织**的思想。

为了说明我们所提出的一般原理，我们还要粗略地看一看代表大会继续讨论党章第 1 条的情况。布鲁凯尔同志发言（这一点使马尔托夫同志感到满意）赞成我的条文，但是**他**和我的联盟是跟阿基莫夫同志和马尔托夫的联盟不同的，这只是出于误会。布鲁凯尔同志"不同意整个党章和它的整个精神"（第 239 页），而他拥护我的条文，是因为他把我的条文**看成是**《工人事业》杂志[141]的拥护者所希望的那种**民主制的基础**。布鲁凯尔同志当时还没有认识到在政治斗争中有时不得不选择**害处较少**的办法；布鲁凯尔同志没有觉察到，在我们这样的代表大会上为民主制辩护，是徒劳无益的。阿基莫夫同志就比较精明了。他完全正确地提出问题，认为"马尔托夫同志和列宁同志争论的是哪一种〈条文〉更能达到他们的共同目的"（第 252 页）。他继续说："我和布鲁凯尔，想挑选一个**比较不能达到这个目的**的条文。于是我就挑选了马尔托夫的条文。"阿基莫夫同志又坦率地解释说，他认为"他们的目的〈即普列汉诺夫、马尔托夫和我三个人的目的——建立一个起领导作用的革命家组织〉是实现不了的，而且是有害的"；他像马尔丁诺夫同志一样①，拥护经济派所谓不必有"革命家组织"的思想。他

---

① 不过，马尔丁诺夫同志想同阿基莫夫同志区别开来，他想证明，密谋似乎不等于秘密，在这两个词的差别的后面掩盖着概念上的差别。究竟是什么差别，无论马尔丁诺夫同志或者现在跟着他走的阿克雪里罗得同志都没有加以说明。马尔丁诺夫同志"装出一副样子"，使人感到，似乎我，例如在《怎么办？》中，没有坚决（如在《任务》（见本卷第 139—159 页。——编者注）中那样）反对"把政治斗争**缩小**成密谋"。马尔丁诺夫同志想使听众**忘记**一件事实，就是我当时所反对的那些人**认为不需要革命家组织**，正如阿基莫夫同志现在认为不需要这种组织一样。

"完全相信,实际生活终究会闯进我们党组织中来,不管你们是用马尔托夫的条文还是用列宁的条文阻挡它的去路"。本来,这种"尾巴主义的""实际生活"观点是不值一提的,如果我们没有在马尔托夫同志那里也看到这种观点的话。马尔托夫同志的第二次发言(第245页)一般讲来是很有意思的,所以值得详细分析一番。

马尔托夫同志的第一个理由是说:党组织对于不加入组织的党员的监督是"可以实现的,因为委员会既然委托某人担负某种职务,就有可能对其考察"(第245页)。这个论点非常值得注意,因为它可以说是"道破了"马尔托夫的条文究竟是**谁**需要的,**事实上**是为谁效劳的:是为知识分子个人效劳呢,还是为工人团体和工人群众效劳。原来,马尔托夫的条文有可能作两种解释:(1)凡是在党的某一个组织的领导下经常亲自协助党的人,都有权"**宣布自己**"(这是马尔托夫同志本人的话)是党员;(2)每一个党组织**都有权承认**凡是在它的领导下经常亲自协助党的人是党员。只有第一种解释才真正有可能使"每一个罢工者"自称为党员,所以也**只有这种解释**才立刻得到了李伯尔们、阿基莫夫们以及马尔丁诺夫们的衷心拥护。但是,这种解释显然是一句空话,因为这样就会把整个工人阶级都包括进去,从而抹杀党和阶级之间的区别;所谓监督和领导"每一个罢工者",那只能是"象征性地"谈一谈。正因为如此,马尔托夫同志在第二次发言时立刻就倒向第二种解释(不过,顺便说一下,**这种解释被代表大会直接否决了**,因为代表大会否决了科斯季奇的决议案[239],第255页),即认为委员会将委托人们担负各种职务并考察其执行情况。这种专门职务当然从来不会委托给工人**群众**,不会委托给**数以千计**的无产者(即阿克雪里罗得同志和马尔丁诺夫同志所说的那些无产者),而恰恰是常常委托给阿克雪里罗得同志所提起的**大学教授**，委托给李伯尔同志和波波夫同志所关心的**中学生**（第 241 页），委托给阿克雪里罗得同志在第二次发言中所提到的**革命青年**（第 242 页）。总之，马尔托夫同志的条文要么是一纸空文和空洞的辞藻，要么就多半是而且几乎完全是有利于那些"浸透了资产阶级个人主义"而不愿意加入组织的"知识分子"。马尔托夫的条文**在口头上**是维护无产阶级广大阶层的利益的，但是**事实上**却是为那些害怕无产阶级的纪律和组织的**资产阶级知识分子**的利益效劳。谁也不敢否认，作为现代资本主义社会中**特殊阶层的知识分子**，他们的特点，一般和整个说来，**正是个人主义**和不能接受纪律和组织（可以参看一下考茨基论述知识分子的一些著名论文）；这也就是这个社会阶层不如无产阶级的地方；这就是使无产阶级常常感觉到的知识分子意志消沉、动摇不定的一个原因；知识分子的这种特性是同他们通常的生活条件，同他们在很多方面接近于**小资产阶级生存**条件的谋生条件（单独工作或者在很小的集体里工作等等）有密切联系的。最后，拥护马尔托夫同志条文的那些人恰恰必须拿大学教授和中学生作例子，也不是偶然的！在关于党章第 1 条的争论中并不像马尔丁诺夫和阿克雪里罗得两位同志所想的那样，是坚决主张广泛进行无产阶级斗争的人反对坚决主张搞激进谋组织的人，而是拥护**资产阶级知识分子个人主义**的人同拥护**无产阶级组织和纪律**的人发生了冲突。

波波夫同志说："在彼得堡，也像在尼古拉耶夫或敖德萨一样，据这些城市的代表说，到处都有数以十计的散发书刊和进行口头鼓动的工人不能成为组织中的成员。可以把他们编到组织里面，但是不能看做组织中的成员。"（第 241 页）为什么他们不能成为组织中的成员呢？这始终是波波夫同志的一个秘密。上面我引了《给一位同志的信》中的一段话，正是说明把所有这些工人（是数以百计,而不是数以十计)编到组织里面是可能的而且是必要的,其中有许许多多这样的组织能够而且应当包括在党内。

马尔托夫同志的第二个理由是说:"列宁认为党内除了党组织以外,再也不能有其他什么组织……"完全对啊!……"反之,我却认为这样的组织应当存在。实际生活在十分迅速地建立和繁殖这些组织,以致我们来不及把它们一一纳入我们职业革命家的战斗组织的体系……" 这个说法在两方面都是不正确的:(1)"实际生活"繁殖真正干练的革命家组织,要比我们所需要的,要比工人运动所要求的少得多;(2)我们党应当是一个不仅包括革命家组织而且包括许许多多工人组织在内的体系…… "列宁认为中央委员会只会批准那些在原则方面完全可靠的组织为党的组织。可是,布鲁凯尔同志清楚地了解,实际生活〈原文如此!〉一定会显示自己的力量,中央委员会为了不致把许多组织抛在党外,就会不管它们是不是完全可靠而一概批准;因此,布鲁凯尔同志也就附和了列宁的意见……" 请看,这真是尾巴主义的"实际生活"观点! 当然,如果中央委员会**一定要**由一些不是按照自己的意见而是按照别人的意见行事的人(见组委会[240]事件)组成,那"实际生活"就真正会"显示自己的力量",就是说,党内最落后的分子就会占上风(**现在由于党内存在着由落后分子组成的"少数派",情况正是如此**)。但是,无论如何也找不到一个**适当的**理由能迫使一个**干练的**中央委员会把那些"不可靠的"分子吸收到党内来。马尔托夫同志拿"实际生活""繁殖"不可靠的分子作借口,正好十分明显地暴露了他的组织计划的机会主义性质! ……他继续说:"而我认为,如果这样的组织〈不完全可靠的组织〉同意接受党纲,接受党的监督,我们可以把它吸收入党,但并不因此就把它变成党的组织。例如,如果某个'独立派'协会决定接受社会民主党的观点和党纲,并加入党,那我就会认为这是我们党的一个重大胜利,然而这还不是说,我们就把这个协会编入党组织中了……" 请看,马尔托夫的条文竟混乱到什么程度:加入党的非党组织! 请看一看**他的**公式吧:党=(1)革命家组织,+(2)被承认是党组织的工人组织,+(3)没有被承认是党组织的工人组织(多半是"独立派"组织),+(4)执行各种任务的个人,如大学教授、中学生等等,+(5)"每一个罢工者"。可以同这个出色的计划相媲美的只有李伯尔同志的下面一段话:"我们的任务不只是要建立一个组织〈!!〉,我们能够并且应当建立一个党。"(第241页)是的,当然我们能够并且应当做到这一点,但是要做到这一点,需要的并不是什么"建立一些组织"的废话,而是向党员**直接**提出**要求**,要他们切实地从事**建立组织**的工作。说是"建立一个党",而又拥护用"党"这个词来掩盖一切无组织性和一切涣散状态,那就是说空话。

马尔托夫同志说:"我们的条文是表示一种想使革命家组织和群众之间有一系列组织的意图。"恰恰不是这样。马尔托夫的条文恰恰**不是表示**这种真正必要的意图,因为它并**不是促使大家组织起来**,不是要求大家组织起来,不是把有组织的东西和无组织的东西区分开来。它只是给大家一个**称号**①。说到这里,不能不

---

① 马尔托夫同志在同盟代表大会上又提出一个令人好笑的论据来为自己的条文辩护。他说:"我们可以指出,列宁的条文按字面意义来了解,是把**中央代办员**置于党外,因为这些代办员并不组成一个组织。"(第59页)这个论据在同盟代表大会上曾受到**嘲笑**,这一点从记录上可以看出来。马尔托夫同志以为他所指出的"困难",只有中央代办员加入"中央委员会的组织"才能够解决。但是问题不在这里。问题在于马尔托夫同志所引用的例子清楚地表明**他完全不了解党章第1条的思想**,表明那种纯粹咬文嚼字的批评方式确实值得嘲笑。**从形式上说**,只要成立一个"中央代办员组织",起草一个把这个组织编到党内来的**决议**,那个使马尔托夫同志大伤脑筋的"困难"就会立刻消失。而我提出的党章第1条条文的**思想**是要

回想起阿克雪里罗得同志说过的一段话:"无论用什么命令都不能禁止它们〈革命青年小组等等〉以及个别人自称为社会民主主义者〈十足的真理!〉,甚至自认为是党的一部分……" 这就**大错特错**了! 禁止人家自称为社会民主主义者是不可能的,而且也**没有必要**,因为这个词**直接**表示的只是一种信念体系,而不是一定的组织关系。当个别小组和个别人危害党的事业,败坏和瓦解党的组织时,禁止这些小组和个人"自认为是党的一部分",是可以而且应该的。如果党竟不能"用命令禁止"小组"自认为是"整体的"一部分",那么说**党**是个整体,是个政治单位,就太可笑了! 如果这样,那又何必规定开除党籍的手续和条件呢? 阿克雪里罗得同志显然已经把马尔托夫同志的基本错误弄到了荒谬的地步;他甚至把这个错误发挥成**机会主义理论**,因为他补充说:"按照列宁的条文,党章第1条是直接同无产阶级社会民主党的实质〈!!〉及其任务根本矛盾的。"(第243页)这恰恰等于说:对党提出的要求高于对阶级的要求,是同无产阶级任务的实质根本矛盾的。怪不得阿基莫夫要竭力拥护这样的**理论**。

必须公正地指出,阿克雪里罗得同志**现在**想把这个显然有机会主义倾向的错误条文变成**新**观点的种子,但是他当时在代表大

---

促使大家"组织起来!",是要**保证实在的**监督和领导。从**实质**上看,中央代办员应不应当包括在党内这个问题本身就是可笑的。因为对他们的**实在的**监督,**由于他们被任命为代办员**,由于他们被留在代办员的职位上,**已经**有了完全的和绝对的保证。所以,这里根本谈不上把有组织的东西和无组织的东西混为 一谈(而这正是马尔托夫同志条文的错误的根源)。马尔托夫同志的条文所以要不得,就是因为它使每一个人,使每一个机会主义者,每一个夸夸其谈的人,每一个"大学教授"和每一个"中学生"都可以**宣布自己**是党员。这就是马尔托夫同志条文的**阿基里斯之踵241**,而马尔托夫同志却枉费心机地企图**掩饰**这个致命弱点,举了一些根本谈不上什么自封为党员、自行宣布为党员的例子。

会上倒是表示愿意"磋商",他说:"但是我发觉,我原来敲的是敞开的大门"(我在新《火星报》上也发觉了这一点),"因为列宁同志及其被认为是党的一部分的外层小组表示赞同我的要求。"(不仅外层小组,而且还有各种各样的工人联合会:参看记录第242页斯特拉霍夫同志的发言,以及上面从《怎么办?》和《给一位同志的信》里摘录的一些话)"剩下的还有个别人。但是在这里也是可以磋商的。"我当时回答阿克雪里罗得同志说,一般说来,我并不反对磋商①,但是我现在应当解释一下,这句话究竟是指什么而言。正是关于个别人,关于所有这些大学教授和中学生等等,我是最不同意作什么让步的。但是,如果引起怀疑的是工人组织问题,那我就会同意(虽然上面我已经证明,这种怀疑是完全没有根据的)给我的第1条条文加上这样一个附注:"凡是接受俄国社会民主工党党纲和党章的工人组织,应当尽量列入党组织。"当然,严格说来,党章应当以法律式的定义为限,这种愿望不适于在党章中规定,而只适于在解释性的注解中、在小册子中加以说明(我已经指出,还在党章制定之前很久,我就在自己的小册子中作过这样的解释了);但是,这样的附注至少丝毫不会有什么可能导致瓦解组织的**错误**思想,丝毫不会有马尔托夫条文中显然包含的**机会主义的**论断②和"**无政府**

---

① 参看《列宁全集》第2版第7卷第269页。——编者注

② 在企图论证马尔托夫的条文时必然涌现出来的这些论断中,特别值得提出的是托洛茨基同志的一段话(第248页和第346页),他说:"机会主义是由一些比党章某一条文更复杂的原因造成的〈或者说:由更深刻的原因决定的〉,——它是由资产阶级民主运动和无产阶级二者的相对发展水平引起的……" 但是问题不在于党章条文能造成机会主义,而在于要利用党章条文锻造出比较锐利的武器来反对机会主义。机会主义产生的原因愈深刻,这种武器也就应当愈锐利。因此,以机会主义有"深刻的原因"作理由来为向机会主义敞开大门的条文**辩护**,那就是十足的尾巴主义。当托洛茨基同志还在反对李伯尔同志时,他了解党章是整体对部

主义的观念"。

我加了引号的最后一个说法,是巴甫洛维奇同志的。他当时很公正地把承认"**不负责任的**和自行**列名**入党的分子"是党员的主张看做**无政府主义**。巴甫洛维奇同志向李伯尔同志解释我的条文时说,"如果翻译成普通话",——这个条文就是说:"既然你想做一个党员,就应当也承认组织关系,而且不只是抽象地承认。"这种"翻译"虽然很简单,但是它不仅对于那些各种各样可疑的大学教授和中学生,而且对于最真实的党员,对于上层人物,都不是多余的(正如代表大会以后的事件证明的那样)……　巴甫洛维奇同志同样公正地指出,马尔托夫同志的条文是同马尔托夫同志

---

分、先进部队对落后部队所表示的"有组织的不信任";而当托洛茨基同志站到李伯尔同志方面时,他却忘记了这一点,甚至用"复杂的原因"、"无产阶级的发展水平"等等,为**我们**在组织这种不信任(对机会主义的不信任)方面所表现的**软弱**和动摇辩护了。托洛茨基同志的另一个论据是说:"已有某种组织的青年知识分子,是更容易**自行列入**〈黑体是我用的〉党员名单的。"正是这样。所以,有知识分子模糊不清的毛病的,正是那个甚至容许无组织的分子**自行宣布**为党员的条文,而不是我的**绝对不许**人们"**自行列入**"名单的条文。托洛茨基同志说,中央委员会"**不承认**"机会主义者的组织,只是因为注意到这些人的性质,但是既然大家都知道这些人的政治面貌,那么他们就没有什么危险,因为可以用全党抵制的办法把他们驱逐出去。这一点只有在必须把某人**驱逐出党**的情况下才是对的(而且只是对了一半,因为有组织的党不是用抵制的办法而是用表决的办法**实行驱逐**的)。这一点在很多日常情况下,即在只需要**实行监督**而绝对不能**实行驱逐**时,是完全不正确的。中央委员会为了实行监督,可以**有意**把某一个虽然不完全可靠,但有工作能力的组织在一定条件下接纳到党内来,以便考验它,试图**把它引上正确道路**,用自己的领导来克服它的局部的偏向,等等。**如果**根本不允许"**自行列入**"党员名单,那么这样的接纳是没有危险的。为了能使人公开地和**负责地**,即在有监督的条件下表达(并讨论)其错误观点和错误策略,这样的接纳往往是有好处的。"但是,如果说法律式的定义应当适合事实上的关系,那么列宁同志的条文就应当被否决。"——托洛茨基同志这样说,但这又是机会主义者的说法。事实上的关系并不是死的,而是有生气的和不断发展的。法律式的定义能适合这些关系的进步发展,但是也能(如果这些定义是坏定义的话)"适合"退化或停滞。后一种情况也就是马尔托夫同志的"情况"。

引证得很不恰当的那个不容争辩的科学社会主义原理相抵触的。"我们党是不自觉过程的自觉表现者。"正是如此。并且正因为如此，要"每一个罢工者"都能自称为党员是不正确的，因为假使"每次罢工"都不只是强大的阶级本能和必然引向社会革命的阶级斗争的自发表现，而是这个过程的**自觉表现**，那么……那么，总罢工就不会是无政府主义的空话，那么我们的党就会立刻一下子**包括**整个工人阶级，因而也就会一下子把**整个资产阶级社会**消灭掉。为了**真正**成为自觉的表现者，党应当善于造成一种能**保证有相当的觉悟水平**并不断提高这个水平的组织关系。巴甫洛维奇同志说："按照马尔托夫的道路走去，首先就要删掉关于承认**党纲**的条文，因为要接受党纲，就必须领会和了解这个党纲……承认党纲是要有相当高的政治觉悟水平才能做到的。"我们从来不容许用任何要求（领会、了解等等）来人为地**限制**人们**支持**社会民主党以及**参加**它所领导的斗争，因为单是**参加**斗争这一事实本身就能**提高**觉悟性和组织本能，但是，既然**我们结成一个党**，以便进行有计划的工作，那我们就应当设法保证这种计划性。

巴甫洛维奇同志关于党纲问题的警告看来不是多余的，这在**同一次**会议过程中**就立即**显示出来了。保证马尔托夫同志的条文得以通过①的阿基莫夫同志和李伯尔同志**立刻就**暴露出自己的真正本性，他们要求（第254—255页）对于党纲也只要（为了取得

---

① 投票赞成这个条文的有28票，反对的有22票。八个反火星派分子中有七个人赞成马尔托夫，有一个人赞成我。假如没有机会主义者的帮忙，马尔托夫同志就不能使自己的机会主义条文通过。（马尔托夫同志在同盟代表大会上毫无成效地企图驳倒这件不成问题的事实，不知为什么只指出崩得分子的票数，而把阿基莫夫同志和他的朋友们忘记了，确切些说，**只有**在这一点可以作为攻击我的证据——布鲁凯尔同志同意我的条文——时，才想起这些人。）

"党员资格"）抽象地加以承认，即只承认它的"基本原理"就行了。巴甫洛维奇同志指出："阿基莫夫同志的提议，从马尔托夫同志的观点看来，是完全合乎逻辑的。"可惜，我们从记录中看不出究竟有**多少票**赞成阿基莫夫的这个提议，——大概不少于七票（五个崩得分子[192]，再加上阿基莫夫和布鲁凯尔）。正因为**七个代表**退出了代表大会，所以原先在讨论党章第1条时形成的"紧密的多数派"（反火星派分子、"中派"和马尔托夫分子）结果变成了紧密的少数派！正因为**七个代表**退出了代表大会，主张批准旧编辑部的提议才遭到了失败，《火星报》办报的"继承性"才受到这种似乎惊人的破坏！这奇异的**七个人**竟是《火星报》的"继承性"的唯一救星和保证，而这七个人就是崩得分子以及阿基莫夫和布鲁凯尔，也就是说，正是那些对承认《火星报》为中央机关报的**理由**投过反对票的代表，而他们的机会主义立场曾经由代表大会肯定地指出过几十次了，并且是由马尔托夫和普列汉诺夫两人在讨论关于**缓和**第一条有关党纲的提法问题时就肯定地指出过的。反火星派分子捍卫《火星报》的"继承性"！——这就是代表大会以后展开的一出悲喜剧的**开端**。

＊　　　　　＊　　　　　＊

表决党章第1条条文时形成的派别划分，也跟语言平等事件暴露的情况完全相同：由于火星派多数派方面有四分之一（大概数目）的票数脱离出去，结果就使"中派"所追随的反火星派有可能取得胜利。当然，这里也有个别的票数破坏了画面的完整性，——在像我们代表大会这样一个大规模的会议上，必然有一部分"野"票偶然地有时跑到这方有时跑到那方，尤其是在讨论党章第1条这样的问题时情况是这样，因为在这个问题上发生意见分歧的实质才刚刚显露出来，许多人简直**还来不及把问题弄清楚**

（因为这个问题预先没有在书刊上探讨过）。从火星派多数派方面跑出去五票（各有两票表决权的鲁索夫和卡尔斯基以及有一票表决权的连斯基）；同时，又有一个反火星派分子（布鲁凯尔）和三个中派分子（梅德维捷夫、叶戈罗夫和察廖夫）归附到火星派多数派方面；结果多数派共有 23 票（24-5+4），比后来进行选举时最终形成的派别划分少一票。**反火星派分子使马尔托夫取得了多数**，反火星派分子中有七个人赞成马尔托夫，有一个人赞成我（"中派"方面也有七票赞成马尔托夫，三票赞成我）。火星派少数派和反火星派以及"中派"的联盟——即在代表大会快结束时和在代表大会以后组成的紧密的少数派的那个联盟——**开始形成起来**。马尔托夫和阿克雪里罗得在提出党章第 1 条条文时，特别是在为这个条文辩护时所犯的**无疑是向机会主义和无政府个人主义迈进了一步**的政治错误，由于有代表大会这样一个自由的公开的舞台，立刻和特别明显地暴露出来了，具体表现就是，最不坚定的和最不坚持原则的分子马上发动了他们的全部力量来扩大社会民主党革命派观点中出现的裂缝，或者说缺口。在组织方面公开追求**不同目的**（见阿基莫夫的发言）的人们共同参加代表大会的事实，立刻就推动了**在原则上**反对我们的组织计划和反对我们的章程的人去支持马尔托夫同志和阿克雪里罗得同志的错误。在这个问题上也仍然忠实于社会民主党革命派观点的火星派分子竟成了**少数**。这是一件**有重大意义的**事实，因为谁如果没有弄清楚这件事实，谁就根本无法了解由于争论党章的细节问题而发生的斗争，也无法了解由于争论中央机关报和中央委员会人选问题而发生的斗争。

# （十七） 新《火星报》。组织问题上的机会主义

在剖析新《火星报》的原则立场时,无疑应当把阿克雪里罗得同志的两篇小品文①当做基本材料。关于他爱用的那一套字眼的具体意义,我们在上面已经详细地指出来了,因此现在应当竭力撇开这种具体意义,来仔细考察一下迫使"少数派"(根据某种细小的琐碎的论据)得出正是这些而不是什么别的口号的思考过程,探讨一下这些口号的原则意义,而不管它们的来源如何,不管"增补"问题如何。目前我们正处在让步空气浓厚的时候,那就让我们对阿克雪里罗得同志让一下步,"认真地谈谈"他的"理论"吧。

阿克雪里罗得同志的一个基本论点(《火星报》第57号)是,"我们的运动一开始就包含着两种对立的倾向,这两种倾向的互相对抗,不能不随着运动本身的发展而发展,同时又不能不影响这个运动"。这就是说:"在原则上,运动的无产阶级目的〈在俄国〉同西方社会民主党的目的是一样的。"可是,我们这里影响工人群众的却是"对他们说来是异己的社会成分",即激进知识分子。总之,阿克雪里罗得同志认定,我们党内存在着无产阶级倾向和激进知识分子倾向之间的对抗。

阿克雪里罗得同志在这一点上无疑是正确的。这种对抗是确实存在的(并且不仅在俄国社会民主党一个党内)。而且,大家都

---

① 这两篇小品文已收入《〈火星报〉的两年》文集第2册第122页及以下各页(1906年圣彼得堡版)。(这是作者为1907年版加的注释。——编者注)

知道,正是这种对抗在很大程度上说明为什么现代社会民主党已经划分成革命的(或正统的)和机会主义的(修正主义、内阁主义[145]、改良主义的)两派,而这种划分也在我们俄国近十年来的运动中充分地显露了出来。同时大家又知道,社会民主党正统派所代表的正是运动中的无产阶级倾向,社会民主党机会主义派所代表的则是民主知识分子倾向。

可是,阿克雪里罗得同志在多少触及这个尽人皆知的事实时,便胆怯地向后退缩了。他**没有作任何尝试**来认真分析一下,上述这种划分一般在俄国社会民主运动史上,尤其是在我们党代表大会上究竟是怎样表现出来的,虽然阿克雪里罗得同志所写的正是有关代表大会的问题!阿克雪里罗得同志也同新《火星报》整个编辑部一样,对这次代表大会的记录**怕得要死**。我们了解前面说过的一切之后不会对此表示惊奇,但是,这对一个仿佛在研究我们运动中各种倾向的"理论家"却是一件**害怕真相**的奇事。阿克雪里罗得同志由于自己的这种特性,避开了关于我们运动中各种倾向的最新最精确的材料,而求救于惬意的幻想。他说:"既然合法马克思主义或半马克思主义给我国自由派提供了一个文坛上的领袖,为什么捉弄人的历史就不能从正统的革命的马克思主义学派中提供一个领袖给革命的资产阶级民主派呢?"[242]关于阿克雪里罗得同志的这种惬意的幻想,我们只能说,如果历史有时是在捉弄人,那么,这并不能替一个分析这种历史的人的**捉弄人的思想**作辩护。当那位半马克思主义的领袖显露出是一个自由派分子时,那些愿意(和**善于**)探讨他的"倾向"的人所引证的并不是什么可能有的历史捉弄,而是这位领袖数十种甚至数百种心理和逻辑的表现,是他全部著作的面貌特征,这些特征显出了马克思主义在资产阶级著作中的反映[243]。既然阿克雪里罗得同志在分析"我们运动中的一般革命倾向和无产阶级倾向"时，**丝毫——确实是丝毫——**不能证明并指出他所痛恨的党内正统派的某些代表人物的某些倾向，那他只不过是**郑重地证明**自己**思想贫乏**罢了。既然阿克雪里罗得同志只能引证什么可能有的历史捉弄，那么他的事情想必已经是十分不妙了！

阿克雪里罗得同志的另一引证，即关于"雅各宾派"[149]的引证，是更有教益的。阿克雪里罗得同志大概不会不知道，现代社会民主党分成革命派和机会主义派，早已——并且不仅在俄国——使人有了运用"法国大革命时代的历史比拟"的借口。阿克雪里罗得同志大概不会不知道，**现代社会民主党中的吉伦特派**[149]随时随地都在用"雅各宾主义"、"布朗基主义"[78]之类的词来形容自己的对手。我们不会像阿克雪里罗得同志那样害怕真相，且让我们来翻阅一下我们代表大会的记录，看看这些记录究竟有没有什么材料可供我们分析和检查现在我们所考察的这些倾向和我们所剖析的这种比拟。

第一个例子。在党代表大会上关于党纲的争论。阿基莫夫同志（他"完全赞同"马尔丁诺夫同志的意见）声明："关于夺取政权〈即关于无产阶级专政〉的一段条文写得跟所有其他各国社会民主党的纲领不同，这种写法有可能被解释成领导组织的作用一定会把受它领导的阶级推到后面去，并使前者同后者隔离开，而且普列汉诺夫就是这样解释的。因此，我们的政治任务也就表述得完全和'民意党'的一样。"（记录第124页）普列汉诺夫同志和其他火星派分子反驳了阿基莫夫同志，指责他这是一种机会主义观点。阿克雪里罗得同志难道看不出，这次争论向我们表明了（是用事实，而不是用想象的历史捉弄）社会民主党内**现代雅各宾派**和现代**吉伦特派**的对抗吗？阿克雪里罗得同志所以谈起雅各宾派来，不正是因为他（由于他所犯的错误）已经与社会民主党内的**吉伦**

**特派**为伍了吗?

第二个例子。波萨多夫斯基同志认为在"民主原则的绝对价值"这个"基本问题"上存在着"严重的意见分歧"(第169页)。他和普列汉诺夫一起否认民主原则的绝对价值。"中派"或泥潭派首领(叶戈罗夫)和反火星派首领(戈尔德布拉特)坚决反对这种看法,认为普列汉诺夫是在"仿效资产阶级的策略"(第170页),——**这正是阿克雪里罗得同志关于正统派同资产阶级倾向的联系的看法**,所不同的只是阿克雪里罗得没有把这种看法具体地说出来,而戈尔德布拉特则把它同一定的辩论联系了起来,我们不妨再问一次:阿克雪里罗得同志难道看不出这次争论也向我们**具体地**(在我们党代表大会上)表明了现代社会民主党内有雅各宾派和吉伦特派相对抗吗? 阿克雪里罗得同志所以高喊反对雅各宾派,不正是因为他已经与吉伦特派为伍了吗?

第三个例子。关于党章第1条的争论。究竟是谁在捍卫"**我们运动中的无产阶级倾向**",谁在强调说明工人不怕组织,无产者不同情无政府状态,无产者重视"组织起来!"的号召,谁在提醒人们防范那些浸透机会主义思想的资产阶级知识分子呢? **是社会民主党中的雅各宾派**。究竟是谁在把激进知识分子拉到党里来,谁在念念不忘大学教授和中学生、单干人物和激进青年呢? **是吉伦特派分子阿克雪里罗得伙同吉伦特派分子李伯尔**。

阿克雪里罗得同志为在我们党代表大会上公开散播的那个加给"劳动解放社"[30]多数人的"莫须有的机会主义罪名"进行辩护,可是他辩护得多么笨拙啊! 他不过是重弹伯恩施坦派[117]的一些关于雅各宾主义、布朗基主义等等的陈词滥调,从而证实这个罪名有根有据罢了! 他高喊什么激进知识分子的危险,无非是为了掩饰他自己在党代表大会上发表的那些念念不忘这种知识分子的言论。

使用雅各宾主义等等这些"吓人的字眼"，只是暴露出自己有**机会主义**思想罢了。同**已经意识到**本阶级利益的无产阶级的**组织**密切联系在一起的雅各宾派分子，就是**革命的社会民主党人**。留恋大学教授和中学生，害怕无产阶级专政，迷恋民主要求的绝对价值的吉伦特派分子，就是**机会主义者**。现在，把政治斗争缩小为密谋活动的思想已经在出版物上被驳斥过几千次了，它早就被实际生活驳倒和排挤掉了，群众性的政治鼓动的根本重要意义已经被阐明和反复地说明了，在这种情况下，只有机会主义者还会认为密谋组织是危险的东西。人们害怕密谋主义即布朗基主义的实际原因，并不是实际运动显露出来的某种特征（像伯恩施坦之流早就枉费心机地力图证明的那样），而是资产阶级知识分子那种在现代社会民主党人中间常常暴露出来的吉伦特派的怯懦心理。最滑稽不过的就是新《火星报》拼命想说出一种**新意见**（其实这种意见早已有人说过几百次了），即要人们防范40年代和60年代法国革命密谋家的策略（第62号上的社论）**244**。在即将出版的一号《火星报》上，现代社会民主党中的吉伦特派大概会给我们举出这样一批40年代的法国密谋家，对这些人来说，在工人群众中进行政治鼓动的作用，工人报纸作为党用来影响阶级的基本工具的作用，早已成了背得烂熟的起码常识。

可是，新《火星报》力图在发表新意见的幌子下重提旧事和反复咀嚼起码的常识，这决不是偶然的，而是已经陷到我党机会主义派中去的阿克雪里罗得和马尔托夫所处的地位的必然结果。处于什么样的地位，就得讲什么样的话。所以他们只好重复机会主义词句，只好**向后退**，以便从**遥远的过去**找到一点什么理由来替自己的立场辩护，但从代表大会上的斗争来看，从代表大会上形成的党内各种不同的色彩和派别划分来看,这个立场是无法辩护的。阿克雪里罗得同志除了谈一些阿基莫夫式的关于雅各宾主义和布朗基主义的深奥思想,还发了一些阿基莫夫式的怨言,说不仅"经济派"而且"政治派"也有"片面性"、过分"迷恋"的毛病等等。当你在妄自尊大、自以为比有上述一切片面性和迷恋毛病的人高明的新《火星报》上读到有关这个题目的高谈阔论时,你就会惶惑莫解地自问道:他们在描画什么人的肖像? 他们从哪里听过这种对话?[245]谁不知道俄国社会民主党人分成经济派和政治派的时期早已过去了呢? 你们看看党代表大会以前一两年的《火星报》就会知道,反对"经济主义"的斗争还在 1902 年就平息下去了,完全停止了;就会知道,例如,在 1903 年 7 月(第 43 号),人们就认为"经济主义时代""已经完全过去了",经济主义"已经被彻底埋葬了",认为政治派的迷恋是一种明显的返祖现象。《火星报》新编辑部究竟根据什么理由重新提起这个已经被彻底埋葬了的划分呢? 难道我们在代表大会上同阿基莫夫们进行斗争,是因为他们两年以前在《工人事业》杂志上犯的那些错误吗? 如果是这样,那我们就成了十足的白痴了。可是,谁都知道我们并没有这样做,我们在代表大会同阿基莫夫们进行斗争,不是因为他们在《工人事业》杂志上所犯的旧的、已经被彻底埋葬了的错误,而是因为他们在代表大会上发言和表决时犯的**新的错误**。我们并不是根据他们在《工人事业》杂志上的立场,而是根据他们在代表大会上的立场来判断究竟哪些错误已经真正消除,哪些错误仍然存在,因而有争论的必要。到举行代表大会时,经济派和政治派这种旧的划分已不存在,但是各种机会主义倾向仍然存在,这些倾向曾经在讨论和表决许多问题时表现了出来,并且终于造成党的"多数派"和"少数派"的新划分。问题的全部实质在于,《火星报》新编辑部由于某些很明显的原因力图掩盖这种新的划分同我们党内**当前**机会主义的联系，因此也就不得不从新的划分退到旧的划分上去。既然不能说明新的划分的政治起源（或者说，为了表明肯于让步而想掩盖①这种起源），那就只好去反复咀嚼早已过时的旧划分。尽人皆知，新划分的根据是**组织**问题上的分歧，这种分歧是由组织原则（党章第 1 条）的争论开始，并以只有无政府主义者才干得出来的"实践"作为结束。经济派和政治派之间的旧划分的根据主要是**策略**问题上的分歧。

这种从党内生活的真正是当前迫切的更为复杂的问题退回到早已解决而现在又故意翻腾出来的问题上去的行为，新《火星报》正在竭力用一种只能称为尾巴主义的可笑的深奥思想加以辩护。阿克雪里罗得同志首创的那个贯穿在新《火星报》一切言论中的深奥"思想"，就是认为内容比形式重要，纲领和策略比组织重要，认为"组织的生命力同它所灌输给运动的那种内容的范围和意义成正比"，认为集中制不是"独立自在的东西"，不是"万应灵丹"等等，等等。这是多么深奥而伟大的真理啊！纲领的确比策略重要，策略比组织重要。识字课本比词法重要，词法比句法重要，——可是，对于那些在考试句法时没有及格而现在居然因留级而骄傲和自夸的人，又能说些什么呢？阿克雪里罗得同志在组织原则问题

---

① 见《火星报》第 53 号上普列汉诺夫关于"经济主义"的文章。在这篇文章的副题上，大概印错了几个字。"关于第二次党代表大会的几点公开意见"显然应该是"关于**同盟**代表大会"，也许是"关于**增补**"。虽然在一定条件下可以对个人的要求作些让步，然而决不容许——不是从庸人观点而是从党的观点来看——把党所关心的一些问题混淆起来，不能把已经开始由正统派方面转到机会主义方面去的马尔托夫和阿克雪里罗得所犯的新错误问题，偷换为今天在纲领和策略的许多问题上也许愿意由机会主义方面转到正统派方面来的马尔丁诺夫们和阿基莫夫们所犯的旧错误（即现在只有新《火星报》才会想起的错误）问题。

上的议论像一个机会主义者(党章第1条)，而在组织中的行动像一个无政府主义者(在同盟代表大会上)。而现在，他又在加深社会民主主义了——他说：葡萄是酸的![246] 其实，什么是组织呢？它不过是一种形式罢了；什么是集中制呢？它并不是万应灵丹；什么是句法呢？它并不像词法那样重要，它不过是把各个单词联结起来的一种形式罢了…… 《火星报》新编辑部得意地问道："如果我们说，代表大会制定党纲要比它通过一个无论怎样完善的党章更能促进党的工作的集中化，难道亚历山德罗夫同志会不同意我们的说法？"(第56号的附刊)可以设想，这个经典性的名言将要博得的广泛而持久的历史名声，不会亚于克里切夫斯基同志所说的那句名言：社会民主党也和人类一样，永远只给自己提出可以实现的任务。新《火星报》的这个深奥思想真是与此如出一辙。为什么克里切夫斯基同志的这句话遭到讥笑呢？这是因为他用了一种冒充哲学的庸俗议论来替某一部分社会民主党人在策略问题上的错误辩护，替他们不能正确地提出政治任务辩护。同样，新《火星报》也是用一种所谓党纲比党章重要、党纲问题比组织问题重要的庸俗议论，来替某一部分社会民主党人在组织问题上的错误辩护，替某些同志的那种导致无政府主义空话的知识分子的不坚定性辩护！这难道不是尾巴主义吗？这难道不是因留级而自夸吗？

通过党纲要比通过党章更能促进工作的集中化。这种冒充哲学的庸俗议论散发着多么浓厚的激进知识分子的气味，这种知识分子对资产阶级颓废思想比对社会民主主义要亲近得多！要知道，集中化这个词在这句名言里完全是从**象征的**意义上理解的。如果说这句话的人不善于或者不愿意思索，那么他们至少也应当回忆一下这个简单的事实：我们和崩得分子共同通过党纲，不仅没有使我们共同的工作集中化，而且也没有使我们避免分裂。在党

纲问题上和在策略问题上的一致是保证党内团结,保证党的工作
集中化的必要条件,但只有这个条件还是不够的(天啊! 在今天
一切概念都弄得混淆不清的时候,一个多么浅显的道理也要人翻
来覆去地讲!)。为了保证党内团结,为了保证党的工作集中化,
还需要有组织上的统一,而这种统一在一个已经多少超出了家庭
式小组范围的党里面,如果没有正式规定的党章,没有少数服从多
数,没有部分服从整体,那是不可想象的。当我们在纲领和策略的
基本问题上还没有一致时,我们曾直截了当地说,我们是处在一个
涣散状态和小组习气盛行的时代,我们曾直截了当地声明,在统一
之前必须划清界限,我们当时还没有说到共同组织的形式,只是谈
到在纲领和策略方面同机会主义斗争的那些新问题(这在当时确实
是些新问题)。现在我们大家都认为,这个斗争已经保证了表述在
党纲和党关于策略的决议中的充分的一致;现在我们必须采取下一
个步骤,于是我们就在我们大家的同意下采取了这个步骤:我们制
定了把一切小组融为一体的统一组织的**形式**。现在却有人把这些
形式破坏了一半,把我们拉向后退,退到无政府主义的行为,退到无
政府主义的空话,退到恢复小组来代替党的编辑部,而现在又用什
么识字课本比句法更能促使文理通顺来替这种倒退辩护!

三年前在策略问题上盛行一时的尾巴主义哲学,现在又在组织
问题上复活了。我们不妨看看新编辑部发表的这样一段议论。亚
历山德罗夫同志说:"战斗的社会民主主义方针,在党内应当不单单
通过思想斗争,而且通过一定的组织形式来实行。"编辑部教训我们
说:"把思想斗争和组织形式这样相提并论,的确不坏。思想斗争是
一种过程,而组织形式不过是……形式〈在第56号的附刊第4版第
1栏下面确实就是这样说的!〉,这些形式应当包着一种流动的、发展
着的内容,即发展着的党的实际工作。"这种说法和那种说铁弹是铁

弹,炸弹是炸弹[247]的笑话毫无二致。思想斗争是一种过程,而组织形式不过是包着内容的形式!问题在于我们的思想斗争是由**较高级的形式**,即对大家都有约束力的党组织的形式包着呢,还是由过去的涣散状态和小组习气的形式包着。人们把我们从较高级的形式拉回到较原始的形式上去,并且还为此辩护,说什么思想斗争是一种过程,而形式不过是形式。这和克里切夫斯基同志很久以前把我们从策略-计划拉回到策略-过程上去是一模一样的。

我们不妨看一看新《火星报》为了反对那些似乎只顾形式却忽略了内容的人而说的这些关于"无产阶级的自我教育"的大话(第58号的社论)。难道这不是第二号阿基莫夫主义吗?头号阿基莫夫主义常拿"无产阶级斗争"的更"深刻"内容,拿无产阶级的自我教育,来替社会民主党内某一部分知识分子在策略任务的提法上的落后辩护。第二号阿基莫夫主义,现在也用组织不过是形式而整个实质在于无产阶级的自我教育这种同样深奥的理由,来替社会民主党内某一部分知识分子在组织的理论和实践问题上的落后辩护。替小兄弟操心的先生们,无产阶级是不怕组织和纪律的!无产阶级是不会去操心让那些不愿加入组织的大学教授先生和中学生先生因为在党组织的监督下工作,就被承认为党员的。无产阶级由它的全部生活养成的组织性,要比许多知识分子彻底得多。对我们的纲领和我们的策略已经有所认识的无产阶级,是不会用形式不如内容重要的口实来替组织上的落后辩护的。并不是无产阶级,而是我们党内**某些知识分子**,在组织和纪律方面缺乏**自我教育**,在敌视和鄙视无政府主义空话方面缺乏**自我教育**。正如头号阿基莫夫们从前诬蔑无产阶级,说它还没有成熟到进行政治斗争的地步一样,现在第二号阿基莫夫们也在诬蔑无产阶级,说它还没有成熟到组织起来的地步。已经成为自觉的社会民主主义者并感到自己是党的一员的无产者,也一定会像他从前用十分鄙视的态度斥责策略问题上的尾巴主义那样来斥责组织问题上的尾巴主义。

最后,请看一看新《火星报》的那位"实际工作者"的深奥思想吧。他说:"建立一个能将革命家的**活动**〈用黑体是为了加深意思〉统一集中起来的'战斗的'集中组织的思想,即使被人正确理解,也只有在**有了**这种活动的时候才会自然实现〈真是既新颖又聪明〉;组织本身作为一种形式〈注意,听着!〉,只能**随着**〈这里以及这段引文里其他各处的黑体,都是原作者用的〉构成其内容的革命工作的开展而成长起来。"(第57号)这岂不又一次使我们想起民间故事里的那个看到人家送葬时高喊"但愿你们拉也拉不完"的人物吗?[171]大概,我们党内没有哪一个实际工作者(不带引号的)不了解:我们活动的形式(即组织)老早就落在内容的后面了,并且落后得太远了;只有党内的伊万努什卡才会向落在后面的人们喊:齐步前进! 不要抢先! 不妨拿我们党和崩得比较一下。毫无疑义,我们党的工作**内容**①要比崩得的工作内容丰富、多样、广泛、深入得多。理论规模更巨大,纲领更成熟,对工人群众(不仅对有组织的手工业者)的影响更广泛更深刻,宣传鼓动工作更多样,在先进分子和普通分子那里的政治工作的脉搏更活跃,在游行示威和总罢工时开展的**人民**运动更壮阔,在非无产者阶层中进行的活动更有力。可是"形式"怎样呢? 我们工作的"形式"同崩得工作的形式比起来竟落后到不能容忍的地步,落后得使每一个对自己党内事务

---

① 且不必说,我们党的工作**内容**在代表大会上是按革命社会民主党的精神确定的(在纲领等等中),这只是用**斗争的代价**换来的,是我们同那些反火星派分子以及在"少数派"内占大多数的泥潭派分子斗争的结果。关于"内容"问题,如把旧《火星报》所出版的6号(第46—51号)同新《火星报》所出版的12号(第52—63号)比较一下,那也是很有趣的。但这只好另外有机会再说了。

不"袖手旁观"的人都感到痛心和羞愧。工作的组织比工作的内容落后,是我们的一个弱点,并且远在召开代表大会以前,远在组委会成立以前,就已经是我们的一个弱点了。由于形式不成熟、不牢固,我们无法采取继续前进的重大步骤来发展内容,因而造成了可耻的停滞,力量的浪费,言行的不一。大家都为这种言行不一而大伤脑筋,可是阿克雪里罗得们和新《火星报》的"实际工作者们",却在这时来鼓吹他们的深奥思想;形式只应当随着内容自然地成长起来!

请看,如果有人想**加深**谬论并从哲学上替机会主义词句找根据,那么在组织问题(党章第 1 条)上所犯的小错误就会导致什么样的结果吧。要慢慢地走,要小心翼翼地曲折前进![248]——从前我们就听见有人在策略问题上唱这个调子;现在我们又听见有人在组织问题上唱这个调子。**组织问题上的尾巴主义**是**无政府个人主义者**的心理的自然的和必然的产物,只要他开始把自己的(起初也许是偶然的)无政府主义倾向上升为**观点的体系**,上升为一种特别的**原则意见分歧**,就会是这种情况。在同盟代表大会上,我们看见了这种无政府主义的开端;在新《火星报》上,我们又看见有人企图把它上升为观点的体系。这种企图十分明显地证实了我们在党代表大会上已经表示过的意见:参加社会民主主义运动的资产阶级知识分子的观点跟意识到本阶级利益的无产者的观点是不同的。例如,新《火星报》的那位"实际工作者"(他的深奥思想我们已经领教过了)揭发我,说我把党想象成一个"大工厂",厂长就是中央委员会(第57号的附刊)。这位"实际工作者"根本没有料到,他提出来的这个吓人的字眼一下子就暴露出既不了解无产阶级组织的实际工作又不了解无产阶级组织的理论的资产阶级知识分子的心理。工厂在某些人看来不过是一个可怕的怪物,其实工厂是资本主义协作的最高形式,它把无产阶级联合了起来,使它纪律化,教它学会组织,使它成为其余一切被剥削劳动群众的首脑。马克思主义是由资本主义训练出来的无产阶级的意识形态,正是马克思主义一贯教导那些不坚定的知识分子把工厂的剥削作用(建筑在饿死的威胁上面的纪律)和工厂的组织作用(建筑在由技术高度发达的生产条件联合起来的共同劳动上面的纪律)区别开来。正因为无产阶级在这种工厂"学校"里受过训练,所以它特别容易接受资产阶级知识分子难以接受的纪律和组织。对这种学校怕得要死,对这种学校的组织作用一无所知,这正是那些反映小资产阶级生存条件的思想方法的特点,这种思想方法产生了德国社会民主党人叫做Edelanarchismus的无政府主义,即"贵族式的"无政府主义,我说也可以把它称做老爷式的无政府主义。这种老爷式的无政府主义在俄国虚无主义者身上是特别突出的。党的组织在他们看来是可怕的"工厂";部分服从整体和少数服从多数在他们看来是"农奴制"(见阿克雪里罗得的小品文),他们一听见在中央领导下实行分工,就发出可悲又可笑的号叫,反对把人们变成"小轮子和小螺丝钉"(在这方面他们认为特别可怕的,就是把编辑变成撰稿人),他们一听见别人提起党的组织章程,就作出一副不屑一顾的样子,轻蔑地说(对"形式主义者"),完全不要章程也可以。

　　这是难以置信的,但这是事实。马尔托夫同志在《火星报》第58号上就是这样教训我的,并且为了更加使人信服,还从《给一位同志的信》里引了我本人的话。举一些涣散时代的例子,小组时代的例子,来替在党性时代保持和赞美小组习气、无政府状态**辩护**,这难道不是"老爷式的无政府主义",这难道不是尾巴主义吗?

　　为什么从前我们不需要章程呢?因为当时党是由一些彼此没有任何组织联系的单个小组组成的。当时由这一小组转到另一小组,只是个人"自愿"的事情,并没有任何正式规定的整体意志作为他的行动的准绳。各个小组内部的争论问题不是按照章程,**"而是用斗争和退出相威胁"**来解决,正如我在《给一位同志的信》里根据许多小组特别是我们六人编辑小组的经验所说的那样。①在小组时代,这种现象是自然的和不可避免的,可是谁都没有想到要赞美它,没有认为它是理想的;大家都埋怨过这种涣散状态,大家都为此感到苦恼,渴望把各个零星小组融为一个正式的党组织。现在,这种融合实现了,却有人把我们拉向后退,用冒充最高组织观点的无政府主义的空话来款待我们!在那些过惯了穿着宽大睡衣、趿拉着拖鞋的奥勃洛摩夫**108**式的家庭式小组生活的人们看来,正式章程是太狭隘、太狭窄、太累赘、太低级了,太官僚主义化、太农奴制度化了,太约束思想斗争的自由"过程"了。老爷式的无政府主义不了解,正式章程所以必要,正是为了用广泛的党的联系来代替狭隘的小组联系。一个小组内部或各个小组之间的联系,在过去是不需要规定的,也是无法规定的,因为这种联系是靠朋友关系或盲目的、没有根据的"信任"来维持的。党的联系不能而且也不应当靠这两种东西来维持。党的联系一定要以**正式的**,即所谓"用官僚主义态度"(在自由散漫的知识分子看来)制定的章程为基础,也只有严格遵守这个章程,才能保证我们摆脱小组的刚愎自用,摆脱小组的任意胡闹,摆脱美其名为思想斗争的自由"过程"的小组争吵。

新《火星报》编辑部打出的一张反对亚历山德罗夫的王牌,就是用教训的口吻指出:"信任是一种微妙的东西,决不能把它钉到人心和脑袋里去。"(第56号的附刊)编辑部不了解,正是提出信任——**单纯的**信任——这一范畴本身,再一次把它那种老爷式的无政府主义和组织上的尾巴主义暴露了出来。当我还只是一个小

---

① 参看《列宁全集》第2版第7卷第18页。——编者注

组——无论《火星报》六人编辑小组或《火星报》组织——的成员时,譬如我为了说明我不愿意同某某人在一起工作,我有权拿那种盲目的、没有根据的不信任当做唯一的借口。当我成了一个党员时,我**就没有权利**只凭感情来表示不信任了,因为我这样做,便给以前小组习气盛行时代的一切任意胡闹和刚愎自用的现象大开方便之门;我**有责任**用正式的理由,即根据我们的纲领、我们的策略、我们党章中某一项正式规定的原则来说明我为什么"信任"或"不信任";我就不能只限于盲目的"信任"或"不信任",而必须承认我自己的决定以及党内任何一部分的一切决定都要对全党**负责**;我必须遵照**正式规定的**手续来表示自己的"不信任",来实现根据这种不信任所得出的观点和愿望。我们已经从盲目"信任"的**小组**观点,提高到**党的**观点。党的观点要求我们按照受监督的和正式规定的手续,来表示和**检查**信任,可是编辑部却把我们拉向后退,并把自己的尾巴主义叫做新的组织观点!

请看,我们的所谓党的编辑部是怎样议论那些可能要求派代表参加编辑部的著作家小组的。时时处处都藐视纪律的老爷式的无政府主义者教训我们说:"我们不会发怒,我们不会叫起纪律来。"假如提出这种要求的是一个明白事理的集团,我们就同它"达成协议"(原文如此!);不然我们就对它的要求置之一笑。

你看,这该是一种多么高贵的与庸俗的"工厂式的"形式主义针锋相对的态度呀! 其实,这只是编辑部赠给党的一套略加修饰的、充满小组习气的辞令,编辑部感到它不是一个党的机关,而是旧时小组的残余。这种立场的内在的虚伪性,必然会产生**无政府主义的深奥思想**,这种深奥思想把涣散状态推崇为社会民主党组织的**原则**,同时在口头上又伪善地把这种涣散状态说成是早已过去了的事情。根本不需要什么由上下各级党机关构成的体系,因为在老爷式的无政府主义看来,这种体系不过是办公室里拟制的司厅科股等等的玩意(见阿克雪里罗得的小品文);根本不需要什么部分服从整体的原则,根本不需要对党的"达成协议"或划清界限的办法作出"形式主义和官僚主义的"规定,还是让人们去空谈"真正社会民主主义的"组织方法,崇尚旧时的小组争吵吧。

正是在这方面,受过"工厂"训练的无产者可以而且应当来教训无政府个人主义。觉悟的工人早已脱离了害怕同知识分子打交道的幼稚状态。觉悟的工人善于尊重他在知识分子社会民主党人那里发现的比较丰富的知识、比较广阔的政治视野。可是,随着我们**真正的**政党的形成,觉悟的工人应当学会辨别无产阶级军队的战士的心理和爱说无政府主义空话的资产阶级知识分子的心理,应当学会不仅**要求**普通党员,而且**要求**"上层人物"履行党员的义务,应当学会像他很久以前蔑视策略问题上的尾巴主义那样,来蔑视组织问题上的尾巴主义!

新《火星报》在组织问题上的立场的最后一个特点,是同吉伦特主义[249]和老爷式的无政府主义密切联系在一起的:这就是维护**自治制**,反对集中制。关于官僚主义和专制的号叫,关于"非火星派分子〈在代表大会上维护自治制的非火星派分子〉受到不应有的忽视"的惋惜,关于有人要求别人"唯命是从"的滑稽喊叫,关于"彭帕杜尔作风"的伤心抱怨等等,正是含有这样的原则的意思(如果有的话①)。任何一个党的机会主义派总是维护任何一种落后表现,为它辩护,无论在纲领方面、策略方面或组织方面都是如此。新《火星报》维护组织方面的落后表现(尾巴主义),是同维护**自治制**密切联系着的。诚然,一般说来,经过旧《火星报》三年来的宣传揭露,自治制已经名

---

① 这里我也和在本节其他地方一样,把这些号叫的"增补"的意思撇开不谈。

声很坏了，因此新《火星报》公开维护自治制未免**还**有些害羞；它还硬要我们相信它喜欢集中制，不过它用来证明这一点的，只是集中制这个词用了黑体罢了。其实，只要稍微考察一下新《火星报》的"真正社会民主主义的"（不是无政府主义的吗？）所谓集中制的"原则"，处处都会发现自治制的观点。难道现在不是所有的人都清楚看到阿克雪里罗得和马尔托夫在组织问题上已经转到阿基莫夫那里去了吗？难道他们自己不是用所谓"非火星派分子受到不应有的忽视"这句名言郑重地承认了这一点吗？难道阿基莫夫和他的朋友们在我们党的代表大会上所维护的不是自治制吗？

马尔托夫和阿克雪里罗得在同盟代表大会上所维护的正是自治制（如果不是无政府主义的话），当时他们令人可笑地竭力证明：部分不应当服从整体，部分在决定自己对整体的关系时可以有自治权，确定这种关系的国外同盟章程可以在违反党内多数的意志、违反党中央机关的意志的情况下生效。现在马尔托夫同志在新《火星报》（第60号）上说到中央委员会指定地方委员会委员问题时公开维护的也正是自治制[250]。我不来谈马尔托夫同志在同盟代表大会和现在在新《火星报》上用来维护自治制的那些幼稚的诡辩①，我认为这里重要的是，应当指出他有**维护自治制**、**反对集中制**的明显倾向，这种倾向是组织问题上的机会主义所固有的根本特征。

在新《火星报》（第53号）上拿"形式主义和**民主主义的原则**"（黑体是原作者用的）同"形式主义和**官僚主义的**原则"相对照，要算是**分析**官僚主义这个概念的唯一尝试了。这种对照（可惜，这

---

① 马尔托夫同志列举党章各项条文时，恰巧**遗漏了**说明整体对部分的关系的一条：中央委员会"分配全党人力"（第6条）。如果不能把工作人员从一个委员会调到另一个委员会，那还怎么分配人力呢？这样一个浅显的道理还需要加以说明，真叫人感到难为情。

种对照也像提到非火星派分子时那样没有加以发挥，没有加以阐明），也多少有些道理。官僚主义对民主主义，这也就是集中制对自治制，也就是革命社会民主党的组织原则对社会民主党机会主义派的组织原则。后者力求自下而上地来行动，因此在凡是可能的地方和凡是可能的程度内，都坚决主张实行自治制，主张实行达到（在那些狂热坚持这点的人们那里）无政府主义地步的"民主主义"。前者力求由上层出发，坚决主张扩大中央对于部分的权利和权限。在涣散状态和小组习气盛行的时代，这种上层机关（革命社会民主党力求在组织上由它出发）必然是一个由于自己的活动和自己的革命彻底性而享有极大威信的小组（在我们这里就是《火星报》组织）。在恢复党的真正统一并在这个统一的基础上解散各个过了时的小组的时代，这种上层机关必然是**党的代表大会**，即党的最高机关；代表大会尽可能把各个积极组织的所有代表团结起来，任命中央机关（它的成分往往使党内的先进分子而不是落后分子比较满意，让党内的革命派而不是机会主义派比较喜欢），使它们成为党的最高机关，直到召开下届代表大会为止。至少在欧洲社会民主党人那里情况是如此，而且这种为无政府主义者所深恶痛绝的惯例在亚洲社会民主党人中间也开始流行起来，虽然流行得很慢，不免要遇到困难，不免要遇到斗争，不免要遇到无谓争吵。

非常值得指出的是，我在上面所谈到的组织问题上的机会主义的这些根本特征（自治制、老爷式的或知识分子的无政府主义、尾巴主义和吉伦特主义），在世界各国社会民主党内，凡是划分为革命派和机会主义派的（试问在什么地方没有这种划分呢？），都可以看到，只是作相应的改变（mutatis mutandis）罢了。这种情形最近在德国社会民主党内暴露得特别明显，因为第20号萨克森选区竞选的失败(所谓格雷事件①)把党的组织**原则**提到日程上来了。由这一事件引起了原则问题,这主要是德国机会主义者推波助澜的结果。格雷(他从前是一个牧师,又是一本不无名气的书《三个月的工人生活》的作者,是德累斯顿代表大会上的"主角"之一)本人是一个顽固的机会主义者,于是彻底的德国机会主义者的机关刊物《社会主义月刊》²⁵²就立刻来为他"鸣不平"。

纲领上的机会主义,自然是同策略上的机会主义和组织问题上的机会主义相联系的。当时出面陈述"新"观点的是沃尔弗冈·海涅同志。为了向读者说明这个参加社会民主党并带来机会主义思想习气的典型知识分子的面目,只要指出沃尔弗冈·海涅同志是一个比德国的阿基莫夫同志小一点而比德国的叶戈罗夫同志大一点的人物就够了。

沃尔弗冈·海涅同志在《社会主义月刊》上,也像阿克雪里罗得同志在新《火星报》上那样大举进攻。单是文章的标题《对格雷事件的几点民主意见》(《社会主义月刊》4月第4期),就已经很了不起。内容也同样非比寻常。沃·海涅同志反对"侵犯选区自治权",捍卫"民主原则",抗议"委任的上司"(即党中央执行委员会)干涉人民自由选举议员。沃·海涅同志教训我们说,问题并不在于一次偶然事件,而在于一种总的倾向,即"**党内的官僚主义和集中制倾向**",对这种倾向,据说过去人们就有所觉察,但是现

---

① 格雷1903年6月16日曾在第15号萨克森选区里被选为国会议员,但他在德累斯顿代表大会²⁵¹以后辞去了议员职务。第20号选区在议员罗森诺死后出现空缺,该区选民又想推举格雷为候选人。党中央执行委员会和萨克森中央鼓动委员会对此表示反对,虽然它们没有权利正式禁止推举格雷为候选人,但是它们终于使格雷放弃了候选人的资格。在这次选举中,社会民主党人遭到了失败。

在变得特别危险了。必须"在原则上承认:党的地方机关是党的生活的体现者"(这是从马尔托夫同志所写的《又一次处在少数地位》这本小册子中抄来的)。不要"习惯于让一切重要政治决定都出自一个中央机关",党要防备"脱离实际生活的教条政策"(这是从马尔托夫同志在党代表大会上大谈"实际生活一定会显示自己的力量"那篇发言中借用来的)。沃·海涅同志加深自己的论据说:"如果细心观察事物的根源,如果把这次也和任何时候一样起过不小作用的种种个人冲突撇开不谈,那么我们就会看到,这种激烈反对**修正主义者**的斗争〈黑体是原作者用的,大概是暗示"对修正主义的斗争"和"对修正主义者的斗争"这两个概念的区别吧〉,主要是党内的官方人士对'**局外人**'〈沃·海涅显然还没有读过那本论反对戒严状态的小册子,因此只好借用一个英国习惯用语:Outsidertum〉不信任,传统对一切异乎寻常的现象不信任,没有个性的机关对一切有个性的东西不信任〈见阿克雪里罗得在同盟代表大会上提出的关于反对压制个人主动性的决议案〉,一句话,就是我们在前面所说明的那种倾向,即党内的官僚主义和集中制倾向。"

"纪律"这个概念在沃·海涅同志的心里所引起的高尚愤怒,并不亚于阿克雪里罗得同志。他写道:"有人指责修正主义者缺乏纪律,是因为他们给《社会主义月刊》写过文章,有人甚至不愿承认这个刊物是社会民主主义的,因为它不受**党的监督**。单是这种试图缩小'社会民主主义'这一概念的做法,单是这种让人们在应当普遍实行绝对自由的思想生产方面**遵守纪律**的要求〈请回忆一下所谓思想斗争是一个过程,而组织形式不过是形式的说法〉,就足以证明官僚主义和压制个性的倾向了。"接着沃·海涅又滔滔不绝地百般攻击这种创造"**一个包罗万象的、尽量集中化的巨**

大组织，**一个策略，一个理论**"的可恨倾向，攻击"绝对服从"、"盲
目服从"的要求，攻击"简单化的集中制"等等，真是一字不差地
"模仿阿克雪里罗得"。

　　沃·海涅所挑起的争论激烈起来了，因为在德国党内这个争
论没有掺杂什么由增补问题引起的无谓争吵，因为德国的阿基莫
夫们不仅在代表大会上而且经常在专门的机关刊物上暴露自己的
面目，所以这次争论很快就变成了对正统思想和修正主义在组织
问题上的原则倾向的分析。以革命派（它当然也和我们这里一样
被人加上"独裁"和"宗教裁判"等等的可怕罪名）代表之一的资格
出面说话的，是卡·考茨基（《新时代》杂志[182] 1904 年第 28 期的
《选区和党》——《Wahlkreis und Partei》一文）。他说，沃·海涅的
论文"表明整个修正主义派的思想进程"。不仅在德国，而且在法
国，在意大利，机会主义者都在竭力维护自治制，力图削弱党的纪
律，力图把党的纪律化为乌有，他们的倾向到处都在导向**瓦解组
织**，导向把"民主原则"歪曲为**无政府主义**。卡·考茨基教训组织
问题上的机会主义者说："民主并不是没有权力，民主并不是无政
府状态，民主是群众对他们委任的代表的统治，它不同于冒充人民
公仆而实际上是人民统治者的其他权力形式。"卡·考茨基在详
细考察了各国机会主义的自治制所起的瓦解组织的作用后指出，
正是由于"**大批资产阶级分子**"①参加社会民主党，才使机会主
义、自治制和违反纪律的倾向严重起来，并且一再提醒说，"组织
是无产阶级解放自己的武器"，"组织是无产阶级所特有的阶级斗
争的武器"。

---

① 卡·考茨基把**饶勒斯**拿来作例子。这种人愈是倾向于机会主义，他们也就"必然
　觉得党的纪律对于他们的自由个性是一种不可容许的约束"。

德国的机会主义比法意两国的弱些,所以德国的"自治制倾向,暂时还只表现为唱一些反对独裁者和大宗教裁判者,反对开除教籍①和追究异端的相当动听的高调,表现为无休止的吹毛求疵和无谓争吵,而对这种吹毛求疵和无谓争吵加以分析,又只会引起无休止的口角"。

俄国党内的机会主义比德国的更弱,所以俄国的自治制倾向所产生的东西,其思想成分更少,"动听的高调"和无谓争吵的成分更多,这原是不足为奇的。

难怪考茨基要作出结论说:"也许,世界各国修正主义在任何其他问题上,都不像在组织问题上表现得那样性质一致,虽然其形态各不相同,色彩互有差异。"在谈到正统思想和修正主义在这方面的基本倾向时,卡·考茨基也用了"吓人的字眼":官僚主义对(Versus)民主主义。卡·考茨基写道:据说,给党的执行委员会一种权利,让它对各地方选区选择候选人(国会议员候选人)施加影响,就是"无耻地侵犯民主原则,因为民主原则要求全部政治活动自下而上地由群众独立自主地进行,而不是自上而下地用官僚主义的办法进行…… 但是,如果说有什么真正民主的原则,那它就是多数应比少数占优势,而不是相反……" 任何一个选区选举国会议员都是关系全党的一个重要问题,所以党至少应当经过党所信任的人(Vertrauensmänner)对指定候选人施加影响。"如果谁觉得这太官僚主义化或太集中化,他不妨提出由全体党员(Sämtliche Parteigenossen)来直接表决候选人。既然这办不到,那就不必抱怨说,这项职能也同其他许多有关全党的职能一样由党

①　德语 Bannstrahl(开除教籍)这个词,可以说是俄语的"戒严状态"和"非常法"的同义语。这是德国机会主义者的"吓人的字眼"。

512

的一个或几个机关来执行,就是缺乏民主精神。"按照德国党的
"习惯法",从前各个选区也是就提出某某人为候选人的问题同党
的执行委员会进行"同志式的商议"的。"可是党现在已经太大
了,这个不言而喻的习惯法已经不够了。当人们不再承认习惯法
为不言而喻的东西时,当这个习惯法规定的内容以及这个习惯法
本身的存在都引起争议时,那它就不成其为法了。因而绝对需要
精确地规定这个法,把它明文规定下来……"作更加"精确的章程
性的规定(statutarische Festlegung)①,从而加强组织的严格性
(größere Straffheit)"。

　　这样你们就看到:在另一个环境中也有同样的斗争,即党内机
会主义派和革命派在组织问题上的斗争,有同样的冲突,即自治制
同集中制的冲突,民主主义同"官僚主义"的冲突,削弱组织和纪
律严格性的倾向同加强组织和纪律严格性的倾向的冲突,不坚定
的知识分子的心理同坚定的无产者的心理的冲突,知识分子的个
人主义同无产阶级的团结精神的冲突。试问,**资产阶级民主
派**——不是捉弄人的历史仅仅私下里许诺有朝一日会指给阿克雪
里罗得同志看的那个资产阶级民主派,而是实实在在的资产阶级
民主派,它在德国也有一些聪明敏锐的代表人物,并不亚于我国的
解放派[254]先生们,——当时是怎样对待这种冲突的呢? 德国的资
产阶级民主派马上起来对这个新的争论作出反应,并且也和俄国
的资产阶级民主派一样,也和任何时候任何地方的资产阶级民主

---

① 把卡·考茨基这些关于用正式规定的章程性法规代替不言而喻的习惯法的意见,
　拿来和我们党尤其是编辑部从党代表大会以来所经历的全部"变更"对照一下,是
　很有教益的。参看维·伊·查苏利奇的发言(在同盟代表大会上,见第66页及以
　下各页),她未必能领会现在发生的这种变更的全部意义。**253**

派一样，竭力支持社会民主党内的机会主义派。德国交易所资本家的著名的《法兰克福报》**255** 发表了一篇气势汹汹的社论（1904年4月7日《法兰克福报》第97号晚上版），它表明肆无忌惮地抄袭阿克雪里罗得的言论简直已经成了德国报刊的一种流行病。法兰克福交易所的威风凛凛的民主派分子大肆攻击社会民主党内的"专制"、"党内独裁"、"党内首长的专制统治"，攻击打算用来"惩罚整个修正主义"（请回忆一下"莫须有的机会主义罪名"这句话）的"开除教籍"的做法，攻击"盲目服从"、遵守"死板纪律"的要求，攻击"唯命是从"、把党员变成"政治僵尸"（这比讲小螺丝钉和小轮子厉害得多！）的要求。交易所的骑士们看到了社会民主党内的反民主的制度，不禁愤愤不平地说："请看，任何个人特性，任何个性都要加以取缔，因为它们有产生法国那样的情况，即产生饶勒斯主义和米勒兰主义的危险，辛德曼〈在萨克森社会民主党人代表大会上〉叙述这个问题时就直截了当地这样说过。"

———

总之，如果说新《火星报》关于组织问题的新字眼有什么原则含义，那么毫无疑问，这就是机会主义的含义。证实这个结论的，既有对我们那次分成革命派和机会主义派的党代表大会的全部分析，又有欧洲**各国**社会民主党的实例，在这些社会民主党内，组织问题上的机会主义也是用同样的倾向和同样的责难表现出来的，并且往往用的是同样的字眼。当然，各国党的民族特点和各国政治条件的不同都会发生相当的影响，因而使得德国机会主义完全不同于法国机会主义，法国机会主义完全不同于意大利机会主义，意大利机会主义完全不同于俄国机会主义。但是，虽然有上述种种条件的差别，所有这些党内的革命派和机会主义派之间的基本划分显然是相同的，机会主义在组织问题上的思想过程和倾向显然是相同的。① 由于在我国马克思主义者和我国社会民主党人中间有许多激进知识分子的代表人物,所以由这种知识分子心理产生的机会主义不论过去或现在都必然在各个不同的方面用各种不同的形式表现出来。我们曾经在我们世界观的基本问题上,即在纲领问题上,同机会主义进行了斗争,目的方面的根本分歧不可避免地使那些把我国合法马克思主义<sup>161</sup>弄得声名狼藉的自由派同社会民主党人完全分道扬镳。后来我们在策略问题上同机会主义进行了斗争,我们同克里切夫斯基和阿基莫夫两位同志在这个比较次要问题上的分歧自然只是暂时的,并没有弄到各自成立政党的地步。现在我们应当克服马尔托夫和阿克雪里罗得在组织问题上的机会主义,这些问题同纲领问题和策略问题相比当然更少具有根本意义,但是它们在目前却出现在我们党的生活的前台。

谈到同机会主义作斗争,任何时候都不应当忘记整个现代机会主义在各个方面表现出来的特征:模棱两可,含糊不清,不可捉摸。机会主义者按其本性来说总是回避明确地肯定地提出问题,谋求不偏不倚,在两种互相排斥的观点之间像游蛇一样蜿蜒爬行,力图既"同意"这一观点,又"同意"另一观点,把自己的不同意见归结为小小的修正、怀疑、天真善良的愿望等等。纲领问题上的机会主义者爱德·伯恩施坦同志是"同意"党的革命纲领的,虽然他

---

① 现在谁也不会怀疑,俄国社会民主党人过去在策略问题上分成经济派和政治派,同整个国际社会民主党分为机会主义派和革命派是一样的,尽管马尔丁诺夫和阿基莫夫同志不同冯·福尔马尔和冯·埃勒姆同志,或同饶勒斯和米勒兰有很大的区别。同样,在组织问题上的基本划分也毫无疑义是相同的,尽管没有政治权利的国家和有政治自由的国家之间的条件大不相同。极其值得注意的是,讲原则的新《火星报》编辑部稍稍涉及了一下考茨基和海涅的争论(第64号),便畏缩地**避开了一切**机会主义派和一切正统派在组织问题上的**原则**倾向问题。

本来显然想"根本改良"这个纲领，但是他认为这样做是不合时宜的，是不适当的，还不如阐明"批判"的"一般原则"（主要是用无批判的态度抄袭资产阶级民主派的原则和字眼）来得重要。策略问题上的机会主义者冯·福尔马尔同志也是同意革命社会民主党的老的策略的，也是多半只限于唱唱高调，提出小小的修正，讲几句风凉话，而根本不提出任何明确的"内阁主义的"策略。组织问题上的机会主义者马尔托夫同志和阿克雪里罗得同志，也是直到现在并没有提出什么可以"用章程确定下来的"明确的原则论点，尽管人们一再公开提醒他们这样做；他们本来也愿意，非常愿意"根本改良"我们的组织章程（《火星报》第58号第2版第3栏），但是他们宁愿先来讲"一般组织问题"（因为如果按新《火星报》精神把我们这个不管第1条如何但毕竟是集中制的章程实行一番真正根本的改良，那就必然会导致自治制，可是马尔托夫同志当然甚至在自己面前也不愿意承认自己**在原则上**是倾向自治制的）。因此，他们在组织问题上的"原则"立场，也就来得五花八门：多半是唱一些所谓专制和官僚主义、所谓盲目服从、小螺丝钉和小轮子等等幼稚的动听的高调，——这种高调是如此幼稚，以致使人很难确定其中所包含的哪些真正是原则的意思，哪些真正是增补问题的意思。可是他们愈陷愈深：他们企图对他们所仇恨的"官僚主义"加以分析并下一个确切的定义，就不可避免地要导向自治制；他们企图"加深"和论证自己的观点，就不可避免地要为落后现象辩护，走向尾巴主义，陷入吉伦特主义的空谈。最后，就出现了**无政府主义**原则，它是作为唯一的、真正明确的、因而在实践上表现得特别明显的（实践总是走在理论前面的）原则表现出来的。藐视纪律——自治制——无政府主义，这就是我们那个组织上的机会主义时而爬上时而爬下的梯子，它从一个梯级跳到另一个梯级，巧妙地回避明确说出自己的原则。① 在纲领和策略上的机会主义那里,也可以看到同样的阶梯:藐视"正统思想"、虔诚信仰、狭隘死板——修正主义的"批评"和内阁主义——资产阶级民主。

在一切现代机会主义者尤其是我国少数派的一切著作中发出的那种绵延不断的**委屈**声调,都是同仇恨纪律的心理有密切联系的。据说,有人在迫害他们,排挤他们,驱逐他们,围困他们,驱策他们。在这些字眼里流露出来的真实心理和政治真相,大概要比编造被驱策者和驱策者²⁵⁶这种诙谐而动听的笑话的人自己所预料的多得多。的确,拿我们党代表大会的记录来看,就可以看到少数派都是一些在某个时候和因为某件事情在革命社会民主党那儿受到委屈的人。这中间有崩得分子和工人事业派分子,我们让他们"委屈"得退出了代表大会;这中间有南方工人

———————

① 现在,回想一下党章第1条的争论,就会清楚地看到,马尔托夫同志和阿克雪里罗得同志在党章第1条问题上的错误的发展和加深,**必然**导向组织上的机会主义。马尔托夫同志的基本思想,即自行列名入党,正是虚伪的"民主主义",是自下而上建立党的思想。相反,我的思想所以是"官僚主义化的",就是因为我主张自上而下,由党代表大会到各个党组织来建立党。无论是资产阶级知识分子的心理也好,无论是无政府主义的词句也好,无论是机会主义的、尾巴主义的深奥思想也好,都是在对党章第1条的争论中就显露了出来。马尔托夫同志在《戒严状态》这本小册子(第20页)中说新《火星报》上"开始了思想工作"。这种说法在某种意义上是正确的,因为他和阿克雪里罗得确实是从党章第1条开始把思想按新方向推进的。只是不幸这个新方向是机会主义的方向。他们愈顺着**这个**方向"工作"下去,他们的这种工作愈脱离增补问题的无谓争吵,他们也就愈陷到泥潭里去。普列汉诺夫同志在党代表大会上已经清楚地看出了这一点,并且他在《不该这么办》一文中又再次警告他们说:我甚至情愿把你们增补进来,只是希望你们不要顺着这条只会走到机会主义和无政府主义去的道路走下去。——但马尔托夫和阿克雪里罗得两人并没有接受这个忠告,他们说:怎么? 不顺着这条路走? 要赞同列宁所说增补不过是一种无谓争吵的意见吗? 绝对不行! 我们要向他表明我们是些讲原则的人! ——果然表明了。他们已经向大家具体地表明了,如果说他们有什么新的原则,那就是机会主义的原则。

派分子,他们因为一切组织尤其是他们自己的组织被取消而受到极大的委屈;这中间有马霍夫同志,他每次发言的时候都受到了委屈(因为他每次总要出丑);最后,这中间还有马尔托夫同志和阿克雪里罗得同志,他们受到的委屈,就是他们因为党章第1条而被加上了"莫须有的机会主义罪名",就是他们在选举中遭到了失败。所有这些令人伤心的委屈,都不像许多庸人至今想象的那样,是由于什么人说了不可容许的挖苦话,作了激烈的攻讦,进行了狂热的论战,由于什么人粗野地甩门,什么人挥舞拳头进行威胁等等偶然引起的结果,而是由于《火星报》整个三年思想工作必然产生的政治结果。既然我们在这三年中不是光耍耍嘴皮子,而是表示了一种应该转变成行动的信念,所以,我们在代表大会上也就不能不对反火星派和"泥潭派"进行斗争。在我们同站在前列勇敢地进行过斗争的马尔托夫同志一起把这样一大堆人再三地委屈过以后,我们只是稍微把阿克雪里罗得同志和马尔托夫同志委屈一下,他们就受不了了。量转变成了质。发生了否定的否定。所有受到委屈的人忘记了相互间的嫌隙,痛哭流涕地彼此拥抱在一起,并扯起了旗帜,举行"反对列宁主义的起义"[1]。

当先进分子起义反对反动分子时,起义是一件大好事。革命派举行起义反对机会主义派,这是很好的。机会主义派举行起义反对革命派,那就是坏事了。

普列汉诺夫同志只得以可以说是战俘的身份参加到这种坏事

---

[1] 这种惊人之语是马尔托夫同志创造的(《戒严状态》第68页)。马尔托夫同志一直想等到他那方面凑够五个人时举行"起义"来反对我一个人。马尔托夫同志所采用的论战手法并不高明,他想用拼命恭维对手的办法来消灭对手。

中去。他抓住起草支持"多数派"的某些决议的人的个别不恰当的词句,竭力"泄愤出气",并高声叹息道:"穷得可怜的列宁同志啊! 他的正统派拥护者们真是太妙了!"(《火星报》第 63 号的附刊)

可是,普列汉诺夫同志,如果说我穷得可怜,那么,新《火星报》编辑部就应该是十足的叫花子了。无论我怎样穷,我总还没有落到如此绝对贫困的地步,以致只好闭起眼来不看党代表大会,而到某些地方委员会委员的决议中找材料来锻炼自己的机智。无论我怎样穷,我总比某些人富千百倍,他们的拥护者不是偶尔说出一两句不恰当的话,而是在一切问题上,不论在组织问题上也好,在策略问题或纲领问题上也好,都死死抓住同革命社会民主党原则相反的原则不放。无论我怎样穷,我总还没有穷到只好把这样一些拥护者赠给我的颂词**向公众隐瞒起来**的地步。可是新《火星报》编辑部却不得不这样做。

读者们,你们知道俄国社会民主工党沃罗涅日委员会是个什么样的组织吗? 如果你们不知道,可以读一读党代表大会的记录。你们从那里可以看出,这个委员会的方向完全由阿基莫夫和布鲁凯尔两同志表现了出来,这两位同志在代表大会上对我们党的革命派进行过全面的斗争,并且多次被大家——从普列汉诺夫同志起到波波夫同志止——列为机会主义者。正是这个沃罗涅日委员会在它的一月份的传单(1904 年 1 月第 12 号)上声明说:

"去年在我们不断发展的党内,发生了一件对于党有重要意义的大事件:举行了俄国社会民主工党第二次代表大会,即由党的组织的代表参加的大会。召集党代表大会本是一件很复杂的事情,而在君主制的条件下更是一件很冒险很困难的事情,因此难怪召集这次代表大会的工作做得**很不完善**;代表大会本身虽然完全顺利地举行过了,可是并没有满足党对它提出的一切要求。受1902年代表会议委托负责召开代表大会的那些同志被逮捕了,召开代表大会的工作只是由俄国社会民主党内一个派别——火星派——指派的人担任的。许多不属于火星派的社会民主党人组织,都没有被吸收参加代表大会的工作。在某种程度上正是由于这个原因,代表大会制定党纲和党章的任务执行得极不完善,连参加代表大会的人自己也承认,党章里含有'可能引起危险的误解'的重大缺陷。在代表大会上,火星派本身分裂了,我们俄国社会民主工党内许多从前似乎完全接受《火星报》的行动纲领的重要人物,也都意识到该报许多主要由列宁和普列汉诺夫两人所主张的观点不切合实际。虽然他们两个人在代表大会上也占过上风,可是实际生活的力量,实际工作(一切非火星派分子也参加了的实际工作)的要求,很快就纠正了理论家的错误,并且在代表大会以后就作了重大的修正。《火星报》大大地改变了,并且答应细心听取社会民主党一切活动家的要求。这样,虽然代表大会的工作应当由下届代表大会加以审查,而且这些工作连代表大会参加者也认为显然不能令人满意,因此也就不能作为不可改变的决议要党接受,可是代表大会澄清了党内状况,对于党今后的理论工作和组织工作提供了大量的材料,因而对全党的工作来说也是一个大有教益的经验。代表大会通过的决议和制定的党章,将受到一切组织的注意,但是由于它们具有显而易见的不足之处,许多组织都反对只以它们为指南。

沃罗涅日委员会充分理解全党工作的重要性,对有关组织代表大会的一切问题作出了积极的反应。它充分意识到代表大会上发生的事情的重要性,欢迎已经成了中央机关报(主要机关报)的《火星报》所发生的转变。虽然党内和中央委员会内的状况还不能令我们满意,但是我们相信,困难的建党工作经过共同的努力是会日益改进的。鉴于有许多谣传,沃罗涅日委员会特向同志们声明,根本不存在沃罗涅日委员会退党的问题。沃罗涅日委员会十分了解,像沃罗涅日委员会这样一个工人组织退出俄国社会民主工党,会是一个多么危险的先例,会多么有损于党的声誉,这对那些可能仿效这种先例的工人组织是多么的不利。我们不应当制造新的分裂,而应当坚决努力使一切觉悟的工人和社会主义者统一成一个党。何况第二次代表大会是一个例行的大会,而不是一个成立大会。开除出党只能根据党的裁决来进行，任何一个组织，甚至连中央委员会也没有权利把某一个社会民主党组织开除出党。况且在第二次代表大会上通过的党章第8条已经规定，任何一个组织都在本地的事务方面享有自治权（自主权），**因此沃罗涅日委员会有充分的权利把自己的组织观点贯彻到实际生活中去，贯彻到党内来**。"

新《火星报》编辑部在第61号上引证这个传单时，转载了上面这一大段文字的后一部分，即用大号字排印的这一部分；至于前一部分，即用小号字排印的那一部分，编辑部**宁愿删去不要**。

大概是有些不好意思吧。

# （十八）　稍微谈谈辩证法。两个变革

只要大体上看一看我们党内危机的发展经过，我们就不难看出，斗争双方的基本成分，除了小小的例外，始终没有改变。这是我们党内革命派和机会主义派之间的斗争。可是，这个斗争经过了各种不同的阶段，而每个想透彻了解在这方面堆积如山的大量文字材料的人，每个想透彻了解那许许多多片断的例证、孤立的引文、个别的责难等等的人，都必须对每个斗争阶段的特点有一确切的认识。

我们可以把彼此显然不同的一些主要阶段列举如下：（1）关于党章第1条问题的争论。这是关于基本组织原则问题的纯思想斗争。我和普列汉诺夫处在少数地位。马尔托夫和阿克雪里罗得提出机会主义条文，投到机会主义者怀抱中去。（2）《火星报》组织由于中央委员会候选人名单问题——是佛敏还是瓦西里耶夫参加五人小组,是托洛茨基还是特拉温斯基参加三人小组——发生了分裂。我和普列汉诺夫争得了多数(9 票对 7 票),这在某种程度上正是由于我们在党章第 1 条的问题上占少数。马尔托夫同机会主义者的联盟,用事实证明了组委会事件使我产生的种种担心。(3)继续就党章细节进行争论。机会主义者又来援救马尔托夫。我们又处于少数地位,并为少数在中央机关内的权利而斗争。(4)七个极端机会主义者退出代表大会。我们成了多数并在选举中战胜了联盟(火星派少数派、"泥潭派"以及反火星派的联盟)。马尔托夫和波波夫拒绝接受我们所提出的两个三人小组中的席位。(5)代表大会闭会以后因增补问题而发生无谓争吵。无政府主义行为和无政府主义词句猖獗。"少数派"中最不彻底和最不坚定的分子占上风。(6)普列汉诺夫为了避免分裂而采取了"用温和的手段杀死"的政策。"少数派"占领中央机关报编辑部和总委员会,并且竭力攻击中央委员会。无谓争吵继续充斥一切。(7)对中央委员会的第一次攻击被打退。无谓争吵似乎开始稍微平息下来,这样便有可能比较心平气和地讨论两个纯系思想性质而又使全党极为关心的问题:(一)我们党在第二次代表大会上分成"多数派"和"少数派"从而代替了一切旧的划分这个事实的政治意义和原因何在?(二)新《火星报》在组织问题上的新立场的原则意义何在?

每个阶段都有其完全独特的斗争情势和直接的攻击目标;每个阶段都可以说是一个总的战役中的一次战斗。不研究每次战斗的具体情况,就丝毫不能了解我们的斗争。研究了这一点,我们就会明显地看出,发展确实是按着辩证的道路,矛盾的道路行进的:少数变成多数,多数变成少数;各方时而转守为攻,时而转攻为守;思想斗争的出发点(党章第 1 条)"被否定",让位给充斥一切的无谓争吵①,但以后就开始"否定的否定",我们在各占一个中央机关的情况下勉强同上帝赐予的妻子"和睦相处",又回到纯思想斗争的出发点上来,但是这个"正题"已由"反题"的一切成果所充实,变成了高一级的合题,这时在党章第 1 条问题上的孤立的偶然的错误已经发展成为组织问题上的机会主义观点的所谓体系,这时这种现象同我们党的分成革命派和机会主义派这种根本划分的联系已经愈来愈清晰地呈现在大家面前。总而言之,不仅燕麦是按照黑格尔的规律生长的,而且俄国社会民主党人也是按照黑格尔的规律互相斗争的。

可是,无论什么时候都不应当把马克思主义使之用脚立地后接受过来的伟大的黑格尔辩证法,同那种为某些从我党革命派滚向机会主义派的政治活动家的曲折路线进行辩护的庸俗手法混为一谈,不应当把它同那种将各种特定的声明,将同一过程中不同阶段发展的各种特定的因素搅成一团的庸俗态度混为一谈。真正的辩证法并不为个人错误辩护,而是研究不可避免的转变,根据对发展过程的全部具体情况的详尽研究来证明这种转变的不可避免性。辩证法的基本原理是:没有抽象的真理,真理总是具体的……同时也不应当把这个伟大的黑格尔辩证法同那种可以用"脑袋钻不进,就把尾巴塞进去"(mettere la coda dove non va il capo)这句意大利谚语来形容的庸俗的处世秘诀混为一谈。

我们党内斗争的辩证发展总起来说可归结为两个变革。党代表大会是一个真正的变革,如马尔托夫同志在他的《又一次处在少

---

① 如何把无谓争吵和原则分歧区分开来这个难题,现在已经自行解决:凡是涉及增补问题的都是无谓争吵;凡是涉及分析代表大会上的斗争,涉及党章第 1 条问题以及关于向机会主义和无政府主义转变问题的争论的都是原则分歧。

数地位》中所正确指出的那样。少数派里爱说俏皮话的人也说得对,他们说:世界是由革命推动的,所以我们就进行了一次革命! 他们在代表大会以后确实进行了一次革命;一般来讲,说世界是由革命推动的,这也是正确的。可是,每次具体革命的具体意义,还不能用这句一般的名言来断定,如果把令人难忘的马霍夫同志的令人难忘的说法换个样子,那么可以说:有的革命类似反动。为了断定一次具体的革命究竟是向前还是向后推动了"世界"(我们党),就必须知道实行变革的实际力量究竟是党内的革命派还是机会主义派,就必须知道鼓舞战士的究竟是革命原则还是机会主义原则。

我们的党代表大会在全部俄国革命运动史上是独一无二的,空前未有的。秘密的革命党第一次从黑暗的地下状态走到光天化日之下,向大家表明了我们党内斗争的整个进程和结局,表明了我们党以及它的每个比较重要的部分在纲领、策略和组织问题上的全部面貌。我们第一次摆脱了小组自由散漫和革命庸俗观念的传统,把几十个极不相同的集团结合在一起,这些集团过去往往是彼此极端敌对,彼此只是由思想力量联系起来的,它们准备(在原则上准备)为了我们第一次实际创立起来的伟大整体——**党**而牺牲所有一切集团的特点和集团的独立性。可是,在政治上,牺牲并不是轻易作出的,而是经过战斗作出的。由于取消组织而引起的战斗,不可避免地成了异常残酷的战斗。公开的自由斗争的清风变成了狂风。这阵狂风扫除了——扫除得太好了! ——所有一切小组的利益、情感和传统的残余,第一次创立了真正党的领导机构。

然而,称呼什么是一回事,而实际上是什么又是一回事。在原则上为了党牺牲小组习气是一回事,而放弃自己的小组又是一回事。清风对那些习惯于腐败的庸俗观念的人,还是太新鲜了。"党没有经得住它自己的第一次代表大会的考验",像马尔托夫同志在他的《又一次处在少数地位》中正确地（偶然正确地）指出的那样。为组织被取消而感到的委屈实在太大了。狂风使我们党的巨流底下的全部渣滓重新泛起，这些渣滓为过去的失败进行报复。旧的顽固的小组习气压倒了还很年轻的党性。党内被击溃的机会主义派，由于偶然得到阿基莫夫这一猎获物而加强了自己的力量，又对革命派占了——当然是暂时的——优势。

结果就产生了新《火星报》，这个新《火星报》不得不发展和加深它的编辑们在党的代表大会上所犯的错误。旧《火星报》曾教人学会革命斗争的真理。新《火星报》却教人去学处世秘诀：忍让与和睦相处。旧《火星报》是战斗的正统派的机关报。新《火星报》却使机会主义死灰复燃——主要是在组织问题上。旧《火星报》光荣地遭到了俄国机会主义者和西欧机会主义者的憎恶。新《火星报》"变聪明了"，它很快就会不再以极端机会主义者对它的赞扬为耻了。旧《火星报》一往直前地朝着自己的目标前进，言行一致。新《火星报》，它的立场的内在的虚伪性，必然产生——甚至不以任何人的意志和意识为转移——政治上的伪善。它大骂小组习气，是为了掩护小组习气对党性的胜利。它假惺惺地斥责分裂，似乎除了少数服从多数，可以设想用什么其他手段来防止一个多少有组织的、多少名副其实的党发生分裂。它声明必须考虑革命舆论，同时却隐瞒阿基莫夫们的赞扬，并制造一些卑鄙的谣言来诬蔑我们党内革命派的委员会①。这是多么可耻啊！他们把我们的旧《火星报》糟蹋到了何等地步啊！

进一步，退两步……　在个人的生活中，在民族的历史上，在

---

① 为了进行这项可爱的事业，甚至已经制定了一种固定不变的格式：据我们的某某通讯员报告，多数派的某某委员会虐待少数派的某某同志。

政党的发展中，都有这种现象。革命的社会民主党的原则，无产阶级的组织和党的纪律，必定获得完全的胜利，怀疑这一点，即使是片刻怀疑，也是一种如同严重犯罪的意志薄弱的表现。我们已经取得了许多成就，我们应当继续努力奋斗，不因遭到挫折而灰心丧气；我们应当坚持斗争，鄙弃那些庸俗的小组争吵的方法，尽一切可能来保卫用极大精力建立起来的全俄一切社会民主党人的统一的党内联系，力求通过顽强而有步骤的工作使全体党员特别是工人充分地自觉地了解党员义务，了解第二次党代表大会上的斗争，了解我们的分歧的一切原因和演变，了解机会主义的严重危害性：机会主义在组织工作方面也像在我们的纲领和我们的策略方面一样无能为力地屈从于资产阶级心理，一样不加批判地接受资产阶级民主派的观点，一样削弱无产阶级的阶级斗争的武器。

　　无产阶级在争取政权的斗争中，除了组织，没有别的武器。无产阶级被资产阶级世界中居于统治地位的无政府竞争所分散，被那种为资本的强迫劳动所压抑，总是被抛到赤贫、粗野和退化的"底层"，它所以能够成为而且必然会成为不可战胜的力量，就是因为它根据马克思主义原则形成的思想一致是用组织的物质统一来巩固的，这个组织把千百万劳动者团结成一支工人阶级的大军。在这支大军面前，无论是已经衰败的俄国专制政权还是正在衰败的国际资本政权，都是支持不住的。不管有什么曲折和退步，不管现代社会民主党的吉伦特派讲些什么机会主义的空话，不管人们怎样得意地赞美落后的小组习气，不管他们怎样炫耀和喧嚷**知识分子**的无政府主义，这支大军一定会把自己的队伍日益紧密地团结起来。

1904 年在日内瓦印成单行本　　　　　　选自《列宁全集》第 2 版第 8 卷
　　　　　　　　　　　　　　　　　　　第 247—272、379—415 页

# 社会民主党在民主革命中的两种策略<sup>257</sup>

### （1905 年 6—7 月）

## 序　言

　　在革命时期，人们很难跟上事变的发展，而这些事变为评价各革命政党的策略口号提供了异常丰富的新材料。这本小册子是在敖德萨事变①发生前写成的。我们已经在《无产者报》<sup>259</sup>（第 9 号，《革命教导着人们》）②上指出，这次事变甚至迫使那些编造出起义-过程论并且不同意宣传临时革命政府的社会民主党人也在事实上转到或开始转向自己的论敌方面。革命无疑是非常迅速、非常深刻地教导着人们，这在和平的政治发展时期看来是不可思议的。而特别重要的是，革命不仅教导着领导者，而且也教导着群众。

　　毫无疑义，革命会把社会民主主义教给俄国的工人群众。革命会在事实上证明社会民主党的纲领和策略是正确的，它将揭示出各个社会阶级的真实本性，揭示出我国民主派的资产阶级性质和农民的真正趋向；农民具有资产阶级民主主义的革命性，但潜藏在它内部的，并不是"社会化"的思想，而是农民资产阶级和农村无产阶级间的新的阶级斗争。旧民粹派的旧幻想，例如"社会革命党"<sup>233</sup>纲

---

① 　指"波将金公爵"号装甲舰的起义<sup>258</sup>。（这是作者为 1907 年版加的注释。——编者注）

② 　见《列宁全集》第 2 版第 11 卷第 126—135 页。——编者注

领草案在俄国资本主义发展问题上、在我国"社会"的民主主义性质问题上、在农民起义完全胜利的意义问题上十分清楚地显示出来的一切幻想,都将被革命的风暴无情地彻底吹散。革命将第一次使各个阶级受到真正的政治洗礼。通过革命,这些阶级将显示出它们的明确的政治面貌,它们不仅会在自己的思想家的纲领和策略口号中,而且会在群众的公开的政治行动中表现它们自己。

革命将教会我们,将教会人民群众,这是毫无疑问的。但是对一个战斗着的政党来说,现在的问题是我们能不能教会革命一些东西?我们能不能利用我们的社会民主主义学说的正确性,利用我们同无产阶级这个唯一彻底革命的阶级的联系,来给革命刻上无产阶级的标记,把革命引导到真正彻底的胜利,不是口头上的而是事实上的胜利,麻痹民主派资产阶级的不稳定性、不彻底性和叛卖性?

我们应当尽一切努力来争取达到这个目的。但是要达到这个目的,一方面需要我们对政治局面有正确的估计,需要我们有正确的策略口号;另一方面,需要工人群众用实际的战斗力量来支持这些口号。我们党的一切组织和团体每天经常进行的全部工作,即宣传、鼓动和组织工作,都是为了加强和扩大同群众的联系。这种工作任何时候都是必要的,但是在革命时期会显得更加必要。在这种时期,工人阶级本能地要奋起进行公开的革命发动,而我们就必须善于正确提出这种发动的任务,然后尽量广泛地使人们熟悉这些任务,了解这些任务。不要忘记,在我们和群众的联系问题上流行的悲观主义,现在特别经常地掩盖着关于无产阶级在革命中的作用问题上的资产阶级观念。毫无疑问,我们在教育和组织工人阶级方面还有许许多多工作要做,但是现在全部问题却在于这种教育工作和组织工作的主要政治重心应当放在什么地方。是放在工会和合法社团方面呢,还是放在武装起义,放在建立革命的军队和革命的政府方面？这两方面的工作都可以教育和组织工人阶级。当然,这两方面的工作都是必要的。但是在现在,在当前的革命中,全部问题都归结为教育和组织工人阶级的工作重心将放在什么地方,是放在前一方面呢,还是放在后一方面？

革命的结局将取决于工人阶级是成为在攻击专制制度方面强大有力但在政治上软弱无力的资产阶级助手,还是成为人民革命的领导者。资产阶级中的自觉分子非常清楚地觉察到了这一点。因此,《解放》杂志[260]就赞扬阿基莫夫主义,即社会民主党内**现在**把工会和合法社团提到首要地位的"经济主义"。因此,司徒卢威先生就欢迎(《解放》杂志第 72 期)新火星派中阿基莫夫主义的原则趋向。因此,他就拼命攻击俄国社会民主工党第三次代表大会[261]的决议中所表现的那种可憎的革命狭隘性。

现在,社会民主党的正确的策略口号对领导群众来说具有特别重要的意义。在革命时期贬低原则上坚定的策略口号的意义,是再危险不过了。例如,《火星报》[139]第 104 号已在事实上转到它在社会民主党内的论敌方面,但它同时又轻视走在实际生活前面的、为运动指出前进的(虽然也会遭到一些挫折,犯一些错误等等)道路的那些口号和策略决议的意义。恰恰相反,制定正确的策略决议,这对一个想根据马克思主义的坚定原则来领导无产阶级而不仅是跟在事变后面做尾巴的政党来说,是有巨大意义的。俄国社会民主工党第三次代表大会的决议和党内分裂出去的部分的代表会议①的决

---

① 俄国社会民主工党第三次代表大会(1905 年 5 月在伦敦举行)只有布尔什维克参加。"代表会议"(同时在日内瓦举行)只有孟什维克参加[262]。在这本小册子里常常把孟什维克称为"新火星派",因为他们虽然继续出版《火星报》,但他们以自己当时的同道者托洛茨基为代言人宣布过,在旧《火星报》和新《火星报》之间隔着一条鸿沟。(这是作者为 1907 年版加的注释。——编者注)

议,就最确切、最周到、最完全地表达了那些并非由个别著作家偶然说出、而是由社会民主主义无产阶级的负责代表正式通过的策略观点。我们的党比其他一切政党都先进,它有全党通过的精确的纲领。我们的党就是在严格对待自己的策略决议方面,也应当给其他政党作出榜样,以表明我们完全不同于《解放》杂志所表现的民主派资产阶级的机会主义立场,完全不同于社会革命党人的革命空谈,社会革命党人只是在革命时期才忽然想起要提出自己的纲领"草案",要开始研究他们眼前发生的革命是不是资产阶级革命的问题。

正因为如此,我们才认为革命的社会民主党的最迫切的工作,就是仔细研究俄国社会民主工党第三次代表大会的策略决议和代表会议的策略决议,判明其中偏离马克思主义原则的地方,弄清楚社会民主主义无产阶级在民主革命中的具体任务。这本小册子就是专为这一工作而写的。同时,根据马克思主义的原则和革命的教训来检查我们的策略,这对那些不愿局限于口头的劝说,而想切实造成策略上的一致,从而为俄国社会民主工党全党将来的完全统一奠定基础的人来说,也是必要的。

尼·列宁

1905 年 7 月

# 1. 一个迫切的政治问题

在当前革命时期的日程上,摆着一个召集全民立宪会议的问题。这个问题如何解决,意见是不一致的。现在有三种政治趋向。沙皇政府承认有召集人民代表会议的必要,但是无论如何不愿意让这个代表会议成为全民的和立宪的会议。按报纸所载关于布里根委员会[263]工作的消息来看,沙皇政府似乎同意在没有鼓动自由的条件下,按照有严格的资格限制或严格的等级限制的选举制选出一个咨议性会议。社会民主党领导下的革命无产阶级则要求权力完全转归立宪会议,为了实现这个目的,不仅要力争普选权,不仅要力争充分的鼓动自由,而且要立刻推翻沙皇政府,代之以临时革命政府。最后,通过所谓"立宪民主党"[83]领袖们之口来表达自己愿望的自由派资产阶级,并不要求推翻沙皇政府,不提出成立临时政府的口号,不坚持切实保障选举的完全自由和公正,不坚持切实保障代表会议能成为真正全民的和真正立宪的会议。其实,作为"解放派"[254]唯一重要的社会支柱的自由派资产阶级,正力求在沙皇和革命人民之间达成尽可能和平的交易,并且通过这种交易使它自己即资产阶级获得的权力最多,而使革命的人民即无产阶级和农民获得的权力最少。

这就是目前的政治形势。这就是和现代俄国三种主要社会力量相适应的三种主要政治趋向。至于"解放派"怎样用假民主的词句来掩饰他们那种不彻底的政策,直截了当地说,那种背叛革命、出卖革命的政策,我们已经不止一次地在《无产者报》(第3、4、5号)①上谈过了。现在我们来看看社会民主党人怎样估计目前的任务吧。俄国社会民主工党第三次代表大会和党内分裂出去的部分的"代表会议"最近分别通过的两个决议,便是这方面的最好的材料。这两个决议,究竟哪一个能正确地估计目前的政治形势和正确地规定革命无产阶级的策略,这个问题具有极其重大的意义,任何一个社会民主党人,只要他愿意自觉地履行他所担负

---

① 见《列宁全集》第2版第10卷第245—253、258—264、277—283页。——编者注

的宣传、鼓动和组织的义务,就应当十分细心地研究这个问题,而完全抛开那些和问题实质无关的考虑。

党的策略是指党的政治行为,或者说,是指党的政治活动的性质、方向和方法。党代表大会通过策略决议,就是要确切规定整个党在新的任务方面或者是针对新的政治形势所应采取的政治行为。这种新的形势是已经在俄国开始的革命、也就是绝大多数人民同沙皇政府的彻底、坚决和公开的决裂造成的。新问题就在于采用什么实际方法来召集真正全民的和真正立宪的会议(在理论上,关于这个会议的问题,社会民主党早已在自己的党纲中先于其他一切政党正式解决了)。既然人民已经和政府决裂,而群众又认识到必须建立新制度,那么以推翻政府为目标的党,就必须考虑用什么样的政府来代替将被推翻的旧政府。于是就产生了关于临时革命政府的**新**问题。为了给这个问题一个圆满的答复,觉悟的无产阶级的党就应当阐明:第一,临时革命政府在当前发生的革命中,以及在无产阶级的全部斗争中的**意义**;第二,自己对临时革命政府的**态度**;第三,社会民主党**参加**这个政府的明确的条件;第四,**从下面**,即在这个政府没有社会民主党参加的情况下对这个政府施加压力的条件。只有把这一切问题阐明后,党在这方面的政治行为才会是有原则的、明确的和坚定的。

现在我们就来看看俄国社会民主工党第三次代表大会的决议是怎样解决这些问题的。以下就是这个决议的全文:

"**关于临时革命政府的决议**

鉴于:

(1)无论是无产阶级的直接利益,或者是无产阶级为社会主义的最终目的而斗争的利益,都要求有尽可能充分的政治自由,因

而也就要求用民主共和制来代替专制的管理形式,

(2)在俄国只有经过胜利的人民起义才有可能实现民主共和制,而成为胜利的人民起义的机关的将是临时革命政府,只有这个政府才能保证充分的竞选鼓动自由,并且按普遍、平等、直接和无记名投票的选举制来召集真正代表民意的立宪会议,

(3)这个民主革命在俄国现存的社会经济制度下不会削弱而会加强资产阶级的统治;资产阶级在一定的时期必然会采取一切手段来尽量夺取俄国无产阶级在革命时期获得的成果,

俄国社会民主工党第三次代表大会决定:

(一)必须在工人阶级中广泛地进行宣传,使他们具体了解革命的最可能的进程,具体了解革命发展到一定的时候必然会出现临时革命政府,无产阶级将要求这个政府实现我们的纲领(即最低纲领)所提出的当前的一切政治要求和经济要求;

(二)根据力量对比和其他不能预先准确判定的因素,我们党可以派全权代表参加临时革命政府,以便同一切反革命企图作无情的斗争,捍卫工人阶级的独立利益;

(三)参加临时革命政府的必要条件是:党对自己的全权代表进行严格的监督,并坚定不移地保持社会民主党的独立性,因为社会民主党力求实现彻底的社会主义革命,就这一点说,它同一切资产阶级政党是不可调和地敌对的;

(四)不管社会民主党是否有可能参加临时革命政府,都必须向最广泛的无产阶级群众宣传这样一种思想,即由社会民主党领导的武装起来的无产阶级为了保卫、巩固和扩大革命的成果,必须经常对临时政府施加压力。"

## 2. 俄国社会民主工党第三次代表大会关于临时革命政府的决议给了我们什么?

从俄国社会民主工党第三次代表大会这个决议的标题就可以看出,决议是完全和专门论述临时革命政府问题的。这就是说,社会民主党人参加临时革命政府是这个问题的一部分。另一方面,这里说的只是临时革命政府,而不是别的什么;因此,这里根本没有涉及"夺取政权"之类的问题。代表大会把后面这个问题以及诸如此类的问题撇开不谈,是不是做得对呢?无疑是对的,因为俄国的政治局势根本没有把这类问题提到日程上来。恰恰相反,全体人民提到日程上来的问题,是推翻专制制度和召集立宪会议。党代表大会应当提出来解决的,并不是某个著作家适时或不适时地涉及的问题,而是那些由于时局和社会发展的客观进程而具有重大政治意义的问题。

在现在的革命中,以及在无产阶级的一般斗争中,临时革命政府有什么意义呢?代表大会的决议解释了这个问题,它一开头就指出,无论从无产阶级的直接利益来看,还是从"社会主义的最终目的"来看,都必须有"尽可能充分的政治自由"。而为了得到充分的政治自由,就必须用民主共和制来代替沙皇专制制度,正如我们的党纲早已认定的那样。在代表大会的决议中强调民主共和制的口号,这在逻辑上和原则上都是必要的,因为无产阶级是先进的民主战士,他们力求争得的正是充分的自由;而且,强调这一点在现在尤其适当,因为在我国,正好是在现在,君主派即所谓立宪"民主"党或"解放"党正打着"民主主义"的旗号进行活动。为了

## 2. 俄国社会民主工党第三次代表大会关于临时革命政府的决议给了我们什么？

建立共和制,就绝对要有人民代表的会议,并且必须是全民的(按普遍、平等、直接和无记名投票的选举制选出的)和立宪的会议。这也是代表大会的决议接着就肯定了的。可是,这个决议并不以此为限。为了建立"真正代表民意的"新制度,单是把代表会议叫做立宪会议是不够的。必须使这个会议拥有"立"的权力和力量。考虑到这一点,代表大会的决议也就不以"立宪会议"这个形式上的口号为限,而是补充了唯一能保证这个会议真正执行它的任务的物质条件。指出这种能使口头上的立宪会议变成事实上的立宪会议的条件,是绝对必要的,因为,正如我们已经不止一次地指出过的,以立宪君主党为代表的自由派资产阶级,故意歪曲全民立宪会议的口号,要把这个口号变成一句空话。

在代表大会的决议中说道:**只有**临时革命政府,而且是成为胜利的人民起义的机关的临时革命政府,才能保证竞选鼓动有充分的自由,才能召集真正代表民意的会议。这个论点是不是正确呢?谁想驳倒这个论点,他就得断定,沙皇政府能够做到不去帮助反动势力,它能够在选举时保持中立,它能够为真正表达民意操心。这样的断言是非常荒谬的,谁也不会公开地替它辩护,但正是我们的解放派在打着自由主义的旗号暗地里偷运这类东西。立宪会议必须有人来召集;选举的自由和公正必须有人来保证;这个会议必须有人赋予它全部力量和权力;只有成为起义机关的革命政府才会诚心诚意地愿意这样做,也只有它才有力量采取一切办法来实现这一点。沙皇政府必然会反对这样做。和沙皇做交易而且完全不依靠人民起义的自由派政府,决不会诚心诚意地愿意这样做,而且即使它极其真诚地愿意这样做,也不能实现这一点。可见,代表大会的决议中所提出来的口号,是唯一正确的和十分彻底的民主的口号。

但是,在估计临时革命政府的意义时,如果忽略了民主革命的阶级性质,那么这种估计就是不完全的和不正确的。所以决议补充说,革命会加强资产阶级的统治。这在目前的即资本主义的社会经济制度下,是不可避免的。而资产阶级对多少享有一些政治自由的无产阶级的统治一加强起来,就必然会引起这两个阶级为争夺政权而进行拼死的斗争,资产阶级就一定会拼命"夺取无产阶级在革命时期获得的成果"。所以,无产阶级走在最前面领导所有的人为民主制而斗争时,一分钟也不要忘记潜藏在资产阶级民主运动内部的新的矛盾,一分钟也不要忘记新的斗争。

可见,对临时革命政府的意义,在我们所研究的这一部分决议中是估计得很全面的:无论是就它和争取自由、争取共和制的斗争的关系来说,还是就它和立宪会议的关系来说,或者就它和为新的阶级斗争扫清基地的民主革命的关系来说,都完全估计到了。

下一个问题是,无产阶级对临时革命政府的态度一般应当怎样? 代表大会的决议在回答这个问题时首先直截了当地建议党在工人阶级中广泛地进行宣传,使他们确信有成立临时革命政府的必要。工人阶级应当认识到这种必要。"民主派"资产阶级不提推翻沙皇政府的问题,而我们却应当把这个问题提到第一位,并坚决主张必须成立临时革命政府。此外,我们还应当给这个政府定出一个适合于当前历史时期的客观条件和无产阶级民主派的任务的行动纲领。这个纲领就是我们党的**全部**最低纲领,即当前的政治改革和经济改革的纲领。这些改革,一方面,在现存的社会经济关系的基础上是完全可以实现的,另一方面,又是为继续前进,为实现社会主义所必需的。

这样,决议就完全阐明了临时革命政府的性质和目的。按其来源和基本性质来说,这个政府应当是人民起义的机关。按其正式的使命来说,它应当是召集全民立宪会议的工具。按其活动内容来说,它应当实现无产阶级民主派的最低纲领,因为这是唯一能保障奋起反对专制制度的人民的利益的纲领。

也许有人会反驳说,临时政府是临时性的,不能实行尚未得到全体人民批准的建设性的纲领。这样的反驳只不过是反动派和"专制者"的诡辩而已。不实行任何建设性的纲领,就是容忍腐败的专制制度下的农奴制关系继续存在。能够容忍这种农奴制关系的,只有背叛革命事业的人们的政府,而决不是成为人民起义机关的政府。如果有人以立宪会议可能还不承认集会自由为借口,而主张在立宪会议承认这种自由以前,不要在事实上实现这种自由,那简直是开玩笑!反对临时革命政府立即实现最低纲领,正好就是开的这种玩笑。

最后,我们还要指出,决议为临时革命政府提出的任务是实现最低纲领,这就排除了立即实现最高纲领、为社会主义革命夺取政权这类荒唐的半无政府主义的思想。俄国经济发展的程度(客观条件)和广大无产阶级群众的觉悟程度和组织程度(和客观条件密切联系着的主观条件),都使工人阶级无法立即获得完全的解放。只有最无知的人,才能忽视当前的民主革命的资产阶级性质;只有最幼稚的乐观主义者,才能忘掉工人群众还不大了解社会主义的目的及其实现的方法。而我们大家都确信,工人的解放只能是工人自己的事情[52];如果群众还缺乏觉悟和组织性,还没有在同整个资产阶级的公开的阶级斗争中受到训练和教育,那是根本谈不上社会主义革命的。持无政府主义性质的反对意见的人说我们拖延社会主义革命,对此我们回答说:我们并不是拖延社会主义革命,而是用唯一可能的方法,沿着唯一正确的道路,即沿着民主共和制的道路,向社会主义革命迈出第一步。谁想不经过政治上的民主制度而沿其他道路走向社会主义,谁就必然会得出一种无论在经济上或是在政治上都是荒谬的和反动的结论。如果某些工人在某个时候质问我们为什么不实现最高纲领,我们会回答他们说,具有民主主义情绪的人民群众对社会主义还格格不入,阶级矛盾还没有充分发展,无产者还没有组织起来。你们到全国各地去组织起几十万工人吧,你们去争取几百万群众同情我们的纲领吧!你们试着去做做看,而不要光说些听起来很响亮的无政府主义空话,你们马上就会看到,要实现这样的组织任务,要广泛进行这样的社会主义教育,就必须尽可能充分地实现各种民主改革。

我们再往下看。既然我们已经阐明了临时革命政府的意义和无产阶级对它的态度,于是就产生下面这样一个问题:我们是否可以和在什么条件下可以参加这个政府(即从上面行动)?我们又应当怎样从下面行动?决议对这两个问题都作了明确的答复。在决议中毫不含糊地声明说,社会民主党参加临时革命政府(在民主革命时代,在为共和制而斗争的时代),原则上是**容许的**。我们作出这样的声明,就坚定不移地既和那些对这一问题在原则上持否定态度的无政府主义者划清了界限,又和社会民主党内那些用我们势必要参加这个政府这样的前景来**恐吓**我们的尾巴主义者(如马尔丁诺夫和新火星派)划清了界限。俄国社会民主工党第三次代表大会作出这样的声明,就坚决地驳斥了新《火星报》的意见:社会民主党人参加临时革命政府是变相的米勒兰主义[145],是对资产阶级制度的尊崇,原则上是不容许的,等等。

但是,说原则上容许,当然还没有解决实际上是否适当的问题。究竟在什么条件下,党代表大会所承认的这种新的斗争方式,即"从上面"斗争的方式,是适当的呢?当然,各种具体条件,如力量对比等等,现在还无从谈起,所以决议自然就不去预先规定这些条件。任何一个有理智的人,都不会在现在就对我们所谈的这个问题作出任何预言。但是我们参加的性质和目的,却是可以而且

## 2. 俄国社会民主工党第三次代表大会关于临时革命政府的决议给了我们什么？

应当确定的。决议也就是这样做的，它指出了我们参加的两个目的：(1)同反革命企图作无情的斗争，(2)捍卫工人阶级的独立利益。自由派资产者正开始起劲地谈论反动派的心理(见司徒卢威先生发表于《解放》杂志第71期的那封极有教益的《公开信》)，力图吓倒革命的人民，并促使他们对专制制度让步，在这个时候，无产阶级政党提醒人们注意同反革命进行真正的战争的任务，是特别适当的。政治自由和阶级斗争的重大问题归根结底只能靠实力来解决，而我们应当关心的就是准备和组织这种力量，积极使用这种力量，不仅用它来防御，而且还用它来进攻。从巴黎公社时期以来几乎毫不间断地主宰着欧洲的漫长的政治反动时代，使我们过分习惯于只考虑"从下面"行动，使我们过分习惯于只注意防御性的斗争。我们现在无疑地已经进入了一个新的时代，政治动荡和革命的时期已经开始了。在俄国现在所处的这个时期，决不可把自己束缚在陈规旧套当中。必须宣传从上面行动的思想，必须准备采取最坚决的进攻性的行动，必须研究这种行动的条件和形式。代表大会的决议认为这些条件中最主要的有两个：一个是关于社会民主党参加临时革命政府的形式方面的(党对自己的全权代表进行严格的监督)，另一个是关于这种参加的性质本身的(一分钟也不忽略完全的社会主义革命的目标)。

这样，决议既从各方面阐明了党采取"从上面"行动这个几乎是前所未有的新斗争方式时的政策，又估计到了我们将来无法从上面行动的那种场合。从下面影响临时革命政府，这是我们在任何场合下都必须做的。要实行这种从下面施加压力的办法，无产阶级就必须武装起来——因为在革命时期，事件会特别迅速地发展为直接的内战——并且必须由社会民主党来领导。无产阶级以武力为后盾来施加压力的目的，是要"保卫、巩固和扩大革命的成果",即从无产阶级的利益来看应当以实现我们的全部最低纲领为内容的那些成果。

我们就此结束我们对第三次代表大会关于临时革命政府的决议的简要分析。读者可以看出,这个决议把新问题的意义、无产阶级政党对这个问题的态度以及党从临时革命政府里面和从该政府外面行动的政策都一一阐明了。

现在来看看"代表会议"的相应的决议吧。

## 3. 什么是"革命对沙皇制度的 彻底胜利"?

"代表会议"的决议是专门论述"**关于夺取政权和参加临时政府**"问题的①。我们已经指出,问题的这种提法就包含着一种糊涂观念。一方面,问题提得很狭窄:只谈我们参加临时政府的问题,而不一般地谈党在对待临时革命政府方面的任务。另一方面,又把我们参加**民主**革命的一个阶段和进行**社会主义**革命这样两个性质完全不同的问题混为一谈。其实,社会民主党"夺取政权",如果按这几个字的直接的和通常的含义来说,正好就是社会主义革命,而决不可能是别的什么东西。如果把这几个字理解为不是为社会主义革命夺取政权,而是为民主革命夺取政权,那么,不仅谈参加临时革命政府,而且还**一般地**谈"夺取政权",这有什么意思呢? 显然,我们的"代表会议派"自己还不大清楚他们究竟应当说什么:是要说民主

① 读者把本书第400、403—404、407、431、433—434页上所引各段集中在一起,便可得到这个决议的全文。(这是作者为1907年版加的注释。见本卷第541、546、551、584、588页。——编者注)

革命,还是要说社会主义革命。谁留心过有关这个问题的著作,他就会知道,这种糊涂观念是马尔丁诺夫同志在他那本有名的《两种专政》中开始提出来的,新火星派不乐意提起这一典型的尾巴主义著作中所提供的(早在1月9日事件[264]以前)这种问题的提法,但是这一著作对代表会议的思想影响是无可怀疑的。

不过我们暂且不谈这个决议的标题。这个决议的内容,暴露了更深刻得多、更严重得多的错误。下面是这个决议的第一部分:

"革命对沙皇制度的彻底胜利,可能表现为来自胜利的人民起义的临时政府的成立,也可能表现为某个代表机关在人民的直接的革命压力下决定召开全民立宪会议的革命倡议。"

总之,他们是说,革命对沙皇制度的彻底胜利,既可能是胜利的起义,又可能是……代表机关决定召开立宪会议! 这是什么意思呢? 这该怎么来理解呢? 彻底胜利可能表现为"决定"召开立宪会议?? 而且这样的"胜利"又和"来自胜利的人民起义的"临时政府的成立相提并论!! 代表会议竟没有觉察到,**胜利的人民起义和临时政府的成立**是表示革命**在事实上**胜利,而"决定"召开立宪会议是表示革命仅仅**在口头上**胜利。

孟什维克新火星派的代表会议恰好犯了自由派即解放派经常犯的错误。解放派空谈"立宪"会议,羞答答地闭着眼睛不看力量和政权仍然在沙皇手中的事实,忘记了要"立"就需要有**力量**来立的道理。代表会议也忘记了,从任何代表的"决定"到这个决定的实现都还有一段很长的距离。代表会议也忘记了,当政权还在沙皇手中的时候,任何代表的任何决定,都会和德国1848年革命史上有名的法兰克福议会[234]的"决定"一样,成为无聊而可怜的空话。革命无产阶级的代表马克思曾在他主编的《新莱茵报》[44]上,非常尖刻地讥笑了法兰克福的自由主义"解放派",因为他们说了许多漂亮话,通过了各种各样的民主的"决定","立了"各种各样的自由,而事实上却让政权留在国王手中,并没有组织武装斗争去反对掌握在国王手中的武装力量。当法兰克福的解放派还在那里空谈时,国王却抓住了时机,加强了自己的武装力量,于是反革命便依靠实际的力量,把民主派连同他们的一切美妙的"决定"打得落花流水了。

代表会议把正好缺少胜利的决定性条件的局面拿来和彻底胜利等量齐观。承认我们党的共和纲领的社会民主党人怎么能犯这样的错误呢? 要了解这一奇怪现象,就必须看看第三次代表大会关于党内分裂出去的部分的决议①。决议指出,我们党内还存在着"同'经济主义'有血缘关系的"各种派别。我们的代表会议派(马尔丁诺夫对他们的思想领导确实没有白费)关于革命的论断,和"经济派"[134]关于政治斗争或八小时工作制的论断是一模一样的。"经济派"一开口就搬出"阶段论":(1)为权利而斗争,(2)政

---

① 现在把这个决议的全文引述如下:"代表大会指出,在俄国社会民主工党内,从和'经济主义'作斗争时起直到现在,还保存着一些在不同的程度上和不同的方面同经济主义有血缘关系的色彩,其特征就是一般趋向于降低觉悟成分在无产阶级斗争中的意义而使其服从于自发成分。在组织问题方面,这些色彩的体现者在理论上提出一个和党的按计划规定的工作不相适应的组织-过程原则,在实践上多半是推行一套和党的纪律相违背的办法,要不然就向党内觉悟最低的一部分人鼓吹不顾俄国现实生活的客观条件而广泛应用选举的原则,企图以此破坏目前唯一可能存在的党的联系的基础。在策略问题方面,他们力图缩小党的工作的规模,反对党对自由派资产阶级政党所采取的完全独立的策略,否认我们党可能和宜于担负起组织人民起义的使命,认为我们党无论在什么条件下都不应当参加临时民主革命政府。

代表大会责成全体党员在任何地方都进行坚决的思想斗争,反对这种局部离开革命社会民主党的原则的倾向,但是代表大会同时认为,在某种程度上附和这种观点的人,在下面这个必要的条件下,即在他们承认党代表大会和党章并且完全服从党的纪律的条件下,可以参加党的组织。"(这是作者为1907年版加的注释。——编者注)

治鼓动,(3)政治斗争;或是(1)十小时工作制,(2)九小时工作制,(3)八小时工作制。这个"策略-过程"引起的结果,是大家都十分了解的。现在,代表会议派建议我们把革命也预先好好地分成几个阶段:(1)沙皇召集代表机关,(2)这个代表机关在"人民"的压力下"决定"召开立宪会议,(3)……关于第三阶段,孟什维克还没有取得一致的意见;他们忘记了:人民的革命压力将碰到沙皇制度的反革命压力,因而不是"决定"不能实现,便是问题又得由人民起义的胜利或失败来决定。代表会议的决议也和"经济派"的下面这种论断完全相同:工人的彻底胜利,可能表现为用革命手段实现八小时工作制,也可能表现为恩赐十小时工作制和"决定"过渡到九小时工作制……  真是一模一样。

也许有人会反驳我们说,决议的制定者并没有想把起义的胜利和沙皇所召集的代表机关的"决定"**等量齐观**,而只是想预先规定党在前后两种场合下的策略。对此我们的回答是:(1)决议的原文是直截了当地和毫不含糊地把代表机关的**决定**叫做"革命对沙皇制度的彻底胜利"。也许这是措辞疏忽的结果,也许可以根据记录来纠正它,可是在没有纠正以前,这种措辞只能包含一种思想,而且这种思想完全是**解放派的**。(2)决议的制定者所陷入的"解放派"的思维进程,在新火星派的其他著作中表现得更是鲜明无比。例如,在梯弗利斯委员会的机关报《社会民主党人报》[265](用格鲁吉亚文出版;《火星报》第100号曾经称赞过它)上登载的《国民代表会议和我们的策略》一文,竟说什么"选择国民代表会议为我们的活动中心"(我们补充一句,关于召集国民代表会议,我们还连半点确切的消息都不知道!)这一"策略",比武装起义和成立临时革命政府的"策略","**对我们更有利**"。下面我们还要回过头来谈这篇文章。(3)预先讨论党在革命胜利时和革命失败时、在起义成功时和起义不能发展成为重大力量时的策略,是一点也不应当反对的。也许沙皇政府能够召集一个代表会议来和自由派资产阶级做交易,第三次代表大会的决议就预见到这一点,所以直截了当地说到"虚伪的政策","假民主","所谓国民代表会议之类的滑稽可笑的人民代表机关"①。可是,问题在于这一点不是在关于临时革命政府的决议中说的,因为这和临时革命政府没有关系。如果发生上述情况,就会把起义和成立临时革命政府的问题推迟,就会使问题变样,等等。现在的问题并不在于可能发生各种情况:既可能胜利,也可能失败,既可能走直路,也可能走弯路,而在于社会民主党人决不可以搅乱工人对真正革命道路的认识,决不可以像解放派那样把缺少胜利的**基本**条件的局面叫做彻底胜利。也许我们连八小时工作制也不是一下子就能

---

① 下面就是这个关于在革命前夕对政府策略的态度的决议的全文:

"鉴于:在当前的革命时期,政府为了保存自己,一面加强通常的、主要是用来对付无产阶级觉悟分子的镇压手段,同时又(1)企图用让步和进行改良的诺言从政治上腐蚀工人阶级,从而引诱工人阶级离开革命斗争;(2)为着同一目的,给自己的虚伪的让步政策披上假民主的外衣,从邀请工人选派代表参加各种委员会和各种咨议会起,一直到成立所谓国民代表会议之类的滑稽可笑的人民代表机关;(3)组织所谓黑帮**266**,并煽动人民中一切反动的、不觉悟的或者被种族仇恨和宗教仇恨所迷惑的分子来反对革命;

俄国社会民主工党第三次代表大会决定责成一切党组织:

(一)揭露政府让步的反动目的,同时在宣传和鼓动工作中,一方面着重说明这些让步是出于不得已,另一方面又要着重说明专制政府绝对不可能实行可以满足无产阶级需要的改良;

(二)利用竞选鼓动向工人解释政府的这类措施的真实意义,并说明对无产阶级来说必须用革命的方法按普遍、平等、直接和无记名投票的选举制召集立宪会议;

(三)组织无产阶级立刻用革命的方法实现八小时工作制以及工人阶级的其他迫切要求;

(四)组织武装抵抗来反击黑帮以及一切由政府领导的反动分子的进攻。"(这是作者为1907年版加的注释。——编者注)

得到,而只有经过漫长曲折的道路才能得到,但是,如果有人竟把无产阶级**不能**阻止拖延、耽搁、搞交易、叛变和反动这种软弱无力的表现叫做工人的胜利,那么你会怎样说这个人呢？也许俄国的革命将以"立宪流产"结束,如《前进报》①有一次说过的那样,但是,这难道可以为那些在决战前夜把这种流产叫做"对沙皇制度的彻底胜利"的社会民主党人辩护吗？也许在最坏的情况下,我们不仅争取不到共和制,就连宪法也将是一个虚幻的"希波夫式的"宪法267,但是,难道这就可以原谅社会民主党人抹杀我们的共和制口号吗？

当然,新火星派还没有走到抹杀这个口号的地步。但是他们的革命精神已经丧失到什么程度,毫无生气的说教已经把他们和当前的战斗任务隔离到什么程度,这从他们在自己的决议中恰巧**忘记**谈到共和制这一点看得特别清楚！这是难以置信的,然而这是事实。社会民主党的一切口号都在代表会议的各种决议中得到承认、重申、解释和详细说明,甚至由工人按企业选举工长和代表的事情也没有忘记,只是没有在关于临时革命政府的决议中提及共和制。说到人民起义的"胜利",说到临时政府的成立,而不指出这些"步骤"和行动同争取共和制的关系,这就是说,他们制定决议并不是为了要领导无产阶级的斗争,而是为了跟在无产阶级运动的后面蹒跚而行。

总起来说,决议的第一部分:(1)完全没有从争取共和制和保

---

① 日内瓦《前进报》是我们党内布尔什维克部分的机关报,于1905年1月开始出版。从1月至5月,总共出版了18号。从5月起,根据俄国社会民主工党第三次代表大会(这次代表大会于5月在伦敦举行;孟什维克没有参加,他们在日内瓦举行了自己的"代表会议")的决定,《前进报》停刊,开始出版《无产者报》作为俄国社会民主工党的中央机关报。(这是作者为1907年版加的注释。——编者注)

证召集真正全民的和真正立宪的会议方面阐明临时革命政府的意义;(2)把正好还缺少真正胜利的基本条件的局面拿来和革命对沙皇制度的彻底胜利等量齐观,这就直接搅乱了无产阶级的民主主义意识。

# 4. 君主制度的铲除和共和制

现在我们来看这个决议的下一部分:

"……无论在哪一种场合下,这样的胜利都将是革命时代的新阶段的开端。

社会发展的客观条件自发地提到这个新阶段面前的任务,就是要在政治上获得解放的资产阶级社会内各种成分为实现自身的社会利益和直接占有政权而相互斗争的过程中,彻底铲除整个等级君主制度。

因此,临时政府既要负起责任来完成这个按历史性质是资产阶级革命的任务,就必须调节争取解放的民族内各个对立阶级的相互斗争,就必须不仅推进革命的发展,而且极力反对革命发展中那些危及资本主义制度基础的因素。"

我们把构成决议的一个独立篇章的这一部分分析一下。我们所摘引的这几段论述的基本内容相当于代表大会决议的第三点所叙述的内容。可是,如果把两个决议中的这一部分拿来对照一下,立刻就会明显地看出这两个决议有如下的根本区别。代表大会的决议简略地说明了革命的社会经济基础以后,便把全部注意力转到各阶级为争夺一定的成果而进行的非常确定的斗争上,并且把无产阶级的战斗任务提到第一位。代表会议的决议则冗长地、模糊地、混乱地描写革命的社会经济基础,非常含糊地谈到为一定的成果而进行的斗争,并且根本不提无产阶级的战斗任务。代表会议的决议说,在社会内各种成分相互斗争的过程中铲除旧制度。而代表大会的决议说,我们无产阶级的党应当铲除旧制度,只有建立起民主共和制才是真正铲除旧制度,我们应当争取这个共和制,我们为这个共和制和充分的自由而斗争,不仅要反对专制制度,而且当资产阶级企图(他们一定会这样做)从我们手中夺取我们的成果时,还要反对资产阶级。代表大会的决议号召一定的阶级为明确的最近目的而斗争。代表会议的决议则谈论各种力量的相互斗争。一个决议表现出积极斗争的心理,另一个决议则表现出消极观望的心理;一个决议里响彻了生气勃勃地行动起来的号召,另一个决议里则充满了死气沉沉的说教。两个决议都说,现在发生的革命对我们说来只是第一步,随后还有第二步。但是一个决议由此作出的结论是:我们必须尽快地走完第一步,必须尽快地结束这一步,争得共和制,无情地粉碎反革命,打下走第二步的基础。另一个决议则可以说是淹没在对第一步的冗长的描写中,而且(恕我说句粗话)一味吮吸着关于第一步的思想。代表大会的决议接受马克思主义的旧的但又万古常新的思想(认为民主革命是资产阶级性质的革命),把它当做引言或首要的前提来作出既为民主革命又为社会主义革命奋斗的先进阶级负有先进任务的结论。代表会议的决议则始终只是停留在引言上,咀嚼着这个引言,并在这个引言上面卖弄聪明。

正是这种区别一直把俄国马克思主义者分为两派:在合法马克思主义[161]流行的那些年代分为说教派和战斗派,在群众运动兴起的时代分为经济派和政治派。"经济派"根据一般阶级斗争、特别是政治斗争有很深的经济根源这一马克思主义的正确前提,作出了奇特的结论:必须转过身去背向政治斗争,阻止它的发展,缩小它的规模,降低它的任务。反之,政治派根据同样的前提作出不同的结论,这就是:现在我们的斗争的根源愈深,我们就应当愈广泛、愈大胆、愈坚决、愈主动地进行这个斗争。现在在另一种环境中,以另一种形式出现在我们面前的,还是那场争论。民主革命还决不是社会主义革命,民主革命决不是只有穷人才"关心",民主革命的最深的根源在于**整个**资产阶级社会的切身的需要和要求,——我们根据这些前提作出结论说,先进的阶级必须更大胆地提出自己的民主主义任务,必须更明白地彻底说清这些任务,提出直接的共和制的口号,宣传必须成立临时革命政府、必须无情地粉碎反革命的思想。而我们的论敌新火星派根据同样的前提却作出这样的结论:不应当彻底说清民主主义的结论,在实践的口号中可以不提共和制,可以不宣传必须成立临时革命政府的思想,可以把召集立宪会议的决定叫做彻底胜利,可以不把同反革命斗争的任务提出来作为我们的行动任务,而是把它淹没在模糊不清的(并且是措辞不当的,如我们马上就会看到的那样)"相互斗争的过程"这一说法中。这不是政治家的语言,而是档案学家的语言!

你愈是仔细地研究新火星派决议中的各个说法,就会愈加明显地看出它的这些基本特点。例如,他们说什么"政治上获得解放的资产阶级社会内各种成分……相互斗争的过程"。我们记起决议所论述的题目(临时革命政府),就要疑惑地问道:既然已经说到相互斗争的过程,怎么又可以绝口不提那些在政治上**奴役**资产阶级社会的成分呢? 代表会议派是不是以为只要他们假定革命取得胜利,这些成分也就消失了呢? 这种想法一般说来是荒谬可笑的,具体说来是政治上的极端幼稚,政治上的极端近视。在革命战胜反革命以后,反革命并不会消失,反而必然会更加不顾死活地进行新的斗争。既然我们的决议是分析革命胜利时的任务的,我们就必须特别注意击退反革命进攻的任务(代表大会的决议就是这样做的),而不是把一个战斗的政党的这些当前的、紧迫的、刻不容缓的政治任务淹没在一般的谈论中,说当前的革命时代过去**以后**会怎样,在将来有了"政治上**获得解放的社会**"时会怎样。"经济派"曾经引用政治服从于经济的一般真理,来掩饰自己对刻不容缓的政治任务的不了解,现在新火星派也和他们一样,引用政治上**获得解放**的社会内部将发生斗争的一般真理,来掩饰自己对从政治上**解放**这个社会的刻不容缓的革命任务的不了解。

就拿"彻底铲除整个等级君主制度"这句话来说吧。说得明白些,彻底铲除君主制度就是建立民主共和制。但是我们的好心的马尔丁诺夫和他的信徒们认为这样说太简单明了了。他们一定要"加深"一下,一定要说得"聪明一些"。结果,一方面是枉费心机,令人可笑;另一方面,所得到的又不是口号而是描写,不是雄壮的前进的号召而是一种忧郁的向后回顾。呈现在我们眼前的,恰恰不是现在马上就要为共和制奋斗的活人,而是一种站在永恒的立场上用早已过时的观点来观察问题的僵硬的木乃伊。

再往下看:"……临时政府既要负起责任来完成这个……资产阶级革命的任务……" 从这里立刻就可看出,我们的代表会议派忽略了摆在无产阶级的政治领导者面前的具体问题。关于临时革命政府的具体问题,在他们的视野里竟被将来有许多政府会完成一般资产阶级革命任务的问题所遮蔽了。如果你们想"用历史的眼光"来观察问题,那么任何一个欧洲国家的例子都会向你们表明,正是许多根本不是"临时性质的"政府完成了资产阶级革命的历史任务,甚至那些战胜了革命的政府都毕竟不得不去完成这个被打败了的革命的历史任务。但是被叫做"临时革命政府"的,决不是你们所说的那种政府,这样的政府是革命时代的政府,它直接代替被推翻了的政府,它所依靠的是人民起义,而不是什么从人民中产生的代表机关。临时革命政府是争取革命立刻胜利、争取立刻粉碎反革命企图的机关,而决不是完成一般资产阶级革命历史任务的机关。先生们,让将来的历史学家在将来的《俄国旧事》杂志[176]上去确定究竟资产阶级革命的哪些任务是由我们和你们或者由某个政府完成的吧!——这种事就是过30年再去做也还来得及,而现在我们必须拿出为共和制而斗争并促使无产阶级最积极地参加这个斗争的口号和实际指示来。

我们上面所摘录的那部分决议中的最后几个论点,由于同样的原因,也是不能令人满意的。临时政府必须"调节"各个对立阶级的相互斗争一语,是极不妥当的,至少是笨拙的。马克思主义者不应当使用这种自由主义解放派式的说法,因为这种说法会使人们以为可能有这样的政府,它们不是阶级斗争的机关,而是阶级斗争的"调节者"…… 政府必须"不仅推进革命的发展,而且极力反对革命发展中那些危及资本主义制度基础的因素"。这个决议借其名义说话的那个无产阶级恰恰就是这样的"因素"!这个决议不是指明无产阶级目前究竟应当怎样"推进革命的发展"(把它推得比立宪派资产阶级想走的更远),不是劝告无产阶级准备好一定的办法,等到资产阶级掉转头来反对革命的成果时,就和资产阶级斗争,而是一般地描写过程,丝毫不谈**我们**活动的具体任务。新火星派表达自己的思想时所采取的方式,使人联想到马克思(在他的著名的关于费尔巴哈的《提纲》中)对缺乏辩证法思想的旧唯物主义的评语。马克思说,哲学家们只是用不同的方式**解释**世界,问题在于**改变**世界。[①] 新火星派也能差强人意地描写和解释眼前的斗争过程,但是完全不能够提出进行这个斗争的正确口号。他们操练很有劲,但是指挥很糟糕,他们忽视那些认识了革命的物

①　参看《马克思恩格斯文集》2009年人民出版社版第1卷第502页。——编者注

质条件并领导着先进阶级的政党在历史上所能起到和应当起到的积极的领导作用和指导作用,因而降低了唯物主义历史观的意义。

# 5. 应当怎样"把革命推向前进"?

我们把这个决议的下一部分引录出来:

"在这样的条件下,社会民主党在整个革命过程中应当竭力保持这样的地位:使自己最有可能把革命推向前进,不致在和资产阶级政党的不彻底的和自私自利的政策作斗争时束缚住自己的手脚,不致融化在资产阶级民主派之中。

因此,社会民主党不应当抱定夺取政权或在临时政府中分掌政权的目的,而应当始终如一地做一个持极端革命反对派态度的政党。"

劝告我们占据最有可能把革命推向前进的地位,这使我们感到非常高兴。不过除了这个好心的劝告以外,我们还想得到直接的指示,就是在现在,在当前的政治形势下,在关于召集人民代表会议的传说、猜测、议论和计划层出不穷的时候,社会民主党应当怎样把革命推向前进。不懂得主张人民和沙皇"妥协"这种解放派理论的危险性,把仅仅"决定"召集立宪会议就叫做胜利而不积极宣传必须建立临时革命政府的人,是不是能在现在把革命推向前进呢? 不提民主共和制的口号的人,是不是能在现在把革命推向前进呢? 这样的人事实上是**把革命拉向后退**,因为他们在**政治实践**方面停留在**解放派**立场的水平上。他们既然在规定党在革命时期的当前的和最近的任务的策略决议中,不提为共和制而斗争的口号,那么他们承认要求用共和制代替专制制度的纲领,这又有什么用呢? 其实,解放派的立场,即立宪派资产阶级的立场现在的特征,就是把决定召集全民立宪会议看做彻底的胜利,而对临时革命政府和对共和制则小心谨慎地保持沉默!要把革命推向**前进**,也就是说,要使革命超过君主派资产阶级所能把它推到的那个限度,就必须积极提出一些**排除**资产阶级民主派的"不彻底性"的口号,强调这些口号,把这些口号提到首要地位。这样的口号现在**只有两个**:(1)临时革命政府,(2)共和制,因为全民立宪会议的口号是君主派资产阶级已经**接受了的**(见"解放社"的纲领),它所以接受这个口号,正是为了阉割革命,为了不让革命完全胜利,为了使大资产阶级能和沙皇政府做交易。但是我们看到,在这两个唯一能够把革命推向前进的口号中,代表会议把共和制口号完全忘掉了,又把临时革命政府口号直截了当地拿来和解放派的全民立宪会议口号等量齐观,把两者都叫做"革命的彻底胜利"!!

是的,这是一件无可怀疑的事实,我们相信这件事实会成为将来的俄国社会民主运动历史学家的路标。社会民主党人代表会议在1905年5月通过了决议,决议说了一些必须把民主革命推向前进的漂亮话,而事实上却把这个革命拉向后退,事实上并没有超过君主派资产阶级的民主口号。

新火星派喜欢责难我们,说我们忽视无产阶级融化在资产阶级民主派之中的危险。我们倒很想看看,谁能根据俄国社会民主工党第三次代表大会的决议原文把这个责难证实一下。我们给我们的论敌的回答是:在资产阶级社会中行动的社会民主党,如果不时而在这种场合,时而在那种场合和资产阶级民主派**并肩**行进,就不能参加政治。在这方面,我们和你们的差别就是:我们和革命共和派资产阶级并肩行进,但不和它打成一片;而你们和**自由主义君主派资产阶级**并肩行进,也不和它打成一片。**实际情况就是如此。**

你们以代表会议的名义提出的策略口号和"立宪民主"党即

**君主派资产阶级政党**的口号**相吻合**,可是你们没有觉察到、没有意识到这种吻合,这样,你们就在实际上成了**解放派的尾巴**。

我们以俄国社会民主工党第三次代表大会的名义提出的策略口号和民主革命共和派资产阶级的口号相吻合。这样的资产阶级和小资产阶级在俄国还没有形成一个大的人民政党①。可是,只有完全不了解俄国现在的实际情况的人,才会怀疑这样一个党的成分已经存在的事实。我们(在伟大的俄国革命胜利进行的情形下)不仅打算领导已由社会民主党组织起来的无产阶级,而且打算领导这个能够同我们并肩行进的小资产阶级。

代表会议的决议表明代表会议不自觉地**把自己降低**到自由主义君主派资产阶级的水平。党代表大会的决议却表明代表大会自觉地要把那些能够进行斗争而不会做经纪人的革命民主派分子**提高**到代表大会的水平。

这种分子在农民中最多。在按政治倾向来划分大的社会集团时,我们可以把革命共和民主派和农民群众看做同一个东西,这是不会有什么大错误的,当然,就像可以把工人阶级同社会民主党看做同一个东西一样,这要加上一些限定语和不言而喻的条件。换句话说,我们也可以把我们的结论表述如下:代表会议在革命时期提出的那些**全国性的**②政治口号,表明代表会议不自觉地**把自己降低到地主群众的水平**。党代表大会提出的那些全国性的政治口号,却表明代表大会要**把农民群众提高到革命的水平**。如果有人因为我们作出这种结论而责备我们爱发表怪论,那我们就向他挑

---

① "社会革命党"与其说是这样一个政党的萌芽,不如说是一个恐怖主义的知识分子集团,虽然这个集团所进行的活动的客观意义正好是要实现革命共和派资产阶级的任务。

② 我们不谈那些用单独的决议说明的只和农民有关的口号。

战，要他去推翻下面这个论点：如果我们没有力量把革命进行到底，如果革命以解放派式的"彻底胜利"，即仅仅以沙皇所召集的、只是在开玩笑时才可以叫做立宪会议的代表会议来**结束**，那么，这就是一个以**地主和大资产阶级的**成分占优势的革命。反之，如果我们注定要经历一场真正伟大的革命，如果历史在这一次不容许"流产"，如果我们有力量把革命进行到底，进行到彻底的胜利——不是解放派也不是新火星派所说的那种彻底胜利，那么，这就是一个以农民和无产阶级的成分占优势的革命。

也许有人会认为，我们假定革命将以农民和无产阶级的成分占优势，就是不相信当前革命的资产阶级性质。在《火星报》滥用这个概念的情况下，这种看法是很可能产生的。因此，把这个问题拿来分析一下，就完全不是多此一举了。

# 6. 无产阶级在和不彻底的资产阶级作斗争时被束缚住手脚的危险是从哪个方面来的？

马克思主义者绝对相信俄国革命是资产阶级性质的革命。这是什么意思呢？这就是说，那些对俄国来说是势在必行的政治制度方面的民主改革和社会经济方面的改革，就其本身来说，不仅不会摧毁资本主义，不仅不会摧毁资产阶级的统治，反而会第一次为资本主义的广泛而迅速的发展，即欧洲式的而不是亚洲式的发展，真正扫清基地，第一次使资产阶级这个阶级的统治成为可能。社会革命党人不可能了解这个思想，因为他们不懂得商品生产和资本主义生产发展规律的基本常识，他们看不出，即使农民起义完全

6. 无产阶级在和不彻底的资产阶级作斗争时被束缚住手脚的危险是从哪个方面来的?

成功,即使为着农民的利益和按照农民的愿望重新分配了全部土地("土地平分"或其他类似办法),也丝毫不会消灭资本主义,反而会促进资本主义发展,加速农民本身的阶级分化。社会革命党人不了解这个真理,这就使他们成为不自觉的小资产阶级思想家。坚持这个真理,对社会民主党说来不仅在理论方面而且在政治实践方面都有重大的意义,因为由此得出的结论是,无产阶级政党在目前的"一般民主主义"运动中必须保持完全的阶级独立性。

但是,绝对不能从这里得出结论,说**民主**革命(按其社会经济内容来说是资产阶级革命)对无产阶级没有**巨大的**利益。绝对不能从这里得出结论,说民主革命不能以既主要有利于大资本家、金融巨头和"开明"地主又有利于农民和工人的形式来实现。

新火星派对资产阶级革命这个概念的内容和意义的理解是根本错误的。在他们的议论中经常透露出一种见解,以为资产阶级革命是只能产生有利于资产阶级的结果的革命。其实,这种见解是再错误不过的了。资产阶级革命是不超出资产阶级的即资本主义的社会经济制度范围的革命。资产阶级革命反映资本主义发展的需要,它不仅不会消灭资本主义的基础,反而会扩大并加深这种基础。因此,这个革命不仅代表工人阶级的利益,而且代表整个资产阶级的利益。既然在资本主义制度下资产阶级对工人阶级的统治是不可避免的,那就可以有充分的理由说,资产阶级革命与其说是代表无产阶级的利益,不如说是代表资产阶级的利益。可是,如果认为资产阶级革命完全不代表无产阶级的利益,那就是十分荒谬的想法。这种荒谬想法不是归结为陈旧的民粹主义理论,就是归结为无政府主义的思想,前者认为资产阶级革命同无产阶级的利益是矛盾的,因此我们不需要资产阶级的政治自由,后者认为无产阶级绝对不应当参加资产阶级政治,不应当参加资产阶级革命,不应当参加资产阶级议会。在理论上,这种想法是忘记了在商品生产的基础上资本主义必不可免地会发展起来这个马克思主义的起码的原理。马克思主义教导我们,以商品生产为基础并且和文明的资本主义国家发生交换关系的社会,在发展到一定的阶段时,自己也必不可免地要走上资本主义的道路。民粹主义者和无政府主义者说什么俄国可以避免资本主义发展,可以不经过在资本主义的基础上和范围内进行阶级斗争的道路,而经过其他道路来跳出或跳过这个资本主义。马克思主义坚决摒弃了他们的这种荒诞言论。

所有这些马克思主义的原理,无论是一般说来还是单就俄国说来,都是已经得到十分详细的证明和反复说明的。而根据这些原理就应当得出下面的结论:除了使资本主义向前发展以外,妄想在任何其他方面替工人阶级寻找出路,都是**反动的**。在像俄国这样一些国家里,工人阶级与其说是苦于资本主义,不如说是苦于资本主义发展得不够。因此,资本主义的最广泛、最自由、最迅速的发展,同工人阶级**有绝对的利害关系**。消灭一切妨碍资本主义广泛、自由和迅速发展的旧时代的残余,对工人阶级是绝对**有利的**。资产阶级革命正是要最坚决地扫除旧时代的残余,即农奴制残余(属于这种残余的不仅有专制制度,而且有君主制度),正是要最充分地保证资本主义获得最广泛、最自由和最迅速的发展。

因此,**资产阶级革命对无产阶级是极其有利的**。从无产阶级的利益着想,资产阶级革命是**绝对必要的**。资产阶级革命进行得愈充分,愈坚决,愈彻底,无产阶级为争取社会主义而同资产阶级进行的斗争就愈有保证。只有不懂得科学社会主义的起码常识的人,才会觉得这是一个新的或者是奇怪的、荒诞的结论。而根据这个结论还应当得出下面的原理:**从某种意义上说**,资产阶级革命对无产阶级要比对资产阶级**更加有利**。正是从下面这样一种意义上

6. 无产阶级在和不彻底的资产阶级作斗争时被束缚住手脚的危险是从哪个方面来的?

说这个原理是无可怀疑的:对资产阶级有利的是依靠旧时代的某些残余,例如君主制度、常备军等等来反对无产阶级。对资产阶级有利的是资产阶级革命不过分坚决地扫除旧时代的一切残余,而留下其中的某一些,就是说,要这个革命不十分彻底,不进行到底,不坚决无情。这个思想,社会民主党人时常用稍微不同的说法来表示,这就是资产阶级自己背叛自己,资产阶级出卖自由事业,资产阶级不能实行彻底的民主主义。对资产阶级更有利的是要资产阶级民主方面的种种必要的改革比较缓慢地、渐进地、谨慎地和不坚决地进行,即用改良的办法而不用革命的办法进行;要这些改革对"尊贵的"农奴制设施(如君主制度)尽可能谨慎些;要这些改革尽可能少发扬小百姓即农民特别是工人的革命的主动性、首创精神和毅力,因为不这样的话,工人就会更容易如法国人所说的,"把枪从一个肩膀移到另一个肩膀",就是说,更容易用资产阶级革命供给他们的武器,用这个革命给予他们的自由,用清除了农奴制的基地上所产生的民主设施,来反对资产阶级本身。

反之,对工人阶级更有利的是要资产阶级民主方面的种种必要的改革恰恰不是经过改良的道路,而是经过革命的道路来实现,因为改良的道路是一条迁延时日的、迟迟不前的、使人民机体的腐烂部分慢慢坏死而引起万般痛苦的道路。由于这一部分的腐烂而首先感到痛苦和感到最大痛苦的是无产阶级和农民。革命的道路是迅速开刀、使无产阶级受到的痛苦最小的道路,是直接切除腐烂部分的道路,是对君主制度以及和君主制度相适应的令人作呕的、卑鄙龌龊的、腐败不堪的、臭气熏天的种种设施让步最少和顾忌最少的道路。

因此,我们的资产阶级自由派的刊物,就不仅仅是由于考虑到书报检查制度,不仅仅是由于畏惧当局,才对可能有革命道路感到悲哀,才害怕革命,拿革命来恐吓沙皇,设法避免革命,奴颜婢膝、低三下四地乞求实行小得可怜的改良来为改良主义道路打下基础。站在这个立场上的不仅有《俄罗斯新闻》、《祖国之子报》、《我们的生活报》、《现代报》**268**,并且还有秘密的、不受检查的《解放》杂志。资产阶级在资本主义社会中的阶级地位必然使它在民主革命中表现不彻底。无产阶级的阶级地位却使它成为彻底的民主主义者。资产阶级老是向后看,害怕势必使无产阶级壮大起来的民主进步。无产阶级失去的只是锁链,而它借助于民主制度获得的将是整个世界。① 所以,资产阶级革命在实行民主改革方面愈彻底,这个革命就愈少局限于仅仅有利于资产阶级的范围内。资产阶级革命愈彻底,就愈能保证无产阶级和农民在民主革命中获得利益。

马克思主义教导无产者不要避开资产阶级革命,不要对资产阶级革命漠不关心,不要把革命中的领导权交给资产阶级,相反地,要尽最大的努力参加革命,最坚决地为彻底的无产阶级民主主义、为把革命进行到底而奋斗。我们不能跳出俄国革命的资产阶级民主的范围,但是我们能够大大扩展这个范围,我们能够而且应当在这个范围内为无产阶级的利益而奋斗,为无产阶级当前的需要、为争取条件积蓄无产阶级的力量以便将来取得完全胜利而奋斗。有各种各样的资产阶级民主派。拥护参议院、"请求"施行普选制、同时在暗地里偷偷摸摸地就残缺不全的宪法和沙皇政府搞交易的君主派地方自治人士,是资产阶级民主派。拿着武器反对地主和官吏、带着"幼稚的共和主义情绪"提议"驱逐沙皇"②的农民,也是资产阶级民主派。资产阶级民主制度有德国那样的,也有

---

① 参看《马克思恩格斯文集》2009 年人民出版社版第 2 卷第 66 页。——编者注
② 见《解放》杂志第 71 期第 337 页注 2。

6. 无产阶级在和不彻底的资产阶级作斗争时被束缚住手脚的危险是从哪个方面来的?

英国那样的;有奥地利那样的,也有美国或瑞士那样的。一个马克思主义者在民主革命时代竟没有看到民主主义的这种程度上的差别,没有看到民主主义各种形式的性质上的区别,却专门"卖弄聪明",说什么这反正是"资产阶级革命",反正是"资产阶级革命"的果实,这样的马克思主义者可真是了不起。

我们的新火星派正好就是这样一些目光短浅但还以此自诩的聪明人。正是在必须善于区别共和主义革命派的资产阶级民主和君主主义自由派的资产阶级民主的时候和地方,他们却仅仅局限于谈论革命的资产阶级性质,至于区别不彻底的资产阶级民主主义和彻底的无产阶级民主主义,就更谈不上了。当问题是要在当前的革命中进行**民主主义的领导**,要强调**先进的民主的**口号,以区别于司徒卢威先生之流的叛卖性的口号,要直接而明确地指出无产阶级和农民的真正革命斗争的当前任务,以区别于地主和厂主的自由主义经纪人行为的时候,他们却满足于忧郁地谈论"各对立阶级相互斗争的过程",——他们好像真的变成了"套中人"**269**。现在,问题的实质,你们诸位先生所没有看到的问题的实质,就在于我国的革命是以真正的伟大胜利来结束呢,还是仅仅以一种可怜的交易来结束;是要达到无产阶级和农民的革命民主专政呢,还是"倾注全力"去求得一纸自由派希波夫式的宪法!

初看起来,也许会觉得我们提出这个问题是完全离开了我们所讨论的题目。但是仅仅是初看起来才会觉得这样。事实上,这个问题正好就是现在俄国社会民主工党第三次代表大会的社会民主主义策略和新火星派代表会议所规定的策略之间已经十分清楚地显露出来的原则分歧的根源。现在,新火星派在解决对工人政党说来是更复杂、更重要和更迫切得多的问题即工人政党在革命时期的策略问题的时候,重新犯了"经济主义"的错误,结果就不是退两步而是退三步了。正因为如此，我们必须十分用心地分析上面所提出的问题。

在我们所摘录的新火星派的那部分决议中，指出了社会民主党在和资产阶级不彻底的政策作斗争时有束缚住自己手脚的危险，指出了社会民主党有溶化在资产阶级民主派之中的危险。害怕这种危险发生的思想贯穿在一切典型的新火星派著作中，这个思想就是表现在我们党的分裂中的全部原则立场的真正关键（从这个分裂中的无谓争吵成分完全让位于向"经济主义"转变的成分时起）。我们坦率地承认：这种危险确实存在，而且正是在现在，在俄国革命处于最高潮的时候，这种危险特别严重。我们大家，即社会民主党的理论家或——我宁愿这样称呼自己——政论家，担负着一个刻不容缓的非常重大的任务，就是要弄清这种危险实际上**来自哪一方面**。因为我们的分歧的根源并不是争论有没有这种危险存在，而是争论这种危险是产生于"少数派"的所谓尾巴主义呢，还是产生于"多数派"的所谓革命主义。

为避免曲解和误会起见，我们首先指出，我们所说的危险不在主观方面，而在客观方面，不在社会民主党在斗争中所采取的形式上的立场方面，而在现在的整个革命斗争的物质结局方面。问题不在于某一部分社会民主党人是否愿意融化在资产阶级民主派之中，不在于他们是否意识到自己正在被融化，——现在谈不到这个问题。我们不相信有哪一个社会民主党人会怀着这种愿望，而且问题决不在于愿望。问题也不在于某一部分社会民主党人能否在整个革命过程中保持形式上的独立性、独特性、不依赖于资产阶级民主派的自主的地位。他们可以不仅宣布这种"独立"，而且还在形式上保持这种"独立"，可是**结局还可能是**他们在和资产阶级的不彻底性作斗争时被束缚住手脚。革命的政治上的最终结局可能

6. 无产阶级在和不彻底的资产阶级作斗争时被束缚住手脚的危险是从哪个方面来的？

是这样：虽然社会民主党能够保持形式上的"独立性"，虽然社会民主党能够保持组织上的、即党的完全的独特性，但是它在事实上并不独立，并没有力量对事变的进程刻上自己的无产阶级独立性的标记，而且非常软弱，以致总的说来，归根到底，最后，它"融化"在资产阶级民主派之中终将成为一个历史事实。

这才是真正危险的所在。现在我们就来看看这个危险会来自哪一方面：是如我们所想的那样来自以新《火星报》为代表的社会民主党的右倾呢，还是如新火星派所想的那样来自以"多数派"、《前进报》等等为代表的社会民主党的左倾。

这个问题的答案，如我们已经指出的，取决于各种社会力量的行动客观上是怎样配合的。这些力量的性质在理论上已由马克思主义者对俄国现实的分析所确定，而现在在实践上又由各个集团和各个阶级在革命进程中的公开行动所确定。马克思主义者在我们这个时代以前很久就作出的全部理论分析，以及对革命事态的发展所进行的一切实际观察，都向我们表明，从客观条件看来，俄国革命可能有两种进程和结局。俄国的经济制度和政治制度实行资产阶级民主方面的改革是不可避免和不可排除的。世界上没有一种力量能阻止这种改革。但是，从实现这种改革的现有各种力量的行动的配合中，可能得出这种改革的两种结果或两种形式。二者必居其一：（1）或者结果是"革命对沙皇制度的彻底胜利"；（2）或者是要取得彻底胜利力量不够，结果是沙皇政府和资产阶级中最"不彻底的"、最"自私自利的"分子搞交易。具体的细节和配合情况多种多样，谁也无法预见；但是总的说来，结局不外乎上述两种中的一种。

现在我们把这两种结局考察一下，首先从这两种结局的社会意义方面来考察，其次从社会民主党在前一种结局和后一种结局中的状况(社会民主党"融化"或被"束缚住手脚")来考察。

什么是"革命对沙皇制度的彻底胜利"呢?我们已经看到,新火星派使用这个概念时,连这个概念的最直接的政治意义都不了解。至于这个概念的阶级内容他们就更不了解了。我们马克思主义者,无论如何都不应当像现在许多革命民主主义者(如加邦之类)那样,让自己迷恋于"革命"或"俄国大革命"之类的字眼。我们应当确切地知道,究竟有哪些实在的社会力量反对"沙皇制度"(这是一种完全实在的而且是一切人都完全了解的力量),并且能够对它取得"彻底胜利"。大资产阶级、地主、厂主以及跟着解放派走的"社会人士"不可能是这样的力量。我们知道,他们甚至不愿意彻底胜利。我们知道,他们自己的阶级地位决定了他们不能和沙皇制度作坚决的斗争:他们带着私有财产、资本、土地等过分沉重的镣铐,不能去作坚决的斗争。他们非常需要用沙皇制度及其警察官僚和军事力量来反对无产阶级和农民,所以不能尽力去消灭沙皇制度。不,只有人民,即无产阶级和农民,才是能够取得"对沙皇制度的彻底胜利"的力量,我们是就主要的巨大的力量来说的,并且把农村小资产阶级和城市小资产阶级(也是"人民")分别算到了这两种力量中去。"革命对沙皇制度的彻底胜利",就是无产阶级和农民的革命民主专政。这一早已由《前进报》指出过的结论,是我们的新火星派怎么也无法避开的。除此而外,没有任何力量能够取得对沙皇制度的彻底胜利。

这样的胜利正好就是专政,就是说,它必不可免地要依靠军事力量,依靠武装群众,依靠起义,而不是依靠某种用"合法的"、"和平的方法"建立起来的机关。这只能是专政,因为实现无产阶级和农民所迫切需要而且绝对需要的改革,一定会引起地主、大资产者和沙皇制度的拼命反抗。没有专政,就不可能摧毁这种反抗,就

6. 无产阶级在和不彻底的资产阶级作斗争时被束缚住手脚的危险是从哪个方面来的?

不可能打破反革命的企图。但是,这当然不是社会主义的专政,而是民主主义的专政。它不能触动(如果不经过革命发展中的一系列中间阶段的话)资本主义的基础。它至多只能实行有利于农民的彻底重分土地的办法,实行彻底的和完全的民主主义,直到共和制为止,把一切亚洲式的、奴役性的特征不仅从农村生活中而且从工厂生活中连根铲除,奠定大大改善工人生活状况并提高其生活水平的基础,最后(最后但不是最不重要),把革命烈火烧到欧洲去。这样的胜利还丝毫不会把我国的资产阶级革命变为社会主义革命;民主革命不会直接越出资产阶级社会经济关系的范围;但是这样一种胜利,对俄国和全世界的未来的发展,都有极其重大的意义。除了已经在俄国开始的革命的这种彻底胜利以外,再没有什么东西能把全世界无产阶级的革命毅力提高到这种程度,再没有什么东西能把达到全世界无产阶级完全胜利的道路缩得这样短。

至于这种胜利的可能性如何,那是另一个问题。我们决不对此抱盲目乐观的态度,我们决不忘记这个任务的莫大的困难,但是我们既然去斗争,就应当希望获得胜利,应当善于指出达到这种胜利的真正的道路。能够获得这种胜利的趋势是肯定存在的。的确,我们社会民主党对无产阶级群众的影响还非常非常地不够;农民群众所受到的革命影响还微乎其微;无产阶级,特别是农民,还非常散漫,非常不开展,非常愚昧无知。但是革命能迅速地把人们团结起来,能迅速地使人们受到启发。革命每向前发展一步都能够唤醒群众,并且以不可抗拒的力量把群众吸引到革命的纲领方面来,因为这是唯一能彻底而完全地代表群众真正的切身利益的纲领。

力学的定律告诉我们:作用和反作用相等。在历史上,革命的破坏力量如何,在相当大的程度上也是以自由的趋向所受到的压迫如何厉害和如何长久为转移,以过时的"上层建筑"和现代的新生力量的矛盾如何深刻为转移。国际政治形势也在许多方面变得对俄国革命最为有利。工人和农民的起义已经爆发,它是零散的、自发的、软弱的,但是它无可争辩地、毫无疑义地证明存在着能作坚决斗争并能达到彻底胜利的力量。

如果这种力量不够,那么沙皇政府就来得及做成现在已经由布里根先生们和司徒卢威先生们两方面准备着的交易。那时,结果就会是一纸残缺不全的宪法,在最坏最坏的情况下,甚至会是对宪法的拙劣可笑的模仿。这也是"资产阶级革命",不过是流产,是早产儿,是发育不全的低能儿罢了。社会民主党不抱任何幻想,它知道资产阶级有变节的天性,它就是在最暗淡无光的日子,即在"希波夫式的"资产阶级宪法行时的日子,也不会灰心丧气,也不会抛弃自己在对无产阶级进行阶级教育方面所做的顽强的耐心的坚定不移的工作。这样的结局就会同19世纪在欧洲发生的几乎一切民主革命的结局多少有些相似,那时,我们党就会循着困难、艰苦、漫长、但已为我们所熟悉、已为人们所踏平的道路向前发展。

现在要问:在这两种可能的结局中的哪一种结局下,社会民主党在反对不彻底的自私自利的资产阶级时会真正被束缚住手脚,会真正"融化"或者几乎融化在资产阶级民主派之中呢?

这个问题只要明确地提出来,就不难马上给以回答。

如果资产阶级竟能通过与沙皇政府搞交易来破坏俄国革命,那时社会民主党在反对不彻底的资产阶级时就会真正被束缚住手脚,那时社会民主党就会"融化"在资产阶级民主派之中,这就是说,无产阶级将不能对革命刻上自己的显著的标记,不能用无产阶级的方式,或者如马克思曾经说过的,"用平民方式"来对付沙皇制度。

如果革命能取得彻底的胜利,那时我们就能用雅各宾派[149]的

6. 无产阶级在和不彻底的资产阶级作斗争时被束缚住手脚的危险是从哪个方面来的？

方式,或者说,用平民的方式来对付沙皇制度。马克思于 1848 年在有名的《新莱茵报》上写道:"全部法兰西的恐怖主义,无非是用来对付资产阶级的敌人,即对付专制制度、封建制度以及市侩主义的一种平民方式而已。"(见《马克思遗著》梅林版第 3 卷第 211 页)①那些在民主革命时代用"雅各宾主义"这种吓人的字眼来吓唬俄国社会民主主义工人的人,是否在什么时候思索过马克思这句话的意思呢?

现代俄国社会民主党中的吉伦特派[149],即新火星派,并没有和解放派打成一片,但是由于他们的口号的性质,他们已经在实际上成了解放派的尾巴。而解放派,即自由派资产阶级的代表,是想用柔和的、改良的办法来对付专制制度:能让步就让步,不得罪贵族和宫廷;小心谨慎,不打碎任何东西;殷勤周到,彬彬有礼,像绅士们一样戴上洁白的手套(如彼特龙凯维奇先生在血腥的尼古拉接见"人民代表"(?)时戴上的那副从刽子手手上脱下来的手套[270],见《无产者报》第 5 号)。

现代社会民主党中的雅各宾派,即布尔什维克、前进派、代表大会派或者无产者派——我不知道该怎么说——想要用自己的口号,把革命共和派小资产阶级,特别是把农民提高到完全保持着自己的阶级独特性的无产阶级所具有的彻底民主主义的水平。他们要人民即无产阶级和农民"用平民方式"来对付君主制度和贵族,无情地消灭自由的敌人,用强力镇压敌人的反抗,决不对农奴制度、亚洲式暴政和对人肆意凌辱的万恶余孽作丝毫让步。

这当然不是说我们一定要仿效 1793 年的雅各宾派,套用他们的观点、纲领、口号和行动方式。完全不是这样。我们的纲领不是

---

① 见《马克思恩格斯文集》2009 年人民出版社版第 2 卷第 74 页。——编者注

旧的,而是新的纲领,即俄国社会民主工党的最低纲领。我们有新的口号:无产阶级和农民的革命民主专政。如果我们达到革命的真正的胜利,我们还会有新的行动方式,同力求实现完全的社会主义革命的工人阶级政党的性质和目的相适应的行动方式。我们打这样一个比喻只是想说明,20世纪的先进阶级无产阶级的代表,即社会民主党人,也是分成两派(机会主义派和革命派),就像18世纪的先进阶级资产阶级的代表分成两派,即分成吉伦特派和雅各宾派一样。

只有在民主革命取得完全胜利的情况下,无产阶级在和不彻底的资产阶级作斗争时才不会被束缚住手脚;只有在这种情况下,无产阶级才不致"融化"在资产阶级民主派之中,而会对整个革命都刻上无产阶级的标记,或者说得更正确些,刻上无产阶级和农民的标记。

总而言之,无产阶级要在和不彻底的资产阶级民主派作斗争时不致被束缚住手脚,就应当有充分的觉悟和足够的力量把农民提高到自觉革命的程度,领导农民举行进攻,从而独立实行彻底的无产阶级的民主主义。

新火星派解决得极不妥当的所谓在和不彻底的资产阶级作斗争时有被束缚住手脚的危险的问题就是如此。资产阶级永远是不彻底的。企图拟定一些条件或条款①,以为履行了这些条件或条款,资产阶级民主派就能被当做并非虚伪的人民之友,那是再幼稚和再白费力气不过的了。只有无产阶级才能成为彻底的民主战士。只有农民群众加入无产阶级的革命斗争,无产阶级才能成为

---

① 斯塔罗韦尔在他那个被第三次代表大会取消了的决议271中就试图这样做;代表会议在同样不妥当的决议中也试图这样做。

战无不胜的民主战士。如果无产阶级力量不够,做不到这一点,资产阶级就会成为民主革命的首领并且使这个革命成为不彻底的和自私自利的革命。要防止这种危险,除了实行无产阶级和农民的革命民主专政以外是没有别的办法的。

于是我们就得出一个无可怀疑的结论,即新火星派的策略客观上正是**为资产阶级民主派效劳的**。鼓吹组织界限模糊,以至于主张实行"全民投票制",实行协商的原则,使党的出版物脱离党;贬低武装起义的任务;把革命无产阶级的全民政治口号和君主派资产阶级的全民政治口号混淆起来;曲解"革命对沙皇制度的彻底胜利"的条件,——所有这些综合起来,就正好构成了革命时期的尾巴主义政策,这个政策不仅不指出达到胜利的唯一道路,不仅不把人民中的一切革命共和派分子吸引到无产阶级口号下面来,反而把无产阶级引入迷途,瓦解它的队伍,扰乱它的意识,贬低社会民主党的策略。

———

为了证实我们在分析决议的基础上得出的这个结论,我们再从其他方面来考察一下这个问题。首先,我们来看看一个不大聪明但说话坦率的孟什维克是如何在格鲁吉亚《社会民主党人报》上解释新火星派的策略的。其次,我们再看看事实上究竟是谁在当前的政治环境中利用新《火星报》的口号。

# 7. "把保守派排斥于政府之外"的策略

我们在上面提到过的孟什维克梯弗利斯"委员会"机关报(《社会民主党人报》第1号)上的那篇论文,叫做《国民代表会议和我们的策略》。该文作者还没有完全忘记我们的纲领，他提出了共和制的口号，但是他谈到策略问题时却说：

"为了达到这个目的（共和制），可以指出两条道路：一条道路是毫不理会政府所召集的国民代表会议，拿着武器去打倒政府，组织革命政府，召集立宪会议；另一条道路是宣布国民代表会议为我们活动的中心，拿着武器来影响它的成分和它的活动，并用强力迫使它宣布自己为立宪会议，或通过它来召集立宪会议。这两种策略是极不相同的。现在我们来看看，究竟哪一种策略对我们更有利。"

看吧，俄国的新火星派分子就是这样叙述后来体现在我们所分析过的那个决议中的思想的。请注意，这是在对马事件[272]以前写的，当时布里根"草案"还根本没有出世。当时，甚至连自由派都已失去耐心，并且在合法的刊物上表示不信任的态度，但这位社会民主党新火星派分子却比自由派表现得更为轻信。他宣布国民代表会议"正在召集"，并且非常相信沙皇，竟主张把这个还不存在的国民代表会议（也许是"国家杜马"或"立法咨议会"吧?）当做我们活动的中心。我们的这位梯弗利斯人比代表会议上通过的那个决议的起草人坦白直率，他不是把（他叙述得无比幼稚的）两种"策略"等量齐观，而是宣布第二种策略"更有利"。请听吧：

"第一种策略。大家知道，当前的革命是资产阶级的革命，就是说，它的目标是要把现存制度改变得不仅有利于无产阶级，而且有利于整个资产阶级社会。一切阶级，甚至连资本家自己，都对政府持反对态度。战斗着的无产阶级和战斗着的资产阶级在某种意义上说来是一起行进，一起从不同的方面攻击专制制度的。政府在这里已经完全孤立，得不到社会的同情。因此，要消灭①它是很容易的。整个俄国无产阶级的觉悟程度和组织程度还不高，因

---

① 列宁在手稿上加在"消灭"一词后面的"(??)"已被勾掉。——俄文版编者注

而还不能单独实现革命。如果它能够这样做,它就不会去实现资产阶级革命而是去实现无产阶级(社会主义)革命了。所以,我们的利益就是要使政府找不到同盟者,使它不能把反对派分开,不能把资产阶级拉过去而使无产阶级陷于孤立地位……"

总之,无产阶级的利益就是要使沙皇政府不能把资产阶级和无产阶级分开!这个格鲁吉亚机关刊物竟然不叫做《解放》杂志而叫做《社会民主党人报》,这莫非是弄错了? 看吧,这简直是民主革命的举世无双的哲学! 在这里我们难道不是亲眼看到这位可怜的梯弗利斯人已被"资产阶级革命"这个概念的说教式的尾巴主义解释彻底弄糊涂了吗? 他讨论无产阶级在民主革命中可能陷于孤立的问题,可是**忘记了**……忘记了一件小事情……忘记了农民! 在无产阶级的可能的同盟者中间,他知道并且看中了地方自治人士-地主,却不知道有农民。而这是在高加索啊! 那么,我们说新《火星报》的议论表明它不是把革命的农民提高到自己的同盟者的地位,而是把自己降低到君主派资产阶级的水平,——这难道说得不对吗?

"……否则无产阶级的失败和政府的胜利就是不可避免的。这正是专制政府努力争取的。它在国民代表会议中毫无疑问会把贵族、地方自治机关、城市和大学等等资产阶级设施①的代表们拉过去。它会设法用一些微小的让步来笼络他们,从而使他们和自己和解。它用这样的手段把自己巩固起来之后,就会把它的全部力量用来打击已经陷于孤立的工人大众。我们的责任就是要防止这种不幸的结局。但是,难道这是通过第一条道路可以做到的吗? 假定我们丝毫不理会国民代表会议而独自着手准备起义,并且有那么一天拿起武器跑到街上去斗争。那时,我们碰到的敌人就会不是一个而是两个,即政府和国民代表会议。当我们还在作准备的时候,它们已经

① 手稿上接着有一段已被勾掉的列宁的话:"贵族、大学等等资产阶级设施! 应当再来读《工人思想报》,好看到这样幼稚庸俗的'马克思主义'!"——俄文版编者注

协商好了①,彼此达成了协议,制定了有利于它们的宪法,并且把政权瓜分掉了。这是直接有利于政府的策略,我们应当最坚决地拒绝……"

说得多么坦白啊!必须坚决拒绝准备起义的"策略",因为政府会"在这个时候"和资产阶级做交易!恐怕就是在最顽固的"经济主义"的旧著作中,也找不到任何近似于这种玷污革命社会民主运动的论调的东西。时而在这里、时而在那里发生的工人和农民的起义和风潮已经是事实。国民代表会议只是布里根的诺言。而梯弗利斯市的《社会民主党人报》却下定决心拒绝准备起义的策略,等候着"影响的中心",即国民代表会议……

"……反之,第二种策略是要把国民代表会议置于我们的监督之下,不让它按自己的意志行动②,不让它和政府妥协③。

我们支持国民代表会议,是因为它和专制政府作斗争,而当它和专制政府和解的时候,我们就和它作斗争。我们要用强硬的干涉和强力把代表们彼此分开④,把激进派拉过来⑤,把保守派排斥于政府之外,从而使整个⑥国民代表会议走上革命的道路。由于采用这样一种策略,政府就会经常陷于孤立,反对派⑦就会强大,这样,民主制度就容易建立起来。"

好了,好了!现在让人们去说我们夸大新火星派转向最庸俗

---

① 手稿上列宁的下面的话已被勾掉:"好个雅各宾主义!竟'准备'起义!"——俄文版编者注
② 手稿上列宁的下面的话已被勾掉:"哎呀!真是太太太革命了!"——俄文版编者注
③ 用什么办法去剥夺国民代表会议成员们的意志呢?是用特制的石蕊试纸273吗?
④ 天啊!这是多么"深奥的"策略!没有力量在街上斗争,却可以"用强力""把代表们分开"。梯弗利斯的同志,请你听着,胡扯也要有个限度……
⑤ 手稿上列宁的下面的话已被勾掉:"可怜的司徒卢威!他可是一个有名的激进派!什么样的命运啊——竟被用强力拉入新火星派……"——俄文版编者注
⑥ 手稿上列宁的下面的话已被勾掉:"请听啊!请听啊!"——俄文版编者注
⑦ 手稿上列宁的下面的话已被勾掉:"不包括'遭到排斥的'保守派吗?"——俄文版编者注

的“经济主义”方面的事实吧。这和驰名的杀蝇药粉简直毫无二致：先把苍蝇捉住，然后把药粉撒在它身上，于是苍蝇就杀死了。用**强力**把国民代表会议的代表们分开，“把保守派排斥于政府之外”，于是**整个**国民代表会议就会**走上革命的道路**……　根本用不着“雅各宾式的”武装起义，而只要随随便便地、温文尔雅地、用近乎议会的方式来“**影响**"**国民代表会议的成员**就行了。

可怜的俄国啊！人们说它总是戴着欧洲早已抛弃了的旧式帽子。我们这里还没有议会，甚至布里根也没有答应设立议会，但议会迷[274]却已经要多少就有多少了。

"……这种干涉应当怎样实现呢？首先，我们要求国民代表会议按普遍、平等、直接和无记名投票的选举制召集。在公布①这种选举手续时，必须以法律规定②竞选鼓动的充分自由，即集会、言论和出版的自由，规定选举人和被选举人不受侵犯，规定释放一切政治犯。选举日期应当尽可能规定得晚一些，好使我们有充分时间来让人民了解情况和进行准备。既然关于召集国民代表会议的条例是委托内务大臣布里根的委员会去制定，我们就应当去影响这个委员会和它的委员③。如果布里根委员会拒绝满足我们的要求④，而只赋予有产者以代表选举权，我们就应当干涉这种选举，用革命的手段强迫选举人选举先进的候选人，并且在国民代表会议中要求召集立宪会议[275]。最后，用各种各样的办法，如示威、罢工以及在必要时举行起义，迫使国民代表会议召集立宪会议或者宣布自己为立宪会议。立宪会议的保卫者应当是武装起来的无产阶级，而它们二者是会一同⑤走向民主共和制的。

这就是社会民主党的策略，也只有这个策略才能保证我们获得胜利。"

---

① 是在《火星报》上公布吗？
② 是由尼古拉来规定吗？
③ “把保守派排斥于政府之外”的策略原来就是这么一回事！
④ 我们既有如此正确而深奥的策略，是决不会发生这种事情的！
⑤ 是武装起来的无产阶级和“被排斥于政府之外的”保守派吗？

读者不要以为这一大篇不可思议的谬论只是某个不重要的和没有威望的新火星派分子的习作。不是的,这是在新火星派的一个委员会即梯弗利斯委员会的**机关报**上说出来的。不仅如此,这篇谬论还受到《火星报》的**直接称赞**,《火星报》第 100 号对这个《社会民主党人报》有如下一段评论:

"第 1 号编得生动而有才气。显然可以看出编者兼作家很有经验和才能…… 可以肯定地说,这个报纸一定会出色地完成它给自己提出的任务。"

是呀! 如果这个任务是要向一切人具体表明新火星派在思想上已经完全腐化,那么这个任务真是"出色地"完成了。谁也不能更加"生动、有才气和有才能地"表现出新火星派已经堕落到自由派资产阶级机会主义的地步。

# 8. 解放派和新火星派

现在,我们来看另一个具体证实新火星派的政治作用的事实。

司徒卢威先生在《怎样认识自己的使命》这篇卓越的、超群出众的、极有教益的论文(《解放》杂志第 71 期)中,猛烈地攻击我国各极端党派的"纲领的革命主义"。司徒卢威先生对我个人更是特别不满。①

---

① "和列宁先生及其各位同志先生的革命主义比较起来,倍倍尔以至考茨基的西欧社会民主党的革命主义就成为机会主义了,但是就连这个已经变得温和了的革命主义的基础也已经受到历史冲刷并被彻底摧毁了。"好厉害的攻击。不过司徒卢威先生以为可以把我当做死人来随便诬赖,是徒劳无益的。我只要向司徒卢威先生提出下面这个挑战就够了,这个挑战是他永远不能接受的。试问:我在什么地方和什么时候把"倍倍尔和考茨基的革命主义"叫做机会主义的?我在什么地方

至于我自己,那我对司徒卢威先生是再满意不过了,因为在我同新
火星派中日渐复活的"经济主义"和"社会革命党人"那种毫无原
则的立场进行斗争时,司徒卢威先生是我的最好的同盟者。司徒
卢威先生和《解放》杂志怎样在实际上证明了社会革命党人纲领
草案中对马克思主义所作的种种"修正"的全部反动性,我们下次
有机会时再说。关于司徒卢威先生每次**在原则上**称赞新火星派时
总是给我一种诚实、可靠和真正的帮助这一点,我们已经说过多
次①,而现在我们还要再说一次。

　　司徒卢威先生的这篇论文中有许多极有趣的声明,我们在这

---

和什么时候企图在国际社会民主运动中创立任何一种同倍倍尔和考茨基两人的
派别**不相同**的特别派别呢?究竟在什么地方和什么时候曾经暴露过我同倍倍尔
和考茨基两人间的意见分歧,即使是就严重性来说和倍倍尔同考茨基例如在布雷
斯劳代表大会上关于土地问题的分歧**276**稍微有点近似的分歧呢?让司徒卢威先
生试着来回答这三个问题吧。

　　而我们要告诉读者:自由派资产阶级**随时随地**都在运用的手法就是说服他们
的本国同道者相信本国的社会民主党人最缺乏理性,而邻国的社会民主党人都是
"好孩子"。德国资产阶级曾经**几百次地**把法国社会党人说成"好孩子"以训诫倍
倍尔们和考茨基们。法国资产阶级在不久以前也把倍倍尔说成"好孩子"以训诫
法国社会党人。司徒卢威先生,这是老一套的手法!只有小孩和不学无术的人才
会上你的圈套。国际革命社会民主党在一切重大的纲领问题和策略问题上的完
全一致,是绝对无可争辩的事实。

① 请读者回想一下,《不该这么办》这篇论文(《火星报》第52号)曾受到《解放》杂志
　 的十分热闹的欢迎,被认为是向机会主义者让步的一个"重大的转变"。新火星派
　 的原则趋向,《解放》杂志在一篇论俄国社会民主党人分裂问题的短评中特别加以
　 赞扬。关于托洛茨基的小册子《我们的政治任务》,《解放》杂志指出,该书作者的
　 思想同工人事业派分子克里切夫斯基、马尔丁诺夫和阿基莫夫曾经写过和说过的
　 东西是一致的(见《前进报》出版的传单《一个热心效劳的自由派》)。《列宁全集》
　 第2版第9卷第55—58页。——编者注)。马尔丁诺夫论两种专政的小册子受到
　 了《解放》杂志的欢迎(见《前进报》第9号的短评。同上书,第289—290页。——
　 编者注)。最后,斯塔罗韦尔事件后对旧《火星报》的旧口号"先划清界限,然后统
　 一"的抱怨得到了《解放》杂志的特别的同情。

里只能顺便指出一下。他打算"不依靠阶级斗争而依靠阶级合作来创立一个俄国民主党",而"处于社会特权地位的知识界"(如司徒卢威先生用真正上流社会的……奴仆的毕恭毕敬姿态加以恭维的"文化贵族"之类)就会把"自己的社会地位的重量"(钱包的重量)带到这个"非阶级的"党里面来。司徒卢威先生表示愿意让青年知道,"资产阶级惊慌起来而叛卖了无产阶级和自由事业这种激进主义的滥调"是毫无价值的。(我们衷心欢迎这种愿望。司徒卢威先生攻击这一马克思主义的"滥调",只会再好不过地证实这个"滥调"的正确。司徒卢威先生,请不要把你这个出色的计划束之高阁吧!)

我们认为,就我们所讨论的问题来说,重要的是指出这个政治上很敏感的和极其善于随机应变的俄国资产阶级代表目前所攻击的究竟是哪些**实践**口号。第一,是共和主义的口号。司徒卢威先生坚信,这个口号"对人民群众来说是不可理解的和格格不入的"(他忘记补充一句:对资产阶级来说是可以理解的,但对它是不利的!)。我们很想看看,司徒卢威先生从那些参加我们的小组和我们的群众大会的工人方面会得到什么样的答复!或许工人不算人民?那农民呢?用司徒卢威先生的话说,农民有一种"幼稚的共和主义"思想("驱逐沙皇"),但是自由派资产阶级相信,将来代替**幼稚的**共和主义的不是自觉的共和主义,而是自觉的君主主义!司徒卢威先生,这要看情况,这还要以情况为转移。无论沙皇政府还是资产阶级,都不能不反对用剥夺地主土地的办法来根本改善农民状况,而工人阶级却不能不在这方面帮助农民。

第二,司徒卢威先生断言,"在国内战争中,进攻的一方总是没有道理的"。这种思想和上面所指出的新火星派的倾向非常相近。我们当然不会说,在国内战争中进攻**总是**有利的;不,有时候防御的策略**暂时**也是必要的。但是,把司徒卢威先生所提出的这样一个论点应用于 1905 年的俄国,恰好就证实了那一点儿"激进主义的滥调"("资产阶级惊慌起来而叛卖自由事业")。现在,谁不愿向专制制度、向反动势力进攻,不准备这种进攻,不宣传这种进攻,他就是徒具革命拥护者的虚名。

司徒卢威先生斥责"秘密活动"和"骚乱"(说这是"小型的起义")这两个口号。司徒卢威先生对前后两者都表示鄙弃——是从"接近群众"的观点来加以鄙弃的!我们倒要问问司徒卢威先生,他能不能在他认为是一个极端革命主义者的人所写的例如《怎么办?》①这样的著作中指出鼓吹骚乱的言论来? 至于说到"秘密活动",那么像我们和司徒卢威先生之间的区别难道是很大的吗? 我们双方不是都办着"不合法的"报纸,并且"秘密地"运到俄国去供给"解放社"或俄国社会民主工党的"秘密"团体吗? 我们的工人群众集会经常是"秘密"举行的,——确实是这样。而解放派先生们的会议又是怎样的呢? 司徒卢威先生,你在这种可鄙的秘密活动的可鄙的拥护者面前有什么可骄傲自大的呢?

当然,运送武器给工人是需要严守秘密的。司徒卢威先生在这里已经说得比较直率了。请听吧:"至于武装起义或者革命的技术问题②,那只有广泛宣传民主纲领,才能造成全面武装起义的社会心理条件。这样,甚至从我不赞同的观点,即武装起义是当前解放斗争**必不可免的**结局这样一个观点看来,把民主改革的思想灌输给群众,也是最基本、最必需的事情。"

---

① 见本卷第 290—458 页。——编者注
② 手稿上列宁的下面的话已被勾掉:"开始抄袭新《火星报》了。"——俄文版编者注

　　司徒卢威先生力图回避问题。他说起义必不可免,而不说起义对保证革命的胜利是必要的。无准备的、自发的、零散的起义已经开始了。谁也不能绝对担保它会发展为统一而完整的人民武装起义,因为这取决于革命力量的情况(只有在斗争中才能完全衡量出来),取决于政府和资产阶级的行为,以及其他许多无法准确估计的情况。关于必不可免的问题,即司徒卢威先生避开正题而加以赘述的绝对相信具体事变必然到来的问题,根本用不着去谈论。如果你愿意成为革命的拥护者,那就应当谈谈起义是否**为保证革命胜利所必需**,是否必须积极提出起义,进行宣传,并且立刻大力加以准备。司徒卢威先生不会不了解这种区别,例如,他并不用在当前革命过程中必不可免地会获得普选制的问题来掩盖必须实行普选制的问题,前者在政治家看来是一个可以争论但并不迫切的问题,后者在民主派看来却是个无可争论的问题。司徒卢威先生避开必须举行起义的问题,这就表明了自由派资产阶级的政治立场的真相。第一,资产阶级宁愿和专制政府搞交易,而不愿把它粉碎;资产阶级无论如何都想把武装斗争的重担推给工人(这是第二)。这就是司徒卢威先生采取回避问题的态度的**真实**意义。这就是他从必须举行起义的问题**倒退**到起义的"社会心理"条件的问题,**倒退**到预先"宣传"的问题上的原因。1848年法兰克福议会里的资产阶级空谈家在必须给政府的武装力量以反击的时候,在运动使武装斗争"已成为必要"的时候,在纯粹口头说服的办法(在准备时期万分需要的办法)已经变成卑鄙的资产阶级的怠工和怯懦表现的时候,竟埋头于起草决议、宣言和决定,埋头于"广泛的宣传"和准备"社会心理条件",同样,现在司徒卢威先生也是用**空话**作护身符来回避起义问题。司徒卢威先生向我们具体表明了许多社会民主党人顽固地闭眼不看的事实,即革命时期和历史上普通的寻常的准备时期不同的地方,就在于群众的情绪、激愤和信念应当表现于**行动**,而且确实表现于**行动**。

庸俗的革命主义不了解言也是行的道理。这个道理肯定地可以用于**一般的**历史时代或者没有群众的公开政治发动的历史时代,而群众的这种发动不是任何盲动所能替代的,也不是能够人为地造成的。革命家的尾巴主义不了解:当革命的时期已经开始,旧的"上层建筑"已经到处都是裂缝,替自己创造着新的上层建筑的阶级和群众的公开政治发动已经成为事实,国内战争已经爆发的时候,**照旧**局限于"言"而不提出"行"的**直接口号**,借口"心理条件"和一般"宣传"而不肯行动起来,就是毫无生机,就是死气沉沉,就是说教,或者说,就是出卖革命和背叛革命。法兰克福的民主派资产阶级空谈家,就是这种背叛行为或这种愚蠢说教的遗臭万年的历史实例。

你们要我们根据俄国社会民主运动的历史来说明庸俗的革命主义和革命家的尾巴主义之间的这个区别吗?我们就来向你们作这样的说明吧。请你们回忆一下1901—1902年这个刚刚过去不久但现在对我们来说似乎已成为一种遥远传说的年代吧。游行示威开始了。庸俗的革命主义叫喊"冲锋"(《工人事业》杂志)[277],分发"血的传单"(我记得仿佛是从柏林发出的),攻击主张通过报纸来进行全俄鼓动的思想,说它是"文人清谈"和书生习气(纳杰日丁)[278]。反之,革命家的尾巴主义当时却鼓吹"经济斗争是政治鼓动的**最好的**手段"。革命的社会民主党抱什么态度呢?它抨击了这两个流派。它斥责了轻举妄动的行为和冲锋的喊叫,因为当时大家都清楚地看到或者应当看到,公开的群众发动还是明天的事情。它斥责了尾巴主义,并直接提出了**甚至**全民武装起义的口号,但不是作为直接的号召(司徒卢威先生当时从我们的言论中是找不到关于"骚乱"的号召的),而是作为一种**必要的**结论,作为一种"宣传"(关于这种"宣传",司徒卢威先生只是在现在才想起来,——我们的可敬的司徒卢威先生,他总是要迟误几年),是为了准备那些由惊慌失措的唯利是图的资产阶级代表人物现在正"愁眉苦脸地和不合时宜地"叨念着的"社会心理条件"。**当时**,宣传和鼓动,鼓动和宣传,确实是由客观情况提到了首要地位。**当时**,可以提出(而且已经在《怎么办?》里面提出来了)出版全俄政治报纸作为起义的准备工作的试金石,而这种报纸每周出版一次也是很理想的。**当时**,**不要**实行直接的武装发动,而要进行群众性的鼓动,**不要**轻举妄动,而要准备起义的社会心理条件等口号,是革命社会民主派唯一正确的口号。**现在**,这些口号已经落在事变后面,运动已经前进了,这些口号已成为废物,成为只适于掩盖解放派的伪善和新火星派的尾巴主义的破衣烂衫了!

也许是我弄错了?也许革命还没有开始?各个阶级的公开的政治发动的时机还没有到来?国内战争还没有发生,因而武器的批判还不应当立刻成为批判的武器的**必需的**和责无旁贷的后继者、继承者、遗志执行者、未竟事业的完成者?

向自己的周围看看,把头伸出书房向街上看看,就能回答这些问题。难道政府自己不是正在到处大批枪杀手无寸铁的和平公民,从而已经开始了国内战争吗?难道全副武装的黑帮不是作为专制制度的"凭据"而活动的吗?难道资产阶级——甚至资产阶级——不是已感觉到有成立民兵的必要吗?难道司徒卢威先生,这位极其温和谨慎的司徒卢威先生,不是在说(唉,不过是为了推托而说说罢了!)"革命行动的公开性质〈看我们现在怎么样!〉现在是对人民群众产生教育作用的最重要的条件之一"吗?

一个有眼可看的人,他就不会不相信革命的拥护者现在应当提出武装起义的问题。请看那些对**群众**多少有点影响的自由报刊所发表的关于这个问题的**三种提法**吧。

第一种提法是俄国社会民主工党第三次代表大会的决议①中的提法。它认定并且大声宣称一般民主主义革命运动**已使**武装起义**成为必要**。组织无产阶级举行起义的问题已经提到日程上来，成为党的极重要的、主要的和**必要的**任务之一。要求采取**最有力**的措施来武装无产阶级和保证有可能直接领导起义。

第二种提法是"俄国立宪党人的领袖"（这是欧洲资产阶级一家很有影响的报纸《法兰克福报》[255]不久前给予司徒卢威先生的称号）或俄国进步资产阶级的领袖在《解放》杂志上发表的那篇原

---

① 下面是这个决议的全文：

"鉴于：

（1）无产阶级，就其本身的地位而言，是最先进和唯一彻底革命的阶级，因而担负着在俄国一般民主主义革命运动中起领导作用的使命，

（2）目前这个运动已经发展到必须举行武装起义，

（3）无产阶级必然会最积极地参加这一起义，这将决定俄国革命的命运，

（4）社会民主工党不仅在思想上而且在实践中领导无产阶级的斗争，无产阶级只有在社会民主工党的旗帜下团结成统一的和独立的政治力量，才能在这个革命中起领导作用，

（5）只有实现这一作用，才能保证无产阶级获得最有利的条件去反对资产阶级民主俄国的有产阶级，争取社会主义，

俄国社会民主工党第三次代表大会认为，组织无产阶级举行武装起义来直接同专制制度斗争是党在目前革命时期最主要最迫切的任务之一。

因此代表大会责成各级党组织：

（一）通过宣传和鼓动给无产阶级不仅讲清楚即将来临的武装起义的政治意义，而且讲清楚这一起义的组织实践方面的问题；

（二）在宣传鼓动时要说明群众性政治罢工的作用，这种罢工在起义开始时和起义进程中都具有重要意义；

（三）要采取最有力的措施来武装无产阶级以及制定武装起义和直接领导武装起义的计划，必要时应设立由党的工作者组成的专门小组来进行这项工作。"

（这是作者为1907年版加的注释。——编者注）

则性的论文中的提法。他不赞同起义必不可免的意见。秘密活动和骚乱是缺乏理性的革命主义的特殊手段。共和主义是用来吓唬人的。武装起义其实只是一个技术问题,而"最基本、最必需的事情"是广泛宣传和准备社会心理条件。

第三种提法是新火星派代表会议的决议中的提法。我们的任务是准备起义。举行有计划的起义是不可能的,起义的有利条件,是由政府的紊乱、我们的鼓动、我们的组织工作造成的。只有在那时,"技术上的战斗准备工作才能具有比较重要的意义"。

就只是这样吗? 就只是这样。无产阶级的新火星派领导者还不知道起义是否已成为必要,他们还不清楚组织无产阶级去进行直接斗争的任务是否已经刻不容缓。没有必要号召采取最有力的措施;更重要得多的(在1905年,而不是在1902年),是大体上说清楚这些措施在什么条件下"才能"具有"比较重要的"意义……

新火星派的同志们,你们现在是否知道你们向马尔丁诺夫主义的转变已把你们引到什么地方去了? 你们是否明白你们的政治哲学原来是解放派哲学的旧调重弹? 你们是否明白你们已经成了(尽管你们不愿意,尽管你们没有意识到)君主派资产阶级的尾巴? 你们现在是否清楚,当你们重弹旧调和提高说教水平的时候,你们竟没有看到——用彼得·司徒卢威那篇令人难忘的论文中的一句令人难忘的话来说——"革命**行动**的公开性质现在是对人民群众产生教育作用的最重要的条件之一"这样一个事实?

## 9. 什么是在革命时期做一个持极端反对派态度的政党?

现在我们再回头来考察关于临时政府的决议。我们已经指出,新火星派的策略并不是把革命推向前进——虽然他们也许是想用自己的决议来保证把革命推向前进——而是把它拉向后退。我们已经指出,正是这种策略**使**社会民主党在和不彻底的资产阶级作斗争时**被束缚住手脚**,并且不能预防融化在资产阶级民主派之中的危险。从决议的不正确的前提中,自然就得出不正确的结论:"因此,社会民主党不应当抱定夺取政权或在临时政府中分掌政权的目的,而应当始终如一地做一个持极端革命反对派态度的政党。"请看看这个结论的前一半即提出目的的这一半吧。新火星派是否提出革命对沙皇制度的彻底胜利作为社会民主党活动的目的呢？是提出来了。他们不善于正确表述彻底胜利的条件而错误地用了"解放派"的说法,但是他们毕竟提出了上面那个目的。其次,他们是不是把临时政府和起义联系了起来呢？是的,他们直接把这两件事情联系了起来,说临时政府是"来自胜利的人民起义"。最后,他们是否提出领导起义作为自己的目的呢？是的,他们虽然也像司徒卢威先生一样躲躲闪闪,不肯承认起义是必要的和刻不容缓的,但是又和司徒卢威先生不同,他们同时还说"社会民主党力求使它(起义)**服从于**自己的影响和**领导**,并利用它来为工人阶级谋利益"。

这岂不是说得头头是道吗？我们的**目的**是使无产阶级群众和**非无产阶级**群众的起义服从于我们的影响和我们的领导,并利用它来为我们自己谋利益。所以我们的目的是在起义时既领导无产阶级,又领导革命的资产阶级和小资产阶级("非无产阶级的集团"),就是说,由社会民主党和革命资产阶级"**分掌**"起义的领导权。我们的目的是使起义**胜利**,以便成立临时政府("来自胜利的人民起义的"临时政府)。**因此**……因此我们不应当抱定夺取政权或在临时革命政府中分掌政权的目的!!

我们的朋友无论如何都不能自圆其说。他们动摇于司徒卢威先生的观点和革命的社会民主党的观点之间,司徒卢威先生托辞拒绝起义,而革命的社会民主党则号召着手实现这个刻不容缓的任务。他们动摇于无政府主义和马克思主义之间,无政府主义在原则上把任何参加临时革命政府的行为都斥责为背叛无产阶级,而马克思主义则要求在社会民主党对起义能起领导作用的条件下参加临时革命政府。① 他们没有任何独立的立场:既不采取司徒卢威先生那种要和沙皇政府搞交易因而必然在起义问题上躲躲闪闪、支吾搪塞的立场,又不采取无政府主义者那种斥责任何"从上面"行动和任何参加资产阶级革命的行为的立场。新火星派把同沙皇政府搞交易和对沙皇制度的胜利混为一谈。他们想参加资产阶级革命。他们比马尔丁诺夫的《两种专政》稍稍前进了一点。他们甚至同意领导人民的起义,但是主张起义胜利后(也许是在起义就要胜利时?)马上放弃领导,即**主张不享受胜利的果实**,而要把一切果实**统统奉送给资产阶级**。这就是他们所谓的"利用起义来为工人阶级谋利益"……

用不着再继续分析这个糊涂观念了。倒不如来考察一下用"始终如一地做一个持极端革命反对派态度的政党"这句话表述出来的这个糊涂观念的**起源**吧。

这句话是我们很熟悉的国际革命社会民主运动的原理之一。这是一个完全正确的原理。它已经成了议会制国家中一切反对修正主义或反对机会主义的人的口头禅。它是大家公认的对"议会迷",对米勒兰主义,对伯恩施坦主义[117],对屠拉梯式的意大利改

---

① 见《无产者报》第3号《论临时革命政府》第二篇文章。(《列宁全集》第2版第10卷第232—240页。——编者注)

良主义的一种正当而必要的回击。我们的好心的新火星派把这个很好的原理背得烂熟，并且热心地把它运用得……**十分地不恰当**。在针对不存在任何议会的情况而写的决议中，竟提出了议会斗争的范畴。"反对派"这个概念是谁也不会认真地谈到**起义**的那种政治形势的反映和表现，现在却不恰当地搬到起义**已经开始**而且一切拥护革命的人都想着并说着要领导起义这样的形势中来。**正是在**革命已经提出必须在起义胜利时**从上面**行动的问题**的时候**，竟郑重其事地、大叫大嚷地表示要"**始终如一地**"像从前那样行动，即仅仅"从下面"行动。

我们的新火星派真是倒霉极了！他们甚至在表述出正确的社会民主主义原理时，也不会正确地运用这个原理。他们没有想到，在革命已经开始的时期，在没有议会的情况下，在国内战争正进行的时候，在起义正爆发的时候，议会斗争的种种概念和术语都会变成自己的反面。他们没有想到，在这样的条件下，修正案是通过游行示威提出的，质询是通过武装起来的公民的进攻行动提出的，反对政府是通过暴力推翻政府来实现的。

正像我国民间故事里那个出名的人物总是恰巧在不适当的场合重复他的吉利话[171]一样，我们的马尔丁诺夫的信徒也是恰巧在他们自己都认为直接的军事行动已经开始的时候，重复着和平的议会主义的说教。在一开头就提到"革命的彻底胜利"和"人民起义"的决议中，竟煞有介事地提出"持极端反对派态度"的口号，这真是再可笑不过了！诸位先生，请你们想想吧：在起义时期"持极端反对派态度"，这是什么意思？是揭露政府呢，还是推翻政府？是投票反对政府呢，还是在公开的战斗中击败政府的武装力量？是拒绝为政府补充它的国库呢，还是用革命手段来夺取这个国库，以供起义、武装工人和农民以及召集立宪会议之用？诸位先生，你们是否已经开始了解"持极端反对派态度"这个概念所表现的只是消极的行动,即进行揭露,投票反对,表示拒绝?为什么是这样呢?因为这个概念仅仅和议会斗争有关,而且是在谁也不把"彻底胜利"当做斗争的直接目的提出的时代才使用的。你们是否已经开始了解:从政治上被压迫的人民为了拼命争取胜利而开始全线坚决进攻的时候起,这方面的情形就根本改变了?

工人们现在问我们,是否要努力进行刻不容缓的起义工作?怎样使已经开始的起义获得胜利?怎样利用这个胜利?胜利的时候可以而且应当实现什么纲领?正在加深马克思主义的新火星派回答说:始终如一地做一个持极端革命反对派态度的政党……那么,我们把这些骑士叫做头等庸人,难道不对吗?

## 10. "革命公社"与无产阶级和 农民的革命民主专政

新火星派的代表会议没有保持住新《火星报》所采取的那种无政府主义立场(仅仅"从下面"行动,而不是"既从下面,又从上面"行动)。容许起义而不容许胜利和参加临时革命政府,这未免荒谬得太显眼了。因此,决议就给马尔丁诺夫和马尔托夫对问题的解答加上一些附带条件和限制。我们来看看决议在下一段中叙述的这些附带条件:

> "实行这种策略〈"始终如一地做一个持极端革命反对派态度的政党"〉,当然决不是说,专门为了促使起义扩大和政府瓦解,也不宜于在某一个城市,在某一个地区局部地、暂时地夺取政权,成立革命公社。"

既然这样,那就是说,在原则上不仅容许从下面行动,而且容许从上面行动了。那就是说,尔·马尔托夫发表在《火星报》(第93 号)上的那篇有名的杂文中所提出的论点被推翻了,而《前进报》的策略,即不仅要"从下面"行动、而且要"从上面"行动的策略,却被承认为正确的了。

其次,夺取政权(哪怕是局部地、暂时地等等)显然不仅要有社会民主党参加,不仅要有无产阶级参加。这是因为民主革命不只是对无产阶级有利,积极参加这个革命的也不只是无产阶级。这是因为,如该决议一开头所说的那样,起义是"人民的"起义,参加起义的也有"非无产阶级的集团"(这是代表会议派关于起义问题的决议中的说法),即也有资产阶级。这就是说,社会主义者和小资产阶级一起参加临时革命政府的任何行为都是背叛工人阶级这一原则,如《前进报》所希望的那样[279],**被代表会议抛弃了**。"背叛"并不会因为构成背叛的行为是局部的、暂时的、地区性的等等而不成其为背叛。这就是说,把参加临时革命政府和庸俗的饶勒斯主义等量齐观的观点[280],如《前进报》所希望的那样,被代表会议**抛弃了**。政府并不因为它的权力达不到许多城市而只及于一个城市,达不到许多地区而只及于一个地区,而不成其为政府;同样,也不会因为它称做什么而不成其为政府。这样,新《火星报》所企图提供的**问题的原则提法,就被代表会议抛弃了**。

现在我们来看看,代表会议对它现在已在原则上容许的成立革命政府和参加革命政府的主张所提出的那些限制是否合理。"暂时"("эпизодический")这个概念和"临时"("временный")这个概念有什么区别,我们不知道。恐怕这里只是在用一个外来的和"新的"词来掩盖缺乏明确的思想这一事实而已。这**看起来**是说得"深奥一点",其实只是更加暧昧和糊涂罢了。"宜于"在某个城市或某个地区局部地"夺取政权",这和参加全国的临时革命政府有什么区别呢？难道像彼得堡这样发生过1月9日事件的地方不是一个"城市"吗？难道像高加索这样比许多国家都大的地方不是一个地区吗？关于如何对待监狱、警察和国库等等等等的问题（这些曾使新《火星报》为难的问题），甚至在一个城市里，更不用说在一个地区内，在"夺取政权"的时候，不是也会摆在我们面前吗？当然，谁也不会否认，在力量不够的时候，在起义不能完全成功的时候，在起义得不到彻底胜利的时候，是可能有局部的、城市等等的临时革命政府的。但是，先生们，这和问题有什么关系呢？你们自己不是在决议一开头就谈到"革命的彻底胜利"和"胜利的人民起义"吗？？从什么时候起社会民主党人竟把无政府主义者的事情揽到自己身上，竟分散无产阶级的注意力和目标，引导它解决"局部的"问题，而不解决普遍、统一、完整和全面的问题呢？在设想在一个城市"夺取政权"时你们自己谈到"使起义扩大"，那么是否可以认为是扩大到另一个城市中去呢？是否可以希望扩大到一切城市中去呢？先生们，你们的结论和你们的前提一样地靠不住，一样地偶然，一样地矛盾，一样地混乱。俄国社会民主工党第三次代表大会对整个临时革命政府的问题作出了详尽而清楚的回答。这个回答是把一切局部的临时政府也包括在内的。代表会议的回答则人为地随意把问题的**一部分**划分出来，结果只是**回避**（但没有成功）整个问题而且造成混乱。

　　"革命公社"是什么意思呢？这个概念和"临时革命政府"有区别吗？如果有，那么区别在哪里呢？代表会议派先生们自己也不知道。他们的革命思想是混乱不清的，结果就像常见的那样，尽**说革命的空话**。的确，社会民主党代表的决议中使用"革命公社"这样的字眼，不过是说革命的空话而已。马克思屡次斥责过这种用**早已过时的**"动听的"名词来遮盖未来的任务的空话。在历史上起过作用的动听的名词,在这种情形下就会变成空洞而有害的华而不实的东西,变成装饰品。我们必须向工人和全体人民清清楚楚地、毫不含糊地说明:**为什么我们要成立临时革命政府?** 如果在将来,在已经开始的人民起义得到胜利的结局而我们对政权有了决定性的影响时,我们要实现的**究竟是一些什么样的改革**? 这就是摆在政治领导者面前的问题。

俄国社会民主工党第三次代表大会十分明确地回答了这些问题,提出了关于这些改革的完备的纲领,即我们党的最低纲领。而"公社"这个字眼却没有给予任何回答,只是用一种远处的钟声……或空洞的高调来搅乱人们的头脑罢了。我们愈是珍视例如1871年的巴黎公社,就愈加不容许只引用它而不分析它的种种错误和特殊条件。这样做就是重复恩格斯所讥笑过的布朗基派的荒谬做法,布朗基派(在他们的1874年的"宣言"**281**中)对公社的每个行动都倍加崇拜。如果有工人向代表会议派问到决议中提到的**这个**"革命公社",代表会议派将怎样回答呢? 他们只能说,历史上有个工人政府就是这样称呼的,它不善于分清并且当时也不能分清民主革命成分和社会主义革命成分,把争取共和制的任务和争取社会主义的任务混淆起来,未能解决向凡尔赛实行坚决的军事进攻的任务,犯了不占领法兰西银行的错误,等等。总之,不管你们在回答这个问题时是援引巴黎公社还是援引其他什么公社,你们总会回答:**我们的政府不应当成为**这样的政府。不用说,这是个很好的回答! 然而这样毫不提及党的实践纲领,不适当地在决议中讲授起历史来,难道这不是说明书呆子的说教和革命者的软弱无能吗? 难道这不恰好表露出你们枉费心机要归之于我们的那种错误,即将民主革命和社会主义革命混淆起来(任何一个"公社"都没有把两者辨别清楚)的错误吗?

临时政府(即不适当地被称为公社的临时政府)的目的被宣布为"专门"扩大起义和瓦解政府。"专门"这个字眼,按其本意说来,就是排除其他一切任务,是主张"只从下面"行动的荒谬理论的复活。这样排除其他任务,仍然是目光短浅和考虑欠周。"革命公社",即革命政权,即使是在一个城市建立的,也不可避免地要执行(哪怕只是临时地、"局部地、暂时地"执行)**一切**国家事务;把脑袋藏在翅膀底下,闭眼不看这个问题,就是愚蠢到极点。这个政权要用法律规定八小时工作制,建立工人监督工厂的制度,举办免费的普及教育,实行法官选举制,成立农民委员会,等等,——总而言之,它一定要实行许多改革。把这些改革归结为"促使起义扩大"这样一个概念,就是玩弄字眼,把需要完全弄清楚的问题故意弄得更不清楚。

新火星派决议的结尾部分没有给我们提供什么新材料来批判我们党内复活了的"经济主义"的原则趋向,但是它从某些不同的角度证实了上面所说的话。

下面就是决议的这一部分:

"只有在一种情形下,就是说,只有在革命蔓延到实现社会主义的条件已经相当〈?〉成熟的西欧先进国家去的时候,社会民主党才应当主动地努力夺取政权,并且尽可能长久地把政权保持在自己手里。在这种情形下,俄国革命有限的历史范围就能大大扩大,那时就有可能走上社会主义改革的道路。

社会民主党既以自己在整个革命时期对革命进程中一切轮流更换的政府都保持极端革命反对派的态度,作为自己的策略基础,也就能够作好最充分的准备去利用政府权力,如果政府权力落〈??〉到它手里来的话。"

这里的基本思想也就是《前进报》屡次表述过的那种思想。《前进报》说过,我们不应当害怕(像马尔丁诺夫那样害怕)社会民主党在民主革命中获得完全胜利,即实现无产阶级和农民的革命民主专政,因为这样的胜利会使我们有可能把欧洲发动起来,而欧洲的社会主义无产阶级摆脱了资产阶级的桎梏,就会反过来帮助我们实现社会主义革命。但是请你们看看,这个思想经过新火星派的叙述竟被糟蹋成什么样子。我们不准备谈细节问题,不谈所谓政权可能"落"到一个把夺取政权看做有害策略的自觉的政党手里来的荒唐设想,不谈欧洲实现社会主义的条件不是已经达到相当成熟的程度,而是已经完全成熟,也不谈我们的党纲不提任何社会主义改革,而只提社会主义革命。我们现在谈谈《前进报》的思想和代表会议决议的思想之间所存在的主要的和根本的区别。《前进报》向俄国的革命无产阶级指出了积极的任务:在争取民主的斗争中取得胜利,并且利用这个胜利来把革命传布到欧洲。决议却不懂得我们的"彻底胜利"(不是新火星派所谓的"彻底胜利")和欧洲革命之间的这种联系,因而就不提无产阶级的任务,不提**无产阶级**胜利的前途,而是谈一般可能中的一种可能:"在革命蔓延……的时候"。《前进报》直接而明确地指出(而且这些意见已经载入俄国社会民主工党第三次代表大会的决议)可以怎样和应当怎样"利用政府权力"来谋取无产阶级的利益,同时考虑到在当前的社会发展阶段上可以立刻实现什么,必须首先实现什么,以作为争取社会主义的民主前提。决议在这里也不可救药地做了事变的尾巴,说"能够作好准备去利用",但是说不出**怎样**能够,**怎样**作好准备,**怎样**去利用。譬如说,我们不怀疑新火星派"能够作好准备去利用"党内的领导地位,但是问题在于他们对这种利用的尝试和他们的准备,到现在为止,还没有从可能变为现实的希望……

《前进报》确切地指出了"把政权保持在自己手里的"现实"可能性"究竟在哪里:就在于无产阶级和农民的革命民主专政,在于无产阶级和农民联合起来的强大力量能够压倒一切反革命力量,在于他们二者在**民主**改革方面的利益必然一致。代表会议的决议在这方面也没有提供任何积极的东西，而只是逃避问题。在俄国，保持政权的可能性要取决于俄国本国社会力量的成分，取决于现在我国正在进行的民主革命的条件。欧洲无产阶级的胜利（而革命传布到欧洲和无产阶级获得胜利，二者之间还有相当的距离）定会引起俄国资产阶级反革命势力的拼命抵抗，——新火星派的决议没有一个字提到这个反革命势力，而俄国社会民主工党第三次代表大会的决议则估计了这个反革命势力的意义。如果我们除无产阶级以外，不能同时依靠农民来争取共和制和民主制，那么"保持政权"这件事情就不会有什么希望。如果这件事情不是没有希望，如果"革命对沙皇制度的彻底胜利"会造成这种可能，那我们就应当指出这种可能，积极地号召把这种可能变为现实，提出实践的口号，不仅用来**应付**革命传布到欧洲的局面，而且**为了**要把革命传布到欧洲去。社会民主党中的尾巴主义者提到"俄国革命有限的历史范围"，不过是要掩盖他们对这个民主革命的任务和无产阶级在这个革命中的先进作用了解得很有限而已！

反对"无产阶级和农民的革命民主专政"这个口号的意见之一，就是认为专政要有"统一的意志"（《火星报》第95号），而无产阶级和小资产阶级却不可能有统一的意志。这个反对意见根本不能成立，因为它是以"统一的意志"这一概念的抽象的、"形而上学的"解释为根据的。意志在某一方面统一，而在另一方面不统一，这是常有的事。在社会主义问题上和争取社会主义的斗争中缺乏意志的统一，并不排除在民主主义问题上和争取共和制的斗争中的意志的统一。忘记这一点，就是忘记了民主革命和社会主义革命在逻辑上和历史上的区别。忘记这一点，就是忘记了民主革命的**全民**性质：既然是"全民的"，也就**有**"意志的统一"，这正是就这个革命是实现全民的需要和要求而言。超过民主主义范围,就谈不到无产阶级和农民资产阶级之间的意志的统一。它们之间的阶级斗争是不可避免的,但是在民主共和制的基地上,这个斗争将是**为争取社会主义**而进行的最深刻、最广泛的人民斗争。无产阶级和农民的革命民主专政,同世界上一切事物一样,有它的过去和未来。它的过去就是专制制度、农奴制度、君主制、特权。在和这种过去作斗争时,在和反革命作斗争时,无产阶级和农民的"意志的统一"是可能的,因为这里有利益的一致。

它的未来就是反对私有制的斗争,雇佣工人反对业主的斗争,争取社会主义的斗争。在这里意志的统一是不可能的。① 在这里,我们所面临的道路就不是从专制制度走向共和制,而是从小资产阶级的民主共和制走向社会主义。

当然,在具体的历史环境中,过去和未来的成分交织在一起,前后两条道路互相交错。雇佣劳动及其反对私有制的斗争在专制制度下也有,甚至在农奴制时代就已经萌芽。但是这丝毫不妨碍我们从逻辑上和历史上把发展过程的几大阶段分开。我们大家都认为资产阶级革命和社会主义革命是截然不同的东西,我们大家都无条件地坚决主张必须把这两种革命极严格地区分开,但是,难道可以否认前后两种革命的个别的、**局部的**成分在历史上互相交错的事实吗?难道在欧洲民主革命的时代没有许多社会主义运动和争取社会主义的尝试吗?难道欧洲未来的社会主义革命不是还有许许多多民主主义性质的任务要去最终完成吗?

社会民主党人永远不应当而且一分钟也不应当忘记,无产阶

---

① 资本主义在自由条件下的更广泛、更迅速的发展,必然使意志的统一很快归于结束,而且反革命势力和反动势力被粉碎得愈快,这种统一就结束得愈快。

级为了争取社会主义,必然要同最主张民主共和的资产阶级和小资产阶级进行阶级斗争。这是毫无疑问的。这样,社会民主党就绝对必须是一个单独存在的、阶级性十分严格的独立政党。这样,我们和资产阶级"合击"的行动就带有暂时的性质,我们就必须"对同盟者,犹如对敌人一样"进行严格的监视,如此等等。对所有这些也是丝毫不能怀疑的。但是,如果由此得出结论,说可以忘记、忽略或轻视那些对现在来说是迫切的、哪怕只是暂时的和临时的任务,那就是可笑的而且是反动的。和专制制度作斗争是社会主义者的一个临时的和暂时的任务,但是对这个任务的任何忽略或轻视,都等于背叛社会主义和为反动势力效劳。无产阶级和农民的革命民主专政当然只是社会主义者的一个暂时的、临时的任务,但是在民主革命时代忽略这个任务,就简直是反动了。

具体的政治任务要在具体的环境中提出。一切都是相对的,一切都是流动的,一切都是变化的。德国社会民主党没有在纲领中提出共和制的要求。那里的形势使这个问题在实践上很难和社会主义问题分开(虽然在德国问题上,恩格斯在评论1891年的爱尔福特纲领[282]草案时,曾警告过不要轻视共和制和争取共和制的斗争的意义!)。在俄国社会民主党中,根本就没有发生过要把共和制的要求从纲领和宣传工作中取消的问题,因为我们这里谈不到共和制问题和社会主义问题有什么不可分的联系。1898年的德国社会民主党人不专门把共和制的问题当做首要问题,是一件很自然的事情,不会使人惊异,也不会引起非难。德国社会民主党人要是在1848年不提共和制问题,那就是直接背叛革命了。抽象的真理是没有的。真理总是具体的。

到一定的时候,对俄国的专制制度的斗争就会结束,俄国的民主革命时代就会成为过去,那时再说什么无产阶级和农民的"意志的统一",说什么民主专政等等,就是可笑的了。那时候,我们就会直接想到无产阶级的社会主义专政,并且会更详细地谈论这个专政。现在呢,先进阶级的政党却不能不极力设法取得民主革命对沙皇制度的彻底胜利。而彻底胜利也就不外是无产阶级和农民的革命民主专政。

**附注**[283]

(1)请读者回想一下,《火星报》和《前进报》论战时,《火星报》还援引过恩格斯给屠拉梯的一封信。恩格斯在这封信里警告这位意大利改良主义者的(后来的)领袖不要把民主革命和社会主义革命混淆起来。恩格斯在谈到1894年意大利的政治形势时写道,意大利当前的革命将是小资产阶级的民主革命,而不是社会主义革命。①《火星报》责难《前进报》离开了恩格斯所规定的原则。这种责难是毫无道理的,因为整个说来,《前进报》(第14号)②完全承认马克思把19世纪革命中三种主要力量区别开来的理论是正确的。按照这个理论,反对旧制度,即反对专制制度、封建制度、农奴制度的,有(1)自由派大资产阶级,(2)激进派小资产阶级,(3)无产阶级。自由派大资产阶级不过是为立宪君主制而斗争,激进派小资产阶级是为民主共和制而斗争,无产阶级是为社会主义革命而斗争。把小资产阶级为完全的民主革命进行的斗争和无产阶级为社会主义革命进行的斗争混淆起来,有使社会主义者遭到政治破产的危险。马克思的这个警告是完全正确的。但是正是由于这个原因,"革命公社"的口号是错误的,因为历史上有过的那些公社恰巧就是把民主革命和社会主义革命混淆起来。反

---

① 参看《马克思恩格斯文集》2009年人民出版社版第4卷第468—472页。——编者注
② 见《列宁全集》第2版第10卷第1—17页。——编者注

之,我们的口号,即无产阶级和农民的革命民主专政的口号,能完全保证不犯这个错误。我们的口号无条件地承认不能**直接**越出纯粹民主革命范围的革命是资产阶级性质的,但是它同时又把当前的这个革命**推向前进**,努力使它具有一个最有利于无产阶级的形式,因而也就是力求最大限度地利用民主革命,使无产阶级下一步争取社会主义的斗争得以最顺利地进行。

## 11. 俄国社会民主工党第三次代表大会某些决议和"代表会议"某些决议的粗略比较

临时革命政府问题是当前社会民主党策略问题的中心。十分详细地分析代表会议其余各项决议,既没有可能,也没有必要。我们仅限于简略地指出几点,来证实我们在上面已经分析过的俄国社会民主工党第三次代表大会决议和代表会议决议在策略方针上的原则区别。

就拿革命前夕对待政府的策略问题来说吧。你们在俄国社会民主工党第三次代表大会的决议中仍然可以找到这个问题的完整的答案。这个决议估计到特殊时期的各种各样的条件和任务:要揭露政府让步的虚伪性,要利用各种"滑稽可笑的人民代表机关",要用革命的手段来实现工人阶级的迫切要求(以八小时工作制为首要要求),以及要反击黑帮。在代表会议的决议中,这个问题是分散在几个地方叙述的:"反击黑暗反动势力",只是在关于对其他政党的态度的决议的引言部分提了一下。参加代表机关选举的问题,是和沙皇政府同资产阶级"妥协"的问题分开考察的。冠有《关于经济斗争》这个响亮标题的专门决议不是号召用革命手段实现八小时工作制,而只是重复(在说了一堆关于"工人问题在俄国社会生活中占有的中心位置"的响亮而很不聪明的话以后)旧的鼓动口号,即所谓"在法律上规定八小时工作制"。这个口号现在已经不够和落后了,这是十分明显的事实,用不着再来证明。

关于公开的政治活动的问题。第三次代表大会估计到我们的活动即将**根本**改变的情况。秘密活动和发展秘密机关的工作决不能放弃,放弃这些,就是为警察效劳而且极端有利于政府。但是现在已经不能不考虑公开行动的问题。必须立刻为这种行动**准备好**适当的形式,因而也就必须为此目的**准备好**特别的机关——秘密程度较少的机关。必须利用合法的和半合法的社团,使它们尽可能变成俄国未来的公开的社会民主工党的基地。

代表会议在这里也把问题弄得很分散,没有提出任何完整的口号。特别令人感到突然的,是十分可笑地委托组织委员会注意"安置"合法的著作家。关于"使那些以协助工人运动为目的的民主报纸服从自己的影响"的决定是十分荒谬的。我国一切合法的自由派报纸按倾向来说几乎全是"解放派"的报纸,都是以此为目的的。为什么《火星报》编辑部自己不首先执行自己的这个建议,给我们作出一个使《解放》杂志服从于社会民主党影响的榜样呢?他们没有向我们提出利用合法的社团来建立**党的**基地的口号,而是提出:第一,仅仅涉及"职业"工会的局部性的建议(党员必须参加这些工会),第二,对"革命的工人组织"="无定形的组织"="革命的工人俱乐部"进行领导的建议。"俱乐部"怎样成了无定形的组织,这些"俱乐部"究竟是什么东西,只有真主才知道。这不是党的最高机关的明确的指令,而是著作家们的一些思想札记和笔记草稿。关于党应当怎样开始把自己的全部工作转到全新的基础上的问题，根本没有任何完整的说明。

关于"农民问题"，党代表大会和代表会议是以完全不同的方式提出来的。代表大会制定了《对农民运动的态度》的决议。代表会议制定了《关于在农民中的工作》的决议。在前一个决议中，提出的首要任务是为了反沙皇制度斗争的全民利益而领导整个广泛的革命民主运动。在后一个决议中，问题仅仅归结为在一个特别的阶层中"工作"。在前一个决议中，提出的鼓动工作的中心实践口号是立刻组织革命农民委员会来实行一切民主改革。在后一个决议中却说"成立委员会的要求"应当向立宪会议提出。为什么我们一定要等待这个立宪会议呢？它真的会成为立宪的会议吗？如果不预先和同时建立革命农民委员会，立宪会议是否会巩固呢？——所有这些问题，代表会议都忽略过去了。它的一切决议都反映出我们已经考察过的一个总的思想：在资产阶级革命中，我们只应进行自己的专门的工作，而不要希图领导和独立进行整个民主运动。正如"经济派"总是要社会民主党人只进行经济斗争，而让自由派去进行政治斗争一样，新火星派在他们的整个推论过程中也是要我们在资产阶级革命中尽量靠边站，而让资产阶级去积极进行这个革命。

最后，不能不说说双方关于对待其他政党的态度问题的决议。俄国社会民主工党第三次代表大会的决议说的是要揭露资产阶级解放运动的一切局限性和不充分性，而并不那样幼稚地想列举每次代表大会上这种局限性的各种可能的表现并且在好资产者和坏资产者之间划一条分界线。代表会议却重复着斯塔罗韦尔的错误，硬要找出这样一条分界线，发挥其有名的"石蕊试纸"论。斯塔罗韦尔是从一个很好的思想出发：要向资产阶级提出比较严格的条件。他只是忘记了，任何一种想预先把值得赞许、值得与之取得协议等等的资产阶级民主派和不值得这样做的资产阶级民主派区分开来的企图,都只能得出一种立刻就会被事变的发展所抛弃并且会使无产阶级的阶级意识模糊起来的"公式"。结果就把重心从斗争中的真正一致转移到声明、诺言和口号上去了。斯塔罗韦尔认为"普遍、平等、直接和无记名投票的选举制"就是这种根本性的口号。为时还不到两年,"石蕊试纸"已经证明自己毫不中用,普选制的口号已经被解放派接受过来,但是解放派不仅没有因此而接近社会民主党,反而企图利用这个口号来迷惑工人,引诱工人离开社会主义。

现在,新火星派提出了更"严格的""条件","要求"沙皇制度的敌人"坚韧不拔地和毫不含糊地〈!?〉支持有组织的无产阶级的一切坚决行动"等等,一直到"积极参加人民自我武装的事业"。分界线是划得更远得多了,但是这条分界线**又已经陈旧了**,一下子就证明了自己毫不中用。比方说,为什么不提出共和制的口号呢?社会民主党人为着"用无情的革命战争来反对等级君主制度的一切基础","要求"资产阶级民主派做各种各样的事情,而唯独不要求他们为共和制而斗争,这是怎么回事呢?

提出这个问题并不是有意挑剔,新火星派的错误确实具有最实际的政治意义,"俄国解放联盟"就是证明(见《无产者报》第4号)①。这些"沙皇制度的敌人"完全能适应新火星派的一切"要

---

① 在1905年6月4日出版的《无产者报》第4号上发表了一篇题为《新的革命工人联合会》的长篇论文(见《列宁全集》第2版第10卷第265—276页。——编者注)。这篇论文转述了这个联盟所发表的宣言的内容,这个联盟采用了"俄国解放联盟"的名称,并且说它的宗旨是通过武装起义来召集立宪会议。其次,在这篇论文中确定了社会民主党人对这种非党的联盟的态度。至于这个联盟的实际情形如何,它在革命中的命运怎样,我们就全不知道了。(这是作者为1907年版加的注释。——编者注)

求"。可是我们已经指出,这个"俄国解放联盟"的纲领中(或者在其无纲领的立场中)充满了解放派的精神,解放派是能够很容易地牵着它走的。而代表会议在决议的末尾一段中声称,"社会民主党将照旧像反对**虚伪的人民之友**一样,反对所有一切打着自由主义的和民主主义的旗帜、但是拒绝真正支持无产阶级革命斗争的政党"。"俄国解放联盟"不仅不拒绝,而且热心地表示愿意给予这种支持。这是否就能担保它的领袖们即使是解放派但却不是"虚伪的人民之友"呢?

由此可见,新火星派预先臆造出一些"条件",提出一些虚张声势的滑稽可笑的"要求",这就立刻使他们自己陷于可笑的地位。他们的条件和要求一下子就显得不能适合活生生的现实。他们那种追逐公式的狂热是徒劳的,因为任何公式都不能把资产阶级民主派的虚伪、不彻底以及局限性的各种各样的表现包罗无遗。问题并不在于"石蕊试纸",并不在于公式,并不在于写印成文的要求,并不在于预先区分开虚伪的"人民之友"和非虚伪的"人民之友",而是在于斗争中的真正一致,在于社会民主党人对资产阶级民主派每一个"不坚定的"步骤都进行坚持不懈的批评。为了"真正团结一切关心民主改造的社会力量",并不需要像代表会议那样勤勤恳恳、那样白费力气地规定种种"条款",而是要善于提出真正革命的口号。要做到这一点,需要的是把革命共和派资产阶级提高到无产阶级水平的口号,而不是把无产阶级任务降低到君主派资产阶级水平的口号。要做到这一点,需要的是尽最大的努力参加起义,而不是用说教的方式来推脱刻不容缓的武装起义的任务。

# 12. 民主革命的规模是否会因为
# 资产阶级退出而缩小?

上面各节写好以后,我们收到了《火星报》出版的新火星派高加索代表会议的决议。对于写出一个好的结尾(Pour la bonne bouche),我们真是想不出比这更好的材料了。

《火星报》编辑部很公正地指出:"在基本的策略问题上,高加索代表会议也通过了和全俄代表会议〈即新火星派代表会议〉所通过的决议**相似的**〈老实话!〉决议。""在社会民主党对临时革命政府的态度问题上,高加索的同志所通过的决议,坚决反对《前进报》集团以及附和它的所谓代表大会代表们所宣传的新方法。""应该承认代表会议**非常恰当地**表述了无产阶级政党在资产阶级革命中的策略。"

真的,的确如此。对于新火星派的根本错误,真是谁也不能够比这表述得更"恰当"了。我们现在把这段表述全部抄录下来,先在括弧中指出花朵,然后再指出末尾结出的果实。

下面就是新火星派高加索代表会议关于临时政府的决议:

"代表会议认为自己的任务是要利用革命时机来加深〈当然啦! 不过还要加上一句:用马尔丁诺夫精神来加深!〉无产阶级的社会民主主义意识〈只是用来加深意识,而不是用来争取共和制吗? 这是对革命的多么"深刻的"见解啊!〉,而为了保证党对正在产生的资产阶级国家制度有最充分的批评自由〈保证共和制不是我们的事情! 我们的事情只是保证批评自由。无政府主义的思想产生无政府主义的语言:"资产阶级国家"制度!〉,代表会议反对成立社会民主主义的临时政府,并反对参加这个政府〈请回想一下恩格斯

所引证的、巴枯宁主义者在西班牙革命之前10个月作出的决议,见
《无产者报》第3号<sup>284</sup>〉,而认为最适宜的是从外面〈从下面,而不是
从上面〉对资产阶级临时政府施加压力,使国家制度达到尽可能的
〈?!〉民主化。代表会议认为,社会民主党人成立临时政府或加入这
个政府,一方面会使无产阶级广大群众对社会民主党失望而离开这
个党,因为社会民主党虽然夺得政权,但是不能满足工人阶级的迫
切需要,直到包括实现社会主义〈共和制不是迫切需要!决议起草
人竟天真得没有觉察到他们是在用纯粹无政府主义的语言说话,仿
佛他们对参加资产阶级革命采取了否定的态度!〉,另一方面**会迫使
资产阶级退出革命,从而缩小革命的规模。**"

　　这就是症结所在。这就是无政府主义思想和十足的机会主义
思想交错(如同在西欧的伯恩施坦派中常见的一样)的地方。请看:
不要加入临时政府,因为加入临时政府就会迫使资产阶级退出革
命,从而缩小革命的规模!这完全是纯粹而彻底的新火星派哲学:
革命是资产阶级的,所以我们应当崇敬资产阶级的庸俗思想,给这
种思想让路。如果我们按照——哪怕部分地,哪怕一分钟——我们
参加临时政府会迫使资产阶级退出这样一种想法行事,那我们就会
因此把革命领导权完全让给资产阶级。我们会因此把无产阶级完
全交给资产阶级去支配(虽然还保留了充分的"批评自由"!!),为了
使资产阶级不致退出而迫使无产阶级采取温和柔顺的态度。我们
会阉割掉无产阶级最迫切的需要,即经济派及其仿效者们从来没有
很好地了解的政治需要,为了使资产阶级不致退出而阉割这些需
要。我们会完全离开在无产阶级所需要的范围内为实现民主制而
进行革命斗争的立场,而转到和资产阶级搞交易的立场,以背叛原
则、背叛革命来换取资产阶级的欣然同意("不致退出")。

　　高加索的新火星派在短短的几行文字中就把叛卖革命、变无

产阶级为资产阶级可怜走卒的策略的全部实质表明了。我们在上面从新火星派的错误中看到的倾向现在已经成了一个明确的原则:做君主派资产阶级的尾巴。因为实现共和制会迫使(而且已经迫使——司徒卢威先生就是一例)资产阶级退出,所以要取消争取共和制的斗争。因为无产阶级的任何一个坚决而彻底的民主要求在任何时候、在世界上任何地方都会迫使资产阶级退出,所以工人同志们啊,还是躲在你们的窝里吧,只要从外面行动,可别想为了革命去利用"资产阶级国家"制度的种种工具和手段,给自己保留着"批评自由"就行了。

对"资产阶级革命"这一名词的根本性的错误理解在这里已赤裸裸地暴露出来了。马尔丁诺夫或新火星派对这个名词的"理解"会直接造成把无产阶级事业出卖给资产阶级的结果。

谁忘记了旧时的"经济主义",谁不去研究它,不去回想它,谁就很难了解现在复活起来的"经济主义"。请回想一下伯恩施坦主义的《信条》[132]吧。当时人们从"纯粹无产阶级的"观点和纲领中得出结论说:我们社会民主党人只要经济,只管真正的工人事业,只要批评任何政客手腕的自由,只管真正加深社会民主主义的工作,政治还是让他们自由派去干吧。愿上帝保佑我们别陷入"革命主义",因为这会迫使资产阶级退出。谁要是全文读了《信条》或《工人思想报》第9号增刊[133](1899年9月),谁就可以看出这一整个的推论过程。

现在还是这一套,只是范围很大,被用来估计整个"伟大的"俄国革命——唉,这个革命事先就已经被正统庸俗主义的理论家们给庸俗化和降低到滑稽可笑的地步了!我们社会民主党人只需要批评自由,加深意识,从外面行动。他们资产阶级却要有行动的自由、从事革命领导(应读做:自由主义领导)的自由和从上面实行"改良"的自由。

这些把马克思主义庸俗化的人从来没有思索过马克思所说的必须用武器的批判来代替批判的武器的话①。他们盗用马克思的名义,其实,他们在草拟策略决议的时候完全是在模仿法兰克福的资产阶级空谈家,这些空谈家自由地批评专制制度,加深民主意识,但是不懂得革命时期是行动的时期,是既从上面又从下面行动的时期。他们把马克思主义变成了空洞的说教,于是就把最坚定、最积极的先进革命阶级的思想变成了这个阶级中最落后的阶层的思想,即那些逃避困难的革命民主主义任务而把这些任务交给司徒卢威先生们去执行的最落后阶层的思想。

资产阶级一旦因社会民主党加入革命政府而退出革命,那就会"缩小革命的规模"。

俄国工人们,听吧:如果革命是由那些不想战胜沙皇制度而只想和它搞交易的、没有被社会民主党人吓退的司徒卢威先生们来进行,革命的规模就会更大。如果我们前面所概述的俄国革命两种可能结局中的前一种结局得以实现,就是说,如果君主派资产阶级和专制政府能在希波夫式的"宪法"上做成交易,革命的规模就会更大!

在指导全党的决议中写出这样可耻的东西或者赞扬这些"恰当的"决议的社会民主党人,已经被那种把马克思主义的活的精神全部腐蚀掉的空洞说教弄得头昏眼花,竟看不出这些决议怎样把他们的其他一切好话都变成了空谈。翻开他们在《火星报》上写的任何一篇文章,甚至翻开我们的鼎鼎大名的马尔丁诺夫所写的那本臭名远扬的小册子,都可以看到关于举行**人民起义**,把革命

---

① 参看《马克思恩格斯文集》2009 年人民出版社版第 1 卷第 11 页。——编者注

进行**到底**,力求依靠**人民下层**来同不彻底的资产阶级斗争一类的言论。但是,当你们接受或者赞扬关于"革命的规模"会因为资产阶级退出而"缩小"的思想时,所有这些好的东西就立刻变成可怜的空谈了。先生们,二者必居其一:或者是我们应当和人民一起去努力实现革命,取得对沙皇制度的完全胜利,而**不考虑**那个不彻底的、自私自利的、畏首畏尾的资产阶级;或者是我们不容许这种"不考虑",而唯恐资产阶级"退出",那我们就是把无产阶级和人民出卖给资产阶级,出卖给不彻底的、自私自利的和畏首畏尾的资产阶级。

请不要曲解我的话。请不要叫喊什么有人指责你们自觉地出卖。不,你们向来都是不自觉地爬往泥潭,而且现在已经爬进了泥潭,正像旧时的"经济派"那样沿着"加深"马克思主义的斜坡不可遏止地、不可逆转地滑到专门从事反对革命的、没有灵魂和没有生气的"卖弄聪明"的地步。

先生们,"革命的规模"取决于哪些实在的社会力量,你们想过这个问题吗? 我们不谈国外政治即国际配合方面的力量,虽然这种力量现在发展得很有利于我们,但是我们大家都不去考察它们,而这样做是正确的,因为这里所谈的是俄国内部力量的问题。请看看这些内部的社会力量吧。反对革命的是专制政府、宫廷、警察、官吏、军队和一小撮显贵人物。人民中的义愤愈深,军队就愈不可靠,官吏中的动摇就愈大。其次,资产阶级现在整个说来是赞成革命的,他们热心地谈论自由,愈来愈频繁地以人民的名义、甚至以革命的名义发表意见。① 但是,我们每个马克思主义者都从

①　在这方面值得注意的是司徒卢威先生给饶勒斯的公开信。这封信不久以前由饶勒斯刊登在《人道报》**285**上,由司徒卢威先生刊登在《解放》杂志第72期上。

理论中知道,并且每日每时都从我国的自由派即地方自治人士和解放派的实例中看到,资产阶级赞成革命是不彻底的,是出于自私自利的动机,是畏首畏尾的。只要资产阶级的自私的狭隘利益得到满足,只要它"离开"彻底的民主主义(**而它现在已经在离开彻底的民主主义了!**),它就不可避免地会大批转到反革命方面,转到专制制度方面去反对革命,反对人民。剩下的只有"人民",即无产阶级和农民。只有无产阶级能够坚决走到底,因为它要走的路程远远超过民主革命。因此,无产阶级就站在为共和制而斗争的最前列,它轻蔑地拒绝它所鄙视的那些劝它注意别让资产阶级退出的愚蠢意见。农民中有大批的半无产者,同时有小资产阶级分子。这使得它也不稳定,因而迫使无产阶级团结成为一个具有严格的阶级性的党。但是农民的不稳定和资产阶级的不稳定根本不同,因为农民现在所关心的与其说是无条件地保护私有制,不如说是夺取私有制主要形式之一的地主土地。农民虽然不会因此而成为社会主义者,不会因此而不再成为小资产阶级,但是他们能够成为完全而又极其彻底地拥护民主革命的力量。只要给农民以教育的革命事变进程不因资产阶级叛变和无产阶级失败而过早地中断,农民就必然会成为这样的力量。在上述条件下,农民必然会成为革命和共和制的支柱,因为只有获得了完全胜利的革命才能使农民获得土地改革方面的**一切**,才能使农民获得他们所希望、所幻想而且是他们真正必需的**一切**,这里所说的必需,(并不像"社会革命党人"所想象的那样是为了消灭资本主义,而)是为了从半农奴制的泥潭中,从被压抑、被奴役的黑暗的深渊中跳出来,为了在商品经济可能的限度内尽量改善自己的生活条件。

此外,不仅彻底的土地改革,而且农民的一般的和经常的一切利益,都使农民趋向于革命。农民甚至在和无产阶级作斗争时也需要民主,因为只有民主制度才能准确地体现农民的利益,使他们能够以群众资格,以多数资格取得优势。农民受到的教育愈多(而从对日战争以来,他们迅速地受到教育,其迅速程度是许多惯于只用学校尺度来衡量教育程度的人所想象不到的),他们就会愈彻底、愈坚决地拥护完全的民主革命,因为他们并不像资产阶级那样害怕人民的统治,相反,人民的统治对他们是有利的。农民一开始摆脱幼稚的君主主义,民主共和制就会立刻成为他们的理想,因为惯于做经纪人的资产阶级那种自觉的君主主义(连同参议院等等),对农民来说是要他们照旧处于没有权利、备受压抑和愚昧无知的地位,只不过把这种地位用欧洲宪制的油漆来稍稍涂饰一下而已。

正因为如此,资产阶级这个阶级就自然而然地和必不可免地要寻求自由主义君主派的保护,而农民群众却自然而然地和必不可免地要寻求革命共和派的领导。正因为如此,资产阶级不能把民主革命进行到底,而农民却能够把革命进行到底,我们应当尽一切力量帮助农民这样做。

有人会反驳我说:这用不着证明,这是起码的常识,是一切社会民主党人都非常了解的。不,这是那些居然说革命会因为资产阶级退出而"缩小规模"的人所不了解的。这样的人重复着我们土地纲领中被他们背得烂熟的话,但是不懂得这些话的含义,否则他们就不会害怕无产阶级和农民的革命民主专政这个必然要从整个马克思主义世界观和我们的纲领中产生出来的概念了,否则他们就不会用资产阶级的规模来限制伟大的俄国革命的规模了。这样的人是在用自己的具体的反马克思主义和反革命的决议来推翻自己的抽象的马克思主义的革命词句。

谁真正了解农民在胜利的俄国革命中的作用,谁就不会说革命的规模会因为资产阶级退出而缩小。因为事实上只有当资产阶级退出,而农民群众以积极革命者的姿态同无产阶级一起行动的时候,俄国革命才会开始具有真正的规模;只有那时,才会有资产阶级民主革命时代可能有的那种真正最广大的革命规模。我们的民主革命要坚决进行到底,就应当依靠那些能够麻痹资产阶级的必不可免的不彻底性的力量(也就是那些恰恰能够"迫使它退出"的力量,《火星报》的高加索信徒们因为认识肤浅而对此感到害怕)。

**无产阶级应当把民主革命进行到底,这就要把农民群众联合到自己方面来,以便用强力粉碎专制制度的反抗,并麻痹资产阶级的不稳定性。无产阶级应当实现社会主义革命,这就要把居民中的半无产者群众联合到自己方面来,以便用强力摧毁资产阶级的反抗,并麻痹农民和小资产阶级的不稳定性。** 这就是无产阶级的任务,而新火星派在他们关于革命规模的一切议论和决议中,却把这些任务看得非常狭隘。

不过不要忘记在谈论革命的"规模"时往往被忽略的一种情况。不要忘记,这里谈的并不是任务方面的困难,而是通过什么道路去求得任务的完成。这里谈的并不是使革命具有强大的和不可战胜的规模是否容易做到,而是应当怎样设法扩大革命的规模。意见分歧所涉及的恰恰是行动的根本性质,是行动的方针。我们着重指出这一点,是因为有些不细心或不诚实的人往往把两个不同的问题混为一谈:一个是关于道路的方向的问题,即从两条不同的道路中选择一条的问题;另一个是在选定的道路上目的是否容易达到或是否能很快达到的问题。

我们在上面完全没有涉及这后一个问题,因为这个问题在我们党内没有引起争论和分歧。但是这个问题本身自然是极其重要的,值得一切社会民主党人给予极大的注意。忘记不仅吸引工人阶级群众,而且吸引农民群众加入运动这件事情会遇到种种困难,这是一种不可容许的乐观主义。正是这种困难不止一次地断送了把民主革命进行到底的努力,而使不彻底的和自私自利的资产阶级获得最大的胜利:既"获得"一笔借君主制来抵御人民的"资本",又"保持了"自由主义……或"解放派"的"清白"。但是有困难并不等于无法实现。重要的是相信道路选择得正确,这种信心能百倍地加强革命毅力和革命热情,有了这样的革命毅力和革命热情就能创造出奇迹来。

至于今天的社会民主党人在选择道路的问题上的意见分歧严重到什么程度,只要把高加索新火星派的决议和俄国社会民主工党第三次代表大会的决议比较一下就马上可以看出来。代表大会的决议说:资产阶级是不彻底的,它一定会竭力把我们手里的革命成果抢走。因此,工人同志们,要更加努力地准备斗争,要武装起来,要把农民吸引到自己这方面来。我们决不会不经过战斗而把我们的革命成果让给自私自利的资产阶级。高加索新火星派的决议说:资产阶级是不彻底的,它可能退出革命。因此,工人同志们,请不要考虑参加临时政府,否则资产阶级一定会退出,革命的规模会因此而缩小!

一些人说:你们要把革命推向前进,进行到底,而不要去考虑不彻底的资产阶级会起来反抗或采取消极态度。

另一些人说:你们不要去考虑独立地把革命进行到底,否则不彻底的资产阶级会退出革命。

这难道不是两条根本相反的道路吗? 这是两种水火不相容的策略,前一种策略是唯一正确的、革命的社会民主党的策略,而后一种策略实质上纯粹是解放派的策略,这难道不是显而易见的吗?

# 13. 结论。我们敢不敢胜利？

对俄国社会民主党内的实际情况了解得很肤浅的人，或者不知道我们党内从"经济主义"时期以来的全部斗争历史而从旁判断的人，还往往只是简单地援引任何一个国家的社会民主运动中都有两种自然而然的、必不可免的、彼此完全可以调和的倾向，来说明现在（特别是在第三次代表大会以后）已经明朗化的策略分歧。据说，一方面是特别强调寻常的、目前的、日常的工作，强调必须展开宣传和鼓动，必须准备力量，加深运动等等；另一方面是强调运动的战斗的、一般政治的、革命的任务，指出武装起义的必要，提出革命民主专政和临时革命政府的口号。无论对哪一方面都不应当夸大，不管是在这里还是在那里（不管在世界上哪个地方），都不宜走极端，如此等等。

这类议论中无疑含有一些处世（以及带引号的"政治"）秘诀的廉价真理，但是这种真理往往掩盖着人们对党的迫切紧急需要的无知。就拿俄国社会民主党人中现在的策略分歧来说吧。新火星派谈论策略问题时特别强调日常的普通工作，这件事本身当然还不会造成任何危险，也不会引起策略口号方面的任何分歧。但是，只要把俄国社会民主工党第三次代表大会的决议和代表会议的决议比较一下，这种分歧就一目了然了。

问题究竟在哪里呢？就在于：第一，仅仅笼统地、抽象地指出运动中的两个潮流和各走极端的害处，是不够的。必须具体地弄清，当前的运动在当前的时期有什么弱点，对党来说，现在实际的政治危险究竟在哪里。第二，必须弄清，这些或那些策略口号（也许是缺乏这些或那些口号),对哪些实在的政治力量有利。你们假如听信新火星派的话,就会得出一种结论,以为社会民主党所面临的危险是抛弃宣传鼓动工作,抛弃经济斗争和对资产阶级民主派的批评,而过分迷恋于军事训练、武装进攻、夺取政权等等。实际上,党所面临的实际危险完全是来自另一方面。凡是稍微熟悉一些运动的情况、仔细地和用心地观察运动的人,都不能不看到新火星派这种恐惧心理的可笑之处。俄国社会民主工党的全部工作已经完全纳入了一个固定不变的范围,这个范围绝对能保证把工作重心集中于宣传和鼓动,集中于飞行集会和群众集会,集中于散发传单和小册子,集中于促进经济斗争和支持经济斗争的口号。没有一个党委员会,没有一个区委员会,没有一个中心会议,没有一个工厂小组不是经常不断地用百分之九十九的心思、力量和时间,去执行所有这些早在90年代后半期就已经确定的职能。只有完全不了解运动情况的人才不知道这一点。只有很幼稚的人或不了解情况的人,才会真正相信新火星派特别郑重其事地重弹的老调。

事实是我们不但没有过分迷恋于起义的任务、一般政治口号、对整个人民革命事业的领导,反而正好是在这方面**落后**得特别显眼,这是最大的弱点,是能使运动由真正的革命运动蜕化(并且在某些地方已经开始蜕化)为口头的革命运动的实际危险。在完成党的工作的成百成千的组织、团体和小组中,没有一个不是从它产生的时候起就从事于被新《火星报》中的聪明人当做新发现的真理而大谈特谈的那种日常工作。相反,只有很少的一部分团体和小组已经认识到武装起义的任务,已经着手执行这些任务,已经明白必须领导整个反沙皇制度的人民革命,已经明白为了达到这个目的必须提出正是这样的而不是别的先进口号。

我们已经令人难于置信地落在先进的和真正革命的任务后

面,在许多场合下,我们甚至还没有认清这些任务,我们往往没有觉察到革命的资产阶级民主派因为我们在这方面落后而加强起来的事实。但是新《火星报》的作家们完全不顾事变的进程和时势的要求,固执地一再重复说:对旧的不要忘记! 对新的不要迷恋! 这是代表会议所有一切重要决议中的一个始终不变的基调,而代表大会的各项决议却始终贯穿着这样的思想:确认旧的东西(但是不翻来覆去地说它,因为它是已经由出版物、决议和经验解决了和确定了的旧东西),同时又提出新的任务,注意这个新任务,提出新的口号,要求真正革命的社会民主党人立刻为实现这个新口号而工作。

社会民主党在策略方面分成两派的问题,事实上就是如此。革命的时代提出了只有十足的瞎子才看不见的新的任务。一些社会民主党人坚决承认这些任务,并把这些任务提到日程上来:武装起义刻不容缓,要立刻努力地准备它,要记住它是彻底胜利所必需的,要提出共和制、临时政府以及无产阶级和农民的革命民主专政等口号。另一些社会民主党人却往后退缩,踏步不前,不是提出口号而是一味论述引言,不是在确认旧的东西的同时还指出新的东西,而是长篇大论、枯燥无味地翻来覆去谈论这种旧东西,制造借口来拒绝新东西,不能确定彻底胜利的条件,不能提出唯一符合于达到完全胜利的愿望的口号。

在我们这里,这种尾巴主义的政治上的结果已经表现出来了。关于俄国社会民主工党"多数派"和革命的资产阶级民主派接近的流言,始终只是流言而已,因为没有一件政治事实,没有一个权威的"布尔什维克"决议,没有一个俄国社会民主工党第三次代表大会的文件可以证实这种流言。然而,以《解放》杂志为代表的机会主义君主派资产阶级却老早就在**欢迎**新火星派的"原则"趋向,现在更直接利用他们的水来推动自己的磨,采纳他们的一切字眼和"思想"来反对"秘密活动"和"骚乱",反对夸大革命的"技术"方面,反对直接提出武装起义的口号,反对提出极端要求的"革命主义",如此等等。高加索"孟什维克"社会民主党人整个代表会议所通过的决议,以及新《火星报》编辑部赞同这个决议的事实,对这一切作了一个毫不含糊的政治总结:不要让资产阶级因为无产阶级参加革命民主专政而退出啊! 这就道破了一切。这就最终确定了把无产阶级变为君主派资产阶级走卒的方针。这就在事实上证明了——不是由某一个人的偶然的声明,而是由整个派别特别赞同的决议证明了新火星派尾巴主义的**政治意义**。

谁要是好好地想想这些事实,他就会懂得社会民主运动有两个方面和两种趋向这一流行说法的真正意义。试以伯恩施坦派为例在更大范围内来研究一下这两种趋向。伯恩施坦派就是一直在一字不改地硬说,只有他们才了解无产阶级的真正需要,了解发展无产阶级力量、加深全部工作、准备新社会的因素以及进行宣传和鼓动等任务。我们要求公开承认现有的东西! ——伯恩施坦这样说,因而也就是推崇**没有**"最终目的"的"运动",推崇单一的防御策略,鼓吹"不要让资产阶级退出"的恐惧策略。伯恩施坦派也曾大喊大叫,说革命的社会民主党人在推行"雅各宾主义",说"著作家"不懂"工人的主动性",如此等等。其实任何人都知道,革命的社会民主党人连想都没有想过要抛弃日常的细小的工作、准备力量的工作以及其他等等。他们仅仅要求清楚地了解最终目的,明确地提出革命任务;他们是想把半无产者阶层和半小资产者阶层提高到无产阶级的革命水平上来,而不是想把无产阶级的革命水平降低为"不要让资产阶级退出"这种机会主义的考虑。最突出地表现党内知识分子机会主义派和无产阶级革命派之间的这一分歧的可以说是这样一个问题：dürfen wir siegen？"我们敢不敢胜利？"[286]我们取得胜利是不是容许的？我们取得胜利有没有危险？我们是不是应该争取胜利？初看起来，这个问题很奇怪，但是这个问题已经提了出来，而且必定会提出来，因为机会主义者害怕胜利，恐吓无产阶级，不让它去争取胜利，预言胜利会引起种种不幸，嘲笑直接号召争取胜利的口号。

我们这里也是基本上可以划分为知识分子的机会主义趋向和无产阶级的革命趋向，不过有一个极其重要的区别，就是我们这里所谈的不是社会主义革命，而是民主革命。我们这里也提出了这个初看起来似乎很荒谬的问题："我们敢不敢胜利？"这个问题是马尔丁诺夫在他的《两种专政》中提出的，他在那本书里预言：如果我们很好地准备起义，并且十分顺利地实现起义，那就会遭到种种不幸。这个问题在新火星派的关于临时革命政府问题的一切文献中都提出过，而且他们总是极力企图把米勒兰参加资产阶级机会主义政府和瓦尔兰参加小资产阶级革命政府[287]混为一谈，虽然这种企图并没有成功。这个问题由主张"不要让资产阶级退出"的决议确定下来了。尽管考茨基现在冷嘲热讽，说我们在临时革命政府问题上的争论，就像还没有把熊打死就要分熊皮一样，但是这种讥讽只是表明，如果就道听途说的事情发表意见，甚至聪明的和革命的社会民主党人也会陷入窘境的。德国社会民主党还不能很快就打死熊（实现社会主义革命），但是他们关于"敢不敢"打死这只熊的争论已经具有巨大的原则意义和政治实践意义。俄国社会民主党人还不能很快就"打死自己的熊"（实现民主革命），但是我们"敢不敢"打死这只熊的问题，对于俄国的整个未来和俄国社会民主党的未来都有极其重大的意义。没有我们"敢于"胜利的信心，就根本谈不到努力而成功地去聚集军队，领导军队。

就拿我们的旧"经济派"来说吧。他们也曾大喊大叫，说他们的论敌是密谋家，是雅各宾派（见《工人事业》杂志，特别是第10期，以及马尔丁诺夫在第二次代表大会[236]讨论党纲时的发言），说这些人因投身于政治而脱离群众，说这些人忘记了工人运动的基础，无视工人的主动性，等等等等。实际上，这些拥护"工人的主动性"的人，都是些把自己对无产阶级任务的狭隘而庸俗的见解强加于工人的知识分子机会主义者。实际上，谁都可以从旧《火星报》上看到，反对"经济主义"的人并没有放弃或者轻视社会民主党工作的任何一个方面，丝毫没有忘记经济斗争，同时又善于尽可能广泛地提出当前的紧急的政治任务，反对把工人政党变为自由派资产阶级的"经济"附属品。

经济派背熟了政治以经济为基础的原理，把这个原理"理解"为必须把政治斗争降低为经济斗争。新火星派背熟了民主革命按其经济基础说是资产阶级革命的原理，把这个原理"理解"为必须把无产阶级的民主主义任务降低到资产阶级温和立场的水平，降低到不使"资产阶级退出"的限度。"经济派"打着加深工作的幌子，打着工人的主动性和纯粹的阶级政策的幌子，事实上把工人阶级交给了自由派资产阶级政治家去支配，即把党引上一条正是具有这样的客观意义的道路。现在新火星派也打着同样的幌子，事实上是要把无产阶级在民主革命中的利益出卖给资产阶级，即要把党引上一条正是具有这样的客观意义的道路。"经济派"认为领导政治斗争不是社会民主党人的事情；而是自由派分内的事情。新火星派认为积极实现民主革命不是社会民主党人的事情，而是民主派资产阶级分内的事情，因为无产阶级的领导和起最重要作用的参与会使革命的"规模缩小"。

总而言之，新火星派不仅就他们在党的第二次代表大会上的

613

起源来说是"经济主义"的后裔,而且就他们现在对无产阶级在民主革命中的策略任务的提法来说也是"经济主义"的后裔。他们也是党内的知识分子机会主义派。在组织方面,他们从知识分子的无政府主义个人主义开始,以"破坏-过程"而告终,他们在代表会议所通过的"章程"**288**中,明文规定了党的出版物脱离党组织的制度,规定了几乎是四级的间接选举制,规定了波拿巴主义**289**的全民投票制以代替民主的代表制,最后还规定了部分和整体实行"协商"的原则。在党的策略方面,他们也是沿着同样的斜坡滚下去的。他们在"地方自治运动的计划"中,把在地方自治人士面前发表讲话叫做"高级形式的示威",认为政治舞台上只有两种积极力量(是在1月9日事件前夜!)即政府和资产阶级民主派。他们"加深了"武装起来的迫切任务,把这个直接的实践的口号换成所谓用自我武装的热望武装起来的号召。对武装起义、临时政府、革命民主专政等任务,他们现在都在自己的正式决议中加以曲解和磨掉锋芒。"不要让资产阶级退出",这就是他们的最后一个决议的结语,它十分清楚地表明了他们那条道路要把党引导到什么地方去。

俄国的民主革命就其社会经济实质来说,是资产阶级的革命。仅仅重复这个正确的马克思主义原理是不够的。要善于理解它,要善于把它应用在政治口号上。总的说来,现代生产关系即资本主义生产关系基础上的全部政治自由都是资产阶级的自由。自由这一要求首先表现了资产阶级的利益。资产阶级的代表人物最先提出了这个要求。资产阶级的拥护者到处都以主人的资格来利用所得到的自由,把它局限在温和谨慎的资产阶级的范围内,在和平时期把它和镇压革命无产阶级的最精巧的手段配合起来,在风暴时期把它和镇压革命无产阶级的野蛮残暴的手段配合起来。

但是,只有骚乱派-民粹派、无政府主义者和"经济派"才能因此否定或贬低争取自由的斗争。强迫无产阶级接受这种知识分子庸俗学说的企图,往往只能得逞于一时,而且要遭到无产阶级的反抗。无产阶级总是本能地觉察到,政治自由虽然会直接把资产阶级加强起来和组织起来,然而它是无产阶级所需要的东西,是无产阶级最需要的东西。无产阶级拯救自己的道路不是离开阶级斗争,而是发展阶级斗争,扩大阶级斗争的范围,加强阶级斗争的自觉性、组织性和坚定性。谁贬低政治斗争的任务,谁就是把社会民主党人由人民代言人变为工联书记。谁贬低无产阶级在资产阶级民主革命中的任务,谁就是把社会民主党人由人民革命的领袖变为自由工会的头目。

是的,是**人民**革命。社会民主党过去和现在都有充分的理由反对资产阶级民主派滥用人民一语。它要求人们不要利用这个字眼来掩盖自己对人民内部的阶级对抗的无知。它坚决主张无产阶级的党必须保持完全的阶级独立性。但是它把"人民"分为各个"阶级",并不是要先进的阶级闭关自守,把自己限制在狭小的范围内,因考虑不让世界的经济主人退出而阉割自己的活动,而是要先进的阶级不沾染中间阶级的不彻底、不稳定和不坚决的毛病,从而能以更大的毅力和更大的热情领导全体人民去为全体人民的事业奋斗。

这就是现在的新火星派常常不理解的道理,他们不是提出民主革命中的积极的政治口号,而只是说教式地重复"阶级的"这个词,把这个词的用法变来变去!

民主革命是资产阶级革命。土地平分或土地与自由的口号,这个在备受压抑、愚昧无知、但渴望光明和幸福的农民群众中流行最广的口号,是资产阶级的口号。但是我们马克思主义者应当知道,除了资产阶级自由和资产阶级进步的道路,没有而且也不可能有其他道路可以使无产阶级和农民得到真正的自由。我们不应当忘记,现在除了充分的政治自由,除了民主共和制,除了无产阶级和农民的革命民主专政,没有而且也不可能有其他手段可以加速社会主义的到来。作为先进的和唯一革命的阶级的代表,作为毫无保留、毫不犹豫、毫不反顾的革命阶级的代表,我们应当尽可能广泛、尽可能大胆、尽可能主动地向全体人民提出民主革命的任务。贬低这些任务,就是在理论上使马克思主义变得面目全非,就是对马克思主义的庸俗的歪曲,而在政治实践上是让一定会避开彻底实现革命这个任务的资产阶级去支配革命事业。在到达革命完全胜利的道路上,困难是很大的。如果无产阶级的代表做了他们力所能及的一切,而他们的一切努力都因反动势力的抵抗、资产阶级的背叛和群众的愚昧无知而失败,那谁也不能谴责他们。可是,如果社会民主党因害怕胜利,因考虑不让资产阶级退出而削弱民主革命的革命力量,削弱革命热情,那所有的人,首先是觉悟的无产阶级,都是要谴责它的。

革命是历史的火车头,——马克思这样说过。① 革命是被压迫者和被剥削者的盛大节日。人民群众在任何时候都不能像在革命时期这样以新社会制度的积极创造者的身份出现。在这样的时期,人民能够作出从市侩的渐进主义的狭小尺度看来是不可思议的奇迹。但是,在这样的时候,革命政党的领导者也必须更广泛、更大胆地提出任务,使他们的口号始终走在群众的革命主动性的前面,成为他们的灯塔,向他们表明我们的民主主义理想和社会主义理想的无比宏伟和无比壮丽,向他们指出达到完全的无条件的彻底胜利的最近最直的道路。让"解放派"资产阶级的机会主

---

① 参看《马克思恩格斯文集》2009 年人民出版社版第 2 卷第 161 页。——编者注

义者们因害怕革命、害怕走直路而去臆造迂回曲折的妥协道路吧。如果我们将被迫沿着这样的道路慢慢地拖着步子走,那我们也能在细小的日常工作中尽自己的责任。但是,首先让无情的斗争来解决选择道路的问题吧。如果我们不利用群众这种盛大节日的活力及其革命热情来为直接而坚决的道路无情地奋不顾身地斗争,我们就会成为背叛革命和出卖革命的人。让资产阶级的机会主义者们心惊胆战地去考虑将来的反动吧。工人既不会为反动势力要实行恐怖手段的思想所吓倒,也不会为资产阶级要退出的思想所吓倒。工人并不期待做交易,并不乞求小恩小惠,他们力求无情地粉碎反动势力,即实现**无产阶级和农民的革命民主专政**。

不用说,在风暴时期,比起自由主义缓慢进步的风平浪静的"航行"时期,即工人阶级忍着痛苦让剥削者们慢慢榨取自己的血汗的时期,我们的党的航船遇到的危险会更多。不用说,革命民主专政的任务要比"持极端反对派态度"和单纯议会斗争的任务困难千倍,复杂千倍。但是,谁要在当前的革命时期故意选择平稳的航行和安全的"反对派"的道路,那最好是请他暂时放下社会民主党的工作,请他去等待革命结束,等待盛大节日过去,等待寻常的生活重新开始,那时,他那种寻常的狭小的尺度就不会显得这样令人作呕地不协调,就不会这样丑恶地歪曲先进阶级的任务。

领导全体人民特别是农民来为充分的自由,为彻底的民主革命,为共和制奋斗!领导一切被剥削的劳动者来为社会主义奋斗!革命无产阶级的政策实际上就应当是这样;工人政党在革命时期应当用来贯彻和决定每一个策略问题和每一个实际步骤的阶级口号就是这样。

# 补 充 说 明

## 再论解放派,再论新火星派

《解放》杂志第 71—72 期和《火星报》第 102—103 号,给我们在本书第 8 节中所讨论的问题提供了异常丰富的新材料。我们在这里决不可能把所有这些丰富的材料都利用起来,我们只谈谈最主要的:第一,《解放》杂志称赞社会民主党内的哪一种"现实主义",它为什么要称赞这种"现实主义";第二,革命和专政这两个概念的相互关系。

### 一 资产阶级自由派的现实主义者为什么称赞社会民主党内的"现实主义者"?

《俄国社会民主党内的分裂》和《理智的胜利》这两篇文章(《解放》杂志第 72 期),是自由派资产阶级的代表人物对社会民主党作的判断,这个判断对觉悟的无产者说来是非常宝贵的。应当向每个社会民主党人大力推荐这两篇文章,让他们从头到尾读一遍,并且**仔细考虑**其中的每一句话①。我们先把这两篇文章的主要论点转抄如下:

---

① 手稿上下面的话已被勾掉:"社会民主党人的(所有现代敌人中的)最可恶的、最强大的(在现代社会中)和最机智的敌人作出的判断,是使社会民主党人本身受到政治教育的最宝贵的材料。"——俄文版编者注

"对局外人来说，——《解放》杂志说道，——要弄清使社会民主党分裂为两派的意见分歧的真实政治意义是相当困难的。说'多数派'是更激进的和直线式的，而'少数派'则为了事业的利益容许作某些妥协，这并不完全确切，无论如何不是一个全面的评语。至少，少数派也许比列宁派更热心地遵守马克思主义正统思想的传统教条。我们觉得下面这样的评语更加确切。'多数派'的基本政治情绪是抽象的革命主义，骚乱主义，趋向于不择手段地在人民群众中发动起义并以人民群众的名义来立刻夺取政权；这就使'列宁派'和社会革命党人在一定程度上接近起来，用俄国全民革命的思想排挤掉他们意识中的阶级斗争的思想；'列宁派'虽然在实践上摒弃了社会民主党学说中的许多狭隘成分，但是同时又浸透了革命主义的狭隘性，除了准备立刻起义以外，他们拒绝进行任何其他实际工作，原则上蔑视一切合法的和半合法的鼓动工作，蔑视一切实际有益的同其他反对派别的妥协。与此相反，少数派虽然固守着马克思主义的教条，但是同时也保存了马克思主义世界观的现实主义成分。这一派的基本思想是把'无产阶级'的利益和资产阶级的利益对立起来。但是另一方面，又能以现实态度清醒地——当然是在社会民主党不可动摇的教条所要求的一定限度内——考虑无产阶级的斗争，清楚地认识到这个斗争的一切具体条件和任务。两派都不是充分彻底地贯彻自己的基本观点，因为它们在自己的思想政治创作活动中受到社会民主党教义问答的严格公式的拘束，这些公式妨碍'列宁派'成为至少像某些社会革命党人那样的直线式的骚乱派，同时这些公式又妨碍'火星派'成为工人阶级现实政治运动的实际领导者。"

《解放》杂志的著作家接着引述了几个主要决议的内容，同时就这些决议发表了几点具体意见来说明他的总的"思想"。他说，和第三次代表大会比较起来，"少数派代表会议是用完全不同的态度对待武装起义的"。"由于对武装起义的态度不同"，关于临时政府的决议也就互不相同。"同样的意见分歧在对工会的态度上也暴露出来了。'列宁派'在他们的决议中一句话也没有提到在政治上教育工人阶级和组织工人阶级的这个最重要的出发点。反之，少数派却制定了很郑重的决议。"在对自由派的态度方面，据说两派意见一致，但是第三次代表大会"几乎逐字逐句地重复了第二次代表大会根据普列汉诺夫提案通过的关于对自由派的态度的决议，并否决了同一个代表大会根据斯塔罗韦尔提案通过的对自由派比较友善的决议"。代表大会和代表会议双方关于农民运动问题的决议虽然大体相同，"但是'多数派'更强调用革命手段没收地主等人的土地的思想,而'少数派'却想把要求实行国家和行政方面的民主改良当做鼓动工作的基础"。

最后,《解放》杂志从《火星报》第100号上引证了孟什维克的一个决议,其主要条文是:"鉴于现在单靠地下工作已不能保证群众充分地参加党的生活,而且还在某种程度上使群众和党这个秘密组织对立起来,所以党必须对工人在合法基础上进行的工会斗争加以领导,并且把这个斗争和社会民主主义任务紧紧地联系起来。"《解放》杂志在评论这个决议时喊道:"我们热烈欢迎这个决议,它是理智的胜利,是社会民主党内一部分人有了策略上的省悟的表现。"

现在读者已经看到了《解放》杂志的一切重要判断。如果以为这些判断符合客观真理,那当然是极端错误的。从这些判断中,任何一个社会民主党人都不难随时发现错误。如果忘记所有这些判断都浸透了自由派资产阶级的利益和观点,忘记这些判断从头到尾充满了这种性质的偏袒和成见,那就是幼稚。这些判断反映社会民主党的观点,正如凹镜或凸镜反映物体一样。但是,如果忘记,这些资产阶级的歪曲的判断归根到底反映资产阶级的真正利益,而资产阶级作为一个阶级无疑能够正确了解社会民主党内哪些趋向对它——资产阶级——有利,和它亲近,和它有血缘关系,为它所喜爱,哪些趋向对它有害,和它疏远,和它不相容,为它所嫌恶,——如果忘记这一点,那就更加错误了。资产阶级的哲学家或资产阶级的政论家,永远不能正确了解社会民主党,无论是孟什维克的社会民主党还是布尔什维克的社会民主党。但是,如果他是一个多少明白一些事理的政论家,那么他的阶级本能就不会欺骗他,他总是能够从实质上正确了解社会民主党内这个或那个派别对资产阶级的意义,尽管他会作出歪曲的说明。因此,我们的敌人的阶级本能,他所作的阶级判断,在任何时候都值得每一个觉悟的无产者予以极大的注意。

那么，俄国资产阶级的阶级本能借解放派之口向我们说了些什么呢？

它十分明确地表示它对新火星派的趋向满意，称赞新火星派的现实主义、头脑清醒、理智的胜利、决议的郑重、策略上的省悟、讲求实际等等，同时它又十分明确地表示它对第三次代表大会的趋向不满意，斥责第三次代表大会的狭隘性、革命主义、骚乱主义、否定实际有益的妥协等等。资产阶级的阶级本能恰巧使它觉察到我们的书刊中用最准确的材料再三证明过的事情，即新火星派是现代俄国社会民主党内的机会主义派，而他们的反对者是现代俄国社会民主党内的革命派。自由派不能不同情前者的趋向，也不能不斥责后者的趋向。自由派是资产阶级的思想家，他们非常了解，对资产阶级有利的是工人阶级的"讲求实际、头脑清醒和态度郑重"，即事实上把它的活动场所限制在资本主义、改良和工会斗争等等的范围内。对资产阶级危险而可怕的是无产阶级的"革命主义的狭隘性"，是无产阶级为了自己的阶级任务而努力争当俄国全民革命的领导者。

"现实主义"这个名词在解放派心目中的含义确实是这样的，这从《解放》杂志和司徒卢威先生过去对这个名词的用法中也可以看出来。《火星报》自己也不能不承认解放派的"现实主义"有**这样的**含义。例如，请回想一下《火星报》第73—74号附刊上那篇题为《是时候了！》的文章吧。该文作者（他一贯地体现了俄国社会民主工党第二次代表大会上的"泥潭派"[237]的观点）坦率地表示了自己的意见，认为"阿基莫夫在代表大会上所起的作用与其说是机会主义真正代表者的作用，不如说是机会主义幽灵的作用"。《火星报》编辑部不得不立刻来纠正《是时候了！》一文作者的说法，它在附注中宣称：

"我们不能同意这个意见。阿基莫夫同志在纲领问题上的观点具有明显的机会主义标记,这是《解放》杂志的批评家也承认的。这位批评家在该杂志最近一期上说,阿基莫夫同志归附于'现实主义的'——应读做:修正主义的——派别。"①

可见,《火星报》自己十分清楚,解放派的"现实主义"就是机会主义,而不是别的什么东西。《火星报》现在在攻击"自由派的现实主义"(《火星报》第 102 号)时,丝毫不提**自由派称赞过它的现实主义的事实**,这是因为这种称赞比任何斥责都要辛辣。这种称赞(《解放》杂志的这种称赞不是偶然的而且也不是第一次)实际上证明了自由派的现实主义和社会民主党人的"现实主义"(应读做:机会主义)趋向,即新火星派因其整个策略立场的错误而在他们的每一个决议中显示出来的那种趋向,是有血缘关系的。

其实,俄国资产阶级已经完全暴露了它在"全民"革命中的不彻底和自私自利——既暴露于司徒卢威先生的议论中,又暴露于大批自由派报纸的全部论调和内容中,还暴露于大批地方自治人士、大批知识分子以及所有一切站在特鲁别茨科伊、彼特龙凯维奇、罗季切夫等等先生们一边的人们的政治言论的性质上。资产阶级当然并不总是清楚地了解,但是总的说来,凭着自己的阶级嗅觉却能很好地领悟到:一方面,无产阶级和"人民"对**资产阶级的**革命是有用的,就是说,可以把他们当做炮灰,当做摧毁专制制度的攻城槌;但是另一方面,如果无产阶级和革命农民取得"对沙皇制度的彻底胜利"并且把民主革命进行到底,那对它又是非常危险的。因此,资产阶级就尽一切力量来使无产阶级满足于在革命

---

① 手稿上接着有如下的说明:"(参看《前进报》出版的传单《一个热心效劳的自由派》)"(《列宁全集》第 2 版第 9 卷第 55—58 页。——编者注)。——俄文版编者注

中起"微弱的"作用,使无产阶级清醒些、实际些、现实些,使无产阶级的活动以"不要让资产阶级退出"的原则为标准。

　　有学识的资产者非常清楚,工人运动是他们摆脱不了的。因此,他们绝不反对工人运动,绝不反对无产阶级的阶级斗争;不,他们甚至极力赞美罢工自由,赞美文明的阶级斗争,把工人运动和阶级斗争了解为布伦坦诺式或希尔施—敦克尔式的东西。换句话说,他们完全愿意把罢工和结社的自由(事实上是工人自己差不多已经争得的自由)"奉送给"工人,只要工人抛弃"骚乱主义",抛弃"狭隘的革命主义",不再仇视"实际有益的妥协",不再追求和渴望给"俄国全民革命"刻上**自己的**阶级斗争的标记,刻上无产阶级彻底性、无产阶级坚决性、"平民雅各宾主义"的标记。因此,有学识的资产者在全国各地千方百计通过书籍①、报告、演说、谈话等等拼命劝导工人要有(资产阶级的)清醒头脑,要(像自由派那样)讲求实际,要抱(机会主义的)现实主义态度,要进行(布伦坦诺式的)阶级斗争[205],要办(希尔施—敦克尔式的)工会[186],如此等等。后两个口号对"立宪民主"党或"解放"党的资产者们特别方便,因为它们在表面上和马克思主义的口号是一致的,因为只要稍加省略,稍加曲解,就很容易把它们和社会民主主义的口号混淆起来,有时甚至很容易用它们来冒充社会民主主义的口号。例如,合法的自由派报纸《黎明报》[290](关于它,我们以后还要和《无产者报》的读者们详细谈谈)往往说出关于阶级斗争、无产阶级可能被资产阶级欺骗、工人运动、无产阶级主动性等等这样一些非常"大胆的"话,使那些漫不经心的读者和觉悟不高的工人很容易把该报的"社会民主主义"当做真货看待。实际上,这是按资产阶级

---

①　参看**普罗柯波维奇**《俄国工人问题》一书。

精神伪造社会民主主义的把戏,是用机会主义来歪曲和曲解阶级斗争概念的伎俩。

这一整套规模巨大的(按其影响群众的广度来说)偷天换日的资产阶级把戏,归根到底是企图把工人运动化为主要是工会运动,使工人运动远远地离开独立的(即革命的、以实现民主专政为目标的)政策,"用阶级斗争的思想来排挤掉工人意识中的俄国全民革命的思想"。

读者可以看到,我们把《解放》杂志的公式颠倒过来了。这是个绝妙的公式,它非常清楚地表明了对无产阶级在民主革命中的作用问题的两种观点,一种是资产阶级的观点,另一种是社会民主党的观点。资产阶级想叫无产阶级只进行工会运动,从而"用(**布伦坦诺式的**)阶级斗争的思想来排挤掉工人意识中的俄国全民革命的思想",——这和伯恩施坦派《信条》起草人用"纯粹工人"运动的思想来排挤掉工人意识中的政治斗争的思想完全相同。反之,社会民主党想把无产阶级的阶级斗争发展为无产阶级以领导者身份参加俄国全民革命,即把这个革命进行到实现无产阶级和农民的民主专政。

资产阶级对无产阶级说道,我国的革命是全民的革命,因此你们既然是个特殊的阶级,就应当只限于进行自己的阶级斗争,就应当为了"理智"而把自己的主要注意力集中在工会和使工会合法化上面,就应当恰好是把这些工会看做"在政治上教育和组织你们自己的最重要的出发点",就应当在革命时期制定一些多半是像新火星派的决议那样的"郑重的"决议,就应当爱惜那些"对自由派比较友善的"决议,就应当选择那些想要成为"工人阶级现实政治运动的实际领导者"的人来领导,就应当"保存马克思主义世界观的现实主义成分"(如果你们不幸已被这种"不科学的"教义问答的"严格公式"所沾染的话)。

社会民主党对无产阶级说道,我国的革命是全民的革命,因此,你们既然是最先进的和唯一彻底革命的阶级,就不仅要最积极地参加这个革命,而且要力求领导这个革命,因此你们不应当局限在被狭隘地了解为主要是工会运动的那种阶级斗争的范围内,相反,应当竭力扩大你们的阶级斗争的范围和内容,**一直到**不仅**包括**俄国当前的全民民主革命的**一切**任务,而且**包括**以后的社会主义革命的任务。因此,在不忽视工会运动,不拒绝利用任何一点合法活动的机会的同时,你们应当在革命时期把实行武装起义、建立革命军队和革命政府的任务提到第一位,把这当做取得人民对沙皇制度的完全胜利、争得民主共和制和真正的政治自由的唯一道路。

至于新火星派的决议因"路线"错误而在这个问题上采取了多么不彻底的、不一贯的、因而自然是资产阶级所喜爱的立场,就不用多说了。

## 二　马尔丁诺夫同志又来"加深"问题了

现在我们来谈谈马尔丁诺夫发表在《火星报》第 102 号和第 103 号上的文章。马尔丁诺夫企图证明我们把许多从恩格斯和马克思的著作中摘引出来的话解释得不正确而他却解释得正确,对于这种企图,不用说,我们是不会去反驳的。这种企图是很不严肃的,马尔丁诺夫的遁词是一望而知的,问题是很明显的,如果再加以分析,就没有什么意思了。任何一个用心的读者,都会很容易识破马尔丁诺夫的这个不很巧妙的全线退却的诡计,何况《无产者报》一部分撰稿人准备的恩格斯所著《行动中的巴枯宁主义者》和马克思所著《共产主义者同盟执行委员会的通告》(1850 年 3 月)的全译本,很快就要出版了[291]。只要从马尔丁诺夫的文章中引证一段话,就足以使读者看清马尔丁诺夫的退却。

马尔丁诺夫在《火星报》第103号上说,《火星报》"承认成立临时政府是发展革命的可能而适当的途径之一,否认社会民主党人参加**资产阶级**临时政府是适当的,正是为了要在将来完全占有国家机器来实行社会主义革命"。换句话说,《火星报》现在已经承认,它的一切恐惧——怕革命政府必须对国库和银行负责,怕把"监狱"拿到自己手里来会有危险而且还怕拿不到自己手里来等等,都是荒诞不经的。《火星报》只是照旧糊里糊涂,把民主专政和社会主义专政混为一谈。为了掩护退却,糊涂是不可避免的。

但是在新《火星报》的糊涂虫中间,马尔丁诺夫表现最为突出,他是个头号的糊涂虫,甚至可以说是个才能出众的糊涂虫。他每次大卖气力"加深"问题而把问题弄糊涂时,几乎总是同时"想出"一些新的公式,把他所采取的立场的全部虚伪性暴露无遗。请回想一下,他在"经济主义"时代是如何"加深"普列汉诺夫,如何独出心裁地创造了"对厂主和政府作经济斗争"的公式的。在经济派的全部著作中,很难找到能比这个公式更恰当地表明这一派的全部虚伪性的说法。现在也是如此。马尔丁诺夫很热心地替新《火星报》效劳,并且几乎是一说话就为我们评价新火星派的虚伪立场提供一些出色的新材料。他在第102号上说列宁"悄悄地调换了革命和专政的概念"(第3版第2栏)。

实际上,新火星派加给我们的一切罪名都可以归结为这个罪名。而我们是多么感谢马尔丁诺夫加给我们这样一个罪名啊!他提出这样一个罪名,就在我们和新火星派的斗争中给了我们一种十分宝贵的帮助!我们真要请求《火星报》编辑部更多地让马尔丁诺夫出来反对我们,"加深"他们对《无产者报》的攻击,并且"真正有原则地"表述这些攻击,因为马尔丁诺夫愈是努力要说得有原则些,就愈是说得糟糕,就愈加清楚地暴露出新火星派的破绽,就愈加成功地对自己和自己的朋友们作个有教益的解剖,使人们看到新《火星报》的原则如何被引到荒谬绝伦的地步(reductio ad absurdum)。

《前进报》和《无产者报》"调换了"革命和专政的概念。《火星报》不愿这样"调换"。最可敬的马尔丁诺夫同志,事情正是这样!您无意中说出了一个非常真实的情况。您用**新的**说法证实了我们的论点:《火星报》是在做革命的尾巴,它竟像解放派那样表述革命的任务,而《前进报》和《无产者报》则提出了要把民主革命引向前进的口号。

马尔丁诺夫同志,您不懂得这一点吗?因为这个问题很重要,我们不妨费点气力来给您作一番详尽的解释。

民主革命的资产阶级性质的表现之一,就是许多完全以承认私有制和商品经济为立足点而不能越出这个范围的社会阶级、集团和阶层,都迫于形势而不得不承认专制制度和整个农奴制度已不适用,都附和要求自由的呼声。而为"社会"所要求、为地主和资本家滔滔不绝的言词(仅仅是言词!)所维护的**这种**自由所具有的资产阶级性质,却愈来愈明显地暴露出来了。与此同时,工人争取自由的斗争和资产阶级争取自由的斗争之间、无产阶级的民主主义和自由派的民主主义之间的根本区别,也愈来愈清楚了。工人阶级和它的觉悟的代表勇往直前,把这个斗争推向前进,不仅不怕把这个斗争进行到底,而且力求远远地越过民主革命所能达到的最终点。资产阶级是不彻底的和自私自利的,它只是不完全地和虚伪地接受自由的口号。无论怎样企图用特别的线条,用特别拟定的"条款"(如斯塔罗韦尔决议或代表会议派决议中的那些条款)来定出一个界限,借以鉴定资产阶级的自由之友的这种虚伪态度,或者说资产阶级的自由之友的这种出卖自由的行为,都必然是注定要失败的,因为处在两堆火(专制制度和无产阶级)中间的资产阶级能千方百计地改变自己的立场和口号,能看风使舵,时而稍微偏左,时而稍微偏右,经常讨价还价,施展经纪人的本领。无产阶级民主主义的任务不是臆造这种僵死的"条款",而是不倦地评价不断发展的政治局势,揭露资产阶级不断表现出来的、难以预料的不彻底性和叛变。

请回想一下司徒卢威先生在秘密报刊上发表政治言论的历史,回想一下社会民主党和他交战的历史,这样就会清清楚楚地看到,为无产阶级民主主义而奋斗的社会民主党是怎样实现这些任务的。司徒卢威先生开始是提出纯粹希波夫式的口号:"权利与拥有权力的地方自治机关"(见我发表在《曙光》杂志**148**上的文章:《地方自治机关的迫害者和自由主义的汉尼拔》①)。社会民主党揭露了他,并且推动他提出明确的立宪主义纲领。当这种"推动"因革命事变进展特别迅速而发生了作用时,斗争就指向民主主义的**下一个**问题:不仅要有宪法,而且一定要有普遍、直接、平等和无记名投票的选举制。当我们从"敌军"那里"占领了"这个新阵地的时候(即"解放社"已接受普选制的时候),我们就更向前逼进,指明两院制的伪善和虚假,指明解放派没有完全承认普选制,并且以他们的**君主主义**立场为例证来揭露他们的民主主义所具有的经纪人的性质,或者换句话说,揭露这些解放派钱袋英雄**廉价出卖**伟大俄国革命的利益的企图。

最后,专制政府冥顽不化,国内战争大踏步前进,君主派使俄国陷入绝境,这些已开始使最保守的脑袋开窍了。革命已成为**事实**。

---

① 见《列宁全集》第2版第5卷第18—64页。——编者注

现在已经不是只有革命家才承认革命的时候了。专制政府事实上已经在腐烂,而且就在大家的眼前腐烂下去。正如一个自由派(格列杰斯库尔先生)在合法刊物上公正地指出的那样,已经形成了事实上不服从这个政府的局面。专制制度虽然表面上还很强大,但是它实际上已软弱无力;日益发展的革命事变已经开始把这个活生生腐烂着的寄生机体干脆推到一边去。自由派资产者不得不以事实上正在形成的现有关系为立足点来进行活动(或者更正确些说,进行政治投机),**开始觉得必须承认革命**。他们这样做,并不是因为他们是革命家,而尽管他们不是革命家,他们也得这样做。他们这样做是迫不得已,是违反自己的意愿的,他们愤怒地看着革命取得进展,而责怪专制政府太革命,因为这个专制政府不愿妥协,而想作殊死斗争。他们是天生的买卖人,仇恨斗争,仇恨革命,但是客观形势迫使他们站到革命的基地上来,因为他们没有其他的立足之地。

我们在观看一场很有教益而又非常滑稽可笑的演出。资产阶级自由主义的娼妓企图穿上革命的外衣。解放派,——且慢发笑,先生们! ——解放派开始代表革命说话了! 解放派开始要我们相信他们"不怕革命"(司徒卢威先生语,见《解放》杂志第72期)!!! 解放派已表示要"领导革命"!!!

这是一个非常值得注意的现象,它不仅标志着资产阶级自由主义的进步,而且更标志着革命运动的实际成就方面的进步:这个革命运动已经**迫使**人们对它表示承认。甚至资产阶级也开始感到站在革命的基地上是比较有利的,可见专制制度已被动摇到什么程度了。可是,另一方面,这个证明整个运动已上升到新的更高阶段的现象,又向我们提出一些也是新的、也是更高的任务。不管资产阶级某个思想家个人是否诚实,资产阶级对革命的承认不可能是真心诚意的。资产阶级不会不把自私自利和不彻底性、小商人习气和卑鄙的反动诡计,随身带到运动的这个更高的阶段中来。现在,为了贯彻我们的纲领和发展我们的纲领,我们应当**另行**规定革命的当前的**具体**任务。昨天足够的东西,**今天已经不够了**。昨天,把要求承认革命作为先进的民主口号也许是足够的。现在,它已经不够了。革命甚至已经迫使司徒卢威先生对它表示承认。现在,要求于先进阶级的,是确切规定这个革命的刻不容缓的迫切任务的**内容本身**。司徒卢威先生们虽然承认革命,但是立刻就一次又一次地露出马脚,又唱起陈词滥调,说什么可能达到和平的结局,说**尼古拉**将召请解放派先生们上台执政,如此等等。解放派先生们承认革命,目的是要比较安全地阉割这个革命,出卖这个革命。现在,我们应当向无产阶级和全体人民指出,只提革命这个口号是不够的,必须清楚而毫不含糊地、彻底而坚决地把革命的**内容本身**确定下来。而能够这样确定革命内容的就是那个唯一能够正确表明革命"彻底胜利"的口号:无产阶级和农民的革命民主专政。

滥用字眼是政治方面最普通的现象。例如,一再地自称为"社会主义者"的就有英国资产阶级自由派(哈科特说:"现在我们大家都是社会主义者"——"We all are socialists now"),还有俾斯麦的信徒和教皇利奥十三世的朋友。"革命"一语也完全可以被人们滥用,而当运动发展到一定阶段的时候,这种滥用是不可避免的。当司徒卢威先生以革命的名义说起话来的时候,我们不由得想起了梯也尔。在二月革命[292]前几天,这个侏儒怪物,这个资产阶级政治叛变行为的理想代表人物,就嗅到了人民风暴即将来临的气息。于是他在议会讲台上宣称他**属于革命党**!(见马克思的《法兰西内战》①)解放派转到革命党方面来的政治意义和梯也尔

---

① 见《马克思恩格斯文集》2009年人民出版社版第3卷第131—186页。——编者注

的这种"转变"**是完全相同的**。当俄国的梯也尔们开始说他们属于革命党的时候,这就表明革命这一口号已经不够了,已经什么也不能说明,任何任务都不能确定了,因为革命已经成为事实,而各色各样的人都纷纷拥向革命方面来了。

从马克思主义观点来看,革命究竟是什么意思呢？这就是用暴力打碎陈旧的政治上层建筑,即打碎那种由于同新的生产关系发生矛盾而到一定的时候就要瓦解的上层建筑。现在,专制制度同资本主义俄国的整个结构的矛盾,同资本主义俄国向资产阶级民主方面发展的一切需要的矛盾,愈是长久地勉强被保持下去,它就愈加强烈地促使专制制度瓦解。上层建筑已经到处都是裂缝,经受不住强攻,日益削弱下去了。人民不得不通过各个阶级和各个集团的代表自己来为自己建造新的上层建筑。到了一定的发展阶段,旧的上层建筑的毫无用处就成为尽人皆知的事实。革命已经是大家都承认的了。现在的任务是确定究竟应该**由哪些**阶级来建造新的上层建筑和**用什么样的方式**来建造。要不确定这一点,革命这一口号在目前就是一个空洞的毫无内容的口号,因为专制制度的虚弱无力使得大公们和《莫斯科新闻》[54]也变成"革命者"了！要不确定这一点,那就根本谈不到先进阶级的先进的民主主义任务。而用来确定这一点的就是无产阶级和农民的民主专政的口号。这个口号既能确定新上层建筑的新"建筑者"可能而且应当依靠哪些阶级,又能确定这一上层建筑是什么性质(和社会主义专政不同的"民主"专政)和采取什么建筑方式(实行专政,即用暴力镇压暴力的抵抗,武装人民中的革命阶级)。现在,谁不承认这个革命民主专政的口号,不承认建立革命军队、革命政府和革命农民委员会的口号,那他不是根本不了解革命的任务,没有能力确定当前形势所提出的新的和更高的革命任务,就是滥用"革命"这一口号来欺骗人民,出卖革命。

马尔丁诺夫同志和他的那班朋友属于前一种情况。司徒卢威先生和整个"立宪民主"地方自治派属于后一种情况。

马尔丁诺夫同志真是又机灵又精明,正好是在革命的发展要求人们用专政的口号来确定革命任务的时候,他却责备别人"调换"革命和专政的概念!马尔丁诺夫同志事实上又不幸做了尾巴,在上上阶段上搁了浅,**结果竟停留在解放派的水平上**,因为目前适合于解放派的政治立场,即适合于自由主义君主派资产阶级的利益的,正是承认"革命"(口头上的革命),而不愿承认无产阶级和农民的民主专政(即事实上的革命)。自由派资产阶级现在通过司徒卢威先生表示赞成革命。觉悟的无产阶级通过革命的社会民主党人要求实行无产阶级和农民的专政。这时,新《火星报》的一位聪明人又来介入这场争论,喊道:可别"调换"革命和专政的概念呀!看,新火星派的虚伪立场注定要使他们永远做解放派的尾巴,难道不是这样吗?**293**

我们已经指出,解放派在承认民主主义方面是一步一步上升的(这里有社会民主党的鼓励推动作用)。起初,我们和他们争论的问题是:希波夫主义(权利与拥有权力的地方自治机关**62**)呢,还是立宪主义?后来是:有限制的选举呢,还是普选制?再后来是:承认革命呢,还是去和专制政府做经纪人的交易?最后,现在是:承认革命而不要无产阶级和农民的专政呢,还是承认这两个阶级在民主革命中的专政要求?很可能解放派先生们(无论是现在的解放派或者是他们在资产阶级民主派左翼中的继承者,反正都是一样)还会上升一步,就是说,很可能过一些时候(也许是在马尔丁诺夫同志也上升一步的时候)也承认专政的口号。如果俄国的革命顺利地前进并且获得彻底的胜利,这甚至是不可避免的事情。那时，社会民主党的立场又将怎样呢？现在这个革命的完全胜利就是民主革命的终结和为社会主义革命而坚决斗争的开始。今天的农民的要求一得到满足，反动势力一被完全粉碎，民主共和制一争取到手，资产阶级的、甚至小资产阶级的革命性就将全部完结，而无产阶级争取社会主义的真正的斗争就会开始。民主革命实现得愈完全，这个新的斗争就会开展得愈迅速，愈广泛，愈纯粹，愈坚决。"民主"专政这个口号表明现在这个革命的历史的局限性，表明在新制度的基地上为争取工人阶级完全摆脱任何压迫和任何剥削而进行新斗争的必然性。换句话说，当民主派资产阶级或小资产阶级再上升一步的时候，当不仅革命成为事实，而且革命的完全胜利也成为事实的时候，我们就会用无产阶级社会主义专政的口号，即完全的社会主义革命的口号，来"调换"（也许是在将来的新的马尔丁诺夫们的恐怖的号叫声中）民主专政的口号。

## 三　庸俗的资产阶级专政观和马克思的专政观

梅林出版了 1848 年马克思在《新莱茵报》上发表的论文集，他在论文集的说明中说，资产阶级书刊还对《新莱茵报》提出过如下指责，说它要求"立刻实行专政，以此作为实现民主的唯一手段"（《马克思遗著》第 3 卷第 53 页）[294]。从庸俗的资产阶级观点看来，专政和民主这两个概念是互相排斥的。资产者不懂阶级斗争的理论，看惯了政治舞台上各个资产阶级小集团之间的无谓争吵，认为专政就是废除一切自由和一切民主保障，就是恣意横行，就是滥用权力以谋专政者个人的利益。实质上，我们的马尔丁诺夫正表现了这种庸俗的资产阶级观点，他在新《火星报》上的那篇

"新讨伐"文章的结语中说,《前进报》和《无产者报》所以偏爱专政这个口号,是因为列宁"很想碰碰运气"(《火星报》第103号第3版第2栏)。这个绝妙的解释完全可以和资产阶级指责《新莱茵报》鼓吹专政的说法相媲美。可见,马克思也被揭发为调换革命和专政的概念,——不过不是为社会民主党人所揭发,而是为资产阶级民主派所揭发! 为了向马尔丁诺夫说清阶级专政的概念和个人专政的区别,以及民主专政的任务和社会主义专政的任务的区别,谈一谈《新莱茵报》的观点也许不是无益的。

1848年9月14日的《新莱茵报》写道:"在革命之后,任何临时性的政局下都需要专政,并且是强有力的专政。我们一开始就指责康普豪森〈1848年3月18日以后的内阁首脑〉没有实行专政,指责他没有马上粉碎和清除旧制度的残余。正当康普豪森先生陶醉于立宪的幻想时,被打垮的党派〈即反动的党派〉已在官僚机构和军队中巩固他们的阵地,甚至敢于在各处展开公开的斗争。"①

梅林说得很对:这段话把《新莱茵报》在几篇长篇论文中所作的关于康普豪森内阁的详细论述归纳成扼要的几点。马克思的这段话告诉了我们些什么呢? 它告诉我们,临时革命政府**必须**实行专政(规避专政口号的《火星报》无论如何不能理解这一点);它告诉我们,这个专政的任务就是消灭旧制度的残余(我们上面已经说过,这恰恰是俄国社会民主工党第三次代表大会关于同反革命斗争的决议中所清楚地指出的,而且是代表会议的决议所忽略的)。最后,第三,从这段话中可以看出,马克思因为资产阶级民主派在革命和公开内战时期迷恋于"立宪的幻想"而痛斥了他们。从

---

① 见《马克思恩格斯文集》2009年人民出版社版第2卷第69页。——编者注

1848年6月6日《新莱茵报》的论文中可以特别明显地看出这段话的含义。马克思写道:"制宪国民议会首先应该是具有革命积极性的积极的议会。而法兰克福议会却像小学生做作业似的在议会制度上兜圈子,对各邦政府的行动听之任之。就算这个学术会议在极其周密的酝酿之后挖空心思炮制出最好的议事日程和最好的宪法吧。但是,如果各邦政府在这个时候已经把刺刀提到议事日程上来,那么,最好的议事日程和最好的宪法又有什么用呢?"①

专政这个口号的含义就是如此。由此可以看出,马克思会怎样对待那些把"决定召开立宪会议"叫做彻底胜利或者号召"始终如一地做一个持极端革命反对派态度的政党"的决议!

各国人民生活中的重大问题,只有用强力才能解决。反动阶级通常都是自己首先使用暴力,发动内战,"把刺刀提到议事日程上来",俄国专制制度就这样做过,而且从1月9日起在全国各地还继续不断地这样做。既然已经形成这样的局面,既然刺刀已经真正摆在政治日程上的首要地位,既然起义已经成了必要的和刻不容缓的事情,那么立宪幻想和像小学生做作业似的在议会制度上兜圈子,就只能起掩饰资产阶级出卖革命,掩饰资产阶级"退出"革命的作用。这时,真正革命的阶级所应当提出的正是专政的口号。

关于这个专政的任务的问题,马克思在《新莱茵报》上还写道:"国民议会本来只需在各个地方用专政手段来抵御腐朽政府的反动干预,这样它就能在人民的舆论中赢得强大的力量,在这种力量面前所有的刺刀⋯⋯都会碰得粉碎。⋯⋯这个议会不去引导德国人民或者接受德国人民的引导,而是使人民对它感到厌倦。"②按马克

---

① 参看《马克思恩格斯全集》第1版第5卷第45页。——编者注
② 同上书,第46页。——编者注

思的意见,国民议会应当"消除德国现存制度中一切和人民专制的原则相抵触的东西",然后"巩固议会的革命基础,保护革命的成果即人民专制不受任何侵犯"①。

可见,马克思在 1848 年向革命政府或专政提出的任务,按内容来说,首先就是实行**民主**革命:抵御反革命势力,在事实上消除一切和人民专制相抵触的东西。这正好就是革命民主专政。

还有,按马克思的意见,当时有哪些阶级能够而且应当实现这个任务(把人民专制的原则真正贯彻到底,并打退反革命的袭击)呢?马克思说的是"人民"。但是我们知道,马克思一向都是无情地反对那些认为"人民"是一致的、认为人民内部没有阶级斗争的小资产阶级幻想。马克思在使用"人民"一语时,并没有用它来抹杀各个阶级之间的差别,而是用它来概括那些能够把革命进行到底的一定的成分。

在柏林无产阶级 3 月 18 日的胜利[295]以后,——《新莱茵报》写道,——革命产生了两方面的结果:"一方面是人民有了武装,获得了结社的权利,实际上争得了人民专制;另一方面是保存了君主政体,成立了康普豪森—汉泽曼内阁,即代表大资产阶级的政府。这样,革命就有了两种必然会背道而驰的结果。人民胜利了;他们获得了无疑是具有民主性质的自由,但是直接的统治权并没有转到他们的手中,而落入了大资产阶级的手中。总而言之,革命没有进行到底。人民让大资产者去组阁,而这些大资产者却邀请旧普鲁士的贵族、官僚与自己结盟,这就立即表明了他们的倾向。加入内阁的有阿尔宁、卡尼茨和什未林。

**一开始就反对革命的大资产阶级由于害怕人民,即害怕工人**

---

① 参看《马克思恩格斯全集》第 1 版第 5 卷第 14 页。——编者注

**和民主派资产阶级，同反动派订立了攻守同盟"**（黑体是我们用的）。①

总之，要取得革命的彻底胜利，不仅"决定召开立宪会议"很不够，甚至真正召集立宪会议也还是很不够！甚至在武装斗争中得到局部的胜利（柏林工人1848年3月18日对军队的胜利）以后，革命也还可能"没有完成"，"没有进行到底"。革命是否进行到底，究竟取决于什么呢？取决于直接统治权究竟转到谁的手里：是转到彼特龙凯维奇和罗季切夫之流，即转到康普豪森和汉泽曼之流的手里，还是转到**人民**，即工人和民主派资产阶级的手里。在前一种场合下，资产阶级拥有政权，而无产阶级有"批评的自由"，有"始终如一地做一个持极端革命反对派态度的政党"的自由。革命一胜利，资产阶级立刻就会和反动势力结成联盟（譬如说，如果彼得堡的工人在和军队进行的巷战中仅仅获得局部的胜利，而让彼特龙凯维奇之流的先生们去成立政府，那么这种情形在俄国也是免不了要发生的）。在后一种场合下就有可能实现革命民主专政，即革命的完全胜利。

现在还需要更确切地断定，马克思拿来和工人合在一起统称为人民而与大资产阶级相对立的那个"民主派资产阶级"（demokratische Bürgerschaft）究竟是指的什么？

对于这个问题，1848年7月29日《新莱茵报》一篇文章中的下面的话给了明白的回答："……1848年的德国革命只不过是对1789年法国革命的滑稽讽刺的模仿。

1789年8月4日，攻占巴士底狱后三个星期，法国人民在一天之内就取消了封建义务。

---

① 参看《马克思恩格斯全集》第1版第5卷第72—73页。——编者注

1848 年 7 月 11 日,三月街垒战后四个月,封建义务就压在德国人民身上。Teste Gierke cum Hansemanno。①

1789 年的法国资产阶级一刻也没有抛开自己的同盟者——农民。资产阶级知道:它的统治的基础就是消灭农村中的封建制度,就是形成一个自由的占有土地的(grundbesitzenden)农民阶级。

1848 年的德国资产阶级毫无顾忌地出卖这些农民,出卖自己的天然的同盟者,可是农民与它骨肉相连,没有农民,它就无力反对贵族。

保存封建权利,在(虚幻的)赎买的幌子下批准这些权利,——这就是 1848 年德国革命的结果。真是雷声大雨点小。"②

这是些很有教益的话,这些话告诉我们四个重要的原理:(1)没有完成的德国革命和已经完成的法国革命的不同之处,就在于德国资产阶级不仅是背叛了民主主义,而且特别是背叛了农民。(2)完全实现民主革命的基础是形成一个自由的农民阶级。(3)形成这样一个阶级,就是废除封建义务,消灭封建制度,但这还决不是社会主义革命。(4)农民是资产阶级即民主派资产阶级的"天然的"同盟者,没有这种同盟者,资产阶级就"无力"反对反动势力。

---

① "见证人就是吉尔克先生和汉泽曼先生。"汉泽曼是大资产阶级政党的阁员(相当于俄国的特鲁别茨科伊或罗季切夫等等)。吉尔克是汉泽曼内阁中的农业大臣,他拟定了一个"大胆的"草案,表面上似乎是要"无偿地""废除封建义务",实际上只是废除一些无关紧要的小的义务,而把较重大的义务保存下来,或实行赎买。吉尔克先生很像俄国的卡布鲁柯夫、曼努伊洛夫、赫尔岑施坦一类与农夫为友的资产阶级自由派先生们,他们愿意"扩大农民占有的土地",但是不愿意得罪地主。

② 参看《马克思恩格斯全集》第 1 版第 5 卷第 331 页。——编者注

　　只要根据具体的民族特点作相应的改变,只要把封建制度改成农奴制度,所有这些原理就完全适用于1905年的俄国了。毫无疑问,当我们从马克思所阐明的德国经验中吸取教训时,我们所能得出的保证革命彻底胜利的口号就只能是无产阶级和农民的革命民主专政。毫无疑问,马克思在1848年拿来和那些进行反抗的反动势力及叛变的资产阶级相对立的"人民",其主要组成部分就是无产阶级和农民。毫无疑问,在我们俄国,自由派资产阶级和解放派先生们也在背叛农民,而且将来还会背叛农民,就是说,他们会用假的改良来敷衍了事,会在地主和农民决战的时候站到地主方面去。只有无产阶级能够在这个斗争中彻底支持农民。最后,毫无疑问,在我们俄国,农民斗争的成功,即全部土地转归农民所有,也将意味着完全的民主革命,也是进行到底的革命的社会支柱,但决不是社会主义革命,也决不是小资产阶级思想家即社会革命党人所说的"社会化"。农民起义的成功,民主革命的胜利,只会为在民主共和制的基地上真正而坚决地进行争取社会主义的斗争扫清道路。农民是土地占有者阶级,他们在这个斗争中,也会像资产阶级现在在争取民主的斗争中一样地扮演叛卖的、不稳定的角色。忘记这一点就是忘记社会主义,就是在无产阶级的真正利益和任务问题上自欺欺人。

　　为了详尽地说明马克思在1848年的观点,必须指出当时德国社会民主党(或无产阶级的共产党,如果用当时的话说)和现代俄国社会民主党之间的一个本质的区别。我们听听梅林是怎样说的:

　　"《新莱茵报》是作为'民主派的机关报'出现在政治舞台上的。不能不看到贯穿在它的一切文章中的那条基本线索。但是它的直接目标,与其说是保护无产阶级的利益,反对资产阶级的利益,不如说是保护资产阶级革命的利益,反对专制制度和封建制度。在该报的各栏很少有专门讨论革命时期工人运动问题的材料,虽然不应当忘记,和它同时并存的还有每星期出版两次的莫尔和沙佩尔两人编辑的一个专门的科隆工人联合会机关报<sup>296</sup>。无论如何,很使当代读者注意的,是《新莱茵报》很少注意当时的德国工人运动,虽然当时德国工人运动中一位最能干的活动家斯蒂凡·波尔恩曾在巴黎和布鲁塞尔两地向马克思和恩格斯学习过,而且1848年还在柏林为他们的报纸写通讯。波尔恩在他的《回忆录》中说,马克思和恩格斯从来没有向他说过一句话,表示他们不赞同他在工人中进行的鼓动工作。可是,根据恩格斯后来的声明,可以推想,他们至少是不满意这种鼓动工作的方法。他们的不满是有根据的,因为波尔恩曾经不得不对德国大多数地区中还完全没有发展的无产阶级阶级意识作了许多让步,作了许多从《共产党宣言》的观点看来完全经不起批驳的让步。他们的不满又是没有根据的,因为波尔恩毕竟还是把他领导的鼓动工作保持在相当高的水平上……  毫无疑问,马克思和恩格斯认为工人阶级的最重要的利益首先是尽量推进资产阶级革命,这从历史上看、从政治上看都是正确的……  虽然如此,但是有一件事实卓越地证明了工人运动的起码的本能能够纠正最天才的思想家的观念,这就是他们在1849年4月主张成立专门的工人组织,并且决定参加特别是由易北河以东(东普鲁士)的无产阶级准备召集的工人代表大会。"<sup>①</sup>

可见,只是在1849年4月,在革命报纸出版了几乎一年以后

---

① 参看《马克思恩格斯全集》第1版第6卷第509、697、698、703—704页。——编者注

(《新莱茵报》是从1848年6月1日开始出版的),马克思和恩格斯才主张成立专门的工人组织!在此以前,他们只办了一个和独立工人政党在组织上没有任何联系的"民主派的机关报"!这件事实,这件从我们现在的观点看来是骇人听闻的和不可思议的事实,清楚地向我们表明,当时的德国社会民主工人政党和现在的俄国社会民主工人政党之间有多么大的差别。这件事实向我们表明,在德国民主革命中所显露出来的运动的无产阶级特征和无产阶级潮流要少得多(因为德国1848年在经济方面和在政治方面还落后——国家没有统一)。这在评价马克思当时和不久以后关于必须独立组织无产阶级政党的多次声明时,是不应当忘记的(例如普列汉诺夫就忘记了这一点①)。马克思只是根据民主革命的经验,几乎经过了一年才实际作出这个结论来,可见德国当时的整个气氛充满了多么浓厚的市侩性、小资产阶级性。对我们来说,这个结论是早就从国际社会民主运动半世纪的经验中得到的坚固的成果,而我们就是根据这个成果**开始**组织俄国社会民主工党的。例如,在我们这里根本谈不上无产阶级的革命报纸会站在无产阶级的社会民主党之外,根本谈不上这种报纸哪怕有片刻会作为"民主派的机关报"出现。

可是,在马克思和斯蒂凡·波尔恩之间刚刚开始显露出来的那种对立,在我们这里却以成熟得多的形式存在着,而且我国革命民主巨流中的无产阶级潮流愈是强大,这种对立就愈厉害。梅林说马克思和恩格斯对斯蒂凡·波尔恩的鼓动工作可能不满时,话说得太缓和,人闪烁其词了。请看恩格斯在1885年写的评论波尔恩的一段话(引自《揭露科隆共产党人案件》1885年苏黎世版序言):

---

① 括号中的话在以前各版中都被略去了。——俄文版编者注

共产主义者同盟<sup>43</sup>的盟员到处领导极端民主运动,这就证明同盟是革命活动的最好的学校。"曾在布鲁塞尔和巴黎作为同盟盟员积极活动的排字工人斯蒂凡·波尔恩,在柏林建立了'工人兄弟会'(Arbeiterverbrüderung)<sup>297</sup>,这个组织有过很广泛的发展,并且一直存在到1850年。波尔恩是一个有才能的青年,但是他有些太急于要成为大政治家,竟和各色各样的坏家伙(Kreti und Plethi)'称兄道弟',只图在自己周围纠合一群人。他完全不是一个能统一各种矛盾意向,澄清混乱状况的人物。因此,他那个兄弟会所发表的正式文件往往混乱不堪,竟把《共产主义宣言》<sup>①</sup>的观点同行会习气和行会愿望、同路易·勃朗和蒲鲁东的观点的残屑碎片、同拥护保护关税政策的立场等等混杂在一起;一句话,这些人想讨好一切人(Allen alles sein)。**他们特别致力于组织罢工,组织工会和生产合作社,却忘记了首要任务是通过政治上的胜利先取得一个唯一能够持久地实现这一切的活动场所**〈黑体是我们用的〉。所以,当反动势力的胜利迫使这个兄弟会的首脑们感到必须直接参加革命斗争的时候,原先集合在他们周围的乌合之众就自然而然地离开了他们。波尔恩参加了1849年5月德累斯顿的起义<sup>298</sup>并幸免于难。但是,工人兄弟会则对无产阶级的伟大政治运动采取袖手旁观的态度,成为一个孤独自在的团体,在很大程度上只是徒有虚名,它的作用无足轻重,所以直到1850年反动派才觉得有必要取缔它,而它的分支则过了几年以后才被认为有必要取缔。真姓是布特尔米尔希<sup>②</sup>的波尔恩没有成为大政治家,而成

① 即《共产党宣言》。——编者注
② 我在本书第1版中翻译恩格斯的这一段话时犯了一个错误,不是把Buttermilch(酸牛奶。——编者注)一字看做专有名词,而是把它看成了普通名词。这个错误当然使孟什维克们极为高兴。柯尔佐夫写文章说我"加深了恩格斯"(该文曾转载在

了瑞士的一个小小的教授,他不再把马克思著作译成行会语言,而是把温情的勒南的作品译成甜腻的德语。"①

恩格斯就是这样评价社会民主党在民主革命中的两种策略的!

我们的新火星派也是狂热地追求"经济主义",甚至因为自己"省悟"而博得君主派资产阶级的赞扬。他们也是把各色各样的人纠合在自己周围,奉承"经济派",用"主动性"、"民主主义"和"自治"等等口号来拉拢落后群众。他们的工会也是往往只存在于他们那个赫列斯塔科夫**300**式的新《火星报》上。他们的口号和决议暴露出他们同样不了解"无产阶级伟大政治运动"的任务。

<table>
<tr><td>1905 年 7 月由俄国社会民主<br>工党中央委员会在日内瓦印成<br>单行本</td><td>选自《列宁全集》第 2 版第 11 卷<br>第 1—124 页</td></tr>
</table>

---

《两年来》文集中),普列汉诺夫现在还在《同志报》上提起这个错误**299**,总而言之,他们找到一种**绝妙的借口来抹杀**1848 年德国的**工人运动中有两种趋向存在的问题**,一种是波尔恩(我们的"经济派"的亲属)的趋向,另一种是马克思主义的趋向。利用论敌的错误——即使是关于波尔恩的姓氏问题的错误,本来是非常自然的事情。但是利用纠正译文的手段来抹杀有两种策略存在这一问题的本质,这就是害怕涉及争论的实质。(这是作者为 1907 年版加的注释。——编者注)

① 参看《马克思恩格斯文集》2009 年人民出版社版第 4 卷第 240—241 页。——编者注

# 社会民主党对农民运动的态度

(1905 年 9 月 1 日〔14 日〕)

农民运动在俄国现今的民主革命中的巨大意义,所有的社会民主党报刊都已经阐述过很多次了。大家知道,俄国社会民主工党第三次代表大会<sup>261</sup>就这个问题通过了专门的决议,以便更加确切地规定和统一整个觉悟的无产阶级政党对目前农民运动所采取的行动。虽然这个决议是预先准备好了的(第一个草案①刊登在今年 3 月 10 日(23 日)《前进报》<sup>301</sup>第 11 号上),虽然这个决议曾由力求把俄国社会民主党全党已经确定了的观点表述出来的党代表大会仔细修改过,它还是引起了在国内工作的许多同志的疑虑。萨拉托夫委员会一致认为这个决议不能接受(见《无产者报》<sup>259</sup>第 10 号)。我们当时就表示希望他们能对这种看法作出解释,可惜这个愿望至今未能实现。我们只知道,萨拉托夫委员会认为新火星派代表会议<sup>262</sup>关于土地问题的决议也是不能接受的,可见,它所不满意的是这两个决议共同的地方,而不是它们不同的地方。

我们收到的莫斯科一位同志的来信(用胶版印成传单),是关于这个问题的新材料。现在把这封信全文转录如下:

---

① 见《列宁全集》第 2 版第 9 卷第 328—329 页。——编者注

# 给中央委员会和
# 在农村工作的同志的公开信

同志们！莫斯科委员会的郊区组织已经在农民中间直接开始工作了。由于缺乏组织这种工作的经验，由于我国中部的农村有其特殊的条件，由于第三次代表大会的决议对这一问题的指示不够明确，以及在定期刊物和一般刊物上几乎完全没有农村工作的参考材料，所以我们不得不请求中央给我们寄来原则性和实践性的详细指示，并请求各位从事同样工作的同志，把你们从经验中得到的实际材料告诉我们。

我们认为有必要把我们阅读第三次代表大会《关于对农民运动的态度》的决议时所产生的疑虑，以及我们已经开始在我们农村实行的组织计划告诉你们。

"（一）在广泛的各阶层人民中间宣传社会民主党的任务就是最坚决地支持农民所采取的能够改善他们状况的一切革命措施，包括没收地主、官府、教会、寺院和皇族的土地。"（见俄国社会民主工党第三次代表大会决议）

这一条首先就没有说清楚，党组织将要怎样进行和应该怎样进行宣传。为了进行宣传，首先就要有一个同宣传对象十分接近的组织。农村无产阶级所组成的委员会是否就是这样的组织，或者可能还有其他进行口头宣传和文字宣传的组织方法。这是一个没有解决的问题。

关于坚决支持的诺言也是如此。支持，而且还是坚决支持，这也只有在当地有了组织以后才能办到。关于"坚决支持"的问题，我们总觉得是极其模糊的。社会民主党能不能支持没收那些用集约方法经营、采用机器和种植贵重作物的地主土地呢？把这样的土地转交给小资产阶级私有者——不管改善他们的状况是多么重要——就这种经济的资本主义发展来说，会是倒退一步。所以我们认为，我们既是社会民主党人，就应当在这个关于"支持"的条文里加上如下的保留条件："如果把这些土地没收来交归农民（小资产阶级）所有的办法将是这些土地上的这种经济发展的更高形式的话。"

其次：

"（四）力求把农村无产阶级独立地组织起来，并使他们在社会民主党的旗帜下同城市无产阶级融合在一起，使他们的代表加入农民委员会。"

引起怀疑的是本条中最后一句话。问题在于"农民协会"一类的资产阶级民主主义组织和社会革命党人一类的反动的空想主义的组织,是在自己的旗帜下把农民中间的资产阶级分子和无产阶级分子一同组织起来的。我们使农村无产阶级组织的代表参加这样的"农民"委员会,就会自相矛盾,就会和我们对于联盟问题等等的观点相矛盾。

我们觉得这里必须作些修正,而且是很重大的修正。

这就是我们对第三次代表大会决议的一些共同的意见。希望尽可能迅速和尽可能详细地加以研究。

至于说在我们郊区组织中建立"农村"组织的计划,我们则要在第三次代表大会的决议根本没有提及的那种条件下进行工作。首先必须指出,我们活动的区域——莫斯科省以及与它接壤的邻省各县——主要是从事工业的区域,手工业不太发达,专门从事农业的居民为数甚少。这里有拥有 10 000—15 000 名工人的大工厂,也有散处于偏僻乡村的、拥有 500—1 000 名工人的小工厂。有人会认为,在这样的条件下,社会民主党在这里一定能够为自己找到最适宜的基地,但是实际情况表明,这种肤浅的设想是经不起批评的。虽然某些工厂已存在了 40—50 年之久,但是直到现在,我们的"无产阶级"绝大多数还没有和土地断绝关系。"农村"把无产阶级束缚得很紧,以致"纯粹"无产阶级在集体劳动过程中所造成的一切心理条件和其他条件,在我们的无产阶级中间并未发展起来。我们的"无产者"的农业,是一种混杂的形式。工厂的织工雇用雇农去耕种他的一小块土地。他的妻子(如果她不在工厂中工作)、儿女、老人、残疾人也在这块土地上工作,而当他自己老了,残疾了或者因狂暴或可疑的行为而被逐出工厂的时候,也要到这里来工作。这样的"无产者"很难叫做无产者。他们按经济地位来说是赤贫者,按意识形态来说是小资产者。他们毫无知识,思想保守。"黑帮"分子就是从他们中间招募来的。但是最近他们也开始觉醒起来了。我们以"纯粹的"无产阶级为据点,把这些愚昧的群众从千百年的睡梦中唤醒,而且做得不是没有成绩的。据点正在增加,有的地方正在巩固起来,无论工厂或农村中的赤贫者都渐渐受到我们的影响,接受我们的思想。我们认为在非"纯粹"无产者群众中间建立组织,不会是不正统的。我们没有别的群众,如果我们坚持正统原则,只组织农村"无产阶级",那我们就得解散我们的组织和我们邻区的组织。我们知道,我们对于那种渴望没收被地主荒废了的耕地和其他土地以及渴望没收僧侣们不能好好经营的土地的心理,是很难反对的。

我们知道,资产阶级民主派,从"民主主义君主"派(在鲁扎县有这样的派别)起,直到"农民"协会止,都会和我们争着去影响"赤贫者",但是我们要武装后者去反对前者。我们要利用郊区内所有的社会民主党的力量,无论是知识分子的或者是无产阶级工人的力量,来建立和巩固我们的由"赤贫者"组成的社会民主党委员会。我们将按下面的计划来进行工作。在每个县城或大的工业中心,我们都要建立直属郊区组织的县小组委员会。县委员会在它的辖区内,除建立工厂委员会外,还要建立"农民"委员会。为了保密起见,这种委员会的人数不应该很多,其成员应该是最富于革命精神和最能干的赤贫农民。在既有工厂又有农民的地方,必须把两者组织在一个分组委员会中。

这样的委员会首先应当明确地认清当地的情形:(一)土地关系:1. 农民份地、租地、土地占有形式(村社占有、个体农户占有等等)。2. 周围的土地:(a)何人所有;(b)多少土地;(c)农民同这些土地的关系;(d)使用这些土地的条件:(1)工役,(2)为租用"割地"而交纳过高的租金等等;(e)欠富农和地主等等的债务。(二)各种赋税,农民土地和地主土地课税的高度。(三)外出做零工和手工业,身份证,有无季雇佣等等。(四)当地的工厂,那里的劳动条件:1. 工资,2. 工作时间,3. 行政当局的态度,4. 居住条件等等。(五)行政当局:地方官、乡长、录事、乡审判官、乡警官、神父。(六)地方自治机关:农民代表、自治机关所属的教员和医生、图书馆、学校、茶馆。(七)乡会:成分及其主管事宜。(八)组织:"农民协会"、社会革命党人、社会民主党人。

社会民主党农民委员会了解到这些材料后,必须在乡会上根据各种不正常现象作出决议。同时,这种委员会还应该在群众中间加紧宣传社会民主党的思想,组织各种小组、飞行集会、群众集会,散发传单和书刊,给党募集经费,并通过县小组去和郊区组织取得联系。

只要我们能够建立许多这样的委员会,社会民主党的成功就有了保证。

**郊区组织员**

我们当然不会去拟定这位同志所说的那种实践性的详细指示,这是当地工作人员和担任实际领导工作的俄国中央机关的事情。我们打算利用莫斯科同志的这封内容丰富的来信说明一下第三次代表大会的决议和党的迫切任务。从信里可以看到,第三次代表大会的决议所引起的疑虑,只有一部分是由于理论上发生怀疑而引起的。引起这种疑虑的另一个原因，是一个**新的**、先前没有发生过的问题，即"革命农民委员会"和在农民中工作的"**社会民主党委员会**"的相互关系的问题。单是这一问题的提出，就证明社会民主党在农民中的工作已经前进了一大步。现在提到日程上来的，已经是一些比较细小的问题，是一些由于"农村"鼓动的实际需要而产生的问题——现在这种鼓动已开始加强并且具有固定的形式。写信人不止一次地忘记，他责备代表大会的决议不明确，其实他是在寻求党的代表大会没有提出而且也不能提出的那种问题的答案。

例如，写信人说，"只有"在当地建立了组织，才能宣传我们的思想和支持农民运动，这个意见是不完全正确的。当然，这种组织是我们很希望有的，而且在工作扩大的情形下是必须有的，但是上面所讲的那种工作，即使在没有这种组织的地方，也是可以进行而且必须进行的。甚至我们只是在城市无产阶级中间进行活动时，我们也不应该忽视农民问题，而应该宣传第三次代表大会代表**整个觉悟的无产阶级政党**所作的声明，即我们支持农民起义。必须通过书刊，通过工人，通过特别的组织等等使农民知道这一点。必须使农民知道社会民主主义无产阶级**坚决**支持他们，直到没收土地（即无偿地剥夺私有者的土地）。

写信人在这里提出了一个理论问题：是否应该用特别的保留条件来限制把没收来的大地产变为"农民的小资产阶级的财产"的做法。不过，写信人提出这个保留条件，就恣意缩小了第三次代表大会决议的意义。决议**没有一句话提到**社会民主党应该支持把没收来的土地交归小资产阶级私有者掌握的问题。决议上说：我们支持农民，"直到没收土地"，即直到无偿地夺取土地，但是夺来的土地应该交给谁的问题，决议根本没有去解决。代表大会把这个问题留做悬案并不是偶然的:从《前进报》(第11、12、15号)的一些文章①中可以看到,事先解决这个问题是不明智的。例如,在那里说过,在民主共和国的条件下,社会民主党不能发誓拒绝土地国有化从而在这个问题上束缚住自己的手脚。

事实上,我们和小资产阶级的社会革命党人**233**不同,我们认为,**现在**最重要的是农民起义的革命民主方面,以及把农村无产阶级单独组织成为阶级政党的问题。现在,问题的实质并不在于制定"土地平分"或土地国有化的空洞计划,而在于农民要认识到并且在实际上去用**革命手段**摧毁旧制度。因此,社会革命党人强调"社会化"等等,而我们则强调**革命农民委员会**,我们说,没有革命农民委员会,一切改革都是空的。有了它们,并且依靠它们,**农民起义**才能取得胜利。

我们应当极力帮助农民起义,直到没收土地,——**然而决不是直到制定种种小资产阶级的空洞计划**。当农民运动是革命民主运动的时候,我们是支持它的。当它一旦变为反动的、反无产阶级的运动的时候,我们就准备(现在立刻就准备)同它作斗争。马克思主义的全部实质就在于提出这一双重任务,只有不了解马克思主义的人,才会简化这一双重任务,或者把它压缩为单一的、简单的任务。

让我们举个具体的例子。假定农民起义胜利了。革命农民委员会和临时革命政府(它在某种程度上正是依靠这些委员会的)可以随便怎样没收大地产。我们是主张没收的,这一点我们已经声明过了。但是我们那时将主张把没收的土地交给谁呢?在这里

① 见《列宁全集》第2版第9卷第324—329、339—343页,第10卷第42—56页。——编者注

我们并没有束缚住自己的手脚,而且永远也不会用写信人轻率地提出的那一类主张来束缚住自己的手脚。写信人忘记了,在第三次代表大会的那个决议中说的是"**肃清农民运动的革命民主主义内容中的任何反动成分**",这是第一;第二,必须"**在一切场合和一切情况下独立组织农村无产阶级**"。这就是我们的指示。农民运动中任何时候都会有反动成分,我们要预先向这种成分宣战。农村无产阶级和农民资产阶级的阶级对抗是不可避免的,我们要预先把它揭示出来,把它说清楚,并**准备迎接这个对抗所引起的斗争**。把没收的土地交给谁和怎样交给的问题,很可能成为引起这场斗争的一个缘由。我们并不掩盖这个问题,并不许诺什么平均分配、"社会化"等等,而是说,那时我们还要斗争,仍然要斗争,在新的战场上联合另一些同盟者去斗争,那时我们一定是和农村无产阶级,和整个工人阶级一起去**反对**农民资产阶级。在实践上,在奴役性的、农奴制的大地产占优势而实现大规模社会主义生产的物质条件尚未具备的地方,可能是把土地转归小私有农民阶级掌握;而在民主革命完全胜利的条件下,可能是实行国有化;也可能是把巨大的资本主义地产转交给**工人协会**,因为我们将立刻由民主革命开始向社会主义革命过渡,并且正是按照我们的力量,按照有觉悟有组织的无产阶级的力量开始向社会主义革命过渡。我们主张不断革命。我们决不半途而废。我们不立即许下各种各样的"社会化"的诺言,正是因为我们知道实现这个任务的真正的条件,我们并不掩盖现在正在农民内部成熟起来的新的阶级斗争,而是要揭示这个斗争。

我们起初是彻底地、用一切办法支持一般农民反对地主,直到没收地主的土地,然后(甚至不是然后,而是同时)我们支持无产阶级反对一般农民。**现在**就来计算革命(民主革命)后"第二天"

农民内部力量的组合,那是无谓的空想。我们决不陷入冒险主义,决不违背自己的科学良心,决不追求廉价的声誉,我们能够说而且必须说**只有一点**,就是我们将用全部力量去帮助全体农民实现民主革命,**从而使**我们无产阶级的党**更容易**尽快地过渡到新的更高的任务即社会主义革命。我们并不许诺从**现在**农民起义的胜利中会产生什么协调、什么均等、什么"社会化";恰巧相反,我们"许诺"新的斗争、新的不平等,以及我们所力求实现的新的革命。我们的学说并不像社会革命党人的天花乱坠的话语那样"甜蜜",谁要是希望别人只拿甜水给他喝,那就请他到社会革命党人那里去吧;我们会向这样的人说:请便吧。

我们认为,这个马克思主义观点也解答了关于委员会的问题。我们认为,**社会民主党的农民委员会是不应该有的**,因为如果是社会民主党的,就不会只是农民的[①];如果是农民的,就不会纯粹是无产阶级的,不会是社会民主党的。很多人爱把这两件事混为一谈,我们可不是这样的人。凡是有可能的地方,我们都力求组织**我们自己的委员会**,**社会民主工党的**委员会。加入这些委员会的有农民,有赤贫者,有知识分子,有娼妓(不久前,一个工人写信来问我们,为什么不到娼妓中间去进行鼓动),有士兵,有教员,有工人,——总而言之,**有全体社会民主党人,但没有一个不是社会民主党人的人**。这些委员会将从各方面广泛开展社会民主党的工作,同时又力求把农村无产阶级专门和单独组织起来,因为社会民主党是无产阶级的阶级政党。认为把没有完全清除各种旧残余的无产阶级组织起来是"不正统"的,那就是**极大的错误**,我们很希望是这样:信上谈到这个问题的地方只是出于误解。城市工业无

---

① 手稿上接着有如下的话:"也绝不会专门是农民的"。——俄文版编者注

产阶级必然是我们社会民主工党的基本核心,但是我们应当像我们党纲所说的那样,把一切被剥削劳动者:手工业者、赤贫者、乞丐、仆役、游民以及娼妓,都毫无例外地吸引到我们党的周围,教育他们,组织他们,——当然是在一个绝对必要的条件下,就是要他们归附社会民主党,而不是社会民主党归附他们,要他们转到无产阶级的观点上来,而不是无产阶级转到他们的观点上去。

读者会问:那么革命农民委员还有什么用呢? 是不是说不需要革命农民委员会呢? 不,需要的。我们的理想是要在农村各地都成立纯社会民主党的委员会,然后让它们和农民中的**一切**革命民主主义分子、集团以及小组缔结协定来组织革命农民委员会。这和社会民主工党在城市中保持独立并为了起义而与一切革命民主主义分子结成联盟的情形完全相似。① 我们主张农民起义。我们坚决反对把各种不同的阶级成员和各种不同的政党混淆起来,融合在一起。我们主张,为了起义,社会民主党应该推动**全体**革命民主派,帮助**他们全体**组织起来,和他们**肩并肩地**——但是不和他们融合在一起——在城市**进行**街垒战,在农村去反对地主和警察。

城市和农村反对专制制度的起义万岁! 当前革命中整个革命民主派的先进部队——革命社会民主党万岁!

载于1905年9月1日(14日)
《无产者报》第16号

选自《列宁全集》第2版第11卷
第217—225页

---

① 手稿上接着有如下的话:"农民运动是农民起义的开端。"——俄文版编者注

# 小资产阶级社会主义和
# 无产阶级社会主义<sup>302</sup>

（1905 年 10 月 25 日〔11 月 7 日〕）

在欧洲，在各种社会主义学说中间，马克思主义现在已经取得
了完全的统治，而争取实现社会主义制度的斗争，几乎完全是各国
社会民主党领导的工人阶级的斗争。但是以马克思主义学说为基
础的无产阶级社会主义的这个完全的统治，并不是一下子就巩固
起来的，而只是在同各种落后的学说如小资产阶级社会主义、无政
府主义等等作了长期斗争以后，才巩固起来的。大约 30 年以前，
马克思主义就是在德国也还没有取得统治地位，当时在德国占优
势的，老实说，是介于小资产阶级社会主义和无产阶级社会主义之
间的过渡的、混合的、折中的见解。而在罗曼语国家，如法国、西班
牙、比利时，在先进工人中最流行的学说是蒲鲁东主义<sup>116</sup>、布朗基
主义<sup>78</sup>、无政府主义，这些学说所反映的显然是小资产者的观点而
不是无产者的观点。

究竟是什么原因使马克思主义恰恰在最近几十年获得了这个
迅速的和完全的胜利呢？现代社会在经济方面和政治方面的全部
发展，革命运动和被压迫阶级的斗争的全部经验，都日益证实马克
思主义观点的正确性。小资产阶级的衰落，必定要使一切小资产
阶级的偏见迟早归于灭亡，而资本主义的发展和资本主义社会内
部阶级斗争的尖锐化，则替无产阶级社会主义的思想作了最好的

宣传。

在俄国,各种落后的社会主义学说之所以根深蒂固,自然是由于俄国落后的缘故。最近 25 年来的全部俄国革命思想史,就是马克思主义同小资产阶级民粹派社会主义作斗争的历史。如果说,俄国工人运动的迅速发展和惊人成就已经使马克思主义在俄国也得到了胜利,那么,另一方面,无可怀疑的革命的农民运动的发展——特别是 1902 年著名的小俄罗斯农民起义[303]以后——则使衰落了的民粹主义又稍微活跃起来。用欧洲时髦的机会主义(修正主义、伯恩施坦主义[117]、对马克思的批判)粉刷一新的陈旧的民粹主义,就是所谓社会革命党人[233]的全部固有的思想行装。所以在马克思主义者同纯粹的民粹派以及同社会革命党人的争论中,农民问题都占中心地位。

民粹主义在一定程度上曾是一种完整的系统的学说。它否认资本主义在俄国的统治;否认工厂工人作为整个无产阶级的先进战士的作用;否认政治革命和资产阶级的政治自由的意义;鼓吹立刻从小农经济的农民村社[12]出发来实行社会主义革命。这种完整的学说现在只剩下一些残枝败叶了,但是为了自觉地弄清楚现在的争论,为了不使这些争论成为互相谩骂,我们必须时刻注意我国的社会革命党人之所以迷误的一个总的和根本的民粹主义的**根源**。

民粹派认为,俄国将来的主人是农夫。这种看法是由迷信村社的社会主义性和不相信资本主义的命运所必然产生的。马克思主义者认为,俄国将来的主人是工人,而俄国农业和工业中资本主义的发展,愈来愈证实了他们看法的正确性。在俄国,工人运动已经成为不可否认的事实了,而关于农民运动,民粹主义和马克思主义之间的全部分歧,直到现在为止都表现在他们对这个运动的不同的**看法**上。在民粹派看来,农民运动正好驳倒了马克思主义;它正好意味着是一种直接的社会主义革命的运动;它恰恰不承认任何资产阶级的政治自由;它恰恰不是以大经济,而是以小经济为出发点的。总而言之,在民粹派看来,农民运动就是真正的和直接的社会主义运动。民粹派对农民村社的迷信以及民粹派的无政府主义,完全说明了他们得出这些结论的必然性。

在马克思主义者看来,农民运动恰恰不是社会主义运动,而是民主主义运动。农民运动在俄国也像过去在其他国家一样,是民主革命的必然伴侣,而民主革命就其社会经济内容来说是资产阶级革命。农民运动绝不反对资产阶级制度的基础,不反对商品经济,不反对资本。正好相反,它反对农村中的各种旧的、农奴制的、前资本主义的关系,反对农奴制一切残余的主要支柱——地主土地所有制。因此,这种农民运动的完全胜利不会铲除资本主义,恰恰相反,它将给资本主义的发展造成更广泛的基础,加速和加强纯粹资本主义的发展。农民起义的完全胜利,只能造成资产阶级民主共和国的支柱,在这个共和国内,无产阶级将第一次开展纯粹反对资产阶级的斗争。

所以,这里就有两种正好相反的看法,凡是想要弄清社会革命党人同社会民主党人之间的原则分歧的人都应当清楚地了解这两种看法。一种看法认为农民运动是社会主义运动,另一种看法认为农民运动是资产阶级民主主义运动。从这里可以看出,我们的社会革命党人千百遍地反复说(例如参看《革命俄国报》[232]第75号)什么正统的马克思主义者曾经"忽视"(根本不理会)农民问题,这表明他们是多么无知。要反对这种十分无知的说法,只有一个方法:反复讲述一些最浅显的道理,把民粹派旧有的一贯看法说清楚,一百遍一千遍地指出真正的分歧既不在于愿意或者不愿意顾及农民问题,也不在于承认或者忽视农民问题,而是在于对俄国当前的农民运动和当前的农民问题有**不同的估计**。说马克思主义者"忽视"俄国的农民问题的人,首先就是十分无知的,因为俄国马克思主义者一切主要的著作,从普列汉诺夫的《我们的意见分歧》(这本书在20多年以前就出版了)起,主要就是说明民粹派对俄国农民问题的看法是错误的。第二,谁说马克思主义者"忽视"农民问题,这就证明他企图逃避充分估计真正的原则性的意见分歧:当前的农民运动是不是资产阶级民主主义运动?这种运动按其客观意义来说是不是反对农奴制的残余?

社会革命党人从来没有、而且永远也不可能对这个问题作出明确的回答,因为他们糊涂透顶,分不清旧民粹派对俄国农民问题的看法和现代马克思主义者对俄国农民问题的看法。马克思主义者所以把社会革命党人叫做抱有小资产阶级观点的人(小资产阶级思想家),也正是因为他们对农民运动的估计不能摆脱民粹派的小资产阶级幻想和空想。

因此,我们不得不再来重复最浅显的道理。当前俄国的农民运动所追求的是什么呢?土地和自由。这个运动的完全的胜利将有什么意义呢?如果它获得了自由,就会推翻地主和官吏在管理国家方面的统治。如果它获得了土地,就会把地主的土地转交给农民。最充分的自由和最彻底的对地主的剥夺(夺去地主的土地)是否会消灭商品经济呢?不,不会消灭。最充分的自由和最彻底的对地主的剥夺,是否会消灭农户在村社土地上或在"社会化的"土地上的个体经营呢?不,不会消灭。最充分的自由和最彻底的对地主的剥夺,是否会消除拥有许多牛马的富裕农民和雇农、日工之间,即农民资产阶级和农村无产阶级之间的鸿沟呢?不,不会消除。恰恰相反,上层**等级**(地主)被粉碎和消灭得愈彻底,资产阶级和无产阶级之间的**阶级**对峙也就愈深刻。农民起义的完全胜利将有怎样的客观意义呢？这个胜利将会彻底消灭农奴制的一切残余,但是决不会消灭资产阶级的经营方式,不会消灭资本主义,不会消灭社会划分为阶级、划分为富人和穷人、划分为资产阶级和无产阶级的现象。为什么当前的农民运动是资产阶级民主主义的运动呢？因为它消灭官吏和地主的政权,建立民主的社会制度,并不改变这个民主社会的资产阶级基础,并不消灭资本的统治。觉悟的工人、社会主义者对于当前的农民运动应当抱什么样的态度呢？他们应当支持这个运动,最积极地彻底地帮助农民把官吏和地主的政权完全推翻。但是他们同时应当①向农民解释,单是推翻官吏和地主的政权还不够。在推翻这个政权的同时,还应当为消灭资本的权力,消灭资产阶级的权力作准备,而要做到这一点,必须立即宣传完全社会主义的即马克思主义的学说,并且联合、团结和组织农村无产者去同农民资产阶级以及整个俄国资产阶级作斗争。觉悟的工人能不能因为社会主义的斗争而忘掉民主主义的斗争,或者因为民主主义的斗争而忘掉社会主义的斗争呢？不能,觉悟的工人之所以把自己称做社会民主主义者,正是因为他们懂得这两种斗争的相互关系。他们知道,除了经过民主主义,经过政治自由以外,没有其他通向社会主义的道路。因此,他们为了要达到最终的目的社会主义,就力求完全而彻底地实现民主主义。为什么民主主义斗争的条件和社会主义斗争的条件是不一样的呢？因为在这两种斗争中,工人的同盟者必定是不同的。民主主义斗争是工人同一部分资产阶级,特别是同小资产阶级一起进行的;而社会主义斗争则是工人反对整个资产阶级的斗争。

---

① 手稿上在"应当"之后还有"不倦地"一词。——俄文版编者注

反对官吏和地主的斗争,可以而且应当同全体农民,甚至同富裕农民、中等农民一起进行。而反对资产阶级的斗争,同样也是反对富裕农民的斗争,却只能同农村无产阶级一起才能可靠地进行。

如果我们回想一下马克思主义这些起码的真理(这些真理是社会革命党人始终不愿去研究的),我们就很容易评价社会革命党人对马克思主义的下列"最新的"反驳意见了。

《革命俄国报》(第75号)喊道:"为什么非得先支持全体农民去反对地主,然后(也就是同时)支持无产阶级去反对全体农民,而不是立即支持无产阶级去反对地主,这与马克思主义有什么相干,只有天晓得。"

这是最原始、最幼稚的无政府主义的观点。许多世纪以来,甚至几千年以来,人类就有过"立即"消灭所有一切剥削的愿望。但是,在全世界千百万被剥削者联合起来进行彻底的、坚决的、全面的斗争,以争取按照资本主义社会自身的发展方向来改变这个社会以前,这样的愿望只是愿望而已。只是当马克思的科学社会主义把改变现状的渴望同一定阶级的斗争联系起来的时候,社会主义的愿望才变成了千百万人争取社会主义的斗争。离开阶级斗争,社会主义就是空话或者幼稚的幻想。而在我们俄国,眼前摆着两种不同的社会力量的两种不同的斗争。无产阶级在一切存在着资本主义生产关系的地方(告诉我们的社会革命党人,甚至在农民村社内,即他们认为是完全"社会化的"土地上,这种生产关系也是存在的)进行反对资产阶级的斗争。作为小土地占有者阶层,即小资产者阶层的农民进行反对一切农奴制残余、反对官吏和地主的斗争。只有完全不懂政治经济学和世界革命史的人,才会看不见这两种性质不同的社会战争。用"立即"这种字眼蒙住眼睛不看这两种战争的区别,就等于把脑袋藏在翅膀底下,不肯对现实作任何分析。

社会革命党人已经失去了旧民粹主义观点的完整性,他们甚至连民粹派本身的学说中的许多东西都忘记了。在同一号的《革命俄国报》上还写道:"列宁先生在帮助农民剥夺地主的同时,不自觉地对小资产阶级经济在多少已经有所发展的资本主义农业形态的废墟上的建立起了促进作用。从正统马克思主义的观点来看,这岂不是后退一步吗?"

先生们,你们该知道点羞耻吧!你们竟然把你们的瓦·沃·先生忘了!查看一下他的《资本主义的命运》、尼古拉·—逊先生的《概况》以及你们的哲人们的其他著作吧。那时你们就会记起俄国的地主经济包含有资本主义的和农奴制的特点。那时你们便会知道还有工役制这种徭役制的直接残余的存在。假使你们再去看看像马克思的《资本论》第3卷这种正统的马克思主义著作,那你们就会明白,除非经过小资产阶级的农民经济,徭役制经济无论在什么地方都没有而且也不能发展和变为资本主义经济。为了诋毁马克思主义,你们使用的是极其平常的、早已被人揭穿了的方法:你们硬把大资本主义经济可以直接代替的大徭役制经济这种滑稽的简单化的看法强加给马克思主义!你们说,地主的收成比农民的高,所以剥夺地主是后退一步。这种议论只应当出自中学四年级学生之口。先生们!请想一想吧,在农奴制度崩溃的时候,把收成低的农民土地从收成高的地主土地中分开来,岂不是"后退一步"吗?

现代的俄国地主经济包含有资本主义的和农奴制的特点。现在农民同地主的斗争,按其客观意义来说,就是农民同农奴制残余的斗争。但是如果企图把一切单个的情况都列举出来,把每一单个的情况都加以衡量,用药房的天平毫厘不差地确定哪里是农奴制的终点,哪里是纯粹的资本主义的起点,这就是把你们自己固有的学究气硬加在马克思主义者身上。我们不可能计算出,从小商人那里买来的用品的价格中,哪一部分是劳动价值构成的,哪一部分是欺诈等等构成的。先生们,这是不是可以说,劳动价值论应当被抛弃呢?

现代的地主经济包含有资本主义的和农奴制的特点。只有学究先生才能从这里作出结论说,我们的义务就是把每一单个的情况下的每一个细小的特点都按它的某种社会性质加以衡量、计算并一一记录下来。只有空想家才能从这里作出结论说,我们"用不着"区别两种性质不同的社会战争。实际上,从这里只能作出唯一的一个结论:我们在自己的纲领中和自己的策略中,应当把反对资本主义的纯粹无产阶级的斗争和反对农奴制的一般民主主义的(和一般农民的)斗争联结起来。

在现代的半农奴制地主经济中,资本主义的特点发展得愈明显,立即独立组织农村无产阶级的必要性也就愈加迫切,因为在上述情况下,不管实行什么样的没收,纯粹资本主义的或纯粹无产阶级的对抗性都会愈加迅速地暴露出来。在地主经济中资本主义的特点愈突出,民主主义的没收就愈能迅速地推动真正的争取社会主义的斗争的发展,也就是说,借助于"社会化"这种字眼把民主革命虚假地理想化就愈加危险。这就是从地主经济中的资本主义和农奴制混在一起的事实中得出的结论。

所以,要把纯粹无产阶级的斗争同一般农民的斗争联结起来,但是不要把这两种斗争混淆起来。要支持一般民主主义的和一般农民的斗争,但是绝不同这种非阶级的斗争合流,绝不用社会化这类虚假的字眼把它理想化,一分钟也不忘记把城市**和农村**的无产阶级组织成为完全独立的、阶级的社会民主党。这个党彻底支持最坚决的民主主义,但是它决不受那种想在商品经济下造成"平均制"的反动幻想和尝试所迷惑,从而离开革命的道路。农民同地主的斗争现在是革命的,没收地主的土地在目前经济和政治的演进时期从各方面来说都是革命的,我们支持这种革命的民主主义的措施。不过,把这种措施称为"社会化",欺骗自己欺骗人民,说什么在商品经济下有"平均"使用土地的可能,那可是一种反动的小资产阶级空想,这个美名只好让反动的社会主义者去独享了。

载于1905年10月25日(11月7日)
《无产者报》第24号

选自《列宁全集》第2版第12卷
第37—45页

# 党的组织和党的出版物

(1905 年 11 月 13 日〔26 日〕)

十月革命[304]以后在俄国造成的社会民主党工作的新条件,使党的出版物问题提到日程上来了。非法报刊和合法报刊的区别,这个农奴制专制俄国时代的可悲的遗迹,正在开始消失。它还没有灭绝。还远远没有灭绝。我们首席大臣的伪善的政府还在胡作非为,以致《工人代表苏维埃消息报》[305]还在"非法地"出版,但是,政府愚蠢地企图"禁止"它所无法阻止的事情,除了给政府带来耻辱、带来道义上新的打击以外,是不会有什么结果的。

当存在着非法报刊和合法报刊的区别的时候,党的报刊和非党报刊的问题解决得非常简单而又非常虚假,很不正常。一切非法的报刊都是党的报刊,它们由各个组织出版,由那些同党的实际工作者团体有某种联系的团体主办。一切合法的报刊都是非党的报刊(因为党派属性是不准许有的),但又都"倾向"于这个或那个政党。畸形的联合、不正常的"同居"和虚假的掩饰是不可避免的;有些人没有成熟到具有党的观点,实际上还不是党的人,他们认识肤浅或者思想畏缩,另一些人想表达党的观点,出于无奈而吞吞吐吐,这两种情况混杂在一起了。

伊索式的笔调,写作上的屈从,奴隶的语言,思想上的农奴制——这个该诅咒的时代!无产阶级结束了这种使俄国一切有生气的和新鲜的事物都感到窒息的丑恶现象。但是无产阶级暂时为俄国只争得了一半的自由。

革命还没有完成。沙皇制度**已经没有**力量战胜革命,而革命**也还没有**力量战胜沙皇制度。我们生活在这样的时候,到处都看得到公开的、诚实的、直率的、彻底的党性和秘密的、隐蔽的、"外交式的"、支吾搪塞的"合法性"之间的这种反常的结合。这种反常的结合也反映在我们的报纸上:不管古契柯夫先生如何嘲讽社会民主党的专横,说它禁止刊印自由派资产阶级的温和报纸,但事实终究是事实,俄国社会民主工党中央机关报《无产者报》**259**,仍然被摈斥在警察横行的**专制**俄国的大门之外。

不管怎样,已经完成了一半的革命,迫使我们大家立即着手新的工作安排。出版物现在有十分之九可以成为,甚至可以"合法地"成为党的出版物。出版物应当成为党的出版物。与资产阶级的习气相反,与资产阶级企业主的即商人的报刊相反,与资产阶级写作上的名位主义和个人主义、"老爷式的无政府主义"和唯利是图相反,社会主义无产阶级应当提出**党的出版物**的原则,发展这个原则,并且尽可能以完备和完整的形式实现这个原则。

党的出版物的这个原则是什么呢?这不只是说,对于社会主义无产阶级,写作事业不能是个人或集团的赚钱工具,而且根本不能是与无产阶级总的事业无关的个人事业。无党性的写作者滚开!超人的写作者滚开!写作事业应当成为整个无产阶级事业的**一部分**,成为由整个工人阶级的整个觉悟的先锋队所开动的一部巨大的社会民主主义机器的"齿轮和螺丝钉"。写作事业应当成为社会民主党有组织的、有计划的、统一的党的工作的一个组成部分。

德国俗语说:"任何比喻都是有缺陷的。"我把写作事业比做螺丝钉,把生气勃勃的运动比做机器也是有缺陷的。也许,甚至会有一些歇斯底里的知识分子对这种比喻大叫大嚷,说这样就把自由的思想斗争、批评的自由、创作的自由等等贬低了、僵化了、"官僚主义化了"。实质上，这种叫嚷只能是资产阶级知识分子个人主义的表现。无可争论，写作事业最不能作机械划一，强求一律，少数服从多数。无可争论，在这个事业中，绝对必须保证有个人创造性和个人爱好的广阔天地，有思想和幻想、形式和内容的广阔天地。这一切都是无可争论的，可是这一切只证明，无产阶级的党的事业中写作事业这一部分，不能同无产阶级的党的事业的其他部分刻板地等同起来。这一切决没有推翻那个在资产阶级和资产阶级民主派看来是格格不入的和奇怪的原理，即写作事业无论如何必须成为同其他部分紧密联系着的社会民主党工作的一部分。报纸应当成为各个党组织的机关报。写作者一定要参加到各个党组织中去。出版社和发行所、书店和阅览室、图书馆和各种书报营业所，都应当成为党的机构，向党报告工作情况。有组织的社会主义无产阶级，应当注视这一切工作，监督这一切工作，把生气勃勃的无产阶级事业的生气勃勃的精神，带到这一切工作中去，无一例外，从而使"作家管写，读者管读"这个俄国古老的、半奥勃洛摩夫[108]式的、半商业性的原则完全没有立足之地。

自然，我们不是说，被亚洲式的书报检查制度和欧洲的资产阶级所玷污了的写作事业的这种改造，一下子就能完成。我们决不是宣传某种划一的体制或者宣传用几个决定来完成任务。不，在这个领域里是最来不得公式主义的。问题在于使我们全党，使俄国整个觉悟的社会民主主义无产阶级，都认识到这个新任务，明确地提出这个新任务，到处着手完成这个新任务。摆脱了农奴制的书报检查制度的束缚以后，我们不愿意而且也不会去当写作上的资产阶级买卖关系的俘虏。我们要创办自由的报刊而且我们一定会创办起来，所谓自由的报刊是指它不仅摆脱了警察的压迫，而且摆脱了资本,摆脱了名位主义,甚至也摆脱了资产阶级无政府主义的个人主义。

最后这一句话似乎是奇谈怪论或是对读者的嘲弄。怎么！也许某个热烈拥护自由的知识分子会叫喊起来。怎么！你们想使创作这样精致的个人事业服从于集体！你们想使工人们用多数票来解决科学、哲学、美学的问题！你们否认绝对个人的思想创作的绝对自由！

安静些,先生们！第一,这里说的是党的出版物和它应受党的监督。每个人都有自由写他所愿意写的一切,说他所愿意说的一切,不受任何限制。但是每个自由的团体(包括党在内),同样也有自由赶走利用党的招牌来鼓吹反党观点的人。言论和出版应当有充分的自由。但是结社也应当有充分的自由。为了言论自由,我应该给你完全的权利让你随心所欲地叫喊、扯谎和写作。但是,为了结社的自由,你必须给我权利同那些说这说那的人结成联盟或者分手。党是自愿的联盟,假如它不清洗那些宣传反党观点的党员,它就不可避免地会瓦解,首先在思想上瓦解,然后在物质上瓦解。确定党的观点和反党观点的界限的,是党纲,是党的策略决议和党章,最后是国际社会民主党,各国的无产阶级自愿联盟的全部经验,无产阶级经常把某些不十分彻底的、不完全是纯粹马克思主义的、不十分正确的分子或流派吸收到自己党内来,但也经常地定期"清洗"自己的党。拥护资产阶级"批评自由"的先生们,**在我们党内**,也要这样做,因为现在我们的党立即会成为群众性的党,现在我们处在急剧向公开组织转变的时刻,现在必然有许多不彻底的人(从马克思主义观点看来),也许甚至有某些基督教徒,也许甚至有某些神秘主义者会参加我们的党。我们有结实的胃,我们是坚如磐石的马克思主义者。我们将消化这些不彻底的人。党内的思想自由和批评自由永远不会使我们忘记人们有结合成叫做党的自由团体的自由。

第二,资产阶级个人主义者先生们,我们应当告诉你们,你们那些关于绝对自由的言论不过是一种伪善而已。在以金钱势力为基础的社会中,在广大劳动者一贫如洗而一小撮富人过着寄生生活的社会中,不可能有实际的和真正的"自由"。作家先生,你能离开你的资产阶级出版家而自由吗?你能离开那些要求你作诲淫的小说①和图画、用卖淫来"补充""神圣"舞台艺术的资产阶级公众而自由吗?要知道这种绝对自由是资产阶级的或者说是无政府主义的空话(因为无政府主义作为世界观是改头换面的资产阶级思想)。生活在社会中却要离开社会而自由,这是不可能的。资产阶级的作家、画家和女演员的自由,不过是他们依赖钱袋、依赖收买和依赖豢养的一种假面具(或一种伪装)罢了。

我们社会主义者揭露这种伪善行为,摘掉这种假招牌,不是为了要有非阶级的文学和艺术(这只有在社会主义的没有阶级的社会中才有可能),而是为了要用真正自由的、**公开**同无产阶级相联系的写作,去对抗伪装自由的、事实上同资产阶级相联系的写作。

这将是自由的写作,因为把一批又一批新生力量吸引到写作队伍中来的,不是私利贪欲,也不是名誉地位,而是社会主义思想和对劳动人民的同情。这将是自由的写作,因为它不是为饱食终日的贵妇人服务,不是为百无聊赖、胖得发愁的"一万个上层分子"服务,而是为千千万万劳动人民,为这些国家的精华、国家的力量、国家的未来服务。这将是自由的写作,它要用社会主义无产

---

① 《新生活报》上显然误印为"в рамках",按意思应为"в романах"。——俄文版编者注

阶级的经验和生气勃勃的工作去丰富人类革命思想的最新成就，它要使过去的经验（从原始空想的社会主义发展而成的科学社会主义）和现在的经验（工人同志们当前的斗争）之间经常发生相互作用。

动手干吧，同志们！我们面前摆着一个困难的然而是伟大的和容易收到成效的新任务：组织同社会民主主义工人运动紧密而不可分割地联系着的、广大的、多方面的、多种多样的写作事业。全部社会民主主义出版物都应当成为党的出版物。一切报纸、杂志、出版社等等都应当立即着手改组工作，以便造成这样的局面，使它们都能以这种或那种方式完全参加到这些或那些党组织中去。只有这样，"社会民主主义的"出版物才会名副其实。只有这样，它才能尽到自己的职责。只有这样，它即使在资产阶级社会范围内也能摆脱资产阶级的奴役，同真正先进的、彻底革命的阶级的运动汇合起来。

载于 1905 年 11 月 13 日
《新生活报》第 12 号

选自《列宁全集》第 2 版第 12 卷
第 92—97 页

# 军队和革命

（1905 年 11 月 15 日〔28 日〕）

塞瓦斯托波尔的起义[306]日益扩大。事情已临近总的解决了。为自由而斗争的海陆军士兵甩开了长官。秩序井然。政府重演喀琅施塔得事件的卑鄙的阴谋[307]未能得逞，未能挑起任何残杀暴行。舰队拒绝开往海面，并且威胁着城市，如果当局企图镇压起义者的话。曾因"大胆"扬言要用武器保卫 10 月 17 日宣言[308]所许诺的自由而被撤职的海军中尉施米特，接受了"奥恰科夫号"舰的指挥职务。据《俄罗斯报》[309]报道，今天（15 日）是规定海军士兵缴械的期限的最后一天了。

因此，我们正处在决定性关头的前夕。最近几天（也许几小时）就能看出，是起义者获得全胜，还是他们被镇压下去，或者签订某种协定。无论如何，塞瓦斯托波尔事件标志着军队中旧的奴隶制度（即把士兵变成武装机器，把他们变成镇压任何自由意愿的工具的制度）已经完全破产了。

俄国军队（像在 1849 年那样）到国外去镇压革命[310]的那种时代，已经一去不复返了。现在军队已经坚决摒弃了专制制度。军队还并不都是革命的。陆海军士兵的政治觉悟还很低。但重要的是他们已经觉醒了，在士兵当中开始了**自己的**运动，自由精神已经渗入了各地的营房。俄国营房往往比任何监狱还恶劣；任何地方也不会像营房这样压制和压迫个性；任何地方也不会有这种触目皆是的折磨人、毒打人和凌辱人的现象。现在这种营房也变成了革命的策源地。

塞瓦斯托波尔事件不是孤立的,也不是偶然的。我们不谈海陆军中以往的那些直接起义的企图。我们只拿彼得堡的火星同塞瓦斯托波尔的大火比较一下。我们回想一下现在彼得堡各部队士兵提出的要求(这些要求本报昨天已经登载了)。这一张要求的清单是一个多么出色的文件啊!它是多么清楚地表明,奴隶般的军队在变成革命的军队。现在有什么力量能够阻挡这类要求在一切海陆军中扩散呢?

彼得堡的士兵想要改善衣、食、住的条件,增加饷银,缩短服役期限和每日操练时间。但是,在他们的要求中还有大部分是只有作为公民的士兵才能提出的。有权穿着军装"同所有公民一样"参加一切会议;有权在营房中阅读和保存**一切**报纸;信仰自由;各民族一律平等;完全取消一切在营房以外对上级的敬礼;取消勤务兵;取消军事法庭并且把一切军事法庭的案件交给一般民事法庭;有权提出集体控告;有权在长官稍有打人的意图时就实行自卫。以上就是彼得堡士兵的最主要的要求。

这些要求表明,绝大部分军队同争取自由的塞瓦斯托波尔起义者是一致的。

这些要求表明,专制制度的奴仆们的所谓军队中立,所谓必须使军队不问政治等论调都是虚伪的,是不能指望得到士兵的丝毫同情的。

军队不可能而且也不应当保持中立。使军队不问政治,这是资产阶级和沙皇政府的伪善的奴仆们的口号,实际上他们一向都把军队拖入反动的政治中,把俄国士兵变成黑帮[266]的奴仆和警察的帮凶。不能置身于争取自由的全民斗争之外。谁对这个斗争漠不关心，谁就是支持警察政府胡作非为，这个政府许诺自由不过是在嘲弄自由罢了。

作为公民的士兵提出的要求，就是社会民主党的要求，是一切革命政党的要求，是觉悟工人的要求。加入自由的支持者的行列，转到人民方面来，这是自由事业获得胜利和士兵要求得以实现的保证。

但是，为了真正彻底地和牢靠地实现这些要求，必须再前进一小步。应当把那些饱受万恶的营房苦役折磨的士兵的一切个别愿望集中起来，形成一个完整的要求。把这些要求集中起来就是：取消常备军，代之以全民武装。

在各个地方以及一切国家里，常备军与其说是用来对付外部敌人，不如说是用来对付内部敌人的。常备军到处都成了反动势力的工具，成了资本用来反对劳动的奴仆，成了扼杀人民自由的刽子手。在我国伟大的解放革命中，我们不要停留在一些局部要求上。我们要铲除祸根。要根本取消常备军。让军队同武装的人民相结合，让士兵把自己的军事知识带给人民，取消营房而代之以自由的军事学校。如果武装的人民消灭了军阀，把所有的士兵变成公民，把一切能够拿起武器的公民变成士兵，如果俄国自由的砥柱是这样的武装的人民，那么世界上就没有任何力量敢来侵犯自由的俄国。

西欧的经验已经证明常备军是十分反动的。军事科学已经证明民兵制是完全可以实现的，民兵无论在防御战或者进攻战中都能够胜任地完成军事任务。让假仁假义的或者多情善感的资产阶级去幻想废除武装吧。当世界上还存在着被压迫者和被剥削者的时候，我们必须争取的不是废除武装，而是全民武装。只有全民武装才能充分保障自由。只有全民武装才能彻底打倒反动势力。只有在实现这种改革的条件下,千百万劳动者才能真正享有自由,而不是一小撮剥削者独自享受自由。

载于 1905 年 11 月 16 日
《新生活报》第 14 号

选自《列宁全集》第 2 版第 12 卷
第 102—105 页

# 社会主义政党和非党的革命性

(1905年11月26日和12月2日〔12月9日和15日〕)

一

俄国的革命运动迅速地波及到愈来愈广泛的居民阶层,因而许多非党组织相继建立。对人们要求联合的呼声的镇压和迫害愈长久,这种要求也就愈强烈。各式各样往往没有固定形式的组织经常产生,它们的性质也是非常独特的,这里的组织不像欧洲的组织那样有明显的范围。工会带有政治性质。政治斗争同经济斗争结合在一起(例如罢工),形成了种种临时性的或者比较固定的组织的联合形式。

这种现象有什么意义呢? 社会民主党对待这种现象应当采取什么态度呢?

严格的党性是阶级斗争高度发展的伴随现象和产物。反过来说,为了进行公开而广泛的阶级斗争,必须发展严格的党性。因此,觉悟的无产阶级的政党——社会民主党,完全应该随时同非党性作斗争,坚持不懈地为建立一个原则坚定的、紧密团结的社会主义工人政党而努力。资本主义的发展愈是使全体人民日益深刻地划分成各个阶级,使各阶级之间的矛盾尖锐化,这项工作在群众中的成效也就愈大。

俄国目前的革命产生了而且正在产生许多非党组织,这是完全可以理解的。这个革命就其社会经济内容来说是民主革命,即资产阶级革命。这个革命是要推翻专制农奴制度,把资产阶级制度从这种制度下解放出来,从而实现资产阶级社会中的一切阶级的要求,从这个意义上来说,这个革命是全民革命。当然,这并不是说,我国革命不是阶级的革命;当然不是这么说。但是,这个革命的矛头是指向从资产阶级社会的观点来看已经过时和就要过时的那些阶级和等级的,因为它们同资产阶级社会格格不入,阻碍这个社会的发展。既然国家的全部经济生活在它的一切基本特征上已是资产阶级式的,既然绝大多数居民实际上都已经在资产阶级的条件下生活,那么反革命分子自然是区区少数,同“人民”比较起来确实是“一小撮”。因此,资产阶级革命的阶级性质必然表现为资产阶级社会中一切阶级同专制制度和农奴制度作斗争的“全民的”、初看起来是非阶级的性质。

俄国的资产阶级革命时代的特点,像其他国家的一样,是资本主义社会的阶级矛盾比较不发展。诚然,现在俄国资本主义的发展程度远远超过了1848年的德国,更不要说1789年的法国了。但是毫无疑问,在我国,“文明”和野蛮、欧洲方式和鞑靼方式、资本主义和农奴制的矛盾在很大程度上掩盖了纯粹资本主义的矛盾,就是说,首先应该实现的要求是促进资本主义的发展,替资本主义清除封建残余,既改善无产阶级的、也改善资产阶级的生活和斗争的条件。

其实,如果仔细看一看现在俄国每个工厂、每个办公室、每个团队、每个巡逻队、每个教区、每个学校等等提出的无数要求、委托和申诉,我们就会很容易地看出,其中绝大多数纯粹是“文明的”(如果可以这样说的话)要求,我想指出,这本来不是特殊的阶级要求,而是起码的法律上的要求,这些要求并不破坏资本主义,反而会使资本主义走上欧洲方式的道路,会使资本主义摆脱粗暴、野蛮、贿赂以及其他"俄国"农奴制的残余。实质上,无产阶级的要求在大多数场合下也仅限于这样一些在资本主义范围内完全可以实现的改革。俄国无产阶级目前的迫切要求不是破坏资本主义,而是为它扫清道路,促进和加强它的发展。

不言而喻,无产阶级在资本主义社会中的特殊地位,使得工人的社会主义倾向、他们同社会主义政党的联合,在运动的最初阶段就自发地表现出来了,但是真正的社会主义要求还没有提出来,提到日程上的只是工人在政治上的民主要求以及在经济上属于资本主义范围内的经济要求。甚至可以说,无产阶级是在最低纲领范围内,而不是在最高纲领范围内进行革命的。至于农民这个在数量上占压倒优势的广大居民,就更不用说了。他们的"最高纲领"、他们的最终目的并没有超出资本主义的范围,在全部土地转交给全体农民和全体人民的情况下,资本主义会更广泛地更蓬勃地发展起来。今天的农民革命就是资产阶级革命,——不管这个说法在我们那些小市民社会主义的温情的骑士的温情的耳朵听来是多么"逆耳"。

当前的革命的上述性质使一些非党组织相继产生,这是十分自然的。在这种情况下,整个运动必然具有表面上非党性的迹象,即非党性的外表,当然只是外表而已。对"人道的"文明生活的要求、对联合的要求、对保护自己的尊严以及人权和公民权的要求,笼罩了一切,联合了一切阶级,大大地超过了任何党性,激励着还远远不能提到党性高度的人们。由于对当前的、必需的起码的权利和改良的迫切需要,对以后的一切事情的想法和考虑都推迟了。对当前的斗争的热衷(这是必要的和合理的,否则就不可能取得斗争的胜利),使人们把这些当前的起码的目的理想化,把它们描绘得十全十美，甚至有时给它们披上幻想的外衣；普通的民主主义，即普通的资产阶级民主主义被当做社会主义，被列入社会主义"范畴"。一切的一切都似乎是"非党的"；一切的一切都似乎构成一个"解放的"（实际上，是解放整个资产阶级社会的）运动；一切的一切，特别是由于社会主义无产阶级在民主主义斗争中的先进作用，都带有轻微的"社会主义"的味道。

在这种条件下，非党性的思想不能不暂时取得某些胜利。非党性不能不成为一个时髦的口号，因为时髦就是毫无办法地跟在实际生活后面做尾巴，而最"一般的"政治上的表面现象就是非党的组织，非党的民主主义，非党的罢工主义，非党的革命性。

现在试问，各阶级的拥护者、代表人物**应当**如何对待非党性这一事实，如何对待非党性这种思想呢？应当不是指主观上，而是指客观上，即不是指必须如何对待这个问题，而是指由于不同的阶级利益和阶级观点，必然形成对待这个事实的某种态度。

二

正像我们已经指出的，非党性是我国革命的资产阶级性质的产物（或者也可以说是：表现）。资产阶级不能不倾向于非党性，因为在为资产阶级社会的自由而进行斗争的人们当中，没有政党就意味着没有反对这个资产阶级社会本身的新的斗争。谁进行"非党性的"争取自由的斗争，谁就或者是不了解自由的资产阶级性质，或者是把这个资产阶级制度神圣化，或者是把反对资产阶级制度的斗争，把"改善"这个制度的工作推迟到希腊的卡连德日[311]。反过来说，谁自觉地或不自觉地站在资产阶级制度方面，谁就不能不倾向于非党性的思想。

在以阶级划分为基础的社会中,敌对阶级之间的斗争在一定的发展阶段上势必变成政治斗争。各阶级政治斗争的最严整、最完全和最明显的表现就是各政党的斗争。非党性就是对各政党的斗争漠不关心。但是,这种漠不关心并不等于保持中立,也不等于拒绝斗争,因为在阶级斗争中不可能有中立者,在资本主义社会中不可能"拒绝"参加产品或劳动力的交换。而交换必然产生经济斗争,随之而来的就是政治斗争。因此,对斗争漠不关心,实际上决不是回避斗争,拒绝斗争或者保持中立。漠不关心是默默地支持强者。支持统治者。在十月革命[304]时期,在俄国的专制政府垮台以前,谁对专制政府漠不关心,谁就是默默地支持专制政府。在现代的欧洲,谁对资产阶级的统治漠不关心,谁就是默默地支持资产阶级。谁对争取自由的斗争具有资产阶级性质这一观点漠不关心,谁就是默默地支持资产阶级在这个斗争中的统治地位,支持资产阶级在正在诞生的自由俄国中的统治地位。政治上的冷淡态度就是政治上的满足。饱食者对一小块面包是"冷淡"和"漠不关心"的,饥饿者在一小块面包问题上永远是"有党性的"。对一小块面包"冷淡和漠不关心",并不是说这个人不需要面包,而是说这个人从来不愁面包,从未缺少面包,是说他牢牢地依附于饱食者的"政党"。在资产阶级社会中,非党性无非是对饱食者政党、统治者政党、剥削者政党采取的态度的一种虚伪、隐蔽和消极的表现。

非党性是资产阶级思想。党性是社会主义思想。这个原理总的来说适用于整个资产阶级社会。当然,必须善于把这个普遍真理运用于个别的具体问题和具体场合。但是,在整个资产阶级社会都起来反对农奴制和专制制度的时候,忘记这个真理就等于实际上根本拒绝对资产阶级社会进行社会主义的批判。

俄国革命虽然还处在发展的开始阶段,但是已经提供了不少的材料证明上述的一般看法的正确性。只有社会民主党,觉悟的无产阶级的政党,才是一贯坚持严格的党性的。我们的自由派,资产阶级观点的代表,不能够容忍社会主义的党性,不想听到阶级斗争,这只要回想一下不久以前罗季切夫先生的演说就够了,这个人已经上百次地重复国外《解放》杂志[260]和俄国自由派的无数附属机关报所再三重复的东西。最后,俄国各色各样的"激进分子"——从《我们的生活报》[268]、"激进民主派"[312]到"社会革命党人"[233]为止——的观点鲜明地表现了中间阶级即小资产阶级的思想意识。在土地问题上,就是说,在"社会化"(无须资本社会化的土地社会化)的口号中最明显地表现出,社会革命党人把社会主义和民主主义混为一谈了。大家还知道,他们对资产阶级的激进主义能够容忍,而对社会民主主义的党性思想却不能容忍。

在我们的文章中没有分析俄国各种自由派和激进派的纲领和策略是怎样反映出各阶级的利益的。这里我们只是顺便提一提这个值得注意的问题,现在我们应当谈一谈关于我党对待非党组织的态度的实际政治结论。

社会主义者可不可以参加非党组织呢?如果可以,那么在什么条件下可以参加呢?在这种组织中应当采取怎样的策略呢?

对于第一个问题不能绝对地和原则地回答说:不可以。如果说,无论在什么情况下社会主义者都不能参加非党的(即或多或少自觉的或不自觉的资产阶级的)组织,那是不正确的。在民主革命时代,拒绝参加非党组织,在一定的场合下就等于拒绝参加民主革命。但是毫无疑问,社会主义者必须把这些"一定的场合"限制在狭小的范围内,他们只有在严格规定的、严格限制的条件下才能够参加。这是因为,如果非党组织的成立,正像我们所说的,是由于阶级斗争不太发展,那么,从另一方面来说,严格的党性则是使阶级斗争成为自觉的、明确的、有原则的斗争的条件之一。

保持无产阶级政党在思想上和政治上的独立性,是社会主义者的始终不渝和绝对必须履行的义务。谁不履行这个义务,谁就**实际上**不再是社会主义者,不管他的"社会主义"(口头上的社会主义)信仰是多么真诚。对社会主义者来说,参加非党组织仅仅作为一种例外才是允许的。而参加非党组织的目的、性质、条件等等都应当完全服从于一个基本任务:准备和组织社会主义无产阶级自觉地领导社会主义革命。

形势可能迫使我们参加非党组织,特别是在民主革命时代,尤其是在无产阶级起杰出作用的这样的民主革命时代。例如,为了向没有明确的民主主义思想的听众宣传社会主义,或者为了社会主义者和革命民主派对反革命势力进行共同的斗争,参加非党组织可能是必要的。在第一种情况下,参加非党组织是贯彻自己的观点的一种手段;在第二种情况下,是为了达到一定的革命目的而缔结的战斗协定。在这两种情况下,参加都只能是暂时的。在这两种情况下,只有在充分保证工人政党的独立性的条件下,以及在被派到非党的联合会或委员会中"当代表"的党员和党组接受全党的绝对监督和领导的条件下,才能够参加。

当我们党的活动处于秘密状态的时候,实行这种监督和领导是有巨大的、往往几乎是不可克服的困难。现在,当党愈来愈公开进行活动的时候,可能而且应该最广泛地实行这种监督和领导,不仅受党的"上层"的监督和领导,而且要受党的"下层",受全体加入党的有组织的工人的监督和领导。就社会民主党人在非党的联合会或委员会中的活动提出报告,就这一活动的条件和任务提出报告,一切党组织就这一活动作出决议,这些都应当作为工人政党的日常活动。只有全党**实际**参加来**指导**这一活动,才能够切实地使真正社会主义的活动同一般的民主主义的活动明显地区别开来。

我们在非党的联合会中应当采取怎样的策略呢? 第一,利用一切可能性进行独立的联系,宣传我们的全部社会主义纲领。第二,从最坚决彻底实现民主革命的观点出发,确定目前的最近的政治任务,提出民主革命中的政治口号,提出进行斗争的革命民主派(不同于做交易的自由主义民主派)所应当实现的改革的"纲领"。

只有在这种情况下,才可以让我们的党员参加今天由工人建立、明天由农民建立、后天由士兵等等建立的非党的革命组织,并在其中起到良好的作用。只有在这种情况下,我们才能够完成工人政党在资产阶级革命中的双重任务:把民主革命进行到底,扩充和加强社会主义无产阶级的骨干力量,社会主义无产阶级需要获得自由,以便进行推翻资本统治的无情斗争。

载于1905年11月26日和12月2日
《新生活报》第22号和第27号

选自《列宁全集》第2版第12卷第123—130页

# 莫斯科起义的教训

(1906年8月29日〔9月11日〕)

《1905年12月的莫斯科》(1906年莫斯科版)一书[313]的问世，是再及时不过了。吸取十二月起义的经验，是工人政党的迫切任务。可惜的是，就像一桶蜜里掺了一勺焦油，这本书材料十分令人感兴趣(尽管不完备)，但是结论却作得非常草率，非常庸俗。关于这些结论，我们以后专门来讲①，现在只谈一谈目前最迫切的政治问题，谈谈莫斯科起义的教训。

莫斯科十二月运动的主要斗争形式是和平的罢工和示威。绝大多数工人群众积极参加的只是这两种形式的斗争。然而，正是莫斯科十二月行动清楚地表明，总罢工作为独立的和主要的斗争形式已经过时，运动正以不可遏止的自发力量冲破这种狭隘的框子，产生起义这种最高的斗争形式。

一切革命政党，莫斯科的一切工会，在宣布罢工时就已经意识到，甚至感觉到，罢工必然会变成起义。12月6日，工人代表苏维埃曾作出决定，"要努力使罢工变成武装起义"。但是，事实上一切组织对这件事都没有准备好，甚至战斗队联合委员会[314]谈到(**12月9日！**)起义时也好像是在谈什么遥远的事情，因此巷战发生时它当然毫无所知，没有参加。各个组织都**没有能够跟上**运动

---

① 见《列宁全集》第2版第13卷第383—387页。——编者注

的发展和规模。

罢工发展为起义,首先是由 10 月以后形成的客观条件促成的。举行总罢工已经不能使政府措手不及了,政府已经把准备采取军事行动的反革命势力组织起来了。无论 10 月以后的俄国革命的总的进程或莫斯科 12 月期间一系列事件的发展,都惊人地证实了马克思的一个深刻原理:革命向前进展是由于它产生了一个联合起来的、强大的反革命,也就是说,革命迫使敌人采取愈来愈极端的防御手段,因而它自己也在掌握愈来愈强有力的进攻手段①。

12 月 7 日和 8 日这两天,群众举行了和平罢工、和平示威。8 日晚上,阿克瓦留姆花园被包围[315]。9 日白天,龙骑兵在斯特拉斯特纳亚广场屠杀群众,晚上菲德列尔学校被捣毁[316]。民情鼎沸。街上无组织的人群完全是自发地但又犹犹豫豫地在构筑第一批街垒。

10 日,开始向街垒和街上的人群进行炮击。构筑街垒已经不再犹豫不决了,已经不是个别的情况,而是大批地在构筑。全城的民众都涌上街头;全城的主要中心地区都布满了街垒。战斗队员同军队进行了好几天顽强的游击战,这种游击战使军队疲惫不堪,杜巴索夫不得不乞求援兵。直到 12 月 15 日,政府军队才完全占优势,17 日谢苗诺夫团才把普列斯尼亚区这个最后的起义据点攻破。

由罢工和示威进而构筑个别街垒。由构筑个别街垒进而构筑大批街垒并同军队进行巷战。无产阶级的群众性的斗争走到了各种组织的前面,由罢工发展成了起义。这是俄国革命在 1905 年 12 月取得的最伟大的历史成果,这个成果也同从前的一切成果一

---

① 参看《马克思恩格斯文集》2009 年人民出版社版第 2 卷第 79 页。——编者注

样,是用极大的牺牲作代价换来的。运动从政治总罢工发展到了最高的阶段。它迫使反动派采取**极端**的抵抗手段,因而使革命也采取极端的进攻手段的时机大大提前到来。反动派炮击街垒、房屋和街上的人群以后,已经**再也无路**可走了。革命则除了组织莫斯科的战斗队以外,还有别的道路可走,无论在广度或深度方面都有很多很多的道路可走。革命从十二月事件以后又大大前进了。革命危机的基础已经更加广阔得多,这时刀锋必须磨得更加锐利了。

无产阶级比他们的领导者更快地感觉到了要求由罢工转为起义的客观斗争条件的变化。这时也同以往任何时候一样,实践走到了理论的前面。和平的罢工和示威很快就不再能满足工人的要求了,工人们问道:下一步怎么办?他们要求采取更积极的行动。构筑街垒的指示下达到各区很迟,当时中心地区已经在构筑街垒了。工人成群结队地在干这件事,但是**他们对此还不满足**,他们又问道:下一步又怎么办?他们要求积极行动。我们这些社会民主主义无产阶级的领导者在十二月事件中,很像一个这样的将领,他把自己的兵力部署得非常荒谬,以致他指挥的大部分队伍都没有能积极参加战斗。工人群众曾经想方设法要得到关于采取积极的群众性行动的指示,可是没有得到。

由此可见,普列汉诺夫的那个得到一切机会主义者支持的观点是再近视不过的了。他认为,本来就用不着举行那次不合时宜的罢工,"本来就用不着拿起武器"[317]。正好相反,本来应该更坚决、更果敢和更富于进攻精神地拿起武器,本来应该向群众说明不能单靠和平罢工,必须进行英勇无畏和毫不留情的武装斗争。因此现在我们也就应当公开地大声承认举行政治罢工是不够的了,应当在最广大的群众中鼓动武装起义,而不要用任何"预备阶段"来掩盖这个问题,一点也不要模糊这个问题。向群众隐瞒必须进行你死我活的流血的歼灭性的战争这个未来行动的直接任务,就是既欺骗自己,又欺骗人民。

十二月事件的第一个教训就是如此。另一个教训是关于起义的性质、起义的方式、军队转变到人民方面来的条件。在我们党的右翼中,对这种转变有一种很流行的极其片面的看法。说什么同现代军队进行斗争是不行的,需要使军队成为革命的军队。当然,假使革命不成为群众性的,假使革命没有波及军队,那也就根本谈不上什么严重的斗争。当然,对军队进行工作是必要的。但是,决不能把军队的这种转变设想成一种什么简单的、一蹴而就的事,它是说服和自觉的结果。莫斯科起义清楚地向我们指出了这种看法的呆板和僵化。其实,在一切真正的人民运动中,军队的动摇是不可避免的,一到革命斗争尖锐化的时候,就会引起真正的**争夺军队的斗争**。莫斯科起义向我们表明的正是反动派和革命力量之间为争取军队而进行的最激烈最残酷的斗争。杜巴索夫自己说过,在莫斯科 15 000 人的军队中,只有 5 000 人是可靠的。政府为了控制动摇分子而无所不用其极:说服他们,诱惑他们,用发给表和钱等等收买他们,用伏特加灌醉他们,欺骗他们,威吓他们,把他们禁闭在营房里,解除他们的武装,通过告密和暴力把那些被认为最不可靠的士兵从他们里面抓出来。所以,我们应该有勇气直截了当地公开承认,我们在这方面落在政府的后面了。我们未能利用我们所拥有的力量,来积极、大胆、机智、主动地争取动摇的军队,而政府却这样做了,并且取得了成效。我们已经着手在思想上"影响"军队,而且今后还要更加坚持不懈地这样做。但是,如果我们忘记在起义的时刻还需要进行实际具体的斗争来争取军队,那我们就会成为可怜的书呆子。

莫斯科的无产阶级在十二月的日子里给了我们从思想上"影

响"军队的卓越教训。例如,12月8日在斯特拉斯特纳亚广场上,有一大群人把哥萨克军队团团围住,同军队混合在一起,同他们联欢,结果使他们撤回去了。还有一个例子,10日那天在普列斯尼亚区,在上万人的人群中,有两个青年女工打着红旗向哥萨克军队迎面走去,她们大声喊道:"打死我们吧! 我们宁死也不交出旗帜!"这时哥萨克军队不知所措,只好在人群高呼"哥萨克万岁!"声中疾驰而去。这些英勇无畏的范例,应该永远铭记在无产阶级的心里。

但是,请看看我们落后于杜巴索夫的例子吧。12月9日,有些士兵唱着马赛曲沿着谢尔普霍夫街行进,去同起义者会合。工人们派代表去会见他们。这时马拉霍夫也亲自骑马拼命向他们那里疾驰。工人们来迟了,而马拉霍夫却及时赶到了。他发表了激昂慷慨的演说,把那些士兵说得动摇了,随后又用龙骑兵包围了他们,把他们送回营房禁闭起来。马拉霍夫及时赶到了,而我们却没有及时赶到,虽然在两天之内已经有15万人响应了我们的号召,他们本来能够并且应当在街道上组织巡逻的。马拉霍夫用龙骑兵包围了士兵,而我们却没有用掷弹队包围马拉霍夫们。我们当时能够而且应当做到这一点,何况社会民主党的报刊早已(旧《火星报》[139])指出,在起义时我们的责任就是毫不留情地消灭民政长官和军事长官。显然,在涅斯维日兵营前,在克鲁季茨基兵营前,在无产阶级试图让叶卡捷琳诺斯拉夫团"撤走"时,在派代表到亚历山德罗夫工兵队去时,在派往莫斯科的罗斯托夫炮兵中途撤回去时,在解除科洛姆纳工兵的武装时,等等,都曾大致重复过谢尔普霍夫街发生的情况。我们在起义的时刻,没有能够很好地完成争取动摇的军队的任务。

十二月事件还明显地证实了马克思的另一个深刻的、被机会主义者遗忘了的原理。马克思写道,起义是一种艺术,这种艺术的主要准则就是要万分勇敢,一往直前地坚决**进攻**。[318]我们没有充分领会这一真理。我们自己没有充分学习这种艺术,学习这个无论如何都要实行进攻的准则,也没有把它教给群众。现在,我们应当竭力弥补我们的缺陷。仅仅根据人们对政治口号的态度来划分派别是不够的,还必须根据人们对武装起义的态度来划分派别。谁反对武装起义,谁不为武装起义作准备,就应该毫不留情地把他从革命队伍中驱逐出去,驱逐到革命敌人那里去,驱逐到叛徒或懦夫那里去,因为事态发展的力量和斗争局势将迫使我们按照这一标志来分清敌友的日子已经不远了。我们应该鼓吹的不是消极情绪,不是单纯的"等待"军队"倒戈";不,我们应当大声疾呼:必须拿起武器,大胆地进攻和出击,同时必须消灭敌方的长官,为争取动摇的军队进行最果敢的斗争。

  莫斯科起义给我们的第三个伟大教训,是关于起义的战术和起义力量的组织。战术是由军事技术水平决定的,——这个真理,恩格斯曾反复向马克思主义者作过通俗而详尽的解释[319]。现在,军事技术已经不是19世纪中叶那样的了。用人群抵挡大炮,用左轮手枪防守街垒,是愚蠢的。考茨基说得对,他说,在莫斯科起义以后,应该重新审查一下恩格斯的结论了,因为莫斯科起义推出了**"新的街垒战术"**[320]。这个战术就是游击战争的战术。这种战术所要求的组织,是一些机动的、人数很少的队伍,可以由十人、三人甚至两人组成。现在我们常常会遇到这样一些社会民主党人,他们一听到什么五人小组或三人小组,就嘻嘻一笑。但是,这种嘻嘻一笑,不过是回避现代军事技术条件下巷战所提出的战术和组织的**新**问题的一种最廉价的办法。先生们,你们仔细读一读关于莫斯科起义的记述,就会明白"五人小组"和"新的街垒战术"问题有什么联系了。

莫斯科起义推出了这个新战术,但是远没有加以发展,远没有在多少广泛一些的、真正群众性的范围内加以运用。当时战斗队员太少,工人群众没有接到大胆出击的口号,也没有实行这个口号,游击队的性质还过于千篇一律,它们的武器和它们的活动方法还不够多,它们领导群众的本领几乎没有发挥出来。我们应当弥补这一切缺陷,而且只要我们学习莫斯科的经验,把这一经验推广到群众中去,鼓励群众自己发挥创造精神,去进一步发展这个经验,我们就一定能够弥补这一切缺陷。而俄国各地在十二月事件以后几乎不断发生的游击战争和群众性的恐怖行动,一定会有助于教会群众在起义时采取正确的战术。社会民主党应当承认并且在自己的战术中采取这种群众性的恐怖行动,当然要加以组织,加以监督,使它服从工人运动和总的革命斗争的利益和条件,要毫不留情地消灭和铲除败坏这种游击战争的"游民"行为。莫斯科人在起义的日子里,拉脱维亚人在著名的拉脱维亚共和国的日子里就曾非常高明地、无情地惩罚过这种行为[321]。

最近时期军事技术又有了新的进步。在对日战争中出现了手榴弹。兵工厂已制造自动步枪出售了。这两种武器都已开始成功地在俄国革命中采用,但还远远没有被广泛采用。我们能够而且应当利用日益完善的技术,教会工人队大批制造炸弹,帮助工人队和我们的战斗队储存炸药、导火管和自动步枪。如果工人群众参加城市起义,如果向敌人大规模出击,如果进行坚决巧妙的斗争来争取那些自从杜马解散以后,自从斯维亚堡和喀琅施塔得事件[322]以后愈发动摇的军队,如果保证农村参加总的斗争,在下次全俄武装起义中胜利就一定会属于我们!

让我们吸取俄国革命伟大事件中的教训,更广泛地开展我们的工作,更勇敢地提出我们的任务吧!我们的工作是以正确估计当前各阶级的利益和全民发展的需要为基础的。围绕推翻沙皇政权、由革命政府召集立宪会议这一口号，我们正在团结并将继续团结愈来愈多的无产阶级群众、农民和军队。提高群众的觉悟，现在也同过去任何时候一样，仍然是我们全部工作的基础和主要内容。然而不要忘记，除了这个一般的、经常的、基本的任务以外，俄国当前所处的局势还加上了一些特殊的专门的任务。我们不要做书呆子和庸人，我们不要用一些关于我们在任何条件下和任何时候都有永远不变的责任的空洞借口，来推脱当前的这些特殊任务，推脱当前这种斗争形式的专门任务。

我们要记住，伟大的群众性的斗争就要到来了。这将是武装起义。它应当尽可能同时发动。群众应当知道，他们是在投入一场武装的、流血的、你死我活的斗争。应当在群众中发扬视死如归的精神，以确保斗争的胜利。向敌人进攻应当是最果敢的；应当成为群众口号的是出击，而不是防守，他们的任务就是毫不留情地消灭敌人；进行斗争的组织应当是机动的灵活的；要把军队中的动摇分子卷到积极的斗争中来。觉悟的无产阶级的政党应当履行它在这一伟大斗争中的职责。

载于1906年8月29日《无产者报》第2号

选自《列宁全集》第2版第13卷第365—372页

# 游 击 战 争

（1906 年 9 月 30 日〔10 月 13 日〕）

游击活动问题引起我们党和工人群众的极大兴趣。我们已经不止一次顺便谈到这个问题，现在打算把我们的观点作一次比较完整的叙述，这是我们曾经说过的①。

## 一

让我们从头说起吧。每个马克思主义者对于考察斗争形式问题，应当提出些什么基本要求呢？第一，马克思主义同一切原始形式的社会主义不同，它不把运动限于某一种固定的斗争形式。它承认各种各样的斗争形式，并且不是"臆造"这些形式，而只是对运动进程中自然而然产生的革命阶级的斗争形式加以概括、组织，并使其带有自觉性。马克思主义同任何抽象公式、任何学理主义方法是绝对不相容的，它要求细心对待进行中的**群众**斗争，因为群众斗争随着运动的发展，随着群众觉悟的提高，随着经济危机和政治危机的加剧，会产生愈来愈新和愈来愈多的防御和攻击的方式。因此，马克思主义决不拒绝任何斗争形式。马克思主义决不局限

---

① 见《列宁全集》第 2 版第 13 卷第 361 页。——编者注

于只是在当前可能的和已有的斗争形式,它认为,随着当前社会局势的变化,**必然**会出现新的、为这个时期的活动家所不知道的斗争形式。马克思主义在这方面可以说是向群众的实践**学习**的,决不奢望用书斋里的"分类学家"臆造的斗争形式来**教导**群众。例如,考茨基在考察社会革命的形式时说:我们知道,即将到来的危机会给我们带来我们现在还预见不到的新的斗争形式。

第二,马克思主义要求我们一定要**历史地**来考察斗争形式的问题。脱离历史的具体环境来谈这个问题,就是不懂得辩证唯物主义的起码常识。在经济演进的各个不同时期,由于政治、民族文化、风俗习惯等等条件各不相同,也就有各种不同的斗争形式提到首位,成为主要的斗争形式,而各种次要的附带的斗争形式,也就随之发生变化。不详细考察某个运动在它的某一发展阶段的具体环境,要想对一定的斗争手段问题作肯定或否定的回答,就等于完全抛弃马克思主义的立脚点。

这就是我们应当遵守的两个基本理论原理。在西欧,马克思主义的历史给我们提供了无数证实上述原理的例证。欧洲社会民主党人认为议会制度和工会运动是目前主要的斗争形式,但是,他们同俄国立宪民主党人[83]和无题派[150]之类的自由派资产者的意见相反,过去承认过起义,并且在将来局势发生变化的时候,还是完全准备承认起义的。70年代,社会民主党不承认总罢工是解决社会问题的万应灵丹,不承认它是通过非政治途径能立即推翻资产阶级的手段,但是,社会民主党现在完全承认群众性的政治罢工(特别是有了1905年俄国革命的经验以后)是**一种**在**一定**条件下必要的斗争手段。社会民主党承认过19世纪40年代的街垒斗争,以后又根据19世纪末的一定情况把它否定了,而在有了莫斯科的经验以后,又表示完全愿意修改这种否定街垒斗争的观点,承认这种斗争是适当的,因为莫斯科的经验,用考茨基的话来说,提供了新的街垒战术。

二

我们既已确定了马克思主义的一般原理,现在就来考察一下俄国革命。我们先回忆一下俄国革命所提出的各种斗争形式的历史发展。起初是工人的经济罢工(1896—1900 年),接着是工人和学生的政治示威(1901—1902 年),农民骚乱(1902 年),以各种形式同游行示威结合在一起的群众性政治罢工的兴起(1902 年罗斯托夫的罢工[323],1903 年夏季罢工[324],1905 年 1 月 9 日事件[264])。全俄政治罢工连同局部的街垒斗争(1905 年 10 月)[304],群众性的街垒斗争和武装起义(1905 年 12 月),和平的议会斗争(1906 年4—6 月),军队的局部起义(1905 年 6 月—1906 年 7 月),农民的局部起义(1905 年秋—1906 年秋)。

从一般斗争形式来看,截至 1906 年秋天为止,情况就是这样。专制制度采取的"报复"斗争形式,就是从 1903 年春天的基什尼奥夫事件起到 1906 年秋天的谢德尔采事件[325]止的黑帮[266]大暴行。在这整个时期,策划黑帮大暴行和屠杀犹太人、大学生、革命者以及觉悟工人的办法变本加厉,日益精巧,除了收买无知之徒施行暴力而外,还动用了黑帮军队,甚至在农村和城镇使用大炮,派遣讨伐队和讨伐列车等等。

这就是情况的基本背景。在这个背景上也就呈现出本文所要研究和评价的那一现象,当然这是一种局部的、次要的、附带的现象。这一现象究竟是什么呢? 它具有哪些形式? 它产生的原因是什么？是在什么时候产生的，扩展到了什么程度？它在革命总进程中有什么意义？它同社会民主党所组织所领导的工人阶级斗争的关系怎样？这就是现在我们勾画了这种情况的一般背景以后所要分析的一些问题。

我们所关心的这一现象是一种**武装**斗争。这个斗争是由个别人和一小群人进行的。其中一部分人参加了革命组织，一部分人（在俄国某些地方是**大**部分人）没有参加任何革命组织。武装斗争有两种**不同的**、必须加以**严格**区分的目的：第一，这种斗争的目的，是要刺杀个别人物，军警长官和他们的下属；第二，是要没收政府的和私人的钱财。没收来的钱财一部分交给党，一部分专门购置武器和准备起义，还有一部分用来维持进行上述斗争的人的生活。剥夺来的大笔款项（高加索 20 多万卢布，莫斯科 875 000 卢布）[326]，首先交给革命政党；剥夺来的小笔款项，首先，有时甚至完全用来维持"剥夺者"的生活。这种斗争形式，显然只是在 1906年，即十二月起义以后，才广泛地发展和流行起来。尖锐到发生武装斗争程度的政治危机，特别是农村和城市的贫困、饥饿和失业的加剧，是引起这种斗争的重要原因之一。无业游民、流氓分子和无政府主义者集团，把这种斗争形式看做是主要的，甚至是**唯一的**社会斗争形式。专制制度采取的"报复"斗争形式，就是宣布戒严状态，动员新的部队，施行黑帮大暴行（谢德尔采事件），设立战地法庭[327]。

三

通常对这种斗争的评价可以归结如下：这是无政府主义、布朗基主义<sup>78</sup>、旧时的恐怖手段,是脱离群众的个人行动,这种行动会使工人风纪败坏,使广大居民同工人疏远,瓦解运动,危害革命。人们可以从报纸上每天报道的事件中随便找出一些例子,来证实这种评价。

但是这些例子有说服力吗?为了检验这一点,我们不妨看看这种斗争形式**最**发展的地方,即拉脱维亚边疆区。请看,《新时报》<sup>15</sup>(9 月 9 日和 12 日)对拉脱维亚社会民主党人的活动是怎样发泄不满的吧。拉脱维亚社会民主工党<sup>328</sup>(它是俄国社会民主工党的一部分)所办的报纸<sup>329</sup>,通常发行 3 万份。在通告栏内,公布了每个正直的人都有责任加以消灭的奸细的名单。帮助警察局的人被宣布为"革命的敌人",应当处以死刑,并没收其财产。居民向社会民主党捐款必须索取盖有印章的收条。党的最近账目中载明,在全年 48 000 卢布收入中,有 5 600 卢布是利巴瓦支部用剥夺手段得来购置武器的。《新时报》自然暴跳如雷,反对这种"革命立法",反对这个"可怕的政府"。

谁也不敢贸然把拉脱维亚社会民主党人的这种活动,说成是一种无政府主义、布朗基主义、恐怖主义。为什么不敢呢?因为这里**显然**可以看出,新的斗争形式是同 12 月发生过而且现在又在酝酿的起义有联系的。就整个俄国来说,这种联系还不十分明显,但是这种联系是存在的。至于"游击"斗争是在 12 月以后才开展起来,这种斗争不仅同经济危机尖锐化有联系,而且同政治危机尖锐化有联系,这些都是没有疑问的。旧时的俄国恐怖主义是知识分子密谋家所干的事情;现在的游击斗争通常是由工人战斗队员或者就是失业工人进行的。布朗基主义和无政府主义是那些喜欢死板公式的人容易想到的,但是在像拉脱维亚边疆区这样明显的起义环境里,这种用滥了的标签显然是不适用的。

从拉脱维亚社会民主党人的例子显然可以看出,在我国如此常用的、不把游击战争同起义环境联系起来的分析方法,是完全不正确的、非科学的、非历史的。应该注意到这个环境,考虑到两次大规模起义行动之间的间隔时期的种种特点,应当了解这时必然会产生怎样的斗争形式,而不是用立宪民主党人和新时报派惯用的无政府主义、抢掠、游民行为等这套字眼来敷衍了事!

有人说,游击活动会破坏我们的工作。我们不妨把这种议论拿来同1905年12月以后的环境,同黑帮大暴行和戒严状态的时代对照一下。在**这样的**时代,究竟是什么最能破坏运动呢?是不抵抗,还是进行有组织的游击斗争?我们可以把俄国中部同俄国西部边区即波兰和拉脱维亚边疆区比较一下。毫无疑问,游击斗争在西部边区开展得更广泛,发展得更迅速。同样毫无疑问,革命运动,特别是社会民主运动,在俄国中部要比俄国西部边区一带**受到的破坏更大**。当然,我们决不想由此得出结论说,波兰和拉脱维亚的社会民主运动所受到的破坏较小是**因为**进行了游击战争。不是的。由此只应得出结论说,1906年俄国社会民主工人运动受到破坏的事实不能归咎于游击战争。

人们谈到这一点的时候,往往以民族条件的特点为借口,但是这种借口特别明显地暴露了目前流行的论据的不足。既然问题在于民族条件,那就是说,问题不在于无政府主义、布朗基主义、恐怖主义这些全俄范围和甚至专门是俄罗斯范围的过失,而在于某种别的缘故。先生们,请你们**具体地**分析一下这个某种别的缘故吧!那时你们就会知道,民族压迫或民族对抗是说明不了什么问题的,因为这在西部边区一带始终都是存在的,而游击斗争只是当前历史时期的产物。有许多地方,虽有民族压迫和民族对抗,但是没有游击斗争,而游击斗争有时是在没有任何民族压迫的情况下发展起来的。只要具体分析问题,就会知道问题不在于民族压迫,而在于起义的条件。游击斗争是群众运动事实上已经达到起义地步,以及国内战争中两"大战役"间的一段较长的间隔时期内不可避免的一种斗争形式。

运动受到破坏,并不是由于游击活动,而是由于党软弱无力,不善于**掌握**这种活动。所以我们俄罗斯人通常一方面咒骂游击行动,一方面又去进行确实使党受到破坏的那种秘密的偶然的没有组织的游击活动。我们不能了解产生这种斗争的历史条件,也就不能消除它的不好的方面。然而斗争却在进行着。这种斗争是由强大的经济原因和政治原因引起的。我们不能排除这些原因,也就不能排除这种斗争。我们埋怨游击斗争,其实就是埋怨我们党在起义方面的软弱无力。

以上我们关于运动受到破坏的问题所谈的一切,也适用于风纪败坏的问题。使风纪败坏的,不是游击战争,而是游击行动**缺乏组织性**,缺乏秩序,缺乏党性。对游击行动的斥责和诅咒,丝毫也不能使我们摆脱这种**极明显**的风纪败坏,因为这种斥责和诅咒绝对不能阻止深刻的经济原因和政治原因所引起的现象。有人会反驳说,我们不能阻止反常的、会败坏风纪的现象,但这也不能成为**党**应该采取反常的、会败坏风纪的斗争手段的理由。但是这种反驳纯属自由派资产阶级的说法,而不是马克思主义的说法,因为马克思主义者决不能把国内战争,或者作为国内战争形式之一的游击战争,**笼统地**看成反常的、会败坏风纪的现象。马克思主义者是主张阶级斗争的,而不是主张社会和平的。在尖锐的经济危机和政治危机的一定时期,阶级斗争就会径直发展成为国内战争,即两部分人之间的武装斗争。在这样的时期,马克思主义者**应该**坚持国内战争的观点。从马克思主义的观点来看,对国内战争作任何道义上的谴责,都是完全不能容许的。

在国内战争时代,无产阶级政党的理想,就是要成为**战斗的党**。这是绝对无疑的。我们完全可以假定,就国内战争而言,可以证明而且也可能证明国内战争的某种形式在某个时候**是不适当的**。我们完全承认可以根据**军事上的适当与否**来批评国内战争的各种不同形式,而且我们绝对同意在**这种**问题上的最后发言权属于各个地方的社会民主党的实际工作者。可是我们根据马克思主义的原则,绝对主张不要用一些什么无政府主义、布朗基主义和恐怖主义的老生常谈来回避对国内战争条件的分析,绝对主张在讨论社会民主党应否参加游击战争问题时,不要拿某个波兰社会党组织在某个时候采用过的毫无意义的游击活动方式来吓唬人[330]。

对于所谓游击战争会使运动受到破坏的借口,我们应该批判地对待。采用**任何**一种新的斗争形式,都会遇到新的危险,遭到新的牺牲,因而不免会使对这种新的斗争形式准备不足的组织受到"破坏"。我们以前的宣传员小组曾因转向鼓动而受到破坏。后来,我们的委员会也因转向游行示威而受到破坏。任何战争中的任何一次军事行动,都会使作战队伍受到某种破坏。但是决不能由此得出结论说,不应当作战。由此应当得出的结论是,应该**学会**作战。如此而已。

某些社会民主党人骄傲自满地说,我们不是无政府主义者,不是小偷,不是土匪,我们高于这一切,我们反对游击战争。当我听到这类话的时候,我便自问道:这些人明白他们说的是什么吗?现在黑帮政府正在全国各地同居民展开武装冲突和搏斗。这种现象在目前的革命发展阶段上,是绝对不可避免的。居民自发地、无组织地——因此也就往往采取不能奏效的**坏形式**——同样用武装冲

突和袭击来对付这种现象。我明白,由于我们组织的软弱无力和
准备不足,在某个地方和某个时候,我们可能放弃党对**这种**自发斗
争的领导。我明白,这个问题应当由当地的实际工作者来解决,改
造软弱无力的和准备不足的组织是一件不容易的事情。可是,社
会民主党的理论家或政论家不但不对这种准备不足感到痛心,反
而用一种骄傲自满的态度、纳尔苏修斯[208]式的得意神情重复他在
少年时代背诵的那些关于无政府主义、布朗基主义和恐怖主义的
词句。当我看到这种情形的时候,我就不禁要为世界上最革命的
学说遭到诋毁而难过。

有人说,游击战争会使觉悟的无产阶级堕落到不可救药的无
赖流氓的地步。这是对的。但是由此得出的结论只能是:无产阶
级的政党无论什么时候都不能把游击战争当做唯一的、甚至是主
要的斗争手段;这种手段应当服从于其他的斗争手段,应当配合主
要的斗争手段;应当经过社会主义的教育影响和组织影响变成一
种高尚的手段。没有**后面**这个条件,在资产阶级社会里进行斗争
的**一切**手段,确实是一切手段,都会把无产阶级弄到那些高于或低
于它的非无产者阶层的地步,如果听其自然发展下去,那就会散漫
放荡,腐化堕落。听其自然发展的罢工,往往会堕落为工人同厂主
相妥协**以对付**消费者的"同盟"。议会会堕落为妓院,由一伙资产
阶级政客拿"人民自由"、"自由主义"、"民主"、共和主义、反教权
主义、社会主义以及其他种种畅销货来做批发和零售的交易。报
纸会堕落为廉价的皮条客,堕落为腐蚀群众、无耻迎合群氓卑鄙本
能的工具,等等,等等。社会民主党不知道有什么万能的斗争手
段,不知道有什么能用万里长城把无产阶级同稍高于或稍低于它
的各个阶层隔绝起来的手段。社会民主党在不同的时代采用不同
的手段,并且**始终**为采用这种手段规定了**严格**确定的思想上和组

织上的条件。①

## 四

俄国革命同欧洲资产阶级革命相比,特点是斗争形式繁多。考茨基在一定程度上预见到了这一点,他在 1902 年说过,将来的革命(他补充说,**也许俄国例外**),与其说是人民和政府之间的斗争,不如说是两部分人之间的斗争。我们看到,在俄国,这**第二种**斗争显然要比在西方的资产阶级革命中发展得更广。我国革命的敌人在人民中间为数不多,但是随着斗争的尖锐化,他们日益组织起来,并且得到了资产阶级中反动阶层的支持。因此,在**这样**的时代,在发生全民政治罢工的时代,**起义**也就不能采取那种只适用于间隔时期很短和地区很小的单独行动的旧形式,这是十分自然的,也是不可避免的。因此,起义采取遍及全国的长期的国内战争这种更高的更复杂的形式,即采取两部分人之间的武装斗争形式,这也是十分自然的和不可避免的。这样的战争,只能是连续发生的几次间隔时期较长的大战役和大量的、在这些间隔时期内发生的

---

① 有人往往责备社会民主党内的布尔什维克对游击行动持轻率偏颇的态度。因此,在这里不妨指出,在关于游击活动的决议草案(见《党内消息报》**331**第 2 号和列宁的关于代表大会的报告**332**)里,拥护游击活动的那**部分**布尔什维克曾经提出他们承认游击活动的如下条件:决不容许"剥夺"私有财产;不提倡"剥夺"官家财产,而只在**受党监督**并把款项**用于起义需要**的条件下,才**容许这样做**。对政府暴吏和**活跃**的黑帮**提倡**用恐怖式的游击活动,然而必须遵守下列条件:(1)要顾及到广大群众的情绪;(2)要注意到当地工人运动的条件;(3)要设法使无产阶级不要无谓地耗费力量。统一代表大会通过的决议和这个草案实际不同的地方,**只在于**不容许"剥夺"官家财产。

小冲突。既然这样——而这是确定无疑的——社会民主党也就绝对应该提出自己的任务:建立能够在这些大战役中也能够尽量在这些小冲突中最大限度地领导群众的组织。在阶级斗争已经尖锐到发生国内战争这个时代,社会民主党的任务就是不仅应当参加**这场国内战争**,而且应当在**这场国内战争**中起领导作用。社会民主党应当培养和训练自己的组织,使它们能够真正成为**交战的一方**,不错过任何一个打击敌人力量的机会。

不用说,这是一个困难的任务。它不是一下子就能完成的。正如在国内战争进程中全体人民都在斗争中重新受到教育和进行学习一样,我们的各级组织也应当受到教育,应当根据实际经验进行改造,以适应这个任务。

我们一点也不想硬要实际工作者接受什么杜撰的斗争形式,甚至也不想在书斋里解决某种游击战争形式在俄国国内战争的总进程中的作用问题。我们决不想把具体估计某种游击行动的问题,看做是社会民主党的**方针**问题。但是,我们认为自己的任务就是尽量帮助大家**从理论上**正确估计实际生活所提出的新的斗争形式,就是毫不留情地反对各种死板公式和偏见,因为它们妨碍觉悟工人正确地提出这一新的困难问题并正确地解决这一问题。

载于 1906 年 9 月 30 日《无产者报》第 5 号

选自《列宁全集》第 2 版第 14 卷第 1—12 页

# 卡·马克思致路·库格曼书信集俄译本序言

## (1907年2月5日〔18日〕)

现在我们把德国社会民主党《新时代》周刊[182]上发表的马克思给库格曼的信,全部汇集成册出版,目的是想使俄国读者更好地了解马克思和马克思主义。马克思在通信中对他自己的私事谈得很多,这是理所当然的。对于写传记的人来说,这些材料都是异常宝贵的。但是对于广大读者,特别是对于俄国工人阶级来说,这些书信内包含着理论和政治材料的那些地方,却更加重要得多。正是在我国,在目前的革命时代,细心研究马克思对工人运动和世界政治的各种问题的直接评论材料,是特别富有教益的。《新时代》杂志编辑部说得完全对:"认识那些在大变革时代形成其思想和意志的人物的面貌,就能提高我们自己。"在1907年,俄国社会党人更是加倍需要有这种认识,因为他们从这种认识中间可以得到许多极宝贵的指示,从而了解他们在本国所经历的一切革命中的直接任务。俄国现在正处于"大变革"的时代。马克思在相当动荡的19世纪60年代所采取的政策,在很多情况下是社会民主党人在目前俄国革命中采取的政策的直接榜样。

因此,我们现在只是简单地提一下马克思书信中理论上特别重要的地方,而比较详细地谈谈他作为无产阶级的代表所采取的革命政策。

从更全面和更深刻地弄懂马克思主义的观点来看,特别值得注意的是他在 1868 年 7 月 11 日写的一封信(第 42 页及以下各页)①。马克思在这封信里通过反驳庸俗经济学家的方式,非常清晰地说明了**自己**对所谓"劳动"价值论的见解。马克思把素养较差的《资本论》读者会很自然产生、因而被庸俗的"教授式的"资产阶级"科学"的代表人物百般利用的那些反对马克思价值论的意见,作了一个简单扼要而又异常透彻的分析。这里马克思指出了他怎样说明和应当怎样说明价值规律。他以最通常的反对意见为例,说明了他自己所运用的**方法**。他阐明了价值论这样一个(似乎是)纯粹抽象的理论问题同那些要求"**把缺乏思想的混乱永远保持下去**"的"统治阶级利益"之间的联系。我希望,凡是开始研究马克思和阅读《资本论》的人,在钻研《资本论》最难懂的头几章的时候,能把我们上面提到的那封信反复地读一读。

书信中另外一些在理论上特别有意思的地方,就是马克思对于各个作家的评论。马克思的这些评论写得非常生动,充满热情,可以看到他对一切重大思潮都全神贯注地进行考察分析。当你读到这些评论的时候,就会觉得自己好像是在亲自聆听这位天才思想家讲话一样。除了那些顺便谈到的对于狄慈根的评论以外,特别值得读者注意的是他对蒲鲁东派**116**的评论(第 17 页)。只是轻轻几笔就把那些在社会大动荡时期投靠"无产阶级",但不能领会工人阶级的观点,不能刻苦认真地在无产阶级组织"行列中间"进行工作的资产阶级的"优秀的"知识青年描绘得惟妙惟肖。②

---

① 见《马克思恩格斯文集》2009 年人民出版社版第 10 卷第 289—291 页。——编者注
② 同上书,第 243 页。——编者注

对杜林的评论(第35页)①好像是预示了恩格斯(同马克思一起)在9年以后所写的有名的《反杜林论》一书的内容。这本书有策杰尔包姆的俄译本,可惜这个译本翻译得很糟,不仅有许多遗漏,而且有不少错误。信里还有对杜能的一段评论,其中也牵涉到李嘉图的地租论。② 马克思早在1868年就坚决驳斥了"李嘉图的错误",而在1894年出版的《资本论》第3卷中则已把这些错误彻底驳倒了。但是,直到现在,从我国十足资产阶级的、甚至是"黑帮"**266**的布尔加柯夫先生起,直到"准正统派"马斯洛夫,所有这些修正主义者都仍然在重复这些错误。

还值得注意的是对于毕希纳的评论,其中谈到他的庸俗唯物主义和从朗格著作("教授式的"资产阶级哲学的正常的依据!)中抄来的"肤浅的废话"(第48页)③。

现在我们来谈谈马克思的革命政策。我们俄国社会民主党人中居然流行着一种对马克思主义的市侩观念,以为具有特殊斗争方式和无产阶级的特殊任务的革命时期是变态,而"宪制"和"极端反对派"却是常规。当今世界上无论哪一个国家也没有像俄国这样发生如此深刻的革命危机,同时无论哪一个国家也没有对革命采取如此怀疑和庸俗态度的"马克思主义者"(降低马克思主义,把马克思主义庸俗化)。我们这里的人总是从革命内容是资产阶级的这一事实得出肤浅的结论,认为资产阶级是革命的**动力**,而无产阶级在这个革命中则负担次要的、附属的任务,认为无产阶级不能领导这个革命!

---

① 见《马克思恩格斯文集》2009年人民出版社版第10卷第280—281页。——编者注
② 参看《马克思恩格斯全集》第1版第32卷第525页。——编者注
③ 同上书,第567页。——编者注

马克思在他给库格曼的书信中是多么有力地揭穿了这种对马克思主义的肤浅看法呀！拿1866年4月6日写的一封信来说吧。马克思当时已经完成了他的主要著作。在他写这封信的14年前，他已经最后作出了对于德国1848年革命的估价。**333** 1850年，他自己否定了自己在1848年认为社会主义革命即将到来的社会主义幻想①。在1866年，他刚开始看见新的政治危机在日益增长的时候，便写道：

"但愿，我们的庸人〈指德国自由派资产者〉最终会认识到，如果没有一次推翻哈布斯堡和霍亨索伦王朝的革命，结果必将再一次引起一场三十年战争……"（第13—14页）②

这里丝毫也没有幻想即将到来的革命（这次革命是从上面发生的，而不是像马克思所期待的那样从下面发生的）会推翻资产阶级和资本主义。这里十分明确地指出，这个革命只是推翻普鲁士和奥地利的君主制度。而他对这个资产阶级革命具有多么大的信心啊！这位了解资产阶级革命对社会主义运动的发展有巨大作用的无产阶级战士充满着多么强烈的革命热情啊！

过了三年，在拿破仑帝国崩溃的前夜，马克思指出法国发生了"非常有趣的"社会运动，他**非常高兴地**说道，"巴黎人为了准备去从事即将到来的新的革命斗争，又在细心研究他们不久前的革命经历了"。马克思描写了在评价这段历史时揭示出来的阶级斗争以后，得出结论说（第56页）："这样一来，整个历史的涡流就翻腾起来了！什么时候**我们那里**〈德国〉的形势也会发展到这一步呢！"③

---

① 参看《马克思恩格斯全集》第1版第7卷第513—514页。——编者注
② 参看《马克思恩格斯全集》第1版第31卷第518页。——编者注
③ 参看《马克思恩格斯全集》第1版第32卷第584—585页。——编者注

这正是俄国知识分子马克思主义者应该向马克思学习的地方。他们因怀疑论而软弱无能,因书呆子气而麻木不仁,他们惯于念忏悔词,很快就厌倦革命,像盼望节日似的盼望葬送革命,渴望用宪法条文来代替革命。他们应该向无产者的这位理论家和领袖学习对革命的信心,学习号召工人阶级把自己的直接的革命任务坚持到底的本领,学习那种决不因革命暂时失利而灰心丧气的坚韧不拔的精神。

马克思主义的学究们以为这全是伦理的空谈,全是浪漫主义,缺乏现实主义!不,先生们,这是革命理论和革命政策的结合,不把这两者结合起来,马克思主义就会变成布伦坦诺主义[205]、司徒卢威主义[161]和桑巴特主义[334]。马克思的学说把阶级斗争的理论和实践结成一个不可分割的整体。因此,谁把冷静地肯定客观情况的理论曲解为替现状辩护,以至于尽快地使自己去适应每次革命的暂时低潮,尽快地抛弃"革命幻想"而去从事"现实主义的"小事,那他就不是马克思主义者。

马克思就是在那些仿佛最平静的、如他所形容的"田园诗般的"时期,或如《新时代》杂志编者所说的"死水一潭的沉闷"时期,也能够觉察到革命即将临近,而**启发**无产阶级去认识他们所担负的先进的革命任务。而我们俄国那些把马克思庸俗化的知识分子,却在最革命的时期教导无产阶级采取消极的政策,采取"随波逐流"、悄悄支持时髦的自由主义政党的最不稳定分子的政策!

马克思对公社的评价是他给库格曼的书信中的精华。拿这种评价来和俄国社会民主党右翼所采用的手段对照一下,是特别有益的。普列汉诺夫在1905年12月以后灰心丧气地喊道:"本来就用不着拿起武器。"[317]他居然还把自己同马克思相比,说马克思在1870年也曾阻止过革命。

是的,马克思**也**曾阻止过革命。但请看看,普列汉诺夫所作的这种比拟,正好表明普列汉诺夫和马克思有天渊之别。

在1905年11月,即第一次俄国革命高潮的一个月以前,普列汉诺夫不但没有坚决警告过无产阶级,反而公开说必须**学会掌握武器**,必须**武装起来**。[335]而一个月以后,当斗争已经爆发的时候,普列汉诺夫却又毫不分析这次斗争的意义、分析这次斗争在整个事变进程中的作用以及同以前斗争形式的联系,就马上扮做一个悔罪的知识分子说道:"本来就用不着拿起武器。"

**1870年9月**,即在公社成立**半年以前**,马克思已在有名的国际宣言[336]中直接警告过法国工人,说实行起义是**蠢举**。他**事前**就揭露了以为1792年的运动可能再现的民族主义幻想。他**不是事后**,而是好几个月以前就说过"用不着拿起武器"。

当他自己在九月声明中认为**毫无希望**的这件事情在1871年3月开始实现的时候,他又采取了怎样的态度呢?马克思是否利用这一点(像普列汉诺夫利用十二月事件那样)来专门"挖苦"自己的对手,即那些领导了公社的蒲鲁东派和布朗基派[78]呢?他是否像一位女训导员那样唠叨说,我曾经讲过,我曾经警告过你们,而现在你们看,你们的浪漫主义,你们的革命狂想,搞出了什么名堂呢?他是否也像普列汉诺夫教训十二月起义的战士那样,用什么"本来就用不着拿起武器"这类自鸣得意的庸人的说教来教训公社活动家呢?

不。马克思在1871年4月12日给库格曼写了一封**热情洋溢的信**①,我们希望每个俄国社会民主党人,每个识字的俄国工人都把这封信当做座右铭。

①　见《马克思恩格斯文集》2009年人民出版社版第10卷第352—353页。——编者注

马克思在 1870 年 9 月把起义说成是蠢举,但到了 1871 年 4月,当他看见人民的群众运动已经起来的时候,他就以参加者的态度,对这个标志着具有世界历史意义的革命运动前进一大步的伟大事变表示莫大的关切。

他当时说,这是要打破官僚军事机器的**尝试**,而不是简简单单把这个机器从一些人的手里转到另一些人的手里。他讴歌蒲鲁东派和布朗基派所领导的巴黎"**英勇的**"工人。他当时写道:"这些巴黎人,具有何等的灵活性,何等的历史主动性,何等的自我牺牲精神!"(第 88 页)……"历史上还没有过这种英勇奋斗的范例"。

马克思最重视的是群众的**历史主动性**。要是我们俄国社会民主党人从马克思身上学到怎样来估计俄国工人和农民在 1905 年10 月和 12 月所表现的**历史主动性**,那该多好啊!

一方面是半年前就预见到失败的一位深思熟虑的思想家竭力推崇群众的**历史主动性**,另一方面是毫无生气的麻木不仁的迂腐说法:"本来就用不着拿起武器!"这岂不是一个天上,一个地下吗?

马克思当时虽然流亡在伦敦,但他却以他特有的全部热情对待这一群众斗争,并且作为这一斗争的**参加者**来批评那些"奋不顾身的"、"冲天的"巴黎人所采取的**直接步骤**。

现在俄国马克思主义者中那些在 1906—1907 年大骂革命浪漫主义的"现实主义的"聪明才子们,在当时不知会怎样讥笑马克思!他们看到这位**唯物主义者**和**经济学家**,这位空想的敌人赞扬冲天的"**尝试**"时,不知会怎样嘲笑他呢!那些套中人[269]看到这种所谓暴动意图和空想主义等等,看到对冲天的运动所作的这种估价时,不知会怎样掉泪、冷笑或表示怜悯!

而马克思丝毫没有像绝顶聪明的鲍鱼[337]那样害怕讨论革命斗争最高形式的**技术**问题。他讨论的正是起义的**技术**问题。是防御,还是进攻呢?——他写道。好像军事行动就在伦敦附近发生似的。接着他自己解答说:一定要进攻,"**本来是应该立刻向凡尔赛进军的……**"

这是在 1871 年 4 月,在伟大的流血的五月的几个星期前写的……

一个是当起义者开始了冲天的"蠢举"(这话是 1870 年 9 月说的)时说,"本来是应该立刻向凡尔赛进军的"。

另一个是当在 1905 年 12 月必须用武力来抵抗敌人夺取我们已经赢得的自由的初次侵犯时说:"本来就用不着拿起武器"……

是啊,难怪普列汉诺夫把自己同马克思相比!

马克思继续从**技术**上捃出批评说:"第二个错误是中央委员会〈请注意,这是**军事指挥机关**,是指国民自卫军中央委员会〉**过早地**放弃了自己的权力……"

马克思善于警告**领导者**不要举行尚未成熟的起义。但他对待冲天的**无产阶级**,却是以实际的顾问,以群众**斗争**的参加者的姿态出现的,因为群众不管布朗基和蒲鲁东的荒谬理论和错误怎样,终究把**整个**运动提到了**更高的阶段**。

他当时写道:"不管怎样,巴黎的这次起义,即使它会被旧社会的豺狼、瘟猪和下贱的走狗们镇压下去,它还是我们党从巴黎六月起义以来最光荣的业绩。"

马克思没有向无产阶级隐讳公社所犯的**任何一个**错误,他为这一**业绩**而写的一部著作,**至今**还是"冲天的"斗争的最好的指南,同时也是自由派和激进派的"**瘟猪**"最害怕的东西。①

普列汉诺夫为十二月事件写的一部"著作",却几乎成了立宪

---

① 见《马克思恩格斯文集》2009 年人民出版社版第 3 卷第 131—186 页。——编者注

民主党人<sup>83</sup>的福音书。

是啊,难怪普列汉诺夫把自己同马克思相比。

库格曼在写给马克思的回信中,大概是表示怀疑,认为事情没有希望,说必须采取现实主义态度而不要采取浪漫主义态度,——至少他是拿公社,即拿起义同巴黎 1849 年 6 月 13 日的和平示威相比较。

马克思立刻(1871 年 4 月 17 日)对库格曼作了严厉的驳斥。

他写道:"如果斗争只是在机会绝对有利的条件下才着手进行,那么创造世界历史未免就太容易了。"

马克思在 1870 年 9 月把起义叫做蠢举。但一旦群众举行了起义,马克思就愿意同他们一起前进,同他们一起在斗争过程中学习,而不是打官腔,教训他们。他懂得,谁想事先绝对确切地估计成功的机会,谁就是有意欺骗,或者是不可救药的书呆子气。他最重视的是工人阶级英勇地奋不顾身地积极地创造世界历史。马克思观察世界历史,是从正在创造历史,但无法事先绝对准确地估计成功机会的那些人们的观点出发的,而不是从瞎说"本来容易预见到……本来就用不着拿起……"等等的小市民知识分子的观点出发的。

同时,马克思能够理解到历史上常有这种情形,即群众进行殊死的斗争甚至是为了一件没有胜利希望的事业,但对于进一步教育这些群众,对于训练这些群众去作下一次斗争却是必需的。

我们现在那些冒牌马克思主义者喜欢滥引马克思的话,只愿仿效他估计以往而不愿仿效他创造未来,他们完全不能理解,甚至根本反对问题的这种提法。普列汉诺夫在 1905 年 12 月后开始"阻止……"时,根本就没有想到问题的这种提法。

而马克思正是提出了这个问题,同时丝毫也没有忘记自己在

1870年9月认为起义是蠢举这一事实。

他写道:"资产阶级的凡尔赛恶棍们要巴黎人抉择:或是进行战斗,或是不战而降。**工人阶级**在后一场合下的**消沉**,是比无论多少领导者遭到牺牲**更严重得多的**不幸。"①

我们对于马克思在给库格曼的信中教给我们的真正无产阶级政策的教训的简短介绍就到此结束。

俄国工人阶级已一度证明,并且还将不断证明,它有"冲天的"本领。

1907年2月5日

载于1907年由新杜马出版社
在彼得堡出版的小册子

选自《列宁全集》第2版第14卷
第373—382页

---

① 参看《马克思恩格斯文集》2009年人民出版社版第10卷第353—354页。——编者注

# 《约·菲·贝克尔、约·狄慈根、弗·恩格斯、卡·马克思等致弗·阿·左尔格等书信集》俄译本序言

(1907年4月6日〔19日〕)

现在介绍给俄国读者的这一部马克思、恩格斯、狄慈根、贝克尔以及19世纪国际工人运动其他领袖的书信集,对我国先进的马克思主义文献是一种必不可少的补充。

我们不打算详谈这些书信对于社会主义运动史以及对于全面阐明马克思和恩格斯的活动的重要意义,因为这是无须说明的。我们只想指出一点,这就是,要了解这些书信,就必须熟悉论述国际史的基本著作(见耶克的《国际》俄译本,知识出版社出版),熟悉论述德国和美国工人运动史的基本著作(见弗·梅林的《德国社会民主党史》和莫里斯·希尔奎特的《美国社会主义史》)等等。

我们也不打算对这部书信集的内容作概括的叙述,以及对这些书信所涉及的各个历史时期加以评论。这一点梅林在他的《与左尔格通信集》(《新时代》杂志[182]第25年卷第1册和第2册)一文中已经出色地做到了,出版者大概会把它附在本书后面,或者以俄文单行本形式发行。[338]

在我们所处的革命时代,对俄国社会党人具有特殊价值的东

709

西,乃是战斗的无产阶级从了解马克思和恩格斯将近30年(1867—1895年)的私人交往的活动中应当得出的那些教训。因此,我国社会民主主义的文献最初尝试向读者介绍马克思和恩格斯给左尔格书信的时候,也正是俄国革命中社会民主党的策略方面的"迫切"问题被提出来的时候(普列汉诺夫的《现代生活》杂志[339],孟什维克的《评论》[340]),这是毫不奇怪的。现在我们要请读者注意的,也就是对本书信集中那些从俄国工人政党目前任务来看特别重要的地方所作的评论。

马克思和恩格斯在信中谈得最多的是英美两国和德国工人运动中的迫切问题。这是可以理解的,因为他们是德国人,当时住在英国,而且又是同他们那位住在美国的同志通信。对于法国工人运动的问题,特别是巴黎公社的问题,马克思在给德国社会民主主义者库格曼的信[①]中谈得最多,也最详细。

把马克思和恩格斯有关英美工人运动的言论同有关德国工人运动的言论比较一下,是大有教益的。如果注意到在德国和英美两国,资本主义处于不同的发展阶段以及资产阶级这个阶级在这些国家全部政治生活中的统治形式各不相同这一事实,那么这种比较的意义就更大了。从科学的角度看,我们在这里可以看到唯物主义辩证法的典范,看到善于针对不同的政治经济条件的具体特点把问题的不同重点和不同方面提到首位加以强调的本领。从工人政党实际的政策和策略的角度看,我们在这里可以看到《共产党宣言》的作者针对不同国家的民族工人运动所处的不同阶段给战斗的无产阶级确定任务的典范。

---

① 见《马克思致库格曼医生书信集》,俄译本由尼·列宁编辑并作序。1907年圣彼得堡版(序言见本卷第699—708页。——编者注)。

马克思和恩格斯在谈到英美社会主义运动时,特别尖锐地批评它脱离了工人运动。在马克思和恩格斯评论英国"社会民主联盟"[144](Social-Democratic Federation)和美国社会主义者的大量言论中,始终贯穿着的是责备他们把马克思主义变成了教条,变成了"刻板的(starre)正统思想",责备他们把马克思主义看成"教条而不是**行动的指南**"[①],责备他们不善于适应在他们周围发生的、理论上虽然很弱但生命力很旺盛、气势很磅礴的群众性工人运动。恩格斯在 1887 年 1 月 27 日的信里感慨地说:"如果我们在1864—1873 年间坚持只和那些公开承认我们纲领的人合作,那我们今天会处于什么境地呢?"[②]在这封信以前的一封信里(1886 年12 月 28 日),恩格斯谈到亨利·乔治思想对美国工人阶级的影响问题时写道:

"一二百万工人在下一个 11 月投票拥护真正的("bona fide")工人政党,在目前来说,要比十万人投票拥护一个在学理上无可挑剔的纲领更有价值得多。"[③]

这是很值得注意的一段话。我们这里有一些社会民主党人急忙引用这段话来为召开"工人代表大会"[341]的主张或建立拉林的"广泛的工人党"一类的主张辩护。我们要问问这些急于"引用"恩格斯的话的人,你们为什么不用这一段话为"左派联盟"辩护呢?这几封被引证的信是在美国工人投票选举亨利·乔治的那个时期写的。威士涅威茨基夫人——一位嫁给俄国人的美国人,翻译过恩格斯的著作——当时请求恩格斯(这可以从恩格斯给她的回信中看

---

① 参看《马克思恩格斯文集》2009 年人民出版社版第 10 卷第 557 页。——编者注
② 同上书,第 563 页。——编者注
③ 同上书,第 561 页。——编者注

出)把亨·乔治狠狠批评一顿。恩格斯回信说(1886 年 12 月 28
日),这样做的**时机还没有来到**,最好是让工人政党根据不完全纯正
的纲领开始形成起来。然后,工人自己就会明白问题在哪里,就会
"从本身的错误中学习"。而妨害"工人政党在全国范围内巩固起来
(不管根据什么样的纲领)的举动,我都认为是个大错误"①。

至于亨·乔治的思想从**社会主义**观点来看是完全荒谬的**反动
的**这一点,恩格斯自然非常清楚,而且不止一次地指出过。在给左
尔格的书信中,马克思 1881 年 6 月 20 日的一封信很值得注意,在
这封信里,他对亨利·乔治作了评价,说他是**激进资产阶级的**思想
家。马克思当时写道:"亨·乔治在理论方面是非常落后的(total
arrière)。"②但恩格斯并不怕同这位货真价实的**反动社会主义者**一
起去参加选举,只是要有人善于事先向群众说明"他们自己的错
误会造成什么后果"(恩格斯 1886 年 11 月 29 日的信)③。

恩格斯在同一封信中谈到当时美国工人的一个组织"劳动骑
士"**342**(Knights of Labor)时说:"'劳动骑士'的最大的弱点〈直译
是:腐败的地方,faulste〉就是他们**在政治上的中立态度**…… 每
一个新参加运动的国家所应采取的第一个步骤,始终是把工人组
织成独立的政党,不管怎样组织起来,只要它是一个真正的工人政
党就行。"④

显然,这里一点也找不到可以替从社会民主党跳到非党工人
代表大会等等主张作辩护的东西。而任何一个不愿意被恩格斯指
责为把马克思主义贬低成"教条"、"正统思想"和"宗派主义"等

---

① 见《马克思恩格斯文集》2009 年人民出版社版第 10 卷第 560—561 页。——编者注
② 同上书,第 461 页。——编者注
③ 同上书,第 559 页。——编者注
④ 同上书,第 557—558 页。——编者注

等的人,则应当从这里认识到有时候必须同激进的"反动社会主义者"一起搞选举运动。

但是最重要的,当然不是谈论美俄两国的这些对比(我们提到这些,只是为了回答论敌),而是要分析英美工人运动的**基本**特点。这些特点就是:无产阶级没有比较重大的全国性的**民主任务**;无产阶级还完全受资产阶级政治的支配;一小撮社会主义者由于宗派主义立场而脱离了无产阶级;社会主义者在选举中丝毫不受工人群众欢迎等等。谁要是忘记了这些基本条件而从"美俄两国的对比"中得出一些广泛的结论,那就暴露出他自己极其肤浅。

恩格斯所以强调在这种条件下要成立工人的经济组织,是因为当时已经非常稳固地建立起来的民主制度向无产阶级提出了纯粹社会主义的任务。

恩格斯所以强调成立一个即令是纲领欠妥的独立工人政党的重要性,是因为当时所说的那两个国家中的工人根本就没有什么政治独立性,他们在政治上过去和现在多半是跟着资产阶级走的。

如果企图把从这种论述中得出的结论应用到如下的国家或历史时期,在这些国家或历史时期中,无产阶级比自由派资产者更早成立了自己的党,无产阶级根本没有投票选举资产阶级政客的传统,直接摆在面前的不是社会主义任务而是资产阶级民主任务,——如果企图这样做,那就是对马克思历史方法的嘲弄。

如果我们把恩格斯对英美两国运动的评论和对德国运动的评论对照一下,读者就会更加明了我们的意思。

对德国运动的评论在本书信集中也很多,并且非常值得注意。所有这些评论贯穿着完全不同的另一种思想:要谨防工人政党中的"右翼",要向社会民主党中的**机会主义**无情地(有时是**猛烈地**,如马克思在1877—1879年间所做的那样)开战。

我们先从书信中引证一些论述来证实这一点,然后再来作出评价。

这里首先必须指出卡·马克思对赫希柏格之流的评论。弗·梅林在他的《与左尔格通信集》一文中竭力缓和马克思以及后来恩格斯对机会主义者的抨击,而且做得我们认为有点过分。例如,在谈到赫希柏格之流的时候,梅林固执己见,认为马克思对拉萨尔和拉萨尔派[118]的评价不正确。但是我们再说一遍,这里我们认为重要的,并不是从历史上来评价马克思对于某些社会主义者的抨击是否正确或者是否过分,而是马克思对于整个社会主义运动中某些**派别**所作的**原则性的**评价。

马克思抱怨德国社会民主党人同拉萨尔派和杜林妥协(1877年10月19日的信),同时也指责"同一帮不成熟的大学生和过分聪明的博士〈德语"博士"是相当于我国"副博士"和"大学优等毕业生"的一种学位〉妥协,这些人想使社会主义有一个'更高的、理想的'转变,就是说,想用关于正义、自由、平等和博爱(fraternité)的女神的现代神话来代替它的唯物主义的基础(这种基础要求人们在运用它以前进行认真的、客观的研究)。《未来》杂志[343]的出版人赫希柏格博士先生是这种倾向的代表,他已经'捐资'入党,——我想他可能怀有'无比高尚的'意图,但是,我对'意图'不感兴趣。世界上很难找到一种比他的《未来》杂志的纲领更糟糕、更'谦逊地自负'的东西了"(第70封信)①。

在过了将近两年以后(1879年9月19日)写的另一封信里,

---

① 见《马克思恩格斯文集》2009年人民出版社版第10卷第420页。——编者注

马克思驳斥了那种说他和恩格斯支持**约·莫斯特**的谣言,并向左尔格详细说明了他对德国社会民主党中的机会主义者的态度。《未来》杂志是赫希柏格、施拉姆、爱·伯恩施坦三人主办的。马克思和恩格斯**曾经拒绝**参加这种刊物的工作,可是当谈到由同一个赫希柏格参加并提供经费创办一种新的党的机关刊物问题时,马克思和恩格斯首先要求接受他们所指定的主笔希尔施去监督那些"卑鄙无耻的博士和大学生之流以及奸诈恶劣的讲坛社会主义者",然后又直接向倍倍尔、李卜克内西和社会民主党的其他领袖们发出一个通知,警告他们说:如果赫希柏格、施拉姆、伯恩施坦不改变自己的路线,那他们就要公开反对"这种糟蹋〈Verluderung——这个词的意思在德语中**还要厉害些**〉党和理论的行为"。①

当时德国社会民主党正处于像梅林在他的《党史》中所说的《混乱的一年》(《Ein Jahr der Verwirrung》)。在"非常法"**152**颁布以后,党并没有立刻找到正确的道路,最初还迷恋于莫斯特的无政府主义和赫希柏格之流的机会主义。马克思当时在谈到赫希柏格时写道:"这些家伙在理论上一窍不通,在实践上毫不中用,他们想把社会主义(他们是按照大学的处方来炮制社会主义的)变得温和一些,特别是想把社会民主党变得温和一些,把工人开导一下,或者像他们所说的,向工人注入'启蒙因素',可是他们自己只有一些一知半解的糊涂观念。他们首先想提高党在小市民心目中的声望。这不过是些可怜的反革命空谈家。"②

马克思所进行的"猛烈的"进攻,使机会主义者退却以至……销声匿迹了。马克思在1879年11月19日的一封信里通知说,赫

① 参看《马克思恩格斯全集》第1版第34卷第388、390页。——编者注
② 同上书,第389页。——编者注

希柏格已被排除于编辑委员会之外,而党的所有有名望的领袖如倍倍尔、李卜克内西、白拉克等人都已**摒弃了**他的那种思想。① 社会民主党的机关报《社会民主党人报》**190**已经由当时站在党的革命派方面的福尔马尔担任编辑。又过了一年(1880 年 11 月 5 日),马克思说,他和恩格斯经常同这个《社会民主党人报》的"可悲"(miserabel)的办报方针进行斗争,并且往往斗争得**很激烈**("wobei's oft scharf hergeht")。李卜克内西 1880 年曾到过马克思那里,他保证**在各方面**都要"加以改进"。②

和平恢复了,战争还没有一点迹象。赫希柏格隐退了,伯恩施坦成了革命的社会民主党人……至少是到 1895 年恩格斯逝世的时候止。

1882 年 6 月 20 日,恩格斯写信给左尔格,说这一斗争已成往事:"德国的情况总体上非常好。虽然党内著作家先生们曾经企图使党发生反动的转变,但是他们遭到了惨重的失败:社会主义的工人在各方面都备受凌虐,这使他们在各方面都变得比三年前更加革命了。……这些人〈党内著作家〉不惜一切代价,力图用温良恭顺、卑躬屈膝的办法,乞求取消反社会党人法,因为这项法令剥夺了他们的稿费收入。一旦这项法令被取消,就有可能发生公开的分裂,菲勒克、赫希柏格……之流就会形成一个单独的右翼;到那时,我们可以根据具体情况同他们进行谈判,直到他们最后彻底垮台。上述意见我们在反社会党人法刚一颁布时就说过了,那时候,赫希柏格和施拉姆在《年鉴》**344**上抛出文章,采用在当时情况

① 参看《马克思恩格斯全集》第 1 版第 34 卷第 400 页。文中提到的信的日期应为 1879 年 11 月 14 日。——编者注
② 同上书,第 449 页。——编者注

下十分卑鄙的方式评论过去党的活动,并要求党采取比较有教养的〈原文是"jebildetes",不是 gebildetes。恩格斯这里是指德国著作家的柏林口音〉、恭谨礼让的、文雅体面的做法。"①

1882 年对伯恩施坦派[117]所作的这种预言,在 1898 年以及后来的年代已被光辉地证实了。

从那时起,特别是从马克思逝世以后,可以毫不夸大地说,恩格斯始终不渝地在"过分地矫正"被德国机会主义者所歪曲的路线。

1884 年底。恩格斯斥责了德国社会民主党帝国国会议员投票拥护航运补助金[345]("Dampfersubvention",见梅林的《党史》)时所表现的那种"市侩偏见"。恩格斯写信给左尔格说,他不得不为此写很多信(见 1884 年 12 月 31 日的信)。

1885 年。恩格斯在评述航运补助金案全部经过时写道(6 月 3 日):"事情几乎弄到分裂的地步。"社会民主党议员的"市侩欲望"是**"多么巨大"**。恩格斯说:"小资产阶级的社会主义派别,在德国这样的国家里是不可避免的。"②

1887 年。左尔格写信给恩格斯说,党选举菲勒克之类的人(赫希柏格式的社会民主党人)为国会议员,只会使自己丢脸。恩格斯在回信中辩解说,没有别的办法,工人政党无法找到参加国会的理想人选。"右翼的先生们知道,他们之所以被容忍,只是因为有反社会党人法;一旦党重新获得行动自由,他们就会立即被驱逐出去。"并且一般说来,最好是"党比自己的议会英雄们好,而不要与此相反"(1887 年 3 月 3 日)。恩格斯抱怨说,李卜克内西是一个调和分子,他总是用空话来掩盖分歧。但是事情一旦弄到分裂

---

① 参看《马克思恩格斯全集》第 1 版第 35 卷第 327—328 页。——编者注
② 参看《马克思恩格斯全集》第 1 版第 36 卷第 321 页。——编者注

的地步,在决定关头,他是会同我们站在一起的。①

1889 年。在巴黎举行了两个国际社会民主党代表大会³⁴⁶。机会主义者(以法国的可能派¹⁴³为首)同革命的社会民主党人分裂了,恩格斯(他当时已经 68 岁)像一个少年一样投入战斗。有许多书信(从 1889 年 1 月 12 日至同年 7 月 20 日)都是谈同机会主义者的斗争的。当时不仅机会主义者受到了抨击,而且李卜克内西和倍倍尔等德国人也因为他们的调和态度而受到了抨击。

恩格斯在 1889 年 1 月 12 日写道:可能派已经卖身投靠政府。他还揭露了英国"社会民主联盟"(S. D. F.)成员同可能派的联盟。②"为了这个该死的代表大会,我东奔西走,写许多信,没有功夫做别的事。"(1889 年 5 月 11 日)恩格斯气愤地说,可能派奔走张罗,而我们的人却在睡大觉。现在连奥尔和席佩耳都要求我们去参加可能派的代表大会。但是这"终于"使李卜克内西睁开了眼睛。③ 恩格斯和伯恩施坦共同写了反对机会主义者的小册子(由伯恩施坦署名,但是恩格斯称它们为"我们的小册子")³⁴⁷。

"除社会民主联盟外,可能派在整个欧洲没有得到一个社会主义组织的拥护〈1889 年 6 月 8 日〉。所以他们只得回到非社会主义的工联方面去。"(请我国崇拜广泛的工人党和工人代表大会等等的人们注意!)"从美国来参加他们大会的只有一个**劳动骑士**的代表。"对手还是在同巴枯宁派¹³⁷作斗争中遇到的那个。"只是无政府主义者的旗帜已经换成了可能派的旗帜:同样是向资产阶级出卖原则,以换取小小的让步,主要是为几个领导人谋取一些肥

---

① 参看《马克思恩格斯全集》第 1 版第 36 卷第 608—609 页。——编者注
② 参看《马克思恩格斯全集》第 1 版第 37 卷第 128—129 页。——编者注
③ 同上书,第 193 页。——编者注

缺(市参议会、劳动介绍所等等)。"布鲁斯(可能派的领袖)和海德门(同可能派联合起来的社会民主联盟的领袖)正在攻击"权威的马克思主义",企图组成一个"新国际的核心"。

"你简直想象不到德国人幼稚到何等地步。我连向倍倍尔说明问题所在,也花了很大力气。"(1889年6月8日)①当两个代表大会已经开过,当革命社会民主党人在数量上超过可能派(可能派当时同**工联主义者**、社会民主联盟以及部分奥地利人等等**联合起来了**)的时候,恩格斯简直高兴极了。(1889年7月17日)②他高兴的是李卜克内西等人的调和主义方案和提案都宣告失败了。(1889年7月20日)"我们那些多愁善感的调和主义者极力主张友爱和睦,结果遭到屁股上被狠踹一脚的报应。也许这会把他们的病医好一些时候。"③

……梅林说得对(《与左尔格通信集》),马克思和恩格斯不爱讲什么"客气":"他们每次打人从不怎么犹豫,但每次挨打也从不叫苦。"恩格斯有一次写道:"如果他们以为用自己的那些小针头就能刺穿我这苍老、坚韧而又厚实的皮,那他们就错了。"④梅林在谈到马克思和恩格斯时写道:他们希望别人也养成他们那种不为情感所动的性格。

1893年。把"费边派"**144**鞭打了一顿,这是……谴责伯恩施坦派的时候自然要做的事(要知道,伯恩施坦在英国"费边派"那里"培养"他的机会主义不是没有道理的)。"在伦敦这里,费边派是一伙野心家,他们有相当清醒的头脑,懂得社会变革必不可免,

---

① 参看《马克思恩格斯全集》第1版第37卷第222、223页。——编者注
② 同上书,第241—243页。——编者注
③ 同上书,第245页。——编者注
④ 同上书,第57页。——编者注

但是他们决不肯把这个艰巨的事业交给粗鲁的无产阶级单独去做,所以他们惯于自己出来领导。害怕革命,这就是他们的基本原则。他们是地道的'有教养的人'。他们的社会主义是市政社会主义:生产资料应当归**公社**所有,而不应当归国家所有,至少在开头应该这样。此外,他们把自己的社会主义描述为资产阶级自由主义的一种极端的、然而是不可避免的结果,因此就产生了他们的策略:不是把自由党人当做敌人同他们进行坚决的斗争,而是推动他们作出社会主义的结论,也就是哄骗他们,用社会主义**渗透**自由主义,不是用社会主义候选人去同自由党人相抗衡,而是把他们硬塞给自由党人……也就是用欺骗手段使自由党人接受他们。费边派这样做不是自己被欺骗,被愚弄,就是欺骗社会主义,这当然是他们所不了解的。

费边派除了出版各种各样的恶劣作品外,还尽力出版了一些好的宣传品,这是英国人在这方面所出版的最好的东西。但是他们一谈到他们的特殊策略——抹杀阶级斗争,那就糟糕了。他们之所以疯狂地仇视马克思和我们大家,就是因为阶级斗争问题。

费边派当然有许多资产阶级信徒,所以'也有钱'……"①

# 对社会民主党内的知识分子机会主义派的经典评价

1894年。农民问题。恩格斯在1894年11月10日写道:"在大陆上,随着各种成果的取得,渴望获得更大成果的心理也在增强,而名副其实的争取农民的活动也就风行起来了。起初,法国人

---

① 见《马克思恩格斯文集》2009年人民出版社版第10卷第643—644页。——编者注

在南特通过拉法格不仅声明说：通过直接干预去加速小农的破产，这不是我们的事情，这一点资本主义会替我们操心；而且还说：必须直接保护小农，使他们不受国库、高利贷者和大地主的剥削。但是这一点我们是不能赞同的，因为第一，这是愚蠢的；第二，这是不可能的。接着，福尔马尔又在法兰克福发表演说，他打算收买**全体农民**，但是他在上巴伐利亚要收买的农民，不是莱茵地区的负债累累的小农，而是剥削男女雇工并大批出卖牲口和粮食的中农甚至大农。除非我们放弃一切原则，否则是不能同意这一点的。"①

1894年12月4日："……巴伐利亚人已经变得非常机会主义了，并且几乎成了鄙俗的人民党（我指的是大多数领袖和许多新入党的人）；他们在巴伐利亚邦议会中投票赞成整个预算，特别是福尔马尔还在农民中间进行鼓动，其目的是为了吸引上巴伐利亚那些占有25—80英亩（10—30公顷）土地因而不得不使用雇工的大农，而不是为了吸引那些大农手下的雇农。……"②

可见，马克思和恩格斯十多年来始终不渝地在对德国社会民主党内的机会主义作斗争，批评社会主义运动中的知识分子庸俗习气和市侩习气。这是一个极重要的事实。一般人都知道德国社会民主党被看做实行无产阶级马克思主义政策和策略的模范，但是不知道马克思主义创始人怎样经常不断地同该党"右翼"（恩格斯的说法）作斗争。恩格斯逝世不久，这种斗争就从秘密转向公开了，这不是偶然的。这是德国社会民主党数十年历史发展的必然结果。

现在，我们可以十分清楚地看出，在恩格斯（以及马克思）所

---

① 见《马克思恩格斯文集》2009年人民出版社版第10卷第673—674页。——编者注
② 参看《马克思恩格斯全集》第1版第39卷第318页。——编者注

作的劝告、指示、纠正、威胁和教导中,贯穿着两条路线。对于英美社会主义者,他们总是坚持不懈地号召同工人运动打成一片,铲除自己组织中的狭隘的顽固的宗派主义精神。对于德国社会民主党人,他们总是坚持不懈地教导不要陷入庸俗习气、"议会迷"**274**(马克思在1879年9月19日信里使用的说法)①和市侩知识分子机会主义的泥坑。

我国社会民主党中的长舌妇喋喋不休地谈论前一种劝告,而闭口不谈后一种劝告,这难道不值得玩味吗?在评论马克思和恩格斯书信时所表现的**这种**片面性,难道不是我们俄国某些社会民主党人的……"片面性"的明证吗?

现在,当国际工人运动出现严重动荡和动摇的征兆的时候,当机会主义、"议会迷"和庸俗改良主义的极端表现引起完全相反的革命工团主义的极端表现的时候,马克思和恩格斯"纠正"英美社会主义运动和德国社会主义运动时所采取的总路线就获得了特别重要的意义。

在**根本没有**社会民主工党、**根本没有**社会民主党的代表参加议会、不论在选举中或报刊上都**根本看不到**一贯的坚定的社会民主主义政策的国家里,马克思和恩格斯就教导社会党人**无论如何**要打破狭隘的宗派圈子,**参加到**工人运动**中去**,以便使无产阶级**在政治上振作起来**,因为在19世纪最后三分之一的年代里,无产阶级不论在英国或美国都**几乎**没有表现出**任何**政治独立性。这两个国家的政治舞台——在几乎完全没有资产阶级民主性的历史任务的条件下——**完全被**趾高气扬的资产阶级占据着,被这个在欺骗、腐蚀和收买工人的手腕上举世无双的资产阶级占据着。

---

① 参看《马克思恩格斯全集》第1版第34卷第391页。——编者注

如果谁认为马克思和恩格斯对英美工人运动的劝告可以简单地直接地应用到俄国来,那他运用马克思主义就不是为了弄清马克思主义的**方法**,不是为了**研究**各特定国家工人运动的具体历史特点,而是为了打知识分子的、派别组织的小算盘。

相反,在资产阶级民主革命还没有完成、过去和现在都被"以议会形式粉饰门面的军事专制"(马克思在他的《哥达纲领批判》中使用的说法)①统治着、无产阶级早已参加政治生活并实行社会民主主义政策的国家,马克思和恩格斯最怕的是用议会活动来限制和用庸人观点来缩小工人运动的任务和规模。

在俄国资产阶级民主革命时代,我们尤其应当把马克思主义的**这一**方面加以强调,提到首位,因为我国自由派资产阶级广大的、"出色的"、富有的报刊正用各种办法向无产阶级鼓吹邻邦德国工人运动"模范的"忠顺态度和合法的议会活动,鼓吹它如何温文尔雅。

背叛俄国革命的资产阶级分子制造这种别有用心的谎言,并不是出于偶然,也不是由于立宪民主党[83]营垒中某些过去的大臣或未来的大臣品德败坏。他们这样做是出于俄国自由派地主和自由派资产者的根本的经济利益。俄国一切社会党人在同这种谎话、这种"愚化群众"("Massenverdummung"——恩格斯1886年11月29日信中使用的说法)②的行为作斗争中,都应当把马克思和恩格斯的书信当做必不可少的武器。

自由派资产者制造的别有用心的谎言,要人民相信德国社会民主党人举止如何"文雅"。德国社会民主党人的领袖、马克思主

---

① 参看《马克思恩格斯文集》2009年人民出版社版第3卷第446页。——编者注
② 见《马克思恩格斯文集》2009年人民出版社版第10卷第559页。——编者注

义理论的创始人则告诉我们说:

"法国人的革命言论和行动,使菲勒克分子及其同伙〈即德国社会民主党国会党团中的社会民主党人机会主义分子〉的哀鸣显得更加苍白无力〈这里是指法国众议院里工人政党的形成和德卡泽维尔工人罢工**348**迫使法国激进党人离开法国无产阶级一事〉。在最近关于反社会党人法的辩论中,只有倍倍尔和李卜克内西发了言,他们两人都讲得很好。经过这次辩论,我们又能给高尚正直的人们留下良好的印象了,而过去的辩论并不总能收到这样的效果。特别是在德国人推选这么多庸人参加帝国国会(当然这是难免的)以后,有人出来同他们争夺一下领导权,一般说来是件好事。**德国在平静时期一切都变得庸俗了**。在这种时候,法国竞争的刺激是**绝对必要的**……"(1886年4月29日的信)①

这就是深受德国社会民主党思想影响的俄国社会民主工党应当好好吸取的教训。

给予我们这种教训的,并不是19世纪两位最伟大人物的书信中的个别词句,而是他们对无产阶级国际经验所作的批评的全部精神和全部内容,这种批评是同志式的、坦率的,绝无外交辞令,决不使用心计。

至于这种精神在马克思和恩格斯的全部书信中究竟贯穿到什么程度,还可以从下面一些虽属较为局部性的但是极能说明问题的言论中看出来。

1889年,英国开始了由没有受过训练的不熟练的普通工人(煤气工人、码头工人等)进行的年轻的、生气勃勃的、充满新的革命精神的运动。恩格斯对这件事特别高兴。马克思的女儿"杜

---

① 参看《马克思恩格斯全集》第1版第36卷第471页。——编者注

西"（Tussy）当时在这些工人中间进行鼓动工作,恩格斯对她极为夸奖。1889年12月7日他从伦敦写信说:"这里最可恶的,就是那种已经深入工人肺腑的资产阶级式的'体面'。社会分成大家公认的许多等级,其中每一个等级都有自己的自尊心,但同时还有一种生来就对比自己'更好'、'更高'的等级表示尊敬的心理;这种东西已经存在得这样久和这样根深蒂固,使得资产者要搞欺骗还相当容易。例如,我决不相信,在约翰·白恩士（Burns）心中,他在本阶级中享有的声望会比他在曼宁红衣主教、市长和一般资产者那里的声望更使他感到自豪。秦平（Champion）（退伍的中尉）历来同资产阶级分子、主要是保守派分子串通一气,却在教会的教士会议上鼓吹社会主义等等。甚至连我认为是他们中间最优秀的人物汤姆·曼（Mann）也喜欢谈他将同市长大人共进早餐。只要把他们同法国人比较一下,就会发现革命有什么好处。"①

这段话是用不着解释的。

再举一个例子。1891年,欧洲出现了战争危险。恩格斯当时常常同倍倍尔通信讨论这件事,他们一致认为,如果德国受到俄国侵犯,德国社会党人就要同俄国人及其同盟者进行殊死的战斗,不管这些同盟者是谁。"德国如被扼杀,我们也会和它一起同归于尽。如果发生最有利的情况,斗争变得异常激烈,以至德国只有采取革命的手段才能站住脚,那样一来我们就很可能不得不掌握政权,演一次1793年。"（1891年10月24日）②

请那些向全世界大喊大叫,说俄国工人政党在1905年所设想的"雅各宾式的"远景不合社会民主主义原则的机会主义者们听

① 见《马克思恩格斯文集》2009年人民出版社版第10卷第576—577页。——编者注
② 参看《马克思恩格斯全集》第1版第38卷第181页。——编者注

听吧! 恩格斯直截了当地向倍倍尔指出,社会民主党人有可能不得不参加临时政府。

马克思和恩格斯既然对社会民主工党的任务有这样的看法,他们对俄国革命及其伟大的世界意义充满了极其乐观的信心,就是十分自然的了。从这本书信集中,可以看出他们将近二十年来始终这样热情地期待着俄国的革命。

拿马克思1877年9月27日的一封信来看。东方的危机<sup>349</sup>使马克思非常高兴。"俄国早已站在变革的门槛前面,为此所必需的一切因素都已成熟了。由于土耳其好汉……打击了…… 这就将变革的爆发提前了许多年。按照一般规则("secundum artem"),变革将从**立宪的把戏**开始,接着就会有一场惊人的剧变(il y aura un beau tapage)。要是大自然母亲不特别苛待我们,我们该能活到这个胜利的日子吧。"①(马克思当时59岁)

大自然母亲没有让而且看来也不可能让马克思活到"这个胜利的日子"。但是"立宪的把戏"被他**说中**了,他的话就像是昨天针对俄国第一、二两届杜马<sup>350</sup>说的。要知道,告诫人民防止"立宪的把戏",正是自由派和机会主义者非常痛恨的那个抵制策略的"灵魂"……

再看看马克思1880年11月5日的一封信。由于《资本论》在俄国大受欢迎<sup>351</sup>,他感到十分高兴,并站在民意党人<sup>31</sup>一边反对当时刚刚产生的土地平分派<sup>214</sup>。马克思准确地看出了土地平分派观点中的无政府主义成分(他当时不知道而且也不可能知道民粹派-土地平分派后来会变成社会民主党人),并且用尖刻的讥讽词句猛烈地抨击了土地平分派:

"这些先生反对一切政治革命行动。按照他们的主张,俄国应

---

① 参看《马克思恩格斯全集》第1版第34卷第275页。——编者注

当一个筋斗就翻进无政府主义、共产主义、无神论的千年王国中去。他们现在就用令人讨厌的学理主义为翻这种筋斗作准备,而这种学理主义的所谓原则,是由已故的巴枯宁首创而流行起来的。"①

由此可以想见,马克思会怎样估计社会民主党的"政治革命行动"对于1905年和以后年代的俄国的重要意义了②。

再看看恩格斯1887年4月6日的一封信。"而俄国看来会发生危机。最近的几次谋刺**353**使一切都陷入混乱……"③1887年4月9日的信上也这样说:"军队中尽是心怀不满和搞密谋活动的军官〈恩格斯当时对民意党人的革命斗争印象很深,他把希望寄托在军官身上,还看不到俄国士兵和水兵在18年后极其光辉地表现出来的革命性〉。……我认为这种局面不会拖到年底…… 如果人们在俄国动手干起来("losgeht"),那就太好了!"④

1887年4月23日的一封信说:"在德国,一个迫害接着一个迫害〈迫害社会党人〉。看样子,俾斯麦似乎要将一切都准备停当,以便在俄国爆发革命时(现在看来,这也许只是几个月内的事),人们在德国也会立即揭竿而起("losgeschlagen werden")。"⑤

事实证明,这几个月很长很长。毫无疑问,肯定会有一些庸人要皱眉蹙额,严厉指责恩格斯的"革命主义",或者取宽容态度,对这位亡命国外的老革命家的陈旧的空想一笑置之。

---

① 参看《马克思恩格斯全集》第1版第34卷第453页。——编者注
② 顺便谈一下,我记得是普列汉诺夫还是维·伊·查苏利奇1900—1903年期间对我说过,恩格斯曾给普列汉诺夫写过一封信,谈到了《我们的意见分歧》和俄国当前革命的性质。我们很想知道是否确实有过这样一封信,它是否还保存着,现在是否应该把它公布出来。**352**
③ 参看《马克思恩格斯全集》第1版第36卷第622—623页。——编者注
④ 同上书,第624—625页。——编者注
⑤ 同上书,第629页。——编者注

是的,马克思和恩格斯在估计革命时机很快到来这一点上,在希望革命(例如1848年的德国革命)获得胜利这一点上,在相信德意志"共和国"很快成立这一点上("为共和国捐躯",——恩格斯回忆他1848—1849年期间参加维护帝国宪法的运动的情绪时这样称呼那个时代[354]),有很多错误,常常犯错误。他们在1871年也犯了错误——当时他们一心一意想"把法国南部发动起来,他们〈贝克尔写的是"我们",这是指他自己和他的亲密朋友,见1871年7月21日的第14封信〉为此而牺牲了一个人所能牺牲的一切,冒了一个人所能冒的一切危险……"在同一封信里还说:"如果我们能在三四月间多筹集一些钱,我们也许就能把整个法国南部发动起来,使巴黎公社得到挽救。"(第29页)但是两位伟大的革命思想家在努力提高(并且确实提高了)全世界无产阶级的水平,使他们摆脱日常的琐碎的任务时所犯的**这种**错误,同官气十足的自由派在宣扬、喊叫和诉说他们的谬论(说革命是无谓忙碌,革命斗争是徒劳,反革命的"立宪"幻想妙不可言)时所表现的平庸智慧比较起来,要千倍地高尚,千倍地伟大,千倍地**有历史价值**,千倍地**正确**……

俄国工人阶级一定能用他们充满错误的革命行动来争得自由,推动欧洲前进。让那些在革命方面没有行动的庸人以没有错误而自夸吧。

**尼·列宁**

1907年4月6日

载于1907年圣彼得堡出版的《约·菲·贝克尔、约·狄慈根、弗·恩格斯、卡·马克思等致弗·阿·左尔格等书信集》一书

选自《列宁全集》第2版第15卷第196—216页

# 反 对 抵 制

(摘自社会民主党政论家的札记)[355]

(1907年6月26日〔7月9日〕)

不久以前举行了教师代表大会[356],与会的大多数人都是受社会革命党人[233]影响的,大会在社会革命党的一位知名代表的直接参与下,通过了关于抵制第三届杜马[357]的决议。社会民主党人教师和俄国社会民主工党的代表[358]一起在表决时弃权,因为他们认为这类问题必须由党的代表大会或代表会议来决定,而不应该由非党的政治性的职业联合会来决定。

抵制第三届杜马的问题,就这样作为当前的革命策略问题而出现了。虽然我们还没有看到社会革命党的正式决定,也没有看到社会革命党的文件,但是从该党代表在上述代表大会上的发言来看,社会革命党对这个问题已经作了决定。在社会民主党内,这个问题已经提出并且正在讨论。

社会革命党究竟用什么理由来为自己的决定辩解呢? 教师代表大会的决议实际上讲到了第三届杜马毫不中用,搞六三政变[85]的政府是反动的和反革命的,新的选举法是地主性质的,等等,等等①。

---

① 下面是这个决议的原文:"鉴于:(1)作为召集第三届国家杜马的依据的新选举法剥夺了劳动群众在此以前所享有的、花了很大代价才取得的一点起码的选举权;(2)该选举法为了居民中最反动的特权阶层的利益竟公然粗暴地强奸民意;(3)第

他们的论据是这样提的:由于第三届杜马极端反动,采取抵制这样的斗争手段或口号自然是完全必要和合理的。每一个社会民主党人都看得很清楚,这样的论断是不足取的,因为这里根本没有对可以实行抵制的历史条件作分析。社会民主党人从马克思主义的立场出发,认为实行抵制不取决于某一机关的反动程度如何,而是如俄国革命经验现在也已经表明的那样,取决于实行称做抵制的这一特殊手段的特殊斗争条件是否存在。谁如果不考虑我国革命两年来的经验,不仔细研究这种经验就来谈论抵制,那就只好说这种人是太健忘了,而且什么也没有学到。现在我们就是试图从分析这个经验来着手研究一下抵制问题。

一

抵制布里根杜马[359]无疑是我国革命在实行抵制方面最重要的经验。况且这次抵制还获得了最完全、最直接的成功。所以我们的首要任务是研究抵制布里根杜马的历史条件。

在研究这个问题时,首先会看到两点。第一,抵制布里根杜马是一场反对我国革命转上(即使是暂时地转上)君主立宪道路的斗争。第二,这次抵制是在最广泛、最普遍、最强大、最急剧的革命高潮的形势下进行的。

---

三届杜马,按其选举的方法和组成来说,是反动政变的结果;(4)政府是要利用人民群众参加杜马选举这一点来说明人民承认政变,——全俄教师和国民教育活动家联合会第四次代表大会决定:(1)拒绝同第三届杜马及其各个机构建立任何联系;(2)不以组织名义直接或间接地参加选举;(3)以组织名义广泛宣传本决议中所表明的对第三届国家杜马及杜马选举的看法。"

我们来谈谈第一点。对某一机关的任何抵制都不是在该机关范围内进行的斗争,而是反对该机关的产生,或者说得广一点,是反对该机关变为现实的斗争。所以,谁要像普列汉诺夫及其他许多孟什维克那样,以马克思主义者必须利用代表机关这种空泛的论断来反对抵制,那就只能暴露出他们的可笑的学理主义。这样来谈论问题,无异于再三重复无可争辩的真理以回避所争论的问题的实质。马克思主义者应该利用代表机关,这是无可争辩的。但是能不能因此就得出结论说,马克思主义者在一定条件下只能赞成在某个机关的范围内进行的斗争,而不能赞成反对建立这个机关的斗争呢?不,得不出这样的结论,因为这种空泛的论断只有在不可能进行反对这类机关产生的斗争的情况下才适用。所以在抵制问题上争论的焦点就在于有没有可能来进行反对这类机关产生的斗争。普列汉诺夫之流**自己**提出的那些反对抵制的论据,暴露了他们并不懂得问题之所在。

其次,如果说对某一机关的任何抵制都不是在该机关范围内进行的斗争,而是反对建立该机关的斗争,那么抵制布里根杜马同时也是反对建立整套君主立宪类型的机关的斗争。1905年清楚地表明,存在着进行总罢工(1月9日[264]以后的罢工浪潮)和军队起义("波将金"号)[258]这种直接的群众斗争的可能性。也就是说,群众的直接的革命斗争是事实。另一方面,企图把运动从革命(就最直接最狭窄的意义而言)道路引上君主立宪道路的8月6日的法令[360]也是事实。群众的直接的革命斗争道路和君主立宪道路之间的斗争,在客观上是不可避免的。可以说,当时需要对革命下一步发展的**道路作出选择**,并且决定这个选择的当然不是这些或那些集团的意志,而是各革命阶级和各反革命阶级的力量。而力量又只有在斗争中才能衡量和考验。抵制布里根杜马的口号也就是坚持直接的革命斗争**道路**反对立宪君主制道路的斗争口号。当然,在立宪君主制道路上也可能有斗争,不但可能有,而且还不可避免有斗争。在君主立宪的范围内也可能继续进行革命并酝酿新的革命高潮;在君主立宪的范围内,革命的社会民主党也可能进行斗争,而且一定要进行斗争——阿克雪里罗得和普列汉诺夫在1905年曾经非常热心但非常不合时宜地论证过的这个最起码的真理,现在仍然不失为真理。可是当时历史提出的并不是这个问题,阿克雪里罗得或普列汉诺夫的议论都是"文不对题",换句话说,他们是用从新版德国社会民主主义教科书中找出的问题来代替历史提出的让斗争着的各种力量解决的问题。当时,出现一场**选择**下一步**斗争道路的斗争**是历史的必然。是由旧政权召集俄国第一个代表机关,从而在一定的时间内(时间也许很短,也许较长)把革命引上君主立宪的道路呢,还是由人民以直接的冲击去扫除(或者至少动摇)旧政权,使它不能把革命引上君主立宪的道路,从而保证(也是在或长或短的时间内)群众的直接的革命斗争的道路? 这正是阿克雪里罗得和普列汉诺夫当时没有察觉到的问题,而1905年秋天,历史却把这个问题向俄国各革命阶级提了出来。社会民主党对积极抵制的宣传,就是提出这个问题的一种方式,就是无产阶级政党自觉地提出这个问题的一种方式,就是提出一个**为选择斗争道路而斗争**的口号。

宣传积极抵制的布尔什维克正确地理解了历史客观地提出的问题。1905年10—12月斗争实际上是一场选择斗争道路的斗争。这场斗争起伏很大:起初革命人民占了上风,使旧政权不可能立即把革命引上君主立宪的轨道,扫除了警察自由派类型的代表机关,建立了纯革命类型的**代表机关**,即工人代表苏维埃,等等。10—12月时期是群众最自由、主动精神最充分、工人运动发展得最广泛最迅速的时期,因为当时人民的冲击清除了君主立宪的机关、法律和种种障碍,因为出现了一个"政权空白时期"——旧政权**已**被削弱,而人民的革命新政权(工农兵代表苏维埃等)**还没有**强大到足以完全代替旧政权。十二月斗争的结果却相反:旧政权胜利了,击退了人民的冲击,保住了自己的阵地。但是不言而喻,当时还没有理由认为这个胜利是决定性的胜利。1905 年十二月起义得到了继续,表现为 1906 年夏天爆发了一连串分散的、局部的军队起义和罢工。抵制维特杜马[350]的口号是为把这些起义集中和联合起来而斗争的口号。

所以,研究俄国革命抵制布里根杜马的经验得出的第一个结论是:抵制的客观根据是一场由历史提到日程上来的决定下一步发展道路形式的斗争,是一场决定由旧政权还是由新的自发的人民政权来召开俄国第一次代表会议的斗争,是一场决定走直接的革命道路还是(在一定时间内)走君主立宪道路的斗争。

因此,过去在书刊中常常出现而在讨论本题时又一再提出的一个问题就是所谓抵制口号简单、明了和"走直线"的问题,以及是选择直接发展道路还是曲折发展道路的问题。直接推翻或者至少削弱旧政权,由人民直接建立新的政权机关,这无疑是一条最**直接的**道路,它对人民最有利,但是也需要为之付出极大的力量。在力量占压倒优势时,用直接的正面攻击也能取得胜利。在力量不足时,就可能需要走迂回的道路,需要等待时机、曲折行进、实行退却等等。当然,君主立宪的道路一点也不排斥革命,这条道路**也**在间接地酝酿并发展革命的因素,不过这条道路要漫长一些,曲折一些。

在所有孟什维克的书刊中,尤其是 1905 年(10 月以前)的书刊中,都贯穿着对布尔什维克的责难和劝导,责难他们"走直线",

劝导他们必须重视历史发展的曲折道路。孟什维克书刊的这个特征也是一种空谈的例证,他们好像在说什么马吃燕麦、伏尔加河流入里海[361],用这种再三重复无可争辩的事实的办法来混淆所争论的问题的实质。历史通常都是循着曲折的道路发展的,马克思主义者必须善于重视历史的极其复杂奇特的曲折道路,这是无可争辩的。但是,当历史本身提出是选择直接道路还是曲折道路这个问题让斗争着的各种力量去解决的时候,再三重复无可争辩的东西就丝毫无助于解决马克思主义者该怎么办的问题。在发生这种情况的时刻或时期,用空谈历史通常的曲折性的办法来支吾搪塞,那就等于变成套中人[269],一门心思地去琢磨马吃燕麦这样一个人所共知的事情。而革命时期正好多半是这样的历史时期,即斗争着的各种社会力量的冲突要在相对短的时间内解决国家在一个相对说来很长的时期内是走直接发展道路还是走曲折发展道路的问题。重视曲折的道路是必要的,但这绝不排斥马克思主义者应该在群众的历史的决定关头善于向群众解释走直接道路的好处,应该善于帮助群众为选择直接的道路而斗争,善于提出这种斗争的口号等等。所以只有不可救药的庸人和非常愚蠢的学究才会在否定直接道路而确定曲折道路的决定性的历史性战斗**结束以后**,讥笑那些为直接道路斗争到底的人。这正像特赖奇克之流的德国警察的御用历史学家讥笑1848年马克思提出的革命口号和所走的革命直线一样。

马克思主义对历史的曲折道路的态度,实际上同它对妥协的态度是一样的。历史的任何曲折转变都是妥协,是已经没有足够的力量彻底否定新事物的旧事物同还没有足够的力量彻底推翻旧事物的新事物之间的妥协。马克思主义并不拒绝妥协,马克思主义认为必须利用妥协,但这决不排斥马克思主义作为活跃的经常起作用的历史力量去全力进行反对妥协的斗争。谁弄不明白这个似乎矛盾的道理,那他就是对马克思主义一窍不通。

恩格斯有一次在一篇论公社布朗基派**78**流亡者的宣言的文章(1874 年)①中非常清楚生动、简明扼要地表明了马克思主义对妥协的态度。公社布朗基派流亡者在他们的宣言中写道,他们不容许任何妥协。恩格斯嘲笑这个宣言,他说,问题不在于拒绝利用**形势注定我们实行的妥协**(或者是:形势强迫我们实行的妥协——因为无法查对原文,只能凭记忆引用,谨向读者致歉),问题在于明确地意识到无产阶级的真正的革命目的,善于在各种形势下通过曲折道路和妥协来追求这些目的②。

只有从这个角度出发,才能对向群众提出的抵制口号的简单、直接和明了的特点加以评价。这个口号的上述一切特点之所以好,并不是因为这些特点本身好,而只是因为这个口号所适应的客观形势中存在着为选择直接发展道路或曲折发展道路而斗争的条件。在布里根杜马时期,这个口号之所以是工人政党的正确的和唯一革命的口号,并不是因为它是最简单、最直接和最明了的口号,而是因为当时的历史条件向工人政党提出了参加争取简单的直接的革命道路、反对曲折的君主立宪道路的斗争这样一个任务。

试问,究竟根据什么标准,说当时存在着这些特殊的历史条件呢? 究竟根据什么主要的标志,说客观形势的特点使简单、直接、明了的口号没有成为空话,而成了唯一适合实际斗争的口号呢? 我们现在就来谈这个问题。

---

① 这篇论文编入德文文集《〈人民国家报〉国际问题论文集》(《Internationales aus dem 《Volksstaat》》)。俄译本:《〈人民国家报〉论文集》知识出版社版。
② 参看《马克思恩格斯文集》2009 年人民出版社版第 3 卷第 362—364 页。——编者注

二

在回顾一场已经结束的斗争(至少直接形式的斗争已经结束)时,根据那个时期各种不同的和相互矛盾的标志和征兆,得出一个总的结论,自然是最容易不过了。斗争的结局一举解决了所有的问题,并且轻而易举地消除了一切怀疑。但是我们现在必须确定各种有助于弄清斗争**前**的局势的标志,因为我们想把历史的经验教训运用到第三届杜马的问题上。上面我们已经指出,最广泛、最普遍、最强大、最急剧的革命高潮是1905年抵制得到成功的条件。现在应该研究,第一,特别强大的斗争高潮同抵制有什么关系;第二,特别强大的高潮有些什么特征和显著的标志。

我们已经指出,对某一机关的抵制并不是在该机关的范围内进行的斗争,而是反对该机关产生的斗争。任何这样的机关只能从已经存在的即旧的政权中产生。这就是说,抵制是一种斗争手段,用来直接推翻旧政权,或者在冲击力量还不足以推翻旧政权时至少用来削弱这个政权,使它不能创立这个机关,不能利用这个机关①。所以,抵制要获得成功,就需要同旧政权进行直接的斗争,需要举行反对旧政权的起义,需要在许多场合下让群众起来抗拒当局的命令(这种群众的抗拒是发动起义的条件之一)。抵制就是拒绝承认旧政权,当然不是口头上拒绝,而是行动上拒绝,也就是

---

① 本文所说的都是积极抵制,即不是简单地不参加旧政权设置的各种机关,而是向旧政权进行冲击。应该向没有读过抵制布里根杜马时期社会民主党的书刊的读者提一提:社会民主党人当时公开讲**积极的**抵制,坚决提倡积极抵制,反对消极抵制,甚至坚决把积极抵制同武装起义结合起来。

说,不是只表现在各组织的呼吁或口号上,而是表现在**人民群众**的某些运动上,如不断违反旧政权的法律,不断建立新的、非法的、但实际上存在的机关,等等,等等。这样,抵制同广泛的革命高潮之间的关系就很明显了:抵制是最坚决的斗争手段,它要否定的并不是某个机关的组织形式,而是该机关的存在本身。抵制是向旧政权的直接宣战,是向旧政权的直接攻击。没有广泛的革命高潮,没有到处越出旧的合法范围的群众骚动,就根本谈不上抵制的成功。

在谈到 1905 年秋季高潮的特征和标志时,我们不难看出,当时的情况是革命展开不间断的群众性的**进攻**,不断攻击敌人并迫使敌人退却。镇压不但没有使运动削弱,反而使它更加扩大了。1月 9 日以后发生了大规模的罢工浪潮、罗兹的街垒战[362]、"波将金"号的起义。在出版、结社、教育等方面,旧政权所规定的合法范围到处都在不断地被冲破,冲破这种范围的绝不只是"革命者",而且还有普通人,因为旧政权确实已被削弱,确实已经老朽得失去了控制能力。高潮力量的特别显著和准确无误的(从革命组织的角度来看)标志,就是革命者提出的口号不仅不是毫无反响,而是完全**落后于**生活了。不论是 1 月 9 日的事件,还是以后的群众性罢工和"波将金"号的起义,都走到了革命者直接号召的前头。**在 1905 年**,群众对革命者发出的任何一个**号召从来没有**持消极态度,没有默不做声,没有拒绝参加斗争。在这样的情况下,抵制是对一触即发的气氛的自然的**补充**。当时这个口号根本不是什么"凭空虚构",它只是准确而忠实地表达了勇往直前、走向直接冲击的高潮。恰恰相反,搞"凭空虚构"的却是我们的那些孟什维克,他们回避革命高潮,迷恋于沙皇在宣言上或 8 月 6 日的法令上许下的空洞诺言,对转上立宪君主制轨道的**诺言信**以为真。孟什维克(和帕尔乌斯)当初制定自己的策略时所根据的不是最广泛、最强大和最急剧的革命高潮这一事实,而是沙皇的向立宪君主制转变的诺言!难怪这类策略成了既可笑又可怜的机会主义。难怪孟什维克凡是谈到抵制时,总是竭力不去分析抵制布里根杜马这一革命中最重大的抵制经验。但是光承认孟什维克在革命策略上的这个也许是最大的错误是不够的。还应该清楚地认识到,产生这个错误的根源就在于不了解使革命高潮成为现实而使向立宪君主制转变成为空洞的警察式诺言的那种**客观**情况。孟什维克所以犯错误,并不是因为他们对待问题主观上没有革命情绪,而是因为这些可怜的革命者思想上落后于客观革命形势。孟什维克犯错误的这两个原因是很容易混淆的,但是作为一个马克思主义者,混淆这些原因就是不能容许的了。

三

抵制同俄国革命某一时期的特殊历史条件的关系,还应从另一方面加以研究。1905 年秋季和 1906 年春季社会民主党的抵制运动的政治内容是什么呢? 这个运动的内容,当然不是重复抵制这个字眼或者号召不要参加选举。号召不顾专制制度所要求的迂回曲折的道路而进行直接的冲击,也还不是抵制运动的全部内容。上述问题甚至不能和**反对立宪幻想的斗争**等量齐观,后者才是整个抵制鼓动工作的中心。这一斗争真正是抵制的活的灵魂。想一想抵制派的讲话和他们的全部鼓动工作,看一看抵制派的最重要的决议,那你就会深信这样的论点是多么正确。

孟什维克从来不懂得抵制的这个方面。他们总是觉得,在立宪刚开始的时期就同立宪幻想作斗争是荒唐的、无意义的,是"无政府主义"。孟什维克的这种观点在斯德哥尔摩代表大会[332]上的一些发言中,我记得特别是在普列汉诺夫的发言中已经说得很清楚,至于孟什维克的书刊就更不用说了。

乍一看,孟什维克就像一个人扬扬得意地教训他人说马吃燕麦一样,他们在这个问题上的立场确实似乎是无懈可击的。在立宪刚开始的时期就宣布同立宪幻想作斗争!难道这不是无政府主义吗?难道这不是荒唐之极吗?

他们在发这些议论时堂而皇之地提到一些简单的常识,从而把问题庸俗化了,这是由于他们绝口不谈俄国革命的特殊时期,**将抵制布里根杜马置诸脑后**,泛泛地把我国过去和将来的整个革命看做产生立宪的革命,而不去研究我国革命所经过的道路的具体阶段。这就是普列汉诺夫之类的人大谈辩证唯物主义方法而又违反辩证唯物主义方法的一个例证。

是的,我国的资产阶级革命,整个说来,也像任何资产阶级革命一样,归根到底就是一个建立立宪制度的过程,如此而已。这是公认的道理。这个公认的道理可以用来揭露某种资产阶级民主派的纲领、理论、策略等等的冒牌社会主义的步调。可是在这样一些问题上,例如:在资产阶级革命时期,工人政党应该把国家引向**怎样的**立宪制度;在革命的某些时期,工人政党**到底**应当**怎样**为争取特定的(即共和制的)立宪制度而斗争——在这些问题上,你能够从这个公认的道理中吸取有用的东西吗?不能。阿克雪里罗得和普列汉诺夫所特别喜爱的这个公认的道理在这些问题上很难给你什么启发,正如马吃燕麦这个信念在你选择合适的马和学会骑马这个问题上很难给你启发一样。

布尔什维克在1905年和1906年初曾经说过,同立宪幻想作斗争应该成为当时的口号,因为正是在这个时期,客观形势提出了一个让斗争着的各种社会力量去解决的问题：在下一步将要取得胜利的是直接的道路，即进行直接的革命斗争和革命在充分民主的基础上直接建立代表机关的道路呢，还是迂回曲折的道路，即君主立宪和"杜马"类型的警察式"立宪"（所谓的！）机关的道路。

这个问题确实是客观形势提出来的呢，还是布尔什维克瞎扯理论、"凭空虚构"的？对这个问题，俄国革命的历史现在已经作出了回答。

1905年的十月斗争就是反对革命转上君主立宪制轨道的斗争。10—12月时期就是实现无产阶级的、真正民主的、广泛的、勇敢的、自由的立宪的时期，这种立宪真正表现了人民的意志，而与杜巴索夫和斯托雷平立宪制时期的假立宪迥然不同。开展争取真正民主的（即存在于完全肃清旧政权以及与之有关的一切丑恶东西的基础上的）立宪的革命斗争，就要求最坚决地反对用警察式君主立宪制来诱惑人民。而社会民主党内反对抵制的人却怎么也弄不懂这个并不复杂的道理。

现在我们可以非常清楚地看出俄国革命发展的两个时期。高潮时期（1905年）和低潮时期（1906—1907年）。在第一个时期，人民的主动精神发挥得最充分，居民中所有阶级的自由而广泛的组织都得到最大的发展，出版有最充分的自由，人民最不理会旧政权，最无视它的机关和命令——当时这一切都是在没有那种得到官僚承认的、用正式规章或条例体现出来的立宪的情况下实现的。接着，在第二个时期，人民的主动精神、组织性、出版自由等等都很不发达并不断低落，——这时存在着由杜巴索夫和斯托雷平之流炮制、为杜巴索夫和斯托雷平之流承认并由杜巴索夫和斯托雷平之流来维护的天知道的"立宪制"。

**现在**，过去的一切已经昭然若揭，一目了然，大概没有哪个学究敢于否认无产阶级所进行的反对事态转上立宪君主制轨道的革命斗争的合理性和必要性，否认反对立宪幻想的斗争的合理性和必要性了。

现在恐怕任何一个稍有头脑的历史学家都会把1905年到1907年秋天的俄国革命过程划分为这样两个时期："反立宪的"（如果可以这样表述的话）高潮时期和"立宪的"低潮时期，即人民抛开警察式（君主）立宪去争取和实现自由的时期和君主"立宪制"压制人民自由的时期。

现在，立宪幻想的时期，即第一届和第二届杜马<sup>350</sup>时期，我们已经看得清清楚楚，所以弄清**当时**革命的社会民主党人反对立宪幻想的斗争的意义已经不是什么难事了。可是**在当时**，即在1905年和1906年初，无论资产阶级阵营中的自由派还是无产阶级阵营中的孟什维克，都不明白这一点。

而第一届和第二届杜马时期，从一切意义上来说，从一切方面来说，都是立宪幻想的时期。这一时期没有违反过"任何法律非经国家杜马承认均不得生效"这个庄严的诺言。就是说，立宪制存在于纸面上，并且不断使所有俄国立宪民主党<sup>83</sup>奴才的心灵深受感动。在这个时期，杜巴索夫和斯托雷平都实验了、检验了、试行了俄国的立宪制，竭力使它适应于旧的专制制度。杜巴索夫先生和斯托雷平先生似乎是这个时期最强有力的人物，他们千方百计地努力使"幻想"成为现实。幻想终究是幻想。历史完全证实了革命的社会民主党的口号是正确的。然而，不仅是杜巴索夫和斯托雷平之流试图实现"立宪制"，不仅是立宪民主党奴才们颂扬立宪制，奴颜婢膝地大费唇舌（类似第一届杜马中的罗季切夫先生），证明说君主是没有责任的，说如果认为君主应对大暴行负责，那就是大逆不道。不，不仅他们这些人是这样，而且广大的人民群众在这个时期中无疑也在不同程度上相信"立宪制",相信杜马,而不听社会民主党的警告。

可以说,俄国革命中的立宪幻想时期是全国迷恋于资产阶级偶像的时期,就像西欧一些国家有时迷恋于资产阶级民族主义、反犹太主义、沙文主义等偶像一样。社会民主党的功劳在于:只有它没有受资产阶级的愚弄,只有它在立宪幻想时期始终举着同立宪幻想作斗争的旗帜。

———

那么试问,到底为什么抵制是反对立宪幻想的特殊的斗争手段呢?

抵制有一个特点,使得任何一个马克思主义者乍一看到这个特点都会立即不由自主地对抵制产生反感。抵制选举就是放弃议会活动,这就不免使人觉得是一种消极的拒绝、放弃和回避。专门仿效德国的帕尔乌斯就是这样看问题的,他在1905年秋天气势汹汹然而一无所得地咆哮了一番,企图证明积极的抵制终究是个坏东西,**因为它毕竟还是抵制**…… 至今从革命中什么也没有学到而且愈来愈向自由派演化的马尔托夫也是这样看问题的,他在《同志报》[299]上的一篇近作,证明他甚至不会像一个革命的社会民主党人应该做的那样来提问题。

但是抵制的这个可说最使马克思主义者反感的特点,是完全可以用产生抵制这种斗争手段的时代所具有的特点来说明的。第一届君主杜马,即布里根杜马,是诱使人民脱离革命的诱饵。这种诱饵是一个穿着立宪外衣的假人。人人都不免要上当。有的是出于阶级的私利,有的是由于考虑不周,结果都上了布里根杜马的当,后来又上了维特杜马的当。所有的人都着了迷,所有的人都深信不疑。参加选举并不是平常地简单地履行普通的公民义务。参加选举就是为君主立宪上台举行庆典。参加选举就是从直接革命道路向君主立宪道路转变。

社会民主党在这样的时候**不得不**全力以赴、大张旗鼓地发出抗议和警告。这也就意味着拒绝参加选举,不仅自己不参加而且号召人民也不参加,发出向旧政权冲击的呐喊,而**不是**在旧政权建立的机关的范围内进行活动。全民对"立宪"君主制这一资产阶级警察偶像的迷恋,要求作为无产阶级政党的社会民主党向全民"表明"自己反对和揭露这个偶像的观点,全力开展斗争以反对建立成为这种偶像的化身的机关。

这一切都说明,不仅是获得直接成功的对布里根杜马的抵制,而且连**看来**已经失败的对维特杜马的抵制,在历史上都有充分的根据。现在可以看出,为什么说这只是**表面上的**失败,为什么社会民主党要**始终不渝地**坚持反对我国革命向立宪君主制转变。这一转变**实际上**就是转向**绝路**。君主立宪的幻想原来不过是一种前奏或幌子,一种点缀,一种用来转移视线、好让旧政权为废除这种"立宪制"作准备的东西……

我们已经说过,社会民主党要始终不渝地坚持反对用"立宪制"来压制自由。"始终不渝"是什么意思呢? 就是要坚持到社会民主党所**反对**的机关**违反**社会民主党的意志而成为事实时为止,坚持到俄国革命向君主立宪的转变这一革命低潮、革命失败的必然标志(**在一定时间内**)违反社会民主党的意志而成为事实时为止。立宪幻想的时期是**妥协**的一次尝试。我们曾经竭尽全力同妥协进行斗争,我们不得不进行这场斗争。但既然形势违反我们的意志,无视我们的努力,使我们的斗争以失败告终,从而把妥协**强加于**我们,那我们就只好参加第二届杜马,只好考虑妥协。至于要妥协多久,那自然是另外一个问题了。

综上所述,对抵制**第三届**杜马应该得出怎样的结论呢? 也许应该得出这样的结论:在立宪幻想时期开始时必须实行的抵制,在这个时期结束时也是必要的? 这是"类比社会学"式的"卖弄聪明",而不是严肃的结论。抵制在俄国革命开始时所具有的**那种内容**,现在已经**不可能有了**。现在既不能警告人民防止立宪幻想,也不能开展反对革命转上立宪君主制绝路的斗争。抵制中原来的那种活的灵魂不可能再有了。即使要实行抵制,它无论如何只能具有**另一种**意义,无论如何只会具有**另一种**政治内容。

此外,我们所研究的抵制的历史特点,还提供了一个反对抵制第三届杜马的理由。在向立宪转变的初期,全国的注意力不可避免地集中到杜马上去了。我们曾以抵制来反对,而且也不得不以抵制来反对把注意力集中到绝路上去,反对这种由于愚昧无知、觉悟不高、软弱无力或出于反革命私利而产生的迷恋。现在,对任何杜马或者对第三届杜马不仅没有什么全国性的迷恋,甚至连稍微广泛一点的迷恋也没有。从这方面来说实行抵制就没有必要了。

## 四

所以,实行抵制的条件无疑应从当时的客观形势中去找。从这个观点出发来把1907年秋季和1905年秋季的形势作一比较,就不能不得出一个结论:我们**现在**宣布抵制是没有根据的。无论从直接的革命道路和"曲折"的立宪君主制道路之间的相互关系来看,无论从群众性的高潮来看,无论从同立宪幻想作斗争的特殊任务来看,目前的形势都和两年以前截然不同。

当时历史向君主立宪的转变不过是警察的许诺。而现在这个转变已经成为事实。不愿坦率承认这个事实,是一种可笑的害怕真理的表现。但是,如果从承认这一事实得出俄国革命已经结束的结论,那就错了。不,现在还没有根据作这个结论。当客观形势决定要为直接的革命发展道路而斗争时,马克思主义者就必须进行这种斗争,但是,我们再说一遍,这并不是说我们就不应该考虑实际上已经确定下来的曲折的转变了。从这一方面来说,俄国革命的进程已经完全确定下来了。在革命初期,出现了短暂的、然而非常广泛又极其迅速的高潮;后来,从1905年十二月起义开始,则是极其缓慢又持续不断的低潮。开始是群众的直接革命斗争的时期,后来是向君主立宪转变的时期。

这是不是说后来的这次转变就是最终的转变呢？是不是说革命已经结束而"立宪"时期已经来到了呢？是不是说等待新高潮、为新高潮**作准备**没有根据了呢？是不是说应该抛弃我们纲领的共和性质了呢？

绝对不是。只有那些自由派庸人,例如我国那些一味以随手拈来的论据为奴颜婢膝的行为辩解的立宪民主党人,才会得出这样的结论。不能这样说。这只是说,为了全面维护我们的**整个**纲领和我们的**全部**革命观点,我们应该使直接的号召适合当前的客观形势。我们要宣传革命的必然性,经常不断并始终不渝地在各方面积聚燃料,为了这些目的而小心爱护和扶持我国革命最好时期的革命传统,肃清这个传统中的自由派寄生虫的影响,同时,我们也不要放弃在向君主立宪日常转变过程中进行日常工作。我们要做的就是这些。我们应该为掀起新的广泛的高潮作准备,但是不问情况硬要提出抵制的口号,就没有任何根据了。

我们已经说过,抵制只有作为**积极的**抵制在当前的俄国才有一定的意义。这就是说,不是消极地拒绝参加选举,而是为了直接冲击的任务不去理睬选举。从这个意义上说,抵制就必然等于**号召**实行最有力、最坚决的进攻。没有广泛、普遍的高潮,这样的号召就没有意义,可是目前有没有广泛、普遍的高潮呢? 当然没有。

说到"号召",那么现在的形势和1905年秋天的形势在这方面的差别是特别明显的。我们已经指出,当时在整整一年中,对于号召,群众从来没有默不做声。群众的攻势跑到组织的号召的前头去了。现在我们正处在革命的停顿时期,**许多号召**始终**得不到群众的响应**。例如,1906年初扫除维特杜马的号召,1906年夏季第一届杜马解散后举行起义的号召,为抗议第二届杜马的解散及1907年六三政变而**进行斗争的号召**,都是这样。拿我们的中央委员会关于最近这些行动的通报**363**来说吧。你们可以看到在这个通报中公开号召用各地条件所允许的形式进行斗争(游行示威、罢工、同专制制度的武装力量作公开的斗争)。这是口头的号召。1907年6月基辅和黑海舰队的武装起义**364**是用行动发出的号召。无论哪一种号召都没有得到群众性的响应。既然反动势力对革命最露骨和最直接的冲击——解散两届杜马和发动政变——在当时都没有引起高潮,那么现在有什么根据要以宣布抵制的形式立即再次发出号召呢? 现在的客观形势使"宣布"抵制有成为空喊的危险,这不是很清楚吗? 当斗争风起云涌、席卷各地的时候,"宣布"抵制是合理的和必要的,发出战斗的号召是革命无产阶级的责任。但是这样的斗争既不是可以凭空虚构的,也不是单凭一声呐喊就能触发的。既然我们根据较直接的原因试着提出来的许多战斗号召都没有什么结果,我们自然就应该为"宣布"口号寻找有力的根据,因为如果没有实现战斗号召的条件,宣布这种口号是没有意义的。

谁要想使**社会民主主义的**无产阶级深信抵制口号是正确的，他就不应该只迷恋于一些曾经起过伟大而光荣的革命作用的铿锵的话语，而应该仔细想想可以采用这类口号的客观条件，并且应该懂得，提出这种口号，就意味着已经间接假定存在着出现广泛的、普遍的、强大的、急剧的革命高潮的条件。但是在我们当前这样的时期，在革命暂时停顿的时期，无论如何也不能间接假定有这样的条件。我们自己和整个工人阶级都必须直接而明确地认识并弄清条件。否则，就有可能成为爱唱高调的人，这样唱高调或者是由于不明白这些高调的真正含义，或者是由于不敢如实说出真相。

# 五

抵制是俄国革命中事变迭起的英勇时期的优良革命传统之一。前面我们说过，我们的任务之一就是小心爱护这些传统，扶持这些传统，肃清其中自由派(和机会主义)寄生虫的影响。我们必须对这个任务稍加分析，以便正确地确定任务的内容并消除很可能产生的曲解和误解。

马克思主义和其他一切社会主义理论的不同之处在于，它出色地把以下两方面结合起来：既以完全科学的冷静态度去分析客观形势和演进的客观进程，又非常坚决地承认群众(当然，还有善于摸索到并建立起同某些阶级的联系的个人、团体、组织、政党)的革命毅力、革命创造性、革命首创精神的意义。从马克思的全部历史观点出发，必然会对人类发展的革命时期给予高度的评价，因为正是在这样的时期，所谓和平发展时期慢慢积累起来的许多矛

盾才能够解决。正是在这样的时期,各个不同的阶级在确定社会
生活形式方面的直接作用才得到最有力的表现,而后来长期以更
新了的生产关系基础为依托的政治"上层建筑"的基本方面才得
以建立。而且,马克思和自由派资产阶级的理论家不同,他并不认
为这样的时期是脱离了"正常的"道路,是"社会病态"的表现,是
过激和谬误的可悲的结果,他认为这是人类社会历史中最有生
气、最重要、最本质、最具有决定性的关头。马克思和恩格斯参加
1848—1849 年的群众革命斗争的时期,是他们一生活动中最令人
瞩目的中心点。他们从这一中心点出发来判定各国的工人运动和
民主运动的成败。他们为了最明白最清楚地判定各个不同阶级的
内在本性及其倾向也总是回过来研究这一中心点。他们总是从当
年的革命时期出发来评价后来出现的较小的政治派别、政治组
织、政治任务和政治冲突。像桑巴特这样的自由派思想领袖对马
克思的活动和著作的这一特点恨之入骨,把它说成是"流亡者怨
气的表现",决不是没有缘故的。警察式资产阶级的大学中的学
蠹们把马克思和恩格斯的整个革命世界观的最不可分割的组成部
分归结为他们的流亡生活中的个人怨气和个人困苦的表现,这原
是不足为奇的!

　　马克思在一封好像是给库格曼的信中,曾经附带提出了一个
从我们现在所讨论的问题来看很能说明问题、特别有意思的见解。
他指出,德国的反动派成功地把对 1848 年革命时期的回忆和这一
时期的传统从人民的意识中几乎完全抹掉。① 这里,反动派和无
产阶级政党在对待本国的革命传统的问题上各自所担负的任务恰
成鲜明的对照。反动派的任务是抹掉这些传统,把革命说成是

---

① 参看《马克思恩格斯全集》第 1 版第 32 卷第 584 页。——编者注

"丧失理智的自发势力"（这是司徒卢威对德文"das tolle Jahr"的译法，德文本意为"丧失理智的一年"，是德国警察式资产阶级的历史学家们以至德国大学的历史学教授们形容1848年的用语）。反动派的任务是迫使人民忘掉革命时期所产生的丰富多彩的斗争方式、组织形式、思想和口号。愚蠢地赞美英国小市民的韦伯夫妇力图把宪章运动[114]这个英国工人运动的革命时期说成不过是傻呵呵的幼稚，是"幼年的罪孽"[365]，是不值一提的天真，是偶然的反常的越轨。而德国的资产阶级历史学家也是这样藐视德国的1848年。反动派对法国大革命的态度也是如此。这场大革命至今还遭到强烈的敌视，这证明它对人类至今还具有深远而有力的影响。我国的反革命的英雄们，尤其是像司徒卢威、米留可夫、基泽韦捷尔以及诸如此类的昨天的"民主主义者"，在卑鄙地诬蔑俄国革命的革命传统时也是这样争先恐后。自从无产阶级的直接的群众斗争赢得了为旧政权的自由派奴才们赞不绝口的一点点自由到现在还不到两年，而在我国的政论界，已经形成了一个自称为**自由主义的**（!!）大流派，它在立宪民主党的报刊的扶持下，专门把我国的革命、革命斗争方法、革命口号、革命传统说成是某种低级的、原始的、幼稚的、自发的、疯狂的……甚至罪恶的东西……在这方面，从米留可夫到卡梅尚斯基，中间可说是只有一步之差！而反动派的业绩，即起初把人民从工农代表苏维埃赶到杜巴索夫—斯托雷平杜马中去，现在又把他们赶到十月党人[84]杜马中去的业绩，反过来却被俄国自由派英雄们当成是"俄国**立宪**意识成长的过程"。

俄国社会民主党无疑有责任极其仔细而全面地研究我国的革命，普遍向群众介绍革命的斗争方式和组织形式等等，应巩固人民中的革命传统，使群众深信唯有通过革命斗争才能多少得到一点重大而持久的改善，应始终如一地彻底揭发那些沾沾自喜的自由派的卑鄙行径,因为这些人用"立宪的"卑躬屈膝、背叛变节行为和莫尔恰林习气[88]把社会搞得乌烟瘴气。在争取自由的历史上,十月罢工或十二月起义中的一天,比起立宪民主党人在杜马中奴颜婢膝地高谈没有责任的君主、高谈君主立宪制度的几个月来,其意义始终要大上一百倍。我们必须注意——除了我们谁也不会注意——使人民对于这些充满生气、内容丰富、意义伟大和果实丰硕的日子的了解,比对于令人窒息的"立宪"以及巴拉莱金[366]和莫尔恰林们崭露头角的那几个月的了解要仔细得多,详尽得多,具体得多,因为在斯托雷平及其书报检查机关的宪兵们的蓄意纵容下,我国自由派政党的机关报和无党派的"民主主义的"(呸!呸!)报刊正在卖力地大肆渲染那几个月。

毫无疑问,许多人之所以同情抵制,正是因为革命家令人钦佩地努力维护以往的优良的革命传统,用勇敢、公开、坚决的斗争的火花使现时沉闷的日常生活的一潭死水重现生机。可是正因为我们珍视这种爱护革命传统的态度,我们才应该坚决反对这样一种观点,即以为采用了特定历史时期的一个口号,就能促使这个时期的基本条件重新出现。维护革命的传统,善于利用这些传统来进行经常的宣传鼓动,来向群众介绍对旧社会直接采取攻势应该具备的条件——这是一回事;把一个口号从过去使它产生并获得成功的全部条件中抽出来加以重复,并在根本不同的条件下去运用——则是另一回事。

马克思高度重视革命的传统,严厉抨击对革命传统的叛卖和庸俗的态度,而同时要求革命家要善于**思考**,善于**分析**采用旧的斗争手段的条件,而不是简单地重复某些口号。1792 年法国的"民族"传统也许永远是某些革命斗争手段的**典范**,然而马克思却于1870 年在著名的第一国际《宣言》中,提醒法国无产阶级不要错误地在另一时期的条件下搬用这些传统。**367**

我国的情况也是如此。我们应该研究实行抵制的条件,我们应该向群众灌输这样的思想:在革命高潮时期抵制是完全合理的、有时是必不可少的手段(不管那些枉费心机地滥用马克思名字的学究说些什么)。但是现在是否存在这个高潮,是否存在宣布抵制的这个基本条件,这个问题应当善于独立地提出来,并且在认真分析材料的基础上加以解决。我们的责任就是在力所能及的范围内为这样的高潮的到来作准备,并在适当的时机不拒绝实行抵制,可是,如果认为总可以用抵制的口号来对付任何糟糕的或非常糟糕的代表机关,那就是绝对错误的了。

只要看一看那些为在"自由日子"里实行抵制进行辩解和论证的理由,你就会立即知道,在现在的形势下简单地搬用这些论据是不行的。

1905年和1906年初,我们在主张抵制时曾经说过,参加选举会挫伤士气,会把阵地让给敌人,会把革命的人民引入歧途,会使沙皇政府容易同反革命资产阶级达成协议等等。这些论据的基本前提是什么呢?这个前提并不是任何时候都能明白地说出来的,但任何时候都能意会到,**在当时**这是不言而喻的。这个前提就是不经过任何"立宪的"渠道而寻求**直接**表现并且已经**直接**表现出来的群众的充沛的革命毅力。这个前提就是革命势力不断地向反动势力**进攻**。敌人为了削弱对他们的全面冲击会故意交出阵地,如果我们因占领和防守这些阵地而削弱对他们的进攻,那我们就是犯罪。如果**没有**这种基本前提而硬搬这些论据,你就会立即感到你的整个"音乐"走了调,基调不对头。

企图借口第二届杜马和第三届杜马不同来为抵制辩护,这也是徒然的。认为立宪民主党人(他们在第二届杜马中把人民完全出卖给了黑帮[266]分子)同十月党人有重大的和根本的区别,认为被六三政变所中断的臭名远扬的"立宪制"多少有些现实意义——所有这一切与其说符合革命的社会民主党的精神,倒不如说更符合庸俗民主主义的精神。我们总是一而再、再而三地说,第一届和第二届杜马的"立宪制"不过是海市蜃楼,立宪民主党人的空谈不过是转移人们的视线,以掩盖他们的十月党人的本质,杜马这种机构根本不是能满足无产阶级和农民要求的手段。对我们来说,1907 年六三政变是 1905 年十二月失败的自然的和必然的结果。我们从来没有对"杜马"立宪制的好处"入迷",我们也不会因为涂脂抹粉的、用罗季切夫的空话加以美化的反动变为露骨的、公开的、粗暴的反动而感到特别的失望。这后一种反动倒可能是一个好得多的手段,它能使一切鲁莽的自由派傻瓜以及被他们引入歧途的各类居民清醒过来……

只要把孟什维克关于国家杜马的斯德哥尔摩决议同布尔什维克关于国家杜马的伦敦决议[368]比较一下,就可以看出,前一个决议舞文弄墨,言之无物,尽唱些有关杜马意义的高调,因肩负杜马工作重任而趾高气扬。后一个决议则简单扼要,严谨朴实。前一个决议充满着小市民由于社会民主党同立宪("来自人民的新政权"以及诸如此类的官方炮制的谎言)相结合而扬扬得意的情绪。后一个决议则可以大致转述如下:既然万恶的反革命势力把我们赶入这个万恶的畜栏,我们在那里也要为革命的利益工作,不叫苦,也不吹嘘。

还在直接的革命斗争时期,孟什维克就拥护杜马,反对抵制,他们可以说曾经向人民许过愿,说杜马将是一种革命的工具。可是他们许的这个愿是完全落空了。而我们布尔什维克,如果说曾许过什么愿的话,那么我们只是作了这样的保证:杜马是反革命的产物,不能指望它会办出什么真正的好事。迄今为止,我们的观点已经得到了很好的证明,可以担保说,这种观点还将从以后的事件中得到证明。不根据新的材料来"修改"和沿用10—12月的战略,俄国就决不会有自由。

因此,如果有人对我说,第三届杜马不能像第二届杜马那样加以利用,也不能向群众说清参加这届杜马的必要性,那我就要回答说,要是"利用"指的是孟什维克侈谈的所谓杜马是革命的工具等等,那当然是不能利用的。可是连前两届杜马事实上也都不过是通往十月党人杜马的阶梯,而我们还是利用过这两届杜马来达到简单而微不足道的①目的(宣传和鼓动,批判和向群众阐明当前发生的事情),为了这个目的,我们总是会利用那些坏透了的代表机关的。在杜马中发表演说绝不会引起"革命",**利用杜马**进行宣传绝没有什么特殊,但社会民主党从这两方面得到的好处,并不比从书刊上发表的文章或在其他会议上发表的演说中得到的好处少,而有时还要多些。

我们也应该同样简单明了地向群众说明我们参加十月党人杜马的原因。由于1905年12月的失败,由于1906—1907年"挽回"这次失败的尝试没有成功,反动派必然要,而且**以后还要**不断地把**我们赶进**愈来愈糟的冒牌立宪机关。我们要随时随地坚持我们的信念,宣传我们的观点,并且总是反复地说,只要旧政权还存在,只要它还没有连根拔掉,我们就不能指望它办什么好事。我们要为

---

① 参看1905年《无产者报》**259**(日内瓦出版)关于抵制布里根杜马的文章(见《列宁全集》第2版第11卷第160—167页。——编者注),该文指出:我们并不笼统地拒绝利用杜马,但是**现在**我们要解决我们当前的另外一个课题——为争取直接的革命道路而斗争。还可参看1906年《无产者报》**369**(俄国出版)第1号上的文章《论抵制》(见《列宁全集》第2版第13卷第336—343页。——编者注),这篇文章强调,杜马工作所带来的好处是**微不足道的**。

新的高潮创造条件,而在这个高潮到来以前,同时也为了这个高潮的到来,我们必须更顽强地工作,不要提出只是在高潮的条件下才有意义的口号。

如果把抵制看做是使无产阶级和一部分革命的资产阶级民主派同自由派和反动派对立起来的一种**策略方针**,那也是错误的。抵制并不是一种策略方针,而是适用于特殊条件的一种特殊的斗争手段。把布尔什维主义同"抵制主义"混为一谈,正如把布尔什维主义同"战斗主义"混为一谈一样,都是错误的。1905年春在伦敦召开的布尔什维克第三次代表大会[261]和在日内瓦召开的孟什维克代表会议[262]分别通过的两个具有原则区别的决议,已经充分说明并体现了孟什维克**策略方针**和布尔什维克**策略方针**的区别。当时没有谈到、而且也不可能谈到抵制或"战斗主义"。无论在第二届杜马选举中(当时我们不是抵制派),还是在第二届杜马中,我们的**策略方针**都与孟什维克的策略方针截然不同,这是人所共知的。**这两种策略方针**在一切斗争的方法和手段上,在每一个斗争场合都有分歧,但是绝没有形成任何特殊的、为某种策略方针所特有的斗争方法。因此,如果用**革命**对**第一届或第二届杜马**的期望的破灭,即"合法的"、"强有力的"、"持久的"和"真正的"立宪制的破产,来证明抵制第三届杜马是正确的,或者由此提出这种抵制,那么这就是一种糟透了的孟什维主义。

# 六

我们把主张抵制的最有力的和唯一符合马克思主义的论据放在最后来研究。没有广泛的革命高潮,积极的抵制就没有意义。

就算是这样吧。可是广泛的高潮是从不广泛的高潮发展而来的。现在已经有某种高潮的标志。我们应该提出抵制的口号,因为这个口号能保持、发展并扩大正在开始的高潮。

在我看来,这是一个多少能够清楚地说明社会民主党人中间为什么有赞成抵制的倾向的**基本**论据。同时,那些最接近直接的无产阶级工作的同志,看问题不是从按一定的类型"确定的"论据出发,而是从他们同工人群众的接触中所得到的印象的总和出发的。

我国革命发展长期停顿的原因问题,似乎是社会民主党两派至今还没有发生过分歧的不多几个问题之一。"无产阶级没有恢复元气",这就是原因。的确,10—12月的斗争几乎完全是由无产阶级**一个**阶级承担的。只有无产阶级一个阶级经常地、有组织地、不间断地在为全民族而奋斗。在无产阶级占人口比例最小(与欧洲各国相比)的国家中,无产阶级会因进行这样的斗争而弄得精疲力竭,这是不足为怪的。况且,在12月以后,正是无产阶级受到了反动的政府和反动的资产阶级联合势力的猛烈攻击,而且此后不断地受到这种猛烈攻击。在一年半的时间里,警察的迫害和处决使无产阶级人数锐减,而一连串的同盟歇业——从"惩罚性地"关闭官办工厂到资本家以阴谋对付工人——使工人群众的贫困达到了空前未有的地步。而现在,有些社会民主党的工作者说,在群众中已经出现了情绪高涨和无产阶级积蓄力量的标志。对这个不十分明确、不易完全捉摸到的印象作补充的还有一个更有力的论据:在某些工业部门中确实出现了复苏。对工人的需求的增长,必然会加强罢工运动。工人必将设法弥补他们在受迫害和同盟歇业时期所遭到的巨大损失,至少也得弥补一部分。最后,第三个论据也是最有力的论据,就是现在指出的并不是没有把握的、仅仅预期可能发生的罢工运动,而是各工人组织已经决定举行的一次最大的罢工。1万纺织工人的代表们早在1907年初就曾讨论过自己的处境,并拟定了加强这个工业部门的工会的措施。第二次来开会的,已经是2万纺织工人的代表了,他们决定在1907年7月举行纺织工人的**总罢工**。直接卷入这次运动的工人会有40万。这次运动是从莫斯科地区,即俄国最大的工人运动中心和最大的工商业中心开始的。正是在莫斯科,而且也只有在莫斯科,群众性的工人运动才最有希望成为具有决定性政治意义的广泛的人民运动。而纺织工人是所有工人群众中报酬最低、思想最落后、参加前几次工人运动最少、同农民的联系最密切的部分。这些工人的主动精神可以说明,卷入这次运动的无产阶级阶层将比过去广泛得多。而罢工运动同群众革命高潮之间是有联系的,这在俄国革命史上,已经不止一次地得到了证明。

社会民主党的直接责任就是要全神贯注、全力以赴地推进这一运动。这方面的工作同十月党人杜马的选举比较起来,无疑具有首要的意义。应该使群众确信,必须把这一罢工运动变成对专制制度的全面和广泛的冲击。抵制的口号就意味着把注意力从杜马转移到直接的群众斗争上来。抵制的口号就意味着使新的运动充满政治的和革命的内容。

某些确信必须抵制第三届杜马的社会民主党人,他们的思路大致就是如此。这是赞成抵制的论据,它无疑是符合马克思主义的,而同一味重复脱离特殊的历史条件的口号毫无共同之处。

然而,不管这个论据多么有力,在我看来,它终究还不足以使我们**立即**接受抵制的口号。这个论据所强调的东西,对曾经思考过我国革命教训的俄国社会民主党人说来本来是不容置疑的,这就是:我们不能拒绝实行抵制,我们应该准备在适当时机提出这个口号,我们对抵制这个问题的提法,同自由主义的、庸俗空虚的、没有任何革命内容的提法——规避还是不规避①?——毫无共同之处。

我们姑且把社会民主党内拥护抵制的人所说的工人情绪的变化、工业的复苏和纺织工人的七月罢工,全都当做是已经得到证实和完全符合事实的吧。

从这一切可以得出什么结论呢? 我们看到某种具有革命意义的局部的高潮正开始出现。② 我们应不应该全力以赴地支持并发展这个高潮,竭力使它成为普遍的革命高潮,然后再变成一种进攻性的运动呢? 当然应该。在社会民主党人中(也许只有为《同志报》撰稿的人除外)对此是不会有分歧意见的。但是**在目前**,在局部的高潮刚刚开始,在它还没有最后成为普遍的高潮以前,为了使运动向前发展,是否需要提出抵制的口号呢? 这个口号是否能够促进当前运动的发展呢? 这是另外一个问题,我认为对这个问题只能作否定的回答。

要把局部的高潮发展成为普遍的高潮,可以而且应该提出直接的论据和口号,而不必涉及对第三届杜马的态度。12 月以后事态的发展,完全证实了社会民主党人对君主立宪的作用、对直接斗争的必要性的看法。我们要说,公民们,要是你们不愿意俄国的民主事业像 1905 年 12 月以后立宪民主党人先生们把持民主运动时

---

① 见前社会民主党刊物的撰稿人、现自由派报纸撰稿人尔·马尔托夫在《同志报》上提出的典型的**自由主义**论断。

② 有人认为,纺织工人的罢工是一种使工会运动脱离革命运动的新式的运动。但是对这种观点我们可以不去理睬,因为第一,从悲观方面去解释一切复杂的现象的征兆,可以说是一种危险的方法,常常会把许多没有完全"在马鞍上坐稳的"社会民主党人引上歧途;其次,如果纺织工人的罢工具有这些特点,那么我们社会民主党人无疑应该竭力为消除这些特点而斗争。一旦我们斗争成功,问题必将会像我们所提的那样。

期那样每况愈下、一落千丈的话,那就请你们来支持刚刚开始的工人运动的高潮,支持直接的群众斗争吧。离开直接的群众斗争,俄国的自由就没有也不可能有保证。

这样的鼓动无疑将是完全彻底的革命的社会民主党的鼓动。是否一定还要补充说:公民们,你们不要相信第三届杜马,要学习我们社会民主党人,用抵制杜马来表示我们的抗议!

在当前情况下,作这样的补充不仅没有必要,甚至可以说是荒唐可笑的。其实本来就没有人相信第三届杜马,也就是说,那些能够促进民主运动的居民阶层,过去无疑普遍地迷恋于**第一届**杜马,热衷于在俄国建立**立宪**机关(只要是立宪的,不管什么样的都行)的**最初的**尝试,现在却不迷恋于、也不可能迷恋于第三届杜马这个立宪机关了。

1905年和1906年初广大居民的注意力都集中在**第一个**代表机关上,即使它是建立在君主立宪的基础上的。这是事实。社会民主党人当时必须反对这种代表机关,而且要用最明确的态度表示反对。

现在情况不同了,当前的特征不是迷恋于**第一个**"议会",不是相信杜马,而是**对高潮缺乏信心**。

在这样的情况下过早提出抵制的口号,丝毫不能加强运动,不能消除运动中的实际障碍。不仅如此,这样做甚至还有削弱我们的鼓动力量的危险,因为抵制是一个与已经形成的高潮同时出现的口号,而现在最糟糕的是广大的居民对高潮缺乏信心,看不见高潮的力量。

首先应该注意使这个高潮的力量**在实际上**得到证实,过后我们什么时候都来得及提出间接反映这种力量的口号。不过也还有一个问题:为了开展进攻性的革命运动,是否需要提出特别

的口号来**转移**对……**第三届杜马**的注意。也许没有必要。为了
不去注意某个重要的和确实能够使没有经验的、还没有见过议
会的群众迷恋的东西，也许有必要**抵制**这个不应该去注意的东
西。但是为了不去注意完全不能使当今民主主义或半民主主义
群众迷恋的机关，就不一定要宣布实行抵制。现在关键不在于
抵制，而在于直接努力把局部的高潮变为普遍的高潮，把工会
运动变为革命的运动，把对同盟歇业的防御变为对反动派的
进攻。

七

我们来简要地归纳一下。抵制的口号是特殊的历史时期的产
物。1905年和1906年初的客观形势提出了一个让斗争着的各种
社会力量来解决的问题，即选择下一步发展道路的问题：走直接革
命的道路还是向君主立宪转变。在抵制方面进行鼓动的内容主要
是同立宪幻想作斗争。广泛的、普遍的、急剧的和强大的革命高潮
是抵制成功的条件。

从所有这几个方面来看，1907年秋季以前的形势说明完全不
必提出这样的口号，也没有理由提出这样的口号。

我们在继续进行准备选举的日常工作、不事先拒绝参加最反
动的代表机关的同时，应该把全部宣传鼓动都用来向人民说明十
二月失败同接踵而来的对自由的摧残和对立宪制的亵渎之间的联
系。我们应该使群众坚信，不进行直接的群众斗争，这样的亵渎势
必继续下去并且会变本加厉。

在出现高潮、迫切需要提出抵制的口号时，我们决不拒绝采用

这个口号,目前我们则应竭尽全力,通过直接的影响,把工人运动的一些局部的高潮发展成为普遍的、广泛的、革命的和对整个反动派、对反动派基石进攻的运动。

1907 年 6 月 26 日

载于 1907 年 7 月底圣彼得堡
出版的《论抵制第三届杜马》
小册子

选自《列宁全集》第 2 版第 16 卷
第 1—33 页

# 《十二年来》文集序言[370]

（1907 年 9 月）

　　推荐给读者的这本文集,收集了 1895—1905 年这一时期的文章和小册子。这些著作都是论述俄国社会民主党的纲领问题、策略问题和组织问题的。在同俄国马克思主义思潮的右翼所作的斗争中,这些问题经常不断地被提出来进行研究。

　　起初,这场斗争是在纯理论领域中进行的,针对的是我国 90 年代合法马克思主义[161]的主要代表司徒卢威先生。1894 年底和 1895 年初是我国合法的政论界发生急剧转变的时期。当时马克思主义首次在我国政论文章中出现,介绍马克思主义的,不仅有在国外的"劳动解放社"[30]活动家,而且有在俄国的社会民主党人。著作界的活跃景象和马克思主义者同当时几乎完全主宰着进步著作界的民粹派老首领(如尼·康·米海洛夫斯基)所进行的激烈论战,是俄国大规模工人运动高涨的先声。俄国马克思主义者的写作活动是无产阶级奋起斗争,即 1896 年举行的有名的彼得堡罢工[75]的直接序幕。这些罢工为我们整个革命中最强大的因素即后来持续高涨的工人运动开辟了新纪元。

　　当时的写作条件迫使社会民主党人使用伊索式的语言,而且只限于谈那些同实践和政治相距很远的最一般的原理。这种情况使得各种各样的马克思主义者在反对民粹主义的斗争中特别容易结成联盟。进行这一斗争的除了国外的和国内的社会民主党人,还有司徒卢威先生、布尔加柯夫先生、杜冈-巴拉诺夫斯基先生、别尔嘉耶夫先生等人。这些人都是资产阶级民主主义者,他们同民粹派决裂,就是从小市民社会主义(或者说农民社会主义)转到资产阶级自由主义,而不是像我们那样转到无产阶级社会主义。

现在,俄国革命的历史,其中包括立宪民主党[83]的历史,尤其是司徒卢威先生的演变(几乎演变成十月党[84]),使这个道理不言自明了,使它成了政论界人人皆知的普通常识。但在当时,即1894—1895年期间,还只能根据某个著作家稍稍偏离马克思主义的行为来证明这个道理,那时这个常识还刚开始被了解。因此,现在把我本人反驳司徒卢威先生的文章(《民粹主义的经济内容及其在司徒卢威先生的书中受到的批评》①,该文署名克·土林,载于被书报检查机关烧毁的《〈俄国经济发展问题的资料〉文集》[371]1895年圣彼得堡版)重新全文发表,有三个目的。第一,由于读者已经读过司徒卢威先生的著作和民粹派在1894—1895年反对马克思主义者的文章,所以对司徒卢威先生的观点进行批评就是有意义的。第二,革命的社会民主党人**在**和司徒卢威先生共同反对民粹派的**同时**就向他提出的警告,对于回答那些一再指责我们同这些先生结成联盟的人,对于评价司徒卢威先生的引人注目的政治生涯,也都是有意义的。第三,过去同司徒卢威进行的在很多方面已经过时的论战,可以作为大有教益的借鉴。这个借鉴表明了理论上不调和的论战在实践上和政治上的价值。革命的社会民主党人无数次受到指责,他们被说成过分热衷于同"经济派"[134]、伯恩施坦派[117]、孟什维克进行这样的论战。现在这些指责在社会民主党内部的"调和派"和党外的半社会主义"同情者"中间很有市

---

① 见《列宁全集》第2版第1卷第297—465页。——编者注

场。我们这里有人非常喜欢这样说:俄国人,其中包括社会民主党人,尤其是布尔什维克,过分热衷于论战和分裂。我们这里有人还喜欢忘掉这样一点:人们过分热衷从社会主义跳到自由主义,这是资本主义国家的条件,其中包括俄国资产阶级革命的条件,尤其是我国知识分子的生活条件和活动条件的产物。从这个角度来看看十年以前的情况,看看在理论上同"司徒卢威主义"当时已有哪些分歧,以及哪些不大(初看起来不大)的分歧造成了各政党在政治上的彻底分野,引起了在议会中、在许多报刊上和民众集会等场合的无情斗争,是很有好处的。

谈到反驳司徒卢威先生的这篇文章,我还应当指出,这篇文章的基础就是1894年秋天我在一个人数不多的、当时的马克思主义者的小组里所作的报告。在当时彼得堡进行工作的一批社会民主党人(一年后他们建立了"工人阶级解放斗争协会"[74])中,参加这个小组的有斯塔·、拉·和我。当时的合法马克思主义著作家参加这个小组的有彼·伯·司徒卢威、亚·尼·波特列索夫和克·。在这个小组里,我作了一次报告,题目是:《马克思主义在资产阶级著作中的反映》。从题目可以看出,这次同司徒卢威的论战,比1895年春发表的那篇文章尖锐得多和明确得多(就社会民主主义的结论来说)。那篇文章里讲得比较温和,一方面是考虑到书报检查制度,另一方面是为了要同合法马克思主义结成"联盟"共同反对民粹主义。当时彼得堡的社会民主党人把司徒卢威先生"往左推"的做法,并不是毫无效果的,司徒卢威先生发表在被烧毁的文集(1895年)中的文章和发表在《新言论》杂志[67](1897年)上的某些文章,清楚地证明了这一点。

此外,在读1895年反驳司徒卢威先生的文章时必须注意到,这篇文章在很多方面是后来的经济著作(特别是《资本主义的发展》)的纲要。末了,我要提请读者注意这篇文章的最后几页,在这几页中,着重指出了民粹派作为一个正处于资产阶级革命前夜的国家里的革命民主派别的**积极的**(在马克思主义者看来)特征和方面。这里从理论上对一些论点作了阐述,这些论点在过了十二三年以后的第二届杜马选举时的"左派联盟"和"左派联盟"的策略中,都在实践上和政治上得到了反映。反对无产阶级和农民的革命民主专政这一思想并坚持绝对不容许建立左派联盟的那部分孟什维克,在这方面背叛了《曙光》杂志**148**和旧《火星报》**139**所竭力维护的革命的社会民主党人的极其重要的老传统。不言而喻,有条件有限制地允许实行"左派联盟"的策略,必然还是以马克思主义在理论上对于民粹主义的那些基本看法为依据的。

紧接着反驳司徒卢威的文章(1894—1895 年)之后,是 1897 年底根据社会民主党人 1895 年在彼得堡的工作经验写的《俄国社会民主党人的任务》一文①。那些在本文集所收的其他文章和小册子中以同社会民主党右翼论战的方式阐述的观点,在这本小册子中则是以正面方式阐述的。这里重印了《任务》一文的几篇序言,以便指明这篇文章同我们党发展的各个不同时期的联系(例如,阿克雪里罗得写的序言着重指出这本小册子同反对"经济主义"斗争的联系,而 1902 年的序言则着重指出民意党人**31**和民权党人**39**的演变)。

《地方自治机关的迫害者和自由主义的汉尼拔》②一文于 1901 年发表在国外出版的《曙光》杂志上。这篇文章可以说是勾销了社会民主党人同司徒卢威这个政治家的联系。1895 年人们就警告过

---

① 见本卷第 139—159 页。——编者注
② 见《列宁全集》第 2 版第 5 卷第 18—64 页。——编者注

他,并谨慎地同他这样一个盟友保持距离。1901年又向他这个连纯民主的要求都不能比较彻底地加以坚持的自由派分子宣战。

1895年,即西欧出现"伯恩施坦主义"、而俄国许多"进步"著作家同马克思主义彻底决裂的前几年,我就指出司徒卢威先生是一个不可靠的马克思主义者,社会民主党人应该同他划清界限。1901年,即立宪民主党在俄国革命中出现和该党在第一届和第二届杜马**350**中政治上遭到惨败的前几年,我就指出了那些后来在1905—1907年间的群众政治活动和政治行动中表现出的俄国资产阶级自由主义的特征。《自由主义的汉尼拔》一文批评的是一个自由派分子的错误论调,这个批评对于今天我国革命中最大的自由派政党的政策也几乎完全适用。有些人总以为我们布尔什维克在1905—1907年间同立宪幻想和立宪民主党进行无情斗争违背了社会民主党人对自由派的老政策,《自由主义的汉尼拔》这篇文章可以给这些人指明他们的错误。布尔什维克仍然忠于革命的社会民主党的传统,并未受资产阶级狂热的影响,这种狂热在"立宪的曲折道路"时代受到自由派的支持,并且一度模糊了我们党右翼的意识。

接下来是《怎么办?》①,这本小册子是1902年初在国外出版的。书中所批评的已经不是著作界的右翼,而是社会民主党组织中的右翼了。1898年召开了社会民主党人第一次代表大会**126**,这次大会上成立了俄国社会民主工党。国外的"俄国社会民主党人联合会"**73**,其中也包括"劳动解放社",成了党的国外组织。但是党的中央机关被警察所摧毁,没能恢复。党的统一实际上并不存在,那只不过是一种想法,一项指示。由于对罢工运动和经济斗争

---

① 见本卷第290—458页。——编者注

的迷恋,当时便产生了社会民主党内的机会主义的特殊形式,即所谓"经济主义"。当《火星报》小组 1900 年**底**开始在国外进行活动时,由此产生的分裂就已经成为事实。1900 年**春**,普列汉诺夫退出在国外的"俄国社会民主党人联合会",单独成立了一个组织——"社会民主党人"**372**。

《火星报》开始工作时,表面上同这两个派别无关,实际上是同普列汉诺夫派一起反对"联合会"。合并的尝试(1901 年 6 月在苏黎世举行的"联合会"和"社会民主党人"代表大会)没有成功**140**。《怎么办?》这本小册子系统地阐述了意见分歧的原因和《火星报》的策略及组织活动的性质。

《怎么办?》这本小册子经常被布尔什维克目前的论敌孟什维克以及资产阶级自由主义阵营中的著作家(立宪民主党人、《同志报》**299**中的"无题派"**150**等)提到。所以,我重印这本小册子时,只是将它稍加删节,省去一些有关组织问题的细节或论战中的零碎意见。关于这本小册子内容的实质,必须提请现在的读者注意以下几点。

目前同《怎么办?》这本小册子进行论战的人所犯的主要错误,就在于他们把这一著作同一定的历史背景、同那个在我们党的发展中早已成为过去的一定时期完全割裂开来了。例如,帕尔乌斯就明显地犯了这个错误(更不用说为数众多的孟什维克了),他在这本小册子出版多年以后写文章说,这本小册子中关于建立职业革命家组织这一思想是不正确的或者是夸大其词的。

今天,这种意见简直让人觉得可笑,因为人们似乎想把我们党的发展中的整整一个时期一笔抹杀,想把当时必须为之斗争、而现在早已巩固下来并且业已完成使命的成果一笔抹杀。

今天来说《火星报》夸大了(**在 1901 年和 1902 年!**)建立职业

革命家组织这一思想,这等于是**在日俄战争以后**责难日本人,说他们夸大了俄国的兵力,说他们在战前对同这支兵力作战过于操心。当时日本人为了取得胜利,必须集中全部力量来对付俄国可能动员的最大数量的兵力。遗憾的是,现在有许多人是站在一旁评论我们的党,他们不了解情况,看不到建立职业革命家组织这一思想**现在已经**获得完全的胜利。但是当时如果不把这一思想提到**首要地位**,不"夸大其词地"向妨碍实现这一思想的人讲清楚这一思想,那么这一胜利是不可能取得的。

《怎么办?》一书是1901年和1902年火星派的策略、火星派的组织政策的**总结**。确切地说,是一份地地道道的"**总结**"。谁要是费神去读一读1901年和1902年的《火星报》,他肯定会确信这一点①。谁要是评论这部总结却又不知道火星派同当时**占优势的**"经济主义"的斗争,不理解这场斗争,那他就是信口开河。《火星报》为建立职业革命家组织进行了斗争,在1901年和1902年斗争得特别坚决,打败了当时占优势的"经济主义",在1903年最终**建立起**这个组织,虽然后来火星派发生了分裂,虽然在狂飙突进时期遭到过种种风浪,但是《火星报》还是保持住了这个组织,在整个俄国革命期间保持住了这个组织,从1901—1902年到1907年,始终保存了这个组织。

现在,争取建立这个组织的斗争早已结束,种子播下了,谷物成熟了,收割完毕了,这时有人居然出来宣称:"建立职业革命家组织这一思想被夸大了!"这不是很可笑吗?

只要把整个革命前的时期和革命这最初的两年半(1905—1907年)作一个总的回顾,只要把我们社会民主党在这一时期所

---

① 本书第3卷**373**将转载《火星报》在这几年中刊载过的最重要的文章。

表现的团结性、组织性和政策的继承性同其他政党比较一下,那你一定会承认,**在这方面我们党比其他所有的政党**,比立宪民主党、社会革命党[233]等等优越,**这是毫无疑义的**。社会民主党在革命前就制定了为全体党员正式承认的社会民主党纲领,在对纲领进行修改时并没有因为纲领而发生分裂。社会民主党尽管后来发生了分裂,但是它在1903—1907年(正式是在1905—1906年)仍然为公众提供了关于党内情况的最充分的资料(党的第二次全国代表大会[236]、布尔什维克的第三次代表大会[261]、第四次统一代表大会即斯德哥尔摩代表大会[332]的记录)。社会民主党尽管后来发生了分裂,但它还是比其他各政党更早地利用了昙花一现的自由时期,来建立一个公开组织的理想的民主制度:实行选举制和按有组织的党员人数选举代表大会的代表。这是无论社会革命党还是立宪民主党至今都还没有做到的,虽然立宪民主党是一个几乎合法的、组织得最好的资产阶级政党,它的经费比我们多得多,利用报刊的自由和公开存在的可能性也比我们大得多。有各个政党参加的第二届杜马的选举,难道不是很明显地证明了我们党和我们杜马党团在组织上的团结要比其他任何政党都强吗?

试问,我们党的这种高度的团结、巩固、稳定是由谁来实现,谁来实施的呢?是由主要在《火星报》参加下建立起来的职业革命家组织实现的。凡是清楚我们党的历史、亲身参加过党的建设的人,只要看一看我党任何一个派别的代表组成,例如出席伦敦代表大会[374]的各派别的代表组成,他就会相信这一点,并且会马上看出其中有一批比其他党员更尽心竭力地培育了我们党的老骨干。当然,取得这一成就的基本条件是:由于客观的经济原因,在资本主义社会的所有阶级中,工人阶级(它的优秀分子建立了社会民主党)最有组织能力。没有这一条件,建立职业革命家组织就是一种儿戏,就是冒险行为,就是一个空招牌,所以《怎么办?》这本小册子再三强调:它所主张建立的组织只有同"真正革命的和自发地起来斗争的阶级"相结合才是有意义的。但是无产阶级联合成为阶级这一客观上极强的能力,是通过活生生的人来实现的,是只有通过一定的组织形式来实现的。在我国的历史条件下,在1900—1905年的俄国,除火星派组织外,其他任何组织都**不能**建立像现在已经建立起来的**这样一个**社会民主工党。职业革命家完成了他们在俄国无产阶级社会主义运动史中的使命。任何力量现在都破坏不了这个早已突破1902—1905年"小组"这种小框框的事业。有人埋怨那些当初只有通过斗争才能保证正确完成战斗任务的人夸大了战斗任务,任何这样的事后埋怨都抹杀不了既得成果的意义。

我刚才提到了旧《火星报》(从1903年底第51号起,《火星报》转向孟什维主义,并且宣称:"在旧《火星报》和新《火星报》之间有一道鸿沟,"——这是孟什维克的《火星报》编辑部所赞许的托洛茨基的小册子中说的一句话)的小组这种小框框的问题。关于这种小组习气,必须向现在的读者解释一下。无论在《怎么办?》这本小册子中还是在随后的《进一步,退两步》①这本小册子中,读者都会看到**国外小组**之间所进行的激烈的、有时是狂暴而残酷的斗争。毫无疑问,这一斗争有许多令人不快的地方。毫无疑问,这场小组斗争是在这个国家的工人运动还很年轻、还不成熟时才有可能出现的现象。毫无疑问,俄国当代工人运动的当代活动家,必须同小组习气的种种传统断绝关系,必须忘掉和抛弃小组生活与小组纠纷的许多琐事,以便加紧完成社会民主党当前的任务。

---

① 见《列宁全集》第2版第8卷第197—425页;节选部分见本卷第468—526页。——编者注

只有吸收**无产阶级**分子来扩大党,并且同公开的群众活动结合起来,才能消除过去遗留下来的一切不适合当前任务的小组习气的痕迹。布尔什维克曾在 1905 年 11 月的《新生活报》**375**上宣布,一旦有了公开活动的条件就立即向工人政党的民主组织过渡①,这个过渡实质上就是同旧日小组习气中的过时的东西断然决裂……

是的,正是"同过时的东西决裂",因为一味责难小组习气是不够的,还必须善于了解它在过去那个时期的独特条件下所起的作用。当时小组是必不可少的,它们起了积极的作用。在一个专制制度的国家里,特别是在**俄国**革命运动的整个历史所造成的那种条件下,社会主义工人政党**只能**由小组发展而来。小组这种狭窄的、封闭的、几乎总是建立在个人友谊基础上的极少数人的结合,是俄国社会主义运动和工人运动发展中必经的阶段。随着这一运动的发展,才出现了把这些小组联合起来、建立小组之间的牢固联系和保持继承性的任务。要完成这一任务,就不能不在专制制度"所能顾及的范围以外",**也就是在国外**建立稳固的作战基地。国外小组就是这样出于需要而产生的。各国外小组之间还没有联系,俄国党对它们还没有权威,因此,它们在对当前运动的基本任务的理解上,也就是在对**究竟**应当**如何**建立一个作战基地、从哪一方面来促进全党的建设这个问题的理解上,必然会发生分歧。在这种条件下,这些小组之间的斗争就是不可避免的了。现在我们回顾过去,可以清楚地看到,究竟哪一个小组确实可以起到作战基地的作用。但是当时各个小组刚刚开始活动,这点谁也说不清,只有通过斗争才能解决争论。记得后来帕尔乌斯曾经指责旧《火星报》进行残酷的小组斗争,他在事后鼓吹调和主义的政策。不

---

① 见《列宁全集》第 2 版第 12 卷第 77—87 页。——编者注

过事后这样说说容易，而这样说，也正暴露了他对当时情况的无知。首先，当时没有任何标准来衡量这个或那个小组的力量和**重要性**。许多小组徒有虚名，现在已被人忘掉，但当时它们却想通过斗争来证明自己有存在的权利。其次，各小组之间的分歧，是在于如何**进行**在当时还是新的工作。我当时就指出（在《怎么办？》里），分歧看来似乎很小，但实际上却有很大的意义，因为在新的工作开始的时候，在社会民主运动开始的时候，确定这一工作和这一运动的总的性质，对于宣传、鼓动和组织工作将产生极大的影响。后来社会民主党人之间的一切争论所涉及的，都是工人政党在某一情况下应该怎样进行政治活动的问题。而当时所涉及的，是确定**任何**社会民主主义政策的最一般的原则和最根本的任务。

小组活动完成了自己的使命，现在当然已经过时了。但是小组活动所以过时，正是因为而且仅仅因为小组斗争以最尖锐的方式提出了社会民主党的一些主要问题，并且以不可调和的革命精神解决了这些问题，从而为广泛的党的工作奠定了牢固的基础。

著作界曾就《怎么办？》一书提出一些枝节问题，我现在只谈以下两个问题。1904年，在《进一步，退两步》小册子刚出版不久，普列汉诺夫曾经在《火星报》上声明他在自发性和自觉性问题上同我有原则分歧。我既没有对他的这个声明作答（如果不算日内瓦的《前进报》上的一个附注[376]的话），也没有对孟什维克书刊上出现的许多重复这一内容的文章作答，我没有作答，是因为普列汉诺夫的批评显然是在吹毛求疵，断章取义，抓住我个别的表述得不完全恰当或不完全确切的说法，完全无视小册子的总的内容和整个精神。《怎么办？》是在1902年3月出版的。党纲草案（由普列汉诺夫起草并经《火星报》编辑部修改过）是在1902年6月或7月发表的。这个草案中关于自发性和自觉性的关系的表述，是得到《火星报》编辑部的一致同意的(普列汉诺夫同我在纲领问题上的争论是在编辑部内部进行的,但是争论的正好不是这个问题,而是关于大生产排挤小生产以及对无产阶级以至劳动阶级的观点要作区分的问题,在前一个问题上,我要求表述得比普列汉诺夫更明确些,在后一个问题上,我主张给党的纯无产阶级性质下一个更严格的定义)。

因此,根本谈不到纲领草案和《怎么办?》之间在这个问题上有什么原则区别。在第二次代表大会上(1903年8月),当时的"经济派"马尔丁诺夫曾反驳我们在纲领中所表述的对自发性和自觉性的看法。如我在《进一步,退两步》这本小册子中强调指出的那样,所有火星派分子都反对马尔丁诺夫①。由此可见,意见分歧实际上是发生在火星派和经济派之间,而经济派所攻击的正是《怎么办?》和纲领草案中**共同的东西**。我在第二次代表大会上也没有特意想把我在《怎么办?》中所作的表述当做一种构成特殊原则的"纲领性的"东西。相反,我使用的是后来常常被引用的矫枉过正的说法。我说在《怎么办?》中我是把经济派弄弯了的棍子直过来(见1904年日内瓦版《1903年俄国社会民主工党第二次代表大会记录》)。正因为我们使劲把弯的直过来,我们的"棍子"将永远是最直的②。

这些话的意思是很清楚的:《怎么办?》是用论战方式来纠正"经济主义",因此离开小册子的这个任务来看它的内容是不对的。这里要指出:普列汉诺夫反驳《怎么办?》的文章并**没有**收入新《火星报》的文集(《两年》),所以我现在不去谈普列汉诺夫的论据,只是向现在的读者说明一下问题的实质,因为他们会发现孟

---

① 参看《列宁全集》第2版第8卷第219—221页。——编者注
② 参看《列宁全集》第2版第7卷第253页。——编者注

什维克的许多著作都提到过这个问题。

其次要指出的是关于经济斗争和工会问题。我对这个问题的观点常常被著作界曲解。因此必须强调指出，《怎么办？》中有许多篇幅是用来阐述经济斗争和工会的**重大**意义的。比如说，我当时曾经主张工会**中立**。同我的论敌的种种断言相反，从那时起，无论在小册子中或在报纸文章中，**我都没有改过口**。只是俄国社会民主工党伦敦代表大会和斯图加特国际社会党代表大会**377**，才使我得出结论：**在原则上坚持工会中立的主张是不行的**。工会要同党密切接近——这是唯一正确的原则。竭力使工会同党接近并且同党联系在一起——这应该是我们的政策，而且必须在我们的一切宣传、鼓动和组织工作中坚决地加以贯彻，既不追求我们的政策得到别人简单的"承认"，也不把思想不一致的人逐出工会。

＊      ＊      ＊

《进一步，退两步》这本小册子是1904年夏天在日内瓦出版的。它叙述了孟什维克和布尔什维克之间在第二次代表大会（1903年8月）上开始出现的分裂的第一阶段。我把这个小册子删去了将近一半，因为关于组织问题斗争的细节，特别是关于党中央机关人选问题上的斗争细节，现在的读者绝对不会感兴趣，实际上也是应予忘记的。我认为，这里重要的是对第二次代表大会上有关策略观点和其他观点的斗争的分析以及反对孟什维克组织观点的那场论战。要了解孟什维主义和布尔什维主义这两个对工人政党在我国革命中的全部活动产生深刻影响的派别，就必须弄清这两点。

在社会民主党第二次代表大会上的许多争论中，我要指出的是关于土地纲领的争论。事实清楚地证明，我们当时的纲领（归还割地**35**）是过分狭窄了，**低估了**革命民主主义农民运动的力

量——关于这一点我将在本书第 2 卷①中去详谈。这里重要的是
要强调指出：**就连这样一个过分狭窄的**土地纲领，当时社会民主党
的右翼也觉得**太广泛了**。马尔丁诺夫和其他"经济派分子"反对
这个纲领，理由是它似乎走得太远了！由此可见，旧《火星报》反
对"经济主义"的整个斗争，即反对缩小和贬低社会民主党的政策
的整个性质的斗争，具有多么重大的实际意义。

当时（1904 年上半年）同孟什维克的意见分歧只限于组织问
题。我曾把孟什维克的立场说成"组织问题上的机会主义"。
帕·波·阿克雪里罗得反对这个说法，他在给考茨基的信里写道：
"我智力低下，不能理解'组织问题上的机会主义'是什么东西，它
是作为一种独立的、跟纲领观点和策略观点没有有机联系的东西
提出来的。"（1904 年 6 月 6 日给考茨基的信，收入新《火星报》的
《两年》文集第 2 卷第 149 页）

组织观点上的机会主义同策略观点上的机会主义之间有什么
有机的联系，孟什维主义在 1905—1907 年的全部历史已经作了充
分的说明。至于说到"组织问题上的机会主义"这个"不可理解的
东西"，那么实际生活已经非常出色地证实了我的评价，这是我自
己也没有预料到的。只要提一下**孟什维克**切列万宁的例子就够
了，连他现在也不得不承认（见他关于 1907 年俄国社会民主工党
伦敦代表大会的小册子）阿克雪里罗得的组织计划（臭名远扬的
"工人代表大会"[341] 等等）只会造成危害无产阶级事业的分裂。不
仅如此，这个孟什维克切列万宁在小册子中还说普列汉诺夫在伦
敦曾经不得不在孟什维克派内部反对"**组织上的无政府主义**"。
所以，既然切列万宁和普列汉诺夫在 1907 年都不得不承认有影响

---

① 见《列宁全集》第 2 版第 16 卷第 221—223 页。——编者注

的孟什维克有"组织上的无政府主义",那么我在1904年反对"组织问题上的机会主义"就不是徒劳之举了。

孟什维克从组织上的机会主义发展到了策略上的机会主义。《地方自治运动和〈火星报〉的计划》①这本小册子(1904年底,大概是11月或12月在日内瓦出版)就指出了他们在这条道路上所走的第一步。在现在的书刊中往往可以遇到这样一种看法,说在地方自治运动问题上的意见分歧是由于布尔什维克认为向地方自治人士示威不会有任何好处而引起的。读者可以看出,这种看法是完全错误的。意见分歧的产生,是因为孟什维克当时大谈什么不要引起自由派的**恐慌**,尤其是因为1902年罗斯托夫罢工**323**、1903年夏季罢工和街垒战**324**发生之后,也就是在1905年1月9日的前夕,孟什维克把向地方自治人士的示威吹捧成了示威运动的**最高形式**。我们对孟什维克的"地方自治运动计划"的这个评价,已经由布尔什维克的《前进报》第1号(1905年1月在日内瓦出版)上的一篇评论这个问题的小品文的标题表达出来了,那个标题是:《无产者的漂亮示威和某些知识分子的拙劣议论》②。

收入本文集的最后一本小册子《社会民主党在民主革命中的两种策略》③,是1905年夏天在日内瓦出版的。该小册子系统地叙述了同孟什维克的**基本**策略分歧。春天在伦敦召开的"俄国社会民主工党第三次代表大会"(布尔什维克)的决议和孟什维克在日内瓦召开的代表会议**262**的决议把这些分歧完全固定下来了,并且使它们变成了从无产阶级的任务着眼对我国整个资产阶级革命所作

---

① 见《列宁全集》第2版第9卷第59—78页。——编者注
② 同上书,第117—122页。——编者注
③ 见本卷第527—643页。——编者注

的估计上的**根本**分歧。布尔什维克向无产阶级指出,应在民主革命中担任**领袖**。孟什维克则把无产阶级的作用归结为担当"极端反对派"的任务。布尔什维克从正面肯定了革命的阶级性质和阶级意义,说胜利的革命就是"无产阶级和农民的革命民主专政"。孟什维克总是把资产阶级革命的概念解释得极不正确,以至认为无产阶级在革命中要安于充当从属和依附于资产阶级的角色。

谁都知道这些原则性的意见分歧是怎样反映到实践活动上来的。布尔什维克抵制布里根杜马[359],孟什维克则动摇不定。布尔什维克抵制维特杜马,孟什维克也动摇不定,他们号召参加选举,但不参加选举杜马代表[378]。孟什维克在第一届杜马中支持立宪民主党内阁和立宪民主党的政策,而布尔什维克则坚决地揭露立宪幻想和立宪民主党的反革命性,同时宣传建立"左派执行委员会"的主张[379]。再往后,在选举第二届杜马时布尔什维克主张建立左派联盟,而孟什维克则号召同立宪民主党人结成联盟,如此等等。

现在,俄国革命中的"立宪民主党时期"(这是1906年3月出版的《立宪民主党人的胜利和工人政党的任务》这本小册子中的说法)①看来已经结束了。立宪民主党人的反革命性已被完全揭穿。立宪民主党人自己开始承认他们一直是反对革命的,司徒卢威先生也坦率地倾吐了立宪民主党的自由主义衷肠。觉悟的无产阶级现在愈是仔细地回顾这整个立宪民主党时期,回顾这整个"立宪的曲折道路",就会愈加清楚地看到,布尔什维克事先对这个时期和对立宪民主党的实质所作的评价是完全正确的,孟什维克确实执行了错误的政策,这一政策的客观作用就是用使无产阶级受资产阶级自由主义支配的政策来代替独立的无产阶级政策。

---

① 见《列宁全集》第2版第12卷第242—319页。——编者注

       \*            \*            \*

如果对 12 年以来(1895—1907 年)俄国马克思主义运动和俄国社会民主党内两派的斗争作一个总的回顾,那就不能不得出这样的结论:"合法马克思主义"、"经济主义"和"孟什维主义"是同一个历史趋势的不同的表现形式。司徒卢威先生之流的"合法马克思主义"(1894 年)是**马克思主义在资产阶级著作中的反映**。"经济主义"作为 1897 年和随后几年的社会民主主义运动中的一个特殊派别,实际上实现了**资产阶级自由派的"信条"**:工人进行经济斗争,自由派进行政治斗争。孟什维主义不仅是著作界的一个流派,不仅是社会民主主义运动中的一个派别,而且是一个派别组织,它在俄国革命的第一个时期(1905—1907 年)所执行的,**实际上是使无产阶级受资产阶级自由主义支配的特殊政策**①。

在一切资本主义国家里,无产阶级必然通过许多过渡环节同它的右邻——小资产阶级联系在一起。在一切工人政党中,必然要形成明显程度不同的右翼,这个右翼在观点、策略和组织"路线"上表现出小资产阶级机会主义倾向。在俄国这样的小资产阶级国家里,在资产阶级革命时期,在年轻的社会民主工党成立的初期,这些倾向不能不比欧洲的任何地方表现得突出得多、明确得多和鲜明得多。了解一下这种倾向在俄国社会民主党的不同发展时期的不同表现形式,对于巩固革命的马克思主义,对于俄国工人阶

---

① 对党的第二次代表大会上各种派别和流派之间斗争的分析(见 1904 年出版的小册子《进一步,退两步》),无可争辩地证明了 1897 年和随后几年的"经济主义"同"孟什维主义"有直接的联系。关于社会民主党内的"经济主义"同 1895—1897 年的"合法马克思主义"或"司徒卢威主义"有联系这一点,我在《怎么办?》(1902 年)一书中已经指出了。合法马克思主义、经济主义、孟什维主义不仅有思想上的联系,而且有直接的历史继承关系。

级在自己的解放斗争中得到锻炼，是十分必要的。

1907 年 9 月

载于 1907 年 11 月圣彼得堡种子
出版社出版的《十二年来》文集

选自《列宁全集》第 2 版第 16 卷
第 86—105 页

# 社会民主党在1905—1907年
# 俄国第一次革命中的土地纲领[380]（节选）

## （1907年11—12月）

## 结　束　语

土地问题是俄国资产阶级革命的根本问题,它决定了这场革命的民族特点。

这个问题的实质,是农民为了消灭地主土地占有制,为了消灭俄国农业制度中以至俄国整个社会政治制度中的农奴制残余而进行斗争。

欧俄1 050万农户共拥有7 500万俄亩土地。3万个大地主（主要是出身贵族的,也有一部分是暴发户）每户有500俄亩以上,总共拥有7 000万俄亩土地。这就是基本的背景。这就是农奴主-地主在俄国农业制度中以至整个俄国国家和俄国生活中占统治地位的基本条件。大地产占有者是经济意义上的农奴主:他们的土地占有制的基础是农奴制历史造成的,是名门贵族数百年来掠夺土地的历史造成的。他们目前的经营方式的基础是工役制[61]（即徭役制的直接残余）,是一种利用农民的农具、利用无数种

779

盘剥小农的形式(如冬季雇佣制、年租、对分制地租、工役租以及利用债务、割地[35]、森林、草地、饮马场等等来进行盘剥)的经济。最近半个世纪以来俄国的资本主义已大大向前发展了,农业方面再要保存农奴制度已经是**绝对**不可能了,消灭农奴制度的斗争已采取暴力性危机即全国规模的革命的形式。但是,在资产阶级国家里消灭农奴制可能有两条道路。

第一条消灭农奴制的道路,就是农奴主–地主农场缓慢地转变为容克–资产阶级农场,大批农民变成单身无靠的农民和雇农,用暴力保持群众贫穷的生活水平,同时分化出一小撮大农,也就是资本主义必然要在农民中间造成的资产阶级大农。黑帮[266]地主及其大臣斯托雷平正是走的这条道路。他们已经认识到,如果不用暴力来摧毁陈腐不堪的中世纪的土地占有形式,就**不能**为俄国的发展扫清道路。因此,他们大胆采取了这种**有利于地主**的摧毁手段。他们抛弃了不久以前还常见的官僚和地主对半封建式的村社[12]的同情。他们避开一切"符合宪法的"法律,以便用暴力来摧毁村社。他们给富农以完全的行动自由,让他们去掠夺农民群众,去摧毁原来的土地占有制,使成千上万的农户破产;他们让有钱人去"任意洗劫"中世纪的农村。他们为了维持本阶级的统治**只能**这样做,因为他们已经意识到必须适应资本主义的发展,而不是同它作斗争。而他们为了维持自己的统治,就只能联合"暴发户",联合拉祖瓦耶夫和科卢帕耶夫[381]这班人去**反对**农民群众。他们别无出路,只有向科卢帕耶夫们大声疾呼:发财吧!发财吧!我们让你们有一本万利的发财机会,只要你们在这种新的情况下帮助我们挽救我们政权的基础!为了走这条发展道路,就必须对农民群众和无产阶级连续不断地、有步骤地、毫无顾忌地施用**暴力**。于是反革命地主就急忙在各方面组织这种暴力。

　　第二条发展道路,我们称之为美国式的资本主义发展道路,以别于第一条道路,普鲁士式的道路。第二条道路也要求用暴力来摧毁旧的土地占有制,只有俄国自由派这些愚钝的小市民,才会梦想俄国的极其尖锐的危机有可能毫无痛苦地和平地结束。

　　但是,这种必要的和不可避免的摧毁也可能有利于农民群众而不是有利于一小撮地主。一大批自由的农场主可能成为资本主义发展的基础而根本不要什么地主经济,因为地主经济**整个说来**在经济上是反动的,而农场经济的因素通过我国以前的经济发展历史已经在农民中**形成了**。沿着这条资本主义发展的道路,我国的资本主义**一定会**随着国内市场大规模的扩大,**全体**居民的生活水平、干劲、主动精神和文化水平的提高而更广泛、更自由、更迅速地发展起来。俄国有辽阔的待垦土地,由于俄国内地的农民群众遭受农奴制的压迫,由于对土地政策采取了农奴主-官僚式的态度,这些土地极难得到利用,但是这些土地为深入而广泛地大规模发展农业和提高生产提供了经济基础。

　　这样的发展道路不只是需要消灭地主土地占有制。这是因为农奴主-地主的统治数百年来在国内**整个**土地占有制上都留下了自己的烙印,不仅在农民的份地上,而且在比较自由的边疆地区的移民的地产上也留下了这种烙印:贯穿专制政府的移民政策的是顽固的官吏进行的亚洲式的干涉,他们妨碍移民自由定居,把新的土地关系弄得非常混乱,把俄国中部农奴制官僚主义的毒素散布到俄国的边疆地区①。在俄国,不仅地主土地占有制是中世纪式

---

① 　亚·考夫曼先生在《移民与垦殖》(1905年圣彼得堡版)一书中提供了移民政策史的概况。作者是个十足的"自由主义者",他对于农奴主的官僚制度是极为尊重的。

的,而且农民份地占有制也是中世纪式的。这种占有制极其混乱。它把农民分为无数细小的中世纪式的类别和等级。它反映出数百年来中央和地方政权粗暴干涉农民土地关系的历史。它像把人赶入犹太人居住区那样,强迫农民参加具有纳税性质的中世纪式的小团体,参加共同占有份地的团体即村社。而俄国的经济发展**实际上**就是要使农民摆脱这种中世纪的状况,经济发展的结果,一方面造成份地[33]的出租和撂荒现象,另一方面,又会把占有制形式极不相同的**小块土地**,把农民自己所有的份地、租来的份地、买来的私有土地、租来的地主土地、租来的官地等等凑在一起,建立未来的自由的农场主(或容克俄国的未来的大农)经济。

要在俄国建立起**真正**自由的农场主经济,必须"废除"**全部**土地——无论是地主的土地还是份地——的"地界"。必须摧毁**一切**中世纪的土地占有制,必须为自由的业主经营自由的土地铲除一切土地方面的特权。必须尽最大的可能保证自由交换土地、自由迁居、自由扩大地块,建立新的自由的协作社来代替陈旧的带纳税性质的村社。必须把一切土地上的中世纪垃圾全部"清扫"。

体现这种经济必要性的,就是土地国有化,废除土地私有制,将**全部**土地转归国家所有,就是完全摆脱农村中的农奴制度。正是这种经济必要性使俄国农民**群众**成了土地国有化的拥护者。大多数小私有农民在1905年农民协会[382]代表大会上,在1906年第一届杜马中和在1907年第二届杜马[350]中,即在整个革命第一个时期中,始终表示赞成国有化。他们之所以赞成国有化,并不是因为"村社"在他们中间培育出了什么特殊的"萌芽",培育出了什么特殊的、非资产阶级的"劳动原则"。恰恰相反,他们之所以赞成土地国有,是因为实际生活要求他们**摆脱**中世纪式的村社和中世纪式的份地占有制。他们之所以赞成国有化,并不是因为他们想要建立或者能够建立社会主义的农业,而是因为他们过去和现在都想要建立而且能够建立真正资产阶级的小农业,也就是在最大程度上摆脱**一切**农奴制传统的小农业。

由此可见,在俄国革命中斗争着的各阶级对土地私有制问题持不同的态度,并不是什么偶然现象,也不是由于受了哪一种理论的影响(如有些目光短浅的人所认为的那样)。这种不同的态度,完全取决于俄国资本主义发展的条件以及资本主义在当前这个发展时期提出的要求。全体黑帮地主、整个反革命资产阶级(包括十月党人<sup>84</sup>和立宪民主党人<sup>83</sup>在内)都拥护土地私有制。全体农民和整个无产阶级则反对土地私有制。改良主义的道路就是建立容克-资产阶级俄国的道路,其必要的前提是保存旧土地占有制的基础,并且使这种基础适应资本主义,而这一适应过程是缓慢的,对多数居民来说是痛苦的。革命的道路是真正推翻旧制度的道路,它必然要求消灭俄国一切旧的土地占有形式以及全部旧的政治机构,以建立自己的经济基础。俄国革命第一个时期的经验已经彻底证明:俄国革命只有作为农民土地革命才能获得胜利,而土地革命不实行土地国有化是不能全部完成其历史使命的。

社会民主党作为国际无产阶级的政党,作为争取在全世界实现社会主义的政党,当然不能把自己和任何资产阶级革命的任何时期联结在一起,不能把自己的命运同某一资产阶级革命的某种结局联结在一起。无论结局怎样,我们都应当是独立的、纯粹无产阶级的政党,应当坚定不移地领导劳动群众去实现他们的伟大的社会主义目标。因此,我们根本不能担保资产阶级革命的一切成果都永远巩固,因为资产阶级革命的**一切**成果的不巩固和内部的矛盾是资产阶级革命本身内在的固有的现象。"臆造""防止复辟的保证"不过是糊涂的表现。我们的任务只有一个：为了团结无产阶级进行社会主义革命，要最坚决地支持一切反对旧制度的斗争，在新兴的资产阶级社会中尽量争取有利于无产阶级的一切条件。由此必然得出结论：我们社会民主党在俄国资产阶级革命中的纲领**只能**是土地国有化。正如我党纲领的任何其他**部分**一样，我们应该把土地国有化同政治改革的一定形式和一定阶段联系起来，因为政治变革和土地变革的规模不可能不一样。正如我党纲领任何其他部分一样，我们应该把土地国有化同小资产阶级的幻想、同官僚知识分子关于"土地份额"的废话、同巩固村社或平均使用土地这类反动的空话严格地区别开来。无产阶级的利益需要的不是为某一资产阶级变革臆造出特殊口号、特殊"计划"或"体系"，而只需要**彻底地**表明这一变革的客观条件，清除对经济上不可抗拒的客观条件的幻想和空想。土地国有化不仅是彻底消灭农业中的中世纪制度的唯一方式，而且是在资本主义制度下可能有的最好的土地制度。

俄国社会民主党人所以暂时拒绝这个正确的土地纲领，有三个原因。第一，俄国"地方公有化"的倡导者彼·马斯洛夫"修改了"马克思的理论，摒弃了绝对地租理论，翻新了半陈腐的资产阶级学说，即关于土地肥力递减规律和这一规律同地租理论的联系等等的学说。否认绝对地租就等于根本否认土地私有制在资本主义制度下的经济意义，结果必然会歪曲马克思主义对于国有化的观点。第二，俄国社会民主党人还没有具体看到农民革命的**开始**，他们对这场革命的可能性不能不持谨慎的态度，因为要取得这场革命的胜利确实需要有许多特别有利的条件，需要有群众特别高涨的革命觉悟、革命劲头和革命首倡精神。俄国马克思主义者没有现成的**经验**，并且认为不能臆造出**资产阶级的**运动，他们自然就不可能**在革命开始以前**提出正确的土地纲领。然而,他们却犯了如下错误:甚至**在革命开始以后**他们也没有把马克思的理论**运用于俄国的特殊情况**(马克思和恩格斯一直教导我们说,我们的理论不是教条,而是**行动的指南**[383]),却毫无批判地重复别人在不同条件下、在**另一个**时代运用马克思的理论所得出的结论。例如,德国社会民主党人没有采纳马克思要求实行土地国有化的一切旧纲领,这本来是一件很自然的事,因为德国已经彻底成为一个容克-资产阶级的国家,那里在资产阶级制度基础上产生的一切运动都已经成为过去,那里没有而且也不可能有什么拥护国有化的人民运动。由于容克-资产阶级分子占优势,国有化计划**实际上变成了**一种玩物,甚至变成了容克掠夺群众的工具。德国人拒绝谈论什么国有化,这是对的,但是把这个结论搬到俄国来(其实,我国那些看不出地方公有化思想同马斯洛夫修改马克思理论有什么联系的孟什维克正是这样做的),那就是不善于思考各个具体的社会民主党在其历史发展的特殊时期的任务。

第三,地方公有化纲领明显地表现出孟什维主义在俄国资产阶级革命中的整个错误的策略方针,即不了解只有"无产阶级和农民的联盟"①才能保证这一革命的胜利。不了解无产阶级在资产阶级革命中的领导作用,力图使无产阶级袖手旁观,使它去适应不彻底的革命结局,把它从领袖变为自由派资产阶级的帮手(其实是替自由派资产阶级当粗工和奴仆)。"工人们,不要迷恋吧,要适应情况,慢慢前进"——纳尔苏修斯·土波雷洛夫针对"经济派"[134](即俄国社会民主工党中第一批机会主义者)说的这句话[248],充分表达了我党现行土地纲领的**精神**。

---

① 考茨基在《社会革命》一书**第2版**中就是这样说的。

我们同小资产阶级社会主义的"迷恋倾向"进行斗争,不应该缩小而应该扩大革命的规模和无产阶级所规定的革命任务。我们不应当鼓励"地方主义",不管这种思想在小资产阶级的落后阶层或享受特权的农民(哥萨克)中间有多么严重。我们不应当鼓励各民族彼此隔绝。不,我们应当向农民讲清楚统一对于胜利的意义,应当提出口号,使运动的范围扩大而不是缩小,将资产阶级革命**不能圆满完成**归咎于资产阶级的落后,而不是归咎于无产阶级的考虑不周。我们不应使自己的纲领去"适应""地方的"民主制,不应臆造那种在不民主的中央政权下不可能实现的荒谬的农村"地方公有社会主义",不应用小市民社会主义的改良去迎合资产阶级革命,而应使群众的注意力集中于资产阶级革命获得胜利的真正条件,使他们了解到,要保证这种胜利不但需要有地方的民主制,而且一定要有"中央的"民主制,即国家中央政权的民主制,——不只是一般的民主制,而且一定要是最完全最高级形式的民主制,因为没有这样的民主制,俄国的农民土地革命就会成为**空想的**(就这个词的科学意义来说)革命。

不要认为在当前这种历史时刻,当黑帮死硬派在第三届杜马[357]中疯狂叫嚣,反革命势力猖狂到了极点,反动势力对革命者、尤其对第二届杜马中的社会民主党代表野蛮地进行政治报复的时候,"不宜于"提出"广泛的"土地纲领。这种想法是同那些加入或赞成俄国社会民主党的广大的小市民知识分子的背叛变节、灰心丧气、四分五裂、颓废堕落一脉相承的。把这些垃圾从工人政党中彻底清除出去,只会有利于无产阶级。反动势力愈猖獗,实际上它就愈是阻碍必然的经济发展,就愈是有效地促进民主运动更大规模的高涨。所以,我们应该利用现在群众行动暂时沉寂的时期,有批判地对大革命的经验进行研究,进行检验,去掉其中的糟粕,并且把这种经验交给群众作为未来斗争的指南。

1907 年 11—12 月

1908 年由彼得堡种子出版社
印成单行本

1917 年由彼得堡生活和知识
出版社第二次印成单行本

选自《列宁全集》第 2 版第 16 卷
第 387—395 页

# 跋[384]

本书写于 1907 年年底。1908 年在彼得堡印好后，被沙皇书报检查机关抄获销毁了。保全下来的只有一本，书末还缺了几页（本版第 269 页以后的几页），这个结尾是现在补写的。

目前，革命提出的俄国的土地问题已经比 1905—1907 年间要广泛、深刻、尖锐得多了。我希望，了解我党在第一次革命中的纲领的历史，会有助于大家更正确地了解现在革命的任务。

特别要着重指出一点，就是战争使各交战国遭到空前的灾祸，但同时它又大大地加速了资本主义的发展，使垄断资本主义向国家垄断资本主义转化，以致无论是无产阶级还是革命的小资产阶级民主派**都不能**把自己的活动局限于资本主义范围之内了。

实际生活已经超出了这种范围，已经把在全国范围内调节生产和分配、实行普遍劳动义务制、强迫辛迪加化（合并成为联合组织）等等提到日程上来了。

在这样的情况下，土地纲领中的土地国有化问题也必然要有另一种提法。这就是说，土地国有化不仅是资产阶级革命的"最高成就"，而且是**走向社会主义的一个步骤**。不采取这样的步骤，就不能消除战争的灾祸。

领导贫苦农民的无产阶级，一方面必须把工作重心从农民代表苏维埃转到农业工人代表苏维埃上来，另一方面必须要求把地主田庄的耕畜和农具收归国有，并在这些田庄上成立由农业工人代表苏维埃监督的示范农场。

这里我当然不可能详细论述这些极其重要的问题了，只好请

跋

关心这些问题的读者去阅读目前出版的布尔什维克的书刊和我的两本小册子:《论策略书》①和《无产阶级在我国革命中的任务(无产阶级政党的行动纲领草案)》②。

**作　者**

1917 年 9 月 28 日

1917 年载于《社会民主党在1905—1907 年俄国第一次革命中的土地纲领》一书

选自《列宁全集》第 2 版第 16 卷第 396—397 页

---

① 见本版选集第 3 卷第 23—36 页。——编者注
② 同上书,第 37—71 页。——编者注

社会民主党在 1905—1907 年俄国第一次革命中的土地纲领

# 注　释

**1**　《什么是"人民之友"以及他们如何攻击社会民主党人？（答《俄国财富》杂志反对马克思主义者的几篇文章）》一书于1894年写成（第1编于4月完稿，第2、3编于夏天完稿）。1892—1893年列宁在萨马拉开始为写作此书作准备，他当时曾在萨马拉一个马克思主义小组中作过一些报告，批评自由主义民粹派分子瓦·沃·（瓦·巴·沃龙佐夫）、尼·康·米海洛夫斯基、谢·尼·尤沙柯夫和谢·尼·克里文柯等人。这些报告是《什么是"人民之友"》一书的准备材料。

这部书于1894年在彼得堡、莫斯科、哥尔克等地分编胶印出版，在俄国其他一些城市也传抄和翻印过。在国外，劳动解放社和其他俄国社会民主党人组织也看到过这部著作。

这部书的第1、3两编的胶印本于1923年初在柏林社会民主党档案馆和列宁格勒国立萨尔蒂科夫-谢德林公共图书馆差不多同时发现。《列宁全集》俄文第1、2、3版就是根据1923年发现的胶印本刊印的。1936年发现了新的胶印本，上面有许多显然是列宁所作的文字修改。《列宁全集》俄文第4、5版是根据这个胶印本刊印的，还补上了前几版遗漏的列宁对附录一的统计表的说明。

这部书的第2编至今没有找到。——1。

**2**　《俄国财富》杂志（《Русское Богатство》）是俄国科学、文学和政治刊物。1876年创办于莫斯科，同年年中迁至彼得堡。1879年以前为旬刊，以后为月刊。1879年起成为自由主义民粹派的刊物。1892年以后由尼·康·米海洛夫斯基和弗·加·柯罗连科领导，成为自由主义民粹派的中心，在其周围聚集了一批后来成为社会革命党、人民社会党和历届国家杜马中的劳动派的著名成员的政论家。在1893年以后的几年中，曾同马克思主义者展开理论上的争论。为该杂志撰稿的也有一些现实主义作家。1906年成为人民社会党的机关刊物。1914—1917年3月以《俄国纪事》为刊名出版。1918年被查封。——1、98、219。

**3** 指尼·康·米海洛夫斯基写的《卡尔·马克思在尤·茹柯夫斯基先生的法庭上》一文,载于 1877 年 10 月《祖国纪事》杂志第 10 期。——3。

**4** 《社会契约论》是法国启蒙思想家让·雅克·卢梭的主要著作之一,1762 年在阿姆斯特丹出版。这本书的中心思想是:人是生而自由平等的,国家只能是自由的人民自由协议的产物,如果自由被强力所剥夺,则人民有权进行革命,用强力夺回自己的自由。这部著作对法国大革命产生了巨大的影响。——7。

**5** 指马克思给《祖国纪事》杂志编辑部的信(见《马克思恩格斯文集》2009 年人民出版社版第 3 卷第 463—467 页)。这封信是马克思在 1877 年底读到尼·康·米海洛夫斯基《卡尔·马克思在尤·茹柯夫斯基先生的法庭上》一文时写的,马克思逝世后由恩格斯抄寄俄国。恩格斯说:"这封信曾以法文原信的手抄本在俄国流传很久,后来译成俄文于 1886 年发表在日内瓦的《民意导报》上,随后俄译文又在俄国国内发表。这封信同所有出自马克思手笔的东西一样,在俄国各界人士中引起极大注意。"(见《马克思恩格斯文集》2009 年人民出版社版第 4 卷第 461 页)——14。

**6** 指马克思和恩格斯在 1845—1846 年合写的《德意志意识形态》一书。此书在他们生前未能全部出版,只发表了第 2 卷的第 4 章。1932 年由联共(布)中央马克思恩格斯列宁研究院第一次用德文全文发表。——14。

**7** 见俄国作家米·叶·萨尔蒂科夫-谢德林的随笔《在国外》。其中写道,1876 年春他在法国听到一些法国自由派人士在热烈地谈论大赦巴黎公社战士的问题。他们一致认为大赦是公正而有益的措施,但在结束这个话题时,不约而同地都把食指伸到鼻子前,说了一声"mais"(即"但是"),就再也不说了。于是谢德林恍然大悟:原来法国人所说的"但是"就相当于俄国人所说的"耳朵不会高过额头",意思是根本不可能有这样的事情。——17、411。

**8** 氏族组织是原始社会的社会组织形式。氏族是基本的社会经济单位,由有血缘关系的亲族组成,内部严禁通婚。若干氏族为一个部落,若干部落结成部落联盟。在氏族组织中,人们适应当时生产力发展的水平,过着原始共产主义的生活:生产资料公有,集体从事生产,产品平均分配,没有阶级,没有剥削。氏族约产生于旧石器时代晚期,最初为母权制,到新石器时代的晚期逐步过渡到父权制。氏族组织随着私有财产的出现和国家的产生而解体。关于氏族组织,可参看马克思的《路易斯·亨·摩尔根〈古代社会〉一书摘要》(《马克思恩格斯全集》第 1 版第 45 卷第 328—571页)和恩格斯的《家庭、私有制和国家的起源》(《马克思恩格斯文集》2009 年人民出版社版第 4 卷第 13—198 页)。——18。

9　采邑制度是一种特殊的封建土地占有制。采邑是封建君主的财产,由君主暂时赐给军中供职人员或宫廷官吏使用,条件是要履行一定的、多半是军事性的义务。采邑制度的出现是与中央集权的形成和集中的军队的建立分不开的。在俄国,采邑制度出现于 15 世纪,至 16 世纪为鼎盛时期。从 17 世纪起,采邑和世袭领地这两种封建土地占有制之间的区别逐渐消失。在 1714 年彼得一世颁布关于采邑世袭制法令以后,采邑完全成为贵族地主的私有财产。——20。

10　指俄国古代的基辅罗斯(9—12 世纪初)。——22。

11　即莫斯科国时期(15 世纪末—17 世纪)。——22。

12　村社是俄国农民共同使用土地的形式,其特点是在实行强制性的统一轮作的前提下,将耕地分给农户使用,森林、牧场则共同使用,不得分割。村社内实行连环保的制度。村社的土地定期重分,农民无权放弃土地和买卖土地。村社管理机构由选举产生。俄国村社从远古即已存在,在历史发展过程中逐渐成为俄国封建制度的基础。沙皇政府和地主利用村社对农民进行监视和掠夺,向农民榨取赋税,逼迫他们服徭役。

　　村社问题在俄国曾引起热烈争论,发表了大量有关的经济学文献。民粹派认为村社是俄国向社会主义发展的特殊道路的保证。他们企图证明俄国的村社农民是稳固的,村社能够保护农民,防止资本主义关系侵入他们的生活。早在 19 世纪 80 年代,格·瓦·普列汉诺夫就已指出民粹派的村社社会主义的幻想是站不住脚的。到了 90 年代,列宁粉碎了民粹派的理论,用大量的事实和统计材料说明资本主义关系在俄国农村是怎样发展的,资本是怎样侵入宗法制的村社、把农民分解为富农与贫苦农民两个对抗阶级的。

　　在 1905—1907 年革命中,村社曾被农民用做革命斗争的工具。地主和沙皇政府对村社的政策在这时发生了变化。1906 年 11 月 9 日,沙皇政府大臣会议主席彼·阿·斯托雷平颁布了摧毁村社、培植富农的土地法令,允许农民退出村社和出卖份地。这项法令颁布后的 9 年中,有 200多万农户退出了村社。但是,村社并未被彻底消灭,到 1916 年底,欧俄仍有三分之二的农户和五分之四的份地在村社里。村社在十月革命以后还存在很久,直到全盘集体化后才最终消失。——22、102、164、250、654、780。

**13** 布勒宁式的讥讽态度指卑劣的论战手法。维·彼·布勒宁是俄国政论家和作家,反动报纸《新时报》的撰稿人。他对一切进步社会思潮的代表人物肆意诽谤。——23。

**14** 指国际工人协会。

国际工人协会(第一国际)是无产阶级第一个国际性的革命联合组织,1864 年 9 月 28 日在伦敦成立。马克思参与了国际工人协会的创建,是它的实际领袖,恩格斯参加了它的后期的领导工作。在马克思和恩格斯的指导下,国际工人协会领导了各国工人的经济斗争和政治斗争,积极支持了被压迫民族的解放运动,坚决地揭露和批判了蒲鲁东主义、巴枯宁主义、拉萨尔主义、工联主义等错误思潮,促进了各国工人的国际团结。国际工人协会在 1872 年海牙代表大会以后实际上已停止了活动,1876 年 7 月 15 日正式宣布解散。国际工人协会的历史意义在于它"奠定了工人国际组织的基础,使工人作好向资本进行革命进攻的准备"(见《列宁全集》第 2 版第 36 卷第 290 页)。——23、95、266。

**15** 《新时报》(《Новое Время》)是俄国报纸,1868—1917 年在彼得堡出版。出版人多次更换,政治方向也随之改变。1872—1873 年采取进步自由主义的方针。1876—1912 年由反动出版家阿·谢·苏沃林掌握,成为俄国最没有原则的报纸。1905 年起是黑帮报纸。1917 年二月革命后,完全支持资产阶级临时政府的反革命政策,攻击布尔什维克。1917 年 10 月 26 日(11 月 8 日)被查封。——25、692。

**16** 指维·彼·布勒宁 1894 年 2 月 4 日在《新时报》上写了一篇题为《批评随笔》的杂文,极力称赞尼·康·米海洛夫斯基对马克思主义者的攻击一事。——25。

**17** 出自俄国作家伊·安·克雷洛夫的寓言《象和哈巴狗》。寓言讲一只小哈巴狗朝着一只大象狂吠乱叫,无理取闹,以为这样可以使自己毫不费力地成为"大名鼎鼎的好汉"。——26。

**18** 出自俄国作家米·叶·萨尔蒂科夫-谢德林的寓言故事《风干鲤鱼》。在本文中,干鱼被用来比喻没有思想内容的空洞提法。——27。

**19** 指《德法年鉴》杂志。

《德法年鉴》杂志(《Deutsch-Französische Jahrbücher》)是马克思和

阿·卢格合编的德文刊物,1844 年在巴黎出版。主要由于马克思和资产
阶级激进派卢格之间有原则性的意见分歧,杂志只出了第 1—2 期合刊就
停刊了。这一期《德法年鉴》载有马克思的《论犹太人问题》和《〈黑格尔
法哲学批判〉导言》,恩格斯的《国民经济学批判大纲》和《英国状况。评
托马斯·卡莱尔的〈过去和现在〉》。这些著作标志着马克思和恩格斯完
成了从唯心主义向唯物主义、从革命民主主义向共产主义的转变。——
29、93。

20 《欧洲通报》杂志(«Вестник Европы»)是俄国资产阶级自由派的历史、政
治和文学刊物,1866 年 3 月—1918 年 3 月在彼得堡出版。1866—1867 年
为季刊,后改为月刊。先后参加编辑出版工作的有米·马·斯塔秀列维
奇,马·马·柯瓦列夫斯基等。——33、119、166。

21 这篇短评是彼得堡大学教授伊·伊·考夫曼(伊·考—曼)写的。马克
思认为它对辩证方法作了恰当的叙述。参看《马克思恩格斯文集》2009
年人民出版社版第 5 卷第 20—21 页。——33。

22 以下引用的恩格斯的答复,见《反杜林论》第 1 编第 13 章(《马克思恩格
斯文集》2009 年人民出版社版第 9 卷第 136—142 页)。引文是列宁亲自
译成俄文的。——35。

23 据罗马神话,雷神丘必特变成一头公牛,拐走了腓尼基王阿革诺耳的女儿
欧罗巴。这自然不是所有公牛都能做到的。"丘必特可做的,公牛不可
做"一语即由此演变而来。——41。

24 《祖国纪事》杂志(«Отечественные Записки»)是俄国刊物,在彼得堡出
版。1820—1830 年期间登载俄国工业、民族学、历史学等方面的文章。
1839 年起成为文学和社会政治刊物(月刊)。1839—1846 年,由于维·
格·别林斯基等人参加该杂志的工作,成为当时最优秀的进步刊物。60 年
代初采取温和保守的立场。1868 年起,由尼·阿·涅克拉索夫、米·叶·
萨尔蒂科夫-谢德林、格·扎·叶利谢耶夫主持,成为团结革命民主主义
知识分子的中心。1877 年涅克拉索夫逝世后,尼·康·米海洛夫斯基加
入编辑部,民粹派对这个杂志的影响占了优势。《祖国纪事》杂志不断遭
到沙皇政府书报检查机关的迫害。1884 年 4 月被查封。——41、99、170。

25 金犊据圣经传说是以色列人为了走出埃及而祈求祭司亚伦用黄金铸造的
领路之神(见《旧约全书·出埃及记》)。——43。

26 指《共产党宣言》中提出的下述原理:

"共产党人的理论原理,决不是以这个或那个世界改革家所发明或发现的思想、原则为根据的。

这些原理不过是现存的阶级斗争、我们眼前的历史运动的真实关系的一般表述。"(见《马克思恩格斯文集》2009 年人民出版社版第 2 卷第 44—45 页)——44。

27 指尼·康·米海洛夫斯基当时写的两篇文章:《关于马克思的一本书的俄文版》(1872 年 4 月《祖国纪事》杂志第 4 期)和《卡尔·马克思在尤·茹柯夫斯基先生的法庭上》(1877 年 10 月《祖国纪事》杂志第 10 期)。——48。

28 指谢·尼·尤沙柯夫。列宁在《什么是"人民之友"以及他们如何攻击社会民主党人?》一书的第 2 编里着重批评了这个民粹派分子的政治经济学观点(见《列宁全集》第 2 版第 1 卷第 171 页)。——52。

29 《俄国思想》杂志(«Русская Мысль»)是俄国科学、文学和政治刊物(月刊),1880—1918 年在莫斯科出版。它起初是同情民粹主义的温和自由派的刊物。1905 年革命后成为立宪民主党的刊物,由彼·伯·司徒卢威和亚·亚·基泽韦捷尔编辑。十月革命后于 1918 年被查封。后由司徒卢威在国外复刊,成为白俄杂志,1921—1924 年、1927 年先后在索非亚、布拉格和巴黎出版。——53、211。

30 指劳动解放社。

劳动解放社是俄国第一个马克思主义团体,由格·瓦·普列汉诺夫和维·伊·查苏利奇、帕·波·阿克雪里罗得、列·格·捷依奇、瓦·尼·伊格纳托夫于 1883 年 9 月在日内瓦建立。劳动解放社把马克思主义创始人的许多重要著作译成俄文,在国外出版后秘密运到俄国,这对马克思主义在俄国的传播起了巨大的作用。普列汉诺夫当时写的《社会主义与政治斗争》、《我们的意见分歧》、《论一元论历史观之发展》等著作有力地批判了民粹主义,用马克思主义的观点分析了俄国社会的现实和俄国革命的一些基本问题。普列汉诺夫起草的劳动解放社的两个纲领草案——1883 年的《社会民主主义的劳动解放社纲领》和 1885 年的《俄国社会民主党人的纲领草案》,对于俄国社会民主党的建立具有重要意义,后一个纲领草案的理论部分包含了马克思主义政党纲领的基本成分。劳动解放社在团结俄国社会民主党的力量方面也做了许多工作。它还积极参加社会民主党人的国际活动,和德、法、英等国的社会民主党都有接触。劳动解放社以普列汉诺夫为代表对伯恩施坦主义进行了积极的斗争,在反对俄国的经济派方面也起了重要作用。恩格斯曾给予劳动解放社的活动以高度评价(参看《马克思恩格斯文集》2009 年人民出版社版第 10 卷第 532 页)。列宁认为劳动解放社的历史意义在于它从理论上为俄国社会民主党奠定了基础,向着工人运动迈出了第一步;劳动解放社的主要缺点是:它没有和工人运动结合起来,它的成员对俄国资本主义发展的特点缺乏具体分析,对建立不同于第二国际各党的新型政党的特殊任务缺乏认识等。劳动解放社于 1903 年 8 月在俄国社会民主工党第二次代表大会上宣布解散。——59、148、262、283、318、494、761。

**31**　指民意党的学说和主张。

民意党是俄国土地和自由社分裂后产生的革命民粹派组织,于 1879 年 8 月建立。主要领导人是安·伊·热里雅鲍夫、亚·德·米哈伊洛夫、米·费·弗罗连柯、尼·亚·莫罗佐夫、维·尼·菲格涅尔、亚·亚·克维亚特科夫斯基、索·李·佩罗夫斯卡娅等。该党主张推翻专制制度,在其纲领中提出了广泛的民主改革的要求,如召开立宪会议,实现普选权,设置常设人民代表机关,实行言论、信仰、出版、集会等自由和广泛的村社自治,给人民以土地,给被压迫民族以自决权,用人民武装代替常备军等。但是民意党人把民主革命的任务和社会主义革命的任务混为一谈,认为在俄国可以超越资本主义,经过农民革命走向社会主义,并且认为俄国主要革命力量不是工人阶级而是农民。民意党人从积极的"英雄"和消极的"群氓"的错误理论出发,采取个人恐怖的活动方式,把暗杀沙皇政府的个别代表人物作为推翻沙皇专制制度的主要手段。他们在 1881 年 3 月 1 日(13 日)刺杀了沙皇亚历山大二世。由于理论上、策略上和斗争方法上的错误,在沙皇政府的严重摧残下,民意党在 1881 年以后就瓦解了。——64、139、271、284、294、471、726、764。

**32**　指俄国 1861 年废除农奴制的改革。这次改革是由于沙皇政府在军事上遭到失败、财政困难和反对农奴制的农民起义不断高涨而被迫实行的。沙皇亚历山大二世于 1861 年 2 月 19 日(3 月 3 日)签署了废除农奴制的宣言,颁布了改革的法令。这次改革共"解放了" 2 250 万地主农民,但是地主土地占有制仍然保存下来。在改革中,农民的土地被宣布为地主的财产,农民只能得到法定数额的份地,并要支付赎金。赎金主要部分由政府以债券形式付给地主,再由农民在 49 年内偿还政府。根据粗略统计,在改革后,贵族拥有土地 7 150 万俄亩,农民则只有 3 370 万俄亩。改革中地主把农民土地割去了 $\frac{1}{5}$,甚至 $\frac{2}{5}$。

在改革中,旧的徭役制经济只是受到破坏,并没有消灭。农民份地中最好的土地以及森林、池塘、牧场等都留在地主手里,使农民难以独立经营。在签订赎买契约以前,农民还对地主负有暂时义务。农民为了赎买土地交给的赎金,大大超过了地价。仅前地主农民交给政府的赎金就有19亿卢布,而转归农民的土地按市场价格仅值5亿多卢布。这就造成了农民经济的破产,使得大多数农民还像以前一样,受着地主的残酷剥削和奴役。但是,这次改革仍为俄国资本主义经济的发展创造了有利的条件。——67、100、250。

**33** 份地是指1861年俄国废除农奴制后留给农民的土地。这种土地由村社占有,分配给农民使用,并定期重分。——70、101、782。

**34** 赎金指俄国1861年改革后农民为赎取份地每年交纳的款项。按照改革的法令,农民的宅地可以随时赎取,而份地则须经地主与农民自愿协议或地主单方面要求始可赎取。份地的赎价是将每年代役租按6%的年利率加以资本化得出的,例如,每年代役租为6卢布,赎价就是100卢布。所以农民所赎取的在名义上是土地,实际上也包括人身自由在内,赎价远远超过了份地的实际价格。在赎取份地时,农民先付赎价的20%—25%(如果地主单方面要求赎地,则农民不付这笔费用),其余75%—80%由政府以债券形式付给地主,然后由农民在49年内加利息分年偿还政府。因此赎金实际上成了前地主农民交纳的一种沉重的直接税。由于农民赎取份地的最后限期为1883年,赎金的交纳要到1932年才最后结束。在1905—1907年俄国第一次革命中,沙皇政府慑于农民运动的威力,从1907年1月起废除了赎金。——70、210、348。

**35** 割地是指俄国1861年改革中农民失去的土地。按照改革的法令,如果地主农民占有的份地超过当地规定的最高标准,或者在保留现有农民份地的情况下地主占有的土地少于该田庄全部可耕地的$\frac{1}{3}$(草原地区为$\frac{1}{2}$),就从1861年2月19日以前地主农民享有的份地中割去多出的部分。份地也可以通过农民与地主间的特别协议而缩减。割地通常是最肥沃和收益最大的地块,或农民最不可缺少的地段(割草场、牧场等),这就迫使农民在受盘剥的条件下向地主租用割地。改革时,对皇族农民和国家农民也实行了割地,但割去的部分要小得多。要求归还割地是农民斗争的口号之一,1903年俄国社会民主工党第二次代表大会曾把它列入党纲。1905年俄国社会民主工党第三次代表大会提出了没收全部地主土地,以代替这一要求。——70、101、773、780。

**36**　彭帕杜尔出自俄国作家米·叶·萨尔蒂科夫-谢德林的讽刺作品《彭帕杜尔先生们和彭帕杜尔女士们》。作家在这部作品中借用法国国王路易十五的情妇彭帕杜尔这个名字塑造了俄国官僚阶层的群像。"彭帕杜尔"一词后来成了沙皇政府昏庸横暴、刚愎自用的官吏的通称。——71、470。

**37**　犹杜什卡是对犹大的蔑称，是俄国作家米·叶·萨尔蒂科夫-谢德林的长篇小说《戈洛夫廖夫老爷们》中的主要人物波尔菲里·弗拉基米罗维奇·戈洛夫廖夫的绰号。谢德林笔下的犹杜什卡是贪婪、无耻、伪善、阴险、残暴等各种丑恶品质的象征。——72。

**38**　阿拉克切耶夫式的贪欲意思是极端的专横和残暴。阿·安·阿拉克切耶夫是俄国沙皇保罗一世和亚历山大一世的权臣，推行反动的警察制度，用极端残暴的手段对付被压迫人民的革命运动和任何要求自由的表现。——72。

**39**　指民权党。

　　民权党是俄国民主主义知识分子的秘密团体，1893年夏成立。参加创建的有前民意党人奥·瓦·阿普捷克曼、安·伊·波格丹诺维奇、亚·瓦·格杰奥诺夫斯基、马·安·纳坦松、尼·谢·丘特切夫等。民权党的宗旨是联合一切反对沙皇制度的力量为实现政治改革而斗争。该党发表过两个纲领性文件：《宣言》和《迫切的问题》。1894年春，民权党的组织被沙皇政府破坏。大多数民权党人后来加入了社会革命党。——73、139、764。

**40**　出自俄国作家伊·安·克雷洛夫的寓言《狗鱼》。狗鱼因危害鱼类而受到审判。糊涂法官听从了和狗鱼狼狈为奸的检察官狐狸的建议，判决把狗鱼投到河里淹死。——76。

**41**　出典于希腊神话。强盗普罗克拉斯提斯把所有落到他手里的过路客强按在一张特制的床上，身材比床长的就剁去腿脚，比床短的就抻拉身躯。——81。

**42**　指《工作者》文集。

　　《工作者》文集（«Работник»）是国外俄国社会民主党人联合会的不定期刊物，由劳动解放社编辑，1896—1899年在日内瓦出版，读者对象为马克思主义工人小组成员。列宁是出版这个文集的发起人。1895年5月，他在瑞士同格·瓦·普列汉诺夫、帕·波·阿克雪里罗得以及劳动解放社的其他成员商谈了出版这个文集的问题。1895年9月回国以后,他又多方设法为这个文集提供物质支援和组织稿件。到1895年12月被捕为止,他除为文集撰写《弗里德里希·恩格斯》一文外,还给文集编辑部寄去了别人写的几篇通讯。这个文集一共出了6期(3册);另外,还出了附刊《〈工作者〉小报》10期。——89、139。

**43** 共产主义者同盟是历史上第一个以科学社会主义为指导的无产阶级政党,1847年在伦敦成立。共产主义者同盟的前身是1836年成立的正义者同盟,这是一个主要由德国工人和手工业者组成的德国政治流亡者秘密革命组织,后期也有其他国家的人参加。随着形势的发展,正义者同盟的领导成员逐步认识到必须使同盟摆脱旧的密谋传统和方式,并且确信马克思和恩格斯的理论是正确的,遂于1847年邀请马克思和恩格斯参加正义者同盟,协助同盟改组。1847年6月,正义者同盟在伦敦召开代表大会,恩格斯出席了大会,按照他的倡议,同盟的名称改为共产主义者同盟,因此这次大会也是共产主义者同盟的第一次代表大会。大会批准了同盟的章程草案,并用"全世界无产者,联合起来!"的战斗口号取代了正义者同盟原来的"人人皆兄弟!"的口号。同年11月29日—12月8日,同盟召开第二次代表大会,马克思和恩格斯出席了大会。大会通过了同盟的章程,并委托马克思和恩格斯起草同盟的纲领,这就是1848年2月问世的《共产党宣言》。

1848年法国二月革命爆发后,同盟在巴黎成立新的中央委员会,马克思当选为中央委员会主席,恩格斯当选为中央委员。德国三月革命爆发后,马克思和恩格斯起草了共产主义者同盟在这次革命中的政治纲领《共产党在德国的要求》,并动员和组织同盟成员回国参加革命。他们在科隆创办《新莱茵报》,作为指导革命的中心。欧洲1848—1849年革命失败后,共产主义者同盟进行了改组并继续开展活动。1851年同盟召开中央委员会非常会议,批判了维利希—沙佩尔宗派集团的冒险主义策略,并决定把中央委员会迁往科隆。在普鲁士政府策划的陷害共产主义者同盟盟员的科隆共产党人案件判决后,同盟于1852年11月17日宣布解散。同盟在宣传科学社会主义和培养无产阶级革命战士方面起了重要的作用;它的许多盟员后来积极参加了建立国际工人协会的活动。——93、642。

**44** 《新莱茵报》(«Neue Rheinische Zeitung»)是德国和欧洲革命民主派中无产阶级一翼的日报,1848年6月1日—1849年5月19日在科隆出版。

马克思任该报的主编,编辑部成员恩格斯、恩·德朗克、斐·沃尔弗、威·沃尔弗、格·维尔特、斐·弗莱里格拉特、亨·毕尔格尔斯等都是共产主义者同盟的盟员。报纸编辑部作为无产阶级革命运动的领导核心,实际履行了共产主义者同盟中央委员会的职责。该报揭露反动的封建君主派和资产阶级反革命势力,主张彻底解决资产阶级民主革命的任务和用民主共和国的形式统一德国。该报创刊不久,就遭到反动当局的迫害,1848年9—10月间曾一度停刊。1849年5月,普鲁士政府借口马克思没有普鲁士国籍而把他驱逐出境,并对其他编辑进行迫害,该报于5月19日被迫停刊。——93、462、541。

**45** 指《反杜林论》,见《马克思恩格斯文集》2009年人民出版社版第9卷第3—398页。——94。

**46** 这是恩格斯的《社会主义从空想到科学的发展》一书1892年俄文版使用的书名。恩格斯的这一著作是由《反杜林论》中的三章编成的。——94。

**47** 指恩格斯的《俄国沙皇政府的对外政策》一文(见《马克思恩格斯文集》2009年人民出版社版第4卷第351—394页)。这篇文章是维·伊·查苏利奇以劳动解放社《社会民主党人》评论集编辑部的名义约请恩格斯撰写的,刊载于1890年2月和8月出版的该评论集第1集和第2集。——94。

**48** 《社会民主党人》(《Социал-Демократ》)是俄国文学政治评论集,由劳动解放社于1890—1892年在伦敦和日内瓦用俄文出版,总共出了4集。第1、2、3集于1890年出版,第4集于1892年出版。参加《社会民主党人》评论集工作的有格·瓦·普列汉诺夫、帕·波·阿克雪里罗得和维·伊·查苏利奇等。这个评论集对于马克思主义在俄国的传播起了很大作用。——94。

**49** 指恩格斯1872—1873年在莱比锡《人民国家报》上发表的三篇文章:《蒲鲁东怎样解决住宅问题》、《资产阶级怎样解决住宅问题》和《再论蒲鲁东和住宅问题》。这几篇文章后来以《论住宅问题》为标题出了单行本(见《马克思恩格斯文集》2009年人民出版社版第3卷第235—334页)。——94。

**50** 指恩格斯1875年写的《论俄国的社会问题》和1894年写的《〈论俄国的社会问题〉跋》(见《马克思恩格斯文集》2009年人民出版社版第3卷第389—402页,第4卷第451—467页)。——95。

**51** 指马克思的著作《剩余价值理论》。列宁按照恩格斯的提法把这部著作称为《资本论》第 4 卷。恩格斯在《资本论》第 2 卷序言中写道:"这个手稿的批判部分,除了许多在第二册和第三册已经包括的部分之外,我打算保留下来,作为《资本论》第四册出版。"(见《马克思恩格斯文集》2009 年人民出版社版第 6 卷第 4 页)《剩余价值理论》参看《马克思恩格斯全集》第 1 版第 26 卷。——95。

**52** 参看马克思的《协会临时章程》、《国际工人协会共同章程》和恩格斯的《〈共产党宣言〉1890 年德文版序言》(《马克思恩格斯全集》第 1 版第 16 卷第 15 页;《马克思恩格斯文集》2009 年人民出版社版第 3 卷第 226 页,第 2 卷第 21 页)。——96、284、537。

**53** 指 1870 年的普法战争。——96。

**54** 《莫斯科新闻》(《Московские Ведомости》)是俄国最老的报纸之一,1756 年开始由莫斯科大学出版。1842 年以前每周出版两次,以后每周出版三次,从 1859 年起改为日报。1863—1887 年,由米·尼·卡特柯夫等担任编辑,宣扬地主和宗教界人士中最反动阶层的观点。1897—1907 年由弗·安·格林格穆特任编辑,成为黑帮报纸,鼓吹镇压工人和革命知识分子。1917 年 10 月 27 日(11 月 9 日)被查封。——98、631。

**55** 马克思阅读斯卡尔金的《在穷乡僻壤和在首都》一书时作过摘要(见《马克思恩格斯文库》1948 年俄文版第 11 卷第 119—138 页)。把马克思的摘要和列宁的《我们拒绝什么遗产?》相对照可以看出,他们对这本书的事实材料和结论的态度是一致的。——99。

**56** 代役租是农民向地主交纳的实物或货币,也指沙皇政府向国家农民、皇族农民征收的一种税,这种税起初按人口征收,后来改为按土地和手工业收入征收。在农民改革以后,代役租逐渐为赎金所代替。——101。

**57** 曼彻斯特派是 19 世纪上半叶主张贸易自由和废除限制资本主义发展的法律(如谷物法等)的资产阶级政治经济学中自由贸易主义的拥护者。其活动中心是英国大工业城市曼彻斯特。领导曼彻斯特学派的是两个纺织厂主科布顿和布莱特。——102。

**58** 连环保是每一村社的成员在按时向国家和地主交清捐税和履行义务方面互相负责的制度。这种奴役农民的形式,在俄国废除农奴制后还保存着,直到 1906 年才最终取消。——103。

**59** 指古罗马帝国时代被固定在土地上的农民。不管种这些土地怎么亏本,他们也不能离开。——103。

**60** 村团即村社,见注12。——106。

**61** 工役制是指农民租种地主土地时用给地主干活来代替交纳地租的制度。它是农奴制的直接残余,而其最主要基础是割地。——107、162、253、779。

**62** 地方自治机关是沙皇政府为使专制制度适应资本主义发展的需要,于1864年颁布条例逐步设立的。按照这个条例,县地方自治会议议员由县地主、城市选民、村社代表三个选民团分别选举,以保证地主在地方自治机关中占优势。省地方自治会议的议员由县地方自治会议选举。地方自治会议的主席由贵族代表担任。地方自治局由地方自治会议选举产生,每届任期三年。地方自治机关在内务大臣和省长监督之下进行活动,他们有权停止它的任何一项决议的执行。沙皇政府只授权地方自治局管理当地经济事务。地方自治局的经费来源于对土地、房屋及工商企业征收的不动产税。从19世纪90年代起,由于供职的知识分子(其中有自由派、民粹派以至社会民主党人)影响增大,地方自治局的活动趋于活跃。地方自治局在发展教育和卫生事业方面作出了一些成绩。地方自治局的经济措施——举办农业展览、设立农事试验站、发展农业信贷等,有利于地主和富农经济的巩固,对贫苦农民并没有什么实际意义。地方自治局所组织的统计工作对研究改革后的俄国经济具有重要意义。到19世纪70年代,设立地方自治机关的行政单位有欧俄34个省和顿河军屯州。到第一次世界大战前,则有欧俄43省。1917年二月革命后,资产阶级临时政府扩大了地方自治机关的权限,并在乡一级设立了地方自治机关,使之成为资产阶级在地方上的支柱。十月革命后,地方自治机关被撤销。——108、207、251、369、632。

**63** 这里说的"具有更典型的声调的遗产代表"是指尼·加·车尔尼雪夫斯基。列宁在谈到19世纪60年代思想遗产时援引斯卡尔金,是出于应付书报检查的考虑。他在1899年1月26日给亚·尼·波特列索夫的信中,对这个问题作了说明。——109。

**64** 额外价值即剩余价值。列宁在90年代的著作中,常把"额外价值"与"剩余价值"并用,后来就只用"剩余价值"一词。——115、170。

**65** 《农业报》(«Земледельческая Газета»)是俄国沙皇政府国家产业部(1894

年起改为农业和国家产业部)的报纸,1834—1917 年在彼得堡出版。起初每周出版两号,1860 年起改为每周出版一号,同时每月出版两期附刊《农村小报》。该报主要刊登有关农业的政府法令、经济时评、新闻报道等,在地主和富农阶层中很有影响。——115。

**66** 这里指的是斯卡尔金。列宁引用的是他的书中的话(见《在穷乡僻壤和在首都》1870 年圣彼得堡版第 285 页)。——123。

**67** 《新言论》杂志(«Новое Слово»)是俄国科学、文学和政治刊物(月刊),1894—1897 年在彼得堡出版。最初是自由主义民粹派刊物。1897 年春起,在亚·米·卡尔梅柯娃的参加下,由合法马克思主义者彼·伯·司徒卢威等出版。撰稿人有格·瓦·普列汉诺夫、维·伊·查苏利奇和马·高尔基等。杂志刊载过恩格斯的《资本论》第 3 卷增补和列宁的《评经济浪漫主义》、《论报纸上的一篇短文》等著作。1897 年 12 月被查封。——126、201、763。

**68** 指格·瓦·普列汉诺夫在 1897 年 9 月《新言论》杂志第 12 期上用笔名恩·卡缅斯基发表的《论唯物主义的历史观》一文。——134。

**69** 《施穆勒年鉴》(«Schmollers Jahrbuch»)即《德意志帝国立法、行政和国民经济年鉴》(«Jahrbuch für Gesetzgebung, Verwaltung und Volkswirtschaft im Deutschen Reich»),是德国政治经济学杂志,1871 年创刊,1877 年起由德国资产阶级经济学家、讲坛社会主义者弗·霍尔岑多尔夫和路·布伦坦诺出版,1881 年起由古·施穆勒出版。——137。

**70** 《星期周报》(«Неделя»)是俄国政治和文学报纸,1866—1901 年在彼得堡出版。1868—1879 年间曾因发表"有害言论"多次被勒令停刊。1880—1890 年该报急剧向右转,变成自由主义民粹派的报纸,反对同专制制度作斗争,鼓吹所谓"干小事情"的理论,即号召知识分子放弃革命斗争,从事"平静的文化工作"。——137。

**71** 《俄国社会民主党人的任务》这本小册子是 1897 年底在西伯利亚流放地写的,1898 年由劳动解放社在日内瓦首次出版,曾在俄国先进工人中广泛流传。小册子的手稿未找到,现只保存下来手稿的一个转抄本,抄录人不详。1902 年和 1905 年,小册子在日内瓦先后出了第 2 版和第 3 版,列宁为这两版写了序言(见《列宁全集》第 2 版第 6 卷第 387—392 页,第 11 卷第 206—207 页)。这本小册子还被编入 1907 年 11 月出版的列宁的《十二年来》文集。手稿转抄本和小册子第 1 版都收了传单《"斗争协会"

告彼得堡工人和社会主义者》作为补充,但是 1902、1905、1907 年的版本
没有收这份传单。——139。

**72**　《"民意社"快报》(《Летучий Листок «Группы Народовольцев»»)是俄国
革命民粹派组织民意社的刊物,1892—1895 年在彼得堡出版,共出了 4
期。——139。

**73**　指国外俄国社会民主党人联合会。

国外俄国社会民主党人联合会是根据劳动解放社的倡议,在全体会
员承认劳动解放社纲领的条件下,于 1894 年在日内瓦成立的。联合会为
俄国国内出版书刊,它的出版物全部由劳动解放社负责编辑。1896—
1899 年联合会出版了不定期刊物《工作者》文集和《〈工作者〉小报》。
1898 年 3 月,俄国社会民主党第一次代表大会承认联合会是党的国外
代表机关。1898 年底,机会主义分子(经济派)在联合会里占了优势。
1898 年 11 月,在苏黎世召开的联合会第一次代表大会上,劳动解放社声
明,除《工作者》文集以及列宁的《俄国社会民主党人的任务》和《新工厂
法》两个小册子外,拒绝为联合会编辑出版物。联合会从 1899 年 4 月起
出版《工人事业》杂志,由经济派分子担任编辑。1900 年 4 月,在日内瓦
举行的联合会的第二次代表大会上,劳动解放社的成员以及与其观点一
致的人正式退出联合会,成立了独立的革命组织"社会民主党人"。此
后,联合会和《工人事业》杂志就成了经济主义在俄国社会民主党内的代
表。1903 年,根据俄国社会民主工党第二次代表大会的决议,联合会宣
布解散。——139、272、298、765。

**74**　指彼得堡工人阶级解放斗争协会。

彼得堡工人阶级解放斗争协会是列宁于 1895 年 11 月创立的,由彼
得堡的约 20 个马克思主义工人小组联合而成,1895 年 12 月定名为"工
人阶级解放斗争协会"。协会是俄国无产阶级革命政党的萌芽,实行集
中制,有严格的纪律。它的领导机构是中心小组,成员有 10 多人,其中 5
人(列宁、格·马·克尔日扎诺夫斯基、瓦·瓦·斯塔尔科夫、阿·亚·
瓦涅耶夫和尔·马尔托夫)组成领导核心。协会分设 3 个区小组。中心
小组和区小组通过组织员同 70 多个工厂保持联系。各工厂有收集情况
和传播书刊的组织员,大的工厂则建立工人小组。协会在俄国第一次实
现了社会主义和工人运动的结合,完成了从小组内的马克思主义宣传到
群众性政治鼓动的转变。协会领导了 1895 年和 1896 年彼得堡工人的罢
工,印发了供工人阅读的传单和小册子,并曾筹备出版工人政治报纸《工

人事业报》。协会对俄国社会民主主义运动的发展产生了巨大影响,有好几个城市的社会民主党组织以它为榜样,把马克思主义小组统一成为全市性的"工人阶级解放斗争协会"。

协会一成立就遭到沙皇政府的迫害。1895年12月8日(20日)夜间,沙皇政府逮捕了包括列宁在内的协会领导人和工作人员共57人。但是,协会并没有因此而停止活动,它组成了新的领导核心(米·亚·西尔文、斯·伊·拉德琴柯、雅·马·利亚霍夫斯基和马尔托夫)。列宁在狱中继续指导协会的工作。1896年1月沙皇政府再次逮捕协会会员后,协会仍领导了1896年5—6月的彼得堡纺织工人大罢工。1896年8月协会会员又有30人被捕。接二连三的打击使协会的领导成分发生了变化。从1898年下半年起,协会为经济派(由原来协会中的"青年派"演变而成)所掌握。协会的一些没有被捕的老会员继承协会的传统,参加了1898年俄国社会民主工党第一次代表大会的筹备工作。——139、318、763。

**75** 指1896年5—6月彼得堡纺织工人大罢工。19世纪90年代,俄国工人运动高涨,1895—1896年间相继爆发大罢工,如1895年雅罗斯拉夫尔纺织工厂的罢工、同年秋季彼得堡托伦顿工厂的罢工和1896年彼得堡纺织工人的大罢工。其中彼得堡纺织工人大罢工的影响最大。这次罢工的起因是工厂主拒绝向工人支付尼古拉二世加冕礼那几天假日的全额工资。罢工从俄罗斯纺纱厂(即卡林金工厂)开始,很快就席卷了所有纺织工厂,并波及机器、橡胶、造纸、制糖等工厂,参加者达3万多人。这次罢工是在彼得堡工人阶级解放斗争协会领导下进行的。该协会散发了传单和宣言,号召工人起来捍卫自己的权利。罢工的基本要求是:把工作日缩短为 $10\frac{1}{2}$ 小时,提高计件单价,按时发放工资等。列宁称这次罢工为著名的彼得堡工业战争。它第一次推动了彼得堡无产阶级结成广泛阵线向剥削者进行斗争,并促进了全俄工人运动的发展。在这次罢工的压力下,沙皇政府加速了工厂法的修订,于1897年6月2日(14日)颁布了将工业企业和铁路工厂的工作日缩短为 $11\frac{1}{2}$ 小时的法令。——139、160、276、316、761。

**76** 指1881—1882年内务大臣尼·巴·伊格纳季耶夫执行的政策。伊格纳季耶夫竭力愚弄自由派,用民主的把戏为亚历山大三世政府的倒行逆施打掩护。他曾召集由大臣们所挑选的"有识之士"(贵族代表、地方自治局主席等)讨论关于降低赎金、调整移民和改革地方行政等问题。他还宣称,沙皇政府将召集全国的代表参与立法活动。所有这些骗人的把戏,都随伊格纳季耶夫的辞职而收场(参看《列宁全集》第2版第5卷第39—46页)。1882年5月,德·安·托尔斯泰接任内务大臣并兼宪兵司令,俄国从此开始了扼杀一切自由思想的反动时期。——146。

**77** 指老民意党人小组(彼·拉·拉甫罗夫、尼·谢·鲁萨诺夫等)于1893—1896年在日内瓦出版的《俄国社会革命运动史资料》。这部文集原拟出17册,实际出了4编5册。——150。

**78** 布朗基主义是19世纪法国工人运动中的革命冒险主义的思潮,以路·奥·布朗基为代表。布朗基主义者不了解无产阶级的历史使命,忽视同群众的联系,主张用密谋手段推翻资产阶级政府,建立革命政权,实行少数人的专政。马克思和列宁高度评价布朗基主义者的革命精神,同时坚决批判他们的密谋策略。

　　巴黎公社失败以后,1872年秋天,在伦敦的布朗基派公社流亡者发表了题为《国际和革命》的小册子,宣布拥护《共产党宣言》这个科学共产主义的纲领。对此,恩格斯曾不止一次地予以肯定(参看《马克思恩格斯文集》2009年人民出版社版第3卷第357—365页)。——151、268、493、653、692、704、735。

**79** 《俄国资本主义的发展(大工业国内市场形成的过程)》一书写于1895年底—1899年1月,这正是列宁因彼得堡工人阶级解放斗争协会案件在彼得堡被捕和被流放到西伯利亚舒申斯克村的时期。为了撰写这一著作,列宁查考了有关俄国经济的全部重要文献,阅读和研究了大量的书刊,包括卷帙浩繁的各种统计资料,仅他在本书中提到和引用的著作就有近600种。这些书籍和资料是列宁在被监禁和流放的困难条件下通过各种渠道、首先是通过亲友的协助收集到的。列宁于1898年8月9日(21日)写完本书的初稿,然后又进一步加工,于1899年1月30日(2月11日)完成全书的定稿。在撰写过程中,每一章的手稿都经当时流放在米努辛斯克专区的社会民主党人阅读和讨论过。本书的出版事务,列宁委托了当时住在莫斯科的姐姐安·伊·乌里扬诺娃-叶利扎罗娃。为争取时间,列宁决定采取分批付排的办法。对书的开本、字号和书中统计表的排版等,列宁都从方便读者的角度作了仔细的考虑。他尤其关心校对工作。本书的书名是在出版时确定的。列宁同意把自己原拟的书名作为副标题,同时认为"俄国资本主义的发展"这个题目太大,曾建议用"关于俄国资本主义发展的问题"作书名。1899年3月底,本书在彼

得堡出版,署名:弗拉基米尔·伊林。初版印了 2 400 册,很快就销售一
空。当时它主要是在社会民主党的知识分子和青年学生中传播,同时
也通过宣传员在工人小组中传播。1908 年,本书经列宁校阅和补充后
出了第 2 版。——160。

**80** 《俄国资本主义的发展》第 2 版于 1908 年 2—3 月间出版。在这一版里,
列宁根据新的统计资料对本书作了许多补充和修订,主要是:在第 2 章中
增添了分析 1896—1900 年军马调查总结的一节(第 11 节);引用了证明
他先前所作的关于俄国资本主义发展的结论的新事实,特别是工厂统计
的新材料;分析了 1897 年人口普查的总结,更全面地揭示了俄国的阶级
结构。在这一版里,还总结了同合法马克思主义者在本书所涉及的基本
问题上进行的斗争。此外,初版为应付检查而使用的"学生"、"劳动人民
的拥护者"等用语,都相应改为"马克思主义者"、"社会主义者",并且不
再用"新理论"这一说法,而直接提马克思著作或马克思主义。据计算,
在第 2 版里共增添了 24 条脚注,新写了两节,加了一个表,新写了 8 段正
文并对原有文字作了 3 处大的补充,还作了约 75 处小的补充和修改。在
第 2 版出版后,列宁对本书的修订仍未停止。列宁在第 2 版序言的脚注
中曾提到,将来修订本书,准备把它分为两卷:第 1 卷分析革命前的俄国
经济,第 2 卷研究革命的总结和成果。列宁的一系列著作,包括 1907 年
底写成的《社会民主党在 1905—1907 年俄国第一次革命中的土地纲领》
(见《列宁全集》第 2 版第 16 卷第 185—397 页),都是研究 1905—1907 年
革命的总结和成果的。——160。

**81** 指 1901 年遍及俄国各地的罢工和"五一"示威。它们显示了俄国工人运
动已由经济罢工发展到政治罢工和示威。在这一年发生的彼得堡奥布霍
夫工厂的罢工具有特别重要的意义。由于厂方开除了一些参加"五一"
罢工的工人,工人群众于 5 月 7 日举行抗议性罢工,提出开除为工人所痛
恨的工头等要求。工人们对调来镇压的军警进行了持续 3 个小时的英勇
抵抗,终因力量悬殊而失败。这次斗争创造了俄国无产阶级群众斗争的
新形式,史称"奥布霍夫保卫战"。——160。

**82** 容克经济指从封建制演化到资本主义的普鲁士贵族地主经济。容克是德
文 Junker 的音译,即普鲁士的贵族地主阶级。容克从 16 世纪起就利用农
奴劳动经营大庄园经济,并长期垄断普鲁士军政职位,掌握国家领导权。
为适应资本主义关系的发展,普鲁士在 19 世纪前半期进行了一系列改
革,主要是:1807 年废除了农奴制;1850 年 3 月颁布了新的《调整地主和

农民关系法》,允许农民以高额赎金赎免劳役和其他封建义务。通过这些改革,容克不仅获得了大量赎金,而且掠夺了三分之一的农民土地;另一方面,广大农民群众则丧失了土地和牲畜,成为半无产者。这就为封建经济转变为资本主义经济创造了条件。在以大地产为基础的容克农场中越来越多地使用雇佣劳动和农业机器,但容克仍保留某些封建特权,包括对自己庄园范围内的农民的审判权。列宁称这种农业资本主义发展道路为普鲁士式的道路。——162。

**83**　立宪民主党(正式名称为人民自由党)是俄国自由主义君主派资产阶级的主要政党,1905年10月成立。中央委员中多数是资产阶级知识分子、地方自治人士和自由派地主。主要活动家有帕·尼·米留可夫、谢·安·穆罗姆采夫、瓦·阿·马克拉柯夫、安·伊·盛加略夫、彼·伯·司徒卢威、约·弗·盖森等。立宪民主党提出一条与革命道路相对抗的和平的宪政发展道路,主张俄国实行立宪君主制和资产阶级的自由。在土地问题上,它主张将国家、皇室、皇族和寺院的土地分给无地和少地的农民;私有土地部分地转让,并且按"公平"价格给予补偿;解决土地问题的土地委员会由同等数量的地主和农民组成,并由官员充当他们之间的调解人。1906年春,它曾同政府进行参加内阁的秘密谈判,后来在国家杜马中自命为"负责任的反对派"。第一次世界大战期间,它支持沙皇政府的掠夺政策,曾同十月党等反动政党组成"进步同盟",要求成立责任内阁,即为资产阶级和地主所信任的政府,力图阻止革命并把战争进行到最后胜利。二月革命后,立宪民主党在资产阶级临时政府中居于领导地位,竭力阻挠土地问题、民族问题等基本问题的解决,并奉行继续帝国主义战争的政策。七月事变后,它支持科尔尼洛夫叛乱,阴谋建立军事独裁。十月革命胜利后,苏维埃政府于1917年11月28日(12月11日)宣布立宪民主党为"人民公敌的党"。该党随之转入地下,继续进行反革命活动,并参与白卫将军的武装叛乱。国内战争结束后,该党上层分子大多数逃亡国外。1921年5月,该党在巴黎召开代表大会时分裂,作为统一的党不复存在。——162、298、531、689、707、723、741、762、783。

**84**　十月党人是俄国十月党的成员。十月党(十月十七日同盟)代表和维护大工商业资本家和按资本主义方式经营的大地主的利益,属于自由派的右翼。该党于1905年11月成立,名称取自沙皇1905年10月17日宣言。十月党的主要领导人是大工业家和莫斯科房产主亚·伊·古契柯夫、大地主米·弗·罗将柯,活动家有彼·亚·葛伊甸、德·尼·希波夫、米·

亚·斯塔霍维奇、尼·阿·霍米亚科夫等。十月党完全拥护沙皇政府的对内对外政策,支持政府镇压革命的一切行动,主张用调整租地、组织移民、协助农民退出村社等办法解决土地问题。第一次世界大战期间,它号召支持政府,后来参加了军事工业委员会的活动,曾同立宪民主党等结成"进步同盟",主张把帝国主义的掠夺战争进行到最后胜利,并通过温和的改革来阻止人民革命和维护君主制。二月革命后,该党参加了资产阶级临时政府。十月革命后,十月党人反对苏维埃政权,在白卫分子政府中担任要职。——162、749、762、783。

**85** 1907年6月3日的政变是指俄国沙皇政府在这一天发动的反动政变,史称六三政变。政变前,沙皇政府保安部门捏造罪名,诬陷社会民主党国家杜马党团准备进行政变。沙皇政府随之要求审判社会民主党杜马代表,并且不待国家杜马调查委员会作出决定,就于6月2日(15日)晚逮捕了他们。6月3日(16日),沙皇政府违反沙皇1905年10月17日宣言中作出的非经国家杜马同意不得颁布法律的诺言,颁布了解散第二届国家杜马和修改国家杜马选举条例的宣言。依照新的选举条例,农民和工人的复选人减少一半(农民复选人由占总数44%减到22%,工人复选人由4%减到2%),而地主和资产阶级的复选人则大大增加(地主和大资产阶级复选人共占总数65%,其中地主复选人占49.4%),这就保证了地主资产阶级的反革命同盟在第三届国家杜马中居统治地位。新的选举条例还剥夺了俄国亚洲部分土著居民以及某些省份的突厥民族的选举权,并削减了民族地区的杜马席位(高加索由29席减为10席,波兰王国由37席减为14席)。六三政变标志着1905—1907年革命的失败和反革命的暂时胜利,斯托雷平反动时期由此开始。——163、729。

**86** 人民社会党人是1906年从俄国社会革命党右翼分裂出来的小资产阶级政党人民社会党的成员。人民社会党的领导人有尼·费·安年斯基、韦·亚·米雅柯金、阿·瓦·彼舍霍诺夫、弗·格·博哥拉兹、谢·雅·叶尔帕季耶夫斯基、瓦·伊·谢美夫斯基等。人民社会党提出"全部国家政权应归人民",即归从无产者到资产阶级知识分子的全体劳动者,主张对地主土地进行赎买和实行土地国有化,但不触动份地和经营"劳动经济"的私有土地。在俄国1905—1907年革命趋于低潮时,该党赞同立宪民主党的路线,六三政变后,因没有群众基础,实际上处于瓦解状态。二月革命后,该党开始恢复组织。1917年6月,同劳动派合并为劳动人民社会党。这个党代表富农利益,积极支持资产阶级临时政府,十月革命后参加反革命阴谋活动和武装叛乱,1918 年后不复存在。——163。

**87**　劳动派(劳动团)是俄国国家杜马中的农民代表和民粹派知识分子代表组成的小资产阶级民主派集团,1906 年 4 月成立。领导人是阿·费·阿拉季因、斯·瓦·阿尼金等。劳动派要求废除一切等级限制和民族限制,实行自治机关的民主化,用普选选举国家杜马。劳动派的土地纲领要求建立由官地、皇族土地、皇室土地、寺院土地以及超过劳动土地份额的私有土地组成的全民地产,由农民普选产生的地方土地委员会负责进行土地改革,这反映了全体农民的土地要求,但它同时又容许赎买土地,则是符合富裕农民阶层利益的。在国家杜马中,劳动派动摇于立宪民主党和布尔什维克之间。布尔什维克党支持劳动派的符合农民利益的社会经济要求,同时批评它在政治上的不坚定,可是劳动派始终没有成为彻底革命的农民组织。六三政变后,劳动派在地方上停止了活动。第一次世界大战期间,劳动派多数采取了沙文主义立场。二月革命后,劳动派积极支持资产阶级临时政府,1917 年 6 月与人民社会党合并为劳动人民社会党。十月革命后,劳动派站在资产阶级反革命势力方面。——163。

**88**　莫尔恰林习气意思是阿谀逢迎,奴颜婢膝。莫尔恰林是俄国作家亚·谢·格里鲍耶陀夫的喜剧《智慧的痛苦》中的主人公,他热衷于功名利禄,一心依附权贵,为了得到赏识和提拔,在上司面前总是唯唯诺诺,寡言少语。他夸耀自己有两种长处:"温和和谨慎"。——163、750。

**89**　"劳动派"政党包括人民社会党、社会革命党、最高纲领派。——163。

**90**　在《俄国资本主义的发展》第 1 版(1899 年)中,本章标题是《向理论求证》。——164。

**91**　从本丢推给彼拉多意思是推来推去,不解决问题。本丢·彼拉多是罗马帝国驻犹太行省的总督。据《新约全书·路加福音》说,犹太教的当权者判处耶稣死刑,要求彼拉多批准。彼拉多在审问中得知耶稣是加利利人,就命令把他送往加利利的统治者希律那里。希律经过审讯,也无法对耶稣定罪,又把他送回到彼拉多那里。据说"从本丢推给彼拉多"是由"本丢推给希律,希律又推给彼拉多"这句话演化而成的。——175。

**92**　这里指的是 1872 年汉堡出版的《资本论》第 1 卷。在该书以后的版本中,恩格斯删去了这句话。——175。

**93**　赫罗斯特拉特是公元前 4 世纪希腊人。据传说,他为了扬名于世,在公元前 356 年纵火焚毁了被称为世界七大奇观之一的以弗所城阿尔蒂米斯神殿。后来,赫罗斯特拉特的名字成了不择手段追求名声的人的通称。——183、305。

**94** 《世间》杂志(《Мир Божий》)是俄国文学和科学普及刊物(月刊),1892—1906 年在彼得堡出版。先后担任编辑的是维·彼·奥斯特罗戈尔斯基和费·德·巴秋什科夫,实际领导人是安·伊·波格丹诺维奇,撰稿人有米·伊·杜冈-巴拉诺夫斯基、彼·伯·司徒卢威、帕·尼·米留可夫、马·高尔基等。90 年代中期,曾站在合法马克思主义立场上同民粹主义作斗争,在民主主义知识分子中颇受欢迎。1898 年刊载过列宁对亚·波格丹诺夫的《经济学简明教程》一书的评论。1906—1918 年以《现代世界》为刊名继续出版。——184。

**95** 《帝国自由经济学会学报》(《Труды Императорского Вольного Экономического Общества》)是俄国帝国自由经济学会的定期刊物,1765—1915 年在彼得堡出版。该杂志登载学会的研究结果以及各部门的报告和讨论的速记记录。——196。

**96** 《财政与工商业通报》杂志(《Вестник Финансов, Промышленности и Торговли》)是沙皇俄国财政部的刊物(周刊),1883 年 11 月—1917 年在彼得堡出版,1885 年 1 月前称《财政部政府命令一览》。该杂志刊登政府命令、经济方面的文章和评论、官方统计资料等。——196。

**97** 《法学通报》杂志(《Юридический Вестник》)是俄国莫斯科法学会的机关刊物(月刊),1867—1892 年在莫斯科出版。先后参加编辑工作的有马·马·柯瓦列夫斯基和谢·安·穆罗姆采夫等。为杂志撰稿的主要是莫斯科大学的自由派教授,在政治上主张进行温和的改革。——211。

**98** 《事业》杂志(《Дело》)是俄国学术性文艺月刊,1866—1888 年在彼得堡出版。该杂志继承《俄罗斯言论》月刊的进步传统,关注社会问题,反对农奴制残余;在文学艺术上提倡现实主义,反对"纯艺术"论。由于沙皇政府和书刊检查制度的压制,1884 年起转为温和的自由派杂志。——211。

**99** 《俄罗斯通报》杂志(《Русский Вестник》)是俄国文学和政治刊物,1856 年由米·尼·卡特柯夫在莫斯科创办,起初为双周刊,1861 年起改为月刊。该杂志初期持温和自由派立场,期待自上而下的改革,1862 年起变成了反动势力的喉舌。1887 年卡特柯夫死后,该杂志曾迁到彼得堡出版,1906 年停刊。——219。

**100** 索巴开维奇是俄国作家尼·瓦·果戈理的小说《死魂灵》中的一个地主。

他粗暴蛮横, 厚颜无耻, 嗜财如命, 是愚蠢贪婪的农奴主的典型。——226。

**101** 马尼洛夫是俄国作家尼·瓦·果戈理的小说《死魂灵》中的一个地主。他生性怠惰, 终日想入非非, 崇尚空谈, 刻意讲究虚伪客套。意为耽于幻想、无所作为的马尼洛夫精神一语即由此而来。——226、474。

**102** 库庞先生(库庞是俄文 купон 的音译, 意为息票)是 19 世纪 80—90 年代俄国文学作品中用来表示资本和资本家的借喻语。这个词是俄国作家格·伊·乌斯宾斯基在随笔《罪孽深重》中使用开的。——232。

**103** 分成制是俄国北方捕捉海兽和鱼类的劳动组合中的经济关系形式。在这种劳动组合里, 生产工具属于主人, 工人对主人处于依附地位。主人通常分得捕获物的 $\frac{2}{3}$, 而工人们只能分得 $\frac{1}{3}$, 并且还不得不把自己这一份低价让给主人, 由主人用生活用品抵偿。——236。

**104** 《非批判的批判》一文是列宁对合法马克思主义者帕·尼·斯克沃尔佐夫恶意攻击《俄国资本主义的发展》一书所作的答复。列宁于 1900 年 1 月他的流放期将满的时候在舒申斯克村开始写这篇文章, 而于 1900 年 3 月从流放地返回后写完。文章刊登在 1900 年 5 月和 6 月《科学评论》杂志上。它是列宁出国以前在俄国合法刊物上发表的最后一篇文章。——239。

**105** 《科学评论》杂志(《Научное Обозрение》)是俄国科学刊物(1903 年起是一般文学刊物)。1894—1904 年在彼得堡出版。开始为周刊, 后改为月刊。杂志刊登各派政论家和科学家的文章, 1900 年曾把列宁列入撰稿人名单。它曾发表过列宁的《市场理论问题述评》(1898 年)、《再论实现论问题》(1899 年)、《非批判的批判》(1900 年)等文章。——239。

**106** 丘必特是罗马神话中最高的天神和司风雨雷电之神, 据说他性情暴戾, 动辄发火, 一动怒就投掷轰雷和闪电。在俄语中, 丘必特这个词也用来比喻自高自大、目空一切的人。——239、378。

**107** 这里是套用尼·加·车尔尼雪夫斯基《俄国文学果戈理时期概观》中的话。车尔尼雪夫斯基抨击当时所谓机智的批评家说, 他们的"全部技能往往只是:抓住所评论的书的不正确的文句, 然后重述它几遍;如果书的标题不完全恰当, 那就连带嘲笑标题;如果可能, 就挑选跟标题或作者姓氏音近或义近的词, 重述几遍, 同时掺和一起…… 总之, 用这个十分简单的药方, 对于《死魂灵》的机智的评论可以写成下面的样子。抄下书的标题《乞乞科夫奇遇记或死魂灵》之后，就干脆这么开始：'嚏！嚏！科夫的发冷（在俄语中"发冷"与"奇遇"谐音），——读者，您不要以为我在打喷嚏，我不过是把果戈理先生新长诗的标题念给您听，这位先生如此写作，只有黑格尔一个人懂得他。……'"——242。

**108** 奥勃洛摩夫是俄国作家伊·亚·冈察洛夫的长篇小说《奥勃洛摩夫》的主人公，他是一个怠惰成性、害怕变动、终日耽于幻想、对生活抱消极态度的地主。——255、504、664。

**109** 新康德主义是在复活康德哲学的口号下宣扬主观唯心主义的资产阶级哲学流派，19世纪中叶产生于德国。创始人是奥·李普曼和弗·阿·朗格等人。1865年李普曼出版了《康德及其追随者》一书。该书每一章都以"回到康德那里去！"的口号结束。他还提出要纠正康德承认"自在之物"这一"根本错误"。朗格则企图用生理学来论证不可知论。新康德主义后来形成两大学派：马堡学派（赫·柯亨、保·格·纳托尔普等）和弗赖堡学派（威·文德尔班、亨·李凯尔特等）。前者企图利用自然科学的成就，特别是利用数学方法向物理学的渗透，来论证唯心主义；后者则把社会科学与自然科学对立起来，宣称历史现象有严格的独特性，不受任何规律性的支配。两个学派都用科学的逻辑根据问题来取代哲学的基本问题。新康德主义者从右边批判康德，宣布"自在之物"是认识所趋向的"极限概念"。他们否认物质世界的客观存在，认为认识的对象并不是自然界和社会的规律性，而仅仅是意识的现象。新康德主义的不可知论不是"羞羞答答的唯物主义"，而是唯心主义的变种，断言科学没有力量认识和改变现实。新康德主义者公开反对马克思主义，用"伦理社会主义"来对抗马克思主义。他们依据自己的认识论，宣布社会主义是人类竭力追求但不可能达到的"道德理想"。新康德主义曾被爱·伯恩施坦、康·施米特等人利用来修正马克思主义。俄国的合法马克思主义者企图把新康德主义同马克思主义结合起来。格·瓦·普列汉诺夫、保·拉法格和弗·梅林都批判对马克思主义所作的新康德主义的修正。列宁揭露了新康德主义的反动实质并指出了它同其他资产阶级哲学流派（内在论者、马赫主义、实用主义等等）的联系。——259。

**110** 《生活》杂志（«Жизнь»）是俄国文学、科学和政治刊物（月刊），1897—1901年在彼得堡出版。该杂志从1899年起成为合法马克思主义者的机关刊物，实际领导者是弗·亚·波谢，撰稿人有米·伊·杜冈-巴拉诺夫斯基、彼·伯·司徒卢威等。该杂志刊登过列宁的《农业中的资本主义》和《答普·涅日丹诺夫先生》两文。在小说文学栏发表过马·高尔基、安·巴·契诃夫、亚·绥·绥拉菲莫维奇、伊·阿·布宁等的作品。该杂志于1901年6月被沙皇政府查封。

1902年4—12月,该杂志由弗·德·邦契-布鲁耶维奇、波谢、维·米·韦利奇金娜等组织的生活社在国外复刊,先后在伦敦和日内瓦出了6期,另外出了《〈生活〉杂志小报》12号和《〈生活〉杂志丛书》若干种。——260。

**111** 这里指列宁自己在《民粹主义的经济内容及其在司徒卢威先生的书中受到的批评(马克思主义在资产阶级著作中的反映)》这篇著作(见《列宁全集》第2版第1卷第297—465页)中对司徒卢威主义即合法马克思主义所作的批判。——261。

**112** 列宁在《唯物主义和经验批判主义》一书中对这一思潮作了系统的分析。列宁这部重要哲学著作于1908年写成,1909年在莫斯科出版。——261。

**113** 《俄国社会民主党人抗议书》是列宁在流放地接到姐姐安·伊·乌里扬诺娃-叶利扎罗娃从彼得堡寄来的一个经济派文件之后于1899年8月写的。列宁的姐姐称这个文件为"青年派的信条",它的作者叶·德·库斯柯娃当时是国外俄国社会民主党人联合会的成员。为了捍卫马克思主义,列宁在米努辛斯克专区叶尔马科夫斯克村召集被流放的马克思主义者开会讨论了这个经济派文件和列宁起草的《抗议书》。与会的17人一致通过并签署了这个《抗议书》,他们是:列宁、娜·康·克鲁普斯卡娅、瓦·瓦·斯塔尔科夫、A.M.斯塔尔科娃、格·马·克尔日扎诺夫斯基、季·巴·克尔日扎诺夫斯卡娅-涅夫佐罗娃、弗·威·林格尼克、叶·瓦·巴拉姆津、阿·亚·瓦涅耶夫、Д.В.瓦涅耶娃、米·亚·西尔文、维·康·库尔纳托夫斯基、潘·尼·勒柏辛斯基、奥·波·勒柏辛斯卡娅以及彼得堡工人奥·亚·恩格贝格、亚·西·沙波瓦洛夫、H.H.帕宁。赞同《抗议书》的还有未出席会议的伊·卢·普罗明斯基、M.Д.叶菲莫夫、切卡利斯基、柯瓦列夫斯基以及图鲁汉斯克的流放者(尔·马尔托夫等人)和维亚特卡省奥尔洛夫市社会民主党人流放者。

列宁把《抗议书》寄到了国外。格·瓦·普列汉诺夫收到后立即将它发排,供《工人事业》杂志最近一期刊用。然而,参加该杂志编辑部的国外联合会青年派成员,没有通知普列汉诺夫,就于1899年12月将《抗议书》单另印出,并附一篇编后记,说《信条》只反映某些人的看法,这些人的立场对俄国工人运动并无危险,国外俄国社会民主党人联合会内部不存在经济派,等等。1900 年初,普列汉诺夫把《抗议书》收入他所编辑的批评经济派的文集《〈工人事业〉杂志编辑部指南》。《列宁全集》俄文第 5 版收载的本文献,前一部分按手稿刊印,后一部分按《工人事业》杂志抽印本刊印,并和《〈工人事业〉杂志编辑部指南》一书核对过。——262。

**114** 宪章运动是 19 世纪 30—50 年代英国无产阶级争取实行《人民宪章》的革命运动,是世界上第一次广泛的、真正群众性的、政治性的无产阶级革命运动。19 世纪 30 年代,英国工人运动迅速高涨。伦敦工人协会于 1836 年成立,1837 年起草了一份名为《人民宪章》的法案,1838 年 5 月在伦敦公布。宪章提出六点政治要求:(一)凡年满 21 岁的男子皆有选举权;(二)实行无记名投票;(三)废除议员候选人的财产资格限制;(四)给当选议员支付薪俸;(五)议会每年改选一次;(六)平均分配选举区域,按选民人数产生代表。1840 年 7 月成立了全国宪章派协会,这是工人运动史上第一个群众性的工人政党。宪章运动在 1839、1842、1848 年出现过三次高潮。三次请愿均被议会否决,运动也遭镇压。但宪章运动终究迫使英国统治阶级作了某些让步,并对欧洲工人运动的发展产生了重大的影响。马克思和恩格斯同宪章运动的左翼领袖乔·朱·哈尼、厄·琼斯保持联系,并积极支持宪章运动。——266、749。

**115** "真正的社会主义",亦称"德国的社会主义",是从 1844 年起在德国知识分子中间传播的一种小资产阶级社会主义学说,其代表人物有卡·格律恩、莫·赫斯、海·克利盖等人。"真正的社会主义者"宣扬超阶级的爱、抽象的人性和改良主义思想,拒绝进行政治活动和争取民主的斗争,否认进行资产阶级民主革命的必要性。在 19 世纪 40 年代的德国,这种学说成了不断发展的工人运动的障碍,不利于团结民主力量进行反对专制制度和封建秩序的斗争,不利于在革命斗争的基础上形成独立的无产阶级运动。马克思和恩格斯在 1845—1848 年的许多著作中对"真正的社会主义"进行了不懈的批判,如《德意志意识形态》(参看《马克思恩格斯全集》第 1 版第 3 卷第 11—640 页;节选部分见《马克思恩格斯文集》2009 年人民出版社版第 1 卷第 507—591 页)、《反克利盖的通告》(参看《马克思恩格斯全集》第 1 版第 4 卷第 1—20 页)、《诗歌和散文中的德国社会主义》(同上书,第 223—275 页)、《"真正的社会主义者"》(参看《马克思恩格斯全集》第 1 版第 3 卷第 641—692 页)和《共产党宣言》(见《马克思恩格斯文集》2009 年人民出版社版第 2 卷第 3—67 页）。——266。

116　蒲鲁东主义是以法国无政府主义者皮·约·蒲鲁东为代表的小资产阶级社会主义流派,产生于 19 世纪 40 年代。蒲鲁东主义从小资产阶级立场出发批判资本主义所有制,把小商品生产和交换理想化,幻想使小资产阶级私有制永世长存。它主张建立"人民银行"和"交换银行",认为它们能帮助工人购置生产资料,使之成为手工业者,并能保证他们"公平地"销售自己的产品。蒲鲁东主义反对任何国家和政府,否定任何权威和法律,宣扬阶级调和,反对政治斗争和暴力革命。马克思在《哲学的贫困》等著作中,对蒲鲁东主义作了彻底批判。列宁称蒲鲁东主义为不能领会工人阶级观点的市侩和庸人的痴想。蒲鲁东主义被资产阶级的理论家们广泛利用来鼓吹阶级调和。——266、289、653、700。

117　伯恩施坦主义是德国社会民主党人爱·伯恩施坦的修正主义思想体系,产生于 19 世纪末 20 世纪初。伯恩施坦的《社会主义的前提和社会民主党的任务》(1899 年)一书是对伯恩施坦主义的全面阐述。伯恩施坦主义在哲学上否定辩证唯物主义和历史唯物主义,用庸俗进化论和诡辩论代替革命的辩证法;在政治经济学上修改马克思主义的剩余价值学说,竭力掩盖帝国主义的矛盾,否认资本主义制度的经济危机和政治危机;在政治上鼓吹阶级合作和资本主义和平长入社会主义,传播改良主义和机会主义思想,反对马克思主义的阶级斗争学说,特别是无产阶级革命和无产阶级专政的学说。伯恩施坦主义得到了德国社会民主党右翼和第二国际其他一些政党的支持。在俄国,追随伯恩施坦主义的有合法马克思主义者、经济派等。——266、284、294、494、582、654、717、762。

118　拉萨尔派是 19 世纪 60—70 年代德国工人运动中的机会主义派别,斐·拉萨尔的信徒,主要代表人物是约·巴·冯·施韦泽、威·哈森克莱维尔、威·哈赛尔曼等。该派的组织是 1863 年 5 月由拉萨尔创立的"全德工人联合会"。拉萨尔派反对暴力革命,认为只要进行议会斗争,争取普选权,就可以把普鲁士君主国家变为"自由的人民国家";主张在国家帮助下建立生产合作社,把资本主义和平改造为社会主义;支持俾斯麦所奉行的在普鲁士领导下"自上而下"统一德国的政策。马克思和恩格斯曾多次批判拉萨尔主义的理论、策略和组织原则。1875 年,拉萨尔派同爱森纳赫派合并成立了德国社会主义工人党。——267、714。

119　国家社会主义是一种企图利用国家权力进行社会改革的资产阶级改良主义思想,主要代表为约·卡·洛贝尔图斯和斐·拉萨尔。洛贝尔图斯主张由普鲁士王朝制定工资标准,实施社会改革,以逐步实现土地和资本的国有化。拉萨尔主张工人依靠国家帮助建立生产合作社,和平地过渡到社会主义。他们抹杀国家的阶级性,企图加强资产阶级国家的统治,麻痹工人阶级的革命意志。国家社会主义的思想对讲坛社会主义有相当大的影响。——268。

**120** 指拉萨尔派的一个论点:对工人阶级说来,其他一切阶级只是反动的一帮。这个论点写入了1875年德国社会主义工人党纲领(哥达纲领)。马克思在《哥达纲领批判》中批判了这个论点(见《马克思恩格斯文集》2009年人民出版社版第3卷第437—438页)。——268。

**121** 俄国北方工人协会是俄国工人阶级最早的革命政治组织之一,1878年底在彼得堡成立。创建人是钳工维克多·奥布诺尔斯基和木工斯捷潘·哈尔图林。会员和同情者各约200人。协会只吸收工人参加,其活动是秘密的。协会的纲领认为,工人阶级是社会的先进阶级,工人争得政治权利和自由是从剥削制度下解放出来的必要条件。纲领号召俄国工人同其他国家的无产阶级一道进行阶级斗争,并提出协会的最终目的是"推翻国家现行政治制度和经济制度"。这个纲领也还带有民粹主义影响的某些痕迹。协会在彼得堡各工厂进行革命宣传,领导并积极参加无产阶级的罢工斗争。1880年2月15日,它出版了俄国最早的秘密工人报纸《工人曙光报》创刊号。此后不久,报纸的印刷厂被破坏,协会也由于主要成员被捕而停止活动。——268。

**122** 南俄工人协会是俄国第一个工人革命政治组织,1875年7月间由革命知识分子叶·奥·扎斯拉夫斯基在敖德萨创立。协会有会员60人,同情者150—200人。协会章程在俄国工人运动史上第一次提到工人反对资本压迫的斗争,指出"只有通过暴力革命"工人的权利才能得到承认,并且和70年代前半期一些民粹主义纲领截然不同,提出了必须进行政治斗争的问题。但是这个章程总的说来还未摆脱民粹主义的世界观。协会成员阅读和传播革命书刊,积极参加组织罢工,并试图在南俄其他工业城市开展协会的活动。协会于1875年底—1876年初被沙皇政府破坏。——268。

**123** 《工人思想报》(《Рабочая Мысль》)是俄国经济派的报纸,1897年10月—1902年12月先后在彼得堡、柏林、华沙和日内瓦等地出版,共出了16号。头几号由"独立工人小组"发行,从第5号起成为彼得堡工人阶级解放斗争协会的机关报。参加该报编辑部的有尼·尼·洛霍夫(奥尔欣)、康·米·

塔赫塔廖夫、弗·巴·伊万申、阿·亚·雅库波娃等人。该报号召工人阶级为争取狭隘经济利益而斗争。它把经济斗争同政治斗争对立起来,认为政治斗争不在无产阶级任务之内,反对建立马克思主义的无产阶级政党,主张成立工联主义的合法组织。列宁在《俄国社会民主党中的倒退倾向》(见《列宁全集》第 2 版第 4 卷第 209—238 页)和《怎么办?》(见《列宁全集》第 2 版第 6 卷第 1—183 页;节选部分见本卷第 290—458 页)等著作中批判了《工人思想报》的观点。——269、275、283、306。

124　《圣彼得堡工人小报》(《С.-Петербургский Рабочий Листок》)是俄国彼得堡工人阶级解放斗争协会的秘密报纸。共出过两号:第 1 号于 1897 年 2 月(报纸上印的日期是 1 月)在俄国油印出版,共印 300—400 份;第 2 号于同年 9 月在日内瓦铅印出版。该报提出要把工人阶级的经济斗争同广泛的政治要求结合起来,并强调必须建立工人政党。——270、319。

125　《工人报》(《Рабочая Газета》)是基辅社会民主党人小组的秘密报纸,波·李·埃杰尔曼、巴·卢·图恰普斯基、尼·阿·维格多尔契克等任编辑,在基辅出版。共出过两号:第 1 号于 1897 年 8 月出版;第 2 号于同年 12 月(报纸上印的日期是 11 月)出版。图恰普斯基曾受编辑部委派出国同劳动解放社建立联系,得到了格·瓦·普列汉诺夫等给报纸撰稿的许诺。《工人报》和彼得堡工人阶级解放斗争协会也有联系。《工人报》参与了1898 年 3 月召开的俄国社会民主工党第一次代表大会的筹备工作,并被这次代表大会承认为党的正式机关报。代表大会以后不久,《工人报》的印刷所被警察破获和捣毁,已编好待发排的第 3 号没能出版。1899 年该报试图复刊,没有成功。——270、291。

126　指俄国社会民主工党第一次代表大会。
　　俄国社会民主工党第一次代表大会于 1898 年 3 月 1—3 日(13—15日)在明斯克秘密举行。倡议召开这次代表大会的是列宁领导的彼得堡工人阶级解放斗争协会;早在 1895 年 12 月列宁就在狱中草拟了党纲草案,并提出了召开代表大会的主张。由于彼得堡等地的组织遭到警察破坏,这次代表大会的筹备工作主要由基辅的社会民主党组织担任。出席代表大会的有 6 个组织的 9 名代表:彼得堡、莫斯科、基辅和叶卡捷琳诺斯拉夫的工人阶级解放斗争协会的代表各 1 名,基辅《工人报》小组的代表 2 名,崩得的代表 3 名。大会通过了把各地斗争协会和崩得合并为统一的俄国社会民主工党的决议。在民族问题上,大会承认每个民族有自决权。大会选出了由彼得堡工人阶级解放斗争协会代表斯·伊·拉德琴柯、基辅《工人报》代表波·李·埃杰尔曼和崩得代表亚·约·克列梅尔三人组成的中央委员会。《工人报》被承认为党的正式机关报。国外俄国社会民主党人联合会被宣布为党的国外代表机关。

中央委员会在会后以大会名义发表了《俄国社会民主工党宣言》。《宣言》宣布了俄国社会民主工党的成立,把争取政治自由和推翻专制制度作为社会民主工党当前的主要任务,把政治斗争和工人运动的总任务结合了起来。宣言指出:俄国工人阶级应当而且一定能够担负起争取政治自由的事业。这是为了实现无产阶级的伟大使命即建立没有人剥削人的社会制度所必须走的第一步。俄国无产阶级将摆脱专制制度的桎梏,用更大的毅力去继续同资本主义和资产阶级作斗争,一直斗争到社会主义全胜为止(参看《苏联共产党代表大会、代表会议和中央全会决议汇编》1964 年人民出版社版第 1 分册第 4—6 页)。

这次大会没有制定出党纲和党章,也没有形成中央的统一领导,而且大会闭幕后不久大多数代表和中央委员遭逮捕,所以统一的党实际上没有建立起来。——270、277、286、319、765。

**127** 《我们的纲领》是列宁在流放中为《工人报》写的一组文章中的一篇。1899 年崩得中央委员会试图恢复《工人报》时,编辑部曾先后建议列宁参加编辑和撰稿。由于《工人报》复刊未成,这组文章当时也就没有发表。——273。

**128** 指格·瓦·普列汉诺夫在《伯恩施坦与唯物主义》和《我们为什么应该感谢他?》两篇文章中对爱·伯恩施坦的批判。——274。

**129** 指德国社会民主党汉诺威代表大会。

德国社会民主党汉诺威代表大会于 1899 年 10 月 9—14 日在汉诺威举行。代表大会就"对党的基本观点和策略的攻击"问题通过决议。关于这一决议的内容,看看注 157。——274。

**130** 指 1857—1859 年印度人民反抗英国殖民者的起义。1857 年 5 月 10 日,德里东北密拉特城的西帕依部队首先举行起义,随即攻占了德里。不久,印度中部、北部大部分地区的农民、手工业者、城市贫民以及一部分封建主也参加了起义。由于缺乏统一的领导和封建主的背叛,这次起义于1859 年在英军镇压下遭到失败。但它仍迫使英国在统治印度的政策方面作了若干让步。——279。

**131** 英布战争,亦称布尔战争,是指 1899 年 10 月—1902 年 5 月英国对布尔人的战争。布尔人是南非荷兰移民的后裔,19世纪建立了德兰士瓦共和国和奥兰治自由邦。为了并吞这两个黄金和钻石矿藏丰富的国家,英国发动了这场战争。由于布尔人战败,这两个国家丧失了独立,1910年被并入英国自治领南非联邦。——279。

**132** 《信条》是经济派于1899年写的一个文件。它极其明显地表明了经济派的机会主义观点。《信条》的作者叶·德·库斯柯娃当时是国外俄国社会民主党人联合会成员。

列宁在西伯利亚流放地收到他姐姐安·伊·乌里扬诺娃-叶利扎罗娃从彼得堡寄来的《信条》之后,于1899年8月在米努辛斯克专区叶尔马科夫斯克村召集被流放的马克思主义者开会讨论了经济派的这个文件和他起草的《俄国社会民主党人抗议书》(见本卷第262—272页)。与会者17人一致通过并签署了这个《抗议书》,所以也称17人抗议书。《抗议书》引用了《信条》的全文。——283、305、601。

**133** 《〈工人思想报〉增刊》是经济派报纸《工人思想报》编辑部于1899年9月出版的一本小册子。这本小册子,特别是其中署名尔·姆·的《我国的实际情况》一文,公开散布机会主义观点。列宁在《俄国社会民主党中的倒退倾向》一文(见《列宁全集》第2版第4卷209—238页)和《怎么办?》(见《列宁全集》第2版第6卷第1—183页;节选部分见本卷第290—458页)中对这本小册子进行了批判。——283、309、601。

**134** 经济派是19世纪末—20世纪初俄国社会民主党内的机会主义派别,是国际机会主义的俄国变种。其代表人物是康·米·塔赫塔廖夫、谢·尼·普罗柯波维奇、叶·德·库斯柯娃、波·尼·克里切夫斯基、亚·萨·皮凯尔(亚·马尔丁诺夫)、弗·彼·马赫诺韦茨(阿基莫夫)等,经济派的主要报刊是《工人思想报》(1897—1902年)和《工人事业》杂志(1899—1902年)。

经济派主张工人阶级只进行争取提高工资、改善劳动条件等等的经济斗争,认为政治斗争是自由派资产阶级的事情。他们否认工人阶级政党的领导作用,崇拜工人运动的自发性,否定向工人运动灌输社会主义意识的必要性,维护分散的和手工业的小组活动方式,反对建立集中的工人阶级政党。经济主义有诱使工人阶级离开革命道路而沦为资产阶级政治附庸的危险。

列宁对经济派进行了始终不渝的斗争。他在《俄国社会民主党人抗议书》(见本卷第262—272页)中尖锐地批判了经济派的纲领。列宁的《火星报》在同经济主义的斗争中发挥了重大作用。列宁的《怎么办?》一书(见《列宁全集》第2版第6卷第1—183页;节选部分见本卷第290—458页),从思想上彻底地粉碎了经济主义。——284、291、473、542、762、785。

135 工人革命家彼·阿·阿列克谢耶夫的这句话出自他1877年3月10日(22日)在彼得堡沙皇法庭上发表的演说。这篇演说于1877年第一次刊登在伦敦的《前进》杂志上,后来经许多秘密报刊转载,在俄国工人中广为流传,对俄国革命运动产生了巨大影响。——287。

136 1866年国际代表大会即1866年9月3—8日在日内瓦举行的国际工人协会第一次代表大会。出席大会的共有60名代表,分别代表总委员会和协会各支部以及英国、法国、德国和瑞士的工人团体。大会主席是海·荣克。大会接受了1865年伦敦代表会议提出的、由总委员会制定的议事日程。大会批准了国际工人协会的章程和条例。马克思所写的《临时中央委员会就若干问题给代表的指示》作为总委员会的正式报告在大会上宣读。《指示》很重视工会,不仅把它看做"进行劳资之间的游击式的斗争"的中心,而且看做工人阶级为消灭雇佣劳动制度本身而斗争的组织中心。掌握大会三分之一票数的蒲鲁东主义者反对《指示》,他们就议程的各点提出了自己的广泛纲领,特别是激烈地反对工会。但是总委员会的拥护者在讨论的大多数问题上获得了胜利。——288。

137 巴枯宁主义是以米·亚·巴枯宁为代表的无政府主义思潮,产生于19世纪60年代。巴枯宁主义者是小资产阶级革命性及其特有的极端个人主义的代表,鼓吹个人绝对自由,反对任何权威。他们认为国家是剥削和不平等的根源,要求废除一切国家,实行小生产者公社的完全自治,并把这些公社联合成自由的联邦(按巴枯宁主义者的说法就是实现"社会清算")。巴枯宁主义者反对马克思主义的社会革命学说,否定工人阶级的一切不直接导致"社会清算"的斗争形式,否认建立独立的工人政党的必要性,而主张由"优秀分子"组成的秘密革命团体去领导群众骚乱。19世纪60年代末和70年代初,巴枯宁主义在当时经济上落后的西班牙、意大利、法国南部和瑞士的小资产阶级和一部分工人中得到传播。在巴枯宁主义影响下,也形成了俄国革命民粹主义的一个派别。

　　1868年,巴枯宁在日内瓦建立了无政府主义者的国际组织——社会主义民主同盟。在同盟申请加入第一国际遭到拒绝以后,巴枯宁主义者采取对国际总委员会的决定阳奉阴违的办法,表面上宣布解散这个组织,而实际却继续保留,并于1869年3月以国际日内瓦支部的名义把它弄进

了国际。巴枯宁主义者利用社会主义民主同盟的组织在国际内部进行了
大量分裂和破坏活动,力图夺取国际总委员会的领导权,受到马克思和恩
格斯的揭露和批判。1872 年 9 月 2—7 日举行的第一国际海牙代表大会
把巴枯宁和另一位巴枯宁派首领詹·吉约姆开除出国际。19 世纪最后
25 年间,巴枯宁主义者蜕化成了脱离群众的小宗派。——289、718。

**138**　《怎么办?(我们运动中的迫切问题)》一书的写作工作早在 1901 年春天
就开始了,列宁在《从何着手?》一文中曾预告要出这本书。后来由于情
况变化,列宁修改了原定计划,直到 1901 年秋天才正式撰写。1902 年 1
月列宁写完了这本书,2 月撰写了序言。3 月 10 日,《火星报》第 18 号登
出了该书在斯图加特出版的消息。

　　1902—1903 年,《怎么办?》在俄国各地社会民主党组织中广为传播。
不少人受了它的影响而成为《火星报》的拥护者。《怎么办?》一书对于俄
国工人阶级的革命马克思主义政党的建立,对于列宁火星派在俄国社会
民主工党各委员会和组织中,以及以后在 1903 年党的第二次代表大会上
取得胜利,起了特别重大的作用。

　　《火星报》编辑部的成员对列宁这本书的评价有过分歧,可是这种分
歧并没有越出《火星报》编辑部的范围。书中的主要论点,即关于工人运
动的自觉因素和自发因素的关系的论点,关于党在无产阶级革命斗争中
的领导作用的论点,已写进了俄国社会民主工党纲领草案,而这个纲领草
案是由普列汉诺夫起草、经《火星报》编辑部修订并得到全体成员一致同
意的。在党的第二次代表大会上,当反火星派(亚·马尔丁诺夫、弗·
彼·阿基莫夫)通过批评《怎么办?》来反对《火星报》编辑部所制定的党
纲草案时,火星派(包括格·瓦·普列汉诺夫、尔·马尔托夫)都表示赞
同列宁的这本书以及它对"自觉因素"即社会民主党在无产阶级革命运
动中的作用问题的提法。可是在第二次代表大会以后,当孟什维克开始
对旧《火星报》的基本思想进行系统的修正时,普列汉诺夫却承担起"反
驳"列宁《怎么办?》一书的观点的任务。1904 年,普列汉诺夫在《火星
报》上声称他在自发性和自觉性问题上同列宁早就有原则的分歧。1905
年 3 月 23 日《前进报》第 11 号发表了瓦·瓦·沃罗夫斯基的文章《蛊惑
宣传的产物》,对普列汉诺夫作了答复。这篇文章经列宁校阅、修改和补
充过,列宁还给它写了一条很长的脚注(见《列宁全集》第 2 版第 9 卷第
338 页)。

　　1907 年 11 月,列宁把《怎么办?》收入《十二年来》文集时,删去了第
5 章第 1 节《谁因〈从何着手?〉一文而生气了?》,同时增加了 5 条脚注。

他在《〈十二年来〉文集序言》里指出《怎么办?》的写作背景、它的历史作用和意义,并驳斥了孟什维克和资产阶级自由主义阵营中的著作家们对该书的攻击和歪曲(参看本卷第765—773页)。——290。

**139** 《火星报》(《Искра»)是第一个全俄马克思主义的秘密报纸,由列宁创办。创刊号于1900年12月在莱比锡出版,以后各号的出版地点是慕尼黑、伦敦(1902年7月起)和日内瓦(1903年春起)。参加《火星报》编辑部的有:列宁、格·瓦·普列汉诺夫、尔·马尔托夫、亚·尼·波特列索夫、帕·波·阿克雪里罗得和维·伊·查苏利奇。编辑部的秘书起初是因·格·斯米多维奇,1901年4月起由娜·康·克鲁普斯卡娅担任。列宁实际上是《火星报》的主编和领导者。他在《火星报》上发表了许多文章,阐述有关党的建设和俄国无产阶级的阶级斗争的基本问题,并评论国际生活中的重大事件。

《火星报》在国外出版后,秘密运往俄国翻印和传播。《火星报》成了团结党的力量、聚集和培养党的干部的中心。在俄国许多城市成立了俄国社会民主工党列宁火星派的小组和委员会。1902年1月在萨马拉举行了火星派代表大会,建立了《火星报》俄国组织常设局。

《火星报》在建立俄国马克思主义政党方面起了重大的作用。在列宁的倡议和亲自参加下,《火星报》编辑部制定了党纲草案,筹备了俄国社会民主工党第二次代表大会。这次代表大会宣布《火星报》为党的中央机关报。

根据俄国社会民主工党第二次代表大会的决议,《火星报》编辑部改由列宁、普列汉诺夫、马尔托夫三人组成。但是马尔托夫坚持保留原来的六人编辑部,拒绝参加新的编辑部,因此《火星报》第46—51号是由列宁和普列汉诺夫二人编辑的。后来普列汉诺夫转到了孟什维主义的立场上,要求把原来的编辑都吸收进编辑部,列宁不同意这样做,于1903年10月19日(11月1日)退出了编辑部。《火星报》第52号是由普列汉诺夫一人编辑的。1903年11月13日(26日),普列汉诺夫把原来的编辑全部增补进编辑部以后,《火星报》由普列汉诺夫、马尔托夫、阿克雪里罗得、查苏利奇和波特列索夫编辑。因此,从第52号起,《火星报》变成了孟什维克的机关报。人们将第52号以前的《火星报》称为旧《火星报》,而把孟什维克的《火星报》称为新《火星报》。

1905年5月第100号以后,普列汉诺夫退出了编辑部。《火星报》于1905年10月停刊,最后一号是第112号。——290、469、529、684、764。

**140**　1901 年春天和夏天，由斗争社倡议和从中斡旋，俄国社会民主工党各国
外组织（国外俄国社会民主党人联合会、崩得国外委员会、"社会民主党
人"革命组织、《火星报》和《曙光》杂志国外部等）举行了关于协议和统
一的谈判。为了筹备召开实现统一的代表大会，上述各组织的代表于
1901 年 6 月在日内瓦举行了一次会议，通称六月代表会议或日内瓦代表
会议。这次会议通过了一项决议，认为必须在《火星报》的革命原则基础
上团结俄国社会民主主义力量和统一社会民主工党各国外组织，并谴责
了经济主义、伯恩施坦主义、米勒兰主义等形形色色的机会主义表现。但
是国外俄国社会民主党人联合会及其机关刊物《工人事业》杂志在代表
会议以后却加紧宣扬机会主义。这突出地表现在 1901 年 9 月《工人事
业》杂志第 10 期刊登的波·尼·克里切夫斯基的《原则、策略和斗争》和
亚·马尔丁诺夫的《揭露性的刊物和无产阶级的斗争》两篇文章以及联
合会第三次代表大会对六月代表会议决议的修正和补充上。在这种情况
下，火星派和工人事业派的统一已不可能。

　　俄国社会民主工党国外组织"统一"代表大会于 1901 年 9 月 21—22
日（10 月 4—5 日）在瑞士苏黎世举行。列宁（化名"弗雷"）参加了这次
代表大会，并在会上发言揭露了联合会背弃六月代表会议决议的言行
（见《列宁全集》第 2 版第 5 卷第 245—249 页）。在代表大会宣布了联合
会第三次代表大会对六月代表会议决议所作的修正和补充之后，《火星
报》和《曙光》杂志组织以及"社会民主党人"革命组织的代表便宣读了一
项特别声明，指出代表大会的机会主义多数不能保证政治坚定性，随即退
出了代表大会。——291、766。

**141**　《工人事业》杂志（«Рабочее Дело»）是俄国经济派的不定期杂志，国外俄
国社会民主党人联合会的机关刊物，1899 年 4 月—1902 年 2 月在日内瓦
出版，共出了 12 期（9 册）。该杂志的编辑部设在巴黎，担任编辑的有
波·尼·克里切夫斯基、帕·费·捷普洛夫、弗·巴·伊万申和亚·马尔
丁诺夫。该杂志支持所谓"批评自由"这一伯恩施坦主义口号，在俄国社
会民主党的策略和组织问题上持机会主义立场。——291、480。

**142**　拉萨尔派和爱森纳赫派是 19 世纪 60 年代和 70 年代初期德国工人运动
中的两个派别。关于拉萨尔派，见注 118。

　　爱森纳赫派是德国社会民主工党的成员。该党是在奥·倍倍尔和
威·李卜克内西领导下，于 1869 年 8 月在爱森纳赫代表大会上成立的，
曾参加第一国际。由于经常接受马克思和恩格斯的指导，爱森纳赫派执

行了比较彻底的革命政策,尤其是在德国统一的问题上一贯坚持民主的和无产阶级的道路。

拉萨尔派和爱森纳赫派于 1875 年在哥达代表大会上合并为统一的德国社会主义工人党。——294。

**143** 盖得派和可能派是法国社会主义运动中的两个派别。

盖得派是 19 世纪 80 年代至 20 世纪初法国社会主义运动中以茹·盖得为首的一个派别,基本成员是 19 世纪 70 年代末期团结在盖得创办的《平等报》周围的进步青年知识分子和先进工人。1879 年组成了法国工人党。1880 年 11 月在勒阿弗尔代表大会上制定了马克思主义纲领。在米勒兰事件上持反对加入资产阶级内阁的立场。1901 年与其他反入阁派一起组成法兰西社会党。盖得派为在法国传播马克思主义作出过重要贡献。1905 年法兰西社会党与饶勒斯派的法国社会党合并为统一的法国社会党(工人国际法国支部)。第一次世界大战爆发后,盖得和相当大一部分盖得派分子转到了社会沙文主义方面,盖得、马·桑巴参加了法国政府。1920 年,以马·加香为首的一部分左翼盖得派分子在建立法国共产党方面起了重要作用。

可能派(布鲁斯派)是 19 世纪 80 年代至 20 世纪初法国社会主义运动中以保·布鲁斯等人为首的机会主义派别。该派起初是法国工人党中改良主义的一翼,1882 年法国工人党分裂后称为社会主义革命工人党,1883 年改称法国劳动社会联盟。该派否定无产阶级的革命纲领和革命策略,模糊工人运动的社会主义目的,主张把工人阶级的活动限制在资本主义制度下"可能"办到的范围内,因此有"可能派"之称。1902 年,可能派同其他一些改良主义派别一起组成了以让·饶勒斯为首的法国社会党。

1905 年,法兰西社会党和法国社会党合并,统称法国社会党(工人国际法国支部)。——294、718。

**144** 费边派是 1884 年成立的英国改良主义组织费边社的成员,多为资产阶级知识分子,代表人物有悉·韦伯、比·韦伯、拉·麦克唐纳、肖伯纳、赫·威尔斯等。费边·马克西姆是古罗马统帅,以在第二次布匿战争(公元前218—前201年)中采取回避战的缓进待机策略著称,费边社即以此人名字命名。费边派虽认为社会主义是经济发展的必然结果,但只承认渐进的发展道路。他们反对马克思主义的阶级斗争和无产阶级革命学说,鼓吹通过细微改良来逐渐改造社会,宣扬所谓"地方公有社会主义"

（又译“市政社会主义”）。1900 年费边社加入工党（当时称劳工代表委员会），但仍保留自己的组织。在工党中，它一直起制定纲领原则和策略原则的思想中心的作用。第一次世界大战期间，费边派采取了社会沙文主义立场。关于费边派，参看列宁《社会民主党在1905—1907 年俄国第一次革命中的土地纲领》第 4 章第 7 节和《英国的和平主义和英国的不爱理论》（《列宁全集》第 2 版第 16 卷第 322—327 页，第 26 卷第 278—284 页）。

社会民主党人是指英国社会民主联盟的参加者。社会民主联盟是英国的社会主义组织。这一组织是在民主联盟的基础上于 1884 年 8 月成立的。参加联盟的除改良主义者（亨·迈·海德门等）和无政府主义者外，还有一批革命的社会民主党人即马克思主义的拥护者（哈·奎尔奇、汤·曼·爱·艾威林、爱琳娜·马克思等），他们构成了英国社会主义运动的左翼。恩格斯曾尖锐地批评社会民主联盟有教条主义和宗派主义倾向，脱离英国群众性的工人运动并且忽视这一运动的特点。1884 年秋联盟发生分裂，联盟的左翼在 1884 年 12 月成立了独立的组织——社会主义同盟。1907 年，社会民主联盟改称英国社会民主党。1911 年，英国社会民主党与独立工党中的左派一起组成了英国社会党。——294、711、719。

**145**　内阁派，或内阁主义、米勒兰主义是主张社会党人参加资产阶级政府的机会主义流派，因法国社会党人亚·埃·米勒兰于 1899 年参加瓦尔德克-卢梭的资产阶级政府而得名。列宁认为米勒兰主义是一种修正主义和叛卖行为，社会改良主义者参加资产阶级政府必定会充当资本家的傀儡，成为这个政府欺骗群众的工具。——294、492、538。

**146**　密纳发是罗马神话中的智慧女神，相当于希腊神话中的雅典娜；丘必特是罗马神话中的最高天神，相当于希腊神话中的宙斯。据古罗马神话故事，密纳发从丘必特脑袋里一生下来，就身着盔甲，手执长矛，全副武装。后来，人们常用“像密纳发从丘必特脑袋里钻出来一样”比喻某人或某事从一开始就完美无缺。——295。

**147**　指俄国作家伊·安·克雷洛夫的寓言《两只桶》。寓言说，有两只桶在路上滚。一只桶里装着酒，稳稳当当地前进。另一只桶是空的，一路上隆隆作响。尽管空桶发出的声音十分响亮，却不像第一只桶那么有分量。——297。

**148**　《曙光》杂志（《Заря》）是俄国马克思主义的科学政治刊物，由《火星报》编辑部编辑,1901—1902 年在斯图加特出版,共出了 4 期(第 2、3 期为合刊)。杂志宣传马克思主义,批判民粹主义和合法马克思主义、经济主义、伯恩施坦主义等机会主义错误思潮。杂志刊登了列宁的下列文章:《时评》、《地方自治机关的迫害者和自由主义的汉尼拔》、《土地问题和"马克思的批评家"》前 4 章、《内政评论》和《俄国社会民主党的土地纲领》。——298、628、764。

**149** 山岳派和吉伦特派是 18 世纪末法国资产阶级革命时期的两个政治派别。山岳派又称雅各宾派,是法国国民公会中的左翼民主主义集团,以其席位在会场的最高处而得名。该派代表中小资产阶级的利益,主张铲除专制制度和封建主义,其领袖是马·罗伯斯比尔、让·保·马拉、若·雅·丹东、安·路·圣茹斯特等。吉伦特派代表共和派的大工商业资产阶级和农业资产阶级的利益,主要是外省资产阶级的利益。该派许多领导人在立法议会和国民公会中代表吉伦特省,因此而得名。吉伦特派的领袖是雅·皮·布里索、皮·维·维尼奥、罗兰夫妇、让·安·孔多塞等。该派主张各省自治,成立联邦。吉伦特派动摇于革命和反革命之间,走同王党勾结的道路,最终变成了反革命力量。列宁称革命的社会民主党人为山岳派,即无产阶级的雅各宾派,而把社会民主党内的机会主义派别称为社会民主党的吉伦特派。在俄国社会民主工党分裂为布尔什维克和孟什维克之后,列宁经常强调指出,孟什维克是工人运动中的吉伦特派。——298、493、564、565。

**150** 无题派是指 1906 年在彼得堡出版的《无题》周刊的组织者和参加者——谢·尼·普罗柯波维奇、叶·德·库斯柯娃、瓦·雅·鲍古查尔斯基、维·韦·波尔土加洛夫、瓦·瓦·希日尼亚科夫等人。无题派是一批原先信奉合法马克思主义和经济主义、后来参加了解放社的俄国资产阶级自由派知识分子,他们公开宣布自己是西欧批判社会主义的拥护者,支持孟什维克和立宪民主党人。列宁称无题派为孟什维克化的立宪民主党人或立宪民主党人化的孟什维克。无题派后来集结在左派立宪民主党的《同志报》周围。——298、689、766。

**151** 指像俄国历史学家德·伊·伊洛瓦伊斯基那样研究历史。伊洛瓦伊斯基把历史主要归结为帝王将相的活动,用种种次要的和偶然的事件来解释历史过程。——299。

**152** 反社会党人非常法(反社会党人法)即《反社会民主党企图危害治安法》,是德国俾斯麦政府从 1878 年 10 月 21 日起实行的镇压工人运动的反动法令。这个法令规定取缔德国社会民主党和一切进步工人组织,查封工人刊物,没收社会主义书报,并可不经法律手续把革命者逮捕和驱逐出境。在反社会党人非常法实施期间,有1 000多种书刊被查禁,300多个工人组织被解散,2 000多人被监禁和驱逐。在工人运动压力下,反社会党人非常法于1890年10月1日被废除。——299、715。

**153** 《前进报》(《Vorwärts》)是德国社会民主党的中央机关报,1876年10月在莱比锡创刊,编辑是威·李卜克内西和威·哈森克莱维尔。1878年10月反社会党人非常法颁布后被查禁。1890年10月反社会党人非常法废除后,德国社会民主党哈雷代表大会决定把1884年在柏林创办的《柏林人民报》改名为《前进报》(全称是《前进。柏林人民报》),从1891年1月起作为中央机关报在柏林出版,由李卜克内西任主编。恩格斯曾为《前进报》撰稿,同机会主义的各种表现进行斗争。1895年恩格斯逝世以后,《前进报》逐渐转入党的右翼手中。它支持过俄国的经济派和孟什维克。第一次世界大战期间持社会沙文主义立场。俄国十月革命以后,进行反对苏维埃的宣传。1933年停刊。——300。

**154** 有关登载恩格斯论文的争论发生在1877年5月27—29日在哥达举行的德国社会主义工人党代表大会上。这年1—5月,恩格斯在该党中央机关报《前进报》上发表了一组批判欧·杜林的文章(《反杜林论》第1编)。这引起了杜林分子的激烈反对。他们在这次代表大会上企图禁止《前进报》继续发表恩格斯的反对杜林的文章。代表大会没有接受他们的意见,但从实际考虑,决定今后不在《前进报》正刊而在其附刊上继续对各种理论问题展开争论。所以,《反杜林论》第2、3编是在《前进报》附刊上发表的。——300。

**155** 讲坛社会主义者是19世纪70—90年代一个资产阶级思想流派的代表人物。这些人主要是德国的大学教授,他们在大学的讲坛上宣扬资产阶级改良主义。讲坛社会主义的代表有阿·瓦格纳、古·施穆勒、路·布伦坦诺、卡·毕歇尔、韦·桑巴特等人。他们认为国家是超阶级的组织,鼓吹资产阶级和无产阶级之间的阶级和平,主张不触动资本家的利益,逐步实行"社会主义"。因此,讲坛社会主义的纲领仅局限于提出一些社会改良措施,如设立工人疾病和伤亡事故保险等,其目的在于削弱阶级斗争,消除革命以及社会民主党人的影响,使工人同反动的普鲁士国家和解。马克思和恩格斯对讲坛社会主义进行了坚持不懈的斗争,揭露了它反动和反科学的性质。讲坛社会主义是修正主义的思想来源之一。在俄国,合法马克思主义者宣扬讲坛社会主义的改良主义思想。——300。

**156** 此处是借用俄国作家尼·瓦·果戈理的小说《死魂灵》中的话。诺兹德
列夫是《死魂灵》中的一个惯于信口开河、吹牛撒谎的无赖地主。他到处
招摇撞骗,惹是生非。果戈理称他为"故事性的"人物,因为他每到一处,
都要闹出点"故事"来。——300。

**157** 汉诺威决议是指 1899 年 10 月 9—14 日德国社会民主党在汉诺威举行的
代表大会就"对党的基本观点和策略的攻击"问题通过的决议。代表大
会之所以讨论这个问题并通过这项专门的决议,是因为以爱·伯恩施坦
为首的修正主义者要修改马克思主义理论,并要求重新审查社会民主
党的革命政策和策略。奥·倍倍尔就这个问题作了报告。列宁给予这个报
告以高度评价(见《列宁全集》第 2 版第 23 卷第 382—388 页)。代表大
会以绝对多数票通过了倍倍尔提出的决议。该决议指出:"资产阶级社
会的发展至今并未提供任何理由使党放弃或改变自己对它的基本看法。
党一如既往立足于阶级斗争,而根据这一点,工人阶级的解放只能是工人
阶级本身的事业。因此,党认为工人阶级的历史任务是夺取政权,以便借
助于政权,通过生产工具社会化和实行社会主义的生产与交换方式来保
障最普遍的幸福生活。"在不拒绝与资产阶级各政党为达到一定的实际
目标而进行暂时联合的同时,"党任何时候在自己全部活动中都完全保
持独立自主,并把所取得的每一成就只看成是使它接近它的最终目标的
一步"。决议最后写道:"党没有任何理由要改变自己的主要要求和基本
观点,或改变自己的策略和名称…… 党坚决反对模糊或改变党对待现
存国家制度、社会制度以及资产阶级政党的态度的一切尝试。"

　　汉诺威决议虽然否决了修正主义者的要求,但没有对伯恩施坦主义
及其代表人物进行有力的批判。这引起了左派社会民主党人(罗·卢森
堡等)的不满。伯恩施坦的拥护者也对这个决议投了赞成票。——300。

**158** 吕贝克决议是指 1901 年 9 月 22—28 日德国社会民主党在吕贝克举行的
代表大会通过的决议。这次代表大会最为关注的是同修正主义作斗争的
问题。当时修正主义已经最终形成,既有自己的纲领,也有自己的机关刊
物(《社会主义月刊》)。修正主义者的首领爱·伯恩施坦在代表大会上
发言,要求对马克思主义有"批评自由"。吕贝克代表大会就伯恩施坦问
题展开了辩论,并以多数票通过决议,指出:"党代表大会无保留地承认
自我批评对于我党在思想上的继续发展是必要的。但是,伯恩施坦同志
最近一些年来完全片面地从事这种批评,而对资产阶级社会及其代表却

不加批评,这种做法使他处于一种暧昧地位并引起党内大部分同志的不满。"尽管在吕贝克决议中对伯恩施坦提出了直接的警告,但由于多数领袖采取调和主义立场,大会没有在原则上提出修正主义者不得留在社会民主党内的问题。——300。

**159** 指德国社会民主党斯图加特代表大会。

德国社会民主党斯图加特代表大会于 1898 年 10 月 3—8 日在斯图加特举行。这次代表大会第一次讨论了德国社会民主党内的修正主义问题。侨居国外的爱·伯恩施坦给大会寄来的一份专门声明,为他以前在《新时代》杂志上发表的题为《社会主义问题》的一组文章中的机会主义观点辩护。代表大会宣读了他的这份声明。从代表大会的讨论中看到,反对伯恩施坦的人的意见是不一致的。以奥·倍倍尔、卡·考茨基为首的一部分人害怕党的分裂,力主把反对伯恩施坦主义的原则斗争同小心谨慎的党内策略结合起来;以罗·卢森堡、亚·李·帕尔乌斯为首的一部分人持比较坚决的立场,主张开展广泛深入的辩论,不怕分裂,他们在代表大会上处于少数地位。大会没有就此问题作出任何决议。会后,在该党的报刊上展开了辩论。——301。

**160** 斯塔罗韦尔(亚·尼·波特列索夫)在《发生了什么事情?》一文(载于 1901 年 4 月《曙光》杂志第 1 期)中说:"为什么在我们的土地上,马克思主义中的臭名远扬的'改良派'(指伯恩施坦)的怀疑论比在任何地方获得的成就都大? 同时为什么在俄罗斯,这种理论的隐蔽的拥护者这么多,公开的拥护者这么少? 伯恩施坦主义就像不可告人的暗疾,得了这种病通常是不好大声坦白承认的。"——302。

**161** 合法马克思主义即司徒卢威主义,是 19 世纪 90 年代出现在俄国自由派知识分子中的一种思想政治流派,其主要代表人物是彼·伯·司徒卢威。合法马克思主义利用马克思经济学说中能为资产阶级所接受的个别论点为俄国资本主义的发展作论证。在批判小生产的维护者民粹派的同时,司徒卢威赞美资本主义,号召人们"承认自己的不文明并向资本主义学习",而抹杀资本主义的阶级矛盾。列宁敏锐地看出合法马克思主义是国际修正主义的萌芽,它必然要发展成为资产阶级的民族自由主义。——303、515、547、703、761。

**162** 《自命不凡的作家》是俄国作家阿·马·高尔基的一篇短篇小说的标题。——303。

**163**  列宁在这里指的是他自己写的《民粹主义的经济内容及其在司徒卢威先生的书中受到的批评(马克思主义在资产阶级著作中的反映)》和《〈十二年来〉文集序言》(见《列宁全集》第 2 版第 1 卷第 297—465 页;本卷第 761—778 页)。1894 年秋,列宁在彼得堡革命马克思主义者和合法马克思主义者代表参加的一次讨论会上,作了题为《马克思主义在资产阶级著作中的反映》的报告。上述文章就是在这个报告的基础上于 1894 年底至 1895 年初写成的。此文最初用克·土林的笔名刊载于 1895 年 4 月出版的《说明我国经济发展状况的资料》文集。1907 年底,列宁把这篇文章编入了《十二年来》文集。在《〈十二年来〉文集序言》中,列宁说明了这篇文章写作的历史背景和经过。

《说明我国经济发展状况的资料》文集,即下段正文中提到的《俄国经济发展问题的资料》,于 1895 年 4 月由公开的印刷所印了 2 000 册。除列宁的上述文章外,文集还收入了格·瓦·普列汉诺夫的《悲观论是经济现实的反映》、《向我们的论敌进一言(俄国著作界的文明史资料)》,彼·伯·司徒卢威的《致我的批评者》以及其他文章。沙皇政府先是禁止该文集发行,一年后又将其没收焚毁。保存下来的仅有 100 册,在彼得堡等城市的社会民主党人手中秘密传阅。——304。

**164**  指爱·伯恩施坦的《社会主义的前提和社会民主党的任务》一书。该书于 1901 年出了三种俄文译本,书名互不相同:(1)《历史唯物主义》,莉·坎采尔译,圣彼得堡知识出版社出版(这个译本在一年内出了两版);(2)《社会问题》,彼·谢·科甘译,莫斯科康恰洛夫斯基出版社出版;(3)《社会主义问题和社会民主党的任务》,К. Я. 布特科夫斯基译,莫斯科叶菲莫夫出版社出版。——305。

**165**  谢·瓦·祖巴托夫向工人推荐爱·伯恩施坦和谢·尼·普罗柯波维奇的著作一事,是署名"一位原经济主义者"的读者给《火星报》编辑部的信中揭露的。尔·马尔托夫在《再论当前的政治腐蚀》一文(载于 1901 年 11 月《火星报》第 10 号)中,引用了这封信中的材料。——305。

**166**  《往事》杂志(《Былое》)是俄国历史刊物,主要研究民粹主义和更早的社会运动(十二月党人、彼得拉舍夫斯基派等)的历史。该杂志由弗·李·布尔采夫创办,1900—1904 年在伦敦和巴黎出版了 6 期。1906—1907 年,该杂志在彼得堡出版(月刊),编辑是瓦·雅·鲍古查尔斯基和帕·叶·晓戈列夫,布尔采夫也参加编辑工作。1907 年该杂志被沙皇政府查封后,为代替杂志第 11、12 期出版了历史文集《我们的国家》。1908 年改出《过去的年代》杂志,1909 年改为历史文集《过去》。1908 年布尔采夫恢复了《往事》杂志的国外版(巴黎),一直出到 1912 年。在俄国,《往事》杂志于 1917 年 7 月在彼得格勒复刊。十月革命后由晓戈列夫担任编辑继续出版,1926 年停刊。——306。

**167**　指《〈工人事业〉杂志编辑部指南》。这是一本揭露俄国社会民主党人队伍中的机会主义、主要是国外俄国社会民主党人联合会及其机关刊物《工人事业》杂志编辑部的经济主义观点的资料汇编,由格·瓦·普列汉诺夫编辑、写序,劳动解放社于 1900 年 2 月在日内瓦出版。——306。

**168**　《宣言书》是基辅委员会在 1899 年起草的一份传单。这份传单表明了基辅委员会的机会主义观点,其内容有很多地方和经济派的《信条》相同。列宁在《论〈宣言书〉》一文中对这个文件进行了批判(见《列宁全集》第 2 版第 4 卷第 272—281 页)。列宁原打算在征得基辅委员会的同意后把《宣言书》连同他的《论〈宣言书〉》一起发表,但因基辅委员会不赞成而未果。——306。

**169**　《关于恢复"劳动解放社"出版物的声明》是劳动解放社在 1899 年 10 月下旬收到列宁写的《俄国社会民主党人抗议书》之后,于 12 月由帕·波·阿克雪里罗得起草、格·瓦·普列汉诺夫定稿的一个文件。在这个声明中,劳动解放社表示完全赞同《抗议书》提出的对俄国和国际社会民主党队伍中的机会主义进行坚决斗争的号召。声明于 1900 年初印成单页发表,并收入《〈工人事业〉杂志编辑部指南》一书的《附录》。声明所阐述的纲领,直到《火星报》和《曙光》杂志出版才得到实现。

　　关于劳动解放社,见注 30。——310。

**170**　指国外俄国社会民主党人联合会第三次代表大会。

　　国外俄国社会民主党人联合会第三次代表大会于 1901 年 9 月下半月在苏黎世举行。这次代表大会的决议表明,机会主义在联合会里取得了最终胜利。大会对 1901 年六月代表会议决议(俄国社会民主工党各国外组织的原则协议)作了带有明显的机会主义性质的修正和补充。这就预先决定了在这次代表大会几天以后举行的俄国社会民主工党国外组织"统一"代表大会的失败。第三次代表大会还批准了《给〈工人事业〉杂志编辑部的指示》,这个指示只字不提国际社会民主运动和俄国社会民主运动中革命倾向和机会主义倾向的斗争,不提批判修正主义和论证马克思主义革命本质的必要性。——310。

**171** 但愿你们拉也拉不完！这句话出自俄罗斯民间故事《十足的傻瓜》。傻瓜伊万努什卡经常说些不合时宜的话，因此而挨揍。一次，他看到农民在脱粒，叫喊道："你们脱三天，只能脱三粒！"为此他挨了一顿打。傻瓜回家向母亲哭诉，母亲告诉他："你应该说，但愿你们打也打不完，运也运不完，拉也拉不完！"第二天，傻瓜看到人家送葬，就叫喊道："但愿你们运也运不完，拉也拉不完！"结果又挨了一顿打。——311、501、583。

**172** 哥达纲领即德国社会主义工人党纲领。这个纲领是在德国工人运动中的两派——爱森纳赫派（1869 年成立的社会民主工党）和拉萨尔派（1863 年成立的全德工人联合会）——于 1875 年 5 月在哥达举行的合并代表大会上通过的。哥达纲领比爱森纳赫派的纲领倒退了一步，它是爱森纳赫派不惜一切代价追求合并、向拉萨尔派作了无原则的妥协和让步的产物。纲领宣布党的目的是解放工人阶级和建立社会主义社会，但是回避了社会主义革命和无产阶级夺取政权的问题，并写进了拉萨尔主义的一系列论点，如所谓"铁的工资规律"，所谓对无产阶级说来其他一切阶级都是反动的一帮，工人阶级只有通过普选权和由国家帮助建立生产合作社才能达到自己的目的，应当用一切合法手段建立所谓"自由国家"等。马克思和恩格斯对哥达纲领的草案作了彻底的批判（参看《马克思恩格斯文集》2009 年人民出版社版第 3 卷第 419—450 页），但是他们的意见没有被认真考虑。哥达纲领于 1891 年被爱尔福特纲领代替。——311。

**173** 指帕·波·阿克雪里罗得 1898 年写的小册子《论俄国社会民主党人的当前任务和策略问题》。他在这本小册子中说，在社会民主党把注意力仅仅集中到纯经济斗争时，那些无法给自己的政治追求找到出路的无产阶级最革命分子就可能像 70 年代那样去从事恐怖活动，或者去从事任何一种资产阶级民主革命活动。——312。

**174** 《论鼓动》这本小册子是亚·约·克列梅尔在 1894 年写的，经尔·马尔托夫审定。该书起初以手抄本和胶印本的形式流传，后于 1896 年底在日内瓦出版。帕·波·阿克雪里罗得为它写了序言和跋。该书总结了社会民主党人在维尔诺的工作经验，号召放弃闭塞的小组宣传活动，而转向在工人中间进行群众性的鼓动工作，因此对俄国社会民主党人有很大的影响。但它夸大纯经济斗争的作用和意义，含有经济主义的萌芽。格·瓦·普列汉诺夫在《再论社会主义和政治斗争》一文中对它作了批评性的分析。——318。

**175** 这篇社论标题为《告俄国工人》，系列宁所写，至今没有找到。——318。

**176**　《俄国旧事》杂志(《Русская Старина》)是俄国历史刊物(月刊),由米·伊·谢美夫斯基创办,1870—1918年在彼得堡出版。该杂志主要登载俄国国务活动家和文化界人士的回忆录、日记、札记、函件等以及各种文献资料。它是俄国第一家长期刊登俄国革命运动史料的杂志。——318、550。

**177**　指沙皇政府对雅罗斯拉夫尔纺织厂工人罢工的镇压。这次罢工发生于1895年4—5月。罢工的起因是厂方采用新的计件单价,降低了工人的工资收入。参加罢工的有4 000多工人。罢工遭到特地调来的沙皇军队法纳戈里团的镇压,结果工人死1人,伤14人,11人被交付法庭审判。沙皇尼古拉二世在呈交给他的关于雅罗斯拉夫尔纺织厂事件的报告上批道:"感谢法纳戈里团的好汉们在工厂闹风潮期间采取坚定果敢的行动。"——319。

**178**　非正式会议是指"老年派"即彼得堡工人阶级解放斗争协会的创建人列宁、阿·亚·瓦涅耶夫、格·马·克尔日扎诺夫斯基、尔·马尔托夫等同斗争协会新成员的代表一起于1897年2月26日和3月1日之间在彼得堡斯·伊·拉德琴柯和马尔托夫的住处举行的会议。当时俄国当局允许协会的老成员在赴西伯利亚流放地之前在彼得堡停留三天处理私事,非正式会议就是利用这个时机举行的。会上,"老年派"和"青年派"之间在组织问题和策略问题上发生了严重分歧。但是,曾于1893—1895年参加"老年派"小组的阿·亚·雅库波娃,坚持刚刚产生的经济主义的观点,而"青年派"分子波·伊·哥列夫(戈尔德曼)却支持列宁等"老年派"。列宁后来在康·米·塔赫塔廖夫给《火星报》编辑部的信上加的按语中说:"可见,我的划分的不准确之处就在于,有一个'青年派'分子维护'老年派',有一个'老年派'分子维护'青年派'。"此信和按语载于1903年5月15日《火星报》第40号。——321。

**179**　《〈工作者〉小报》(《Листок《Работника》》)是国外俄国社会民主党人联合会的不定期刊物《工作者》文集的附刊,1896年至1898年在日内瓦出版。共出了10期。第1—8期由劳动解放社编辑。后因联合会大多数成员转向经济主义,劳动解放社拒绝继续编辑联合会的出版物。《〈工作者〉小报》第9—10期合刊由经济派编辑,于1898年11月出版。——321。

**180**　指俄国沙皇政府的警察。——322。

**181**　瓦·沃·是19世纪80—90年代俄国自由主义民粹派思想家瓦·巴·沃

龙佐夫的笔名。他为陈腐的民粹派思想辩护,到90年代堕落成为否定群众政治斗争的反动分子。列宁所说的"俄国社会民主党中的瓦·沃·",是指俄国社会民主党中的机会主义思潮的代表——经济派,他们把工人阶级的政治斗争放到次要地位,向工人阶级宣扬原始的狭隘的斗争方法和渺小的斗争目的,因而在工人运动中起反动作用。——323。

**182** 《新时代》杂志(《Die Neue Zeit》)是德国社会民主党的理论刊物,1883—1923年在斯图加特出版。1890年10月前为月刊,后改为周刊。1917年10月以前编辑为卡·考茨基,以后为亨·库诺。1885—1895年间,杂志发表过马克思和恩格斯的一些文章。恩格斯经常关心编辑部的工作,帮助它端正办刊方向。为杂志撰过稿的还有威·李卜克内西、保·拉法格、格·瓦·普列汉诺夫、罗·卢森堡、弗·梅林等国际工人运动活动家。《新时代》杂志在介绍马克思主义基本理论、宣传俄国1905—1907年革命等方面做了有益的工作。随着考茨基转到机会主义立场,1910年以后,《新时代》杂志成了中派分子的刊物。在第一次世界大战期间,它持中派立场,实际上支持社会沙文主义者。——325、461、511、699、709。

**183** 指1901年11月2—6日举行的奥地利社会民主党维也纳代表大会通过的新党纲。1899年的布隆代表大会提出了修改1888年的海因菲尔德纲领以适应已经变化了的奥地利工人阶级的斗争条件的问题。当时成立了一个专门委员会来起草新党纲,主要起草者是维·阿德勒。党纲草案于1901年8月公布。党内对它提出了一系列批评性意见,主要是指责它向伯恩施坦主义让步。卡·考茨基在1901年10月19日《新时代》杂志第3期上发表了列宁在这里引用的文章:《修改奥地利社会民主党纲领》。考茨基把党纲的新旧条文加以对照,主张保留海因菲尔德纲领的原则部分,因为它比较充分和正确地说明了社会民主党对历史发展总过程和工人阶级的任务的看法。阿德勒不同意考茨基的建议。后来这个党纲草案经过维也纳代表大会纲领委员会稍加修改后通过。——325。

**184** 进步党是普鲁士资产阶级的政党,于1861年6月成立,创始人和领袖为鲁·微耳和、贝·瓦尔德克、海·舒尔采-德里奇、汉·维·翁鲁等。进步党要求在普鲁士领导下统一德国,召开全德议会,建立对众议院负责的强有力的自由派内阁。1866年10月,进步党中的右翼分裂出去组成民族自由党。1884年,进步党同民族自由党中分裂出来的左翼合并组成德国自由思想党。1893年,该党又分裂成自由思想同盟和自由思想人民党两派。进步党反对社会主义,把德国社会民主党视为主要敌人。

为了同社会民主党进行斗争和对工人阶级施加影响,进步党的活动家舒尔采-德里奇、麦·希尔施、弗·敦克尔等人积极进行了建立工会的活动。——327。

**185** 指 1899 年在彼得堡出版的谢·尼·普罗柯波维奇的《西欧工人运动。批判性研究的尝试。第 1 卷。德国和比利时》一书和载于 1899 年《社会立法和统计学文库》杂志第 14 卷的彼·伯·司徒卢威的《马克思的社会发展理论》一文以及他为爱·伯恩施坦的《社会主义的前提和社会民主党的任务》、卡·考茨基的《伯恩施坦与社会民主党的纲领》两本书写的书评。普罗柯波维奇在书中企图证明德国和比利时的工人运动缺少进行革命斗争和实行社会民主党的革命政策的条件。司徒卢威在文章中企图驳倒马克思主义理论及其哲学前提,证明社会矛盾越来越不尖锐,否认社会革命和无产阶级专政的必要性。——328。

**186** 希尔施—敦克尔工会是德国改良主义工会组织,1868 年由进步党活动家麦·希尔施和弗·敦克尔建立。该工会的组织者们鼓吹劳资利益"和谐"论,认为资本家也可以加入工会,否定罢工斗争的合理性。他们声称:在资本主义社会的范围内,通过国家立法和工会组织的帮助就能使工人摆脱资本的压迫;工会的主要任务是在工人与企业主之间起媒介作用和积累资金。希尔施—敦克尔工会主要从事组织互助储金会和建立文化教育团体的活动。它在德国工人运动中从来不是一支主要力量,直到 1897 年它的会员不过 75 000 人,而社会民主党的工会会员已达 419 000 人。1933 年,希尔施—敦克尔工会的机会主义活动家加入了法西斯的"劳动战线"。——328、623。

**187** 指工人阶级自我解放社。

工人阶级自我解放社是经济派的一个小组织,1898 年秋在彼得堡成立,只存在了几个月。说明该社宗旨的宣言所署日期是 1899 年 3 月,载于同年 7 月在伦敦出版的民粹派刊物《前夕》杂志。该社还公布过它的章程,印发过几份给工人的传单。——330。

**188** 《前夕》杂志(《Накануне》)是俄国民粹派的刊物,由叶·亚·谢列布里亚科夫主编,1899 年 1 月至 1902 年 2 月在伦敦用俄文出版,共出版了 37 期。该杂志宣传一般民主主义观点,敌视马克思主义,特别敌视俄国革命社会民主党。在它的周围集结了一批各种小资产阶级党派的代表人物。——330。

**189** 这里说的是劳动解放社和《工人事业》杂志的论战。列宁1897年底在西伯利亚流放地写的《俄国社会民主党人的任务》（见本卷第139—159页），于1898年下半年由劳动解放社在日内瓦出版。帕·波·阿克雪里罗得在给这本小册子写的序言中表示赞同列宁的观点，并指出，不久前到国外来的年轻同志同列宁这本小册子的观点相距甚远。阿克雪里罗得提到的"年轻同志"，是指当时已转向经济主义并在国外俄国社会民主党人联合会中起领导作用的那一批人（即后来的工人事业派）。1899年4月，《工人事业》杂志第1期刊登了对《俄国社会民主党人的任务》这本小册子的评论。《工人事业》杂志编辑部在评论中掩饰自己的真实倾向，否认国外俄国社会民主党人联合会的机会主义性质，否认经济派在俄国社会民主党组织中的影响有所增强，断言列宁阐述的观点同该编辑部的纲领完全一致，并说编辑部不知道阿克雪里罗得在小册子的序言中所说的究竟是哪些年轻的同志。

1899年8月，阿克雪里罗得在给《工人事业》杂志的信中驳斥了上述论点。他说:《工人事业》杂志试图证明自己同列宁所阐述的观点一致是完全没有根据的，并且指出，在俄国社会民主党内已经出现了一个转向经济主义的派别（"青年派"），这个派别力图"人为地使俄国社会民主党停留在原始发展阶段上"。

1899年12月，《工人事业》杂志作为抽印本刊印了列宁在1899年夏写的《俄国社会民主党人抗议书》（见本卷第262—272页），并加写了编后记。该杂志诡称赞同这一文献，并辩解说《信条》只不过是代表"个别人"的意见，又说担心俄国社会民主党可能向纯粹经济斗争方面发展是没有充分根据的。

1900年2月，劳动解放社出版了格·瓦·普列汉诺夫编的《〈工人事业〉杂志编辑部指南》。书中公布了一系列文件和书信（包括《信条》作者叶·德·库斯柯娃和联合会书记格里申的带有政治性的私人信件），证实在集结于俄国社会民主党人联合会和《工人事业》杂志周围的侨居国外的社会民主党人中间，机会主义分子和经济主义思想实际上占了统治地位。

1900年2—3月，《工人事业》杂志编辑波·尼·克里切夫斯基针对阿克雪里罗得的《信》和普列汉诺夫的《指南》写了编辑部的《回答》，十分明显地暴露了该杂志的机会主义性质。

后来，同《工人事业》杂志的论战转由《火星报》和《曙光》杂志继续进行。——331。

**190**　指《社会民主党人报》。

《社会民主党人报》(《Der Sozialdemokrat》)是反社会党人法施行期间德国社会民主党的中央机关报(周报)。它的主要领导人是威·李卜克内西。1879年9月—1888年9月在苏黎世出版,1888年10月—1890年9月在伦敦出版。1879年9月—1880年1月格·亨·福尔马尔任编辑,1881—1890年爱·伯恩施坦任编辑。该报虽然在初期存在一些缺点和错误,但在恩格斯持续不断的指导和帮助下,坚持了革命策略,在聚集和组织德国社会民主党的力量方面起了卓越作用。恩格斯曾称赞它是德国党的旗帜。反社会党人法废除后,《社会民主党人报》停刊。——335、716。

**191**　纳尔苏修斯·土波雷洛夫是尔·马尔托夫在他的一首题为《现代俄国社会党人之歌》的讽谕诗上所署的戏谑性笔名,意为骄矜的蠢猪。这首诗载于1901年4月《曙光》杂志第1期。诗中嘲笑了经济派的观点及其对自发性的盲目崇拜。——337。

**192**　崩得是立陶宛、波兰和俄罗斯犹太工人总联盟的简称,1897年9月在维尔诺成立。参加这个组织的主要是俄国西部各省的犹太手工业者。崩得在成立初期曾进行社会主义宣传,后来在争取废除反犹太特别法律的斗争过程中滑到了民族主义立场上。在1898年俄国社会民主党第一次代表大会上,崩得作为只在专门涉及犹太无产阶级的问题上独立的"自治组织",加入了俄国社会民主工党。在1903年俄国社会民主工党第二次代表大会上,崩得分子要求承认崩得是犹太无产阶级的唯一代表。在代表大会否决了这个要求之后,崩得退出了党。在1906年俄国社会民主工党第四次(统一)代表大会后,崩得重新加入了党。从1901年起,崩得是俄国工人运动中民族主义和分离主义的代表。它在党内一贯支持机会主义派别(经济派、孟什维克和取消派),反对布尔什维克。第一次世界大战期间,崩得分子采取社会沙文主义立场。1917年二月革命后,崩得支持资产阶级临时政府。1918—1920年外国武装干涉和国内战争时期,崩得的领导人同反革命势力勾结在一起,而一般的崩得分子则开始转变,主张同苏维埃政权合作。1921年3月崩得自行解散,部分成员加入俄国共产党(布)。——345、467、489。

**193**　指悉·韦伯和比·韦伯合著的《工业民主》一书。——346。

**194**　《自由》杂志(《Свобода》)是俄国革命社会主义自由社的刊物,1901—1902年在瑞士出版,共出了两期。列宁指出:"《自由》杂志是一本十分糟糕的杂志。它的作者(杂志给人的印象是,从头到尾似乎都是一个人写的)妄称该杂志是'为工人'办的通俗读物。但是这不是什么通俗,而是卑劣的哗众取宠。"(见《列宁全集》第2版第5卷第322页)

革命社会主义自由社是叶·奥·捷连斯基(纳杰日丁)于1901年5月创建的。列宁认为该社是一个既没有固定的严肃的思想、纲领、策略和组织,又在群众中毫无根基的集团。除《自由》杂志外,自由社还出版了《革命前夜。理论和策略问题不定期评论》第1期、《评论》第1期和纲领性小册子《俄国革命主义的复活》等。自由社宣传恐怖主义和经济主义,支持彼得堡经济派反对火星派。1903年,自由社停止活动。列宁在《关于"自由社"》一文中对自由社作了专门的评论(见《列宁全集》第2版第7卷第50—51页)。——358。

**195** 帕·波·阿克雪里罗得在1897年12月写给《工人报》的第二封信(已编入《论俄国社会民主党人的当前任务和策略问题》小册子)中,阐述了俄国工人运动今后发展的两种可能的前途:纯粹经济斗争的前途和在一般民主主义运动中无产阶级起领导作用的那种政治斗争的前途。——360。

**196** 即1901年2—3月间在彼得堡、莫斯科、基辅、哈尔科夫、喀山、雅罗斯拉夫尔、华沙、比亚韦斯托克、托木斯克、敖德萨和俄国其他城市发生的大学生和工人的大规模政治游行示威、集会和罢工。游行示威和罢工的导火线是当年1月沙皇政府把参加大学生集会的183个基辅大学生送去当兵(参看列宁的《183个大学生被送去当兵》一文,《列宁全集》第2版第4卷第346—351页)。各地游行队伍被沙皇政府派来的警察和哥萨克驱散,游行群众遭到毒打。3月4日(17日)在彼得堡喀山教堂附近广场上举行的游行示威遭到特别残酷的镇压,参加游行示威的数千名大学生和工人中,有数百人受到毒打,其中数人被打死,多人受伤致残。1901年二三月事件证明俄国革命形势日益高涨,工人运动发展到了一个新的阶段,从经济罢工转为政治罢工和游行示威。——362。

**197** 这是彼得堡一个织布工人给《火星报》的信中的话。该信刊登在1901年8月《火星报》第7号"工人运动要闻和工厂来信"栏内。信里说:"……我把《火星报》拿给许多工友看过,结果把这份报纸都弄破了,而这号报纸却是很宝贵的…… 这里讲的都是我们的事情,是关于全俄国的事情。这是无法用金钱来估价,用钟点来计算的。当你读到报纸时,你就会知道为什么宪兵和警察害怕我们工人和带领我们前进的那些知识分子了。这些人确实不仅威胁着老板的钱袋,而且威胁着沙皇和厂主……工人群众现在很容易燃烧起来,下面已经在冒烟,只要有一点火星,就会燃成大火。星星之火可以燎原,这话说得真对!…… 过去,每次罢工都算是一次大事件,如今每个人都知道罢工算不得什么,现在大家都知道必须争取自由,用胸膛去争取自由。现在所有的人,不论老少都愿意看书,只是可惜我们没有书。在前一个星期日,我们召集了11个人在一起阅读《从何着手?》一文,我们直到深夜还没有散。一切都说得多么正确,多么透彻…… 我们很想向你们《火星报》写一封信,希望它不仅能教导我们大家应该怎样着手,并且还教导我们大家应该怎样活和怎样死。"——372。

**198** 指彼·伯·司徒卢威1901年2月和5月在《火星报》第2号和第4号上发表的文章《专制制度和地方自治机关》。《火星报》登载司徒卢威的文章和曙光杂志社刊印财政大臣谢·尤·维特的秘密记事《专制制度和地方自治机关》(附有司徒卢威(尔·恩·斯·)写的序言和注释)这两件事之所以可能,是因为《火星报》和《曙光》杂志编辑部同民主反对派自由社的代表司徒卢威于1901年1月达成了共同出版秘密刊物《时评》的协议。这个协议的寿命不长,当年春天就暴露出根本不可能同民主反对派继续合作下去,于是和司徒卢威的联合也就解体了。——375。

**199** 《俄国报》(《Россия》)是温和的自由派报纸,1899—1902年在彼得堡出版。主编是格·彼·萨宗诺夫。该报在资产阶级阶层中销行甚广。1902年1月由于登载亚·瓦·阿姆菲捷阿特罗夫的小品文《奥勃曼诺夫老爷们》而被政府查封。——377。

**200** 指1901年4月《火星报》第3号上的维·伊·查苏利奇的文章《谈谈当前的事件》和"我们的社会生活"栏中的大学生风潮要闻,以及1901年6月《火星报》第5号上的亚·尼·波特列索夫的文章《论毫无意义的幻想》和短评《警察对著作界的袭击》。

"毫无意义的幻想"是1895年沙皇尼古拉二世接见地方自治人士时申斥他们要求扩大地方自治机关权力的用语。——377。

**201** 指1901年8月《火星报》第7号和10月《火星报》第9号分别发表的两篇评论《叶卡捷琳诺斯拉夫地方自治机关中的事件》和《维亚特卡的"工贼"》。——377。

**202** 有何吩咐?原来是沙皇俄国社会中仆人对主人讲话时的用语。俄国作家米·叶·萨尔蒂科夫-谢德林在他的特写《莫尔恰林老爷们》中首次把对专制政府奴颜婢膝的自由派刊称为《有何吩咐报》。——379。

203　《圣彼得堡新闻》(《С.-Петербургские Ведомости》)是 1703 年创办的第一家俄国报纸《新闻报》的续刊,1728 年起在彼得堡出版。1728—1874 年由科学院出版,1875 年起改由国民教育部出版。1917 年底停刊。——379。

204　《俄罗斯新闻》(《Русские Ведомости》)是俄国报纸,1863—1918 年在莫斯科出版。它反映自由派地主和资产阶级的观点,主张在俄国实行君主立宪,撰稿人是一些自由派教授。至 19 世纪 70 年代中期成为俄国影响最大的报纸之一。80—90 年代刊登民主主义作家和民粹主义者的文章。1898 年和 1901 年曾经停刊。从 1905 年起成为右翼立宪民主党人的机关报。1917 年二月革命后支持资产阶级临时政府。十月革命后被查封。——379。

205　布伦坦诺式的阶级斗争观是指 19 世纪 70 年代德国资产阶级经济学家、讲坛社会主义重要代表人物路·布伦坦诺的改良主义学说,亦即布伦坦诺主义。布伦坦诺鼓吹可以通过工厂立法和组织工会在资本主义范围内克服社会矛盾,实现社会平等,解决工人的问题。列宁称布伦坦诺主义是一种只承认无产阶级的非革命的“阶级”斗争的自由派资产阶级学说(参看本版选集第 3 卷第 587—588 页)。——379、623、703。

206　指工人反资本斗争社。

　　　工人反资本斗争社于 1899 年春在彼得堡成立。它的创建人是维·阿·古托夫斯基(即后来有名的孟什维克叶·马耶夫斯基),成员是一些工人和知识分子。该社同彼得堡工人运动没有牢固的联系,并且存在时间极短,1899 年夏即被取缔。该社观点接近经济派。它的一份传单《我们的纲领》中说,沙皇政府就是资本自身,反资本的斗争也就是政治斗争。这份传单是油印的,由于组织瓦解,没有散发出去。——385。

207　《无产阶级斗争》文集第 1 辑是俄国乌拉尔社会民主党小组在 1899 年出版的。文集的撰稿者站在经济主义的立场上否认成立工人阶级独立政党的必要性,认为用总罢工的方法就能完成政治革命。——386。

208　纳尔苏修斯是古希腊神话中的一个孤芳自赏的美少年。——387、696。

209　后背一词出自圣经中摩西见耶和华只能看到后背的传说(《旧约全书·出埃及记》第 33 章)。此处是借用这个典故来形容经济派的尾巴主义特征。——388。

210　列宁在这里所说的,看来是指他 1901 年同亚·马尔丁诺夫的第一次会见。马尔丁诺夫在自己的回忆录中描写了这次会见的情形:“我同列宁谈到了纲领,谈到了党的政治任务,谈到了政治策略,我们好像没有任何意见分歧。可是谈话结束时,列宁向我提出一个问题:'那您是怎样看待我的组织计划呢?'当时我马上激动起来:'在这一点上我根本不同意您的意见。我看您的组织计划好像是在建立马其顿人的武装游击队。您建议在党内实行某种军事纪律,但这样的事,不论是在我们俄国还是在西欧,社会民主党人从来没有见过。'弗拉基米尔·伊里奇眯缝着眼,笑眯眯地回答说:'您只是在这一点上同我不一致,而这一点正是问题的全部实质,这就是说,您我之间再没有什么好谈的了。'我们于是分道扬镳……好多年。"(见亚·马尔丁诺夫《伟大的无产阶级领袖》1924年莫斯科版第8—9页)——392。

211　阿法纳西·伊万内奇和普尔赫丽娅·伊万诺夫娜是俄国作家尼·瓦·果戈理的小说《旧式的地主》中的一对地主老夫妻。他们一辈子住在自己的小庄园里,过着与世隔绝的生活。——396。

212　指列宁领导的彼得堡社会民主党人("老年派")小组。以该小组为基础,于1895年建立了彼得堡工人阶级解放斗争协会。——406。

213　指古希腊科学家阿基米德的名言:"给我一个支点,我就能把地球翻转过来。"——406。

214　土地自由派是土地和自由社的成员。土地和自由社是俄国民粹派的秘密革命组织,1876年在彼得堡成立,起初称为北方革命民粹主义小组、民粹派协会,1878年底改称土地和自由社(19世纪60年代初出现的一个俄国革命组织也叫土地和自由社)。该社著名活动家有:马·安·和奥·亚·纳坦松夫妇、亚·德·米哈伊洛夫、阿·费·米哈伊洛夫、阿·德·奥博列舍夫、格·瓦·普列汉诺夫、奥·瓦·阿普捷克曼、德·亚·克列缅茨、尼·亚·莫罗佐夫、索·李·佩罗夫斯卡娅等。土地自由派认为俄国可以走非资本主义的特殊发展道路,其基础就是农民村社。他们的纲领提出全部土地归"农村劳动等级"并加以"平均"分配、村社完全自治、"按地方意愿"把帝国分为几个部分等等。土地自由派认为俄国的主要革命力量是农民。他们在坦波夫、沃罗涅日等省进行革命工作,企图发动农民起义来反对沙皇政府。他们还出版和传播革命书刊,参加70年代末彼得堡的一些罢工和游行示威。他们的组织原则是遵守纪律、同志之间互相监督、集中制和保守秘密。由于对农村中革命运动日益感到失望,以及政府迫害的加剧,在土地和自由社内部逐渐形成了主张把恐怖活动作为同沙皇政府进行斗争的主要手段的一派。另一派主张继续采取原来的策略。1879 年 8 月,土地和自由社最终分裂,前者成立了民意党,后者组织了土地平分社。

土地平分派指土地平分社的成员,他们坚持过去的土地和自由社的纲领和策略。主要代表人物有普列汉诺夫、米·罗·波波夫、帕·波·阿克雪里罗得、列·格·捷依奇、雅·瓦·斯特凡诺维奇、维·伊·查苏利奇、奥·瓦·阿普捷克曼、瓦·尼·伊格纳托夫、阿·彼·布拉诺夫等。土地平分派出版了《土地平分》杂志和《种子报》。土地平分社的一部分成员——普列汉诺夫、阿克雪里罗得、查苏利奇、捷依奇和伊格纳托夫后来转向马克思主义,于 1883 年成立了俄国第一个马克思主义团体劳动解放社,另一部分成员则加入了民意党。到 1881 年底,土地平分社作为组织不再存在。——414、471、726。

**215** 指 E. 拉扎列夫的两篇文章:《俄国社会民主党的分裂》(见 1900 年 4 月和 5 月《前夕》杂志第 15 期和第 16 期)和《谈谈一次分裂》(见 1900 年 6 月《前夕》杂志第 17—18 期合刊)。拉扎列夫将格·瓦·普列汉诺夫出版批评"青年派"的《指南》一事说成是"把真诚的、积极的和善良的同志革出社会民主党人教门"。——419。

**216** 阿雷奥帕格是古代雅典的最高司法机关,借喻最高权威的裁判。——419。

**217** 这个报告的全称是:《向 1900 年巴黎国际社会党代表大会作的关于俄国社会民主主义运动的报告》。该报告是《工人事业》杂志编辑部受国外俄国社会民主党人联合会委托起草的,1901 年由联合会在日内瓦出版。——422。

**218** 唐·吉诃德精神意思是徒怀善良愿望而行为完全脱离实际。唐·吉诃德是西班牙作家米·塞万提斯的同名小说中的主人公。他一心要做一个扶危济困、除暴安良的游侠骑士,但由于把现实中的一切都幻想成骑士小说中的东西,结果干出了许多荒唐可笑的事情。——422。

**219** 这个意见是《〈工人思想报〉增刊》(1899 年 9 月)上发表的尔·姆·的《我国的实际情况》一文提出的,参看本卷第 353 页的引文。——426。

**220** 《南方工人报》(《Южный Рабочий》)是社会民主党秘密报纸,1900 年 1 月—1903 年 4 月出版,共出了 12 号。第 1、2 号由俄国社会民主工党叶卡捷琳诺斯拉夫委员会出版,以后各号由南方工人社(有叶卡捷琳诺斯拉夫、哈尔科夫等南方城市的俄国社会民主工党组织的代表参加)

出版。报纸的印刷所先后设在叶卡捷琳诺斯拉夫、斯摩棱斯克、基什尼奥夫、尼古拉耶夫等城市。参加编辑和撰稿的有伊·克·拉拉扬茨、阿·扎·维连斯基(伊里亚)、奥·阿·科甘(叶尔曼斯基)、В. Н. 罗扎诺夫等。《南方工人报》反对经济主义和恐怖主义，但是不同意列宁的在集中制原则基础上建党的计划，而主张建立区域的社会民主党联合组织。在1903年俄国社会民主工党第二次代表大会上，南方工人社的代表采取中派立场。根据这次代表大会的决议，南方工人社被解散，《南方工人报》停刊。——427。

**221** 指《工人思想报》印发的调查表《关于俄国工人阶级状况的问题》(1898年)和小册子《收集俄国工人阶级状况资料问题集》(1899年)。前者列出了17个有关工人劳动生活条件的问题，后者列出了158个。——429。

**222** 1885年的罢工运动席卷了俄国弗拉基米尔省、莫斯科省、特维尔省和其他几个工业中心省份的许多纺织企业。其中最著名的是1885年1月7—17日的莫罗佐夫工厂即尼科利斯科耶纺织厂的罢工。这次罢工是因厂主季·萨·莫罗佐夫对纺织工人残酷剥削以致工人经济状况恶化而引起的。如1882—1884年间工人工资曾被降低五次，对工人的罚款达到工资额的$\frac{1}{4}$—$\frac{1}{2}$。罢工的领导者是先进工人彼·阿·莫伊谢延科、卢·伊·伊万诺夫和瓦·谢·沃尔柯夫。参加罢工的约有8000人。他们要求恢复1881—1882年度的工资标准，最大限度减少罚款并退还部分罚款，偿付罢工期间的工资，调整雇佣条件等。这次罢工遭到沙皇政府的武力镇压。罢工领导者及600多名工人被捕，其中33人受到审判。这次罢工以及相继发生的多次罢工终于迫使沙皇政府于1886年6月3日颁布了罚款法。

关于1896年彼得堡地区纺织工人的罢工及要求，参看注75。——430。

**223** 奥吉亚斯的牛圈出典于希腊神话。据说古希腊西部厄利斯的国王奥吉亚斯养牛3000头，30年来牛圈从未打扫，粪便堆积如山。奥吉亚斯的牛圈常被用来比喻藏垢纳污的地方。——432。

**224** 指俄国社会民主工党历史中的下列事实：

第一件事实：1897年夏，彼得堡工人阶级解放斗争协会曾同流放中的列宁商谈出版工人丛书的问题，为此列宁写了正文中提到的两本小册子。这两本小册子于1898年和1899年先后在日内瓦出版。

第二件事实:1898年,被流放在图鲁汉斯克的尔·马尔托夫根据崩得中央委员会的建议写了小册子《俄国的工人事业》,于1899年在日内瓦出版。

第三件事实:1899年,崩得中央委员会同列宁商谈《工人报》复刊的问题。正文中提到的几篇文章就是列宁为准备复刊的《工人报》第3号写的。

第四件事实:1900年初,由俄国社会民主工党叶卡捷琳诺斯拉夫委员会倡议,并得到崩得和国外俄国社会民主党人联合会的支持,曾打算召开俄国社会民主工党第二次代表大会,重建党的中央委员会和恢复出版中央机关报——《工人报》。1900年2月,叶卡捷琳诺斯拉夫委员会委员伊·克·拉拉扬茨赴莫斯科同列宁商谈,他建议正在筹办《火星报》的列宁、马尔托夫和波特列索夫参加代表大会,并负责编辑《工人报》。列宁和劳动解放社的成员都认为召开代表大会为时尚早(见《列宁全集》第2版第4卷第284—285页),但是劳动解放社没有拒绝参加代表大会,而委托列宁代表它出席,并从国外给他寄去了委托书。由于警察在1900年4—5月间进行了大逮捕,代表大会没有开成。前来出席拟于1900年春在斯摩棱斯克举行的代表大会的只有崩得、南方工人社和国外俄国社会民主党人联合会三个组织的代表。

列宁在这里提到的事实,正是按它们实际发生的时间顺序排列的。他在脚注中说"我们故意不按这些事实发生的先后排列",是出于保密的考虑。——435。

**225** 指俄国革命社会民主党人国外同盟。

俄国革命社会民主党人国外同盟是根据列宁的倡议由《火星报》和《曙光》杂志国外组织同"社会民主党人"革命组织于1901年10月在瑞士合并组成的。根据章程,同盟是《火星报》组织的国外部,其任务是协助《火星报》和《曙光》杂志的出版和传播,在国外宣传革命的社会民主党的思想,帮助俄国各社会民主党组织培养积极的活动家,向政治流亡者介绍俄国革命进程等。在1903年召开的俄国社会民主工党第二次代表大会上,同盟被承认为享有党的地方委员会权利的唯一国外组织。俄国社会民主工党第二次代表大会以后,孟什维克的势力在同盟内增强,他们于1903年10月召开同盟第二次代表大会,反对布尔什维克。列宁及其拥护者曾退出代表大会。孟什维克把持的同盟通过了同俄国社会民主工党章程相抵触的新章程。从此同盟就成为孟什维主义在国外的主要堡垒,直至1905年同盟撤销为止。——435、469。

**226**　《〈工人事业〉杂志附刊》(《Листок «Рабочего Дела»》)是国外俄国社会民主党人联合会机关刊物《工人事业》杂志的不定期附刊,1900 年 6 月—1901 年 7 月在日内瓦出版,共出 8 期。列宁在《从何着手?》一文中称《工人事业》杂志编辑部是无原则的折中主义派别的巢穴,对《〈工人事业〉杂志附刊》第 6 期上的文章《历史性的转变》进行了尖锐批判(见《列宁全集》第 2 版第 5 卷第 1—10 页)。《工人事业》杂志第 10 期上发表的波·尼·克里切夫斯基的《原则、策略和斗争》一文是对列宁的批判的答复。——449。

**227**　指马克思的《路易·波拿巴的雾月十八日》一书的下面一段话:"黑格尔在某个地方说过,一切伟大的世界历史事变和人物,可以说都出现两次。他忘记补充一点:第一次是作为悲剧出现,第二次是作为笑剧出现。"(见《马克思恩格斯文集》2009 年人民出版社版第 2 卷第 470 页)——449。

**228**　1901 年 11—12 月,俄国许多城市掀起了得到工人支持的大学生游行示威的浪潮。在下诺夫哥罗德(抗议政府无理驱逐无产阶级作家马克西姆·高尔基)、莫斯科(抗议政府当局禁止举行革命民主主义者、哲学家和文学评论家尼·亚·杜勃罗留波夫逝世四十周年纪念晚会)、叶卡捷琳诺斯拉夫等城市举行了游行示威,在基辅、哈尔科夫、彼得堡等地也发生了大学生集会和学潮。有关这些情况的报道均载于《火星报》1901 年 12 月 20 日第 13 号和 1902 年 1 月 1 日第 14 号"我们的社会生活"栏。列宁的《游行示威开始了》(见《列宁全集》第 2 版第 5 卷第 333—336 页)和格·瓦·普列汉诺夫的《论游行示威》(见《火星报》第 14 号)专门对此进行了评论。——452。

**229**　扬尼恰尔是 14 世纪土耳其的正规步兵,是苏丹专制政府的一支最重要的警察部队,以残酷闻名,1826 年被解散。列宁把沙皇的警察叫做扬尼恰尔。——453。

**230**　波兰社会党是以波兰社会党人巴黎代表大会(1892 年 11 月)确定的纲领方针为基础于 1893 年成立的。这次代表大会提出了建立独立民主共和国、为争取人民群众的民主权利而斗争的口号,但是没有把这一斗争同俄国、德国和奥匈帝国的革命力量的斗争结合起来。该党右翼领导人约·皮尔苏茨基等认为恢复波兰国家的唯一道路是民族起义,而不是以无产阶级为领导的全俄反对沙皇的革命。从 1905 年 2 月起,以马·亨·瓦列茨基、费·雅·柯恩等为首的左派逐步在党内占了优势。

1906 年 11 月在维也纳召开的波兰社会党第九次代表大会把皮尔苏茨基及其拥护者开除出党,该党遂分裂为两个党:波兰社会党"左派"和所谓的波兰社会党"革命派"。波兰社会党"左派"逐步转到了革命的和国际主义的立场,于 1918 年 12 月同波兰王国和立陶宛社会民主党一起建立了波兰共产党。波兰社会党"革命派"于 1909 年重新使用波兰社会党的名称,强调通过武装斗争争取波兰独立,但把这一斗争同无产阶级的阶级斗争割裂开来。从第一次世界大战开始起,该党的骨干分子参加了皮尔苏茨基在奥德帝国主义一边搞的军事政治活动(成立波兰军团)。1918 年波兰社会党参加创建独立的资产阶级波兰国家。该党不反对地主资产阶级波兰对苏维埃俄国的武装干涉,并于 1920 年 7 月参加了所谓国防联合政府。1926 年该党支持皮尔苏茨基发动的政变,同年 11 月由于拒绝同推行"健全化"的当局合作而成为反对党。——459。

**231** 《黎明》杂志(《Przedświt》)是波兰政治刊物,由一些波兰社会主义者于 1881 年创办。1884 年起是波兰第一个工人政党"无产阶级"党的机关刊物。1892 年起被右翼社会党人和民族主义分子所掌握,但偶尔也刊登一些马克思主义者的文章。1893—1899 年该杂志是波兰社会党人国外联合会(波兰社会党的国外组织)的机关刊物,1900—1905 年是波兰社会党的理论性和争论性机关刊物。1907 年起,该杂志是右派波兰社会党(所谓波兰社会党"革命派")的机关刊物;1918—1920 年是波兰社会党的机关刊物。1920 年停刊。1881—1901 年《黎明》杂志在国外(日内瓦、利普斯克、伦敦、巴黎)出版,后来在波兰(克拉科夫、华沙、利沃夫)出版。——459。

**232** 《革命俄国报》(《Революционная Россия》)是俄国社会革命党人的秘密报纸,由社会革命党人联合会于 1900 年底在俄国出版,创办人为安·亚·阿尔古诺夫。1902 年 1 月—1905 年 12 月,作为社会革命党的正式机关报在日内瓦出版,编辑为米·拉·郭茨和维·米·切尔诺夫。——460、655。

**233** 社会革命党人是俄国最大的小资产阶级政党社会革命党的成员。该党是 1901 年底—1902 年初由南方社会革命党、社会革命党人联合会、老民意党人小组、社会主义土地同盟等民粹派团体联合而成的。成立时的领导人有马·安·纳坦松、叶·康·布列什柯-布列什柯夫斯卡娅、尼·谢·鲁萨诺夫、维·米·切尔诺夫、米·拉·郭茨、格·安·格尔舒尼等,正式机关报是《革命俄国报》(1901—1904 年)和《俄国革命通报》杂志(1901—1905 年)。社会革命党人的理论观点是民粹主义和修正主义思想的折中混合物。他们否认无产阶级和农民之间的阶级差别,抹杀农民内部的矛盾,否认无产阶级在资产阶级民主革命中的领导作用。在土地问题上,社会革命党人主张消灭土地私有制,按照平均使用原则将土地交村社支配,发展各种合作社。在策略方面,社会革命党人采用了社会民主党人进行群众性鼓动的方法,但主要斗争方法还是搞个人恐怖。为了进行恐怖活动,该党建立了秘密的事实上脱离该党中央的战斗组织。

在 1905—1907 年俄国第一次革命中,社会革命党曾在农村开展焚烧地主庄园、夺取地主财产的所谓"土地恐怖"运动,并同其他政党一起参加武装起义和游击战,但也曾同资产阶级的解放社签订协议。在国家杜马中,该党动摇于社会民主和立宪民主党之间。该党内部的不统一造成了 1906 年的分裂,其右翼和极左翼分别组成了人民社会党和最高纲领派社会革命党人联合会。在斯托雷平反动时期,社会革命党经历了思想上、组织上的严重危机。在第一次世界大战期间,社会革命党的大多数领导人采取了社会沙文主义的立场。1917 年二月革命后,社会革命党中央实行妥协主义和阶级调和的政策,党的领导人亚·费·克伦斯基、尼·德·阿夫克森齐耶夫、切尔诺夫等参加了资产阶级临时政府。七月事变时期该党公开转向资产阶级方面。社会革命党中央的妥协政策造成党的分裂,左翼于 1917 年 12 月组成了一个独立政党——左派社会革命党。十月革命后,社会革命党人(右派和中派)公开进行反苏维埃的活动,在国内战争时期进行反对苏维埃政权的武装斗争,对共产党和苏维埃政权的领导人实行个人恐怖。内战结束后,他们在"没有共产党人参加的苏维埃"的口号下组织了一系列叛乱。1922 年,社会革命党彻底瓦解。——460、527、649、654、677、729、768。

**234**　法兰克福议会是德国 1848 年三月革命以后召开的全德国民议会,1848年 5 月 18 日在美因河畔法兰克福正式开幕。法兰克福议会的选举由各邦自行办理,代表中资产阶级的自由派占多数。由于自由派的怯懦和动摇以及小资产阶级左派的不坚定和不彻底,法兰克福议会害怕接管国家的最高权力,没有成为真正统一德国的机构,最后变成了一个没有实际权力,只能导致群众离开革命斗争的纯粹的争论俱乐部。直至1849 年 3 月 27 日,议会才通过了帝国宪法,而这时反动势力已在奥地

利和普鲁士得胜。法兰克福议会制定的宪法尽管很保守,但毕竟主张
德国统一,有些自由主义气味,因此普鲁士、奥地利、巴伐利亚等邦纷纷
宣布予以拒绝,并从议会召回自己的代表。留在议会里的小资产阶级
左派不敢领导已经兴起的人民群众保卫宪法的斗争,于1849年5月30
日把法兰克福议会迁至持中立立场的符腾堡的斯图加特。6月18日,
法兰克福议会被符腾堡军队解散。——462、541。

235 《进一步,退两步(我们党内的危机)》一书于1904年5月在日内瓦出
版。它在马克思主义历史上第一次详尽地批判了组织上的机会主义,
制定了马克思主义革命政党的组织原则。为了写这本书,列宁在几个
月的时间内详细地研究了1904年1月发表的俄国社会民主工党第二次
代表大会会议记录和决议、每个代表的发言、大会上所形成的各政治派
别、党中央委员会和总委员会的各种文件。从《〈进一步,退两步〉一书
材料》(见《列宁全集》第2版第8卷第477—496页)中可以看到,列宁
写作此书的准备工作是做得非常细致、扎实的。

　　这本书一出版,就受到孟什维克的恶毒攻击。格·瓦·普列汉诺
夫要求中央委员会同列宁的书划清界限。中央委员会里的调和派也曾
试图阻止它的印刷和发行。尽管如此,列宁的这部著作仍在俄国先进
工人中得到广泛传播。——468。

236 指俄国社会民主工党第二次代表大会。
　　俄国社会民主工党第二次代表大会于1903年7月17日(30日)—
8月10日(23日)先后在布鲁塞尔和伦敦举行。代表大会是《火星报》
筹备的。列宁为代表大会起草了一系列文件,并详细拟定了代表大会
的议程和议事规程。

　　出席代表大会的有43名有表决权的代表,他们代表着26个组织
(劳动解放社、《火星报》组织、崩得国外委员会和中央委员会、俄国革命
社会民主党人国外同盟、国外俄国社会民主党人联合会以及俄国社会
民主党的20个地方委员会和联合会),共有51票(有些代表有两票)。
出席代表大会的有发言权的代表共14名。代表大会的成分不一,其中
有《火星报》的拥护者,也有《火星报》的反对者以及不坚定的动摇
分子。

　　列宁被选入代表大会常务委员会,主持了多次会议,几乎就所有问
题发了言。他还是纲领委员会、章程委员会和代表资格审查委员会的
委员。

代表大会要解决的最重要的问题是:批准党纲、党章以及选举党的中央领导机关。列宁及其拥护者在大会上同机会主义分子作了坚决的斗争。代表大会否决了机会主义分子要按照西欧各国社会民主党的纲领的精神来修改《火星报》编辑部制定的纲领草案的一切企图。大会先逐条讨论和通过党纲草案,然后由全体代表一致通过了整个纲领(有1票弃权)。在讨论党章时,会上就建党的组织原则问题展开了尖锐的斗争。由于得到反火星派和"泥潭派"(中派)的支持,尔·马尔托夫提出的为不坚定分子入党大开方便之门的党章第1条条文,以微弱的多数票为大会所通过。但是代表大会还是基本上批准了列宁制定的党章。

大会票数的划分起初是:火星派33票,"泥潭派"(中派)10票,反火星派8票(3名工人事业派分子和5名崩得分子)。在彻底的火星派(列宁派)和"温和的"火星派(马尔托夫派)之间发生分裂后,彻底的火星派暂时处于少数地位。但是,8月5日(18日)7名反火星派分子(2名工人事业派分子和5名崩得分子)因不同意代表大会的决议而退出了大会。在选举中央机关时,得到反火星派分子和"泥潭派"的支持的马尔托夫派(共7人)成为少数派,共有20票(马尔托夫派9票,"泥潭派"10票,反火星派1票),而团结在列宁周围的20名彻底的火星派分子成为多数派,共有24票。列宁及其拥护者在选举中得到了胜利。代表大会选举列宁、马尔托夫和格·瓦·普列汉诺夫为中央机关报《火星报》编辑部成员,格·马·克尔日扎诺夫斯基、弗·威·林格尼克和弗·亚·诺斯科夫为中央委员会委员,普列汉诺夫为党总委员会委员。从此,列宁及其拥护者被称为布尔什维克(俄语多数派一词的音译),而机会主义分子则被称为孟什维克(俄语少数派一词的音译)。

俄国社会民主工党第二次代表大会具有重大的历史意义。列宁说:"布尔什维主义作为一种政治思潮,作为一个政党而存在,是从1903年开始的。"(见本版选集第4卷第135页)——468、613、768。

**237** 泥潭派原来是18世纪法国资产阶级革命中人们给国民公会里的中派集团取的绰号,又译沼泽派,也称平原派,因他们的席位处在会场中较低的地方,故有此称。泥潭派在国民公会中占多数,代表中等工商业资产者的利益。他们没有自己的纲领,在各政治派别的斗争中依违于左派和右派之间,而总是站到当时力量较强者的一边。泥潭派一词后来成了那些动摇不定、企图回避斗争的派别的通称。——469、621。

**238** 这一事件发生在1900年。汉堡的122名泥瓦工组织了"泥瓦工自由工会",在罢工期间违反泥瓦工工会中央联合会的禁令做包工活。泥瓦工工会汉堡分会向当地社会民主党组织提出了"泥瓦工自由工会"中的社会民主党党员破坏罢工行为的问题。地方党组织把这一问题转交给社会民主党中央委员会处理。中央委员会指定党的仲裁法庭审理此案。仲裁法庭斥责了"泥瓦工自由工会"中的社会民主党党员的行为,但否决了把他们开除出党的建议。——477。

**239** 科斯季奇(米·索·兹博罗夫斯基)决议案所提出的党章第 1 条条文是:"凡承认党纲、在物质上帮助党并在党的一个组织领导下经常亲自协助党的人,可以作为该组织的党员。"(见《俄国社会民主工党第二次代表大会》1959 年俄文版第 281 页)——481。

**240** 即组织委员会。

组织委员会是在 1902 年 11 月 2—3 日(15—16 日)举行的普斯科夫会议上成立的,负责召集俄国社会民主工党第二次代表大会。1902年 3 月,经济派和崩得分子发起召开的俄国社会民主工党各委员会和组织的比亚韦斯托克代表会议曾选出由《火星报》的费·伊·唐恩、俄国社会民主工党南方各委员会和组织联合会的奥·阿·叶尔曼斯基、崩得中央委员会的 К. Я. 波尔特诺伊组成的组织委员会。但是代表会议结束不久,它的两名委员就被捕了,因此这个组织委员会事实上并未着手工作。

1902 年春天和夏天,列宁在给《火星报》国内组织的成员——彼得堡的伊·伊·拉德琴柯和萨马拉的弗·威·林格尼克的信中,提出了成立新的组织委员会的任务(见《列宁全集》第 2 版第 44 卷第 220、222—223、237—240 页)。列宁认为,火星派应在组织委员会中起主导作用,同时为保持同比亚韦斯托克代表会议的继承关系,在制止崩得代表企图影响俄国社会民主党事务的条件下,吸收崩得代表加入组织委员会也是必要的。1902 年 8 月 2 日(15 日),由列宁主持,在伦敦召开了一次火星派会议。参加会议的有弗·潘·克拉斯努哈、彼·阿·克拉西科夫和弗·亚·诺斯科夫。这次会议建立了俄国组织委员会的核心。会议决定邀请崩得和当时向《火星报》靠拢的南方工人社派代表参加组织委员会。同时给了组织委员会以增补新的委员的权利。

11 月 2—3 日(15—16 日),在普斯科夫举行了社会民主党各组织的代表会议,成立了由俄国社会民主工党彼得堡委员会的克拉斯努哈、《火星报》国内组织的拉德琴柯和南方工人社的叶·雅·列文组成的组织委员会。组织委员会还增补了《火星报》国内组织的克拉西科夫、林格尼克、潘·尼·勒柏辛斯基、格·马·克尔日扎诺夫斯基和俄国社会民主工党北方协会的亚·米·斯托帕尼为委员(拉德琴柯、克拉斯努哈和勒柏辛斯基于会议后次日被捕)。会议还通过了《关于"组织委员会"成立的通告》,该《通告》于1902年12月在俄国印成单页出版。

　　崩得没有派代表出席这次会议,在《火星报》发表《关于"组织委员会"成立的通告》后不久,崩得在自己的报纸《最新消息》上发表声明攻击组织委员会。列宁在《论崩得的声明》(见《列宁全集》第2版第7卷第80—86页)一文中,尖锐地批判了崩得的立场。

　　1903年2月初,在奥廖尔举行了组织委员会的第2次会议。会议决定吸收《火星报》国内组织的罗·萨·哈尔贝施塔特和叶·米·亚历山德罗娃、南方工人社代表 B. H. 罗扎诺夫、崩得代表波尔特诺伊参加组织委员会,并批准火星派分子波·伊·戈尔德曼、A. П. 多利沃-多布罗沃尔斯基、罗·萨·捷姆利亚奇卡和崩得分子伊·李·艾森施塔特为组织委员会候补委员。会议制定并通过了代表大会章程草案和有权参加代表大会的组织的名单。代表大会章程草案分发给各地方委员会进行讨论。结果,在组织委员会列入有权参加代表大会组织名单的16个组织中,表决通过章程草案的全部条文的占三分之二以上;这样,代表大会的章程就得到了各地方组织的通过和批准。组织委员会根据这一章程进一步开展了党的第二次代表大会的筹备工作。

　　列宁在《进一步,退两步》一书中谈到组织委员会的工作时写道:"组委会**主要**是一个负责召集代表大会的委员会,是一个有意吸收各种色彩的代表(直到崩得为止)组成的委员会;而实际**建立**党的组织统一工作,则完全由《火星报》组织来担负。"(见《列宁全集》第2版第8卷第274页)。——483。

**241**　阿基里斯之踵意为致命弱点,出典于希腊神话。阿基里斯是希腊英雄珀琉斯和海洋女神西蒂斯所生的儿子。他的母亲为了使他和神一样永生不死,在他出生后曾捏着他的脚后跟把他放进冥河的圣水里浸过。他的脚后跟因为没有沾上圣水就成了他唯一可能受到伤害的部位。后来阿基里斯果然被暗箭射中脚后跟而死。——485。

**242**　帕·波·阿克雪里罗得的这些话出自他的《俄国社会民主党的统一及其任务》一文,其中自由派的文坛领袖是指彼·伯·司徒卢威,革命的资产阶级民主派的领袖是暗指列宁。——492。

**243** 这里说的是合法马克思主义的主要代表人物彼·伯·司徒卢威。1894 年秋,列宁在彼得堡革命马克思主义者和合法马克思主义者代表参加的一次讨论会上,作了题为《马克思主义在资产阶级著作中的反映》的报告,批判了司徒卢威同其他合法马克思主义者的观点。这篇报告后来成为他 1894 年底至 1895 年初撰写的《民粹主义的经济内容及其在司徒卢威先生的书中受到的批评》一文(见《列宁全集》第 2 版第 1 卷第 297— 465 页)的基础。——492。

**244** 列宁指尔·马尔托夫在《火星报》第 62 号上发表的《我们能这样去准备吗?》一文。该文与拥护多数派的三个乌拉尔委员会论战,反对它们坚持的必须建立严格保守秘密的组织以准备全俄武装起义的观点,认为这是空想和搞密谋活动,是 19 世纪 40 年代和 60 年代法国革命家的策略。——495。

**245** 他们在描画什么人的肖像? 他们从哪里听过这种对话? 出自俄国诗人米·尤·莱蒙托夫的对话体诗《编辑、读者与作家》。诗人通过读者对编辑的批评,表达了对当时一些文学作品的不满。列宁借用这句话来嘲讽新《火星报》。——496。

**246** 葡萄是酸的! 一语出自俄国作家伊·安·克雷洛夫的寓言《狐狸和葡萄》。狐狸想吃葡萄够不着,就宽慰自己说:"这葡萄看上去挺好,其实都没熟,全是酸的!"——498。

**247** 铁弹是铁弹,炸弹是炸弹出自俄国说书艺人伊·费·哥尔布诺夫讲的故事《在大炮旁》。故事说,两个士兵在大炮旁边议论炮弹。士兵甲认为这门大炮要是装上铁弹就好了,士兵乙却认为要是装上炸弹就更好。两人争论起来,但谁也说不出一个所以然来,其实他们根本不懂得他们谈论的东西。——500。

**248** 这句话引自尔·马尔托夫的讽刺诗《现代俄国社会党人之歌》。参看注 191。——502、785。

**249** 吉伦特主义即法国资产阶级革命时期的吉伦特派在国家体制问题上关于各省自治、成立联邦的主张。关于吉伦特派,参看注 149。——506。

**250** 指 1904 年 2 月 25 日《火星报》第 60 号上刊载的尔·马尔托夫的文章《当务之急》。他在这篇文章中鼓吹党的地方委员会在决定自己的人选的问题上对中央委员会保持"独立性",并且攻击莫斯科委员会在讨论这个问题时通过的决议:该委员会根据党章第 9 条服从中央委员会一切命令。——507。

251　指德国社会民主党德累斯顿代表大会。

德国社会民主党德累斯顿代表大会于 1903 年 9 月 13—20 日在德累斯顿举行。会议的中心议题是党的策略和同修正主义作斗争的问题。大会批评了爱·伯恩施坦、保·格雷、爱·大卫、沃·海涅等人的修正主义观点,并以压倒多数票(288 票对 11 票)通过了谴责修正主义者力图改变党的以阶级斗争为基础的老策略的决议。但是代表大会没有把修正主义分子开除出党,他们在大会后继续宣传自己的机会主义观点。——509。

252　《社会主义月刊》(《Sozialistische Monatshefte》)是德国机会主义者的主要刊物,也是国际修正主义者的刊物之一,1897—1933 年在柏林出版。编辑和出版者为右翼社会民主党人约·布洛赫。撰稿人有爱·伯恩施坦、康·施米特、弗·赫茨、爱·大卫、沃·海涅、麦·席佩耳等。第一次世界大战期间,该刊物持社会沙文主义立场。——509。

253　指维·伊·查苏利奇在 1903 年 10 月 28 日同盟代表大会第 3 次会议上的发言。在谈到党的第二次代表大会选举中央机关报编辑部的问题时,她认为,即使编辑部内部有分歧,由党的代表大会来改变编辑部的组成也是不必要的。——513。

254　解放派是俄国自由派资产阶级反对派,因其主要代表资产阶级知识分子和地方自治自由派人士于 1902 年 6 月创办《解放》杂志而得名。解放派以《解放》杂志为基础,于 1904 年 1 月在彼得堡成立解放社,领导人是伊·伊·彼特龙凯维奇和尼·费·安年斯基。解放社的纲领包括实行立宪君主制和普选制,保护"劳动群众利益"和承认各民族的自决权。1905 年革命开始后,它又要求将一部分土地强制转让并分给少地农民、实行八小时工作制。解放社主张参加布里根杜马选举。1905 年 10 月立宪民主党成立以后,解放社停止活动。解放社的左翼没有加入立宪民主党,另外组成了伯恩施坦主义的无题派。——513、531。

255　《法兰克福报》(《Frankfurter Zeitung》)是德国交易所经纪人的报纸(日报),1856—1943 年在美因河畔法兰克福出版。——514、579。

256　指尔·马尔托夫攻击多数派的诙谐性文章《俄国社会民主工党简明宪法("坚定派"最高章程)》。这个《宪法》作为他的《当务之急》一文的附录发表于 1904 年 1 月 25 日《火星报》第 58 号。马尔托夫在这个《宪法》中歪曲多数派的组织原则,说什么"党分为驱策者和被驱策者";"为了利于集中制,驱策者有不同的信任级别,而被驱策者的权利都是平等的"等等。——517。

**257** 《社会民主党在民主革命中的两种策略》一书是列宁从理论上论证布尔什维克在俄国第一次革命中的战略和策略并批判孟什维克的机会主义策略的重要著作。列宁曾在《〈十二年来〉文集序言》中指出,这部著作系统地叙述了同孟什维克的基本策略分歧(见本卷第775—776页)。

这部著作是在俄国社会民主工党第三次代表大会和与这个代表大会同时召开的孟什维克代表会议结束后不久,于1905年6—7月在日内瓦写的。书中的《补充说明》部分(见本卷第618—643页)写于6月21日(7月4日)以后,而《序言》的写作时间则不早于7月13日(26日)。在撰写过程中,列宁曾为它拟过这样的标题:《社会民主党在民主革命中的两种策略(对俄国社会民主工党第三次代表大会的决议和分裂出去的社会民主党人代表会议的决议的看法和评论)》(见《列宁文稿》第12卷第147页)。在刊载于1905年6月20日(7月3日)《无产者报》第6号的《倒退的第三步》一文中,列宁曾预告这本书不久便可与读者见面(见《列宁全集》第2版第10卷第308页);几个星期以后,7月27日(8月9日)《无产者报》第11号发表了这本书出版的消息。

《社会民主党在民主革命中的两种策略》一书于1905年由俄国社会民主工党中央委员会在日内瓦出版后,当年曾在俄国国内由俄国社会民主工党中央委员会和莫斯科委员会分别翻印。这一著作曾在彼得堡、莫斯科、彼尔姆、喀山、梯弗利斯、巴库等城市秘密流传,许多地下的党小组和工人小组都学习过。1907年2月,沙皇政府的彼得堡出版委员会下令查禁这本书。彼得堡高等法院于同年3月核准了这一禁令,并于12月进一步作出销毁列宁这部著作的决定。

列宁将《社会民主党在民主革命中的两种策略》编入了1907年11月中旬在彼得堡出版的《十二年来》文集,并加了一些新的脚注。《十二年来》文集出版后不久就被沙皇当局没收,但有很大一部分被抢救了出来。

这本书的手稿没有完全保存下来。在《列宁全集》俄文第5版第11卷中,这一著作是按照俄国社会民主工党中央委员会的版本刊印的,并依据保存下来的部分手稿和《十二年来》文集作了核对。——527。

**258**　"波将金公爵"号装甲舰的起义发生于1905年6—7月间。黑海舰队社会民主党组织中央委员会原准备在1905年秋天发动舰队所有舰只同时起义,但是"波将金"号在单独出航进行射击演习期间于1905年6月14日(27日)过早地自发举行了起义。起义的导火线是该舰指挥官下令将带头拒绝吃用臭肉做的菜汤的水兵枪决。在起义中,水兵们杀死了最可恨的军官,但起义领导人、布尔什维克格·尼·瓦库连丘克在搏斗中牺牲。水兵们选出了以阿·尼·马秋申科为首的军舰委员会。6月14日晚,"波将金"号悬挂红旗驶向正在举行总罢工的敖德萨。但是敖德萨社会民主党组织联络委员会未能说服"波将金"号的船员们登岸来武装工人并与工人共同行动。该舰船员们只在6月15日(28日)向市当局和军队所在地区开了两炮。6月17日(30日),沙皇政府派来两支舰队,企图迫使"波将金"号投降,或将其击沉,但是这些军舰不肯向"波将金"号开火,而且其中的"常胜者乔治"号还转到革命方面来。6月18日(7月1日),"常胜者乔治"号上的一些军士级技术员叛变,将该舰交给了政府当局。当晚,士气沮丧的"波将金"号偕同所属的第267号雷击舰离开敖德萨驶往罗马尼亚的康斯坦察。6月20日(7月3日),"波将金"号军舰委员会在那里发表了《告文明世界书》和《告欧洲各国书》,表明他们反对沙皇制度的决心。6月22日(7月5日),"波将金"号曾驶到费奥多西亚。由于始终得不到煤和食品的补给,水兵们被迫于6月25日(7月8日)在康斯坦察把军舰交给了罗马尼亚当局。与此同时,"普鲁特"号教练舰于6月19日(7月2日)为支持"波将金"号举行起义,选出了以布尔什维克A.M.彼得罗夫为首的军舰委员会。该舰立即开往敖德萨,但由于"波将金"号已经离开那里而未能与它会合。6月20日(7月3日),没有武器装备的"普鲁特"号被沙皇政府两艘雷击舰扣押。起义的水兵们遭到了沙皇政府的残酷镇压。

　　俄国社会民主工党中央委员会非常重视"波将金"号的起义。列宁曾委托米·伊·瓦西里耶夫-尤任前往领导起义,但是他没有及时赶到。——527、731。

**259**　《无产者报》(《Пролетарий》)是布尔什维克的秘密报纸,是根据党的第三次代表大会决定创办的俄国社会民主工党中央机关报(周报)。1905年5月14日(27日)—11月12日(25日)在日内瓦出版,共出了26号。根据1905年4月27日(5月10日)党的中央全会的决定,列宁被任命为《无产者报》的责任编辑,编委会的委员有瓦·瓦·沃罗夫斯基、阿·

瓦·卢那察尔斯基和米·斯·奥里明斯基。参加编辑工作的有:娜·
康·克鲁普斯卡娅、维·米·韦利奇金娜、维·阿·卡尔宾斯基、尼·
费·纳西莫维奇、伊·阿·泰奥多罗维奇、莉·亚·福季耶娃等。弗·
德·邦契-布鲁耶维奇、谢·伊·古谢夫、安·伊·乌里扬诺娃-叶利扎
罗娃负责为编辑部收集地方通讯稿。克鲁普斯卡娅和福季耶娃负责编
辑部同地方组织和读者的通信联系。《无产者报》继续执行《火星报》
的路线,并保持同《前进报》的继承关系。《无产者报》发表了大约90篇
列宁的文章和短评,印发了俄国社会民主工党第三次代表大会的材料。
该报的发行量达1万份。1905年11月初列宁回俄国后不久停刊,报纸
的最后两号是沃罗夫斯基编辑的。——527、644、663、753。

**260** 《解放》杂志(《Освобождение》)是俄国自由派资产阶级反对派的机关刊
物(双周刊),1902年6月18日(7月1日)—1905年10月5日(18日)
先后在斯图加特和巴黎出版,共出了79期。编辑是彼·伯·司徒卢威。
该杂志执行反对革命、反对无产阶级的方针,在资产阶级知识分子和地方
自治人士中影响很大。1903年到1904年1月,该杂志筹备成立了俄国资
产阶级自由派的秘密组织解放社。解放派和立宪派地方自治人士一起构
成了1905年10月成立的立宪民主党的核心。——529、677。

**261** 俄国社会民主工党第三次代表大会于1905年4月12—27日(4月25
日—5月10日)在伦敦举行。这次代表大会是布尔什维克筹备的,是在
列宁领导下进行的。孟什维克拒绝参加代表大会,而在日内瓦召开了他
们的代表会议。

出席代表大会的有38名代表,其中有表决权的代表24名,有发言权
的代表14名。出席大会的有表决权的代表分别代表21个俄国社会民主
工党的地方委员会、中央委员会和党总委员会(参加党总委员会的中央
委员会代表)。列宁作为敖德萨委员会的代表出席代表大会,当选为代
表大会主席。

代表大会审议了正在俄国展开的革命的根本问题,确定了无产阶级
及其政党的任务。代表大会讨论了下列问题:组织委员会的报告;武装起
义;在革命前夕对政府政策的态度;关于临时革命政府;对农民运动的态
度;党章;对俄国社会民主工党分裂出去的部分的态度;对各民族社会民
主党组织的态度;对自由派的态度;同社会革命党人的实际协议;宣传和
鼓动;中央委员会的和各地方委员会代表的工作报告等。列宁就大会讨
论的所有主要问题拟了决议草案,在大会上作了关于社会民主党参加临

时革命政府的报告和关于支持农民运动的决议的报告,并就武装起义、在革命前夕对政府政策的态度、社会民主党组织内工人和知识分子的关系、党章、关于中央委员会活动的报告等问题作了发言。

　　代表大会制定了党在资产阶级民主革命中的战略计划,这就是:要孤立资产阶级,使无产阶级同农民结成联盟,成为革命的领袖和领导者,为争取革命胜利——推翻专制制度、建立民主共和国、消灭农奴制的一切残余——而斗争。从这一战略计划出发,代表大会规定了党的策略路线。大会提出组织武装起义作为党的主要的和刻不容缓的任务。大会指出,在人民武装起义取得胜利后,必须建立临时革命政府来镇压反革命分子的反抗,实现俄国社会民主工党的最低纲领,向社会主义革命过渡准备条件。

　　代表大会重新审查了党章,通过了列宁提出的关于党员资格的党章第1条条文,取消了党内两个中央机关(中央委员会和中央机关报)的制度,建立了党的统一的领导中心——中央委员会,明确规定了中央委员会的权力和它同地方委员会的关系。

　　代表大会谴责了孟什维克的行为和他们在组织问题和策略问题上的机会主义。鉴于《火星报》已落入孟什维克之手并执行了机会主义路线,俄国社会民主工党第三次代表大会委托中央委员会创办新的中央机关报——《无产者报》。代表大会选出了以列宁为首的中央委员会,参加中央委员会的还有亚·亚·波格丹诺夫、列·波·克拉辛、德·西·波斯托洛夫斯基和阿·伊·李可夫。——529、644、754、768。

**262**　指孟什维克日内瓦代表会议。

　　孟什维克日内瓦代表会议于1905年4月在日内瓦举行。由于参加的人数很少(只有9个委员会的代表出席),孟什维克宣布自己的这次会议为党的工作者代表会议。代表会议就武装起义、农民中的工作、夺取政权和参加临时政府、对其他革命党派和反对派的态度等问题通过了决议。列宁在《倒退的第三步》、《〈工人论党内分裂〉一书序言》(见《列宁全集》第2版第10卷第299—308页,第11卷第151—157页)等著作中揭露了日内瓦代表会议决议的机会主义性质,并对这些决议作了非常有力的批判。——529、644、754、775。

**263**　布里根委员会是根据沙皇1905年2月18日(3月3日)诏令设立的特别会议,由内务大臣亚·格·布里根任主席。参加会议的有大地主和反动贵族的代表。会议的任务是拟定召开国家杜马的法令,而在沙皇的这个诏令和同诏令一起公布的沙皇诏书中都提出了完全保存现行法令和竭尽全力巩固沙皇专制制度的任务。布里根委员会拟定的法令经大臣会议审议后,由沙皇亲自主持的在彼得戈夫举行的会议最后批准。1905 年 8 月 6 日(19 日)公布了沙皇的诏书、关于建立国家杜马的法令和杜马选举条例。——531。

**264** 指 1905 年 1 月 9 日事件。

1905 年 1 月 9 日事件是沙皇大规模枪杀彼得堡和平请愿工人的事件,史称"流血星期日"。1905 年 1 月 3 日(16 日),彼得堡普梯洛夫工厂爆发了罢工,1 月 7 日(20 日)罢工发展成全市总罢工。与俄国保安机关有联系的格·阿·加邦神父怀着挑衅的目的,建议工人列队前往冬宫向沙皇呈递请愿书。在讨论请愿书的工人集会上,布尔什维克进行解释工作,指出无产阶级只有进行革命斗争才能争得自己的权利。但工人对沙皇的信仰还很牢固,因此和平请愿未能被阻止。在这种情况下,布尔什维克通过了参加游行示威的决议。沙皇政府从外地调集 4 万名士兵和警察加强彼得堡的卫戍部队,并于 1 月 8 日(21 日)批准了驱散请愿队伍的计划。1 月 9 日(22 日),14 万工人手执圣像和沙皇像向宫廷广场进发。根据彼得堡总督弗拉基米尔·亚历山德罗维奇大公的命令,军队对手无寸铁的工人和他们的妻子儿女开枪,结果有 1 000 多人被打死,2 000 多人受伤。沙皇的暴行引起了工人的极大愤怒,当天,彼得堡街头就出现了街垒,工人同军警发生了武装冲突。1 月 9 日成了 1905—1907 年俄国第一次革命的起点。——541、690、731。

**265** 《社会民主党人报》是格鲁吉亚孟什维克的报纸,1905 年 4 月 7 日(20 日)—11 月 13 日(26 日)在梯弗利斯用格鲁吉亚文出版,共出了 6 号。该报创刊号是作为俄国社会民主工党梯弗利斯委员会机关报出版的,后来该报自称为"高加索社会民主工人组织机关报"。该报由格鲁吉亚孟什维克首领诺·尼·饶尔丹尼亚领导。该报创刊号上刊登的《国民代表会议和我们的策略》一文是饶尔丹尼亚写的。——543。

**266** 黑帮是指 1905—1907 年沙皇俄国警察当局和一些君主派团体为镇压革命运动、杀害进步人士和制造反犹太人暴行而建立的武装暴徒组织。黑帮队伍的主要来源是小资产阶级的反动阶层、店铺老板、无业游民以及刑事犯罪分子等等。为了同黑帮作斗争,革命工人在布尔什维克党的领导下组织了战斗队、自卫队等。

在 1905—1917 年间,黑帮一词也泛指沙皇俄国反动的君主派团体如俄罗斯人民同盟、米迦勒天使长同盟以及极右的党派和组织。在1917年二月资产阶级民主革命进程中,黑帮组织正式被取缔。黑帮这一名称变成了对极其反动的流派和组织评价的普通名词。——544、669、690、701、752、780。

**267** "希波夫式的"宪法是指温和自由派分子、地方自治人士右翼领袖德·尼·希波夫制定的国家制度方案。希波夫力图既限制革命规模,又从沙皇政府方面取得某些有利于地方自治机关的让步,因而建议建立附属于沙皇的咨议性代表机关。温和自由派想通过这笔交易蒙骗人民群众,保存君主制度,并使自己获得某些政治权利。——545。

**268** 《祖国之子报》(《Сын Отечества》)是俄国自由派的报纸(日报),1904年11月18日(12月1日)起在彼得堡出版。为该报经常撰稿的有解放派分子和形形色色的民粹派分子。1905年11月15日(28日)起,该报成为社会革命党的机关报。同年12月2日(15日)被查封。

　　《我们的生活报》(《Наша Жизнь》)是俄国自由派的报纸(日报),多数撰稿人属于解放社的左翼。1904年11月6日(19日)—1906年7月11日(24日)断断续续地在彼得堡出版。

　　《现代报》(《Наши Дни》)是俄国自由派的报纸(日报),1904年12月18日(31日)—1905年2月5日(18日)在彼得堡出版。1905年12月7日(20日)曾复刊,但只出了两号。

　　关于《俄罗斯新闻》,见注204。——558、677。

**269** 套中人是俄国作家安·巴·契诃夫的同名小说的主人公别利科夫的绰号,是因循守旧、害怕变革的典型。——559、705、734。

**270** 指1905年6月6日(19日)尼古拉二世接见地方自治人士代表团一事。这个代表团是由1905年5月24—25日(6月6—7日)在莫斯科举行的有贵族代表参加的地方自治局和市杜马的代表会议选出的。代表团向沙皇递交了请愿书,要求召集人民代表会议以便在沙皇的允诺下建立"革新的国家制度"。请愿书既未包括要求普遍、直接、平等和无记名投票的选举权,也避而不提保证选举自由。列宁对这件事的评论,见《资产阶级背叛的头几步》和《戴白手套的"革命家"》两文(《列宁全集》第2版第10卷第277—283、284—288页)。——565。

**271** 指亚·尼·波特列索夫(斯塔罗韦尔)在俄国社会民主工党第二次代表大会上提出并为大会所通过的关于对自由派态度的决议。列宁在《工人

民主派和资产阶级民主派》一文中也批评过这个决议(见《列宁全集》第
2版第9卷第165—174页)。——566。

**272** 指日俄战争期间于1905年5月14—15日(27—28日)在对马岛附近进行
的一次大海战。这次海战的结果是俄国第2和第3太平洋舰队被歼灭,
俄国在整个战争中的失败完全成为定局。——568。

**273** 石蕊试纸是用石蕊溶液浸过的纸条,可以根据它置入某种溶液后颜色的
改变来鉴定该溶液的酸碱性。列宁在这里指的是亚·尼·波特列索夫
(斯塔罗韦尔)的所谓石蕊试纸理论。波特列索夫在发表于1904年11月
20日(12月3日)《火星报》第78号的《我们的厄运》一文中把普遍、平
等、直接和无记名投票的选举权比喻为石蕊试纸,认为可以用它来鉴定某
个反对派集团是否属于无产阶级应予支持的民主派。列宁对他的这一观
点多次进行了批评。列宁在《工人民主派和资产阶级民主派》一文中说:
"司徒卢威先生大笔一挥,在'解放社'的纲领中写上普选权,就使斯塔罗
韦尔的有效试剂失了效。就是这位司徒卢威已经不止一次在实际上向我
们证明,这些纲领对于自由派只不过是一张纸,不是石蕊试纸,而是一张
普通的纸,因为资产阶级民主派可以毫不在乎地今天这样写,明天那样
写。"(见《列宁全集》第2版第9卷第172页)列宁指出:"这种理论幼稚
已极,只会在无产阶级中间造成混乱,腐蚀无产阶级。"(见《列宁全集》第
2版第11卷第195页)——570。

**274** 议会迷是列宁著作中多次出现过的一个词,其德文原文是 parlamentarischer
Kretinismus,直译为"议会克汀病"。马克思和恩格斯在1848—1849年革
命时期首先使用这个术语批评法兰克福国民议会中的小资产阶级民主派
领袖,后来他们用这个术语泛指欧洲大陆醉心于议会制度的资产阶级代
表人物。——571、722。

**275** 据《列宁全集》俄文第5版编者注:在列宁的手稿上,下面还有一句被勾掉
的话:"'强迫选举'——'用革命手段'!竟有这样的革命的列彼季洛夫
精神!"

列彼季洛夫精神意为空口说白话。列彼季洛夫是俄国作家亚·谢·
格里鲍耶陀夫的喜剧《智慧的痛苦》中的一个丑角。他经常胡说八道,夸
夸其谈,尽说些不着边际的空话。——571。

**276** 指1895年10月6—12日在布雷斯劳举行的德国社会民主党代表大会讨
论该党土地纲领草案时发生的意见分歧。土地纲领草案存在着严重的错

误,特别是其中有把无产阶级政党变为"全民党"的倾向。除机会主义分子外,奥·倍倍尔和威·李卜克内西也拥护这个草案。在代表大会上,土地纲领草案受到卡·考茨基、克·蔡特金和其他许多社会民主党人的严厉批判。代表大会以158票对63票否决了委员会提出的土地纲领草案。——573。

**277** 列宁在这里说的"庸俗的革命主义叫喊'冲锋'"是指1901年6月《〈工人事业〉杂志附刊》第6期上刊登的《历史性的转变》一文。

关于《工人事业》杂志,见注141。——577。

**278** 指1901年出版的尔·纳杰日丁(叶·奥·捷连斯基的笔名)的小册子《革命前夜。理论和策略问题不定期评论》。列宁在《怎么办?》一书中对这本小册子进行了尖锐的批评(见本卷第431—432、434、437—455页)。——577。

**279** 指列宁在布尔什维克的报纸《前进报》第13号和第14号上发表的两篇文章《社会民主党和临时革命政府》和《无产阶级和农民的革命民主专政》(见《列宁全集》第2版第10卷第1—17、18—28页)。——585。

**280** 这是尔·马尔托夫提出的。他在1905年3月17日(30日)《火星报》第93号登载的《当务之急。工人政党和作为我们当前任务的"夺取政权"》一文里说,"夺取政权"的任务只有两种可以想象的形式:或者是无产阶级作为阶级去掌握国家,那就走到了"资产阶级革命"的极限,那就是说俄国社会民主党人对俄国无产阶级的历史地位和任务的整个分析是不正确的,那就应该从根本上修改我们的纲领;或者是社会民主党参加革命民主政府,那就不妨在现在就同我们将与之一道实现"专政"的社会力量建立政治"联盟",那就需要马上修改我们的策略原则。因此,"或者是最庸俗的饶勒斯主义,或者是否认当前革命的资产阶级性质"。——585。

**281** 指在伦敦的公社的布朗基派流亡者于1874年发表的纲领。参看恩格斯的《流亡者文献》一文第2节:《公社的布朗基派流亡者的纲领》(见《马克思恩格斯文集》2009年人民出版社版第3卷第357—365页)。

关于布朗基派,见注78。——587。

**282** 爱尔福特纲领是指1891年10月举行的德国社会民主党爱尔福特代表大会通过的党纲。它取代了1875年的哥达纲领。爱尔福特纲领以马克思主义关于资本主义生产方式必然灭亡和被社会主义生产方式所代替的学说为基础,强调工人阶级必须进行政治斗争,指出了党作为这一斗争的领导者的作用。它从根本上说是一个马克思主义的纲领。但是,爱尔福特纲领也有严重缺点,其中最主要的是没有提到无产阶级专政是对社会实行社会主义改造的手段这一原理。纲领也没有提出推翻君主制、建立民主共和国、改造德国国家制度等要求。对此,恩格斯在《1891 年社会民主党纲领草案批判》(见《马克思恩格斯文集》2009 年人民出版社版第 4 卷第 403—421 页)中提出了批评意见。——592。

**283** 《社会民主党在民主革命中的两种策略》一书第 10 章的附注是列宁在撰写这本书的过程中写在另外的纸上的。列宁在附注的手稿中注明:"加在第 10 章中"。但该书第一次出版时和 1907 年收入《十二年来》文集时都没有加进这个附注。1926 年这个附注第一次发表于《列宁文集》俄文版第 5 卷。《列宁全集》俄文第 4 版和第 5 版按照上述列宁意见把这个附注收入了该书的正文,放在第 10 章的后面。——593。

**284** 《无产者报》第 3 号发表了列宁的《论临时革命政府》这一组文章的第二篇(见《列宁全集》第 2 版第 10 卷第 232—240 页)。列宁在这篇文章中引用了恩格斯的《行动中的巴枯宁主义者》一文(参看《马克思恩格斯全集》第 1 版第 18 卷第 521—540 页)。——600。

**285** 《人道报》(《L'Humanité》)是法国日报,由让·饶勒斯于 1904 年创办。该报起初是法国社会党的机关报,在第一次世界大战期间为法国社会党极右翼所掌握,采取了社会沙文主义立场。1918 年该报由马·加香领导后,反对法国政府武装干涉苏维埃俄国的帝国主义政策。在法国社会党分裂和法国共产党成立后,从 1920 年 12 月起,该报成了法国共产党中央机关报。——603。

**286** 《我们敢不敢胜利?》是卡·考茨基于 1899 年 9 月发表的《伯恩施坦与社会民主党的纲领。反批评》一书第 3 章第 3 节的标题。列宁曾把考茨基的这一著作翻译成俄文。1905 年,李沃维奇出版社用《考茨基论文集》为名,出版了它的部分章节,没有署译者的名字。1906 年该书再版时标明为列宁译。——612。

**287** 指法国工人运动和第一国际的著名活动家路易·欧仁·瓦尔兰于 1871年参加巴黎公社委员会一事。——612。

**288** 指 1905 年孟什维克的日内瓦代表会议通过的《组织章程》。列宁在《倒退的第三步》和《〈工人论党内分裂〉一书序言》(见《列宁全集》第 2 版第10 卷第 299—308 页,第 11 卷第 151—157 页)中也批判了这个章程。——614。

**289**　波拿巴主义原来是指法国大革命后拿破仑·波拿巴（拿破仑第一）于 1799 年在法国建立的军事专政和法国 1848 年革命失败后于 1851 年掌握 政权的路易·波拿巴（拿破仑第三）的专政，后来则泛指依靠军阀和具有 反动情绪的落后的农民阶层、在阶级力量均势不稳定的情况下在相互斗 争的各阶级间随机应变的大资产阶级反革命专政。俄国彼·阿·斯托雷 平的统治就含有波拿巴主义的性质。——614。

**290**　《黎明报》（《Рассвет»）是俄国自由派的合法报纸（日报），1905 年 3 月 1 日（14 日）—11 月 29 日（12 月 12 日）在彼得堡出版。——623。

**291**　恩格斯的《行动中的巴枯宁主义者》一文（参看《马克思恩格斯全集》第 1 版第 18 卷第 521—540 页）的俄译文经列宁校订后，于 1905 年由俄国社 会民主工党中央委员会在日内瓦印成单行本，1906 年在彼得堡翻印。

　　正文中说的《共产主义者同盟执行委员会的通告》是指马克思和恩 格斯合著的《共产主义者同盟中央委员会告同盟书》（见《马克思恩格斯 文集》2009 年人民出版社版第 2 卷第 188—199 页）。《告同盟书》经恩格 斯校订，于 1885 年作为附录收入马克思的《揭露科隆共产党人案件》一 书的德文版。1906 年，彼得堡铁锤出版社出版了《揭露科隆共产党人案 件》一书（包括《告同盟书》这篇附录）的俄译本。——625。

**292**　指 1848 年法国二月革命。——630。

**293**　以上 4 段正文（即从开头是"滥用字眼是政治方面最普通的现象"那一段 起）在《社会民主党在民主革命中的两种策略》一书 1905 年版本中和在 收入该著作的 1907 年《十二年来》文集中都没有刊载。1940 年 4 月 22 日《真理报》第 112 号第一次发表了这几段文字。在《列宁全集》俄文第 4 版和第 5 版中，这几段正文是按手稿刊印的。——632。

**294**　列宁引自弗·梅林编《卡·马克思、弗·恩格斯和斐·拉萨尔遗著选》第 3 卷引言（见该书 1902 年斯图加特版第 53 页）。这本书的俄文版于 1926 年出版，书名是：《弗·梅林收集的卡·马克思和弗·恩格斯在 1848— 1850 年德国革命时代所写的随笔和论文》。

　　下面在本卷第 639—640 页上，列宁引用了梅林的同一篇引言（同上 书，第 81—82 页）。——633。

**295**　1848 年 3 月 18 日柏林无产阶级和革命群众举行起义，同普鲁士反动政府 的军队展开了街垒战，起义获得了胜利。——636。

**296** 指《科隆工人联合会会刊》。

《科隆工人联合会会刊》(«Zeitung des Arbeiter-Vereines zu Köln») 报头下标有"自由、博爱、劳动"字样,是科隆工人联合会的机关报。该报报道科隆工人联合会和莱茵省其他工人联合会的活动,1848 年 4—10 月出版,共出了 40 号。7 月以前由安·哥特沙克主编,7 月以后由约·莫尔主编,两人都是共产主义者同盟的盟员。《科隆工人联合会会刊》停刊后,科隆工人联合会从 1848 年 10 月 26 日起以《自由、博爱、劳动》的名称重新在科隆出版报纸。这个报纸出版到 1849 年 6 月 24 日(中间于 1848 年年底停刊,1849 年 2 月 8 日复刊),共出了 32 号。——640。

**297** 工人兄弟会是共产主义者同盟盟员、德国排字工人斯·波尔恩于 1848 年在柏林建立的德国工人和手工业者的组织。波尔恩是德国工人运动中改良主义派别的代表之一,他把工人兄弟会的活动限制在组织经济罢工和争取实现有利于手工业者的狭隘的行会性质的措施(给小生产者贷款和组织合作社等)的范围内。工人兄弟会的纲领是断章取义地引用《共产党宣言》的观点和吸收路易·勃朗及皮·约·蒲鲁东的小资产阶级社会主义学说拼凑而成的。在 1848—1849 年革命时期,工人兄弟会站在无产阶级政治运动之外,但它的一些地方分会积极参加了革命斗争。1849 年春,马克思和恩格斯曾打算在筹建无产阶级政党的过程中利用工人兄弟会的组织。1850 年,工人兄弟会被政府查禁,但是它的若干分会还继续存在了许多年。——642。

**298** 德累斯顿的起义于 1849 年 5 月 3 日开始。爆发这次起义的原因是萨克森国王拒绝承认法兰克福议会制定的帝国宪法,并任命极端反动分子钦斯基担任首相。工人和手工业者在这次起义的街垒战中起了主要作用,资产阶级和小资产阶级则几乎没有参加斗争。起义于 5 月 9 日遭到萨克森军队和开抵萨克森的普鲁士军队的镇压。德累斯顿起义是保卫帝国宪法斗争的开端。这一斗争于 1849 年 5—7 月期间在德国南部和西部进行,以民主力量的失败告终。——642。

**299** 指格·瓦·普列汉诺夫的《这可能吗?》一文。该文刊载于 1907 年 9 月 26 日(10 月 9 日)《同志报》第 381 号。

《同志报》(«Товарищ») 是俄国资产阶级报纸(日报),1906 年 3 月 15 日(28 日)—1907 年 12 月 30 日(1908 年 1 月 12 日)在彼得堡出版。该报打着"无党派"的招牌,实际上是左派立宪民主党人的机关报。参加该报工作的有谢·尼·普罗柯波维奇和叶·德·库斯柯娃。孟什维克也为该报撰稿。——643、742、766。

**300**　赫列斯塔科夫是俄国作家尼·瓦·果戈理的喜剧《钦差大臣》中的主角。
他是一个恬不知耻、肆无忌惮地吹牛撒谎的骗子。——643。

**301**　《前进报》(《Вперед》)是第一个布尔什维克报纸,俄国社会民主工党多数
派委员会常务局的机关报(周报),1904 年 12 月 22 日(1905 年 1 月 4
日)—1905 年 5 月 5 日(18 日)在日内瓦出版,共出了 18 号。列宁是该报
的领导者,《前进报》这一名称也是他提出的。该报编辑部的成员是列
宁、瓦·瓦·沃罗夫斯基、米·斯·奥里明斯基和阿·瓦·卢那察尔斯
基。娜·康·克鲁普斯卡娅任编辑部秘书,负责全部通信工作。列宁在
《俄国社会民主工党分裂简况》一文中写道:"《前进报》的方针就是旧
**《火星报》的方针。**《前进报》为了捍卫旧《火星报》正在同新《火星报》进
行坚决的斗争。"(见《列宁全集》第 2 版第 9 卷第 217 页)《前进报》发表
过列宁的 40 多篇文章,而评论 1905 年 1 月 9 日事件和俄国革命开始的
第 4、5 两号报纸几乎完全是列宁编写的。《前进报》创刊后,很快就博得
了各地方党委会的同情,被承认为它们的机关报。《前进报》在反对孟什
维克、创建新型政党、筹备召开俄国社会民主工党第三次代表大会方面起
了卓越作用。第三次代表大会决定委托中央委员会创办名为《无产者
报》的新的中央机关报,《前进报》因此停办。——644。

**302**　《小资产阶级社会主义和无产阶级社会主义》一文在 1905 年 11 月 10 日
《新生活报》第 9 号上转载时,稍有删节。列宁为撰写这篇文章而对 1905
年 9 月 15 日《革命俄国报》第 75 号社论《正统马克思主义者和农民问
题》作的摘录和批注,见《列宁文集》俄文版第 5 卷第 433—434
页。——653。

**303**　指 1902 年 3 月底—4 月初波尔塔瓦和哈尔科夫两省的农民起义。这次起
义席卷了拥有 15 万人口的 165 个村庄,是 20 世纪初俄国第一次大规模
的农民运动。起义的原因是:这两省的农民的生活状况原来就极端困苦,
遇到 1901 年歉收引起的饥荒,到 1902 年春季更加恶化。农民们群起夺
取地主庄园中储存的粮食和饲料。受到农民袭击的地主庄园,在波尔塔
瓦省有 56 个,在哈尔科夫省有 24 个。农民还要求重新分地。沙皇政府
派军队镇压起义农民。许多农民遭杀害。许多村子的农民人人被鞭打。
成百的农民被判处不同刑期的监禁。农民还被迫赔偿地主 80 万卢布"损
失"。列宁在《告贫苦农民》这本小册子中分析了这次农民运动的性质和
失败的原因(见《列宁全集》第 2 版第 7 卷第 170—171 页)。

小俄罗斯是沙皇俄国在官方文件中对乌克兰的称呼,十月革命后已废弃不用。——654。

**304** 指俄国第一次资产阶级民主革命期间的1905年十月全俄政治罢工。

十月全俄政治罢工是俄国第一次革命的最重要阶段之一。1905年10月6日(19日),在一些铁路线的布尔什维克组织的代表决定共同举行罢工后,俄国社会民主工党莫斯科委员会号召莫斯科铁路枢纽各线从10月7日(20日)正午起实行总罢工,全俄铁路工会中央常务局支持这一罢工。到10月17日(30日),铁路罢工已发展成为全俄总罢工,参加罢工的人数达200万以上。在各大城市,工厂、交通运输部门、发电厂、邮电系统、机关、商店、学校都停止了工作。十月罢工的口号是:推翻专制制度、积极抵制布里根杜马、召集立宪会议和建立民主共和国。十月罢工扫除了布里根杜马,迫使沙皇于10月17日(30日)颁布了允诺给予"公民自由"和召开"立宪"杜马的宣言。罢工显示了无产阶级运动的力量和声势,推动了农村和军队中革命斗争的展开。在十月罢工中,彼得堡及其他一些城市出现了工人代表苏维埃。十月总罢工持续了十多天,是十二月武装起义的序幕。关于十月罢工,参看列宁《全俄政治罢工》一文(《列宁全集》第2版第12卷第1—4页)。——662、676、690。

**305** 《工人代表苏维埃消息报》(《Известия Совета Рабочих Депутатов》)是彼得堡工人代表苏维埃的正式机关报,1905年10月17日(30日)—12月14日(27日)出版。该报带有提供苏维埃活动消息的公报的性质,没有固定的编辑部,稿件由苏维埃成员编写,自行在合法的印刷所里印刷,印数达40 000份。报纸共出10号,第11号在印刷所被警察查抄,没有散发出去。——662。

**306** 塞瓦斯托波尔的起义是1905年11月11日(24日)自发地爆发的。起义的直接起因是舰队指挥人员企图惩处曾参加10月份塞瓦斯托波尔群众集会的水兵和士兵。参加起义的有水兵、士兵和工人2 000余人。

社会民主党组织力图使这次过早发生的起义有组织地进行。11月12日(25日),由社会民主党军事组织成员、布尔什维克亚·伊·格拉德科夫、尼·格·安东年科、谢·彼·恰斯尼克等领导的"奥恰科夫号"巡洋舰和"潘捷莱蒙号"(原"波将金号")装甲舰的船员参加了起义队伍。起义者选出的水兵、士兵、工人代表苏维埃向沙皇政府提出召开立宪会议、建立共和国、实行八小时工作制、缩短服役期限、改善军队服役条件等要求。整个起义的领导人是中尉彼·彼·施米特。

布尔什维克力图引导起义走武装斗争的道路。但是苏维埃采取的消极防御策略使沙皇政府得以向塞瓦斯托波尔调集军队并利用未参加起义的部队来镇压起义。舰队司令发出的要起义者投降的最后通牒为起义者拒绝后,11 月 15 日(28 日)双方发生交火。由于力量悬殊,当天傍晚起义被镇压了下去。有 2 000 余人被逮捕,300 多名起义者受到军事法庭的审判。施米特、格拉德科夫、安东年科和恰斯尼克被判处死刑。关于塞瓦斯托波尔起义,还可参看列宁的《天平在摆动》一文(《列宁全集》第 2 版第 12 卷第 106—107 页)。——668。

307　在 1905 年 10 月发生的喀琅施塔得起义中,起义者缺少集中的组织,也未能建立起革命的纪律。这种状况被警察当局和以喀琅施塔得的约翰神父为首的黑帮分子所利用。他们组织了一帮流氓和刑事犯罪分子抢劫酒库、商店和住宅,而起义者中的不坚定分子也参加了他们的行列。觉悟的水兵和士兵试图制止这种暴行而未能成功。——668。

308　10 月 17 日宣言是指 1905 年 10 月 17 日(30 日)沙皇尼古拉二世迫于革命运动高涨的形势而颁布的《关于完善国家制度的宣言》。宣言是由被任命为大臣会议主席的谢·尤·维特起草的,其主要内容是许诺"赐予"居民以"公民自由的坚实基础",即人身不可侵犯和信仰、言论、集会、结社等自由;"视可能"吸收被剥夺选举权的阶层的居民(主要是工人和城市知识分子)参加国家杜马选举;承认国家杜马是立法机关,任何法律不经它的同意不能生效。宣言颁布后,沙皇政府又相应采取以下措施:实行最高执行权力集中化;将德·费·特列波夫免职,由彼·尼·杜尔诺沃代替亚·格·布里根任内务大臣;宣布大赦政治犯;废除对报刊的预先检查;制定新的选举法。在把革命运动镇压下去以后,沙皇政府很快就背弃了自己在宣言中宣布的诺言。——668。

309　《俄罗斯报》(«Русь»)是俄国自由派资产阶级的日报,1903 年 12 月在彼得堡创刊。该报的编辑兼出版者是阿·阿·苏沃林。在 1905 年革命时期,《俄罗斯报》接近立宪民主党,但是采取更加温和的立场。1905 年 12 月 2 日(15 日)被查封。以后曾用《俄罗斯报》、《评论报》、《二十世纪报》、《眼睛报》、《新俄罗斯报》等名称断断续续地出版。——668。

310　指沙皇尼古拉一世派军队参加镇压欧洲各国革命的民族解放运动一事。1848 年沙皇出兵罗马尼亚、波兰、波罗的海沿岸地区、第聂伯河右岸乌克兰地区,并向奥地利皇帝提供 600 万卢布的巨额贷款,以镇压意大利民族解放运动。1849 年,沙皇军队帮助奥地利皇帝镇压了匈牙利革命。——668。

**311** 希腊的卡连德日意为没有限期。古罗马历法把每月初一称为卡连德日（亦译朔日）。罗马人偿还债务、履行契约等都以卡连德日为限期。希腊历法中根本没有卡连德日。因此，延缓到希腊的卡连德日，就等于说无限期地推迟，永无实现之日。——675。

**312** 激进民主派是俄国的一个小资产阶级组织，1905年11月成立。该派采取介乎立宪民主党和孟什维克之间的立场，曾出版过一号《激进报》。该派提出过民主共和国的要求，但也容忍内阁对议会负责的立宪君主制。在土地问题上，该派主张无偿没收国家、皇室、皇族、寺院和教会的土地，而对私有主土地的没收则给予最低限度的补偿。1906年初激进民主派组织瓦解，其成员加入了半立宪民主党的刊物《无题》周刊和《同志报》。——677。

**313** 《1905年12月的莫斯科》是孟什维克选辑的一本资料汇编，1906年在莫斯科出版。——680。

**314** 战斗队联合委员会是为了反对黑帮斗争的需要于1905年10月底在莫斯科成立的，存在到十二月武装起义时期。派代表参加战斗队联合委员会的有分别隶属于俄国社会民主工党莫斯科委员会、社会民主党莫斯科小组、社会革命党莫斯科委员会的各党派战斗队以及"自由区战斗队"、"大学战斗队"、"印刷业战斗队"和"高加索战斗队"。在联合委员会中，社会革命党人和孟什维克占多数。在十二月武装起义时期，战斗队联合委员会跟不上形势，未能起到起义的作战参谋部的作用。——680。

**315** 1905年12月8日(21日)晚，沙皇军警包围了坐落在莫斯科凯旋门花园广场上的"阿克瓦留姆"花园。当时在花园的剧场里正在举行群众大会。工人战斗队挺身保卫大会，使流血事件得以避免。但是大会参加者从大门走出时，遭到了搜查和殴打，有37人被捕。——681。

**316** 莫斯科清水塘畔的菲德列尔学校是一所实科学校，1905年由该校校董兼校长И.И.菲德列尔交给各革命党派使用，成为各党举行集会的固定场所。1905年12月9日(22日)晚，沙皇军队包围了菲德列尔学校。当时这里正开大会，与会者多数是战斗队队员，他们拒绝投降并在会场周围筑起了防御工事。军队用大炮轰击这座建筑，结果死伤30多人，120人被捕。——681。

**317** 这句话出自格·瓦·普列汉诺夫的《再论我们的处境（给X同志的信）》

一文(载于1905年12月《社会民主党人日志》第4期)。普列汉诺夫在这篇文章里说:"不合时宜地发动起来的政治罢工导致了莫斯科、索尔莫沃、巴赫穆特等地的武装起义。在这些起义中我们的无产阶级表现得强大、勇敢和具有献身精神。但是他们的力量总还不足以取得胜利。这种情况本来是不难预见到的。因此本来就用不着拿起武器。"(见《普列汉诺夫全集》1926年俄文版第15卷第12页)——682、703。

**318**　见恩格斯《德国的革命和反革命》一书第17节《起义》(《马克思恩格斯文集》2009年人民出版社版第2卷第444—448页)。

　　　　《德国的革命和反革命》原是一组论述德国1848—1849年革命的文章。1851年7月底,《纽约每日论坛报》向马克思约稿。马克思因忙于经济学研究工作,转请恩格斯为该报写一些关于德国革命的文章。恩格斯在写这些文章时利用了《新莱茵报》和马克思向他提供的一些补充材料,并经常同马克思交换意见。文章寄发之前,也都经马克思看过。文章发表时署名卡尔·马克思。马克思和恩格斯在世时,这些文章没有重新出版过。以后出版的一些单行本也都用马克思的名义。直到1913年马克思和恩格斯的来往书信发表后,才知道这组文章是恩格斯写的。——685。

**319**　恩格斯在他的许多著作中,特别是在《反杜林论》第2编第3章《暴力论(续)》(见《马克思恩格斯文集》2009年人民出版社版第9卷第173—181页)中发挥了这个论点。——685。

**320**　关于这个问题,列宁在《俄国革命和无产阶级的任务》一文中更详细地谈到过(见《列宁全集》第2版第12卷第188—199页)。——685。

**321**　1905年11月底—12月初,拉脱维亚的图库姆斯、塔利先和其他地方曾爆发武装起义;文茨皮尔斯、鲁延、马兹萨拉察、萨尔杜斯和坎达瓦等地的政权转到了起义者手中。——686。

**322**　斯维亚堡事件是指1906年7月17日(30日)深夜开始的赫尔辛福斯附近的斯维亚堡要塞的起义。这次起义在很大程度上是由于社会革命党人的挑动而过早地自发爆发的。俄国社会民主工党彼得堡委员会获悉斯维亚堡可能爆发武装起义的消息后,曾于7月16日(29日)通过了列宁起草的决定,试图说服群众推迟行动(见《列宁全集》第2版第13卷第324—327页)。布尔什维克在确信自发行动已不能制止之后,便领导了起义。俄国社会民主工党军事组织的两名布尔什维克阿·彼·叶梅利亚诺夫少尉和叶·李·科汉斯基少尉担任起义的领导人。积极参加起义的有 7 个炮兵连(共有 10 个)。起义者提出了推翻专制政府、给人民以自由、把土地交给农民等口号。芬兰工人曾举行罢工支持起义。起义坚持了三天,终于因为准备不足,在 7 月 20 日(8 月 2 日)被镇压了下去。起义参加者被交付法庭审判。43 人被判处死刑,数百人被送去服苦役或被监禁。

喀琅施塔得事件是指 1906 年 7 月 19 日(8 月 1 日)爆发的喀琅施塔得水兵和士兵的起义。1906 年春天和夏天,喀琅施塔得的布尔什维克在俄国社会民主工党彼得堡委员会的直接领导下,一直在进行武装起义的准备。1906 年 7 月 9 日(22 日),俄国社会民主工党军事和工人组织大部分成员被捕,使武装起义的准备受到影响,但是准备工作并未停止。7 月 18 日(31 日),斯维亚堡起义的消息传来,在喀琅施塔得积极活动的社会革命党人主张立即起义,布尔什维克鉴于起义的准备尚未完成而表示反对。可是在劝阻群众推迟行动已不可能时,布尔什维克根据彼得堡委员会的指示把领导士兵和水兵的起义的任务担当起来。1906 年 7 月 19 日(8 月 1 日)夜 24 时左右,按照规定的信号,地雷连、工兵连、电雷连的士兵(1 000 余人)与海军第 1 和第 2 总队的水兵(约 6 000 人)几乎同时展开了斗争。部分武装的工人(约 400 人)也参加了起义。但是政府通过奸细已侦知起义的日期并预先作好了镇压起义的准备,社会革命党的瓦解组织的活动也阻碍了起义的顺利进行。到 7 月 20 日(8 月 2 日)晨,起义就被镇压下去了。起义参加者有 3 000 多人被捕(其中有 80 名非军人)。根据战地法庭判决,36 人被枪决,130 人服苦役, 1 251 人被判处不同期限的监禁。

俄国社会民主工党彼得堡委员会于 7 月 20 日(8 月 2 日)通过了关于举行政治总罢工来支持喀琅施塔得、斯维亚堡起义的决定。在得知起义已被镇压下去的消息后,取消了这一决定。——686。

**323** 1902 年 11 月 2 日(15 日),罗斯托夫市铁路工厂锅炉车间为抗议厂方克扣工资开始罢工。11 月 4 日(17 日),俄国社会民主工党顿河区委员会发出传单,号召全体铁路工厂工人参加罢工,并提出了实行九小时工作制、提高工资、取消罚款、开除最令人痛恨的工长等要求。11 月 6—7 日(19—20 日)罢工扩展到了全市,并发展成为政治罢工。工人们在市外的一个小山谷里连续举行群众大会。11 月 11 日(24 日),警察和哥萨克袭击了集会的罢工工人,死 6 人,伤 17 人。罢工工人群众大会仍继续开了两个星期。罢工坚持到 11 月 26 日(12 月 9 日)始被迫停止,同一天俄国社会民主工党顿河区委员会印发了传单《告全俄公民书》。这次罢工震动了全俄国,在西欧各国也引起了反响。——690、775。

**324** 指1903年夏天外高加索和乌克兰的政治总罢工。这次罢工由巴库开始。7月1日(14日),比比一埃巴特石油公司和巴库公司的机械厂工人率先罢工。到7月6日(19日)罢工发展成总罢工。工人向企业主提出实行八小时工作制、允许因参加政治活动而被开除的工人上工、开除工人所憎恨的管理人员和工长、提高工资、废除加班和计件工资制等要求。工人们表现得很有组织,十分坚定,甚至在企业主答应作出部分让步时也没有停止罢工。企业主依靠军队镇压了罢工。7月9日(22日),工人们被迫复工。

梯弗利斯的印刷工人、屠宰工人和面包工人在得到巴库罢工的消息后,于7月12日(25日)开始罢工。根据俄国社会民主工党梯弗利斯委员会的号召,7月14日(27日)所有的工厂工人和手工业工人都停止了工作。俄国社会民主工党梯弗利斯委员会同各工厂的工人代表协商后制定了罢工工人的共同要求。军队开进了梯弗利斯,工人与哥萨克发生了冲突。到7月21日,政府使用军队摧毁了罢工。

7月17日(30日),巴统所有工厂的工人停止了工作。铁路工人和港口装卸工人也加入了罢工的行列。这次罢工持续到7月23日(8月5日)。在游行示威时工人同警察、哥萨克发生了冲突。

外高加索的总罢工在乌克兰几个大城市得到了响应。7月4日(17日)敖德萨大火车站和铁路工厂工人开始罢工,以抗议锅炉车间的一名工人被非法开除。当地的港口工人、采石场工人、水泥厂工人、软木厂工人、麻纺厂工人和其他一些工厂企业的工人很快都加入了罢工的行列。城市运输、发电厂、煤气厂、面包房和商业企业的工人也都停止了工作。这次罢工一直持续到7月23日(8月5日)。

伊丽莎白格勒、刻赤、基辅、叶卡捷琳诺斯拉夫、尼古拉耶夫等城市的工人也举行了罢工,来声援巴库、梯弗利斯、敖德萨以及其他城市的罢工工人。

发生在俄国南部的这场政治罢工是在各地俄国社会民主工党委员会领导下进行的,参加罢工的工人达20多万。这场罢工对提高俄国工人的阶级意识起了重大的作用,是1905—1907年俄国第一次革命的前兆。——690、775。

**325** 基什尼奥夫事件是指1903年4月在基什尼奥夫发生的大规模蹂躏犹太人的血腥事件。这一暴行是由沙皇政府内务大臣、宪兵司令维·康·普列韦策划的,其目的是诱使群众离开日益高涨的革命运动。在这一事件中死伤者有几百人,被抢劫和捣毁的住房和店铺上千座。

谢德尔采事件是指 1906 年 8 月底发生在谢德尔采市的反犹太人大暴行。在这一事件中,该市遭到枪炮轰击,死伤者达数百人。——690。

**326** 这里说的是发生在高加索和莫斯科的两次较大的剥夺事件。高加索剥夺事件发生在梯弗利斯省的杜舍季市。1906 年 4 月 12 日(25 日)夜,身着士兵服装的 6 名武装人员,冒充卫兵进入该市地方国库,夺取了 315 000 卢布。莫斯科剥夺事件是社会革命党人干的,发生于 1906 年 3 月 7 日(20 日)。这一天,大约有 20 名武装人员解除了莫斯科商人互贷协会银行守卫队的武装,夺取了 875 000 卢布。——691。

**327** 战地法庭是沙皇政府为镇压革命运动而设立的非常法庭。沙皇俄国大臣会议于 1906 年 8 月 19 日(9 月 1 日)制定了战地法庭条例。该条例规定,在宣布戒严或处于非常警卫状态的地方设立战地法庭。设立战地法庭之权属于总督、在实施非常警卫时被授予全部行政权力的"长官"或其他有同等权力的人员,由他们确定设立战地法庭的地点,并向警备司令、驻军司令或港口司令提出相应的要求。战地法庭由主席 1 人(将校级军官)和成员 4 人(陆军或海军军官)组成。开庭时禁止旁听,被告人不得委托他人辩护,也不得上诉。战地法庭的判决一般是死刑,宣判后立即生效,并且必须在一昼夜内执行。——691。

**328** 拉脱维亚社会民主工党是 1904 年 6 月在该党第一次代表大会上成立的。1905 年 6 月召开第二次代表大会,通过党纲。1905 年该党领导了工人的革命行动,并训练群众准备武装起义。在 1906 年俄国社会民主工党第四次(统一)代表大会上,拉脱维亚社会民主工党作为地区性组织加入俄国社会民主工党。代表大会后改称拉脱维亚边疆区社会民主党。——692。

**329** 指《斗争报》。

《斗争报》(《Zihṇa》、《Cīṇa》)是拉脱维亚社会民主党的秘密的中央机关报,1904 年 3 月创刊。1909 年 8 月以前在里加出版(经常中断),以后在国外出版。该报刊登过列宁 1910 年为该报出版 100 号而写的祝贺文章以及列宁起草的一些党的文件。该报撰稿人中有拉脱维亚共产党的组织者彼·伊·斯图契卡、拉脱维亚人民诗人扬·莱尼斯等。1917 年 4 月起,《斗争报》成为合法报纸,先后在彼得堡、里加和其他城市出版。1919 年 8 月起,因反革命在拉脱维亚暂时得势而再次在里加秘密出版。1940 年 6 月,苏维埃政权在拉脱维亚取得胜利后,该报成为拉脱维亚共产党中央委员会和拉脱维亚苏维埃社会主义共和国最高苏维埃的机关报。——692。

**330**　关于波兰社会党某个组织在某个时候采用过的毫无意义的游击行动方式,可参看《关于波兰社会党的游击行动》一文(《列宁全集》第2版第13卷第388页)。

关于波兰社会党,见注230。——695。

**331**　《党内消息报》(《Партийные Известия》)是俄国社会民主工党统一的中央委员会的秘密机关报,党的第四次(统一)代表大会召开前夕在彼得堡出版。该报编辑部是由布尔什维克机关报(《无产者报》)和孟什维克机关报(新《火星报》)的同等数量的编辑人员组成的。代表布尔什维克参加编辑部的是弗·亚·巴扎罗夫、瓦·瓦·沃罗夫斯基和阿·瓦·卢那察尔斯基,代表孟什维克参加的是费·伊·唐恩、尔·马尔托夫和亚·马尔丁诺夫。该报共出了两号。第1号于1906年2月7日出版,刊登了列宁的《俄国的目前形势和工人政党的策略》;第2号于1906年3月20日出版,刊登了列宁的《俄国革命和无产阶级的任务》。在这一号上还刊登了布尔什维克和孟什维克各自提交统一代表大会的策略纲领。俄国社会民主工党第四次(统一)代表大会后,布尔什维克和孟什维克都出版了自己的报纸,《党内消息报》遂停刊。——697。

**332**　指《关于俄国社会民主工党统一代表大会的报告(给彼得堡工人的信)》(见《列宁全集》第2版第13卷第1—65页)。

俄国社会民主工党第四次(统一)代表大会于1906年4月10—25日(4月23日—5月8日)在斯德哥尔摩举行。出席这次代表大会的有112名有表决权的代表和22名有发言权的代表。他们代表了俄国社会民主工党的62个组织。参加大会有发言权的还有波兰王国和立陶宛社会民主党、拉脱维亚社会民主工党和崩得的代表各3名,乌克兰社会民主工党、芬兰工人党的代表各1名。此外,还有保加利亚社会民主工党的代表1名。加上特邀代表和来宾,共有157人参加大会。

为了召开这次代表大会,1905年底布尔什维克和孟什维克两派领导机构组成了统一的中央委员会。在两个月的时间里,各地党组织讨论两派分别制定的纲领,并按300名党员产生1名代表的比例进行代表大会代表的选举。由于布尔什维克占优势的工业中心的许多党组织遭摧残而严重削弱,因此代表大会的组成并未反映党内真正的力量对比。在112张表决票中,布尔什维克拥有46票,孟什维克则拥有62票,而且拥有少数几票的调和派在基本问题上也是附和孟什维克的。

代表大会讨论了修改土地纲领、对目前形势的估计和无产阶级的阶级任务、对国家杜马的态度、武装起义、游击行动、与各民族的社会民主党的统一、党的章程等问题。列宁就土地问题、当前形势问题和对国家杜马的态度问题作了报告,就武装起义问题以及其他问题发了言,参加了党章起草委员会。

大会是在激烈斗争中进行的。在修改土地纲领问题上提出了三种纲领:列宁的土地国有化纲领,一部分布尔什维克的分配土地纲领和孟什维克的土地地方公有化纲领。代表大会以多数票批准了孟什维克的土地地方公有化纲领,但在布尔什维克的压力下对这一纲领作了一些修改。大会还批准了孟什维克的关于国家杜马的决议案和武装起义的决议案,大会未经讨论通过了关于工会的决议和关于对农民运动的态度的决议。代表大会通过了同波兰和立陶宛社会民主党以及同拉脱维亚社会民主工党统一的决定。这两个党作为地区性组织加入俄国社会民主工党,在该地区各民族无产阶级中进行工作。大会还确定了同崩得统一的条件。在代表大会批准的新党章中,关于党员资格的第1条采用了列宁的条文,但在党的中央委员会和中央机关报的相互关系问题上仍保留了两个中央机关并存的局面。

代表大会选出了由7名孟什维克和3名布尔什维克组成的中央委员会和由5名孟什维克组成的中央机关报编辑部。——697、739、768。

**333** 马克思主义奠基人对1848—1849年德国革命的一些最重大问题的观点,是在恩格斯的著作《德国的革命和反革命》(见《马克思恩格斯文集》2009年人民出版社版第2卷第349—459页)中阐述的。关于这部著作,参看注318。——702。

**334** 桑巴特主义是自由派资产阶级的一个思想流派,因德国资产阶级庸俗经济学家韦·桑巴特得名。桑巴特在其活动初期是个涂上了薄薄一层马克思主义色彩的社会自由主义的活动家,后来成为资本主义的辩护士。列宁曾指出,桑巴特之流"利用马克思的术语,引证马克思的个别论点,伪造马克思主义,从而用布伦坦诺主义偷换马克思主义"(见《列宁全集》第2版第12卷第303页)。——703。

**335** 1905年11月,格·瓦·普列汉诺夫在《我们的处境》一文中写道:"只是得到左轮手枪或匕首是不够的,还需要学会使用它们。70年代的革命家们在这方面是行家,我们的同志们还远不及他们。我们必须尽快填补自己革命**教育**中的这一空白。善于使用武器应成为我们中间拥有武器者理所当然地自豪的事情和尚未得到武器者羡慕的事情。"（见《普列汉诺夫全集》1926 年俄文版第 13 卷第 352 页）——704。

**336**　指马克思在 1870 年 9 月 6—9 日写的《国际工人协会总委员会关于普法战争的第二篇宣言》（见《马克思恩格斯文集》2009 年人民出版社版第 3 卷第 120—130 页）。——704。

**337**　绝顶聪明的鮈鱼出典于米·叶·萨尔蒂科夫-谢德林的同名讽刺故事。故事说，一条鮈鱼感到处处有丧生的危险，便常常东躲西藏，提心吊胆地度日，而却自以为绝顶聪明。——705。

**338**　弗·梅林的《与左尔格通信集》一文没有收进本书的这一版。——709。

**339**　《现代生活》杂志（«Современная Жизнь»）是俄国孟什维克的刊物，1906 年 4 月—1907 年 3 月在莫斯科出版。为杂志撰稿的除格·瓦·普列汉诺夫外还有尔·马尔托夫、帕·波·阿克雪里罗得等人。——710。

**340**　《评论》文集（«Отклики»）是孟什维克的刊物，1906—1907 年在彼得堡出版，共出了 3 集。第 1 集以《评论》为书名，另外两集以《〈评论〉社刊》为书名。为文集撰稿的有尔·马尔托夫、费·唐恩、德·柯尔佐夫等。——710。

**341**　召开所谓"工人代表大会"的主张是帕·波·阿克雪里罗得于 1905 年夏首次提出的，得到了其他孟什维克的支持。这一主张概括起来说就是召开各种工人组织的代表大会，在这个代表大会上建立社会民主党人、社会革命党人和无政府主义者都参加的合法的"广泛工人政党"。这实际上意味着取消俄国社会民主工党而代之以非党的组织。召开"工人代表大会"的主张也得到了社会革命党人、无政府主义者以及立宪民主党人和黑帮工人组织（祖巴托夫分子等）的赞同。1907 年俄国社会民主工党第五次代表大会谴责了这种主张（参看《苏联共产党代表大会、代表会议和中央全会决议汇编》1964 年人民出版社版第 1 分册第 201—202 页）。与布尔什维克一起反对召开"工人代表大会"的有波兰和拉脱维亚社会民主党人。列宁对孟什维克召开"工人代表大会"思想的批判，见《革命界的小市民习气》、《孟什维主义的危机》、《知识分子斗士反对知识分子的统治》、《气得晕头转向（关于工人代表大会问题）》（《列宁全集》第 2 版第 14 卷第 43—53、147—171 页，第 15 卷第 165—168、243—256 页）等文。——711、774。

**342** 劳动骑士即高尚的劳动骑士团,是美国的群众性工人组织,在美国工人运动的发展中起过重要作用。该团是缝衣工人尤·斯蒂芬斯等人于1869年在费城建立的,起初是一个秘密团体。该团最早试图把美国工人阶级在全国范围内组织起来,它联合不分民族的各工种工人,主要是非熟练工人,另外也吸收了一些非无产阶级的和小资产阶级的分子。该团的纲领带有浓厚的拉萨尔主义色彩,曾提出以建立合作社组织、推行合作的工业体系来代替工资制度,并要求实行土地改革。该团在1878年转入公开活动,以后逐步成为美国最有影响的工人组织。1874年仅有成员1万人,1886年已有成员70万人以上。在此期间,该团组织过几次成功的罢工。1886年以后,该团领导人走上否定阶级斗争的道路,该团的影响急剧降低,1893年成员减少到7万人。19世纪末,该团实际上已不存在。——712。

**343** 《未来》杂志(«Die Zukunft»)是德国社会民主党人创办的刊物,1877年10月—1878年11月在柏林出版。卡·赫希柏格是该杂志的出版者。卡·施拉姆和爱·伯恩施坦是该杂志的撰稿人。马克思和恩格斯曾对杂志的改良主义倾向提出尖锐批评。——714。

**344** 《年鉴》即《社会科学和社会政治年鉴》(«Jahrbuch für Sozialwissenschaft und Sozialpolitik»),是社会改良派的杂志,1879—1881年由卡·赫希柏格(用笔名路·李希特尔)在苏黎世出版。共出了3卷。这里谈到的文章题为《德国社会主义运动的回顾。评论箴言》,刊登于《年鉴》第1年卷第1册。——716。

**345** 1884年底,德国首相奥·俾斯麦为推行殖民掠夺政策,要求帝国国会批准发给轮船公司补助金,以便开辟通往亚洲东部、澳洲和非洲的定期航线。以奥·倍倍尔和威·李卜克内西为首的社会民主党党团左翼反对发放航运补助金,而以伊·奥尔、约·亨·威·狄茨等为首的党团的右翼多数,在帝国国会就这个问题正式辩论以前,就主张向轮船公司发放补助金。1885年3月,在帝国国会讨论这个问题时,社会民主党党团右翼投票赞成开辟通往亚洲东部和澳洲的航线,同时以政府接受它的一些要求,包括新的船只在德国造船厂建造,作为它同意俾斯麦提案的条件。只是在帝国国会否决了这一要求后,整个党团才投票反对政府的提案。党团多数的行为引起了《社会民主党人报》和一些社会民主党组织的强烈反对。争论极为激烈,几乎造成党的分裂。恩格斯尖锐地批评了社会民主党党团右翼的机会主义立场(参看《马克思恩格斯全集》第1版第36卷第258—259、259—260、265、289、291、314—315、321页）。——717。

**346**　两个国际社会民主党代表大会是指1889年7月14—20日在巴黎召开的第二国际第一次代表大会和法国可能派与英国社会民主联盟同时在那里召开的代表大会。

　　　　第二国际第一次代表大会是根据法国社会党人的倡议,在其他许多国家的社会党人支持下召开的。以法国可能派和英国社会民主联盟为首的机会主义分子企图把筹备和召开代表大会的工作抓到自己手里,从而使自己成为国际工人运动的领袖。恩格斯坚决反对他们的这种企图,并积极地参加了代表大会的筹备工作。恩格斯在揭露机会主义者的阴谋时,尖锐地批评了德国社会民主党领袖们对待可能派的调和主义态度,同时也批评了法国社会党人在策略上的错误。这次代表大会讨论的主要问题是国际工人立法问题。在就该问题通过的决议中指出,工人们不仅要进行经济斗争,还要进行政治斗争,他们必须建立无产阶级的社会主义政党,把党的工作和工会的工作结合起来。代表大会还通过了八小时工作制和每年庆祝五一国际劳动节的决议。代表大会没有通过建立第二国际的正式决议,但实际上是第二国际的成立代表大会。

　　　　可能派与英国社会民主联盟召开的代表大会实际上没有取得什么成果。——718。

**347**　指《1889年国际工人代表大会。答〈正义报〉》和《1889年国际工人代表大会。Ⅱ.答〈社会民主联盟宣言〉》两文（参看《马克思恩格斯全集》第1版第21卷第573—585、591—612页）。——718。

**348**　德卡泽维尔工人罢工是指法国阿韦龙省德卡泽维尔市2 000名矿工的自发罢工,从1886年1月开始到6月结束,持续了5个月。罢工是由于劳动条件不堪忍受和阿韦龙矿业公司的资本家残酷剥削工人引起的。罢工开始时,工人打死了拒绝听取工人要求的矿长瓦特兰。政府把军队开进德卡泽维尔,这在法国引起了更大的风潮。在巴黎和各省举行了许多抗议集会。茹·盖得和保·拉法格在巴黎的集会上发言抗议政府和企业主的行为。社会党报纸《人民呼声报》和《强硬派报》开展了支持罢工者的签名运动。在法国众议院讨论德卡泽维尔罢工问题时,资产阶级议员,其中包括激进派,支持政府镇压罢工工人。原来参加激进派的工人议员因此脱离了激进派,在众议院中组成了独立的工人党团。恩格斯密切地注视着法国这一事态的发展,认为"法国无产阶级在议院中的这第一次勇敢的独立行动"具有重要意义（参看《马克思恩格斯全集》第1版第36卷第 438 页)。——724。

**349** 指 1877—1878 年的俄土战争。俄国在这次战争中取得了胜利。战后,原在奥斯曼帝国统治下的罗马尼亚、塞尔维亚和门的内哥罗正式独立,保加利亚获得自治。土耳其把巴统、卡尔斯和阿尔达汉割让给俄国,把塞浦路斯岛割让给英国。奥匈帝国暂时占领波斯尼亚和黑塞哥维那。土耳其并向俄国赔款 8 亿法郎。——726。

**350** 第一届杜马(第一届国家杜马,亦称维特杜马)是根据沙皇政府大臣会议主席谢·尤·维特制定的条例于 1906 年 4 月 27 日(5 月 10 日)召开的。

在 1905 年十月全俄政治罢工的冲击下,沙皇尼古拉二世被迫发表了 10 月 17 日宣言,宣布召开具有立法职能的国家杜马以代替布里根咨议性杜马,借以把国家引上君主立宪的发展道路。

1905 年 12 月 11 日(24 日),沙皇政府颁布了《关于修改国家杜马选举条例的命令》。第一届杜马选举于 1906 年 2—3 月举行。这次选举不是平等的、普遍的和直接的。布尔什维克宣布抵制,但没有成功。当杜马最终召集起来时,列宁要求利用杜马来进行革命的宣传鼓动并揭露杜马的本质。

第一届杜马共有代表 478 人,其中立宪民主党 179 名,自治派 63 名,十月党 16 名,无党派人士 105 名,劳动派 97 名,社会民主党 18 名。立宪民主党人占⅓强。主席是立宪民主党人谢·安·穆罗姆采夫。第一届杜马讨论了人身不可侵犯、废除死刑、信仰和集会自由、公民权利平等等问题,但中心问题是土地问题。在杜马会议上提出的土地纲领主要有两个:一个是立宪民主党人于 5 月 8 日(21 日)提交的"42 人土地法案",它力图保持地主土地所有制,只允许通过"按公平价格"赎买的办法来强制地主转让主要用农民的耕畜和农具耕种的或已出租的土地;另一个是劳动派于 5 月 23 日(6 月 5 日)提交的"104 人土地法案",它要求建立全民地产,把超过劳动土地份额的地主土地及其他私有土地收归国有,按劳动份额平均使用土地。

第一届杜马尽管很软弱,它的决议尽管很不彻底,但仍不符合政府的愿望。1906 年 7 月 9 日(22 日)沙皇政府解散了第一届杜马。

第二届杜马(第二届国家杜马)于 1907 年 2 月 20 日(3 月 5 日)召开,共有代表 518 人。主席是立宪民主党人费·亚·戈洛文。尽管当时俄国革命处于低潮时期,而且杜马选举是间接的、不平等的,但由于各政党间的界限比第一届杜马时期更为明显,群众的阶级觉悟较前提高,以及布尔什维克参加了选举,所以第二届杜马中左派力量有所加强。按政治集团来分,第二届杜马的组成是:右派即君主派和十月党54名,立宪民主党和靠近它的党派99名,各民族代表76名,无党派人士50名,哥萨克集团17名,人民社会党16名,社会革命党37名,劳动派104名,社会民主党65名。

同第一届杜马一样,第二届杜马的中心议题是土地问题。右派和十月党人捍卫1906年11月9日斯托雷平关于土地改革的法令。立宪民主党人大大删削了自己的土地法案,把强制转让土地的成分降到最低限度。劳动派在土地问题上仍然采取在第一届杜马中采取的立场。孟什维克占多数的社会民主党党团提出了土地地方公有化法案,布尔什维克则捍卫全部土地国有化纲领。除土地问题外,第二届杜马还讨论了预算、对饥民和失业工人的救济、大赦等问题。在第二届杜马中,布尔什维克执行与劳动派建立"左派联盟"的策略,孟什维克则执行支持立宪民主党人的机会主义策略。

1907年6月3日(16日)沙皇政府发动政变,解散了第二届杜马。——726、733、741、765、782。

**351** 指1872年由格·亚·洛帕廷和尼·弗·丹尼尔逊合译的第一个《资本论》俄译本的出版。这也是《资本论》第一次被译成外文。随着《资本论》的出版,70年代在《祖国纪事》、《欧洲通报》等俄国合法杂志上展开了关于《资本论》的广泛辩论。俄国著名的政论家和学者都参加了这场辩论。70年代的革命青年秘密小组和秘密报刊也对《资本论》表现了极大的兴趣。——726。

**352** 恩格斯在1885年4月23日给维·伊·查苏利奇的信中谈到了普列汉诺夫的《我们的意见分歧》一书和俄国将发生的革命的性质(参看《马克思恩格斯全集》第1版第36卷第300—305页)。这封信第一次发表于1925年出版的《劳动解放社》文集第3集。——727。

**353** 最近的几次谋刺是指1887年3月以列宁的哥哥亚·伊·乌里扬诺夫为首的一批民意党人在彼得堡谋刺沙皇亚历山大三世的事件以及当时流传甚广的关于在加特契纳将发生新的谋刺事件的传闻。——727。

**354** 恩格斯写的《德国维护帝国宪法的运动》中的一章题为《为共和国捐躯!》(参看《马克思恩格斯全集》第1版第7卷第190—235页)。——728。

**355** 《反对抵制》一文载于1907年7月底出版的小册子《论抵制第三届杜

马》。小册子刊载的另一篇文章是当时持相反观点的列·波·加米涅夫写的《赞成抵制》,该文所署时间是1907年6月28日(7月11日)。

这本小册子是社会民主党的彼得堡秘密印刷厂印刷的,但伪装成为合法的印刷品,封面上印的出版地点是莫斯科,印刷单位是虚构的哥里宗托夫印刷厂。1907年9月,小册子被沙皇当局没收。——729。

**356** 指1907年6月19—24日(7月2—7日)在芬兰举行的全俄教师联合会第四次代表大会。出席这次代表大会的代表中有社会革命党人50名、社会民主党人23名、无党派人士18名,他们代表了大约2 000名有组织的俄国教师。代表大会通过了联合会的章程,并讨论了关于第三届杜马的选举、关于同其他职业性联合会的关系、关于对当前地方自治机关的态度、关于教师职业保障和互助等问题。会议期间,社会民主党人代表和社会革命党人代表展开了激烈的思想交锋。

全俄教师联合会成立于1905年4月,当时称全俄教师和国民教育活动家联合会。联合会章程第1条规定,它除了为改善教师物质生活状况进行斗争外,还为争取学校自由而斗争。它既是教师工会,同时又是为争取学校自由而斗争的政治团体。因此列宁称它为政治性的职业联合会。——729。

**357** 第三届杜马(第三届国家杜马)是根据1907年6月3日(16日)沙皇解散第二届杜马时颁布的新的选举条例在当年秋天选举、当年11月1日(14日)召开的,存在到1912年6月9日(22日)。这届杜马共有代表442人,先后任主席的有尼·阿·霍米亚科夫、亚·伊·古契柯夫(1910年3月起)和米·弗·罗将柯(1911年起),他们都是十月党人。这届杜马按其成分来说是黑帮—十月党人的杜马,是沙皇政府对俄国革命力量实行反革命的暴力和镇压政策的驯服工具。这届杜马的442名代表中,有右派147名,十月党人154名,立陶宛—白俄罗斯集团7名,波兰代表联盟11名,进步派28名,穆斯林集团8名,立宪民主党人54名,劳动派14名,社会民主党人19名。

第三届杜马全面支持沙皇政府在六三政变后的内外政策。它拨巨款给警察、宪兵、法院、监狱等部门,并通过了一个大大扩充了军队员额的兵役法案。第三届杜马的反动性在工人立法上表现得尤为明显,它把几个有关工人保险问题的法案搁置了3年,直到1911年在新的革命高潮到来的形势下才予以批准,但保险条件比1903年法案的规定还要苛刻。1912年3月5日(18日),杜马工人委员会否决了罢工自由法案,甚至不许把它提交杜马会议讨论。在土地问题上，第三届杜马完全支持斯托雷平的土地法，于1910年批准了以1906年11月9日(22日)法令为基础的土地法，而拒绝讨论农民代表提出的一切关于把土地分配给无地和少地农民的提案。在少数民族问题上，它积极支持沙皇政府的俄罗斯化政策，通过一连串的法律进一步限制少数民族的基本权利。在对外政策方面，它主张沙皇政府积极干涉巴尔干各国的内政，破坏东方各国的民族解放运动和革命。

第三届杜马的社会民主党党团，尽管工作条件极为恶劣，人数不多，在初期活动中犯过一些错误，但是在列宁的批评和帮助下，工作有所加强，在揭露第三届杜马的反人民政策和对无产阶级和农民进行政治教育等方面都做了大量的工作。——729、786。

**358** 出席全俄教师联合会第四次代表大会的俄国社会民主工党的代表是尼·亚·罗日柯夫。——729。

**359** 布里根杜马即沙皇政府宣布要在1906年1月中旬前召开的咨议性国家杜马。1905年8月6日(19日)沙皇颁布了有关建立国家杜马的诏书，与此同时，还颁布了《关于建立国家杜马的法令》和《国家杜马选举条例》。这些文件是由内务大臣安·格·布里根任主席的特别委员会受沙皇之托起草的，所以这个拟建立的国家杜马被人们称做布里根杜马。根据这些文件的规定，在杜马选举中，只有地主、资本家和农民户主有选举权。居民的大多数——工人、贫苦农民、雇农、民主主义知识分子被剥夺了选举权。妇女、军人、学生、未满25岁的人和许多被压迫民族都被排除在选举之外。杜马只能作为沙皇属下的咨议性机构讨论某些问题，无权通过任何法律。布尔什维克号召工人和农民积极抵制布里根杜马。孟什维克则认为可以参加杜马选举并主张同自由派资产阶级合作。1905年十月全俄政治罢工迫使沙皇颁布10月17日宣言，保证召开立法杜马。这样布里根杜马没有召开就被革命风暴扫除了。——730、776。

**360** 8月6日的法令是指沙皇政府1905年8月6日(19日)颁布的关于设立国家杜马的法令。参看注359。——731。

**361** 马吃燕麦、伏尔加河流入里海一语出自俄国作家安·巴·契诃夫的短篇小说《文学教师》。小说描写一个名叫伊波利特·伊波利特奇的史地教师，他平时沉默寡言，而一开口总是说些诸如"人不吃东西就不能生存"之类的人所共知的"大道理"。"马吃燕麦、伏尔加河流入里海"是他临终时说的一句话，后来常被人们引用来譬喻空话、废话和老生常谈。——734。

**362**  罗兹的街垒战是指1905年6月9—11日(22—24日)波兰罗兹市工人的起义。1905年5—6月,在素称工人波兰心脏的罗兹市出现了罢工浪潮。6月8日(21日),参加游行示威的群众遭枪杀。6月9日(22日),在波兰王国和立陶宛社会民主党罗兹委员会号召下,全市举行了政治总罢工。工人们自发地同军警发生武装冲突,全市修筑了约50处街垒。经过三天激烈战斗,起义终于被沙皇军队镇压下去,起义者死伤约1 200人。——737。

**363**  指俄国社会民主工党中央委员会就六三政变问题发出的第一封《给各党组织的信》。信中说:"无产阶级和代表它的利益的革命社会民主党对政府的横暴行为不能不予以回答和抗议。"俄国社会民主工党中央委员会没有宣布立即采取行动,而是号召各党组织"支持正在掀起的群众运动,使之进行到底;在有把握得到广大群众的积极而坚决的支持的地方,要立即发起运动,并把情况报告中央委员会"。——746。

**364**  这里说的基辅起义是指沙皇军队第41谢连金步兵团和第21工兵营1907年6月4日夜在基辅举行的武装起义。当时社会革命党和俄国社会民主工党在这些部队里都有较强的力量。第二届国家杜马被解散的消息传来后,社会革命党军事组织召开会议决定举行起义。俄国社会民主工党基辅军事组织委员会不赞成起义,但在起义已不可能制止时也决定参加。这一起义很快就被扑灭了。

这里说的黑海舰队起义可能是指1907年5月底黑海舰队实习分舰队水兵起义未果一事。1907年5月22日,实习分舰队由塞瓦斯托波尔港起锚驶往坚德拉湾。在发现水兵有发动起义迹象后,分舰队奉命立即返航,于5月28日回到塞瓦斯托波尔港。随后有数十名水兵以鼓动起义的罪名被逮捕并交付军事法庭审判。——746。

**365**  幼年的罪孽一语出自《旧约全书·约伯记》,意指年轻时由于幼稚而犯的错误和过失。——749。

**366**  巴拉莱金是俄国作家米·叶·萨尔蒂科夫-谢德林的讽刺作品《温和谨慎的人们》和《现代牧歌》中的人物,一个包揽词讼、颠倒黑白的律师,自由主义空谈家、冒险家和撒谎家。巴拉莱金这个名字后来成为空谈、撒谎、投机取巧、出卖原则的代名词。——750。

**367**  指马克思在《国际工人协会总委员会关于普法战争的第二篇宣言》中对

法国工人的下述忠告:"在目前的危机中,当敌人几乎已经在敲巴黎城门的时候,一切推翻新政府的企图都将是绝望的蠢举。法国工人应该履行自己的公民职责,但同时他们不应当为民族历史上的1792年所迷惑,就像法国农民曾经为民族历史上的第一帝国所欺骗那样。"(见《马克思恩格斯文集》2009年人民出版社版第3卷第127页)——751。

**368**　指俄国社会民主工党第四次(统一)代表大会《关于对国家杜马的态度的决议》和第五次代表大会《关于国家杜马的决议》。前者是根据孟什维克提出的草案通过的,后者则是根据布尔什维克提出的草案通过的(参看《苏联共产党代表大会、代表会议和中央全会决议汇编》1964年人民出版社版第1分册第153—155、209—210页)。——752。

**369**　《无产者报》(《Пролетарий》)是俄国布尔什维克的秘密报纸,于1906年8月21日(9月3日)—1909年11月28日(12月11日)出版,共出了50号。该报由列宁主编,在不同时期参加编辑部的有亚·亚·波格丹诺夫、约·彼·戈尔登贝格、约·费·杜勃洛文斯基等。《无产者报》的头20号是在维堡排版送纸型到彼得堡印刷的,为保密起见,报上印的是在莫斯科出版。由于秘密报刊出版困难,从第21号起移至国外出版(第21—40号在日内瓦、第41—50号在巴黎出版)。《无产者报》是作为俄国社会民主工党莫斯科委员会和彼得堡委员会的机关报出版的,在头20号中有些号还同时作为莫斯科郊区委员会、彼尔姆委员会、库尔斯克委员会和喀山委员会的机关报出版,但它实际上是布尔什维克的中央机关报。该报共发表了100多篇列宁的文章和短评。《无产者报》第46号附刊上发表了1909年6月在巴黎举行的《无产者报》扩大编辑部会议的文件。在斯托雷平反动时期,《无产者报》在保存和巩固布尔什维克组织方面起了卓越的作用。根据俄国社会民主工党中央委员会1910年一月全会的决议,《无产者报》停刊。——753。

**370**　这是列宁为种子出版社出版的他的《十二年来》文集写的序言。按种子出版社的计划,《十二年来》文集应出3卷,但实际上只出了第1卷和第2卷第1分册。

　　《十二年来》文集第1卷于1907年11月中旬出版(封面上印的是1908年)。这一卷不久即被没收,但有很大一部分被抢救出来,并继续秘密流传。第1卷包括下列著作:《民粹主义的经济内容及其在司徒卢威先生的书中受到的批评》、《俄国社会民主党人的任务》、《地方自治机关的迫害者和自由主义的汉尼拔》、《怎么办?》、《进一步,退两步》、《地方自治运动和〈火星报〉的计划》以及《社会民主党在民主革命中的两种策略》。

　　预定编入第 2 卷的是关于土地问题的著作。鉴于沙皇政府书报检查机关的迫害,第 2 卷改称《土地问题》文集而不再用《十二年来》文集这一书名。第 2 卷分两册出版,第 1 分册于 1908 年初问世,收有《评经济浪漫主义》、《1894—1895 年度彼尔姆省手工业调查以及"手工"工业中的一般问题》以及《土地问题和"马克思的批评家"》(第 1—11 章)。第 2 分册是列宁刚刚写成而尚未发表的著作《社会民主党在 1905—1907 年俄国第一次革命中的土地纲领》。这一分册未能问世,在印刷厂就被警方没收并销毁了。

　　第 3 卷也因当局的查禁未能出版。按计划,编入该卷的将是列宁在《火星报》、《前进报》、《无产者报》、《新生活报》等布尔什维克机关报上发表过的一批纲领性和论战性文章。——761。

**371** 《〈俄国经济发展问题的资料〉文集》即《说明我国经济发展状况的资料》文集,见注 163。——762。

**372** 指"社会民主党人"革命组织。

　　"社会民主党人"革命组织是国外俄国社会民主人联合会分裂以后由劳动解放社成员以及与其观点一致的人于 1900 年 5 月成立的。该组织在号召书里宣布它的宗旨是扶持俄国无产阶级中的社会主义运动并同企图修正马克思主义的形形色色机会主义作斗争。该组织出版了《共产党宣言》和马克思、恩格斯的其他一些著作的俄译本以及格·瓦·普列汉诺夫等人的几本小册子。1901 年 10 月,根据列宁的倡议,"社会民主党人"革命组织同《火星报》和《曙光》杂志的国外组织合并为俄国革命社会民主人国外同盟。——766。

**373** 指《十二年来》文集第 3 卷。出版这一卷的计划没有能够实现。——767。

**374** 伦敦代表大会即俄国社会民主工党第五次代表大会,于 1907 年 4 月 30 日—5 月 19 日(5 月 13 日—6 月 1 日)在伦敦召开。出席这次代表大会的代表有 342 名,代表约 15 万名党员,其中有表决权的代表 303 名,有发言权的代表 39 名。在有表决权的代表中,有布尔什维克 89 名,孟什维克 88 名,崩得代表 55 名,波兰王国和立陶宛社会民主党代表 45 名,拉脱维亚边疆区社会民主党代表 26 名。列宁作为卡马河上游地区(乌拉尔)党组织的代表参加了代表大会并被选入了主席团。马·高尔基作为有发言权的代表参加了代表大会。

布尔什维克在代表大会上得到了波兰王国和立陶宛社会民主党及拉脱维亚边疆区社会民主党的代表的支持。布尔什维克用革命的纲领团结了他们，因而在代表大会上获得了多数，取得了革命的马克思主义路线的胜利。在一切基本问题上，代表大会都通过了布尔什维克的决议案。布尔什维克的策略被确定为全党的统一的策略。关于对资产阶级政党态度的问题通过了列宁起草的决议。这一决议对所有非无产阶级政党都作了布尔什维主义的评价，并规定了革命社会民主党对它们的策略。代表大会通过的关于国家杜马的决议，规定了社会民主党在杜马中的各项任务，指出社会民主党在杜马内的活动应该服从杜马外的活动，应该首先把杜马作为揭露专制制度和资产阶级妥协政策以及宣传党的革命纲领的讲坛。代表大会就"工人代表大会"问题通过的决议是列宁为代表大会写的决议草案《关于非党工人组织和无产阶级中的无政府工团主义思潮》为基础写成的。在关于工会的决议中，代表大会批驳了工会"中立"的机会主义理论，认为必须做到党对工会实行思想上和政治上的领导。代表大会通过了新的党章。按照修改过的党章，在代表大会上只选举中央委员会，中央机关报编辑部由中央委员会任命，并在中央委员会监督下工作。党章规定定期召开党的会议来讨论党内生活中最重要的问题。

代表大会选出了由布尔什维克5人、孟什维克4人、波兰社会民主党2人和拉脱维亚社会民主党1人组成的中央委员会（另外3名中央委员由崩得和拉脱维亚边疆区社会民主党在代表大会后选派）。鉴于新的中央委员会成分不一，中央的领导不可靠，在代表大会结束时布尔什维克在自己的会议上成立了以列宁为首的布尔什维克的中央，《无产者报》编辑部也加入布尔什维克中央。——768。

**375** 《新生活报》(《Новая Жизнь》)是俄国布尔什维克的第一个合法报纸，实际上是俄国社会民主工党的中央机关报。1905年10月27日(11月9日)—12月3日(16日)在彼得堡出版。从1905年11月第9号起，该报由列宁直接领导。参加编辑部的有：列宁、弗·亚·巴扎罗夫、亚·亚·波格丹诺夫、瓦·瓦·沃罗夫斯基、米·斯·奥里明斯基、阿·瓦·卢那察尔斯基和彼·彼·鲁勉采夫。马·高尔基参加了《新生活报》的工作，并且在物质上给予了很大的帮助。《新生活报》发表过列宁的14篇文章。该报遭到沙皇政府当局多次迫害，在28号中有15号被没收。1905年12月2日该报被政府当局查封。最后一号即第28号是秘密出版的。——770。

**376** 指列宁为1905年3月10日(23日)《前进报》第11号上的瓦·瓦·沃罗夫斯基的文章《蛊惑宣传的产物》加的附注(见《列宁全集》第2版第9卷第338页)。

关于《前进报》,见注301。——771。

**377** 斯图加特国际社会党代表大会(第二国际第七次代表大会)于1907年8月18—24日在斯图加特举行。出席代表大会的有来自25个国家的886名社会党和工会的代表。

俄国代表团包括社会民主党人37名、社会革命党人21名和工会代表7名。俄国代表团共有20张表决票。参加这次代表大会的布尔什维克代表有列宁、亚·亚·波格丹诺夫、约·彼·戈尔登贝格(梅什科夫斯基)、波·米·克努尼扬茨、马·马·李维诺夫、阿·瓦·卢那察尔斯基、尼·亚·谢马什柯、米·格·茨哈卡雅等人。列宁是第一次出席第二国际的代表大会。

代表大会审议了下列问题:军国主义和国际冲突;政党和工会的相互关系;殖民地问题;工人的侨居;妇女选举权。

在代表大会期间,列宁为团结国际社会党的左派力量做了大量工作,同机会主义者进行了坚决的斗争。代表大会的主要工作是在起草代表大会决议的各委员会中进行的。列宁参加了军国主义和国际冲突问题委员会的工作。在这个委员会讨论奥·倍倍尔提出的决议案时,列宁同罗·卢森堡和尔·马尔托夫一起对它提出了许多原则性的修改意见。其中最重要的修改意见是:"如果战争……爆发了的话,他们(指各国工人阶级及其在议会中的代表。——编者注)的责任是……竭尽全力利用战争引起的经济和政治危机唤醒各阶层人民的政治觉悟和加速推翻资产阶级的统治。"这一著名论点还为1910年哥本哈根代表大会所重申并写进了1912年巴塞尔代表大会的决议。列宁在1916年12月写的一篇关于对倍倍尔这一决议案的修改的短文中谈到了这一修改意见提出的经过(见《列宁全集》第2版第28卷第301页)。

列宁在两篇题为《斯图加特国际社会党代表大会》的文章中对这次代表大会各项决议起草和通过过程中的主要争论以及这次代表大会的意义作了扼要的介绍和评述(见《列宁全集》第2版第16卷第64—75、79—85页)。——773。

**378** 指孟什维克在第一届国家杜马(即维特杜马)选举中提出的半抵制策略。孟什维克不同意布尔什维克的坚决抵制选举的策略,而提出社会民主党除不参加最后阶段选举外其余各个阶段选举都参加的口号,也就是说,社会民主党参加初选人和复选人的选举,而不参加杜马代表的选举。——776。

**379** 布尔什维克提出建立"杜马左派集团执行委员会"的口号,其目的是要在杜马中保证贯彻工人代表的独立的阶级路线、对农民代表的活动进行领导和使之不受立宪民主党的影响。孟什维克反对这个口号,而提出建立"全国反对派"即工人代表和农民代表支持立宪民主党人的口号。孟什维克把立宪民主党人同社会民主党人、社会革命党人和劳动派相提并论,全都算做左派。

　　1906 年 7 月第一届杜马解散以后,"左派执行委员会"实际上以社会民主党的杜马党团为中心已经组织起来。在"左派执行委员会"倡议下发表了下面三个文件:社会民主党杜马党团委员会和劳动团委员会签署的《告陆海军书》,全俄农民协会、俄国社会民主工党中央委员会、社会革命党中央委员会、全俄铁路工会和全俄教师联合会签署的《告全国农民书》,以及俄国社会民主工党、社会革命党、波兰社会党、崩得签署的《告全体人民书》。这三个文件号召人民进行反政府的革命斗争,并提出了召开立宪会议的口号。——776。

**380** 《社会民主党在 1905—1907 年俄国第一次革命中的土地纲领》一书写于 1907 年 11—12 月间。列宁在 1907 年 11 月 23 日和 12 月 6 日之间给米·谢·克德罗夫的信、1908 年 1 月 14 日和 22 日之间给格·阿·阿列克辛斯基的信以及 1908 年 2 月 17 日给玛·伊·乌里扬诺娃的信中,分别谈到了这部著作的写作计划、具体内容和撰写进度等情况(见《列宁全集》第 2 版第 45 卷第 146—147、154 页,第 53 卷第 302—303 页)。这部著作在 1908 年被收入《十二年来》文集第 2 卷第 2 分册,但在印刷厂里就被警察没收和销毁了,只保存下来一本,而且缺了最后几页。1908 年 7 月 23 日(8 月 5 日)的《无产者报》第 33 号以《彼得·马斯洛夫是怎样修改卡尔·马克思的草稿的》为题发表了该书第 3 章的第 2 节和第 3 节。

　　1917 年,彼得格勒生活与知识出版社用《社会民主党在 1905—1907 年俄国第一次革命中的土地纲领》这一书名再版此书时,列宁在《结束语》最后缺页处,即在"改良主义的道路就是建立容克-资产阶级俄国的道路,其必要的前提是保存旧土地占有制的基础,"(见本卷第 783 页)这段文字之后补写了如下几句:"对农民群众缓慢地、有步骤地、极残酷地施行暴力。革命的道路就是建立农民资产阶级俄国的道路,其必要的前提是破坏一切旧土地占有制、废除土地私有制。"

后来在日内瓦的社会民主党档案库发现了列宁这部著作的手稿，标题是《俄国第一次革命中的土地问题(论修改俄国社会民主党的土地纲领)》。1924年，《无产阶级革命》杂志第5期首次按手稿发表了《结束语》全文。在《列宁全集》俄文第5版第16卷中，这部著作是按手稿刊印的，并根据此书1917年版作了核对，《跋》是按1917年版刊印的。——779。

**381** 拉祖瓦耶夫和科卢帕耶夫是俄国作家米·叶·萨尔蒂科夫-谢德林的特写作品《蒙列波避难所》中的人物。他们都是俄国1861年农民改革后出现的新兴资产者的典型。——780。

**382** 农民协会(全俄农民协会)是俄国1905年革命中产生的群众性的革命民主主义政治组织，于1905年7月31日—8月1日(8月13—14日)在莫斯科举行了成立大会。据1905年10—12月的统计，协会在欧俄有470个乡级和村级组织，会员约20万人。协会的纲领性要求是:实现政治自由和在普选基础上立即召开立宪会议，支持抵制第一届国家杜马;废除土地私有制，由农民选出的委员会将土地分配给自力耕作的农民使用，同意对一部分私有土地给以补偿。农民协会曾与彼得堡工人代表苏维埃合作，它的地方组织在农民起义地区起了革命委员会的作用。农民协会从一开始就遭到警察镇压，1907年初被解散。——782。

**383** 见恩格斯1886年11月29日给弗·阿·左尔格的信。恩格斯在信中批评德国一些社会民主党人不懂马克思主义革命理论，而"用学理主义和教条主义的态度去对待它，认为只要把它背得烂熟，就足以满足一切需要。对他们来说，这是教条，而不是行动的指南"(见《马克思恩格斯文集》2009年人民出版社版第10卷第557页)。——785。

**384** 这篇《跋》是列宁在1917年《社会民主党在1905—1907年俄国第一次革命中的土地纲领》一书出版时写的。——788。

# 人 名 索 引

## A

阿布拉莫夫,雅柯夫·瓦西里耶维奇(Абрамов, Яков Васильевич 1858—1906)——俄国政论家和小说家,自由主义民粹派分子。——119、130、131。

阿德勒,维克多(Adler, Victor 1852—1918)——奥地利社会民主党创建人和领袖之一。早年是资产阶级激进派,19世纪80年代中期参加工人运动。曾同恩格斯有通信联系。是1888年12月31日—1889年1月1日奥地利社会民主党成立大会上通过的党纲的主要起草人之一。第一次世界大战期间持中派立场,鼓吹阶级和平,反对工人阶级的革命发动。——95。

阿尔宁-苏科,亨利希·亚历山大(Arnim-Suckow, Heinrich Alexander 1798—1861)——普鲁士男爵,在德国实行普鲁士君主制统治的狂热拥护者。1848年3—6月任康普豪森内阁的外交大臣。——636。

阿基莫夫(**马赫诺韦茨**),弗拉基米尔·彼得罗维奇(Акимов(Махновец), Владимир Петрович 1872—1921)——俄国社会民主党人,经济派代表人物。19世纪90年代中期加入彼得堡民意社。曾是国外俄国社会民主党人联合会的领导人之一。1903年代表联合会出席了俄国社会民主工党第二次代表大会,是反火星派分子,会后成为孟什维克极右翼代表。1907年脱离政治活动。——474—475、476、480、481、485、488、489、490、493、496、497、500、507、509、511、515、519、525、573、621—622。

阿克雪里罗得,帕维尔·波里索维奇(Аксельрод, Павел Борисович 1850—1928)——俄国孟什维克领袖之一。1883年参与创建劳动解放社。1900年起是《火星报》和《曙光》杂志编辑部成员。俄国社会民主工党第二次代表大会后是孟什维主义的思想家。1905年提出召开广泛的工人代表大会的取消主义观点。斯托雷平反动时期和新的革命高涨年代是取消派的思想领袖。第一次世界大战期间持社会沙文主义立场;曾参加齐美尔瓦尔德代表会议和昆塔尔代表会议,属于右翼。1917年二月革命后任彼得格勒苏

**B**

巴甫洛维奇——见克拉西科夫,彼得·阿纳尼耶维奇。

巴枯宁,米哈伊尔·亚历山德罗维奇(Бакунин, Михаил Александрович 1814—1876)——俄国革命者,无政府主义和民粹主义创始人和理论家之一。宣称个人"绝对自由"是整个人类发展的最高目的,国家是产生一切不平等的根源;否定包括无产阶级专政在内的一切国家。1840年起侨居国外,曾参加德国1848—1849年革命。1849年因参与领导德累斯顿起义被判死刑,后改为终身监禁。1851年被引渡给沙皇政府。1861年从西伯利亚流放地逃往伦敦。1868年参加第一国际活动后,在国际内部组织秘密团体——社会主义民主同盟,妄图夺取总委员会的领导权。1872年在海牙代表大会上被开除出第一国际。——288、313、727。

白恩士,约翰·埃利奥特(Burns, John Eliot 1858—1943)——英国工人运动活动家,改良主义者。19世纪80年代是工联领导人之一,领导了1889年伦敦码头工人大罢工。1892年被选入议会。1905—1914年任地方自治事务大臣,1914年任商业大臣。1914年8月因不同意政府关于参加第一次世界大战的决定而辞职。以后脱离政治活动。——725。

白拉克,威廉(Bracke, Wilhelm 1842—1880)——德国工人运动活动家,图书出版人和经销人。1869年参与创建德国社会民主工党(爱森纳赫派)。1871年创办出版社,是党的书刊的主要出版人和发行人之一。——716。

鲍威尔,埃德加(Bauer, Edgar 1820—1886)——德国政论家,青年黑格尔派。1848—1849年革命后流亡英国,1861年大赦后为普鲁士官员。布·鲍威尔的弟弟。——92—93。

鲍威尔,布鲁诺(Bauer, Bruno 1809—1882)——德国唯心主义哲学家,青年黑格尔派的主要代表人物,资产阶级激进派。1866年后成为民族自由党人。在基督教史方面著作甚多。——92—93。

贝克尔,约翰·菲力浦(Becker, Johann Philipp 1809—1886)——德国工人运动和国际工人运动活动家,马克思和恩格斯的朋友和战友。19世纪30年代参加革命运动。60年代是第一国际活动家,参与组建国际在瑞士的德国人支部,《先驱》杂志的编辑。——95、709、728。

倍倍尔,奥古斯特(Bebel, August 1840—1913)——德国工人运动和国际工人运动活动家,马克思和恩格斯的朋友和战友。1867年当选为德国工人协会联合会主席。1869年与威·李卜克内西共同创建了德国社会民主工党(爱森纳赫派)。多次当选国会议员,利用国会讲坛揭露帝国政府反动的内外政策,支持巴黎公社。第二国际的创建人和领袖之一。90年代和20世纪初党内的改良主义和修正主义进行斗争,反对伯恩施坦及其拥护者对马克思主义理论的歪曲和庸俗化。——301、352、401、412、447、572—573、715、716、718、719、724、725、726。

比比科夫,彼得·阿列克谢耶维奇(Бибиков, Петр Алексеевич 1832—1875)——俄国翻译家和政论家,翻译出版了亚·斯密、托·罗·马尔萨斯和阿·布朗基等人的著作共13卷。——174。

彼特龙凯维奇,伊万·伊里奇(Петрункевич, Иван Ильич 1843—1928)——俄国地主,解放社的组织者和主席(1904—1905),立宪民主党创建人之一。1904—1905年地方自治人士代表大会的参加者。十月革命后为白俄流亡分子。——565、622、637。

俾斯麦,奥托·爱德华·莱奥波德(Bismarck, Otto Eduard Leopold 1815—1898)——普鲁士和德国国务活动家和外交家,普鲁士容克的代表。曾任驻彼得堡大使(1859—1862)和驻巴黎大使(1862),普鲁士首相(1862—1872和1873—1890),北德意志联邦首相(1867—1871)和德意志帝国首相(1871—1890)。1870年发动普法战争,1871年支持法国资产阶级镇压巴黎公社。主张在普鲁士领导下"自上而下"统一德国。曾采取一系列内政措施,捍卫容克和大资产阶级的联盟。1878年颁布反社会党人非常法。——630、727。

毕希纳,弗里德里希·卡尔·克里斯蒂安·路德维希(Büchner, Friedrich Karl Christian Ludwig 1824—1899)——德国生理学家和哲学家,庸俗唯物主义的主要代表之一,资产阶级改良主义者。——701。

毕歇尔,卡尔(Bücher, Karl 1847—1930)——德国经济学家,国民经济史学家,政治经济学中新历史学派的代表人物。——207。

别尔嘉耶夫,尼古拉·亚历山德罗维奇(Бердяев, Николай Александрович 1874—1948)——俄国唯心主义哲学家和神秘主义者。1905年加入立宪民主党。在早期著作中倾向合法马克思主义,用新康德主义修正马克思的学说,后来公开反对马克思主义。斯托雷平反动时期是寻神说的代表人物。曾参与编撰《路标》文集。——456、762。

别尔托夫——见普列汉诺夫,格奥尔吉·瓦连廷诺维奇。

别尔托夫,恩·——见普列汉诺夫,格奥尔吉·瓦连廷诺维奇。

别林斯基,维萨里昂·格里戈里耶维奇(Белинский, Виссарион Григорьевич 1811—1848)——俄国革命民主主义者,文学批评家和政论家,唯物主义哲学家。——312。

波—夫——见萨文柯夫,波里斯·维克多罗维奇。

波波夫——见罗扎诺夫,B. H.。

波尔恩,斯蒂凡(**西蒙·布特尔米尔希**)(Born,Stephan(Simon Buttermilch)
1824—1898)——德国早期工人运动活动家,共产主义者同盟盟员,《新莱
茵报》通讯员(1848 年 6—8 月),工人兄弟会组织者和领袖。曾参加德国
1848—1849 年革命。1850 年被开除出共产主义者同盟,后脱离工人运
动。——640、641、642、643。

波萨多夫斯基——见曼德尔贝格,维克多·叶夫谢耶维奇。

波特列索夫,亚历山大·尼古拉耶维奇(斯塔罗韦尔)(Потресов, Александр
Николаевич(Старовер)1869—1934)——俄国孟什维克领袖之一。1896
年加入彼得堡工人阶级解放斗争协会。曾参与创办《火星报》和《曙光》杂
志。俄国社会民主工党第二次代表大会后是孟什维克刊物的主要撰稿人
和领导人。斯托雷平反动时期和新的革命高涨年代是取消派思想家。第
一次世界大战期间是社会沙文主义者。十月革命后侨居国外。——302、
566、573、596、597、627、763。

伯恩施坦,爱德华(Bernstein,Eduard 1850—1932)——德国社会民主党和第
二国际右翼领袖之一,修正主义的代表人物。1879 年在《社会科学和社会
政治年鉴》上发表同卡·赫希柏格和卡·施拉姆合写的《德国社会主义运
动的回顾》一文,指责党的革命策略,主张放弃革命斗争,受到马克思和恩
格斯的严厉批评。1881—1890 年任党的中央机关报《社会民主党人报》编
辑。1899 年发表《社会主义的前提和社会民主党的任务》一书,从经济、政
治和哲学方面对马克思主义的理论和策略作了全面的修正。第一次世界
大战期间持中派立场。1919 年公开转到右派方面。——183、260、274、
295、296、300、301、305、308、335、347、349、495、515、611、715、716、718、719。

柏姆-巴维克,欧根·冯(Böhm-Bawerk,Eugen von 1851—1914)——奥地利经
济学家,奥地利学派的代表人物。系统地论证了边际效用价值论,企图推
翻马克思的劳动价值论。——261。

勃朗,路易(Blanc,Louis 1811—1882)——法国小资产阶级社会主义者,历史
学家。1848 年二月革命期间参加临时政府,领导所谓研究工人问题的卢森
堡宫委员会,推行妥协政策。对巴黎公社抱敌视态度。否认资本主义制度
下阶级矛盾的不可调和性,反对无产阶级革命,主张同资产阶级妥协,幻
想依靠资产阶级国家帮助建立工人生产协作社来改造资本主义社
会。——642。

博博雷金,彼得·德米特里耶维奇(Боборыкин, Петр Дмитриевич 1836—
1921)——俄国作家。他的长篇小说《改弦易辙》(1897)歪曲地反映了民
粹派分子和马克思主义者之间的斗争,引起了进步舆论界的公正抗

议。——126。

布尔加柯夫,谢尔盖·尼古拉耶维奇(Булгаков, Сергей Николаевич 1871—
1944)——俄国经济学家、哲学家和神学家。19世纪90年代是合法马克思
主义者,后来成了"马克思的批评家"。修正马克思关于土地问题的学说,
还试图把马克思主义同康德的批判认识论结合起来。后来转向宗教哲学
和基督教。1905—1907年革命失败后追随立宪民主党,为《路标》文集撰
稿。——172、177、178、180、190、309、456、701、762。

布朗基,路易·奥古斯特(Blanqui, Louis-Auguste 1805—1881)——法国革命
家,空想共产主义的代表人物。认为只靠少数人密谋,组织暴动,即可推翻
旧社会,建立新社会。——706。

布勒宁,维克多·彼得罗维奇(Буренин, Виктор Петрович 1841—1926)——
俄国政论家,诗人。1876年加入反动的《新时报》编辑部,成为新时报派无
耻文人的首领。对一切进步社会思潮的代表人物肆意诽谤,造谣诬蔑。列
宁经常用布勒宁的名字来刻画卑劣的论战手法。——23、25、50、53。

布里根,亚历山大·格里戈里耶维奇(Булыгин, Александр Григорьевич
1851—1919)——俄国国务活动家,大地主。1905年1月20日就任内务大
臣。同年2月起奉沙皇之命主持起草关于召开咨议性国家杜马的法案,以
期平息国内日益增长的革命热潮。但布里根杜马在革命的冲击下未能召
开。布里根于沙皇颁布十月十七日宣言后辞职,虽留任国务会议成员,实
际上已退出政治舞台。——564、568、570、571。

布鲁凯尔——见马赫诺韦茨,莉迪娅·彼得罗夫娜。

布鲁斯,保尔·路易·玛丽(Brousse, Paul-Louis-Marie 1844—1912)——法国
社会党人,社会改良主义思想家。侨居国外期间结识了米·亚·巴枯宁,
追随无政府主义派。1880年回到法国,参与创建法国工人党,在党内反对
马克思主义派,成为可能派的思想家和领袖之一。——719。

布洛斯,威廉(Blos, Wilhelm 1849—1927)——德国新闻工作者和历史学家,
社会民主党人。《人民国家报》编辑(1872—1874),帝国国会议员(1877—
1878、1881—1887和1890—1907),属于社会民主党国会党团的右翼。90
年代为《前进报》编辑。第一次世界大战期间为社会沙文主义者。1918年
十一月革命后为符腾堡政府领导人。——13、28。

布特尔米尔希——见波尔恩,斯蒂凡。

# C

策杰尔包姆,尤·奥·——见马尔托夫,尔·。

查默斯,托马斯(Chalmers,Thomas 1780—1847)——英国经济学家,牧师。马克思称他为"新教大主教","最狂热的马尔萨斯主义者之一"。——177。

查斯拉夫斯基,瓦西里·伊万诺维奇(Чаславский,Василий Иванович 1834—1878)——俄国统计学家,国家产业部统计局编辑。著有《外出做农业零工与农民迁徙的关系》。——212。

查苏利奇,维拉·伊万诺夫娜(维·查·;伊万诺夫,维·)(Засулич,Вера Ивановна(В. З.,Иванов,В.)1849—1919)——俄国民粹主义运动和社会民主主义运动活动家。1883 年参与创建劳动解放社。80—90 年代曾翻译马克思和恩格斯的一些著作。1900 年起是《火星报》和《曙光》杂志编辑部成员。俄国社会民主工党第二次代表大会后成为孟什维克领袖之一,参加孟什维克的《火星报》编辑部。对十月革命持否定态度。——95、126、416、513、727。

察廖夫——见洛克尔曼,亚历山大·萨莫伊洛维奇。

车尔尼雪夫斯基,尼古拉·加甫里洛维奇(Чернышевский,Николай Гаврилович 1828—1889)——俄国革命民主主义者和空想社会主义者,作家,文学评论家,哲学家;俄国社会民主主义先驱之一,俄国 19 世纪 60 年代革命运动的领袖和思想鼓舞者。——241、312。

# D

达尔文,查理·罗伯特(Darwin,Charles Robert 1809—1882)——英国博物学家,进化论的奠基人。——9—10。

大卫,爱德华(David,Eduard 1863—1930)——德国社会民主党右翼领袖之一,经济学家;德国机会主义者的主要刊物《社会主义月刊》创办人之一。公开修正马克思主义关于土地问题的学说,否认资本主义经济规律在农业中的作用。第一次世界大战期间是社会沙文主义者。1919 年 2 月任魏玛共和国国民议会第一任议长。——301。

丹尼尔逊,尼古拉·弗兰策维奇(尼·—逊;尼古·—逊;尼古拉·—逊)(Даниельсон,Николай Францевич(Н.—он,Ник.—он,Николай—он)1844—1918)——俄国经济学家,政论家,自由主义民粹派理论家。接替格·亚·洛帕廷续译马克思的《资本论》第 1 卷(1872 年初版),以后又译出第 2 卷(1885)和第 3 卷(1896)。在翻译该书期间同马克思和恩格斯有过书信往来。但不了解马克思主义的实质,认为马克思主义理论不适用于俄国,资本主义在俄国没有发展前途;主张保存村社土地所有制,维护小农和手工业经济。——118、166、167、168、169、170—173、185、190、196、208、

212、222、228、229、231、235、243、252、254、659。

狄慈根,约瑟夫(Dietzgen, Joseph 1828—1888)——德国社会民主党人,哲学家,制革工人。在哲学上独立地得出了辩证唯物主义的结论。——700、709。

迪尔,卡尔(Diehl, Karl 1864—1943)——德国经济学家,教授,政治经济学中社会学派的信徒。认为法决定经济范畴的形式,而经济范畴的内容则是由自然规律决定的,是永恒不变的。——185、187。

东布罗夫斯基,雅罗斯拉夫(Dąbrowski, Jaroslaw 1836—1871)——波兰革命家,1871年巴黎公社将领,在保卫公社的战斗中阵亡。——463。

杜巴索夫,费多尔·瓦西里耶维奇(Дубасов, Федор Васильевич 1845—1912)——沙俄海军上将(1906),副官长。1897—1899年任太平洋分舰队司令。1905年11月—1906年7月任莫斯科总督,是镇压莫斯科十二月武装起义的策划者。1906年起为国务会议成员。1907年起为国防会议成员。——681、683、684、740、741。

杜冈-巴拉诺夫斯基,米哈伊尔·伊万诺维奇(Туган-Барановский, Михаил Иванович 1865—1919)——俄国经济学家和历史学家。19世纪90年代是合法马克思主义的代表人物。20世纪初起公开维护资本主义,修正马克思主义的基本原理,成了"马克思的批评家"。——119、172、177、180、184、260、762。

杜林,欧根·卡尔(Dühring, Eugen Karl 1833—1921)——德国哲学家和经济学家。1863—1877年为柏林大学非公聘讲师。70年代起以"社会主义改革家"自居,反对马克思主义,妄图创立新的理论体系。在哲学上把唯心主义、庸俗唯物主义和实证论混合在一起;在政治经济学方面反对马克思的劳动价值学说和剩余价值学说;在社会主义理论方面以资产阶级改良主义精神阐述自己的社会主义体系,反对科学社会主义。——31、32、35、36、37、38—41、45、46、50、94、300、701、714。

杜能,约翰·亨利希(Thünen, Johann Heinrich 1783—1850)——德国经济学家,农业经济专家,大地主。——701。

杜西——见马克思-艾威林,爱琳娜。

# E

恩格尔哈特,亚历山大·尼古拉耶维奇(Энгельгардт, Александр Николаевич 1832—1893)——俄国政论家,农业化学家,民粹主义者。所写《农村来信》先发表于《祖国纪事》杂志,1882年出单行本。——111—

*傅立叶,沙尔*(Fourier, Charles 1772—1837)——法国空想社会主义者。——313。

# G

**盖得,茹尔(巴西尔,马蒂厄)**(Guesde, Jules(Basile, Mathieu)1845—1922)——法国工人党创建人之一,第二国际的组织者和领袖之一。巴黎公社失败后曾一度追随无政府主义者。在马克思和恩格斯影响下逐步转向马克思主义。20世纪初逐渐转向中派立场。第一次世界大战一开始即采取社会沙文主义立场,参加了法国资产阶级政府。1920年法国社会党分裂后,支持少数派立场,反对加入共产国际。——352。

戈尔德布拉特——见麦迭姆,弗拉基米尔·达维多维奇。

**格雷,保尔**(Göhre, Paul 1864—1928)——德国政治活动家和政论家。为了了解工人的贫困状况,在开姆尼茨一家工厂劳动了三个月,根据亲身的体验写了《三个月的工人和帮工生活》一书(1891)。1901年参加社会民主党,追随党内修正主义右翼。1903年当选为国会议员。第一次世界大战期间是沙文主义者。1918年11月任普鲁士陆军部副部长。1919—1923年任普鲁士政府国务部长。——509。

**格里戈里耶夫,瓦西里·尼古拉耶维奇**(Григорьев, Василий Николаевич 1852—1925)——俄国统计学家,经济学家,民粹派政论家。——201。

**格列杰斯库尔,尼古拉·安德列耶维奇**(Гредескул, Николай Андреевич 生于1864年)——俄国法学家和政论家,教授,立宪民主党人。1905年参加《世界报》的出版工作,同年12月在该报因发表"反政府"性质的文章遭到查封后被捕。1906年流放阿尔汉格尔斯克省。流放期间缺席当选为第一届国家杜马代表,回到彼得堡后任国家杜马副主席。——629。

**贡特尔,萨迪(施陶丁格尔,弗兰茨)**(Gunther, Sadi(Staudinger, Franz))——德国社会民主党理论刊物《新时代》杂志的撰稿人,《历史唯物主义和实用唯心主义》一文的作者。——260。

**古尔维奇,伊萨克·阿道福维奇**(Гурвич, Исаак Адольфович 1860—1924)——俄国经济学家。早年参加民粹派活动。后来移居美国,积极参加美国工会运动和民主运动。20世纪初成为修正主义者。他的著作《农民向西伯利亚的迁移》,特别是《俄国农村的经济状况》(1892),得到列宁的高度评价。——254。

**古契柯夫,亚历山大·伊万诺维奇**(Гучков, Александр Иванович 1862—1936)——俄国大资本家,十月党的组织者和领袖。1905—1907年革命期间支持政府镇压工农。1910 年 3 月—1911 年 3 月任第三届国家杜马主席。第一次世界大战期间是中央军事工业委员会主席和国防特别会议成员。1917 年 3—5 月任临时政府陆海军部长。同年 8 月参与策划科尔尼洛夫叛乱。十月革命后反对苏维埃政权,1918 年起为白俄流亡分子。——663。

## H

哈布斯堡王朝(Habsburg)——神圣罗马帝国皇朝(1273—1806,有间断)、西班牙王朝(1516—1700)、奥地利皇朝(1804—1867)和奥匈帝国皇朝(1867—1918)。——702。

哈尔图林,斯捷潘·尼古拉耶维奇(Халтурин,Степан Николаевич 1857—1882)——俄国最早的工人革命家之一。19 世纪 70 年代中期参加工人运动。1878 年组织俄国北方工人协会,1879 年秋加入民意党。1882 年 3 月因参与刺杀敖德萨军事检察官被捕,被战地法庭判处死刑。——388、476。

哈季索夫,K.(Хатисов,K.)——《俄国手工业报告和研究》第 2 卷(1894 年圣彼得堡版)所载《外高加索边疆区的手工业(1891 年报告)》一文的作者。——231。

哈科特,威廉·乔治·格兰维尔·维纳布尔斯·弗农(Harcourt,William George Granville Venables Vernon 1827—1904)——英国政治活动家,自由党人。曾先后担任副检察总长(1873—1874)、内务大臣(1880—1885)和财政大臣(1886、1892—1894)。1894—1898 年是下院自由党领袖。——630。

哈赛尔曼,威廉(Hasselmann,Wilhelm 1844—1916)——德国社会民主党人。1871—1875 年为拉萨尔派全德工人联合会领导人之一和联合会机关报《新社会民主党人报》编辑。1875 年是拉萨尔派和爱森纳赫派实行联合的倡议者之一。1878 年反社会党人非常法颁布后是无政府主义集团领导人之一。1880 年被开除出社会民主党。——335、402。

海德门,亨利·迈尔斯(Hyndman,Henry Mayers 1842—1921)——英国社会党人。1881 年创建民主联盟(1884 年改组为社会民主联盟),担任领导职务,直至 1892 年。1900—1910 年是社会党国际局成员。1911 年参与创建英国社会党,领导该党机会主义派。第一次世界大战期间是社会沙文主义者。1916 年英国社会党代表大会谴责他的社会沙文主义立场后,退出社会党。敌视俄国十月革命,赞成武装干涉苏维埃俄国。——719。

海涅,亨利希(Heine,Heinrich 1797—1856)——德国诗人和作家。——161。

海涅,沃尔弗冈(Heine, Wolfgang 1861—1944)——德国右派社会民主党人。1898年被选入帝国国会,但不久因拒绝参加社会民主党人组织的政治游行而被撤销当选证书。曾为《社会主义月刊》撰稿。第一次世界大战期间是社会沙文主义者。——509、510、511、515。

汉泽曼,大卫·尤斯图斯(Hansemann, David Justus 1790—1864)——德国政治家和银行家,莱茵省自由派资产阶级领袖之一。1848年3—9月在康普豪森和奥尔斯瓦尔德内阁中任普鲁士财政大臣,奉行同反动君主派妥协的政策。虽然在奥尔斯瓦尔德内阁中只担任财政大臣职务,但实际上起了领导作用,这届政府是作为"汉泽曼政府"而载入史册的。——637、638。

赫茨,弗里德里希·奥托(Hertz, Friedrich Otto 生于1878年)——奥地利经济学家,社会民主党人。——309。

赫尔岑,亚历山大·伊万诺维奇(Герцен, Александр Иванович 1812—1870)——俄国革命民主主义者,作家和哲学家。——312。

赫尔岑施坦,格里戈里·马尔科维奇(Герценштейн, Григорий Маркович 1851—1899)——俄国医生和卫生保健问题评论家。1887年起任外科医学院医疗地理学和医疗统计学讲师。主要著作是《梅毒在俄国》(1885),还写过《火柴生产的卫生环境》、《外出做零工》等文章。——219。

赫尔岑施坦,米哈伊尔·雅柯夫列维奇(Герценштейн, Михаил Яковлевич 1859—1906)——俄国经济学家,立宪民主党领袖之一,该党土地问题理论家。——638。

赫克纳,亨利希(Herkner, Heinrich 1863—1932)——德国经济学家,柏林大学教授,讲坛社会主义代表人物之一。——188。

赫希柏格,卡尔(Höchberg, Karl 1853—1885)——德国著作家,社会改良主义者。1876年加入社会民主党,曾出版《未来》杂志(1877—1878)、《社会科学和社会政治年鉴》(1879—1881)和《政治经济研究》(1879—1882)。1879年在《社会科学和社会政治年鉴》上发表同施拉姆和伯恩施坦合写的《德国社会主义运动的回顾》一文,指责党的革命策略,主张放弃革命斗争,受到马克思和恩格斯的严厉批评。——335、714、715—716、717。

黑格尔,乔治·威廉·弗里德里希(Hegel, Georg Wilhelm Friedrich 1770—1831)——德国哲学家,客观唯心主义者,德国古典哲学的主要代表。黑格尔的唯心主义辩证法是马克思主义哲学的理论来源之一。——6、30、31、32、33—35、35—36、36—37、38—40、46、47、90—91、313、523。

霍亨索伦王朝(Hohenzollern)——勃兰登堡选帝侯世家(1415—1701),普鲁士王朝(1701—1918)和德意志皇朝(1871—1918)。——702。

## J

基尔希曼,尤利乌斯·海尔曼(Kirchmann, Julius Hermann 1802—1884)——德国法学家、哲学家和政论家,国家社会主义理论家洛贝尔图斯的志同道合者。——177、187。

基泽韦捷尔,亚历山大·亚历山德罗维奇(Кизеветтер, Александр Александрович 1866—1933)——俄国历史学家和政论家,立宪民主党活动家。在历史和政论著作中诬蔑1905—1907年革命。十月革命后竭力反对苏维埃政权,1922年被驱逐出境。——749。

吉尔克(Gierke)——普鲁士汉泽曼政府的农业大臣(1848),普鲁士议员。——638。

季别尔,尼古拉·伊万诺维奇(Зибер, Николай Иванович 1844—1888)——俄国经济学家。1881年在伦敦结识马克思和恩格斯。马克思经济学说在俄国最早的传播者和捍卫者之一,但是不理解马克思学说的革命的批判精神。——177。

加邦,格奥尔吉·阿波罗诺维奇(Гапон, Георгий Аполлонович 1870—1906)——俄国神父,沙皇保安机关奸细。1903年在警察司授意下在彼得堡工人中成立了一个祖巴托夫式的组织——圣彼得堡俄国工厂工人大会。1905年1月9日挑动彼得堡工人列队前往冬宫,向沙皇请愿,结果工人惨遭屠杀,他本人躲藏起来,逃往国外。同年秋回国,接受保安处任务,妄图潜入社会革命党的战斗组织。阴谋败露后被工人战斗队员绞死。——562。

加尔瓦尼,路易吉(Galvani, Luigi 1737—1798)——意大利解剖学家和生理学家,电学创始人之一,电生理学的奠基人。——30。

局外人——见米海洛夫斯基,尼古拉·康斯坦丁诺维奇。

## K

卡布鲁柯夫,尼古拉·阿列克谢耶维奇(Каблуков, Николай Алексеевич 1849—1919)——俄国经济学家和统计学家,民粹主义者。在著述中宣扬小农经济稳固,把村社理想化,认为它是防止农民分化的一种形式,反对马克思主义的阶级斗争学说。——638。

卡尔斯基——见托普里泽,季奥米德·亚历山德罗维奇。

卡拉法季,德米特里·巴甫洛维奇(马霍夫)(Калафати, Дмитрий Павлович

（Махов）1871—1940）——俄国社会民主党人。俄国社会民主工党第二次代表大会上持中派立场，会后成为孟什维克。1905年负责孟什维克《火星报》出版社的技术财务工作。1906年主持社会民主党的新世界出版社工作。1913年脱离政治活动。——518、524。

卡雷舍夫，尼古拉·亚历山德罗维奇（Карышев，Николай Александрович 1855—1905）——俄国经济学家和统计学家。曾为《俄罗斯新闻》、《俄国财富》等报刊撰稿。主要研究俄国农民经济问题，赞同自由主义民粹派的观点，维护村社土地占有制。——114、219。

卡列耶夫，尼古拉·伊万诺维奇（Кареев，Николай Иванович 1850—1931）——俄国历史学家。在方法论上是典型的唯心主义折中主义者，在政治上属于改革后一代的自由派，主张立宪，拥护社会改革。19世纪90年代起反对马克思主义，把它等同于"经济唯物主义"。——11、337。

卡梅尚斯基，П. К.（Камышанский，П. К.）——俄国彼得堡高等法院检察官，第二届国家杜马社会民主党党团案件的起诉人。——749。

卡缅斯基——见普列汉诺夫，格奥尔吉·瓦连廷诺维奇。

卡尼茨，奥古斯特（Kanitz，August 1783—1852）——普鲁士将军，反动贵族和官僚的代表人物。1848年5—6月任康普豪森内阁的陆军大臣。——636。

卡特柯夫，米哈伊尔·尼基福罗维奇（Катков，Михаил Никифорович 1818—1887）——俄国地主，政论家。开始政治活动时是温和的贵族自由派的拥护者。19世纪60年代初转入反动营垒，1863—1887年编辑和出版《莫斯科新闻》，该报从1863年起成了君主派反动势力的喉舌。——372。

凯利-威士涅威茨基，弗洛伦斯（Kelley-Wischnewetzky，Florence 1859—1932）——美国社会主义者，后转到改良主义立场。曾将恩格斯的《英国工人阶级状况》一书译成英文；主要研究工人立法和社会政治问题。1892年以前为波兰流亡者拉·威士涅威茨基的妻子。——711—712。

康普豪森，卢道夫（Camphausen，Ludolf 1803—1890）——普鲁士国务活动家，银行家，莱茵省自由派资产阶级领袖之一。1848年3月29日—6月20日任普鲁士首相，奉行同反动君主派妥协的政策。——634、637。

考茨基，卡尔（Kautsky，Karl 1854—1938）——德国社会民主党和第二国际的领袖和主要理论家之一。从19世纪80年代到20世纪初写过一些宣传和解释马克思主义的著作。1883—1917年任德国社会民主党理论刊物《新时代》杂志主编。曾参与起草1891年德国社会民主党纲领（爱尔福特纲领）。1910年后逐渐转到机会主义立场，成为中派领袖。第一次世界大战前夕提出超帝国主义论,大战期间打着中派旗号支持帝国主义战争。1917 年参与建立德国独立社会民主党,1922 年拥护该党右翼与德国社会民主党合并。1918 年后发表《无产阶级专政》等书,攻击俄国十月革命,反对无产阶级专政。——2—3、24、28、249、325—326、352、420、461、463、482、511、512、513、515、572—573、612、685、689、690、697、774、785。

考夫曼,亚历山大·阿尔卡季耶维奇(Кауфман, Александр Аркадьевич 1864—1919)——俄国经济学家和统计学家,立宪民主党的组织者和领袖之一。曾参与制定立宪民主党的土地改革草案。列宁在使用考夫曼的某些统计著作的同时,对他宣扬农民和地主之间的阶级和平给予尖锐的批评。——781。

柯尔佐夫,德·(金兹堡,波里斯·阿布拉莫维奇)(Кольцов, Д. (Гинзбург, Борис Абрамович)1863—1920)——俄国社会民主党人。俄国社会民主工党第二次代表大会后是孟什维克骨干分子,为一些孟什维克报刊撰稿。斯托雷平反动时期和新的革命高涨年代持取消派立场。第一次世界大战期间是社会沙文主义者。敌视十月革命。——642。

柯罗连科,谢尔盖·亚历山德罗维奇(Короленко, Сергей Александрович)——俄国统计学家,经济学家。1889—1892 年受国家产业部的委托,撰著《从欧俄工农业统计经济概述看地主农场中的自由雇佣劳动和工人的流动》一书。——211、212、213、225。

科尔萨克,亚历山大·卡济米罗维奇(Корсак, Александр Казимирович 1832—1874)——俄国经济学家、历史学家和政论家。——206。

科斯季奇——见兹博罗夫斯基,米哈伊尔·索洛蒙诺维奇。

克·——见克拉松,罗伯特·爱德华多维奇。

克尔日扎诺夫斯基,格列勃·马克西米利安诺维奇(特拉温斯基)(Кржижановский, Глеб Максимилианович (Травинский) 1872—1959)——1893 年参加俄国革命运动,协助列宁组织彼得堡工人阶级解放斗争协会。俄国社会民主工党第二次代表大会上缺席当选为中央委员。十月革命后致力于恢复和发展莫斯科的动力事业。1919 年底起任最高国民经济委员会电机工业总管理局局长。1920 年被任命为俄罗斯国家电气化委员会主席。1921—1930 年任国家计划委员会主席。——522。

克拉松,罗伯特·爱德华多维奇(克·)(Классон, Роберт Эдуардович(К.) 1868—1926)——俄国动力工程专家。19 世纪 90 年代为俄国合法马克思主义者,参加过彼得堡马克思主义小组。后脱离政治活动,投身动力学研究。——763。

克拉西科夫,彼得·阿纳尼耶维奇(巴甫洛维奇)(Красиков, Петр Ананьевич (Павлович)1870—1939)——1892 年在彼得堡开始革命活动。1903 年在俄国社会民主工党第二次代表大会上属火星派多数派,同列宁、普列汉诺夫一起进入大会常务委员会。1904 年 8 月参加在日内瓦举行的 22 个布尔什维克会议;是布尔什维克出席第二国际阿姆斯特丹代表大会代表。1917 年二月革命后任彼得格勒工兵代表苏维埃执行委员会委员。十月革命后做司法工作。——487—489。

克里切夫斯基,波里斯·尼古拉耶维奇(Кричевский, Борис Николаевич 1866—1919)——俄国社会民主党人,政论家,经济派领袖之一。19 世纪 80 年代末参加社会民主主义小组的工作。90 年代初侨居国外,加入劳动解放社。90 年代末是国外俄国社会民主党人联合会的领导人之一。1899 年任该会机关刊物《工人事业》杂志的编辑,在杂志上宣扬伯恩施坦主义观点。——299、300、332、333、336、349、365、387、394、414、426、431、441、448、456、457、498、500、515、573。

克里文柯,谢尔盖·尼古拉耶维奇(Кривенко, Сергей Николаевич 1847—1906)——俄国政论家,自由主义民粹派代表人物。1891—1895 年任自由主义民粹派杂志《俄国财富》的编辑。——1。

克柳切夫斯基,瓦西里·奥西波维奇(Ключевский, Василий Осипович 1841—1911)——俄国历史学家,俄国资产阶级历史编纂学的代表人物,莫斯科大学教授,彼得堡科学院院士,立宪民主党人。他的著作把唯心主义同庸俗唯物主义成分结合在一起,带有折中主义的性质。主要著作有《俄国史教程》等。——253。

克罗赫马尔,维克多·尼古拉耶维奇(佛敏)(Крохмаль, Виктор Николаевич (Фомин)1873—1933)——俄国社会民主党人,孟什维克。1903 年俄国社会民主工党第二次代表大会上属火星派少数派。1904 年年底代表孟什维克被增补进党中央委员会,在党的第四次(统一)代表大会上代表孟什维克被选入中央委员会。十月革命后在列宁格勒工作。——522。

克努尼扬茨,波格丹·米尔扎江诺维奇(鲁索夫)(Кнунянц, Богдан Мирзаджанович(Русов)1878—1911)——俄国社会民主党人,布尔什维克。1903 年俄国社会民主工党第二次代表大会上属火星派多数派。在彼得堡参加 1905—1907 年革命。1907 年底起在巴库工作。1910 年 9 月被捕,死于巴库监狱。——490。

库格曼,路德维希(Kugelmann, Ludwig 1828—1902)——德国社会民主主义者,医生,马克思和恩格斯的朋友。曾参加德国 1848—1849 年革命。1865

年起为第一国际会员。曾协助马克思出版和传播《资本论》。1862—1874年间经常和马克思通信，反映德国情况。——699—708、710、748。

库诺，亨利希（Cunow，Heinrich 1862—1936）——德国社会民主党的理论家，历史学家、社会学家和民族志学家。早年倾向马克思主义，后成为修正主义者。第一次世界大战期间是社会沙文主义者。——260。

库斯柯娃，叶卡捷琳娜·德米特里耶夫娜（Кускова，Екатерина Дмитриевна 1869—1958）——俄国政论家，经济派代表人物。1899 年所写的经济派的纲领性文件《信条》，受到以列宁为首的一批俄国马克思主义者的严厉批判。1906 年和谢·尼·普罗柯波维奇一起出版半立宪民主党、半孟什维克的《无题》周刊，为左派立宪民主党人的《同志报》积极撰稿。呼吁工人放弃革命斗争，力图使工人运动服从自由派资产阶级的政治领导。十月革命后反对苏维埃政权。1922 年被驱逐出境。——306。

## L

拉·——见拉德琴柯，斯捷潘·伊万诺维奇。

拉德琴柯，斯捷潘·伊万诺维奇（拉·）（Радченко，Степан Иванович（Р.） 1868—1911）——1890 年参加俄国社会民主主义运动，在彼得堡工人小组中担任宣传员。1895 年参与组织彼得堡工人阶级解放斗争协会，是协会的领导核心成员。1898 年参加俄国社会民主工党第一次代表大会，当选为中央委员，领导《俄国社会民主工党宣言》的起草和出版工作。1905 年后脱离政治活动。——763。

拉法格，保尔（Lafargue，Paul 1842—1911）——法国工人运动和国际工人运动活动家，第一国际总委员会委员，法国工人党和第二国际创建人之一，马克思主义的理论家和宣传家。马克思的女儿劳拉的丈夫。——352、721。

拉甫罗夫，彼得·拉甫罗维奇（Лавров，Петр Лаврович 1823—1900）——俄国革命民粹主义理论家，哲学家，政论家，社会学家。作为社会学主观学派的代表，否认社会发展的客观规律，把人类的进步视为"具有批判头脑的个人"活动的结果，被认为是民粹主义"英雄"与"群氓"理论的精神始祖。——150—151、153—154、414。

拉林，尤·（卢里叶，米哈伊尔·亚历山德罗维奇）（Ларин，Ю.（Лурье，Михаил Александрович）1882—1932）——1900 年参加俄国社会民主主义运动。1904 年起为孟什维克。斯托雷平反动时期和新的革命高涨年代是取消派领袖之一。第一次世界大战期间是中派分子。1917 年加入俄国社会民主工党（布）。曾任最高国民经济委员会主席团委员、国家计划委员会主席团委员等职。1920—1921 年工会问题争论期间先后支持布哈林和托洛茨基的纲领。——711。

拉萨尔,斐迪南(Lassalle,Ferdinand 1825—1864)——德国小资产阶级社会主义者,全德工人联合会的创始人之一和主席(1863)。在德国工人运动中创立了一个机会主义派别——拉萨尔派。支持俾斯麦所奉行的在普鲁士领导下"自上而下"统一德国的政策。宣传超阶级的国家观点。在哲学上是唯心主义者和折中主义者。——266、290、300、327、714。

朗格,弗里德里希·阿尔伯特(Lange,Friedrich Albert 1828—1875)——德国哲学家和经济学家,新康德主义创始人之一。——701。

劳,卡尔·亨利希(Rau,Karl Heinrich 1792—1870)——德国经济学家。1822年起任海德堡大学政治经济学教授。主要著作是《政治经济学教程》(三卷本,1826—1837)。——188。

勒南,约瑟夫·厄内斯特(Renan,Joseph-Ernest 1823—1892)——法国宗教史学家,唯心主义哲学家,法兰西科学院院士(1879 年起)。以基督教早期传播史方面的著作闻名。在政治上公开反对民主主义和1871 年的巴黎公社。——643。

李伯尔(**戈尔德曼**),米哈伊尔·伊萨科维奇(Либер(Гольдман),Михаил Исаакович 1880—1937)——崩得和孟什维克领袖之一。1898 年起为社会民主党人,1902 年起为崩得中央委员。1903 年率领崩得代表团出席俄国社会民主工党第二次代表大会,在会上采取极右的反火星派立场,会后成为孟什维克。1917 年二月革命后任彼得格勒工兵代表苏维埃执行委员会委员和第一届中央执行委员会主席团委员,采取孟什维克立场,支持资产阶级联合内阁,敌视十月革命。后脱离政治活动,从事经济工作。——481、482、484、486、487、488、494。

李卜克内西,威廉(Liebknecht,Wilhelm 1826—1900)——德国工人运动和国际工人运动活动家,德国社会民主党的创建人和领袖之一,马克思和恩格斯的朋友和战友。第一国际成立后,成为国际的革命思想的热心宣传者和国际的德国支部的组织者之一。1869 年与奥·倍倍尔共同创建了德国社会民主工党(爱森纳赫派),任党的中央机关报《人民国家报》编辑。1875年积极促成爱森纳赫派和拉萨尔派的合并。在反社会党人非常法施行期间与倍倍尔一起领导党的地下工作和斗争。1890 年起任党的中央机关报《前进报》主编,直至逝世。是第二国际的组织者之一。——78、335、365、401、715、716、717、718、719、724。

李嘉图,大卫(Ricardo,David 1772—1823)——英国经济学家,资产阶级古典政治经济学最著名的代表人物。——175、177、701。

李沃夫，Б.（Львов，Б.）——《社会规律（社会学绪论初探）》的作者。——260。

里廷豪森，莫里茨（Rittinghausen，Moritz 1814—1890）——德国小资产阶级民主主义者。在他的著作《国营工业的组织》（1848）和《直接的人民立法》（1850）中，显露出对于民主的原始见解。考茨基在《议会政治、人民立法和社会民主党》（1893）一书中批评了这两本书。——420。

利奥十三世（**文钦佐·卓阿基诺·佩奇**）（Leo XIII（Vincenzo Gioacchino Pecci）1810—1903）——罗马教皇（1878 年当选）。力图使天主教适应资产阶级社会的状况并恢复罗马教廷的政治作用。反对社会主义思想和工人运动，要求联合一切反动势力并在教会的领导和监督下在各个国家建立强大的天主教政党、工贼工会和其他组织。——630。

连斯基——见维连斯基，列昂尼德·谢苗诺维奇。

列文，叶弗列姆·雅柯夫列维奇（叶戈罗夫）（Левин，Ефрем Яковлевич（Егоров）生于 1873 年）——俄国社会民主党人。1903 年代表南方工人社出席俄国社会民主工党第二次代表大会，持中派立场，会后成为孟什维克。后脱离政治活动。——470、490、494、509。

林格尼克，弗里德里希·威廉莫维奇（瓦西里耶夫）（Ленгник，Фридрих Вильгельмович（Васильев）1873—1936）——1893 年参加俄国社会民主主义运动。在 1903 年俄国社会民主工党第二次代表大会上被缺席选入党中央委员会和党总委员会。在彼得格勒参加十月革命。十月革命后先后在教育人民委员部、最高国民经济委员会、对外贸易人民委员部、工农检查人民委员部工作。——522。

卢格，阿尔诺德（Ruge，Arnold 1802—1880）——德国政论家，青年黑格尔派，资产阶级激进派。1843—1844 年同马克思一起在巴黎筹办并出版《德法年鉴》杂志，不久与马克思分道扬镳。1866 年后成为民族自由党人，写文章支持俾斯麦所奉行的在普鲁士领导下"自上而下"统一德国的政策。——29、93、462。

卢梭，让·雅克（Rousseau，Jean-Jacques 1712—1778）——法国启蒙思想家，哲学家，教育学家，文学家。他的《论人间不平等的起源和原因》（1755）一书认为不平等的产生既是进步，又是退步，被恩格斯誉为"辩证法的杰作"。——40。

鲁索夫——见克努尼扬茨，波格丹·米尔扎江诺维奇。

罗季切夫，费多尔·伊兹迈洛维奇（Родичев，Федор Измаилович 1853—

1932）——俄国地主,地方自治运动活动家,立宪民主党领袖之一,该党中央委员。1904—1905 年地方自治人士代表大会的参加者。第一届至第四届国家杜马代表。十月革命后为白俄流亡分子。——622、637、638、677、741、752。

罗蒙诺索夫,米哈伊尔·瓦西里耶维奇（Ломоносов, Михаил Васильевич 1711—1765）——俄国学者,唯物主义思想家,俄国第一个世界驰名的自然科学家,奠定现代俄罗斯文学语言基础的诗人。——350、351、353。

罗森诺,埃米尔（Rosenow, Emil 1871—1904）——德国社会民主党人,新闻工作者。1898—1903 年为帝国国会议员。——509。

罗扎诺夫,瓦西里·瓦西里耶维奇（Розанов, Василий Васильевич 1856—1919）——俄国宗教哲学家,文艺批评家和政论家。19 世纪 90 年代末起是晚期斯拉夫派记者。——98、130。

罗扎诺夫,B. H.（波波夫）（Розанов, B. H.（Попов）1876—1939）——俄国社会民主党人。1903 年代表南方工人社出席俄国社会民主工党第二次代表大会,持中派立场,会后成为孟什维克骨干分子。第一次世界大战期间持国际主义立场。1917 年二月革命后是彼得格勒工兵代表苏维埃孟什维克党团成员,护国派分子。敌视十月革命,因"战术中心"案被判刑。大赦后脱离政治活动。——476、482、519、522。

洛贝尔图斯-亚格措夫,约翰·卡尔（Rodbertus-Jagetzow, Johann Karl 1805—1875）——德国经济学家,国家社会主义理论家,资产阶级化的普鲁士贵族利益的表达者,大地主。认为劳动和资本的矛盾可以通过普鲁士容克王朝实行的一系列改革得到解决;经济危机的原因在于人民群众的消费不足;地租是由于农业中不存在原料的耗费而形成的超额收入。——183、186—187。

洛克尔曼,亚历山大·萨莫伊洛维奇（察廖夫）（Локерман, Александр Самойлович（Царев）1880—1937）——俄国社会民主党人。在 1903 年俄国社会民主工党第二次代表大会上是顿河区委员会的代表,持中派立场,会后成为孟什维克。十月革命后竭力反对苏维埃政权。——490。

# M

马尔丁诺夫,亚历山大（**皮凯尔,亚历山大·萨莫伊洛维奇**）（Мартынов, Александр（Пиккер, Александр Самойлович）1865—1935）——俄国经济派领袖之一,孟什维克活动家,后为共产党员。1900 年侨居国外,参加经济派的《工人事业》杂志编辑部,反对列宁的《火星报》。在俄国社会民主工党第二次代表大会上是国外俄国社会民主党人联合会的代表,反火星派分子,会后成为孟什维克。斯托雷平反动时期和新的革命高涨年代是取消派分子,参加取消派的机关报《社会民主党人呼声报》编辑部。第一次世界大战期间持中派立场。十月革命后脱离孟什维克。1923 年加入俄共(布)。——333、339、340、341、343、346、347、348、349、350、351—352、353、354、356—357、360、361、363、365、366、368、369、370、374、375、387、390、394、431、441、442、448、454、456、457、476、480、481、482、493、497、515、538、541、542、549、573、580、582、583、584、588、599、601、602、612、613、625—633、634、772、774。

马尔萨斯,托马斯·罗伯特(Malthus,Thomas Robert 1766—1834)——英国经济学家,英国资产阶级庸俗政治经济学的创始人之一,人口论的主要代表。——177。

马尔托夫,尔·(**策杰尔包姆,尤利·奥西波维奇**;纳尔苏修斯·土波雷洛夫)(Мартов,Л.(Цедербаум,Юлий Осипович,Нарцис Тупорылов)1873—1923)——俄国孟什维克领袖之一。1895 年参与组织彼得堡工人阶级解放斗争协会。1900 年参与创办《火星报》,为该报编辑部成员。在俄国社会民主工党第二次代表大会上,领导机会主义少数派,反对列宁的建党原则;从那时起成为孟什维克中央机关的领导成员和孟什维克报刊的编辑。曾参加党的第五次(伦敦)代表大会的工作。斯托雷平反动时期和新的革命高涨年代是取消派分子,编辑《社会民主党人呼声报》,参与组织"八月联盟"。第一次世界大战期间是中派分子,曾参加齐美尔瓦尔德代表会议和昆塔尔代表会议。1917 年二月革命后领导孟什维克国际主义派。十月革命后反对镇压反革命和解散立宪会议。1919 年当选为全俄中央执行委员会委员。1919—1920 年为莫斯科苏维埃代表。1920 年 9 月侨居德国。曾参与组织第二半国际。——337、349、469、470、472、474、475、476、478、479—490、495、497、503、507、510、515、516、517、518、521、522、523、524、584、585、701、742、757、785。

马赫诺韦茨,莉迪娅·彼得罗夫娜(布鲁凯尔)(Махновец,Лидия Петровна(Брукэр)1876—1965)——俄国经济派代表人物。曾在俄国社会民主工党沃罗涅日委员会起领导作用。在 1903 年党的第二次代表大会上是反火星派分子。1905 年在沃罗涅日党组织中工作,后脱离政治活动。——480、483、488、489、490、519。

马霍夫——见卡拉法季,德米特里·巴甫洛维奇。

马卡久布,马尔克·绍洛维奇(实际工作者)(Макадзюб,Марк Саулович

（Практик）生于 1876 年）——俄国社会民主党人，孟什维克。在俄国社会民主工党第二次代表大会上是克里木联合会的代表，属火星派少数派。1905 年 5 月参加在日内瓦召开的孟什维克代表会议，被选入孟什维克领导中心——组织委员会。斯托雷平反动时期和新的革命高涨年代是取消派分子。1917 年二月革命后任彼得格勒工兵代表苏维埃执行委员会委员。十月革命后脱离政治活动。——501—502。

马克思，卡尔（Marx，Karl 1818—1883）——科学共产主义的创始人，世界无产阶级的领袖和导师。——2—6、9—13、14—19、24—25、28—31、32、33—36、37—45、48—50、51—52、55、58—60、74、82—83、88—96、134、161、162、165、169、170、171、173、174—177、177—184、186、188、190、194、202、228、230、241、242、243、244、245、247、254、256、259、261、267、273、274、290、296、311、318、333、365、448、461、462、541、550、564、565、586、593、602、616、625、630、633—643、654、658、659、684、699—708、709—728、734、747、748、750、784、785。

马克思-艾威林，爱琳娜（杜西）（Marx-Aveling，Eleanor（Tussy）1855—1898）——英国社会主义同盟（1884）和英国独立工党（1893）的创建人之一。马克思的小女儿。马克思逝世后，在恩格斯的直接领导下积极参加非熟练工人的群众运动，是 1889 年伦敦码头工人大罢工的组织者之一。第二国际多次代表大会代表。整理和发表了马克思的著作《工资、价格和利润》以及马克思关于东方问题的一系列文章，著有关于马克思和恩格斯的回忆录。——724—725。

马拉霍夫，尼古拉·尼古拉耶维奇（Малахов，Николай Николаевич 生于 1827 年）——沙俄将军。1905 年 2 月—1906 年 1 月任莫斯科军区司令；是奉沙皇政府命令镇压 1905 年莫斯科十二月武装起义的罪魁之一。——684。

马斯洛夫，彼得·巴甫洛维奇（Маслов，Петр Павлович 1867—1946）——俄国经济学家，社会民主党人。写有一些土地问题著作，修正马克思主义政治经济学原理。俄国社会民主工党第二次代表大会后是孟什维克；曾提出孟什维克的土地地方公有化纲领。斯托雷平反动时期和新的革命高涨年代是取消派分子。第一次世界大战期间是社会沙文主义者。十月革命后脱离政治活动。——701、784、785。

迈尔，西格蒙德（Mayer，Sigmund）——维也纳的企业家，《维也纳的社会问题》（1871）一书的作者。——28。

迈耶尔，罗伯特（Meyer，Robert 1855—1914）——奥地利经济学家，维也纳大学教授。主要著作是《收入的实质》（1887）。——188。

麦迭姆(**格林贝格**),弗拉基米尔·达维多维奇(戈尔德布拉特)(Медем (Гринберг),Владимир Давидович(Гольдблат)1879—1923)——崩得领袖之一。1903 年起为崩得国外委员会委员,代表该委员会出席了俄国社会民主工党第二次代表大会;在会上是反火星派分子。1906 年当选为崩得中央委员,曾参加俄国社会民主工党第五次(伦敦)代表大会,支持孟什维克。——494。

曼,汤姆(Mann,Tom 1856—1941)——1885 年加入英国社会民主联盟。80 年代末积极参加新工联运动,领导过多次罢工。1893 年参与创建独立工党,属该党左翼。第一次世界大战期间持国际主义立场。积极组织英国工人反对武装干涉苏维埃俄国的斗争。后来是英国共产党的创建人之一。——725。

曼德尔贝格,维克多·叶夫谢耶维奇(波萨多夫斯基)(Мандельберг,Виктор Евсеевич(Посадовский)生于 1870 年)——俄国社会民主党人。在俄国社会民主工党第二次代表大会上是西伯利亚联合会的代表,属火星派少数派,会后成为孟什维克。第二届国家杜马代表,因社会民主党党团案被起诉,后流亡国外。——476、494。

曼宁,亨利·爱德华(Manning,Henry Edward 1808—1892)——英国教士。1851 年改信天主教,是英国天主教会的首脑。1868 年起为威斯敏斯特大主教。1875 年起为红衣主教,以竭诚维护教皇的参政权而闻名。——725。

曼努伊洛夫,亚历山大·阿波罗诺维奇(Мануилов,Александр Аполлонович 1861—1929)——俄国经济学家,教授。19 世纪 90 年代是自由主义民粹派分子,后来成为立宪民主党人,任该党中央委员。所拟定的土地改革方案是立宪民主党土地纲领的基础。——638。

梅德维捷夫——见尼古拉耶夫,列昂尼德·弗拉基米罗维奇。

梅林,弗兰茨(Mehring,Franz 1846—1919)——德国社会民主党左翼领袖和理论家之一,历史学家和政论家,德国共产党创建人之一。曾任德国社会民主党的理论刊物《新时代》杂志撰稿人和编辑,《莱比锡人民报》主编,反对第二国际的机会主义和修正主义,批判考茨基主义。第一次世界大战爆发后是国际派(后改称斯巴达克派和斯巴达克联盟)的组织者和领导人之一。主要著作有《德国社会民主党史》、《马克思传》等。——335、463、464、633、634、639、641、709、714、715、717、719。

梅什金,伊波利特·尼基季奇(Мышкин,Ипполит Никитич 1848—1885)——俄国民粹派革命家。1873 年在莫斯科开办一家印刷所,秘密刊印禁书。"一百九十三人案件"的主要被告之一,1877 年 11 月 15 日在法庭上发表了充满激情的演说。1878 年被判处十年苦役。1885 年因反抗监狱制度被枪决。——388、476。

美舍尔斯基,弗拉基米尔·彼得罗维奇(Мещерский, Владимир Петрович 1839—1914)——俄国政论家,公爵。曾在警察局和内务部供职。1860 年起为《俄罗斯通报》杂志和《莫斯科新闻》撰稿。1872—1914 年出版黑帮报刊《公民》,1903 年创办反动杂志《慈善》和《友好的话》,得到沙皇政府大量资助。在这些报刊上,不仅反对政府向工人作任何让步,而且反对政府向自由派资产阶级作任何让步。——372。

米尔柏格,阿尔图尔(Mülberger, Arthur 1847—1907)——德国小资产阶级政论家,蒲鲁东主义者。曾为赫希柏格出版的改良主义的《未来》杂志撰稿,写过一些关于法国和德国社会思想史方面的著作。——299—300。

米哈伊洛夫,H. H.(Михайлов, H. H. 1870—1905)——俄国牙科医生,奸细。由于他的告密,1895 年 12 月列宁和彼得堡工人阶级解放斗争协会中的其他老年派会员被捕。1902 年起为警察司官员,1905 年在克里木被社会革命党人杀死。——322。

米海洛夫斯基,尼古拉·康斯坦丁诺维奇(局外人)(Михайловский, Николай Константинович(Посторонний)1842—1904)——俄国自由主义民粹派理论家,政论家,文学批评家,实证论哲学家,社会学主观学派代表人物。1868 年起为《祖国纪事》杂志撰稿。1879 年与民意党接近。1882 年以后写了一系列谈"英雄"与"群氓"问题的文章,建立了完整的"英雄"与"群氓"的理论体系。1892 年起任《俄国财富》杂志编辑,在该杂志上与俄国马克思主义者进行激烈的论战。——1—87、98、112、118、119、130—138、337、455、761。

米海洛夫斯基,瓦西里·格里戈里耶维奇(Михайловский, Василий Григорьевич 生于 1871 年)——俄国统计学家。——196、201、204、231。

米勒兰,亚历山大·埃蒂耶纳(Millerand, Alexandre Étienne 1859—1943)——法国国务活动家,法国社会党和第二国际的机会主义代表人物。1885 年起多次当选议员。原属资产阶级激进派。90 年代初参加法国社会主义运动,领导运动中的机会主义派。1899 年参加瓦尔德克-卢梭内阁,任工商业部长,这是有史以来社会党人第一次参加资产阶级政府。1904 年被开除出法国社会党。1909—1915 年先后任公共工程部长和陆军部长。1920 年 1—9 月任总理兼外交部长,1920 年 9 月—1924 年 6 月任总统。俄国十月革命后是武装干涉苏维埃俄国的策划者之一。——295、296、515、612。

米留可夫,帕维尔·尼古拉耶维奇(Милюков, Павел Николаевич 1859—

1943）——俄国立宪民主党领袖,历史学家和政论家。1902 年起为资产阶级
自由派的《解放》杂志撰稿。1905 年 10 月参与创建立宪民主党,后任该党中
央委员会主席和中央机关报《言语报》编辑。1917 年二月革命后任第一届临
时政府外交部长,推行把战争进行到"最后胜利"的帝国主义政策;同年 8 月
积极参与策划科尔尼洛夫叛乱。十月革命后同白卫分子和武装干涉者合作。
1920 年起为白俄流亡分子。——749。

明斯基,尼·(**维连金,尼古拉·马克西莫维奇**)（Минский, Н.（Виленкин,
Николай Максимович）1855—1937）——俄国诗人,作家。在早期作品中反
映了 19 世纪 80 年代知识分子的没落情绪;后为颓废派。——98。

摩尔根,路易斯·亨利（Morgan, Lewis Henry 1818—1881）——美国民族学家,
原始社会史学家。通过对美国印第安人以及世界其他一些地区土著居民的
社会制度和生活习俗的长期研究,根据丰富的实际材料,论证了作为原始公
社制度基本形式的氏族的发展学说,发现了人类早期的社会组织原则及其发
展规律,为科学地理解原始社会的历史奠定了基础。马克思和恩格斯对摩尔
根的巨大贡献给予很高的评价。——15—16、18。

莫斯特,约翰·约瑟夫（Most, Johann Joseph 1846—1906）——德国社会民主党
人,后为无政府主义者。在理论上拥护杜林,在政治上信奉"用行动作宣传"
的无政府主义思想,认为可以立刻进行无产阶级革命。1878 年反社会党人
非常法颁布后流亡伦敦,1879 年出版无政府主义的《自由》周报,号召工人进
行个人恐怖活动,认为这是最有效的革命斗争手段。1880 年被开除出社会
民主党。晚年脱离工人运动。——300、335、402、715。

穆勒,约翰·斯图亚特（Mill, John Stuart 1806—1873）——英国哲学家,经济学
家,逻辑学家,实证论代表人物。哲学观点接近休谟的经验论和孔德的实证
论,否认物质世界的客观存在,认为感觉是唯一的实在。在经济学上追随古
典学派,但比李嘉图倒退一步,用生产费用论代替劳动价值论。主张通过分
配关系的改革实现社会改良。——175、177。

## N

拿破仑第一（**波拿巴**）（Napoléon I（Bonaparte）1769—1821）——法国皇帝
（1804—1814、1815）。——35。

纳尔苏修斯·土波雷洛夫——见乃尔托夫,尔·。

纳杰日丁,尔·(**捷连斯基,叶夫根尼·奥西波维奇**)（Надеждин, Л.
（Зеленский, Евгений Осипович）1877—1905）——早年是俄国民粹派分
子。在《自由》杂志上以及在他写的《革命前夜》（1901）、《俄国革命主义

## O

## P

家,经济学家,社会学家,小资产阶级思想家,无政府主义理论的创始人之一。——11、134、185、186、326、642、706。

普列汉诺夫,格奥尔吉·瓦连廷诺维奇(别尔托夫;别尔托夫,恩·;卡缅斯基;沃尔金;沃尔金,阿·)(Плеханов, Георгий Валентинович(Бельтов, Бельтов, Н. , Каменский, Волгин, Волгин, А.)1856—1918)——俄国早期的马克思主义理论家。1883年创建俄国第一个马克思主义团体——劳动解放社。翻译和介绍了马克思和恩格斯的著作,对马克思主义在俄国的传播起了重要作用;写过不少优秀的马克思主义著作,批判民粹主义、合法马克思主义、经济主义、伯恩施坦主义、马赫主义。20世纪初是《火星报》和《曙光》杂志编辑部成员。曾参与制定俄国社会民主工党纲领草案和参加党的第二次代表大会的筹备工作。在代表大会上属火星派多数派,会后逐渐转向孟什维克,后来成为孟什维克和第二国际机会主义领袖之一。1905—1907年革命时期反对列宁的民主革命的策略。斯托雷平反动时期和新的革命高涨年代反对取消主义,领导孟什维克护党派。第一次世界大战期间持社会沙文主义立场。1917年二月革命后支持资产阶级临时政府。对十月革命持否定态度,但拒绝支持反革命。——48、59—60、71、94、127、132、134、150、161、191、206、274、298、331、337、350—353、366、386、387、388、418、419、448、470、471、480、489、493、494、497、517、518、519、521、522、626、641、643、656、682、703、704、706、707、710、727、731、732、739、766、771、772、774。

普罗柯波维奇,谢尔盖·尼古拉耶维奇(N. N.)(Прокопович, Сергей Николаевич(N. N.)1871—1955)——俄国经济学家和政论家。曾参加国外俄国社会民主党人联合会,是经济派的著名代表人物,伯恩施坦主义在俄国最早的传播者之一。1917年8月任临时政府工商业部长,9—10月任粮食部长。十月革命后同反革命地下活动有联系。1922年被驱逐出境。——305、306、327、328、349、391、456、623。

# Q

乔治,亨利(George, Henry 1839  1897)——美国经济学家和社会活动家。19世纪70年代起致力于土地改革运动。认为人民贫困的根本原因是人民被剥夺了土地;否认劳动和资本之间的对抗,认为资本产生利润是自然规律;主张由资产阶级国家实行全部土地国有化,然后把土地租给个人。——711、712。

切列万宁,涅·(利普金,费多尔·安德列耶维奇)(Череванин, Н.(Липкин,

Федор Андреевич）1868—1938）——俄国政论家，"马克思的批评家"，后为孟什维克领袖之一，取消派分子。1912 年反布尔什维克的八月代表会议后是孟什维克领导中心——组织委员会的成员。第一次世界大战期间是社会沙文主义者。敌视十月革命。——774。

秦平，亨利·海德（Champion, Henry Hyde 1859—1928）——英国社会改良主义者，年轻时当过军官。曾加入社会民主联盟，1887 年因在选举中与保守党人勾结被开除出联盟。——725。

## R

饶勒斯，让（Jaurès, Jean 1859—1914）——法国社会党领袖，历史学家和哲学家。原属资产阶级共和派，19 世纪 90 年代初开始转向社会主义。1899 年竭力为亚·米勒兰参加资产阶级政府的行为辩护。1902 年与可能派、阿列曼派等组成改良主义的法国社会党。1904 年创办《人道报》。1905 年法国社会党同盖得领导的法兰西社会党合并后，成为统一的法国社会党的主要领导人。——511、515、603。

热里雅鲍夫，安德列·伊万诺维奇（Желябов, Андрей Иванович 1851—1881）——俄国民意党的组织者和领袖。是民粹派中最早认识到必须同沙皇专制制度进行政治斗争的人之一。在他的倡议下，1880 年俄国创办了第一家工人报纸《工人报》。但不理解工人阶级的历史作用，把个人恐怖活动看做是推翻沙皇制度的主要手段，多次组织谋刺亚历山大二世的活动。1881 年 4 月在彼得堡被处以绞刑。——388、447、476。

日班科夫，德米特里·尼古拉耶维奇（Жбанков, Дмитрий Николаевич 1853—1932）——俄国医生，地方自治局卫生事业活动家。——209、210、211、215、219。

茹柯夫斯基，尤利·加拉克季昂诺维奇（Жуковский, Юлий Галактионович 1833—1907）——俄国经济学家和政论家，社会思想史学家。1877 年在《欧洲通报》杂志第 9 期上发表《卡尔·马克思和他的〈资本论〉一书》一文，攻击马克思主义，在俄国引起了一场激烈论战。他的经济著作是各家经济理论的折中杂凑。——3、37、41。

## S

萨尔蒂科夫-谢德林，米哈伊尔·叶夫格拉福维奇（谢德林）（Салтыков-Щедрин, Михаил Евграфович（Щедрин）1826—1889）——俄国讽刺作家，革命民主主义者。——411。

萨文柯夫,波里斯·维克多罗维奇(波—夫)(Савинков, Борис Викторович (Б—в)1879—1925)——俄国社会革命党领袖之一,作家。接近经济派——工人思想派,为《工人事业》杂志撰稿。1903—1906 年是社会革命党"战斗组织"的领导人之一,多次参加恐怖活动。第一次世界大战期间是社会沙文主义者。1917 年二月革命后任临时政府驻最高总司令大本营的委员、陆军部副部长等职。十月革命后是一系列反革命叛乱的组织者。1924 年被捕。1925 年在狱中自杀。——384—385、387、407、408、409、411、417。

萨伊,让·巴蒂斯特(Say, Jean-Baptiste 1767—1832)——法国经济学家,庸俗政治经济学早期代表人物之一。——177。

萨宗诺夫,格奥尔吉·彼得罗维奇(Сазонов, Георгий Петрович 生于 1857 年)——俄国自由主义民粹派代表人物,列宁称之为警察民粹派分子。写有《禁止农民出让土地与国家经济纲领的关系》(1889)、《村社能否存在?》(1894)等著作。——118。

桑巴特,韦尔纳(Sombart, Werner 1863—1941)——德国经济学家和社会学家。他的早期著作受到马克思主义的影响,后来反对历史唯物主义和马克思的经济学说,否认社会发展的一般规律,强调精神的决定性作用,把资本主义描绘成一种协调的经济体系。——241、260、261、748。

圣西门,昂利·克洛德(Saint-Simon, Henri Claude 1760—1825)——法国空想社会主义者。——313。

施蒂纳,麦克斯(**施米特,卡斯帕尔**)(Stirner, Max(Schmidt, Caspar)1806—1856)——德国唯心主义哲学家,青年黑格尔派代表人物之一,唯我论者,无政府主义思想家。——288。

施拉姆,卡尔·奥古斯特(Schramm, Karl August 1830—1905)——德国经济学家,社会改良主义者。19 世纪 70 年代初成为社会民主党人。1879 年在《社会科学和社会政治年鉴》上发表同赫希柏格和伯恩施坦合写的《德国社会主义运动的回顾》一文,指责党的革命策略,主张放弃革命斗争,受到马克思和恩格斯的严厉批评。——335、715、716。

施米特,彼得·彼得罗维奇(Шмидт, Петр Петрович 1867—1906)——俄国黑海舰队中尉,革命民主主义者。1905 年 11 月塞瓦斯托波尔起义时,是起义的军事领导人,指挥"奥恰科夫"号巡洋舰,升起红旗,宣布自己为舰队司令。起义失败后被枪决。——668。

施塔姆勒,鲁道夫(Stammler, Rudolf 1856—1938)——德国法学家和哲学家,新康德主义者。社会观点接近讲坛社会主义者。——260、261。

施韦泽,约翰·巴蒂斯特(Schweitzer, Johann Baptist 1833—1875)——德国工

斯捷布特,伊万·亚历山德罗维奇(Стебут, Иван Александрович 1833—1923)——俄国农学家。写有许多农业方面的著作。——165。

斯卡尔金(**叶列涅夫,费多尔·巴甫洛维奇**)(Скалдин(Еленев, Федор Павлович)1827—1902)——俄国作家,政论家。19 世纪 60 年代是资产阶级自由派代表人物,曾为《祖国纪事》杂志撰稿。70 年代成为黑帮反动派。在 80 年代和 90 年代所写的时政小册子中反对革命运动和民主运动。——99—110、111、114、116。

斯克沃尔佐夫,帕维尔·尼古拉耶维奇(Скворцов, Павел Николаевич)——俄国统计学家,合法马克思主义者。19 世纪 80 年代和 90 年代在《法学通报》和《科学评论》杂志上发表文章。——239—261。

斯克沃尔佐夫,亚历山大·伊万诺维奇(Скворцов, Александр Иванович 1848—1914)——俄国经济学家,农学家。主要著作有《蒸汽机运输对农业的影响》(1890)、《经济评述》(1894)、《政治经济学原理》(1898)等。——64、165、180。

斯密,亚当(Smith, Adam 1723—1790)——英国经济学家和哲学家,资产阶级古典政治经济学最著名的代表人物。——110、173—177、185、187、188、194、228。

斯塔·——见斯塔尔科夫,瓦西里·瓦西里耶维奇。

斯塔尔科夫,瓦西里·瓦西里耶维奇(斯塔·)(Старков, Василий Васильевич (Ст.)1869—1925)——1890 年加入彼得堡工艺学院学生马克思主义小组,1895 年参与组织彼得堡工人阶级解放斗争协会,是协会的中心小组成员。斯托雷平反动时期脱离党的工作。十月革命后在对外贸易人民委员部工作。——763。

斯塔罗韦尔——见波特列索夫,亚历山大·尼古拉耶维奇。

斯塔秀列维奇,米哈伊尔·马特维耶维奇(Стасюлевич, Михаил Матвеевич 1826—1911)——俄国历史学家,政论家,温和资产阶级自由派代表人物。1866—1908 年出版和编辑《欧洲通报》杂志。——109。

斯特拉霍夫——见塔赫塔廖夫,康斯坦丁·米哈伊洛维奇。

斯托雷平,彼得·阿尔卡季耶维奇(Столыпин, Петр Аркадьевич 1862—1911)——俄国国务活动家,大地主。1906—1911 年任大臣会议主席兼内务大臣。1907 年发动"六三政变",解散第二届国家杜马,残酷镇压革命运动,开始了"斯托雷平反动时期"。实行旨在摧毁村社和培植富农的土地改革。1911 年被社会革命党人刺死。——162、740、741、750、780。

# T

塔赫塔廖夫,康斯坦丁·米哈伊洛维奇(斯特拉霍夫)(Тахтарев, Константин
Михайлович(Страхов) 1871—1925)——1893 年参加俄国社会民主主义
运动。是 1903 年俄国社会民主工党第二次代表大会有发言权的代表,会
后同情孟什维克,不久脱党。——486。

特卡乔夫,彼得·尼基季奇(Ткачев, Петр Никитич 1844—1886)——俄国革
命民粹派思想家,政论家和文艺批评家。领导革命民粹派中接近布朗基主
义的派别。认为政治斗争是革命的必要前提,但对人民群众的决定作用估
计不足;主张由少数革命者组织密谋团体和采用恐怖手段去夺取政权,而
人民只须坐享其成。——450。

特拉温斯基——见克尔日扎诺夫斯基,格列勃·马克西米利安诺维奇。

特赖奇克,亨利希(Treitschke, Heinrich 1834—1896)——德国历史学家和政
论家,普鲁士主义、沙文主义和种族主义的思想家和宣传家。1886 年起为
普鲁士国家历史编纂官。——734。

特鲁别茨科伊,谢尔盖·尼古拉耶维奇(Трубецкой, Сергей Николаевич
1862—1905)——俄国宗教哲学家,公爵。就其政治观点来说是自由派分
子,力图通过制定一部温和的宪法来巩固沙皇制度。1905 年作为地方自
治人士代表团的成员晋谒了尼古拉二世,并在沙皇面前发表了纲领性的演
说。——622、638。

梯也尔,阿道夫(Thiers, Adolphe 1797—1877)——法国国务活动家,历史学
家。七月王朝时期历任参事院院长、内务大臣、外交大臣和首相。第二共
和国时期是秩序党领袖之一,制宪议会和立法议会议员。1870 年 9 月 4 日
第二帝国垮台后,成为资产阶级"国防政府"实际领导人之一,1871 年 2 月
就任第三共和国政府首脑,1871—1873 年任共和国总统。镇压巴黎公社
的刽子手。——630、631。

屠拉梯,菲力浦(Turati, Filippo 1857—1932)——意大利社会党创建人之一,
该党右翼改良派领袖。1896—1926 年为议员,领导意大利社会党议会党
团。第一次世界大战期间持中派立场。敌视俄国十月革命。1922 年意大
利社会党分裂后,参与组织并领导改良主义的统一社会党。——582、593。

托洛茨基(**勃朗施坦**),列夫·达维多维奇(Троцкий(Бронштейн), Лев
Давидович 1879—1940)——19 世纪 90 年代参加俄国社会民主主义运动。
在俄国社会民主工党第二次代表大会上是西伯利亚联合会的代表,属火星
派少数派。1905 年同亚·帕尔乌斯一起提出和鼓吹"不断革命论"。1912

年组织"八月联盟"。第一次世界大战期间持中派立场。1917年二月革命
后参加区联派,在党的第六次代表大会上随区联派集体加入布尔什维克
党,当选为中央委员。1917年10月10日被选入中央政治局。参加十月武
装起义的领导工作。十月革命后任外交人民委员、陆海军人民委员、共和
国革命军事委员会主席和交通人民委员等职。参与组建红军。曾被选为
党中央政治局委员和共产国际执行委员会委员。1920—1921年挑起关于
工会问题的争论。——486、487、522、529、573、769。

托普里泽,季奥米德·亚历山德罗维奇(卡尔斯基)(Топуридзе, Диомид
Александрович(Карский)1871—1942)——俄国社会民主党人。在俄国
社会民主工党第二次代表大会上是梯弗利斯委员会的代表,属火星派多数
派,但表现动摇,大会结束时又赞同火星派少数派。会后成为孟什维克。
1918—1921年孟什维克在格鲁吉亚统治时期任立宪会议财政预算委员会
主席、库塔伊西市市长。格鲁吉亚建立苏维埃政权后,在财政委员部工作,
从事学术评论活动。——490。

# W

瓦·沃·——见沃龙佐夫,瓦西里·巴甫洛维奇。

瓦尔兰,路易·欧仁(Varlin, Louis-Eugène 1839—1871)——法国工人运动活
动家,第一国际法国支部领导人之一,巴黎公社主要领导人,左派蒲鲁东主
义者。1871年3月18日参与领导巴黎无产阶级起义。3月26日当选为
巴黎公社委员。在街垒战中被俘遇害。——612。

瓦尔泰希,卡尔·尤利乌斯(Vahlteich, Carl Julius 1839—1915)——德国右派
社会民主党人。全德工人联合会的创建人之一和第一任书记。反对拉萨
尔向普鲁士反动派献媚,并反对拉萨尔在联合会内实行独裁的企图,1864
年2月与拉萨尔决裂,后参加爱森纳赫派。1874—1876年和1878—1881
年为帝国国会议员。——300。

瓦格纳,阿道夫(Wagner, Adolph 1835—1917)——德国经济学家,政治经济
学和财政学教授,新历史学派和讲坛社会主义的代表人物。在其导师洛贝
尔图斯和历史学派的影响下,强调经济生活受法律条件(如私有权制度)
支配,要求加强国家在经济方面的作用。——188。

瓦涅耶夫,阿纳托利·亚历山德罗维奇(Ванеев, Анатолий Александрович
1872—1899)——俄国社会民主党人。1895年参与组织和领导彼得堡工
人阶级解放斗争协会,在工人社会民主主义小组中担任宣传员,曾主持
《工人事业报》出版的技术准备工作。因斗争协会案件与列宁等人同时被

捕,1897 年流放东西伯利亚。1899 年病死于流放地。——318、320。

瓦西里耶夫——见林格尼克,弗里德里希·威廉莫维奇。

瓦西里耶夫,尼基塔·瓦西里耶维奇（Васильев, Никита Васильевич 生于
1855 年）——沙俄宪兵上校。1900 年起任明斯克省宪兵局局长,拥护祖巴
托夫的"警察社会主义"。——395。

威廉二世(**霍亨索伦**)（Wilhelm II（Hohenzollern）1859—1941）——普鲁士国
王和德国皇帝（1888—1918）。——380。

威士涅威茨基夫人——见凯利-威士涅威茨基,弗洛伦斯。

韦伯,比阿特里萨（Webb, Beatrice 1858—1943）——英国经济学家和社会活
动家,悉尼·韦伯的妻子。曾在伦敦一些企业中研究工人劳动条件,担任
与失业和妇女地位问题相关的一些政府委员会的委员。——224、346、
420、749。

韦伯,悉尼·詹姆斯（Webb, Sidney James 1859—1947）——英国经济学家和
社会活动家,工联主义和所谓费边社会主义的理论家,费边社的创建人和
领导人之一。1915—1925 年代表费边社参加工党全国执行委员会。与其
妻比阿特里萨·韦伯合写过许多关于英国工人运动的历史和理论方面的
著作。第一次世界大战期间持社会沙文主义立场。——224、346、420、749。

韦辛,列昂尼德·巴甫洛维奇（Весин, Леонид Павлович 1850—1895）——俄
国政论家,在财政部任职。写过不少有关俄国工厂工业和外出做零工的文
章。——211、212、213、214。

维·查·——见查苏利奇,维拉·伊万诺夫娜。

维连斯基,列昂尼德·谢苗诺维奇(连斯基)（Виленский, Леонид Семенович
（Ленский）1880—1950）——1899 年加入俄国社会民主工党基辅委员会宣
传员小组。1903 年在党的第二次代表大会上是叶卡捷琳诺斯拉夫委员会
的代表,属火星派多数派,会后成为布尔什维克。1905 年退出社会民主党,
加入无政府共产主义者组织。十月革命后参与建立敖德萨的苏维埃政权,
后在莫斯科工作。——490。

维特,谢尔盖·尤利耶维奇（Витте, Сергей Юльевич 1849—1915）——俄国国
务活动家,历任交通大臣、财政大臣、大臣委员会主席、大臣会议主席。在
财政、关税政策等方面采取一系列措施,促进了俄国资本主义的发展。
1905—1907 年革命期间派军队对西伯利亚等地的武装起义进行镇
压。——281、377。

维泽尔,弗里德里希（Wieser, Friedrich 1851—1926）——奥地利经济学家,奥
地利学派的代表人物。首先提出"边际效用"一词,并与柏姆-巴维克共同

发展边际效用价值论,企图推翻马克思的劳动价值论。——261。

魏特林,威廉(Weitling, Wilhelm 1808—1871)——德国工人运动早期活动家,空想平均共产主义理论家;职业是裁缝。正义者同盟的创建者和早期领导人之一。——326。

沃尔金——见普列汉诺夫,格奥尔吉·瓦连廷诺维奇。

沃尔金,阿.——见普列汉诺夫,格奥尔吉·瓦连廷诺维奇。

沃尔姆斯,阿尔丰斯·埃内斯托维奇(Вормс, Альфонс Эрнестович 1868—1937)——俄国法学家,自由派分子。1901—1902 年在祖巴托夫的机械工人互助协会的大会上作过讲演。写有农民法和民法方面的著作。——395。

沃尔特曼,路德维希(Woltmann, Ludwig 1871—1907)——德国社会学家和人类学家。认为工人运动的主要任务是进行经济斗争。——333。

沃龙佐夫,瓦西里·巴甫洛维奇(瓦·沃·)(Воронцов, Василий Павлович (В. В.)1847—1918)——俄国经济学家,社会学家,政论家,自由主义民粹派思想家。曾为《俄国财富》、《欧洲通报》等杂志撰稿。认为俄国没有发展资本主义的条件,俄国工业的形成是政府保护政策的结果;把农民村社理想化,力图找到一种维护小资产者不受资本主义发展之害的手段。19 世纪 90 年代发表文章反对俄国马克思主义者,鼓吹同沙皇政府和解。——26、71、112、115、118、123、125、132、133、137、166、167、168—169、170—173、185、190、208、222、223、258、323、324、330、333、336、659。

沃伦斯基,阿基姆(**弗列克谢尔,阿基姆·李沃维奇**)(Волынский, Аким (Флексер, Аким Львович)1863—1926)——俄国艺术学家和文艺批评家。宣扬为艺术而艺术的理论,是《北方通报》杂志的领导人之一。——130、131。

乌斯宾斯基,格列勃·伊万诺维奇(Успенский, Глеб Иванович 1843—1902)——俄国作家和政论家,革命民主主义者。在他的作品中,描写了城市贫民和农民贫困、无权和被压迫的境遇。违背自己的民粹主义观点,真实地表现了农村资本主义关系的发展、宗法制农村生活基础的崩溃和村社的瓦解。——232。

乌瓦罗夫,米哈伊尔·谢苗诺维奇(Уваров, Михаил Семенович)——1896 年《公共卫生、法医学和实用医学通报》杂志 7 月号所载《论外出做零工对俄国卫生状况的影响》一文的作者。——212。

# X

西尼耳,纳索·威廉(Senior, Nassau William 1790—1864)——英国庸俗经济

学家。倡导"节欲论"并极力反对缩短工作日。在多届政府的劳动和工业
问题委员会中担任领导职务。——181。

西斯蒙第,让·沙尔·莱奥纳尔·西蒙德·德(Sismondi, Jean-Charles-
Léonard Simonde de 1773—1842)——瑞士经济学家和历史学家,政治经济
学中浪漫学派的代表人物,小资产阶级社会主义者。——177。

希尔奎特,莫里斯(Hillquit, Morris 1869—1933)——美国社会党创建人之一。
起初追随马克思主义,后来倒向改良主义和机会主义。第一次世界大战期
间是中派分子。敌视俄国十月革命,反对共产主义运动。——709。

希尔施,麦克斯(Hirsch, Max 1832—1905)——德国经济学家和政论家,资产
阶级进步党活动家。1868年访问英国后,同弗·敦克尔一起创建了几个
改良主义的工会(所谓希尔施—敦克尔工会)。在他的著作中宣扬劳资
"和谐"思想,反对无产阶级的革命策略,维护改良主义。——323、716。

席佩耳,麦克斯(Schippel, Max 1859—1928)——德国经济学家和政论家,
1886年起为社会民主党人。第一次世界大战期间是社会沙文主义
者。——718。

谢德林——见萨尔蒂科夫-谢德林,米哈伊尔·叶夫格拉福维奇。

谢列布里亚科夫,叶斯佩尔·亚历山德罗维奇(Серебряков, Еспер
Александрович 1854—1921)——俄国民粹派革命家。1879年加入民意
党。1899—1902年在伦敦出版《前夕》杂志。后接近社会革命党。1917年
二月革命后参加老社会革命党人护国派,编辑该派的《人民报》。十月革命
后从事民意党历史的研究工作。——418、419。

谢苗诺夫(谢苗诺夫-天山斯基),彼得·彼得罗维奇(Семенов(Семенов-Тян-
Шанский), Петр Петрович 1827—1914)——俄国地理学家和统计学家,彼
得堡科学院和艺术研究院名誉院士。——231。

血腥的尼古拉——见尼古拉二世。

# Y

亚历山大三世(罗曼诺夫)(Алексадр III(Романов)1845—1894)——俄国皇
帝(1881—1894)。——146。

亚历山德罗夫(Александров)——《组织问题(给编辑部的信)》一文(载于
1904年1月1日《火星报》第56号附刊)的作者。——498、499、504。

耶克,古斯塔夫(Jaeckh, Gustav 1866—1907)——德国新闻工作者,社会民主
党人。1901年起任德国社会民主党左翼机关报《莱比锡人民报》编辑。其
《国际》一书的俄译本曾多次再版。——709。

叶尔莫洛夫,阿列克谢·谢尔盖耶维奇(Ермолов, Алексей Сергеевич 1846—
1917)——俄国沙皇政府官员。1892 年出版《歉收和人民的灾难》一书,为
沙皇政府的农业政策辩护。1894—1905 年任农业和国家产业大
臣。——71。

叶戈罗夫——见列文,叶弗列姆·雅柯夫列维奇。

伊洛瓦伊斯基,德米特里·伊万诺维奇(Иловайский, Дмитрий Иванович
1832—1920)——俄国历史学家和政论家。把历史主要归结为帝王将相的
活动,用种种次要的和偶然的事件来解释历史过程。——299。

伊万诺夫,维·——见查苏利奇,维拉·伊万诺夫娜。

伊万申,弗拉基米尔·巴甫洛维奇(弗·伊—;弗·伊—申)(Иваншин,
Владимир Павлович(В. И—ъ, В. И—н)1869—1904)——俄国社会民主
党人,经济派领袖之一,统计学家。是国外俄国社会民主党人联合会机关
刊物《工人事业》杂志的编辑,同时又与彼得堡经济派的《工人思想报》保
持密切联系。在自己的文章中把工人的直接经济利益同社会民主党的政
治任务对立起来。——322、330、331、332、456。

尤沙柯夫,谢尔盖·尼古拉耶维奇(Южаков, Сергей Николаевич 1849—
1910)——俄国政论家和社会学家,自由主义民粹派思想家。1894—1898
年任《俄国财富》杂志编委,参加民粹派同马克思主义者的论战。——1、
52、71、114、118、124、132。

尤佐夫(卡布利茨,约瑟夫·伊万诺维奇)(Юзов(Каблиц, Иосиф
Иванович)1848—1893)——俄国民粹派政论家。19 世纪 80—90 年代成
为自由主义民粹派思想家。在一系列问题上同公开的反动分子相一致,在
民粹派中持极右立场。——118、119、131、132。

## Z

兹博罗夫斯基,米哈伊尔·索洛蒙诺维奇(科斯季奇)(Зборовский, Михаил
Соломонович(Костич)1879—1935)——俄国社会民主党人,孟什维克。
1903 年在俄国社会民主工党第二次代表大会上是敖德萨委员会的代表,
属火星派少数派。斯托雷平反动时期是取消派分子。敌视十月革命。
1919 年底侨居国外,继续在孟什维克组织中活动。——481。

祖巴托夫,谢尔盖·瓦西里耶维奇(Зубатов, Сергей Васильевич 1864—
1917)——沙俄宪兵上校,"警察社会主义"(祖巴托夫主义)的炮制者和鼓
吹者。1896—1902 年任莫斯科保安处处长。1902 年 10 月到彼得堡就任
警察司特别局局长。1901—1903 年组织警方办的工会——莫斯科机械工

人互助协会和圣彼得堡俄国工厂工人大会等,诱使工人脱离革命斗争。1917年二月革命初期畏罪自杀。——305、327、329、395、396、397、400。

左尔格,弗里德里希·阿道夫(Sorge, Friedrich Adolph 1828—1906)——美国工人运动和国际工人运动活动家。生于德国,参加过德国1848—1849年革命。1852年移居美国。在美国积极宣传马克思主义。第一国际成立后,积极参加国际的活动,是第一国际美国各支部的组织者。1872—1874年任第一国际总委员会总书记。1876年参加北美社会主义工人党的创建工作。马克思和恩格斯的学生和战友。晚年整理出版了他与马克思、恩格斯等人的书信集。——709—728。

--------

N. N.——见普罗柯波维奇,谢尔盖·尼古拉耶维奇。

## 《列宁选集》第三版编辑人员

责任编辑：郇中建
装帧设计：曹　春
版式设计：周方亚　程凤琴
责任校对：赵立新　王　惠
责任印制：栾文驹　贲　菲

图书在版编目(CIP)数据

列宁选集　第一卷/中共中央马克思恩格斯列宁斯大林著作编译局编译.
－北京：人民出版社,2012.9(2021.1重印)
ISBN 978－7－01－010650－2
Ⅰ.列… Ⅱ.中… Ⅲ.列宁著作-选集 Ⅳ.A21
中国版本图书馆 CIP 数据核字(2012)第 015935 号

书　　　名　列宁选集
　　　　　　LIENING XUANJI
　　　　　　第一卷
编 译 者　中共中央马克思恩格斯列宁斯大林著作编译局
出版发行　人民出版社
　　　　　　(北京市东城区隆福寺街 99 号　邮编 100706)
邮购电话　(010)65250042　65289539
经　　销　新华书店
印　　刷　北京新华印刷有限公司
版　　次　2012 年 9 月第 3 版修订版　2021 年 1 月北京第 7 次印刷
开　　本　880 毫米×1230 毫米 1/32
印　　张　29.875
插　　页　1
字　　数　770 千字
印　　数　66,001－76,000 册
书　　号　ISBN 978－7－01－010650－2
定　　价　75.00 元

ISBN 978-7-01-010650-2

9 787010 106502 >